Claussen
Bank- und Börsenrecht

Bank- und Börsenrecht

von

Herausgeber und Autor

Dr. iur. Roland Erne
Rechtsanwalt in Düsseldorf

und den Autoren

Dr. iur. Norbert Bröcker
Rechtsanwalt in Düsseldorf

Professor Dr. iur. Jens Ekkenga
Justus-Liebig-Universität Gießen

Marcel Kirchhartz
Rechtsanwalt in Düsseldorf
Fachanwalt für
Bank- und Kapitalmarktrecht

Professor Dr. iur. Frank van Look
Hochschule für Technik,
Wirtschaft und Kultur
Leipzig

5., neu bearbeitete Auflage
2014

Zitiervorschlag:

Ekkenga in Claussen, Bank- und Börsenrecht, 5. Aufl., § 7 Rn. ...

www.beck.de

ISBN 978 3 406 64005 6

© 2014 Verlag C. H. Beck oHG
Wilhelmstraße 9, 80801 München

Druck und Bindung: Nomos Verlagsgesellschaft
In den Lissen 12, 76547 Sinzheim

Satz: ottomedien, 64295 Darmstadt

Gedruckt auf säurefreiem, alterungsbeständigem Papier
(hergestellt aus chlorfrei gebleichtem Zellstoff)

Vorwort zur 5. Auflage

Im Dezember 2007 wurde die Bearbeitung der Vorauflage dieses Buches abgeschlossen. Zu jener Zeit war die von den amerikanischen *subprime-loans* ausgehende Bankenkrise zwar schon nach Europa vorgedrungen. Ihre ganz Wucht entfaltete sie jedoch erst im September 2008 mit der Insolvenz der amerikanischen Investmentbank *Lehman Brothers*. Von einer drohenden Kernschmelze unseres Finanzsystems war damals die Rede. Aus der Bankenkrise erwuchs eine Staatsschulden- und Weltwirtschaftskrise, die bis heute nicht ausgestanden ist. Seither hat sich die Bankenwelt fundamental verändert. Fraglich war deshalb nicht das „ob" einer Neuauflage dieses Buches, sondern das „wann". Denn die Aktivität des Gesetzgebers hat uns viele gravierende Rechtsänderungen beschert und dies wird auch in Zukunft nicht nachlassen.

Wir meinen, der Beginn des Jahres 2014 ist ein guter Zeitpunkt für eine Neuauflage, weil eine Neuordnung des Bankaufsichtsrechts in Kraft tritt. Damit finden die legislativen Bemühungen zur Aufarbeitung der 2008-Bankenkrise einen gewissen Abschluss. Das neue Bankaufsichtsrecht bildet einen Schwerpunkt in dem grundlegend überarbeiteten § 1 unseres Buches. Behandelt werden darüber hinaus u. a. folgende Neuerungen: aktuelle Entwicklungen der Anlageberatung (PIBs, Kick-Backs), beim Bankgeheimnis (Steuer-CDs), im Investmentrecht wird das Kapitalanlagegesetzbuch berücksichtigt, beim Bankkonto das Pfändungsschutz-Konto, im Zahlungsverkehr das neue Zahlungsdiensterecht mit SEPA-Lastschrift-/Überweisungsverfahren und im Kreditrecht das novellierte Verbraucherdarlehensrecht nebst Umsetzung der Verbraucherrechterichtlinie. Im Börsenrecht werden schließlich die aktuellen Regelungen zu den Börsensegmenten beschrieben; in die Darstellungen zu den Schuldverschreibungen sind nunmehr auch die sog. Mittelstandsanleihen einbezogen.

Mit dem Tod von *Carsten Peter Claussen*, dem Begründer dieses Buches und Sozius in der Kanzlei *Hoffmann Liebs Fritsch & Partner*, musste im Jahre 2010 ein Schicksalsschlag verkraftet werden. Mit Energie und Fleiss hat er seinen reichen Erfahrungsschatz aus einem langen Berufsleben als Bank-Manager und Rechtsanwalt in dieses 1996 begründete Werk einfließen lassen. Die vorausschauende Überleitung auf die nächste Generation anlässlich der 4. Auflage hat den Grundstein dafür gelegt, dass die aktuelle 5. Auflage in Zusammenarbeit mit den bewährten Autoren entstehen konnte. Im Gedenken an ihn haben wir beschlossen, das Buch auch weiterhin unter seinem Namen erscheinen zu lassen. Als Autor neu gewonnen wurde *Marcel Kirchhartz*, ein Rechtsanwalt und Bankaufsichtsexperte, der seine Erfahrungen und Kenntnisse für die Neubearbeitung des einleitenden Kapitels § 1 „Gegenstand des Bankrechts" sowie bei § 3 „Einseitige Leistungsverpflichtungen der kontoführenden Bank" einbringen konnte.

Alle Autoren sind sich einig in dem Ziel, ein aktuelles und gut lesbares, nämlich auf das Wesentliche konzentriertes Buch vorzulegen. Für Hinweise sind wir dankbar.

Düsseldorf/Frankfurt am Main/Leipzig   Die Autoren

Im Dezember 2013

Inhaltsübersicht

Inhaltsverzeichnis	IX
Abkürzungsverzeichnis	XIX
§ 1. Gegenstand des Bankrechts (Kirchhartz)	1
§ 2. Recht des Bankkontos (van Look)	93
§ 3. Einseitige Leistungsverpflichtungen der kontoführenden Bank gegenüber ihren Kunden (Kirchhartz)	143
§ 4. Recht der Bankverfügung – Zahlungsdienste und Zahlungssicherung (van Look)	199
§ 5. Recht der Kreditgeschäfte (Erne)	259
§ 6. Kapitalmarktrecht (Bröcker)	359
§ 7. Wertpapierrecht (Ekkenga)	427
Sachregister	533

Inhaltsverzeichnis

Vorwort	V
Inhaltsübersicht	VII
Abkürzungsverzeichnis	XIX

§ 1. Gegenstand des Bankrechts (Kirchhartz) 1
   I. Gegenstand des öffentlichen Bankrechts 10
      1. Der Schutz des Geldverkehrs 10
      2. Geldordnung, der Euro 11
      3. Schutz des Geldwertes, Wertsicherungsrecht 12
      4. Geldbeschaffung 13
      5. Konvertibilität und Wechselkursrecht 13
      6. Vorgabe eines öffentlich-rechtlichen Ordnungsrahmens für das Bankwesen 14
   II. Gegenstand des privaten Bankrechts 16
   III. Aufbau und Mengengerüste des Bankwesens 17
      1. Die zwei Ebenen des deutschen Kreditwesens: das Zentralbank- oder Notenbankwesen und die kundenorientierte (werbende) Ebene 18
         a) Die erste Ebene: Das Europäische System der Zentralbanken und die Deutsche Bundesbank 18
            aa) Die Geldpolitik 20
               (1) Die Mindestreservepflicht 20
               (2) Die Offenmarktpolitik 20
               (3) Ständige Fazilitäten 21
            bb) Mitwirkung bei der Bankenaufsicht 22
            cc) Europarecht und öffentliches Bankrecht 22
         b) Die zweite Ebene: Kundenorientierte (werbende) Banken 27
            aa) Die drei Säulen des deutschen Bankwesens 27
            bb) Öffentlich-rechtliche Kreditinstitute 27
            cc) Privat- und Geschäftsbanken („privates Bankgewerbe") 32
            dd) Genossenschaftsbanken 34
            ee) Verbände 35
            ff) Das Recht der Realkreditinstitute 35
            gg) Die Verbraucherkreditinstitute (auch Teilzahlungsinstitute) 37
            hh) Direktbanken und Discountbroker 38
            ii) Banken mit Sonderaufgaben 39
            jj) Investmentbanken und Finanzhandelsinstitute 39
            kk) Die Bausparkassen 42
            ll) Die Kapitalverwaltungsgesellschaften 42
            mm) Die Beteiligungsgesellschaften 45
      2. Ausblick 47
   IV. Die Bankenaufsicht und der aufsichtsrechtliche Rahmen des Bankwesens . 49
      1. Die Bankenaufsicht 51

	a) Die europäische Finanz- und Bankenaufsicht	52
	b) Die deutsche Bankenaufsicht	55
2.	Der aufsichtsrechtliche Rahmen des Bankwesens	56
	a) Anwendungsbereich des Kreditwesengesetzes (KWG)	58
	aa) Adressaten des Kreditwesengesetzes	58
	bb) Erlaubnis zum Betreiben von Bankgeschäften	63
	cc) Vorschriften zu Eigenmittel und Liquiditätsanforderungen innerhalb des Kreditwesengesetzes (KWG)	66
	dd) Besondere Organisationspflichten	66
	ee) Beaufsichtigung der laufenden Geschäftstätigkeit nach dem Kreditwesengesetz	68
	ff) Eingriffsbefugnisse nach dem Kreditwesengesetz	70
	gg) Sanktionen nach dem Kreditwesengesetz	71
	b) Anwendungsbereich der Capital Requirements Regulation (CRR)	73
	c) Exkurs: Das Zahlungsdiensteaufsichtsgesetz (ZAG)	76
V. Privates Bankrecht		78
1. Die Rechtsquellen des privaten Bankrechts		78
	a) Gesetzesrecht	79
	b) Gewohnheitsrecht, richterliche Rechtsfortbildung	81
	c) Allgemeine Geschäftsbedingungen	82
	d) Handelsbräuche und Verkehrssitte	85
2. Der Ombudsmann		86
3. Der allgemeine Bankvertrag		88

§ 2. Recht des Bankkontos (van Look) ... 93

I. Bedeutung		95
II. Rechtliche Ausgestaltung des Kontos		97
1. Kontoeröffnung		97
2. Kontofähigkeit		100
3. Kontoinhaberschaft; Kontoeröffnung auf fremden Namen		102
4. Dispositionsbefugnis (Verfügungsbefugnis und Vertretungsmacht)		104
	a) Organschaftliche und rechtsgeschäftliche Stellvertretung	104
	b) Trans- und postmortale Vollmacht	106
5. Übertragung, Verpfändung und Pfändung des Kontos		107
	a) Übertragung des Kontos, insbesondere auf den Todesfall	107
	b) Verpfändung	108
	c) Kontopfändung	109
6. Bedeutung der Kontonummer		110
7. Stornoklausel		111
III. Kontoarten		113
1. Sparkonto		113
	a) Sparbuch als Wertpapier	114
	b) Recht auf Verzinsung, Vorschusszinsen und Rückzahlung	116
	c) Verfügungen über den Tod hinaus	118
2. Girokonto		118
	a) Bedeutung des Kontokorrents	120

b) Saldoanerkenntnis	123
c) Pfändung im Kontokorrent	124
d) Pfändungsschutzkonto	125
e) Beendigung des Kontokorrents	127
f) Kontoführungsentgelt und Auslagenersatz	128
3. Termingeldkonto	131
4. Gemeinschaftskonto	132
5. Treuhand- und Anderkonto	134
IV. Beendigung der Kontoverbindung	135
1. Tod des Kontoinhabers	135
2. Kontoauflösung und -kündigung	136
3. Insolvenz des Kontoinhabers	138
V. Schutz des Kontoguthabens (Einlagensicherung)	139

§ 3. Einseitige Leistungsverpflichtungen der kontoführenden Bank gegenüber ihren Kunden (Kirchhartz) ... 143

I. Das Bankgeheimnis	143
1. Rechtsgrundlage des Bankgeheimnisses	146
2. Geheimnisherr über das Bankgeheimnis	147
3. Gegenstand des Bankgeheimnisses	148
4. Durchbrechung des Bankgeheimnisses, insbes. zugunsten des Fiskus	150
5. Durchbrechung des Bankgeheimnisses durch Regelungen zur Bekämpfung von Geldwäsche und Terrorismusfinanzierung	154
6. Mögliche Folgen von Verstößen gegen das Bankgeheimnis	157
II. Die Bankauskunft	159
1. Zulässigkeit der Erteilung einer Bankauskunft	159
2. Keine Rechtspflicht zur Erteilung einer Bankauskunft	161
3. Haftung bei unrichtiger Auskunft	163
4. Das Schufa-Verfahren	166
III. Raterteilung	167
1. Beratungspflichten bei Finanzierungen	170
2. Anlageberatung im Wertpapiergeschäft	171
a) Rechtsgrundlagen der Anlageberatung im Wertpapiergeschäft	173
b) Umfang der Beratungspflichten	175
aa) Anlegergerechte Beratung	176
bb) Objektgerechte Beratung	177
cc) Vermeidung von Interessenkonflikten	180
dd) Honoraranlageberatungsgesetz	184
c) Zeitpunkt der Beratung und Dokumentation	186
d) Folgen von Verletzungen der Beratungspflichten	187
3. Vermögensverwaltung	191
4. Banken als Discountbroker	194
IV. Der Vertrauensgrundsatz, die Interessenwahrungspflicht, insbes. der Schutz von Dritten	196

§ 4. Recht der Bankverfügung – Zahlungsdienste und Zahlungssicherung (van Look) 199
    I. Recht der Zahlungsdienste 203
    II. Barein- und -auszahlung, insbesondere durch Geldausgabeautomaten 205
    III. Bargeldloser Zahlungsverkehr 208
        1. Überweisungsverkehr 209
            a) Bedeutung und Rechtsgrundlagen 209
            b) Deckungsverhältnis zwischen Überweisendem und seiner Bank 210
            c) Inkassoverhältnis zwischen Überweisungsempfänger und Empfänger-bank 216
            d) Valutaverhältnis zwischen Überweisendem und Begünstigtem 218
            e) Inter-Banken-Verhältnis 219
            f) Telefon-Banking, Online-Banking 222
        2. Lastschriftverkehr 225
            a) Bedeutung und rechtliche Grundlagen 225
            b) Ablauf des SEPA-Lastschriftverfahrens 226
            c) Rechtliche Beurteilung 228
            d) Rückgabe der Lastschrift 229
            e) Widerruf durch den Zahler 230
            f) Erstattungsansprüche im Deckungsverhältnis 230
            g) Inter-Banken-Verhältnis 232
            h) Schadenersatzansprüche im Deckungs- und im Inkassoverhältnis 233
            i) Valutaverhältnis zwischen Gläubiger (Zahlungsempfänger) und Schuldner (Zahler) 234
            j) Inkassoverhältnis zwischen dem Zahlungsempfänger (Gläubiger) und seinem Zahlungsdienstleister (erste Inkassostelle) 235
        3. Kartengesteuerter bargeldloser Zahlungsverkehr 236
            a) POS-System/Electronic-Cash-System 236
                aa) Funktionsweise und Rechtsgrundlagen. 236
                bb) Rechtsverhältnis Bank/Händler 237
                cc) Rechtsverhältnis Bank/Karteninhaber 237
            b) Elektronisches Lastschriftverfahren 238
            c) Geldkarte 238
                aa) Funktionsweise und Rechtsgrundlagen 238
                bb) Rechtsverhältnis Bank/Karteninhaber 238
                cc) Rechtsverhältnis Bank/Händler. 240
        4. Netzgeld 241
        5. Scheckverkehr 241
            a) Bedeutung 241
            b) Scheckvertrag 242
            c) Rechtsstellung der bezogenen Bank 243
            d) Scheckinkasso 245
            e) Widerruf und Schecksperre; Scheckbestätigung und -einlösungszusage 246

f) Reisescheck	248
IV. Auslandszahlungsverkehr und Zahlungssicherung	248
1. Bedeutung	248
2. Dokumenteninkasso	250
a) Ausgangssituation	250
b) Rechtsbeziehungen der am Inkasso Beteiligten	251
3. Akkreditiv	253
a) Ausgangssituation	253
b) Rechtsverhältnis zwischen dem Schuldner und seinem Gläubiger ...	255
c) Rechtsverhältnis zwischen dem Akkreditivauftraggeber und seiner Bank	255
d) Rechtsbeziehungen zwischen eröffnender Bank und Exporteur	256
e) Rechtsverhältnisse bei Einschaltung einer weiteren Bank; Sonderformen	257

§ 5. Recht der Kreditgeschäfte (Erne) ... 259

A. Das Kreditgeschäft	260
I. Allgemeines zum Recht der Kreditgeschäfte	262
II. Krediteröffnungsvertrag	263
1. Trennungstheorie	265
2. Beratungspflichten bei Vertragsschluss	266
3. Störung des Vertragsabschlusses	268
4. Bestandteile des Krediteröffnungsvertrages	269
5. Die Rechtspflicht zur Kreditauszahlung	270
6. Aufklärungspflicht des Kreditinstitutes nach Darlehensauszahlung	271
7. Der Zinsanspruch	271
8. Vorfälligkeitsvergütung	273
9. Anspruch auf Stellung von Sicherheiten	278
10. Beendigung des Krediteröffnungsvertrages und Rückzahlung	279
11. Kreditkündigung	280
a) Leistungsstörung und Kündigung	280
b) Wichtiger Kündigungsgrund wegen Verschlechterung der Kreditnehmerbonität	280
c) Verzug des Kreditnehmers	282
d) Kündigung unbefristeter Kredite	282
e) Rechtspflicht zur Kreditverlängerung und Sanierungskredit	283
III. Die einzelnen Kreditarten	285
1. Kontokorrentkredit und die Überziehung	287
2. Lombardkredit	288
3. Diskontkredit	289
4. Akzeptkredit und Rembourskredit	289
5. Avalkredit	290
6. Langfristiger Kredit	293
a) Hypothekendarlehen	294
b) Kommunaldarlehen	297
7. Konsortialkredite	298

8. Akquisitionsfinanzierung	299
9. Projektfinanzierung und Public Private Partnership	300
10. Leasing	301
11. Factoring	303
12. Sonstige kreditnahe Finanzierungsinstrumente	307
IV. Verbraucherdarlehen und sonstige Finanzierungshilfen	309
a) Die Verbraucherkreditvorschriften im BGB	311
b) Verbraucherdarlehensvertrag	312
aa) Verbraucherschutz – Werbung und vorvertragliche Informationspflichten	313
bb) Verbraucherschutz bei Vertragsschluss	315
cc) Verbraucherschutz während der Darlehenslaufzeit	317
c) Verbundene Geschäfte	317
d) Beendigung des Vertrages und vorzeitige Rückzahlung	320
e) Abwicklung gestörter Verträge	321
f) Entgeltliche Finanzierungshilfen	323
B. Kreditsicherheiten	**325**
I. Personalsicherheit	326
1. Bürgschaft	327
2. Garantie	330
3. Schuldbeitritt	331
4. Patronatserklärung	332
5. Ergebnisabführungsvertrag	333
6. Negativerklärung	333
II. Sicherungsübereignung	334
1. Bestimmtheitsgrundsatz	335
2. Kollisionsrechtslagen	337
3. Übersicherung, Freigabe von Sicherungseigentum	338
4. Das Sicherungseigentum in der Insolvenz	343
III. Sicherungsabtretung	344
1. Bestimmbarkeit, Individualisierung	346
2. Verbot der Übersicherung, Freigabeverpflichtung	347
3. Verwertung der abgetretenen Forderungen	348
4. Globalzession und verlängerter Eigentumsvorbehalt	349
IV. Grundpfandrechte	351
1. Die Grundschuld im Einzelnen	352
2. Erstreckung der Haftung	353
3. Die Sicherungszweckerklärung	354
4. Zahlung und Grundschuldrückgewähr	355
5. Verwertung der Grundschuld	357
V. AGB-Pfandrechte, Nr. 14 AGB-Banken 2012, Nr. 21 AGB-Sparkassen 2012	358
§ 6. Kapitalmarktrecht (Bröcker)	**359**
I. Begriff und Rechtsquellen	360
1. Gegenstand des Kapitalmarktrechts	360

2. Europäisches Kapitalmarktrecht 361
II. Die Börse als Einrichtung 364
III. Rechtsgrundlagen der Börse 366
   1. Das Börsengesetz und das WpHG 367
   2. Die Börse als Handelsplatz 370
   3. Rechtsform und Träger der Börsen 372
   4. Aufsicht über die Börsen 375
      a) Die Bundesanstalt für Finanzdienstleistungsaufsicht (BaFin) in Frankfurt/Main und Bonn 376
      b) Börsenaufsicht der Länder 377
      c) Der Wertpapierrat 378
      d) Die Handelsüberwachungsstellen 378
      e) Die Börsenselbstverwaltung 379
   5. Die Börsenorgane und die Handelsteilnehmer 379
   6. Die Börsenordnung 381
   7. Die Marktsegmente 382
      a) Überblick 382
      b) Der regulierte Markt 385
      c) Der Freiverkehr 387
      d) Multilaterale Handelssysteme 390
      e) Der Terminmarkt 392
   8. Das Recht der Zulassung 394
      a) Zulassung zum regulierten Markt 395
      b) Einbeziehung in den regulierten Markt 401
      c) Die Einbeziehung in den Freiverkehr 401
      d) Teilnahme am Prime Standard für Unternehmensanleihen 403
   9. Zulassungs-, Einbeziehungs- und Teilnahmefolgepflichten 404
      a) Zulassungsfolgepflichten im regulierten Markt 404
         aa) Ad hoc-Publizität 405
         bb) Weitere Veröffentlichungpflichten im Zusammenhang mit Insiderinformationen 410
         cc) Stimmrechtmitteilungen 410
         dd) Informationen für die Wahrnehmung von Rechten 411
         ee) Finanzberichterstattung 411
         ff) Corporate Governance 414
      b) Einbeziehungsfolgepflichten im Freiverkehr 414
      c) Teilnahmefolgepflichten im Prime Standard für Unternehmensanleihen 415
   10. Der Schutz des Wertpapieranlegers 416
      a) Prospekthaftung 417
      b) Insiderhandelsverbot 422
      c) Verbot der Marktmanipulation 426

§ 7. Wertpapierhandel (Ekkenga) 427

A. Börsenfähige Wertpapiere, Globalurkunden und Wertrechte 429
    I. Allgemeines 429
    II. Sammelverwahrung 431
    III. Sammelverbriefung 431
    IV. Wertrechte 432
    V. Die Übertragung von Wertpapieren 434
        1. Inhaberpapiere 434
        2. Orderpapiere 436
        3. Rektapapiere 437
    VI. Die Aktie als Mitgliedschaftswertpapier 437
    VII. Die Schuldverschreibung als Forderungspapier 442
        1. Allgemeines 442
        2. Öffentliche Anleihen 447
        3. Pfandbriefe 450
        4. Bankschuldverschreibungen 451
        5. Industrie- oder Unternehmensanleihen 451
        6. Euroanleihen 451
    VIII. Schuldverschreibungen mit Bezug zum Eigenkapital 453
        1. Wandelanleihen 453
        2. Optionsanleihen 455
        3. Genussscheine 456
        4. Optionsscheine 460
    IX. Derivate 464
        1. Allgemeines 464
        2. Fest- und Optionsgeschäfte 466
        3. Rechtliche Ordnung 467
        4. Abgrenzungsfragen 469
    X. Wertpapierleihe 471
    XI. Anteile an Investmentfonds 472
        1. Investmentzertifikate 472
        2. Immobilienzertifikate 475
        3. Sonstige Fondstypen 476
        4. Insbesondere: Hedgefonds und Private-Equity-Fonds 477

B. Das Recht der Wertpapiergeschäfte 478
    I. Auftragsanbahnung und -erteilung 478
    II. Die Auftragsausführung 482
    III. Besonderheiten des Börsenhandels 485
        1. Ausführung durch Teilnahme am Präsenzhandel 485
        2. Die Feststellung des Börsenpreises im Präsenzhandel 488
        3. Der Xetra-Handel 489
    IV. Der Handel außerhalb der Börse 490
        1. Die Ausführung im Eigenhandel (Best Execution) 490

2. Ausführung über ein Multilaterales Handelssystem	492
V. Die Geschäftsabwicklung	492
1. Allgemeines	492
2. Eigentumsverschaffung im Girosammelverkehr	493
3. Eigentumsverschaffung bei Sonderverwahrung	496
4. Bezahlung der Wertpapierkaufpreise	497
5. Leistungsstörungen in der Geschäftsabwicklung	498
VI. Das Recht der Verwahrung und Verwaltung von Wertpapieren (Depotgeschäft)	498
1. Allgemeines	498
2. Sonderverwahrung	501
3. Sammelverwahrung	501
4. Pfand- und Zurückbehaltungsrechte	507
C. Das Emissions- und Konsortialgeschäft	**510**
I. Allgemeines	510
1. Grundbegriffe	510
2. Rechtsgrundlagen	512
II. Das Emissionskonsortium	513
III. Der Übernahmevertrag	515
1. Allgemeines	515
2. Spezialfragen der Anleiheemission	517
3. Spezialfragen der Aktienemission	519
a) Vorbereitende Maßnahmen	519
b) Verbandsinterne Vorbereitungen	523
c) Fragen der Durchführung	526
d) Die Nachbereitung der Emission	531
Sachverzeichnis	533

Abkürzungsverzeichnis

ABl.	Amtsblatt der Europäischen Gemeinschaft
AEUV	Vertrag über die Arbeitsweise der Europäischen Union
AGB	Allgemeine Geschäftsbedingungen
AGBG	Gesetz zur Regelung des Rechts der Allgemeinen Geschäftsbedingungen
AfA	Abschreibung für Abnutzung
AG	Die Aktiengesellschaft (Zeitschrift); auch Aktiengesellschaft
AGG	Allgemeines Gleichbehandlungsgesetz
AIF	Alternativer Investment Fonds
AIFM	Alternativer Investmentfondsmanager
AktG	Aktiengesetz
amtl.	amtlich
AnfG	Gesetz betr. die Anfechtung von Rechtshandlungen eines Schuldners außerhalb des Konkursverfahrens
AnSVG	Anlegerschutzverbesserungsgesetz
AO	Abgabenordnung
AufsR	Aufsichtsrat
AWG	Außenwirtschaftsgesetz
BankA	Bank-Archiv (Zeitschrift)
BAnz.	Bundesanzeiger
BankR-HdB	*Schimanski/Bunte/Lwowski*, Bankrechts-Handbuch, *Bearbeiter* wird angegeben
Bankrechts-Kommentar	*Langenbucher/Bliesener/Spindler*, Bankrechts-Kommentar, *Bearbeiter* wird angegeben
BaFin	Bundesanstalt für Finanzdienstleistungsaufsicht
Bankrecht u. Bankpraxis auch BuB	*Hellner/Steuer,* Bankrecht und Bankpraxis, Bearbeiter wird angegeben
BayObLG	Bayerisches Oberstes Landesgericht
BB	Der Betriebs-Berater (Zeitschrift)
BDSG	Bundesdatenschutzgesetz
BetrVG	Betriebsverfassungsgesetz
BFH	Bundesfinanzhof; auch Sammlung der Entscheidungen und Gutachten des Bundesfinanzhofs
BFuP	Betriebswirtschaftliche Forschung und Praxis (Zeitschrift)
BGB	Bürgerliches Gesetzbuch
BGBl.	Bundesgesetzblatt
BGH	Bundesgerichtshof
BGHGrS	Großer Senat beim Bundesgerichtshof

BGHSt	Entscheidungen des Bundesgerichtshofs in Strafsachen
BGHZ	Entscheidungen des Bundesgerichtshofs in Zivilsachen
BIZ	Bank für Internationalen Zahlungsausgleich
BKR	Zeitschrift für Bank- und Kapitalmarktrecht
BörsG	Börsengesetz
BörsO	Börsenordnung
BörsZulV	Verordnung über die Zulassung von Wertpapieren zu amtlichen Notierungen an einer Wertpapierbörse
BStBl.	Bundessteuerblatt (Zeitschrift)
Bundesanstalt	Bundesanstalt für Finanzdienstleistungsaufsicht
BVerfG	Bundesverfassungsgericht
BVerfGE	Entscheidungen des Bundesverfassungsgerichts
BVerwG	Bundesverwaltungsgericht
BVerwGE	Entscheidungen des Bundesverwaltungsgerichts
BWpVerwG	Bundeswertpapierverwaltungsgesetz
Canaris, Bankvertragsrecht	Staub, Großkommentar HGB, Bankvertragsrecht
CCP	Central Counterparty
CESR	Committee of European Securities Regulators
CRD	Capital Requirements Directive
CRR	Capital Requirements Regulation
DB	Der Betrieb (Zeitschrift)
DBBankG	Gesetz über die Deutsche Bundesbank
DepotG	Gesetz über die Verwahrung und Anschaffung von Wertpapieren
DÜG	Diskontsatz-Überleitungs-Gesetz
DVO	Durchführungsverordnung
DZWiR	Deutsche Zeitschrift für Wirtschaftsrecht
EBA	Europäische Bankaufsichtsbehörde
EG	Europäische Gemeinschaft
EGBGB	Einführungsgesetz zum Bürgerlichen Gesetzbuche
EGV, auch EG-Vertrag	Vertrag zur Gründung der Europäischen Gemeinschaft
EIOPA	European Insurance and Occupational Pensions Authority
EPC	European Payments Council
ERA	Einheitliche Richtlinien und Gebräuche für Dokumenten-Akkreditive
ERI	Einheitliche Richtlinie für Inkassi
ESFS	Europäisches System der Finanzaufsicht
ESMA	European Securities and Markets Authority
ESRB	Europäischer Ausschuss für Systemrisiken
EStDVO	Einkommensteuer-Durchführungsverordnung
EStG	Einkommensteuergesetz
ESZB	Europäisches System der Zentralbanken
EuGH	Europäischer Gerichtshof
EuGHRspr	Entscheidungen des Europäischen Gerichtshofs
EuZW	Europäische Zeitschrift für Wirtschaftsrecht

EWiR .... Entscheidungen zum Wirtschaftsrecht
EZB .... Europäische Zentralbank
FGG .... Gesetz über die Angelegenheiten der freiwilligen Gerichtsbarkeit
FMFG, auch FM-Förderungs G .... Finanzmarktförderungsgesetz
FRN .... Floating Rate Note
FRUG .... Finanzmarktrichtlinienumsetzungsgesetz
FWB .... Frankfurter Wertpapier-Börse
GenG .... Gesetz betreffend die Erwerbs- und Wirtschaftsgenossenschaften
GewO .... Gewerbeordnung
GewStG .... Gewerbesteuergesetz
GG .... Grundgesetz
GmbHRdSch .... Rundschau für GmbH (Zeitschrift)
GoB .... Grundsätze ordnungsmäßiger Buchführung
GuV .... Gewinn- und Verlustrechnung
GVBl. .... Gesetz- und Verordnungsblatt
GVG .... Gerichtsverfassungsgesetz
GWB .... Gesetz gegen Wettbewerbsbeschränkungen
GwG .... Geldwäschegesetz
GWR .... Zeitschrift für Gesellschafts- und Wirtschaftsrecht
Staudinger .... Kommentar zum BGB, *Bearbeiter* wird angegeben
HReg .... Handelsregister
HÜSt. .... Handelsüberwachungsstelle
HV .... Hauptversammlung
HWS .... Handwörterbuch der Sparkassen
HypBG .... Hypothekenbankgesetz
IBAN .... International Bank Account Number
InsO .... Insolvenzordnung
InvG .... Investmentgesetz
IPR .... Internationales Privatrecht
KAGB .... Kapitalanlagegesetzbuch
KapAEG .... Kapitalaufnahmeerleichterungsgesetz
KI .... Kreditinstitut
KMKR .... *Schwark,* Kapitalmarktrechtskommentar, *Bearbeiter* wird angegeben
KonTraG .... Gesetz zur Kontrolle und Transparenz im Unternehmensbereich
KSt .... Körperschaftssteuer
KStDV .... Körperschaftssteuer-Durchführungsverordnung
KStG .... Körperschaftsteuergesetz
KTS .... Zeitschrift für Konkurs-, Treuhand- und Schiedsgerichtswesen
KVStG .... Kapitalverkehrsteuergesetz
KWG .... Kreditwesengesetz
Kölner Komm AktG ... Kölner Kommentar zum Aktiengesetz, *Bearbeiter* wird angegeben
LM .... Nachschlagewerk des Bundesgerichtshofs, herausgegeben von *Lindenmaier, Möhring* u. a.

LS	Lastschrift
MAH	Münchener Anwaltshandbuch
MiFID	Markets in Financial Instruments Directive
MDR	Monatsschrift für Deutsches Recht (Zeitschrift)
MüKoBGB	Münchener Kommentar zum BGB, Bearbeiter wird angegeben
MüKoHGB	Münchener Kommentar zum HGB, Bearbeiter wird angegeben
MüKoAktG	Münchener Kommentar zum AktG, Bearbeiter wird angegben
NB	Neue Betriebswirtschaft (Zeitschrift)
NJW	Neue Juristische Wochenschrift
NVwZ	Neue Zeitschrift für Verwaltungsrecht
NZG	Neue Zeitschrift für Gesellschaftsrecht
OGAW	Organismus für gemeinsame Anlagen in Wertpapieren
OTC	Over-the-counter
OWiG	Gesetz über Ordnungswidrigkeiten
PIB	Produktinformationsblatt
RechKredVO	Verordnung über die Rechnungslegung der Kreditinstitute und Finanzdienstleistungsinstitute
REIT	Real Estate Investment Trust
RGZ	Entscheidungssammlung des Reichsgerichts in Zivilsachen
RIW	Recht der Internationalen Wirtschaft (Zeitschrift)
Rn.	Randnummer
Palandt	Kommentar zum BGB, *Bearbeiter* wird angegeben
PfandbriefG	Pfandbriefgesetz
PrKlG	Preisklauselgesetz
SBW	Sonderbedingungen für Wertpapiere
SchVG	Schuldverschreibungsgesetz
SE	Societas Europaea
SEPA	Single Euro Payments Area
SRM	Single Resolution Mechanism
SSM	Single Supervisory Mechanism
StuW	Steuer und Wirtschaft (Zeitschrift)
T€	Tausend Euro
UmstG	Umstellungsgesetz
UmwG	Umwandlungsgesetz
UmwStG	Umwandlungssteuergesetz
UStG	Umsatzsteuergesetz
VO	Verordnung
VVaG	Versicherungsverein auf Gegenseitigkeit
Wertpapier	Das Wertpapier (Zeitschrift)
WG	Wechselgesetz
WM	Wertpapier-Mitteilungen (Zeitschrift)
WP	Wirtschaftsprüfer
WpAIV	Wertpapierhandelsanzeige- und Insiderverzeichnisverordnung
WpDVerOV	Verordnung zur Konkretisierung der Verhaltensregeln und Organisationsanforderungen für Wertpapierdienstleistungsunternehmen

WPg	Die Wirtschaftsprüfung (Zeitschrift)
WpHG	Gesetz über den Wertpapierhandel
WPO	Wirtschaftsprüferordnung
WpPG	Wertpapierprospektgesetz
WpU	Wertpapierdienstleistungsunternehmen
WpÜG	Wertpapiererwerbs- und Übernahmegesetz
WschV	Wandelschuldverschreibung
WuB	Entscheidungssammlung zum Wirtschafts- und Bankrecht
WuW	Wirtschaft und Wettbewerb (Zeitschrift)
ZAG	Zahlungsdiensteaufsichtsgesetz
ZBB	Zeitschrift für Bankrecht und Bankwirtschaft
ZEV	Zeitschrift für Erbrecht und Vermögensnachfolge
ZfB	Zeitschrift für Betriebswirtschaft
ZfbF	Schmalenbachs Zeitschrift für betriebswirtschaftliche Forschung
ZGR	Zeitschrift für Unternehmens- und Gesellschaftsrecht
ZhdlwF	Zeitschrift für handelswissenschaftliche Forschung
ZHR	Zeitschrift für das gesamte Handelsrecht und Wirtschaftsrecht
ZIP	Zeitschrift für Wirtschaftsrecht
ZKMA	Zentraler Kreditmarktausschuss
ZKW	Zeitschrift für das gesamte Kreditwesen
ZPO	Zivilprozessordnung
ZRP	Zeitschrift für Rechtspolitik
ZVG	Zwangsversteigerungsgesetz

§ 1. Gegenstand des Bankrechts

Übersicht

	Rn.
I. **Gegenstand des öffentlichen Bankrechts**	11
1. Der Schutz des Geldverkehrs	11
2. Geldordnung, der Euro	12
3. Schutz des Geldwertes, Wertsicherungsrecht	15
4. Geldbeschaffung	17
5. Konvertibilität und Wechselkursrecht	17
6. Vorgabe eines öffentlich-rechtlichen Ordnungsrahmens für das Bankwesen	21
II. **Gegenstand des privaten Bankrechts**	25
III. **Aufbau und Mengengerüste des Bankwesens**	28
1. Die zwei Ebenen des deutschen Kreditwesens: das Zentralbank- oder Notenbankwesen und die kundenorientierte (werbende) Ebene	29
a) Die erste Ebene: Das Europäische System der Zentralbanken und die Deutsche Bundesbank	30
aa) Die Geldpolitik	33
bb) Mitwirkung bei der Bankenaufsicht	37
cc) Europarecht und öffentliches Bankrecht	38
b) Die zweite Ebene: Kundenorientierte (werbende) Banken	49
aa) Die drei Säulen des deutschen Bankwesens	50
bb) Öffentlich-rechtliche Kreditinstitute	52
cc) Privat- und Geschäftsbanken („privates Bankgewerbe")	65
dd) Genossenschaftsbanken	70
ee) Verbände	73
ff) Das Recht der Realkreditinstitute	75
gg) Die Verbraucherkreditinstitute (auch Teilzahlungsinstitute)	80
hh) Direktbanken und Discountbroker	82
ii) Banken mit Sonderaufgaben	85
jj) Investmentbanken und Finanzhandelsinstitute	86
kk) Die Bausparkassen	93
ll) Die Kapitalverwaltungsgesellschaften	96
mm) Die Beteiligungsgesellschaften	106
2. Ausblick	113
IV. **Die Bankenaufsicht und der aufsichtsrechtliche Rahmen des Bankwesens**	120
1. Die Bankenaufsicht	123

	a) Die europäische Finanz- und Bankenaufsicht	126
	b) Die deutsche Bankenaufsicht	133
2.	Der aufsichtsrechtliche Rahmen des Bankwesens	136
	a) Anwendungsbereich des Kreditwesengesetzes (KWG)	141
	aa) Adressaten des Kreditwesengesetzes	142
	bb) Erlaubnis zum Betreiben von Bankgeschäften	158
	cc) Vorschriften zu Eigenmittel und Liquiditätsanforderungen innerhalb des Kreditwesengesetzes	167
	dd) Besondere Organisationspflichten	168
	ee) Beaufsichtigung der laufenden Geschäftstätigkeit nach dem Kreditwesengesetz	174
	ff) Eingriffsbefugnisse nach dem Kreditwesengesetz	182
	gg) Sanktionen nach dem Kreditwesengesetz	184
	b) Anwendungsbereich der Capital Requirements Regulation (CRR)	193
	c) Exkurs: Das Zahlungsdiensteaufsichtsgesetz (ZAG)	207
V. Privates Bankrecht		214
1.	Die Rechtsquellen des privaten Bankrechts	216
	a) Gesetzesrecht	217
	b) Gewohnheitsrecht, richterliche Rechtsfortbildung	224
	c) Allgemeine Geschäftsbedingungen	226
	d) Handelsbräuche und Verkehrssitte	236
2.	Der Ombudsmann	239
3.	Der allgemeine Bankvertrag	243

Literatur: *Altvater/von Schweinitz*, Trennbankensystem: Grundsatzfragen und alternative Regulierungsansätze, WM 2013, S. 625; *Arbeitgeberverband des privaten Bankgewerbes,* Bericht 2012/2013, Stand: 31. Dezember 2012; *Baumbach/Hopt,* HGB, 35. Aufl., 2012; *Baums,* Stellungnahme für den Bundestagsausschuß für Wirtschaft, ZBB 1994, S. 86; *Beck/Samm/Kokemoor,* KWG, Loseblatt; *Beckmann/Scholtz/Vollmer,* Investment-Handbuch, Loseblatt; *Begner,* Crowdfunding im Lichte des Aufsichtsrechts, BaFinJournal September 2012, S. 11; *Bergmann,* Handlexikon der Europäischen Union, 4. Aufl., 2012; *Bundesanstalt für Finanzdienstleistungsaufsicht,* Die internationale Aufsichtsstruktur im Wandel, BaFinJournal Oktober 2012, S. 16 ff.; *dies.,* Schwarzer Kapitalmarkt – Bekämpfung unerlaubter Geschäfte durch die BaFin, BaFinJournal September 2013, S. 8; *dies.,* Einheitliche europäische Bankenaufsicht, BaFinJournal Oktober 2013, S. 28; *dies.,* Rundschreiben 10/2012 (BA) – Mindestanforderungen an das Risikomanagement (MaRisk) vom 14. Dezember 2012; *dies.,* Merkblatt – Hinweise zum Tatbestand des Einlagengeschäfts, Stand: August 2011; *dies.,* Merkblatt – Hinweise zum Tatbestand des Kreditgeschäfts, Stand: Januar 2009; *dies.,* Merkblatt – Hinweise zur Erlaubnispflicht der Betreiber und Nutzer einer internetbasierten Kreditvermittlungsplattform nach dem KWG, Stand: Mai 2007; *dies.,* Merkblatt – Hinweise zum Tatbestand der Finanzportfolioverwaltung, Stand: August 2013; *dies.,* Merkblatt – Hinweise zur Erlaubnispflicht nach § 32 Abs. 1 KWG in Verbindung mit § 1 Abs. 1 und Abs. 1a KWG von grenzüberschreitend betriebenen Bankgeschäften und/oder grenzüberschreitend erbrachten Finanzdienstleistungen, Stand: April 2005; *dies.,* Merkblatt – Hinweise zur Bereichsausnahme des so genannten Konzernprivilegs, Stand: August 2011; *dies.,* Merkblatt – Hinweise zu dem Gesetz über die Beaufsichtigung von Zahlungsdiensten (Zahlungsdiensteaufsichtsgesetz – ZAG), Stand: Dezember 2011; *dies.,* Auslegungsschreiben zum Anwendungsbereich des KAGB und zum Begriff des „Investmentvermögens" vom 14. Juni 2013; *dies.,* Hinweise zu Finanzinstrumenten nach § 1 Abs. 11 Satz 1 Nummern 1 bis 7 KWG (Aktien, Vermögensanlagen, Schuldtitel, sonstige Rechte, Anteile an Investmentvermögen, Geldmarktinstrumente, Devisen und Rechnungseinheiten), Stand: Juli 2013; *Bundesanstalt für Finanzdienstleistungsaufsicht/*

Deutsche Bundesbank, Gemeinsames Informationsblatt zum Tatbestand der Anlageberatung, Stand: Mai 2011; *dies.*, Merkblatt über die Erteilung einer Erlaubnis zum Betreiben von Bankgeschäften gemäß § 32 Abs. 1 KWG, Stand: 31. Dezember 2007; *Boos/Fischer/Schulte-Mattler*, KWG, 4. Aufl., 2012; *Bundesagentur für Arbeit*, Sozialversicherungspflichtig Beschäftigte nach Wirtschaftszweigen (WZ 2008), Stand 31. Dezember 2012; *Bundesverband der Deutschen Volksbanken und Raiffeisenbanken*, Jahresbericht 2012, Stand: 31. Dezember 2012; *Bundesverband Deutscher Kapitalbeteiligungsgesellschaften*, BVK-Statistik 2012, Stand: 31. Dezember 2012; *Bunte*, AGB-Banken, 3. Aufl., 2011; *Canaris* in Staub, HGB, 4. Aufl., 2005, Band 5, Bankvertragsrecht, Teil 1; *Claussen*, Gibt es einen allgemeinen Bankvertrag oder gibt es ihn nicht?, in: Lutter/Scholz/Sigle, Festschrift für Martin Peltzer, S. 55; *Deutsche Bundesbank*, Geld und Geldpolitik, 2012; *dies.*, Merkblatt über die Erteilung einer Erlaubnis zum Erbringen von Finanzdienstleistungen gemäß § 32 Abs. 1 KWG, Stand: 8. Mai 2013; *dies.* Zahlungsverkehr- und Wertpapierabwicklungsstatistiken in Deutschland 2008 – 2012, Stand: 30. Juni 2013; *dies.*, Monatsbericht Dezember 2013, Statistischer Teil, Stand: 30. Juni 2013; *dies.*, Verzeichnis der Kreditinstitute 2013; *dies.*, Bankenstatistik August 2013, Stand: 31. Dezember 2012; *dies.*, Basel III – Leitfaden zu den neuen Eigenkapitalregeln für Banken, 2011; *Ebenroth/Boujong/Joost/Strohn*, HGB, Band 1, 2. Aufl., 2008; *Emde/Dreibus*, Der Regierungsentwurf für ein Kapitalanlagegesetzbuch, BKR 2013, S. 89; *Erne*, Die Swapgeschäfte der Banken, 1. Aufl, 1993; *Europäische Kommission*, Grünbuch über die praktischen Fragen des Übergangs zur einheitlichen Währung, 31. Mai 1995, KOM(95)333; *Europäische Zentralbank*, Total number of MFIs and updates, Stand: 31. August 2013; *dies.*, Monatsbericht Oktober 2013; *Financial Stability Board*, Update of group of global systemically important banks(G-SIBs), Annex 1, Stand: 1. November 2012; *Finanzgruppe Deutscher Sparkassen- und Giroverband*, Finanzbericht 2012, Stand: 31. Dezember 2012; *Fuchs*, WpHG, 1. Aufl., 2009; *Hageböke/Leuering*, Übertragung risikoreicher Aktivitäten nach dem „Trennbankengesetz", NJW-Spezial 2013, S. 463; *Hahn/Häde*, Währungsrecht, 2. Aufl., 2010; *Heidel/Hüßtege/Mansel/Noack*, BGB, 2. Aufl., 2011; *Heidelbach/Preuße*, Die Anwendung des neuen europäischen Prospektregimes in der Praxis – ausgewählte Probleme, BKR 2012, S. 397; *Hellner/Steuer*, Bankrecht und Bankpraxis, Loseblatt; *Henssler/Strohn*, Gesellschaftsrecht, 1. Aufl., 2011; *Heppe/Tielmann*, Die Neuerungen des Dodd-Frank Wall Street Reform and Consumer Protection Act – Eine Auswahl, WM 2011, S. 1883; *Herrmann*, Die Bewältigung der Euro-Staatsschulden-Krise an den Grenzen des deutschen und europäischen Währungsverfassungsrechts, EuZW 2012, S. 805; *Hoenike/Szodruck*, Rechtsrahmen innovativer Zahlungssysteme für Multimediadienste, MMR 2006, S. 519; *Hoeren*, Das neue Verfahren für die Schlichtung von Kundenbeschwerden im deutschen Bankgewerbe – Grundzüge und Rechtsprobleme, NJW 1992, S. 2727; *ders.*, Der Bankenombudsmann in der Praxis – Ein erstes Resümee, NJW 1994, S. 362; *Karsten Schmidt*, Handelsrecht, 6. Aufl., 2011; *ders.*, in Staudinger, BGB, §§ 244–248 BGB (Geldrecht), 1997; *Kämmerer*, Das neue Europäische Finanzaufsichtssystem (ESFS) – Modell für eine europäisierte Verwaltungsarchitektur?, NVwZ 2011, S. 1281; *Kilian/Heussen*, Computerrechts-Handbuch, 26. Ergänzungslieferung 2008; *Kirchhartz*, Europäisches Bankaufsichtsrecht 1.0: Das CRD IV-Paket und seine Auswirkungen auf das Kreditwesengesetz, GWR 2013, S. 395; *ders.*, Grüne Geldanlagen im Trend, UmweltMagazin 12/2012, S. 49; *Köndgen*, Die Entwicklung des privaten Bankrechts in den Jahren 1992–1995, NJW 1996, S. 558; *ders.*, Die Entwicklung des privaten Bankrechts in den Jahren 1999–2003, NJW 2004, S. 1288; *Krebs/Becker*, Entstehung und Abänderbarkeit von Gewohnheitsrecht, JuS 2013, S. 97; *Kümpel/Hammen/Ekkenga*,Kapitalmarktrecht, Ergänzungslieferung 1/13, 2013; *Kümpel/Wittig*, Bank- und Kapitalmarktrecht, 4. Aufl., 2011; *Lang*, Das Aus für die Lehre vom „allgemeinen Bankvertrag"?, BKR 2002, S. 1089; *Luz/Neus/Scharpf/Schneider/Weber*, KWG, 2. Aufl., 2011; *Maunz/Dürig*, GG, 68. Ergänzungslieferung, 2013; *Martin-Ehlers*, Anstaltslast und Gewährträgerhaftung – Much ado about nothing?, EWS 2001, S. 263; *Meder/Grabe*, PayPal – Die „Internet-Währung" der Zukunft?, BKR 2005, S. 467; *Möschel*, Teilprivatisierung der Landesbank Baden-Württemberg (LBBW), WM 2001, S. 1009; *ders.*, Die Finanzkrise – Wie soll es weitergehen, ZRP 2009, S. 129; *Münchener Kommentar zum BGB*, 6. Aufl., 2012; *Münchener Kommentar zum HGB*, 3. Aufl., 2013; *Münchener Kommentar zum StGB*, 2006; *Neuhof*, Aktuelle Rechtsfragen der Sicherheitenfreigabe und die Rolle der Kreditinstitute bei der Sanierung von Unternehmen, WM 1994, S. 1705; *Niemeyer/Hirsbrunner*, Anstaltslast und Gewährträgerhaftung bei Sparkassen und die Zwischenstaatlichkeitsklausel in Art. 87 EG, EuZW 2000, S. 364; *Nobbe*, Bankgeheimnis, Datenschutz und Abtretung von Darlehensforderungen, WM

2005, S. 1537; *Obst/Hintner*, Geld-, Bank- und Börsenwesen, 40. Aufl., 2000; *Ombudsmann der privaten Banken*, Tätigkeitbericht 2012, Stand: 31. Dezember 2012; *Palandt*, BGB, 72. Aufl., 2013; *Parsch*, 5 Jahre Schlichtungsverfahren der privaten Banken, WM 1997, S. 1228; *Piecha*, Die Europäische Gemeinschaftsanleihe – Vorbild für EFSF, ESM und Euro-Bonds?, EuZW 2012, S. 532; *Raisch*, Zur Abgrenzung von Gewohnheitsrecht und Richterrecht im Zivil- und Handelsrecht, ZHR 150, S. 117; *Reischauer/Kleinhans*, KWG, Loseblatt; *Roth*, Der allgemeine Bankvertrag, WM 2003, S. 480; *Rümker*, Vertrauenshaftung – ein Strukturprinzip des Bankvertragsrechts, ZHR 147, S. 27; *Schimansky/Bunte/Lwowski* in BankR-HdB, 4. Aufl., 2011; *Schlierbach*, Das Sparkassenrecht der Bundesrepublik Deutschland, 5. Aufl., 2003; *Schmidt-Ränsch*, Wertsicherungsklauseln nach dem Euro-Einführungsgesetz, NJW 1998, S. 3166; *Schwark*, Schuldrechtsreform und Bankvertragsrecht, ZHR 147, S. 223; *Schwennicke/Auerbach*, KWG, 2. Aufl., 2013; *Schwintowski*, Bankrecht, 3. Aufl., 2011; *Statistisches Bundesamt*, Pressemitteilung vom 8. Februar 2013 (50/13); *Van Kann/Rosak*, Das geplante Trennbankengesetz – Ausgliederung spekulativer Geschäfte zur Abschirmung von Risiken, NZG 2013, S. 572; *Verband der Automobilindustrie*, Jahresbericht 2013, Stand: 31. Dezember 2012; *Vogel*, Öffentliche Kreditinstitute und EU-Beihilferecht; ZBB 2001, S. 103; *Wagner*, Die Subprime-Krise – vom „Credit Hype" zur „Risk Mania", IRZ 2008, 163; *Weber*, Die Entwicklung des Kapitalmarktrechts im Jahre 2011, NJW 2012, S. 274; *ders.*, Die Entwicklung des Kapitalmarktrechts im Jahre 2012, NJW 2013, S. 275; *Weitnauer/Parzinger*, Das Crowdinvesting als neue Form der Unternehmensfinanzierung, GWR 2013, S. 153; *Welp/Heise*, BaFin-Chefin König kritisiert Pläne für Bankenabwicklung und Einlagensicherung, WirtschaftsWoche vom 14. September 2013; *Wollenhaupt/Beck*, Das neue Kapitalanlagegesetzbuch (KAGB), DB 2013, S. 1950; *Zerey*, Finanzderivate, 3. Aufl., 2013.

1 Deutsches Bankrecht ist die Summe der rechtlichen Vorgaben für die einzelnen Bankgeschäfte und die Summe der Vorschriften, die das Bankgewerbe regeln. Wir kennen den institutionellen Bankrechtsbegriff, der Bankrecht als Teil des objektiven Rechts ansieht, das die Rechtsverhältnisse der Kreditinstitute regelt. Dem steht der funktionale Bankrechtsbegriff gegenüber, der Bankrecht vom Gelde her definiert und fragt, woher Bankrecht kommt und welchen Zielen es dient.[1]

Bankrecht teilt sich in privates und öffentliches Bankrecht. Privates Bankrecht regelt die Rechtsbeziehung zwischen dem Kunden und seiner Bank, seiner Sparkasse oder seiner Genossenschaftsbank.[2] Sodann regelt es die Rechtsbeziehungen von Kreditinstituten untereinander oder mit Dritten. Öffentliches Bankrecht umfasst Geld- und Währungsrecht, das Recht der öffentlich-rechtlichen Kreditinstitute und das Bankaufsichtsrecht.

2 Rechtsgrundlage des **privaten Bankrechts** ist nicht etwa ein deutsches Bankgesetz. Ein solches Gesetz wird es in absehbarer Zukunft nicht geben. Die Rechtsgrundlagen des privaten Bankrechts finden sich vielmehr im Privatrecht selbst, dh insbesondere im Bürgerlichen Gesetzbuch (BGB), im Handelsgesetzbuch (HGB) und in anderen Gesetzen (etwa im Wechselgesetz oder im Scheckgesetz). Daneben findet – je nach Rechtsform des Kreditinstitutes – zB das Aktiengesetz (AktG) oder das Genossenschaftsgesetz (GenG) Anwendung. Ferner sind große Teile des privaten Bankrechts Gegenstand der rechtsbildenden Praxis, da insbesondere die vertraglichen Beziehungen zwischen Bank und Kunden weitreichend und in vielen Einzelheiten durch Allgemeine Geschäftsbedingungen der

---

[1] *Schwintowski*, Bankrecht, § 1, Rn. 2 ff.
[2] Sofern im Folgenden die Begriffe „Kreditinstitut" oder „Bank" Verwendung finden, sind damit – soweit sich nichts anderes aus der jeweiligen Darstellung ergibt – sowohl Banken, als auch Sparkassen und Genossenschaftsbanken gemeint. Dabei wird nicht übersehen, dass es sich bei den drei Säulen des deutschen Bankrechts: den Sparkassen, den privaten Geschäftbanken und den Genossenschaftsbanken jeweils um unterschiedliche Institutsgruppen handelt. → § 1 Rn. 49.

Kirchhartz

Kreditinstitute – den AGB – bestimmt werden.³ Schließlich wird das private Bankrecht fortlaufend durch die Judikatur geprägt und konkretisiert. Dies betrifft insbesondere den von Banken beim Betreiben ihrer Bankgeschäfte gegenüber Kunden regelmäßig zu beachtenden Pflichtenkreis.⁴

Für die Rechtsfortentwicklung sorgen eine aus zweihundert Jahren Erfahrung schöpfende Bankwirtschaft sowie die sich im Einklang hiermit ständig fortentwickelnden Vorgaben des Gesetzgebers. Die Überwachungsfunktion nimmt die Rechtsprechung wahr. Die wissenschaftliche Diskussion regt Rechtsprechung und Praxis an. Aufbauend auf diesen vier Quellen – den gesetzlichen Vorschriften, der rechtsbildenden Praxis, der bankrechtlichen Rechtsprechung und der wissenschaftlichen Diskussion – bilden sich die Rechtsideen, die das private Bankrecht, insbesondere das Rechtsverhältnis von Kreditinstituten zu ihren Kunden, fortentwickeln.

Das **öffentliche Recht** reguliert das deutsche Bankwesen insbesondere im Geld- und Währungsrecht, im Recht der öffentlichen Kreditinstitute und im Bankaufsichtsrecht⁵ (zB im Zulassungsrecht, im Recht der Kapitalaufbringung und der Liquiditätshaltung sowie in weiteren, das Betreiben von Bankgeschäften betreffenden Bereichen). Wichtige nationale Regelungen des öffentlichen Bankrechts finden sich im Bundesbankgesetz (BBankG), im Kreditwesengesetz (KWG) und im Wertpapierhandelsgesetz (WpHG), auch im Zahlungsdiensteaufsichtsgesetz (ZAG). Daneben sind im Zuge einer zunehmenden europäischen Harmonisierung des Bankaufsichtsrecht von Kreditinstituten auch europäische Vorgaben zu beachten. Zu nennen sind hier insbesondere der Vertrag über die Arbeitsweise der Europäischen Union (AEUV)⁶ und die am 1. Januar 2014 in Kraft getretene Verordnung des Europäischen Parlaments und des Rates über Aufsichtsanforderungen an Kreditinstitute und Wertpapierfirmen (sog. Capital Requirements Regulation – CRR)⁷, mit der erstmals ein in allen EU-Mitgliedsstaaten unmittelbar geltender, einheitlicher aufsichtsrechtlicher Regulierungsrahmen geschaffen wurde. Ferner sind europäische Richtlinien, die von den nationalen Gesetzgebern in Bankaufsichtsrecht umzusetzen sind, von Bedeutung (zB die Richtlinie des Europäischen Parlaments und des Rates über den Zugang zur Tätigkeit von Kreditinstituten und die Beaufsichtigung von Kreditinstituten

---

³ Siehe die Allgemeinen Geschäftsbedingungen der privaten Banken, Stand: Mai 2012 (nachfolgend: AGB-Banken). Die Allgemeinen Geschäftsbedingungen von Sparkassen, Stand: ab Mai 2012 (nachfolgend: AGB-Sparkassen) sowie die Allgemeinen Geschäftsbedingungen von Genossenschaftsbanken, Stand: ab Mai 2012 (nachfolgend: AGB-Genossenschaftsbanken).
⁴ Beispielhaft sei in diesem Zusammenhang nur auf die Beratungs- und Aufklärungspflichten von Kreditinstituten bei der Anlageberatung verwiesen, die ständiger Gegenstand richterlicher Rechtsfortbildung sind.
⁵ Wer „Bank" oder „Kreditinstitut" iSd Bankaufsichtsrechts ist, bestimmt sich nach § 1 Abs. 1 Kreditwesengesetz (KWG). Der abschließende Katalog der vom Gesetzgeber normierten Bankgeschäfte findet sich dort. Weiterer Regelungsbestandteil des Bankaufsichtsrechts sind die gesetzlichen Vorgaben für Finanzdienstleister, die Finanzdienstleistungen iSd abschließenden Katalogs von § 1 Abs. 1a KWG erbringen.
⁶ Vertrag über die Arbeitsweise der Europäischen Union in der Fassung der Bekanntmachung vom 9. Mai 2008 (ABl. Nr. C 115 S. 47).
⁷ Vollständige Bezeichnung: *Verordnung (EU) Nr. 575/2013 des Europäischen Parlaments und des Rates vom 26. Juni 2013 über Aufsichtsanforderungen an Kreditinstitute und Wertpapierfirmen und zur Änderung der Verordnung (EU) Nr. 646/2012*. Siehe hierzu im Einzelnen: *Kirchhartz*, Europäisches Bankaufsichtsrecht 1.0: Das CRD IV-Paket und seine Auswirkungen auf das Kreditwesengesetz, GWR 2013, S. 395 ff.

und Wertpapierfirmen, die sog. Capital Requirements Directive – CRD IV[8]). Schließlich zählt zum öffentlichen Bankrecht im weitesten Sinne auch das Kapitalmarktrecht; daneben treten die privatrechtlichen Regelwerke, die die Börsen für Emittenten aufstellen.

4 **Bankrecht ist eine interdisziplinäre Wissenschaft**, die neben dem Recht allgemeine Betriebswirtschaftslehre und Betriebswirtschaft der Banken zum Inhalt hat. Hinzu kommt die Volkswirtschaftslehre, insbesondere die Wissenschaft von der Geld- und Konjunkturpolitik. Überdies ist die fortschreitende Europäisierung und Internationalisierung für das deutsche Bankrecht kennzeichnend. Dies hat zuletzt die weltweite Finanzkrise im Jahr 2008[9] eindrucksvoll unter Beweis gestellt, die staatenübergreifend das Verlangen nach einer Verschärfung bestehender Aufsichtsrechtsregime weckte und deren Ausläufer mit der Schaffung und Umsetzung des sog. CRD IV-Paktes zur Neuregelung des europäischen und des deutschen Bankaufsichtsrechts führte.[10] Zusammenfassend ist zu sagen, dass die Befassung mit dem Bankrecht die Bereitschaft voraussetzt, sich mit dem Recht, der Betriebswirtschafts- und Volkswirtschaftslehre sowie mit bankpraktischen nationalen, europäischen und über die Grenzen der Europäischen Union hinausgehenden internationalen Bezügen eines sich ständig im Fluss befindlichen Finanzsektors zu beschäftigen.

5 Bankrecht befasst sich vornehmlich – aber nicht nur – mit **Geld**, nämlich mit dem Recht der Geldschöpfung, der Geldvernichtung, des Geldumlaufs, der Geldaufbewahrung und der Geldanlage.

Was ist Geld, und woher kommt das Geld? Die Antwort auf diese Frage lautet: Einmal ist Geld ein fester, unwandelbarer Rechtsbegriff – zum anderen gilt der Satz: „Geld existiert nicht".[11] Geld ist nur aus der Zusammenschau seiner Geschichte, dem Verständnis des Geldes in der Rechts- und der Wirtschaftswissenschaft sowie aus dem Empfinden der „Benutzer" zu definieren. „Geld" ist sowohl eine wirtschaftliche, eine gesellschaftliche, als auch eine rechtliche Erscheinung. Geld erfüllt nicht nur seine Funktion als Tauschmittel, sondern auch als Wertaufbewahrungsmittel und als abstrakte Recheneinheit. Aus diesen Zentralfunktionen des Geldes ergeben sich für den Bürger Folgefunktionen: Der Besitzer von Geld genießt das Freiheitsrecht, dieses Geld in andere, gewünschte Güter tauschen zu können. Der Nichtbesitzer von Geld verspürt einen Antrieb, zu Geld zu kommen. Der Besitzer von Geld bringt dem Geld Vertrauen entgegen, auf Dauer seinen Wert wie einen Sachwert zu erhalten.

Es gibt auch die Definition von Geld durch Differenzierungen. So wird mitunter zwischen Geld in seiner konkreten Form und als abstraktem Begriff, zwischen einem wirtschaftlichen und einem rechtlichen Geldbegriff unterschieden.[12] Es wird auch zwischen dem staatlichen Geld und dem wirtschaftlichen Verkehrsgeld unterschieden.[13]

---

[8] Vollständige Bezeichnung: *Richtlinie 2013/36/EU des Europäischen Parlaments und des Rates vom 26. Juni 2013 über den Zugang zur Tätigkeit von Kreditinstituten und die Beaufsichtigung von Kreditinstituten und Wertpapierfirmen, zur Änderung der Richtlinie 2002/87/EG und zur Aufhebung der Richtlinien 2006/48/EG und 2006/49/EG*, die vom deutschen Gesetzgeber mit in Kraft treten des sog. CRD IV-Umsetzungsgesetzes (BGBl. I 2013, S. 3395) zum 1. Januar 2014 umgesetzt wurde. Siehe: *Kirchhartz* GWR 2013, S. 395 ff.

[9] Siehe die ausführlichen Darstellungen der Finanzkrise von *Fischer* in Boos/Fischer/Schulte-Mattler, KWG, Einf., Rn. 91 ff.

[10] Siehe *Kirchhartz* GWR 2013, S. 395 ff.

[11] Grundsätzlich und umfassend zum Geldbegriff: *Karsten Schmidt* in Staudinger, BGB, Vorbem zu §§ 244 ff., Rn. A 12 bis A 47.

[12] Vgl. *Hahn/Häde*, Währungsrecht, § 3, Rn. 1 ff.; *Schefold* in BankR-HdB, § 115, Rn. 9 ff.

[13] *Grundmann* in MüKoBGB, § 245, Rn. 10 bis Rn. 12.

Auch die schöne Literatur definiert das Geld. *Goethe* meint, Geld sei das zweite Blut des Menschen; *Lessing* spricht im „Nathan" vom leidigen, verwünschten Geld; *Oswald Spengler* meint gar: „Was das Seelenleben der Moderne angeht, so ist an die Stelle des Denkens in Gütern das Denken in Geld getreten." *Richard Wagner* wetterte 1848 gegen den dämonischen Charakter des Geldes, „der von uns weichen möchte, damit sich die volle Emanzipation des Menschengeschlechts erfüllen könne". Das Matthäusevangelium lehrt uns in Kap. 6 Vers 24: „Ihr könnt nicht Gott dienen und dem Mammon." – Zur Historie des Geldes: Vielleicht kann man unsere Geldidee auf die alten ägyptischen Kulturen zurückführen, in denen die Höhe von Opfern, die den Göttern darzubringen sind, in geldähnlichen Kategorien bemessen wurden. Diesseitiger ist die Erklärung, dass das Phänomen „Geld" mit dem Entstehen arbeitsteiligen Wirtschaftens einherging: Wer ein Wirtschaftsgut herstellt und dies gegen andere Güter umzutauschen wünscht, benötigt ein neutrales Medium, das diesen Tauschvorgang erlaubt. Als der Handel aufkam, wurde Geld unverzichtbar als überindividuelles, allgemein anerkanntes Tauschmittel, nämlich ein Tauschmittel mit auf dem Geldschein aufgedruckten Tauschwert.

Die Rechtsordnung erklärt das Geld zum umfassenden Tausch- und Wertaufbewahrungsmittel. Allein dem Staat steht das Recht zu, die Entstehung von Geld zu beschließen. In der Bundesrepublik Deutschland, wie in den meisten modernen Verfassungen, ist die Währungshoheit des Staates verankert, bei uns in Art. 73 GG. Eine Befugnis, die durch die Verträge von Maastricht[14] und Amsterdam[15] auf die Europäische Union übertragen wurden. Dies zu beschließen, war dem Deutschen Bundestag durch Art. 24 Abs. 1 GG erlaubt, durch den sog. „Integrationshebel". So entstand „überstaatliches Geld". Dogmatischer Hintergrund ist nach wie vor die Theorie des staatlichen Geldes.[16]

Geld gibt es in den Erscheinungsformen **Sachgeld**, **Buchgeld** und **elektronisches Geld.** Sachgeld, auch Bargeld genannt, gibt es als Noten – das sind Geldscheine – und als Münzen, Kleingeld genannt. Sachgeld ist weder bei einer Bank aufbewahrungsfähig, noch für den Überweisungsverkehr geeignet. Diese Funktion erfüllt das Buchgeld, auch Giralgeld genannt.[17] Dies sind die bei Banken verzeichneten Wertgrößen, die als Saldo auf einem Konto verzeichnet und für den Überweisungsverkehr oder für die Aufbewahrung bei einer Bank bestimmt sind. Die Funktion der Überweisung erfüllt nur das Buchgeld. Neben das Buchgeld tritt das elektronische Geld (sog. **E-Geld**[18]), das in zwei Formen vorkommt. Es kann auf Geldkarten aufgeladen und gespeichert sein, dann wird es auch „Chipgeld" genannt. Eine andere Form elektronischen Geldes findet sich im Internet, sie wird Netzgeld, Cybergeld oder virtuelles Geld genannt.[19] Der Abstraktionsgrad

---

[14] Vertrag über die Europäische Union vom 7. Februar 1992 (BGBl. II 1992, S. 1251).
[15] Vertrag von Amsterdam vom 2. Oktober 1997 (BGBl. II 1998, S. 387).
[16] Zur von Knapp entwickelten staatlichen Theorie des Geldes siehe: *Karsten Schmidt* in Staudinger, BGB, Vorbem. §§ 244 ff., Rn. A 4.
[17] Ausführlich: *Karsten Schmidt* in Staudinger, BGB, Vorbem zu §§ 244 ff., Rn. A 28; *Schefold* in BankR-HdB, § 115, Rn. 36.
[18] E-Geld ist aufsichtsrechtlich in § 1a Abs. 3 ZAG definiert als jeder elektronisch, darunter auch magnetisch, gespeicherte monetäre Wert in Form einer Forderung gegenüber dem Emittenten, der gegen Zahlung eines Geldbetrages ausgestellt wird, um damit Zahlungsvorgänge im Sinne des § 675f Abs. 3 Satz 1 des Bürgerlichen Gesetzbuchs durchzuführen, und der auch von anderen natürlichen oder juristischen Personen als dem Emittenten angenommen wird. Diese Definition gilt nach § 675c Abs. 3 BGB auch für das Zivilrecht, jedenfalls für die §§ 675c ff. BGB.
[19] Zu den unterschiedlichen Begrifflichkeiten siehe *Neumann* in BankR-HdB, § 55a, Rn. 1.

dieses Geldes ist gegenüber dem Buchgeld nochmals gesteigert. Es gibt keine Bücher und Schriften mehr, in denen Guthaben in Geld oder geldwerte Verpflichtungen verbucht sind, sondern Magnetspeicher und digitalisierte Anzeigen. Dieses Geld wird außerhalb des Regelungsbereichs des klassischen Bankvertragsrechtes eingesetzt.[20] Einsatzfelder des E-Geldes sind, wie schon erwähnt, Chipkarten sowie das im Internet eingesetzte Netzgeld. Ein Beispiel hierfür ist etwa das von der Deutschen Bank 1997 eingeführte aber bereits 2001 wieder eingestellte Netzgeldsystem E-Cash.[21] Die Einordnung der beispielsweise im Internet von PayPal angebotenen Dienstleistungen als Netzgeld wird hingegen überwiegend abgelehnt.[22]

7 Alle vorgenannten Geldarten – Buchgeld, Sachgeld und E-Geld – sind Geld von gleichem Wert. Historisch und in der Sache bestehen indessen vitale Unterschiede. **Sachgeld** gibt es seit 3000 Jahren. Es war in den Frühzeiten des Währungswesens aus Edelmetallen hergestelltes Münzgeld, bei dem der Metallwert dem inneren Wert der Münze entsprach. Diese historische Vorstellung der Gelddeckung gilt nicht mehr. Wie lange es noch Sachgeld gibt, ist ungewiss, immerhin hat es sich durch die Geldausgabeautomaten und die Verbreitung der EC-Karte[23] der Automatisierung geöffnet.

8 Das **Buchgeld** hat, da eine reine Buchungsgröße, natürlich keinen materiellen Wert; sein innerer Wert ist durch staatlichen Befehl festgelegt. Das Buchgeld ist dem staatlichen Sachgeld gleichgestellt, weil es dessen Funktionen erfüllt und zunehmend übernimmt; die innere Werthaltigkeit auch des Buchgeldes zu erhalten gehört zu den wichtigsten Funktionen des Staates und der Wirtschaftspolitik.[24] Denn der Bürger muss sich darauf verlassen können, dass sein Sparguthaben seinen Charakter als Geld und seinen Wert als Tauschmittel behält. Die Gleichstellung von Sach- mit Buchgeld ergibt sich auch daraus, dass die Geldmengensteuerung das Buchgeld voll einbezieht und dass die Kreditwirtschaft nicht beliebig viel Buchgeld schaffen kann. Sie ist eher als das Medium zu verstehen, das durch staatliche Erlaubnis und unter staatlicher Aufsicht aufgerufen ist Buchgeld zu transformieren.[25] Obwohl Buchgeld „nur" in einer abstrakten Kontogutschrift besteht, bewirkt es die Erfüllung eines Schuldverhältnisses iSv § 362 Abs. 1 BGB und nicht nur eine Leistung an Erfüllungs statt. Dies gilt aber nur dann, wenn die Verbindlichkeit auch unbar geschuldet wird. **Beispiel:** Der Kaufmann A schreibt auf seine Rechnung „Zahlung auf mein Konto bei der X-Bank in Y, Konto Nr. Z". Hier schuldet der Schuldner – nimmt er diesen Zahlungsweg ohne Widerspruch an – die bargeldlose Zahlung, also Zahlung durch Buchgeld. Aber auch ohne Angabe eines unbaren Zahlungsweges wird durch bargeldlose Zahlung und deren Eingang auf dem Konto des Gläubigers eine Schuld iSv § 362 BGB erfüllt.[26]

---

[20] Das E-Geldgeschäft, dh die Ausgabe von E-Geld, ist zudem kein Bankgeschäft mehr (siehe früher: § 1 Abs. 1 S. 2 Nr. 1 KWG aF), sondern nunmehr in § 1a Abs. 2 Zahlungsdiensteaufsichtsgesetz (ZAG) geregelt.

[21] Siehe hierzu: *Neumann* in Kilian/Heussen, Computerrechts-Handbuch, Abschnitt 1, Teil 11, Rn. 61 ff.

[22] *Hoenike/Szodruck* MMR 2006, S. 519; *Meder/Grabe* BKR 2005, S. 467.

[23] „EC" steht für „electronic cash".

[24] § 3 BundesbankG; Art. 2 und 3 EZB-Satzung; vgl. § 1, Rn. 15.

[25] Siehe hierzu auch: *Schefold* in BankR-HdB, § 115, Rn. 39, 52; *Europäische Kommission*, Grünbuch über die praktischen Fragen des Übergangs zur einheitlichen Währung, 31. Mai 1995, KOM(95)333, S. 61 ff.

[26] Siehe zur rechtsmissbräuchlichen Berufung auf mangelnde Erfüllung durch Banküberweisung: BGH NJW-RR 2004, S. 1281.

Wer – etwa ein Nichtkaufmann – diesen normalen Weg der Erfüllung nicht will, muss ihn ausdrücklich ausschließen.[27]

Sach-, Buch- und E-Geld erfüllen unterschiedliche Funktionen: Das Sachgeld dient der Abwicklung von kleineren Schuldverhältnissen, aber auch von Rechtsgeschäften aus der Schattenwirtschaft. In nahezu allen anderen Fällen kommt Buchgeld zur Anwendung, zB gibt es nur noch bargeldlose Lohn- und Gehaltszahlungen. Gleiches gilt für die weite Verbreitung der unbaren Begleichung von Kaufpreisen im Einzelhandel. Diesen Funktionsbereich ergänzt das **E-Geld** bei der Bezahlung mit auf der Geldkarte gespeichertem Geld (Chipgeld, nicht zu verwechseln mit der durch die Nutzung der Bankkarte ausgelöste Zahlung im Lastschriftverfahren).

Zur Bewegung von **Buchgeld** bedarf es bestimmter Instrumente, wie zB der Überweisung, der Lastschrift oder des – in der Praxis jedoch stark rückläufigen – Schecks. Diese Instrumente werden vom Kunden typischer Weise durch die heute marktgängigen und bankbezogenen Zahlungsmittel wie Bankkarte (electronic cash) oder Kreditkarte (zB VISA, MASTERCARD), genutzt. Auch das Homebanking erfreut sich für die Bewegung von Buchgeld einer immer größeren Bedeutung. – Beim Barzahlungsverkehr, dh bei der Zahlung durch **Sachgeld**, bedarf es derartiger Instrumente nicht, weil Noten und Münzen durch unmittelbare Hingabe – also durch Einigung und Übergabe nach § 929 BGB – den Besitzer und den Eigentümer des Zahlungsmittels wechseln. Mit diesem Besitzwechsel der Geldzeichen ist die Zahlung bewirkt und das Schuldverhältnis erfüllt. Das **E-Geld** schließlich ist ein Produkt der Kommunikationstechnologie. E-Geld als Netzgeld wird im Internet ohne Instrument bewegt, nämlich vom Schuldner durch elektronischen Befehl auf den Gläubiger übertragen, ansonsten kann man die Geld- oder Chipkarten in einem weiteren Sinn als Instrumente zur Übertragung von E-Geld ansehen. Diese Formen des E-Geldes und deren Akzeptanz in der Realwirtschaft lassen die Frage, ob es sich hier um reales oder virtuelles Geld handelt oder nicht, als zweitrangig erscheinen. E-Geld ist zwar kein gesetzliches Zahlungsmittel. Es ist dem Gesetzgeber jedoch nicht fremd und aufgrund seines Geldcharakters ausdrücklich im ZAG unter staatliche Aufsicht gestellt, § 1a Abs. 2 ZAG.

Im Gegensatz zu E-Geld haben Buchgeld und Sachgeld eine bedeutsame volkswirtschaftliche Funktion gemeinsam: Die Geldmengensteuerung. Die Summe aller Giralgelder von Nichtbanken, mit Ausnahme der bei der Notenbank angelegten, sowie das Bargeld, stellen das Geldvolumen dar, das durch eine eng gefasste (M 1), eine mittlere (M 2) und eine weit gefasste (M 3) Geldmenge definiert ist.[28] Dieses Geldvolumen ist eine volkswirtschaftliche Größe erster Ordnung. Sie gibt Auskunft über die Aktivitäten einer Volkswirtschaft und damit über die zu erwartende Geldwertstabilität. Die Notenbanken sind zur Erfüllung der ihnen obliegenden Stabilitätspolitik auf die Steuerung der Geldmenge durch marktbezogene Maßnahmen angewiesen. Dies geschieht in der Weise, dass das Europäische System der Zentralbanken (ESZB) bzw. die Europäische Zentralbank (EZB) bei

---

[27] Zustimmend: *Baumbach/Hopt*, HGB, BankGesch C/81 sagt, dass „schon in der bloßen Errichtung eines Bankgirokontos" die Einverständniserklärung zur Erfüllung mittels Buchgeld zu sehen ist. Einzelheiten bei *Karsten Schmidt* in Staudinger, BGB, Vorbem. zu §§ 244 ff., Rn. C 41; OLG Hamm NJW 1988, S. 2115; a. A. BGH NJW 1953, S. 897; OLG Frankfurt NJW 1998, S. 387; offen gelassen von BGH NJW 1999, S. 210.

[28] Vgl. *Löber* in Kümpel/Wittig, Bank- und Kapitalmarktrecht, Rn. 5.320 f.; *Deutsche Bundesbank*, Geld und Geldpolitik, S. 66 ff.

starker Zunahme der Geldmenge festverzinsliche Wertpapiere zu günstigen Zinssätzen an den Markt abgibt, den hieraus erzielten Kaufpreis stilllegt und damit die umlaufende Geldmenge reduziert. Die ist nur möglich mit Buch- und Sachgeld.

I. Gegenstand des öffentlichen Bankrechts

Öffentliches Bankrecht umschreibt die staatlichen Bereiche im Geld- und Bankwesen, die für dessen Funktionieren von Bedeutung sind. Teils schafft er neues Geld mit einer komplett neuen Währungsordnung (Euroeinführung), teils übernimmt der Staat als oberste Marktaufsicht Schutzfunktionen im Bereich des Geld- und Bankwesens.

1. Der Schutz des Geldverkehrs

11 **Buch- und Sachgeld** – aber auch **E-Geld** – sind gleichermaßen unter staatlichen Schutz gestellt. Diese Verpflichtung des Staates zum Schutz des Geldes ist Reflex des allein dem Staat zugewiesenen Rechts, Sachgeld zu schaffen („des Urheberrechts des Staates zur Schaffung von Geld"; § 14 Abs. 1 BBankG bzw. Art. 128 AEUV). Deshalb schützt das Strafrecht die Geld- und Währungsordnungen in den §§ 146 StGB ff.; das Gesetz gegen Ordnungswidrigkeiten ahndet mit den §§ 127 OWiG ff. denjenigen, der Vorrichtungen zur Herstellung von Geld feilhält oder verwahrt.[29] Nach § 35 BBankG wird bestraft, wer Geldersatz unbefugt ausgibt oder verwendet. Scheidemünzen werden durch das Münzgesetz von 1950 geschützt. **Sachgeld** kann nur vom Staat aufgrund der ihm zustehenden Münzhoheit geschaffen werden. Wer dennoch Münzen prägt, verstößt gegen das Münzgesetz. Noten stehen unter dem besonderen Schutz der §§ 146 bis 152 StGB, die Geld- und Wertzeichenfälschung ahnden. Sachgeld kann gestohlen und unterschlagen werden, was nach §§ 242 und 246 StGB bestraft wird.

Der Schutz des **Buchgeldes** ist geringer, insbesondere im Strafrecht. Buchgeld unterliegt nicht dem Eigentumsschutz des Strafrechts, sondern nur dem Vermögensschutz. Buchgeld kann nicht gestohlen oder unterschlagen werden. Die Benutzung des Sparbuchs durch einen Dritten – den Dieb – zum Ziel des Geldabhebens bei einer Bank ist zwar Diebstahl, aber nicht Betrug, weil es an dem Tatbestandsmerkmal der Vorspiegelung oder der Unterdrückung einer Tatsache fehlt.[30] An dem mit einem gestohlenen Postbarscheck abgehobenen Geld gibt es auch keine Hehlerei.[31] Wer einen irrtümlich auf seinem Konto gutgeschriebenen Geldbetrag abhebt und verbraucht, begeht nach deutschem Strafrecht keine Unterschlagung, weil er sich keine fremde bewegliche Sache rechtswidrig zueignet. Auch im Zivilrecht ist der Schutz des Buchgeldes unzureichend.

Beispiel: A erhält eine irrtümliche Gutschrift auf seinem Konto bei der B-Bank über € 5.000, hebt den Betrag ab und verspielt ihn am folgenden Wochenende. Strafrechtlich liegt kein Delikt vor, insbesondere keine Unterschlagung oder Betrug. Zivilrechtlich stehen der irrtümlich gutschreibenden Bank dann keine Ansprüche zu, wenn der Kondiktion § 818 Abs. 3 BGB entgegensteht, der Kunde den Mangel des rechtlichen Grundes nach § 819 Abs. 1 BGB nicht kannte und mit einem zumutbaren Maß an Kontenkontrolle

---

[29] Detaillierter *Karsten Schmidt* in Staudinger, BGB, Vorbem zu §§ 244 ff., Rn. A 82.
[30] *Hefendehl* in MüKoStGB, § 263, Rn. 109.
[31] BGH NJW 1969, S. 1260.

nicht kennen musste.³² Insgesamt ist der Schutz des Buchgeldes unbefriedigend. Die Ausgabe von **E-Geld** wurde durch den Gesetzgeber reguliert, da die Verbreitung von E-Geld beim Zusammenbruch eines E-Geld-Emittenten zu einer Gefährdung der Sicherheit des Zahlungsverkehrs führen könnte.³³ E-Geld darf nur derjenige ausgeben, der über eine vorherige Erlaubnis der Bundesanstalt für Finanzdienstleistungsaufsicht (nachfolgend: BaFin) nach § 8a ZAG verfügt. Wer das E-Geldgeschäft ohne die erforderliche Erlaubnis betreibt, macht sich nach § 31 Abs. 1 ZAG strafbar.

2. Geldordnung, der Euro

Das Währungsrecht und die Geldordnung sind in Art. 73 Nr. 4 GG angesprochen und in die ausschließliche Gesetzgebungskompetenz des Bundes verwiesen. Der Verfassungsgeber unterscheidet zwischen „Währungs-, Geld- und Münzwesen" und meint mit Geld- und Münzwesen die Geldzeichen, die früher die Deutsche Bundesbank ausgab, „Währungswesen" ist der übergeordnete Begriff. Der Sammelbegriff „Währung" umfasst das institutionelle Geldsystem und die einzelnen Valuten. Währungsrecht regelt die Geldordnung – die Entstehung und die Funktionsfähigkeit des Geldes, zumeist mit hoheitlichen Mitteln. Währungsrecht ist deshalb im wesentlichen öffentliches Recht. **12**

In unserer Geldordnung ist das umlaufende Geld nicht durch Gold oder andere Wertobjekte „gedeckt". Der Geldinhaber kann sein Geld nicht bei der geldausgebenden Instanz in einen Deckungswert eintauschen, wie dies für die Geldordnungssysteme mit Golddeckung kennzeichnend war³⁴ und wie es Kant in der „Metaphysik der Sitten" verlangte, nämlich dass der Nominalwert des Geldes in der Hervorbringung der Sache Geld gedeckt sei. Der Volksmund nennt ungedeckte Währung „Papierwährung", das Recht und die Volkswirtschaft nennen sie „ungedeckte Währung".³⁵ Der Verzicht auf Golddeckung bedeutet allerdings nicht, dass eine Währung deshalb ohne Gegenwert wäre. Die Deckung liegt vielmehr in den Werten der Volkswirtschaft, dem Gewerbefleiß der Werktätigen und im Vertrauen in diese Währung. **13**

Die Geld- und Währungsordnung der Bundesrepublik Deutschland unterlag früher der alleinigen Gesetzgebungshoheit des Bundes. Seit dem 1. Januar 1999 ist der Euro die gemeinsame Währung in den an der Europäischen Wirtschafts- und Währungsunion (EWWU) im engeren Sinne teilnehmenden Mitgliedstaaten.³⁶ Es entstand erstmals eine supranationale Währung, indem die teilnehmenden Staaten als originäre Inhaber der nationalen Währungshoheit ihre Befugnisse auf die Europäische Gemeinschaft (EG) delegiert haben. Es wurde ein Europäisches System der Zentralbanken (ESZB)³⁷ und eine Europäische Zentralbank (EZB) geschaffen, denen die Wirtschafts- und Währungspolitik in der Europäischen Union obliegt (Art. 127 AEUV ff.). Vorrangiges Ziel der europä- **14**

---

32 BGHZ 72, S. 9 (14 f.); OLG Köln WM 1998, S. 1327; *Mayen* in BankR-HdB, § 50, Rn. 13.
33 *Schwennicke* in Schwennicke/Auerbach, KWG, § 1a ZAG, Rn. 2.
34 In den USA bis 1971.
35 Zur Geschichte *Hahn/Häde,* Währungsrecht, § 5, Rn. 12 ff.
36 Verordnung(EG) Nr. 1103/97 des Rates vom 17. Juni 1997 über bestimmte Vorschriften im Zusammenhang mit der Einführung des Euro; Verordnung (EG) Nr. 974/98 des Rates vom 3. Mai 1998 über die Einführung des Euro; die grundsätzlichen Erwägungen der Bundesregierung zum Euro sind in der RegBegr. zum Entwurf eines Gesetzes zur Einführung des Euro (Euro-Einführungsgesetz – EuroEG), BT-Drucksache 13/9347 enthalten.
37 „European System of Central Bank" sind die Europäische Zentralbank und die nationalen Zentralbanken der EU-Mitgliedstaaten; Art. 282 Abs. 1 AEUV; Art. 1 ESZB-Satzung.

ischen Währungspolitik ist die Gewährleistung der Preisstabilität (Art. 127 Abs. 1 AEUV). Die hierfür erforderliche Unabhängigkeit und Weisungsfreiheit von Organen der Gemeinschaft oder Regierungen der Mitgliedstaaten ist in Art. 130 AEUV ausdrücklich erwähnt. Trotz der seit der Finanzkrise im Jahr 2008 und der sich anschließenden Staatsschuldenkrise[38] wiederholt geführten Diskussionen um einen etwaigen Austritt einzelner Euro-Länder aus dem Euro, ist bisher kein Teilnehmerstaat augetreten. Der Euro ist daher bis heute die alleinige, gemeinsame Währung der Staaten im Euro-Währungsgebiet.

3. Schutz des Geldwertes, Wertsicherungsrecht

15 Der Schutz des Geldes als Wertaufbewahrungsmittel obliegt dem Staat. Er hat die Stabilität des Geldwerts zu gewährleisten, um den Sparern die von ihnen erarbeiteten Werte zu erhalten und um der staatlichen Wirtschaftspolitik Orientierung und Grenzen zu setzen. Geldwertstabilität wird auch als ein verfassungsrechtliches Gebot gesehen, weil Geldwertschwund das durch Art. 14 GG geschützte Eigentum beeinträchtigt. Allerdings gewährt das Grundgesetz keinen Anspruch des Einzelnen gegen den Staat wegen verminderten Geldwertes.[39] Das Grundgesetz gibt in Art. 109 Abs. 2 GG jedoch Rechtsbefehle, das gesamtwirtschaftliche Gleichgewicht zu wahren, was die Geldwertstabilität einschließt. Vor allem aber ist dieses Stabilitätsgebot eine makroökonomische und eine wirtschaftspolitische Aufgabenstellung. Für das Bankrecht sind zwei Positionen wichtig: einmal die aus dem Stabilitätsgebot für die Steuerpolitik fließende Pflicht, Geldwertminderungen bei der Besteuerung von Zinsen zu berücksichtigen,[40] zum anderen die Vorschriften über das Recht der Wertsicherung durch sog. „Wertsicherungsklauseln". Das sind Klauseln, in denen die von einem Schuldner zu zahlende Summe nicht nur nach ihrem Nominalwert, sondern auch nach ihrem inneren Wert bestimmt wird, indem sie zB an den Goldpreis oder an das Tarifgehalt eines Metallarbeiters in einer bestimmten Tarifgruppe geknüpft wird. Solche Wertsicherungen dienen der Absicherung von langfristigen obligatorischen Verträgen gegen Verschlechterungen des Geldwertes.[41] Derartige Wertsicherungsklauseln waren seit alters her verboten (sog. Indexierungsverbot), weil sie ein Misstrauen gegen die Stabilität des Geldwertes ausdrücken und sich inflationsfördernd auswirken. Ausnahmen waren genehmigungsbedürftig, wurden jedoch nur erteilt, wenn sie eine Pflicht oder ein Recht zur Anpassung vorsahen und keinen Automatismus der Preisanpassung.[42] Nach § 1 Abs. 1 des seit 2007 geltenden Preisklauselgesetzes (PreisklG)[43] darf der Betrag von Geldschulden nach wie vor nicht unmittelbar und selbsttätig durch den Preis oder Wert von anderen Gütern oder Leistungen bestimmt werden, die mit den vereinbarten Gütern oder Leistungen nicht vergleichbar sind. Ausgenommen vom Indexierungsverbot sind ua der Geld- und Kapitalverkehr sowie Verträge von Kaufleuten mit ausländischen Geschäftspartnern,[44] so dass Indexierungs- und Währungsgebiet auseinanderfallen.

---

[38] Siehe beispielhaft: *Piecha* EuZW 2012, S. 532; *Herrmann* EuZW 2012, S. 805.
[39] BVerfGE 97, S. 350 (371); vgl. *Maunz/Dürig*, Art. 14, Rn. 184 ff.
[40] Vgl. BVerfG NJW 1991, S. 2129 (2133).
[41] Ausführlich: *Karsten Schmidt* in Staudinger, BGB, Vorbem zu §§ 244 ff., Rn. D 162 ff.
[42] Ausführlich hierzu: *Schmidt-Ränsch* NJW 1998, S. 3166 ff.
[43] Gesetz über das Verbot der Verwendung von Preisklauseln bei der Bestimmung von Geldschulden (Preisklauselgesetz) vom 7. September 2007 (BGBl. I 2007, S. 2246).
[44] *Löber* in Kümpel/Wittig, Bank- und Kapitalmarktrecht, Rn. 5.163.

Fehlt eine Wertsicherungsklausel und verschiebt sich der Wert der geschuldeten Leistung in seiner Wertigkeit, kann die Rechtsprechung durch richterliche Vertragshilfe (zB Anpassung nach § 313 BGB) das gestörte Äquivalenzverhältnis, also das außer Proportion geratene Leistungs- und Gegenleistungsverhältnis, korrigieren, zB nach Zeiten galoppierender Inflation, wie nach 1923. In unseren Tagen mit bisher noch relativ niedrigem Geldwertschwund bedarf es nur in extremen Ausnahmesituationen der richterlichen Vertragshilfe. 16

4. Geldbeschaffung

Das Notenmonopol, also das alleinige Recht zur Ausgabe von Banknoten, liegt bei der EZB respektive der Deutschen Bundesbank (Art. 128 AEUV, § 14 BbankG). Die Fabrikation der Geldnoten selbst ist ein privatrechtlicher Vorgang, nämlich ein Druckauftrag der Deutschen Bundesbank an eine Druckerei. Sodann erfolgt die Umwidmung des bedruckten Papiers zur Geldnote durch einen Hoheitsakt; aus bedrucktem Papier wird Geld durch das Inverkehrbringen der Geldnoten. 17

Die Geldbeschaffung von Buchgeld steht den Banken offen, die durch Krediteinräumungen Buchgeld herstellen. **Beispiel:** Die Bank A räumt ihrem Kunden B einen mittelfristigen Festkredit ein. Bank A belastet das Kreditkonto und stellt den Gegenwert dem B auf laufendem Konto zur Verfügung. Währungsrechtlich ist dieser Vorgang die Herstellung von Buchgeld, also ein Akt der Geldbeschaffung, auch Geldschöpfung genannt. Für die Anhänger der „Theorie vom staatlichen Geld" ist diese Form der Geldbeschaffung nicht durch die Autorität des Staates gedeckt, und deshalb sei das Buchgeld in Wahrheit ein Geflecht von wechselseitigen Forderungen. Da eine ungezügelte Geldbeschaffung auf dem geschilderten Wege Gefahren für die Geldwertstabilität beinhalten würde, ist das ESZB aufgerufen, das Geldvolumen zu steuern. Die Geldbeschaffung durch Buchgeld geschieht jedoch durch Mengenregulierung durch das ESZB, sie ist mithin nicht staatsfern. Dies geschieht mit den liquiditätspolitischen Instrumentarien der Erhöhung oder der Freigabe von Mindesreserven und der Offenmarktpolitik.[45] Damit unterliegt das Buchgeld dem einheitlichen Gesamtgeldbegriff und zugleich dem institutionellen Geldbegriff.[46] 18

5. Konvertibilität und Wechselkursrecht

Gegenstand des öffentlichen Bankrechts ist ferner das Recht des Wechsels von einer Währung in eine andere Währung. Die Bedeutung dieses Rechtsfeldes erhellt aus der Tatsache, dass insbesondere die deutsche Volkswirtschaft von dem grenzüberschreitenden Austausch von Gütern und Dienstleistungen lebt. ZB wurden im Jahr 2012 aus der Bundesrepublik Deutschland Waren im Wert von € 1.097,4 Mrd. in andere Länder exportiert.[47] Um diesen grenzüberschreitenden Warenverkehr in Ländern, die nicht dem Euro-Währungsgebiet angehören, monetär abwickeln zu können, bedarf es des grenzüberschreitenden Geldverkehrs, und zwar störungsfrei und in den Bahnen des Rechtes. Deshalb sieht unsere Rechtsordnung vor, dass jeder Eigentümer von ausländischen Zah- 19

---

[45] Zur Offenmarktpolitik siehe beispielsweise: *Hahn/Häde*, Währungsrecht, § 17, Rn. 15; → § 1 Rn. 35.

[46] Vgl. *Hahn/Häde*, Währungsrecht, § 3, Rn. 23 f., Rn. 32 ff.; *Karsten Schmidt* in Staudinger, BGB, Vorbem §§ 244 ff., Rn. A 18.

[47] Pressemitteilung des Statistischen Bundesamts vom 8. Februar 2013 (50/13), abrufbar unter: https://www.destatis.de/DE/PresseService/Presse/Pressemitteilungen/2013/02/PD13_050_51pdf.pdf;jsessionid=5F543DE304AB6398ACAED9C50AB0306C.cae3?__blob=publicationFile

lungsmitteln das Recht hat, diese unbeschränkt in einheimische Zahlungsmittel umzutauschen. In umgekehrter Richtung erlaubt das Devisenrecht, dass einheimische Zahlungsmittel unbegrenzt in ausländische Zahlungsmittel zum jeweiligen Wechselkurs umgetauscht werden dürfen. Dies sagt der Grundsatz der unbeschränkten Konvertibilität des Euro, so Art. 63 AEUV. In der deutschen Wirtschaftsgeschichte wurde dieser Grundsatz selten eingehalten. Heute ist er ein Grundpfeiler des Erfolges der Marktwirtschaft und zugleich rechtliche Verpflichtung aus internationalen Währungsabkommen.[48]

Die Konvertibilität des Euro in andere Währungen kann hergestellt werden zu festen oder zu flexiblen Wechselkursen. Bei festen Wechselkursen setzen der Staat oder mehrere Staaten das Verhältnis fest, zu dem die einheimische in eine ausländische Valuta umzutauschen ist. Mit diesem System[49] wurde die Weltwirtschaft nach dem 2. Weltkrieg aufgebaut, nämlich mit durch internationales Währungsrecht festgelegten Kursen, zu denen die Währungen der Welt gegeneinander auszutauschen sind. 1978[50] ist das System der festen Wechselkurse aufgegeben worden. Seit dem stehen den Staaten verschiedene Möglichkeiten zur Verfügung, um den Außenwert ihrer Währung festzulegen. Die Bundesrepublik Deutschland gab die Wechselkurse frei, und zwar mit den Sonderziehungsrechten auf den Internationalen Währungsfonds (IWF) als Bezugspunkt.[51]

20 Diese Wechselkursfreiheit wurde 1979 für den Bereich der damaligen Europäischen Gemeinschaft (EG) durch das Europäische Währungssystem ersetzt, das die einzelnen Währungen der EG in ein Wertverhältnis zueinander setzte, in dem sie sich nach Marktgesetzlichkeiten frei bewegten (sog. Euroschlange). Dies ist lange Geschichte. Heute gibt es im Euro-Währungsgebiet nur eine Währung, den Euro. Wechselprobleme fallen nicht mehr an. Gegenüber den anderen Währungen ist der Euro frei.

6. Vorgabe eines öffentlich-rechtlichen Ordnungsrahmens für das Bankwesen

21 Aufgabe des öffentlichen Bankrechts ist es schließlich, dem Bankwesen einen Ordnungsrahmen vorzugeben, Bankgeschäfte gesetzlich zu regeln und die Einhaltung der Regeln zu überwachen.[52] Das öffentliche Bankrecht erfüllt diese Aufgabe vornehmlich durch das vom Gesetzgeber geschaffene Bankaufsichtsrecht und die staatliche Bankenaufsicht, die als Abwehr gegen eine Wiederkehr der deutschen Bankenkrise von 1931 geschaffen wurde.[53] Die staatliche Bankenaufsicht soll Missständen in der Kreditwirtschaft entgegenwirken und derart das Vertrauen der Öffentlichkeit in die Funktion der Kreditwirtschaft gewährleisten, § 6 Abs. 2 KWG. Die Öffentlichkeit bedarf dieses Vertrauens, weil der Gegenstand der Bankgeschäfte, das Geld, auf Vertrauen aufgebaut ist. Zum anderen deshalb, weil Störungen in der Kreditwirtschaft schwer zu begrenzen sind und die Tendenz zu na-

---

[48] ZB Gesetz zu dem Übereinkommen über den Internationalen Währungsfonds (IWF) in der Fassung von 1976 (IWF-Gesetz) vom 9. Januar 1978 (BGBl. II 1978, S. 13, 35).
[49] Das „Bretton-Woods"-System, so genannt nach dem Ort in New Hampshire, USA, in dem die Währungs- und Finanzkonferenz der Vereinten Nationen 1944 das Internationale Währungsabkommen konzipierte und dem die Bundesrepublik Deutschland 1952 beitrat.
[50] Gesetz zu dem Übereinkommen über den Internationalen Währungsfonds (IWF) in der Fassung von 1976 (IWF-Gesetz) vom 9. Januar 1978 (BGBl. II 1978, S. 13).
[51] *Hahn/Häde*, Währungsrecht, § 28, Rn. 21.
[52] Vgl. BGH WM 1979, S. 482 (483).
[53] 1931 wurde die Bankenaufsicht durch Notverordnung eingerichtet; 1934 trat das Reichsgesetz über das Kreditwesen in Kraft. Siehe zur zeitlichen Entwicklung des Bankaufsichtsrechts *Fischer* in Boos/Fischer/Schulte-Mattler, KWG, Einf. KWG, Rn. 4 ff.

tional und international verherrenden volkswirtschaftlichen, flächenbrandähnlichen Störungen des Finanzsektors in sich tragen.

Letzteres haben der Fall der US-amerikanischen Investmentbank Lehman Brothers am 15. September 2008 und die sich anschließende **Finanzkrise 2008**[54] leider eindrucksvoll gezeigt. Nachdem die Finanzkrise im September 2008 im Anschluss an die US-Immobilienkrise (Subprime-Krise)[55], ihren weltweiten Höhepunkt mit dem Zusammenbruch von Lehman Brothers fand und den Interbankenmarkt wegen der damit einhergehenden Vertrauenskrise im Bank- und Finanzsektor faktisch zum Erliegen brachte[56], wurde die Vereinheitlichung des europäischen Finanzbinnenmarktes in den letzten Jahren mit großen Schritten vorangetrieben.

Dabei wurden als Folge der Finanzkrise zunächst staatenübergreifend – insbesondere bei drei Gipfeltreffen auf Ebene der G20-Staaten Ende 2008 sowie Anfang und Mitte 2009 – verschärfte Aufsichtsrechtsregime für Banken gefordert. Im Dezember 2010 veröffentlichte daraufhin der Baseler Ausschuss für Bankenaufsicht[57] neue Eigenkapital- und Liquiditätsregeln für Banken, das sog. **„Basel-III-Rahmenwerk"** (Basel III) und setzte damit die aufsichtsrechtlichen Vorgaben des Aktionsplans zur Stärkung der Finanzsysteme um, den die G20-Staaten zuvor als Reaktion auf die Finanzkrise beschlossen hatten. Derartige Vitalstörungen zu vermeiden und stattdessen Vertrauen in die Funktionsfähigkeit der Kreditinstitute und des Finanzmarktes aufrechtzuerhalten, ist Ziel des öffentlichen Bankrechts, insbesondere der Bankenaufsicht.

Den maßgeblichen bankaufsichtsrechtlichen Ordnungsrahmen bildet zunächst das KWG, dessen Ziele die Gewährleistung der Ordnung im Kredit- und Finanzdienstleistungswesen, der Funktionsfähigkeit der Institute sowie der Schutz der Gläubiger von Instituten sind.[58] Nach der weltweiten Finanzkrise im Jahr 2008 wurde dieser Ordnungsrahmen ab Januar 2014 durch eine europäische Verordnung, die CRR[59], die neben dem KWG unmittelbar Anwendung findet ergänzt. Mit diesem Ordnungsrahmen soll eine Stärkung der Widerstandskraft des Finanzsektors für zukünftige Krisen durch eine Verbesserung der Quantität und Qualität des Eigenkapitals von Kreditinstituten sowie durch strengere Liquiditätsanforderungen erreicht werden.[60]

---

[54] Siehe die ausführlichen Darstellungen der Finanzkrise von *Fischer* in Boos/Fischer/Schulte-Mattler, KWG, Einf., Rn. 91 ff.

[55] Die sog. Subprime-Krise aus dem Sommer 2007 gilt als Auslöser der weltweiten Finanzkrise im Jahr 2008. Nachdem Kreditausfälle im US-amerikanischen Subprime-Segment ausgehend von einer Verschlechterung der Qualität von Hypothekenkrediten an bonitätsschwache Privatpersonen mit negativer Kredithistorie (sog. *„Subprime Mortgage Sector"*) im Frühjahr 2007 ihren Höhepunkt erreichten, ergaben sich auf Grund der Finanzierungsstrukturen auf dem US-Immobilienmarkt zahlreiche Auswirkungen auf die globale Finanzwelt, die in die Finanzkrise im Jahr 2008 mündeten. Siehe hierzu beispielhaft: *Wagner*, IRZ 2008, 163.

[56] Siehe Darstellungen von: *Schüwer/Steffen* in Zerey, Finanzderivate, § 1, Rn. 47 ff; *Haug* in BankR-HdB, § 133a, Rn. 1 ff.; *Möschel* ZRP 2009, S. 129.

[57] → § 1 Rn. 132.

[58] *Habetha/Schwennicke* in Schwennicke/Auerbach, KWG, § 6, Rn. 23.

[59] Siehe *Verordnung (EU) Nr. 575/2013 des Europäischen Parlaments und des Rates vom 26. Juni 2013 über Aufsichtsanforderungen an Kreditinstitute und Wertpapierfirmen und zur Änderung der Verordnung (EU) Nr. 646/2012.*

[60] *Kirchhartz* GWR 2013, S. 395 ff.

II. Gegenstand des privaten Bankrechts

25 Privates Bankrecht regelt die Rechtsverhältnisse von Kreditinstituten zu ihren Kunden sowie die Rechtsbeziehungen von Kreditinstituten untereinander oder zu Dritten. Bankrecht ist objektives Recht, was bedeutet, dass diese Normen das äußere Verhalten der Kreditinstitute mit verbindlicher, rechtsetzender Kraft ordnen. Privates Bankrecht verleiht subjektive Rechte, es gewährt Einzelansprüche an den einzelnen Rechtsteilnehmer.

Das private Bankrecht sagt dem Bankkunden und der Bank, wie sie ihre Bankgeschäfte durchführen sollen oder wie im Streitfall ihre wechselseitigen Rechte und Pflichten ausgestaltet sind. Es sagt dem Zivilrichter, wie Streitigkeiten zu entscheiden sind, an denen auf einer Seite ein Kreditinstitut beteiligt ist oder wo Kreditinstitute miteinander streiten. Dieses Verständnis vom privaten Bankrecht kann man als „institutionell" definieren.[61] Dem steht ein funktioneller Bankrechtsbegriff gegenüber, der sagt, worin das Wesen von Bankrecht besteht, woher Bankrecht kommt und welchen Zielen es dient. Diese Definition geht einen weiten Weg; sie will öffentliches und privates Bankrecht unter eine Überschrift bringen und in die Definition eine Zielsetzung einbringen, die kaum dem geschichtlichen Prozess des Werdens von Bankrecht entspricht. So streiten gute Gründe für ein Festhalten an einer institutionell geprägten Bankrechtsdefinition, die sich nur mit privatem Bankrecht befasst, die das öffentliche Bank-, Geld- und Währungsrecht ausklammert, die subjektive Rechte einbezieht und rechtspolitische Perspektiven[62] für einzelne Bankgeschäfte meidet, dafür aber hochhält, dass immer eine Bank an dem zu bearbeitenden Rechtsverhältnis beteiligt ist. Alle Definitionsversuche kranken daran, dass die Trennung von öffentlichem Bankrecht und privatem Bankrecht unscharf ist und sich die Wirkungsbreite des Bankrechts sich ständig ausweitet. Deshalb ist die Treffsicherheit aller Definitionsversuche als gering einzuschätzen.[63]

26 Privates Bankrecht ist Teil des Zivilrechts. Es regelt die Rechtsbeziehungen zwischen Gleichstehenden, nämlich einem Kreditinstitut und idR einem Kunden dieses Kreditinstitutes. Privates Bankrecht regelt nicht nur in Verträgen fixierte Bankgeschäfte, sondern auch nicht vertragliche Lebensverhältnisse, bei denen auf einer Seite ein Kreditinstitut, das eine banktypische Leistung erbringt, beteiligt ist. **Beispiel:** Ein Kreditinstitut erteilt über einen Kunden einem ihm unbekannten Kreditinstitut, mit dem es keinerlei Rechtsbeziehungen unterhält, auf Anfrage eine Bankauskunft. Dann entsteht durch die Beantwortung dieser Auskunftsfrage ein Rechtsverhältnis zwischen beiden Kreditinstituten, das nach Bankrecht zu beurteilen ist.

Es geht im privaten Bankrecht nicht um ein Über- und Unterordnungsverhältnis, wie dies für das öffentliche Recht – das Rechtsverhältnis zwischen Staat und Bürger – kennzeichnend ist. Dies ist wichtig festzuhalten, weil es in der Praxis vor nicht allzu langer Zeit noch gelegentlich Reminiszenzen an öffentliches Recht gab bzw. gibt – zB die Titulatur im Bankgewerbe als „Bankbeamter" und „Bankrat" oder im Bankpreisrecht („Bankgebühren" anstelle von „Preisen für Dienstleistungen").

---

[61] *Schwintowski*, Bankrecht, § 1, Rn. 1.
[62] So aber: „Im Zentrum nahezu aller privaten Bankgeschäfte steht der Anleger [...] das Anlegerschutzprinzip", *Schwintowski*, Bankrecht, § 1, Rn. 6.
[63] Zustimmend: *Schimansky/Bunte/Lwowski*, BankR-HdB, Vorwort zur 1. Auflage, S. VIII: „Das Bankrecht ist als Rechtsgebiet nach Inhalt und Gegenstand nicht exakt festgelegt und schwer zu erfassen.".

Kirchhartz

Neben dem privaten Bankrecht steht das vorstehend bereits erörterte öffentlich-recht- 27
liche Bankrecht; dies ist Verwaltungsrecht und im weiteren Sinne öffentliches Wirtschaftsrecht. Dieses öffentliche Bankrecht entfaltet wirtschaftliche, aber grundsätzlich keine privatrechtlichen Reflexwirkungen auf die einzelnen Rechtsverhältnisse von Kreditinstituten
mit ihren Kunden.
Beispiel: § 13 Abs. 2 S. 1 KWG enthält das Verbot von Großkrediten, wenn nicht alle
Geschäftsleiter zugestimmt haben. Dieses Verbot gilt „unbeschadet der Wirksamkeit der
Rechtsgeschäfte". Diese gesetzliche Regelung hat Vorläufer: Der BGH[64] hat entschieden,
dass das Fehlen einer Erlaubnis zum Betreiben des Kreditgeschäftes nach §§ 32 Abs. 1, 1
Abs. 1 Satz 2 Nr. 2 KWG nicht dazu führt, dass ein trotz dieser fehlenden Erlaubnis von
einem Finanzunternehmen abgeschlossener Kreditvertrag nichtig ist. Denn das öffentliche
Bankrecht herrscht nicht über das Vertragsrecht.[65]

III. Aufbau und Mengengerüste des Bankwesens

Die Bedeutung des Bankrechts wird mit folgenden Zahlen belegt: Die addierte Bilanz- 28
summe des deutschen Kreditgewerbes macht über € 7.670 Mrd. aus.[66] Es gibt in Deutschland 1.849 Kreditinstitute[67], diese führen über 96 Millionen Girokonten auf denen über
€ 1.413 Mrd. täglich fälliger Einlagen liegen, pro Jahr werden zwischen den Konten über
6.154 Mrd. Überweisungen durchgeführt.[68] Die ausstehenden Kredite aller Sparkassen,
Privat- und Geschäftsbanken und Genossenschaftsbanken an Nichtbanken beliefen sich
Ende Juni 2013 auf € 3.139,3 Mrd.[69] Alle diese Rechtsgeschäfte werden von Menschen
veranlasst und abgewickelt. Mithin hat das Sparkassen-, Privat- und Geschäftsbankwesen
sowie das Genossenschaftswesen auch gesamtwirtschaftlich gesehen als Arbeitgeber eine
hohe Bedeutung. Der Finanzdienstleistungssektor ist einer der größten Arbeitgeber
Deutschlands mit mehr als 663.000 Arbeitsplätzen[70] und muss dabei einen Vergleich mit
anderen großen Beschäftigungssektoren der Wirtschaft, etwa mit der Automobilindustrie
(742.200 Beschäftigte[71]), nicht scheuen. Das Bankgewerbe verfügt über eine hohe Akade-
mikerrate mit steigender Tendenz. Dabei sind neben Betriebs- und Volkswirten aufgrund
eines stetig komplexer werdenden, international geprägten Bankaufsichtsrechts insbesondere auch Juristen mit Spezialkenntnissen gefragt.

---

[64] So zuletzt: BGH NJW 2011, S. 3024 (3025).
[65] Es wird lediglich eine Ausstrahlungswirkung von Aufsichtsrecht, dh von öffentlichem Bankrecht, auf das Zivilrecht anerkannt; siehe zB BGH NJW 2012, S. 2873 (2875).
[66] *Deutsche Bundesbank*, Monatsbericht Dezember 2013, Statistischer Teil, S. 20; Stand: Oktober
2013.
[67] *Deutsche Bundesbank*, Monatsbericht Dezember 2013, Statistischer Teil, S. 24; Stand: Oktober
2013.
[68] *Deutsche Bundesbank*, Zahlungsverkehr- und Wertpapierabwicklungsstatistiken in Deutschland
2008 – 2012, Tabelle 4 und 6; Stand: 30. Juni 2013.
[69] *Deutsche Bundesbank*, Monatsbericht Dezember 2013, Statistischer Teil, S. 26, Stand: Oktober
2013.
[70] *Bundesagentur für Arbeit*, Sozialversicherungspflichtig Beschäftigte nach Wirtschaftszweigen (WZ
2008); Arbeitsplätze: 663.665; Stand 31. Dezember 2012.
[71] *Verband der Automobilindustrie*, Jahresbericht 2013, S. 16; Stand 31. Dezember 2012.

1. Die zwei Ebenen des deutschen Kreditwesens: das Zentralbank- oder Notenbankwesen und die kundenorientierte (werbende) Ebene

29 Das deutsche Bankwesen kann holzschnittartig als von zwei sich überlagernden Ebenen geprägt beschrieben werden. Auf der ersten Ebene befindet sich das **Zentralbank- oder Notenbankwesen**. Auf der zweiten Ebene befindet sich die sog. **Drei-Säulen-Organisation** des deutschen Bankwesens, bestehend aus den Sparkassen, den Privat- und Geschäftsbanken und den Genossenschaftsbanken.

a) Die erste Ebene: Das Europäische System der Zentralbanken und die Deutsche Bundesbank

30 Die erste Ebene bildet das Zentralbank- oder Notenbankwesen. An der Spitze des Zentralbank- oder Notenbankwesens steht seit dem 1. Januar 1999 das **Europäische System der Zentralbanken (ESZB)**[72]. Dieses besteht aus der **Europäischen Zentralbank (EZB)** und den **nationalen Zentralbanken** aller 28 Mitgliedsstaaten der Europäischen Union als integrale Bestandteile, die wesentlich bei der Erfüllung der dem ESZB übertragenen Aufgaben mitwirken.[73] Dabei spielt es für die Teilnahme am ESZB keine Rolle, ob das jeweilige Mitgliedsland am Euro teilnimmt, dh, ob es ein Mitglied des sog. **Euro-Währungsgebietes**[74] ist, oder nicht. Dem ESZB gehören damit auch die Mitgliedsstaaten an, die den Euro als Währung noch nicht eingeführt haben. Die Bundesrepublik Deutschland wird im ESZB von der Deutschen Bundesbank vertreten.[75] Geleitet wir das ESZB von den Beschlussorganen der EZB, dh dem EZB-Rat sowie dem EZB-Direktorium.[76] Das Direktorium der EZB besteht gemäß Art. 283 Abs. 2 AEUV, Art. 11 ESZB-Satzung aus 6 Mitgliedern, die wiederum gemeinsam mit den Präsidenten der nationalen Zentralbanken den EZB-Rat bilden.[77] Das ESZB selbst besitzt keine Rechtspersönlichkeit. Daher werden seine Aufgaben durch die EZB sowie die nationalen Zentralbanken ausgeführt. Rechtsgrundlage des ESZB ist Art. 129 AEUV. Die grundlegenden Aufgaben des ESZB sind in Art. 127 Abs. 2 AEUV festgehalten. Wohl am wichtigsten ist dabei die Festlegung und Ausführung der Geldpolitik der Europäischen Union (EU). Weitere Aufgaben sind die Durchführung von Devisengeschäften, das Halten und Verwalten der nationalen Währungsreserven sowie die Förderung des Funktionierens des Zahlungssystems.[78] Bei der Erfüllung dieser Aufgaben hat das ESZB sein vorrangiges Ziel, die Gewährleistung der Preisstabilität, zu beachten.[79] Aus diesem Grund sind die Mitglieder der ESZB unabhängig von der Europäischen Union und den nationalen Mitgliedsstaaten sowie organisatorisch selbstständig.[80]

31 Die **Europäische Zentralbank (EZB)** ist die zentrale Institution für die Geldpolitik innerhalb der Europäischen Währungsunion und daher maßgeblich für die Durchführung

---

[72] Siehe hierzu auch: *Deutsche Bundesbank*, Geld und Geldpolitik, S. 125 ff.
[73] Art. 282 Abs. 1 AEUV; Art. 1 ESZB-Satzung.
[74] Mitglieder des Euro-Währungsgebietes (Euroraum) sind nur solche EU Mitgliedsstaaten, deren Währung der Euro ist, vgl. Art. 1 Satz 2 ESZB-Satzung. Die EZB und die nationalen Zentralbanken der Mitgliedsstaaten, deren Währung der Euro ist, bilden das sog. Eurosystem.
[75] Vgl. § 3 Satz 1 BBankG.
[76] Vgl. Art. 129 Abs. 1 AEUV; Art. 9.3 ESZB-Satzung.
[77] Art. 283 Abs. 1 AEUV; Art. 10.1 ESZB-Satzung.
[78] Vgl. auch Art. 3.1 ESZB-Satzung.
[79] Art. 127 Abs. 1 Satz 1 AEUV; Art. 2 Satz 2 ESZB-Satzung.
[80] Art. 130 AEUV, Art. 7 ESZB-Satzung.

der Geldpolitik im Euro-Währungsgebiet verantwortlich.[81] Sie ist, wie zuvor dargestellt, ein wesentlicher Bestandteil des ESZB. Ihre Organisation sowie ihre Kompetenzen sind – wie auch für das ESZB – im Vertrag über die Arbeitsweise der Europäischen Union (AEUV) vorgegeben.[82] Darüber hinaus werden Einzelheiten hinsichtlich ihres Aufbaus und ihrer Aufgaben in der Satzung des Europäischen Systems der Zentralbanken und der Europäischen Zentralbank konkretisiert.[83] Beschlussorgane der EZB sind das sechsköpfige Direktorium sowie der EZB-Rat, in dem neben den Direktoriumsmitgliedern die Präsidenten der nationalen Zentralbanken vertreten sind. Der EZB-Rat erlässt als zentrales Beschlussorgan die Leitlinien und Beschlüsse, die zur Erfüllung der Aufgaben der EZB notwendig sind. Das Direktorium führt hingegen die laufenden Geschäfte der EZB.[84]

Die EZB nimmt als eines der beiden Handlungsorgane des ESZB im Ergebnis die grundlegenden Aufgaben der Geldpolitik wahr, da sie gemäß Art. 9.2 ESZB-Satzung letztverantwortlich dafür ist, dass die dem ESZB nach Art. 127 Absätze 2, 3 und 5 AEUV zugewiesenen Aufgaben entweder durch ihre eigene Tätigkeit nach Maßgabe dieser Satzung oder durch die nationalen Zentralbanken erfüllt werden.

Die **Deutsche Bundesbank** ist seit 1957 die Zentralbank der Bundesrepublik Deutschland. Sie unterhält insgesamt neun Hauptverwaltungen. Ihre Aufgaben und Rechte sind im Bundesbankgesetz[85] geregelt. Durch die Übertragung der währungshoheitlichen Befugnisse auf das ESZB wurde ihre Rolle wesentlich verändert. Die Deutsche Bundesbank als Zentralbank ist integraler Bestandteil des ESZB und des Eurosystems und nimmt im Rahmen dieser Mitgliedschaft wesentlichen Aufgaben wahr, § 3 BBankG. Die Gewichtung der Deutschen Bundesbank ist mit 18,7603%[86] die stärkste aller Zentralbanken. Mit diesem Prozentsatz ist sie am Kapital der Europäischen Zentralbank von ca. 10,8 Milliarden Euro[87] beteiligt. Die Deutsche Bundesbank ist gemäß § 12 BBankG von der Bundesregierung unabhängig. Geleitet wird sie durch einen sechsköpfigen Vorstand, zu dem ein Präsident sowie ein Vizepräsident zählt. Die Deutsche Bundesbank dient quasi als eine Art „Hausbank" der Banken und der Bunderepublik Deutschland mit einem Angebot verschiedener Dienstleistungen. Sie hält und verwaltet die Währungsreserven der Bundesrepublik Deutschland, sorgt für die Abwicklung des Zahlungsverkehrs im Inland und mit dem Ausland und trägt zur Stabilität der Zahlungs- und Verrechnungssysteme bei.[88] Daneben nimmt sie gemäß § 18 BBankG auch statistische Aufgaben wahr. Obersters Ziel ihrer Tätigkeit ist die Gewährleistung der Preisstabilität.[89] Bei der Geldpolitik des ESZB wirkt sie über den Sitz und die Stimme ihres Präsidenten im EZB-Rat mit.

32

---

[81] *Palm*, Bergmann, Handlexikon der Europäischen Union, unter: „Europäische Zentralbank", I.
[82] Art. 127 bis 133 und Art. 282 bis 284 AEUV.
[83] Protokoll (Nr. 4) vom 26. Oktober 2012 über die Satzung des Europäischen Systems der Zentralbanken und der Europäischen Zentralbank, ABl. C 326/230.
[84] Art. 11.6 und 12.1 ESZB-Satzung.
[85] Gesetz über die Deutsche Bundesbank (BBankG) vom 22. Oktober 1992 (BGBl. I 1992, S. 1782).
[86] „Kapitalzeichnung", Stand: 1. Juli 2013, Internetseite der EZB: http://www.ecb.europa.eu/ecb/orga/capital/html/index.de.html
[87] Die von der Deutschen Bundesbank eingezahlten Anteile betragen somit ca. 2,03 Milliarden Euro; „Kapitalzeichnung", Stand: 1. Juli 2013, Internetseite der EZB: http://www.ecb.europa.eu/ecb/orga/capital/html/index.de.html
[88] § 3 Satz 2 BBankG.
[89] § 3 Satz 2 BBankG.

33 aa) Die Geldpolitik. Zur Festlegung und Ausführung der Geldpolitik[90] steht dem ESZB und dadurch mittelbar der EZB sowie den nationalen Zentralbanken ein geldpolitischer Handlungsrahmen zur Verfügung, der drei wesentliche Instrumente umfasst: die **Mindestreservepflicht**, die **Offenmarktgeschäfte** und die **Ständigen Fazilitäten**.

34 (1) Die Mindestreservepflicht. Das geldpolitischen Instrument der **Mindestreservepflicht**[91] wurde aus dem früheren deutschen System der Stabilitätspolitik übernommen und steht der EZB weiterhin zur Verfügung.[92] Der Sinn dieser Reservepflicht ist es, eine strukturelle Liquiditätsknappheit im Bankensystem herbeizuführen oder zu vergrößern, damit die EZB in effizienter und preisgestaltender Weise als Bereitsteller von Zentralbankgeld operieren kann. Denn wenn Geld im Übermaß in den Märkten bereitsteht, hat die Zentralbank keine Steuerungsmöglichkeit. Sodann wirkt die Mindestreserve als Liquiditätspuffer am Geldmarkt; betriebswirtschaftlich ist die Mindestreserve ein Liquiditätspolster der Institute, das plötzliche Geldabzüge abfedert.

Zum Zwecke der Mindestreservepolitik kann die EZB gemäß Art. 19.1 ESZB-Satzung verlangen, dass die in den Mitgliedstaaten niedergelassenen Kreditinstitute Mindestreserven auf ihren Zentralbankkonten unterhalten. Mindestreserven sind Einlagen, die die Kreditinstitute bei der EZB halten müssen. Mindestreservepflichtig sind alle Kreditinstitute mit Sitz in einem Mitgliedstaat. Der **Mindestreservesatz** lag im Dezember 2013 bei 1% der Verbindlichkeiten eines Kreditinstitutes bei einem Freibetrag von € 100.000 Euro.[93] Die EZB kann den Mindestreservesatz jederzeit ändern. Die Mindestreserveeinlagen sind verzinslich, Art. 8 EZB-Mindestreservepflicht-VO.[94] Mit der Festsetzung der Höhe der Mindestreserven kann die EZB somit das umlaufende Geldvolumen beeinflussen. Gleichwohl ist die gesamtwirtschaftliche Bedeutung der Mindestreservepflicht durch die ebenfalls praktizierte Offenmarktpolitik zurückgegangen.

35 (2) Die Offenmarktpolitik. Die **Offenmarktpolitik**[95] ist das zentrale liquiditätspolitische Steuerungsinstrument der Geld- und Stabilitätspolitik. Offenmarktpolitik bedeutet, dass die EZB und/oder die Deutsche Bundesbank durch terminlich begrenzten Kauf oder Verkauf von Wertpapieren oder Gewährung von Krediten auf Pfandbasis und durch andere Instrumente, wie Devisenswaps und endgültige Käufe und Verkäufe von festverzinslichen Wertpapieren, das umlaufende Geldvolumen beeinflusst. Sind der Geldumlauf und die Liquidität des Bankenapparates nach Auffassung der EZB zu hoch, so verkauft sie Wertpapiere an die Kreditwirtschaft und legt den Gegenwert still. Sind die konjunkturellen Aktivitäten zu gering, der Geldumlauf zu matt, kauft sie Wertpapiere im offenen Markt und gibt den Kreditinstituten auf diese Weise die Möglichkeit, „tote Aktiva" in frisches Geld (Zentralbankgeld) für die Vergabe neuer Kredite (volkswirtschaftlich lebende Aktiva) umzutauschen und Investitions- und andere Konjunkturimpulse auszulösen.

Zentralbankgeld wird den Kreditinstituten durch **Hauptrefinanzierungsgeschäfte** oder durch **längerfristige Refinanzierungsgeschäfte** zur Verfügung gestellt. Hauptrefi-

---

[90] Siehe hierzu: *Deutsche Bundesbank*, Geld und Geldpolitik, S. 160 ff.
[91] Siehe hierzu: *Deutsche Bundesbank*, Geld und Geldpolitik, S. 160 ff.
[92] Art. 19 ESZB-Satzung.
[93] *Europäische Zentralbank*, Monatsbericht Dezember 2013, Statistik, S. 9.
[94] Verordnung (EG) Nr. 1745/2003 der Europäischen Zentralbank vom 12. September 2003 über die Auferlegung einer Mindestreservepflicht, ABl. L 250 S. 10.
[95] Siehe hierzu: *Deutsche Bundesbank*, Geld und Geldpolitik, S. 178 ff. Rechtsgrundlage ist Art. 18 der ESZB-Satzung.

nanzierungsgeschäfte sind solche mit kurzer Laufzeit (7 Tage).[96] Längerfristige Refinanzierungsgeschäfte haben idR eine Laufzeit von drei Monaten. Die Laufzeiten wurden im Zuge der Finanzkrise jedoch zunächst auf sechs bis zwölf Monate und im Zuge der Staatsschuldenkrise auf bis zu drei Jahre ausgedehnt.[97]

Offenmarktpolitische Transaktionen werden idR im sog. **Tenderverfahren** (Versteigerungsverfahren, bei dem die Zentralbank die Kreditwirtschaft auffordert, Mengen- und oder Zinsgebote abzugeben, auf die die Zentralbank Zuteilungen vornimmt), daneben auch als bilaterale Geschäfte (sog. **Direktabschluss**) abgewickelt.[98] Zu unterscheiden ist im Tenderverfahren der sog. **Zinstender mit Mindestbietungssatz** und der sog. **Mengentender**. Beide Tender können von allen Kreditinstituten in Anspruch genommen werden.

Beim **Zinstender mit Mindestbietungssatz**[99] teilt die Zentralbank vorab mit, wie viel Zentralbankgeld bereitgestellt werden soll und welchen Zins ein Kreditinstut mindestens bieten muss, um bei der Versteigerung berücksichtigt zu werden. Die Kreditinstitute geben ihre Gebote dann „im verschlossenen Umschlag" ab, dh kein Kreditinstitut kennt die Gebote der anderen. Dabei nennt das Kreditinstitut die gewünschte Menge an Zentralbankgeld und den Zinssatz, dh den Preis, den es für das Zentralbankgeld zahlen möchte. Beim Zinstender muss das Gebot des Kreditinstitutes also neben der gewünschten Geldmenge auch den Zins enthalten.[100] Bietet ein Kreditinstitut zu niedrige Zinsen, läuft es Gefahr leer auszugehen.

Beim **Mengentender**[101] legt die Zentralbank hingegen den Zinssatz und den Betrag an Zentrankgeld, den es zuteilen möchte, fest. Die Kreditinstitute nennen in ihren Geboten lediglich die Menge an Zentralbankgeld, die sie zu diesem Zins erhalten möchten. Übersteigt die Summe der Gebote der Kreditinstitute das von der Zentralbank anvisierte Gesamtzuteilungsvolumen, werden die Einzelgebote anteilig bedient.

Beide Tenderverfahren werden in zwei Varianten durchgeführt. Beim „**Standardtender**" sind Laufzeit und Geschäftsabwicklung – von der Ankündigung bis zur Gutschrift in der Regel drei Tage – standardisiert. Am Standardtenderverfahren können alle Kreditinstitute teilnehmen.[102] Hingegen kann der Teilnehmerkreis bei sog. „**Schnelltendern**" auf bestimmte Kreditinstitute begrenzt werden; diese Variante wird innerhalb von nur 90 Minuten nach Ankündigung des Geschäfts durchgeführt und am gleichen Tag abgewickelt.[103]

(3) Ständige Fazilitäten. Neben den Offenmarktgeschäften sind die sog. **ständigen Fazilitäten**[104] in der Form der Spitzenrefinanzierungsfazilität und der Einlagenfazilität ein weiteres Instrument der Geldpolitik. Unter der **Spitzenrefinanzierungsfazilität** versteht man **Kredite auf Tagesbasis**, die den Kreditinstituten von der Zentralbank über Nacht zur Verfügung stellt werden. Damit wird der Kreditwirtschaft eine Dispositionshilfe geleis-

36

---

[96] Siehe hierzu: *Deutsche Bundesbank*, Geld und Geldpolitik, S. 180.
[97] Siehe hierzu: *Deutsche Bundesbank*, Geld und Geldpolitik, S. 180.
[98] Siehe hierzu: *Deutsche Bundesbank*, Geld und Geldpolitik, S. 182.
[99] Siehe die Verfahrensbeschreibung: *Deutsche Bundesbank*, Geld und Geldpolitik, S. 182.
[100] Siehe: *Deutsche Bundesbank*, Geld und Geldpolitik, S. 182.
[101] Siehe die Verfahrensbeschreibung: Deutsche Bundesbank, Geld und Geldpolitik, S. 182.
[102] Siehe hierzu: *Deutsche Bundesbank*, Geld und Geldpolitik, S. 183.
[103] Siehe hierzu: *Deutsche Bundesbank*, Geld und Geldpolitik, S. 184.
[104] Siehe hierzu: *Deutsche Bundesbank*, Geld und Geldpolitik, S. 184.

tet und zugleich bewirkt, dass der Satz für Tagesgeld nicht nach oben ausbricht. Der Zinssatz des Zentralbanksystems für Übernachtkredit liegt am oberen Ende des Zinskanals. Es gibt idR keine Kredithöchstgrenzen, was an den früheren Lombardkredit erinnert. Der Kredit wird nicht nur auf Antrag, sondern auch automatisch zur Abwicklung eines Tages- und Soll-Saldos gewährt.[105]

Im Rahmen der **Einlagenfazilität** können Kreditinstitute überschüssige Liquidität bei der Zentralbank bis zum nächsten Geschäftstag anlegen. Hierbei handelt es sich um Tagesgeldgeschäfte zu einem vorgegebenen Zinssatz, der den Tagesgeldsatz nach unten begrenzt. Währungsrechtliche oder geldpolitische Besonderheiten bestehen nicht.

37 **bb) Mitwirkung bei der Bankenaufsicht.** Die Finanzkrise im Jahr 2008 hat verdeutlicht, welche gesamtwirtschaftlichen Folgen Fehlverhalten und die unkontrollierte Anhäufung von Risiken im Bankensektor haben können. Daher liegt ein Schwerpunkt der Tätigkeit der einzelnen nationalen Zentralbanken auch auf der Bankenaufsicht.[106] In der Bundesrepublik Deutschland arbeitet die **Deutsche Bundesbank** bei der Bankenaufsicht mit der für die Bankenaufsicht maßgeblichen **Bundesanstalt für Finanzdienstleistungsaufsicht** (BaFin) zusammen (→ § 1 Rn. 133). Dies folgt daraus, dass da die Deutsche Bundesbank nach Art. 88 GG für Währungs- und Geldpolitik zuständig ist, sich die jeweiligen Aufgaben und Wirkungsbereiche berühren und die BaFin – anders als die Deutsche Bundesbank – nicht über ein flächendeckendes Verwaltungsnetz verfügt.[107] Zu erwähnen ist, dass der **EZB**, die bisher keine Aufgaben im Zusammenhang mit der Bankenaufsicht wahrnimmt, ab Ende 2014 im Rahmen der sog. **europäische Bankenunion** wesentliche aufsichtsrechtliche Befugnisse zugewiesen werden; im Grundsatz allerdings nur für Kreditinstitute innerhalb des Euro-Währungsgebietes (→ § 1 Rn. 42).

38 **cc) Europarecht und öffentliches Bankrecht.** Die Europäische Union wird getragen von dem Bestreben die verschiedenen einzelstaatlichen Rechtsordnungen ihrer Mitgliedsstaaten aneinander anzugleichen und so einen einheitlichen Finanzbinnenmarkt zu schaffen. Betroffen hiervon ist auch der europäische Finanzsektor, da die Herstellung eines einheitlichen Finanzbinnenmarktes der Schaffung einheitlicher rechtlicher Rahmenbedingungen für die Bankentätigkeit bedarf.[108] Diese Entwicklung nimmt gerade auch als Folge der Finanzkrise[109] im Jahr 2008 maßgeblichen, neugestaltenden Einfluss auf das öffentliche Bankrecht in der Bundesrepublik Deutschland.

39 Auf europäischer Ebene ist dabei insbesondere die mit Wirkung zum 1. Januar 2014 erfolgte Umsetzung von Basel III durch das sog. **CRD IV-Paket** von Bedeutung.[110] Hierbei handelt es sich um ein kombiniertes Regelwerk des Europäischen Parlaments und des Rates vom 26. Juni 2013, bestehend aus einer Verordnung über Aufsichtsanforderungen an Kreditinstitute und Wertpapierfirmen (Capital Requirements Regulation – CRR)[111]

---

[105] AGB Deutsche Bundesbank, Abschn. V, Nr. 22 Abs. 3; *Haug* in BankR-HdB, § 123, Rn. 71.
[106] § 7 KWG, Art. 25.2 ESZB-Satzung.
[107] *Lindemann* in Boos/Fischer/Schulte-Mattler, KWG, § 7, Rn. 3 ff.
[108] Vgl. *Papathanassiou* in BankR-HdB, § 135, Rn. 46 ff.; *Schneider*, Europäische und internationale Harmonisierung des Bankvertragsrechts, NJW 1991, S. 1985.
[109] → § 1 Rn. 22.
[110] Siehe zum Ganzen: *Kirchhartz* GWR 2013, 395.
[111] Verordnung (EU) Nr. 575/2013 des Europäischen Parlaments und des Rates vom 26. Juni 2013 über Aufsichtsanforderungen an Kreditinstitute und Wertpapierfirmen und zur Änderung der Verordnung (EU) Nr. 646/2012.

sowie aus einer von den einzelnen Mitgliedsstaaten jeweils in nationales Recht umgesetzten Richtlinie über den Zugang zur Tätigkeit von Kreditinstituten und die Beaufsichtigung von Kreditinstituten und Wertpapierfirmen (Capital Requirements Directive IV – CRD IV).[112] Das CRD IV-Paket verfolgt dabei nicht nur das Ziel der Umsetzung von Basel III in europäisches bzw. nationales Recht der EU-Mitgliedsstaaten. Vielmehr soll mit ihm auch ein einheitlicher aufsichtsrechtlicher Rahmen für den gesamten EU-Finanzbinnenmarkt geschaffen werden, das sog. Single Rule Book.

Das **Single Rule Book** soll bestehende Gestaltungsspielräume und Unterschiede in den nationalen Vorschriften der einzelnen Mitgliedsstaaten reduzieren, um den Flickenteppich nationaler Regelungen und die Komplexität grenzüberschreitender Tätigkeiten innerhalb des EU-Finanzbinnenmarktes zu verringern. Ferner soll das Single Rule Book helfen, das Ausnutzen von regulatorischen Schlupflöchern und das Entstehen von Wettbewerbsverzerrungen zu verhindern. Dies wird auf Einzelstaatebene durch die Anpassung der nationalen Aufsichtsrechtsregime an europäische Vorgaben erreicht, wie durch Umsetzung der CRD IV seitens des deutschen Gesetzgebers im KWG geschehen. Ein weiteres wesentliches Instrument zur Schaffung eines Single Rule Book ist neben der Harmonisierung der nationalen Aufsichtsrechtsregime durch die Umsetzung der CRD IV die CRR. Denn die CRR findet – neben den nationalen Regelungen – als EU-Verordnung in jedem Mitgliedsstaat unmittelbar auf beaufsichtigte Institute Anwendung (Art. 288 AEUV) und bedurfte daher keiner gesonderten Umsetzung in deutsches Recht. Das Bankwesen erfuhr mit der Umsetzung des CRD IV-Paktes in aufsichtsrechtlicher Hinsicht europaweit eine erhebliche Harmonisierung. Der aufsichtsrechtliche Rahmen für das deutsche Bankwesen ist damit im KWG und in der CRR kodifiziert. **40**

Auf Grund der Erfahrungen aus der Finanzkrise will es die Europäische Union aber nicht allein bei der Schaffung eines Single Rule Book belassen. Das Single Rule Book ist vielmehr ein erster notwendiger Baustein für die angestrebte Konstitution einer **europäischen Bankenunion**. Die Bankenunion soll dabei im Wesentlichen aus drei weiteren – von einander in der Umsetzung jedoch unabhängigen – Bausteinen bestehen, die aktuell bereits auf europäischer Ebene umgesetzt bzw. noch diskutiert werden (einheitliche Bankenaufsicht, einheitlicher Bankenabwicklungsmechanismus, gemeinsame Einlagensicherung). **41**

Am weitesten Fortgeschritten sind dabei die europäischen Anstrengungen für die Ansiedlung einer **gemeinsamen europäischen Bankenaufsicht bei der EZB**. Dabei soll durch eine EU-Verordnung[113] (Verordnung zur Übertragung besonderer Aufgaben im Zusammenhang mit der Aufsicht über Kreditinstitute auf die Europäische Zentralbank, nachfolgend: SSM-VO[114]) ein einheitlicher Aufsichtsmechanismus für alle Banken im **42**

---

[112] Richtlinie 2013/36/EU des Europäischen Parlaments und des Rates vom 26. Juni 2013 über den Zugang zur Tätigkeit von Kreditinstituten und die Beaufsichtigung von Kreditinstituten und Wertpapierfirmen, zur Änderung der Richtlinie 2002/87/EG und zur Aufhebung der Richtlinien 2006/48/EG und 2006/49/EG.

[113] Der Vorteil der Umsetzung europaweiter Vorhaben im Wege einer EU-Verordnung liegt darin, dass diese jeweils nach Art. 288 AEUV ab in Kraft treten in den Mitgliedsstaaten unmittelbar geltendes Recht darstellen und – anders als etwa EU-Richtlinien – keiner weiteren Umsetzung in nationale Gesetz bedürfen.

[114] Verordnung (EU) Nr. 1024/2013 des Rates vom 15. Oktober 2013 zur Übertragung besonderer Aufgaben im Zusammenhang mit der Aufsicht über Kreditinstitute auf die Europäische Zentralbank; ABl. EU Nr. L 287 vom 29. Oktober 2013.

Kirchhartz

Euroraum geschaffen werden (sog. **Single Supervisory Mechanism – SSM**[115]). Teilnehmende Staaten sollen demnach zunächst nur **EU-Mitgliedsstaaten** sein, **deren Währung der Euro ist** (dh beispielsweise nicht Großbritannien) sowie – fakultativ – die EU-Mitgliedsstaaten ohne Euro, die an der gemeinsamen Aufsicht teilnehmen möchten.[116] Das mit der europäischen Bankenaufsicht verfolgte Ziel ist die Verhinderung von Aufsichtsarbitrage.[117] Die Verordnung trat am 3. November 2013 in Kraft, so dass mit einer Bankenaufsicht durch die EZB aus derzeitiger Sicht im November 2014 zu rechnen ist.[118] Parallel zur Umsetzung der SSM-VO erfolgte die gesetzgeberische Finalisierung und Umsetzung einer weiteren EU-Verordnung[119] zur Abgrenzung der Kompetenzen zwischen der nach der SSM-VO grundsätzlich nur für Kreditinstitute im Euro-Währungsgebiet zuständigen EZB und der innerhalb des Europäischen Systems der Finanzaufsicht (ESFS) angesiedelten Europäischen Bankaufsichtsbehörde (EBA)[120], die Kompetenzen bei der Bankenaufsicht über Kreditinstitute in allen EU-Mitgliedsstaaten (auch Nicht-Euro-Staaten) wahrnimmt.

43 Die EZB wird künftig auf Basis der SSM-VO die allgemeine Ausrichtung der Aufsichtspraxis gegenüber allen Kreditinstituten der Euroländer und teilnehmenden Nicht-Euro-Mitgliedsstaaten vorgeben und gegenüber sog. **„bedeutenden" Kreditinstituten** unmittelbar die Bankaufsicht ausüben. „Bedeutend" sind nach der SSM-VO, insbesondere Großbanken, deren Bilanzsumme mehr als € 30 Mrd. oder mehr als 20% des Bruttoinlandsprodukts eines Sitzstaates (und über € 5 Mrd.) beträgt, siehe Art. 6 Abs. 4 SSM-VO. Ungeachtet der genannten Schwellenwerte wird die EZB befugt sein, die Aufsicht über die jeweils drei bedeutendsten Kreditinstitute in jedem teilnehmenden Mitgliedstaat auszuüben, Art. 6 Abs. 4 SSM-VO. Darüber hinaus soll die EZB auch – ungeachtet der „Bedeutung" eines Kreditinstitutes – jederzeit von sich aus, wenn dies für die Sicherstellung der kohärenten Anwendung hoher Aufsichtsstandards erforderlich ist, nach Konsultation der nationalen Behörden oder auf Ersuchen einer nationalen zuständigen Behörde, die Aufsicht über ein oder mehrere Kreditinstitute unmittelbar selbst ausüben können, Art. 6 Abs. 5 b) SSM-VO. Die BaFin rechnete per Oktober 2013 damit, dass im Euro-Währungsgebiet rund 130 Banken die vorgenannten Voraussetzungen erfüllen und unter die Aufsicht der EZB fallen.[121] Die EZB führt vor November 2014 eine Vorprüfung aller Kreditinstitute durch, die für eine direkte Aufsicht durch die EZB in Frage kommen (sog. Comprehensive Assessment oder Bankenprüfung). Das Comprehensive Assessment umfasst jeweils eine Risikoprüfung, eine Bilanzprüfung und einen Stresstest. Hiervon sind in der Bundesrepublik Deutschland 24 Kreditinstitute betroffen.

---

[115] Ein „Einheitlicher Aufsichtsmechanimus" ist nach Art. 2 der SSM-VO ein europäisches Finanzaufsichtssystem, dass sich aus der Europäischen Zentralbank und den nationalen zuständigen Behörden teilnehmender Staaten zusammensetzt.

[116] Siehe Art. 2 der SSM-VO.

[117] Art. 1 SSM-VO.

[118] Die EZB übernimmt die ihr übertragenen Aufgaben nach Art. 33 Abs. 2 SSM-VO grundsätzlich am 4. November 2014.

[119] Verordnung (EU) Nr. 1022/2013 des Europäischen Parlaments und des Rates vom 22. Oktober 2013 zur Änderung der Verordnung (EU) Nr. 1093/2010 zur Errichtung einer Europäischen Aufsichtsbehörde (Europäische Bankenaufsichtsbehörde) hinsichtlich der Übertragung besonderer Aufgaben auf die Europäische Zentralbank gemäß der Verordnung (EU) Nr. 1024/2013; ABl. EU Nr. L 287 vom 29. Oktober 2013.

[120] Siehe zum aktuellen Europäischen System der Finanzaufsicht (ESFS) und zur Europäischen Bankaufsichtsbehörde (EBA) → § 1 Rn. 126.

[121] *BaFin*, Einheitliche europäische Bankenaufsicht, BaFinJournal Oktober 2013, S. 28.

Die **Zuständigkeit der nationalen Aufsichtsbehörden** (in der Bundesrepublik **44** Deutschland also die Zuständigkeiten der BaFin und der Deutsche Bundesbank) soll unberührt bleiben, soweit Aufsichtsaufgaben nach der SSM-VO nicht der EZB übertragen werden, Art. 1 SSM-VO. Nicht „bedeutende" Kreditinstitute sollen nach der SSM-VO daher auch zukünftig unmittelbar von ihren zuständigen nationalen Aufsichtsbehörden, dh hier zu Lande von der BaFin in Zusammenarbeit mit der Deutschen Bundesbank, beaufsichtigt werden, Art. 6 Abs. 6 SSM-VO. Dies ist – zumindest aus heutiger Sicht – in der Praxis gar nicht anders denkbar, da die EZB bisher schlicht nicht über die Ressourcen verfügt, um alle Kreditinstitute im Euro-Währungsgebiet laufend zu überwachen. Unabhängig davon fehlt der EZB das auf langjähriger Praxis und vertrauensvoller Zusammenarbeit zwischen Aufsichtsbehörde und nationalen Kreditinstituten beruhende spezifische Knowhow der nationalen Aufsichtsbehörden über die bisher von ihnen beaufsichtigten Kreditinstitute. Eine zentralistische Verlagerung der laufenden Aufsicht auf die EZB über alle Kreditinstitute im Euro-Währungsgebiet erscheint daher eher kontraproduktiv für eine funktionierende Bankenaufsicht.

Gleichwohl wird die EZB zukünftig insbesondere auch die ausschließliche Zuständig- **45** keit für die Zulassung der Aufnahme der Tätigkeit von Kreditinstituten **(Erteilung der Bankerlaubnis)** sowie den Entzug der Zulassung in Mitgliedsstaaten der Eurozone und teilnehmenden Mitgliedsstaaten erhalten, Art. 4 SSM-VO. Dies dürfte aus jetziger Sicht jedoch auf Ebene der einzelnen Mitgliedsstaaten nicht zu wesentlichen Änderungen für das Zulassungswesen führen, da lediglich die Entscheidungskompetenz, nicht aber das nationalstaatlich geregelte Zulassungsverfahren betroffen sein sollen, vgl. Art. 14 SSM-VO (siehe zum angestrebten Zulassungsmechanismus nachfolgend § 1, Rn. 166).

Als weiterer Baustein der Bankenunion ist auf EU-Ebene die Schaffung eines einheit- **46** lichen europäischen Mechanismusses für die Restrukturierung und die etwaige Abwicklung von systemrelevanten Krisenbanken vorgesehen (sog. **Single Resolution Mechanism – SRM**), der eine Sanierung bzw. kontrollierte Auflösung solcher Banken ermöglichen soll. Anders als im Rahmen der Finanzkrise geschehen, sollen dadurch bei Krisenbanken entstehende Verluste nicht mehr den Staaten und damit letztendlich dem Steuerzahler zugewiesen, sondern auf Eigentümer und Gläubiger der Banken verteilt werden. Auch zur Konstitution des SRM ist der Erlass einer Verordnung angedacht. Hierfür legte die Europäische Kommission am 10. Juli 2013 einen Verordnungsentwurf vor, der jedoch auf deutliche Kritik stieß.[122] Bisherige Vorschläge für einen europäischen Abwicklungsmechanismus wurden von der aufsichtlichen Praxis insbesondere deshalb kritisch betrachtet, weil sie vorsahen, dass künftig die EZB Empfehlungen zur Restrukturierung einer Bank abgibt, die EU-Kommission über die Abwicklung entscheidet und der einzelne Staat die Konsequenzen tragen muss.[123] Sinnvoller erscheint es wegen der mit einer Bankenabwicklung einhergehenden, tiefen Eingriffe in Eigentumsrechte, die auch Steuerzahler belasten

---

[122] Vorschlag für eine Verordnung des Europäischen Parlaments und des Rates zur Festlegung einheitlicher Vorschriften und eines einheitlichen Verfahrens für die Abwicklung von Kreditinstituten und bestimmten Wertpapierfirmen im Rahmen eines einheitlichen Abwicklungsmechanismus und eines einheitlichen Bankenabwicklungsfonds sowie zur Änderung der Verordnung (EU) Nr. 1093/2010 des Europäischen Parlaments und des Rates; COM(2013) 520 final.

[123] Vgl. *Welp/Heise*, BaFin-Chefin König kritisiert Pläne für Bankenabwicklung und Einlagensicherung, WirtschaftsWoche vom 14. September 2013, abrufbar unter: http://www.wiwo.de/politik/europa/bankenunion-bafin-chefin-koenig-kritisiert-plaene-fuer-bankenabwicklung-und-einlagensicherung/8785516.html

können, zunächst ein System nationaler Abwicklungsfonds zu schaffen, damit eine Bankenabwicklung im Ergebnis durch denjenigen parlamentarisch kontrolliert werden kann, der damit finanziell belastet wird.[124] Dieser Ansatz ist Gegenstand einer grundsätzlichen Einigung des Europäischen Rates vom 19. Dezember 2013 über die allgemeine Ausrichtung des Abwicklungsmechanismus SRM und die Bildung eines europäischen Abwicklungsfonds ab dem Jahr 2016. Die Regelung und Gestaltung des SRM im Einzelnen bedarf jedoch noch der weiteren Abstimmung und Verhandlung mit dem Europäischen Parlament, ohne dessen Zustimmung eine Umsetzung des SRM nicht möglich ist.

47 Als dritter und bisher letzter Baustein einer geplanten Bankenunion war ursprünglich eine **gemeinsame Einlagensicherung** aller europäischer Banken angedacht. Hinsichtlich der Einlagensicherung legte die Europäische Kommission bereits am 12. Juli 2010 einen Vorschlag für eine Neufassung einer Richtlinie über Einlagensicherungssysteme vor.[125] Der politische Prozess ist jedoch im Zuge der Staatsschuldenkrise einzelner Länder, wie Griechenland oder Zypern, ins Stocken geraten, so dass derzeit nicht absehbar ist, ob und in welcher Form es tatsächlich zu einer gemeinsamen europaweiten Einlagensicherung kommen wird. Zumindest in der deutschen Bankenlandschaft werden angesichts des intakten und krisenbewährten Systems der deutschen Einlagensicherung[126], erhebliche Bedenken gegen eine gemeinsame Einlagensicherung aller europäischen Banken geäußert. Denn eine gemeinsamen Einlagensicherung könnte dazu führen, dass deutsche Einlagensicherungssysteme im Krisenfall für Banken in anderen EU-Staaten Deckung übernehmen müssten. Befürwortet wird von der aufsichtlichen Praxis daher eher ein verbleiben in nationalen Einlagensicherungssystemen, die einheitlichen Mindeststandards angeglichen werden.[127] Dem ist zuzustimmen.

48 Neben dem europäischen Vorhabens „Bankenunion" steht in naher Zukunft die Umsetzung weiterer europarechtlicher Regelungsinitiativen, die das öffentliche Bankrecht betreffen, bevor. Zu nennen ist dabei zB eine Richtlinie hinsichtlich einer verstärkten Zusammenarbeit im Bereich der Finanztransaktionssteuer, durch die die wachsende Anzahl steuerlicher Maßnahmen gegenüber dem Finanzsektor in den einzelnen Mitgliedsstaaten harmonisiert werden soll.[128] Darüber hinaus ist die Markets in Financial Instruments Directive II (MiFID II) in Bearbeitung, zur Schaffung eines sichereren, solideren, transparenteren und verantwortungsvolleren Finanzsystems, das im Dienste der Wirtschaft und der Gesellschaft als Ganzes steht, sowie zur Gewährleistung eines stärker integrierten, effizienten und wettbewerbsfähigen EU-Finanzmarkts.[129]

---

[124] Vgl. *Welp/Heise*, WirtschaftsWoche vom 14. September 2013, abrufbar unter: http://www.wiwo.de/politik/europa/bankenunion-bafin-chefin-koenig-kritisiert-plaene-fuer-bankenabwicklung-und-einlagensicherung/8785516.html

[125] Vorschlag für eine Richtlinie .../.../EU des Europäischen Parlaments und des Rates über Einlagensicherungssysteme, COM(2010) 368/2.

[126] Das deutsche Einlagensicherungssystem setzt sich aus unterschiedlichen Systemen (gesetzliche und freiwillige Einlagensicherung sowie Einlagensicherung und Institutshaftung) zusammen. → § 2, Rn. 97.

[127] Vgl. *Welp/Heise*, WirtschaftsWoche vom 14. September 2013, abrufbar unter: http://www.wiwo.de/politik/europa/bankenunion-bafin-chefin-koenig-kritisiert-plaene-fuer-bankenabwicklung-und-einlagensicherung/8785516.html

[128] Vorschlag für eine Richtlinie des Rates über die Umsetzung einer Verstärkten Zusammenarbeit im Bereich der Finanztransaktionssteuer, COM(2013) 71 final.

[129] Vorschlag für eine Richtlinie des Europäischen Parlaments und des Rates über Märkte für Finanzinstrumente zur Aufhebung der Richtlinie 2004/39/EG des Europäischen Parlaments und des Rates, COM(2011) 656 final, → § 3 Rn. 56.

Kirchhartz

b) Die zweite Ebene: Kundenorientierte (werbende) Banken

49 Auf der zweiten Ebene befinden sich Kreditinstitute, die die Bedürfnisse ihrer Kundschaft befriedigen: Sparkassen, Privat- und Geschäftsbanken sowie Genossenschaftsbanken, die drei Säulen des Bankwesens. Gemeinsames Kennzeichen aller Kreditinstitute dieser Ebene ist es, dass sie am Finanzmarkt (werbend) tätig sind, um durch Bankgeschäfte einen Gewinn zu erzielen.

50 **aa) Die drei Säulen des deutschen Bankwesens.** Das deutsche Kreditwesen ruht auf drei Säulen[130]: der öffentlich-rechtlichen Säule, der Säule der Privat- und Geschäftsbanken, und der genossenschaftlichen Säule. Vorweg ist einzuräumen, dass die für das deutsche Bankwesen typische sog. **Drei-Säulen-Organisation** in sich nicht so eindeutig und präzise abgrenzbar ist, wie hier modellhaft dargestellt. Vielmehr prägen vielfältige Mischformen das Bild. Die Drei-Säulen-Organisation hat sich in einer über 250-jährigen Bankgeschichte entwickelt. Ursprünglich war das deutsche Bankwesen maßgeblich von Privatbankiers geprägt, vornehmlich an den großen Handelsplätzen.[131] Sie waren nicht aufgerufen, die bankgeschäftlichen Bedürfnisse von kleinen Gewerbetreibenden, Landwirten und Sparern zu befriedigen, weshalb die Obrigkeit für deren Bedarf die Sparkassen und Landesbanken schuf und der genossenschaftliche Gedanke Einzug in das Bankgeschäft hielt. Im 19. Jahrhundert reichten die Kapitalien der Privatbankiers nicht mehr aus, um die Finanzierungsaufgaben der einsetzenden Industrialisierung und des Welthandels zu decken. Dies war die Stunde der Aktienbanken. Ausgehend von diesem speziellen historischen Hintergrund, ist die klassische deutsche Drei-Säulen-Organisation in anderen Ländern nahezu unbekannt.

51 Die Drei-Säulen-Organisation ist ein sinnvolles System, weil sie sich in einer erfolgreich bestandenen langen Geschichte in widrigen politischen Zeitläuften bewährte und sie den Wettbewerb im Bankgeschäft fördert, zumindest Wettbewerbseinschränkungen behindert, die bei einem Bankensystem mit nur einer Säule zu besorgen wären. Bewährt hat sich die Drei-Säulen-Organisation insbesondere in der Finanzkrise[132] im Jahr 2008, die von einem reinen Privatbankensegment sicherlich nicht in ähnlicher Weise hätte aufgefangen werden können, wie von einem dreiteiligen System verschiedener Institutsgruppen.

52 **bb) Öffentlich-rechtliche Kreditinstitute.** Die Institute dieser Säule sind überwiegend nach öffentlichem Recht organisiert, für sie gilt öffentliches Wirtschaftsrecht. Maßgeblich getragen wir diese Säule von den jeweils verbundenen Sparkassen unter der Trägerschaft ihrer Kommunen oder eines mehrere Kommunen zusammenfassenden Zweckverbandes. Es gibt in Deutschland 421 Sparkassen und 8 Landesbanken/Girozentralen (ohne Deka-Bank).[133] In den letzten Jahren hat sich die Anzahl der öffentlich-rechtlichen Institute durch Fusionen verringert. Nach der Kopfzahl der Mitarbeiter ist dies der größte Sektor des deutschen Bankwesens mit rund 355.000 Mitarbeitern und über 15.000 Geschäftsstellen im Jahr 2012.[134] Er verfügt auch über den größten Marktanteil von ca. 31,2% am Ge-

---

[130] *Rümker/Winterfeld* in BankR-HdB, § 124, Rn. 86.
[131] Vgl. *Obst/Hintner*, Geld-, Bank- und Börsenwesen, Teil II, 2.1.3.2.3.
[132] → § 1 Rn. 22.
[133] *Deutsche Bundesbank*, Monatsbericht Dezember 2013, Statistischer Teil, S. 24, Stand: Oktober 2013.
[134] *Finanzgruppe Deutscher Sparkassen- und Giroverband*, Finanzbericht 2012, Stand: 31. Dezember 2012, abrufbar unter: http://www.dsgv.de/_download_gallery/Publikationen/DSGV-FB12-DE.pdf

schäftsvolumen des Bankwesens. Die addierte Bilanzsumme aller Sparkassen und Landesbanken lag im Jahr 2012 bei € 2.308,3 Mrd.[135]

53   Die **Landesbanken**[136] erfüllen eine Zentralbankfunktion für die örtlich wirkenden Sparkassen, insbesondere führen sie deren Zahlungsverkehr und deren Wertpapierhandel aus und besorgen das Kreditkonsortialgeschäft. Daneben betreiben die Landesbanken das Geschäft einer Geschäftsbank mit Komplettangebot aller Bankdienstleistungen, einschließlich Bausparkassengeschäften; schließlich sind sie „Staatsbank" ihrer Landesregierung. Die innere Organisation von Landesbanken folgt dem aktienrechtlichen Modell: Die Führung der laufenden Geschäfte obliegt dem Vorstand, der Aufsichtsrat oder Verwaltungsrat überwacht die Geschäftsführung, die Trägerversammlung vereinigt die Kapitalseite.

54   Landesbanken waren ursprünglich Anstalten des öffentlichen Rechts, Rechtsgrundlage für ihre Errichtung waren Landesgesetze.[137] Träger der Landesbanken waren das jeweilige Bundesland und der regionale Sparkassen- und Giroverband. Diese Struktur hat bis heute einen steten Wandel erfahren. ZB wurde in Nordrhein-Westfalen die traditionelle Eigentümerkonstruktion der damaligen Landesbank dahingehend aufgelöst, dass die heute nicht mehr existente WestLB in eine Aktiengesellschaft umgeformt und die öffentlich-rechtliche NRW.Bank ausgegliedert wurde.

Auch die Zuordnung der Landesbanken zu den einzelnen Bundesländern hat sich aufgelockert. Die Norddeutsche Landesbank (NORD/LB) ist zB Mehrheitseigentümer der Bremer Landesbank, die Landesbank Schleswig-Holstein ist mit der Hamburger Landesbank verschmolzen und heißt HSH Nordbank AG. Landesbanken aus Westdeutschland üben in den neuen Bundesländern die Funktion einer Landesbank aus – so die NORD/LB in Mecklenburg-Vorpommern und in Sachsen-Anhalt. Ferner hat das Bundesland Sachsen seine frühere Landesbank an die Landesbank Baden-Württemberg (LBBW) abgegeben.[138] Diese Aufzählung zeigt, dass das historische Leitbild der Landesbank als einem Bundesland und einer Sparkassenregion zuzurechnendes Institut der Konzentration im Bankwesen gewichen ist.

55   Wesentliche Änderungen in der Landesbankenlandschaft wurden auch vom Wettbewerbsrecht der Europäischen Union veranlasst, nach dem die in den Sparkassengesetzen der jeweiligen Länder ehemals vorgesehene **Gewährträgerhaftung** und **Anstaltslast** nicht marktkonforme Eigenkapitalmaßnahmen darstellten, dh Verstöße gegen das Beihilfeverbot nach Art. 110 AEUV ff. Die Gewährträgerhaftung sah eine öffentlich-rechtliche Ausfallgarantie des hoheitlichen Anstaltsträgers (zB der Trägerkommune) gegenüber den Gläubigern der Sparkasse vor, sofern diese nicht aus dem Vermögen der Sparkasse befriedigt werden konnten. Komplementär zur Gewährträgerhaftung wirkte die Anstaltslast.

---

[135] *Finanzgruppe Deutscher Sparkassen- und Giroverband*, Finanzbericht 2012, Stand: 31. Dezember 2012, abrufbar unter: http://www.dsgv.de/_download_gallery/Publikationen/DSGV-FB12-DE.pdf

[136] Zur Gruppe der Landesbanken gehören nach der *Deutschen Bundesbank*, Verzeichnis der Kreditinstitute 2013, S. 90 (Stand: 1. Januar 2013): Bayern LB, Bremer Landesbank Kreditanstalt Oldenburg Girozentrale, HSH Nordbank AG, Landesbank Berlin AG, Landesbank Hessen-Thüringen Girozentrale, Landesbank Baden-Württemberg, SaarLB Landesbank Saar, NORD/LB Norddeutsche Landesbank Girozentrale.

[137] ZB das Gesetz zum Staatsvertrag zwischen dem Land Niedersachsen, dem Land Sachsen-Anhalt und dem Land Mecklenburg-Vorpommern über die Norddeutsche Landesbank – Girozentrale – vom 16. November 2007 (Nds.GVBl. Nr. 35/2007, S. 631).

[138] Gesetz zur Umwandlung der Landesbank Sachsen Girozentrale in eine Aktiengesellschaft vom 4. Juli 2007 (Saechs GVBl. Nr. 8/2007, S. 303).

Darunter war die Verpflichtung des öffentlich-rechtlichen Gewährträgers zu verstehen, die wirtschaftliche Basis einer Sparkasse zu sichern, sie funktionsfähig zu erhalten und etwaige finanzielle Lücken auszugleichen.[139] Nach in diesem Zusammenhang vorangegangenen Auseinandersetzungen zwischen öffentlich-rechtlichen Kreditinstituten und privaten Banken in den 90er Jahren führte schließlich eine Wettbewerbsbeschwerde der Europäischen Bankenvereinigung dazu, dass zwar die Rechtsform der öffentlich-rechtlichen Kreditinstitute unangetastet blieb, andererseits die Anstaltslast und Gewährträgerhaftung nach einer bis zum 18. Juli 2005 geltenden Übergangsphase abgeschafft wurden.[140] Dieses Ergebnis beruht auf einer zweigliedrigen Vereinbarung zwischen der Europäischen Kommission und der Bundesrepublik Deutschland aus den Jahren 2001 und 2002. Die sog. **Verständigung I** vom 17. Juli 2001 ließ zwar die Rechtsform der öffentlich-rechtlichen Banken unangetastet, sah jedoch die Abschaffung der Gewährträgerhaftung und der Anstaltslast vor.[141] Die **Verständigung II** vom 1. März 2002 gewährte hingegen Sonderregelungen für die rechtlich selbstständigen Förderbanken mit wettbewerbsneutralem Struktur- und Fördergeschäft. Für Kreditinstitute, die ausschließlich für konkrete Aufgaben der Wirtschafts- und Strukturförderung eingesetzt werden, blieben demnach die Haftungsinstrumente der Anstaltslast und Gewährträgerhaftung bestehen.[142] Ein Beispiel für ein solches Institut stellt die speziell als Förderbank konzipierte NRW.Bank dar.[143] Für sie gilt daher dauerhaft die Anstaltslast sowie die Gewährträgerhaftung des Landes Nordrhein-Westfalen.

Dieses mit der EU-Kommission vereinbarte, grundsätzliche Auslaufen der Staatshaftung für die jeweiligen Landesbanken veranlasste einzelne Bundesländer, individuelle Modelle für ihre Institute zu entwickeln. Baden-Württemberg vergrößerte zB seine Landesbank durch Zusammenschlüsse mit Sparkassen. Außerdem wurde der Wegfall der Staatshaftung durch eine tragfähige künftige Einlagensicherung kompensiert.[144] Nordrhein-Westfalen stellte mit einem Konzernmodell, das eine Spaltung der WestLB in eine öffentlich-rechtliche Muttergesellschaft (NRW.Bank) und eine privatrechtliche Tochtergesellschaft (West LB AG) vorsah, eine Struktur für eine Landesbank vor, in der das Wettbewerbsgeschäft vom öffentlichen Auftragsgeschäft getrennt wurde. Wegen der Auswirkungen der Finanzkrise und Auseinandersetzungen mit der EU-Kommission über anschließend unternommene Sanierungsversuche musste dieses Modell jedoch bald beendet werden. Teile der WestLB AG wurden daher im Jahr 2012 ausgegliedert, der verbleibende Teil wird unter der Rechtsnachfolgerin Portigon AG planmäßig bis zum Ende des Jahres 2016 abgewickelt.

Auf Grund dieser Umgestaltungen entsprechen die Haftungsstrukturen der öffentlich-rechtlichen Kreditinstitute heute im Wesentlichen der Beziehung eines privaten Anteilseigners zu einer AG oder GmbH. Das Recht der Träger öffentlich-rechtlicher Sparkassen

---

[139] Siehe zu diesen beiden Instituten auch *Bunte* in BankR-HdB, § 142, Rn. 21.
[140] Zu diesem Komplex: *Martin-Ehlers* EWS 2001, S. 263; *Möschel* WM 2001, S. 1009; *Niemeyer/Hirsbrunner* EuZW 2000, S. 364; *Vogel* ZBB 2001, S. 103.
[141] Verständigung über Anstaltslast und Gewährträgerhaftung vom 17. Juli 2001.
[142] *Rümker/Winterfeld* in BankR-HdB, § 124, Rn. 28 ff.
[143] Vgl. Gesetz zur Umstrukturierung der Landesbank Nordrhein-Westfalen zur Förderbank des Landes Nordrhein-Westfalen und zur Änderung anderer Gesetze vom 16. März 2004(GVBl. NRW 2004 S. 126 ff).
[144] Siehe dazu das Gesetz über die Landesbank Baden-Württemberg (Landesbankgesetz – LBWG) vom 11. November 1998 (BWGBl. 1998, S. 589).

Kirchhartz

und Landesbanken, ihren Instituten Kapital zur Verfügung zu stellen, bleibt im Grundsatz aufrechterhalten. Entsprechende Maßnahmen müssen jedoch zu marktüblichen Konditionen erfolgen, um mit dem europäischen Beihilferecht in Einklang zu stehen.

57 Die **Sparkassen** sind ebenfalls **öffentlich-rechtlich** organisiert, mit Ausnahme von wenigen freien Sparkassen[145], die nach privatem Recht organisiert sind. Unter diesen freien Sparkassen befindet sich die größte Sparkasse Deutschlands, die Hamburger Sparkasse (HASPA). Anders als die öffentlich-rechtlich organisierten Sparkassen unterliegen diese freien Sparkassen nicht der Sparkassenaufsicht der Länder.[146] Ihre Rechtsform folgt aus ihrer Geschichte und ist differenziert zu sehen zwischen Stiftung und Verein. So ist die HASPA nach altem hamburgischen Stiftungsrecht organisiert, das Landesrecht war.[147] Die Neugründung einer freien Sparkasse ist unter der Bezeichnung „Sparkasse" nicht mehr möglich, aber die alteingeführten freien Sparkassen genießen Bestandsschutz, § 40 Abs. 1 KWG.[148]

58 Alle anderen Sparkassen sind nach den Sparkassengesetzen der Länder und dem Recht ihrer Satzung organisiert, die der jeweilige (kommunale) Träger auf Basis der auf Länderebene vorgegebenen Mustersatzungen erlässt. Hintergrund dieses Rechtsrahmens sind die Art. 72 und 74 Nr. 11 GG. Hiernach gehört das Sparkassenrecht als Teil des Bank- und Börsenwesens zur konkurrierenden Gesetzgebung.[149] Da der Bund keine Sparkassengesetze erlassen hat, sind die Länder zuständig. Auch die Sparkassenaufsicht obliegt den Bundesländern, idR dem Landesfinanzminister, der unter anderem mit dem Instrument der von ihm vorgegebenen Sparkassensatzung einen Rahmen und Grenzen für die zu betreibenden Geschäftssparten vorgibt.[150]

59 Gemeinsames Merkmal der Sparkassen ist zunächst, dass sie nach den Sparkassengesetzen der Länder einen **öffentlichen Auftrag** verfolgen.[151] Die Sparkassen fördern den Sparsinn und die Vermögensbildung der Bevölkerung. Ihnen obliegt insbesondere die kreditwirtschaftliche Versorgung der Bevölkerung und des Mittelstandes. Sie haben insofern eine kreditwirtschaftliche Versorgungs- und Gewährleistungsfunktion.[152] Sodann ist es Auftrag der Sparkassen, den Wettbewerb im Kreditgewerbe zu fördern.[153] Die Gewinnerzielung ist Zweck, aber nicht Hauptzweck ihres Geschäftsbetriebes, § 2 Abs. 3 S. 2 SparkassenG NRW. Dennoch sind die Sparkassen beschränkt gewinnorientiert, soweit dies zur Eigenkapitalbildung erforderlich ist. Denn Sparkassen haben keine Möglichkeit, Eigenkapital von außen einzuwerben, sie müssen ihren Eigenkapitalbedarf aus eigenen Erträgen, also im Wege der Innenfinanzierung, decken. Bilanztechnisch geschieht dies durch

---

[145] Dies sind: die Bordesholmer Sparkasse AG, die Sparkasse Bremen AG, die Hamburger Sparkasse AG, die Sparkasse zu Lübeck AG, die Sparkasse Mittelholstein AG.
[146] BVerwG WM 1984, S. 1394; vgl. aber OVG Lüneburg WM 1986, S. 524.
[147] Vgl. BVerwG NVwZ 1987, S. 221 (222).
[148] Die Bezeichnung „Sparkasse" ist, wie die Bezeichnung „Bank" in § 39 KWG, nach § 40 KWG geschützt und grundsätzlich öffentlich-rechtlichen Sparkassen vorbehalten, die über eine Erlaubnis nach § 32 KWG verfügen.
[149] Es wird auch die ausschließliche Gesetzgebungskompetenz der Länder vertreten, vgl. *Schlierbach*, Das Sparkassenrecht der Bundesrepublik Deutschland, 1.5.1.
[150] Siehe zur Sonderaufsicht § 52 KWG.
[151] Hierzu VerfGH NRW WM 1987, S. 231 f.
[152] *Rümker/Winterfeld* in BankR-HdB, § 124, Rn. 109, Rn. 138.
[153] So zB: § 2 Abs. 2 Satz 1 Sparkassengesetz Nordrhein-Westfalen (Sparkassengesetz – SpkG) vom 18. November 2008 (GV. NRW 2008, S. 696).

Erhöhung des Passivpostens der Sicherheitsrücklage. Darüber hinausgehende Bilanzgewinne können an den Träger zur gemeinnützigen Verwendung ausgeschüttet werden. Trotz dieses Verzichts auf primäre Gewinnorientierung besitzen die Sparkassen jedoch keine privilegierte Position in der Unternehmensbesteuerung. Sie unterliegen der regulären Körperschaftsteuer nach Maßgabe von §§ 1 Abs. 1 Nr. 6, 4 KStG. Nicht zuletzt wegen dieser steuerrechtlichen Belastung der Sparkassen nahm die Gewinnerzielungsabsicht innerhalb der Sparkassen in der Vergangenheit zu.[154]

Im Zusammenhang mit dem öffentlichen Auftrag stehen auch die im Sparkassenwesen traditionellen **Geschäftsbeschränkungen** in den einzelnen Sparkassengesetzen der Länder, nach denen die Sparkassen einzelne Geschäfte zu unterlassen haben. Dies betraf bisher sowohl quantitative als auch qualitative Geschäftsbeschränkungen. Typischerweise waren zB Höchstgrenzen für Kredite vorgesehen, überschießende Beträge mussten konsortialiter mit der zuständigen Landesbank finanziert werden; es galten Grenzen für den Beteiligungserwerb und den Besitz von Aktien. Dieses Prinzip erfährt zunehmende Auflockerung. Neuere Sparkassengesetze gestatten Sparkassen, alle banküblichen Geschäfte zu betreiben.[155] 60

Neben diesen beiden Merkmale des öffentlichen Auftrags und der Geschäftsbeschränkungen tritt als dritte Komponente das sog. **Regionalprinzip**, das eine räumliche Beschränkung der wirtschaftlichen Aktivitäten von Sparkassen vorgibt, insbesondere die Errichtung von Geschäftsstellen außerhalb der Grenzen der Trägerkommmune(n) verbietet. So heißt es in § 1 Abs. 2 SparkassenG NRW positiv formuliert: „Die Sparkassen können im Gebiet ihres Trägers Haupt- und Zweigstellen errichten". Dies bedeutet anders gewendet aber auch, dass ein Tätigwerden außerhalb des Trägergebietes untersagt ist. 61

Nach § 1807 Abs. 1 Nr. 5 BGB können Sparkassen ferner für mündelsicher erklärt werden, was alle Bundesländer für ihre Sparkassen – auch die freien Sparkassen – erklärt haben. Damit haben die Sparkassen die Befugnis, die in § 1806 BGB bezeichneten **Mündelgelder** entgegenzunehmen. Diese besondere Bonitätsaussage des BGB zugunsten der Sparkassen, Mündelgelder verwalten zu dürfen, beruht auf dem Umstand, dass Sparkassenkunden infolge von ausreichenden Sicherungseinrichtungen der Sparkassen (sog. Institutshaftung) grundsätzlich keine Einlagenverluste zu tragen haben. Auch andere Kreditinstitute dürfen Mündelgelder annehmen, wenn sie ausreichenden Sicherungseinrichtungen angehören.[156] 62

Sparkassenrecht ist **öffentliches Recht**. Das gilt auch für die Organisation von Sparkassen, wenngleich diese ebenso wie die Organisation der Landesbanken im Wesentlichen den Grundstrukturen des Aktienrechts entsprechen: Die Geschäftsführung der Sparkasse und die unternehmerische Disposition obliegen einem mehrköpfigen Vorstand, wobei es auch bei einem zweiköpfigen Vorstand einen Vorstandsvorsitzenden gibt. Überwachungsorgan ist der Verwaltungsrat, der die geschäftspolitischen Leitlinien vorgibt, die Geschäfte überwacht sowie Zustimmungs- und Genehmigungsrechte zu einzelnen Geschäften ausübt. Im Verwaltungsrat haben auch die Mitarbeiter der Sparkasse Sitz und Stimme, wobei deren Repräsentanz nicht über ein Drittel hinausgeht, gleichgültig, wie groß die Sparkasse 63

---

[154] Zur Gemeinnützigkeit der Sparkassen siehe: *Schlierbach*, Das Sparkassenrecht in der Bundesrepublik Deutschland, 3.3.
[155] *Rümker/Winterfeld* in BankR-HdB, § 124, Rn. 48.
[156] *Götz* in Palandt, BGB, § 1807, Rn. 9; zu den Sicherungseinrichtungen → § 2 Rn. 97 ff.

Kirchhartz

ist.[157] Die Mitglieder des Verwaltungsrats sind unabhängig und nicht an Weisungen des Trägers oder an Ratsbeschlüsse o.ä. gebunden, so ausdrücklich § 15 Abs. 6 SparkassenG NRW. Eine Abwahl eines einzelnen Verwaltungsratmitgliedes während seiner Amtszeit ist nicht zulässig, es sei denn, das einschlägige Sparkassengesetz lässt dies zu und die Voraussetzungen werden erfüllt.

Die Sparkassen sind Kreditinstitute iSd KWG, weil sie gewerbsmäßig Bankgeschäfte nach § 1 Abs. 1 KWG betreiben. Die von ihnen getätigten Rechtsgeschäfte sind nach privatem Recht, nämlich vorwiegend nach Bankvertragsrecht, zu beurteilen. Die Sparkassen haben Kaufmannseigenschaft. Sie betreiben ein Grundhandelsgeschäft iSv § 1 Abs. 2 Nr. 4 HGB in der bis zum 30. Juni 1998 geltenden Fassung. Nach der heutigen Rechtslage folgt ihre Kaufmannseigenschaft aus § 1 Abs. 2 HGB.[158]

64 Neben dem Sparkassenbereich kennt das deutsche Bankwesen weitere öffentlich-rechtliche Banken. Gleichwohl verfügt die Bundesrepublik Deutschland nicht über eine eigene Staatsbank. Sie betreibt ihren Geldverkehr über die **Deutsche Bundesbank**, die als unabhängige Notenbank nicht die Funktion einer Staatsbank hat.[159] Ihren Kreditbedarf deckt die Bundesrepublik Deutschland nach marktwirtschaftlichen Grundsätzen bei der Bankwirtschaft insgesamt, ohne hierbei Prioritäten zu setzen. – Die erwähnten öffentlich-rechtlichen Spezialbanken aus dem Bereich des Bundes und der Länder wurden dereinst für die Erfüllung volkswirtschaftlicher oder sozialpolitischer Funktionen gegründet, zumeist für die Erfüllung von Förderaufgaben, wie der Finanzierung des Wiederaufbaus oder der Eingliederung der Flüchtlinge nach dem 2. Weltkrieg oder der Agrarförderung (sog. Banken mit Sonderaufgaben, siehe nachfolgend auch § 1, Rn. 85). Eine Vielzahl dieser vormals öffentlich-rechtlichen Kreditinstitute wurde inzwischen privatisiert, zB die Deutsche Siedlungs- und Landesrentenbank, die Deutsche Pfandbriefanstalt und die Deutsche Ausgleichsbank.

65 cc) Privat- und Geschäftsbanken („privates Bankgewerbe"). Die Bezeichnung „privates Bankgewerbe" für Privat- und Geschäsbanken ist irreführend, weil auch der genossenschaftliche Bereich privatrechtlich organisiert ist. Dennoch soll es bei dieser eingebürgerten Bezeichnung bleiben, weil die Form der Kapitalaufbringung in dieser Bankengruppierung hiermit präzise umschrieben ist: Alle Institute des privatrechtlichen Bankgewerbes arbeiten mit privatrechtlich aufgebrachtem Kapital.

66 Herkömmlicherweise und in der Statistik der Deutschen Bundesbank wird dieser private Bankensektor gegliedert in die **Großbanken**, **Regionalbanken** und **Privatbankiers**. Das private Bankgewerbe beschäftigt rund 172.900 Mitarbeiter.[160]

Zur Gruppe der **Großbanken** zähl(t)en traditionell die Deutsche Bank AG, die Commerzbank AG, die Dresdner Bank AG (bis zu ihrer Fusion im November 2009 mit der Commerzbank AG), seit Januar 1999 die UniCreditbank AG (vormals Bayerische Hypo- und Vereinsbank AG) sowie bis zum Jahr 2012 die Deutsche Postbank AG (die mittlerweile ein reines Tochterunternehmen der Deutsche Bank AG ist).[161] Die Deutsche Postbank AG nimmt insoweit eine Sonderstellung ein, da sie zunächst im Jahre 1994 von der Bundesrepublik Deutschland zur Bündelung des Bankgeschäfts der Deutschen Post ge-

---

[157] Hierzu VerfGH NRW WM 1987, S. 231.
[158] *Baumbach/Hopt*, HGB, § 1, Rn. 27.
[159] → § 1 Rn. 32.
[160] *Arbeitgeberverband des privaten Bankgewerbes,* Bericht 2012/2013, S. 44.
[161] *Deutsche Bundesbank*, Bankenstatistik August 2013, S. 110.

gründet wurde. 1995 folgte dann die Umwandlung in die Deutsche Postbank AG und seit dem Jahre 2008 die sukzessive Übernahme durch die Deutsche Bank AG.[162] Von den vorgenannten Großbanken wird nur noch die Deutsche Bank AG vom Financial Stabilty Board (Finanzstabilitätsrat)[163] als global systemrelevant eingestuft.[164] Die Commerzbank AG ist auf Grund ihrer zurückgegangenen Bedeutung im internationalen Geschäft im Jahr 2012 nicht mehr in der Liste der global systemrelevanten Banken enthalten.

Bei den Großbanken handelt es sich um Aktiengesellschaften mit etwa 7.000 Zweigstellen[165] mit gleicher Gewichtung in allen Regionen, aber mit unterschiedlicher Gewichtung in der Europäischen Union und der Welt, wo sie mit Filialen oder Tochterbanken vertreten sind. Zugleich sind die Großbanken bankwirtschaftliche Konzerne mit einer Vielzahl von in- und ausländischen Tochter- und Beteiligungsgesellschaften, wobei die Finanzdienstleistung und der Near-banking-Bereich im Vordergrund der Beteiligungspolitik steht, aber auch bankfremde Engagements Bedeutung haben. Großbanken sind ihrem bankgeschäftlichen Volumen nach die größten privaten Institute im deutschen Bankensystem mit einer addierten Bilanzsumme von € 1.894,2 Mrd. Zumindest die Deutsche Bank AG gehört nach ihrer Kapitalstärke zur weltweiten Spitzengruppe der Banken. Alle deutschen Großbanken zusammen besitzen offen gezeigte Eigenmitteln von € 80,4 Mrd.[166] Ihr Kapital gehört den Aktionären. Die Großbanken sind nach überkommenem Verständnis und typisch für das deutsche Bankenwesen sog. **Universalbanken**, sie betreiben das Spar-, Kredit-, Auslands- und das Wertpapiergeschäft sowie das Investmentbanking; sie befassen sich mit Innovationen auf dem Finanz- und Investmentsektor. Im Einlagen- und im Kreditgeschäft dominiert das kurzfristige Geschäft. Die Großbanken bieten ihrer Kundschaft neben den herkömmlichen Bankdienstleistungen ua Versicherungsleistungen und Bausparverträge an, was die Wertung zulässt, dass sie vom Tätigkeitsfeld klassischer Universalbanken zunehmend in den Bereich der Allfinanzkonzerne rücken. Lediglich beispielhaft lässt sich in diesem Zusammenhang die im Jahr 2001 erfolgte Übernahme der Dresdner Bank AG durch den Versicherungskonzern Allianz AG im Jahr 2001 nennen. In dessen Folge wurden Bank- und Versicherungsdienstleistungen aus einer Hand angeboten wurden, bis die Dresdner Bank AG im Jahr 2009 mit der Commerzbank AG fusionierte.

Neben den Großbanken stehen die **Regionalbanken**, die, wie schon der Name sagt, Schwerpunkte in einzelnen Bundesländern, aber keine Konzentration auf eben diese Bundesländer haben. Hierzu zählen auch Institute aus der Teilzahlungsbranche, Tochterbanken ausländischer oder inländischer Mutterbanken. Die Regionalbanken sind ebenfalls als Aktiengesellschaften oder auch als GmbH organisiert.

Die dritte Sparte sind die **Privatbankiers**, also Bankinstitute, die in der Rechtsform der oHG (zB die Merck Finck & Co oHG in München), der Kommanditgesellschaft (zB Münsterländische Bank Thie & Co. KG in Münster) und, unter bestimmten Voraussetzungen, auch der KGaA (etwa die Merkur Bank KGaA in München) geführt werden. Histo-

---

[162] Zur ursprünglichen Bedeutung und Funktion der Deutsche Postbank AG siehe auch die Vorauflage dieses Buches unter § 1 Nr. 13.
[163] Siehe zum Financial Stability Board (FSB) → § 1 Rn. 131.
[164] *Financial Stability Board*, Update of group of global systemically important banks(G-SIBs), Annex 1, Stand: 1. November 2012, abrufbar unter: http://www.financialstabilityboard.org/publications/r_121031ac.pdf
[165] *Deutsche Bundesbank*, Bankenstatistik August 2013, S. 104.
[166] *Deutsche Bundesbank*, Monatsbericht Dezember 2013, Statistischer Teil, S. 25.

risch sind die Privatbankiers der Ursprung des Bankgewerbes. Ihre Anzahl ist im vergangenen Jahrhundert jedoch erheblich gesunken. Dementsprechend verringerte sich auch ihre gesamtwirtschaftliche Bedeutung, was jedoch ihre Leistungsfähigkeit in Nischen wie der Betreuung vermögender Privatkunden und im Spezialfondsgeschäft nicht beeinträchtigt.

70 **dd) Genossenschaftsbanken.** Die dritte tragende Säule des deutschen Kreditgewerbes sind die **Genossenschaftsbanken**. Der Genossenschaftssektor besteht aus rd. 1.100 Volks- bzw. Raiffeisenbanken (Primärbanken des Genossenschaftssektors) mit ihren Geschäftsstellen, der regionalen Zentralbank WGZ Bank AG in Düsseldorf (WGZ-Bank) und der DZ-Bank Deutsche Genossenschaftsbank AG[167] als Spitzeninstitut.[168] Die Zahl der Genossenschaftsbanken nahm in der jüngeren Vergangenheit auf Grund von Fusionen ab. Die regionalen genossenschaftlichen Zentralbanken sind bis auf die einzig verbliebene WGZ-Bank von dieser Fusionstendenz erreicht worden.

Ergänzt wird der Genossenschaftssektor durch Spezialunternehmen wie zB die Bausparkasse Schwäbisch Hall, die R+V-Versicherungsgruppe, die Deutsche Genossenschafts-Hypothekenbank und die Union-Investment-Gruppe als Fonds- und Kapitalanlagegesellschaft des genossenschaftlichen Finanzverbundes.

Auf den Genossenschaftssektor mit seinen Primärbanken und seinen Zentralinstituten entfällt ein Geschäftsvolumen von rd. € 1.032 Mrd.[169] Beschäftigt werden etwa 160.000 Mitarbeiter.

71 Organisiert ist dieser Sektor überwiegend in der Rechtsform der Genossenschaft nach dem Genossenschaftsgesetz.[170] Ziel der Genossenschaften ist die Förderung des Erwerbs und der Wirtschaft ihrer Mitglieder mittels eines gemeinschaftlichen Geschäftsbetriebes, § 1 GenG. Sie sind nach der Rechtsidee des wirtschaftlichen Vereins, der organisierten Selbsthilfe, gestaltet.[171] Jeder Teilnehmer einer Genossenschaft muss einen Geschäftsanteil übernehmen und ist zum beschränkten Nachschuss verpflichtet, § 7 GenG. Die Satzungen der einzelnen Genossenschaftsbanken können die Zeichnung weiterer Geschäftsanteile zulassen. Genossenschaftsbanken sind in ihrem Kreditgeschäft nicht auf ihre Mitglieder beschränkt, sondern können Kredite auch Nichtmitgliedern geben. Die rd. 17,3 Millionen Mitglieder – bei über 30 Mio. Kunden – sind die Eigentümer dieser Genossenschaften.[172] Der bankgeschäftliche Auftrag der Volks- und Raiffeisenbanken liegt räumlich in der Region und personell im Mittelstand, der Landwirtschaft und bei den privaten Haushalten. Das überregionale Geschäft mit Großkunden und institutionellen Anlegern nehmen die DZ-Bank und die WGZ-Bank als Zentralinstitute nach den Grundsätzen der Subsidiarität wahr.

72 Der Genossenschaftssektor war bzw. ist regional teilweise **dreistufig organisiert**: Die **Volks- und Raiffeisenbanken** vor Ort bilden die **Primärstufe**; darüber gab es die ur-

---

[167] Die DZ-Bank Deutsche Genossenschaftszentralbank, ehemals Körperschaft des öffentlichen Rechts, ist seit 1998 Aktiengesellschaft.
[168] *Bundesverband der Deutschen Volksbanken und Raiffeisenbanken*, Jahresbericht 2012, S. 5; Stand: 31. Dezember 2012.
[169] *Deutsche Bundesbank*, Monatsbericht Dezember 2013, Statistischer Teil, S. 24.
[170] Gesetz betreffend die Erwerbs- und Wirtschaftsgenossenschaften (Genossenschaftsgesetz – GenG) vom 16. Oktober 2006 (BGBl I 2006, S. 2230). Es gibt eine geringe Zahl von Kreditgenossenschaften, die in der Rechtsform der AG organisiert sind.
[171] *Henssler/Strohn*, Gesellschaftsrecht, § 1 Rn. 17.
[172] *Bundesverband der Deutschen Volksbanken und Raiffeisenbanken*, Jahresbericht 2012, S. 5; Stand: 31. Dezember 2012.

sprünglich zwölf regionalen genossenschaftlichen Zentralbanken als **Sekundärstufe**, deren Anzahl auf eine, die **WGZ-Bank**, zurückging. Die WGZ-Bank firmierte bis ins Jahr 2005 in der Rechtsform der eG und wurde dann in eine AG umgewandelt. Als Spitzeninstitut auf **dritter Stufe** dient die **DZ-Bank** (vormals Deutsche Genossenschaftsbank – DG-Bank).[173] Sie hat durch Fusionen die Sekundärstufe in Nord- und Süddeutschland übernommen. Die DZ-Bank betreibt das klassische Zentralbankgeschäft für die ihr nunmehr direkt angeschlossenen Primärbanken. Darüber hinaus betreut sie die Kreditgenossenschaften in Ostdeutschland, weil sie Rechtsnachfolgerin der Genossenschaftsbank Berlin aus DDR-Zeiten ist.[174] Die DZ-Bank wird in der amtlichen Begründung des Umwandlungsgesetzes der Deutschen Genossenschaftsbank wie folgt umschrieben: „Die DG-Bank Deutsche Genossenschaftsbank ist das Spitzeninstitut des genossenschaftlichen Finanzverbundes."[175] Die DZ-Bank ist Emissionsinstitut, weil sie gedeckte Schuldverschreibungen ausgeben darf, § 14 DG-Bank-Gesetz.[176] Aktionäre der DZ-Bank sind die einzelnen Genossenschaftsbanken, also die Banken der Primärstufe, überwiegend über Holdinggesellschaften. Großaktionär ist die regionale Zentralbank WGZ-Bank. Die Bundesrepublik Deutschland ist nicht mehr Aktionär der DZ-Bank.

ee) Verbände. Alle drei Säulen des deutschen Bankgewerbes sind verbandsmäßig organisiert: der öffentlich-rechtliche Sektor in dem **Deutscher Sparkassen- und Giroverband e. V.**, Berlin, der als eingetragener Verein geordnet ist. Dieser Verband hatte einen Vorläufer in der Rechtsform der öffentlich-rechtlichen Körperschaft.[177] Daneben werden die Interessen der öffentlich-rechtlichen Banken – ohne die Sparkassen – vertreten von dem **Verband öffentlicher Banken e. V.**, Berlin, der sich schwerpunktmäßig mit dem Kapitalmarkt befasst. Die Privatbanken sind im **Bundesverband deutscher Banken e. V.**, Berlin, zusammengeschlossen, der Genossenschaftssektor im **Bundesverband der deutschen Volksbanken und Raiffeisenbanken e. V.**, Berlin. **73**

Die vorgenannten Verbände sind – wie auch der Verband deutscher Pfandbriefbanken e. V. – zudem in der Interessenvertretung „**Die Deutsche Kreditwirtschaft**" zusammengeschlossen, die im August 2011 aus dem Zentralen Kreditausschuss (ZKA) hervorging und dessen Arbeit fortführt. Die Deutsche Kreditwirtschaft steht für eine gemeinsame Meinungs- und Willensbildung der kreditwirtschaftlichen Verbände in Deutschland – in bankrechtlichen, bankpolitischen und bankpraktischen Fragen. Dazu gehört insbesondere das Aufsichts-, Wertpapier- und Steuerrecht. Zudem erarbeitet der Verband standardisierte Regelungen im Zahlungsverkehr einschließlich des Bereiches der Kartenzahlungssysteme.[178] **74**

ff) Das Recht der Realkreditinstitute. Deutschland ist das klassische Land der Universalbanken, wonach jede Bank alle Bankgeschäfte betreibt und ihrer Kundschaft anbietet. Dennoch haben in einigen Geschäftsbereichen Spezialbanken ihre Bedeutung behalten, **75**

---

[173] Die DZ-Bank Deutsche Genossenschaftszentralbank, ehemals Körperschaft des öffentlichen Rechts, ist seit 1998 Aktiengesellschaft.
[174] OLG Naumburg WM 1996, S. 1903.
[175] BT-Drucks. 13/10366, S. 7.
[176] Gesetz über die Deutsche Genossenschaftsbank und zur Änderung des Gesetzes über die Landwirtschaftliche Rentenbank vom 22. Dezember 1975 (BGBl. I 1975, S. 3171).
[177] Gegründet durch Reichsgesetz vom 6. April 1933 (RGBl. I 1933, S. 166).
[178] http://www.die-deutsche-kreditwirtschaft.de/dk/die-deutsche-kreditwirtschaft.html

vor allem die Realkreditinstitute.[179] Es gibt in Deutschland 18 Realkreditinstitute mit einer Bilanzsumme am 30. Juni 2013 von rd. € 484,8 Mrd.[180] Die Realkreditinstitute sind überwiegend privatrechtlich organisierte Hypothekenbanken, die nach dem Pfandbriefgesetz (PfandBG)[181] leben. Hinzuzurechnen sind die öffentlich-rechtlichen Grundkreditanstalten[182] sowie die UniCreditbank AG (vormals Bayerische Hypo- und Vereinsbank AG) mit Sitz in München, die als Vollbank tätig ist und daneben das Pfandbriefgeschäft betreibt und Realkredite gewährt.

76 Für die Realkreditinstitute besteht eine Erlaubnisbedürftigkeit nach § 2 Abs. 1 bis 5 PfandBG. Um die Erlaubnis zu erhalten, ist unter anderem ein Mindesteigenkapital von € 25 Mio. erforderlich. Das PfandBG regelt als Nachfolgegesetzgebung des Hypothekenbankengesetzes, des Gesetzes über Pfandbriefe und des Schiffsbankengesetzes die Aktivgeschäfte der Beleihung von Grundstücken, die Gewährung von Kommunalkrediten und Darlehensforderungen, besichert mit Hypotheken. Es stellt diese Aktivgeschäfte wie die Pfandbriefgeschäfte und die Organisation des Kreditinstitutes unter die Sonderaufsicht der BaFin, die neben der Aufsicht nach KWG in § 3 PfandBG vorgeschrieben ist. Wesentliches Geschäftsfeld der Realkreditinstitute ist die Vergabe von Hypothekendarlehen. Zweites Hauptgeschäft dieser Spezialinstitute ist die Gewährung von Kommunalkrediten, also Darlehen an die öffentliche Hand im weitesten europäischen Sinne. Die hierfür erforderlichen Mittel verschaffen sich die Pfandbriefbanken, indem sie spezielle Schuldverschreibungen emittieren: Pfandbriefe oder Kommunalobligationen.

Die Zielsetzung des PfandBG wie des Vorläufers, des Hypothekenbankgesetzes, ist es, eine Absicherung der Gläubiger von Realkreditinstituten zu gewährleisten. Diesem Ziel dient eine besondere Absicherungsform der emittierten Pfandbriefe und Kommunalobligationen: Den Inhabern dieser Wertpapiere dienen die Hypothekenforderungen, die Kommunalkredite, die Forderungen aus Schiffshypotheken und einiger anderer Werte, die dem einzelnen Realkreditinstitut gehören, „zur Deckung". Das bedeutet, dass diese Sondermassen ausschließlich zur Sicherung der Pfandbriefgläubiger dienen. Darum muss der Gesamtbetrag der umlaufenden Pfandbriefe in Höhe ihres Nennwertes jederzeit durch Hypotheken von mindestens gleicher Höhe und mindestens gleichem Zinsertrag gedeckt sein. Es gilt der Grundsatz der „Deckungskongruenz", § 4 PfandBG. Diese zur Deckung der Pfandbriefe bestimmten Werte müssen gemäß § 5 PfandBG einzeln in ein Register eingetragen werden, das sog. „Deckungsregister". An den in dieses Deckungsregister eingestellten Forderungen besteht für die Gläubiger der Pfandbriefe in der Insolvenz des Realkreditinstitutes ein Befriedigungsrecht, das ein Sachwalter für sie ausübt, § 30 Abs. 3 PfandBG.

77 Dem Ziel optimaler Sicherung der Inhaber von Pfandbriefen dienen auch die Regelungen in §§ 12 bis 16 PfandBG des Realkredites. Danach darf die Beleihung 60% des Grundstückswertes nicht übersteigen. Dies hat auch über den Realkreditbereich hinaus allgemeine bankrechtliche und bankwirtschaftliche Bedeutung. Weitere Sicherungsbestimmungen zugunsten der Pfandbriefinhaber sind zB die Vorschriften, dass Hypotheken auf Bauplätze – also auf Grundstücke noch ohne Bebauung – und auf noch nicht fertiggestellte Neubauten auf 10% der Deckung beschränkt sind; ie § 16 Abs. 3 PfandBG.

---

[179] *Obst/Hintner*, Geld-, Bank- und Börsenwesen, S. 465.
[180] *Deutsche Bundesbank*, Monatsbericht Dezember 2013, Statistischer Teil, S. 24.
[181] Pfandbriefgesetz (PfandBG) vom 22. Mai 2005 (BGBl. I 2005, S. 1373).
[182] Dies sind zB der Calenberg-Göttingen-Grubenhagen-Hildesheim'scher ritterschaftlicher Kreditverein, das ritterschaftliche Kreditinstitut Stade sowie die Hamburgische Investitions- und Förderbank.

Kirchhartz

Realkreditgeschäfte können – wie gesagt – alle Kreditinstitute betreiben, „deren Geschäftsbetrieb das Pfandbriefgeschäft umfasst". Diese Sparte wird auch von den öffentlich-rechtlichen Grundkreditanstalten betrieben. Für alle gilt jetzt das einheitliche PfandBG. Auch für diese öffentlich-rechtlichen Grundkreditanstalten gilt die Deckungspflicht, dh ein „Pfandbrief" darf nur ausgegeben werden, wenn er von Hypothekenforderungen gedeckt ist, die der Deckungskongruenz entsprechen. Es gelten also einheitliche Regeln für das Realkreditgeschäft aller Kreditinstitute.

Innerhalb des Realkredites gibt es schließlich die Geschäftssparte der Gewährung von Schiffshypotheken, ebenfalls geregelt in dem PfandBG. Diese Institute gewähren ausschließlich Kredite gegen Schiffshypotheken. Die Bedeutung der Schiffsbanken ist nach der Verschmelzung der einzig noch verbliebenen Schiffsbank, der Deutschen Schiffsbank AG mit Sitz in Bremen, rückläufig, da die Commerzbank AG dieses Geschäftsfeld aufgegeben hat und nur noch die Abwicklung betreibt.

Gemeinsam ist allen Realkreditinstituten, dass sie neben den Hypothekarkrediten Kommunalkredite gewähren, das sind Darlehen an Gemeinden, Länder, den Bund oder andere Körperschaften des öffentlichen Rechts im In- und Ausland. Diese Kommunalkredite werden ohne Stellung von sonstigen Sicherheiten gewährt, zumeist in der Form von Schuldscheinen. Sie werden durch Kommunalobligationen refinanziert. Dies sind Teilschuldverschreibungen von Realkreditinstituten, die Finanzinstrumente iSv § 1 Abs. 11 KWG sind. Für diese „Kommunalschuldverschreibungen" gelten die gleichen Schutzvorschriften wie für die Gläubiger der Hypothekenpfandbriefe.

gg) Die Verbraucherkreditinstitute (auch Teilzahlungsinstitute). Teilzahlungsinstitute sind auf die Vergabe von Ratenkrediten[183] an Konsumenten spezialisierte Kreditinstitute. Zugrunde liegt der Gedanke, dass die Geldmittel für den Erwerb von länger lebenden Konsumwaren nicht „an"gespart, sondern „ab"gespart werden können, also zuerst der Erwerb stattfindet und dann die Abzahlung. Dies ist ein aus den USA kommender Brauch, weshalb dort die Teilzahlungsbanken auf eine längere Geschichte als in Deutschland zurückblicken.

Wenngleich die Bedeutung von Verbraucherdarlehen deutlich gestiegen ist, hat die Bedeutung der Teilzahlungsbanken seit den 1960er Jahren deutlich abgenommen. Entsprechend räumt die Deutsche Bundesbank ihnen keine eigene bankenstatistische Position mehr ein, sondern führt die Teilzahlungsinstitute innerhalb der Bankengruppe „Kreditbanken". Dies ist vor allem auf zwei Ursachen zurückzuführen. Zum ersten ist der Teilzahlungskredit heute keine Spezialkreditgewährung mehr. Er wird vielmehr von allen Banken und Sparkassen angeboten. Im KWG wird das Teilzahlungsgeschäft nicht als ein besonderes Bankgeschäft geführt, sondern ist Teil des Kreditgeschäftes. Es gibt auch keine Spezialgesetzgebung für Verbraucherkredite mehr, sondern diese Darlehensform ist in den §§ 491 bis 505 BGB geregelt. Zum Zweiten ist der Rückgang der Teilzahlungsbanken auf richterliches Bankrecht zurückzuführen, welches diese Banksparte wegen ihrer Konditionengestaltung in Bedrängnis brachte. Der BGH entschied nämlich in ständiger Rechtsprechung[184], dass Ratenkreditverträge wegen Sittenwidrigkeit nichtig sind, wenn ein Missverhältnis zwischen Leistung und Gegenleistung besteht. Das ist der Fall, wenn der Vertragszins des Ratenkreditvertrages mindestens doppelt so hoch ist wie der Marktzins

---

[183] Zum Verbraucherdarlehen → § 5 Rn. 107.
[184] BGHZ 80, S. 153; BGH NJW 1982, S. 2433; BGH NJW 1988, S. 818 mwN; BGHZ 104, S. 102.

oder ein absoluter Zinsunterschied von 12 Prozentpunkten besteht. Dieses Gebot einzuhalten, fiel vielen Teilzahlungsinstituten aufgrund ihrer Kostenstruktur und der Höhe ihrer Ausfälle schwer, so dass sie aus dem Geschäft ausschieden.

82 **hh) Direktbanken und Discountbroker.** Das Erscheinungsbild des Bankwesens hat sich in den letzten Jahren auch durch die Tätigkeit von Direktbanken und Discountbrokern[185] verändert. Diese beiden Dienstleistungsangebote gehen insbesondere auf die Weiterentwicklung der elektronischen Medien zurück und tragen den geänderten Ansprüchen von Kunden an die Kreditinstitute Rechnung. Beiden Systemen ist gemein, dass sie es dem Kunden ermöglichen, dem Kreditinstitut Aufträge direkt und ohne Einschaltung einer menschlichen Mittelsperson zu erteilen. Dementsprechend erfolgt prinzipiell keine Beratung und die Dienstleistungen werden unter erheblicher Reduzierung bzw. Standardisierung von Informationen erbracht.[186] Die Tätigkeit der Direktbank oder des Discountbrokers ist in aller Regel allein auf die bloße Ausführung der Aufträge beschränkt. Diese technischen Möglichkeiten der Ordererteilung eröffneten der Bankwirtschaft zunehmend neue Dimensionen des Wettbewerbs. Mikroökonomisch bieten die Direktbanken und Discountbroker ihren Kunden ein eingeschränktes Dienstleistungsangebot zu niedrigen Preisen an. Die Direktbanken und Discountbroker werden zumeist als Tochtergesellschaften großer Bankhäuser geführt.

83 Das Geschäftskonzept besteht darin, dass der Anbieter der Dienstleistung seinen Kunden einen Zugang zu einem Online-Portal zur Verfügung stellt, auf dem die angebotenen Bankgeschäfte oder Finanzdienstleistungen (vgl. § 1 Abs. 1 bzw. Abs. 1a KWG) in Anspruch genommen werden können. Die Direktbank bzw. der Discountbroker kann ihre/seine Dienstleistungen unter Verwendung von Homebankingsystemen deutlich günstiger als Filialbanken anbieten. Denn sie sparen idR die Kosten für ein flächendeckendes Filialnetz und Personalkosten. Die Nutzung der angebotenen Dienste bedingt allerdings beim Bankkunden eine gewisse Fertigkeit im Umgang mit den elektronischen Medien sowie die Inkaufnahme zunehmender Missbrauchsrisiken (zB Phishing etc.). Nach der rasanten Verbreitung von Breitbandinternetanschlüssen und mobilen Internetzugängen besitzt inzwischen jedoch der Großteil der Bevölkerung einen für die Nutzung dieser Dienste notwendigen Internetzugang.

Neben einem günstigeren Preismodell bietet die ständige Verfügbarkeit des Mediums Internet dem Kunden einen weiteren Vorteil. Der mit der Nutzung des Internet verbundene Zeitvorteil und die Preiswürdigkeit wird von den Nutzern so hoch eingeschätzt, dass fehlende Beratung und die ausbleibende persönliche Ansprache in den Hintergrund treten. Für Kreditinstitute sind Direktbanking und Discount Broking einmal wegen der erheblichen Reduzierung der Betriebskosten interessant, zum anderen wegen der damit verbundenen schnellen Vertriebsmöglichkeiten (kundenspezifisches Marketing, effektivere Produktplatzierung). Dies sind Gründe, weshalb Direktbanking und Discountbroking ein zunehmend wichtigeres Kapitel in der Bankwirtschaft darstellen.

84 Direktbanking und Discountbroking haben aber nicht nur Vorteile. Vielmehr ist ihre Nutzung auch mit Rechts- und Missbrauchsrisiken verbunden. Problematisch ist insbesondere die Sicherheit des Datenverkehrs mit dem Internetkunden und die Verifizierung und Zurechnung von über das Datennetz abgegebenen Willenserklärungen. Diese Proble-

---

[185] Literatur zu Direktbanken und Discountbrokern: *Hannöver* in BankR-HdB, § 110, Rn. 30 ff.; → § 3 Rn. 108.
[186] Vgl. *Fuchs*, WpHG, § 31, Rn. 292.

matik der Zurechnung entsteht dadurch, dass die eigenhändige Unterschrift als Legitimationsmittel im Sinne der §§ 126, 127 BGB im Falle von online erteilten Aufträgen fehlt. Eine Lösung dieses Problems bietet die – in der Praxis gleichwohl noch wenig zur Anwendung kommende – digitale Signatur. Dabei handelt es sich um ein Verschlüsselungsverfahren, mit dessen Hilfe der Empfänger einer Willenserklärung nahezu zweifelsfrei feststellen kann, von wem die zugegangene Information stammt und ob der Inhalt auf dem Weg zu ihm verändert wurde. Das diesen Regelungsbereich betreffende Signaturgesetz[187] samt korrespondierender Verordnung[188] und die erforderlichen Änderungen der Formvorschriften (zB § 126a BGB) innerhalb des BGB sind 2001 in Kraft getreten. Die Problematik ist dadurch jedoch nur vordergründig entschärft. Aufgrund der immer noch geringen Verbreitung der digitalen Signatur unter den potentiellen Online-Bankkunden erfolgt eine Authentifizierung meist über andere Sicherungsmechanismen zur Autorisierung von Aufträgen, wie verschiedene Passwörter und papier- oder an Mobiltelefone gebundene TAN-Verfahren (Transaktionsnummerverfahren).

ii) Banken mit Sonderaufgaben. Der Begriff „Banken mit Sonderaufgaben" entstammt der Bankenstatistik der Bundesbank.[189] Hierunter fallen 18 Banken, die auf spezielle Bankgeschäftsbereiche mit verschiedenen Aufgabenstellungen spezialisiert sind.[190] Banken mit Sonderaufgaben sind sowohl öffentliche-rechtlich organisierte, als auch einige privatrechtlich organisierte Banken. Zu den öffentlichen-rechtlichen Instituten zählt etwa die NRW.Bank als Förderbank des Landes Nordrhein-Westfalen oder die Kreditanstalt für Wiederaufbau (Kurzform: KfW). Die KfW gewährt Darlehen zur Förderung der Wirtschaft, insbesondere im deutschen mittelständischen Bereich und in Entwicklungsländern. Die Finanzierung dieser Bank stammte anfangs aus Marshall-Plan-Mitteln, die in das ERP-Sondervermögen[191] eingingen. Die Fremdmittelbeschaffung erfolgt über die Emission von Schuldverschreibungen und Schuldscheinen sowie durch Darlehensaufnahme. Die KfW gewährt neben Krediten auch Bürgschaften. An der Finanzierung von Investitionen in den neuen Bundesländern hat sie wesentlichen Anteil. Die KfW unterliegt nicht der Bankenaufsicht, § 2 Abs. 1 Nr. 2 KWG, weil sie insoweit nicht als Kreditinstitut gilt. Als weiteres Beispiel einer öffentlich-rechtlich organisierten Bank mit Sonderaufgaben kann die Landwirtschaftliche Rentenbank genannt werden. Im Gegensatz dazu ist zB die Ausfuhrkredit-Gesellschaft mbH (AKA), die im Bereich der mittel- bis langfristigen Exportfinanzierung tätig ist, eine Bank mit Sonderaufgaben, die privatrechtlich organisiert ist.

jj) Investmentbanken und Finanzhandelsinstitute. Die **Investmentbanken**[192] gehören in einem weiteren Sinne zu den Spezialbanken. Denn sie betreiben das Spezialgeschäft des Investmentbanking, dh die Dienstleistungen des nationalen und internationalen Emissions- und Platzierungsgeschäftes von Wertpapieren und des Wertpapiergeschäftes. Invest-

---

[187] Gesetz über Rahmenbedingungen für elektronische Signaturen (Signaturgesetz – SigG) vom 16. Mai 2001 (BGBl. I 2001, S. 876).
[188] Verordnung zur elektronischen Signatur (Signaturverordnung – SigV) vom 16. November 2001 (BGBl. I 2001, S. 3074).
[189] *Deutsche Bundesbank*, Monatsbericht Dezember 2013, Statistischer Teil, S. 24.
[190] *Rümker/Winterfeld* in BankR-HdB, § 124, Rn. 155.
[191] ERP steht „für European Recovery Program".
[192] Literatur zum Emissionsgeschäft und zu Investmentbanken: *Heidelbach/Preuße* BKR 2012, S. 397; *Köndgen/Schmies* in BankR-HdB, § 113, Rn. 1 ff.; *Oulds* in Kümpel/Wittig, Bank- und Kapitalmarktrecht, Rn. 14.1; *Kümpel/Hammen/Ekkenga*, Kapitalmarktrecht, Loseblatt, Stand 9/2013.

mentbanking versteht sich als Sammelbegriff für langfristige Investitionsfinanzierungen sowohl mit Eigenkapital als auch mit Schuldtiteln, idR mit Hilfe von Wertpapieremissionen. Dementsprechend werden ua der Wertpapierhandel, die Übernahme und Vermittlung von Beteiligungen an Unternehmen – auch als Mergers & Acquisition (M&A) bezeichnet – und die Vermögensberatung für institutionelle Anleger dem Investmentbanking zugerechnet.[193]

87 Das Investmentbanking wurde in den USA bisher dem „Commercial Banking" gegenübergestellt, das das Einlagen- und das Kreditgeschäft umfasst sowie den Zahlungsverkehr. Diese Spezialisierung der Investmentbanken auf das Wertpapiergeschäft geht auf das US-amerikanische „Trennbankensystem"[194] in der Ära des Präsidenten Roosevelt zurück. Dies war ein System, das Einlagen- und Kreditbanken – die „commercial banks" – strikt von den Investmentbanken trennte. In der Finanzkrise[195] im Jahre 2008 hat sich das Trennbankensystem der USA jedoch für die Investmentbanken als extrem nachteilig erwiesen, da diese nicht in der Lage waren, den Wertberichtigungsbedarf aus ihrer Geschäftstätigkeit im Investmentbereich durch Gewinne aus anderen Geschäftsarten auszugleichen.[196] Die beiden bedeutenden Investmentbanken der USA, Goldman Sachs und Morgan Stanley, gaben daher im September 2008 ihren Sonderstatus als Investmentbanken auf und unterliegen seitdem, wie andere in den USA regulierte Bank Holding Companies (BHC) der Finanzaufsicht der Federal Reserve.

88 Deutsche Kreditinstitute bieten Investmentbanking bisher als Teil ihres universellen Angebotes an, weshalb es hier nicht unter den Spezialgeschäften, sondern bei den Wertpapiergeschäften behandelt wird.[197] Eine gewisse Einschränkung, wenn auch keine vollständige Durchbrechung des Universalbankenansatzes bringt in Deutschland jedoch das im Januar 2014 in Kraft getretene Gesetz zur Abschirmung von Risiken und zur Planung der Sanierung und Abwicklung von Kreditinstituten und Finanzgruppen (sog. **Trennbankengesetz**).[198]

Neben Vorschriften zur Erstellung von Sanierungs- und Abwicklungsplänen (sog. Bankentestamente) und neuen Strafgesetzen bei Verstößen der Geschäftsleitung von Banken gegen Vorgaben des Risikomanagements sieht das Trennbankengesetz für bestimmte Kreditinstitute **ab dem 1. Juli 2015**[199] geltende Regelungen zur Abtrennung spekulativer

---

[193] Der Begriff „Investmentbanking" ist unscharf und vieldeutig; vgl. *Seiler/Kniehase* in BankR-HdB, § 104, Rn. 9.

[194] Das US-amerikanische Trennbankensystem beruhte auf dem Glass-Steagall-Act vom 27. Februar 1932, fortgeschrieben durch den Banking Act vom 1933 und 1935. Im November 1999 wurde diese Gesetzgebung durch den Gramm-Leach-Bliley-Act liberalisiert, das Trennbankensystem wurde aufgehoben und das „Interstate-Banking" zugelassen. Als Reaktion auf die Finanzkrise wurde in den USA im Juli 2010 der Dodd–Frank Wall Street Reform and Consumer Protection Act (sog. „Dodd-Frank Act") verabschiedet, in dessen Rahmen die sog. Volcker-Rule kodifiziert wurde. Danach soll es Einlagenkreditinstituten den USA grundsätzlich verboten sein, das Eigengeschäft zu betreiben. Siehe hierzu auch: *Altvater/von Schweinitz*, WM 2013, S. 625; *Heppe/Tielmann* WM 2011, S. 1883.

[195] → § 1 Rn. 22.

[196] *Rümker/Winterfeld* in BankR-HdB, § 124, Rn. 81.

[197] → § 7 Rn. 109 ff.

[198] Gesetz zur Abschirmung von Risiken und zur Planung der Sanierung und Abwicklung von Kreditinstituten und Finanzgruppen vom 7. August 2013 (BGBl. I 2013, S. 3090). Siehe hierzu: *Altvater/von Schweinitz* WM 2013, S. 625; *van Kann/Rosak* NZG 2013, S. 572; *Hageböke/Leuering* NJW-Spezial 2013, S. 463.

[199] Siehe § 64s Abs. 2 KWG.

und als riskant eingestufter Geschäftsaktivitäten vom übrigen Bankgeschäft vor. Ziel dieser Trennbankenregelungen ist es, Kundeneinlagen vor den Risiken hochspekulativer Eigengeschäfte von Kreditinstituten abzuschirmen.

Die Trennbankenregelungen richten sich zunächst ausschließlich an sog. CRR-Kreditinstitute iSv § 1 Abs. 3d KWG (früher: Einlagenkreditinstitute) sowie an Unternehmen, die einer Institutsgruppe, einer Finanzholding-Gruppe, einer gemischten Finanzholding-Gruppe oder einem Finanzkonglomerat iSd KWG angehören, der oder dem ein CRR-Kreditinstitut angehört, § 3 Abs. 2 KWG (ab 1. Juli 2015). Ferner greifen die Trennbankenregelungen erst ab einem bestimmten Geschäftsvolumen, nämlich ab Überschreiten bestimmter **Schwellenwerte**. Maßgeblich für eine Anwendbarkeit der Trennbankenregelungen ist danach entweder, dass die zu Handelszwecken und zur Veräußerung verfügbaren, finanziellen Vermögenswerte bei IFRS-bilanzierenden Unternehmen (der Handelsbestand gemäß § 340e Abs. 3 HGB sowie der Liquiditätsbedarf gem. § HGB § 340e Abs. 1 HGB bei HGB-bilanzierenden Unternehmen) den Schwellenwert von **€ 100 Mrd.** zum Abschlussstichtag übersteigt **(absolute Schwelle)** oder, dass die Bilanzsumme zum Abschlussstichtag der letzten drei Geschäftsjahre jeweils mindestens **€ 90 Mrd.** betrug und die vorgenannten Bilanzpositionen 20 % der Bilanzsumme des vorausgegangenen Geschäftsjahres übersteigen **(relative Schwelle)**.[200] 89

Umgesetzt werden die Trennbankenregelungen durch ein **gesetzliches Betätigungsverbot**. Denn nach Ablauf von 12 Monaten seit dem Überschreiten einer der genannten Schwellen ist es den vorgenannten Unternehmen verboten Eigengeschäfte[201], bestimmte Kredit- und Garantiegeschäfte mit Hedgefonds, EU-AIF oder ausländischen AIF iSd KAGB sowie bestimmte Formen des Eigenhandels[202] zu betreiben, § 3 Abs. 2 S. 2 KWG.[203] 90

Ausnahmen vom Verbot sind in § 3 Abs. 2 S. 3 KWG vorgesehen (zB bestimmte Geschäfte zur Absicherung von Geschäften mit Kunden). Das Erbringen des Eigenhandels mit Kundenbezug, also die Anschaffung und Veräußerung von Finanzinstrumenten für eigene Rechnung als Dienstleistung für andere[204], bleibt hingegen erlaubt. Auch fallen EWR-Zweigniederlassungen nach § 53b Abs. 3 S. 1 Nr. 1 KWG nicht unter das ab 1. Juli 2015 geltende Verbot von § 3 Abs. 2 KWG. 91

Zur Trennung dieser Geschäftsbereiche vom Geschäft des CRR-Kreditinstitutes kommt es schließlich dadurch, dass diese bzw. die vorgenannten Unternehmen bei Überschreiten der vorgenannten Schwellen gezwungen sind, die bereits betriebenen verbotenen Geschäfte zu beenden oder auf ein sog. **Finanzhandelsinstitut**[205] (§ 25f Abs. 1 KWG) zu übertragen. Trotz der zuvor dargestellten Trennungsregeln ist nicht zu erwarten, dass das Trennbankengesetz ab Juli 2015 flächendeckend zu einem strikten Trennbankensystem nach ehemals US-amerikanischem Vorbild führt. Denn aufgrund der hohen 92

---

[200] *van Kann/Rosak* NZG 2013, S. 572 (573).
[201] § 1 Abs. 1a S. 3 KWG.
[202] § 1 Abs. 1a S. 2 Nr. 4 d KWG (ua Hochfrequenzhandel).
[203] Darüber hinaus obliegt es der BaFin unabhängig von den genannten Voraussetzungen bestimmte risikoreiche Tätigkeiten (zB Market-Making-Tätigkeiten) zu untersagen, § 3 Abs. 4 KWG (ab 1. Juli 2015).
[204] § 1 Abs. 1a S. 2 Nr. 4 c) KWG.
[205] Das Finanzhandelsinstitut muss wirtschaftlich, organisatorisch und rechtlich eigenständig sein (25f Abs. 1, Abs. 3 KWG). Es bedarf insofern auch einer eigenen Erlaubnis nach § 32 KWG. Siehe: RegBegr. BT-Drucks. 17/12601, S. 4.

Schwellenwerte für das Greifen der Trennungsregelungen dürfte die weit überwiegende Mehrheit der deutschen Kreditinstitute nicht hiervon betroffen sein.

93 **kk) Die Bausparkassen.** Die 22 in Deutschland arbeitenden Bausparkassen[206] sind Kreditinstitute, so § 1 Abs. 1 BauSparG.[207] Sie nehmen Einlagen von Bausparern entgegen. Aus den so angesammelten Beträgen der Bausparer gewähren sie diesen Bauspardarlehen. Diese personelle Bindung zwischen der Einlage und dem Darlehen ist für das Bausparkassengeschäft typisch. Das Bausparkassengeschäft darf nach § 1 Abs. 1 Satz 2 BauSparG nur von Bausparkassen betrieben werden, sie dürfen neben ihrem Bausparkassengeschäft keine anderen Bankgeschäfte tätigen. Die Bezeichnung „Bausparkasse" ist für diese Kreditinstitute geschützt, vgl. § 40 Abs. 2 KWG.

94 Die privaten Bausparkassen werden in der Rechtsform der AG betrieben, Ausnahmen für in der Rechtsform der GmbH oder der eingetragenen Genossenschaft betriebene Bausparkassen erlaubt § 18 Abs. 2 BauSparG. Die privaten Großbanken sind intensive Bindungen zu Bausparkassen eingegangen, um eine möglichst vollständige Hausbaufinanzierung aus einer Hand anbieten zu können. Die öffentlich-rechtlichen Bausparkassen sind idR unselbständige Teile der Landesbanken/Girozentralen, teilweise aber auch selbständige Anstalten des öffentlichen Rechts.

95 Das Wesen des Bausparkassengeschäftes besteht in der Bindung zwischen dem Passivgeschäft und dem Aktivgeschäft, das für jeden einzelnen Bausparer wirtschaftlich und auch rechtlich vorgegeben ist. Der Bausparer hat nach einem festgelegten Plan niedrig verzinsliche Einlagen bei seiner Bausparkasse zu leisten und erwirbt dafür einen Rechtsanspruch auf Gewährung eines ebenfalls niedrig verzinslichen Bauspardarlehens zum Zeitpunkt der Zuteilung. In der Bausparterminologie wird dies als „das Kollektivsystem zwischen Bausparern und Kreditnehmern" bezeichnet. Es handelt sich also um ein Zwecksparen – das Ansammeln von Sparguthaben für einen vorher fixierten und unabänderlichen Zweck. Eine geschäftliche Ausrichtung, die außerhalb des Bausparens vom Gesetz als Einschränkung der Dispositionsfreiheit des Sparers angesehen wird und deshalb verboten ist, § 3 Nr. 2 KWG. Wann der einzelne Bausparer mit seiner Sparleistung einen unentziehbaren Rechtsanspruch auf Gewährung eines Bauspardarlehens erwirbt, regelt sich nach einem **Zuteilungssystem**. Dabei wird mit einer mathematischen Berechnung eine Bewertungszahl ermittelt, die in den Vergleich zu den Bewertungszahlen anderer Bausparer gestellt wird. Jeweils der Bausparer mit der besten Bewertungszahl erhält die Zuteilung. I.d.R. ist die Ansparung von 40% der Bausparsumme unerlässliche Voraussetzung für den Erwerb eines Zuteilungsanspruchs. Das Bauspardarlehen wird regelmäßig durch ein Grundpfandrecht besichert, das an zweiter Rangstelle im Grundbuch eingetragen wird. Die vor- und gleichrangigen Belastungen auf dem Beleihungsobjekt dürfen 80% des Beleihungswertes nicht übersteigen, § 7 Abs. 1 S. 3 BauSparG. Anstelle dessen sind Ersatzsicherheiten nach § 7 Abs. 3 BauSparG zulässig.

96 **ll) Die Kapitalverwaltungsgesellschaften. Kapitalverwaltungsgesellschaften** oder **Fondsgesellschaften** sind keine Banken. § 2 Abs. 1 Nr. 3b KWG bestimmt insofern, dass sie in den dort genannten Fällen nicht als Kreditinstitut iSd § 1 Abs. 1 Satz 1 KWG gelten. Dennoch ist das Kapitalverwaltungs- oder Investmentwesen banknah und soll aher

---

[206] *Deutsche Bundesbank*, Monatsbericht Dezember 2013, Statistischer Teil, S. 24; Literatur zum Recht der Bausparkassen: *Fischer* in BankR-HdB, § 131, Rn. 40 ff.; *v. Heymann/Merz* in BankR-HdB, § 86, Rn. 20 ff; *Rümker/Winterfeld* in BankR-HdB, § 124, Rn. 58 ff.
[207] Gesetz über Bausparkassen vom 15. Februar 1991 (BGBl. I 1991, S. 454).

aus Gründen der Vollständigkeit an dieser Stelle in der gebotenen Kürze behandelt werden.[208]

Am 22. Juli 2013 trat das Kapitalanlagegesetzbuch[209] (KAGB) in Kraft, das in Umsetzung der AIFM-Richtlinie[210] sowie der OGAW-Richtlinie[211] das bis zu diesem Zeitpunkt geltende Investmentgesetz (InvG) ersetzte und eine grundlegende Neugestaltung des Rechtsrahmens für Kapitalverwaltungsgesellschaften mit sich brachte. Im Unterschied zu seinen Vorgängerregelungen wird durch das KAGB erstmals ein einheitliches, umfassendes Regelwerk für alle Arten von Investmentsfonds einschließlich bisher noch nicht regulierter Fonds geschaffen.[212] 97

Wesentlich für das Vorliegen einer Kapitalverwaltungsgesellschaft iSd § 17 Abs. 1 KAGB ist der Begriff des Investmentvermögens nach § 1 Abs. 1 KAGB. **Investmentvermögen** ist danach jeder Organismus für gemeinsame Anlagen, der kein operativ tätiges Unternehmen außerhalb des Finanzsektors ist und der von einer Anzahl von Anlegern Kapital einsammelt, um es gemäß einer festgelegten Anlagestrategie zum Nutzen dieser Anleger zu investieren. Anders als das InvG (vgl. vormals § 1 Satz 2 InvG), nach dem ein Investmentvermögen nur bei Vorliegen bestimmter formeller Voraussetzungen gegeben war, stellt das KAGB im Hinblick auf den Begriff des Investmentvermögens nicht auf eine formelle, sondern auf eine materielle Betrachtungsweise ab. Da jedes Unternehmen, das ein Investmentvermögen verwaltet, eine Kapitalverwaltungsgesellschaft ist, werden mit Hilfe dieses materiellen Begriffs des Investmentvermögens alle denkbaren Arten von Fondskonstruktionen erfasst und dem Regelungsbereich des KAGB unterstellt.[213] Diese Betrachtungsweise geht mit der Betrachtungsweise des Begriffes der Bankgeschäfte des KWG (§ 1 Abs. 1 KWG) einher, das ebenfalls einen materiellen Ansatz verfolgt.[214] 98

Bei den verschiedenen Investmentvermögen ist einerseits zwischen Organismen für die gemeinsame Anlage in Wertpapieren (sog. **OGAW**) und andererseits Alternativen Investment Fonds (sog. **AIF**) zu unterscheiden. OGAW sind Investmentvermögen, die die Anforderungen der OGAW-Richtlinie[215] erfüllen, § 1 Abs. 2 KAGB. Somit handelt es sich dabei vereinfacht gesagt um Wertpapierfonds.[216] AIF erfahren in § 1 Abs. 3 KAGB eine negative Abgrenzung zu den OGAW. Zu ihnen zählen alle Investmentvermögen, die keine OGAW sind, also beispielsweise alle Immobilien-, Hedge- oder Spezialfonds. Weiterhin ist zwischen offenen und geschlossenen Investmentvermögen zu unterscheiden. 99

---

[208] Literatur zu den Kapitalanlagegesellschaften: *Wollenhaupt/Beck* DB 2013, S. 1950 ff.; vgl. zur alten Rechtslage nach dem InvG: *Köndgen* in BankR-HdB, § 113; *Jahn* in BankR-HdB, § 114, Rn. 122.
[209] Kapitalanlagegesetzbuch (KAGB) vom 4. Juli 2013 (BGBl. I 2013, S. 1981).
[210] Richtlinie 2011/61/EU des Europäischen Parlaments und des Rates vom 8. Juni 2011 über die Verwalter alternativer Investmentfonds.
[211] Richtlinie 2009/65/EG des Europäischen Parlaments und des Rates zur Koordinierung der Rechts- und Verwaltungsvorschriften betreffend bestimmte Organismen für gemeinsame Anlagen in Wertpapieren.
[212] *Wollenhaupt/Beck* DB 2013, S. 1950.
[213] Vgl. *Emde/Dreibus* BKR 2013, S. 89 (90).
[214] Kreditinstitut ist nicht, wer sich als solches bezeichnet, sondern wer Bankgeschäfte betreibt, § 1 Abs. 1 KWG.
[215] Richtlinie 2009/65/EG des Europäischen Parlamentes und des Rates zur Koordinierung der Rechts- und Verwaltungsvorschriften betreffend bestimmte Organismen für gemeinsame Anlagen in Wertpapieren vom 13. Juli 2009.
[216] *Emde/Dreibus* BKR 2013, S. 89 (90).

Offene Investmentvermögen sind alle OGAW und darüber hinaus alle AIF, deren Anleger mindestens einmal pro Jahr das Recht zur Rückgabe gegen Auszahlung ihrer Anteile oder Aktien aus dem AIF haben, § 1 Abs. 4 Nr. 1 und 2 KAGB. Geschlossene AIF sind zB alle AIF, die keine offenen AIF im vorgenannten Sinne sind, § 1 Abs. 5 KAGB. Wesentliches Unterscheidungsmerkmal ist mithin die Möglichkeit der Anleger vor dem planmäßigen Laufzeitende aus dem Investmentvermögen auszuscheiden. Eine weitere Unterscheidung kann zwischen **Spezial-AIF** und **Publikumsinvestmentvermögen** getroffen werden. Gemäß § 1 Abs. 6 S. 1 KAGB sind Spezial-AIF alle AIF, deren Anteil auf Grund von schriftlichen Vereinbarungen nur von professionellen oder semiprofessionellen Anlegern erworben werden dürfen.[217] Alle übrigen Investmentvermögen zählen zu den Publikumsinvestmentvermögen. Die Unterscheidung der jeweiligen Fonds nach diesen Gruppierungen ist wichtig, da je nach Einordnung unterschiedliche, auf die jeweilige Gruppierung angepasste, Vorschriften des KAGB Anwendung finden.

100 Aufgrund ihrer Nähe zum Bankgeschäft unterliegen alle Fonds der Kontrolle durch die BaFin, vgl. § 5 KAGB. Neben der kollektiven Vermögensverwaltung sind den Kapitalanlagegesellschaften weitere Dienstleistungen und Nebendienstleistungen nur im Rahmen von § 20 Abs. 2, Abs. 3 KAGB – also im vermögensverwaltungsnahen Bereich – erlaubt. Diese Regelung hat zum Ergebnis, dass Universalbanken das Investmentgeschäft – etwa mit unselbständigen Abteilungen – nicht betreiben können.

101 Investmentfonds leben grundsätzlich nach drei Prinzipien: der **Risikostreuung**,[218] der **Fremdverwaltung**[219] und der **kollektiven Vermögensanlage**. Risikostreuung bedeutet Portfolio-Diversifizierung zur Abwehr von Anlagerisiken. Mögen diese Risiken aus dem unternehmerischen Geschick des Emittenten herrühren, aus dem makroökonomischen Datenkranz des politischen Geschehens oder aus der Zins-, der Währungs- und der Konjunkturentwicklung. Diese Risikoabwehr soll einhergehen mit der Wahrung der Anlagechancen. Ziel des Bemühens ist es, einen ausgeglichen Anlageerfolg zu erzielen.

102 Die **Risikostreuung** wird durch auf Einzelrisiken spezialisierte Fonds, die nur Aktien aus Schwellenländern oder Entwicklungsländern oder aus Spezialbranchen – zB „Ökofonds"[220] – erwerben, aufgelockert. Hier setzte sich der Rechtsgedanke durch, dass es nicht die Aufgabe des Gesetzgebers sein kann, Anlegerschutz durch Risikominderungsvorschriften zu betreiben, sondern dem Anleger ein konzentrierteres Risiko einzuräumen, wenn hierüber im Verkaufsprospekt und den Vertragsbedingungen berichtet und hierauf ausdrücklich hingewiesen wird. Dies ist auch sinnvoll, weil der Investmentfondsgedanke neben der Risikostreuung den Einkauf von fremdem Sachverstand beinhaltet. **Beispiel:** In Japan waren über Jahre die Aktienkurse schwach. Der Anleger will die Chance nutzen, kennt aber nicht den japanischen Aktienmarkt. Die Lösung ist, dass der Anleger einen nur japanische Werte haltenden Fonds kauft. Der Risikominderungsgedanke durch geographische Streuung tritt hinter den Einkauf von Fachwissen zurück.

103 Zur **Fremdverwaltung** gehört, dass die Anlageentscheidung in der Kapitalverwaltungsgesellschaft durch sachkundige Dritte getroffen wird. Die Verwaltung vieler kleinerer Beträge in einer Hand ist kostengünstiger und sachkundiger als die einzelne Verwaltung aller dieser

---

[217] Die Begriffe „Professioneller Anleger" und „Semiprofessioneller Anleger" sind in § 1 Abs. 19 Nr. 32 und Nr. 33 KAGB legal definiert.
[218] *Köndgen/Schmies* in BankR-HdB, § 113, Rn. 2.
[219] Die Fremdverwahrung geschieht durch die Kapitalverwahrstelle gem. §§ 68 ff. KAGB; zu den Pflichten der Depotbank: OLG Frankfurt WM 1997, S. 364.
[220] Siehe auch: *Kirchhartz* UmweltMagazin 12/2012, S. 49.

Kirchhartz

Beträge. Die Fremdverwaltung muss aber sicher sein. Daher sieht § 20 KAGB einen Erlaubnisvorbehalt für die Tätigkeit von Kapitalverwaltungsgesellschaften vor. Weiter schreibt das Gesetz ein Anfangskapital von € 300.000 bzw. € 125.000 Euro vor, § 25 KAGB.[221] Die Rechtsform einer externen Kapitalanlagegesellschaft iSd § 17 Abs. 2 Nr. 1 KAGB muss die einer Aktiengesellschaft, einer GmbH oder einer GmbH & Co KG sein, § 18 Abs. 1 KAGB.[222] Die Verwahrung des Investmentvermögens hat bei einer Verwahrstelle (früher Depotbank genannt) zu erfolgen, an die ebenfalls strenge Anforderungen gestellt werden, §§ 68 KAGB ff. für OGAW-Verwahrstellen sowie §§ 80 KAGB ff. für AIF-Verwahrstellen.

Die Auswahl sowie jeder Wechsel der Verwahrstelle bedürfen der Genehmigung der BaFin, § 69 KAGB. **104**

Drittes Prinzip des Investmentgeschäftes ist die **kollektive Vermögensanlage**. Der Erwerber von Investmentanteilen „kauft" sich das Anlage-know-how der Kapitalverwaltungsgesellschaft, deren Analyseprodukte und deren Verwaltungskapazität. Hierfür wird eine Gebühr nach §§ 675, 611 BGB erhoben, die idR niedriger ist als bei einer Einzelanlage. Zur kollektiven Vermögensanlage ist auch die Pflicht der Kapitalverwaltungsgesellschaft zu zählen, mit einer Verwahrstelle einen Geschäftsbesorgungsvertrag mit Werkvertragscharakter über die Verwahrung des Sondervermögens abzuschließen. **105**

mm) **Die Beteiligungsgesellschaften.** Die Tätigkeit von Beteiligungsgesellschaften – auch als Kapitalbeteiligungsgesellschaften bezeichnet – ist kein Bankgeschäft iSd § 1 Abs. 1 S. 2 KWG, weshalb Beteiligungsgesellschaften auch nicht als Kreditinstitute gelten, vgl. § 2 Abs. 1 Nr. 6, 6a KWG. Beteiligungsgesellschaften sind idR Finanzunternehmen gemäß § 1 Abs. 3 S. 1 Nr. 1 KWG, weshalb ihre Tätigkeit allenfalls partiell dem KWG unterliegt.[223] Es handelt sich mithin – wie bei den Kapitalverwaltungsgesellschaften – nur um ein banknahes Betätigungsfeld, dass deshalb lediglich aus Gründen der Vollständigkeit an dieser Stelle behandelt werden. **106**

Der Begriff der **Beteiligungsgesellschaft** wird als Oberbegriff für alle privaten Finanzierungsgesellschaften verwendet, deren Hauptzweck darin besteht, Unternehmen Risikokapital zur Verfügung zu stellen.[224] Ihre Geschäftstätigkeit besteht daher darin, Beteiligungen an anderen, eigenständigen Unternehmen zu erwerben, zu halten, zu veräußern und hieraus Gewinne zu erzielen. Der gesamtwirtschaftliche Nutzen der Beteiligungsgesellschaften besteht darin, dass sie insbesondere die mittelständische Wirtschaft mit Eigenkapital versorgen, zB bei einem bedeutenden Investitionsvorhaben oder bei der Abfindung eines ausscheidenden Gesellschafters.[225] **107**

Beteiligungsgesellschaften und die zuvor behandelten Kapitalverwaltungsgesellschaften unterscheiden sich vornehmlich in ihrem jeweiligen Zweck. Während der Hauptzweck der Kapitalverwaltungsgesellschaften die Verwaltung von inländischem Sondervermögen ist, das zur gemeinschaftlichen Kapitalanlage investiert werden soll, bezwecken Beteiligungsgesellschaften – wie dargestellt – die Bereitstellung von Risikokapital für Unternehmen.[226] Es ist aber nicht ausgeschlossen, dass Beteiligungsgesellschaften auch als Kapitalverwaltungsgesell- **108**

---

[221] Die Höhe des Betrages richtet sich danach, ob es sich um eine interne oder externe Kapitalverwaltungsgesellschaft handelt. Siehe hierzu: § 17 Abs. 2 Nr. 1 und 2 KAGB.
[222] Vgl. zu weiteren Vorgaben hinsichtlich der Rechtsform auch §§ 91, 139 KAGB.
[223] *Schäfer* in Boos/Fischer/Schulte-Mattler, KWG, § 1, Rn. 165.
[224] *Beckmann/Scholtz/Vollmer*, Investment-Handbuch, 454, Rn. 1.
[225] Vgl. *Beckmann/Scholtz/Vollmer*, Investment-Handbuch, 454, Rn. 4 ff.
[226] *Beckmann/Scholtz/Vollmer*, Investment-Handbuch, 454, Rn. 7.

schaften iSd KAGB zu qualifizieren sind.[227] Die größeren Beteiligungsgesellschaften haben häufig Banken als Kapital- und Kreditgeber, sind parallel dazu aber auch offen für Kapitalzeichnungen aus dem Markt.

109 Die Beteiligungsgesellschaften unterliegen keiner spezialgesetzlichen Regelung, sondern sind frei gestaltbar, zumeist als AG, GmbH oder als GmbH & Co. KG. Die von diesen Beteiligungsgesellschaften gezeichneten Beteiligungen bei mittelständischen Unternehmen erfolgen in allen gesellschaftsrechtlich zulässigen Formen, dh etwa durch den Erwerb von Kommanditanteilen, GmbH-Geschäftsanteilen oder auch börsennotierter Aktien, ferner durch stille Beteiligungen, und zwar sowohl in der Form der typischen wie der atypischen stillen Gesellschaft nach §§ 230 bis 236 HGB.

110 Besondere Erscheinungsformen der Beteiligungsgesellschaften bilden die im Unternehmensbeteiligungsgesellschaften-Gesetz[228] geregelten **Unternehmensbeteiligungsgesellschaften** sowie die im Wagniskapitalbeteiligungsgesetz[229] geregelten **Wagniskapitalbeteiligungsgesellschaften**. Mit der Einführung dieser Beteiligungsgesellschaftsformen verfolgte der Gesetzgeber das Ziel, die Verbesserung der Finanzierungsmöglichkeiten kleinerer und mittlerer Unternehmen zu erreichen. Dabei hat der Gesetzgeber für den Tätigkeitsbereich dieser beiden Arten von Beteiligungsgesellschaften wirtschaftliche Anreize durch die Gewährung von Steuervorteilen geschaffen. Unternehmensbeteiligungs- und Wagniskapitalbeteiligungsgesellschaften bedürfen jedoch einer behördlichen Anerkennung, § 15 Abs. 1 UBGG sowie § 14 Abs. 1 WKBG. Darüber hinaus bestehen weitere gesetzliche Vorgaben, etwa hinsichtlich ihrer Rechtsform[230] oder des vorzuhaltenden Mindestkapitals (mindestens € 1.000.000).[231]

111 Die Tätigkeit der regulierten Unternehmensbeteiligungsgesellschaften liegt insbesondere im Bereich der Beteiligung an Mittelstandsunternehmen, die von den freien Beteiligungsgesellschaften als zu riskant oder nicht lohnend angesehen werden und daher auf diesem Wege kein Eigenkapital zur Verfügung gestellt bekommen.[232] Wagniskapitalbeteiligungsgesellschaften – auch als **Venture Capital Gesellschaften** bezeichnet – sind Beteiligungsgesellschaften, die sich insbesondere an jungen Start-Up-Unternehmen, etwa aus dem Technologie- oder Internetsektor beteiligen und durch ihre Beteiligung mit sog. **Venture Capital** (Wagniskapital) die oft hohen Entwicklungskosten in der Gründungsphase finanzieren. Diese Wagnisfinanzierung kommt aus den USA, wo sie in Silicon-Valley, Kalifornien, ganze Regionen prägt und inzwischen aber auch hier zu Lande Verbreitung findet.

112 Die Bedeutung der Beteiligungsgesellschaften lässt sich in der Bundesrepublik Deutschland daran messen, dass per Dezember 2012 ca. 230 Kapitalbeteiligungsgesellschaften mit ca. 1.900 Mitarbeitern am Markt tätig waren, die ein Kapital von insgesamt ca. € 42 Milliarden Euro verwalteten.[233]

---

[227] Siehe *BaFin*, Auslegungsschreiben zum Anwendungsbereich des KAGB und zum Begriff des „Investmentvermögens" vom 14. Juni 2013, II Nr. 6; vgl. auch § 2 Abs. 1 UBGG.
[228] Gesetz über Unternehmensbeteiligungsgesellschaften (UBGG) vom 9. September 1998 (BGBl. I 1998, S. 2765).
[229] Gesetz zur Förderung von Wagniskapitalbeteiligungen (Wagniskapitalbeteiligungsgesetz – WKBG) vom 12. August 2008 (BGBl. I 2008, S. 1672).
[230] § 2 Abs. 1 UBGG.
[231] Vgl. § 2 Abs. 4 UBGG, § 6 WKBG.
[232] *Beckmann/Scholtz/Vollmer*, Investment-Handbuch, 454, Rn. 98.
[233] *Bundesverband Deutscher Kapitalbeteiligungsgesellschaften*, BVK-Statistik 2012, S. 2; Stand: 31. Dezember 2012.

2. Ausblick

Der Jurist will wissen, wo die Reise hingeht. Er will wissen, wie die Bankenwelt in der Zukunft aussieht und welche Rechtsnormen in Zukunft gelten. 113

Dabei wird die Zukunft des deutschen und auch des europäischen Bankwesens im wesentlichen von seiner jüngsten, leider finanzkrisengeschüttelten Vergangenheit geprägt.[234] Das Stichwort für die Zukunft des Bankwesens, zumindest für das öffentliche Bankrecht, lautet europäische Bankenunion. Der erste Schritt zur Schaffung einer **europäischen Bankenunion** ist mit der europaweiten Umsetzung des sog. **Single Rule Book** als Teil des CRD IV-Paketes und der damit verbundenen Schaffung eines einheitlichen Aufsichtsrechtsrahmens zum 1. Januar 2014 erfolgt.[235] Der nächste Schritt, nämlich die Schaffung eines einheitlichen Aufsichtsmechanismusses für alle Banken im Euroraum durch die Übertragung der Bankenaufsicht über Kreditinstitute innerhalb des Euro-Währungsgebietes auf die EZB **(Single Supervisory Mechanism – SSM)** steht unmittelbar bevor. Weitere Schritte, etwa ein einheitlicher europäischer Mechanismus für die Restrukturierung oder Abwicklung von systemrelevanten Krisenbanken **(Single Resolution Mechanism – SRM)**, sind auf europäischer Ebene, wenn auch viel diskutiert, in Vorbereitung. 114

Unabhängig davon, ob man jede der vorgenannten europäischen „Singles" für einen Hit hält, ist dies die aufsichtsrechtliche Realität der sich die Bankenaufsicht und das Bankwesen zukünftig mit großem Aufwand und erheblichen Ressourcen widmen müssen. Gleichwohl ist das **Single Rule Books** sicherlich als geeignete Maßnahme zur Stärkung der Widerstandskraft des Finanzsektors und zur Förderungen des europäischen Finanzbinnenmarktes begrüßenswert. Auch ist ein **einheitlicher Aufsichtsmechanismus** für alle Banken mit einer Aufsichtskompetenzverlagerung auf die EZB durch die SSM-VO generell geeignet, die Aufsicht zu bündeln und schnellere Maßnahmen im Krisenfall zu ermöglichen. Zu begrüßen ist dabei, dass nicht alle Kreditinstitute unmittelbar der Aufsicht der EZB unterfallen, sondern vielmehr der Großteil der Institute weiterhin in bewährter Weise durch die nationale Aufsicht überwacht wird. Denn deren Spezialkenntnisse von individuellen Begebenheiten auf Einzelinstitutsebene und die teilweise über Jahrzehnte „eingeschliffene", vertrauensvolle Zusammenarbeit zwischen Aufsicht und Institut wird durch eine dezentrale europäische Aufsicht kaum zu ersetzen sein. In der Praxis bleibt für die **Bankenaufsicht** durch die EZB im Übrigen abzuwarten, ob der EZB der Spagat zwischen dem Zielkonflikt von Aufsichtshandeln und geldpolitischer Verantwortung gelingt. Ferner ist zu sehen, wie reibungslos sich das Zusammenspiel zwischen der EZB und den nationalen Aufsichtsbehörden in der Praxis entwickelt. Ein „Kompetenzgerangel" zwischen europäischer und nationaler Aufsicht dürfte die Wirksamkeit eines einheitlichen Aufsichtsmechanismus eher hemmen als befeuern. Dabei ist auch abzuwarten, wie die Kompetenzen der EZB im Verhältnis zur EBA geregelt werden. Schließlich bleibt abzuwarten, wie sich eine europäische Bankenaufsicht „der zwei Geschwindigkeiten" – die EZB reguliert zunächst grundsätzlich nur Kreditinstitute in Mitgliedsstaaten deren Währung der Euro ist, in den Übrigen Ländern (etwa in Großbritannien) liegt die Bankenaufsicht bei der EBA und den nationalen Aufsichtsbehörden – entwickelt. 115

---

[234] → § 1 Rn. 22.
[235] Siehe *Kirchhartz* GWR 2013, S. 395.

116 Ungeachtet der erfolgten und anstehenden Veränderungen im öffentlichen Bankrecht ist zu erwarten, dass es im deutschen Bankwesen bei der typischen Drei-Säulen-Organisation und dem Universalbankensystem bleibt.

117 Die **Drei-Säulen-Organisation** des deutschen Bankwesens hat ihre historischen Fundierungen seit dem 19. Jahrhundert, ihr wird Wettbewerbsförderung und Bewährung in Krisen zugute gehalten.[236] Letzteres hat sich in der Finanzkrise bestätigt. Mit Blick auf den laufenden aufsichtsrechtlichen Harmonisierungsprozess innerhalb des EU-Finanzbinnenmarktes ist zu erwarten, dass sich der in den letzten Jahrzehnten bereits zu beobachtende **Konzentrationsprozess** fortsetzt. Die Anzahl der Institute wird sich innerhalb der Drei-Säulen-Organisation in den nächsten Jahrzehnten vermutlich weiter reduzieren, da rd. 6.800 innerhalb der Europäischen Union operierende Institute[237] für einen weitestgehend rechtlich harmonisierten, einheitlichen europäischen Finanzbinnenmarkt zum einen vermutlich einen Institutsüberhang darstellen. Zum anderen werden die aufsichtsrechtlichen Anforderungen an Eigenmittel und Liquidität sowie die zunehmende Harmonisierung und dadurch Wettbewerb dazuführen, dass schwach kapitalisierte Banken allenfalls durch Fusionen mit anderen Banken oder durch zunehmende Spezialisierung eine Zukunft haben. Der Wettberwerbseffekt wird dabei – zumindest in der Bundesrepublik Deutschland – dadurch verstärkt, dass es faktisch keine Arbeitsteilung mehr zwischen den drei Banksäulen gibt. Mittlerweile bieten alle Banken, Sparkassen und Genossenschaftsbanken nahezu allen Kundenkreisen alle Finanzdienstleistungen an. So richtet sich zB das Angebot der Deutsche Bank wieder verstärkt auch an Privatkunden. Der öffentlich-rechtliche Kreditsektor arbeitet mit allen großen Industrieaktiengesellschaften zusammen. Der Genossenschaftssektor ist weder durch genossenschaftliche Gesetzgebung noch durch Satzung oder das eigene Selbstverständnis gehindert, mit jedermann Bankgeschäfte aller Größenordnungen zu betreiben.

118 Neben der Beibehaltung der Drei-Säulen-Organisation ist auch zu erwarten, dass im Bankwesen auch zukünftig die Vorteile des **Universalbankensystem**s die Überhand behalten werden.[238] Auch dieses System hat sich – wie die Drei-Säulen-Organisation – in der Finanzkrise bewährt. Im Verhältnis zu anderen Staaten, deren Banken weniger universell aufgestellt waren (siehe nur die Investmentbanken in den USA, die ihren Sonderstatus als Folge der Finanzkrise aufgaben), zeigte sich das deutsche Bankensystem mit seinem Universalbankenansatz vergleichsweise resistent gegen den verursachten Marktschock.[239] Als anfällig erwiesen sich vielmehr Spezialbanken, die umfangreich mit staatlichen Hilfsmitteln gestützt oder verstaatlicht werden mussten (zB die Spezialbank Hypo Real Estate Holding AG). Es ist grundsätzlich – anders als teilweise erwartet[240] – auch nicht zu befürchten, dass die ab Juli 2015 zur Anwendungen kommenden Trennbankenregelungen der §§ 3 Abs. 2, 25 f KWG zu einem Wechsel im deutschen Bankwesen vom Universalbankensystem zu einem reinen Trennbankensystem führen. Denn die für die Anwendung maßgeblichen Schwellenregelungen (€ 100 Mrd. bzw € 90 Mrd.)[241] führen dazu, dass die Trennbankenregelungen in einer deutschen Bankenlandschaft mit ins-

---

[236] Vgl. auch *Baums* ZBB 1994, S. 86.
[237] *Europäische Zentralbank*, Total number of MFIs and updates, Stand: 31. August 2013.
[238] Vgl. *Rümker/Winterfeld* in BankR-HdB, § 124, Rn. 80.
[239] So auch *Rümker/Winterfeld* in BankR-HdB, § 124, Rn. 80.
[240] Siehe zum Meinungsstand: *van Kann/Rosak* NZG 2013, S. 572 (575).
[241] → § 1 Rn. 89.

gesamt 1.866 Kreditinstituten vermutlich auf weniger als 15 Institute Anwendung finden werden.[242]

Im Ergebnis lässt sich also festhalten, dass – abgesehen von der mit großen Schritten voran schreitenden europäischen Harmonisierung im Bankaufsichtsrecht – die bisherigen Strukturen des deutschen Bankwesens auch in Zukunft im Wesentlichen Bestand haben werden. **119**

IV. Die Bankenaufsicht und der aufsichtsrechtliche Rahmen des Bankwesens

Das Recht der Bankenaufsicht[243] und der aufsichtsrechtliche Rahmen des Bankwesens befinden sich in einem immer schneller werdenden Wandel.[244] Dieser Wandel ist insbesondere durch die Anpassung des Bankaufsichtsrechts an sich ständig verändernde Marktgegebenheiten in der Finanzwelt, durch die Schaffung von Mechanismen zur Vermeidung zukünftiger Finanzkrisen und durch eine – insbesondere in jüngster Zeit auf europäischer Ebene – stark zunehmende, internationale Harmonisierung des Bankaufsichtsrechts gekennzeichnet. **120**

Nach der sog. **Bankenkrise im Jahr 1931** wurde in Deutschland erstmals mit dem Reichsgesetz über das Kreditwesen vom 5. Dezember 1934, das durch das Gesetz über das Kreditwesen vom 25. September 1939 novelliert wurde, ein einheitliches Bankaufsichtsrecht geschaffen.[245] Dieses Gesetz galt im wesentlichen bis zum Erlass des heutigen Gesetzes über das Kreditwesen vom 10. Juli 1961 (KWG), das seit seinem in Kraft treten am 10. Juli 1961 durch fortlaufende und umfangreiche Aufsichtsrechtsnovellen ständige Änderung erfuhr.[246] Tiefgreifende strukturelle Neuerungen für die Bankenaufsicht und den aufsichtsrechtlichen Rahmen des deutschen, aber auch des europäischen Bankwesen ergaben sich als Folge der **Finanzkrise** die ihren Höhepunkt im Jahre 2008 erreichte.[247] **121**

---

[242] Vgl. die Zahlen bei *van Kann/Rosak* NZG 2013, S. 572 (575).

[243] Gemeint ist hier und im Folgenden die Aufsicht über Kreditinstitute und Finanzdienstleistungsinstitute, zusammen auch „**Institute**" genannt (§ 1 Abs. 1b KWG).

[244] Siehe zur historischen Entwicklung des Bankaufsichtsrechts bis zum Jahr 2012 ausführlich: *Fischer* in Boos/Fischer/Schulte-Mattler, KWG, Einf., Rn. 1 bis 115.

[245] *Fischer* in Boos/Fischer/Schulte-Mattler, KWG, Einf., Rn. 4, 5.

[246] Siehe: *Fischer* in Boos/Fischer/Schulte-Mattler, KWG, Einf., Rn. 25 und Rn. 46 ff. Zu nennen sind in diesem Zusammenhang insbesondere die sechste KWG-Novelle (Gesetz zur Umsetzung von EG-Richtlinien zur Harmonisierung bank- und wertpapieraufsichtlicher Vorschriften vom 22. Oktober 1997, BGBl. I 1997, S. 2518), das dritte Finanzmarktförderungsgesetz (Gesetz zur weiteren Fortentwicklung des Finanzplatzes Deutschland vom 24. März 1998, BGBl. I 1998, S. 529), das vierte Finanzmarktförderungsgesetz (Gesetz zur weiteren Fortentwicklung des Finanzplatzes Deutschland vom 21. Juni 2002, BGBl. I 2002, S. 2009) sowie das Gesetz zur Umsetzung der neu gefassten Bankenrichtlinie und der neu gefassten Kapitaladäquanzrichtlinie (Umsetzung von Basel II und MiFID. Gesetz zur Umsetzung der RiL 2006/49/EG des Europ. Parlaments und des Rates vom 14. Juni 2006 über die angemessene Eigenkapitalausstattung von Wertpapierfirmen und Kreditinstituten vom 17. November 2006, BGBl. I 2006, S. 2606).

[247] Siehe die ausführlichen Darstellungen der Finanzkrise und zu den getroffenen Sofortmaßnahmen zur Stabilisierung des Finanzmarktes von *Fischer* in Boos/Fischer/Schulte-Mattler, KWG, Einf., Rn. 91 ff., Rn. 95 ff. und Rn. 108 ff. Insbesondere auch zum Finanzmarktstabilisierungsfondsgesetz vom 17. Oktober 2008 (FMStFG; BGBl. I 2008, S. 1982), zur Finanzmarktstabilisierungsfondsverordnung vom 20. Oktober 2008 (FMStFV), zur Finanzmarktstabilisierungsanstalt (FMSA), zum Son-

122 Im Jahre 2011 wurde auf europäischer Ebene ein **Europäisches System der Finanzaufsicht (ESFS)** mit der **Europäischen Bankaufsichtsbehörde (EBA)** eingerichtet, um ein Frühwarnsystem für künftige Krisen des Finanzmarktes zu etablieren und in den einzelnen EU-Mitgliedsstaaten eine Vereinheitlichung der Finanzaufsicht zu erreichen.[248] Dabei steht unter dem Stichwort „**Bankenunion**" im November 2014 zusätzlich eine Verlagerung von Kompetenzen der nationalen Bankaufsichtsbehörden auf die **EZB** bevor, die jedoch nur EU-Staaten betrifft, die den Euro als Währung haben, sowie die Nicht-Euro-EU-Staaten, die freiwillig an der Bankenunion teilnehmen möchten.[249] Daneben wird der aufsichtsrechtliche Rahmen des Bankwesens in Folge der Umsetzung des sog. europäischen **CRD IV-Paketes**[250] (Umsetzung des Basel-III-Rahmenwerkes[251] in europäisches Recht) seit dem 1. Januar 2014 durch ein europaweit in wesentlichen Teilen einheitliches sog. **Single Rule Book** bestimmt. Dieses setzt sich aus harmonisiertem, nationalstaatlichem Bankaufsichtsrecht (in der Bundesrepublik Deutschland im wesentlichen durch das zum 1. Januar 2014 novellierte KWG) sowie durch eine daneben in allen EU-Mitgliedsstaaten unmittelbar geltende Rechtsverordnung, die Capital Requirements Regulation (CRR)[252] zusammen. Aufgrund des damit gegebenen, umfassenden europäischen und deutschen aufsichtsrechtlichen Rahmens des Bankwesens, entwickelt sich das Bankaufsichtsrecht mit großen Schritten weiter zu einem komplexen Spezialrechtsgebiet, dass sowohl die Finanzaufsicht als auch die unter das Aufsichtsrecht fallenden Kreditinstitute vor immer größere Herausforderungen stellt. Die Praxis spricht vom sog. „aufsichtsrechtlichen Tsunamie".[253] An dieser Stelle kann wegen des Umfangs der Materie daher nur ein

---

derfonds Finanzmarktstabilisierung (SoFFin), zum Restrukturierungsgesetz vom 9. Dezember 2010 (BGBl. I 2010, S. 1900) sowie zum Kreditinstitute-Reorganisationsgesetz (KredReorgG) und zum Restrukturierungsfondsgesetz (RStruktFG).

[248] → § 1 Rn. 126.
[249] → § 1 Rn. 42.
[250] Siehe hierzu: *Kirchhartz* GWR 2013, S. 395. Das sog. CRD IV-Paket ist ein kombiniertes Regelwerk der Europäischen Union, bestehend aus der Verordnung (EU) Nr. 575/2013 vom 26. Juni 2013 (Capital Requirements Regulation – CRR) und der Richtlinie 2013/36/EU vom 26. Juni 2013 (Capital Requirements Directive – CRD IV). Das CRD IV-Paket verfolgt nicht nur das Ziel der Umsetzung von Basel III in europäisches bzw. nationales Recht der EU-Mitgliedsstaaten. Ein weiteres Ziel ist vielmehr die Schaffung eines einheitlichen aufsichtsrechtlichen Rahmens für den gesamten EU-Finanzbinnenmarkt. Durch das CRD IV-Paket wurden die Bankenrichtlinie (2006/48/EG) und die Kapitaladäquanzrichtlinie (2006/49/EG) ersetzt. Die CRD IV-Richtlinie wurde vom deutschen Gesetzgeber mit Verkündung des CRD IV-Umsetzungsgesetzes im Bundesgesetzblatt (BGBl. I 2013, S. 3395) am 3. September 2013 umgesetzt. Die im Wesentlichen das KWG betreffenden Regelungen traten am 1. Januar 2014 in Kraft.
[251] Siehe zu Basel III: *Winterfeld* in BankR-HdB, § 124a, Rn. 110 ff. Ferner: *Deutsche Bundesbank* unter: http://www.bundesbank.de/Navigation/DE/Kerngeschaeftsfelder/Bankenaufsicht/Basel3/basel3.html-128
[252] Verordnung (EU) Nr. 575/2013 des Europäischen Parlaments und des Rates vom 26. Juni 2013 über Aufsichtsanforderungen an Kreditinstitute und Wertpapierfirmen und zur Änderung der Verordnung (EU) Nr. 646/2012 (Capital Requirements Regulation).
[253] Dabei scheint mittlerweile auch der Gesetzgeber bei der Gesetzeslegung handwerklich überfordert. Denn mit jeweils Wirkung zum 1. und zum 31. Januar 2014 hat das KWG durch zwei verschiedene Artikelgesetze, das CRD IV-Umsetzungsgesetz vom 28. August 2013 (BGBl. I 2013, S. 3395) und durch das Gesetz zur Abschirmung von Risiken und zur Planung der Sanierung und Abwicklung von Kreditinstituten und Finanzgruppen vom 7. August 2013 (sog. Trennbankengesetz – BGBl. I 2013, S. 3090) nacheinander zwei Änderungen erfahren. So wurde beispielsweise aus den

Überblick zum Recht der Bankenaufsicht und zum aufsichtsrechtlichen Rahmen des Bankwesens gegeben werden.[254]

1. Die Bankenaufsicht

Das Betreiben von Bankgeschäften in der Bundesrepublik Deutschland unterliegt der Bankenaufsicht. Dabei ist grundsätzlich zu beachten, dass Bankaufsichtsrecht und aufsichtsrechtliche Maßnahmen die Gewerbefreiheit einschränken und insofern zu Grundrechtseingriffen führen können. Diese Eingriffe rechtfertigen sich jedoch aufgrund der besonderen Bedeutung der Finanzbranche für die Volkswirtschaft. Denn wesentliches Ziel der Bankenaufsicht ist es, durch vorbeugende Überwachung allgemein das Entstehen von Schäden im Kreditwesen und von Verlusten der Institutsgläubiger zu verhindern.[255] Die Notwendigkeit einer Bankenaufsicht wurde bei Erlass des KWG von 1961 im Bericht des Wirtschaftsausschusses[256] wie folgt begründet, wobei die damalige Begründung im Lichte der Finanzkrise im Jahr 2008 heute mehr denn je trägt: 123

„*Da alle wesentlichen Zweige der Volkswirtschaft auf das Kreditgewerbe als Kreditgeber und Geldsammelstelle angewiesen sind, greifen Störungen in diesem Wirtschaftszweig leicht auf die gesamte Volkswirtschaft über. Müssten zB die Kreditinstitute wegen unvorsichtiger Liquiditätspolitik ihre Kredite in großem Umfange vorzeitig zurückrufen, so könnte dies zu erheblichen Funktionsstörungen in der kreditnehmenden Wirtschaft führen. Da die Kreditinstitute vorwiegend mit fremden Geldern arbeiten, treffen Schwierigkeiten bei ihnen auch einen viel größeren Gläubigerkreis, als wenn ein anderes Wirtschaftsunternehmen illiquide wird. Darüber hinaus bleiben solche Schwierigkeiten erfahrungsgemäß nicht auf ein Kreditinstitut beschränkt, vielmehr breitet sich eine durch ein Kreditinstitut verursachte Unruhe leicht auch auf die Einleger anderer Kreditinstitute aus. So kann in wirtschaftlich labilen Zeiten der gefürchtete allgemeine Run auf die Bankschalter entstehen, der die gesamte Kreditwirtschaft in die Gefahr des Zusammenbruchs führen kann und dessen Folgen die gesamte Volkswirtschaft treffen. Solchen Entwicklungen muss der Staat im Interesse der Gesamtwirtschaft schon in ihrer Entstehung entgegenwirken. Er muss dazu durch eine laufende Aufsicht auf die Geschäftstätigkeit der Kreditinstitute Einfluss nehmen.*"

Gründe für das Bestehen einer Bankenaufsicht liegen danach insbesondere in der **Schlüsselfunktion der Kreditwirtschaft** bei der Vermittlung von anlagesuchendem Kapital an die Wirtschaft und Privatpersonen (Kreditvergabe), in der Instrumentalfunktion der Kreditwirtschaft für die staatliche Geldpolitik, in der Vertrauensempfindlichkeit der Kreditwirtschaft sowie in der wirksamen Bekämpfung von Geldwäsche.[257] Ziel der 124

---

bis zum 31. Dezember 2013 im KWG geregelten §§ 25b bis 25i KWG (organisatorische Pflichten im Zahlungsverkehr und zur Geldwäschebekämpfung) am 1. Januar 2014 die §§ 25f bis 25m KWG, um dann am 31. Januar 2014 in den §§ 25g bis 25h KWG Verortung zu finden.

[254] Literatur zum Recht der Bankenaufsicht und zum rechtlichen Rahmen des Bankrechts bis zum 31. Dezember 2013: *Boos/Fischer/Schulte-Mattler*, KWG; *Schwennicke/Auerbach*, KWG; *Reischauer/Kleinhans*, KWG; *Beck/Samm/Kokemoor*, KWG; *Luz/Neus/Scharpf/Schneider/Weber*, KWG.

[255] Vgl. *Fischer* in Boos/Fischer/Schulte-Mattler, KWG, Einf., Rn. 120. Zu den Änderungen ab 1. Januar 2014: *Kirchhartz*, GWR 2013, S. 395.

[256] Schriftlicher Bericht des Wirtschaftsausschusses vom 13. März 1961 (Abgeordneter Ruland) zu BT-Drucks. 2563, abgedruckt in: *Reischauer/Kleinhans* KZA 580.

[257] *Fischer* in Boos/Fischer/Schulte-Mattler, KWG, Einf., Rn. 122; *Fischer* in BankR-HdB, § 125, Rn. 15f.

Bankenaufsicht ist es daher, die Funktionsfähigkeit, Stabilität und Integrität des Finanzsystems zu schützen.

125 Bis zur Finanzkrise im Jahr 2008 war die Bankenaufsicht grundsätzlich eine allein nationalstaatliche Angelegenheit. Im Zuge der Finanzkrise, die von den bestehenden Mechanismen nationaler Aufsichtsbehörden nicht vorhergesehen wurde, beauftragte die EU-Kommission den früheren Direktor des Internationalen Währungs Fonds (IWF), Jaques de Larosière, mit einer Expertengruppe (die sog. de-Larosière-Kommission) Empfehlungen für eine Neuordnung der Beaufsichtigung der europäischen Finanzmärkte auszuarbeiten. Die von der Expertengruppe im sog. „**de Larosière Report**"[258] erarbeiteten Vorschläge zur Bankenaufsicht wurden von der Europäischen Kommission aufgegriffen und in wesentlichen Teilen mit drei Verordnungen von November und Dezember 2010 zur Schaffung eines europäischen Finanzaufsichtssystems, dem **Europäischen System der Finanzaufsicht** (European System of Financial Supervision – **ESFS**) umgesetzt.[259] Seit in Kraft treten der vorgenannten Verordnungen am 1. Januar 2011 stellt sich das System der Bankenaufsicht in Europa und national wie folgt dar:

a) Die europäische Finanz- und Bankenaufsicht[260]

126 Das **Europäische System der Finanzaufsicht (ESFS)**[261] besteht aus drei Europäischen Aufsichtsbehörden (sog. European Supervisory Authorities – **ESAs**)[262]: der – für

---

[258] Schwächen der Finanzaufsicht lagen danach in der Finanzkrise in der Abwesenheit makroprudentieller Aufsicht und grenzüberschreitender Überwachungsmechanismen, im Fehlen von Frühwarnsystemen, im Mangel an Offenheit und Kooperation, in ungeklärten Zuständigkeiten und in fehlender Entscheidungsgewalt bei internationalen Bezügen; siehe hierzu: *Kämmerer*, Das neue Europäische Finanzaufsichtssystem (ESFS) – Modell für eine europäisierte Verwaltungsarchitektur?, NVwZ 2011, S. 1281.

[259] Verordnungen des Europäischen Parlaments und des Rates vom 24. November 2010 zur Errichtung einer Europäischen Aufsichtsbehörde, (ABl. EU Nr. L 331 vom 15. Dezember 2010, S. 12 ff., 48 ff., 84 ff.): Europäische Bankaufsichtsbehörde – EBA – (Verordnung [EU] Nr. 1093/2010), Europäische Wertpapier und Marktaufsichtsbehörde – ESMA – (Verordnung [EU] Nr. 1095/2010), Europäische Aufsichtsbehörde für das Versicherungswesen und die betriebliche Altersversorgung – EIOPA – (Verordnung [EU] Nr. 1094/2010).

[260] Siehe wegen der Ende 2014 bevorstehenden aufsichtlichen Kompetenzverlagerung der Bankaufsicht innerhalb der Eurostaaten der EU auf die EZB → § 1 Rn. 42. Inwieweit diese Kompetenzverlagerung Einfluss auf das ESFS und die Kompetenzen der EBA nehmen wird, bleibt abzuwarten. Generell dürfte sich am EFSF und den Kompetenzen der EBA nichts wesentliches ändern, da der ESFS und die Bankenaufsicht durch die EBA alle EU-Mitgliedsstaaten betreffen, die geplante europäische Bankenunion mit der Bankenaufsicht durch die EZB jedoch nur die Eurostaaten sowie freiwillig teilnehmende Nicht-Euro-Staaten innerhalb der EU betrifft. Dementsprechend sieht Erwägungsgrund (4) der Verordnung (EU) Nr. 1022/2013 des Europäischen Parlaments und des Rates vom 22. Oktober 2013 zur Änderung der Verordnung (EU) Nr. 1093/2010 zur Errichtung einer Europäischen Aufsichtsbehörde (Europäische Bankenaufsichtsbehörde) hinsichtlich der Übertragung besonderer Aufgaben auf die Europäische Zentralbank gemäß der Verordnung (EU) Nr. 1024/2013, vor, dass die ordnungsgemäße Funktionsweise der EBA im Anschluss an die geplante Kompetenzverlagerung sichergestellt wird.

[261] Siehe zum Ganzen: *Kämmerer* NVwZ 2011, S. 1281; *BaFin*, Die internationale Aufsichtsstruktur im Wandel, BaFinJournal Oktober 2012, S. 16 ff.

[262] Siehe auch: *Kämmerer* NVwZ 2011, S. 1281. Die EBA, ESMA und EIOPA lösten die bisher schon vorhandenen Gremien CEBS (Committee of European Banking Supervisors), CESR (Committee of European Securities Regulators) und CEIOPS (Committee of European Insurance and Occupational Pensions Supervisors) ab.

das Bankausichtsrecht maßgeblichen – Europäischen Bankenaufsichtsbehörde **EBA** (European Banking Authority)[263] mit Sitz in London, der Europäischen Wertpapier- und Marktaufsichtsbehörde **ESMA** (European Securities and Markets Authority)[264] mit Sitz in Paris und der Europäischen Aufsichtsbehörde für das Versicherungswesen und die betriebliche Altersversorgung **EIOPA** (European Insurance and Occupational Pensions Authority)[265] mit Sitz in Frankfurt am Main. Ergänzt wird das ESFS durch den **Europäischen Ausschuss für Systemrisiken (ESRB)**[266], der allerdings keine eigene Rechtspersönlichkeit besitzt und bei der EZB in Frankfurt am Main angesiedelt ist.

Die EBA als für alle EU-Staaten (nicht nur Euro-Staaten) zuständige Europäische Bankaufsichtsbehörde ist damit Teil des ESFS. Das Hauptziel des ESFS besteht darin, die ordnungsgemäße Anwendung der für den Finanzsektor geltenden Vorschriften zu gewährleisten, die Finanzstabilität zu erhalten sowie für das Vertrauen in das Finanzsystem insgesamt und für einen ausreichenden Schutz der Verbraucher zu sorgen.[267]

Das System des ESFS beruht auf zwei Säulen, nämlich der **makroprudentiellen Aufsicht** durch das ESRB und der **mikroprudentiellen Aufsicht** durch die ESAs (dh im Bankaufsichtsrecht durch die EBA) und den jeweiligen nationalen Aufsichtsbehörden. Beide Aufsichtssäulen sollen eng kooperieren und sich gegenseitig mit relevanten Informationen versorgen. 127

Im Rahmen der **makroprudentiellen Aufsicht** überwacht der **ESRB** die Stabilität des Finanzsystems als Ganzes. Der ESRB beobachtet makroökonomische Entwicklungen, um Systemrisiken für die Finanzstabilität in der Europäischen Union abzuwenden.[268] Zu diesem Zweck kann er erforderliche Informationen erheben, auswerten und bei Feststellung signifikanter Risiken für die Finanzstabilität gegenüber der Europäischen Union, einzelnen Mitgliedstaaten oder nationalen Aufsichtsbehörden Warnungen und ggf. Empfehlungen für Abhilfemaßnahmen aussprechen. Gleichwohl hat der ESRB keine Möglichkeit, seine Empfehlungen zwangsweise gegenüber dem Adressaten durchzusetzen. Dies ist allein durch politischen Drucks möglich.[269] 128

Die **ESAs** – dh für die Bankenaufsicht die EBA – und die **nationalen Aufsichtsbehörden** befassen sich auf **mikroprudentieller Ebene** mit der Solvenzaufsicht über die Finanzinstitute sowie mit der Marktaufsicht. Die laufende Aufsicht über die Finanzinstitute wird als Teil der mikroprudentiellen Aufsicht – mit Ausnahme der bei der ESMA angesiedelten Aufsicht über Ratingagenturen – jedoch nicht von den **ESAs**, sondern weiterhin durch die nationalen Behörden ausgeübt (Rn. 133). Die ESAs sollen hingegen für eine 129

---

[263] Verordnung des Europäischen Parlaments und des Rates vom 24. November 2010 zur Errichtung einer Europäischen Bankaufsichtsbehörde – EBA – (Verordnung [EU] Nr. 1093/2010).
[264] Verordnungen des Europäischen Parlaments und des Rates vom 24. November 2010 zur Errichtung einer Europäischen Wertpapier und Marktaufsichtsbehörde – ESMA – (Verordnung [EU] Nr. 1095/2010).
[265] Verordnung des Europäischen Parlaments und des Rates vom 24. November 2010 zur Errichtung einer Europäischen Aufsichtsbehörde für das Versicherungswesen und die betriebliche Altersversorgung – EIOPA – (Verordnung [EU] Nr. 1095/2010).
[266] Verordnung (EU) Nr. 1092/2010 des Europäischen Parlaments und des Rates vom 24. November 2010 über die Finanzaufsicht der Europäischen Union auf Makroebene und zur Errichtung eines Europäischen Ausschusses für Systemrisiken (ABl. EU Nr. L 331 S. 1).
[267] Art. 2 Abs. 1 Verordnung [EU] Nr. 1093/2010.
[268] Erwägungsgrund (10) der Verordnung (EU) Nr. 1092/2010.
[269] *BaFin*, Die internationale Aufsichtsstruktur im Wandel, BaFinJournal Oktober 2012, S. 16 ff.

größere Harmonisierung und kohärentere Anwendung von Vorschriften auf Finanzinstitute und -märkte in der Europäischen Union sorgen.[270] Dementsprechend kommen der EBA in erster Linie koordinierende Aufgaben zu, sie kann lediglich unter bestimmten Voraussetzungen verbindliche Entscheidungen gegenüber nationalen Behörden und Finanzinstituten treffen. Dies ist etwa als ultima ratio der Fall, bei einer Verletzung des Unionsrechts durch die zuständige Behörde, in Krisenfällen sowie bei Meinungsverschiedenheiten zwischen nationalen Aufsichtsbehörden in grenzüberschreitenden Fällen.[271] Im Übrigen liegt die zentrale Kompetenz der EBA darin sog. **verbindliche technische Regulierungs- und Durchführungsstandards** zu entwickeln, soweit dies in EU-Richtlinien oder EU-Verordnungen vorgesehen ist, sowie Leitlinien und Empfehlungen zu erlassen.[272] Treten diese Standards durch Erlass der EU-Kommission in Kraft, handelt es sich um unmittelbar in den Mitgliedsstaaten geltendes Aufsichtsrecht (Art. 288 AEUV).

130 Im Kontext des Europäischen Systems der Finanzaufsicht sind ferner das **Financial Stability Board (FSB)** sowie der **Baseler Ausschuss für Bankenaufsicht (BCBS)** zu nennen. Diese sind zwar nicht Bestandteil des ESFS und können allenfalls unverbindliche Empfehlungen aussprechen. Ihre Empfehlungen sind jedoch für die Aufsichtspraxis des ESFS von großer Bedeutung, da es sich bei FSB und BCBS um die global maßgeblichen Fachgremien und Standardsetzer für die Bankenaufsicht handelt.

131 Das bei der **Bank für Internationalen Zahlungsausgleich (BIZ)**[273] in Basel ansässige **Financial Stability Board (FSB)**[274] ging im Jahr 2009 aus dem 1999 gegründeten Financial Stability Forum (FSF) hervor. Das FSB verfolgt das Ziel, die Stabilität des Finanzsystems durch Informationsaustausch und Kontrolle zu fördern. Es bietet seinen Mitgliedern ein Forum für die Diskussion über Themen, die für die Finanzstabilität von grundlegender systemischer Bedeutung sind (beispielsweise veröffentlicht das FSB regelmäßig Übersichten über nach seiner Ansicht global systemrelevante Banken[275]). Zudem

---

[270] *Kämmerer* NVwZ 2011, S. 1281; *BaFin*, Die internationale Aufsichtsstruktur im Wandel, BaFinJournal Oktober 2012, S. 16 ff. Um eine bessere sektorübergreifende Abstimmung zu gewährleisten, sollen EBA, EIOPA und ESMA regelmäßig und eng in einem sog. Gemeinsamen Ausschuss (Joint Committee) zusammenarbeiten.

[271] Art. 17 bis 19 der Verordnung [EU] Nr. 1093/2010; *BaFin*, Die internationale Aufsichtsstruktur im Wandel, BaFinJournal Oktober 2012, S. 16 ff.

[272] *BaFin*, Die internationale Aufsichtsstruktur im Wandel, BaFinJournal Oktober 2012, S. 16 ff. Die technischen Regulierungs- und Durchführungsstandards treten erst in Kraft, wenn sie die EU-Kommission erlassen hat.

[273] Die Bank für Internationalen Zahlungsausgleich (BIZ) mit Sitz in Basel widmet sich der Förderung der Zusammenarbeit zwischen Zentralbanken und der Erleichterung des internationalen Zahlungsausgleichs. Siehe unter: http://www.bis.org/central_bank_hub_overview.htm

[274] *BaFin*, Die internationale Aufsichtsstruktur im Wandel, BaFinJournal Oktober 2012, S. 16 ff. Das FSB setzt sich aus Vertretern von Finanzministerien, Zentralbanken und Aufsichtsbehörden zusammen. Neben Vertretern der G-20-Länder und Spaniens sind auch die Europäische Kommission, die internationalen Standardsetzer wie der Baseler Ausschuss für Bankenaufsicht BCBS (Basel Committee on Banking Supervision), die Internationale Vereinigung der Wertpapieraufsichtsbehörden IOSCO (International Organization of Securities Commissions) sowie bedeutende Finanzinstitutionen wie der Internationale Währungsfonds (IWF), die Weltbank, die Bank für Internationalen Zahlungsausgleich (BIZ) und die Europäische Zentralbank (EZB) im FSB vertreten.

[275] Siehe beispielsweise: FSB, Update of group of global systemically important banks (G-SIBs), Stand: November 2012; abrufbar unter: http://www.financialstabilityboard.org/publications/r_1 21031ac.pdf

koordiniert das FSB die Arbeiten der nationalen Aufsichtsbehörden und der internationalen Standardsetzer und prüft anhand von sog. Peer Reviews, ob die Mitgliedstaaten die verschiedenen internationalen Standards einhalten.

Der im Jahr 1974 von den Zentralbanken der G10-Staaten gegründete **Baseler Ausschuss für Bankenaufsicht (BCBS)**[276] ist ebenfalls bei der BIZ in Basel angesiedelt. Der BCBS ist die weltweit wichtigste normgebende Instanz für die Bankenregulierung und dient als Forum für die Zusammenarbeit in Fragen der Bankenaufsicht. Der BCBS verfügt über keinerlei formelle supranationale Befugnisse. Seine Beschlüsse besitzen keine Rechtskraft. Sein Mandat ist es, die Bankenaufsicht mit Blick auf die Regelungen, Verfahren und Bankpraktiken weltweit zu stärken und dadurch die Finanzstabilität zu fördern.[277] Ihm gehören derzeit Vertreter aus 27 Ländern an, Repräsentanten der Zentralbanken und der Aufsichtsbehörden seiner Mitgliedsstaaten. Der Baseler Ausschuss entwickelt Aufsichtsstandards und Empfehlungen für die Bankenaufsicht. Die wichtigsten Regelwerke sind unter den Bezeichnungen Basel II und Basel III[278] bekannt.

132

b) Die deutsche Bankenaufsicht[279]

Die Bankenaufsicht in Deutschland obliegt der **Bundesanstalt für Finanzdienstleistungsaufsicht (BaFin)**, die zugleich die Aufsicht über das Versicherungswesen und den Wertpapierhandel ausübt (sog. **Allfinanzaufsicht**).[280] Die BaFin ist eine rechtsfähige Anstalt des öffentlichen Rechts mit Sitz in Bonn und Frankfurt am Main, § 1 Abs. 1, Abs. 2 FinDAG, die sich ausschließlich durch Gebühren und Umlagen der von ihr beaufsichtigten Institute finanziert, § 13 FinDAG ff. Sie übt gemäß § 6 Abs. 1 KWG die laufende – mikroprudentielle – Aufsicht über die Kreditinstitute und Finanzdienstleister im Sinne des KWG und der CRR (Verordnung (EU) Nr. 575/2013) aus. Sie überwacht die Einhaltung des KWG und der dazu erlassenen Rechtsverordnungen sowie der CRR und der auf Grundlage der CRR und der CRD IV-Richtlinie (Richtlinie 2013/36/EU) erlassenen Rechtsakte. Sparkassen und andere öffentlich-rechtliche Kreditinstitute (zB Landesbanken) unterliegen wegen § 52 KWG neben der Aufsicht durch die BaFin zusätzlich der staatlichen Sonderaufsicht (sog. Anstaltsaufsicht), zB durch das jeweilige Landesfinanzministerium. Im Rahmen der Aufsicht über Kreditinstitute ist es Aufgabe der BaFin Mißständen im Kredit- und Finanzdienstleistungswesen entgegenzuwirken, welche die Sicherheit der den Kredit- oder Finanzdienstleistungsinstituten anvertrauten Vermögenswerte

133

---

[276] Siehe die Charta des BCBS vom Januar 2013, S. 5; unter: http://www.bis.org/bcbs/charter_-de.pdf; ferner BaFin: http://www.bafin.de/DE/Internationales/GlobaleZusammenarbeit/Baseler-Ausschuss/baselerausschuss_node.html

[277] Siehe die Charta des BCBS vom Januar 2013, S. 5; unter: http://www.bis.org/bcbs/charter_-de.pdf

[278] Siehe hierzu zusammenfassend: *Deutsche Bundesbank*, Basel III – Leitfaden zu den neuen Eigenkapitalregeln für Banken, 2011. Der Baseler Ausschuss ist mit Basel III dem Auftrag der G20 Staats- und Regierungschefs nachgekommen, als Lehre aus der Finanz- und Wirtschaftskrise eine Empfehlung für die Verbesserung der Kapitalausstattung und Liquiditätsvorsorge der Finanzinstitute zu erarbeiten. Abrufbar unter: http://www.bundesbank.de/Redaktion/DE/Downloads/Veroeffentlichungen/Buch_Broschuere_Flyer/bankenaufsicht_basel3_leitfaden.html

[279] Siehe wegen der im November 2014 anstehenden Verlagerung aufsichtsrechtlicher Kompetenzen auf die EZB → § 1 Rn. 42.

[280] Gesetz über die Bundesanstalt für Finanzdienstleistungsaufsicht (Finanzdienstleistungsaufsichtsgesetz – FinDAG) vom 22. April 2002 (BGBl. I 2002, S. 1310), zuletzt geändert durch das CRD IV-Umsetzungsgesetz vom 28. August 2013 (BGBl. I S. 3395); siehe § 4 FinDAG.

Kirchhartz

gefährden, die ordnungsmäßige Durchführung der Bankgeschäfte oder Finanzdienstleistungen beeinträchtigen oder erhebliche Nachteile für die Gesamtwirtschaft herbeiführen können, § 6 Abs. 2 KWG.

134 Die BaFin arbeitet bei der Bankenaufsicht mit der **Deutschen Bundebank** zusammen. Die Zusammenarbeit umfasst die laufende Überwachung von Instituten und ist in § 7 KWG geregelt. Aufgabe der Deutschen Bundesbank ist es im Rahmen der laufenden Aufsicht ua die von den Instituten regelmäßig einzureichenden Berichte und Meldungen auszuwerten (Anzeige- und Meldewesen) und zu prüfen, ob deren Eigenkapitalausstattung und ihre Risikosteuerungsverfahren angemessen sind, § 7 Abs. 1 KWG. Die Deutsche Bundesbank erhält zB von allen Kreditinstituten Informationen über Wertpapier-, Kredit- und Auslandsgeschäfte. Diese Informationen werden von der Deutschen Bundesbank gemäß § 18 BBankG statistisch aufbereitet und bilden den Grundstock ihrer Monatsberichte, die die wichtigste Erkenntnisquelle über den finanziellen Status der deutschen Ökonomie sind.

Die Deutsche Bundesbank hat dabei die von der BaFin erlassenen Richtlinien zu beachten, § 7 Abs. 2 KWG. Maßgeblich für die Zusammenarbeit der BaFin und der Deutschen Bundesbank ist daher insbesondere die von der BaFin am 21. Mai 2013 erlassene Richtlinie zur Durchführung und Qualitätssicherung der laufenden Überwachung der Kredit- und Finanzdienstleistungsinstitute durch die Deutsche Bundesbank (**Aufsichtsrichtlinie**)[281], die Schnittstellen zwischen den Aufgaben der BaFin und den Aufgaben der Deutschen Bundesbank so abgrenzt, dass die Verantwortlichkeiten klar zugeordnet und der für die Aufgabenerfüllung erforderliche Informationsfluss gewährleistet wird. Dies betrifft insbesondere auch die wesentlichen Elemente des risikoorientierten bankaufsichtlichen Überprüfungs- und Evaluierungsprozesses (Supervisory Review and Evaluation Process – SREP), dh die Risikoklassifizierung, das Risikoprofil, die Festlegung einer Aufsichtsstrategie, die darauf beruhende risikoorientierte Aufsichtsplanung sowie die Zusammenarbeit in internationalen Aufsichtsbehörden.

135 Neben der Zusammenarbeit mit der BaFin bei der laufenden, mikroprudentiellen Bankaufsicht hat die Deutsche Bundesbank seit dem 1. Januar 2013 aufgrund des Gesetzes zur **Überwachung der Finanzstabilität (Finanzstabilitätsgesetz** – FinStabG)[282], das am 1. Januar 2013 in Kraft getreten ist, zur Wahrung der Stabilität des Finanzsystems den Auftrag, den deutschen Finanzmarkt makroprudenziell zu beaufsichtigen. In diesem Rahmen obliegt es ihr insbesondere, für die Finanzstabilität maßgebliche Sachverhalte zu analysieren und Gefahren zu identifizieren, welche die Finanzstabilität beeinträchtigen können sowie jährlich einen Bericht über die Lage und die Entwicklung der Finanzstabilität vorzubereiten und dem Ausschuss für Finanzstabilität[283] zur Verfügung zu stellen, § 1 FinStabG.

2. Der aufsichtsrechtliche Rahmen des Bankwesens

136 Der aufsichtsrechtliche Rahmen des Bankwesens wird seit dem 1. Januar 2014 durch ein für den gesamten EU-Finanzbinnenmarkt geltendes, in wesentlichen Teilen einheitliches

---

[281] Abrufbar unter: http://www.bafin.de/SharedDocs/Aufsichtsrecht/DE/Richtlinie/rl_130521_aufsichtsrichtlinie.html

[282] Finanzstabilitätsgesetz vom 28. November 2012 (BGBl. I 2012, S. 2369), zuletzt geändert durch Artikel 21 des Gesetzes vom 4. Juli 2013 (BGBl. I 2013, S. 1981).

[283] Der Ausschuss für Finanzstabilität besteht aus drei Vertretern des Bundesministeriums der Finanzen, drei Vertretern der Deutschen Bundesbank und drei Vertretern der BaFin, § 2 FinStabG.

sog. **Single Rule Book** bestimmt. Dieses wurde, getragen vom Ziel einer europäischen Harmonisierung des Bankaufsichtsrechts, durch die Umsetzung des sog. CRD IV-Paketes geschaffen.[284]

Bei dem **CRD IV-Paket** handelt es sich um ein kombiniertes Regelwerk der Europäischen Union, bestehend aus einer Verordnung (Capital Requirements Regulation – **CRR**)[285] und einer Richtlinie (Capital Requirements Directive – **CRD IV**)[286]. 137

Die **CRR** findet als EU-Verordnung in jedem Mitgliedsstaat auf beaufsichtigte Institute unmittelbar Anwendung (Art. 288 AEUV) und bedarf keiner Umsetzung in nationales Recht. Sie verfolgt den Grundsatz der **Maximalharmonisierung**, mithin das Ziel möglichst wenig nationale Gestaltungsspielräume zuzulassen. Ergänzt wird die CRR durch verbindliche sog. **Technische Regulierungsstandards** (sog. regulatory technical standards) und **Technische Durchführungsstandards** (sog. implementing technical standards), die von der EBA ausgearbeitet und von der EU-Kommission als unmittelbar anwendbare Rechtsakte (Art. 288 AEUV) erlassen werden. Hierfür erforderliche Ermächtigungsgrundlagen sind in der CRR (Art. 456 ff. CRR) enthalten. 138

Die **CRD IV**[287] wurde von den Mitgliedstaaten jeweils in nationales Recht (in der Bundesrepublik Deutschland maßgeblich im KWG) umgesetzt, wobei mit ihr, anders als mit der CRR, der Grundsatz der **Minimalharmonisierung** verfolgt wurde. D. h., dass die Mitgliedsstaaten mindestens die Vorgaben der CRD IV berücksichtigen mussten, bei der Umsetzung aber über diese Vorgaben hinausgehen durften. 139

Das sog. **Single Rule Book**, dh der aufsichtsrechtliche Rahmen des Bankwesens, setzt sich damit seit dem 1. Januar 2014 aus zwei parallel geltenden und bei der aufsichtsrechtlichen Praxis zu beachtenden Regulierungsebenen zusammen. Unmittelbar Anwendung finden zum einen die **CRR** sowie die auf ihrer (bzw. auf Grundlage der CRD IV) von der EU-Kommission erlassenen Technischen Regulierungsstandards und Technischen Durchführungsstandards **(europäische Regelungsebene)**. Ferner gilt daneben das nationale Bankaufsichtsrecht **(nationale Regelungsebene)**, dh das **KWG**[288] und die auf Grundlage des KWG erlassenen Verordnungen[289] (zB Groß- und Millionenkreditverordnung – GroMiKV, Solvabilitätsverordnung – SolvV, Liquiditätsverordnung – LiqV, Institutsvergütungsverordnung – InstitutsVergV). Zu beachten sind daneben – wenngleich ohne Rechtssetzungscharakter – die Mitteilungen der BaFin mit Auslegungs- und Anwendungshinweisen zu aufsichtsrechtlichen Vorschriften (Rundschreiben, Merkblätter 140

---

[284] Siehe hierzu im Einzelnen: *Kirchhartz* GWR 2013, S. 395.

[285] Verordnung (EU) Nr. 575/2013 des Europäischen Parlaments und des Rates vom 26. Juni 2013 über Aufsichtsanforderungen an Kreditinstitute und Wertpapierfirmen und zur Änderung der Verordnung (EU) Nr. 646/2012 (Capital Requirements Regulation).

[286] Richtlinie 2013/36/EU des Europäischen Parlaments und des Rates vom 26. Juni 2013 über den Zugang zur Tätigkeit von Kreditinstituten und die Beaufsichtigung von Kreditinstituten und Wertpapierfirmen, zur Änderung der Richtlinie 2002/87/EG und zur Aufhebung der Richtlinien 2006/48/EG und 2006/49/EG (CRD IV-Richtlinie).

[287] Zu beachten ist, dass die CRD IV, wie die CRR, ebenfalls Ermächtigungsgrundlagen zum Erlass von Technischen Regulierungsstandards und Technischen Durchführungsstandards enthält (Art. 145 CRD IV ff.).

[288] Daneben ist natürlich insbesondere auch das WpHG zu nennen.

[289] Erlassene Verordnungen nach KWG wurden für die Zeit ab dem 1. Januar 2014 im Wesentlichen neu gefasst. Ermächtigungsgrundlagen finden sich zB in 10 Abs. 1 KWG (SolvV), § 11 Abs. 1 KWG (LiqV), §§ 13 Abs. 1, 22 Abs. 1 KWG (GroMiKV), § 25a Abs. 6 KWG.

etc.).[290] Der aufsichtsrechtliche Rahmen des Bankwesens besteht mithin aus einem komplexen, sich aus verschiedenen europäischen und nationalen Gesetzen und Verordnungen zusammensetzenden Regelwerk.

a) Anwendungsbereich des Kreditwesengesetzes (KWG)

141 Das KWG in seiner Fassung seit dem 1. Januar 2014 regelt, wie bisher, wesentliche Bereiche des klassischen Bankaufsichtsrechts. Hierzu gehört insbesondere: wer die Bankenaufsicht ausübt[291], wer Adressat des Bankaufsichtsrechts ist, was Bankgeschäfte und Finanzdienstleistungen sind, wer eine Erlaubnis zum Betreiben von Bankgeschäften oder Finanzdienstleistungen benötigt, welche Anforderungen Institute zur und bei Ausübung ihrer Geschäfte zu beachten haben, welche Meldepflichten bestehen und welche Sanktionen bei Verstößen gegen das Bankaufsichtsrecht drohen. Das KWG enthält dabei als Folge des durch die Umsetzung des CRD IV-Paketes geschaffenen Single Rule Books, an vielen Stellen direkte Verweise auf die CRR[292], wo sich dann Regelungen zu Bereichen finden, die zuvor teilweise im KWG geregelt waren.

142 **aa) Adressaten des Kreditwesengesetzes.** Adressaten des KWG[293] sind in erster Linie Kreditinstitute und Finanzdienstleistungsinstitute.

143 **Kreditinstitute** sind Unternehmen, die Bankgeschäfte gewerbsmäßig oder in einem Umfang betreiben, der einen in kaufmännischer Weise eingerichteten Geschäftsbetrieb erfordert, § 1 Abs. 1 S. 1 KWG.

144 Was **Bankgeschäfte** iSd KWG sind, hat der Gesetzgeber in § 1 Abs. 1 S. 2 KWG in 13 abschließend aufgezählten Katalogtatbeständen (sog. Numerus Clausus der Bankgeschäfte) definiert.[294] D. h., ein Geschäft, das nicht Gegenstand dieses Kataloges ist, kann kein Bankgeschäft iSd KWG sein.[295] Bankgeschäfte sind danach: das **Einlagengeschäft**, das **Pfandbriefgeschäft**, das **Kreditgeschäft**, das **Diskontgeschäft**, das **Finanzkommissionsgeschäft**, das **Depotgeschäft**, das **Revolvinggeschäft** (die Eingehung der Verpflichtung, zuvor veräußerte Darlehensforderungen vor Fälligkeit zurück zu erwerben), das **Garantiegeschäft**, das **Scheckeinzugsgeschäft**, das **Wechseleinzugsgeschäft**, das **Reise-**

---

[290] Diese haben keinen Gesetzescharakter, sondern sind lediglich norminterpretierende bzw. normkonkretisierende Verwaltungsvorschriften der BaFin. Siehe: *Habetha/Schwennicke* in Schwennicke/Auerbach, § 6, Rn. 10; *Schäfer* in Boos/Fischer/Schulte-Mattler, KWG, § 6, Rn. 22.

[291] → § 1 Rn. 123.

[292] Dies gilt insbesondere im Hinblick auf die vor dem 1. Januar 2014 im KWG enthaltenen Vorschriften zur Eigenmittelausstattung und Liquidität, die nunmehr umfangreich in der CRR geregelt sind.

[293] § 1 KWG enthält einen umfangreichen Katalog von Legaldefinitionen, die im Bereich des KWG gelten. Hierzu gehören auch Definitionen der Begriffe „Kreditinstitute" und „Finanzinstitute" die gemeinsam im KWG Institute genannt werden, § 1 Abs. 3b KWG. Zu beachten ist, dass über § 1 Abs. 35 KWG auch bestimmte Definitionen aus Art. 4 CRR für das KWG gelten.

[294] Vgl. *Schwennicke* in Schwennicke/Auerbach, KWG, § 1, Rn. 9; *Schäfer* in Boos/Fischer/Schulte-Mattler, KWG, § 1, Rn. 27.

[295] Dies ist regelmäßig von Bedeutung für die Frage, ob ein Finanzgeschäft als Bankgeschäft der Erlaubnispflicht nach § 32 KWG unterliegt und – bei Fehlen einer Erlaubnis des Betreibers – eine Strafbarkeit nach § 54 Abs. 1 Nr. 2 KWG in Betracht kommt. Gleichwohl ist, sofern die aufsichtsrechtliche Erheblichkeit eines Geschäftstyps in Frage steht und kein Bankgeschäft vorliegt, weiter zu prüfen, ob eine erlaubnispflichte Finanzdienstleistung nach §§ 32 Abs. 1, 1 Abs. 1a S. 2 KWG vorliegt.

scheckgeschäft, das **Emissionsgeschäft** und die **Tätigkeit als zentraler Kontrahent** iSv § 1 Abs. 31.

Unter den genannten Bankgeschäften hervorzuheben sind als **Klassiker** der Bankgeschäfte schlechthin beispielhaft das **Einlagengeschäft** (§ 1 Abs. 1 S. 2 Nr. 1 KWG) und das **Kreditgeschäft** (§ 1 Abs. 1 S. 2 Nr. 2 KWG).

Das **Einlagengeschäft** ist „die Annahme fremder Gelder als Einlagen oder anderer **145** unbedingt rückzahlbarer Gelder des Publikums, sofern der Rückzahlungsanspruch nicht in Inhaber- oder Orderschuldverschreibungen verbrieft wird, ohne Rücksicht darauf, ob Zinsen vergütet werden".[296] Typische Einlagen sind entsprechend der allgemeinen bankwirtschaftlichen Praxis Sichteinlagen (dh jederzeit fällige Einlagen, etwa auf Girokonten), Termineinlagen (zB Festgelder) oder Spareinlagen.[297] Wesentliches Kennzeichen einer Einlage ist neben weiteren Voraussetzungen regelmäßig ihre „**unbedingte Rückzahlbarkeit**". Das Vorliegen des Einlagengeschäftes kann daher oft ausgeschlossen werden, wenn die Rückzahlung von Geld gar nicht geschuldet ist oder die Rückzahlbarkeit vom Eintritt eines zukünftigen, ungewissen Ereignisses abhängt.[298] Gleiches gilt, da untypisch für eine Einlage, wenn der Gläubiger dem Anleger eine banktübliche Sicherheit bestellt.[299] Abweichend von den zuvor genannten, klassischen Einlagen ist die Beurteilung, ob das Einlagengeschäft vorliegt in der Praxis häufig nicht ganz einfach zu beantworten. **Beispiele:** Die geschäftsmäßige Begründung von Verbindlichkeiten aus geschuldeten Winzergeldern, die über die Endabrechnung eines Jahrgangs hinaus vom Winzer bei der Winzergenossenschaft oder einem vergleichbaren Betrieb gegen Zahlung von Zinsen belassen werden, fällt unter das Einlagengeschäft.[300] – Die Annahme von Geldern im Rahmen genehmigter Lotterien oder Wetten fällt nicht unter das Einlagengeschäft (es fehlt an der unbedingten Rückzahlbarkeit).[301]

An das Einlagengeschäft kann man auch im Zusammenhang mit neuartigen Beteili- **146** gungsformen denken, etwa dem **Crowdfunding** oder **Crowdinvesting**.[302] Es handelt sich hierbei um Formen der sog. Schwarmfinanzierung oder Schwarmbeteiligung. Gegenstand ist regelmäßig, dass sich eine Vielzahl von Anleger über eine Internetplattform (Crowdfunding- oder Crowdinvestingplattform) an Unternehmungen oder Projekten Dritter (zB Filmfinanzierung, Start-Up-Unternehmen), die hierfür einen bestimmten Finanzierungsbetrag benötigen, beteiligen. Kommen genügend Anleger zusammen, um das Projekt zu finanzieren, muss das Anlegergeld eingesammelt und dem Dritten übermittelt werden. Dies wird idR vom Betreiber der Crowdfunding- oder Crowdinvestingplattform

---

[296] Siehe zum Tatbestand insbesondere: *BaFin*, Merkblatt – Hinweise zum Tatbestand des Einlagengeschäfts, (Stand: August 2011).
[297] BGH WM 2011, S. 17 (18).
[298] Vgl. *BaFin*, Merkblatt – Hinweise zum Tatbestand des Einlagengeschäfts (Stand: August 2011). Eine unbedingte Rückzahlbarkeit fehlt regelmäßig auch, wenn eine „qualifizierte Nachrangklausel" vereinbart wird. Eine solche Klausel muss vorsehen, dass die Forderung in der Insolvenz des Annehmenden erst nach allen anderen Gläubigern geltend gemacht werden kann. Eine „einfache Nachrangklausel", mit der lediglich die Rangfolge der Rückzahlungsansprüche in der Insolvenz festgelegt wird, reicht nicht aus.
[299] BGH WM 2011, S. 20 (21).
[300] BGH WM 2013, S. 874.
[301] *Schwennicke* in Schwennicke/Auerbach, KWG, § 1, Rn. 26.
[302] Siehe zum Crowdfunding: *Begner*, BaFinJournal September 2012, S. 11. Zum Crowdinvesting: *Weitnauer/Parzinger*, GWR 2013, S. 153.

organisiert. Hierbei können sich aufsichtsrechtliche Fragen stellen, weil – je nach Ausgestaltung des Crowdfundings- oder Crowdinvestings – in diesem Zusammenhang die Tatbestände von Bankgeschäften oder Finanzdienstleistungen erfüllt sein können.[303] Fließen Zahlungen von Anlegern direkt an den Betreiber der Plattform, ist denkbar, dass dieser das Einlagengeschäft betreibt. Beim **Crowdfunding** wird dies jedoch idR ausgeschlossen werden können, weil hier grundsätzlich keine Rückzahlung des Anlegerbetrages erfolgt. Vielmehr bekommt der Anleger etwa eine Kopie des mitfinanzierten Films oder eine Nennung als Sponsor auf der Internetseite des Unternehmens.[304] Beim **Crowdinvesting** besteht hingegen idR ein Rückzahlungsanspruch, so dass Nähe zum Einlagengeschäft besteht. Hier ist die Rückzahlung jedoch oft an eine Bedingung (Nachrangabrede) oder an ein ungewisses Ereignis (bestimmter Erfolg des Unternehmens, dh Unternehmensbeteiligung mit Verlustmöglichkeit) geknüpft, so dass hier der Tatbestand des Einlagengeschäfts zumeist ausscheiden dürfte.

147 Das **Kreditgeschäft** ist „*die Gewährung von Gelddarlehen und Akzeptkrediten*".[305] Typisch ist hierbei insbesondere die Variante der Gewährung eines Gelddarlehens, die regelmäßig erfüllt ist, wenn ein privatrechtlicher Darlehensvertrag nach § 488 BGB geschlossen wird.[306] Dabei ist es für das Vorliegen des Tatbestandes unerheblich, ob Zinsen vereinbart sind, die Auszahlung der Darlehensvaluta an einen Dritten erfolgt oder Sicherheiten bestellt werden.[307] **Beispiele für Ausnahmen vom Kreditgeschäft**: Wer als Verkäufer seinen eigenen Absatz kreditiert, indem er den Kaufpreis stundet, betreibt damit nicht das Kreditgeschäft, selbst wenn er sich den Stundungskredit verzinsen lässt (**Absatzfinanzierung**).[308] Der Grund liegt darin, dass zwischen Verkäufer und Käufer kein Darlehensvertrag zustande kommt, sondern ein atypisch ausgestalteter Kaufvertrag. – Auch im Bereich des **Kredithandel**s, wo Darlehensforderungen von Kreditinstituten an Nichtbanken weiterveräußert werden, betreiben die erwerbenden Nichtbanken idR kein Kreditgeschäft.[309] Dies gilt jedoch nur, sofern die Nichtbank in der Folge kein neues Darlehen an den Darlehensnehmer gewährt, wobei eine schlichte Prolongation schon den Tatbestand des Kreditgeschäftes erfüllen kann.[310]

148 An das Kreditgeschäft kann man ebenfalls mit Blick auf das Crowdfinancing denken, insbesondere bei sog. internetbasierten **Kreditvermittlungsplattformen** (sog. **Peer to Peer Lending – P2P**).[311] Bei den gängigen Kreditvermittlungsplattformen scheidet das Betreiben des Kreditgeschäftes Seitens der Plattformbetreiber jedoch regelmäßig aus, weil diese lediglich als Kreditvermittler tätig sind und die Kreditvergabe de facto durch ein Kreditinstitut erfolgt. Die Darlehensnehmer wiederum betreiben nicht das Einlagen-

---

[303] Siehe *Begner* BaFinJournal September 2012, S. 11; *Weitnauer/Parzinger* GWR 2013, S. 153.
[304] Vgl. *Weitnauer/Parzinger* GWR 2013, S. 153.
[305] Siehe zum Tatbestand insbesondere: *BaFin*, Merkblatt – Hinweise zum Tatbestand des Kreditgeschäfts, (Stand: Januar 2009).
[306] *BaFin*, Merkblatt – Hinweise zum Tatbestand des Kreditgeschäfts, (Stand: Januar 2009).
[307] *BaFin*, Merkblatt – Hinweise zum Tatbestand des Kreditgeschäfts, (Stand: Januar 2009).
[308] *BaFin*, Merkblatt – Hinweise zum Tatbestand des Kreditgeschäfts, (Stand: Januar 2009); weitere Ausnahmen gelten nach Ansicht der BaFin insbesondere auch für Arbeitgeberdarlehen, Brauereidarlehen und Nachrangdarlehen.
[309] *BaFin*, Merkblatt – Hinweise zum Tatbestand des Kreditgeschäfts, (Stand: Januar 2009).
[310] *BaFin*, Merkblatt – Hinweise zum Tatbestand des Kreditgeschäfts, (Stand: Januar 2009).
[311] Siehe hierzu: *BaFin*, Merkblatt – Hinweise zur Erlaubnispflicht der Betreiber und Nutzer einer internetbasierten Kreditvermittlungsplattform nach dem KWG, (Stand: 14. Mai 2007).

geschäft, da sie das Geld nicht etwa direkt von den Anlegern, sondern vielmehr als Darlehen von einem Kreditinstitut erhalten und somit keine „*Gelder des Publikums*" iSv § 1 Abs. 1 S. 2 Nr. 1 KWG annehmen.[312]

Ein Unternehmen das Bankgeschäfte im vorgenannten Sinne betreibt, ist nur Kreditinstitut, wenn dies **gewerbsmäßig** oder **in einem Umfang** erfolgt, **der einen in kaufmännischer Weise eingerichteten Geschäftsbetrieb** erfordert. Hierbei handelt es sich um alternative Kriterien. Es genügt, wenn eine der beiden Alternativen bejaht werden kann, was bei allen kundenorientierten, werbenden Banken unschwer der Fall ist. 149

Für das Vorliegen der **Gewerbsmäßigkeit** genügt es, dass eine Tätigkeit auf gewisse Dauer angelegt ist und der Betreiber mit Gewinnerzielungsabsicht beziehungsweise entgeltlich handelt.[313] Im Hinblick auf die notwendige Dauerhaftigkeit der Tätigkeit und eine erforderliche Gewinnerzielungsabsicht kann das Tatbestandsmerkmal zwar verneint werden, wenn nur ein einzelnes oder mehrere Bankgeschäfte gelegentlich und ohne Wiederholungsabsicht vorgenommen werden.[314] Jedoch kann diese Grenze schon bei lediglich zwei Darlehen an zwei verschiedene Personen in geringen Umfang (€ 65.000) überschritten sein.[315] 150

Die zweite Alternative des **in kaufmännischer Weise eingerichteten Geschäftsbetriebs** kann erfüllt sein, wenn zB eine nach kaufmännischen Grundsätzen eingerichtete Buch- und Kassenführung, eine geordnete Aufbewahrung der Geschäftskorrespondenz, eine regelmäßige Inventur und Aufstellung der Bilanz gegeben ist.[316] Die BaFin hat für diese zweite Alternative für bestimmte Bankgeschäfte **Bagatellgrenzen** aufgestellt, bei deren Überschreiten sie vom Erfordernis eines in kaufmännischer Weise eingerichteten Geschäftsbetriebs ausgeht. Dies soll zB beim **Einlagengeschäft** der Fall sein, wenn der Einlagenbestand bei mehr als fünf Einzelanlagen die Summe von € 12.500 überschreitet oder unabhängig von der Summe des Einlagenbestands mehr als 25 Einzeleinlagen bestehen.[317] Beim **Kreditgeschäft** wird entsprechendes bejaht, bei mehr als 100 Darlehen oder bei einem Gesamtdarlehensvolumen von über € 500.000 bei mindestens 21 Darlehen.[318] 151

Daraus folgt, dass ein Unternehmen, dass nur eines der genannten Bankgeschäfte gewerbsmäßig oder in einem Umfang betreibt, der einen in kaufmännischer Weise eingerichteten Geschäftsbetrieb erfordert, ein Kreditinstitut iSv § 1 Abs. 1 KWG ist. 152

Finanzdienstleistungsinstitute sind Unternehmen, die Finanzdienstleistungen für andere gewerbsmäßig oder in einem Umfang erbringen, der einen in kaufmännischer Weise eingerichteten Geschäftsbetrieb erfordert, und die keine Kreditinstitute sind, § 1 Abs. 1a S. 1 KWG. Bankgeschäfte gehen Finanzdienstleistungen vor, dh ein Unternehmen das Bankgeschäfte betreibt ist immer Kreditinstitut und nicht Finanzdienstleistungsinstitut.[319] Gleichwohl sind Kreditinstitute – was im bestehenden Universalbankensystem nicht 153

---

[312] *BaFin*, Merkblatt – Hinweise zum Tatbestand des Einlagengeschäfts, (Stand: August 2011). Gelder von Kreditinstituten sind nach ständiger Verwaltungspraxis der BaFin keine Gelder des Publikums, dh derjenige, der sie annimmt betreibt nicht das Einlagengeschäft.
[313] BGH WM 2011, S. 18 (19) mwN
[314] VGH Kassel NJW-RR 2008, S. 1011 (1014); *Schäfer* in Boos/Fischer/Schulte-Mattler, KWG, § 1, Rn. 24 mwN; *Schwennicke* in Schwennicke/Auerbach, KWG, § 1, Rn. 6.
[315] VGH Kassel NJW-RR 2008, S. 1011.
[316] *Schwennicke* in Schwennicke/Auerbach, KWG, § 1, Rn. 7.
[317] *BaFin*, Merkblatt – Hinweise zum Tatbestand des Einlagengeschäfts, (Stand: August 2011).
[318] *BaFin*, Merkblatt – Hinweise zum Tatbestand des Kreditgeschäfts, (Stand: Januar 2009).
[319] *Schwennicke* in Schwennicke/Auerbach, KWG, § 1, Rn. 9.

wegzudenken ist – befugt, auch Finanzdienstleistungen zu erbringen, soweit dies ihre Erlaubnis nach § 32 Abs. 1 KWG zulässt.[320]

154 Wegen des Erfordernisses der Gewerbsmäßigkeit oder alternativ eines in kaufmännischer Weise eingerichteten Geschäftsbetriebs kann auf die vorstehenden Ausführungen zu Bankgeschäften verwiesen werden.

155 Was **Finanzdienstleistungen** iSd KWG sind, hat der Gesetzgeber in § 1 Abs. 1a S. 2 KWG in 14 abschließend aufgezählten Katalogtatbeständen (sog. Numerus Clausus der Finanzdienstleistungen) definiert.[321] D. h., wie bei den Bankgeschäften, dass ein Geschäft, das nicht Gegenstand dieses Kataloges ist, keine Finanzdienstleistung iSd KWG ist.[322] Finanzdienstleistung ist danach: die **Anlagevermittlung**, die **Anlageberatung**[323], der **Betrieb eines multilateralen Handelssystems**, das **Platzierungsgeschäft**, die **Abschlußvermittlung**, die **Finanzportfolioverwaltung**[324], der **Eigenhandel**, die **Drittstaateneinlagenvermittlung**, das **Sortengeschäft**, das **Factoring**, das **Finanzierungsleasing**, die **Anlageverwaltung**, das **eingeschränktes Verwahrgeschäft** und das **Eigengeschäft**.

156 Festgehalten werden kann, dass mit Ausnahme der Tatbestände der Drittstaateneinlagenvermittlung, des Sortengeschäftes, des Factorings und des Finanzierungsleasings alle anderen Finanzdienstleistungen stets Tätigkeiten im Zusammenhang mit Finanzinstrumenten iSv § 1 Abs. 11 KWG bedingen (etwa Aktien, Vermögensanlagen iSv § 1 Abs. 2 VermAnlG, Genussscheine, Inhaberschuldverschreibungen). Kann daher im Rahmen der Prüfung, ob eine dieser Finanzdienstleistungen vorliegt, ausgeschlossen werden, dass ein Finanzinstrument iSv § 1 Abs. 11 KWG[325] gegenständlich ist, liegt insoweit keine Finanzdienstleistung vor.

157 Neben den Kreditinstituten und Finanzdienstleistungsinstituten nennt das KWG in § 1 Abs. 3 KWG auch **Finanzunternehmen**, die keine Bankgeschäfte oder Finanzdienstleistungen betreiben. Diese sind keine unmittelbaren Adressaten des KWG und unterliegen keiner Erlaubnispflicht nach § 32 Abs. 1 KWG. Das KWG erfasst sie lediglich als Restgröße im Rahmen verschiedener, im Zusammenhang mit Adressaten des KWG, zu denen sie in einer rechtlichen Beziehung stehen, anwendbaren Regelungen.[326] Finanzunternehmen sind Unternehmen, die insbesondere keine Institute sind und deren Haupttätigkeit,

---

[320] Das KWG sieht hierfür zahlreiche Erlaubnisfiktionen zugunsten von Kreditinstituten vor, siehe zB § 64e Abs. 1 KWG; § 64i Abs. 1 S. 1 KWG; § 64j Abs. 1 KWG.

[321] *Schwennicke* in Schwennicke/Auerbach, KWG, § 1, Rn. 79. Vgl. in diesem Zusammenhang auch § 2 Abs. 3 WpHG.

[322] Dies ist regelmäßig von Bedeutung für die Frage, ob ein Finanzgeschäft, das kein Bankgeschäft iSv § 1 Abs. 1 S. 2 KWG ist, als Finanzdienstleistung der Erlaubnispflicht nach § 32 KWG unterliegt und – bei Fehlen einer Erlaubnis des Betreibers – eine Strafbarkeit nach § 54 Abs. 1 Nr. 2 KWG in Betracht kommt.

[323] → § 3 Rn. 56; ferner zum Tatbestand selbst: *BaFin/Deutsche Bundesbank*, Gemeinsames Informationsblatt zum Tatbestand der Anlageberatung, (Stand: Mai 2011).

[324] → § 3 Rn. 100; *BaFin*, Merkblatt – Hinweise zum Tatbestand der Finanzportfolioverwaltung, (Stand: August 2013).

[325] Siehe zum Begriff des Finanzinstruments iSv § 1 Abs. 11 KWG: *BaFin*, Hinweise zu Finanzinstrumenten nach § 1 Abs. 11 Satz 1 Nummern 1 bis 7 KWG (Aktien, Vermögensanlagen, Schuldtitel, sonstige Rechte, Anteile an Investmentvermögen, Geldmarktinstrumente, Devisen und Rechnungseinheiten), (Stand: Juli 2013). Vgl. in diesem Zusammenhang auch § 2 Abs. 2b WpHG. Ferner enthält die CRR für ihre Zwecke in Art. 4 Abs. (1) Unterabs. (50) eine eigene Definition des Begriffs „Finanzinstrument". Dieser gilt jedoch nach § 1 Abs. 35 KWG nicht für das KWG.

[326] *Schäfer* in Boos/Fischer/Schulte-Mattler, KWG, § 1, Rn. 165.

dies ist von wesentlicher Bedeutung, ua darin besteht, Beteiligungen zu erwerben und zu halten, Geldforderungen entgeltlich zu erwerben, mit Finanzinstrumenten für eigene Rechnung zu handeln, Unternehmen über die Kapitalstruktur, die industrielle Strategie und die damit verbundenen Fragen zu beraten sowie bei Zusammenschlüssen und Übernahmen von Unternehmen diese zu beraten und ihnen Dienstleistungen anzubieten oder Darlehen zwischen Kreditinstituten zu vermitteln (Geldmaklergeschäfte).

bb) Erlaubnis zum Betreiben von Bankgeschäften[327]. Wer in der Bundesrepublik Deutschland (das Gesetz spricht von „im Inland"[328]) gewerbsmäßig oder in einem Umfang, der einen in kaufmännischer Weise eingerichteten Geschäftsbetrieb erfordert, Bankgeschäfte betreiben oder Finanzdienstleistungen erbringen will, bedarf der vorherigen **schriftlichen Erlaubnis der BaFin**, § 32 Abs. 1 KWG. Im Hinblick auf die Voraussetzungen der Gewerbsmäßigkeit oder des kaufmännisch eingerichteten Geschäftsbetriebes kann auf die vorstehenden Ausführungen unter § 1, Rn. 149, verwiesen werden. Die in der Bundesrepublik Deutschland generell verbotenen Geschäfte sind in § 3 KWG aufgeführt.[329] Besteht im Einzelfall Streit darüber, ob oder inwieweit ein Unternehmen der Erlaubnispflicht nach § 32 KWG unterliegt, entscheidet in Zweifelsfällen nach § 4 S. 1 KWG zunächst die BaFin über die Anwendbarkeit des KWG, wobei dem Betroffenen der Rechtsweg offen steht. Durch den Erlaubnisvorbehalt wird insbesondere die in Art. 12 des Grundgesetzes als Grundrecht jedes Bürgers verfassungsrechtlich verankerte Berufs- und Arbeitsfreiheit für das Bankgewerbe eingeschränkt. Diese Einschränkung der Gewerbefreiheit ist jedoch verfassungsrechtlich zulässig und wird mit dem Schutz des Gemeinwohls begründet.[330]

158

Welche Voraussetzungen ein Kreditinstitut für eine Erlaubnis erfüllen muss, ergibt sich insbesondere aus den §§ 32 Abs. 1 S. 2, 33 und 25c KWG.[331] Für die **Erteilung einer Erlaubnis** ist insbesondere ein Nachweis über die zum Geschäftsbetrieb erforderlichen

159

---

[327] Wegen der Erlaubnis zum Erbringen von Finanzdienstleistungen siehe: *Deutsche Bundesbank*, Merkblatt über die Erteilung einer Erlaubnis zum Erbringen von Finanzdienstleistungen gemäß § 32 Abs. 1 KWG, (Stand: 8. Mai 2013).

[328] In der Praxis tritt häufig das Problem auf, dass Anbieter aus dem Ausland „im Inland" Dienstleistungen anbieten, die unter die Erlaubnispflicht des KWG fallen. Europäische Banken haben in diesem Zusammenhang bei Beachtung von § 24a KWG wegen des sog. „Europäischen Passes" idR kein Erlaubnisproblem, → § 1 Rn. 161. Keine Einschränkung besteht idR ferner für die sog. passive Dienstleistungsfreiheit, dh das Recht im Inland ansässiger Personen und Unternehmen, aus eigener Initiative Dienstleistungen eines ausländischen Anbieters nachzufragen. Diese Geschäfte führen idR nicht zur Erlaubnispflicht nach § 32 Abs. 1 KWG. Siehe zum Ganzen: *BaFin*, Merkblatt – Hinweise zur Erlaubnispflicht nach § 32 Abs. 1 KWG in Verbindung mit § 1 Abs. 1 und Abs. 1a KWG von grenzüberschreitend betriebenen Bankgeschäften und/oder grenzüberschreitend erbrachten Finanzdienstleistungen, (Stand: 1. April 2005). Umstritten ist dabei die Erlaubnispflicht nach § 32 Abs. 1 KWG, für Fälle, in denen ein ausländisches Unternehmen ohne physische Präsenz im Inland grenzüberschreitend Dienstleistungen für inländische Kunden erbringt. Siehe zum Streitstand: *Schwennicke* in Schwennicke/Auerbach, § 32, Rn. 8 ff. mwN Die BaFin hält eine Erlaubnispflicht regelmäßig für gegeben, wenn sich das Angebot aus dem Ausland auch und gerade an Personen richtet, die ihren Sitz oder gewöhnlichen Aufenthalt in der Bundesrepublik Deutschland haben.

[329] Siehe wegen der Erweiterungen der Verbotstatbestände in § 3 KWG ab dem 1. Juli 2015 durch das sog. Trennbankengesetz → § 1 Rn. 88.

[330] BVerfGE 25, S. 236 f.

[331] Siehe in diesem Zusammenhang: *BaFin/Deutsche Bundesbank*, Merkblatt über die Erteilung einer Erlaubnis zum Betreiben von Bankgeschäften gemäß § 32 Abs. 1 KWG, (Stand: 31.12.2007).

Mittel zu erbringen, § 32 Abs. 1 S. 2 Nr. 1 KWG. Das Kreditinstitut muss über ausreichendes **Anfangskapital** verfügen, wobei die Höhe von der Geschäftätigkeit des Kreditinstitutes abhängt. ZB müssen nach § 33 Abs. 1 KWG sog. CRR-Kreditinstitute (§ 1 Abs. 3d S. 1 KWG, Einlagen- und Kreditgeschäft) ein Anfangskapital von mindestens € 5 Mio., Wertpapierhandelsbanken (§ 1 Abs. 3d S. 3 KWG) mindestens € 730.000 nachweisen.[332] – Sodann müssen für die Leitung eines Kreditinstitutes mindestens zwei – es gilt das "Vieraugenprinzip" – fachlich geeignete und zuverlässige **Geschäftsleiter** iSv § 1 Abs. 2 S. 1 KWG vorhanden sein, die dem Institut nicht nur ehrenamtlich zur Verfügung stehen und der Wahrnehmung ihrer Aufgaben ausreichend Zeit widmen, vgl. §§ 33 Abs. 1 S. 1 Nr. 5, 25c Abs. 1 KWG.[333] Die fachliche Eignung der Geschäftleiter setzt nach § 25c Abs. 1 KWG voraus, dass sie Geschäftsleiter in ausreichendem Maß theoretische und praktische Kenntnisse in den betreffenden Geschäften sowie Leitungserfahrung haben, was regelmäßig anzunehmen ist, wenn eine dreijährige leitende Tätigkeit bei einem Institut von vergleichbarer Größe und Geschäftsart nachgewiesen wird. Im Hinblick auf die erforderliche Zuverlässigkeit dürfen keine Tatsachen vorliegen, aus denen sich Zweifel an der persönlichen Zuverlässigkeit des Antragstellers oder eines Geschäftsleiters ergeben, vgl. § 33 Abs. 1 S. 1 Nr. 2 KWG. **Beispiel:** Sind über einen Geschäftsleiterkandidaten die Begehung von Vermögensstraftaten (wie zB Untreue, Betrug), der Verstoß gegen gesetzliche Ordnungsvorschriften oder ähnliches Fehlverhalten bekannt, sind dies Tatsachen, die darauf schließen lassen, dass von ihm eine solide Geschäftsführung nicht zu erwarten ist.

Die BaFin hat eine alle Umstände des Einzelfalles einzubeziehende Prüfung und Feststellung der fachlichen Eignung vorzunehmen. Dem Erlaubnisantrag ist hierfür im Hinblick auf § 32 Abs. 1 S. 2 Nr. 4 KWG iVm §§ 14 Abs. 4, 5 Abs. 1 Nr. 1 Anzeigenverordnung (AnzV) ein lückenloser, eigenhändig unterzeichneter Lebenslauf, ua mit einer eingehende Darlegung der fachlichen Vorbildung nebst einer eigenhändig unterzeichneten Erklärung des gewünschten Geschäftsleiters, ob derzeit gegen ihn ein Strafverfahren geführt wird oder ob zu einem früheren Zeitpunkt ein Strafverfahren wegen eines Verbrechens oder Vergehens gegen ihn geführt wurde, vorzulegen. Ist eine Erlaubnis erteilt, erweist sich jedoch nachträglich ein Mangel der fachlichen Eignung, kann die BaFin die Abberufung des für nicht geeignet angesehenen Geschäftsleiters verlangen oder dessen Erlaubnis zum Betreiben von Bankgeschäften aufheben, § 36 Abs. 1 KWG.

160 Neben dem erforderlichen Anfangskapital und geeigneten Geschäftleitern bedarf es insbesondere des Nachweises eines tragfähigen **Geschäftsplan**s, aus dem die Art der geplanten Geschäfte, der organisatorische Aufbau und die geplanten internen Kontrollverfahren des Instituts ersichtlich sind, § 32 Abs. 1 S. 2 Nr. 5 KWG.

---

[332] Zum Vergleich: Finanzdienstleistungsinstitute müssen nach § 33 Abs. 1 S. Nr. 1 a), b) und c) KWG – je nach dem, welche Finanzdienstleistung Gegenstand der Erlaubnis sein soll Anfangskapital in Stufen zwischen mindestens € 50.000, € 125.000 und € 730.000 nachweisen.

[333] Siehe in diesem Zusammenhang auch die in § 25d KWG formulierten, seit dem 1. Januar 2014 geltenden Anforderungen an die Mitglieder des Verwaltungs- oder Aufsichtsorgans eines Kreditinstitutes, die ebenfalls zuverlässig sein und die erforderliche Sachkunde zur Wahrnehmung der Kontrollfunktion sowie zur Beurteilung und Überwachung der Geschäfte, die das jeweilige Unternehmen betreibt, besitzen müssen. Ferner müssen auch sie – was in der Vergangenheit in der Praxis sicher nicht immer der Fall war („Frühstücksdirektoren") – der Wahrnehmung ihrer Aufgaben ausreichend Zeit widmen.

Erleichterungen für das Erlaubnisverfahren bestehen für Kreditinstitute innerhalb des Europäischen Wirtschaftsraums (§ 1 Abs. 5a KWG), die in der Bundesrepublik Deutschland Bankgeschäfte oder Finanzdienstleistungen anbieten wollen. Hier gilt im Zuge der Harmonisierung des europäischen Aufsichtsrechts der sog. **Europäische Pass**. Insbesondere darf ein CRR-Kreditinstitut (§ 1 Abs. 3d KWG, ein Einlagen- und Kreditinstitut) mit Sitz in einem anderen Staat des Europäischen Wirtschaftsraums ohne Erlaubnis durch die BaFin über eine Zweigniederlassung oder im Wege des grenzüberschreitenden Dienstleistungsverkehrs im Inland Bankgeschäfte betreiben oder Finanzdienstleistungen erbringen, wenn das Unternehmen von den zuständigen Stellen des Herkunftsmitgliedsstaates zugelassen worden ist, die Geschäfte durch die Zulassung abgedeckt sind und das Unternehmen von den zuständigen Stellen nach Maßgabe der Richtlinien der Europäischen Union beaufsichtigt wird, § 53b Abs. 1 KWG.[334] **161**

Möchte hingegen ein Unternehmen mit Sitz in einem Staat außerhalb des Europäischen Wirtschaftsraums **(Drittstaat)** eine Zweigstelle in der Bundesrepunlik Deutschland unterhalten, bedarf dies der Erlaubnis nach § 32 Abs. 1 KWG. **162**

Generelle **Ausnahmen von der Erlaubnispflicht** nach § 32 Abs. 1 KWG sind in § 2 KWG geregelt. Das bedeutet konkret, dass derjenige, der in der Bundesrepublik Deutschland Bankgeschäfte oder Finanzdienstleistungen iSv § 1 Abs. 1, Abs. 1a KWG betreibt bzw. erbringt, keiner Erlaubnis nach § 32 Abs. 1 KWG bedarf, wenn einer der in § 2 KWG genannten Ausnahmetatbestände einschlägig ist.[335] **163**

Beispielhaft hervorzuheben ist zunächst das in der aufsichtsrechtlichen Praxis – auch in Bankkonzernen mit Nichtbanktochtergesellschaften – zur Anwendung kommende **Konzernprivileg** nach § 2 Abs. 1 Nr. 7 KWG („*Als Kreditinstitut gelten [...] nicht Unternehmen, die Bankgeschäfte ausschließlich mit ihrem Mutterunternehmen oder ihren Tochter- oder Schwesterunternehmen betreiben*").[336] Zu beachten ist das Tatbestandsmerkmal „ausschließlich". Betreibt das Konzernunternehmen nur ein Bankgeschäft außerhalb des Konzerns, führt dies zum Wegfall des Konzernpriviliges für alle – auch konzerninternen – Bankgeschäfte. **164**

Ferner ist die Bereichsausnahme von § 2 Abs. 10 KWG (das sog. **Haftungsdach** für vertraglich verbundene Vermittler) exemplarisch hervorzuheben. Danach gilt ein Unternehmen, das keine Bankgeschäfte iSv § 1 Abs. 1 S. 2 KWG betreibt und als Finanzdienstleistungen nur die Anlage- oder Abschlussvermittlung, das Platzierungsgeschäft oder die Anlageberatung ausschließlich für Rechnung und unter der Haftung eines CRR-Kreditinstituts oder eines Wertpapierhandelsunternehmens, das seinen Sitz im Inland hat oder nach § 53b Abs. 1 S. 1 oder Abs. 7 KWG im Inland tätig ist, erbringt **(vertraglich ge- 165**

---

[334] Voraussetzung ist die Einhaltung eines innereuropäischen Anzeigeverfahrens, vgl. § 53b Abs. 2 KWG. Umgekehrt haben auch deutsche Kreditinstitute die Möglichkeit im Rahmen des Europäischen Passes ohne die Beantragung einer gesonderten Erlaubnis Bankgeschäfte oder Finanzdienstleistungen innerhalb des Europäischen Wirtschaftsraums zu erbringen (sog. grenzüberschreitende Dienstleistungen). Voraussetzung ist dann ebenfalls die Einhaltung des in § 24a KWG vorgesehenen Anzeigeverfahrens gegenüber der BaFin und der Deutschen Bundesbank, die den jeweiligen Aufsichtsbehörden des Ziellandes entsprechende Mitteilung machen.
[335] *Schwennicke* in Schwennicke/Auerbach, KWG, § 2, Rn. 1. Siehe auch: *BaFin*, Merkblatt – Hinweise zur Bereichsausnahme des so genannten Konzernprivilegs, (Stand: August 2011).
[336] Siehe auch: BaFin, Merkblatt – Hinweise zur Bereichsausnahme des so genannten Konzernprivilegs, (Stand: August 2011). Vgl. auch den Paralleltatbestand für Finanzdienstleistungsinstitute in § 1 Abs. 6 S. 1 Nr. 5 KWG.

bundener Vermittler), nicht als Finanzdienstleistungsinstitut, sondern als Finanzunternehmen, wenn das CRR-Kreditinstitut oder Wertpapierhandelsunternehmen dies als das haftende Unternehmen der BaFin anzeigt. Banken können danach im Rahmen ihrer eigenen Bankerlaubnis insbesondere Vertriebstochtergesellschaften operieren lassen, müssen sich jedoch die Tätigkeit des vertraglich gebundenen Vermittlers zurechnen lassen.

166 Als Ausblick auf die Ende 2014 bevorstehende **Europäische Bankenunion** innerhalb der Eurozone und der damit verbundenen Kompetenzverlagerung auf die EZB, die auch **die Verlagerung der Erlaubniserteilungskompetenz auf die EZB** betrifft, kann auf die vorstehenden Ausführungen → § 1 Rn. 43 verwiesen werden. Es ist aus derzeitiger Sicht nicht zu erwarten, dass sich an dem zuvor dargestellten Erlaubnisverfahren Wesentliches ändert. Denn Anträge auf Erlaubnis zur Aufnahme der Tätigkeit eines Kreditinstituts sollen weiterhin bei den nationalen zuständigen Behörden des Mitgliedsstaats eingereicht werden, dh hier zu Lande bei der BaFin. Erfüllt der Antragsteller alle Zulassungsbedingungen des einschlägigen nationalen Rechts dieses Mitgliedsstaats, soll die national zuständige Behörde innerhalb der im einschlägigen nationalen Recht festgelegten Zeitspanne einen Beschlussentwurf erlassen, mit dem der EZB die Erteilung der Zulassung vorgeschlagen wird. D. h. die materielle Prüfung, ob die Zulassungsvoraussetzungen vorliegen, erfolgt auf erster Stufe durch die nationale Bankenaufsicht (die BaFin), die auch unmittelbar befugt sein soll, einen Antrag auf Zulassung selbst abzulehnen, Art. 14 Abs. 2 SSM-VO. Liegen die Zulassungsvoraussetzungen vor, soll der Beschlussentwurf der EZB und dem Antragsteller mitgeteilt werden. Der Beschlussentwurf soll als von der EZB angenommen gelten, wenn sie nicht innerhalb eines Zeitraums von höchstens 10 Arbeitstagen, der in hinreichend begründeten Fällen einmal um den gleichen Zeitraum verlängert werden kann, Einwände erhebt, Art. 14 Abs. 3 SSM-VO.

167 **cc) Vorschriften zu Eigenmittel und Liquiditätsanforderungen innerhalb des Kreditwesengesetzes.** Ausgehend von dem Ziel, die Quantität und Qualität des Eigenkapitals von Instituten europaweit zu erhöhen und zu vereinheitlichen sowie strengere Liquiditätsanforderungen zu etablieren, haben die bis zum 31. Dezember 2013 in den § 10 KWG ff. der damaligen Fassung enthaltenen, umfassenden Regelungen zu Eigenmitteln und Liquidität durch die Umsetzung des CRD IV-Paketes seit dem 1. Januar 2014 eine grundlegende Neuregelung und einen Standortwechsel erfahren. § 10 KWG beschränkt sich seit dem im Kern auf ergänzende Anforderungen an die Eigenmittelausstattung und eine Ermächtigung zum Erlass einer Rechtsverordnung zu ergänzenden Solvabilitätsvorschriften (SolvV). Die maßgeblichen Vorschriften zu Eigenmitteln und Liquidität finden sich, abgesehen von in den §§ 10c KWG ff. geregelten Vorschriften zu sukzessive aufzubauenden Kapitalpuffern seit dem 1. Januar 2014 in der CRR (→ § 1 Rn. 193).

168 **dd) Besondere Organisationspflichten.** Das KWG regelt in § 25a KWG die von den Instituten, dh von Kredit- und Finanzdienstleistungsinstituten, zu beachtenden „**besonderen organisatorischen Pflichten von Instituten**". Hierbei handelt es sich um eine Zentralnorm der Bankenaufsicht, die festlegt, das die Institute über eine **ordnungsgemäße Geschäftsorganisation** verfügen müssen, um die Einhaltung der vom Institut zu beachtenden gesetzlichen Bestimmungen und der betriebswirtschaftlichen Notwendigkeiten zu gewährleisten. § 25a KWG postuliert dabei lediglich einen „Mindestrahmen" einzuhaltender Organisationspflichten[337], es bleibt Instituten vorbehalten darüber hinaus

---

[337] *Braun/Wolfgarten* in Boos/Fischer/Schulte-Mattler, KWG, § 25a, Rn. 2.

intern weitgehendere Organisationspflichten zu bestimmen. Verantwortlich für die ordnungsgemäße Geschäftsorganisation sind die Geschäftsleiter des Institutes, § 25a Abs. 1 S. 2 KWG.[338] Verstöße gegen die Pflichten aus § 25a KWG können Zwangsmaßnahmen der BaFin nach sich ziehen.[339] Eine ordnungsgemäße Geschäftsorganisation muss nach § 25a Abs. 1 S. 3 KWG insbesondere ein angemessenes und wirksames **Risikomanagement** umfassen, auf dessen Basis ein Institut die Risikotragfähigkeit laufend sicherzustellen hat. Das Risikomanagement umfasst insbesondere die Festlegung von Strategien (Geschäfts- und Risikostrategie), Verfahren zur Ermittlung und Sicherstellung der Risikotragfähigkeit und die Einrichtung interner Kontrollverfahren mit einem internen Kontrollsystem (sog. IKS) und einer Internen Revision. Das interne Kontrollsystem muss dabei insbesondere aufbau- und ablauforganisatorische Regelungen mit klarer Abgrenzung der Verantwortungsbereiche sowie – seit dem 1. Januar 2014 explizit vom Gesetzgeber gewünscht – eine **Risikocontrolling-Funktion** und eine **Compliance-Funktion** umfassen.

Ferner müssen Institute im Rahmen ihres des Risikomanagements für eine angemessene personelle und technisch-organisatorische Ausstattung sorgen und angemessene, transparente und auf eine nachhaltige Entwicklung des Instituts ausgerichtete **Vergütungssysteme** für Geschäftsleiter und Mitarbeiter schaffen.[340] Darüber hinaus müssen Institute seit Januar 2014 im Rahmen der ordnungsgemäßen Geschäftsorganisation einen Prozess einrichten, der es Mitarbeitern ermöglicht, geeigneten Stellen Verstöße gegen die CRR, das KWG oder Strafgesetze vertraulich zu melden („**Whistleblower-System**"), § 25a Abs. 1 S. 4 Nr. 3 KWG.

169

Die **Ausgestaltung des Risikomanagements** hängt nach § 25a Abs. 1 S. 4 KWG von Art, Umfang, Komplexität und Risikogehalt der Geschäftstätigkeit ab, wobei seine Angemessenheit und Wirksamkeit von Instituten regelmäßig zu überprüfen ist. Das bedeutet, dass im Rahmen von § 25a KWG der **Proportionalitätsgrundsatz** gilt und von der BaFin bei der Kontrolle der Einhaltung der Pflichten aus § 25a KWG durch Institute zu beachten ist. Insofern gelten für Institute bei der Einhaltung von § 25a KWG in Abhängigkeit von ihrer Geschäftstätigkeit und der damit einhergehenden Risiken unterschiedliche Anforderungen.[341]

170

Für die Ausgestaltung des Risikomanagements und die Präzisierung der gesetzlichen Anforderungen hat die BaFin den Kredit- und Finanzdienstleistungsinstituten mit dem Rundschreiben 10/2012 zu **Mindestanforderungen an das Risikomanagement (Ma-**

171

---

[338] Dies ist deshalb von Bedeutung, weil Verstöße Zwangsmaßnahmen der BaFin nach sich ziehen können, im Extremfall auch die Abberufung des Geschäftsleiters nach § 36 KWG. Seit dem 2. Januar 2014 besteht auch die Möglichkeit strafrechtlicher Sanktionen gegen Geschäftsleiter, wenn diese gegen die weiteren Organisationspflichten der § 25c Abs. 4a KWG oder § 25c Abs. 4b S. 2 KWG verstoßen und hierdurch eine Bestandsgefährdung des Instituts herbeigeführt wird, § 54a KWG.

[339] Allgemein: → § 1 Rn. 182 und → § 1 Rn. 184. Bei schweren Verstößen gegen § 25a KWG ist der Widerruf der Bankerlaubnis nach § 35 KWG denkbar.

[340] § 25a Abs. 5 KWG sieht insoweit eine Deckelung der variablen Vergütung von Geschäftsleitern und Bankmanagern vor (Grundsatz: 100% der fixen Vergütung; mit Zustimmung der Anteilseigner: 200%). Daneben ist die auf Grundlage von § 25a Abs. 6 S. 1 Nr. 1 KWG erlassene Instituts-Vergütungsverordnung (InstitutsVergV) zu beachten.

[341] Für eine kleine, lediglich lokal tätige Volksbank gelten andere Maßstäbe als für eine weltweit tätige Großbank.

Risk) vom 14. Dezember 2012 einen Rahmen vorgegeben.[342] Wenngleich es sich bei den MaRisk nicht um ein Gesetz, sondern vielmehr um das normkonkretisierende Verständnis der BaFin von den sich aus den § 25a KWG ff. für Institute ergebenden Pflichten handelt, sind die MaRisk der in der Praxis von Instituten anerkannte Standard für die Erfüllung der ihnen obliegenden Organisationspflichten. Dabei gilt auch im Hinblick auf eine Übertragung der in der MaRisk formulierten Anforderungen auf einzelne Institute der Proportionalitätsgrundsatz. Die MaRisk enthalten beispielsweise Regelungen zum Risikomanagement, zur Compliance-Funktion, zu Organisationsrichtlinien, zu Dokumentationspflichten, zu von Instituten vorzuhaltenden personellen und technischen Ressourcen, zur Einführung neuer Produkte (sog. Neu-Produkt-Prozesse – NPP), zur Auslagerung (Outsourcing), zum Kreditgeschäft, zu Handelsgeschäften, zu Risikosteuerungs- und Risikocontrollingprozessen sowie zur Ausgestaltung der internen Revision.

172 Neben in § 25a KWG geregelten, besonderen Institutspflichten enthält das KWG weitere Verpflichtungen für Institute. Hierzu gehört auch § 25b KWG, wonach ein Institut im Falle der **Auslagerung** (Outsourcing) von Aktivitäten und Prozessen auf ein anderes Unternehmen (Auslagerungsunternehmen), die für die Durchführung von Bankgeschäften, Finanzdienstleistungen oder sonstigen institutstypischen Dienstleistungen wesentlich sind, angemessene Vorkehrungen treffen muss, um übermäßige zusätzliche Risiken zu vermeiden.[343] Grundsätzlich sind alle Aktivitäten und Prozesse – sogar die Interne Revision – auslagerungsfähig, solange dadurch die Ordnungsmäßigkeit der Geschäftsorganisation gemäß § 25a Abs. 1 KWG nicht beeinträchtigt wird. Nicht auslagerungsfähig ist hingegen die Übertragung der Verantwortung der Geschäftsleiter auf ein Auslagerungsunternehmen. § 25b KWG ist jedoch nur einschlägig, wenn es sich um eine **wesentliche** Auslagerung handelt. Unwesentliche Auslagerungen verpflichten das Institut lediglich zur Einhaltung der besonderen Pflichten nach § 25a Abs. 1 KWG. **Beispiel:** Eine wesentliche Auslagerung wird regelmäßig gegeben sein, wenn ein Kreditinstitut das Betreiben des Einlagengeschäfts oder die Anlageberatung auf ein externes Unternehmen auslagern möchte. Keine wesentliche Auslagerung liegt hingegen vor, wenn ein Kreditinstitut lediglich sein Inkassowesen oder den Betrieb der Kantine auf ein anderes Unternehmen auslagert.

173 Über die vorgenannten Pflichten hinaus müssen Institute insbesondere die in den § 25e KWG (Anforderungen bei vertraglich gebundenen Vermittlern), § 25f KWG (Besondere Anforderungen an die ordnungsgemäße Geschäftsorganisation von CRR-Kreditinstituten sowie von Institutsgruppen, Finanzholding- Gruppen, gemischten Finanzholding-Gruppen und Finanzkonglomeraten, denen ein CRR-Kreditinstitut angehört – Finanzhandelsinstitute), § 25g KWG (Einhaltung der besonderen organisatorischen Pflichten im bargeldlosen Zahlungsverkehr), § 25h KWG (Interne Sicherungsmaßnahmen – Bestellung eines Geldwäschebeauftragten) sowie § 25i KWG (Sorgfaltspflichten Geldwäsche) zu beachten.

174 **ee) Beaufsichtigung der laufenden Geschäftstätigkeit nach dem Kreditwesengesetz.** Das KWG enthält zahlreiche Vorschriften, die es der BaFin und der Deutschen Bundesbank ermöglichen, die laufende Geschäftstätigkeit von Instituten zu beaufsichtigen. Hierzu gehören laufende oder anlassbezogene Anzeige- und Meldepflichten der Institute.

---

[342] *BaFin*, Rundschreiben 10/2012 (BA) – Mindestanforderungen an das Risikomanagement – MaRisk, 14. Dezember 2012, abrufbar unter: http://www.bafin.de/SharedDocs/Veroeffentlichungen/DE/Rundschreiben/rs_1210_marisk_ba.html
[343] Siehe hierzu auch MaRisk, AT 9.

Zusätzlich haben die BaFin und die Deutsche Bank weitreichende Auskunfts- und Prüfungsrechte gegenüber Instituten. Weitere Melde- und Offenlegungspflichten sind zudem in der CRR geregelt (siehe nachfolgend unter § 1, Rn. 193 ff.).

Die **Auskunfts- und Prüfungsrechte** der BaFin und der Deutschen Bundesbank im Hinblick auf die laufende Geschäftstätigkeit von Instituten sind insbesondere in den §§ 44 bis 44c KWG ff. geregelt. So müssen Institute der BaFin sowie der Deutschen Bundesbank beispielsweise nach § 44 Abs. 1 KWG auf Verlangen Auskünfte über alle Geschäftsangelegenheiten erteilen, Unterlagen vorlegen und erforderlichenfalls Kopien anfertigen. Die BaFin kann daneben auch ohne besonderen Anlass und insbesondere auch ohne vorherige Ankündigung bei den Instituten Prüfungen vornehmen oder der Deutschen Bundesbank die Durchführung der Prüfungen übertragen. Die Bediensteten der BaFin und der Deutschen Bundesbank können hierzu die Geschäftsräume des Kreditinstitutes innerhalb der üblichen Betriebs- und Geschäftszeiten betreten und besichtigen. **175**

Laufende Anzeige- und Meldepflichten sind insbesondere in den §§ 14, 24, 24a, 25, 26, 26a KWG geregelt.[344] **176**

Hierzu gehört zunächst die nach § 14 Abs. 1 KWG **(Millionenkredite)** bestehende Verpflichtung von Kreditinstituten der bei der Deutschen Bundesbank geführten Evidenzzentrale vierteljährlich (Beobachtungszeitraum) die Kreditnehmer (Millionenkreditnehmer) anzuzeigen, deren Kreditvolumen € 1 Mio.[345] oder mehr beträgt (Millionenkreditmeldegrenze). Millionenkredite sind auch nach Umsetzung des CRD IV-Paketes, wie vor dem 1. Januar 2014, weiterhin in § 14 KWG geregelt, da es sich hierbei um eine rein nationale Regelung handelt, für die es keine europäische Mindestvorgabe gibt.[346] Von Bedeutung ist dabei die Absenkung der Millionenkreditmeldegrenze auf den Betrag von € 1 Mio. (früher € 1,5 Mio.), die jedoch erst zum 1. Januar 2015 in Kraft tritt, vgl. § 64r Abs. 10 KWG.[347] Das bis zum 1. Januar 2013 in den §§ 10 KWG ff. alter Fassung geregelte Anzeigewesen für sog. **Großkredite**[348] ist nunmehr in Art. 394 CRR geregelt. Kredite an Geschäftsleiter und vergleichbare Personen, die dem Institut nahe stehen, nennt das KWG **Organkredite** und verlangt für ihre Gewährung einen einstimmigen Beschluss sämtlicher Geschäftsleiter und die Zustimmung des Aufsichtsorgans des Kreditinstitutes (etwa Aufsichtsrat), § 15 Abs. 1 KWG. Eine Anzeigepflicht wie bei den Großkrediten und den Millionenkrediten gibt es für Organkredite nicht. Die Einhaltung der Organkreditvorschriften wird im Rahmen der Jahresabschlussprüfung nach den §§ 28 KWG ff. überwacht.[349] **177**

Das **allgemeine Anzeigewesen** – dies betrifft idR wichtige Geschäftsereignisse – ist in § 24 KWG geregelt. Die nach § 24 KWG erforderlichen Anzeigen sind unverzüglich nach Eintritt des genannten Geschäftsereignisses, dh ohne schuldhaftes Zögern (§ 121 BGB), **178**

---

[344] Zu beachten sind neben der konkreten KWG-Norm auch die präzisierenden Regelungen der Verordnung über die Anzeigenerstattung und die Vorlage von Unterlagen nach dem Kreditwesengesetz (Anzeigenverordnung, AnzV). Verstöße im Zusammenhang mit dem Anzeige- und Meldewesen sind bußgeldbewährt, § 56 KWG.
[345] Diese Millionenkreditmeldegrenze gilt nach § 64r Abs. 10 KWG erst ab 1. Januar 2015, bis dahin beträgt die Millionenkreditmeldegrenze weiterhin € 1,5 Mio.
[346] *Kirchhartz* GWR 2013, 395 (397).
[347] *Kirchhartz* GWR 2013, 395 (397).
[348] Ein Großkredit ist nach Art. 392 CRR eine Risikoposition eines Institutes an einen Kunden oder eine Gruppe verbundener Kunden, wenn sein Wert 10% der anrechenbaren Eigenmittel des Institutes erreicht oder überschreitet.
[349] *Groß* in Boos/Fischer/Schulte-Mattler, KWG, § 15, Rn. 1.

bzw. sobald die Absicht gefasst ist, dieses Geschäftsereignis herbeizuführen, sowohl gegenüber der BaFin als auch gegenüber der Deutschen Bundesbank zu erstatten.[350] Zu den anzuzeigenden Geschäftsereignissen gehören etwa: die Absicht der Bestellung eines Geschäftsleiters, das Ausscheiden eines Geschäftsleiters, die Änderung der Rechtsform, ein Verlust in Höhe von 25% des haftenden Eigenkapitals, die Verlegung der Niederlassung oder des Sitzes, die Errichtung, die Verlegung und die Schließung einer Zweigstelle in einem Drittstaat, die Aufnahme und die Beendigung der Erbringung grenzüberschreitender Dienstleistungen ohne Errichtung einer Zweigstelle[351], die Einstellung des Geschäftsbetriebs oder das Absinken des Anfangskapitals unter die Mindestanforderungen nach § 33 Abs. 1 S. 1 Nr. 1.

179 Eine weitere wesentliche Meldpflicht ist in § 25 KWG geregelt. Danach müssen Kreditinstitute unverzüglich nach Ablauf eines jeden Quartals der Deutschen Bundesbank Informationen zu ihrer finanziellen Situation (**Finanzinformationen**) einreichen.[352] Daneben sind Kreditinstitute verpflichtet, der Deutschen Bundesbank unverzüglich einmal jährlich zu einem von der BaFin festgelegten Stichtag Informationen zu ihrer Risikotragfähigkeit nach § 25a Abs. 1 S. 3 und zu den Verfahren nach § 25a Abs. 1 S. 3 Nr. 2 KWG (**Risikotragfähigkeitsinformationen**) einzureichen.

180 Schließlich müssen Kreditinstitute nach § 26 KWG ihren **Jahresabschluß** in den ersten drei Monaten des Geschäftsjahres für das vergangene Geschäftsjahr aufstellen und der BaFin sowie der Deutschen Bundesbank den aufgestellten sowie später den festgestellten Jahresabschluß und den Lagebericht unverzüglich einreichen. Der Jahresabschluß muß mit dem Bestätigungsvermerk oder einem Vermerk über die Versagung der Bestätigung durch den Abschlussprüfer (vgl. §§ 28 KWG ff.) versehen sein.

181 Die bis zum 31. Dezember 2013 ausschließlich in § 26a KWG geregelten **Offenlegungspflichten** sind seit dem 1. Januar 2014 nur noch ergänzend im KWG geregelt. Im Übrigen gelten hierfür die Art. 431 CRR ff.

182 **ff) Eingriffsbefugnisse nach dem Kreditwesengesetz.** Für den Fall, dass Gefahren für die Erfüllung der Verpflichtungen eines Kreditinstituts oder eines Finanzdienstleistungsinstitutes bestehen, kann die BaFin Maßnahmen nach den §§ 45 KWG ff. ergreifen. Danach ist die BaFin berechtigt, bei unzureichender Ausstattung mit Eigenkapital und/oder Liquidität sichernde Maßnahmen zu treffen, zB Dividendenausschüttungen und Neukreditvergaben zu untersagen, bis hin zum Verbot der Annahme neuer Einlagen, dem Entzug der Betriebserlaubnis und der Abberufung der Geschäftsleiter, vgl. §§ 45, 46, 35 Abs. 2 Nr. 4, 36 Abs. 1 KWG. Als Ultima Ratio steht ausschließlich der BaFin das **Insolvenzantragsrecht** gegen ein Institut zu, § 46b S. 4 KWG; Gläubiger von Kreditinstituten sind zur Antragstellung nicht befugt.[353] Dem Insolvenzantrag gehen die Maßnahmen nach § 46g Abs. 1 Nr. 2 KWG bei Insolvenzgefahr voraus, zB ein Veräußerungs- und Zahlungsverbot. Mit dieser einem Moratorium ähnelnden Maßnahme soll Zeit gewonnen werden für den Einsatz eines der Einlagensicherungssysteme, für Sanierungsmaßnahmen oder den Verkauf der Not leidenden Bank. Zuletzt prominent eingesetzt wurde das **Moratorium** durch die BaFin am 15. September 2008 im Fall der Lehman Brothers Bankhaus AG. Die BaFin erließ dabei gegenüber Lehman Brothers Bankhaus AG ein Ver-

---

[350] *Süßmann* in Schwennicke/Auerbach, KWG § 24, Rn. 2.
[351] Siehe in diesem Kontext auch die Anzeigepflichten nach § 24a KWG.
[352] Früher „Monatsausweis".
[353] *Haß/Herweg* in Schwennicke/Auerbach, KWG, § 46b, Rn. 11, 13.

äußerungs- und Zahlungsverbot und untersagte außerdem die Entgegennahme von Zahlungen. Von der Eröffnung des Insolvenzverfahrens konnte die Bank dadurch am Ende bekanntlich jedoch nicht bewahrt werden.

Weitere Eingriffsrechte enthalten die in den §§ 47 KWG ff. geregelten Maßnahmen zur Vorbereitung und Durchführung der Sanierung und Abwicklung sowie die in den §§ 48a KWG ff. geregelten Maßnahmen gegenüber Kreditinstituten bei Gefahren für die Stabilität des Finanzsystems. **183**

gg) Sanktionen nach dem Kreditwesengesetz. Bei Verstößen gegen das Kreditwesengesetz können nach dem KWG gegen die handelnde Rechtsperson (Kreditinstitut/ Finanzdienstleister mit Erlaubnis nach § 32 Abs. 1 KWG oder Rechtsperson ohne entsprechende Erlaubnis) je nach Art und schwere des Verstoßes verschiedene Sanktionen des Verwaltungsrechts, Strafrechts oder Zivilrechts die Folge sein. **184**

Verwaltungsrechtlich stehen der BaFin die in den §§ 44 KWG ff. geregelten Auskunfts- und Prüfungsrechte sowie Zwangsmaßnahmen zur Verfügung. **Beispiele**: Verstößt ein Kreditinstitut gegen seine aufsichtsrechtlichen Pflichten aus den §§ 25a KWG ff. (ordnungsgemäße Geschäftsführung) kann dies Zwangsmaßnahmen der BaFin, im schlimmsten Fall bis hin zur Abberufung eines Geschäftsleiters (§ 36 KWG) oder der Aufhebung der Erlaubnis (§ 35 KWG) zur Folge haben. – Betreibt ein Unternehmen (etwa eine sog. **Schattenbank**) ohne vorherige Erlaubnis der BaFin nach § 32 Abs. 1 KWG etwa das Einlagengeschäft (§ 1 Abs. 1 S. 2 Nr. 1 KWG), kann die BaFin nach § 37 Abs. 1 S. 1 KWG die sofortige Einstellung des Geschäftsbetriebs des Unternehmens und die unverzügliche Abwicklung der getätigten Geschäfte gegenüber dem Unternehmen anordnen. Ist in die Geschäftstätigkeit – etwa bei der Anbahnung – ein weiteres Unternehmen einbezogen, gilt diese Befugnis der BaFin nach § 37 Abs. 1 S. 4 KWG auch gegenüber dem weiteren Unternehmen. **185**

Maßnahmen der BaFin der vorgenannten Art Treffen Kreditinstitute, Finanzdienstleister oder Schattenbanken idR jedoch, soweit aus Ermittlungsgründen nicht ausnahmsweise erforderlich, nicht aus heiterem Himmel. Üblicherweise kommt schon allein aufgrund des im Verwaltungsrecht geltenden Verhältnismäßigkeitsprinzips vor derart einschneidenden Maßnahmen ein in der Aufsichtsrechtspraxis eingespieltes „**Eskalationsszenario**" von abgestuften Maßnahmen zur Anwendung.[354] **186**

Am Anfang kann zunächst eine **informelle Maßnahme** erfolgen, etwa ein Anhörungsschreiben mit der Bitte um Erläuterung und Stellungnahme. Als nächster Schritt ergeht ein **formelles Auskunfts- oder Vorlegungsersuchen** (§§ 44, 44c KWG), zB mit der Bitte konkrete Auskünfte zu erteilen und Unterlagen vorzulegen. Bestehen Zweifel an der Vollständigkeit der Auskünfte, kann eine Prüfung angeordnet werden (bei Kreditinstituten eine **Sonderprüfung** nach § 44 KWG). Zusätzlich kann als schärfste Waffe der Sachverhaltsaufklärung mit richterlichem **Durchsuchungsbeschluss** eine Durchsuchung angeordnet werden, was jedoch wegen des damit verbundenen Grundrechtseingriffs einer besonderen Begründung bedarf. Wie die Erfahrungen der letzten Jahre gezeigt haben, kommt diese Maßnahme seitens der BaFin nicht nur im Bereich der Schattenbanken, sondern sogar im Bereich von Großbanken zur praktischen Anwendung. Steht nach alledem **187**

---

[354] Siehe hierzu für Kreditinstitute: *Braun/Wolfgarten* in Boos/Fischer/Schulte-Mattler, KWG, § 25a, Rn. 76 ff. Für Schattenbanken: *BaFin*, Schwarzer Kapitalmarkt – Bekämpfung unerlaubter Geschäfte durch die BaFin, BaFinJournal, September 2013, S. 8.

fest, dass ein Verstoß gegen Vorschriften des KWG vorliegt, kommt es zu Zwangsmaßnahmen der BaFin – etwa in den zuvor dargestellten Formen (Untersagungsverfügung, Abwicklungsanordnung, Abberufung, Erlaubnisentzug).

188 Zu beachten ist, dass Zwangsmaßnahmen der BaFin idR durch Verwaltungsakte angeordnet werden. Ob materiell ein Verstoß gegen das KWG vorliegt, entscheidet dabei bis zur ggf. angestrebten endgültigen rechtlichen Klärung durch ein Verwaltungsgericht zunächst allein die BaFin, § 4 KWG. Dies ist deshalb von Bedeutung, weil Rechtsmittel (etwa Widerspruch oder Anfechtungsklage) gegen Zwangsmaßnahmen der BaFin – vorbehaltlich anderweitiger Entscheidung im Wege des vorläufigen Rechtsschutzes vor Verwaltungsgerichten – grundsätzlich keine aufschiebende Wirkung haben, mithin zwar nicht bestandskräftig, aber sofort vollziehbar sind. Aus diesem Grund sind gerade Unternehmen, die ohne Erlaubnis nach § 32 Abs. 1 KWG eine bestimmte Tätigkeit im Finanzbereich ausüben möchten, von der sie nicht zweifelsfrei einschätzen können, ob eine Erlaubnispflicht besteht, stets gut beraten die Erlaubnispflicht/-freiheit vor Aufnahme der Tätigkeit mit der BaFin, etwa durch Einholung eines sog. **Negativattest**s, abzustimmen.

189 Neben verwaltungsrechtlichen Maßnahmen drohen bei vorsätzlichen oder fahrlässigen Verstößen gegen Vorschriften des KWG **Bußgelder** (§ 56 KWG)[355] oder auch **strafrechtliche Sanktionen** (§§ 54, 54a KWG). Wer Geschäfte betreibt, die nach § 3 KWG, auch in Verbindung mit § 53b Abs. 3 S. 1 oder 2, verboten sind, oder ohne Erlaubnis nach § 32 Abs. 1 **Bankgeschäfte** betreibt oder **Finanzdienstleistungen** erbringt, kann mit Freiheitsstrafe bis zu fünf Jahren oder mit Geldstrafe bestraft werden. Diese Vorschrift wird häufig von Unternehmen **ohne Bankerlaubnis** – etwa bei der Darlehensvergabe an Geschäftspartner – übersehen und kann schnell zur Strafbarkeit der handelnden Personen sowohl als Täter, aber auch als Teilnehmer führen.

190 Darüber hinaus bestehen seit dem 2. Januar 2014 aufgrund des Gesetzes zur Abschirmung von Risiken und zur Planung der Sanierung und Abwicklung von Kreditinstituten und Finanzgruppen (sog. **Trennbankengesetz**)[356] auch auf Basis des KWG **strafrechtliche Risiken für Geschäftsleiter von Instituten**. Denn nach dem mit dem Trennbankengesetz neu eingeführten § 54a KWG kann mit **Freiheitsstrafe** bis zu fünf Jahren **oder** mit **Geldstrafe** bestraft werden, wer entgegen § 25c Abs. 4a KWG oder § 25c Abs. 4b S. 2 KWG nicht dafür Sorge trägt, dass ein Institut oder eine dort genannte Gruppe über eine dort genannte Strategie, einen dort genannten Prozess, ein dort genanntes Verfahren, eine dort genannte Funktion oder ein dort genanntes Konzept verfügt, und hierdurch eine Bestandsgefährdung des Instituts, des übergeordneten Unternehmens oder eines gruppenangehörigen Instituts herbeigeführt wird. Die Tat ist jedoch nur strafbar, wenn die BaFin zuvor die Beseitigung bestehender Verstöße aufgegeben hat, der Täter dieser Anordnung jedoch zuwiderhandelt und hierdurch die Bestandsgefährdung herbeigeführt hat.

---

[355] Der mögliche Bußgeldrahmen liegt nach § 56 KWG, je nach Verstoß, zwischen € 100.000 und € 5 Mio., wobei nach § 56 Abs. 7 KWG auch die Möglichkeit der Vorteilsabschöpfung – über den Bußgeldhöchstbetrag hinaus – gegeben ist. Erwähnenswert ist zudem, dass die BaFin gemäß § 60b KWG berechtigt ist, unanfechtbare Bußgeldentscheidungen auf ihren Internetseiten bekannt zu machen, was zu erhebliche Reputationsschäden für betroffene Institute führen kann.

[356] Gesetz zur Abschirmung von Risiken und zur Planung der Sanierung und Abwicklung von Kreditinstituten und Finanzgruppen vom 7. August 2013 (BGBl. I 2013, S. 3090). → § 1 Rn. 88 ff.; ferner: *Altvater/von Schweinitz* WM 2013, S. 625; *van Kann/Rosak* NZG 2013, S. 572; *Hageböke/Leuering* NJW-Spezial 2013, S. 463.

Zivilrechtlich droht zumindest im Bereich der sog. **Schattenbanken** den verantwortlichen Personen, die ohne eine Erlaubnis nach § 32 Abs. 1 KWG Bankgeschäfte betreiben oder Finanzdienstleistungen erbringen eine Haftung gegenüber in diesem Zusammenhang geschädigten Personen aus § 823 Abs. 2 BGB iVm § 32 Abs. 1 KWG. Denn § 32 Abs. 1 KWG ist nach ständiger Rechtsprechung des BGH Schutzgesetz iSv § 823 Abs. 2 BGB.[357]

191

Im Gegensatz dazu dürfte eine **Haftung der BaFin** gegenüber Dritten wegen „Aufsichtsfehlern" regelmäßig ausscheiden. Denn nach § 4 Abs. 4 FinDAG nimmt die BaFin „ihre Aufgaben und Befugnisse nur im öffentlichen Interesse wahr." Dies sagt, dass die BaFin dem Schutz aller Institutsgläubiger verpflichtet ist, der Sicherung des Bankensystems und damit der Stabilität der Wirtschaftsordnung insgesamt.[358] Fehler bei der Bankenaufsicht, die zu Verlusten bei Bankkunden führen, sind daher keine Verletzung einer einem Dritten gegenüber obliegenden Amtspflicht. Deshalb kann auch die Bundesrepublik Deutschland nicht nach § 839 BGB iVm Art. 34 GG zum Schadensersatz verpflichtet sein.

192

b) Anwendungsbereich der Capital Requirements Regulation (CRR)

Neben dem KWG bildet die CRR[359] einen weiteren Rechtsrahmen des Bankaufsichtsrechts. Sie gilt seit dem 1. Januar 2014 unmittelbar in allen Mitgliedsstaaten der Europäischen Union und umfasst 521 Artikel. Neben der **CRR** gelten – wie eingangs (→ § 1 Rn. 138 ff.) dargestellt – unmittelbar sog. **Technische Regulierungs- und Durchführungsstandards**, die von der EBA erarbeitet und entworfen werden und nach Erlass durch die Europäische Kommission ebenfalls unmittelbar geltendes Recht in den Mitgliedstaaten sind.[360] Die CRR findet Anwendung auf alle CRR-Kreditinstitute (Kreditinstitute, die das Einlagengeschäft und das Kreditgeschäft betreiben) und CRR-Wertpapierfirmen, vgl. Art. 4 Abs. (1) Unterabsätze (1) bis (3), § 1 Abs. 3d KWG. Darüber hinaus findet die CRR nach Maßgabe von § 1a KWG auch auf alle Kreditinstitute und Finanzdienstleistungsinstitute iSd KWG Anwendung.

193

Die Vorschriften der CRR lassen sich – ohne den hier gegebenen Umfang der aufsichtsrechtlichen Darstellung zu sprengen – in den Eckpunkten wie folgt zusammenfassen:

194

Die CRR legt für den europäischen Finanzbinnenmarkt einheitliche Regeln für allgemeine Aufsichtsanforderungen fest, die von beaufsichtigten Instituten erfüllt werden müssen. Hierzu gehören Regeln zu Eigenmittelanforderungen im Hinblick auf vollständig quantifizierbare, einheitliche und standardisierte Komponenten von Kreditausfall-, Markt-, operationellem und Abwicklungsrisiko, Vorschriften zur Begrenzung von Großkrediten, Regelungen zu Liquiditätsanforderungen, Regelungen zur Berichtspflicht sowie Regelungen zu Offenlegungspflichten. Die CRR gliedert sich dabei wie folgt[361]:

---

[357] BGH WM 2011, S. 17; BGH WM 2011, S. 20.

[358] Die Stichworte lauten: Gefahrenabwehr, Schutz des Vertrauens der Öffentlichkeit; vgl. Begründung der KWG-Novelle BT-Drucks. 7/3675; BVerfGE 14, S. 197 ff.

[359] Verordnung (EU) Nr. 575/2013 des Europäischen Parlaments und des Rates vom 26. Juni 2013 über Aufsichtsanforderungen an Kreditinstitute und Wertpapierfirmen und zur Änderung der Verordnung (EU) Nr. 646/2012 (ABl. Nr. L 176 S. 1, L 208 S. 68); → § 1 Rn. 138 ff.

[360] Gemäß Art. 463 CRR haben jedoch das Europäische Parlament und der Rat die Möglichkeit, innerhalb eines Monats ab Datum der Übermittlung des jeweiligen technischen Regulierungsstandards Einwände hiergegen zu erheben.

[361] Die Gliederungsebenen der CRR sind in absteigender Reihenfolge als „Teil" – „Titel" – „Kapitel" – „Abschnitt" – „Unterabschnitt" bezeichnet. Einzelregelungen sind in den Art. 1 bis 521 normiert.

Teil 1	Allgemeine Bestimmungen (Art. 1 – 24),
Teil 2	**Eigenmittel** (Art. 25 – 91),
Teil 3	Eigenmittelanforderungen (Art. 92 – 386),
Teil 4	**Großkredite** (Art. 387 – 403),
Teil 5	Forderungen aus übertragenen Kreditrisiken (Art. 404 – 410),
Teil 6	**Liquidität** (Art. 411 – 428),
Teil 7	**Verschuldung** (Art. 429 – 430),
Teil 8	Offenlegung durch Institute (Art. 431 – 455),
Teil 9	Delegierte Rechtsakte und Durchführungsrechtsakte (Art. 456 – 464),
Teil 10	Übergangsbestimmungen (Art. 465 – 520),
Teil 11	Schlussbestimmungen (Art. 521).

Hervorzuheben sind insbesondere folgende Vorschriften:

195 Teil 1 (**Allgemeine Bestimmungen**) der CRR enthält die allgemeinen Bestimmungen der CRR und postuliert in Art. 4 CRR, wie auch das KWG in § 1, zunächst umfangreiche im Anwendungsbereich der CRR geltende Begriffsbestimmungen.[362]

Hierzu gehören in Art. 4 Abs. (1) insbesondere die Definitionen der Begriffe „Kreditinstitut" und „Wertpapierfirma" (Unterabsätze (1) und (2)), „Finanzinstrumente" (Unterabs. (50)), „Handelsbuch" und „Handelsabsicht" (Unterabsätze (85) und (86)) und „Eigenmittel" (Unterabs. (118)). Daneben enthält der erste Teil in den Art. 11 CRR ff. Konsolidierungsvorschriften.

196 Teil 2 (**Eigenmittel**) der CRR enthält in den Art. 25 bis 91 CRR eine Eingrenzung des aufsichtsrechtlichen Begriffes der „**Eigenmittel**". Dieser ist in Art. 72 CRR als die Summe von Kernkapital und Ergänzungskapital definiert. Was in diesem Zusammenhang unter dem Begriff „**Kernkapital**" bzw. unter den Begriffen „**hartes Kernkapital**" sowie „**zusätzliches Kernkapital**" und was unter dem Begriff „**Ergänzungskapital**" zu verstehen ist, ergibt sich aus den Art. 25, 50, 61, 71 CRR, wobei die CRR jeweils im Zusammenhang mit den Begrifflichkeiten umfangreiche Abzugspositionen von den einzelnen Kapitalposten festlegt. Nach Art. 80 überwacht die EBA die Qualität der Eigenmittelinstrumente, die Kreditinstitute in der Europäischen Union begeben. Sie unterrichtet die Kommission unverzüglich, wenn es Hinweise dafür gibt, dass begebene Eigenmittelinstrumente die Anforderungen der CRR nicht erfüllen.

197 Teil 3 (**Eigenmittelanforderungen**) der CRR regelt in den Art. 92 bis 386 die **Eigenmittelanforderungen**. Nach Art. 92 CRR müssen Institute zu jedem Zeitpunkt folgende Eigenmittelanforderungen erfüllen: eine **harte Kernkapitalquote** von **4,5%**, eine **Kernkapitalquote von 6%**, eine **Gesamtkapitalquote von 8%**. Abweichend hiervon ist Instituten jedoch nach den Übergangsbestimmungen in Art. 465 CRR in der Zeit vom 1. Januar 2014 bis zum 31. Dezember 2014 erlaubt, lediglich eine harte Kernkapitalquote zwischen 4% und 4,5% sowie eine Kernkapitalquote zwischen 5,5% und 6% vorzuhalten.

198 Zusätzlich zu den Eigenmittelanforderungen gemäß CRR sind von Instituten ab dem 1. Januar 2016 **ergänzende Kapitalpuffer** aufzubauen. Regelungen zu den verschiede-

---

[362] Die Begriffsbestimmungen gelten nach § 1 Abs. 35 KWG teilweise auch für das KWG.

nen Kapitalpuffern finden sich in den §§ 10c KWG (zB Kapitalerhaltungspuffer, antizyklische Kapitalpuffer, Kapitalpuffer für systemische Risiken oder für systemrelevante Institute). Die Kapitalpuffer sind von den Instituten bis zum 1. Januar 2019 sukzessive aufzubauen und vorzuhalten, § 64r Abs. 5 KWG. Das Zusammenspiel der Kapitalpuffer ist in den §§ 10h und 10i KWG geregelt.

Erleichterte Anforderungen für die Eigenmittelberechnung gelten für Kreditinstitute mit einer **Handelsbuchtätigkeit von lediglich geringem Umfang** (Art. 94 CRR; vgl. § 2 Abs. 11 KWG in der Fassung bis zum 31. Dezember 2013 für sog. Nichthandelsbuchinstitute). Institute mit einer Handelsbuchtätigkeit von geringem Umfang sind solche, bei denen der Umfang der bilanz- und außerbilanzmäßigen Handelsbuchtätigkeit unter 5% der Gesamtaktiva und unter € 15 Mio. liegt und der nie 6% der Gesamtaktiva und € 20 Mio. übersteigt (Art. 94 Abs. 1 lit. a), b) CRR). 199

Die im Zusammenhang mit den Eigenmittelanforderungen bedeutsamen Vorschriften zum **Handelsbuch** finden sich in Art. 102 bis Art. 106 CRR (vgl. § 1a KWG in der Fassung bis zum 31. Dezember 2013). Vorzunehmende Risikoansätze sind in den Art. 107 ff. CRR geregelt. Der sog. Standardansatz ist in Art. 111 CRR geregelt. Institute sind nach Art. 99 CRR verpflichtet, den zuständigen Behörden zumindest halbjährlich über die Erfüllung der Eigenmittelanforderungen nach Art. 92 CRR Mitteilung zu machen (Finanzinformationen). Zuständige Behörde im Sinne der CRR ist in der Bundesrepublik Deutschland nach § 6 Abs. 1 S. 3 KWG die BaFin. 200

Teil 4 (Großkredite) der CRR enthält in den Art. 387 bis 403 CRR Vorschriften zur Vergabe von Großkrediten (bisher §§ 13 ff. KWG in der Fassung bis zum 31. Dezember 2013). Institute haben nach diesen Regeln Großkredite zu überwachen und zu kontrollieren, Art. 387 CRR. Der Begriff „**Großkredit**" ist in Art. 392 CRR definiert als eine Risikoposition eines Institutes an einen Kunden oder eine Gruppe verbundener Kunden, dessen Wert 10% der anrechenbaren Eigenmittel des Instituts erreicht oder überschreitet. Die **Obergrenze für Großkredite** ist in Art. 395 CRR festgelegt. Institute haben nach Art. 393 CRR die notwendigen Kapazitäten zur Ermittlung und Verwaltung von Großkrediten zu schaffen. Alle Großkredite müssen der zuständigen Behörde (BaFin), nach Art. 394 CRR mindestens zweimal jährlich gemeldet werden. 201

Teil 6 (Liquidität) regelt in den Art. 411 bis 428 CRR die **Liquiditätsdeckungsanforderungen** an Institute. Nach Art. 412 CRR müssen Institute über liquide Aktiva verfügen, um sich einem möglichen Ungleichgewicht zwischen Liquiditätszuflüssen und -abflüssen unter erheblichen Stressbedingungen während 30 Tagen stellen zu können. Nach Art. 415 sind Institute zu Liquiditätsmeldungen gegenüber den zuständigen Behörden (BaFin) mindestens monatlich verpflichtet. 202

Teil 7 (Verschuldung) enthält in den Art. 429 und 430 CRR Vorschriften zur Berechnung der **Verschuldungsquote** von Instituten. Die Verschuldungsquote ist der Quotient aus der Kapitalmessgröße eines Instituts und seiner Gesamtrisikopositionsmessgröße und wird als Prozentsatz angegeben. Sie ist von den Instituten selbst zu berechnen und den zuständigen Behörden zu melden (Art. 430 CRR). 203

Teil 8 (Offenlegung durch Institute) regelt in den Art. 431 bis 455 CRR (siehe auch § 26a KWG) die **umfangreichen Offenlegungsverpflichtungen** von Instituten. Hierzu gehört beispielsweise die Offenlegung von institutsspezifischen Informationen zu Eigenmitteln, Eigenmittelanforderungen, Gegenparteirisiken und Kapitalpuffer (Art. 437 bis 440 CRR), zu Risiken aus Verbriefungspositionen (Art. 449 CRR), zur Vergütungspolitik des Institutes (Art. 450 CRR; siehe ferner § 25a Abs. 1 S. 3 Nr. 6, Abs. 5 KWG) 204 und zur Verschuldungsquote (Art. 451 CRR). Ferner gehört auch die Offenlegung von Informationen zu Risikomanagementzielen und zur Risikomanagementpolitik (Art. 435 CRR) dazu. Die im Rahmen der Offenlegungspflichten von Instituten zu veröffentlichenden Informationen sind nach Art. 433, 434 CRR **mindestens einmal jährlich** zu veröffentlichen, wobei eine Veröffentlichung auch im Rahmen des Jahresabschlusses erfolgen kann, Art. 434 Abs. 2 CRR.

205 Teil 9 (**Delegierte Rechtsakte und Durchführungsrechtsakte**) regelt in den Art. 456 bis 464 CRR die aufsichtsrechtlichen Instrumentarien der CRR und stellt die Ermächtigungsgrundlage für den Erlass der in allen Mitgliedsstaaten unmittelbar geltenden Regulierungsstandards durch die Kommission (Art. 457, 462 CRR). Diese werden – wie bereits dargelegt – in der Regel von der EBA erarbeitet und entworfen und dann von der Kommission in Form eines Rechtsaktes erlassen (Art. 462 CRR), wobei das EU-Parlament und der Rat hiergegen Einwände erheben können (Art. 463 CRR).

206 Teil 10 (**Übergangsbestimmungen, Berichte, Prüfungen und Änderungen**) der CRR normiert in den Art. 465 bis 520 CRR schließlich zu beachtende Übergangsbestimmungen, die zeitliche Anwendungseinschränkungen der CRR insbesondere im Hinblick auf die Eigenmittelanforderungen, Offenlegungspflichten etc. vorsehen.

c) Exkurs: Das Zahlungsdiensteaufsichtsgesetz (ZAG)

207 Neben dem KWG und der CRR bildet das Zahlungsdiensteaufsichtsgesetz (ZAG)[363] seit seinem in Kraft treten am 31. Oktober 2009 eine weitere Regelungsmaterie im aufsichtsrechtlichen Rahmens des Bankwesens.

208 Das ZAG regelt die **Erbringung von Zahlungsdiensten**, die überwiegend auch von Banken für ihre Kunden erbracht werden.[364] Dies zeigt sich beispielhaft daran, dass das vormals in § 1 Abs. 1 S. 2 Nr. 9 KWG geregelte Girogeschäft und das vormals in § 1 Abs. 1 S. 2 Nr. 11 KWG geregelte E-Geldgeschäft aus dem Katalog der Bankgeschäfte herausgenommen wurden und beide Tatbestände jetzt dem Regelungsregime des ZAG unterliegen. **Adressaten des ZAG** sind jedoch nicht nur Banken, sondern alle in § 1 Abs. 1 ZAG aufgelisteten Zahlungsdienstleister. Maßgebliche Adressaten sind danach in erster Linie sog. **Zahlungsinstitute**, dh Unternehmen, die gewerbsmäßig oder in einem Umfang, der einen in kaufmännischer Weise eingerichteten Geschäftsbetrieb erfordert, Zahlungsdienste erbringen. Hinzu kommen Kreditinstitute iSv Art. 4 CRR, E-Geld-Institute, die EZB sowie die Deutsche Bundesbank.

209 Zu den durch das ZAG regulierten **Zahlungsdiensten** iSv § 1 Abs. 2 ZAG gehören das **Ein- oder Auszahlungsgeschäft**, das **Lastschriftgeschäft**, das **Überweisungsgeschäft**, das **Zahlungskartengeschäft**, das **Zahlungsgeschäft**, das **Zahlungsgeschäft mit Kreditgewährung**, das **Zahlungsauthentifizierungsgeschäft**, das **digitalisierte**

---

[363] Gesetz zur Umsetzung der aufsichtsrechtlichen Vorschriften der Zahlungsdiensterichtlinie (Zahlungsdiensteumsetzungsgesetz) vom 25. Juni 2009 (BGBl. I 2009, S. 1506). Siehe hierzu im Einzelnen: *BaFin*, Merkblatt – Hinweise zu dem Gesetz über die Beaufsichtigung von Zahlungsdiensten (Zahlungsdiensteaufsichtsgesetz – ZAG), (Stand: Dezember 2011); *Schwennicke* in Schwennicke/Auerbach, KWG, Teil: Kommentierung zum ZAG.

[364] Das Gesetz gleicht von seiner Struktur her dem KWG. Es regelt gleich zu Beginn (§§ 1, 1a ZAG) die durch das Gesetz regulierten Geschäfte und stellt dem Anwender einen umfangreichen Definitionenkatalog. Es regelt ferner Anwendungsausnahmen (§ 1 Abs. 10 ZAG), Erlaubnisvorbehalte (§§ 8, 8a ZAG), Kapitalanforderungen (§§ 12, 12a ZAG), Anzeige- und Meldepflichten (§ 29 ff. ZAG) sowie Bußgeld- und Straftatbestände (§§ 31, 32 ZAG).

Kirchhartz

Zahlungsgeschäft und das **Finanztransfergeschäft** (sog. **Zahlungsdienste-Positivkatalog**).

Zahlungsdienste finden idR als Dienstleistung in einer Dreiecksbeziehung zwischen Zahler, Zahlungsempfänger und Zahlungsdienstleister statt, wobei die einzelnen Tatbestände ggf. nebeneinander zur Anwendung kommen.[365] **Beispiel**: Kunde A beauftragt die B-Bank mit der Übermittlung von € 100 von seinem Girokonto auf ein bei der B-Bank geführtes Girokonto des Kunden C, der den Betrag nach Zahlungseingang am Geldautomaten der B-Bank von seinem Girokonto abhebt. Die B-Bank erbringt dann sowohl eine Zahlungsdienstleistung gegenüber A (Überweisungsgeschäft) als auch eine Zahlungsdienstleistung gegenüber C (Ein- und Auszahlungsgeschäft). 210

In Ergänzung zum Zahlungsdienstepositivkatalog enthält das ZAG in § 1 Abs. 10 ZAG auch einen sog. **Zahlungsdienste-Negativkatalog**, in dem Tätigkeiten aufgelistet sind, die keine Zahlungsdienstleistungen iSd ZAG sind (etwa der gewerbsmäßige Transport von Banknoten oder bar abgewickelte Geldwechselgeschäfte). Dieser Negativkatalog regelt mithin Ausnahmen vom Anwendungsbereich des ZAG. 211

Neben dem Erbringen von Zahlungsdiensten reguliert das ZAG das Betreiben des in § 1a ZAG genannte **E-Geld-Geschäft**. E-Geld-Geschäft ist die Ausgabe von E-Geld, § 1a Abs. 2 ZAG. **E-Geld** ist jeder elektronisch, darunter auch magnetisch, gespeicherte monetäre Wert in Form einer Forderung gegenüber dem Emittenten, der gegen Zahlung eines Geldbetrages ausgestellt wird, um damit Zahlungsvorgänge iSv § 675f Abs. 3 S. 1 BGB durchzuführen, und der auch von anderen natürlichen oder juristischen Personen als dem Emittenten angenommen wird. 212

Zu beachten ist, dass wer im Inland gewerbsmäßig oder in einem Umfang, der einen in kaufmännischer Weise eingerichteten Geschäftsbetrieb erfordert, **Zahlungsdienste** als Zahlungsinstitut erbringen will, der schriftlichen **Erlaubnis** der BaFin bedarf, § 8 Abs. 1 ZAG. Ferner bedarf derjenige der schriftlichen Erlaubnis der BaFin, der im Inland das **E-Geld-Geschäft** als E-Geld-Institut betreiben will, § 8a ZAG. Banken sind nach dem ZAG jedoch i.d.R. privilegierte Zahlungsdienstleister iSv § 1 Abs. 1 Nr. 1 ZAG. Diese bedürfen als Kreditinstitute iSv Art. 4 CRR (dh Kreditinstitute, die über eine Erlaubnis zum Betreiben des Einlagen und Kreditgeschäfts im Inland verfügen) keiner Erlaubnis nach den §§ 8, 8a ZAG, da sie keine Zahlungsinstitute sind (vgl. § 1 Abs. 1 Nr. ZAG).[366] Der Anwendungsbereich des ZAG, das in weiten Teilen Anforderungen an Zahlungsinstitute, dh gerade nicht an Kreditinstitute im vorgenannten Sinne, formuliert, ist daher für Banken begrenzt. 213

---

[365] *BaFin*, Merkblatt – Hinweise zu dem Gesetz über die Beaufsichtigung von Zahlungsdiensten (Zahlungsdiensteaufsichtsgesetz – ZAG), (Stand: Dezember 2011), Ziff. 2.

[366] Vgl. *BaFin*, Merkblatt – Hinweise zu dem Gesetz über die Beaufsichtigung von Zahlungsdiensten (Zahlungsdiensteaufsichtsgesetz – ZAG), (Stand: Dezember 2011), Ziff. 6 noch zu Einlagenkreditinstituten iSv § 1 Abs. 3d KWG in der Fassung bis zum 31. Dezember 2013.

V. Privates Bankrecht[367]

214 Eingangs haben wir zwischen öffentlichem und privatem Bankrecht unterschieden, § 1 Rn. 11 ff. und Rn. 25 ff. Wir haben gesehen, dass Bankgeschäfte Gegenstand des privaten Bankrechts sind. Wir bleiben jetzt und weiterhin in diesem Buch bei diesem Bankprivatrecht, bis wir unter §§ 6 ff. im Kapitalmarkt- und Börsenrecht erneut dem öffentlichen Bankrecht begegnen. Das **private Bankrecht** regelt die Rechtsbeziehungen eines Instituts – Kreditinstitut oder Finanzdienstleistungsinstitut – zu einem Kunden oder einem anderen Institut. Auch die Rechtsbeziehung zu einem Dritten, der nicht in einem Vertragsverhältnis oder einer Geschäftsbeziehung zu dieser Bank steht, gehört zum privaten Bankrecht. Kennzeichnend für dieses Rechtsfeld ist der ständige, am Finanzmarkt und seinen Bedürfnissen orientierte Wandel, der mit der hohen Bedeutung der Bankgeschäfte für das Funktioren der Wirtschaft sowie in der forensischen Praxis korrespondiert. Was nach öffentlichem Bankrecht Bankgeschäfte sind, regelt § 1 Abs. 1 KWG. Wenngleich der darin enthaltene Katalog von Bankgeschäften im wesentlichen die Geschäfte wiedergibt, die auch nach prviatem Bankrecht als Bankgeschäfte verstanden werden, ist der Kreis der öffentlich-rechtlich geregelten Bankgeschäfte für das prviate Bankrecht weder bindend noch abschließend. Gleiches gilt für den Katalog der Finanzdienstleistungen nach § 1 Abs. 1a KWG, die vielfach als Gegenstand der üblichen Produktpalette von Universalbanken (Anlageberatung, Anlagevermittlung) sind und somit wohl auch als Bankgeschäfte im zivilrechtlichen Sinne bezeichnet werden können.

215 Zusammenfassend ist festzuhalten: Wer als Bank in der Bundesrepublik Deutschland Bankgeschäften (zur Orientierung: Bankgeschäfte und Finanzdienstleistungen iSd KWG) nachgeht, unterliegt im Verhältnis zu seinen Kunden, zu anderen Banken oder zu Dritten (etwa bei der Anbahnung der Geschäftsbeziehung) auch dem privaten Bankrecht.

1. Die Rechtsquellen des privaten Bankrechts

216 Es gibt kein deutsches Bankgesetz, weder als Bundes- noch als Landesgesetz. Dies ist erstaunlich angesichts der Tatsache, dass zB das Speditionsgeschäft in §§ 453 bis 466 HGB gesetzlich Normierung fand oder das Maklergeschäft in §§ 652 bis 656 BGB geregelt ist. Aber ein Bankgesetz gibt es nicht. Gründe für dieses Fehlen einer gesetzlichen Regelung der Bankgeschäfte sind, dass der Gesetzgeber um die Jahrhundertwende das Recht des Darlehens in den damaligen §§ 607 ff. BGB für ausreichend hielt. Später hatte sich aus den Fundamentalsätzen im BGB – vornehmlich aus den ersten drei Büchern des BGB –, aus der höchstrichterlichen Rechtsprechung, den AGB und den Regeln der Praxis ein einheitliches Bankrecht geformt, so dass es für den Gesetzgeber nicht angezeigt erschien, in dieses Geflecht von hoher Hand einzugreifen. Eine Bemühung um umfassende gesetzliche Normierung des Bankrechts hat Ende der 70er Jahre bei dem Bundesministerium der Justiz stattgefunden; sie führte zu keinem erfolgreichen Abschluss.[368] Unabhängig davon sind, wenngleich nicht unter einem einheitlichen Reiter Bankrecht, viele, das private Bankrecht regelnde Rechtssätze bereits im BGB geregelt (zB §§ 312b BGB ff. –

---

[367] Literatur zum Bankprivatrecht: *Baumbach/Hopt*, HGB, BankGesch (7), Rn. A/1; *Schimanski/Bunte/Lwowski* in BankR-HdB, §§ 1 und 2; *Kümpel/Wittig*, Bank- und Kapitalmarktrecht, Rn. 1.34 ff. Zur Entwicklung des privaten Bankrechts siehe *Köndgen* NJW 2004, S. 1288; *Weber* NJW 2013, S. 275; *Weber* NJW 2012, S. 274.

[368] Grundlegend: *Schwark* ZHR 147 (1983), S. 223 ff.

Kirchhartz

Fernabsatz von Finanzdienstleistungen; §§ 488 BGB, 491 BGB ff. – Darlehens- und Verbraucherdarlehensrecht; §§ 675c BGB ff. – Zahlungsdienste; §§ 765 BGB ff. – Bürgschaft).

a) Gesetzesrecht

Am Anfang des Bankrechts stand der allgemeine Rechtssatz, dass Bankrecht zumeist aus Schuldverhältnissen besteht, die auf Gesetz oder auf Rechtsgeschäft beruhen. § 311 Abs. 1 BGB schreibt für die Begründung von Schuldverhältnissen durch Rechtsgeschäft einen Vertrag zwischen den Beteiligten vor und legt das Grundprinzip der **Vertragsfreiheit** fest. Diese Vertragsfreiheit zwischen dem Kreditinstitut und seinem Kunden i. S. des freien Aushandelns von allen bankgeschäftlichen Bedingungen jedes einzelnen Bankgeschäftes/-vertrages ist Geschichte. Denn die Massenerledigung stets gleichbleibender Vorgänge, zB von Zahlungsvorgängen, von Scheckeinlösungen, von Teilzahlungskreditgewährungen, ist dem individuellen Aushandeln zwischen den beiden Vertragsteilnehmern entzogen.[369] Nicht einmal die Freiheit, die vorgenannten Bankdienste nicht in Anspruch zu nehmen, wenn die Vertragsbedingungen nicht konvenieren, ist dem Bankkunden auf weiten Strecken geblieben, weil er sich ohne Inanspruchnahme von Bankleistungen nicht sozial verhalten kann. **Beispiel**: Viele Schuldverhältnisse sind nur durch bargeldlose Zahlung zu erfüllen, wozu ein Konto unerlässlich ist. Wer auf eine Kontoführung verzichtet, verhält sich als Gläubiger auffällig.

217

Die Gestaltungsmöglichkeiten der gegenseitigen Verträge nach § 311 BGB ist im Bankrecht für den Kunden auf die Frage reduziert, ob er mit dem Kreditinstitut X arbeiten will oder mit dem Kreditinstitut Y, dh auf die Abschlussfreiheit. Wie nach Wahl des Kreditinstitutes die einzelnen Bankgeschäfte rechtlich und wirtschaftlich ausgestaltet werden, ist der Vertragsfreiheit weitgehend entzogen[370] und durch verkehrstypische Verträge ersetzt, die zwar die im Schuldrecht normierten Vertragstypen zur Grundlage haben, aber stark abgewandelt sind. Mit dieser Relativierung ist das BGB, vornehmlich das Schuldrecht, Rechtsquelle des Bankrechts.

218

Im Einzelnen gelten im Bankrecht die allgemeinen Grundsätze des BGB, wie etwa das Rechtsgeschäftsprinzip der §§ 104 ff. BGB; der Vertragsgrundsatz des **Schuldrechts**, §§ 311 ff. BGB; vor allem der Besondere Teil des Schuldrechts. Denn von den dort geregelten Vertragstypen kommen nahezu alle, zumeist in stark abgewandelter Form, im Bankrecht vor. Zunächst sind für das Kreditgeschäft vornehmlich die Vorschriften über Darlehen, §§ 488 BGB ff. (hierbei insbesondere die in §§ 491 BGB ff. geregelten Vorschriften für Verbraucherdarlehen) anzuführen, sie geben dem Kreditrecht innere Struktur; für das Dienstleistungsgeschäft der Banken, insbesondere den Zahlungsverkehr, gelten die §§ 675c bis 676c BGB.[371] Die Bürgschaft ist in §§ 765 BGB ff. geregelt. Für das Akkreditivrecht wird auf das Recht der Anweisung, §§ 783 ff. BGB, verwiesen, ebenso bei der Bankgarantie. Für Einlagen gilt § 700 BGB, ohne dass diese Vorschrift auch nur im entferntesten das Recht der Einlagen vollständig umschreiben würde, ebenso wenig wie das Kontokorrentrecht von § 355 HGB vollständig umschrieben werden könnte.

219

---

[369] Die Standardisierung trägt auch den aufsichtsrechtlichen Anforderungen an Kreditinstitute Rechnung, da diese für bestimmte Geschäftsbereiche – zB das Kreditgeschäft – verpflichtet sind, rechtlich geprüfte Standardtexte zu verwenden. Siehe etwa *BaFin*, Rundschreiben 10/2012 (BA) – Mindestanforderungen an das Risikomanagement (MaRisk) vom 14. Dezember 2012, BTO 1.2, Tz. 12.

[370] Vgl. *Busche* in MüKoBGB, Vor § 145, Rn. 6.

[371] → § 4 Rn. 1 ff.

Auch für die Regelung von neuen Produkten des Bankgeschäftes greift unsere Rechtsordnung auf die Grundsätze des Schuldrechts zurück. **Beispiel**: Swapgeschäfte haben den Austausch von zins- oder währungsindexierten Geldbeträgen zwischen zwei Handelspartnern, von denen oft eine Seite ein Kreditinstitut ist, zum Gegenstand. Es gibt keine Rechtsvorschriften für Swaps, weder im BGB noch im HGB. Auch in die Grundtypologien des Schuldrechts wie Tausch oder Darlehen nach § 488 BGB lassen sie sich nicht einordnen[372]; sie sind auch keine Schuldübernahme, sondern atypische Verträge. Für diese atypischen Verträge gelten die allgemeinen Grundsätze über gegenseitige Verträge gem. §§ 320 ff. BGB, vielleicht auch die Rechtssätze über Fixgeschäfte nach §§ 323 Abs. 2 Nr. 2 BGB, 376 HGB.[373] Dieses Beispiel zeigt, wie die Rechtsquellenfindung im Bankrecht geschieht: Neue sich entwickelnde Finanz- oder Bankgeschäftsformen, die in der Sprachweise des BGB „Einzelne Schuldverhältnisse" sind, suchen nach vorbildnahen Normen im besonderen Teil des Schuldrechts als einer Rechtsquelle; findet man dort Ansätze, ist die Einbettung dieses neuen Bankgeschäftes auch in dem allgemeinen Recht der Schuldverhältnisse gegeben.

220 Nach alledem ist aus dem BGB zunächst das Schuldrecht bankrechtlich relevant. Sodann folgt das **Sachenrecht**, und zwar vornehmlich in der Rechtsanwendung auf das Kreditbesicherungsrecht. **Beispiel**: Wer als Schuldner eines Kredites seiner Bank eine Grundschuld einzuräumen sich verpflichtet hat, tut dies nach Maßgabe von §§ 1191 BGB ff.; wer Eigentum an einem Kraftfahrzeug, das eine Bank ihm finanzierte, dieser zur Sicherheit zu übertragen hat, tut dies nach Maßgabe der §§ 929 ff. BGB, nämlich durch Einigung und Übergabe des Kraftfahrzeugs. – Auch familienrechtliche und erbrechtliche Vorschriften des BGB können Teil des Bankrechts sein.

221 Im HGB sind die einzelnen Bankgeschäfte ebenso wenig umfassend und abschließend geregelt wie im BGB.[374] Aus den allgemeinen Vorschriften über Handelsgeschäfte – §§ 343 bis 372 HGB – sind die Vorschriften über Bürgschaften und Kreditauftrag in §§ 349, 350 HGB sowie die §§ 352 bis 354 HGB über Zinsen und Provision für das Bankrecht bedeutsam, für den Bereich des Kontokorrents die §§ 355 ff. HGB, für das Effektengeschäft die §§ 383 ff. HGB.

222 Neben diesen Einzelvorschriften des HGB und den Grundprinzipien unseres Handelsrechts gelten im Bankrecht auch handelsrechtliche Spezialgesetze, wie das Wechselgesetz, das Scheckgesetz, das Börsengesetz und das Depotgesetz. Weitere Rechtsquellen sind das Pfandbriefgesetz, das Gesetz über Bausparkassen, und aus dem öffentlichen Recht das schon intensiv behandelte Kreditwesengesetz sowie das Gesetz über die Deutsche Bundesbank. Über die gesetzlichen Rechtsquellen des Wertpapier- und Börsenrechts wird nachfolgend unter § 6 und § 7 berichtet. Gelegentlich ist im Bankrecht auch das Bundesdatenschutzgesetz einschlägig.

223 Auf europäischer Ebene zeigt sich zunehmend eine Tendenz dahingehend nebem dem öffentlichen Bankrecht auch das private Bankrecht durch zahlreiche Richtlinien zu harmonisieren.[375] Angefangen hat dies zunächst mit der Verbraucherkreditrichtlinie.[376] Hin-

---

[372] *Erne*, Die Swapgeschäfte der Banken, S. 47.
[373] Verneinend für Swaps: *Erne*, Die Swapgeschäfte der Banken, S. 52.
[374] Dennoch erläutert der HGB-Kommentar von *Baumbach/Hopt* umfassend das Bankrecht unter BankGesch (7).
[375] *Welter* in BankR-HdB, § 28, Rn. 8 ff.
[376] Richtlinie des Rates vom 22. Dezember 1986 zur Angleichung der Rechts- und Verwaltungsvorschriften der Mitgliedstaaten über den Verbraucherkredit (87/102/EWG).

Kirchhartz

zugekommen sind in der Vergangenheit die Zahlungsdiensterichtlinie[377], eine Richtlinie zum Fernabsatz von Finanzdienstleistungen[378] sowie eine neue Verbraucherkreditrichtlinie.[379] Daneben sind auch die Rechtsannäherungen durch die Instrumente ERI, ERA[380] zu erwähnen. Zusammenfassend lässt sich daher festhalten, dass das private Bankrecht so sehr wie nur wenige andere Wirtschaftsbereiche durch europäische Vorgaben geprägt ist.

b) Gewohnheitsrecht, richterliche Rechtsfortbildung

Überlagert wird die Rechtsfindung aus dem Gesetz durch **Gewohnheitsrecht**, das sich in vielen Jahrzehnten erprobter Bankpraxis im Dialog mit dem Kundenschutz gebildet hat. Dieses Gewohnheitsrecht stößt vor bis in Bereiche, die durch zwingende Normen festgefügt erscheinen. Gewohnheitsrecht ist im Handelsrecht allgemein, im nicht kodifizierten Bankrecht insbesondere eine eigenständige Rechtsquelle, die sogar Gesetzesrecht entkräften kann. Gewohnheitsrecht entsteht durch langjährige gleichmäßige Übung und die Bildung der allgemeinen Überzeugung von seiner Rechtmäßigkeit[381]; es ist eine selbständige Rechtsquelle, getragen von einem Rechtsgeltungswillen und methodenrechtlich fundiert.[382] Die Grenze des Gewohnheitsrechtes zum Richterrecht ist ohne Trennschärfe,[383] auch ist die Grenze zu den Handelsbräuchen fließend.

224

Die nächste Rechtsquelle des Bankprivatrechts ist die **richterliche Rechtsfortbildung**,[384] die in letzter Instanz für bankrechtliche Sachverhalte grundsätzlich bei dem XI. Zivilsenat des BGH liegt. Diese richterliche Rechtsfortbildung bewegt sich im Spannungsfeld von vorhandenen Gesetzeslücken, der Anpassung der Rechtsordnung an verändertes Rechtsbewusstsein und andere rechtlich relevante Änderungen einerseits und dem Verfassungsgebot, dass die Rechtsprechung gemäß Art. 20 Abs. 3 GG an Gesetz und Recht gebunden und der Richter „nur dem Gesetz unterworfen" ist, so Art. 97 Abs. 1 GG. Richterrecht entwickelt sich aus dem zu entscheidenden Einzelfall. Dieser Grundsatz gilt auch für das Bankrecht. Gibt es keinen Prozess, in dem eine Lücke im geltenden Bankrecht entscheidungserheblich ist, kann diese Lücke durch Richterrecht nicht geschlossen werden. Folgendes Beispiel möge deutlich machen, wie richterliche Rechtsfortbildung im Bankrecht arbeitet: **Beispiel**: Es geht um die Freigabe von Sicherheiten. Das Gesetz sagt nicht, wann im Kreditrecht Übersicherung vorliegt, noch weniger, was rechtens ist, wenn eine Übersicherung vorliegt. Von Gesetzes wegen wissen wir nur, dass Übersicherung als Knebelung sittenwidrig nach § 138 BGB sein kann. Was sittenwidrig

225

---

[377] Richtlinie 2007/64/EG des Europäischen Parlaments und des Rates vom 13. November 2007 über Zahlungsdienste im Binnenmarkt, zur Änderung der Richtlinien 97/7/EG, 2002/65/EG, 2005/60/EG und 2006/48/EG sowie zur Aufhebung der Richtlinie 97/5/EG.

[378] Richtlinie 2002/65/EG des Europäischen Parlaments und des Rates vom 23. September 2002 über den Fernabsatz von Finanzdienstleistungen an Verbraucher und zur Änderung der Richtlinie 90/619/EWG des Rates und der Richtlinien 97/7/EG und 98/27/EG.

[379] Richtlinie 2008/48/EG des Europäischen Parlaments und des Rates vom 23. April 2008 über Verbraucherkreditverträge und zur Aufhebung der Richtlinie 87/102/EWG des Rates.

[380] Zu diesen Begriffen ERI (Einh. Richtlinien für Inkasso): *Baumbach/Hopt*, HGB, ERI (12); ERA (Einh. Richtlinien und Gebräuche für Dokumente-Akkreditive): *Baumbach/Hopt*, HGB, ERA (11).

[381] *Baumbach/Hopt*, HGB, Einl. vor § 1, Rn. 17.

[382] *Krebs/Becker* JuS 2013, S. 97 (100).

[383] *Raisch* ZHR 150 (1986), S. 117.

[384] Hierzu allgemein: *Looschelders* in Heidel/Hüßtege/Mansel/Noack, BGB, Anhang zu § 133, Rn. 38 ff.; *Säcker* in MüKoBGB, Einl., Rn. 149 ff.

ist, muss also die Rechtsprechung entwickeln, was angesichts der Bedeutung der Materie mehr ist als eine Auslegungsfrage. Denn bei der Sicherungsübereignung von Warenlagern, bei der Sicherungsabtretung von Forderungen, vor allem bei der Globalzession, besteht die Möglichkeit der starken Schwankung dieser Sicherungsmassen. In einem solchen Fall setzt die Freigabeverpflichtung des sicherungsnehmenden Kreditinstituts ein, wenn eine vereinbarte Deckungsgrenze nicht nur vorübergehend überschritten wird.[385] Was ist rechtens, wenn zB in Globalzessionsverträgen keine oder keine ausreichenden Freigabeklauseln enthalten sind? Kann dann die Deckungsgrenze vom Richterrecht gebildet werden? Diese Fragen waren lange strittig.[386] So entstand in vielen Urteilen verschiedener Senate des BGH[387] ein großdimensioniertes richterrechtliches Rechtsfortbildungsgebäude über die Grundsätze, wann Übersicherung vorliegt, die zur Sicherheitenfreigabeverpflichtung führt. Diese richterrechtlichen Grundsätze wurden in Nr. 16 Abs. 2 AGB-Banken und in Nr. 22 Abs. 2 AGB-Sparkassen übernommen und auf diesem Wege als Vertragsrecht festgeschrieben. Danach hat der BGH Klarstellungen, aber auch Relativierungen vorgenommen.[388] So funktioniert richterliche Rechtsfortbildung, sie dient der Herstellung relativer Rechtssicherheit.

c) Allgemeine Geschäftsbedingungen

226 Im modernen Bankwesen fallen täglich Millionen von Rechtsgeschäften an, die nach gleichen Grundsätzen ihre Erledigung finden müssen. So werden in der Bundesrepublik Deutschland beispielsweise pro Jahr etwa 6.154 Mrd. Überweisungen getätigt, sodass täglich Überweisungsaufträge von einer Anzahl im zweistelligen Millionenbereich bearbeitet werden müssen.[389] Darüber hinaus gibt es jeden Tag tausende von Finanzierungsgeschäften. Wegen der Fülle dieser Geschäfte besteht die Notwendigkeit der einheitlichen Abwicklung; es ist absolut unmöglich, diese Rechtsgeschäfte einzelvertraglich zu regeln. Auch eine gesetzliche Regelung scheidet aus, weil Gesetzesrecht schon aus Zeitgründen nicht ausreichend anpassungsfähig an neue Entwicklungen wäre. Um diese Lücke zu füllen, haben die Kreditinstitute seit 1937 die AGB[390] entwickelt und ständig fortentwickelt, die sie ihren Geschäftsbeziehungen mit ihrer Kundschaft, mit anderen Kreditinstituten und zu Dritten zugrunde legen. Diese AGB sind nicht staatlich gesetztes Recht und nicht Gewohnheitsrecht; sie sind Vertragsrecht, das entweder durch gesonderte Erklärung des Bankkunden iSd § 305 Abs. 3 BGB oder durch die Einbeziehung in die Einzelvereinbarungen, zB die geschlossenen Kreditverträge, gemäß § 305 Abs. 2 BGB in Kraft tritt. Die AGB zählen zu den **wichtigsten Rechtsquellen** des Bankrechts.

---

[385] So schon BGH WM 1991, S. 1499; Nr. 16 Abs. 2 AGB-Banken und Nr. 22 Abs. 2 AGB-Sparkassen.

[386] Vgl. *Neuhof* WM 1994, S. 1706; BGH WM 1994, S. 1283 (1284).

[387] Beginnend mit BGH WM 1960, S. 855; siehe auch: BGH WM 1994, S. 414; BGH WM 1994, S. 419; siehe Übersicht über die Rechtsprechung: *Ellenberger* in Palandt, BGB, § 138, Rn. 97.

[388] ZB BGH NJW 1998, S. 671.

[389] *Deutsche Bundesbank*, Zahlungsverkehr- und Wertpapierabwicklungsstatistiken in Deutschland 2008 – 2012, Tabelle 6; Stand: 30. Juli 2013.

[390] Zu den AGB: *Baumbach/Hopt*, HGB, (8) AGB-Banken und (8a) AGB-Sparkassen; *Bunte* in BankR-HdB, § 5; *Bunte*, AGB-Banken; *Peterek* in Kümpel/Wittig, Bank- und Kapitalmarktrecht, Rn. 6.16 ff.; *Wurmnest* in MüKoBGB, § 307, Rn. 166 ff.

Kirchhartz

Die AGB sind von den Spitzenverbänden der drei Banksäulen des Kreditgewerbes ent- 227
wickelt und werden von diesen empfohlen. Sie sind inhaltlich in allen Institutsgruppen
weitgehend gleich. Die privaten Banken und Genossenschaftsbanken verwenden die
AGB-Banken bzw. die AGB-Genossenschaftsbanken, die Sparkassen die AGB-Sparkassen.
Die jeweiligen AGB werden von den Kreditinstituten übernommen und unverändert zum
Bestandteil ihrer Bankvertragsbeziehungen gemacht. Dies geschieht idR bei der Kontoeröffnung durch ausdrücklichen Hinweis auf die ergänzende Geltung der AGB; die AGB
werden den Kunden ausgehändigt und können beim Institut eingesehen werden. Bei Änderungen der AGB wird den Kunden der Änderungstext übermittelt.

In der Formulierung der AGB muss das Kreditgewerbe die für AGB geltenden §§ 305 228
BGB ff. beachten. Diese gesetzliche Regelung weiß sich dem Verbraucherschutz verpflichtet.[391] Die AGB dürfen zB gem. § 305c Abs. 1 BGB keine Überraschungsklauseln
und gem. §§ 307 BGB ff. keine unangemessene Benachteiligungs- oder Freizeichnungs-
klauseln enthalten. Beispiele von unwirksamen AGB-Klauseln zählen die §§ 308, 309
BGB auf. Auf die §§ 308, 309 BGB können sich Bankkunden, die Unternehmer sind, gemäß § 310 Abs. 1 Satz 1 BGB zwar nicht unmittelbar berufen; jedoch liegt in den meisten
der dort genannten Fälle zugleich eine unangemessene Benachteiligung, die gemäß § 307
Abs. 1 Satz 1 BGB auch gegenüber Kaufleuten unwirksam ist. Den in den §§ 308, 309
BGB enthaltenen Beispielen kommt insofern Indizwirkung zu.[392] Im Bankrecht müssen
die AGB die Risiken der technischen Mechanismen zur massenhaften Abwicklung von
Bankgeschäften fair zwischen denen aufteilen, die diesen Vorteil nutzen, und denen, die
diese Mechanismen zur Verfügung stellen.

Die AGB unterliegen der richterlichen Inhaltskontrolle nach den genannten Vorschrif- 229
ten. Dieser Rechtsprechung zur Inhaltskontrolle folgen die Spitzenverbände des Kreditgewerbes durch permanente Fortschreibung der AGB. So wurden die AGB-Banken beispielsweise im Jahr 1993 von 47 auf 20 Bestimmungen reduziert; auf Haftungsfreizeich-
nungsklauseln, die in der vorangegangenen Fassung teils bedenklich waren, wurde mit
Rücksicht auf die Rechtsprechung des BGH zur Unwirksamkeit solcher Klauseln bei Verletzung von Rechtspflichten[393] des Bankkunden verzichtet. Die Kreditinstitute haften seitdem – vorbehaltlich der für einzelne Geschäftsbereiche geltenden Sonderbedingungen –
auch für einfache Fahrlässigkeit, so Nr. 3 AGB-Banken sowie Nr. 19 AGB-Sparkassen.
Dies ist der Weg, auf dem die AGB sich veränderndem Rechtsverständnis anpassen. Die
letzte Fortschreibung trat im Mai 2012 (AGB-Banken und AGB-Genossenschaftsbanken)
bzw. Juli (AGB-Sparkassen) 2012 in Kraft.

Die Inhaltskontrolle der AGB erfolgt meistens in Zivilprozessen, in denen ein Vertrags- 230
partner, zB ein Bankkunde, Ansprüche erhebt und der Beklagte, das Kreditinstitut, sich
auf die Geltung der von ihm verwendeten AGB beruft. Dieses Verfahren hat den Nachteil, dass das Gericht nur entscheidet, ob eine Bestimmung der AGB unwirksam oder ob
sie rechtsgültig ist, nicht aber, welche Regelung das Gericht für rechtsgültig halten würde;
das Gericht entscheidet also in AGB-Sachen nach zivilprozessualen Strukturen und ohne
eine **geltungserhaltende Reduktion**. Hält beispielsweise ein Kunde in einem Rechtsstreit gegen seine Bank eine ihn benachteiligende AGB-Klausel für nichtig, kann das Gericht nur über den konkreten Streitgegenstand entscheiden, in welchem inzidenter über

---

[391] *Grüneberg* in Palandt, BGB, Überbl. vor § 305, Rn. 9.
[392] *Basedow* in MüKoBGB, § 310, Rn. 7.
[393] BGHZ 89, S. 363 (367); BGHZ 93, S. 29 (48); BGH, NJW 1993, S. 335.

die Wirksamkeit oder Unwirksamkeit der streitgegenständlichen AGB-Klausel entschieden wird. Das Gericht kann hingegen nicht die Bestimmung auf einen noch zulässigen Inhalt zurückführen. Auch in dem durch das Unterlassungsklagegesetz zur Verfügung gestellten Verfahren zur Überprüfung von AGB-Klauseln, wonach Verbraucherschutzverbände, Wirtschaftsverbände oder IHK auf Unterlassung der Verwendung oder auf Widerruf unwirksamer AGB klagen können, wird lediglich die Unwirksamkeit der betreffenden Bestimmungen festgestellt, nicht jedoch die Bestimmung auf einen zulässigen Inhalt zurückgeführt. Die geltungserhaltende Reduktion ist nicht zulässig.[394] Auf diese Weise soll verhindert werden, dass der AGB-Verwender risikolos den Geschäftspartner stark benachteiligende AGB verwenden kann, da nur das Risiko fürchten muss, dass unwirksame Klauseln schlimmstenfalls auf das noch zulässige Maß reduziert werden.[395] In eng umgrenzten Ausnahmefällen ist eine "ergänzende Auslegung" von AGB möglich.[396] Auch hierdurch sollen aber nicht echte Lücken ausgefüllt werden, die durch die Unwirksamkeit einzelner Bestimmungen entstehen.

231 Zur **Auslegung** der AGB gilt Folgendes: Die AGB sind keine Rechtsnormen, sondern Vertragsbedingungen. Sie sind mithin nach allgemeinen Grundsätzen des § 157 BGB auszulegen, also nach Treu und Glauben, ihrem Sinn und Zweck und der Gesamtheit aller Einzelumstände, aber auch nach ihrem objektiven Sinn, wie sie von einem verständigen und redlichen Durchschnittskunden unter Abwägung der Interessen der beteiligten Kreise normalerweise verstanden werden.[397] Im Zweifel gilt die verbindliche Auslegungsnorm des § 305c Abs. 2 BGB: Unklare AGB-Bestimmungen sind stets zum Nachteil des Verwenders – dh im Bankrecht zum Nachteil des Kreditinstituts – auszulegen.

232 Da die Kreditinstitute einheitliche AGB verwenden, ist in diesem einheitlichen Verhalten eine Wettbewerbsbeschränkung zu befürchten. Denn die Kreditinstitute betreiben untereinander keinen Wettbewerb mit jeweils kundenfreundlicheren AGB. Aus diesem Grund sind auch die Empfehlungen der AGB durch die Spitzenverbände der Banken an den §§ 1, 2 GWB sowie den europäischen Wettbewerbsbestimmungen zu messen.[398]

233 Die AGB werden **Bestandteil eines Bankvertrages** nach § 305 Abs. 2 BGB, dh dadurch, dass der Verwender bei Vertragsabschluss den Kunden ausdrücklich oder durch deutlich sichtbaren Aushang am Ort des Vertragsabschlusses auf diese AGB hinweist. Dies ist die Form, in der die AGB im Kreditgewerbe einbezogen werden. Ergeben sich Notwendigkeiten zur **Änderung der AGB**, müssen diese mit jedem einzelnen Kunden vereinbart werden. So ist eine Übersendung der geänderten Passage in Textform (§ 126b BGB), zB auf elektronischem Wege, 2 Monate vor dem beabsichtigten Wirksamwerden dieser Neuerung erforderlich, so Nr. 1 Abs. 2 AGB-Banken. Die Zustimmung des Bankkunden gilt als erteilt, wenn er seine Ablehnung nicht vor dem vorgeschlagenen Zeitpunkt des Wirksamwerdens der Änderungen angezeigt hat; Nr. 1 Abs. 2 AGB-Banken. Wenn der Bankkunde aus sprachlichen Gründen von den ihm ausgehändigten AGB keine Kenntnis nehmen kann, ist zu unterscheiden: Ist es ein Privatkunde, muss das Kreditinstitut in der Verhandlungssprache auf die Geltung der AGB nach § 305 Abs. 2 Nr. 1 BGB

---

[394] BGHZ 84, S. 109 (115); BGHZ 96, S. 18.
[395] *Bunte*, AGB-Banken, B. Rn. 62; *Grüneberg* in Palandt, BGB, § 306, Rn. 6.
[396] BGHZ 54, S. 106 (115); BGHZ 60, S. 353 (362); BGHZ 62, S. 83 (89); BGHZ 79, S. 16 (25); BGHZ 92, S. 363 (370); BGHZ 103, S. 228 (234); BGHZ 119, S. 305 (325).
[397] Vgl. *Bunte* in BankR-HdB, § 5, Rn. 39 ff.
[398] Vgl. hierzu: *Bunte*, AGB-Banken, A., Rn. 29 ff.

ausdrücklich hinweisen, zumindest in einer dem Privatkunden verständlichen Sprache. Dem privaten Bankkunden sind die AGB in der Verhandlungssprache oder in einer ihm verständlichen Sprache auszuhändigen oder für ihn auszuhängen. **Beispiel:** Ein türkischer Staatbürger, der bei einer Bank ein Konto eröffnet und der nur Türkisch spricht und kein Deutsch und keine Weltsprache beherrscht, muss die AGB auf Türkisch zur Kenntnis nehmen können.[399] Von Geschäftskunden wird man hingegen erwarten können, dass sie in jedem Falle von deutschsprachigen AGB Kenntnis nehmen können.

Neben den bisher behandelten, alle Bankgeschäfte erfassenden AGB gibt es **Sonderbedingungen**, zB für die Errichtung von Anderkonten und Anderdepots von Rechtsanwälten, Notaren und ähnlichen Treuhändern.[400] Ähnliche Geschäftsbedingungen gibt es für das Wertpapierverwahrungsgeschäft, für die Vermietung von Schrankfächern, für Optionsgeschäfte, für Termingeschäfte, für das Scheckkartengeschäft. Diese Sonderbedingungen gelten ebenfalls als AGB, unterliegen also auch den Anforderungen der §§ 305 ff. BGB. Sie werden hier bei der Behandlung der sie betreffenden Geschäftssparten behandelt. 234

Die Geltung der materiellen AGB-rechtlichen Vorschriften des BGB ist nicht auf die ausdrücklich als AGB bezeichneten allgemeinen Bedingungen beschränkt, sondern erfasst nach § 305 Abs. 1 S. 2 BGB auch die von bankgeschäftlichen Einzelverträgen nicht abgesonderten, sondern in den Einzelvertrag eingearbeiteten oder beigefügten **Formularverträge** und Formularbedingungen, die von den Banken zB bei Kreditverträgen, Bürgschaften, Sicherungsübereignungen etc. verwendet werden. Auf die äußere Form des Formulars kommt es nicht an; das Gesetz stellt diese Formulare unter die Kontrolle und den Schutz der §§ 305 ff. BGB. **Beispiel:** Formularmäßige Sicherungsübereignungen und Globalabtretungen unterliegen der AGB-rechtlichen Kontrolle der §§ 305 ff. BGB. Sie müssen daher zB Freigaberegelungen für den Fall der Übersicherung enthalten, die den Anforderungen der Rechtsprechung des BGH[401] genügen, so Nr. 16 Abs. 2 Banken-AGB und Nr. 22 Abs. 2 Sparkassen-AGB. 235

d) Handelsbräuche und Verkehrssitte

Rechtsquelle des privaten Bankrechts sind auch die Handelsbräuche, in der Bankfachsprache "Usancen" genannt.[402] Der Grundgedanke der Handelsbräuche ist, dass Gesetze, die AGB und die Einzelvereinbarungen niemals so detailliert sein können, um alle denkbaren Situationen in einer auf Dauer angelegten Zusammenarbeit zwischen Bank und Kunden zu regeln. In Zweifelsfällen muss ein objektiver Maßstab gelten, wie die Rechte und Pflichten der einzelnen Vertragsparteien zuzuordnen sind. 236

Die gesetzliche Fundierung der Handelsbräuche folgt aus §§ 157 BGB und 346 HGB. Danach haben die bankgeschäftlichen Handelsbräuche die Kraft von rechtssatzähnlichen Normen mit Auslegungswirkung. Die Handelsbräuche sind auf den Kreis der Kaufleute – also im Bankrecht auf das Verhältnis vom Kreditinstitut zum Kaufmannskunden – beschränktes gesetzesähnliches Recht, auf das sich jeder Vertragspartner verlassen kann. Die Handelsbräuche oder einzelne Handelsgewohnheiten können nur durch ausdrückliche 237

---

[399] Vgl. OLG Hamm NJW 1983, S. 524; OLG Frankfurt NJW-RR 2003, S. 704.
[400] Abgedruckt in: *Baumbach/Hopt,* HGB, AGB-Anderk (9).
[401] BGH, NJW 1998, S. 671; Übersicht bei *Grüneberg* in Palandt, § 307, Rn. 133.
[402] Zu Handelsbräuchen siehe: *Baumbach/Hopt,* HGB, § 346, Rn. 1 ff.; *Oulds* in Kümpel/Wittig, Bank- und Kapitalmarktrecht, Rn. 14.192, 14.222.

Vereinbarung inter partes aus dem Vertragsinhalt ausgeschlossen werden. Missbräuche von bankgeschäftlichen Gestaltungsformen, die gegen Treu und Glauben oder sonstiges zwingendes Recht verstoßen, können sich auch durch Permanentanwendung nicht zu Handelsbräuchen entwickeln. Ähnliches gilt für die Verkehrssitten, die über den Kreis der Kaufleute hinaus Vertragsbestandteil[403] zwischen Bank und allen Kunden – also auch den Privatkunden, den Nichtkaufleuten – sind. Die Verkehrssitten werden ohne besondere Vereinbarung gültig, sie gelten normativ, dh wie ein Gesetz.

238 **Beispiel:** Ein Schuldner zahlt seine Rechnung durch Übersendung eines Verrechnungsschecks an seinen Gläubiger. Dieser kann die Annahme des Schecks erfüllungshalber nicht ablehnen und auf Barzahlung bestehen, weil es einen Handelsbrauch gibt, dass Schuldverhältnisse zwischen Vertragspartnern, die über Bankverbindungen verfügen, durch Überweisung oder Scheckzahlung erfüllt werden können.[404] – Wer bei einer Sparkasse ein Gehaltskonto eröffnet und über Monate hinweg ordnungsgemäß im Haben führt, hat nach allgemeiner Übung nicht damit zu rechnen, dass eine geringfügige Überziehung dieses Kontos zum Monatsende von seiner Bank nicht honoriert wird. Der Kunde hat einen Anspruch darauf, dass er mit kleinen Beträgen auch ohne Kreditvereinbarung sein Konto überziehen darf, also Kreditnehmer sein kann.

2. Der Ombudsmann

239 Über die Auslegung der soeben behandelten AGB und andere Kundenbeschwerden kann es zum Streit zwischen Kreditinstitut und Kunden kommen. Für diese Rechtsdurchsetzung gibt es seit 1992 für Privatkunden ein Verfahren, in dem Privatkunden ihre Beschwerden über ein für sie nachteiliges Verhalten ihrer Bank vorbringen und die Entscheidung eines Neutralen nachsuchen können. Die Sparkassen sowie die Volks- und Raiffeisenbanken haben diesen Schlichtungsgedanken aufgegriffen und über ihre Spitzenverbände jeweils ein ähnliches Verfahren eingeführt.[405] Das Verfahren der Privatbanken und der Volks- und Raiffeisenbanken wird in Anlehnung an ein schwedisches Vorbild „Ombudsmann"[406] genannt. Das Verfahren der Sparkassen wird lediglich als Schlichtungsverfahren bezeichnet. Sinn und Zweck dieser Schlichtungsverfahren vor einem neutralen Schiedsrichter ist es, den öffentlichen Vorbehalt gegenüber den Banken wegen mangelnder Verbrauchergerechtigkeit aufzulockern. Dem Beschwerdeführenden entstehen durch dieses Verfahren weder Kosten, noch verbaut er sich die Anrufung der ordentlichen Gerichte. Die Einzelheiten dieses Schiedsverfahrens sind in Verfahrensordnungen geregelt.

240 Diese Verfahrensordnungen sind bei den privaten Banken, Sparkassen und Genossenschaftsbanken unterschiedlich.[407] Gemeinsam ist der Ansatz, dass der private Bankkunde, sofern er meint von seiner Bank benachteiligt worden zu sein, den Ombudsmann in An-

---

[403] Vgl. *Baumbach/Hopt*, HGB, § 346 HGB, Rn. 4.
[404] Vgl. *Karsten Schmidt* in MüKoHGB, § 346, Rn. 30; BGH, NJW 1998, S. 1302.
[405] *Thessinga* in Ebenroth/Boujong/Joost/Strohn, HGB, I. Die Geschäftsverbindung zwischen der Bank und dem Kunden/ Allgemeine Grundlagen, Rn. 180.
[406] Im schwedischen Ursprung wird dies Wort anders geschrieben und ausgesprochen als im deutschen Sprachgebrauch. Zur Geschichte des Ombudsmannes: *Höche* in BankR-HdB, § 3 Rn. 6. Literatur hierzu: *Hoeren* NJW 1992, S. 2727; *Hoeren* NJW 1994, S. 362; *Parsch* WM 1997, S. 1228.
[407] Die verschiedenen Verfahrensordnungen für das jeweilige Ombudsmannverfahren sind abrufbar auf den Internetseiten der jeweiligen Spitzenverbände.

Kirchhartz

spruch nehmen kann. Der jeweilige Spitzenverband prüft zunächst, ob die Beschwerde für ein Ombudsmannverfahren geeignet ist. Dies ist nach den Verfahrensordnungen nicht der Fall, wenn etwa bereits ein Gerichtsverfahren anhängig ist oder andere Gründe dieses Verfahren ausschließen. Steht keiner dieser Gründe dem Verfahren entgegen, leitet der jeweilige Spitzenverband die Beschwerde an einen der Ombudsmänner – zumeist ehemalige Richter – weiter, der das Für und Wider der Beschwerde prüft und entscheidet. Hinsichtlich des dann erfolgenden Schiedsspruchs sehen die Verfahrensordnungen in bestimmten Bereichen teilweise eine freiwillige Selbstbindung der Banken vor. Dem Bankkunden steht es hingegen frei, die ordentlichen Gerichte anzurufen, wenn er mit der Entscheidung nicht einverstanden ist. Die Kosten des Verfahrens werden in jedem Fall vom jeweiligen Spitzenverband getragen, auch wenn der Bankkunde nicht Recht bekommen hat. Das Verfahren wurde in der Vergangenheit in steigendem Maße in Anspruch genommen.[408] Seit 2010 stagniert diese Entwicklung.[409] Die Schwerpunkte der Schiedsverfahren betreffen das Wertpapiergeschäft und das Kreditgeschäft.[410]

Folgende Beispiele für die Entscheidungspraxis des Ombudsmannes können gebildet werden: 1) Der Bankkunde A hat einen persönlichen Kleinkredit aufgenommen und empfindet die Kostenaufstellung als nicht transparent und die Gesamtbelastung als wucherisch. – 2) Der Bankkunde B hat seiner Sparkasse einen Zahlungsauftrag nach Israel erteilt. Nach 30 Tagen war der Betrag trotz hiesiger Belastung beim Empfänger nicht gutgeschrieben. Der israelische Zahlungsempfänger verweigert die Weiterbelieferung des B. B meint, die Kosten der Überweisung seien überhöht und der Überweisungsverlauf zu lang. – 3) Der Kreditkunde C hat einen Verbraucherkredit über € 20.000 zum Ankauf eines Kfz erhalten. Er hat diesen Kredit durch ordentliche Tilgung auf € 2.000 abgebaut. Er wünscht seinen Kfz-Brief zurück – also konkludent die Sicherungsübereignung aufzuheben –, weil der Sicherungszweck entfallen sei. Die Bank verweigert dies. C hält dies für Willkür. **241**

Bei dem Ombudsmann- oder Schlichtungsverfahren handelt es sich um eine Bereicherung des Bankvertragsrechts, speziell der Rechtsbehelfe der privaten Bankkunden, die wegen der wirtschaftlichen Übermacht der Bank, wegen ihrer besseren Sach- und Problemnähe und wegen der fehlenden Prozessbereitschaft des Bankkunden sonst nur beschränkte Möglichkeiten hätten, um sich gegen ungerechte Bankbehandlung zu wehren.[411] **242**

Die rechtliche Annahme des Ombudsmann-Verfahrens steht noch aus. So ist zB offen, ob das Ombudsmann-Verfahren ein Schiedsgericht ist,[412] ob die Entscheidung entsprechend § 1055 ZPO die Wirkung eines vollstreckbaren Urteils hat oder die Verbindlichkeitserklärung der Banken von Entscheidungen nur nach dem Grundsatz des venire contra factum proprium bzw. eines pactum de non petendo eine Wirkung erzielt und so der Beschreitung des Rechtswegs entgegensteht.[413] Die Verfahrensordnung ist wohl als ein Vertrag zugunsten eines Dritten einzuordnen, nämlich als Vertrag zwischen dem Bundes-

---

[408] *Höche* in BankR-HdB, § 3, Rn. 47.
[409] *Ombudsmann der privaten Banken*, Tätigkeitsbericht 2012, S. 39; Stand: 31. Dezember 2012.
[410] *Ombudsmann der privaten Banken*, Tätigkeitsbericht 2012, S. 42; Stand: 31. Dezember 2012.
[411] Vgl. zu den positiven Erfahrungen: *Höche* in BankR-HdB, § 3, Rn. 69.
[412] *Höche* in BankR-HdB, § 3, Rn. 54 ff.
[413] Vgl. hierzu *Thessinga* in Ebenroth/Boujong/Joost/Strohn, HGB, I. Die Geschäftsverbindung zwischen der Bank und dem Kunden/ Allgemeine Grundlagen, Rn. 193 ff.

verband Deutscher Banken und dem Mitgliedsinstitut zugunsten der Bankkunden und Beschwerdeführers. Das Verfahren ist kein Teil unserer zivilprozessualen Ordnung; vom Ombudsmann wird kein Beweis erhoben; kein Richterrecht geschaffen; kein Urteil geschrieben; Urteile staatlicher Gerichte nicht korrigiert; im Ombudsmann-Verfahren wird geschlichtet, und zwar ausschließlich durch Geldzahlungen.

3. Der allgemeine Bankvertrag

243   Wenn ein Kunde bei einer Sparkasse, privaten Geschäftsbank oder Genossenschaftsbank ein Konto einrichtet, tut er dies, um eine längerfristige Vertragsbeziehung einzugehen; er hat sich seine „Bankverbindung" für eine längere, im Voraus terminlich nicht begrenzte Frist gewählt. Er will nicht nur einmal eine Einzahlung vornehmen und hernach dieses eingezahlte Geld wieder abheben, sondern im Vorhinein nicht bestimmbare, verschiedenartigste Bankdienstleistungen in Anspruch nehmen. Er denkt zB daran, von diesem Konto für zukünftige Urlaubsreisen in das Ausland sein Reisegeld abzuheben; er will über dieses Konto möglicherweise einmal Wertpapiere kaufen. Auf alle diese Ziele ist der rechtliche Gestaltungswille des Kontoeröffnenden gerichtet, auch dann, wenn er im Moment der Kontoeröffnung nur das Ziel hat, eine Kontonummer zu erhalten und zur Eröffnung des Kontos eine Einzahlung von vielleicht € 10 zu leisten.

244   Dieser **rechtliche Gestaltungswille** des Kunden entspricht dem der Bank: Sie will neue Kunden anwerben und diesen ihre Geschäftseinrichtungen zur Verfügung stellen.[414] Die Bank will mit den Kunden ihre Allgemeinen Geschäftsbedingungen zur Grundlage der zukünftigen Zusammenarbeit machen.[415] Es besteht also ein Vertragswille sowohl bei dem Kontoeröffnenden wie bei der das Konto eröffnenden Bank, über eine anfängliche Einzahlung als einem singulären Verwahrgeschäft hinaus auf möglichst lange Zeit möglichst viele und verschiedenartige Bankgeschäfte in der Zukunft miteinander zu tätigen. Auf dieses Ziel ist die Kontoeröffnung gerichtet. Diesen rechtsgeschäftlichen Willen greift die Rechtsidee vom allgemeinen Bankvertrag[416] auf. Mit der Eröffnung einer Kontenverbindung wird in der Regel ein solcher allgemeiner Bankvertrag zwischen dem Kunden und der Bank geschlossen. Er ist das, was die Praxis als „die Bankverbindung" bezeichnet. Rechtlich ist der allgemeine Bankvertrag weder ein Vorvertrag[417] noch ein Sukzessivlieferungsvertrag, sondern

---

[414] So ausdrücklich Art. 1, Satz 2, der Präambel der AGB der Banken von 1988: „Die Bank steht ihren Kunden mit ihren Geschäftseinrichtungen zur Erledigung verschiedenster Aufträge zur Verfügung." Seit den AGB-Banken 1993 ist diese Präambel gestrichen, um hieraus kein Vertragsangebot nach §§ 145 ff. BGB herauszulesen; so *Sonnenhol*, Bankrecht und Bankpraxis, AGB, Rn. 1/14c. An dem Gestaltungswillen der Banken, für Kunden Bankgeschäfte abwickeln zu wollen, hat sich nichts geändert, auch nicht am allgemeinen Bankvertrag; vgl. *Bunte*, AGB-Banken, A., Rn. 1, 2.

[415] Nr. 1 Abs. 1 S. 1 AGB-Banken und AGB-Genossenschaftsbanken; Nr. 1 Abs. 2 S. 1 AGB-Sparkassen.

[416] Dafür: *Hopt* in BankR-HdB, § 1, Rn. 1 bis 40; *Baumbach/Hopt*, HGB, (7) BankGesch, Rn. A/6; *Lwowski/Roth*, Bankrecht und Bankpraxis, Geschäftsverbindung zwischen Bank und Kunden, Rn. 2/2; *Thessinga* in Ebenroth/Baujong/Joost/Strohn, HGB, Die Geschäftsverbindung zwischen der Bank und dem Kunden/Allgemeine Grundlagen, Rn. 18 ff.; *Schwintowski*, Bankrecht, § 1, Rn. 11 ff.; *Karsten Schmidt*, Handelsrecht, § 20 I 2 b; *Claussen*, Festschrift Peltzer, S. 55; *Rümker* ZHR 147 (1983), S. 27. Dagegen: BGHZ 152, S. 114; hierzu: *Köndgen* NJW 2004, S. 1288 (1289); *Hermann* in MüKoBGB, § 675, Rn. 52; *Peterek* in Kümpel/Wittig, Bank- und Kapitalmarktrecht, Rn. 6.6 ff.; *Nobbe* WM 2005, S. 1537 (1539).

[417] Hierzu BGHZ 102, S. 384 (388); BGH NJW 1990, S. 1234 (1235).

Kirchhartz

ein Grundlagen- und Rahmenvertrag.[418] Hierunter versteht man Verträge, die zwar nicht von vornherein auf eine festgelegte, längere Frist abgeschlossen sind, sondern jederzeit aufhebbar sind, die aber nicht auf Einmalgeschäfte, sondern auf viele Rechtsgeschäfte ausgerichtet sind. Zu diesem Ziel vereinbaren die Parteien die Geltung von Allgemeinen Geschäftsbedingungen. Auf dieser Grundlage regelt der allgemeine Bankvertrag ein auf Dauer abgeschlossenes Schuldverhältnis, das von jeder Seite jederzeit beendet werden kann.[419] Insoweit und für risikotragende Rechtsgeschäft, ist das Vertragsangebot eine invitatio ad offerendum, also ein Rahmenangebot. Dies entspricht der Interessenlage und damit dem rechtlichen Gestaltungswillen des Kreditinstitutes, was mit der Interessenlage des Kunden übereinstimmt. Die Bank stellt ihre Dienste und Geschäftseinrichtungen, unterstützt durch Werbung, zur Verfügung, soweit sie hiermit keine Risiken eingeht. Hierüber wird zwischen Institut und Kunde ein Vertrag geschlossen, die Allgemeinen Geschäftsbedingungen zwischen den Parteien vereinbart, ein Konto eröffnet, was alles nicht ohne eine zusammenfassende vertragliche Basis, ohne eine alle diese Vorgänge zusammenfassende Klammer, geschehen kann.

Diese Sicht des allgemeinen Bankvertrages und seines Rechtsinhalts ist umstritten.[420] So **245** wird die Rechtsidee vom allgemeinen Bankvertrag mit der Begründung abgelehnt, er sei eine Fiktion, er sei nicht durch die von den Parteien mit der Kontoeröffnung abgegebenen Willenserklärungen gedeckt, sondern es würde nur ein gesetzliches Schuldverhältnis ohne primäre Leistungspflichten, ohne materiellen Inhalt entstehen – ein Argument, das übersieht, dass das Konto eröffnet ist, mithin ein Schuldverhältnis besteht, das in seinem Inhalt in den AGB und in den Rechtsprechungsgrundsätzen geordnet ist. Die Gegenansicht des BGH kommt über den Weg der gesetzlichen Schuldverhältnisse zu ähnlichen Ergebnissen wie der allgemeine Bankvertrag. Aber die Rechte des Kontoinhabers auf Auskunftserteilung, auf Beratung, auf Verschwiegenheit, möglicherweise Treue- und Schutzpflichten[421] – dies alles im Rahmen richtiger Auslegung – kommen für den Kunden und sein kontoführendes Kreditinstitut über den allgemeinen Bankvertrag klarer zur Anwendung. Denn dies sind Rechte, die einem Nichtkunden nicht zu Gebote stehen und deren Geltung gesondert vereinbart werden müsste, was nur mit dem gesetzlichen Schuldverhältnis nicht leicht fiele, aber wozu der Bankvertrag geeignet ist.

Gegen die Rechtsidee vom allgemeinen Bankvertrag wird des Weiteren vorgetragen, **246** dass mit der Kontoeröffnung noch kein Vertrag für einzelne Bankgeschäfte geschlossen wird, sondern nur ein rechtsgeschäftlicher Kontakt hergestellt wird.[422] Aber die Vereinbarung zwischen Bank und Kunden, dass die AGB gelten sollen, ist ein beiderseitiger Vertrag. Auch liegt ein beiderseitiger Geschäftswille regelmäßig vor, risikolose Bankdienstleistungen wie Überweisungen aus Guthaben, Inkassi, Wertpapierorders auszuführen, weil dies der Geschäftszweck von Banken ist. Dies ist mehr als eine allgemeine Unterlegung von in Zukunft abzuschließenden Einzelverträgen. Hinzu kommt die Unmöglichkeit, in

---

[418] *Hopt* in BankR-HdB, § 1 Rn. 14 mwN; *Baumbach/Hopt*, HGB, (7) BankGesch, Rn. A/6; *Karsten Schmidt*, Handelsrecht, § 20 I 2 b. Die Einzelheiten und die Bezeichnung des Allgemeinen Bankvertrages variieren, er wird auch als Typenmischvertrag, als Girovertrag mit Kontokorrent- und Scheckabrede gesehen, der nur für die Kontoführung gilt; für alle anderen Geschäfte sind Sonderabreden notwendig.

[419] *Hopt* in BankR-HdB, § 1, Rn. 29.

[420] BGHZ 152, S. 114 ff.; dem BGH zust. *Lang*, BKR 2003, S. 227; dagegen ist *Roth* WM 2003, S. 480.

[421] *Köndgen* NJW 1996, S. 558 (560); OLG Frankfurt WM 1988, S. 1439 (1440).

[422] Vgl. *Peterek* in Kümpel/Wittig, Bank- und Kapitalmarktrecht, Rn. 6.8 und Rn. 6.9.

der EDV-gesteuerten Durchführung von Einzelbankgeschäften, wie Überweisungen, Scheckeinreichungen etc., jeweils eine Vereinbarung von Rechten und Pflichten der Vertragsparteien zu erkennen, weshalb dies zuvor schon in der Kontoeröffnung gesehen werden muss.

247 Der allgemeine Bankvertrag, der mit der Kontoeröffnung und der Vereinbarung der AGB geschlossen wird, entspricht nicht nur der praktischen Handhabung – wie dargelegt – und dem zu unterstellenden Willen der an einer Eröffnung einer Bankverbindung und einer Kontoeröffnung Beteiligten – wie ebenfalls dargelegt –, sondern auch unserer zivilrechtlichen Dogmatik als einem Dienstvertrag mit Geschäftsbesorgungscharakter.[423] Er beinhalte eine jederzeit einseitig aufhebbare rechtliche Bindung zwischen den Parteien des Inhalts, dass das Kreditinstitut seine risikoneutralen Dienste dem Kunden zur Verfügung stellt,[424] ohne dass diese Aussage mit einem Kontrahierungszwang verwechselt werden darf, für den es keinen Rechtsgrund gibt. Es gelten die AGB, darüber hinaus die Rechtspflicht, die Weisungen des Kunden zu befolgen, risikofreie und beworbene Dienste zur Verfügung zu stellen, Auskunftspflichten, Raterteilungspflichten im engen Rahmen, zB des Zahlungsverkehrs, Treuepflichten und vor allem die Rechtspflicht zur Wahrung des Bankgeheimnisses, solange es dessen Rudimente noch gibt.[425]

248 Dem Kunden entstehen mit Abschluss des Bankvertrages korrespondierende Rechte, nämlich Geheimnisschutzrechte, Beratungsansprüche, der Anspruch gegen die Bank, risikofreie und öffentlich beworbene Geschäfte für ihn durchzuführen.[426] Darüber hinaus hat der Kunde einen Anspruch gegen das Kreditinstitut, die von ihm angetragenen Bankgeschäfte, die über die risikoneutralen Geschäfte hinausgehen, sachgerecht zu prüfen und das Prüfungsergebnis mitzuteilen.

249 Diesen Rechte- und Pflichtenkatalog will man auch – unter Verzicht auf den allgemeinen Bankvertrag – aus culpa in contrahendo, aus der Lehre von der Geschäftsverbindung oder aus der Lehre vom gesetzlichen Schuldverhältnis ohne primäre Leistungspflicht[427] ableiten. Wie aber ein gesetzliches Schuldverhältnis gerade im Bankrecht entstehen kann, das sich einer gesetzlichen Kodifizierung nicht geöffnet hat, und ohne dass die Vertragsparteien sich zu einem solchen Schuldverhältnis zusammenschließen, bleibt offen. Immerhin bleiben die Ergebnisse zwischen den Anhängern des allgemeinen Bankvertrages und dessen Verneinern wohl ähnlich: Auch bei der Annahme eines gesetzlichen Schuldverhältnisses entstehen mit der Eröffnung des Kontos Rechtsbindungen zwischen Kreditinstitut und Kontoinhaber, die Schutzwirkungen und Anspruchsgrundlagen, zB auf Geheimhaltung der Kontobewegungen, erzeugen.

250 Nach alledem ist die Idee vom allgemeinen Bankvertrag überzeugend. Der Wille des kontoeröffnenden Kunden und des Kreditinstituts ist auf die Einrichtung einer solchen längerfristigen Bindung ausgerichtet. Konzeptionell sorgt die Idee vom allgemeinen Bankvertrag für Straffung und Zusammenhalt sonst auseinanderstrebender Einzelteile des Bankrechts und ist somit von didaktischem Wert, was sich in der Lehre vielfältig bestätigt.

---

[423] *Baumbach/Hopt*, HGB; Rn. (7) BankGesch Rn. A/6; ähnlich *Karsten Schmidt*, Handelsrecht, § 20 I 2 b, der die Lehre vom allgemeinen Bankvertrag als h. M. klassifiziert; skeptischer *Peterek* in Kümpel/Wittig, Bank- und Kapitalmarktrecht, Rn. 6.6.

[424] Vgl. *Baumbach/Hopt*, HGB; Rn. (7) BankGesch Rn. A/6.

[425] *Köndgen* NJW 2004, S. 1288 (1289, 1290).

[426] *Hopt* in BankR-HdB, § 1, Rn. 27 ff. „neutrale Geschäfte".

[427] BGHZ 152, S. 114 ff.; *Canaris*, Staub, HGB, Bankvertragsrecht, 1. Teil, Rn. 12 ff.; *Peterek* in Kümpel/Wittig, Bank- und Kapitalmarktrecht, Rn. 6.10.

Kirchhartz

Dieser allgemeine Bankvertrag ist – wie schon erwähnt – ein Dienstvertrag mit Geschäftsbesorgungscharakter nach §§ 675, 611 BGB, der im Moment des Abschlusses nur das Einzelgeschäft einer Kontoeröffnung zum Gegenstand hat, später die Besorgung allgemeiner Bankgeschäfte als jeweils gesondert zu behandelnde Einzelgeschäfte auf der Grundlage der AGB.[428] Da der allgemeine Bankvertrag ein Grund- und Rahmenvertrag ist, ist die Wirksamkeit des Bankvertrags und der einzelnen Bankgeschäfte unabhängig voneinander zu beurteilen. Die Vorschrift über Teilnichtigkeit in § 139 BGB gilt hier nicht.

---

[428] *Hopt* in BankR-HdB, § 1 Rn. 32 und Rn. 41 ff., mit Ausblicken auf die Lehre von der Geschäftsverbindung.

§ 2. Recht des Bankkontos

Übersicht

	Rn.
I. Bedeutung	1
II. Rechtliche Ausgestaltung des Kontos	4
1. Kontoeröffnung	4
2. Kontofähigkeit	10
3. Kontoinhaberschaft; Kontoeröffnung auf fremden Namen	12
4. Dispositionsbefugnis (Verfügungsbefugnis und Vertretungsmacht)	18
a) Organschaftliche und rechtsgeschäftliche Stellvertretung	18
b) Trans- und postmortale Vollmacht	21
5. Übertragung, Verpfändung und Pfändung des Kontos	24
a) Übertragung des Kontos, insbesondere auf den Todesfall	24
b) Verpfändung	27
c) Kontopfändung	28
6. Bedeutung der Kontonummer	30
7. Stornoklausel	32
III. Kontoarten	38
1. Sparkonto	38
a) Sparbuch als Wertpapier	43
b) Recht auf Verzinsung, Vorschusszinsen und Rückzahlung	48
c) Verfügungen über den Tod hinaus	52
2. Girokonto	53
a) Bedeutung des Kontokorrents	59
b) Saldoanerkenntnis	63
c) Pfändung im Kontokorrent	66
d) Pfändungsschutzkonto	69
e) Beendigung des Kontokorrents	70
f) Kontoführungsentgelt und Auslagenersatz	72
3. Termingeldkonto	77
4. Gemeinschaftskonto	80
5. Treuhand- und Anderkonto	85
IV. Beendigung der Kontoverbindung	89
1. Tod des Kontoinhabers	89
2. Kontoauflösung und -kündigung	90
3. Insolvenz des Kontoinhabers	95
V. Schutz des Kontoguthabens (Einlagensicherung)	97

van Look

Literatur: *Ahrens,* Das neue Pfändungschutzkonto, NJW 2010, S. 2001; *Becker,* Mängelbeseitigung beim Kontopfändungsschutz, NJW 2011, S. 1317; *Berger,* Pfändung von Girokonten, ZIP 1980, S. 946; *ders.,* Nochmals: Pfändung von Girokonten, ZIP 1981, S. 583; *Bitter,* Neues zur Pfändbarkeit des Dispositionskredits, WM 2004, S. 1109; *ders.,* Das neue Pfändungsschutzkonto (P-Konto) – eine Zwischenbilanz, ZIP 2011, S. 149; *Blaurock,* Das Kontokorrent, JA 1980, S. 691; *ders.,* Das Stornorecht der Kreditinstitute, NJW 1984, S. 1; *Borges,* Die Wertstellung im Giroverhältnis, WM 1998, S. 105; *Bork,* Schenkungsvollzug mit Hilfe einer Vollmacht, JZ 1988, S. 1059; *Brögelmann,* Automatischer Pfändungsschutz durch das P-Konto, NJ 1010, S. 414; *Büchel,* Das neue Pfändungsschutzkonto aus Sicht der Kreditwirtschaft, BKR 2009, S. 358; *Canaris,* Auswirkungen der Anerkennung eines aktiven Kontokorrentsaldos, ZIP 1987, S. 885; *ders.,* Die Problematik der AGB-Kontrolle von Postenpreisen für Buchungsvorgänge auf Girokonten, WM 1996, S. 237; *ders.,* Die girovertragliche Fakultativklausel, ZIP 1996, S. 1021; *ders.,* Die Auswirkung von Verfügungsverboten vor Konkurs- oder Vergleichseröffnung im Girovertragsrecht, ZIP 1996, S. 1225; *Derleder/Metz,* Die Nebenentgelte der Banken – Rechtsgrundlagen und rechtliche Grenzen, ZIP 1996, S. 573; *dies.,* Die Nebenentgelte der Banken – zur Zulässigkeit der einzelnen „Gebühren", ZIP 1996, S. 621; *Dreher,* Sicherungseinrichtungen im Kreditsektor, ZIP 1992, S. 1597; *ders.,* Die neue deutsche Einlagensicherung im Bereich der privaten Banken und das Europarecht, ZIP 1998, S. 1777; *Ehlenz/Diefenbach,* Pfändung in Bankkonten und andere Vermögenswerte, 7. Aufl. 2010; *Einsele,* Das Gemeinschaftskonto, in: Festschrift Nobbe, 2009, S. 27; *Fornasier,* Die Inhaltskontrolle von Entgeltklauseln im Lichte des europäischen Zahlungsdiensterechts, WM 2013, S. 205; *Ganter,* Die Rechtsprechung des BGH zu Treuhandkonten in der Insolvenz des Treuhänders, ZInsO 2004, S. 1217 (= Festschrift Kreft, 2004, S. 251); *Gernhuber,* Die verdrängende Vollmacht, JZ 1995, S. 381; *ders.,* Oder-Konten von Ehegatten, WM 1997, S. 645; *Gößmann,* Die neuen Anderkonto-Bedingungen 2000, WM 2000, S. 857; *Grüneberg,* Zur Anlegerentschädigung nach dem Einlagensicherungs- und Anlegerentschädigungsgesetz – der Fall „Phoenix", WM 2012, S. 1365; *Hadding,* Zur aktuellen Rechtslage bei Gemeinschaftskonten, WM-Festgabe Hellner, WM 1994, Sonderheft, S. 4; *ders.,* Der praktische Fall – Bürgerliches Recht: Das abhanden gekommene Sparbuch, JuS 2003, S. 154; *ders.,* Ordentliche Kündigung der Geschäftsbeziehung durch die Sparkasse, in Festschrift Hopt, 2010, S. 1893; *Hamacher,* Umfang der Pflicht zur Legitimationsprüfung nach § 154 Abs. 2 AO, DB 1987, S. 1324; *Hartmann,* Einlagensicherung in der Bundesrepublik Deutschland, 1975; *Häuser,* Die Reichweite der Zwangsvollstreckung bei debitorischen Girokonten, ZIP 1983, S. 891; *ders.,* Ist der Anspruch des Kontoinhabers auf Besorgung einer Giroüberweisung pfändbar? WM 1990, S. 129; *ders.,* Bankkonten in der Insolvenz, in: Beiträge aus Wissenschaft und Praxis zu Problemen des neuen Insolvenzrechts, 2001, S. 7; *Heinsius,* Der Sicherungstreuhänder im Konkurs, in Festschrift Henckel, 1995, S. 387; *Heiß,* Risikofaktor Gemeinsames Bankkonto, FamFR 2013, S. 146; *Herdegen,* Das deutsche Einlagensicherungs- und Entschädigungsgesetz aus europarechtlicher Perspektive, WM 1999, S. 1541; *Herresthal,* Die Kündigung von Girokonten durch private Banken nach dem Recht der Zahlungsdienstleistungen, WM 2013, S. 773; *Horn,* Die richterliche Kontrolle von Entgeltklauseln, WM 1997, Beil. 1; *Hüffer/van Look,* Rechtsfragen zum Bankkonto, 4. Aufl. 2000; *Kindler,* Entgeltklauseln in der Kreditwirtschaft, in: Bankrechtstag 2001, Schriftenreihe der bankrechtlichen Vereinigung, Bd. 19, 2002, S. 1; *Koch,* Das Girokonto für jedermann – ein altes Problem in neuem Licht, WM 2006, S. 2242; *Köndgen,* Bankgebühren – Ökonomie und Recht kreditwirtschaftlicher Entgelte, ZBB 1997, S. 117; *Krüger,* Richterliche Überprüfbarkeit von Preisklauseln in der Kreditwirtschaft, WM 1999, S. 1402; *Krüger/Bütter,* Das Recht der Bankentgelte, 2. Aufl. 2003; *Kümpel,* Das Stornorecht der Kreditinstitute, WM 1979, S. 378; *ders.,* Konto/Depot zugunsten Dritter auf den Todesfall, WM 1993, S. 825; *ders.,* Rechtliche Aspekte des Fremdwährungskontos, in Festschrift Schimansky, 1999, S. 221; *Lange,* Treuhandkonten in Zwangsvollstreckung und Insolvenz, NJW 2007, S. 2513; *Lehnhoff,* Die Kontofähigkeit (insbesondere) der Gesellschaft bürgerlichen Rechts, in Festschrift Hadding, 2004, S. 935; *Lenkaitis/Messing,* Nichts Neues zum Oderkonto?, ZBB 2007, S. 364; *Liesecke,* Das Bankguthaben in Gesetzgebung und Rechtsprechung, WM 1975, S. 214; *Lücke,* Das P-Konto im Lichte der ZKA-Empfehlung zum Girokonto für jedermann, BKR 2009, S. 457; *Lwowski/Bitter,* Die Grenzen der Pfändbarkeit von Girokonten, WM-Festgabe Hellner, WM 1994, Sonderheft, S. 57; *Madaus,* Der Zugriff der Eltern auf die Sparkonten ihrer minderjährigen Kinder und § 1641 BGB, BKR 2006, S. 58; *Merkel,* AGB-rechtliche Inhaltskontrolle von Bankentgelten im Geschäftsverkehr mit Unternehmern, in

Festschrift Nobbe, 2009, S. 141; *Mülbert,* Der Kontovertrag als bankgeschäftlicher Vertragstypus, in Festschrift Kümpel, 2003, S. 395; *Muscheler,* Vertrag zugunsten Dritter auf den Todesfall, WM 1994, S. 921; *Nobbe,* Zur Zulässigkeit von Bankentgelten, WM 2008, S. 185; *Reifner,* Das Recht auf ein Girokonto, ZBB 1995, 243; *Rieder,* Rechtsfragen bei Gemeinschaftskonten, WM 1987, S. 29; *Rösmann,* Kontrahierungspflichten der Kreditwirtschaft aufgrund von Selbstverpflichtungen und § 21 AGG, 2009; *Schaudwet,* Bankkontokorrent und Allgemeine Geschäftsbedingungen, 1967; *Schimansky,* Zur Rechtsnatur der Wertstellung, in Festschrift Heinsius, 1991, S. 705; *ders.,* Das „erloschene" Girokonto – ein Schwarzes Loch?, in Festschrift Nobbe, 2009, S. 163; *Schmidt, K.,* Das Gemeinschaftskonto: Rechtsgemeinschaft am Rechtsverhältnis. Eine rechtsdogmatische Skizze zu den §§ 421, 427, 428, 432, 705 und 741 BGB, in Festschrift Hadding, 2004, S. 1093; *ders.,* Das Rätsel Treuhandkonto: Gedanken über „Unmittelbarkeit", „Mittelherkunft" und „Offenkundigkeit" als Kriterien der Verwaltungstreuhand, in Festschrift Wiegand, 2005, S. 933; *ders.,* Nachdenken über das Oder-Konto, in: Festschrift Nobbe, 2009, S. 187; *Schultz,* Widerruf und Missbrauch der postmortalen Vollmacht bei der Schenkung unter Lebenden, NJW 1995, S. 3345; *v. Sethe,* Nachwirkungen eines erloschenen Girovertrages?, BKR 2008, S. 16; *Seif,* Die postmortale Vollmacht, AcP 200 (2000), S. 192; *Sethe,* Einlagensicherung und Anlegerentschädigung nach europäischem und deutschem Recht, ZBB 1998, S. 305 und 318; *Steppeler,* Der Rechtsrahmen für Bankentgelte, WM 2001, S. 1176; *ders.,* Bankentgelte – Zulässige Entgelte für kreditwirtschaftliche Leistungen, 2003; *Steuer,* Das Gesetz zur Umsetzung der EG-Einlagensicherungs- und Anlegerentschädigungsrichtlinie und seine Umsetzung in der Praxis, WM 1998, S. 2449; *ders.,* Die höchstrichterliche Rechtsprechung des Bundesgerichtshofes zu Preisen und Entgelten – Eine kritische Bestandsaufnahme, in Festschrift Hadding, 2004, S. 1169; *Trapp,* Die post- und transmortale Vollmacht zum Vollzug lebzeitiger Zuwendungen, ZEV 1995, S. 314; *Tröll,* Der Anspruch auf den Tagessaldo, Diss. Karlsruhe 2001; *Uhlenbruck,* Bankrechtliche Aspekte der Vorsorgevollmacht, ZInsO 2009, S. 612; *Unger-Hellmich/Stephan,* Kündigung von Girokonten durch Sparkassen wegen drohender Imageschäden, BKR 2009, S. 441; *Vortmann,* Bankgeschäfte mit Minderjährigen, WM 1994, S. 965; *Wagner,* Einseitige Umwandlung von Oder-Konten in Und-Konten? NJW 1991, S. 1790; *ders.,* Interventionsrecht des Kontoinhabers gegen die Zwangsvollstreckung in Oder-Konten? WM 1991, S. 1145; *Welter,* Aktuelle Rechtsfragen zum Sparbuch, WM 1987, S. 1117; *Wessels,* Die Saldoklage, WM 1997, S. 1509; *Werner/Machunsky,* Zur Pfändung von Ansprüchen aus Girokonten, BB 1982, S. 1581; *Graf von Westphalen,* Rechtmäßigkeit der Kundenentgelte, WM 1995, S. 1209; *Wimmer/Rösler,* Zinsanpassungsklauseln: Praxisfragen zur BGH-Rechtsprechung, WM 2011, S. 1788; *Zimmermann,* Die Vorsorgevollmacht im Bankgeschäft, BKR 2007, S. 226; *Zwecker,* Das Kontokorrent im Konkurs, KTS 1976, S. 76.

I. Bedeutung

Buch- oder Giralgeld bedarf des Bankkontos. Nur auf einem Bankkonto kann Buchgeld entstehen, nur auf einem Bankkonto kann Buchgeld aufbewahrt werden, nur über ein Bankkonto kann über Buchgeld verfügt werden, indem es zB durch Überweisung auf ein anderes Konto übertragen oder durch Auszahlung in Bargeld umgewandelt wird. Mithin ist das Bankkonto der Kern der Rechtsbeziehung zwischen einer Bank und ihrem Kunden, sei es ein Privatkunde, ein Unternehmen („Firmenkunde", „Geschäftskunde") oder ein anderes Kreditinstitut. Jeder Umsatz aus Geschäftsvorfällen zwischen Kunde und Kreditinstitut schlägt sich zahlenmäßig auf mindestens einem Bankkonto nieder, indem er auf dem Konto verbucht wird. Das Wort „Konto" bedeutet (Ab-)Rechnung und kommt aus dem Italienischen (conto), da viele wesentliche Begriffe des Handels- und Bankverkehrs lombardischen (oberitalienischen) Ursprungs sind. **1**

van Look

2 Wirtschaftlich dienen Bankkonten folgenden Zwecken:
- „Aufbewahrung" von Buchgeld (**Einlagenkonto**), zB als Spareinlagen,[1] Termineinlagen (Festgelder und Kündigungsgelder)[2] oder Sichteinlagen (Tagesgelder), sowie der „Aufbewahrung" von Wertpapieren (**Depotkonto**) oder Edelmetallen;
- Berechnung von Darlehensforderungen der Bank gegen den Kunden (**Kreditkonto**);
- Durchführung des (bargeldlosen) Zahlungsverkehrs (**Girokonto**).[3]
- Darüber hinaus gibt es Sonderformen wie Fremdwährungskonto,[4] Avalkonto, Sperrkonto[5], Treuhandkonto (→ § 2 Rn. 85 ff.) etc.

3 Das Bankkonto ist gesetzlich nicht umfassend geregelt; soweit das Konto Zahlungsvorgängen iSd § 675f Abs. 3 Satz 1 BGB dienen soll, dh Bereitstellungen, Übermittlungen oder Abhebungen von Geldbeträgen, ist es Zahlungskonto, zu dessen Führung der Zahlungsdienstleister (idR eine Bank) gegenüber dem Zahlungsdienstnutzer (ihrem Kunden) aufgrund eines Zahlungsdiensterahmenvertrags (insbes. Girovertrags) verpflichtet ist (§ 675f Abs. 2 Satz 1 BGB).[6] § 1 Abs. 3 ZAG, der auch für die zivilrechtliche Rechtsbeziehung zwischen Bank und Kunden gilt (vgl. § 675c Abs. 3 BGB), definiert das Zahlungskonto als „der Ausführung von Zahlungsvorgängen dienendes Konto, das die Forderungen und Verbindlichkeiten zwischen dem Zahlungsdienstnutzer und dem Zahlungsdienstleister innerhalb der Geschäftsbeziehung buch- und rechnungsmäßig darstellt und für den Zahlungsdienstnutzer dessen jeweilige Forderung gegenüber dem Zahlungsdienstleister bestimmt." Das (Wertpapier-)Depotkonto ist im **DepotG** geregelt (vgl. § 14 Abs. 1 und 3 DepotG: Verwahrungsbuch). Aus Sicht der Bank ist das Bankkonto ein Konto des **Rechnungslegungsrechts** iSd §§ 238 ff. HGB, das einem Kaufmann dazu dient, alle Geschäftsvorfälle gleicher Art zusammenzuschreiben, also den Buchungsstoff in eine sachliche und zeitliche Ordnung zu bringen[7]. Diese Konten (Kontounterlagen) sind ein Teil der Handelsbücher der Bank, die immer Kaufmann iSd § 1 HGB ist (§ 1 Abs. 1 Satz 1 KWG).[8] Aus Sicht des Kunden bezeichnet das Bankkonto einen Ausschnitt seiner Rechtsstellung gegenüber der Bank, soweit sie sich in der Buchung von Forderungen (oder der Eigentumsverhältnisse an Wertpapieren) aus Geschäftsvorfällen niederschlägt, zB bei einem Sparkonto der Inhaberschaft einer Forderung aus einem Darlehensvertrag (§ 488 Abs. 1 BGB) mit dem Kunden als Darlehensgeber und der Bank als Darlehensnehmerin in bestimmter Höhe.[9] Mithin ist zwischen dem Konto und den auf ihm verbuchten Forderungen zu unterscheiden, deren Inhaberschaft durchaus auseinanderfallen kann.[10]

---

[1] → § 2 Rn. 38–52.
[2] → § 2 Rn. 77–79.
[3] → § 2 Rn. 53 ff.
[4] Dazu *Kümpel*, Festschrift Schimansky, 1999, S. 221.
[5] Dazu *Hüffer/van Look*, Rn. 101 – 120; *Hadding/Häuser* in BankR-HdB, § 36.
[6] → näher § 2 Rn. 53 ff.
[7] Näher *Joeres* in BankR-HdB, § 29 Rn. 1.
[8] Kontounterlagen sind zwar keine formellen Beweismittel, sondern Privaturkunden iSv § 416 ZPO; sie liefern keinen Beweis des ersten Anscheins (prima-facie-Beweis), sondern unterliegen der freien Beweiswürdigung nach § 286 ZPO, aber sie haben die Vermutung der Vollständigkeit und Richtigkeit für sich (Kammergericht WM 1992, S. 979); vgl. auch OLG Bamberg WM 1995, S. 918: Umkehr der Beweislast nach Ablauf der Aufbewahrungsfrist; ausf. *Joeres* in BankR-HdB, § 29 Rn. 5 f.
[9] *Hüffer/van Look*, Rn. 1 und 6; *Hadding/Häuser* in BankR-HdB, § 35 Rn. 1; *Müller-Christmann* in Bankrechts-Kommentar, Kap. 1 Rn. 132.
[10] Vgl. BGHZ 131, S. 60 = ZIP 1995, S. 1886, 1887; ähnlich *Mülbert*, FS Kümpel, 2003, S. 395, 402 ff.: Kontovertrag als typengemischter Vertrag aus Einlage- oder Girovereinbarung und Konto-

II. Rechtliche Ausgestaltung des Kontos

1. Kontoeröffnung

Ein Konto wird idR errichtet im Zusammenhang mit einem konkreten Bankgeschäft, das wiederum durch Vertrag iSd §§ 145 ff. BGB zustande kommt. Bestandteil dieses Vertrags ist der **Antrag** auf Kontoeröffnung, der idR vom Kunden ausgeht und auf einem bankseitig zur Verfügung gestellten Vordruck gestellt wird. Aus diesem Antrag ergibt sich auch das der Kontoeröffnung zugrunde liegende Bankgeschäft, das die **Kontoform** bestimmt, z.B Sparkonto beim Sparvertrag oder Kreditkonto beim Kreditvertrag, Depotkonto beim Wertpapierkauf oder Girokonto (Zahlungskonto) beim Girovertrag als Sonderform des Zahlungsdiensterahmenvertrags. Dieser Antrag bedarf der **Annahme** (§§ 147, 151 Satz 1 BGB) durch die Bank, die unter den Voraussetzungen des § 362 Abs. 1 HGB auch durch **Schweigen** zustande kommen kann. Durch die Annahme wird zB ein Girovertrag als Zahlungsdiensterahmenvertrag abgeschlossen, der die Bank oder Sparkasse gem. § 675f Abs. 2 Satz 1 BGB dazu verpflichtet, ihrem Kunden ein Konto einzurichten und zu führen, indem sie darauf Zahlungsvorgänge (§ 675f Abs. 3 Satz 1 BGB) sowie ggf. Entgelte (§ 675f Abs. 4 Satz 1 BGB) und Auslagen verbucht (zB aus Barein- oder -auszahlungen, eingehenden Zahlungen aus Überweisungen und Scheckgutschriften, ausgehenden Überweisungen, eingelösten Lastschriften). Es versteht sich von selbst, dass die Buchungen inhaltlich zutreffend zu sein haben.[11] Bei Zahlungskonten, insbes. Girokonten, bestehen bereits vor Vertragsabschluss umfangreiche **Informationspflichten** des Zahlungsdienstleisters gegenüber dem Kunden, die klar und verständlich in Textform (§ 126b BGB), zB auf Papier oder per E-Mail,[12] und grundsätzlich kostenlos zu erfüllen sind, auf sein Verlangen auch während der Vertragslaufzeit (vgl. §§ 675d BGB, Art. 248 §§ 2–5 EGBGB); mit Geschäftskunden iSd § 14 BGB kann Abweichendes vereinbart werden (§ 675e Abs. 4 BGB).

Grundsätzlich steht es der Bank aufgrund der **Vertragsfreiheit** frei, einen Kontoeröffnungsantrag abzulehnen. Dies gilt aber nur für privatrechtlich organisierte Banken.[13] Dagegen kann sich für Sparkassen aus den Sparkassengesetzen der Länder eine öffentlich-rechtliche Pflicht zur Annahme von Einlagen und zur Eröffnung eines Girokontos ergeben, die zu einem **Kontrahierungszwang** iS einer Annahmepflicht führt.[14] Aufgrund der politischen Forderung, nicht einzelne Bevölkerungskreise von der Teilnahme am bargeldlosen Zahlungsverkehr auszuschließen, hat sich die deutsche Kreditwirtschaft im Jahr 1995 zur Eröffnung von **„Girokonten für jedermann"** verpflichtet.[15] Damit soll es

4

5

---

abrede; a. A. offenbar *Canaris,* Bankvertragsrecht I, 1988, Rn. 142: Konto als Forderung des Kunden gegenüber der Bank.

[11] Zum Erfüllungsanspruch des Kunden auf richtiges Buchen und Unterlassen falscher Buchungen vgl. Kammergericht WM 1977, S. 1236, 1237; *Joeres* in BankR-HdB, § 29 Rn. 2.

[12] Nach *Herresthal* in Bankrechts-Kommentar, Kap. 2 § 675d Rn. 29, soll hierfür auch die Einstellung in ein Online-Postfach des Kontoinhabers ausreichen; ob dies aber zur „dauerhaften Wiedergabe" iSd § 126b BGB durch den Kunden ausreicht, ist zweifelhaft (vgl. für Fernabsatzverträge BGH WM 2010, S. 2126 Rn. 19; EuGH NJW 2012, S. 2637 Rn. 43 ff.).

[13] *Simon* ZIP 1987, S. 1234.

[14] Vgl. dazu *Hadding,* FS Hopt, 2010, S. 1893, 1900 ff.; *Piekenbrock* WM 2013, S. 1925, 1927 f.; auch Nds. OVG WM 2010, S. 1804 = BKR 2010, S. 347, das einen Anspruch auf Eröffnung eines Girokontos gegen eine Sparkasse unmittelbar aus Art. 3 Abs. 1 GG herleitet.

[15] Empfehlung des (früheren) Zentralen Kreditausschusses „Girokonto für jedermann", abgedruckt in: Die Bank, 1995, S. 635, und bei *Mayen* in BankR-HdB, § 47 Rn. 4.

allen Bürgern ermöglicht werden, am bargeldlosen Zahlungsverkehr als einem wichtigen Teil des modernen Wirtschaftslebens teilzunehmen, zB soll Sozialhilfeempfängern die bargeldlose Auszahlung und Verfügung ermöglicht werden. Dieses Basis- oder Mindestkonto wird nur auf Guthabenbasis geführt und berechtigt zur Entgegennahme jeder Art von Gutschriften und zur Teilnahme am Überweisungsverkehr, nicht aber zu Kontoüberziehungen; Ende 2010 bestanden rd. 2,6 Mio. dieser Basiskonten[16]. Ein Rechtsanspruch auf Kontoeröffnung (Kontrahierungszwang) ergibt sich aus dieser freiwilligen Selbstverpflichtung der Kreditwirtschaft nicht.[17]

6 Seit dem 18. 8. 2006 ist bei der Kontoeröffnung das **Allgemeine Gleichbehandlungsgesetz** (AGG) zu beachten, nach dem eine Benachteiligung „aus Gründen der Rasse oder wegen der ethnischen Herkunft, wegen des Geschlechts, der Religion, einer Behinderung, des Alters oder der sexuellen Identität" bei der Eröffnung eines Spar- oder Girokontos unzulässig ist, weil das „Ansehen der Person" hier idR eine nachrangige Bedeutung hat und derartige Kontoeröffnungen typischerweise zu vergleichbaren Bedingungen in einer Vielzahl von Fällen zustande kommen (§ 19 Abs. 1 Nr. 1 Fall 2 AGG)[18]. Wird die Kontoeröffnung aus einem dieser Gründe verweigert, so kann sich aus dem Beseitigungs- und Schadenersatzanspruch des § 21 Abs. 1 und 2 AGG eine Kontrahierungspflicht ergeben.[19] Eine Benachteiligung liegt jedoch nicht vor, wenn für die unterschiedliche Behandlung ein sachlicher Grund, zB mangelnde Kreditwürdigkeit oder die Gefahr eines Missbrauchs der Kontoverbindung, vorliegt (§ 20 Abs. 1 Satz 1 AGG). Im Streitfall liegt die Beweislast hierfür jedoch bei der Bank, wenn der die Kontoeröffnung Beantragende Indizien beweist, die eine Benachteiligung aus den genannten Gründen vermuten lassen (§ 22 AGG).

7 Bestandteil des Girovertrags ist die sog. **Kontokorrentabrede** iSd §§ 355–357 HGB, nach der die aus Ein- und Ausgängen entstehenden wechselseitigen Ansprüche periodisch gegeneinander verrechnet werden („laufende Rechnung"; → § 2 Rn. 59 – 68). Mit der Einrichtung des Kontos wird idR durch Rahmenvertrag (§ 305 Abs. 3 BGB) auch die **Geltung der AGB** zwischen Bank und Kontoinhaber vereinbart. Durch die bloße Einrichtung des Kontos verpflichtet sich die Bank nicht zur Kreditgewährung, allenfalls besteht ggf. eine Nebenpflicht zur Prüfung von Kreditanträgen.

8 Die Kontoeröffnung bedarf keiner staatlichen Genehmigung; sie ist grundsätzlich auch nicht meldebedürftig.[20] Aus steuerlichen Gründen ist es verboten, auf einen falschen oder erdichteten Namen ein Konto zu eröffnen (Grundsatz der formalen Kontenwahrheit,

---

[16] Vgl. Bericht der Bundesregierung zur Umsetzung der Empfehlungen des Zentralen Kreditausschusses zum Girokonto für jedermann, BT-Drucks. 17/8312, S. 8.

[17] Vgl. OLG Bremen ZIP 2006, S. 798; *J. Koch* WM 2006, S. 2242 ff.; *Segna* BKR 2006, S. 274 ff.; *Mayen* in BankR-HdB, § 47 Rn. 5; anders aber LG Berlin WM 2008, S. 1825: „Gesamtanalogie" (dazu krit. *Haertlein/Primaczenko*, WuB I C 1.-1.08); vgl. zur Kontokündigung BGH WM 2013, S. 316 Rn. 19 = JZ 2013, S. 567 m. Anm. *Looschelders*: Kontrahierungszwang nur aufgrund gesetzlicher Regelung oder marktbeherrschender Stellung; dazu *Herresthal* WM 2013, S. 773, 777 f.

[18] Umstr., wie hier *Bachmann* ZBB 2006, S. 257, 266; *Looschelders* JZ 2012, S. 105, 108; ders. JZ 2013, S. 570, 571; anders *Schürnbrand* BKR 2007, S. 305, 209; *Herresthal* WM 2013, S. 773, 780; offen lassend BGH WM 2003, S. 316 Rn. 23 zur Anwendbarkeit des § 19 Abs. 1 Nr. 1 AGG auf die Kündigung eines Girokontos.

[19] Vgl. *Looschelders* JZ 2012, S. 105, 111; *Müller-Christmann* in Bankrechts-Kommentar, Kap. 1 Rn. 140; *Grüneberg* in Palandt, § 21 AGG Rn. 7.

[20] Zur erbschaftsteuerlichen Anzeigepflicht der Bank im Fall des Todes des Kunden → § 2 Rn. 89.

van Look

§ 154 Abs. 1 AO)[21]. Die **formale Kontenwahrheit** verlangt, dass Konten bei der Eröffnung so bezeichnet werden, dass über die Identität des Kontoinhabers kein Zweifel besteht. Daraus folgt, dass **natürliche Personen** nur ihren bürgerlichen Namen, dh ihren Familiennamen und mindestens einen Vornamen, möglicherweise noch einen Künstlernamen, für die Kontoführung verwenden können, aber keinen erfundenen Namen; auch die anonyme Eröffnung sog. Nummernkonten ist in Deutschland – anders als in der Schweiz – nicht möglich. Kaufleute und Handelsgesellschaften haben den im Handels- oder Genossenschaftsregister eingetragenen Wortlaut ihrer **Firma** (§ 17 Abs. 1 HGB) als Kontobezeichnung zu verwenden; Entsprechendes gilt für eingetragene Vereine. Handelt es sich um einen Kleingewerbetreibenden, der nicht in das Handelsregister eingetragen ist (vgl. § 2 Satz 2 HGB), aber einen Etablissementnamen führt, zB Hotel, Restaurant, Fahrschule, so ist der bürgerliche Name des Inhabers der Etablissementbezeichnung hinzuzufügen. Bei **nicht eingetragenen Personenvereinigungen** (zB Gesellschaft bürgerlichen Rechts, nicht rechtsfähiger Verein, Wohnungseigentümergemeinschaft) kann das Konto auf den Namen der Vereinigung eröffnet werden, wobei die verfügungsberechtigten Personen anzugeben sind. Um die formale Kontenwahrheit zu gewährleisten, muss das Kreditinstitut sich bei Kontoeröffnung – idR durch Vorlage eines Ausweises oder bei Personenvereinigungen eines Handelsregisterauszugs – Gewissheit über die Person und Anschrift des oder der Verfügungsberechtigten, dh des Kontoinhabers und seiner gesetzlichen und bevollmächtigten Vertreter, verschaffen und die Angaben in geeigneter Form (auf dem Kontostammblatt) festhalten (sog. **Legitimationsprüfung**, § 154 Abs. 2 AO).[22] Damit es den Finanzbehörden hierüber jederzeit Auskunft erteilen kann, hat es ein alphabetisches Namensverzeichnis der Verfügungsberechtigten zu führen.

Daneben verlangt seit 1993 das „Gesetz über das Aufspüren von Gewinnen aus schweren Straftaten (**Geldwäschegesetz – GwG**)" eine **Identifizierung** des Vertragspartners, dh des Kontoinhabers, durch das Kreditinstitut bei Kontoeröffnung (§§ 1 Abs. 1, 2 Abs. 1 Nr. 1, 3 Abs. 1 Nr. 1 und Abs. 2 Nr. 1, 4 Abs. 1 GwG), die anhand eines Personalausweises oder Reisepasses zu erfolgen hat, wobei Art, Nummer und ausstellende Behörde festzuhalten sind (§ 4 Abs. 3 und 4 GwG). Ist der zu identifizierende Vertragspartner eine natürliche Person und zur Identitätsprüfung, insbes. dem Abgleich des Lichtbilds, nicht persönlich anwesend (zB bei einer Kontoeröffnung über das Internet), so kann die Identifizierung durch sog. zuverlässige Dritte durchgeführt werden (§ 7 Abs. 1 und 2 GwG), zB durch Drittbanken, Versicherungunternehmen, Rechtsanwälte, Notare, Wirtschaftsprüfer, Steuerberater oder im Post-Ident-Verfahren.[23] Andernfalls gelten gem. § 6 Abs. 2 Nr. 2 GwG verschärfte Sorgfaltspflichten. Weiterhin hat die Bank von dem Vertragspartner bei Kontoeröffnung Informationen über den Zweck und die angestrebte Art der Geschäftsbeziehung einzuholen (§ 3 Abs. 1 Nr. 2 GwG). Außerdem ist abzuklären, ob der Vertragspartner – i. S. einer materiellen Kontenwahrheit – für einen anderen **wirtschaftlich Berechtigten** handelt (zB als Treuhänder), der ggf. festzustellen und ebenfalls zu identifizieren ist (§§ 3 Abs. 1 Nr. 3, 4 Abs. 5 iVm § 1 Abs. 6 GwG).[24] Weiterhin ist die Geschäftsbeziehung, dh beim Konto die einzelnen Zahlungsvorgänge, kontinuierlich auf atypische Vorgänge zu über-

---

[21] Vgl. BGHZ 127, S. 229, 231 ff. = WM 1994, S. 2270; OLG Karlsruhe WM 2010, S. 2220 m. Anm. *Nobbe*, WuB I C 1.-1.11; *Joeres* in BankR-HdB, § 31 Rn. 2.
[22] Einzelheiten bei *Joeres* in BankR-HdB, § 31 Rn. 16 ff.
[23] Einzelheiten bei *Fischbeck* in BankR-HdB, § 42 Rn. 255–264.
[24] Einzelheiten bei *Fischbeck* in BankR-HdB, § 42 Rn. 200–254.

wachen, die den Verdacht einer Geldwäsche (§ 261 StGB, zB Einschleusen von Drogengeldern in den legalen Geldkreislauf) oder der Terrorismusfinanzierung begründen können (§ 3 Abs. 1 Nr. 4 GwG). Darüber hinaus bestehen Identifizierungspflichten bei baren oder unbaren Transaktionen von 15 000 € oder mehr außerhalb einer bestehenden Geschäftsbeziehung sowie in Verdachtsfällen bzgl. Geldwäsche (§ 261 StGB) oder Terrorismusfinanzierung oder bei Zweifeln an der Identität des Vertragspartners oder des wirtschaftlich Berechtigten (§ 3 Abs. 2 Nr. 2 – 4 GwG, mit Anzeigepflicht nach § 11 GwG).[25] Die Feststellungen zur Identifizierung sind **aufzuzeichnen** und mindestens fünf Jahre lang aufzubewahren (§ 8 GwG).

9a Spätere **Änderungen** des Kontovertrags bedürfen grundsätzlich einer vertraglichen Abrede (§ 311 Abs. 1 BGB), dh insbes. der Zustimmung des Kunden, die bei der Änderung von AGB und Sonderbedinggungen jedoch durch sein Schweigen auf einen entsprechenden Änderungsantrag der Bank fingiert wird (Nr. 1 Abs. 2 Satz 1 – 4 AGB-Banken = Nr. 2 Abs. 1 und 2 AGB-Sparkassen); Ablehnung des Kunden kann jedoch zu einer ordentlichen Kündigung der Geschäftsbeziehung durch die Bank führen (→ § 2 Rn. 93). Liegt der Kontoführung ein **Zahlungsdiensterahmenvertrag** zugrunde, zB beim Girokonto (→ § 2 Rn. 55), so muss das Kreditinitut die von ihm gewünschte Änderung dem Kunden spätestens zwei Monate vor dem vorgesehenen Zeitpunkt ihres Wirksamwerdens ua in Textform angeboten haben (§ 675g Abs. 1 BGB iVm Art 248 §§ 2 und 3 EGBGB).[26] § 675g Abs. 2 Satz 1 BGB lässt eine Vereinbarung zu, dass ein Schweigen des Kunden auf dieses Angebot als Zustimmung zur Änderung gewertet wird, wie dies die AGB der Banken und Sparkassen vorsehen (s.o.). Ist der Kunde in diesem Fall mit der Änderung nicht einverstanden, so kann er anstelle einer Ablehnung auch den Zahlungsdiensterahmenvertrag bis zum Zeitpunkt der vorgeschlagenen Änderung fristlos und kostenfrei **kündigen** (§ 675g Abs. 2 Satz 2 BGB). Auf die Genehmigungsfiktion und das Kündigungsrecht muss ihn die Bank mit dem Änderungsantrag hinweisen (§ 675g Abs. 2 Satz 3 BGB[27]). Änderungen von Zinsen und Wechselkursen werden unmittelbar und ohne vorherige Benachrichtigung wirksam, wenn dies im Zahlungsdiensterahmenvertrag vereinbart ist und die Änderungen auf dort vereinbarten Referenzzinssätzen und -wechselkursen beruhen, wobei der Kunde durch die Vereinbarung zur Berechnung nicht benachteiligt werden darf (§ 675g Abs. 3 und 4 BGB; zu Zinsänderungsklauseln bei Sparverträgen → § 2 Rn. 48).

2. Kontofähigkeit

10 Die Kontofähigkeit, dh die Möglichkeit, Inhaber eines Bankkontos zu sein, entspricht der **Rechtsfähigkeit** des Zivilrechts. Inhaber von Konten können danach zunächst natürliche Personen (§ 1 BGB), **Juristische Personen** des Zivilrechts und des öffentlichen Rechts sein (eingetragener und konzessionierter Verein, Stiftung, AG, KGaA, GmbH,

---

[25] Näher → § 3 Rn. 24.
[26] Zu den Anforderungen vgl. ie OLG Naumburg WM 2013, S. 1706, 1709; dazu *Piekenbrock* WM 2013, S. 1925.
[27] Dieser Regelung tragen die AGB der Kreditinstitute Rechnung in Nr. 1 Abs. 2 Satz 4 und 6 AGB-Banken = Nr. 2 Abs. 2 und 3 AGB-Sparkassen; für Entgelte bei typischerweise dauerhaft in Anspruch genommenen Leistungen vgl. Nr. 12 Abs. 4 AGB-Banken = Nr. 6 Abs. 6 AGB-Sparkassen, für Zahlungsdiensteverträge mit Verbrauchern Nr. 12 Abs. 7 AGB-Banken = Nr. 6 Abs. 8 AGB-Sparkassen.

van Look

eG, VVaG; Societas Europaea; Societas Cooperativa Europaea; öffentlich-rechtliche Körperschaften, Anstalten und Stiftungen). Auch die **Vorgesellschaft** der AG, GmbH und eG ist bereits kontofähig,[28] ggf. mit dem Zusatz AG oder GmbH „i.Gr." (= in Gründung).[29] Rechtsfähig und damit kontofähig sind aber auch **nicht eingetragene Vereine** iSd § 54 BGB[30] und **Personengesellschaften** (GbR,[31] einschließlich der sog. Vorgründungsgesellschaften Juristischer Personen; oHG; KG; EWIV; Partnerschaftsgesellschaft) sowie nach neuerer Rechtsprechung die **Wohnungseigentümergemeinschaft**[32]. Auch nach ausländischem Recht gegründete Gesellschaften sind kontofähig, soweit sie nach ihrem Heimatrecht rechtsfähig sind (zB britische Limited company). **Nicht kontofähig** sind dagegen die Stille Gesellschaft sowie gesetzliche Gesamthandsgemeinschaften wie die eheliche Gütergemeinschaft, die Erbengemeinschaft, die Miturhebergemeinschaft (§ 8 Abs. 2 UrhG), ferner die Bruchteilsgemeinschaft (§§ 741 ff. BGB); für sie kommen nur die Anlegung eines Gemeinschaftskontos für alle oder mehrere Beteiligte sowie eines Treuhand- oder Sonderkontos in Betracht.

Kontofähig als natürliche Personen sind auch **Minderjährige** unter 18 Jahren (vgl. §§ 1 und 2 BGB). Personen unter 7 Jahren sind nach § 104 Ziff. 1 BGB **geschäftsunfähig;** bankrechtliche Verfügungen eines Geschäftsunfähigen sind nichtig (vgl. § 105 Abs. 1 BGB). Das heißt, dass Geschäftsunfähige zwar Kontoinhaber sein können, aber das Konto kann für sie nur ihr gesetzlicher Vertreter einrichten, idR die Eltern gemeinschaftlich (§ 1629 Abs. 1 BGB); er allein kann rechtswirksam über das Konto verfügen, auch zu eigenen Gunsten, zB durch Überweisung auf ein eigenes Konto (§§ 1629 Abs. 2, 1795 Abs. 2, 181 BGB gelten nicht).[33] Zahlt die Bank dennoch auf Weisung oder Antrag eines Geschäftsunfähigen, so darf das Konto grundsätzlich nicht belastet werden – eine entsprechende Buchung wäre mangels zugrunde liegenden Anspruchs unrichtig. Personen zwischen dem 7. und 18. Lebensjahr sind nach §§ 106–113 BGB **beschränkt geschäftsfähig.** Sie können nur mit Einwilligung oder Genehmigung des gesetzlichen Vertreters ein Konto eröffnen, weil Minderjährige durch die Kontoeröffnung „nicht lediglich einen rechtlichen Vorteil" iSv § 107 BGB erlangen. Denn aus dem Konto können dem beschränkt Geschäftsfähigen Zahlungsverpflichtungen oder Rechtsverluste erwachsen. Verfügungen über das Guthaben bedürfen daher auch bei beschränkt Geschäftsfähigen grundsätzlich der Zustimmung des gesetzlichen Vertreters (§ 107 BGB); andernfalls sind sie gem. § 111 BGB endgültig unwirksam; allerdings kommt hier eine vorab (zB bei Kontoeröffnung) erteilte Einwilligung zu Verfügungen in begrenztem Rahmen aufgrund des „Taschengeldparagrafen" (§ 110 BGB) in Betracht. Zur Vereinbarung eines Kontokorrent- oder Überziehungskredits – auch durch Ausgabe einer Giro- oder Kreditkarte – müssen

11

---

[28] Vgl. für die AG § 54 Abs. 3 S. 1 AktG: „Konto... der Gesellschaft"; für die GmbH § 7 Abs. 2 GmbHG.

[29] Vgl. BGHZ 45, S. 338, 347 = WM 1966, S. 571, 573; OLG Naumburg WM 1998, S. 980.

[30] Vgl. *Hüffer/van Look*, Rn. 19; *Hadding/Häuser* in BankR-HdB, § 35 Rn. 22; anders wohl *Schöpflin*, Der nichtrechtsfähige Verein, 2003, S. 332 ff.

[31] Vgl. dazu *Lehnhoff*, FS Hadding, 2004, S. 935, 939 ff.; *Lang/Fraenkel* WM 2002, S. 260, 269 f.; *Joeres* in BankR-HdB, § 29 Rn. 8a; zur Kontoinhaberschaft einer Schein-GbR vgl. BGH WM 2010, 1218 m. Anm. *Bartels*, WuB I C 1.-1.10.

[32] Zur Rechtsfähigkeit der Wohnungseigentümergemeinschaft vgl. BGHZ 163, S. 154 = NJW 2005, S. 2061 = WM 2005, S. 1423, 1424 ff. = JZ 2006, S. 264 m. Anm. *Grunewald*.

[33] BGH NJW 2004, S. 2517 = WM 2004, S. 1546 = WuB I B 2. – 1.04 m. Anm. *van Look*; dazu *Rein/Pfeiffer* BKR 2005, S. 142; *Madaus* BKR 2006, S. 58 ff.

van Look

aber die gesetzlichen Vertreter die Genehmigung des Familiengerichts einholen (§§ 1643 Abs. 1, 1822 Nr. 8 BGB; vgl. auch § 1629a BGB).[34] Über Guthaben auf einem Konto können Minderjährige ohne Zustimmung des gesetzlichen Vertreters verfügen, wenn partielle Geschäftsfähigkeit nach § 113 BGB vorliegt („Arbeitsmündigkeit"), also wenn die Kontoeröffnung (Gehaltskonto) und die Verfügung mit einem Arbeits- oder Dienstvertrag (nicht: Ausbildungsvertrag) im Zusammenhang steht, zB Überweisung des Kaufpreises für Arbeitsmittel.[35]

3. Kontoinhaberschaft; Kontoeröffnung auf fremden Namen

12 Kontoinhaber ist derjenige, auf dessen Namen das Konto eröffnet wurde, der idR auch der Verfügungsberechtigte und Gläubiger der Einlageforderung ist und den die Haftung für eine Kontoüberziehung trifft. Wird das Konto durch den späteren Inhaber eröffnet, dem auch die Verfügungsbefugnis zustehen soll (uU neben einem Kontobevollmächtigten), spricht man vom **Eigenkonto.** Ein Konto kann aber auch im Wege der **Stellvertretung** im Namen eines Dritten eröffnet werden, der dann Kontoinhaber wird (§ 164 Abs. 1 BGB). Voraussetzung ist, dass der Stellvertreter entsprechende Vertretungsmacht zur Kontoeröffnung hat. Diese kann sich aus dem Gesetz ergeben, zB für Eltern minderjähriger Kinder (§ 1629 Abs. 1 BGB) oder einen Betreuer (§ 1902 BGB). Bei Juristischen Personen (zB eV, AG, GmbH) und Personengesellschaften (zB GbR, oHG, KG) ist das **Geschäftsführungs- und Vertretungsorgan** (Vorstand, Geschäftsführer, geschäftsführender Gesellschafter) aufgrund seiner organschaftlichen Vertretungsmacht zur Kontoeröffnung befugt. Die Vertretungsmacht kann aber auch durch Rechtsgeschäft erteilt werden (**Vollmacht,** vgl. §§ 166 Abs. 2 Satz 1, 167 BGB), zB durch einen Kaufmann im Rahmen der Prokuraerteilung (§ 49 Abs. 1 HGB) oder einer auf Bankgeschäfte bezogenen Handlungsvollmacht (§ 54 Abs. 1 HGB). Die Bank tut gut daran, sich über das Bestehen von Vertretungsmacht zur Kontoeröffnung zu vergewissern (zB durch Rückfrage beim Vertretenen), da sie das Risiko des Nichtbestehens der Vertretungsmacht trägt. In diesem Fall kann der „Vertretene" die vollmachtlose Vertretung genehmigen (§ 177 BGB); andernfalls haftet der Vertreter ohne Vertretungsmacht auf Erfüllung oder Schadenersatz (§ 179 Abs. 1 BGB). Die Kontoeröffnung kann auch durch **Vertrag** zwischen dem das Konto Errichtenden und der **Bank zu Rechten eines Dritten** (§§ 328 ff. BGB) erfolgen, der dann Kontoinhaber und Gläubiger der Einlageforderung wird, während der Errichtende sich die Verfügungsbefugnis vorbehält;[36] dies kann insbes. bei Einrichtung eines Sparkontos der Fall sein (zB durch Verwandte für minderjährige Kinder) oder bei Zuwendung des Kontoguthabens auf den Todesfall (§ 331 BGB).[37] In den Fällen der Kontoeröffnung durch Stellvertreter oder durch Vertrag zu Rechten Dritter, in denen Kontoinhaberschaft und Verfügungsbefugnis auseinanderfallen, spricht man von einem **Fremdkonto.**[38] Für diese unterschiedlichen Kontoeröffnungsvorgänge haben

---

[34] Zu weiteren familiengerichtlichen Genehmigungserfordernissen vgl. *Spanl* Rpfleger 1989, S. 392 ff.

[35] Zum Gesamtkomplex der Kontoführung für Minderjährige siehe die „Verlautbarung zum Thema Bankgeschäfte mit Minderjährigen" v. 22. März 1995 des (damaligen) BAKred, abgedruckt in ZIP 1995, S. 691–695; ferner *Hagemeister* JuS 1992, S. 839 ff.; *Vortmann* WM 1994, S. 965 ff.

[36] Vgl. BGH NJW 1984, S. 480; OLG Brandenburg WM 1999, S. 267.

[37] Vgl. *Joeres* in BankR-HdB, § 29 Rn. 16 ff.; *Hüffer/van Look,* Rn. 244 ff.

[38] Vgl. BGH NJW 1988, S. 709.

die Bankenverbände jeweils eigene Kontoeröffnungsformulare entwickelt, die in der Praxis einheitlich angewandt werden.

Bei der Errichtung eines Kontos durch einen Dritten muss die **Person des Kontoinhabers** klar sein. Über seine Identität muss sich das kontoeröffnende Kreditinstitut vergewissern, da es nur an den wahren Gläubiger der Einlageforderung mit befreiender Wirkung leisten kann (vgl. aber für Sparbücher § 808 BGB).[39] In Zweifelsfällen ist durch Auslegung (§§ 133, 157 BGB) zu bestimmen, wer Kontoinhaber sein soll. Dies richtet sich nach dem der Bank erkennbaren Willen des Kontoerrichtenden. Wichtige Indizien sind die Kontobezeichnung und die Verfügungsbefugnis, bei Sparkonten auch der Besitz am Sparbuch.

Beispiel: Ein Sparkonto wird von den Eltern Emil und Luise Meier für ihren minderjährigen Sohn Paul Meier eröffnet mit der Bezeichnung: „Emil und Luise Meier als Vertreter des minderjährigen Kindes Paul Meier." Dann sind drei Möglichkeiten denkbar:

(1) Die Eltern eröffnen das Sparkonto für eigene Rechnung, sie wollen über das Guthaben verfügen können und behalten deshalb das Sparbuch in Besitz. Sie bezeichnen das Konto nur nach außen hin, etwa aus steuerlichen Gründen, mit dem Namen des Minderjährigen. Hier ergibt die Vertragsauslegung, dass es sich um ein Gemeinschaftskonto der Eltern handelt.[40]

(2) Die Eltern wollen durch Vertrag zu Rechten Dritter dem Minderjährigen ein eigenes Guthaben zuwenden und überlassen dem Sohn das Sparbuch, ggf. mit der Erlaubnis, Abhebungen in bestimmtem Umfang vorzunehmen (vgl. § 110 BGB). Dann handelt es sich um ein Konto des Sohnes, obgleich die Mittel aus dem Vermögen der Eltern stammen.[41]

(3) Bei den auf das Sparkonto eingezahlten Beträgen handelt es sich um eine Einlage aus dem Vermögen des Minderjährigen, der auch das Sparbuch besitzt. In diesem Falle ist Kontoinhaber der Sohn, denn die Dotierung des Kontos zusammen mit dem Buchbesitz sind wichtigere Indizien für die Inhaberschaft des Kontos als die Benennung.[42]

Beim Girokonto kommt der **Kontobezeichnung** mehr als nur Indizwirkung für die Inhaberschaft zu, weil es im Giroverkehr als Massengeschäft auf klare und einfache Rechtsverhältnisse ankommt, nicht zuletzt aber auch aus dem Zusammenwirken des bankrechtlichen Gebots der Kontenwahrheit mit der steuerrechtlichen Legitimationsprüfung (§ 154 Abs. 2 AO).[43] Bei Girokonten kennt die Praxis die Notwendigkeit, ein Konto mit einer Zusatzbezeichnung für einen speziellen Zweck von anderen Konten des gleichen Inhabers abzusondern **(Sonderkonto).** Diese Zusätze lauten meistens: „Konto wegen ABC" oder „Sonderkonto wegen Hausverwaltung". Die Rechtsprechung hat i. W. zwei Kriterien entwickelt, anhand derer geprüft wird, worauf der erkennbare Wille des Kontoeröffners gerichtet ist, wenn Zweifel an der Kontoinhaberschaft bestehen, nämlich der Zusatz eines weiteren Namens und die Beifügung eines Verwendungszusatzes.

13

14

15

---

[39] Zur formalen Kontenwahrheit → § 2 Rn. 8 f.
[40] Vgl. BGHZ 46, S. 198 = WM 1966, S. 1244; BGH WM 1965, S. 897; auch BGH WM 2005, S. 462.
[41] *Köndgen* NJW 1992, S. 2263, 2265; *Köndgen* NJW 1996, S. 558, 561; vgl. auch BGH WM 2005, 1216 m. Anm. *Gehrlein*, WuB I C 2.-2.05; OLG Bamberg WM 2006, S. 273 m. Anm. *Nobbe*, WuB I C 2.-1.06.
[42] LSG Rheinland/Pfalz WM 1993, S. 837, 840; vgl. auch BGH NJW 1994, S. 931.
[43] BGH NJW 1996, S. 840 = WM 1996, S. 249; OLG Düsseldorf WM 1989, S. 91.

16 Beispiele:
(1) Das Konto lautet auf die XY-KG, „Unterkonto der Produktionsgemeinschaft ABC". Der Kontoinhaber ist die an erster Stelle genannte KG.[44]
(2) Die Kontobezeichnung „B.I. Gesellschaft mbH, Gewerbegebiet Süd/Ost O." führt zu einem Eigenkonto der GmbH, nicht zu einem Fremdkonto der Stadt O. als Treugeberin von Fördergeldern.[45]
(3) Der Hausverwalter A eröffnet ein Konto auf seinen Namen mit dem Verwendungszusatz: „Wegen Eigentumswohngemeinschaft B-Straße." Dies ist ein Eigenkonto des A, weil nur sein Name genannt ist.[46] Die Wohnungseigentümergemeinschaft ist vor unredlichen Verfügungen des A nicht geschützt.

17 In allen Fällen handelt es sich nicht um Treuhand- oder Anderkonten,[47] weil es für ein Treuhandkonto wegen dessen besonderer Rechtsqualität – eingeschränkte Pfändung, Ausschluss des AGB-Pfandrechts der Bank – eines ausdrücklichen Hinweises bedarf, dass dem Kontoinhaber keine Rechte an dem Guthaben zustehen.[48]

4. Dispositionsbefugnis (Verfügungsbefugnis und Vertretungsmacht)
a) Organschaftliche und rechtsgeschäftliche Stellvertretung

18 Grundsätzlich ist der Kontoinhaber zur Verfügung über das auf seinen Namen lautende Konto berechtigt. UU können jedoch auch Dritte als Stellvertreter über das Konto verfügen.[49] Bei Konten von Juristischen Personen und Personengesellschaften richtet sich die Verfügungsbefugnis zunächst nach der **organschaftlichen Vertretung,** wonach Vorstandsmitglieder bei einer AG, Geschäftsführer bei einer GmbH und geschäftsführende Gesellschafter bei einer oHG verfügungsberechtigt sind. Darüber hinaus kann weiteren Personen, zB Prokuristen und Handlungsbevollmächtigten, durch **rechtsgeschäftliche Vollmachterteilung** eine Verfügungsbefugnis über Firmenkonten eingeräumt werden (§§ 49, 54 HGB). Dies ist auch bei Einzelkaufleuten (natürlichen Personen) möglich. Erstreckt sich die Vollmacht auf die gesamte Geschäftsverbindung mit der Bank, so spricht man von einer **Bankvollmacht;** gilt sie nur für ein Konto oder Depot, spricht man von einer **Konto- oder Depotvollmacht.** Für die Bank sind die von dem Firmenkunden schriftlich in den Vordrucken[50] bekannt gegebenen Vertretungs- oder Vollmachtsbefugnisse verbindlich. Diese können nur schriftlich widerrufen oder geändert werden. Die Kontovollmacht berechtigt den Bevollmächtigten, ebenso wie den Kontoinhaber, zu Dispositionen über das Guthaben und eingeräumte Kreditlinien, auch zu Scheckziehungen im Rahmen der eingeräumten Kreditlinie. Darüber hinaus erlaubt die Kontovollmacht eine Kreditaufnahme nur, wenn sie eine entsprechende Ermächtigung enthält.[51] Soweit die Vertretungsmacht, zB beim Vorstand, Geschäftsführer oder Prokuristen, auf zwingendem Recht beruht, kann sie gegenüber Dritten, zu denen auch die Bank gehört, nicht

---

[44] BGHZ 61, S. 72, 75 f.
[45] BGH NJW 1996, S. 840 = WM 1996, S. 249.
[46] Vgl. BGH WM 1975, S. 1200, 1201.
[47] → § 2 Rn. 85 ff.
[48] BGH WM 1990, S. 1954; *Joeres* in BankR-HdB, § 29 Rn. 14.
[49] Daher wird die Verfügungbefugnis und die Vertretungsmacht unter dem Oberbegriff der Dispositionsbefugnis zusammengefasst.
[50] Abgedruckt und erläutert zB bei *Lwowski* in BankR-HdB, § 34.
[51] Näher *Hüffer/van Look*, Rechtsfragen zum Bankkonto, Rn. 73 ff.

eingeschränkt werden. Eine Beschränkung der Bankvollmacht – etwa des Alleingeschäftsführers einer GmbH durch Beschluss der Gesellschafterversammlung – hat nur interne Wirkung. Von Gesetzes wegen besteht bei der GmbH Gesamtvertretung nach § 35 Abs. 2 S. 2 GmbHG, ebenso bei der AG nach § 78 Abs. 2 AktG. Diese Regelung ist unpraktisch und wird deshalb häufig durch eine Bankvollmacht ersetzt, die Einzelvertretung vorsieht oder die Vertretung durch Personen, die keine organschaftlichen Vertreter der juristischen Person sind.

Bankvollmachten können **missbräuchlich genutzt** werden, wenn der Vertreter im Außenverhältnis zur Bank zwar im Rahmen seiner Vertretungsmacht handelt, aber Bindungen im Innenverhältnis zum Vertretenen verletzt. Dann kann sich die Bank nicht auf das – eher formale – Bestehen der Vertretungsmacht berufen, wenn ihr der Missbrauch bekannt war oder sich ihr aufdrängen musste.[52] Im ersten Fall ist das vorgenommene Rechtsgeschäft wegen Sittenwidrigkeit nichtig (§ 138 Abs. 1 BGB, sog. Kollusion), im Zweiten verstieße das Berufen auf die vorhandene Vertretungsmacht gegen Treu und Glauben (§ 242 BGB, sog. Missbrauch der Vertretungsmacht). Beispiel: Der Bankbevollmächtigte B der X-GmbH überweist das Guthaben dieser X-GmbH auf das Konto des Y, der das Guthaben abhebt, mit dem B teilt und verschwindet.[53] Wenn der Bank schwerwiegende Verdachtsgründe aufscheinen, dass Missbrauch mit einer Bankvollmacht getrieben wird, kann sie sich auf das Vorhandensein der Vollmacht nicht berufen.[54] Nach der Rechtsprechung kommt es darauf an, ob der Bevollmächtigte „in ersichtlich verdächtiger Weise" von der Vollmacht Gebrauch macht und „die objektive Evidenz des Missbrauchs" gegeben ist. Solche Verdachtsgründe können die Überweisung zu Lasten eines Firmenkontos auf das Konto des Bankvollmachtinhabers[55] oder Barauszahlungen in Millionenhöhe[56] sein. Die Bank hat dann die Pflicht, sich durch Rückfrage bei dem Kunden über die Ordnungsmäßigkeit der Vollmachtnutzung zu versichern.[57] **19**

Auch **natürliche Personen (Privatkunden)** können über ihre Bankkonten Vollmacht erteilen (§ 164 BGB). Der Umfang der Kontovollmacht richtet sich grundsätzlich nach dem der Bank erkennbaren Willen des Vollmachtgebers (vgl. § 167 Abs. 1 BGB), wird jedoch in den von der Praxis verwendeten Formularen üblicherweise umfassend ausgestaltet. Eine der Bank mitgeteilte Vollmacht ist bis zu ihrem ausdrücklichen Widerruf gültig (vgl. § 168 Satz 2 BGB). Der Widerruf muss gegenüber der Bank erklärt werden. Ein Widerruf nur gegenüber dem Bevollmächtigten wirkt nur im Innenverhältnis (vgl. §§ 170, 173 BGB). Grundsätzlich kann sich die Bank auf die ihr vorliegende Vollmacht verlassen (vgl. auch Nr. 11 Abs. 1 AGB-Banken). Eine Sonderform bildet die (Alters-) **Vorsorgevollmacht** (vgl. § 1901c Satz 2 BGB), die der Vollmachtgeber – meistens als Generalvollmacht – aufschiebend bedingt (§ 158 Abs. 1 BGB) für den Fall erteilt, dass er infolge geistiger oder körperlicher Gebrechen nicht mehr in der Lage ist, seine Geschäfte **20**

---

[52] BGH WM 1976, S. 658, 659.
[53] BGHZ 113, S. 315, 320; grundlegend: BGHZ 50, S. 112, 114.
[54] BGH WM 1992, S. 1362, 1363; BGH NJW 1994, S. 2082 = WM 1994, S. 1204; BGH NJW 1995, S. 250 = WM 1994, S. 2190; BGH NJW 1996, S. 1961 = WM 1996, S. 1037; BGH NJW 1999, S. 2883 = ZIP 1999, S. 1303; BGH WM 2004, S. 1625; BGH WM 2010, S. 1218, 1220.
[55] BGH WM 1982, S. 549.
[56] BGH WM 1986, S. 418, 419.
[57] Zum Ganzen vgl. ausf. *Schramm/Dauber* in BankR-HdB, § 32 Rn. 22–41a; *Hüffer/van Look*, Rn. 79–82.

zu besorgen[58]. Fehlt diese, kommt in diesem Fall die Bestellung eines **rechtlichen Betreuers** durch das Betreuungsgericht in Betracht, der – falls er für die Vermögenssorge zuständig ist – gegenüber der Bank als gesetzlicher Vertreter tätig wird (vgl. §§ 1896, 1902, 1908i Abs. 1 Satz 1 iVm § 1813 Abs. 1 Nr. 2 und 3 BGB).[59] Gleichwohl kann der Betreute noch selbst über das Konto verfügen, soweit er geschäftsfähig iSd §§ 104 Nr. 2, 105 Abs. 2 BGB ist (vgl. aber auch § 105a BGB) oder das Betreuungsgericht keinen Einwilligungsvorbehalt zugunsten des Betreuers (§ 1903 BGB) angeordnet hat.

b) Trans- und postmortale Vollmacht

21   Vollmachten über den Tod hinaus können formfrei erteilt werden und sind im Erbfall – bis zur Grenze ihres Missbrauchs – grundsätzlich voll gültig.[60] Nach dem Gesetz (§ 168 Satz 1 iVm § 672 BGB) sowie kraft ausdrücklicher Regelung im Vollmachtsformular der Banken und Sparkassen gilt die Vollmacht auch **über den Tod des Vollmachtgebers hinaus** (sog. transmortale Vollmacht). Hierdurch werden zeitweilige Unklarheiten über die Person des oder der Erben und damit der Kontoinhaberschaft dadurch umgangen, dass jedenfalls der Bevollmächtigte zweifelsfrei verfügungsbefugt ist; anderenfalls könnte die Bank nach Nr. 5 AGB-Banken die Vorlage eines Erbscheins verlangen (→ § 2 Rn. 89).

22   Die Vollmacht kann auch derart ausgefertigt werden, dass die Verfügungsmacht erst **mit dem Todesfall einsetzen** soll (sog. Vollmacht auf den Todesfall oder postmortale Vollmacht). Der Beginn der Vertretungsmacht ist an die aufschiebende Bedingung (§ 158 Abs. 1 BGB) geknüpft, dass der Vollmachtgeber verstirbt und der Bevollmächtigte ihn überlebt.

23   Trans- und postmortale Vollmachten können **mit erbrechtlichen Regelungen kollidieren**.[61] Eine solche Vollmacht kann aber nicht die Wirkung haben, das Innenverhältnis zwischen Erben und Bevollmächtigten zu regeln; sie stellt keine Verfügung des Erblassers über das Guthaben dar, sondern soll idR nur der Abwicklung des Erbfalls dienen. Sie begründet keine materiell-rechtliche Befugnis am Nachlass, sondern bleibt eine Verfügungsmöglichkeit im Namen der Erben. Daher ist der Bevollmächtigte – selbst wenn es sich um den Ehegatten handelt – zur Umschreibung des Kontos auf sich selbst idR nicht befugt.[62] Die Vollmacht kann durch die Erben **widerrufen** werden,[63] weil sie durch Gesamtrechtsnachfolge in die Rechtsstellung des Vollmachtgebers eintreten und ihnen damit das Widerrufsrecht des ursprünglichen Vollmachtgebers zusteht (vgl. § 168 BGB). Das Widerrufsrecht steht auch einem Testamentsvollstrecker oder Nachlassverwalter zu. Soll ein solcher Widerruf verhindert werden, kann die Vollmacht über den Tod hinaus **unwiderruflich** „für mich und meine Erben" ausgestellt werden; uU kann dies auch aus den Gesamtumständen geschlossen werden, wenn die Vollmacht auch dem Eigeninteresse des

---

[58] Vgl. dazu *Zimmermann* BKR 2007, S. 226 ff.; *Tersteegen* NJW 2007, S. 1717 ff.; *Servatius* in Bankrechts-Kommentar, Kap. 35 Rn. 113 ff.; Formular einer bankspezifischen Vorsorge-Vollmacht mit Erläuterungen bei *Lwowski* in BankR-HdB, § 34 Rn. 32 ff.

[59] Zu betreuungsrechtlichen Fragen vgl. *Joeres* in BankR-HdB, § 30 Rn. 18 ff.; *Müller-Christmann* in Bankrechts-Kommentar, Kap. 1 Rn. 153; auch BGH FamRZ 2010, S. 968.

[60] So schon RGZ 88, S. 137 ff.; RGZ 114, S. 351, 354; BGH WM 1994, S. 2190.

[61] Zur weiteren Gestaltungsmöglichkeit eines Vertrags zu Rechten Dritter auf den Todesfall → § 2 Rn. 25 f.

[62] BGHZ 180, S. 191, 195 Rn. 16 ff. = WM 2009, S. 980 m. Anm. *Schramm*, WuB I C 1.-3.09 = JZ 2009, 1073 m. abl. Anm. *Muscheler*.

[63] Ausführlich hierzu *Muscheler* WM 1994, S. 921; *Madaus* ZEV 2004, S. 448.

van Look

Bevollmächtigten dienen soll.⁶⁴ Ein Ausschluss des Widerrufsrechts allein zu Lasten der Erben wäre dagegen mit dem Grundsatz der Universalsukzession nicht vereinbar.⁶⁵ Weitere Voraussetzung für den Ausschluss des Widerrufs ist dessen vertragliche Vereinbarung, entweder mit dem Bevollmächtigten oder der Bank. Soll durch eine trans- oder postmortale Vollmacht die Zuwendung des Kontoguthabens oder des Depotbestands realisiert werden, so muss der Bevollmächtigte zur Umschreibung des Kontos/Depots auf seinen Namen oder auf einen Dritten ausdrücklich oder konkludent ermächtigt sein. Eine solche Gestaltung der unentgeltlichen Verfügung in der Form der unwiderruflichen Vollmacht ist nicht als unzulässige Umgehung der Formvorschriften über die Einsetzung eines Testamentsvollstreckers gem. § 2197 BGB anzusehen, sondern bleibt eine die Erben bindende Vollmacht. Auch ein Verstoß gegen § 2301 BGB, wonach Schenkungsversprechen von Todes wegen den Formen der Erbeinsetzung durch letztwillige Verfügungen zu genügen haben, ist nicht gegeben. Nach Auffassung des BGH liegt eine Schenkung des Kontoguthabens unter Lebenden vor, aufschiebend bedingt durch den Tod des Kontoinhabers, wenn der Übergang des Kontoguthabens ohne weiteres Zutun möglich ist, dh wenn der Bevollmächtigte durch die Verfügung zu seinen Gunsten nach dem Tode des Vollmachtgebers die Schenkung vollzieht. Dann ist auch der Formmangel des Schenkungsversprechens nach § 518 Abs. 2 BGB geheilt. Ein für die Bank erkennbarer Missbrauch der postmortalen Vollmacht ist hierin nicht zu sehen.⁶⁶

5. Übertragung, Verpfändung und Pfändung des Kontos

a) Übertragung des Kontos, insbesondere auf den Todesfall

Da das Konto von der auf ihm verbuchten Forderung zu unterscheiden ist, reicht zu seiner Übertragung nicht die bloße Abtretung (§ 398 BGB) der Guthabenforderung aus. Vielmehr bedarf es einer **Vertragsübernahme** als dreiseitiges Rechtsgeschäft zwischen der Bank sowie dem alten und dem neuen Kontoinhaber;⁶⁷ in der Praxis wird dies häufig als „Umschreibung" bezeichnet. Die Übertragung eines Sparguthabens erfolgt durch **Abtretungsvertrag** (§ 398 BGB) zwischen Alt- und Neugläubiger; eine Übergabe des Sparbuchs ist nicht erforderlich, da sein Eigentum der Inhaberschaft der Forderung folgt, dh mit der Abtretung auf den Zessionar der Guthabenforderung übergeht (§ 952 Abs. 2 BGB). Häufig wird aber in der Überlassung des Sparbuchs eine konkludente Abtretung liegen. Problematischer als die Übertragung eines Sparkontos ist die Übertragung eines Girokontos als Kontokorrentkonto, weil auf einem laufenden Konto eine dynamische, nämlich permanente Verrechnung von Gutschriften und Belastungen stattfindet, die durch ein beliebiges Abtretungsdatum nicht gestört werden kann. Alle Gutschriften und Belastungen werden mit rechtlicher Wirkung periodisch, idR quartalsweise verrechnet und ergeben einen Schlusssaldo. Mit diesem Schlusssaldo ist das Konto auf einen Dritten übertragbar.⁶⁸

24

---

⁶⁴ BGH NJW-RR 1991, S. 439, 441; vgl. auch *Seiff* AcP 200 (2000), S. 192, 196 ff.
⁶⁵ BGH WM 1976, S. 1130, 1132.
⁶⁶ BGHZ 127, S. 239 = NJW 1995, S. 250 = WM 1994, S. 2190 = ZIP 1994, S. 1843, 1844 f; krit. *Schultz* NJW 1995, S. 3345; vgl. auch BGH WM 1999, S. 1617; *Köndgen* NJW 1996, S. 558, 560.
⁶⁷ Vgl. *Joeres* in BankR-HdB, § 29 Rn. 30; auch BGH WM 1983, S. 834.
⁶⁸ *Canaris,* Bankvertragsrecht I, Rn. 182.

25 Ist die Zuwendung der Guthabenforderung **aufschiebend bedingt durch den Tod des Kontoinhabers** und das Überleben des Begünstigten (§ 158 Abs. 1 BGB), so ist dies nicht als Schenkungsversprechen von Todes wegen einzuordnen, das nach § 2301 BGB formbedürftig wäre, sondern als formfreie Forderungsabtretung unter Lebenden (§ 398 BGB).[69] Damit gehen Inhaberschaft und Verfügungsmacht über das Kontoguthaben auf den Zessionar mit dem Tode des früheren Kontoinhabers (Zedent) über, womit gleichzeitig die Schenkung bewirkt iSd § 518 Abs. 2 BGB ist.

26 Zum gleichen Ergebnis kommt man, wenn die Übertragung durch **Vertrag zu Rechten Dritter auf den Todesfall** (§§ 328, 331 BGB) zustande kommt, nämlich durch Vereinbarung zwischen dem jetzigen Kontoinhaber und dem Kreditinstitut, dass nach dem Tode ein Dritter Inhaber der Guthabenforderung sein soll. Man bezeichnet die Rechtsbeziehung zwischen dem versprechenden Kreditinstitut und dem Versprechensempfänger, also dem Kontoinhaber, als **Deckungsverhältnis.** Dieses Deckungsverhältnis hat zum Inhalt, dass das Kreditinstitut seinem Kunden verspricht, nach dessen Ableben an den Dritten zu zahlen und dieser einen eigenen, in seiner Person originär entstandenen Anspruch auf Auszahlung erwirbt. Der begünstigte Dritte ist am Erwerbstatbestand nicht beteiligt und kann daher das Recht zurückweisen (§ 333 BGB). Als **Valutaverhältnis** bezeichnet man die Rechtsbeziehung zwischen Versprechensempfänger (Kontoinhaber) und dem begünstigten Dritten: idR ist es eine Schenkung nach §§ 516 ff. BGB.[70] Auch hier handelt sich um ein Rechtsgeschäft unter Lebenden mit der Folge, dass die Form des § 2301 Abs. 1 BGB nicht einzuhalten ist. Diese Form der postmortalen Gläubigerbestimmung ist seit langem in der Rechtsprechung anerkannt.[71] Soweit der Beschenkte die **Schenkungsofferte** nicht ausdrücklich zu Lebzeiten des Schenkers annimmt (so die Formularpraxis der Kreditinstitute), kann sie auch nach dem Tod des Schenkers durch die Bank als Erklärungsboten oder Bevollmächtigte dem Beschenkten übermittelt werden; in diesem Fall können aber der oder die Erben das Schenkungsangebot bis zum Zugang beim Beschenkten **widerrufen** (§ 130 Abs. 1 Satz 2 BGB); allerdings soll ein lebzeitiger Verzicht des Erblassers auf sein Widerrufsrecht auch seine Erben binden.[72] Ähnliche Ergebnisse lassen sich durch eine trans- oder postmortale Bevollmächtigung des Dritten erreichen (→ § 2 Rn. 21–23).

b) Verpfändung

27 Die für die Übertragung des Kontos dargestellten Grundsätze gelten gleichermaßen für die Verpfändung des Kontos, insbes. eines Kontoguthabens. Eine solche Verpfändung von Guthaben dient zumeist als Sicherheit für Kredite, die auf einem anderen Konto bei der gleichen oder bei einer dritten Bank gewährt wurden. Im Privatkundengeschäft haben sich Spargutbhaben, Sparbriefe und Festgeldguthaben als besonders geeignete Sicherheit

---

[69] Vgl. BGHZ 99, S. 97, 100; BGH FamRZ 1985, S. 693; BGH WM 1986, S. 786.
[70] Aber auch andere Begründungen des Valutaverhältnisses sind möglich, vgl. BGH WM 1975, S. 745, 746.
[71] Vgl. BGHZ 41, S. 95, mit Übersicht über ältere Judikatur; BGH WM 1976, S. 1130; OLG Hamm WM 1989, S. 562 und WM 1996, S. 1362; OLG Celle WM 1996, S. 851; *Joeres* in BankR-HdB, § 29 Rn. 23–28; krit. *Canaris,* Bankvertragsrecht I, Rn. 210–217, weil auf diese Weise die Pflichtteilsberechtigten benachteiligt und die erbrechtlichen Formvorschriften ausgehebelt werden können.
[72] Vgl. BGH WM 1976, S. 1130; OLG Celle WM 1996, S. 851 = WuB I C 2.-3.96 *Hadding*; *Hüffer/van Look,* Rn. 244 – 276, insbes. Rn. 260.

für Kredite erwiesen, die an den Inhaber dieses Kontos oder an einen Dritten gewährt werden. Nimmt der Sparkontoinhaber einen Kredit bei seiner Bank in Anspruch gegen die Sicherheit „Verpfändung des Sparguthabens", so ist dies mit einem Zinsverlust verbunden. Rechtsgrundlage der Verpfändung von Kontoguthaben sind §§ 1279 ff. BGB. Der Kontoinhaber schließt mit dem Pfandgläubiger einen Vertrag über die Bestellung des Pfandrechts. Ist Pfandgläubiger nicht die kontoführende Bank, so muss nach § 1280 BGB die Verpfändung der Bank **angezeigt** werden. Die bloße Aushändigung des Sparbuchs reicht für eine Verpfändung nicht aus. Sie dient aber dem wichtigen Ziel, eine Auszahlung des Sparguthabens an den Verpfänder und Gläubiger der verpfändeten Forderung aufgrund der Legitimationswirkung des Sparbuches nach § 808 BGB zu verhindern.[73] Darüber hinaus besteht nach Nr. 14 Abs. 1 Satz 2 AGB-Banken ein **Pfandrecht der Bank** an Kontoguthaben zur Sicherung aller Ansprüche aus der Geschäftsverbindung gegen den Kunden. Rechtsfolge der Verpfändung ist, dass die Bank nur noch an Pfandgläubiger und Kontoinhaber gemeinsam leisten darf (§ 1281 BGB), was im Ergebnis zu einer Kontosperre führt.

c) Kontopfändung

Wie alle anderen Vermögenswerte ist auch ein Kontoguthaben pfändbar. Dies geschieht nach den Grundsätzen der Forderungspfändung, also durch **Pfändung und Überweisung** an den Gläubiger zur Einziehung oder an Zahlungs statt. Das Verfahren richtet sich nach §§ 828 ff. ZPO. Es verlangt einen Antrag auf Pfändung und Überweisung an das Vollstreckungsgericht, das daraufhin einen Pfändungs- und Überweisungsbeschluss erlässt, der dem Kontoinhaber als Vollstreckungsschuldner und der kontoführenden Bank als Drittschuldner **zugestellt** wird. Der Vollstreckungsgläubiger erhält damit das von ihm gewünschte Pfandrecht (§ 829 ZPO) und das Recht, die Forderung im eigenen Namen einzuziehen, dh Auszahlung des Guthabens an sich zu verlangen (§ 835 Abs. 1 ZPO). Ist Kontoinhaber eine natürliche Person, so darf die Bank erst **vier Wochen** nach Zustellung des Pfändungs- und Überweisungsbeschlusses an den Vollstreckungsgläubiger leisten (§ 835 Abs. 3 Satz 2 ZPO), um dem Vollstreckungsschuldner (Kontoinhaber) die Möglichkeit zu geben, Pfändungsschutz nach § 850k ZPO geltend zu machen (→ § 2 Rn. 69 f.). Bei der Pfändung von Bankguthaben, zB auf Spar- oder Girokonten, umfasst die Pfändung nicht nur das Guthaben am Tag der Zustellung des Pfändungsbeschlusses, sondern auch die Tagesguthaben der folgenden Tage (§ 833a ZPO).[74] Zur Pfändung von Kontokorrentkonten, insbes. Girokonten, → § 2 Rn. 66–69a. 28

Das zu pfändende Konto muss hinreichend **bestimmt** sein, wozu jedoch nicht gehört, dass der Pfändungsgläubiger die Kontonummer angibt; die Kontenart (also zB Spar-, Giro- oder Festgeldkonto; Depotkonto[75]) muss aber bezeichnet sein.[76] Ob er auch die Filiale angeben muss, bei der das Konto geführt wird, ist umstritten;[77] im Allgemeinen reicht die Nennung der Zentrale der Bank aus. Es darf sich aber nicht der Eindruck auf- 29

---

[73] Zur Legitimationswirkung des Sparbuchs → § 2 Rn. 43 ff.; zu den Einzelheiten des Pfandrechts als Instrument der Kreditsicherung → § 5 Rn. 212 ff.
[74] Dazu *Bitter* WM 2008, S. 141 ff.
[75] Vgl. BGH WM 2008, S. 400.
[76] Vgl. BGH NJW 1988, S. 2543 = WM 1988, S. 950; OLG Köln NJW-RR 1999, S. 1224 = WM 1999, S. 2156.
[77] *Liesecke* WM 1975, S. 314, 317; *Bitter* in BankR-HdB, § 33 Rn. 21; auch OLG Stuttgart WM 1993, S. 2020.

drängen, der Pfändungsgläubiger betreibe Verdachts- oder Ausforschungspfändungen in der Weise, dass er flächendeckend in einer Region allen Kreditinstituten Pfändungsbeschlüsse zustellt, um aus den Erklärungen der Drittschuldner nach § 840 ZPO folgern zu können, ob und wo dort Guthaben vorhanden sind; in diesem Fall handelt er rechtsmissbräuchlich.[78] – Bei **Gemeinschaftskonten** – d. s. solche mit mehreren Gläubigern (→ § 2 Rn. 80 – 84) – stellt sich die Frage, ob und inwieweit die Rechte des Mitkontoinhabers durch die Pfändung des Guthabens beim anderen Mitkontoinhaber beeinflusst werden. Nach wohl h. M. wird beim sog. Oder-Konto die Verfügungsbefugnis des Mitkontoinhabers durch die Pfändung beim anderen Kontoinhaber nicht beeinflusst, er kann also Leistung des Kontoguthabens an sich verlangen; die Bank wird erst durch Auszahlung an den Vollstreckungsgläubiger befreit (§§ 428, 425 Abs. 1, 429 Abs. 3 Satz 2 BGB).[79] Dagegen bedarf es beim Und-Konto einer Vollstreckung gegen sämtliche Kontoinhaber (vgl. § 747 Satz 2 BGB, §§ 851 Abs. 1, 736 analog ZPO). Aufgrund eines Titels gegen nur einen Kontoinhaber kann dessen Gesamthandsanteil oder ideeller Bruchteil der gemeinschaftlichen Forderung gepfändet werden; die Vollstreckung findet dann in den Teilungsanspruch gegen den anderen Kontoinhaber statt.[80]

6. Bedeutung der Kontonummer

30   Jedes Konto erhält zur Benennung eine Kontonummer (bei Zahlungskonten: „Kundenkennung" iSd § 675r Abs. 2 BGB). Dies ist allgemeine Praxis, denn die Kontonummer dient der Bank als geschäftserleichterndes Hilfsmittel, das gemeinte Konto aufzufinden. Dies ist insbes. dann von Bedeutung, wenn ein Überweisungsempfänger mehrere Konten unterhält; dann macht die Kontonummer deutlich, auf welchem dieser Konten der Überweisungsbetrag gutgeschrieben werden soll. Da die früher verwendete sog. **Fakultativklausel,** die es der Bank erlaubte, eine eingehende Gutschrift auf irgendeinem Konto des Kunden bei dem gleichen Kreditinstitut vorzunehmen, für unwirksam erklärt wurde,[81] ist die Gutschrift auf dem **angegebenen Konto** für die Bank zwingend. Ebenso tritt im Verhältnis zum Schuldner die **Erfüllungswirkung** (§ 362 Abs. 1 BGB) nur durch Überweisung auf das vom Gläubiger angegebene Konto, nicht aber auf ein anderes Konto des Gläubigers ein.[82]

31   Die Angabe einer **falschen Kontonummer** auf einer Überweisung verursacht rechtliche und tatsächliche Probleme. Tatsächliche Probleme ergeben sich aus einer verlängerten Laufzeit der Überweisung. Das rechtliche Problem ist, ob die Bank die eingehende Überweisung auf dem Konto mit der falschen Nummer, also einem anderen Empfänger, gutschreiben darf oder ob die Gutschrift bei dem namentlich richtig angegebenen Empfänger erfolgen muss und die falsche Nummer außer Betracht zu bleiben hat. Nach

---

[78] Vgl. BGH NJW 2004, S. 2096 = BKR 2004, S. 315 = WM 2004, S. 934 = WuB VI E. § 829 ZPO 4.04 *Bitter*: Verdachtspfändung gegen drei Kreditinstitute nicht rechtsmissbräuchlich; näher *Bitter* in BankR-HdB, § 33 Rn. 23–27.

[79] Vgl. OLG Dresden WM 2001, S. 1148; *Hüffer/van Look*, Rn. 157; nach a. A. soll mit Zustellung des Pfändungs- und Überweisungsbeschlusses eine Kontosperre eintreten (so zB *E. Wagner*, WM 1991, S. 1145, 1146 f.; *Bitter* in BankR-HdB, § 33 Rn. 116.); offen BGHZ 93, S. 315, 321 = NJW 1985, S. 1218 = WM 1985, S. 344; unklar BGHReport 2003, S. 50; vgl. auch BGHZ 95, S. 185, 187 = NJW 1985, S. 2683 = WM 1985, S. 1059.

[80] *Bitter* in BankR-HdB, § 33 Rn. 113; *Hadding/Häuser* in BankR-HdB, § 35 Rn. 24.

[81] BGHZ 98, S. 24.

[82] Vgl. BGH NJW-RR 2004, S. 1281 = WM 2004, S. 1219; OLG Köln WM 2006, S. 1144.

heute geltendem Recht (§ 675r Abs. 1 BGB) dürfen die beteiligten Zahlungsdienstleister einen Zahlungsvorgang ausschließlich anhand der von dem Zahlungsdienstnutzer – dem Überweisenden – angegebenen Kundenkennung, dh der Kontonummer (zB IBAN), ausführen. Anstelle des früher durch die Rechtsprechung geforderten Kontonummer-Namens-Abgleichs durch die Empfängerbank[83] führt heute die Bank des Überweisenden eine Prüfzifferberechnung der IBAN durch (Nr. 5 Überweisungsabkommen 2011), aus der sich etwaige Fehlangaben mit höchster Wahrscheinlichkeit ergeben[84]. Bei erkennbaren Fehlangaben ist die Bank des Überweisenden zur Rückfrage verpflichtet (§ 675r Abs. 3 BGB).[85] Ab dem 1.2.2014 ist für Überweisungen und Lastschriften zwischen Zahlungskonten (Girokonten) nur noch die sog. **IBAN (International Bank Account Number)** maßgeblich,[86] deren Elemente durch die Internationale Organisation für Normung (ISO) spezifiziert sind und die in Deutschland nach dem Regeln des Abkommens über die IBAN vom September 2012 festgelegt wird.

7. Stornoklausel

Trotz aller Achtsamkeit können Buchungen auf Konten grundlos vorgenommen werden. **Beispiele:** Der Überweisungsempfänger hat einen gefälschten Überweisungsauftrag zu seinen Gunsten und zu Lasten eines Dritten in den Zahlungsverkehr eingeschleust. – Der Lastschriftgläubiger hat eine Lastschrift ohne entsprechende Autorisierung (Einzugsermächtigung) durch den Schuldner eingereicht. 32

In diesen Fällen sind die Banken bestrebt, auf möglichst einfache Weise den falschen Buchungsstand zu berichtigen, also die falsche Buchung aufzuheben und an deren Stelle die richtige Buchung vorzunehmen. Rechtlich ist dieser Vorgang wie folgt zu beurteilen: Der Bankkunde soll mit der falschen Gutschrift auf seinem Kontokorrentkonto (zB Girokonto) noch kein gesichertes Guthaben erlangt haben; vielmehr soll ihm diese Gutschrift einseitig durch die Bank wieder entzogen werden können. Daher räumt Nr. 8 Abs. 1 AGB-Banken[87] dem Kreditinstitut ein sog. Stornorecht ein, das als **Widerrufsrecht**[88] oder als vertragliches **Anfechtungsrecht**[89] anzusehen ist. Diese Stornoklausel lässt zu, dass Kreditinstitute fehlerhafte Gutschriften „bis zum nächsten Rechnungsabschluss" rückgängig machen können. Die Bezeichnung „Storno" kommt aus dem italienischen Bankwesen und heißt „Streichung". Buchhalterisch wird nicht die fehlerhafte Buchung gestrichen, sondern eine korrigierende **Gegenbuchung** vorgenommen. Der Kunde kann gegenüber einer berechtigten Stornierung nicht einwenden, dass er „in Höhe der Gutschrift bereits verfügt hat", was bedeuten kann, dass er nicht mehr bereichert ist (§ 818 Abs. 3 BGB). Denn das Stornorecht setzt zwar das Vorhandensein eines bereiche- 33

---

[83] Vgl. BGH NJW 1991, S. 3208 = WM 1991, S. 1912, 1913.
[84] Vgl. *Rauhut* ZBB 2009, S. 32 ff., *Scheibengruber/Breidenstein* WM 2009, S. 1393, 1398 f.; auch *Casper*, FS Nobbe, 2009, S. 3 ff.; *Nobbe* WM 2011, S. 961, 963 f.; *Mayen* in BankR-HdB, § 49 Rn. 71 ff.; *Baumbach/Hopt*, HGB, (7) BankGesch Rn. C/39.
[85] Dazu *Bitter* WM 2010, S. 1725, 1728 ff.; *Hadding*, FS U.H. Schneider, 2011, S. 443 ff.
[86] Vgl. Art. 2 Nr. 15, 5 Abs. 1 Buchst. a) EU-VO vom 14.3.2012 (sog. SEPA-VO); → § 4 Rn. 3 und 34.
[87] Entsprechend Nr. 8 Abs. 1 AGB-Sparkassen, deren Stornorecht etwas weiter geht als das der Banken.
[88] So BGHZ 72, S. 9, 11 = NJW 1978, S. 998; vgl. auch BGHZ 87, S. 246 = NJW 1983, S. 2501.
[89] *Baumbach/Hopt*, HGB, (8) AGB-Banken Nr. 8 Rn. 1; ähnlich *Canaris*, Bankvertragsrecht I, Rn. 448: vertragliches Gestaltungsrecht.

rungsrechtlichen Rückgewähranspruchs des Kreditinstituts voraus,[90] soll es aber vor den Unsicherheiten des Bereicherungsrechts bewahren, ihm vielmehr eine Art „Selbsthilfe" eröffnen und das Klagerisiko auf den Kunden verlagern.

34 Das Recht zur Stornierung besteht nur bei einer fehlerhaften Gutschrift, soweit der Bank ein **Rückzahlungsanspruch** gegen den Kontoinhaber zusteht, zB bei Fälschungen oder Doppelüberweisungen. Worauf dieser Rückzahlungsanspruch beruht, ist unerheblich. Eindeutig ist die Lage in **Beispiel 1:** Eine Bank schreibt einem Kunden 100.000 € aufgrund eines technischen Fehlers der EDV-Anlage gut, obwohl ihm nur 1.000 € überwiesen wurden – das Stornorecht ist gegeben. **Beispiel 2:** Eine Bank schreibt aufgrund einer innerbetrieblichen oder Hausüberweisung[91] dem Kunden A 1.000 € gut und merkt später, dass der Überweisende B kein Guthaben hatte – Das Stornorecht ist nicht gegeben, weil die Bank keinen materiell-rechtlichen Anspruch gegen den Überweisungsempfänger auf Rückgewähr des gutgeschriebenen Betrages hat. Hieran fehlt es, weil A nicht ungerechtfertigt bereichert ist, sondern die Gutschrift mit rechtlichem Grund erhielt. **Beispiel 3:** Eine Bank schreibt dem Kunden A aus einer Überweisung 10.000 € gut. Der Zahlungsauftrag war aber wirksam widerrufen worden (vgl. § 676p Abs. 2–4 BGB). Auch hier besteht ein Rückzahlungsanspruch, mithin auch das Stornorecht.[92]

35 Das Stornorecht kann nur bis zum nächsten Rechnungsabschluss ausgeübt werden. Ist der nächstfolgende Rechnungsabschluss erfolgt, so kann eine fehlerhafte Gutschrift durch **Berichtigungsbuchung** korrigiert werden (Nr. 8 Abs. 2 AGB-Banken, Nr. 8 Abs. 2 AGB-Sparkassen). Nach einer solchen Berichtigungsbuchung leben die girovertraglichen Einzelansprüche wieder auf, die vor der Feststellung des Saldoabschlusses bestanden, wozu auch der aus der fehlerhaften Gutschrift herrührende Rückzahlungsanspruch gehört. Der Kunde kann gegen die Berichtigungsbuchung Einwendungen erheben. Dann muss die Bank den fehlerhaft gebuchten Betrag wieder gutschreiben. Die Bank kann dann einen Bereicherungsanspruch gesondert geltend machen, gegen den dem Kunden ggf. der Einwand der Entreicherung (§ 818 Abs. 3 BGB) zur Seite steht. Die Bank kann die Bereicherung des Kunden auch einredeweise geltend machen (§ 821 BGB). Der Kunde muss auf die Zinskonsequenzen vollzogener Berichtigungsbuchungen achten (vgl. Nr. 8 Abs. 3 Satz 2 AGB-Banken).

36 Das Stornorecht gilt nicht nur gegenüber irrtümlichen Gutschriften, sondern auch für **Belastungsbuchungen.**[93] – Eine besondere Form von Stornoklauseln wird in **Kredit- und Bürgschaftsverträgen** vereinbart. Danach ist das Kreditinstitut berechtigt, Kreditrückzahlungen und Zinsraten von einem Girokonto abzubuchen. Solche Abbuchungen sollen storniert werden können, wenn das Girokonto zum Zeitpunkt der Abbuchung kein ausreichendes Guthaben aufweist. Mit dieser Stornierung und der entsprechenden Erhöhung des Kreditsaldos auf dem Kreditkonto will sich die Bank die ihr zustehenden Sicherheiten erhalten.

37 Als Leitlinie für die Rechtsanwendung ist ein **enger Anwendungsbereich** des Stornorechts zu befürworten: Das Recht des Buchgelds soll dem des Bargelds möglichst angenä-

---

[90] Vgl. BGHZ 87, S. 246 = WM 1983, S. 907, 908.
[91] Auch: „Inhouse-Überweisung": Das heißt, dass Überweisender und Überweisungsempfänger ihre Konten bei derselben Bank haben.
[92] Vgl. *Bunte* in BankR-HdB, § 13 Rn. 11; *Canaris*, Bankvertragsrecht I, Rn. 449; a. A. *Baumbach/Hopt*, HGB (8) AGB-Banken Nr. 8, Rn. 2 iVm (7) BankGesch Rn. C/19.
[93] BGH ZIP 1988, S. 1105.

hert sein, und bei der Auszahlung von Bargeld kann der Zahlende nicht ohne weiteres „bis zum nächstfolgenden Rechnungsabschluss" Rückzahlung verlangen. Auch sollte eine vollzogene Rechtshandlung – hier die Kontogutschrift – nicht von dem wirtschaftlich Stärkeren uneingeschränkt einseitig rückgängig gemacht werden können. Aus diesen Gründen haben Rechtsprechung und Literatur[94] dem Stornorecht Grenzen gezogen, die zu einer schrittweisen Einschränkung in den AGB-Banken[95] geführt haben.

III. Kontoarten

1. Sparkonto

Das Sparkonto gibt es seit nahezu 200 Jahren, es ist mit der Entwicklung des deutschen Sparkassenwesens eng verbunden. Etwa seit 1955 hat das Sparkonto auch im privaten Bankgewerbe, hier vor allem bei den Großbanken, den Regionalbanken sowie bei den Volksbanken, seine Heimat. Die gesamtwirtschaftliche Bedeutung der auf Sparkonten unterhaltenen Spareinlagen besteht darin, dass sie als das typisches Instrument für die private Ersparnisbildung angesehen werden und diese **private Ersparnisbildung** die Voraussetzung für inflationsneutrale Investitions- und Staatsfinanzierung ist. In Deutschland werden zwischen 9 und 12% des verfügbaren Einkommens gespart (sog. durchschnittliche Sparquote; 2011: 10,4%, insgesamt rd. 173 Mrd. €); hiervon fließt der größte Teil auf Sparkonten und bildet die Grundlage der Refinanzierung langfristiger Kommunalkredite und Investitionsdarlehen. Dies ist ein gesunder Geldkreislauf, um den andere Industriestaaten Deutschland beneiden. 38

Im **Volumen** zeigen die Sparkonten seit 1948 eine stark steigende Tendenz. Die Spareinlagen stiegen von 1,6 Mrd. DM im Jahr 1948 bis auf rd. 800 Mrd. DM 40 Jahre später. Seit etwa 1985 ist ein Abflachen des Zuwachses der Spareinlagen, ein leichter Abbau ab 1990, ab 1994 wieder ein Zuwachs, seit 1999 ein Rückgang festzustellen. Das Gesamtvolumen an Spareinlagen betrug Ende 2012 einschließlich der Sparbriefe rd. 628 Mrd. €,[96] also mehr als das doppelte des Bundeshaushalts. Es gibt ca. 20 Millionen Sparkonten, die etwa zu 60% bei Sparkassen und zu 40% bei anderen Instituten geführt werden. 39

Trotz seiner wirtschaftlichen Bedeutung ist das Sparkonto als solches nicht gesetzlich geregelt, sondern nur durch die bilanzierungstechnische Definition der Spareinlage in § 21 Abs. 4 der VO über die Rechnungslegung der Kreditinstitute und Finanzdienstleistungsinstitute (Kreditinstituts-Rechnungslegungsverordnung – **RechKredV**[97]), der nur noch formale Minimalregelungen enthält. Einzelheiten regeln die **Bedingungen für den Sparverkehr,** die AGB der Banken und Sparkassen sind. 40

Das Sparkonto dient der Verbuchung von Spareinlagen, über die eine Urkunde, das **Sparbuch,** ausgefertigt wird, die Wertpapier iSd § 808 BGB ist. Spareinlagen sind Gelder, die nicht zur Verwendung im Geschäftsbetrieb von Unternehmen oder für den Zahlungs- 41

---

[94] Vgl. schon *Schoele,* Das Recht der Überweisung, 1937, S. 80; *Meyer-Cording,* Das Recht der Banküberweisung, 1951, S. 100; aus jüngerer Zeit: *Berninghaus,* Die Stornierungsbefugnis der Banken, 1980; *Wallach,* Die Befugnis der Banken zur Stornierung von Überweisungsgutschriften, 1992; *Kämmerer,* Das Stornorecht, 1998.
[95] Zur Neufassung 1993 vgl. *Arendts* ZBB 1994, S. 303.
[96] Quelle: Deutsche Bundesbank, Bankenstatistik, März 2013, S. 82.
[97] Vom 10. Februar 1992, BGBl. I, S. 203, idF vom 11. Dezember 1998, BGBl. I, S. 3658; dazu *Lange* BB 1993, S. 1677.

verkehr bestimmt sind und eine Kündigungsfrist von mindestens drei Monaten aufweisen (§ 21 Abs. 4 RechKredV).[98]

42 Rechtlich ist die Spareinlage als **Darlehen** iSd §§ 488 ff. BGB anzusehen, das der Kunde der Bank gewährt[99]: Aus § 488 Abs. 1 Satz 2 BGB folgt insbesondere das Recht des Sparkontoinhabers auf Verzinsung und Rückzahlung seines Guthabens, aus § 488 Abs. 3 BGB das Kündigungsrecht des Kunden als Darlehensgeber.

a) Sparbuch als Wertpapier

43 Über die Spareinlage wird eine besondere **Urkunde** ausgefertigt, zumeist in Form eines Sparbuchs. § 21 Abs. 4 Nr. 1 RechKredV und die Bedingungen für den Sparverkehr lassen auch andere Urkunden zur Kennzeichnung von Spareinlagen zu, zB Sparscheine, Sparmarken, Geschenkspargutscheine. Sparbücher gibt es in drei Arten, nämlich das Sparbuch mit fest eingebundenen Seiten, als Staffelurkunde und in Loseblattform zur Einheftung einzelner Sparkontoauszüge.[100] Für alle Arten von Sparbüchern gilt, dass der Aussteller, die Höhe der Spareinlage und der Name des Kontoinhabers aus der (Gesamt-)Urkunde ersichtlich sein müssen. Dagegen sind Sparkarten, die zur Barabhebung am Geldautomaten berechtigen, nicht als Sparurkunde anzusehen, da sich die Höhe der Einlageforderung nicht aus der Karte ergibt[101].

44 Die Rechtsnatur des Sparbuchs ist zunächst die einer Schuldurkunde, weil das Kreditinstitut dem Sparer und Darlehensgeber hierin bestätigt, ihm einen bestimmten, aus der Urkunde ersichtlichen Geldbetrag als Spareinlage zu schulden. Das Sparbuch ist ferner ein **Präsentationspapier,** weil Abhebungen vom Konto grundsätzlich nur gegen Vorlage der Urkunde möglich sind. Das Sparbuch ist kein echtes Inhaber- und auch kein Orderpapier[102], sondern ein **qualifiziertes Legitimationspapier** nach § 808 BGB, für das kennzeichnend ist, dass es zwar auf den Namen eines bestimmten Gläubigers lautet, also **Rektapapier** ist, jedoch mit der Bestimmung ausgegeben wird, dass die versprochene Leistung an jeden Inhaber der Urkunde bewirkt werden kann. Die Bank oder Sparkasse kann mit befreiender Wirkung an den jeweiligen Inhaber und Vorleger des Sparbuches zahlen **(Liberationswirkung).** Die auszahlende Bank ist nicht verpflichtet, die Berechtigung dessen, der das Sparbuch vorlegt, zu prüfen; sie wird von ihrer Leistungspflicht dem Gläubiger gegenüber auch dann befreit, wenn der Vorleger des Sparbuchs nicht der wahre Berechtigte, also der Kontoinhaber, ist. Andererseits ist der Inhaber nicht berechtigt, die Leistung ohne weitere Legitimation zu verlangen (§ 808 Abs. 1 Satz 2 BGB). Denn die Sparkasse muss nicht an den Vorleger des Sparbuches zahlen, weil das Sparbuch kein abstraktes Schuldanerkenntnis ist. Aus diesem Grunde werden Sparbücher auch **„hinkende Inhaberpapiere"** genannt und sind nur Wertpapiere im weiteren Sinn.[103] Die Auszahlungsbefugnis der Sparkasse gegen Vorlage des Sparbuches – die Legitimationswirkung –

---

[98] Dazu *A. Kaiser* WM 1996, S. 141 ff.

[99] Vgl. BGH WM 1975, S. 733, 735; *Hüffer/van Look,* Rn. 4 m. weit. Nachw.; *Schürmann* in BankR-HdB, § 70 Rn. 19; *Servatius* in Bankrechts-Kommentar, Kap. 35 Rn. 229.

[100] Vgl. *Schürmann* in BankR-HdB, § 71 Rn. 24–29; *Servatius* in Bankrechts-Kommentar, Kap. 35 Rn. 237 f.; *Kümpel/Wittig/Peterek.* Rn. 8.55 f.

[101] Vgl. *Schürmann* in BankR-HdB, § 71 Rn. 28; *Servatius* in Bankrechts-Kommentar, Kap. 35 Rn. 239; a. A. *Hofmann* WM 2005, S. 1305, 1307; *Habersack* in MüKoBGB, § 808 Rn. 24.

[102] → § 7 Rn. 11 ff.

[103] Vgl. BGH WM 1975, S. 733, 735; *Hüffer/van Look,* Rn. 28; aM *Kümpel* WM 1984, S. 802, 803; offen *Schürmann* in BankR-HdB, § 71 Rn. 42.

ist limitiert, weil die Abtretung des Spargurhabens durch Abtretung der Forderung gegen die Sparkasse erfolgt (nach §§ 398 ff. BGB) und nicht durch die Übereignung des Sparbuchs; das Eigentum am Sparbuch folgt vielmehr der Inhaberschaft der Forderung (§ 952 Abs. 2 BGB). Daher ist der Besitz des Sparkassenbuchs und dessen Vorlage keine Aussage über die materielle Berechtigung an der Einlageforderung, sondern nur prozessuales Faktum (Anzeichen, Indiz), allerdings von hohem Beweiswert.

Eine wesentliche Einschränkung hat die Legitimationswirkung des Sparbuches bei **vorzeitiger Auszahlung** von Spareinlagen erfahren. Erfolgt die Zahlung ohne Einhaltung der vertraglich vereinbarten Kündigungsfrist an einen nicht verfügungsberechtigten Inhaber des Sparbuchs, wird das Kreditinstitut dem wahren Gläubiger gegenüber von seiner Leistungspflicht nicht befreit. Dasselbe galt nach Ansicht des BGH zu § 22 KWG aF für den Fall, dass bei Spareinlagen mit gesetzlicher Kündigungsfrist innerhalb von 30 Zinstagen mehr als DM 3000 an einen nicht berechtigten Sparbuchinhaber ausgezahlt wurden.[104] Nach Aufhebung des § 22 KWG zum 1.7.1993 ist folgender Gedankengang zugrunde zu legen: § 808 BGB erlaubt, die „versprochene Leistung" an den Vorleger eines Legitimationspapiers zu bewirken. Versprochen ist aber von dem Kreditinstitut nach Nr. 2 Abs. 3 der Bedingungen für den Sparverkehr ohne Kündigung nur die Zahlung eines Betrages von **maximal 2000 €** innerhalb eines Kalendermonats. Nur innerhalb dieser beiden Grenzen zahlt die Sparkasse „Versprochenes" an den – vielleicht materiell nicht berechtigten – Vorleger des Sparbuches. Außerhalb dieser Grenzen endet die Legitimationswirkung des Sparbuches. Der dieser Rechtsprechung zugrunde liegende Gedanke ist daher aufrechtzuerhalten, gestützt auf § 21 Abs. 4 Satz 2 RechKredV und Nr. 2 Abs. 2 und 3 der Bankbedingungen für den Sparverkehr bzw. Nr. 4 der Sparkassenbedingungen für den Sparverkehr.[105] Werden mehr als 2000 € an einen Nichtberechtigten gegen Vorlage des Sparbuches ausgezahlt, stellt sich die Frage, ob sich die Liberationswirkung wenigstens auf den Sockelbetrag von 2000 € erstreckt, mithin die Bank insoweit befreit wird, oder ob sie hinsichtlich des vollen Auszahlungsbetrags entfällt. Die h. M. entscheidet im ersteren Sinn.[106]

Der Grundsatz, dass das Kreditinstitut mit befreiender Wirkung an den Sparbuchvorleger zahlen kann, gilt nur bei **Gutgläubigkeit** der Bank oder Sparkasse, obwohl § 808 BGB selbst keine derartige Einschränkung enthält. Die Legitimationswirkung findet ihre Grenze in der Kenntnis oder grobfahrlässigen Unkenntnis von der Nichtberechtigung des Sparbuchvorlegers (so auch Nr. 1 Abs. 4 der Bankbedingungen für den Sparverkehr, Nr. 3.5 der Sparkassenbedingungen für den Sparverkehr). Dass grobe Fahrlässigkeit im Nichterkennen der fehlenden Berechtigung genügt, dafür spricht die Parallele mit der Einlösung eines Wechsels, wo nach Art. 40 Abs. 3 Satz 1 WG (nur) grobe Fahrlässigkeit schadet; unschädlich ist daher leichte Fahrlässigkeit.[107] Positive Kenntnis vom Mangel der

---

[104] BGHZ 28, S. 368; BGHZ 42, S. 302; BGHZ 64, S. 278; BGH WM 1986, S. 608; WM 1988, S. 1478, 1479; WM 1990, S. 2067, 2069.
[105] Vgl. zB *Nobbe*, Neue höchstrichterliche Rechtsprechung zum Bankrecht, RWS-Skript 40, 6. Aufl. 1995, Rn. 663; *Schürmann* in BankR-HdB, § 71 Rn. 52; *Servatius* in Bankrechts-Kommentar, Kap. 35 Rn. 269.
[106] BayObLG NJW 1968, S. 600 = WM 1968, S. 259; OLG Düsseldorf NJW 1987, S. 654; OLG Hamm WM 1989, S. 562, 565; *Hüffer/van Look*, Rn. 63; *Schürmann* in BankR-HdB, § 71 Rn. 54; *Servatius* in Bankrechts-Kommentar, Kap. 35 Rn. 54; aM OLG Hamm NJW 1961, S. 1311, 1312; LG Essen WM 1987, S. 1452 (dazu *Welter*, WuB I C 2.-1.88).
[107] Vgl. OLG Düsseldorf NJW 1987, S. 654; *Canaris*, Bankvertragsrecht I, Rn. 1185; *Hüffer/van Look*, Rn. 58; *Hadding* JuS 2003, S. 154, 156.

Verfügungsberechtigung des Sparbuchvorlegers erlangt die Bank schon mit Erhalt der Verlustanzeige, mit der der Berechtigte ihr das Abhandenkommen des Sparbuchs mitteilt.[108] Der positiven Kenntnis gleichgestellt wird die Auszahlung an den Sparbuchvorleger entgegen **Treu und Glauben** (§ 242 BGB). **Beispiel:** Eine Mutter eröffnet ein Sparbuch mit 12-jähriger Kündigungsfrist auf den Namen der minderjährigen Tochter, behält aber das Sparbuch bei sich. Die Tochter verschafft sich das Sparbuch und hebt einen höheren Betrag ab als den Freibetrag. Die Sparkasse wird nicht frei, die Legitimationswirkung greift nicht so weit, auch die Vereinbarung über die Kündigungsfrist aufzuheben.[109] Intensive Nachforschungspflichten hinsichtlich der Berechtigung des Buchinhabers bei der Abhebung von Sparguthaben können dem Kreditinstitut aber nicht abverlangt werden, weil insoweit der raschen und reibungslosen Abwicklung des Sparverkehrs als Massengeschäft Priorität zukommt, die auch die Verfügung durch Nichtberechtigte mit Einwilligung des Berechtigten zulässt (vgl. § 185 Abs. 1 BGB).

47 Auch der umgekehrte Fall kommt vor: Ein Kunde verlangt **ohne Vorlage des Sparbuchs** Auszahlung eines Sparguthabens, obwohl er nicht mehr Gläubiger der Guthabenforderung ist, weil er sie zuvor an einen Dritten nach § 398 BGB abgetreten hatte. Zahlt die Bank in gutem Glauben an seine Gläubigerstellung aus, so stellt sich die Frage, ob sie sich hinsichtlich der Erfüllungswirkung der Auszahlung (§ 362 Abs. 1 BGB) auf § 407 Abs. 1 BGB berufen kann. Die wohl h. M. lehnt dies unter Berufung auf die rechtliche Einordnung des Sparbuchs als Wertpapier ab.[110] Dem ist entgegenzuhalten, dass es sich beim Sparbuch nur um ein Wertpapier im weiteren Sinn handelt, bei dem das Recht aus dem Papier eben nicht – wie für Wertpapiere kennzeichnend – dem Recht am Papier folgt; vielmehr wird die Einlageforderung nicht durch Übereignung des Sparbuchs, sondern durch Abtretung übertragen mit der Folge des Übergangs des Eigentums am Sparbuch (§ 952 Abs. 2 BGB), was zur Anwendung des § 407 Abs. 1 BGB führt. Auch folgt aus Nr. 1 Abs. 3 der Bedingungen für den Sparverkehr kein „Zwang" zur Vorlegung des Sparbuchs, weil das Sparbuch andernfalls zum echten Inhaberpapier würde. Letztlich dient der Ausschluss des Schuldnerschutzes nach § 407 Abs. 1 BGB bei Wertpapieren der Steigerung der Verkehrsfähigkeit (Fungibilität) der verbrieften Forderung, was auf Sparguthaben wegen der damit bezweckten Vermögensansammlung in privater Hand nicht zutrifft.[111]

b) Recht auf Verzinsung, Vorschusszinsen und Rückzahlung

48 Jährlich werden Milliardenbeträge als Zinsen für Spareinlagen gutgeschrieben, die zumeist auf dem Sparkonto als Guthaben verbleiben. Für den Sparer ist die Zinshöhe, sowohl in Hochzinsphasen als auch in der gegenwärtigen Niedrigzinsphase, häufig unbefriedigend, weil sie mit 0,35 % bis 4 % p. a. als zu niedrig angesehen wird und noch nicht einmal einen Inflationsausgleich ermöglicht, also zu einem realen Wertverlust führt. Für

---

[108] Vgl. BGH NJW 1988, S. 2100; *Schürmann* in BankR-HdB, § 71 Rn. 36; *Servatius* in Bankrechts-Kommentar, Kap. 35 Rn. 265.
[109] BGHZ 28, S. 368.
[110] OLG Hamm WM 1984, S. 801 f.; *Canaris*, Bankvertragsrecht I, Rn. 1183; *Hopt/Mülbert*, Kreditrecht, vor §§ 607 ff. BGB Rn. 93 f.; *Werner* ZBB 1990, S. 236, 238; *Habersack* in MüKoBGB, § 808 Rn. 34; *Sprau* in Palandt, BGB, § 808 Rn. 6.
[111] In diesem Sinne *Kümpel* WM 1984, S. 802, 803; *Welter* WM 1987, S. 1117, 1119 f.; *Hüffer/van Look*, Rn. 66; *Schürmann* in BankR-HdB, § 71 Rn. 44–46; *Servatius* in Bankrechts-Kommentar, Kap. 35 Rn. 274.

die Höhe des Zinssatzes gilt die vertragliche Vereinbarung (§ 488 Abs. 1 Satz 2 BGB), die einzelvertraglich ausgehandelt sein kann (zB als fester Zinssatz). In der Praxis wird jedoch meistens ein variabler Zinssatz formularmäßig als AGB (§ 305 Abs. 1 BGB) vereinbart, der entweder an einen Referenzzinssatz (zB EURIBOR) gekoppelt ist und sich damit automatisch verändert **(Zinsgleitklausel)** oder einseitig nach § 315 BGB durch das Kreditinstitut an veränderte Marktverhältnisse angepasst werden kann **(Zinsanpassungsklausel)**. In den diesen Fällen müssen zunächst die formalen Anforderungen des § 5 Abs. 1 PAngV sowie der Bankenaufsicht über Preisaushang und Preisverzeichnisse beachtet werden. Nr. 3 Abs. 1 der Bankbedingungen für den Sparverkehr (= Nr. 3.1 der Sparkassenbedingungen für den Sparverkehr) sieht eine Zinsanpassungsklausel vor, die der Bank oder Sparkasse einen gleichsam unbegrenztes Recht zur Zinsänderung durch Änderung des Preisaushangs einräumt. Dies ist zwar im Hinblick auf § 308 Nr. 4 BGB bedenklich, aber dem Kunden bei kurzfristigen Sparverträgen mit dreimonatiger Kündigungsfrist zumutbar, da einerseits ein Interesse der Bank an einer Anpassung an die Marktverhältnisse besteht, andererseits der Kunde hier kurzfristig eine andere Anlageform oder einen anderen Anbieter wählen kann.[112] Zudem muss die Ausübung des Änderungsrechts im konkreten Fall billigem Ermessen entsprechen (vgl. § 315 Abs. 1 BGB), zB sich an veränderten Kapitalmarktverhältnissen orientieren. Dagegen müssen bei Zinsanpassungsklauseln in langfristigen Sparverträgen, zB mit mehrjähriger Laufzeit oder mehr als einjähriger Kündigungsfrist, ein bestimmter und sachgerechter Referenzzinssatz, eine angemessene Anpassungsschwelle und angemessene Anpassungsintervalle sowie Instrumente zur Wahrung des Äquivalenzverhältnisses zwischen Leistung und Gegenleistung (möglicherweise auch eine Pflicht zur zeitnahen Anpassung des Zinssatzes bei Änderung des Referenzzinssatzes) festgelegt werden; andernfalls ist die Zinsanpassungsklausel dem Sparer nicht zumutbar und verstößt gegen § 308 Nr. 4 BGB, ggf. auch gegen das Transparenzgebot des § 307 Abs. 1 Satz 2 BGB.[113]

Der **Zinslauf** beginnt mit dem Tag der Einzahlung, er endet zunächst mit dem Kalenderjahr. Dann werden die aufgelaufenen Zinsen dem Sparkonto gutgeschrieben – es entsteht ein einheitlicher, aus Hauptforderung und Zinsanteil zusammengesetzter Anspruch des Sparers gegen sein Kreditinstitut.[114] Zinsen können innerhalb von 2 Monaten nach Gutschrift **abgehoben** werden, dann werden sie der Spareinlage zugerechnet mit der Folge, dass bei späterer Abhebung Vorschusszinsen berechnet werden müssen. Ein Charakteristikum des deutschen Sparkontos ist, dass es mit einem Verbot der Befristung von Spareinlagen ausgestattet ist (vgl. § 21 Abs. 4 RechKredV: „nur unbefristete Gelder"). Die Verfügbarkeit der Spareinlage ist – bis auf den monatlich ohne Kündigung abhebbaren Betrag von maximal 2 000.– € – nur über eine **Kündigung** zu erreichen, deren Frist mindestens 3 Monate betragen muss (§ 21 Abs. 4 Satz 1 Nr. 4 und Satz 2 RechKredV;

---

[112] Vgl. *Schürmann* in BankR-HdB, § 70 Rn. 24e; *Servatius* in Bankrechts-Kommentar, Kap. 35 Rn. 313; in diesem Sinne auch BGHZ 158, S. 149 = WM 2004, S. 825, 827 f.

[113] Vgl. BGHZ 158, S. 149, 153 ff. = NJW 2004, S. 1588 = WM 2004, S. 825, 828 m. Anm. *Pfeiffer*, WuB IV. A § 307 BGB 1.04; BGHZ 180, S. 166 Rn. 15 = WM 2010, S. 933 m. Anm. *Koch*, WuB IV A. § 308 BGB 1.10; BGH WM 2008, S. 1493 Rn. 12 m. Anm. *Schebesta*, WuB IV C. § 308 BGB 1.09; BGH WM 2011, S. 306 Rn 11 m. Anm. *Koch*, WuB I C 2.-1.11; ausf. *Schimansky* WM 2001, S. 1169 ff.; *Wimmer/Rösler* WM 2011, S. 1788 ff.; *Schürmann* in BankR-HdB, § 70 Rn. 24c-i; *Servatius* in Bankrechts-Kommentar, Kap. 35 Rn. 311–318.

[114] Zur Einordnung des Sparkontos als Staffelkontokorrent, auf das die §§ 355 ff. HGB analoge Anwendung finden, vgl. *Servatius* in Bankrechts-Kommentar, Kap. 35 Rn. 243 – 249.

Nr. 2 Abs. 2 und 3 Bankbedingungen für den Sparverkehr = Nr. 4 Sparkassenbedingungen über den Sparverkehr). Der überwiegende Anteil der Spareinlagen ist mit dieser kurzen Kündigungsfrist von 3 Monaten festgelegt. Aber auch längere Kündigungsfristen – meistens zu höheren Zinssätzen – werden häufig vereinbart.

50 Wird eine Spareinlage ausnahmsweise vor der durch fristgerechte Kündigung herbeigeführten Fälligkeit zurückgezahlt, können Kreditinstitute ein Vorfälligkeitsentgelt, sog. **Vorschusszinsen,** fordern (Nr. 2 Abs. 4 Bankbedingungen für den Sparverkehr = Nr. 4 Satz 5 Sparkassenbedingungen für den Sparverkehr).[115] Gesetzlich vorgeschrieben ist eine solche Vorfälligkeitsentschädigung nicht mehr. Wird sie im konkreten Fall vertraglich vereinbart, ist der Zinssatz idR ein Viertel höher als der Habenzinssatz; die Höhe des Vorschusszinses ist aber durchaus verhandelbar.

51 Der **Rückzahlungsanspruch** auf die Spareinlage ergibt sich aus § 488 Abs. 1 Satz 2 Fall 2 BGB. An welchem Ort eine Spareinlage zurückzuzahlen ist, entscheiden §§ 269 Abs. 1 und 2, 270 Abs. 1, 2 und 4 BGB. Nach der „Natur des Schuldverhältnisses" sind für Barauszahlungen die Geschäftsräume der kontoführenden Stelle der Bank Erfüllungsort, soweit nicht bargeldlose Gutschrift, zB durch Übertragung auf ein Girokonto des Sparers vereinbart ist.

c) Verfügungen über den Tod hinaus

52 Besonders beim Sparkonto stellen sich Fragen der Zuwendung des Kontoguthabens im Todesfall (→ § 2 Rn. 25 f.), auch durch trans- oder postmortale Vollmachten (→ § 2 Rn. 21–23).

2. Girokonto

53 Girokonten dienen der Durchführung des **Zahlungsverkehrs.** Die Grenze zwischen dem klassischen Girokonto mit weit reichendem Dienstleistungsangebot – meistens ohne Verzinsung – und Tagesgeldkonten, die höhere Zinsen tragen, aber eingeschränkte Teilnahme am bargeldlosen Zahlungsverkehr bieten (sog. Pluskonten, Abrufkonten), ist fließend, auch angesichts des Wettbewerbs klassischer Kreditinstitute mit den Direktbanken, die ohne Zweigstellen auskommen und nur postalisch, telefonisch oder online mit den Kunden in Kontakt stehen. Über Girokonten wird eine Vielzahl bankgeschäftlicher Dienstleistungen abgewickelt. Durch die Forcierung des Massengeschäfts und die ständig zunehmende Erfüllung von Schuldverhältnissen durch bargeldlose Zahlung hat sich die Anzahl der Girokonten zur Abwicklung des Zahlungsverkehrs stark erhöht: Ende 2012 gab es in Deutschland über 96 Mio. Girokonten mit einem Einlagenbestand (einschl. Tagesgeldkonten) von über 1,4 Billionen €.[116]

54 Die Bezeichnung „Girokonto" hebt auf die Zielsetzung ab, am **Girogeschäft** teilzunehmen, wobei Giro (ital.) Kreis und Kreislauf bedeutet, womit die Teilnahme am bargeldlosen Zahlungsverkehr (Buchgeldkreislauf) gemeint ist. Nach dem seit dem 31.10. 2009 geltenden neuen Zahlungsdiensterecht ist das Girokonto die wichtigste und hauptsächliche Form des **Zahlungskontos (§ 1 Abs. 3 ZAG)**[117] und dient der Ausführung einzelner und aufeinanderfolgender Zahlungsvorgänge durch einen Zahlungsdienstleister

---

[115] Zur rechtlichen Einordnung als Entgeltabrede vgl. näher *Servatius* BKR 2005, S. 295, 301; *Rösler/Wimmer* BKR 2007, S. 8, 17; zust. *Schürmann* in BankR-HdB, § 71 Rn. 71.

[116] Quelle: Deutsche Bundesbank, Zahlungsverkehrs- und Wertpapierabwicklungsstatistiken in Deutschland 2008 – 2012, Stand: Juli 2013, Tab. 4.

[117] → § 2 Rn. 2.

van Look

gegenüber einem Zahlungsdienstnutzer (vgl. § 675f Abs. 2 Satz 1 BGB). Zahlungsdienstleister unterliegen einer behördlichen Aufsicht durch die BaFin nach dem KWG, soweit sie Kreditinstitute sind (vgl. §§ 1 Abs. 1, Abs. 1b, 6 Abs. 1 KWG); soweit es sich um sog. E-Geld-Institute oder bloße Zahlungsinstitute handelt, werden sie nach dem seit 31.10. 2009 geltenden **Zahlungsdiensteaufsichtsgesetz (ZAG)** durch die BaFin beaufsichtigt (vgl. §§ 1 Abs. 1 und Abs. 2, 1a, 3 Abs. 1 ZAG). Die Begriffsbestimmungen des ZAG gelten nach § 675c Abs. 3 BGB auch für das zivilrechtliche Verhältnis zwischen dem Zahlungsdienstnutzer und dem Zahlungsdienstleister. Danach sind Zahlungsdienste, deren Abwicklung das Zahlungskonto dient, das Ein- und Auszahlungsgeschäft, das Zahlungsgeschäft (mit oder ohne Kreditgewährung) mit Lastschriftgeschäft, Überweisungsgeschäft und Zahlungskartengeschäft, das Zahlungsauthentifizierungsgeschäft, das digitalisierte Zahlungsgeschäft und das Finanztransfergeschäft (§ 1 Abs. 2 ZAG).[118]

Die rechtlichen und wirtschaftlichen Merkmale des Girokontos sind: **55**

(1) Der **Girovertrag** ist in seinem Kern ein **Zahlungsdiensterahmenvertrag** iSd § 675f Abs. 1 Satz 1 BGB, der den Zahlungsdienstleister verpflichtet, für den Zahlungsdienstnutzer Zahlungsvorgänge, dh Bereitstellung, Übermittlung oder Abhebung von Geldbeträgen (§ 675f Abs. 3 BGB), auszuführen, und zwar aufgrund eines Zahlungsauftrags iSd § 675f Abs. 3 Satz 3 BGB. Insoweit gelten für ihn seit 31.10.2009 die Regelungen der §§ 675c–676c BGB, insbes. spezielle **Unterrichtungspflichten** nach § 675d Abs. 1 iVm Art 248 §§ 1–11 EGBGB. Es können jedoch über Zahlungsdienstleistungen hinaus auch weitere Leistungen des Kreditinstituts vereinbart sein, was § 675f Abs. 2 Satz 2 BGB ausdrücklich zulässt (zB „Kleinbetragsinstrumente" iSd § 675i BGB – wie die Geldkarte – oder eine Kreditgewährung bei Überziehung des Kontos). Soweit nicht die Spezialregelungen des Zahlungsdiensterechts eingreifen, ist der Girovertrag ein **Geschäftsbesorgungsvertrag** mit dienstvertraglichen und werkvertraglichen Elementen, für den ergänzend die §§ 675 Abs. 1, 611 ff., 631 ff. sowie die §§ 663, 665–670, 672–674 BGB gelten (§ 675c Abs. 1 BGB).[119]

(2) Das Girokonto wird immer als **Kontokorrentkonto** geführt, dh in „laufender **56** Rechnung" (ital. conto corrente); damit wird auf die besonderen Regeln in den §§ 355–357 HGB abgestellt, die deshalb anwendbar sind, weil das kontoführende Kreditinstitut Kaufmann iSd § 1 HGB, § 1 Abs. 1 Satz 1 KWG ist.[120] Die **Kontokorrentabrede,** die Bestandteil des Girovertrags ist (ausdrücklich in Nr. 7 Abs. 1 AGB-Sparkassen), erlaubt die wechselseitige Verrechnung gegenseitiger Ansprüche in festgelegten Rechnungsperioden. Alle Einzelansprüche – es können unendlich viele sein – verdichten sich zu einem Anspruch. Dies ist die **Vereinheitlichungs- und Vereinfachungsfunktion** des Kontokorrents. Die Verrechnung erfolgt durch laufende Saldoziehung, es werden also die Einnahmen und Ausgaben gegeneinander verrechnet, und hierüber wird nach Nr. 7 Abs. 1 AGB-Banken (= Nr. 7 Abs. 2 AGB-Sparkassen) idR vierteljährlich ein Rechnungsabschluss erstellt. Diese periodische Verrechnung ist die Voraussetzung dafür, dass die Giro-

---

[118] Zu den einzelnen Zahlungsvorgängen → § 4.
[119] Vgl. BGH WM 2012, S. 1383 Rn. 20; *Casper* in MüKoBGB, § 675c Rn. 39; *Baumbach/Hopt*, HGB, (7) BankGesch, Rn. C/22; *Sprau* in Palandt, BGB, § 675f Rn. 11; *Herresthal* in Bankrechts-Kommentar, Kap. 2 § 675c Rn. 11, § 675f Rn. 9; zum früheren Recht *Gößmann/van Look* WM 2000, Sonderbeilage 1, S. 10. .
[120] Zum Kontokorrent vgl. vor allem *Karsten Schmidt,* Handelsrecht, § 21; *Mayen* in BankR-HdB, § 47 Rn. 37 ff.; *Hadding/Häuser* in MüKoHGB, ZahlungsV, Rn. A 200 ff. *Müller/Christmann* in Bankrechts-Kommentar, Kap. 1 Rn. 186 ff.

van Look

konten – im Gegensatz zu Spar- und Festgeldkonten – am bargeldlosen Zahlungsverkehr teilnehmen.

57 Das Kontokorrentkonto hat per se keine **Kreditgewährungsfunktion,** ist also kein Kreditgeschäft. Dem Kontoinhaber kann jedoch ein Kredit eingeräumt werden, wenn entweder eine Überziehung des Kontos durch die Bank geduldet oder vereinbart wird, dass der Kunde das Konto bis zu einem bestimmten Betrag überziehen, dh ins Debet führen, kann (Kontokorrent- oder Überziehungskredit, vgl. § 504, 505 BGB).

58 (3) Es besteht für den Kontoinhaber jederzeit die Verfügungsmöglichkeit über sein Guthaben (sog. Sichtguthaben); daher handelt es sich insoweit – neben dem Girovertrag – um **unregelmäßige Verwahrung** iSd §§ 700 Abs. 1 Satz 1 Fall 1, 488 ff. BGB.[121]

a) Bedeutung des Kontokorrents

59 Nach §§ 355–357 HGB werden die beiderseitigen Ansprüche zwischen dem Kunden und dem Kreditinstitut, entstehend aus Gutschriften auf dem Konto und aus Verfügungen zu Lasten des Kontos, ihrer Eigenständigkeit entkleidet, mit den anderen Ansprüchen verrechnet und ein neuer Anspruch errechnet, der sog. Saldo. Dieser Saldo ergibt sich aus dem Rechnungsabschluss, der beim Girokonto periodisch erfolgt (nach Nr. 7 Abs. 1 AGB-Banken vierteljährlich, nach § 355 Abs. 2 HGB jährlich, sog. **Periodenkontokorrent**) und nicht etwa aus der ständigen (täglichen) Verrechnung von Zahlungsein- und -ausgängen (sog. Staffelkontokorrent), die in Form von Tagesauszügen dem Kunden mitgeteilt wird.[122] Juristisch sind die Einzelansprüche bis zum Tag des nächsten Rechnungsabschlusses, in dem das Kontokorrent abgerechnet wird, in ihrer Durchsetzbarkeit **gehemmt** oder „gelähmt", dh sie können nicht einzeln geltend gemacht werden. Diese Form der Abrechnung, auch Skontration genannt, bedeutet, dass die einzelnen Ein- und Auszahlungen ihr individuelles Schicksal verlieren, indem sie verrechnet werden und in die Saldoforderung eingehen.[123] Dies hat zur Folge, dass Einzelverfügungen über bestimmte eingehende Zahlungen, auch Abtretungen oder Pfändungen, ausgeschlossen sind. **Beispiel:** A unterhält bei der Sparkasse S ein Girokonto, das mit 10.000 € im Debet ist. A will 5000 € in bar abheben mit dem zutreffenden Hinweis, dass der Gegenwert in einer gleichzeitig eingehenden Überweisung über 5 000 € zu finden sei. A kann seinen Auszahlungsanspruch so nicht begründen, weil die Überweisung in das Kontokorrent einfließt und über sie nicht gesondert verfügt werden kann, sie vielmehr ihre rechtliche Selbständigkeit verloren hat, und zwar schon vor der Verbuchung auf dem Konto. Die einzelnen Ansprüche wandeln sich mit dem Verlust ihrer Selbständigkeit in **Rechnungsposten,** die sich im hernach festgestellten Saldo wiederfinden. Hieraus folgt, dass der Zweck einer Überweisung auf das Konto des A nicht dahin bestimmt werden kann, ausschließlich zur Deckung der Barabhebung zu dienen. Deshalb gilt § 366 BGB hier nicht, sondern es gilt

---

[121] Vgl. BGHZ 131, S. 60, 63 f. = WM 1995, S. 2094; BGHZ 180, 191 Rn. 11 = WM 2009, S. 980; *Mayen* in BankR-HdB, § 47 Rn. 1b; *Sprau* in Palandt, BGB, § 675f Rn. 27; a. A. *Herresthal* in Bankrechts-Kommentar, Kap. 2 § 675f Rn. 13.

[122] Vgl. BGHZ 50, S. 277, 280; BGH WM 1972, S. 283, 284; *Hadding/Häuser* in MüKoHGB, ZahlungsV, Rn. A 206; *Müller-Christmann* in Bankrechts-Kommentar, Kap. 1 Rn. 193.

[123] Zwei Vergleiche sollen die Wirkung des Kontokorrents verdeutlichen: Es ähnelt einem Schmelztiegel, in dem die Einzelforderungen zu einer neuen Legierung, der Saldoforderung, eingeschmolzen werden. Es ist auch mit der Abrechnung beim Skatspiel zu vergleichen, bei der auch nicht nach jedem Spiel die Gewinne oder Verluste des Spielmachers ausgezahlt, sondern in eine kontokorrentähnliche Abrechnung eingestellt werden, in die nach dem Spiel die neuen Ansprüche eingeführt werden.

der Grundsatz der Gleichwertigkeit aller kontokorrentfähigen Ansprüche.[124] Die Einzelansprüche können nicht untergehen, sonst könnten sie im Saldo nicht aufgehen –, aber auch nicht einzeln geltend gemacht werden; sie sind vielmehr **kontokorrentgebunden** iS einer „Lähmung" oder „Hemmung", dh nicht einzeln durchsetzbar. Hieraus folgt, dass kontokorrentgebundene Einzelforderungen nicht abtretbar und nicht verpfändbar sind. Aus gleichem Grund sind sie auch nicht im Wege der Zwangsvollstreckung pfändbar, sondern allein die aus einer Verrechnung verbleibende Saldoforderung.[125]

Bei Abschluss der Rechnungsperiode werden die einzelnen Ansprüche nach Verrechnung miteinander durch den sog. **Saldoanspruch** ersetzt. Mit dem Vorgang der Verrechnung werden die beiderseitigen Verpflichtungen und Leistungen getilgt; damit tritt Erfüllungswirkung iSd § 362 Abs. 1 BGB ein, soweit die gegenseitigen Ansprüche sich decken. Der sich daraus errechnende Überschuss-Saldo ist entweder eine Forderung des Kreditinstituts gegen den Kunden oder eine Forderung des Kunden gegen das Institut. Die Feststellung des Saldos erfolgt nach § 355 Abs. 1 HGB durch den **Rechnungsabschluss,** der idR **vierteljährlich** stattfindet (Nr. 7 Abs. 1 AGB-Banken = Nr. 7 Abs. 2 AGB-Sparkassen; nach § 355 Abs. 2 HGB jährlich) und an den Kunden versandt wird, worin das Angebot auf Abschluss eines Schuldanerkenntnisses liegt (§ 781 BGB). Nr. 7 Abs. 2 AGB-Banken (= Nr. 7 Abs. 3 AGB-Sparkassen) fingiert die Genehmigung des Rechnungsabschlusses, wenn der Kunde nicht innerhalb von sechs Wochen Einwendungen erhebt.[126] Wird der **Saldo anerkannt,** erwächst dieser zu einem selbständigen Verpflichtungsgrund und gesellt sich als abstrakte, selbständige Forderung neben den kausalen Saldoanspruch. Nach der Rechtsprechung[127] handelt es sich um eine **Novation,** durch die ein neuer, einheitlicher Anspruch entsteht, während die verrechneten Einzelforderungen untergehen. Die Rechtsprechung durchbricht diesen Novationsgedanken aber überall dort, wo er zu wirtschaftlich unvernünftigen Ergebnissen führen würde.[128] Daher spricht sich die Wissenschaft[129] gegen die Novationstheorie aus und plädiert anstelle dessen unter Hinweis auf § 356 HGB für einen „**kausalen Schuldfeststellungsvertrag":** Die Einzelansprüche gehen durch die Verrechnung im Kontokorrent unter und bilden eine neue, kausale Saldoforderung desjenigen, der Inhaber eines Guthabens wird. Durch das spätere Anerkenntnis dieses Saldos entsteht daneben eine abstrakte Saldoforderung. Die kausale Saldoforderung lässt nach der Novationstheorie Einwendungen aus der Einzelverfügung prinzipiell nicht zu, sondern nur ausnahmsweise. Die praktische Bedeutung des Streits ist jedoch gering.

Die Besonderheit des Bankkontokorrents im Vergleich zum handelsrechtlichen Kontokorrent besteht darin, dass jeden Tag oder **permanent der Saldo gezogen** wird, also die Ein- und Auszahlungen auf einem Konto – durch Einsatz elektronischer Datenverarbeitung – ständig miteinander verrechnet werden und dem Bankkunden täglich durch über-

---

[124] BGHZ 117, S. 135, 141 = NJW 1992, S. 1630.
[125] BGHZ 80, S. 172, 175; näher → § 2 Rn. 66–69.
[126] Vgl. dazu BGH WM 1991, S. 1630; BGH WM 2000, S. 1577, 1579.
[127] Seit RGZ 125, S. 411, 416; BGH WM 1955, S. 1163; BGHZ 73, S. 259, 263; BGHZ 80, S. 172, 176.
[128] Vgl. BGHZ 141, S. 116, 122 = NJW 1999, S. 1709 = WM 1999, S. 784, 786 = ZIP 1999, S. 626; zust. *Mayen* in BankR-HdB, § 47 Rn. 52.
[129] ZB *Blaurock* NJW 1984, S. 1, 6; *Canaris* ZIP 1985, S. 592, 595; *Karsten Schmidt,* Handelsrecht, S. 628; *Hadding/Häuser* in MüKoHGB, ZahlungsV, Rn. A 230; *Baumbach/Hopt*, HGB, § 355 Rn. 7; *Habersack* in MüKoBGB, § 781 Rn. 12.

sandten Kontoauszug, durch die Zurverfügungstellung eines Kontoauszugs im Ausdruckverfahren oder Online die Möglichkeit gegeben wird, sich Kenntnis über seinen Saldo zu verschaffen. Diese Sofortverrechnung jedes einzelnen Postens des Bankkontokorrents und Kenntnisgabe des Saldos spätestens am Ende eines Buchungstags ist jedoch **kein Rechnungsabschluss** iSv § 355 Abs. 1 HGB. Denn Nr. 7 Abs. 1 AGB-Banken (= Nr. 7 Abs. 2 AGB-Sparkassen) stellt auf den Rechnungsabschluss am Ende jedes Quartals ab, von dem die Wirkung der Saldierung ausgeht. Die Kontokorrentabrede enthält die Vereinbarung, dass die Verrechnung zum Ende der Rechnungsperiode vollzogen werden soll.[130] Die tägliche Saldenziehung löst keine Rechtswirkungen bei Zinsen, Provisionen und Kosten aus, die Übersendung oder Abrufmöglichkeit der Tagesauszüge hat nur informatorische Bedeutung, zB über einzelne Zahlungsvorgänge gem. § 675d Abs. 1 Satz 1 BGB iVm Art. 248 §§ 7 und 8 EGBGB. Dem **Tagessaldo** kommt nur Beweiswirkung und die dargestellte Hemmungswirkung zu, er ist also – wie der BGH sagt – „reiner Postensaldo" und hat keine Novationswirkung.[131] Die Tagesauszüge stellen den Saldo rechnerisch dar und sind Aufforderung, etwaige Reklamationen vorzubringen[132]. Außerdem kann der Kunde jederzeit über einen Habensaldo oder einen Debetsaldo im Rahmen eines eingeräumten Kredits **verfügen** (zB durch Auszahlung oder Überweisung), wobei bei einem Zahlungsvorgang der Zahlungsdienstleister verpflichtet ist, eingehende Beträge unverzüglich nach Eingang dem Zahlungsempfänger verfügbar zu machen (§ 675t Abs. 1 Satz 1 BGB)[133].

62 Aus der Hemmungswirkung mit Einstellung eines Einzelpostens in das Kontokorrent ergibt sich, dass es für die Änderung des Rechtscharakters der Einzelforderung auf den **Zeitpunkt** ihrer **Verbuchung** ankommt und nicht etwa auf den Zeitpunkt des Eingangs des Geldes bei der gutschreibenden Bank, zu der die Bank bei Zahlungsvorgängen allerdings unverzüglich verpflichtet ist (§ 675t Abs. 1 Satz 1 BGB). Der Zeitpunkt ist wichtig für die **Verzinsung:** Nach § 355 Abs. 1 HGB kann derjenige, dem aus dem Rechnungsabschluss ein Überschuss gebührt, von dem Tage des Abschlusses an Zinsen auf den Überschuss verlangen, auch soweit Zinsen in der Abschlussrechnung enthalten sind. Dies ist eine Ausnahme von dem Zinseszinsverbot des § 248 Abs. 1 BGB.[134] Kraft Gewohnheitsrechts werden beim Bankkontokorrent die Zinsen jedoch nicht erst vom Zeitpunkt des Rechnungsabschlusses an, sondern anhand der sich aus den jeweiligen Buchungen ergebenden **Zwischensalden** berechnet.[135] Der **Zinssatz** ergibt sich aus Vereinbarung (insbes. bei einem über das Konto eingeräumten Kontokorrentkredit), sonst (insbes. für Kontoüberziehungen) im Privatkundengeschäft aus dem Preisaushang iVm Nr. 12 Abs. 1 und 7 AGB-Banken (ähnlich Nr. 17 Abs. 1 und 8 AGB-Sparkassen), bei Geschäftskunden aus der Ausübung eines Leistungsbestimmungsrechts der Bank gem. § 315 BGB iVm Nr. 12 Abs. 2 AGB-Banken (anders Nr. 17 Abs. 2 AGB-Sparkassen: Vereinbarung, ergänzend Preis- und Leistungsverzeichnis).

---

[130] BGHZ 74, S. 253, 255; BGHZ 93, S. 315, 323; BGHZ 107, S. 192, 197.
[131] BGHZ 73, S. 207, 209; vgl. auch BGH NJW 2005, S. 3213, 3214 = WM 2005, S. 1564 = ZIP 2005, S. 1448.
[132] BGH NJW 1991, S. 487, 489 mwN.
[133] Vgl. *Mayen* in BankR-HdB, § 47 Rn. 49.
[134] Zur Reichweite vgl. *Karsten Schmidt*, FS Claussen, 1997, S. 483, 484.
[135] Vgl. BGHZ 106, S. 259, 263 f. = WM 1989, S. 126, 128; § 355 Rn. 39; *Hadding/Häuser* in MüKoHGB, ZahlungsV, Rn. A 222; *Mayen* in BankR-HdB, § 47 Rn. 61.

b) Saldoanerkenntnis

Der periodische Rechnungsabschluss, der dem Kunden durch die Bank mitgeteilt wird, enthält das Angebot auf Abschluss eines **abstrakten Schuldanerkenntnisses** iSv § 781 BGB in Höhe der **Saldoforderung**. Nimmt der Kunde diesen Antrag gem. § 151 Satz 1 BGB an, insbes. durch Unterlassen von Einwendungen innerhalb der 6-Wochen-Frist der Nr. 7 Abs. 2 AGB-Banken, so wird der Saldo als neue Forderung festgestellt.[136] Die diesen Saldo ergebenden einzelnen Gutschriften und Belastungen des Kontos haben ihr Einzelschicksal verloren. Auch im Rechnungsabschluss nicht erfasste Posten sind erloschen. Die Saldoforderung, die auf neue Rechnung vorgetragen wird, unterliegt dann der regelmäßigen Verjährungsfrist von 3 Jahren (§§ 195, 199 BGB), die indessen gehemmt ist (§ 205 BGB analog), solange das Kontokorrent weiter besteht. Sie ist wiederum in das Kontokorrent eingebunden. Dies bedeutet, dass dieser Rechnungsperiodensaldo kein Einzelschicksal führt, mithin selbst in seiner Durchsetzbarkeit „gehemmt" ist und in die weitere Verrechnung eingeht. **Beispiel:** In einem Rechnungsabschluss per 31. März ist für den Bankkunden ein Habensaldo von 100.000 € ausgewiesen. Im II. Quartal erfolgen Belastungen über 90.000 €. Der Kunde hat kein Recht, den von ihm anerkannten Saldo per 31. März von 100.000 € als selbstständigen Rückzahlungsanspruch geltend zu machen und die Belastungen in der folgenden Rechnungsperiode einem ungewissen Schicksal zu unterwerfen. Vielmehr stehen die vorgetragenen 100.000 € in der nächsten Periode kontokorrentmäßig zur Verrechnung zur Verfügung, nämlich als erster Posten der neuen Rechnungsperiode.

63

Falsche Saldofeststellungen können auch nach Genehmigung iSv Nr. 7 Abs. 2 AGB-Banken sowohl durch die Bank, als auch durch den Kunden entweder nach § 812 Abs. 2 BGB **kondiziert**[137] oder nach § 119 Abs. 1 BGB wegen Inhalts- oder Erklärungsirrtums angefochten werden, sofern es sich bei der Annahme von Vollständigkeit und Richtigkeit des Saldoanerkenntnisses nicht – wie häufig – um einen unbeachtlichen Motivirrtum handelt. Für den Bereicherungsanspruch gilt aber § 814 BGB, wonach das Anerkenntnis wegen in die Abrechnung eingegangener zweifelhafter oder streitiger Forderungen nicht kondiziert werden kann, wenn der Bankkunde gewusst hat, dass er zur Leistung nicht verpflichtet ist, was allerdings eine positive Kenntnis der Rechtslage (nicht ausreichend ist fahrlässiges Nichtwissen) voraussetzt, welche die Bank darlegen und beweisen muss.[138] Liegt dem fehlerhaften Saldoanerkenntnis ein nicht autorisierter oder fehlerhaft ausgeführter Zahlungsvorgang (zB Überweisung) zugrunde, so unterliegt der Bereicherungsanspruch des Kunden einer Ausschlussfrist von 13 Monaten, innerhalb derer der Kunde den Zahlungsdienstleister von der fehlerhaften Belastung unterrichtet haben muss (§ 676b Abs. 2 BGB).[139] Letztlich führt daher das Saldoanerkenntnis nur zu einer Umkehrung der Darlegungs- und Beweislast zu Lasten des Kunden.[140] Fehlerhafte Gutschriften können durch die Bank im Wege der Berichtigungs- bzw. Korrekturbuchung korrigiert werden (Nr. 8 Abs. 2 AGB-Banken = Nr. 8 Abs. 2 AGB-Sparkassen; → § 2 Rn. 35).

64

---

[136] BGHZ 80, S. 172, 176; BGH WM 1982, S. 291; BGH WM 1985, S. 969; BGHZ 144, S. 349, 355 = NJW 2000, S. 2667 = WM 2000, S. 1577 = ZIP 2000, S. 1379.
[137] BGH NJW 1985, S. 3010, 3011 = WM 1985, S. 936 = ZIP 1985, S. 991.
[138] BGH WM 1972, S. 283, 286.
[139] Vgl. *Grundmann* WM 2009, S. 1109, 1113; *Mayen* in BankR-HdB, § 47 Rn. 94.
[140] Vgl. BGH NJW-RR 1991, S. 1251 = WM 1991, S. 1630; BGH NJW 1995, S. 320 = WM 1994, S. 2273; BGH WM 1999, S. 1499.

65 Die Saldofeststellung hat nicht zur Folge, dass die für die Einzelforderung bestellten **Sicherheiten** untergehen, also etwa an den Schuldner zurückfallen, was sich aus der von der Rechtsprechung angenommenen Novation eigentlich ergeben müsste. Vielmehr bestimmt § 356 HGB, dass die für Einzelansprüche bestellten Sicherheiten in Kraft bleiben.[141]

c) Pfändung im Kontokorrent

66 Die Pfändung von Einzelansprüchen, die in das Kontokorrent fallen, ist wegen der „Hemmung" kontokorrentgebundener Forderungen nicht möglich. **Beispiel:** Bankkunde A mit debitorischem Konto erhält eine Überweisung über 10.000 €; ein Gläubiger weiß von dieser Überweisung und will sie wegen einer titulierten Forderung pfänden und sich überweisen lassen. Dies ist wegen der Kontokorrentbindung der Gutschrift nicht möglich.

67 Pfändbar sind nur der nächste, zeitlich auf die Zustellung des Pfändungs- und Überweisungsbeschlusses folgende rechnerische Saldo, sofern er ein Guthaben ergibt, der sog. **Zustellungssaldo,** die sog. **Tagesguthaben** „der auf die Pfändung folgenden Tage" (so nunmehr ausdrücklich § 833a ZPO[142]) sowie **zukünftige Abschlusssalden** zum Ende der jeweiligen Kontokorrentperioden.[143] Die Pfändung und Überweisung ist eine Einzelzwangsvollstreckungsmaßnahme in Geldforderungen nach §§ 829 ff. ZPO. Die Kontoforderung des Bankkunden und Vollstreckungsschuldners gegen die Bank als Drittschuldner wird durch Pfändungs- und Überweisungsbeschluss des Vollstreckungsgerichts auf Antrag des Vollstreckungsgläubigers gepfändet und ihm zur Einziehung überwiesen (§§ 829 Abs. 1, 835 Abs. 1 ZPO; → § 2 Rn. 28 f.). Dabei müssen die zu pfändenden Ansprüche aus dem Giroverhältnis im Antrag und im Beschluss genau bezeichnet werden. Diese Zwangsvollstreckungsmaßnahme in ein Kontokorrentkonto erfasst in der Sprache von § 357 HGB das, was dem Vollstreckungsschuldner und Kontoinhaber „als Überschuß aus der laufenden Rechnung zukommt". Dies ist der Zustellungssaldo, also der rechnerische Saldo nach Zustellung des Pfändungs- und Überweisungsbeschlusses; der Vollstreckungsgläubiger braucht also nicht auf den nächsten Periodenabschluss zu warten und sich nicht neu hinzukommende Schuldposten abziehen zu lassen. Reicht der Zustellungssaldo zur Befriedigung des Gläubigers nicht aus, so erstreckt sich die Pfändung gem. § 833a ZPO auch auf alle zukünftigen rechnerischen Aktivsalden (sog. Tages- oder Zwischensalden) bis zur Befriedigung des Gläubigers, soweit der Kunde einen Anspruch auf Barauszahlung hätte[144]. Für den Zeitpunkt des gepfändeten Tagesguthabens kommt es nicht auf die Wertstellung (vgl. § 675t BGB) an.[145] Darüber hinaus kann der Vollstreckungsgläubiger auch die zukünftigen periodischen Abschlusssalden pfänden.[146] Der Pfändungsgläubiger hat

---

[141] Vgl. BGH NJW 2003, S. 61, 62; BGH WM 2004, S. 720; *Mayen* in BankR-HdB, § 47 Rn. 96 ff.

[142] In Kraft seit dem 1.7.2010; krit. zur Terminologie *Bitter* WM 2008, S. 141, 143.

[143] Vgl. BGHZ 80, S. 172, 176 ff. = WM 1981, S. 542; *Bitter* in BankR-HdB, § 33 Rn. 52.

[144] So schon vor Inkrafttreten des § 833a ZPO zum 1.7.2010: BGHZ 84, S. 325, 329, 329 ff. = NJW 1982, S. 2192 = WM 1982, S. 616; BGHZ 84, S. 371, 373 ff. = NJW 1982, S. 2192 = WM 1982, S. 838; vgl. *Lwowski/Bitter*, WM-Festgabe Hellner, WM 1994, Sonderheft S. 57 ff.; *Hadding/Häuser* in MüKoHGB, ZahlungsV, Rn. A 244.

[145] OLG Frankfurt NJW-RR 1994, S. 878, 879 = WM 1994, S. 684 m. Anm. *Lwowski/Bitter*, WuB VI E. § 894 ZPO 3.94.

[146] BGHZ 80, S. 172, 181.

gegen die Bank einen selbstständigen gesetzlichen **Auskunftsanspruch** nach § 840 ZPO;[147] daneben kann auch der vertragliche Nebenanspruch des Kunden gegen die Bank aus §§ 666, 675 Abs. 1, 675c Abs. 1 BGB gepfändet werden, so dass der Vollstreckungsgläubiger von der Bank **Auskunft und Rechnungslegung** über Bestand und Höhe der Hauptforderung verlangen kann.[148] Die Herausgabe umfassender Kontoauszüge kann der Gläubiger dagegen nur vom Vollstreckungsschuldner gem. § 836 Abs. 3 Satz 1 ZPO fordern[149]. Die Kontopfändung löst weder den Girovertrag noch die Kontokorrentabrede auf, sondern führt nur zu einem Zwischenabschluss des Kontos und zu einem vollstreckungsrechtlichen Rechtsverhältnis zwischen Kreditinstitut und Pfändungsgläubiger. Auch tritt **keine Kontosperre** ein, dh der Kontoinhaber kann weiterhin über sein Konto verfügen,[150] zB über sein debitorisches Konto weiterhin abverfügen, womit die Pfändung ins Leere läuft.

Nicht pfändbar ist ein durch bloße Duldung der Kontoüberziehung eingeräumter **68** Überziehungskredit (vgl. § 505 BGB), da hier kein Anspruch des Kontoinhabers gegen die Bank besteht.[151] Demgegenüber unterliegt der Anspruch des Kontoinhabers auf Auszahlung eines vertraglich **vereinbarten Überziehungskredits** (Dispositionskredit, offene Kreditlinie, vgl. § 504 BGB) der Pfändung, soweit der Kontoinhaber den Kredit in Anspruch nimmt, dh durch entsprechende Verfügungen abruft[152]. Ebenso soll nach Auffassung des BGH der Anspruch auf Durchführung von **Überweisungen** pfändbar sein[153].

d) Pfändungsschutzkonto

Seit dem 1.7.2010 kann jeder Inhaber eines Girokontos, der natürliche Person ist, jeder- **69** zeit von dem kontoführenden Kreditinstitut verlangen, dass das Konto als Pfändungsschutzkonto (sog. P-Konto) geführt wird (§ 850k Abs. 7 Satz 2 ZPO), um ihm die Verfügungsmöglichkeit über den monatlichen Pfändungsfreibetrag zu sichern (Basispfändungsschutz). Dies bedarf einer **Vereinbarung** zwischen dem Kunden und dem Kreditinstitut in dem der Kontoführung zugrunde liegenden Girovertrag, der Zahlungsdiensterahmenvertrag iSd § 675f Abs. 2 Satz 1 BGB ist (vgl. § 850k Abs. 7 Satz 1 ZPO). Die Regelung gilt sowohl für ein bereits bestehendes Girokonto, für das eine Änderungs- bzw. Ergänzungsvereinbarung abgeschlossen werden muss, worauf der Kunde aber einen Anspruch hat, soweit die gesetzlichen Voraussetzungen vorliegen (zB Abgabe der Versicherung gem. § 850k Abs. 8 Satz 2 ZPO). Ist bereits eine Pfändung erfolgt, kann der Kunde die Umwandlung

---

[147] Vgl. dazu *Günther* WM 2011, S. 2307 ff.
[148] BGH NJW-RR 2003, S. 1555, 1556 = WM 2003, S. 1891; BGHZ 165, S. 53 = NJW 2006, S. 217 = WM 2005, S. 2375 m. Anm. *Bitter*, WuB VI D. § 829 ZPO 1.06; dazu *Bitter* in BankR-HdB, § 33 Rn. 57 f.
[149] BGH WM 2012, S. 542 Rn. 11 ff.; BGH WM 2012, S. 593 Rn. 6; dazu *Bitter/Hermes*, WuB VI D. § 836 ZPO 1.12.
[150] Umstr., wie hier *Canaris*, Bankvertragsrecht I, Rn. 190; *Hadding/Häuser* in MüKoHGB, ZahlungsV Rn. A 252; *Bitter* in BankR-HdB, § 33 Rn. 61 f.; in diesem Sinne auch BGHZ 93, S. 315, 322.
[151] BGHZ 93, S. 315, 325 = NJW 1985, S. 1218 = WM 1985, S. 344.
[152] So BGHZ 157, S. 350, 355 = NJW 2004, S. 1444 = WM 2004, S. 517 m.Anm. *Bitter*, WuB VI E. § 829 ZPO 2.04; BGHZ 170, S. 276 Rn. 14 f. = NJW 2007, S. 1357; BGH WM 2011, S. 1343 Rn. 13 = ZIP 2011, S. 1324; BGH WM 2012, S. 542 Rn. 10; dazu *Bitter* WM 2004, S. 1109 ff.; *Bitter*, FS Gero Fischer, 2008, S. 15 ff.; *Bitter* in BankR-HdB, § 33 Rn. 66 – 86.
[153] So BGHZ 93, S. 315, 319, 342; a. A. *Häuser* ZIP 1983, S. 891 ff.; *Häuser* WM 1990, S. 129 ff.; *Wagner* ZIP 1985, S. 849, 851; *Bitter* in BankR-HdB, § 33 Rn. 55.

van Look

zum Beginn des vierten auf sein Verlangen folgenden Geschäftstags verlangen (§ 850k Abs. 7 Satz 3 ZPO); der Pfändungsschutz wirkt dann zurück, wenn die Umwandlung innerhalb von vier Wochen nach Zustellung des Überweisungsbeschlusses erfolgt (§ 850k Abs. 1 Satz 4 ZPO; vgl. auch § 835 Abs. 3 Satz 2 ZPO). Die Führung als Pfändungsschutzkonto kann aber auch schon bei der Ersteinrichtung des Girokontos verlangt werden, wobei dem potentiellen Kunden aber kein Anspruch darauf zusteht, dass das Kreditinstitut überhaupt einen Girovertrag mit ihm abschließt, sofern nicht ausnahmsweise ein Kontrahierungszwang besteht (→ § 2 Rn. 5 f.).[154] Die Vereinbarung kann nur durch den Kontoinhaber **persönlich** oder einen **gesetzlichen Vertreter** geschlossen werden (§ 850k Abs. 7 Satz 1 ZPO), nicht durch einen rechtsgeschäftlichen Stellvertreter (Bevollmächtigten), um die Einrichtung mehrerer Pfändungsschutzkonten zu verhindern.[155] Denn jede Person darf nur **ein Pfändungschutzkonto** unterhalten, um eine mehrfache Inanspruchnahme des Pfändungsfreibetrags zu verhindern (§ 850k Abs. 8 Satz 1 ZPO). Daher hat der Kontoinhaber bei der Vereinbarung gegenüber dem Kreditinstitut zu **versichern,** dass er kein weiteres Pfändungsschutzkonto unterhält (§ 850k Abs. 8 Satz 2 ZPO); die Richtigkeit dieser Versicherung darf das Kreditinstitut durch Anfrage bei „Auskunfteien" (zB der SCHUFA) überprüfen (vgl. § 850k Abs. 8 Satz 4 ZPO) und ggf. die Umwandlung ablehnen, die Vereinbarung wegen arglistiger Täuschung anfechten (§ 123 Abs. 1 Fall 1 BGB) oder das Konto kündigen. Auch das kontoführende Kreditinstitut darf Auskunfteien **mitteilen,** dass es ein Girokonto des Kunden als P-Konto führt (§ 850k Abs. 8 Satz 3 ZPO). Unterhält der Schuldner **mehrere Pfändungsschutzkonten,** so kann der Gläubiger beim Vollstreckungsgericht beantragen, welches dieser Konten als Pfändungsschutzkonto weitergeführt werden soll; mit Zustellung des entsprechenden Beschlusses an diejenigen Kreditinstitute, deren Konten nicht zum Pfändungsschutzkonto bestimmt sind, entfallen dessen Wirkungen (§ 850k Abs. 9 ZPO). Für die Einrichtung, Umwandlung oder Führung eines Pfändungsschutzkontos darf im Preis- und Leistungsverzeichnis des Kreditinstituts kein höheres **Entgelt** festgelegt werden als für ein üblicherweise als Gehaltskonto angebotenes Standardkonto mit vergleichbarem Leistungsumfang (Verstoß gegen § 307 Abs. 2 Nr. 1 BGB);[156] ebenso sind unwirksam Klauseln, nach denen ein Girokonto nach Umwandlung im Gegensatz zur bisherigen Vertragslage nur auf Guthabenbasis geführt wird, die Ausgabe einer Debit- oder Kreditkarte ausgeschlossen ist oder zusätzliche Postenentgelte berechnet werden.[157]

69a Die Wirkung des Pfändungsschutzkontos besteht darin, dass der Vollstreckungsschuldner (Kontoinhaber) automatisch, dh ohne Antrag, für Kontoguthaben (vgl. §§ 833a, 850k Abs. 1 Satz 2 ZPO) einen **Basispfändungsschutz** in Höhe des monatlichen **Sockelfreibetrags** nach § 850c Abs. 1 Satz 1, Abs. 2a ZPO (ab 1.7.2013: 1045,04 €) genießt (§ 850k Abs. 1 Satz 1 ZPO), und zwar unabhängig von der Art der Einkünfte. Hierüber kann er bis zum Ende des Kalendermonats trotz vorliegender Pfändung und Überweisung beliebig verfügen, zB durch Barabhebung, Überweisung oder Lastschrift; das Kreditinstitut ist in-

---

[154] Vgl. *Lücke* BKR 2009, S. 457 ff.; *Ahrens* NJW 2010, S. 2001, 2002; *Herresthal* WM 2013, S. 773, 779; *Bitter* in BankR-HdB, § 33 Rn. 38d.

[155] Dies kann bei einer (Alters-)Vorsorgevollmacht (→ § 2 Rn. 20) zu Härten führen, so dass in diesem Fall eine (verfassungskonforme) Auslegung zu erwägen ist, nach der auch ein Bevollmächtigter ein P-Konto einrichten kann.

[156] BGH WM 2012, S. 2381 Rn. 49 ff. = JZ 2013, S. 196 m. Anm. *Fest* und *Nobbe*, WuB IV C. § 307 BGB 3.13; BGH WM 2013, S. 1796 Rn. 14 ff.

[157] BGH WM 2013, S. 1796 Rn. 29 ff., 40 ff. und 47 f.

soweit verpflichtet, im Rahmen des Girovertrags seinen Zahlungsaufträgen Folge zu leisten (vgl. § 850k Abs. 5 Satz 1 ZPO). Eine **Aufstockung** des Sockelbetrags, zB bei bestimmten Sozialleistungen, ist unter den Voraussetzungen des § 850k Abs. 2 ZPO möglich, wenn diese gegenüber dem Kreditinstitut nachgewiesen werden (§ 850k Abs. 5 Satz 2–4 ZPO). Ein bis Monatsende nicht vollständig verbrauchter, dh abverfügter, Sockel- oder Aufstockungsbetrag wird auf den nächsten Monat **vorgetragen,** dh der Sockelbetrag des folgenden Monats erhöht sich um den nicht verbrauchten Betrag des Vormonats (§ 850k Abs. 1 Satz 3, Abs. 2 Satz 2 ZPO); möglich ist daher das „Ansparen" von maximal zwei monatlichen Freibeträgen;[158] diesen Betrag übersteigende Beträge unterliegen der Einziehung durch den Gläubiger (vgl. aber § 835 Abs. 4 ZPO[159]). In den Fällen des § 850k Abs. 3 und 4 ZPO wird der pfändungsfreie Betrag durch das Vollstreckungsgericht festgesetzt. Für Sozialleistungen und Kindergeld besteht – auch bei debitorischem Konto – ein Verrechnungsverbot für die Dauer von 14 Tagen ab Gutschrift mit Ausnahme von Kontoführungsentgelten und Kontoverfügungen innerhalb dieses Zeitraums (§ 850k Abs. 6 ZPO).[160]

e) Beendigung des Kontokorrents

Das Kontokorrentverhältnis erlischt nicht durch den Ablauf der Rechnungsperiode. **70** Vielmehr ist das Rechtsverhältnis zwischen dem Kreditinstitut und seinem Kunden im Kontokorrent von den einzelnen Rechnungsperioden unabhängig und setzt sich von der einen Periode in die nächste automatisch fort, sofern es nicht gekündigt wird. Auch eine faktische Beendigung des Kontokorrentverhältnisses („Ruhen") – zB weil keine Zahlungen mehr auf dem Konto eingehen – beendet das Kontokorrentverhältnis nicht. Erlöschen kann das Kontokorrentverhältnis durch – beiderseits jederzeit mögliche – **Kündigung** gem. § 355 Abs. 3 HGB, durch einvernehmliche **Auflösung** oder durch Eröffnung des **Insolvenzverfahrens** über das Vermögen des Kunden. Die Kontokorrentabrede endet auch durch Beendigung des Giroverhältnisses („Löschung" des Kontos; dazu → § 2 Rn. 89 ff.). Für die Beendigung der Kontokorrentabrede kommt es in erster Linie darauf an, was die Parteien ausdrücklich oder stillschweigend vereinbaren.[161] Für Zahlungskonten wird § 355 Abs. 3 HGB allerdings durch die Spezialregelung des § 675h BGB verdrängt, nach dessen Abs. 2 das Kündigungsrecht des Zahlungsdienstleisters an eine Mindestfrist von zwei Monaten und Formvorschriften geknüpft ist.[162] Mit der Kündigung entsteht ein neuer, ein kausaler Saldo.[163] Dieser Saldo ist als Schlusssaldo anzuerkennen; geschieht dies nicht, besteht der vorherige anerkannte Saldo fort und die seitdem aufgelaufenen Einzelansprüche. Besteht Streit über die Abrechnung des Kontos nach Kündigung, hat der Gläubiger des Endsaldos seine Aktivposten, der Gegner die Passivposten zu beweisen.[164]

---

[158] Vgl. *Bitter* in BankR-HdB, § 33 Rn. 38i; *Müller-Christmann* in Bankrechts-Kommentar, Kap. 1 Rn. 235; a. A. *Ahrens* NJW 2010, S. 2001, 2005.
[159] Zur Neuregelung der „Monatsanfangsproblematik" zum 16.4.2011 vgl. *Becker* NJW 2011, S. 1317, 1318 f.; *Ahrens* NZI 2011, S. 183 ff.; *Bitter* in BankR-HdB, § 33 Rn. 38o.
[160] Vgl. näher *Bitter* in BankR-HdB, § 33 Rn. 38r – u.
[161] Vgl. BGH WM 2003, S. 1418, 1419 f. für den Ablauf eines befristeten Kontokorrentkreditvertrags.
[162] Vgl. *Mayen* in BankR-HdB, § 47 Rn. 101a.
[163] Vgl. BGHZ 49, S. 24, 26.
[164] BGH WM 1988, S. 1717, 1718.

71 Mit der **Insolvenz** des Kontoinhabers endet das Kontokorrentverhältnis (vgl. §§ 115 Abs. 1, 116 Satz 1 InsO; → unten § 2 Rn. 95 f.).[165] Bei Insolvenz der Bank endet das Kontokorrent ebenfalls.[166] Es ist der Saldo im Zeitpunkt der Insolvenzeröffnung festzustellen. Der sich ergebende Überschuss ist nach § 355 Abs. 3 HGB sofort zur Zahlung fällig. Ergibt sich ein Debet, können Eingänge nach Insolvenzeröffnung von der Bank nicht mit dem negativen Saldo verrechnet werden.[167] Auch die Vorausabtretung des Schlusssaldos ist nach Insolvenzeröffnung wegen des Verfügungsverbots nach § 91 InsO wirkungslos.[168]

f) Kontoführungsentgelt und Auslagenersatz

72 § 676 f Abs. 4 Satz 1 BGB sieht für die Erbringung von Zahlungsdiensten (§ 1 Abs. 2 ZAG iVm § 675c Abs. 3 BGB) durch einen Zahlungsdienstleister die Pflicht des Zahlungsdienstnutzers vor, das **vereinbarte Entgelt** zu entrichten. Aus dem Erfordernis einer Vereinbarung ergibt sich selbstverständlich auch die Möglichkeit, das Girokonto kostenlos, dh entgeltfrei, zu führen, was in der Praxis häufig vorkommt, zT gekoppelt an einen monatlichen Mindest-Zahlungseingang. Für **Nebenpflichten** bei Zahlungsdiensten, die sich aus den §§ 675c – 676c BGB ergeben, dürfen Zahlungsdienstleister und Zahlungsdienstnutzer nur dann ein Entgelt vereinbaren, wenn das Gesetz dies zulässt, zB für Informationserbringung in § 675d Abs. 3 oder in §§ 675o Abs. 1 Satz 4, 675p Abs. 4 Satz 3, 675y Abs. 3 Satz 3 BGB (§ 675 f Abs. 4 Satz 2 Halbs. 1 BGB); zudem muss das Entgelt angemessen und an den tatsächlichen Kosten des Zahlungsdienstleisters ausgerichtet sein (§ 675f Abs. 4 Satz 2 Halbs. 2 BGB). Dies gilt jedoch nur für Kunden (Zahlungsdienstnutzer), die Verbraucher iSd § 13 BGB sind, dh nicht für sog. Geschäfts- oder Firmenkunden, die Unternehmer iSd § 14 BGB sind (§ 675e Abs. 4 BGB). Hinsichtlich der allgemeinen Kontoführungsentgelte und der Entgelte für einzelnen Zahlungsvorgänge hat der Zahlungsdienstleister den Zahlungsdienstnutzer zu **unterrichten** (§ 675d Abs. 1 Satz 1 BGB iVm Art 248 § 4 Abs. 1 Nr. 3a, 6, 7 Nr. 3 EGBGB). Für über Zahlungsdienste hinausgehende **Zusatzleistungen** eines Giroverhältnisses als Geschäftsbesorgungsvertrag ergibt sich die Entgeltlichkeit aus § 675 Abs. 1 iVm § 611 Abs. 1 BGB, nach dem der Dienstberechtigte, dh der Kontoinhaber, dem Dienstverpflichteten, dh dem Kreditinstitut, die vereinbarte Vergütung schuldet, beim **Überziehungskredit** (vgl. §§ 504, 505 BGB) aus § 488 Abs. 1 Satz 2 BGB. Darüber hinaus verweist § 675 Abs. 1 BGB (für Zahlungsdienste: § 675c Abs. 1 BGB) ua auf §§ 669, 670 BGB, nach denen der Auftraggeber, dh beim Geschäftsbesorgungs-Dienstvertrag der Dienstberechtigte, also der Bankkunde, zur Leistung von **Vorschuss** und zum **Ersatz der Aufwendungen** verpflichtet wird. Die Bank kann also für durch die Kontoführung entstandene Fremdkosten, zB ihr von dritter Seite in Rechnung gestellte Beträge, Wertersatz verlangen.[169]

---

[165] BGHZ 157, S. 350, 356 = WM 2004, S. 517, 519; BGHZ 170, 206 Rn. 19 = NJW 2007, 1067 = WM 2007, S. 409; BGHZ 181, S. 362 Rn. 10 = NJW 2009, 2677 = WM 2009, S. 1515.

[166] Vgl. *Mayen* in BankR-HdB, § 47 Rn. 103; zur Beendigung des Kontovertrags vgl. unten § 2 Rn. 95; zur möglichen Entschädigung durch Sicherungseinrichtungen → § 2 Rn. 97 ff.

[167] BGH WM 2008, S. 1442 Rn. 12 = ZIP 2008, S. 1437 .

[168] BGHZ 181, S. 362 Rn. 10 = NJW 2009, S. 2677 = WM 2009, S. 1515 = WuB VI A. § 91 InsO 1.10 *Servatius*; zu weiteren Insolvenzfolgen vgl. *Kalomiris* in Bankrechts-Kommentar, Kap. 9 Rn. 7.

[169] Vgl. BGHZ 150, S. 269 = WM 2002, S. 1006, 1007.

van Look

In der Praxis werden die Entgelte für standardisierte Leistungen im Privatkundengeschäft **73** im **Preisaushang** und in **Preis- und Leistungsverzeichnissen** festgelegt (Nr. 12 Abs. 1 AGB-Banken = Nr. 17 Abs. 1 AGB-Sparkassen), sonst – insbes. bei Geschäftskunden – durch Vereinbarung oder durch einseitige Leistungsbestimmung durch die Bank nach billigem Ermessen gem. § 315 BGB mit gerichtlicher Nachprüfungsmöglichkeit der Ermessensausübung (so Nr. 12 Abs. 2 AGB-Banken; anders Nr. 17 Abs. 2 AGB-Sparkassen: ergänzend nach Preis- und Leistungsverzeichnis). Für Zahlungsdienste(rahmen)verträge mit Verbrauchern innerhalb des EWR verweist Nr. 12 Abs. 7 AGB-Banken auf die jeweilige vertragliche Vereinbarung, die einschlägigen Sonderbedingungen (zB für den Überweisungsverkehr), ergänzend auf die gesetzlichen Vorschriften (ähnlich Nr. 17 Abs. 8 AGB-Sparkassen). Der **Aufwendungsersatzanspruch** aus §§ 675 Abs. 1, 670 BGB wird durch Nr. 12 Abs. 6 AGB-Banken (= Nr. 18 AGB-Sparkassen) konkretisiert. Die frühere Fassung der Klausel war nach Auffassung des BGH[170] gem. § 307 Abs. 2 Nr. 1 BGB unwirksam, da sie über § 670 BGB hinausgehende Ansprüche ermöglichen würde.

Die vorgenannten Entgeltregelungen in den Preisverzeichnissen unterliegen als AGB **74** iSd § 305 Abs. 1 BGB einer richterlichen **Inhaltskontrolle** gem §§ 307–309 BGB. Die Hürde des § 307 Abs. 3 BGB, der eine Inhaltskontrolle nur bei vom dispositiven Gesetzesrecht abweichenden oder dieses ergänzenden Regelungen zulässt und damit eine Kontrolle von Leistungsbeschreibungen und Preisen verbietet, überwindet die Rechtsprechung durch eine – teilweise überaus subtile – Differenzierung zwischen (nicht kontrollfähigen) Preisklauseln und kontrollfähigen **Preisnebenabreden**[171], dh Abreden, die zwar mittelbare Auswirkungen auf Preis und Leistung haben, an deren Stelle aber, wenn eine wirksame vertragliche Regelung fehlt, dispositives Gesetzesrecht treten kann. Dabei sollen unter Rechtsvorschriften nicht nur Gesetzesvorschriften im materiellen Sinn zu verstehen sein, sondern auch „allgemein anerkannte Rechtsgrundsätze und das Abweichen von wesentlichen Rechten und Pflichten, die sich aus der Natur des jeweiligen Vertragsverhältnisses ergeben".[172] Danach werden Entgeltklauseln daraufhin überprüft, ob ihnen eine „echte" Gegenleistung an den Vertragspartner zugrunde liegt. Maßstab der Inhaltskontrolle ist vor allem das Leitbild des (ungeschriebenen) dispositiven Gesetzesrechts (§ 307 Abs. 2 Nr. 1 BGB), nach dem eine Gegenleistung nur für rechtsgeschäftlich vereinbarte Leistungen verlangt werden kann, nicht aber für die Leistungen des Verwenders, zu denen er gesetzlich oder nebenvertraglich verpflichtet ist oder die er überwiegend im eigenen Interesse erbringt.[173] Dementsprechend haben die Kreditinstitute ihre AGB im Jahr 2009 angepasst (vgl. Nr. 12 Abs. 3 AGB-Banken = Nr. 17 Abs. 4 AGB-Sparkassen).

---

[170] BGH WM 2012, 1189 Rn. 34 und 48 ff. (m. Anm. *Merz*, WuB I A 2.- 1.13); BGH WM 2012, S. 1344 Rn. 35 und 50 ff. (m. Anm. *Nobbe*, WuB IV C. § 307 BGB 3.12); insoweit zust. *Bork* WM 2013, S. 1101, 1103 f.

[171] Vgl. BGHZ 137, S. 27, 30 = WM 1997, S. 2244; BGHZ 141, S. 380, 383 = WM 1999, S. 1271; BGHZ 161, S. 189, 191 f. = WM 2005, S. 272; BGH WM 2009, S. 2398 Rn. 15; BGH WM 2012, S. 1383 Rn. 12; BGH WM 2012, S. 2381 Rn. 13 ff. = JZ 2013, S. 196 m. Anm. *Fest*; *Nobbe* WM 2008, S. 185, 186; krit. *Meder* NJW 1996, S. 1849, 1851; *Joost* ZIP 1996, S. 1685, 1689; *Krüger* WM 1999, S. 1402 ff.; *Steuer*, FS Hadding, 2004, S. 1169, 1171 ff.; *Merkel*, FS Nobbe, 2009, S. 141 ff.; *Cahn* WM 2010, S. 1197 ff.

[172] Ständ. Rspr., zB BGH WM 1997, S. 1663, 1664; WM 1997, S. 2298, 2299.

[173] Vgl. BGHZ 141, S. 380, 385 f. = WM 1999, S. 1271; BGHZ 146 S. 377, 380 f. = WM 2001, S. 563; BGHZ 180, S. 257 Rn. 21 = NJW 2009, S. 2051 = WM 2009, S. 1077; BGH WM 2012, S. 1383 Rn. 38.

75 Aus diesen Grundsätzen hat sich eine umfangreiche **Kasuistik** entwickelt,[174] nach der bei Girokonten die Entgelte nicht nach den Vollkosten, dh dem Verursacherprinzip, berechnet dürfen, die der Bank durch die Kontoführung entstehen. Die zu vereinbarenden Entgelte setzen sich vielmehr zusammen aus Kontoführungsentgelt, Postenentgelten und Überziehungszinsen. Zu den Postenentgelten wurde zB entschieden, dass für Barabhebungen und -einzahlungen am Bankschalter kein Entgelt zulässig ist;[175] auch eine Kontoauflösungsgebühr ist unzulässig (vgl. auch § 675h Abs. 3 BGB).[176] In diesen Kontext gehört die Entscheidung, dass Entgeltklauseln über mangels Deckung zurückgegebene Lastschriften und die Benachrichtigung des Schuldners hierüber unwirksam sind, weil sie den Kunden unangemessen benachteiligen.[177] Auf gleicher Linie liegen die Entscheidungen, dass für die Überwachung von Pfändungsmaßnahmen[178], die Umwandlung oder Einrichtung eines sog. P-Kontos (→ § 2 Rn. 69 f.)[179] oder die Bearbeitung von Freistellungsaufträgen eines Depotkunden zur Kapitalertragsteuer das Institut kein besonderes Entgelt verlangen kann,[180] ebenso für die Übertragung in ein anderes Wertpapierdepot.[181] Demgegenüber dürfen für den Auslandseinsatz der Kreditkarte[182] oder für die Bearbeitung von Anträgen zum Aktienkauf bei Neuemissionen auch im Fall der Nichtzuteilung[183] Entgelte erhoben werden. Tendenziell ist zu erwarten, dass die Rechtsprechung auch im Anwendungsbereich des neuen Zahlungsdiensterechts (→ § 2 Rn. 72) trotz Vollharmonisierung ihre restriktive Haltung zur AGB-mäßigen Regelung von Entgelten für Nebenleistungen der Bank fortsetzt, soweit das Gesetz keine ausdrücklichen Ausnahmen festlegt, bzw. diese einschränkend auslegt.[184]

76 Soweit durch den Kunden **außergewöhnliche Dienstleistungen** der Bank nachgefragt werden, die im Preisaushang oder im Preis- und Leistungsverzeichnis nicht vorgesehen sind, gilt die ggf. zu treffende vertragliche Entgeltvereinbarung, hilfsweise die gesetzliche Regelung nach §§ 612 oder 632, jeweils iVm § 675 Abs. 1 oder § 675c Abs. 1 BGB (so Nr. 12

---

[174] Überblick bei *Nobbe* WM 2008, S. 185, 190 ff.

[175] BGHZ 124, S. 254 = NJW 1994, S. 318 = WM 1993, S. 2237 = ZIP 1994, S. 21; hierzu *Schimansky* WM 1995, S. 461, 463 f.; *Köndgen* NJW 1996, S. 558, 562; *Canaris* WM 1996, S. 237 ff.; anders bei Gewährung von mindestens 5 Freiposten (= Gratisabhebungen) pro Monat: BGH NJW 1996, S. 2032. = WM 1996, S. 1080, 1081 f. = WuB IV C. § 8 AGBG 2.96 *Horn*.

[176] So *Schimansky* WM 1995, S. 461, 464; *Mayen* in BankR-HdB, § 47 Rn. 26.

[177] BGHZ 137, S. 43 = WM 1997, S. 2298 = WuB IV C. § 9 AGBG 3.98 *Grundmann/Burg*; BGH WM 1997, S. 2300; BGH WM 2001, S. 563; BGHZ 162, S. 294 = WM 2005, S. 874; WM 2009, S. 2399 Rn. 16; dies soll auch – trotz § 675o Abs. 1 Satz 4 BGB – unter dem neuen Zahlungsdiensterecht gelten: BGH WM 2012, S. 1383 Rn. 41 ff.

[178] BGHZ 141, S. 380, 385 ff. = WM 1999, S. 1271 = ZIP 1999, S. 1090; BGH WM 1999, S. 2545, 1246 = ZIP 2000, S. 16.

[179] BGH WM 2012, S. 2381 Rn. 41 ff. = JZ 2013, S. 196 m. Anm. *Fest*; BGH WM 2013, S. 1796 Rn. 14 ff.

[180] BGH ZIP 1997, S. 1638; die Entgeltfreiheit gilt nach BGH ZIP 1997, S. 1640, auch für die Änderung von Freistellungsaufträgen.

[181] BGH WM 2005, S. 272. .

[182] BGH ZIP 1997, S. 2118.

[183] BGH WM 2003, S. 673.

[184] Vgl. zu §§ 675f Abs. 4 Satz 2, 675o Abs. 1 Satz 4 BGB: BGH WM 2012, S. 1383 Rn. 14 ff. und 37 ff.; auch *Mayen* in BankR-HdB, § 47 Rn. 26; anders dagegen OLG Bamberg WM 2013, S. 1705 zur Zulässigkeit von Entgelten für Buchungsposten; auch *Bitter* WM 2010, S. 1773, 1780 f.; *Fornasier* WM 2013, S. 205, 207 ff.

van Look

Abs. 1 Satz 3 AGB-Banken = Nr. 17 Abs. 3 AGB-Sparkassen[185]), wonach bei Leistungen im Auftrag des Kunden oder dessen mutmaßlichem Interesse ein angemessenes Entgelt verlangt werden kann, wenn die Leistung des Kreditinstituts nach den Umständen nur gegen eine Vergütung erwartet werden kann; dies gilt zB für Steuerberechnungen und Steuerbescheinigungen, die keine formularmäßigen Freistellungsbescheinigungen sind oder das Entgelt für Vermögensverwaltung, das entweder nach Depotwert oder nach dem Anlageerfolg bemessen werden kann.[186]

3. Termingeldkonto

Diese Kontoform dient der Kapitalüberlassung an das Kreditinstitut gegen Zinsen für einen fest bestimmten Zeitraum (daher auch **„Festgeldkonto"**); für die Fristberechnung gelten §§ 187 ff. BGB. Während der vereinbarten Laufzeit ist eine Kündigung idR ausgeschlossen. Aufsichtsrechtlich ist die Entgegennahme von Termin- oder Festgeldern ein Einlagengeschäft iSv § 1 Abs. 1 Satz 2 Nr. 1 KWG, das nur durch Kreditinstitute betrieben werden darf (→ § 1 Rn. 144 ff.). Zivilrechtlich handelt es sich um **Darlehen** nach §§ 488 ff. BGB, während die jederzeit verfügbaren Sichteinlagen auf Giro- oder Tagesgeldkonten Summenverwahrung iSv § 700 BGB sind.[187] Die Anlage von Termingeldern erfolgt für eine **bestimmte Laufzeit**, üblicherweise für mindestens 30 oder auch 60, 90 oder 180 Tage, gegen Zahlung von Zinsen, deren Höhe sich nach Betrag, Laufzeit und Marktlage richtet. Bei Fälligkeit verlängern sich Festgelder idR ohne entsprechende Erklärungen des Einlegers um eine weitere Periode, wenn bei Kontoeröffnung eine sog. **Prolongationsabrede** getroffen worden ist.[188]

77

Beim **Kündigungsgeld** wird die Einlage nicht für eine bestimmte Laufzeit angelegt, sondern es wird eine Kündigungsfrist vorgesehen; anderenfalls gilt gem. § 488 Abs. 3 Satz 2 BGB eine dreimonatige Kündigungsfrist. I. d. R. wird ein fester Zinssatz für die gesamte Laufzeit der Einlage vereinbart. Es kann aber auch eine Zinsgleit- oder -anpassungsklausel vereinbart sein (→ § 2 Rn. 48). Die ordentliche Kündigung (vgl. auch § 489 BGB) kann formlos ausgesprochen werden, sie steht beiden Seiten zu und führt fristgemäß die Fälligkeit der Einlage herbei. In Ausnahmefällen (zB kurzfristiger Liquiditätsbedarf des Kunden infolge einer Notsituation) besteht ein außerordentliches Kündigungsrecht nach § 314 Abs. 1 BGB (vgl. auch § 490 BGB).

78

Für die Rückzahlung der Termin- und Kündigungseinlage sind **Erfüllungsort** bei Fehlen einer Vereinbarung die Geschäftsräume der kontoführenden Stelle (§§ 269 Abs. 1 und 2, aber auch § 270 BGB). Dieser ist zugleich **Gerichtsstand** nach Nr. 6 Abs. 2 AGB-Banken für Streitigkeiten zwischen Bank und denjenigen Kunden, die Kaufleute sind. Für den Privatkundenbereich gelten die allgemeinen Regeln über den Gerichtsstand, insbes. §§ 12, 13 ZPO.

79

---

[185] Dazu *Bunte* in BankR-HdB, § 17 Rn. 19 f.
[186] Vgl. *Köndgen* ZBB 1997, S. 117, 121.
[187] → § 2 Rn. 42 und 58.
[188] Die h. M. sieht hierin keinen Verstoß gegen § 308 Nr. 5 BGB, da die Prolongation bereits den revolvierenden Vertragsabschluss zum Inhalt habe (vgl. *Schürmann* in BankR-HdB, § 70 Rn. 8; a. A. *Servatius* in Bankrechts-Kommentar, Kap. 35 Rn. 215).

4. Gemeinschaftskonto

80 Gemeinschaftskonten sind Konten mit zwei oder mehr Inhabern, zB Ehegatten. Solche Gemeinschaftskonten gibt es in zwei Ausformungen: als „Und-Konto" und als „Oder-Konto". Kann jeder Mitinhaber über das Gemeinschaftskonto allein verfügen, ist es ein **Oder-Konto**, die Mitinhaber sind Gesamtgläubiger (§§ 428 ff. BGB). Beim **Und-Konto** sind die mehreren Kontoinhaber nur gemeinschaftlich über das Konto verfügungsberechtigt; hier liegt hinsichtlich der Forderung eine Bruchteilsgemeinschaft (§§ 741 ff. BGB) vor. Rechtsgrundlage ist der Vertrag zwischen dem Institut und den Bankkunden und Kontoinhabern. Die Institute verwenden für Gemeinschaftskonten unterschiedliche Kontoeröffnungsformulare für Oder-Konten und für Und-Konten.[189] In diesen Formularen ist vorgesehen, dass die Kontoinhaber sowohl beim Oder- Konto als auch beim Und-Konto bei debitorischem Kontostand (also einem Soll-Saldo) dem Kreditinstitut als **Gesamtschuldner** (§§ 421, 427 BGB) haften.

81 Beim **Oder-Konto** ist jeder Kontoinhaber Gläubiger des Guthabens, er kann idR hierüber allein verfügen. Die Kontoinhaber sind **Gesamtgläubiger**,[190] jedoch ohne dass für ihr Rechtsverhältnis die Regelung des § 428 BGB gilt, nach dem die Bank nach ihrem Belieben an einen Kontoinhaber zahlen könnte; vielmehr muss die Bank an denjenigen Kontoinhaber zahlen, der die Zahlung berechtigterweise verlangt.[191] Jeder Kontoinhaber haftet kraft Vereinbarung im Kontoeröffnungsformular als Gesamtschuldner für den vollen Passivsaldo (§ 421 BGB). Zwischen den Kontoinhabern besteht im Innenverhältnis nach § 430 BGB ein **Ausgleichsanspruch**, sofern nichts anderes vereinbart ist.[192] Erhält einer der Kontoinhaber weniger als die Hälfte von der Kontoforderung, so kann er von dem anderen Kontoinhaber einen entsprechenden Ausgleichsbetrag verlangen.[193] Unter Eheleuten erlaubt das Oder-Konto im Todesfall, dass der Überlebende mit Wirkung gegenüber den Erben weiterverfügen kann.[194] Die **Insolvenz** eines von mehreren Kontoinhabern berührt den Fortbestand des Giro- und Kontokorrentverhältnisses zwischen der Bank und dem oder den anderen Kontoinhaber(n) nicht. Eingehende Beträge zugunsten des Gemeinschaftskontos sind diesem gutzuschreiben, auch wenn über das Vermögen eines Kontoinhabers das Insolvenzverfahren eröffnet wurde; das Dispositionsrecht nur dieses Kontoinhabers geht auf den Insolvenzverwalter über. Der andere Kontoinhaber kann weiter über Guthaben verfügen. In die Insolvenzmasse gehört nur die Forderung des Ge-

---

[189] Abgedruckt und kommentiert bei *Hadding/Häuser* in BankR-HdB, § 35 Anh. 1 und 2.

[190] BGHZ 93, S. 315, 320; BGHZ 95, S. 185, 187; BGH WM 2009, S. 887, 888; *Hadding/Häuser* in BankR-HdB, § 35 Rn. 7 f.; ausführlich *Gernhuber* WM 1997, S. 645–647; für die Annahme einer Bruchteilsgemeinschaft (§§ 741 ff. BGB) auch beim Oder-Konto dagegen dezidiert *K. Schmidt*, Festschrift Hadding, 2004, S. 1093, 1104 ff.

[191] Vgl. zB OLG Celle WM 1995, S. 1871; OLG Düsseldorf WM 2009, S. 1560, 1562 (m.Anm. *Nobbe*, WuB I C 3.-1.10) für Auszahlung am Geldausgabeautomaten; *Hüffer/van Look*, Rn. 151.

[192] Vgl. BGH NJW 1990, S. 705 = WM 1990, S. 239; BGH NJW-RR 1993, S. 2 = WM 1993, S. 1005; zum Oder-Depot BGH NJW 1997, S. 1434 = WM 1997, S. 664; ausf. *Lenkaitis/Messing* BKR 2007, S. 364, 365 ff.; *Heiß* FamFR 2013, S. 146, 147 ff.

[193] Vgl. OLG Düsseldorf WM 1998, S. 550, 552.

[194] Ob eine Bank über diese Unterschiede aufklären muss, ist strittig: dafür *Canaris*, Bankvertragsrecht I, Rn. 117; dagegen OLG Köln ZIP 1980, S. 979, 980; *Gernhuber* WM 1997, S. 645, 650 f. In den Formularen der Kreditwirtschaft wird ausdrücklich darauf hingewiesen, dass der überlebende Kontoinhaber ohne Mitwirkung der Erben die Konten und Depots auflösen kann, also auch zu seinen Gunsten abverfügen kann.

van Look

meinschuldners.[195] Bei **Zwangsvollstreckungsmaßnahmen** gegen einen Kontomitinhaber kann der Gläubiger jedes Inhabers das volle Guthaben pfänden und sich überweisen lassen;[196] auch dann kann jedoch der andere Inhaber weiter über das Konto verfügen, weil die Einzelverfügungsbefugnis weder durch die Insolvenz des Kontomitinhabers noch durch Pfändungen gegen diesen berührt wird (keine „Kontosperre"). Die Bank kann an ihn leisten, bis der gepfändete Betrag an den Pfandgläubiger ausbezahlt ist. Dies ist die der Einzelverfügungsbefugnis entsprechende Lösung.[197]

Seltener als „Oder-Konten" sind die **„Und-Konten",** bei denen die Kontoinhaber **82** nur gemeinsam verfügen können; sie kommen zB bei Erbengemeinschaften vor. Beim kreditorischen Und-Konto besteht eine **Bruchteilsgemeinschaft** (§§ 741 ff. BGB) an der Guthabenforderung.[198] Das Innenverhältnis bestimmt sich nach dem Rechtsverhältnis zwischen den Kontoinhabern, zB wenn sie als Miterben das Und-Konto errichten nach den §§ 2032 ff. BGB. Verfügungen über Guthaben sind für die Bank nur dann schuldbefreiend, wenn der Auszahlungsauftrag oder der Überweisungsauftrag von beiden Kontoinhabern gemeinsam unterzeichnet ist oder der Mitinhaber gem. § 185 BGB zustimmt. Für Debetsalden haften die Kontoinhaber als **Gesamtschuldner** (§ 421 BGB).

Banken können an Guthaben bei ihnen geführter Und-Konten ein vertragliches **83** **Pfandrecht** aus Nr. 14 Abs. 2 AGB-Banken (= Nr. 21 Abs. 3 AGB-Sparkassen) nur für solche Verbindlichkeiten geltend machen, die von den Kontoinhabern gemeinschaftlich begründet werden. Für die **Pfändung** bedarf es eines Vollstreckungstitels gegen sämtliche Kontoinhaber hat (§ 736 ZPO analog). Gläubiger nur eines Kontoinhabers müssen also in den Teilungsanspruch nach Auflösung der Bruchteilsgemeinschaft vollstrecken.[199] Bei **Insolvenz** eines Kontomitinhabers übernimmt der Insolvenzverwalter die Verfügungsmacht über das Konto zusammen mit dem anderen Kontoinhaber, beide können nur gemeinsam verfügen.

Die Ähnlichkeit zwischen „Oder"- und „Und"-Konto ist so deutlich, dass eine **Um-** **84** **wandlung** in die jeweils andere Kontoform möglich und zulässig ist. Sie kann jedoch nicht einseitig durch nur einen Kontoinhaber vorgenommen werden, sondern bedarf einer vertraglichen Vereinbarung[200]. Deshalb hat die Bankwirtschaft in die Kontoeröffnungsformulare einen Passus aufgenommen, nach dem „jeder Konto-/Depotinhaber... im Einvernehmen mit der Bank für die Zukunft das Oder-Konto/Depot in ein Und-Konto/Depot umwandeln" kann. Diese Klausel dürfte einer Inhaltskontrolle nach § 307 BGB standhalten, weil nach Umwandlung alle Inhaber gemeinsam verfügen müssen.[201]

---

[195] BGHZ 95, S. 185, 187 = NJW 1985, S. 2698 = WM 1985, S. 1059.
[196] BGHZ 93, S. 315, 321 = NJW 1985, S. 1218 = WM 1985, S. 344; OLG Nürnberg WM 2003, S. 243; *Wagner* ZIP 1985, S. 849, 855; *Wagner* WM 1991, S. 1145 f.; a. A. *K. Schmidt*, Festschrift Hadding, 2004, S. 1093, 1112 f.: § 771 ZPO.
[197] Offen: BGHZ 93, S. 315, 321; wie hier *Gernhuber* WM 1997, S. 645, 650; *Hüffer/van Look*, Rn. 157; *Hadding/Häuser* in BankR-HdB, § 35 Rn. 11b; a. A. *Canaris*, Bankvertragsrecht I, Rn. 228; *Wagner* WM 1991, S. 1145, 1146 f.
[198] Umstr., vgl. BGH WM 1987, S. 318; BGH NJW 1991, S. 420 = WM 1990, S. 1538, 1539; Übersicht über den Meinungsstand bei *Hüffer/van Look*, Rn. 176.
[199] *Canaris*, Bankvertragsrecht I, Rn. 233; *Hüffer/van Look*, Rn. 184.
[200] Vgl. BGH NJW 1991, S. 420 = WM 1990, S. 2067; BGH NJW-RR 1993, S. 233 = WM 1993, S. 141, 143.
[201] *Hadding/Häuser* in BankR-HdB, § 35 Rn. 15; *Köndgen* NJW 1996, S. 558, 561; *Gernhuber* WM 1997, S. 645, 648.

van Look

Andererseits ist eine Klausel, nach der jeder Kontoinhaber einseitig berechtigt ist, das Konto auf seinen Namen umschreiben zu lassen, nach § 307 Abs. 1 BGB unzulässig, weil sie für den seine Verfügungsmacht Verlierenden unangemessene Nachteile mit sich bringt.[202]

5. Treuhand- und Anderkonto

85   Treuhandkonten sind Konten, auf denen der Inhaber (Treuhänder) fremde Gelder ansammelt und verwaltet, die zumindest wirtschaftlich den **Treugebern** zustehen, zB ein Hausverwalter, der als Treuhänder auf einem Treuhandkonto Mieterlöse für den Vermieter (Treugeber) sammelt und hieraus die Kosten des vermieteten Objekts bezahlt. Wir sprechen dann von der **Vollrechtstreuhand**, auch fiduziarische Treuhand, die gegenüber dem Kreditinstitut offengelegt wird, zB durch die Bezeichnunung als Treuhandkonto.[203] Es besteht ein Dreiecksverhältnis zwischen dem Treugeber als wirtschaftlich Berechtigtem, dem Treuhänder und Kontoinhaber sowie dem Kreditinstitut. Das Treuhandverhältnis besteht zwischen Treugeber und Treuhänder; zwischen dem Kontoinhaber (Treuhänder) und dem Kreditinstitut besteht ein Girovertrag (Zahlungsdiensterahmenvertrag) in der Sonderform des Treuhandkontos. Das (offengelegte) Treuhandverhältnis wirkt sich auf die Rechtsbeziehung zwischen Kontoinhaber (Treuhänder) und Kreditinstitut in der Weise aus, dass der Bank kein Zurückbehaltungsrecht (§ 273 BGB) an dem Kontoguthaben aufgrund von Ansprüchen gegen den Kontoinhaber (Treuhänder) zusteht;[204] auch die Aufrechnung ist stillschweigend ausgeschlossen[205], ebenso das Pfandrecht nach Nr. 14 AGB-Banken (= Nr. 21 AGB-Sparkassen).[206] Folgerichtig hat das Institut die vorgenannten Rechte wegen Ansprüchen gegen den Treugeber als den wirtschaftlich Berechtigten.[207] Eine Rechtspflicht des Instituts, die Führung des Treuhandkontos auf etwaige Missbräuche der Treuhänderstellung hin zu überwachen, wird allgemein abgelehnt, da der Treuhänder im eigenen Namen handelt.[208]

86   Neben dieser offenen Treuhand gibt es das **verdeckte Treuhandkonto**, bei welchem dem kontoführenden Kreditinstitut nicht erkennbar gemacht wurde, dass der Kontoinhaber nicht der wirtschaftlich Berechtigte aus dem Girovertrag ist. Dann liegt ein Eigenkonto des Treuhänders vor, bei dem die vorgenannten Einschränkungen nicht gelten.[209] Allerdings kann der Treugeber nach der Rechtsprechung gegen eine Pfändung Drittwiderspruchsklage (§ 771 ZPO) erheben und in der Insolvenz des Treuhänders aussondern (§ 47 InsO), jedenfalls soweit der Treuhänder auf dem Konto nicht eigene Gelder mit

---

[202] So LG Kassel WM 1991, S. 1948, 1949 mit Anm. *Gößmann,* WuB I C 3.–2.92.

[203] ZB zur Anlage von Mietkautionen iSd § 551 Abs. 3 BGB (vgl. OLG Düsseldorf ZIP 1988, S. 489). Eine andere Möglichkeit ist die Einrichtung eines Sparkontos mit Sperrvermerk, das auf den Namen des Mieters oder des Vermieters eingerichtet werden kann (vgl. *Hüffer/van Look,* Rn. 119).

[204] Vgl. RGZ 78, S. 334; BGHZ 61, S. 72, 79; BGH NJW 1996, S. 840, 841 = WM 1996, S. 249.

[205] Vgl. BGH WM 1987, S. 922, 923.

[206] BGH NJW 1988, S. 263, 265 = WM 1987, S. 922; BGH WM 1990, S. 1954, 1955.

[207] Vgl. *Staudinger/Hopt/Mülbert,* Kreditrecht, Vorbem. vor §§ 607 BGB Rn. 198; *Hadding/Häuser,* MüKoHGB, ZahlungsV, Rn. A 139.

[208] Vgl. *Hüffer/van Look,* Rn. 136 f.; *Hadding/Häuser* in BankR-HdB, § 37 Rn. 57; aM *Smid* ZIP 2006, S. 1973, 1978.

[209] Vgl. BGH NJW 1987, S. 3250 = WM 1987, S. 1418.

van Look

dem Treuhandgeldern vermischt.²¹⁰ Für die Umwandlung eines verdeckten in ein offenes Treuhandkonto soll es ausreichen, dass das Kreditinstitut einer entsprechenden Offenlegung des Kontoinhabers nicht widerspricht.²¹¹

Das **Anderkonto** ist eine Sonderform des offenen Treuhandkontos. Als Fremdkonto trägt es das Auseinanderfallen von wirtschaftlicher Berechtigung und rechtlicher Verfügungsbefugnis schon im Namen. Anderkonten dienen der Verwaltung fremden Vermögens durch einen Treuhänder, der Angehöriger der rechts-, wirtschafts- und steuerberatenden Berufe ist, die einer besonderen Standesaufsicht unterliegen, zB Notare, Wirtschaftsprüfer, Steuerberater und Rechtsanwälte; nur diese dürfen Anderkonten eröffnen.²¹² Rechtsgrundlage sind hier die „Bedingungen für Anderkonten und Anderdepots (AGB-Anderkonten)", die in unterschiedlichen Fassungen für Rechtsanwälte, Notare, Angehörige der öffentlich bestellten wirtschaftsprüfenden und steuerberatenden Berufe sowie Patentanwälte zur Verfügung stehen.²¹³ Mit danach nicht anderkontofähigen Personen, zB Insolvenzverwaltern, verfährt die Praxis so, dass sie ein offenes Treuhandkonto eröffnet und führt, das einem Anderkonto weitgehend gleichsteht. **87**

Beim Anderkonto ist der **Treuhänder Kontoinhaber**; er allein ist Verfügungsberechtigter, zugleich Gläubiger der Einlageforderung und Schuldner eines Debetsaldos.²¹⁴ Der Treugeber hat im Verhältnis zum Kreditinstitut keine Rechte, er kann mit dem Treuhandguthaben nicht gegen Forderungen des Instituts ihm gegenüber aufrechnen. Das Anderkonto wird auch als „offene Vollrechtstreuhand" bezeichnet. Neben den schon erwähnten AGB gelten die berufsrechtlichen Vorgaben der zur Führung von Anderkonten berechtigten Berufsgruppen (zB BRAO, BNotO, StBerG, WPO). Zusammenfassend folgt aus diesen Vorschriften, dass Treuhänder Anderkonten nur für Zwecke ihrer Mandanten und nicht für eigene Zwecke eröffnen dürfen, dass der Treugeber von der Verfügung und von Informationen über das Konto ausgeschlossen ist, dass das Kreditinstitut auf das Innenverhältnis zwischen Treugeber und Treuhänder weder Einfluss nimmt noch hierüber Kontrolle ausübt, dass die Ansprüche aus einem Anderkonto weder abtretbar noch verpfändbar sind sowie dass der Treuhänder die Interessen des Treugebers zu wahren hat. **88**

IV. Beendigung der Kontoverbindung

1. Tod des Kontoinhabers

Die Kontoverbindung als Rechtsverhältnis endet durch einvernehmliche Auflösung, durch einseitige Kündigung und durch Insolvenz des Kunden. Beim **Tod** des Konto- oder Depotinhabers rücken die Erben im Wege der Gesamtrechtsnachfolge (§ 1922 **89**

---

²¹⁰ Vgl. BGH WM 1993, S. 1524; BGH WM 2003, S. 1641 = WuB VI C. § 47 InsO 2.03 *Bitter*; BGH WM 2003, S. 1733, 1734 = WuB VI C. § 47 InsO 1.03 *Bitter* BGH WM 2005, S. 1796 = WuB VI A. § 47 InsO 2.05 *Cartano*; BGH WM 2011, S. 798, 800 = WuB VI A. § 47 InsO 2.11 *Mohrbutter*; Ganter ZInsO 2004, S. 1217 ff.

²¹¹ So BGH WM 1990, S. 1954, 1955; Bedenken bei *Hadding/Häuser* in BankR-HdB, § 37 Rn. 46.

²¹² BGH NJW-RR 1988, S. 1259 = WM 1988, S. 1222 = ZIP 1988, S. 1136.

²¹³ Abgedruckt zB bei *Hadding/Häuser* in BankR-HdB, § 38 Anh. 1–4; *Baumbach/Hopt*, HGB (9) AGB-Anderk; dazu *Gößmann* WM 2000, S. 857 ff.

²¹⁴ Vgl. BGHZ 11, S. 37, 43; BGH WM 1995, S. 352 = ZIP 1995, S. 225; BGH WM 2009, S. 562; zur Pfändung eines Anderkontos KG WM 2013, S. 1407.

BGB) in die Rechtsstellung des Kunden ein; dies gilt auch für die Ansprüche auf Auskunfterteilung und Rechnungslegung.[215] Das Konto wird zum **„Nachlasskonto"** oder „Nachlassdepot". Beim Kontokorrentkonto wird der Saldo gezogen, die Zinsen werden verrechnet. Ergibt das Konto einen für den Kunden positiven Saldo, so ist Inhaber dieses Guthabens der Alleinerbe oder die Erbengemeinschaft. Im letzteren Fall sind die Erben zur Verfügung gemeinsam berechtigt (§§ 2038 Abs. 1 Satz 1, 2040 Abs. 1 BGB), das Konto wird also ein „Und-Konto" der Erbengemeinschaft. Nach Nr. 5 AGB-Banken (= Nr. 5 Abs. 1 und 2 AGB-Sparkassen) kann das Kreditinstitut die Vorlage eines Erbscheins oder eines Testamentsvollstreckerzeugnisses verlangen, bevor Verfügungen der Erben zugelassen werden.[216] Das Kreditinstitut ist verpflichtet, den Kontenstand und den Depotbestand im Zeitpunkt des Todes dem zuständigen Finanzamt schriftlich mitzuteilen, sofern Guthaben von mehr als 5 000 € bestehen (§ 33 ErbStG, § 1 ErbStDV). Nutzt ein **Vorerbe** vor Eintritt des Nacherbfalls ein Nachlasskonto für eigene Zwecke (zB für den Zahlungsverkehr), so ist die bei Eintritt des Nacherbfalls bestehende Guthabenforderung dem Vorerben und nicht dem Nachlass zuzurechnen;[217] Entsprechendes gilt für die Nutzung eines Oder-Kontos durch einen Miterben.[218] Zur Übertragung des Kontos durch Vertrag zu Rechten Dritter auf den Todesfall → § 2 Rn. 25 f., zu trans- und postmortalen Vollmachten → § 2 Rn. 21–23.

2. Kontoauflösung und -kündigung

90 Bei der **Kontoauflösung**, die Vertrag iSd § 311 Abs. 1 BGB ist, wird das Konto abgerechnet, insbes. werden bis zum Beendigungszeitpunkt angefallene Zinsen vergütet oder belastet und vorhandene, dem Kunden zustehende Unterlagen auf Wunsch ausgehändigt. Rechtsprobleme entstehen aufgrund der Einvernehmlichkeit nicht. Es ist indessen zu beachten, dass ein Kontobevollmächtigter nach den in der Kreditwirtschaft verwendeten Vollmachtsformularen erst nach dem Tod des Kontoinhabers berechtigt ist, das Konto und/oder Depot aufzulösen.[219]

91 Wie jedes Dauerrechtsverhältnis ist auch das Rechtsverhältnis, das dem Konto zu Grunde liegt (Girovertrag, Geschäftsbesorgungsvertrag, Darlehen, Wertpapierdepot) durch jeden Vertragsteil kündbar. Damit endet auch das Konto, ggf. einschließlich der Kontokorrentabrede (vgl. § 355 Abs. 3 HGB; → § 2 Rn. 70). Handelt es sich um einen Zahlungsdiensterahmenvertrag, also insbes. um ein Girokonto, kann der **Kunde** (Zahlungsdienstnutzer) den Vertrag jederzeit **ordentlich** grund- und fristlos kündigen, soweit keine Kündigungsfrist vereinbart worden ist, die nicht mehr als einen Monat betragen darf (§ 675h Abs. 1 BGB). Außerdem besteht hier im Fall einer von dem Kreditinstitut gewünschten Änderung des Vertrags (insbes. der AGB) ein fristloses Sonderkündigungsrecht des Kunden (§ 675g Abs. 2 Satz 2 und 3 BGB; → § 2 Rn. 9a). Ist der Kunde Verbraucher

---

[215] BGHZ 107, S. 104 = NJW 1989, S. 1601 = WM 1989, S. 518.
[216] Nach BGH WM 2013, S. 2166 Rn. 30 ff. verstößt Nr. 5 AGB-Sparkassen gegen § 307 Abs. 2 Nr. 1 BGB und ist damit unwirksam (ebenso schon das Berufungsurteil OLG Hamm WM 2012, S. 221 = BKR 2013, S. 303 m. Anm. *Harter*); zum Erbnachweis ohne Erbschein vgl. *Kein* WM 2006, S. 753 ff. Zur Prüfungspflicht der Bank hinsichtlich der Erbenstellung vgl. OLG Frankfurt ZEV 2011, S. 275.
[217] BGHZ 131, S. 60 = NJW 1996, S. 190 = WM 1995, S. 2094.
[218] BGH ZIP 2000, S. 489.
[219] Vgl. *Lwowski* in BankR-HdB, § 34 Rn. 20 und 22.

iSd § 13 BGB, sind diese Regelungen zwingend (vgl. § 675e Abs. 4 BGB). Darüber hinaus – zB bei Einlagenkonten – ist eine Kündigung des Kontos durch den Kunden jederzeit möglich, sofern für das Vertragsverhältnis nicht eine Laufzeit oder eine Kündigungsfrist vereinbart worden ist (Nr. 18 Abs. 1 AGB-Banken = Nr. 26 Abs. 1 Satz 1 AGB-Sparkassen; vgl. auch §§ 627, 675 Abs. 1 BGB). Bei Termineinlagen ist für die Auskehrung des Guthabens der Fristablauf oder ggf. eine Kündigungsfrist abzuwarten; letzteres gilt auch für Spareinlagen (→ § 2 Rn. 49).

Wenn für die Kontoverbindung eine Laufzeit oder eine Kündigungsregelung vereinbart ist, kann eine hiervon abweichende **fristlose Kündigung** durch den Bankkunden nur bei Vorliegen eines wichtigen Grunds ausgesprochen werden, zB wenn es ihm unzumutbar ist, die Geschäftsbeziehung fortzusetzen (Nr. 18 Abs. 2 AGB-Banken = Nr. 26 Abs. 2 Satz 1 AGB-Sparkassen; vgl. auch §§ 626, 675 Abs. 1 sowie § 314 BGB). 92

Der **Bank** steht beim Zahlungsdiensterahmenvertrag, also insbes. beim Girokonto, ein Recht zur **ordentlichen Kündigung** nur dann zu, wenn der Vertrag auf unbestimmte Zeit geschlossen und ein Kündigungsrecht vereinbart wurde, wobei die Kündigungsfrist gegenüber Verbrauchern (Privatkunden) mindestens zwei Monate betragen muss (§ 675h Abs. 2 Satz 1 und 2 BGB). Die Erklärung der Kündigung unterliegt ua dem Transparenzgebot und erfordert Textform iSd § 126b BGB, muss also auf Papier oder per E-Mail erfolgen (§ 675h Abs. 1 Satz 3 iVm Art 248 §§ 2 und 3 EGBGB).[220] Gegenüber Unternehmern (Geschäftskunden) sind abweichende vertragliche Regelungen möglich (§ 675e Abs. 4 BGB). Außerhalb des Zahlungsdiensterechts kann die Bank jedoch nach dem Gesetz jederzeit – allerdings nicht zur „Unzeit" (§ 627 Abs. 2 BGB) – ohne Einhaltung einer Kündigungsfrist ordentlich kündigen (§ 627 Abs. 1 iVm § 675 Abs. 1 BGB). Nach Nr. 19 Abs. 1 AGB-Banken ist die Bank bei jeder ordentlichen Kündigung verpflichtet, eine angemessene **Kündigungsfrist** einzuhalten, bei deren Bemessung auf die berechtigten Belange des Kunden Rücksicht zu nehmen ist und die bei Zahlungsdiensterahmenverträgen und Depotkonten mindestens zwei Monate beträgt (vgl. auch Nr. 26 Abs. 1 AGB-Sparkassen). Die Rechtsprechung verlangt eine Angemessenheitsprüfung der Kündigungsfrist, die so lang bemessen sein muss, bis der Kunde – bei entsprechenden Bemühungen – eine neue Bank- und Kontoverbindung hätte finden können.[221] Das ordentliche Kündigungsrecht ist **ausgeschlossen**, wenn ausnahmsweise aufgrund gesetzlicher Bestimmungen oder marktbeherrschender Stellung ein Kontrahierungszwang für das Kreditinstitut besteht (→ § 2 Rn. 5 f.) oder seine Ausübung im einzelnen Fall gegen Treu und Glauben (§ 242 BGB) verstößt. Das kann zB bei einer Ungleichbehandlung im Vergleich zu anderen Kunden der Fall sein aufgrund der mittelbaren Drittwirkung des allgemeinen Gleichbehandlungsgrundsatzes (Art. 3 Abs. 1 GG), wenn zwischen dem Kreditinstitut und dem Kontoinhaber ein soziales Machtverhältnis besteht, das sich aber nicht allein aus der kreditwirtschaftlichen Betätigung einer privatrechtlich organisierten Bank ergibt[222]. Dagegen verstößt die Kündigung des Girokontos einer radikalen politischen Partei durch ein öffentlich-rechtlich organisiertes oder staatlich beherrschtes Kreditinstitut (Sparkasse, 93

---

[220] Vgl. näher *Herresthal* WM 2013, S. 773, 774.
[221] Vgl. BGH WM 1988, S. 1223, 1224; BGH WM 1985, S. 1136; zur Unzulässigkeit einer Teilkündigung einzelner Leistungselemente eines Girovertrags BGH NJW 2006, S. 430 = WM 2006, S. 179.
[222] BGH WM 2013, S. 316 Rn. 26 ff. = JZ 2013, S. 567 m. Anm. *Looschelders*; vgl. auch *Herresthal* WM 2013, S. 773, 777 f.

Postbank AG) gegen das unmittelbar geltende Willkürverbot (Art. 3 Abs. 1 GG) und ist deswegen nach § 134 BGB nichtig.[223]

94   Eine **fristlose Kündigung** der Kontoverbindung ist der **Bank** – auch bei Zahlungsdiensterahmenverträgen – erlaubt, wenn ein wichtiger Grund hierfür vorliegt (§ 626 iVm § 675 Abs. 1; § 314 BGB). Nach Nr. 19 Abs. 3 Satz 2 Spiegelstrich 1 AGB-Banken (= Nr. 26 Abs. 2 Satz 3 Buchst. c AGB-Sparkassen) ist dies zB der Fall, wenn der Kunde unrichtige Angaben über seine Vermögensverhältnisse machte.[224] Liegt der Kündigungsgrund in einer Verletzung vertraglicher Pflichten des Kunden, so ist die Kündigung erst nach Ablauf einer zur **Abhilfe** bestimmten angemessenen Frist oder nach einer erfolglosen **Abmahnung** zulässig, außer wenn dies wegen der besonderen Umstände des Einzelfalls entbehrlich ist (Nr. 19 Abs. 3 Satz 3 AGB-Banken = Nr. 26 Abs. 3 Sätze 4 und 5 AGB-Sparkassen; vgl. auch §§ 314 Abs. 2, 323 Abs. 2 BGB). Bedeutsam wird dieses außerordentliche Kündigungsrecht des Kreditinstituts vor allem im Kreditrecht (→ § 5 Rn. 38–40).

3. Insolvenz des Kontoinhabers

95   Die Eröffnung des Insolvenzverfahrens über das Vermögen eines Unternehmens oder einer Privatperson beendet den Giro- und Zahlungsdiensterahmenvertrag, also auch die Kontoführung (vgl. §§ 115 Abs. 1, 116 Satz 1 InsO iVm §§ 675 Abs. 1, 675c Abs. 1 BGB).[225] Neben dem Girovertrag endet auch das Kontokorrent mit Eröffnung des Insolvenzverfahrens (→ § 2 Rn. 71). Der Gemeinschuldner verliert seine Dispositionsbefugnis über seine Bankkonten an den **Insolvenzverwalter**. Benutzt der Insolvenzverwalter das Konto weiter, kommt mit ihm ggf. ein neuer Girovertrag zustande.[226] Ab Verfahrenseröffnung ist die Bank gehindert, Debetzinsen zu berechnen, die nach Eröffnung des Verfahrens anfallenden Zinsen sind nachrangige Forderungen (§ 39 Abs. 1 Nr. 1 InsO). Auch bei erloschenem Girovertrag darf die Bank aber noch eingehende Zahlungen für den Kunden entgegennehmen, muss sie dann aber ordnungsgemäß verbuchen und an den Insolvenzverwalter nach §§ 667, 675 Abs. 1, 675c Abs. 1 BGB herausgeben[227]; der Verrechnung mit der Saldoforderung steht § 96 Abs. 1 Nr. 1 InsO entgegen.[228]

96   Auswirkungen hat die Insolvenzeröffnung auch auf die von dem Kunden dem Kreditinstitut gewährten **Sicherheiten** (zB Grundpfandrechte, Forderungszessionen, Sicherungsübereignungen), die etwa für einen über das Konto eingeräumten Kontokorrentkredit bestellt worden sind. Hieran steht dem kreditgebenden Institut ein Recht auf abgesonderte Befriedigung nach §§ 49, 50, 51 Nr. 1 InsO zu, das gegenüber dem Insolvenzverwalter geltend zu machen ist (→ § 5 Rn. 168).

---

[223] BGHZ 154, S. 146 = WM 2003, S. 823; BGH NJW 2004, S. 1031 = WM 2004, S. 317 (dazu *Hadding*, WuB I A 4.-1.04; *van Look* EWiR 2004, S. 731).

[224] Vgl. auch OLG Köln WM 2003, S. 1892: nach außen hervortretende rechtsradikale Aktivitäten eines Kunden.

[225] Dagegen wird bei Insolvenz des Kreditinstituts die Kontobeziehung erst mit Beendigung der Rechtsfähigkeit, zB durch Löschung im Handelsregister, beendet (vgl. *Casper* in MüKoBGB, § 676f Rn. 5; *Kalomiris* in Bankrechts-Kommentar, Kap. 9 Rn. 3).

[226] Vgl. BGH WM 2008, S. 1442 Rn. 11 = ZIP 2008, S. 1437.

[227] BGHZ 170, S. 121 Rn. 12 = WM 2007, S. 348; vgl. auch *Herresthal* WM 2013, S. 773, 776f.

[228] BGH WM 2008, S. 1442 Rn. 12 = ZIP 2008, S. 1437.

van Look

V. Schutz des Kontoguthabens (Einlagensicherung)

Kontoguthaben bei Kreditinstituten sollen Geldforderungen von hoher Sicherheit sein; **97** das **Verlustrisiko** durch Insolvenz der Bank muss für den Einleger möglichst gering gehalten werden: Diesen Eindruck vermitteln sowohl das einzelne Kreditinstitut als auch die Gesamtheit der deutschen Kreditwirtschaft ihren Kunden. Hierauf zielt auch der Staat durch die nationale bankaufsichtsrechtliche Gesetzgebung (zB das KWG) und die Bankenaufsicht (durch die BaFin) ab, die als Reaktion auf die Bankenkrise im Jahr 2008 (ua Insolvenz der Lehman Brothers Bankhaus AG) um zahlreiche Instrumente erweitert wurde (zB zur Reorganisation und Restrukturierung gefährdeter Institute) und ab 2014 zu einer Europäischen Bankenaufsicht (EBA) führt.[229] Letztlich dient die Risikominimierung auch der Gleichstellung von Buchgeld mit Bargeld: Denn **Bargeld** kann nicht durch die Insolvenz eines Kreditinstituts in seinem Wert beeinträchtigt werden. Bargeld hat insoweit einen strukturellen Vorteil gegenüber Buchgeld, dem durch ein Schutzsystem für Bankguthaben begegnet werden muss. Während staatliche Maßnahmen überwiegend prophylaktisch wirken, dh die Insolvenz eines Kreditinstituts verhindern sollen,[230] greift die Einlagensicherung erst nach eingetretener Insolvenz des Kreditinstituts ein, indem sie den Kontoinhaber für den (Teil-)Verlust seines Guthabens durch Ausgleichszahlungen entschädigt.

Die Einlagensicherung war anfangs ein von der Kreditwirtschaft selbst geschaffenes **98** **freiwilliges System**, das getragen war von dem Gedanken der Solidarität der einzelnen Kreditinstitute untereinander und der Vermeidung staatlicher Regelung dieses Rechtsbereichs. Diese – heute noch bestehende – Form der Einlagensicherung wurde nach der Insolvenz der Herstatt-Bank 1974 geschaffen und führte zu einem damals weltweit beispielhaften Sicherungssystem, aufgegliedert nach den drei Säulen der Kreditwirtschaft (→ § 1 Rn. 49 ff.), das den deutschen Gesetzgeber zunächst davon abhielt, entsprechende Regelungen zu erlassen.[231]

Diese freiwilligen Einlagensicherungssysteme wurden durch das **Einlagensicherungs-** **99** **und Anlegerentschädigungsgesetz (EAEG)** vom 16. Juli 1998 ersetzt und ergänzt, durch das die EG-Einlagensicherungsrichtlinie und die EG-Anlegerentschädigungsrichtlinie in nationales Recht transformiert wurden. Hierdurch sollte ein EU-weiter Mindeststandard der Einlagensicherung geschaffen werden, der allerdings für deutsche Einleger durch das freiwillige System in erheblich weitergehendem Umfang schon bestand. Die Klage der Bundesrepublik Deutschland gegen die EG-Einlagensicherungsrichtlinie blieb erfolglos.[232]

---

[229] → § 1 Rn. 38 ff.

[230] Eine außergewöhnliche Erscheinungsform der staatlichen „Einlagensicherung" im Rahmen der Bankenkrise bildete das Pressestatement der Bundeskanzlerin am 5.10.2008: „*Wir sagen den Sparerinnen und Sparern, dass ihre Einlagen sicher sind. Auch dafür steht die Bundesregierung ein*". Ob sich hieraus aber Ansprüche herleiten lassen, ist zweifelhaft (vgl. *Roth* NJW 2009, S. 566; *Servatius* in Bankrechts-Kommentar, Kap. 35 Rn. 335).

[231] Vgl. *Schmetzer,* Möglichkeiten für die Versicherung von Bankeinlagen, 1984, S. 54; *Scholl* JuS 1981, S. 88, 95; *Claussen* DZWiR 1993, S. 198; aus heutiger Sicht krit. *Servatius* in Bankrechts-Kommentar, Kap. 35 Rn. 333.

[232] EuGH WM 1997, S. 1838 = ZBB 1997, S. 365; dazu *Dreher* EWiR 1997, S. 549, *Roth* ZBB 1997, S. 373; *Everling* ZHR 162 (1998), S. 403; vgl. auch *Dreher* ZIP 1998, S. 1777 ff.

100 Nach § 2 EAEG sind CRR- und andere Kreditinstitute, Finanzdienstleistungsinstitute und Kapitalverwaltungsgesellschaften verpflichtet, ihre Einlagen und Verbindlichkeiten aus Wertpapiergeschäften durch **Zugehörigkeit** zu einer Entschädigungseinrichtung nach dem EAEG zu sichern (zu den Begriffsbestimmungen vgl. § 1 EAEG). Im **Entschädigungsfall**, der durch die BaFin festzustellen ist, hat der Kontoinhaber gegen die Entschädigungseinrichtung einen Anspruch auf Entschädigung in Höhe seiner Einlagen – seit 2009 – bis 100 000 € und auf 90% seiner Ansprüche aus Wertpapiergeschäften bis 20 000 € (vgl. §§ 1 Abs. 5, 3 Abs. 1, 4 EAEG);[233] für Streitigkeiten über Grund und Höhe des Anspruchs gilt der Zivilrechtsweg (§ 3 Abs. 4 EAEG). Die Mittel für Entschädigungsleistungen werden durch Beiträge der angeschlossenen Institute aufgebracht (§ 8 EAEG), die als – verfassungsrechtlich zulässige – Sonderabgaben zu qualifizieren sind.[234]

101 Nach dem EAEG sind **Entschädigungseinrichtungen** als nicht rechtsfähige, jedoch im Rechtsverkehr handlungsfähige und parteifähige Sondervermögen des Bundes bei der Kreditanstalt für Wiederaufbau getrennt nach Institutsgruppen einzurichten (§ 6 Abs. 1 EAEG). Von dieser Möglichkeit ist jedoch nur für die Wertpapierhandelsunternehmen (Finanzdienstleistungsinstitute und Kapitalverwaltungsgesellschaften iSd § 1 Abs. 1 Nr. 3 und 4 EAEG) Gebrauch gemacht worden, für die die Entschädigungseinrichtung der Wertpapierhandelsunternehmen (EdW) zuständig ist.[235] Privatrechtlich organisierte Banken einschließlich der Bausparkassen und öffentlich-rechtliche Kreditinstitute (ausschließlich der Sparkassen) sind dagegen Mitglieder der Entschädigungseinrichtung deutscher Banken GmbH (EdB) oder der Entschädigungseinrichtung des Bundesverbands Öffentlicher Banken GmbH (EdÖ). Bei ihnen handelt es sich um Tochtergesellschaften des Bundesverbands deutscher Banken e. V. (BdB) und des Bundesverbands öffentlicher Banken e. V. (VÖB), die beliehene Entschädigungseinrichtungen iSd § 7 EAEG sind. BdB und VÖB bieten ihren Mitgliedern über diese gesetzliche Grundsicherung hinaus noch eine Anschlusssicherung auf freiwilliger Basis durch **Einlagensicherungsfonds** an. Dieser Einlagensicherungsfonds übernimmt gegenüber dem einzelnen Einleger die „Anschlussdeckung" bis zur Höhe von 30% des haftenden Eigenkapitals des jeweiligen Mitgliedsinstituts zum Zeitpunkt des letzten veröffentlichten Jahresabschlusses, für neu aufgenommene Banken in den ersten drei Jahren ihrer Mitgliedschaft maximal 250.000 €. Geschützt sind „Nichtbankeneinlagen", das sind Guthaben von Privatpersonen, Unternehmen und öffentlichen Stellen. Der Schutz umfasst Sicht-, Termin- und Spareinlagen, auf den Namen lautende Sparbriefe, nicht aber Inhaberpapiere wie Inhaberschuldverschreibungen und Inhabereinlagenzertifikate, allerdings unter Ausschluss eines Rechtsanspruchs des Einlegers[236]. Für privatrechtlich

---

[233] Zur Abgrenzung gem. § 4 Abs. 2 Satz 2 EAEG vgl. BGH WM 2005, S. 325, 327.

[234] BVerwG NJW 2004, S. 3198 = WM 2004, S. 2108; ebenso schon *H. Berger* WM 2003, S. 949, 951 f.; dagegen *Meißner* WM 2003, S. 1977, 1979 f.

[235] Zum Entschädigungsfall des betrügerischen Wertpapierhandelsunternehmens „Phoenix", in dem die EdW bis Anfang 2013 aufgrund rd. 71 500 Entscheidungen zur Anlegerentschädigung im Gesamtumfang von rd. 261 Mio. € treffen musste (http://www.e-d-w.de/de/Phoenix-Stand.html), vgl. BGHZ 187, S. 327 = NJW 2011, S. 677 = WM 2011, S. 257; BGHZ 188, S. 317 = WM 2011, S. 798; BGH WM 2011, S. 2176; BGH WM 2011, S. 2219; BGH WM 2012, S. 782; BGH WM 2013, S. 2352; dazu *Grüneberg* WM 2012, S. 1365 ff.

[236] Vgl. iE *Steuer* WM 1998, S. 2449, 2454; *R. Fischer* in BankR-HdB, § 133 Rn. 75 ff.; Bedenken bei *Dreher* ZIP 1998, S. 1777, 1786, der dies für eine Umgehung des Europarechts hält; dagegen *Herdegen* WM 1999, S. 1541 ff.; auch BGH WM 2008, S. 830 Rn. 24.

organisierte Bausparkassen besteht ein besonderer Bausparkassen-Einlagensicherungsfonds e. V.

Die Sparkassen (einschließlich der Landesbanken) und Genossenschaftsbanken gehören dagegen keiner gesetzlichen Entschädigungseinrichtung an, da sie idR Mitglieder **institutssichernder Einrichtungen** sind (§ 12 EAEG), nämlich der regionalen Sparkassenstützungsfonds oder der Sicherungseinrichtung des genossenschaftlichen Bankenverbunds, die durch Umlagen finanziert werden.[237] **102**

Entschädigungseinrichtungen und institutssichernde Einrichtungen unterliegen der **Aufsicht** durch die BaFin (§§ 6 Abs. 4 Satz 2, 7 Abs. 3, 12 Abs. 2 EAEG); diese umfasst aber nicht ggf. angebotene freiwillige Einlagensicherungssysteme. Kredit- und Finanzdienstleistungsinstitute haben ihre Kunden über ihre Zugehörigkeit zu einer Sicherungseinrichtung sowie den Umfang der Sicherung in bestimmter Weise zu **informieren** (vgl. iE § 23a KWG); dem tragen Nr. 20 AGB-Banken und Nr. 28 AGB-Sparkassen Rechnung. **103**

---

[237] Vgl. *Fischer* in BankR-HdB, § 133 Rn. 86 – 104.; zur Erhebung von Sonderumlagen bei der genossenschaftlichen Sicherungseinrichtung vgl. OLG Köln ZIP 1992, S. 1617 mit Bespr. *Dreher* ZIP 1992, S. 1597, und *Claussen* DZWiR 1993, S. 194.

§ 3. Einseitige Leistungsverpflichtungen der kontoführenden Bank gegenüber ihren Kunden

Übersicht

	Rn.
I. Das Bankgeheimnis	1
1. Rechtsgrundlage des Bankgeheimnisses	4
2. Geheimnisherr über das Bankgeheimnis	7
3. Gegenstand des Bankgeheimnisses	9
4. Durchbrechung des Bankgeheimnisses, insbes. zugunsten des Fiskus	16
5. Durchbrechung des Bankgeheimnisses durch Regelungen zur Bekämpfung von Geldwäsche und Terrorismusfinanzierung	22
6. Mögliche Folgen von Verstößen gegen das Bankgeheimnis	27
II. Die Bankauskunft	29
1. Zulässigkeit der Erteilung einer Bankauskunft	30
2. Keine Rechtspflicht zur Erteilung einer Bankauskunft	35
3. Haftung bei unrichtiger Auskunft	38
4. Das Schufa-Verfahren	47
III. Raterteilung	48
1. Beratungspflichten bei Finanzierungen	51
2. Anlageberatung im Wertpapiergeschäft	56
a) Rechtsgrundlagen der Anlageberatung im Wertpapiergeschäft	59
b) Umfang der Beratungspflichten	62
aa) Anlegergerechte Beratung	63
bb) Objektgerechte Beratung	65
cc) Vermeidung von Interessenkonflikten	71
dd) Honoraranlageberatungsgesetz	82
c) Zeitpunkt der Beratung und Dokumentation	86
d) Folgen von Verletzungen der Beratungspflichten	90
3. Vermögensverwaltung	100
4. Banken als Discountbroker	108
IV. Der Vertrauensgrundsatz, die Interessenwahrungspflicht, insbes. der Schutz von Dritten	112

I. Das Bankgeheimnis

Literatur: *Auerbach/Hentschel* in Schwennicke/Auerbach, KWG, 2. Aufl., 2013, §§ 25b KWG ff.; *Baumbach/Hopt*, HGB, 35. Aufl., 2012, 2. Teil, Abschnitt V. Bankgeschäfte (7); *Bittner* in Staudinger, BGB, 2009, § 260; *Bundeskriminalamt*, Financial Intelligence Unit (FIU), Jahresbericht 2012; *Canaris* in Staub, HGB, 4. Aufl., 2005, Band 5, Bankvertragsrecht, Teil 1; *Cierniak/Pohlit* in Münchener

Kommentar zum StGB, 2. Aufl., 2012, § 203 StGB; *Deutsche Kreditwirtschaft*, Auslegungs- und Anwendungshinweise der Deutschen Kreditwirtschaft zur Verhinderung von Geldwäsche, Terrorismusfinanzierung und „sonstigen strafbaren Handlungen" (Stand: 16. Dezember 2011); *dies.* Auslegungs- und Anwendungshinweise der Deutschen Kreditwirtschaft zur Umsetzung neuer Regelungen des Gesetzes zur Optimierung der Geldwäscheprävention (Stand: 22. August 2012); *Financial Action Task Force*, Mutual Evaluation Report: Anti-Money Laundering and Combating the Financing of Terrorism in Germany, Februar 2010; *Fischbeck* sowie *Krepold* jeweils in Schimansky/Bunte/Lwowski, BankR-HdB, 4. Aufl., 2011, §§ 39, 42; *Fischer*, StGB, 58. Aufl., 2011; *Gehm*, Das geplante Abkommen über Zusammenarbeit in den Bereichen Steuern und Finanzmarkt zwischen Deutschland und der Schweiz, ZRP 2012, S. 45; *Giovannopoulos*, Die Harmonisierung des privatrechtlichen Bankgeheimnisses im europäischen Wirtschaftsverkehr, 1999; *Gößmann*, Si tacuisses, BKR 2006, S. 199; *Greisbaum* in Karlsruher Kommentar zur StPO, 6. Aufl., 2008, § 168 StPO; *Grüneberg* in Palandt, BGB, 72. Aufl., 2013, § 260; *Herzog*, Geldwäschegesetz, 1. Aufl., 2010; *Hofmann/Walter*, Die Veräußerung Not leidender Kredite – aktives Risikomanagement der Bank im Spannungsverhältnis zwischen Bankgeheimnis und Datenschutz, WM 2004, S. 1566; *Horn* in Wolf/Horn/Lindacher, AGB-Gesetz, 4. Aufl., 1999; *Ignor/Jahn*, Der Staat kann auch anders – Die Schweizer Daten-CDs und das deutsche Strafrecht, Jus 2010, S. 390; *Kaiser*, Zulässigkeit des Ankaufs deliktisch erlangter Steuerdaten, NStZ 2011, S. 383; *Kirchhartz*, Verschwiegenheitspflicht nach KWG steht Erteilung einer Aussagegenehmigung für BaFin-Beamten in zivilprozessualem Verfahren entgegen, GWR 2011, S. 65; *Klengel/Gans*, Datenhehlerei – Über die Notwendigkeit eines neuen Straftatbestands, ZRP 2013, S. 16; *Lerche*, Bankgeheimnis, ZHR 149 (1985); *Kusserow/Dietrich*, Rechtsprobleme bei Asset-Backed Securities-Transaktionen deutscher Kreditinstitute unter besonderer Berücksichtigung datenschutzrechtlicher Aspekte, WM 1997, S. 1786; *Lenckner/Eisele* in Schönke/Schröder, StGB, 28. Aufl., 2010, § 203; *Merz* in Kümpel/Wittig, Bank- und Kapitalmarktrecht, 4. Aufl., 2011; *Möllers/Beutel*, Haftung für Äußerungen zur Bonität des Bankkunden: Der BGH zum Rechtsstreit Leo Kirch gegen Deutsche Bank und Breuer, NZG 2006, S. 338; *Nobbe*, Bankgeheimnis, Datenschutz und Darlehensforderungen, WM 2005, S. 1537; *ders.*, Der Verkauf von Krediten, ZIP 2008, S. 97; *Rätke* sowie *Rüsken* jeweils in Klein, AO, 11. Aufl., 2012; *Spitzenverbände des Kreditgewerbes*, Bankgeheimnis und Bankauskunft in der Praxis, 7. Aufl., 2012; *Sichtermann*, Das Bankgeheimnis als Teil des allgemeinen Persönlichkeitsrechts, MDR 1965, S. 697; *Tiedemann*, Strafrechtliche Bemerkungen zu den Schutzgesetzen bei Verletzung des Bankgeheimnisses, ZIP 2004, S. 294; *Trüg/Habetha*, Die „Liechtensteiner Steueraffäre" – Strafverfolgung durch Begehung von Straftaten?, NJW 2008, S. 887; *United Nations Office on Drug and Crime*, Research Report: Estimating illicit financial flows resulting from drug trafficking and other transnational organized crimes, Oktober 2011; *Weber/Hoffmann* in Hellner/Steuer, Bankrecht und Bankpraxis, Fassung 2012, 2/840 f; *Weber* in Hellner/Steuer, Bankrecht und Bankpraxis, Fassung 2003, 1/79; *Wenzel* in Hellner/Steuer, Bankrecht und Bankpraxis, Fassung 2010, 4/2522; *Zentes/Glaab*, Regulatorische Auswirkungen des Vorschlags der 4. EU-Geldwäscherichtlinie, BB 2013, S. 707.

1 Das Bankgeheimnis ist das Berufs- oder Geschäftsgeheimnis des Kreditgewerbes.[1] Obwohl der Begriff des Bankgeheimnisses im deutschen Recht nicht gesetzlich definiert ist, wird es vom Gesetzgeber[2], der Rechtsprechung[3] und, was sich fast von selbst versteht, von der Kreditwirtschaft[4] als bestehend vorausgesetzt. Der BGH versteht das Bankgeheimnis

---

[1] Spitzenverbände des Kreditgewerbes, Bankgeheimnis und Bankauskunft in der Praxis, S. 13; vgl. OLG Frankfurt WM 2004, S. 1386 (1387).

[2] Siehe zB § 30a AO, § 9 Abs. 1 S. 1 KWG, § 13 GwG und § 32 BBankG.

[3] BGH NJW 2010, S. 361 (362); BGH NJW 2007, S. 2106 (2107); BGH NJW 2006, S. 830 (833); OLG Stuttgart NZG 2012, S. 272; OLG Köln WM 2011, S. 1600; OLG Frankfurt WM 2004, S. 1386; BFH DStRE 1998, S. 241.

[4] Siehe Nr. 2 Abs. 1 S. 1 der Allgemeinen Geschäftsbedingungen der privaten Banken zwischen Kunde und Bank, Stand: Mai 2012 (nachfolgend: AGB-Banken); Nr. 1 Abs. 2 S. 2 der Allgemeinen Geschäftsbedingungen der Sparkassen, Stand: ab Mai 2012 (nachfolgend: AGB-Sparkassen); ferner

als die Pflicht eines Kreditinstitutes[5] zur Verschwiegenheit über kundenbezogene Tatsachen und Wertungen, die ihm auf Grund, aus Anlass oder im Rahmen der Geschäftsverbindung zum Kunden bekannt geworden sind und die der Kunde geheim zu halten wünscht.[6] Die AGB-Banken[7] definieren das Bankgeheimnis in Nr. 2 Abs. 1 S. 1 AGB-Banken ähnlich als Verpflichtung einer Bank zur Verschwiegenheit über alle kundenbezogenen Tatsachen und Wertungen, von denen sie Kenntnis erlangt. Diese AGB-Regelung hat gleichwohl lediglich deklaratorischen Charakter.[8] Anzumerken ist, dass aus dem Bankgeheimnis für Kreditinstitute nicht nur die einseitige Pflicht folgt, Stillschweigen über die Vermögensverhältnisse von Kunden und deren Wertungen zu wahren. Es gibt Kreditinstituten vielmehr auch das Recht, sich eine eigene Geheimnissphäre zu schaffen und Auskünfte über ihre Kunden zu verweigern.[9] Ausnahmen vom Bankgeheimnis können sich nur aus gesetzlichen Offenbarungspflichten ergeben oder aus einer Einwilligung des Kunden, über ihn Auskunft zu geben oder einzuholen (zB im Wege der Bankauskunft oder des Schufa-Verfahrens).[10]

Das Bankgeheimnis hat in Deutschland lange Tradition. Schon Art. 19 des „Reglements der Königlichen Giro- und Lehn-Banco" Friedrich des Großen aus dem Jahre 1765 befasste sich damit und schrieb vor: **2**

„Wir verbieten bey Unserer Königlichen Ungnade, allen und jeden nachzuforschen, wie viel ein anderer auf sein Folium zugute habe, auch soll niemand von denen Bancoschreibern sich unterstehen, solches zu offenbaren, weder durch Worte, Zeichen oder Schrift, bey Verlust ihrer Bedienungen und bey denen Strafen, die meynedige zu erwarten haben. Zu dem Ende sollen sie bey Antretung ihres Amtes besonders schwören, dass sie alle die Geschäfte, die sie als Bediente der Banco unter Händen haben werden, als das größte Geheimnis mit in die Grube nehmen werden.

Diese elementare Sprache vor mehr als 200 Jahren hat bis heute nichts an Aussagekraft über das Bankgeheimnis verloren.

Rechtsvergleichend ist festzuhalten, dass die Bundesrepublik Deutschland weiterhin einen Spitzenplatz in der Wahrung des Bankgeheimnisses einnimmt, das Bankgeheimnis hier zu Lande jedoch insbesondere Einschränkungen durch seinen natürlichen Gegner, die steuereinfordernde Staatsgewalt, erfährt. Einen höhren Stellenwert hat das Bankgeheimnis derzeit vor allem noch in der Schweiz, Österreich und Luxemburg, deren **3**

Nr. 2 Abs. 1 S. 1 der Allgemeinen Geschäftsbedingungen von Volks- und Raiffeisenbanken, Stand: ab Mai 2012 (nachfolgend: AGB-Volks- und Raiffeisenbanken).

[5] Wer Kreditinstitut ist, wird in § 1 Abs. 1 KWG legal definiert. Der Begriff „Bank" wird in diesem § 3 synonym für alle Kreditinstitute, dh auch für Sparkassen, Volks- und Raiffeisenbanken verwendet und nicht nur für Privatbanken.

[6] BGH NJW 2010, S. 361 (362); BGH NJW 2007, S. 2106 (2107); BGH NJW 2006, S. 830 (833). .

[7] Siehe auch die inhaltsgleiche Definition in Nr. 2 Abs. 1 S. 1 der AGB-Volks- und Raiffeisenbanken; im Gegensatz dazu enthalten die AGB-Sparkassen keine Definition des Begriffes „Bankgeheimnis", regeln in Nr. 1 Abs. 2 S. 2 AGB-Sparkassen jedoch, dass sich der Kunde auf die Wahrung des Bankgeheimnisses durch die Sparkasse verlassen kann. Die Sparkassen sehen das Bankgeheimnis auch ohne Kodifizierung als gewohnheitsrechtlichen Teil des allgemeinen Bankvertrages (siehe: *Weber*, Bankrecht und Bankpraxis, 1/79).

[8] Herrschende Meinung: *Nobbe* WM 2005, S. 1537 (1539) mwN; ferner: *Krepold* in BankR-HdB, § 39, Rn. 4; *Weber/Hoffmann*, Bankrecht und Bankpraxis, 2/842; a. A. *Giovannopoulos*, Die Harmonisierung des privatrechtlichen Bankgeheimnisses im europäishen Wirtschaftsverkehr, S. 33.

[9] *Nobbe* WM 2005, S. 1537; *Weber/Hoffmann*, Bankrecht und Bankpraxis, 2/840.

[10] → § 3 Rn. 29 ff. und → § 3 Rn. 47.

Rechtsordnungen staatliche Eingriffe in das Bankgeheimnis nur unter strengen Voraussetzungen gestatten.[11] Während andere Länder, zB Frankreich oder die Niederlande, zwar ein Bankgeheimnis gegenüber dritten Privatpersonen, faktisch aber nicht gegenüber dem Staat kennen. Eine europaweite Harmonisierung des in den einzelnen EU-Staaten unterschiedlich ausgeformten Bankgeheimnisses ist gegenwärtig nicht absehbar. In der Diskussion ist auf EU-Ebene jedoch eine wesentliche Erweiterung der *Zinsbesteuerungsrichtlinie*[12] und der *Richtlinie über die Zusammenarbeit der Verwaltungsbehörden*[13] mit dem Ziel der Bekämpfung von Steuerbetrug und Steuerhinterziehung. Eine Umsetzung dieses Vorhabens wird ausgehend von aktuellen Richtlinienentwürfen wegen einer angestrebten Ausweitung des zwischenstaatlichen Informationsaustauschs innerhalb der EU faktisch zu einer deutlichen Aufweichung des Bankgeheimnisses führen.[14]

1. Rechtsgrundlage des Bankgeheimnisses

4   Verschwiegenheit ist eine menschliche Tugend, deren Verbreitung – über das Bankgeheimnis hinaus – in vielen Bereichen menschlichen Zusammenlebens zu wünschen wäre. So ist die Wahrung des Bankgeheimnisses zunächst einmal ein ethisches Postulat. Juristisch wird weit gegriffen, um das Bankgeheimnis rechtlich zu fundieren. Hergeleitet wird das Bankgeheimnis mangels gesetzlicher Definition dabei aus dem Grundgesetz sowie aus dem Zivilrecht.

5   Sieht man die Funktionen des Bankgeheimnisses darin, Bankkunden vor der unberechtigten Weitergabe ihrer Bankdaten zu schützen und Kreditinstituten das Recht zur Verweigerung von Auskünften zu gewähren, ist das Bankgeheimnis vor dem Zugriff staatlicher Stellen zunächst verfassungsrechtlich durch verschiedene **Grundrechte** geschützt. Teilweise wird vertreten, dass einem Bankkunden das Recht auf Geheimhaltung seiner Bankdaten als Ausfluss des allgemeinen Persönlichkeitsrechts iSv Art. 1 Abs. 1 GG zusteht[15]; auch die Menschenwürde wird zur Begründung des Bankgeheimnisses herangezogen. Eher mag der verfassungrechtliche Schutz des Bankgeheimnisses vor dem Zugriff staatlicher Stellen auf Kundenseite jedoch aus Art. 2 GG hergeleitet werden, nämlich dem Recht auf freie Entfaltung der Persönlichkeit. Auf Bankenseite lässt sich der Schutz des Bankgeheimnisses (Auskunftsverweigerungsrecht gegenüber staatlichen Stellen) aus Art. 12 GG herleiten, dem Recht der freien Berufsausübung in der Kreditwirtschaft.[16]

---

[11] Siehe die Darstellung der Europäischen Bankenvereinigung zur Ausgestaltung des Bankgeheimnisses in anderen europäischen Staaten, abgedruckt bei: *Weber/Hoffmann*, Bankrecht und Bankpraxis, 2/1063 ff.

[12] Richtlinie 2003/48/EG des Rates vom 3. Juni 2003 im Bereich der Besteuerung von Zinserträgen.

[13] Richtlinie 2011/16/EU des Rates vom 15. Februar 2011 über die Zusammenarbeit der Verwaltungsbehörden im Bereich der Besteuerung und zur Aufhebung der Richtlinie 77/799/EWG.

[14] Siehe: Vorschlag für eine Richtlinie des Rates zur Änderung der Richtlinie 2003/48/EG im Bereich der Besteuerung von Zinserträgen – 2008/0215 (CNS), COM (2008)727 endgültig; Vorschlag für eine Richtlinie des Rates zur Änderung der Richtlinie 2011/16/EU bezüglich der Verpflichtung zum automatischen Austausch von Informationen im Bereich der Besteuerung – 2013/0188 (CNS), COM(2013)348 endgültig.

[15] Früher *Lerche* ZHR 149 (1985) S. 165, 174 ff.; vgl. *Sichtermann* MDR 1965, S. 697; vgl. *Horn* in Wolf/Horn/Lindacher, AGB-Gesetz, § 23, Rn. 634.

[16] *Nobbe* WM 2005, 1537 (1538); *Canaris*, Bankvertragsrecht, Rn. 39.

Die exakte **zivilrechtliche Grundlage des Bankgeheimnisses** ist umstritten. Sie wird 6
teilweise in dem der Geschäftsbeziehung zwischen Bank und Kunden zugrundeliegenden
allgemeinen Bankvertrag gesehen[17], der die Rechtspflicht zur Wahrung des Bankgeheimnisses als Nebenpflicht enthält, ferner als Gegenstand eines konkreten Konto-[18] bzw. Kreditvertrags[19]. Daneben wird auf Nr. 2 Abs. 1 S. 1 AGB-Banken zurück gegriffen.[20] Andere wiederum sehen als Rechtsgrundlage für das Bankgeheimnis das Gewohnheitsrecht[21] oder das mit der Aufnahme des geschäftlichen Kontakts entstehende Schuldverhältnis nach § 311 Abs. 2 Nr. 1 BGB[22]. Der BGH hat bisher offen gelassen, ob das Bankgeheimnis auf vertraglicher oder gewohnheitsrechtlicher Grundlage beruht. Er ist der Auffassung, dass es sich bei der Verpflichtung zur Wahrung des Bankgeheimnisses um eine besondere Ausprägung der allgemeinen Pflicht eines Kreditinstitutes handelt, die Vermögensinteressen des Vertragspartners zu schützen und nicht zu beeinträchtigen.[23] Unabhängig davon, welche der zuvor dargestellten Meinungen man für zutreffend hält lässt sich als Gemeinsamkeit aller zivilrechtlichen Ansätze festhalten, dass die Wahrung des Bankgeheimnisses eine Verpflichtung von Kreditinstituten mit rein schuldrechtlichem Charakter ist, die mit bestehenden oder in der Anbahnung befindlichen Schuldverhältnissen zwischen Kreditinstitut und Kunde einhergeht und von allen Kreditinstituten zu beachten ist.

2. Geheimnisherr über das Bankgeheimnis

Abgesehen vom Fehlen einer gesetzlichen Grundlage für das Bankgeheimnis und von 7
bestehenden Meinungsverschiedenheiten hinsichtlich seiner dogmatischen Herleitung
steht fest, dass es das Bankgeheimnis gibt und dass der Bankkunde Geheimnisherr über
das Bankgeheimnis ist.[24] Denn die Verpflichtung des Kreditinstitutes zur Verschwiegenheit
erstreckt sich auf „*Tatsachen und Wertungen,[...] die der Kunde geheim zu halten wünscht*".[25]
Der Geheimnisherr kann Anweisung geben, dass gegenüber Anfragenden das Bankgeheimnis aufgehoben wird, er kann auch jede Durchlöcherung des Bankgeheimnisses verbieten. Ist ein Bankkunde geschäftsunfähig oder lediglich beschränkt geschäftsfähig, tritt sein gesetzlicher Vertreter als Geheimnisherr an seine Stelle; in der Insolvenz des Kunden folgt ihm der Insolvenzverwalter als Geheimnisherr, im Todesfall seine Erben.[26] Ist eine GmbH Bankkunde, so ist sie der Geheimnisträger und nicht die Gesellschafter, auch nicht der Alleingesellschafter oder eine Konzernobergesellschaft.[27]

---

[17] BGH DB 1953, S. 1031; *Hopt*, HGB, (7) BankGesch, A/6; *Kusserow/Dietrich* WM 1997, S. 1786 (1792); zum allgemeinen Bankvertrag, → § 1 Rn. 243.
[18] BGHZ 27, S. 241 (246).
[19] BGH WM 1985, S. 1305.
[20] *Giovannopoulos*, Die Harmonisierung des privatrechtlichen Bankgeheimnisses im europäischen Wirtschaftsverkehr, S. 33.
[21] *Krepold* in BankR-HdB, § 39, Rn. 9 mwN; *Hofman/Walter* WM 2004, S. 1566 (1570).
[22] *Canaris*, Bankvertragsrecht, Rn. 42; *Krepold* in BankR-HdB, § 39, Rn. 8, 9 mwN; *Nobbe* WM 2005, S. 1537 (1539).
[23] BGH NJW 2010, S. 361 (362); BGH NJW 2007, S. 2106 (2107); BGH NJW 2006, S. 830 (834).
[24] *Weber/Hoffmann*, Bankrecht und Bankpraxis, 2/846; *Krepold* in BankR-HdB, § 39, Rn. 10.
[25] BGH NJW 2010, S. 361 (362); BGH NJW 2007, S. 2106 (2107).
[26] Spitzenverbände des Kreditgewerbes, Bankgeheimnis und Bankauskunft in der Praxis, S. 14; vgl. *Weber/Hoffmann*, Bankrecht und Bankpraxis, 2/847, 2/848; *Krepold* in BankR-HdB, § 39, Rn. 19.
[27] BGH NJW 2006, S. 830 (Leitsatz 4).

8   Da ein Bankkunde seinem Kreditinstitut im Hinblick auf die Einhaltung des Bankgeheimnisses idR keine ausdrückliche Weisung erteilt, welche von seinen Daten er geheim zu halten wünscht und welche nicht, muss das Kreditinstitut im Zweifel aus der Gesamtheit der Umstände, vor allem aus dem Interesse des Bankkunden an einer Auskunftserteilung, den dahingehenden Kundenwillen ermitteln. **Beispiel:** Deckungszusagen für Schecks und Wechsel werden von dem Bankgeheimnis nicht angesprochen – wer Schecks ausstellt, erteilt der bezogenen Bank inzidenter die Zustimmung, über eine Deckung Auskunft zu geben.[28] Im Falle der Nichteinlösung von Schecks ist die bezogene Bank berechtigt, dem Scheckinhaber alle zur Durchsetzung der scheckrechtlichen Ansprüche notwendigen Angaben über die Person des Scheckausstellers zu machen.[29]

3. Gegenstand des Bankgeheimnisses

9   **Gegenstand des Bankgeheimnisses** sind alle kundenbezogenen Tatsachen und Wertungen, die einem Kreditinstitut aufgrund, aus Anlass oder im Rahmen der Geschäftsverbindung zum Kunden bekannt geworden sind und die der Kunde geheim zu halten wünscht.[30] Unerheblich ist dabei, ob die Kenntnis des Kreditinstitutes auf einer Mitteilung des Kunden, eines Dritten oder auf eigener Wahrnehmung beruht. Es genügt, dass die Kenntnis im Rahmen der geschäftlichen Tätigkeit des Kreditinstitutes erlangt wurde.[31] Unter das Bankgeheimnis fällt dabei nicht nur die wirtschaftliche, sondern auch die persönliche Sphäre als Ausfluss des Persönlichkeitsrechts des Bankkunden.

10   **Das Bankgeheimnis besteht** grundsätzlich **gegenüber jedermann**, dh auch gegenüber dem Ehepartner des Kontoinhabers und natürlich gegenüber Lebenspartnern, die keine Ehepartner sind. Es findet seine Grenze jedoch zum **Beispiel** bei Einrichtung einer gewillkürten Vertretung: ein Bankkunde setzt einen Dritten als Generalbevollmächtigten ein, eine Firma setzt einen neuen Prokuristen ein. In jedem Fall ist die Bank dann zur Unterrichtung dieses gewillkürten Vertreters verpflichtet, ihm gegenüber gilt das Bankgeheimnis nicht.[32] Ferner besteht das Bankgeheimnis grundsätzlich auch gegenüber staatlichen Stellen.[33]

11   **Zeitlich** gesehen erfasst das Bankgeheimnisses natürlich die Dauer der konkreten Geschäftsbeziehung des Kunden zur Bank und gilt darüber hinaus nach Beendigung einer Bankverbindung fort.[34] Ferner ist auch ein Nichtkunde, etwa ein Kreditinteressent, der ohne konkrete Geschäftsbeziehung lediglich Kreditgespräche mit einem ihm fremden Kreditinstitut sucht, schon im Stadium einer Geschäftsanbahnung und auch danach – etwa bei Abbruch der Verhandlungen – vom Bankgeheimnis geschützt, § 311 BGB.

12   **Beispiele für typische Gegenstände des Bankgeheimnisses**: das Bestehen von Wertpapierdepots, deren Wert und Zusammensetzung; die Tatsache der Kontoführung ist

---

[28] *Krepold* in BankR-HdB, § 39, Rn. 19; *Weber/Hoffmann*, Bankrecht und Bankpraxis, 2/930.
[29] *Weber/Hoffmann*, Bankrecht und Bankpraxis, 2/930; Spitzenverbände des Kreditgewerbes, Bankgeheimnis und Bankauskunft in der Praxis, S. 146.
[30] BGH NJW 2010, S. 361 (362); BGH NJW 2007, S. 2106 (2107).
[31] *Nobbe* WM 2005, S. 1537 (1539); vgl. auch Nr. 2 Abs. 1 S. 1 AGB-Banken.
[32] *Canaris*, Bankvertragsrecht, Rn. 43. Siehe zu den Durchbrechungen des Bankgeheimnisses jedoch nachfolgende Ziffern. 4. und 5.
[33] *Krepold* in BankR-HdB, § 39, Rn. 21; Spitzenverbände des Kreditgewerbes, Bankgeheimnis und Bankauskunft in der Praxis, S. 15.
[34] Spitzenverbände des Kreditgewerbes, Bankgeheimnis und Bankauskunft in der Praxis, S. 15.

ein Bankgeheimnis[35], sofern der Kunde nicht auf eine Geheimhaltung verzichtet, was konkludent dadurch geschieht, dass er seine Bankverbindung auf Briefbogen und Rechnungen anmerkt[36]; der Kontostand, etwa eingeräumte Kreditlinien, deren Besicherung und Ausnutzung. Weitere Geheimnisgegenstände sind persönliche Tatsachen, wie Erbschaften des Kontoinhabers, Einsetzung als Testamentserben u.ä. Was bereits öffentlich bekannt ist, ist nicht mehr geheim.[37] Der BGH sieht dennoch auch in diesem Fall eine Pflicht des Kreditinstitutes zur Zurückhaltung in Werturteilen und Meinungsäußerungen hinsichtlich der Kreditwürdigkeit eines Kunden, selbst wenn es sich um wahre Tatsachen handelt.[38]

Das Bankgeheimnis findet auch innerhalb einer Bank Anwendung (sog. **inneres Bankgeheimnis**). Es gilt bankintern deshalb auch gegenüber Angestellten und Aufsichtsorganen der Bank, wenn deren Kenntnisnahme nicht im Rahmen des ordnungsgemäßen Geschäftsverkehrs erforderlich ist.[39] Kundengeheimnisse dürfen anderen Bankmitarbeitern daher erst ab dem Zeitpunkt offenbart werden, ab dem sie in die Bearbeitung eines den Kunden betreffenden Geschäftsvorfalls eingebunden sind.[40] **Beispiel:** Ein Kontenführer kann einem Kreditsachbearbeiter Auskunft über einen kreditsuchenden Kunden erteilen. 13

Das Bankgeheimnis gilt grundsätzlich auch gegenüber vom Kreditnehmer verschiedenen Sicherheitengebern (sog. **Drittsicherheitengeber**), die für den Kredit an den Kreditnehmer eine Sicherheit bestellen (zB Bürgschaft, Grundpfandrecht), ohne selbst Partei des Kreditvertrages zu sein.[41] In diesen Fällen stellt sich häufig die umstrittene Frage, ob und inwieweit der Drittsicherheitengeber mit Rücksicht auf das Bankgeheimnis einen **Auskunftsanspruch gegen das Kreditinstitut** über die Höhe der gesicherten Forderung hat. Dabei ist dem Drittsicherheitengeber jedenfalls dann, wenn die Besicherung mit Zustimmung des Kreditnehmers erfolgte, ein Anspruch auf Auskunft über die jeweils aktuelle Höhe der gesicherten Forderung – nicht jedoch über sonstige Geschäftsvorfälle – zuzubilligen.[42] Denn der Kreditnehmer erklärt insoweit mit seiner Zustimmung zur Drittbesicherung stillschweigend einen Verzicht auf die Verschwiegenheitspflicht der Bank.[43] Gleichwohl ist Drittsicherheitengebern in der Praxis zur Vermeidung von Zweifelsfällen anzuraten, den Kreditnehmer zu verpflichten, das Kreditinstitut insoweit ausdrücklich vom Bankgeheimnis gegenüber dem Drittsicherheitengeber freizustellen. – Das Bankgeheimnis findet bei **Sicherheitenverwertung** und bei **Insolvenzverfahren** sein Ende gegenüber denjenigen Rechtsträgern, die von der Sicherheitenverwertung – etwa als Dritt- 14

---

[35] OLG Stuttgart NZG 2012, S. 272 (273).
[36] *Weber/Hoffmann*, Bankrecht und Bankpraxis, 2/844.
[37] *Möllers/Beutel* NZG 2006, S. 338.
[38] BGH NJW 2006, S. 830 (Fall Kirch ./. Breuer und Deutsche Bank); siehe auch: *Canaris*, Bankvertragsrecht, Rn. 49.
[39] *Krepold* in BankR-HdB, § 39, Rn. 21.
[40] *Weber/Hoffmann*, Bankrecht und Bankpraxis, 2/852.
[41] *Krepold* in BankR-HdB, § 39, Rn. 43, 48; vgl. *Weber/Hoffmann*, Bankrecht und Bankpraxis, 2/938.
[42] Zutreffend: *Krepold* in BankR-HdB, § 39, Rn. 45 (für die Bürgschaft), Rn. 49 (generell für Drittsicherheiten); *Weber/Hoffmann*, Bankrecht und Bankpraxis, 2/940 (für die Bürgschaft); Spitzenverbände des Kreditgewerbes, Bankgeheimnis und Bankauskunft in der Praxis, S. 148; siehe auch mit vergleichbarem Ergebnis für die Grundschuld: OLG Oldenburg, WM 1985, S. 748 (749); OLG Hamm, Urt. v. 31. Mai 1999, Az. 31 U 6/99, BeckRs 2005, 03650; OLG Frankfurt am Main, BKR 2012, S. 66 (71); *Grüneberg* in Palandt, BGB, § 260, Rn. 10; *Bittner* in Staudinger, BGB, § 260, Rn. 20; a. A. *Wenzel*, Bankrecht und Bankpraxis, 4/2523.
[43] *Krepold* in BankR-HdB, § 39, Rn. 49.

schuldner⁴⁴ – betroffen oder als Insolvenzverwalter neuer Träger der Verwaltungs- und Verfügungskompetenz über das Unternehmen sind.⁴⁵

15 Fragen des Bankgeheimnisses stellen sich regelmäßig auch im Bereich des **Kredithandel**s und der damit einhergehenden dinglichen Übertragung von Forderungen aus Kreditverträgen. Nicht durch das Bankgeheimnis ausgeschlossen ist dabei die Abtretung **notleidender Darlehensforderungen** (sog. **non-performing loans**) von Kreditinstituten an Dritte (insbesondere an Nichtbanken). Denn das Bankgeheimnis begründet wegen seines rein schuldrechtlichen Charakters kein dingliches Abtretungsverbot.⁴⁶ Allerdings kann die aus dem Bankgeheimnis folgende Verschwiegenheitspflicht mit der Auskunftspflicht des Zedenten nach § 402 BGB kollidieren und bei erteilten Auskünften Schadensersatzansprüche des Kreditnehmers gegen das zedierende Kreditinstitut wegen Verstoßes gegen das Bankgeheimnis auslösen.⁴⁷ Streitig ist insoweit, unter welchen Voraussetzungen in der Erfüllung der Auskunftsverpflichtung des Zedenten (Forderungsverkäufer) gegenüber dem Zessionar (Forderungskäufer) bei fehlender Zustimmung des Kreditnehmers ein Verstoß gegen das Bankgeheimnis liegt.⁴⁸ Vorzugswürdig, da interessengerecht, erscheint es in diesem Zusammenhang, bei Forderungen gegen vertragstreue Kreditnehmer (sog. **performing loans**) dem Schutz des Bankgeheimnisses gegenüber dem Interesse des Zedenten an der Auskunfserteilung den Vorrang einzuräumen, dh einen Verstoß zu Lasten des Kreditnehmers bei jedenfalls nichtanonymisierten Auskünften des Forderungsverkäufers gegenüber dem Forderungskäufer anzunehmen. Dagegen liegt kein Verstoß vor, bei Auskünften im Zusammenhang mit Abtretungen von Forderungen gegen „vertragsuntreue" Kreditnehmer notleidender Darlehen (non-performing loans).⁴⁹

4. Durchbrechung des Bankgeheimnisses, insbes. zugunsten des Fiskus

16 Das Bankgeheimnis hat wie jedes Recht seine Grenzen. Eine Weitergabe von Informationen über den Kunden durch die Bank, dh eine Durchbrechung des Bankgeheimnisses, kommt insbesondere in Betracht, „*wenn gesetzliche Bestimmungen dies gebieten*" (siehe Nr. 2 Abs. 1 S. 2 AGB-Banken).⁵⁰ Grenzen des Bankgeheimnisses bestehen daher vor allem gegenüber dem Staat. Die Aufhebung des Bankgeheimnisses für Staatsziele ist für jeden Bereich staatlicher Tätigkeit gesondert geregelt. – **Beispiele:** Im **Strafverfahren** gilt zB § 161a StPO, wonach die Inhaber und Mitarbeiter von Kreditinstituten verpflichtet sind, als Zeugen vor der Staatsanwaltschaft auszusagen. Denn das Bankgeheimnis gehört nicht in den Katalog der in § 53 Ziff. 1 bis 5 StPO zur Zeugnisverweigerung berechtigenden Berufsgeheimnisse.⁵¹ Bei den vor dem Strafverfahren anhängigen Ermittlungen der Krimi-

---

⁴⁴ *Weber/Hoffmann*, Bankrecht und Bankpraxis, 2/865; *Merz* in Kümpel/Wittig, Bank- und Kapitalmarktrecht, Rn. 6.137.
⁴⁵ *Krepold* in BankR-HdB, § 39, Rn. 73.
⁴⁶ Zutreffend: BGH NJW 2007, S. 2106 (2107); BGH NJW 2011, S. 3024, (3025); a. A. OLG Frankfurt NJW 2004, S. 3266.
⁴⁷ BGH NJW 2007, S. 2106 (2107); BGH NJW 2010, S. 361 (363).
⁴⁸ Zum Streitstand siehe: *Nobbe* ZIP 2008, S. 97 (102) mwN.
⁴⁹ Zutreffend: *Krepold* in BankR-HdB, § 39, Rn. 58a; *Nobbe* ZIP 2008, S. 97 (103).
⁵⁰ Daneben kann nach Nr. 2 Abs. 1 AGB-Banken auch eine (konkludente) Einwilligung des Kunden zur Durchbrechung des Bankgeheimnisses führen. Klassisches Beispiel: Die Übermittlung von Kundendaten durch das Kreditinstitut an die SCHUFA, die eine vorherige Befreiung vom Bankgeheimnis durch Zustimmung des Kunden erfordert.
⁵¹ *Weber/Hoffmann*, Bankrecht und Bankpraxis, 2/886.

nalpolizei gilt hingegen das Bankgeheimnis auch dann, wenn die Polizei von der Staatsanwaltschaft mit den Ermittlungen beauftragt wurde.[52] – Im **Zivilprozess** können sich Inhaber und Mitarbeiter von Kreditinstituten unter Verweis auf das Bankgeheimnis auf ein Zeugnisverweigerungsrecht berufen. Nach § 383 Abs. 1 Nr. 6 ZPO und § 384 Nr. 3 ZPO ist ein Zeuge im Zivilprozess berechtigt, das Zeugnis hinsichtlich solcher Tatsachen zu verweigern, zu deren Geheimhaltung er verpflichtet ist, sowie hinsichtlich solcher Fragen, die er ohne Offenbarung eines Gewerbegeheimnisses nicht beantworten könnte. Das Bankgeheimnis ist insoweit also geschützt. Diese Regelung gilt auch im Arbeitsgerichts-, dem Sozialgerichts- und im Verwaltungsgerichtsverfahren. Andererseits darf ein Kreditinstitut im Zivilprozess zur Wahrnehmung eigener berechtigter Interessen dem Bankgeheimnis unterliegende Tatsachen offenbaren, um eigene Forderungen gegen einen Kunden mit Erfolg geltend machen oder um sich gegen Angriffe des Kunden verteidigen zu können.[53] – Im Bereich der **Bankaufsicht** gilt § 44 KWG, wonach die Bundesanstalt für Finanzdienstleistungsaufsicht (BaFin) oder die Deutsche Bundesbank von Kreditinstituten und ihren Organmitgliedern Auskünfte über Geschäftsangelegenheiten verlangen und sich die Bücher vorlegen lassen können. Die Mitarbeiter der BaFin und der Deutschen Bundesbank unterliegen ihrerseits nach § 9 KWG der Verschwiegenheitspflicht.[54] Daneben hat die BaFin faktisch jederzeit Zugriff auf die von allen Kreditinstituten nach § 24c KWG vorzuhaltenden Datenbanken, über die jeweils vom Kreditinstitut geführten Kundenkonten und -depots (sog. **automatisierter Kontenabruf**).[55] Abfragen durch die BaFin erfolgen dabei nicht nur zum Zwecke der Bankenaufsicht, sondern insbesondere auch zur Auskunfterteilung gegenüber Strafverfolgungsbehörden, Gerichten und Sozialbehörden (§ 24c Abs. 3 Nr. 2 KWG). Hierbei besteht über § 93b Abs. 2 AO iVm § 93 Abs. 7 AO auch eine Vernetzung zum Steuerrecht, was Finanzbehörden den Zugriff auf Daten des automatisierten Kontenabrufs ermöglicht.

Die Geschichte des Bankgeheimnisses gegenüber dem Fiskus ist wechselhaft. Traditionell besteht das Bankgeheimnis grundsätzlich auch gegenüber den **Steuerbehörden**. Dies schrieb der Bankenerlass von 1949 und seine Neufassung von 1979[56] in etwa so vor. Seit 1988 gilt § 30a AO,[57] der den Schutz des Bankgeheimnisses in der Gestalt vorsieht, dass die Prüfungsbeamten der Finanzbehörden bei Untersuchungen auf das Vertrauensverhältnis zwischen Kreditinstitut und Kunden Rücksicht zu nehmen haben. Insbesondere dürfen sie nach § 30a Abs. 2 AO keine Mitteilungen über Kontostände zur allgemeinen Überwachung verlangen, Ermittlungen „ins Blaue hinein" sind unzulässig.[58] Die Steuerprüfer von Banken dürfen über die bei dieser Bank von Kunden unterhaltenen Konten und Depotbestände, für die eine Legitimationsprüfung nach § 154 Abs. 2 AO vorgenommen

17

---

[52] *Krepold* in BankR-HdB, § 39, Rn. 226; *Weber/Hoffmann,* Bankrecht und Bankpraxis, 2/902; *Greisbaum,* Karlsruher Kommentar zur StPO, § 163, Rn. 15.
[53] *Krepold* in BankR-HdB, § 39, Rn. 97; *Weber/Hoffmann,* Bankrecht und Bankpraxis, 2/926.
[54] Siehe in diesem Zusammenhang etwa: VG Minden, WM 2011, S. 1130 mit Entscheidungsbesprechung *Kirchhartz* GWR 2011, S. 65.
[55] Gespeichert sind darin ua Kontonummer, Kontoinhaber, Verfügungsberechtigte und der Tag der Kontoeröffnung, nicht jedoch Kontostände oder Daten zu Kontenbewegungen (siehe § 24c KWG).
[56] BStBl. I 1979 S. 590 f.
[57] Eingefügt durch Gesetz v. 25. Juli 1988 (BGBl. I 1988, S. 1093).
[58] BFH BStBl. II 1991, S. 277; *Rüsken* in Klein, AO, § 30a, Rn. 13; *Krepold* in BankR-HdB, § 39, Rn. 236.

wurde, keine Kontrollmitteilungen an das Finanzamt des Kunden schicken, § 30a Abs. 3 AO. Kontrollmitteilungen werden sonst allgemein erstellt bei Betriebsprüfungen nach Ermessen der prüfenden Finanzbehörde, sie teilen Zahlungen an Personen deren zuständigem Finanzamt mit. § 30a Abs. 3 AO schränkt also die Ermittlungsbefugnisse der Außenprüfung nach § 194 Abs. 3 AO hinsichtlich solcher Guthabenkonten und Depots ein.[59]

Beispiel: Ein Verlag überweist seinem Autor sein Honorar. Bei einer Steuerprüfung der Bank des Verlages ist die Steuerprüfung gehindert, diesen Empfänger dem Finanzamt mittels einer Kontrollmitteilung zu melden. Wird hingegen der Verlag geprüft, kann der Prüfungsbeamte eine Kontrollmitteilung an das Finanzamt des Autors senden, ohne dass er hierzu durch § 30a AO gehindert wäre.

18   Das Bankgeheimnis findet gegenüber dem Fiskus insbesondere dann sein Ende, wenn Anhaltspunkte für Steuerverkürzungen vorliegen. Dies gilt nicht erst im Bereich der Steuerfahndung (§§ 208 ff. AO) und des Steuerstrafverfahrens (§§ 385 ff. AO), sondern bereits im Besteuerungsverfahren. Anfangsverdacht genügt. Dieser Anfangsverdacht wird häufig durch anonyme Anzeigen hergestellt. Anzeigende sind zB verärgerte Familienmitglieder oder unzufriedene, auch ehemalige Mitarbeiter. Liegt dies vor, haben nach § 93 Abs. 1 Satz 1 AO die am Steuerverfahren Beteiligten und andere Personen – auch Kreditinstitute – der Finanzbehörde die zur Feststellung eines für die Besteuerung erheblichen Sachverhaltes erforderlichen Auskünfte zu erteilen.[60] Das Auskunftsersuchen muss allgemeine rechtsstaatliche Grenzen, wozu auch das Zweck-/Mittel-Verhältnis gehört, einhalten.[61] **Beispiel:** In einem Steuerverfahren, in dem Steuerverkürzung zu untersuchen war, verlangte das Finanzamt, für 44 Jahre die Kontoauszüge eines Steuerpflichtigen von seiner Sparkasse ausgedruckt zu erhalten. Das Zweck/Mittel-Verhältnis war gestört, das Auskunftsverlangen zurückzuweisen.[62] Andererseits kann die Finanzbehörde bei hinreichendem Verdacht der Steuerhinterziehung bei der Bank des Verdächtigen – wenn auf Grund konkreter Anhaltspunkte oder nach allgemeiner Erfahrung die begründete Vermutung für das Vorliegen steuerrelevanter Sachverhalte gegeben ist[63] – Kontenbewegungen untersuchen, auch Buchungsunterlagen, die sich nicht auf den Beschuldigten beziehen.[64] Die Finanzbehörde ist danach auch zur Mitnahme der Kontenunterlagen berechtigt, sofern ein Beschluss nach §§ 102, 105 StPO vorliegt.[65] – Schließlich können Finanzbehörden, wie vorstehend bereits angesprochen, in den Grenzen von §§ 93b Abs. 2, 93 Abs. 7 AO über die BaFin die von Kreditinstituten nach § 24c KWG vorzuhaltenden Kontoinformationen abrufen, wobei sich Abfragen jedoch nicht auf einzelne Konto- oder Depotbewegungen erstrecken (vgl. § 24c Abs. 3 KWG).

19   Eine weitere Durchbrechung erfährt das Bankgeheimnis zu Gunsten des Fiskus bei Todesfällen von Kunden. Im **Todesfall von Konto- oder Depotinhabern** besteht eine Meldepflicht der Kreditinstitute nach § 33 ErbStG iVm § 1 ff. ErbStDV gegenüber dem zuständigen Finanzamt im Hinblick auf im Gewahrsam des Kreditinstitutes befindliche Vermögensgegenstände.

---

[59] *Rüsken* in Klein, AO, § 30a, Rn. 13.
[60] Zu Ausmaß und Grenzen dieses Auskunftsrechtes: *Krepold* in BankR-HdB, § 39, Rn. 236 f.
[61] *Rätke* in Klein, AO, § 93, Rn. 12.
[62] BFH BB 1991, S. 753.
[63] BFH BStBl. II 1987, S. 484; BFH NJW 2002, S. 2340 (2342); *Rätke* in Klein, AO, § 93, Rn. 6, 7.
[64] LG Baden-Baden ZIP 1989, S. 764.
[65] LG Baden-Baden ZIP 1989, S. 764, (766).

Auf internationaler Ebene erfährt das Bankgeheimnis weitere Durchbrechungen zu **20** Gunsten des Fiskus. Betroffen sind dabei insbesondere Fälle, in denen Kunden zB **Konten bei ausländischen Kreditinstituten** unterhalten, auf denen sie grundsätzlich in ihrem Heimtland zu versteuernde Zinsen erzielen. **Beispiel**: Eine in Deutschland ansässige Person unterhält ein Konto in Italien und erzielt hierauf Zinserträge. Um zu vermeiden, dass derartige Kontoverbindungen deutschen Finanzbehörden verborgen bleiben, soll die effektive Besteuerung von natürlichen Personen im Gebiet der EU durch die sogenannte **Zinsbesteuerungsrichtlinie** sicher gestellt werden.[66] Diese sieht vor, dass eine inländische Finanzbehörde über eine inländische Person von der jeweiligen Finanzbehörde im EU-Ausland über das Bestehen einer Kontoverbindung bei einem ausländischen Kreditinstitut und über erfolgte Zinszahlungen informiert wird.[67] Da nicht alle EU-Staaten an diesem Informationsaustausch beteiligt sind (Österreich und Luxemburg behalten stattdessen bisher lediglich eine Quellensteuer ein) ist zur Bekämpfung von Steuerbetrug und Steuerhinterziehung eine zusätzliche EU-Harmonisierung des Informationsaustausches durch Erweiterungen der Zinsbesteuerungsrichtlinie[68] und der Richtlinie über die Zusammenarbeit der Verwaltungsbehörden[69] angedacht.[70] Dabei soll sich der Informationsaustausch nach dem *Vorschlag für eine Richtlinie des Rates zur Änderung der Richtlinie 2011/16/ EU bezüglich der Verpflichtung zum automatischen Austausch von Informationen im Bereich der Besteuerung* sogar auf den Austausch von Dividenden, sonstige Finanzerträge und Kontoguthaben erstrecken, was – bei entsprechender Umsetzung – einen erheblichen Eingriff in das Bankgeheimnis darstellen würde, der sogar über das inländische Verfahren zum automatisierten Kontenabruf (§ 24c KWG) hinaus ginge.

Eine weitere, faktische Variante der Durchbrechung des Bankgeheimnisses anderer **21** Staaten durch den deutschen Fiskus stellt der Ankauf sog. **Steuer-CDs** dar, die deutschen Finanzbehörden in der jüngeren Zeit von Informanten, insbesondere von Mitarbeitern im Ausland ansässiger Banken (etwa aus der Schweiz, Lichtenstein oder Luxemburg) zum Kauf angeboten werden.[71] Diese CDs enthalten zumeist Daten über Konten von in Deutschland steuerpflichtigen Personen bei ausländischen Banken, die den deutschen Finanzbehörden bisher verborgen waren. Die Frage, ob sich die am Kauf von Steuer-CDs beteiligten Personen (etwa Beamte von Finanzbehörden) strafbar machen und, ob ggf. ein Beweisverwertungsverbot in einem Strafverfahren besteht, ist bisher nicht höchstrichter-

---

[66] Richtlinie 2003/48/EG des Rates vom 3. Juni 2003 im Bereich der Besteuerung von Zinserträgen; in Deutschland umgesetzt durch die Zinsinformationsverordnung (ZIV).

[67] Spitzenverbände des Kreditgewerbes, Bankgeheimnis und Bankauskunft in der Praxis, S. 111.

[68] Richtlinie 2003/48/EG des Rates vom 3. Juni 2003 im Bereich der Besteuerung von Zinserträgen.

[69] Richtlinie 2011/16/EU des Rates vom 15. Februar 2011 über die Zusammenarbeit der Verwaltungsbehörden im Bereich der Besteuerung und zur Aufhebung der Richtlinie 77/799/EWG.

[70] Siehe: Vorschlag für eine Richtlinie des Rates zur Änderung der Richtlinie 2003/48/EG im Bereich der Besteuerung von Zinserträgen – 2008/0215 (CNS), COM (2008)727 endgültig; Vorschlag für eine Richtlinie des Rates zur Änderung der Richtlinie 2011/16/EU bezüglich der Verpflichtung zum automatischen Austausch von Informationen im Bereich der Besteuerung – 2013/ 0188 (CNS), COM(2013)348 endgültig.

[71] Befeuert wurde die Diskussion um Steuer-CDs insb. durch das am 21. September 2011 abgeschlossene, jedoch vom Deutschen Bundestag am 17. Januar 2013 nicht ratifizierte *Abkommen zwischen der Schweizerischen Eidgenossenschaft und der Bundesrepublik Deutschland über Zusammenarbeit in den Bereichen Steuern und Finanzmarkt*. Siehe hierzu: *Gehm* ZRP 2012, S. 45.

lich geklärt und im Einzelnen umstritten.⁷² Wenngleich derartige Eingriffe bei alleiniger Beteiligung von Auslandsbanken grundsätzlich keinen Eingriff in das deutsche Bankgeheimnis darstellen, wäre rechtspolitisch eine eindeutige gesetzliche Regelung zur Fassung derartiger Sachverhalte und zur Schaffung von Rechtssicherheit für handelnde Personen begrüßenswert. Dies gilt insbesondere auch vor dem Hintergrund, dass die Durchbrechung des deutschen Bankgeheimnisses durch den Staat nur auf Basis gesetzlicher Grundlagen möglich ist.

5. Durchbrechung des Bankgeheimnisses durch Regelungen zur Bekämpfung von Geldwäsche und Terrorismusfinanzierung

22   Eine weitere Grenze findet das Bankgeheimnis in den gesetzlichen Regelungen des Geldwäschegesetzes (GwG) zur Verhinderung von Geldwäsche und Terrorismusfinanzierung.⁷³ Denn nach § 11 Abs. 1 GwG sind Kreditinstitute verpflichtet, dem Bundeskriminalamt und zuständigen Strafverfolgungsbehörden Verdachtsfälle der Geldwäsche oder Terrorismusfinanzierung zu melden. Wenngleich derartige Meldungen direkt in das Bankgeheimnis von Kunden eingreifen, stellen sie keinen Bruch des Bankgeheimnisses dar, vgl. § 13 Abs. 1 GwG.⁷⁴

23   Unter **Geldwäsche** versteht man allgemein Handlungen, mit denen die illegale Herkunft von Geld und anderen Vermögenswerten aus Straftaten verschleiert wird, um diese als scheinbar legales Vermögen dem Finanzkreislauf zuzuführen.⁷⁵ Der Ursprung solcher Vermögenswerte kann etwa Rauschgifthandel, schwere Wirtschaftskriminalität, Schutzgelderpressung, illegales Glücksspiel oder Zuhälterei sein. Nach Schätzungen des bei der Organisation für wirtschaftliche Zusammenarbeit und Entwicklung (OECD) angesiedelten, international führenden Standardsetzers auf dem Gebiet der Bekämpfung der Geldwäsche und der Terrorfinanzierung, der Financial Action Task Force (FATF)⁷⁶, wurden beispielsweise im Jahre 2009 mit kriminellen Aktivitäten in Deutschland Gewinne in Höhe etwa 40–60 Milliarden Euro erzielt.⁷⁷ Das United Nations Office on Drug and

---

[72] Gegen eine Strafbarkeit und für eine Verwertbarkeit im Strafverfahren: *Klengel/Gans* ZRP 2013, S. 16; *Kaiser* NStZ 2011, S. 383; FG Köln DStRE 2011, S. 1076 (1077); grundsätzlich für eine Verwertbarkeit: BVerfG NJW 2011, S. 2417 (2418 f.). Für eine Strafbarkeit und gegen eine Verwertbarkeit im Strafverfahren: *Ignor/Jahn* Jus 2010, S. 390; *Trüg/Habetha* NJW 2008, S. 887.
[73] Gesetz über das Aufspüren von Gewinnen aus schweren Straftaten (Geldwäschegesetz – GwG) eingeführt durch das Gesetz zur Ergänzung und Bekämpfung der Geldwäsche und der Terrorismusfinanzierung (Geldwäschebekämpfungsergänzungsgesetz – GwBekErgG) vom 13. August 2008 (BGBl. I 2008, S. 1690), zuletzt geändert durch Gesetz vom 4. Juli 2013 (BGBl. I 2013, S. 2178)..
[74] Siehe BT-Drucks. 12/2704, S. 19 zu § 12 GwG aF; Spitzenverbände des Kreditgewerbes, Bankgeheimnis und Bankauskunft, S. 54; *Fischbeck* in BankR-HdB, § 42, Rn. 397.
[75] Vgl. *Auerbach/Hentschel,* KWG, § 25c, Rn. 13; *Herzog,* GwG, Einl., Rn. 3; *Fischbeck* in BankR-HdB, § 42, Rn. 1.
[76] Die FATF wurde 1989 von den G-7-Staaten initiiert und verfolgt das Ziel, Grundsätze zur Bekämpfung der Geldwäsche und der Terrorismusfinanzierung zu entwickeln und zu fördern. Sie hat 36 Mitglieder (ua die BRD, die EU-Kommission, den Golf Kooperations-Rat) und erarbeitet regelmäßig Empfehlungen, die bisher auch der Internationale Währungsfonds (IWF) und die Weltbank anerkannt haben (siehe BaFin-Mitteilung zur Geldwäschebekämpfung, Stand: August 2013, abrufbar im Internet unter: http://www.bafin.de/DE/Aufsicht/Geldwaeschebekaempfung/geldwaeschebekaempfung_node.html).
[77] FATF, Mutual Evaluation Report: Anti-Money Laundering and Combating the Financing of Terrorism in Germany, Februar 2010, S. 9, abrufbar im Internet unter: http://www.fatf-gafi.org/documents/documents/mutualevaluationofgermany.html.

Crime (UNODC) schätzt das Volumen der Geldwäsche für das Jahr 2009 weltweit auf etwa 1,6 Billionen US-Dollar.[78] Auch das Bundeskriminalamt verzeichnet jährlich einen Anstieg der dort eingehenden Geldwäscheverdachtsmeldungen (zB 2009: 9.046, 2011: 12.868, 2012: 14.361 Verdachtsfälle)[79]. Geldwäsche wird betrieben durch Minimierung der Beträge bei der Einzahlung auf Konten[80], Wandlung von Bargeld in Buchgeld an verschiedenen Orten, auch in Steueroasen und Off-shore-Zentren, durch Zwischenschaltung von Handelsorganisationen, Gastronomiebetrieben und Spielbanken.[81] Juristisch stellt Geldwäsche die Schnittstelle von illegalen Einkünften aus Straftaten und legalem Finanzkreislauf dar. Der deutsche Gesetzgeber möchte durch das Instrumentarium aus Geldwäschegesetz und strafrechtlicher Verfolgung (§ 261 StGB) die zugrundeliegenden kriminellen Strukturen aufbrechen und Geldwäsche verhindern. Dabei soll durch die Verpflichtung zur Meldung von Verdachtsfällen das Aufspüren von Gewinnen aus schweren Straftaten ermöglicht oder zumindest erleichtert werden. – Die gesetzlichen Pflichten von Kreditinstituten bei der Prävention und Bekämpfung der Geldwäsche haben sich seit Inkrafttreten der ersten Fassung des GwG am 29. November 1993 erheblich ausgeweitet. Sie sind im wesentlichen im GwG und daneben im KWG (§§ 25g KWG[82] ff.) geregelt. Das jetzige GwG geht im Wesentlichen auf das im August 2008 in Kraft getretene Geldwäschebekämpfungsergänzungsgesetz[83] zurück, dem die *„dritte Geldwäscherichtlinie"*[84] des EU-Parlaments und des EU-Rates zu Grunde liegt. Das bis dahin geltende GwG, welches maßgeblich auf der ersten[85] und auf der zweiten[86] Geldwäscherichtlinie basierte, wurde zum 21. August 2008 aufgehoben und vollständig neu gefasst.[87] Ziel des GwG ist seitdem

---

[78] United Nations Office on Drug and Crime, Research Report: Estimating illicit financial flows resulting from drug trafficking and other transnational organized crimes, Oktober 2011, S. 9, abrufbar im Internet unter: http://www.unodc.org/documents/data-and-analysis/Studies/Illicit_financial_flows_2011_web.pdf.

[79] Bundeskriminalamt, Financial Intelligence Unit (FIU), Jahresbericht 2012, S. 10.

[80] Einzahlungsbeträge lauten dann auf Beträge unterhalb geldwäscherelevanter Prüfschwellen (etwa weniger als € 15.000, § 3 Abs. 2 S. 1 Nr. 2 GwG).

[81] Eine plastische Darstellung mit Beispielen findet sich bei: *Fischbeck* in BankR-HdB, § 42, Rn. 3 bis Rn. 9. „Geldwäscheanfällig" ist insbesondere der Bereich der Gastronomie, wo die Barzahlung Tagesgeschäft ist und nur schwer nachgehalten kann, ob alle Tageseinnahmen tatsächlich auf Konsum von Gästen basieren.

[82] Seit dem 31. Januar 2014 finden sich die vorherigen Regelungen der §§ 25 f bis 25 m KWG (geändert erst zum 1. Januar 2014 durch das CRD IV-Umsetzungsgesetz (BGBl. I 2013, S. 3395)) aufgrund des insoweit in Kraft getretenen Gesetzes zur Abschirmung von Risiken und zur Planung der Sanierung und Abwicklung von Kreditinstituten und Finanzgruppen vom 7. August 2013 (BGBl. I 2013, S. 3090, Trennbankengesetz) in den §§ 25g bis 25m KWG).

[83] Gesetz zur Ergänzung und Bekämpfung der Geldwäsche und der Terrorismusfinanzierung (Geldwäschebekämpfungsergänzungsgesetz – GwBekErgG) vom 13. August 2008 (BGBl. I 2008, S 1690).

[84] Richtlinie 2005/60/EG des europäischen Parlaments und des Rates vom 26. Oktober 2005 zur Verhinderung der Nutzung des Finanzsystems zum Zwecke der Geldwäsche und der Terrorismusfinanzierung.

[85] Richtlinie 91/308/EWG des Rates vom 10. Juni 1991 zur Verhinderung der Nutzung des Finanzsystems zum Zwecke der Geldwäsche.

[86] Richtlinie 2001/97/EG des europäischen Parlaments und des Rates vom 04. Dezember 2001 zur Änderung der Richtlinie 91/308/EWG des Rates zur Verhinderung der Nutzung des Finanzsystems zum Zwecke der Geldwäsche.

[87] BT-Drucks. 16/9038, S. 22; *Fischbeck,* in BankR-HdB, § 42, Rn. 27.

neben der Bekämpfung von Geldwäsche auch die Unterbindung von Terrorismusfinanzierung. Unter **Terrorismus** ist der nachhaltig geführte Kampf für politische Ziele zu verstehen, wobei diese Ziele mit Angriffen auf Leib, Leben und Eigentum Dritter verfolgt werden (vgl. § 129a StGB).[88] Bisher liegen nur wenige belastbare Erkenntnisse zur Struktur der Terrorismusfinanzierung (siehe Legaldefinitionen in § 1 Abs. 2 GwG und § 1 Abs. 32 KWG) vor, weshalb der Schwerpunkt nachfolgender Darstellung sich mit Geldwäsche befasst.[89]

24 Die sog. **"Verpflichteten" iSd des GwG** (neben Kredit- und Finanzdienstleistungsinstituten ua auch: Versicherungs- und Finanzunternehmen, Rechtsanwälte, Notare, Wirtschaftsprüfer, Steuerberater, Immobilienmakler und Spielbanken, § 2 GwG) sind durch das GwG gesetzlich zur Meldung von Verdachtsfällen der Geldwäsche und der Terrorismusfinanzierung verpflichtet. Das GwG verfolgt dabei einen sog. risikoorientierten Ansatz, der berücksichtigt, dass Geldwäscherisiken nicht bei allen Transaktionen oder Geschäften gleich hoch sind. Das Gesetz sieht daher für Kreditinstitute und andere Verpflichtete je nach Risikoträchtigkeit der jeweiligen Transaktion oder Geschäftsbeziehung unterschiedliche, und zwar vereinfachte, allgemeine und verstärkte Sorgfaltspflichten vor (§§ 3, 5, 6 GwG).[90] Kernelement dieser Sorgfaltspflichten ist dabei – unabhängig von einem Verdachtsmoment – die in den Fällen der § 3 Abs. 1, Abs. 2 Nrn. 1 und 2 GwG bestehende **Identifizierungspflicht.** Diese Pflicht besteht etwa bei der Begründung einer Geschäftsbeziehung, aber auch, wenn bei einer Transaktion außerhalb einer bestehenden Geschäftsbeziehung die Betragsgrenze von € 15.000 überschritten wird. Ein weiteres Kernelement der Sorgfaltspflichten ist die Feststellung des **wirtschaftlich Berechtigen,** dh die Frage, ob die Person, die gegenüber dem Kreditinstitut handelt, auch der Geschäftsherr ist (§ 3 Abs. 1 Nr. 3 GwG iVm § 1 Abs. 6 GwG). Verstärkte Sorgfaltspflichten können sich dabei im Umgang mit **"politisch exponierten Personen"** (sog. PEPs) ergeben, von denen wegen der Wahrnehmung öffentlicher Ämter erhöhte Korruptionsrisiken ausgehen können, § 6 Abs. 2 Nr. 1 GwG. **Beispiel für das Greifen der Sorgfaltspflichten des GwG:** Werden an der Kasse eines Kreditinstitutes von einer Person, die zu dem Kreditinstitut keine Geschäftsbeziehung unterhält, € 15.000 in bar auf ein fremdes Konto eingezahlt oder erfolgen an einem Tag nacheinander mehrere Einzahlungen auf das gleiche Fremdkonto durch diese Person in einer Summe von € 15.000, hat das Kreditinstitut die einzahlende Person anhand eines gültigen amtlichen Lichtbildausweises zu identifizieren.[91] Ferner muss es abklären, ob die Person für eigene oder fremde Rechnung handelt. Liegen zusätzlich Tatsachen vor, die den Verdacht der Geldwäsche nach § 261 StGB begründen, hat das Kreditinstitut diese Transaktion(en) unverzüglich dem Bundeskriminalamt und den Strafverfolgungsbehörden zu melden, § 11 Abs. 1 GwG. – Neben den bestehenden Sorgfaltspflichten sind von Kreditinstituten bei der Geldwäschebekämpfung bestimmte organisatorische Pflichten zu beachten, wie etwa Aufzeichnungs- und Aufbewahrungspflichten (§ 8 GwG) oder die Pflicht zur Bestimmung eines Geldwäschebeauftragten (§ 25g Abs. 4 KWG).

---

[88] *Fischbeck* in BankR-HdB, § 42, Rn. 10.
[89] vgl. *Herzog*, GwG, Einl., Rn. 109; *Fischbeck* in BankR-HdB, § 42, Rn. 11.
[90] Daneben gelten für Kreditinstitute jeweils die besonderen Regelungen der §§ 25g KWG ff.
[91] Bei Ausländern ist eine Duldungsbescheinigung nicht ausreichend, siehe VG Berlin WM 2013, S. 1510.

Die **Aufsicht** über die Einhaltung der gesetzlichen Vorschriften zur Geldwäschebekämpfung wird für Kreditinstitute durch die BaFin ausgeübt (§ 16 Abs. 2 GwG). In der Praxis orientieren sich Kreditinstitute zur Einhaltung der ihnen obliegenden Pflichten an den „*Auslegungs- und Anwendungshinweisen der Deutschen Kreditwirtschaft zur Verhinderung von Geldwäsche, Terrorismusfinanzierung und sonstigen strafbaren Handlungen*", die von der BaFin als ihrer Verwaltungspraxis entsprechend anerkannt wurden.[92] Verstöße gegen Pflichten des GwG können mit Bußgeldern von bis zu € 100.000 geahndet werden (§ 17 GwG), wobei für Kreditinstitute bei schweren Verstößen gegen die §§ 25g KWG ff. mit Blick auf § 25a KWG zusätzliche aufsichtsrechtliche Sanktionen der BaFin denkbar sind. 25

Die Methoden der Geldwäsche sind wegen der kriminellen Energie der Akteure ständigen Veränderungen unterworfen. Deshalb ist zukünftig weiterhin eine der „Bedrohungslage" folgende Anpassung des GwG zu erwarten. Erst Anfang des Jahres 2013 wurden vom Gesetzgeber beispielsweise Veranstalter und Vermittler von Glückspielen im Internet in den Anwendungsbereich des GwG einbezogen, um Teilnehmer an solchen Glückspielen identifizieren zu können (§ 2 Abs. 1 Nr. 12 iVm § 9b GwG)[93]. Auf europäischer Ebene wird aktuell eine **„vierte EU-Geldwäscherichtlinie"** diskutiert. Die Europäische Kommission hat am 5. Februar 2013 einen Vorschlag zur Überarbeitung der derzeit geltenden europarechtlichen Bestimmungen zur Bekämpfung der Geldwäsche und Terrorismusfinanzierung vorgelegt. Dieser sieht eine weitere Harmonisierung der jeweils innerhalb der EU geltenden nationalen Regelungen vor.[94] Für den deutschen Bankensektor lässt der bisherige Kommissionsvorschlag jedoch keine wesentlichen Änderungen erwarten, da die GwG-Novellen der letzten Jahre bereits viele der im Kommissionsentwurf diskutierten Neuerungen vorweg nahmen.[95] 26

6. Mögliche Folgen von Verstößen gegen das Bankgeheimnis

Verstößt ein Kreditinstitut bzw. ein Mitarbeiter gegen das Bankgeheimnis kann dies zivilrechtliche und strafrechtliche Folgen nach sich ziehen. 27

Zivilrechtlich kommen bei einem Verstoß gegen das Bankgeheimnis insbesondere ein Anspruch des Kunden gegen das Kreditinstitut aus § 280 Abs. 1 BGB in Betracht, wenn dem Kunden ein Schaden entstanden ist.[96] Dabei haftet ein Kreditinstitut für Verschwiegenheitspflichtverstöße von Angestellten nach § 278 BGB und von Organen nach § 31

---

[92] Auslegungs- und Anwendungshinweise der Deutschen Kreditwirtschaft zur Verhinderung von Geldwäsche, Terrorismusfinanzierung und „sonstigen strafbaren Handlungen", Stand: 16. Dezember 2011, ergänzt durch die Auslegungs- und Anwendungshinweise der Deutschen Kreditwirtschaft zur Umsetzung neuer Regelungen des Gesetzes zur Optimierung der Geldwäscheprävention (GwOptG), Stand: 22. August 2012; BaFin-Rundschreiben 1/2012 (GW) – Geschäftszeichen GW 1-GW 2001–2008/0003 – vom 6. März 2012; BaFin-Rundschreiben 4/2012 (GW) – Geschäftszeichen GZ: GW 1-GW 2001–2008/0003 – vom 26. September 2012.
[93] Gesetz zur Ergänzung des Geldwäschegesetzes vom 18. Februar 2013 (BGBl. I 2013, S. 268).
[94] Der Entwurf der Europäischen Kommission (COM(2013)45) vom 5.2.2013 ist im Internet abrufbar unter: http://eur-lex.europa.eu/LexUriServ/LexUriServ.do?uri=COM:2013:0045:FIN:DE:PDF.
[95] Siehe *Zentes/Glaab* BB 2013, S. 707.
[96] *Nobbe* ZIP 2008, S. 97 (102); BGH NJW 2006, S. 830 (833), – Fall Kirch ./. Breuer und Deutsche Bank: in diesem Fall hatte sich der Vorstandssprecher einer Bank öffentlich kritisch zur wirtschaftlichen Lage eines Bankkunden geäußert; siehe auch: Besprechungen von *Möllers/Beutel* NZG 2006, S. 338 und *Gößmann* BKR 2006, S. 199.

BGB.[97] **Beispiel:** Der Gläubiger eines Bankkunden erfährt über einen Bankangestellten von Geschäftsabschlüssen und Kundenverbindungen seines Schuldners, des Bankkunden, und pfändet dort in die Außenstände. Dann kommt eine Haftung des Kreditinstitutes aus § 280 Abs. 1 BGB in Betracht. – Neben schuldrechtlichen Schadensersatzansprüchen des Kunden sind bei Verstößen gegen das Bankgeheimnis generell auch Ansprüche eines Kunden gegen die Bank aus unerlaubter Handlung denkbar. Dies ist etwa der Fall, wenn man das Bankgeheimnis als sonstiges subjektives Recht iSv § 823 Abs. 1 BGB einstuft (Persönlichkeitsrecht oder Recht am eingerichteten und ausgeübten Gewerbebetrieb)[98], eine Kreditgefährdung iSv § 824 BGB annimmt[99] oder – wie selten – die Voraussetzungen für eine Haftung nach § 823 Abs. 2 BGB iVm §§ 17 Abs. 1 UWG (Verrat von Geschäfts- und Betriebsgeheimnissen) erfüllt sind[100]. Parallel zum Anspruch auf Schadensersatz kommt für den Kunden zudem auch ein Recht zur fristlosen Kündigung aus wichtigem Grund für die Geschäftsverbindung oder das betroffenen Vertragsverhältnis (etwa eines Kreditvertrags, wenn Kundendaten bei einem ordnungsgemäß bedienten Kredit an Dritte weitergegeben werden) in Betracht. Dies kann bei Kreditverträgen zum Wegfall einer ansonsten ggf. vom Kunden geschuldeten Vorfälligkeitsentschädigung führen.[101]

28   Neben zivilrechtlichen Folgen kommt bei Verstößen gegen das Bankgeheimnis auch eine **strafrechtliche Verantwortung** der auf Seiten des Kreditinstitutes handelnden Personen in Betracht. Zwar hat der Gesetzgeber keine ausdrückliche strafrechtliche Sanktion für Verstöße gegen das Bankgeheimnis vorgesehen. Auch findet § 203 StGB bei der Verletzung des Bankgeheimnisses durch Vorstandsmitglieder oder Angestellte eines privaten Kreditinstitutes oder einer Genossenschaftsbank keine Anwendung.[102] Die Anwendbarkeit von § 203 StGB auf Vorstände oder Angestellte einer Sparkasse ist jedoch umstritten.[103] Zudem kann eine strafrechtliche Verantwortung aus § 17 UWG[104] oder § 44 BDSG folgen, wobei im Falle unbefugter Weitergabe personenbezogener Daten auch eine bußgeldbewehrte Ordnungswidrigkeit nach § 43 Abs. 2 BDSG in Betracht kommt.[105]

---

[97] *Weber/Hoffmann*, Bankrecht und Bankpraxis, 2/859.
[98] *Liesecke* WM 1975, S. 238, 247; *Krepold* in BankR-HdB, § 39, Rn. 300; differenzierend: *Baumbach/Hopt*, HGB, (7) BankGesch, Rn. A/9.
[99] *Weber/Hoffmann*, Bankrecht und Bankpraxis, 2/859.
[100] *Tiedemann* ZIP 2004, S. 294 (296); vgl. *Weber/Hoffmann*, Bankrecht und Bankpraxis, 2/858a.
[101] *Nobbe*, WM 2005, S. 1537 (1539); *Krepold* in BankR-HdB, § 39, Rn. 310; *Canaris*, Bankvertragsrecht, Rn. 69.
[102] BGH NJW 2007, S. 2106 (2108); *Cierniak/Pohlit*, Münchener Kommentar zum StGB, § 203, Rn. 93.
[103] Für eine Anwendbarkeit von § 203 StGB: *Lenckner/Eisele* in Schönke/Schröder, StGB, § 203, Rn. 44; *Cierniak/Pohlit*, Münchener Kommentar zum StGB, § 203, Rn. 93; Fischer, StGB, § 203, Rn. 24. Gegen eine Anwendbarkeit von § 203 StGB: BGH NJW 2010, S. 361 (362); OLG Schleswig WM 2007, S. 2103 (2107); *Nobbe* ZIP 2008, S. 97 (101); *Merz* in Kümpel/Wittig, Bank- und Kapitalmarktrecht, Rn. 6.153.
[104] *Tiedemann* ZIP 2004, S. 294 (296); *Krepold* in BankR-HdB, § 39, Rn. 315; a. A. BGH NJW 2006, S. 830 (838) zu § 17 Abs. 1 UWG (zur bis zum 7. Juli 2004 geltenden Fassung, die jedoch der jetzigen Fassung der Norm weitestgehend entspricht).
[105] *Merz* in Kümpel/Wittig, Bank- und Kapitalmarktrecht, Rn. 6.154; *Krepold* in BankR-HdB, § 39, Rn. 313.

II. Die Bankauskunft

Literatur: *Baumbach/Hopt*, HGB, 35. Aufl., 2012, 2. Teil, Abschnitt V. Bankgeschäfte (7); *Bruchner/Krepold* sowie *Bunte* jeweils in Schimansky/Bunte/Lwowski, BankR-HdB, 4. Aufl., 2011, §§ 7, 40, 41; *Bunte*, AGB-Banken, 3. Auflage 2011; *Canaris* in Staub, HGB, 4. Aufl., 2005, Band 5, Bankvertragsrecht, Teil 1; *Fandrich* in Graf von Westphalen, Vertragsrecht und AGB-Klauselwerke, 32. EL 2012, Banken- und Sparkassen-AGB; *Köndgen*, Die Entwicklung des privaten Bankrechts in den Jahren 1990/91, NJW 1992, S. 2263; *Merz* in Kümpel/Wittig, Bank- und Kapitalmarktrecht, 4. Aufl., 2011; *Pamp* in Wolf/Lindacher/Pfeiffer, AGB-Gesetz, 5. Aufl., 2009; *SCHUFA Holding AG*, Unternehmensbericht 2012; *Spitzenverbände des Kreditgewerbes*, Bankgeheimnis und Bankauskunft in der Praxis, 7. Aufl., 2012; *Weber/Hoffmann* in Hellner/Steuer, Bankrecht und Bankpraxis, Fassung 2012, 2/840f.

In einer marktwirtschaftlichen Ordnung geprägt vom Auf und Ab der wirtschaftlichen **29** Bonität ihrer verschiedenen Akteure müssen Marktteilnehmer um die finanziellen Verhältnisse ihrer (potentiellen) Vertragspartner Bescheid wissen. Dieser Informationsbedarf wird im Geschäftsleben zu weiten Teilen durch die Einholung von Bankauskünften gestillt. Die Erteilung von Bankauskünften über die Kreditwürdigkeit und die Zahlungsbereitschaft von Dritten gehört dabei zu den klassischen Dienstleistungen von Banken (siehe auch Nr. 2 Abs. 2 AGB-Banken und Nr. 3 AGB-Sparkassen). Diese Dienstleistung wird von Banken als Ausfluss des allgemeinen Bankvertrages üblicherweise gratis angeboten, sofern im Preis- und Leistungsverzeichnis nicht ausnahmsweise eine Gebühr vermerkt ist. Das Bankauskunftswesen ist in der Bundesrepublik Deutschland weiterentwickelt als in vielen anderen Ländern und stellt einen volkswirtschaftlich relevanten Beitrag des Bankwesens dazu dar, dass Verträge vereinbarungsgemäß erfüllt werden.

1. Zulässigkeit der Erteilung einer Bankauskunft

Bankauskünfte werden von Kreditinstituten nur gegenüber eigenen Kunden oder gegenüber anderen Kreditinstituten (im Interesse von deren Kunden oder in deren eigenem Interesse) erteilt.[106] Die Erteilung einer Bankauskunft stellt eine Durchbrechung des Bankgeheimnisses dar.[107] Mit abgrenzendem Blick auf das Bankgeheimnis, das alle Tatsachen umfasst, die der Bankkunde im Allgemeinen geheim halten möchte, lautet die zentrale Vorgabe zum Bankauskunftsrecht wie folgt: *„Eine Bankauskunft enthält allgemein gehaltene Feststellungen und Bemerkungen über die wirtschaftlichen Verhältnisse des Kunden, seine Kreditwürdigkeit und Zahlungsfähigkeit; betragsmäßige Angaben über Kontostände, Spargutthaben, Depot- und sonstige der Bank anvertraute Vermögenswerte, sowie Angaben über die Höhe von Kreditinanspruchnahmen werden nicht gemacht."*[108] Die Bankauskunft hat danach grundsätzlich folgende Inhalte: allgemeine Angaben zum Angefragten; Bewertung der Geschäftsverbindung; Bewertung der Kontenverbindung; persönliche Beurteilung; Angaben über finanzielle und wirtschaftliche Verhältnisse; Kreditbeurteilung; ggf. zusätzliche Bemerkungen.[109] Kreditinstitute dürfen wegen der mit einer Bankauskunft verbundenen Durchbrechung des Bankgeheimnisses bei der Auskunfterteilung nur so weit gehen, wie hierfür ein Rechtfertigungsgrund, insbesondere das „Einverständnis" des Kunden, gegeben ist. Es liegt also **30**

---

[106] *Merz* in Kümpel/Wittig, Bank- und Kapitalmarktrecht, Rn. 6.165.
[107] Spitzenverbände des Kreditgewerbes, Bankgeheimnis und Bankauskunft, S. 156; *Weber/Hoffmann*, Bankrecht und Bankpraxis, 2/946a.
[108] Siehe Nr. 2 Abs. 2 AGB-Banken; Nr. 3 Abs. 1 AGB-Sparkassen.
[109] *Bruchner/Krepold* in BankR-HdB, § 40, Rn. 4.

beim Bankkunden ein Spannungsverhältnis vor zwischen der Wahrung seines Bankgeheimnisses und seinem Interesse an der Erteilung einer Bankauskunft gegenüber einem Dritten, die idR für ihn mit einer wirtschaftlichen Bedeutung verbunden ist (etwa Erweiterung des Kreises der Geschäftspartner). Dieses Spannungsverhältnis ist wie folgt geordnet:

31 Über einen **Privatkunden** erteilt die Bank keine Bankauskunft, es sei denn, er hat der Auskunftserteilung ausdrücklich zugestimmt.[110] Dies folgt aus der Höherwertigkeit des Bankgeheimnisses und des Datenschutzes bei Privatpersonen gegenüber dem Zweckmäßigkeitsgebot des Bankauskunftswesens. Zu den Privatkunden zählen auch geschäftserfahrene Kreise, wie Wirtschaftsprüfer, Rechtsanwälte, Handwerker und Freiberufler, weil diese Berufsträger nicht unter den sog. „engen Geschäftskundenbegriff" fallen.[111]

32 Bei **Geschäftskunden** – die AGB-Banken sagen in Nr. 2 Abs. 3: „*Juristische Personen und im Handelsregister eingetragene Kaufleute*"[112] – wird die Einwilligung kraft jederzeit widerlegbaren Handelsbrauchs vermutet.[113] Dabei stellt Nr. 2 Abs. 3 AGB-Banken keinen Rechtfertigungsgrund für die Auskunftserteilung dar, sondern ist nach wohl überwiegender Meinung rein deklaratorisch aufzufassen. Die Regelung gibt die Vermutung des Eigeninteresses der beauskunfteten Firma an wahrer Beauskunftung ihrer geschäftlichen Tätigkeit wieder und die Rechtfertigung aus Jahrzehnte währendem Handelsbrauch.[114] Möchte ein Geschäftskunde die Erteilung einer Bankauskunft über seine Firma ausschließen, muss er seinem Kreditinstitut eine entsprechende Weisung erteilen. Zuvor sollte er jedoch den für ihn ggf. aus der Nichterteilung einer Bankauskunft folgenden negativen Eindruck auf seine (potentiellen) Geschäftspartner bedenken.[115]

33 Für die Frage, ob die Erteilung einer Bankauskunft zulässig ist, kommt es auch auf den Inhalt der Auskunft an, zB die Einschätzung der Hausbank zur Bonität ihres Kunden. Ist der Inhalt der zu erteilenden Bankauskunft positiv, wird das Einverständnis des Beauskunfteten unterstellt, bei negativer Auskunft kann im Einzelfall jedoch vor Auskunftserteilung eine Rücksprache der auskunfterteilenden Bank mit ihrem Kunden geboten sein.[116] Denn, wenn ein negativer Auskunftsinhalt die „*schutzwürdigen Belange des Kunden*" beein-

---

[110] Vgl. „*Gemeinsames Kommuniqué über das Bankauskunftsverfahren*" der Spitzenverbände des Kreditgewerbes und der Datenschutzbehörden des Bundes und der Länder, abgedruckt in: Spitzenverbände des Kreditgewerbes, Bankgeheimnis und Bankauskunft, S. 241.

[111] Spitzenverbände des Kreditgewerbes, Bankgeheimnis und Bankauskunft, S. 161.

[112] Sog. „*enger Geschäftskundenbegriff*", siehe hierzu: Spitzenverbände des Kreditgewerbes, Bankgeheimnis und Bankauskunft, S. 157. Der enge Geschäftskundenbegriff umfasst die AG, KGaA, GmbH, Genossenschaften, Versicherungsvereine auf Gegenseitigkeit, Personengesellschaften und im Handelsregister eingetragene Kaufleute. Gleichgestellt werden eingetragene Vereine, Stiftungen und alle juristischen Personen des öffentlichen Rechts, so: *Bruchner/Krepold* in BankR-HdB, § 40, Rn. 15; *Fandrich*, Graf von Westphalen, Vertragsrecht und AGB-Klauselwerke, Rn. 11; a. A. Spitzenverbände des Kreditgewerbes, Bankgeheimnis und Bankauskunft, S. 157.

[113] Spitzenverbände des Kreditgewerbes, Bankgeheimnis und Bankauskunft, S. 158.

[114] Zustimmend: Spitzenverbände des Kreditgewerbes, Bankgeheimnis und Bankauskunft, S. 158; *Bruchner/Krepold* in BankR-HdB, § 40, Rn. 18; *Weber/Hoffmann*, Bankrecht und Bankpraxis, 2/952; *Merz* in Kümpel/Wittig, Bank- und Kapitalmarktrecht, Rn. 6.159; siehe auch: LG Mönchengladbach WM 1981, S. 288 (289). Andere Ansicht: *Canaris*, Bankvertragsrecht, Rn. 56; *Bunte* in BankR-HdB, § 7, Rn. 18; *Pamp* in Wolf/Lindacher/Pfeifer, AGB-Recht, B 15.

[115] *Baumbach/Hopt*, HGB, (7) BankGesch, A/15.

[116] *Baumbach/Hopt*, HGB, (7) BankGesch, A/15; *Bruchner/Krepold* in BankR-HdB, § 40, Rn. 22; Spitzenverbände des Kreditgewerbes, Bankgeheimnis und Bankauskunft, S. 167.

trächtigt, bestimmt Nr. 2 Abs. 3 Satz 3 AGB-Banken, dass die Auskunft nicht erteilt wird.[117] Hierfür sprechen aus Sicht der auskunfterteilenden Bank auch Haftungsgründe. Bei einer zu erteilenden Bankauskunft, die Negativa enthalten wird, ist daher in jedem Fall vor Erteilung eine Interessenabwägung zwischen den Belangen des Bankkunden und dem Bedarf des Anfragenden anzustellen.[118]

Schließlich sind für die Frage der Zulässigkeit der Erteilung von Bankauskünften auch datenschutzrechtliche Vorschriften des BDSG zu berücksichtigen. Denn nach § 1 Abs. 2 BDSG ist die Erhebung, Verarbeitung und Nutzung personenbezogener Daten geschützt und grundsätzlich an eine vorherige Zustimmung des Betroffenen nach § 4 BDSG geknüpft. Personenbezogene Daten sind nach § 3 Abs. 1 BDSG jedoch nur Einzelangaben über *natürliche Personen*. Damit kommt eine Anwendung des BDSG nur auf Privatpersonen in Betracht, was allerdings auch im Handelsregister eingetragene Einzelkaufleute betrifft. Über Privatpersonen werden Bankauskünfte aber nur erteilt, sofern deren ausdrückliche Zustimmung vorliegt, Nr. 2 Abs. 3 S. 2 AGB-Banken. Diese Zustimmung gilt, sofern sie schriftlich erfolgt (§ 4a BDSG), auch als Zustimmung iSd BDSG.[119] Bei eingetragenen Einzelkaufleuten, bei denen es sich zwar um natürliche Personen im Sinne des BDSG handelt, die aber zugleich Geschäftskunden iSv Nr. 2 Abs. 3 S. 1 AGB-Banken sind, ist keine schriftliche Einwilligung erforderlich. Die Berechtigung zur Datenverwendung im Rahmen von Bankauskünften ergibt sich in diesen Fällen nach Maßgabe von § 28 Abs. 1 BDSG.[120] 34

2. Keine Rechtspflicht zur Erteilung einer Bankauskunft

Ungeachtet dessen, dass die Erteilung einer Bankauskunft in den AGB der Kreditinstitute eine Regelung gefunden hat und im Verkehr zwischen Banken üblich ist, besteht für Kreditinstitute keine allgemeine Rechtspflicht zur Erteilung von Bankauskünften. 35

Nach einhelliger Meinung sind Kreditinstitute nicht verpflichtet, ihren **eigenen Kunden** Bankauskünfte zu erteilen (sog. **„Bank-an-Kunden-Auskunft"**).[121] Das Gebot der Vertragsfreiheit stellt die Institute von einer Rechtspflicht zur Auskunftserteilung „Bank-an-Kunde" frei, denn Nr. 2 Abs. 4 AGB-Banken und Nr. 3 Abs. 2 S. 3 AGB-Sparkassen enthalten keinen Anspruch auf Auskunftserteilung, sondern lediglich das in Aussicht stellen einer Auskunft.[122] Dies überzeugt. Anderenfalls würde ein Kreditinstitut einem Kunden

---

[117] *Bruchner/Krepold* in BankR-HdB, § 40, Rn. 21; Spitzenverbände des Kreditgewerbes, Bankgeheimnis und Bankauskunft, S. 160.
[118] *Bruchner/Krepold* in BankR-HdB, § 40, Rn. 21; *Weber/Hoffmann*, Bankrecht und Bankpraxis, 2/953.
[119] Spitzenverbände des Kreditgewerbes, Bankgeheimnis und Bankauskunft, S. 197; *Bruchner/Krepold* in BankR-HdB, § 40, Rn. 30.
[120] Spitzenverbände des Kreditgewerbes, Bankgeheimnis und Bankauskunft, S. 197; *Bruchner/Krepold* in BankR-HdB, § 40, Rn. 30.
[121] *Bruchner/Krepold* in BankR-HdB, § 40, Rn. 24; *Weber/Hoffmann*, Bankrecht und Bankpraxis, 2/1006; Spitzenverbände des Kreditgewerbes, Bankgeheimnis und Bankauskunft, S. 180; *Bunte*, AGB-Banken, Rn. 103; *Fandrich* in Graf von Westphalen, Vertragsrecht und AGB-Klauselwerke, Rn. 12; *Pamp* in Wolf/Lindacher/Pfeifer, AGB-Recht, B 16; *Merz* in Kümpel/Wittig, Bank- und Kapitalmarktrecht, Rn. 6.157, Fn. 3. Etwas anderes kann sich nur aus einer Vereinbarung zwischen Kreditinstitut und Kunden ergeben, wobei Nr. 2 AGB-Banken und Nr. 3 AGB-Sparkasse keine solche Vereinbarung enthalten.
[122] *Bruchner/Krepold* in BankR-HdB, § 40, Rn. 24.

bereits bei Einbeziehung der AGB in die Geschäftsbeziehung automatisch einen Anspruch auf Auskunfterteilung über andere Kunden zugestehen, auf dessen Erfüllbarkeit es letztlich selbst keinen zwingenden Einfluss hat.[123] Aus dem gleichen Grund dürfte auch eine außerhalb von AGB schuldrechtlich grundsätzlich mögliche indivualvertragliche Vereinbarung über eine Auskunfterteilung regelmäßig nicht in Betracht kommen.

36 Natürlich besteht für Kreditinstitute auch keine generelle Auskunftspflicht gegenüber **Nichtkunden,** sondern vielmehr die aus dem Bankgeheimnis folgende Rechtspflicht zur Verschwiegenheit.[124] Der Nichtkunde, der eine Bankauskunft über einen Dritten benötigt, muss sich an seine eigene Bank wenden, die dann **im Kundeninteresse** von der Bank des Dritten eine Bankauskunft über diesen einholen kann (sog. **„Bank-an-Bank-Auskunft").** Denn Kreditinstitute erteilen einander Bankauskünfte über ihre Kunden aufgrund Handelsbrauchs, allerdings ohne einen Rechtsanspruch hierauf anzuerkennen.[125] Hieraus wird deutlich, dass es im Dienstleistungsgewerbe nicht so sehr darauf ankommt, ob eine Dienstleistung aus Rechtsgründen erbracht werden muss, sondern ob es aus wirtschaftlichen und/oder aus Gründen der „Angewiesenheit auf Reziprozität"[126] geboten ist, diese Dienste zu erbringen. Deshalb gelten unter deutschen Kreditinstituten die „*Grundsätze für die Durchführung des Bankauskunftsverfahrens zwischen Kreditinstituten*" vom 1. Mai 1987, die das Bank-an-Bank-Auskunftswesen ordnen und einen formellen Rahmen für die Abwicklung von Bank-an-Bank-Auskünften bieten.[127]

37 Da Banken untereinander im Wettbewerb um Kundenverbindungen stehen, ergeben sich Rechtsfragen, wenn dieser Wettbewerb mit dem Bank-an-Bank-Auskunftsverfahren in Kollision tritt. Dies ist der Fall, wenn **Banken** bei anderen Banken Auskünfte nicht im Kunden, sondern **im Eigeninteresse** anfragen. Die Grenzen des Bank-an-Bank-Auskunftsverfahrens sind dann das Fehlen der Gegenseitigkeit und der Missbrauch. **Beispiel:** Eine neu eröffnete Bankfiliale will flächendeckend Kunden akquirieren, und zwar Firmen, die bisher mit der örtlichen Sparkasse zusammenarbeiten. Viele Auskunftsanfragen dieser Bank zum gleichen Zeitpunkt bei der kontenführenden Sparkasse können rechtsmissbräuchlich sein. Denn das Bank-an-Bank-Auskunftsverfahren dient einmal dem Interesse des Zubeauskunftenden und zum anderen grundsätzlich der Auskunftserteilung an Kunden der anfragenden Bank. Also sollte hinter der anfragenden Bank auch ein Kunde oder jedenfalls ein konkretes Geschäft der anfragenden Bank (etwa Umschuldung) mit dem Zubeauskunftenden stehen und nicht schlicht ein akquisitorisches Eigeninteresse. Die bei einer Auskunftsanfrage einer Bank vorliegende Interessenlage muss deshalb aus

---

[123] Etwa bei Privatkunden mangels Zustimmung des Privatkunden in die Erteilung von Bankauskünften oder bei Geschäftskunden aufgrund anders lautender Kundenweisung (vgl. Nr. 2 Abs. 2 S. 2 und S. 3 AGB-Banken).

[124] Spitzenverbände des Kreditgewerbes, Bankgeheimnis und Bankauskunft, S. 180; *Bruchner/Krepold* in BankR-HdB, § 40, Rn. 26; *Weber/Hoffmann,* Bankrecht und Bankpraxis, 2/1007.

[125] Spitzenverbände des Kreditgewerbes, Bankgeheimnis und Bankauskunft, S. 163.

[126] *Köndgen* NJW 1992, S. 2263 (2264), spricht von "generalisiertem Austausch", andere vom "Gegenseitigkeitsprinzip"; daneben wird die Auskunftserteilung auch als eine Art rechtlich nicht fassbare Standespflicht verstanden, so: Spitzenverbände des Kreditgewerbes, Bankgeheimnis und Bankauskunft, S. 163.

[127] *Bruchner/Krepold* in BankR-HdB, § 40, Rn. 2; „*Grundsätze für die Durchführung des Bankauskunftsverfahrens zwischen Kreditinstituten*", abgedruckt in: Spitzenverbände des Kreditgewerbes, Bankgeheimnis und Bankauskunft, S. 243; *Merz* in Kümpel/Wittig, Bank- und Kapitalmarktrecht, Rn. 6.165.

Kirchhartz

der Anfrage hervorgehen.[128] Ein typischer Fall des Bank-an-Bank-Auskunftverfahrens im Eigeninteresse ist der, dass eine Bank bei einer anderen Bank einen Kredit ablösen will. Dann stellt sich die Frage, ob die angefragte Bank verpflichtet ist, auf die fehlende Bonität des angefragten Kreditkunden hinzuweisen und vor der Kreditübernahme zu warnen, was ihrem Interesse widerspricht. Die Antwort lautet, dass es bei der Bank-an-Bank-Auskunft grundsätzlich keine Hinweis- oder Warnpflicht im Verhältnis von Banken untereinander gibt.[129] **Beispiel:** Bank A hatte bei ihrem Kunden, einem Zahnarzt, dem sie einen Kredit von damals ca. DM 9,7 Mio. gegeben hatte und der sich in Zahlungsschwierigkeiten befand – er brach später finanziell mit einer Schuldenlast von rd. DM 100 Mio. zusammen –, massiv darauf gedrängt, diesen Kredit zurückgezahlt zu bekommen. Gegenüber der an der Ablösung interessierten Bank B hatte sie in der von ihr erteilten Auskunft nicht von sich aus auf die fehlende Kreditwürdigkeit ihres bisherigen Kreditnehmers aufmerksam gemacht. Sie hatte allerdings zum Ausdruck gebracht, der Schuldner habe öfter hart angefasst werden müssen, und der anfragenden Bank ein Gespräch über den Kreditnehmer angeboten. Bank B hat hiervon keinen Gebrauch gemacht. Bank B hat den Kredit bei der Bank A übernommen. Der Zahnarzt wurde alsbald insolvent. Die Bank B verlor die Kreditvaluta, hat aber gegen Bank A keine Ansprüche. Der BGH verwies im konkreten Fall auf seine ständige Rechtsprechung, nach der für eine kreditgebende Bank grundsätzlich keine allgemeine Hinweis- und Aufklärungspflicht gegenüber Kunden, auch keine Pflicht zur Warnung vor gefährlichen Kreditgeschäften oder zur Aufklärung über die Vermögensverhältnisse des potentiellen Gesprächspartners besteht.[130] Auch besteht keine Pflicht eines Kreditinstitutes gegenüber Kunden darauf hinzuweisen, dass das Kreditinstitut selbst nicht bereit ist einem vom Kunden in Aussicht genommenen Geschäftspartner weiterhin Kredit zu gewähren. Diese Grundsätze gelten nach Ansicht des BGH auch im Verhältnis zwischen Kreditinstituten, wenn ein Konkurrent eines Kreditinstitutes bereit ist, einen bei dem Kreditinstut bestehenden Kundenkredit abzulösen.[131]

3. Haftung bei unrichtiger Auskunft

Erteilt ein Kreditinstitut eine Bankauskunft, muss diese zur Vermeidung einer Haftung stets wahr, vollständig und mit kaufmännischer Sorgfalt erstellt sowie knapp im Inhalt und maßvoll in den Wertungen sein.[132] Der **Inhalt einer Bankauskunft** richtet sich nach Nr. 2 Abs. 2 AGB-Banken, Nr. 3 Abs. 2 AGB-Sparkassen. Eine Bankauskunft enthält allgemeine Feststellungen über die wirtschaftlichen Verhältnisse des Kunden, seine Kreditwürdigkeit und Zahlungsfähigkeit, aber keine Angaben über Kontenstände. Bankauskünfte werden üblicherweise schriftlich erteilt, vornehmlich als Schemaauskunft, zB nach

38

---

[128] Spitzenverbände des Kreditgewerbes, Bankgeheimnis und Bankauskunft, S. 165.

[129] Eine Ausnahme von der fehlenden Hinweispflicht besteht, sofern der auskunftsgebenden Bank Wechselproteste, Scheck- oder Lastschriftrückgaben bekannt sind; vgl. BGH WM 1979, S. 548 (549); OLG Karlsruhe WM 2009, S. 512 (513). .

[130] BGH NJW 1989, S. 2882 (2883). Zum Fehlen von Aufklärungs-, Hinweis- und Warnpflichten des Kreditgebers generell: BGH NJW 1999, S. 2032; BGH WM 1987, S. 1546.

[131] BGH NJW 1989, S. 2882 (2883). Ob insoweit auch die vom BGH zu vorgenannter Rechtsprechung entwickelten Ausnahmen (etwa Wissensvorsprung, siehe zB BGH NJW 1999, S. 2032) auf das Verhältnis zwischen Kreditinstituten übertragbar sind, ist zumindest auch für ein kreditablösendes Kreditinstitut im Anwendungsbereich von § 18 KWG eher zweifelhaft.

[132] *Bruchner/Krepold* in BankR-HdB, § 40, Rn. 11; *Weber/Hoffmann*, Bankrecht und Bankpraxis, 2/988.

dem Multiple-Choice-System. Diese Auskünfte haben den Vorteil, dass keine Angabe vergessen wird und das Verfahren neutralisiert ist. Für den Leser muss jedoch deutlich sein, dass die nicht angekreuzten vorformulierten Aussagen keinen Anlass zu Missdeutungen geben, also ein größeres Gewicht erlangen als die Erklärungen, die angekreuzt sind und gelten sollen.

39 Einmal erteilte Bankauskünfte müssen nicht aktualisiert zu werden, auch dann nicht, wenn sich die Verhältnisse nach einer zuvor erteilten Auskunft verschlechtert haben.[133] Stellt sich jedoch nachträglich heraus, dass die Auskunft falsch war, muss sie berichtigt werden.[134]

40 Wie zuvor dargestellt können Bankauskünfte von den Kunden einer Bank über andere Kunden der Bank eingeholt werden (Bank-an-Kunden-Auskunft). Ferner können Bankausküfte von anderen Banken (Bank-an-Bank-Auskunft) im Kundeninteresse oder im Eigeninteresse angefragt werden. Bei der Auskunftserteilung im Bank-an-Kunden-Verfahren und im Bank-an-Bank-Verfahren im Kundeninteresse empfiehlt sich zur Haftungsvermeidung eine Zurückhaltung in Wertungen[135], ohne aber die Auskunft zu einer wertlosen Angabe von handelsrechtlichen Pflichtangaben über Firmensitz, Adresse und Geschäftsführer zu denaturieren. Bei der Bank-an-Bank-Auskunft im Eigeninteresse der anfragenden Bank kann ausführlicher berichtet werden, weil die auskunftgebende Bank die Bankauskunft gegenüber einer ihr bekannten Bankadresse erteilt, die des Deutens von Bankauskünften mächtig sein sollte.[136] Verstöße gegen diese Grundsätze können zu Haftungsfällen führen. **Beispiel für einen Verstoß:** „Bei der angefragten Firma handelt es sich um ein Baugeschäft, das den Brüdern X und Y gehört, die beide ihren Vorteil zu wahren wissen. In der Wahl ihrer Mittel sind die Brüder bedenkenfrei. Eine Zusammenarbeit mit der Firma ist nur nach rechtlicher Beratung und aufgrund schriftlicher Verträge ratsam." **Beispiel für Auskunftsknappheit:** Eine Auskunftsanfrage lautet, ob die Firma X gut ist für Warenverbindlichkeiten von € 50.000. Die angefragte Bank sendet die Originalanfrage zurück mit der Aufschrift „ja" oder „nein".

41 Ein Kreditinstitut ist zum **Schadensersatz** verpflichtet, wenn die von ihm erteilte Bankauskunft fehlerhaft war, diese Fehlerhaftigkeit für den Eintritt eines Vermögensschadens ursächlich ist und es als Auskunftgeber schuldhaft gehandelt hat. Für die Ursächlichkeit einer fehlerhaften Auskunft für eine schadenstiftende Vermögensdisposition des Anfragenden spricht die allgemeine Lebenserfahrung. Denn warum sonst stellt jemand eine Frage, wenn nicht um eine Antwort zu bekommen, die für seine Dispositionen wichtig ist.[137] Die schadenstiftende Bank haftet für das negative Interesse.[138] Freizeichnungen von diesen Haftungsrisiken sind – anders als in früher von der Kreditwirtschaft verwendeten AGB – in den heute üblichen AGB nicht mehr enthalten. Im Hinblick auf den möglichen Anspruch auf Schadensersatz sind die verschiedenen Auskunftskonstellationen zu unterscheiden.

---

[133] OLG München WM 1980, S. 505 (507).
[134] BGH WM 1962, S. 1110 (1111); OLG München WM 1980, S. 505 (507); vgl. „*Gemeinsames Kommuniqué über das Bankauskunftsverfahren*" der Spitzenverbände des Kreditgewerbes und der Datenschutzbehörden des Bundes und der Länder, abgedruckt in: Spitzenverbände des Kreditgewerbes, Bankgeheimnis und Bankauskunft. S. 241.
[135] *Bruchner/Krepold* in BankR-HdB, § 40, Rn. 25.
[136] *Bruchner/Krepold* in BankR-HdB, § 40, Rn. 25.
[137] BGH NJW 1979, S. 1599 (1600).
[138] BGHZ 116, S. 209 (212).

Bei einer Bank-an-Kunde-Auskunft (dh Bankauskunft gegenüber eigenen Kunden) **42**
folgt der Anspruch aus einer Verletzung des Auskunftsvertrages oder des beide Vertragsparteien verbindenden allgemeinen Bankvertrages iVm § 280 Abs. 1 BGB.[139] Anspruchsbegründend ist die Tatsache, dass der Auskunftsempfänger aufgrund der fehlerhaften Bankauskunft – zumindest mitverursacht durch die Auskunft – eine wesentliche Vermögensverfügung trifft, die zu Schäden führt.[140]

Wird eine Bankauskunft im Wege der Bank-an-Bank-Auskunft im Eigeninteresse der **43** Bank angefragt, kommt zugunsten der auskunftsuchenden Bank ein Anspruch auf Schadensersatz aus Verletzung eines stillschweigend geschlossenen Auskunftsvertrags in Betracht (§ 280 Abs. 1 BGB), der auf Handelsbrauch und dem Gegenseitigkeitskonzept basiert und durch die Falschauskunft gestört wird.[141] Daneben können deliktische Ansprüche in Betracht kommen, etwa nach § 823 Abs. 1 BGB. Voraussetzung ist dafür die Verletzung eines absoluten Rechts, etwa die Verletzung des Rechts am eingerichteten Gewerbebetrieb. Jedoch sind idR die Betriebsbezogenheit des Eingriffs und die Unmittelbarkeit des Eingriffs in den Gewerbebetrieb durch die falsche Auskunft zweifelhaft.[142] Zu prüfen ist deshalb ergänzend, ob eine Haftung nach § 826 BGB – sittenwidrige Schädigung – vorliegt, die jedoch Vorsatz verlangt.[143]

Bei einer Bank-an-Bank-Auskunft im Kundeninteresse, fällt der Kunde in den Schutz- **44** bereich der Vertragspflicht des Auskunftsvertrages zwischen beiden Banken. Das auskunftgebende Kreditinstitut haftet dem Kunden des anfragenden Kreditinstitutes bei fehlerhafter Auskunft daher unmittelbar wegen einer Verletzung eines Vertrages mit Schutzwirkung zugunsten Dritter.[144] Dies gilt auch, wenn die erteilte Auskunft nicht vorhandene Bonität aus Eigeninteresse vortäuscht. **Beispiel:** Ein Sektlieferant verlangte über einen Barbetrieb Auskunft. Die Hausbank des Barbetriebes hatte einen Wechsel nicht einlösen können. Gerichtliche Schritte waren angedroht. Dennoch erteilte die Hausbank des Barbetriebs damals folgende Auskunft: „Bei uns bisher vorgekommene Wechselverbindlichkeiten wurden unter Ausnutzung der äußersten Frist reguliert. Einen näheren Einblick haben wir nicht" und „Geschäfte in der Größenordnung von [damals] DM 50.000 – vorausgesetzt in verteilten Fälligkeiten – sind bisher reguliert worden". Aufgrund dieser Auskunft lieferte der Sektlieferant Ware im Wert von damals DM 30.000 aus. Der Abnehmer brach vor der Bezahlung zusammen. Den Schaden klagte der Lieferant bei der auskunftgebenden Hausbank ein, die den Schaden ersetzen muss. Denn die von der Beklagten erteilten Auskünfte waren unrichtig; sie sind auch in dem Bewusstsein gegeben worden, dass dadurch einem Dritten Schaden entstehen könne; die Erteilung der Auskünfte stellt deshalb neben dem Vertragsverstoß einen Verstoß gegen die guten Sitten dar. Dieses Beispiel drastischer **Schönfärberei** aus eigenem Interesse zeigt die Problemlage auf: Einerseits ist schonende Beauskunftung vorgegeben; andererseits müssen Negativdaten, wie Scheck-, Lastschriftrückgaben oder Wechselproteste, erwähnt werden.[145]

---

[139] OLG Karlsruhe WM 2009, S. 512 (513).
[140] BGH WM 1990, S. 1990 (1991); BGH WM 1992, S. 133.
[141] Vgl. BGH WM 1991, S. 1629; *Weber/Hoffmann*, Bankrecht und Bankpraxis, 2/1018.
[142] BGH NJW 1980, S. 881; vgl. auch *Bruchner/Krepold* in BankR-HdB, § 40, Rn. 61.
[143] BGH WM 1974, S. 153; *Bruchner/Krepold* in BankR-HdB, § 40, Rn. 62.
[144] BGH WM 1985, S. 450 (452); BGH WM 1990, S. 1990 (1991).
[145] BGH WM 1979, S. 548 (549); OLG Karlsruhe WM 2009, S. 512 (513).

45 Sofern eine auskunftsuchende Bank eine im Eigen- oder im Kundeninteresse eingeholte Bankauskunft an einen Dritten weitergibt, steht dem Dritten hingegen kein vertraglicher Schadensersatzanspruch gegen die auskunftgebende Bank zu, da er nicht in den Schutzbereich des Auskunftsvertrages einbezogen war. Jedoch kann ein Kreditinstitut das einem Kunden durch Ausstellung einer unrichtigen Bescheinigung die Möglichkeit eröffnet, Dritte durch bestimmungsgemäße Vorlage dieser Bescheinigung zu einer Vermögensdisposition zu veranlassen, wegen schuldhafter Erteilung einer falschen Auskunft auf Schadensersatz haften. Denn zwischen dem Kreditinstitut und dem Dritten kommt mit der Vorlage einer solchen Bescheinigung ein Auskunftsvertrag zu Stande, wenn die dem Kunden zur Verfügung gestellte Bescheinigung *für den Dritten bestimmt war* und der Bank bewusst ist, dass sie für ihn von erheblicher Bedeutung sein und er sie unter Umständen zur Grundlage wesentlicher Vermögensverfügungen machen wird.[146]

46 Schließlich kann natürlich auch dem Kunden, über den eine fehlerhafte Auskunft erteilt oder über den die Erteilung einer Auskunft unberechtigt verweigert wurde, ein Anspruch auf Schadensersatz aus § 280 Abs. 1 BGB gegen seine Hausbank zustehen wegen einer Verletzung des allgemeinen Bankvertrages.[147]

4. Das Schufa-Verfahren

47 Zur Sicherung der Kreditwirtschaft vor illiquiden Kreditnehmern wurde 1927 die *Schutzgemeinschaft für allgemeine Kreditsicherung* (SCHUFA)[148] gegründet. Sie speichert in ihren Dateien Positiv- und Negativdaten sowie unbestrittene Tatsachen zur Kreditfähigkeit von Privatpersonen und stellt diese ihren Vertragspartnern im Rahmen des sog. Schufa-Verfahrens zum Abruf zur Verfügung.[149] Das Schufa-Verfahren stellt eine Durchbrechung des Bankgeheimnisses auf Basis der Kundeneinwilligung oder des Gesetzes (§ 28 BDSG) dar. Die SCHUFA verfügte im Jahr 2012 über mehr als 655 Millionen Einzeldaten über den Großteil der privaten Haushalte in der Bundesrepublik Deutschland.[150] Vertragspartner der SCHUFA sind im wesentlichen Kreditinstitute, aber auch Kreditkarten-, Leasing- oder Handelsunternehmen (zB Versandhäuser). Das Schufa-Verfahren beruht auf dem Gegenseitigkeitsprinzip nach dem nur derjenige Informationen von der SCHUFA erhält, der auch Informationen an die SCHUFA liefert. Kreditinstitute, Kreditkarten- und Leasingunternehmen haben dabei einen sog. A-Vertrag, dh sie erhalten und übermitteln sog. Positivmerkmale (zB Informationen über Kontoeröffnungen, Kreditgewährungen) und sog. Negativmerkmale (Informationen über vertragswidriges Verhalten). Mit anderen Vertragspartnern besteht ein sog. B-Vertrag, auf dessen Grundlage sie lediglich über Informationen zu Negativmerkmalen verfügen können. Das Schufa-Verfahren ist idR hoch effizient, auch iS einer schnellen Bedienung des um Auskunft über die

---

[146] BGH NJW-RR 2001, S. 768 (769).
[147] Für den Schadensersatzanspruch dem Grunde nach: Spitzenverbände des Kreditgewerbes, Bankgeheimnis und Bankauskunft, S. 211; *Weber/Hoffmann*, Bankrecht und Bankpraxis, 2/1035.
[148] Seit dem Jahr 2000: SCHUFA Holding AG.
[149] Grundsätzlich und umfassend zum Schufa-Verfahren: *Weber/Hoffmann*, Bankrecht und Bankpraxis, 2/1038 f.; Spitzenverbände des Kreditgewerbes, Bankgeheimnis und Bankauskunft, S. 182 f.; *Bruchner/Krepold* in BankR-HdB, § 41.
[150] SCHUFA Holding AG, SCHUFA Unternehmensbericht 2012, S. 5, abrufbar unter: http://www.schufa.de/media/teamwebservices/unternehmen/downlaods/WEGBEREITER_SCHUFA_Unternehmensbericht_2012_dt.pdf.

Bonität Nachsuchenden. Das Verfahren unterliegt dem BDSG, was die Einwilligung des Kunden in die sog. Schufa-Klausel (eine ausdrückliche Einwilligung des Kunden zur Übermittlung von Daten aus der Geschäftsverbindung an die SCHUFA) erfordert und die Einhaltung der Verhältnismäßigkeit und Interessenabwägung bei der Wahrnehmung berechtigter Interessen seitens des Kreditinstitutes (§ 28 BDSG) verlangt.[151] Kunden haben im Hinblick auf die über sie bei der SCHUFA gespeicherten Daten Anspruch auf Auskunft (§ 34 Abs. 1 BDSG)[152] sowie auf Berichtigung, Löschung oder Sperrung unrichtiger Daten (§ 35 BDSG).

III. Raterteilung

Literatur: *Baumbach/Hopt,* HGB, 35. Aufl., 2012, 2. Teil, Abschnitt V. Bankgeschäfte (7); *Bundesanstalt für Finanzdienstleistungsaufsicht*, Merkblatt – Hinweise zum Tatbestand der Finanzportfolioverwaltung, (Stand: August 2013); *dies.*, Rundschreiben: Mindestanforderungen an die Compliance-Funktion und die weiteren Verhaltens-, Organisations- und Transparenzpflichten nach §§ 31 ff. WpHG für Wertpapierdienstleistungsunternehmen (MaComp), Fassung: 30. November 2012; *dies.*, Merkblatt zur Erlaubnispflicht gemäß § 32 Abs. 1 KWG für Family Offices (Stand: 10. Februar 2009); *dies.*, Rundschreiben 4/2013 (WA) – Auslegung gesetzlicher Anforderungen an die Erstellung von Informationsblättern gemäß § 31 Abs. 3a WpHG / § 5a WpDVerOV vom 26. September 2013; *BaFin/Deutsche Bundesbank*, Gemeinsames Informationsblatt der BaFin und der Deutschen Bundesbank zum Tatbestand der Anlageberatung (Stand: 29. Juli 2013); *Bracht*, Grenzen des konkludenten Beratungsvertrages und Haftung für fehlerhafte Anlageberatung durch Dritte, ZBB 2013, S. 252; *Braun/Lang/Loy* sowie jeweils *Clouth, Ellenberger, Müller/Teuber* in Ellenberger, Schäfer, Clouth, Lang, Praktikerhandbuch Wertpapier- und Derivategeschäft, 1. Aufl. 2011; *Buck-Heeb*, Die „Flucht" aus dem Anlageberatungsvertrag, ZIP 2013, S. 1401; *dies.* in Tamm/Tonner, Verbraucherrecht, 1. Aufl. 2012, § 22; *Canaris* in Staub, HGB, 4. Aufl., 2005, Band 5, Bankvertragsrecht, Teil 1; *Deutsche Bundesbank*, Merkblatt über die Erteilung einer Erlaubnis zum Erbringen von Finanzdienstleistungen gemäß § 32 Abs. 1 KWG (Stand: April 2013); *Einsiedler*, Rückvergütungen und verdeckte Innenprovisionen, WM 2013, S. 1109; *Ellenberger, Grüneberg* sowie *Sprau* jeweils in Palandt, BGB, 72. Aufl., 2013; *Erne*, Anlagegerechte Beratung bei Derivaten (hier: CMS-Ladder-Swaps), GWR 2010, S. 220; *ders.*, Komplexe Derivate erfordern umfassende Aufklärung über strukturelle Risiken auch bei Vorerfahrung (hier: CMS-Sammler-Swap), GWR 2010, S. 557; *ders.*, Verjährung beginnt mit Kenntnis vom Zusammenbruch des Anlagemodells, GWR 2010, S. 91; *Fett* sowie jeweils *Rothenhöfer* und *Schwark* in Schwark/Zimmer, Kapitalmarktrechts-Kommentar, 4. Aufl. 2010, WpHG; *Früh/Müller-Arends* in Hellner/Steuer, Bankrecht und Bankpraxis, Fassung Juli 2012, 3/94f.; *Fuchs*, WpHG, 1. Aufl. 2009; *Günther*, Hinweise zur Gestaltung des Produktinformationsblattes, GWR 2013, S. 55; *Hannöver* sowie *Kienle* jeweils in Schimansky/Bunte/Lwowski, BankR-HdB, 4. Aufl. 2011, § 110 und § 111; *Jordans*, Aufklärungspflichten über Einnahmen aus dem Vertrieb von Finanzprodukten – eine Übersicht über die Rechtsprechung zu Kick-Backs, Provisionen und Margen seit dem Jahr 2000, BKR 2011, S. 456; *Kirchhartz*, Darlegungs- und Beweislast bei fehlerhafter Anlageberatung auf Prospektbasis, GWR 2009, S. 427; *ders.*, Beihilfe eines Brokers zu sittenwidriger vorsätzlicher Schädigung des Vermittlers bei Optionsgeschäften, GWR 2009, S. 252; *ders.*, Prospektfehler kann auch ohne Prospektübergabe Haftung des Anlageberaters/-vermittlers begründen, GWR 2013, S. 114; *ders.*, Beratungs-, Warn- und Aufklärungspflichten von Depotbanken bei Beratungsfehlern Dritter, GWR 2013, S. 230; *Koller* in Assmann/Schneider, 6. Aufl. 2012, § 31 WpHG; *Köndgen*, Noch einmal: Beweislast bei Rückvergütungen („Kickback IV"), BKR 2009, S. 376; *ders.*, Die Entwicklung des privaten Bankrechts in den Jahren 1992–1995, NJW 1996,

---

[151] BGH NJW 1984, S. 436 (437).
[152] Wird über Privatpersonen von der SCHUFA ein Schufa-Scorewert ermittelt, haben diese Privatpersonen nach Ansicht des LG Berlin einen Anspruch auf Mitteilung der einzelnen Elemente der Scorewertberechnung, so: LG Berlin WM 2012, S. 1626.

Kirchhartz

S. 558; *Krüger*, Aufklärung und Beratung bei Kapitalanlagen – Nebenpflicht statt Beratungsvertrag, NJW 2013, S. 1845; *Lang*, Die Beweislastverteilung im Falle der Verletzung von Aufklärungs- und Beratungspflichten bei Wertpapierdienstleistungen, WM 2000, S. 487; *Nassall*, Wenn das Blaue am Himmel bleibt – Die Rechtsprechung des BGH zur Haftung des freien Anlageberaters, NJW 2011, S. 2323; *Nobbe*, Rechtsprechung des Bundesgerichtshofs zu fehlgeschlagenen Immobilienfinanzierungen, WM 2007, Sonderbeilage Nr. 1; *Seyfried* in Kümpel/Wittig, Bank- und Kapitalmarktrecht, 4. Aufl., 2011; *Spindler*, Aufklärungspflichten im Bankrecht nach dem „Zins-Swap-Urteil" des BGH, NJW 2011, S. 1920; *Stern*, Gold und Eisen, Bismarck und der Bankier Bleichröder; *v. Heymann/Edelmann* in Assmann/Schütze, Handbuch des Kapitalanlagerechts, 3. Aufl., 2007; *Weichert/Wenninger*: Die Neuregelung der Erkundigungs- und Aufklärungspflichten von Wertpapierdienstleistungsunternehmen gem. Art. 19 RiL 2004/39/EG (MiFID) und Finanzmarkt-Richtlinie-Umsetzungsgesetz, WM 2007, S. 627; *Zetsche*, Objektbezogene Informationspflichten des Anlageintermediärs, WM 2009, S. 1020.

48   Der Rat ist eine Erklärung, durch die einem anderen zu erkennen gegeben wird, welches Verhalten man für ihn persönlich in seiner Lage für das günstigste halten und an seiner Stelle selbst wählen würde, verbunden mit der für den Empfänger unverbindlichen Empfehlung, sich der Erklärung entsprechend zu verhalten. Die Raterteilung oder auch Beratung umfasst grundsätzlich auch die Aufklärung und Warnung über Risiken. Es besteht im Bankrecht jedoch keine allgemeine Rechtspflicht, den Bankkunden ungefragt zu beraten, aufzuklären oder vor Risiken zu warnen. Die Beratung ist insofern Holschuld. Beratungspflichten können sich für die Bank aber bei der Anbahnung bestimmter Verträge oder konkret aus Vertragsverhältnissen ergeben, insbesondere aus einem Beratungsvertrag, mitunter auch aus dem allgemeinen Bankvertrages als Dach über einen Giro- oder einen Kreditvertrag.[153] Denn für den Kunden kann es wichtig sein, für eine finanzielle Entscheidung auf Fachkenntnisse der Bank zurückzugreifen und an deren marktbezogenen Wissens- oder Informationsvorsprüngen teilzuhaben. Dies ist insbesondere der Fall, wenn der Kunde von der Bank eine auf seine persönlichen Verhältnisse zugeschnittene, fachkundige Beratung wünscht. Dann kommt im Regelfall ein Beratungsvertrag zwischen Bank und Kunde zustande, wobei die Hürden für das Zustandekommen eines Beratungsvertrages nach der Rechtsprechung des BGH gering sind (es reicht zB, wenn der Kunde an die Bank wegen einer Beratung herantritt und die Bank die Beratung aufnimmt).[154] Daneben kann eine Beratungspflicht zB auch aus erteilten Auskünften folgen. Zwar handelt es sich bei der Auskunft grundsätzlich um eine objektive Darstellung von Fakten, deren Bewertung dem Auskunftsuchenden überlassen ist. Dieser kann hierfür aber ggf. des Rates bedürftig sein. **Beispiel:** Eine Bank vermittelt einem Kunden eine Auskunft über einen potentiellen Geschäftspartner, die negativ ist. Der nachfragende Kunde ist Ausländer und mit den Feinheiten der deutschen Sprache, insbesondere mit der deutschen „Auskunftssprache", nicht vertraut.[155] Erkennt die Bank dies, sollte sie ihrem Kunden den Ratschlag erteilen, diese Geschäftsverbindung nicht zu fördern und nicht mit Krediten zu unterlegen. Diese Beratungsaufgabe folgt aus der Auskunfterteilung.

49   Besteht ein **Beratungsvertrag**, lassen sich die für eine Bank daraus folgenden Pflichten generell wie folgt zusammenfassen:[156] Der Umfang der Beratungspflichten ist umso weit-

---

[153] Vgl. *Baumbach/Hopt*, HGB, § 347, Rn. 13 bis 18.
[154] Siehe insbesondere für den Bereich der Anlageberatung das sog. „*Bond-Urteil*": BGH NJW 1993, S. 2433; BGH WM 2006, S. 851 (852); BGH NJW 2011, S. 3227 mwN.
[155] Vgl. OLG Stuttgart NJW 1982, S. 2608 (2609).
[156] Eine eingehendere Betrachtung erfolgt in den Folgeabschnitten „Beratungspflichten bei Finanzierungen" und „Anlageberatung im Wertpapiergeschäft".

Kirchhartz

gehender, je geringer die Sachkunde des Kunden und je schwieriger das Geschäft ist, insoweit gelten dieselben Grundsätze wie für den Auskunftvertrag.[157] Der Kunde ist über das aufzuklären, was die Organe der Bank und die leitenden Mitarbeiter, die in einem sachlichen Zusammenhang mit der Anfrage stehen, in den für den Kunden wichtigen Bereichen wissen.[158] Eine Zusammenrechnung des Wissens aller leitenden Mitarbeiter als „Bankwissen", die sog. Wissenszusammenrechnung gem. §§ 166, 278 BGB[159], ist jedoch nicht angezeigt.[160] Dies wäre mit dem Bankgeheimnis und dem Rechtsgedanken, dass es sich bei der Wissenszurechnung um Verfahrensschutz und nicht um Organhaftung handelt, nicht zu vereinbaren.

Bei Verstößen gegen bestehende Beratungspflichten kann die beratende Bank dem Kunden für hieraus entstehende Schäden haften. Ansprüche des Kunden können insbesondere aus § 280 Abs. 1 BGB wegen Beratungsfehlern im Zusammenhang mit einem Beratungsvertrag folgen[161], mitunter auch aus dem allgemeinen Bankvertrag. Vorvertraglich kann sich eine Haftung aus § 280 Abs. 1 BGB iVm § 311 Abs. 2, 241 Abs. 2 BGB ergeben. Gegenüber Nichtkunden ist im Falle eines rechtsgeschäftlicher Kontakts oder einer Vertrauenswerbung der Bank um den Nichtkunden grundsätzlich eine Haftung aus dem Rechtsgedanken der Drittschutzwirkung denkbar.[162] Bei der Geltendmachung von Ansprüchen ist es grundsätzlich Sache des Kunden Pflichtverletzungen der Bank und einen Schaden darzulegen und zu beweisen.[163] Die Bank haftet für vorsätzlich oder fahrlässig (§ 276 Abs. 1 BGB und § 347 HGB) fehlerhaft erteilten Rat. Sorgfaltsmaßstab ist die Sorgfalt eines ordentlichen Kaufmannes. Die Bank hat dabei ein Verschulden ihrer gesetzlichen Vertreter nach § 31 BGB und ihrer Erfüllungsgehilfen nach § 278 BGB zu vertreten. Ob sie für schadenstiftende Beratung von Finanzierungsvermittlern einzustehen hat, hängt von der Art des Auftretens gegenüber dem Kunden und der rollenbedingten Vertretung der Bank ab.[164] Die fehlerhafte oder unzureichende Beratung muss für einen Schaden des Kunden ursächlich sein.[165] Die Schadenshöhe bemisst sich nach dem kausal durch den falschen Rat verursachten Schaden, sonst nach dem Vertrauensschaden.[166] Zum Beweis der Pflichtverletzung und des Schadens helfen dem geschädigten Kunden Beweiserleichterungen, die im Hinblick auf die Ursächlichkeit einer Pflichtverletzung bis zur Beweislastumkehr (Vermutung des aufklärungspflichtigen Verhaltens) führen können.[167]

---

[157] BGHZ 74, S. 104 (106); *Siol* in BankR-HdB, § 43, Rn. 24.
[158] BGH NJW 1996, S. 1339 (1340); vgl. *Siol* in BankR-HdB, § 43, Rn. 24. .
[159] BGH NJW 2002, S. 978 (982); *Ellenberger* in Palandt, BGB, § 166, Rn. 8. .
[160] BGH NJW 1996, S. 1339 (1340); *Siol* in BankR-HdB, § 43, Rn. 26.
[161] *Siol* in BankR-HdB, § 43, Rn. 11, 13. Daneben kommt eine Haftung aus unerlaubter Handlung, etwa nach § 823 Abs. 2 BGB iVm einem Schutzgesetz (zB § 264a StGB (Kapitalanlagebetrug)) oder aus § 826 BGB in Betracht. Siehe beispielsweise: BGH WM 2010, S. 749; OLG Düsseldorf, Urt. v. 24. November 2008, Az. 9 U 50/08 mit Entscheidungsbesprechung *Kirchhartz* GWR 2009, S. 252: Beihilfe eines Brokers zu sittenwidriger vorsätzlicher Schädigung des Vermittlers bei Optionsgeschäften.
[162] *Baumbach/Hopt*, HGB, § 347, Rn. 21; OLG München WM 2010, S. 1798.
[163] *Ellenberger* in Palandt, BGB, § 280, Rn. 38, 50.
[164] OLG Düsseldorf WM 1993, S. 2207 (2209); siehe ferner: *Ellenberger* in Palandt, BGB, § 280, Rn. 59 mit Beispielen und weiteren Nachweisen zur BGH-Rechtsprechung.
[165] *Siol* in BankR-HdB, § 43, Rn. 36; *Baumbach/Hopt*, HGB, § 347, Rn. 35.
[166] *Siol* in BankR-HdB, § 43, Rn. 44, 46; *Ellenberger* in Palandt, BGB, § 280, Rn. 32. .
[167] *Ellenberger* in Palandt, BGB, § 280, Rn. 38, 39; *Siol* in BankR-HdB, § 43, Rn. 36; *Baumbach/Hopt*, HGB, § 347, Rn. 37.

1. Beratungspflichten bei Finanzierungen

51 Die Frage nach dem ob und der etwaigen Reichweite von Beratungspflichten eines Kreditinstitutes stellt sich regelmäßig im Bereich der Finanzierung. Dieser Komplex wird hier lediglich grundsätzlich, sodann nachfolgend bei der Darstellung des Rechts der Kreditgeschäfte (→ § 5 Rn. 16 ff.) behandelt. Generell gilt, dass Banken ihre Kunden nicht über die mit einer Kreditaufnahme verbundenen Risiken aufklären müssen.[168] Der BGH hält Banken in ständiger Rechtsprechung grundsätzlich nicht für verpflichtet, den Kreditnehmer über die wirtschaftliche Zweckmäßigkeit des zu finanzierenden Geschäfts sowie über Gefahren und Risiken der Verwendung des Darlehens aufzuklären und vor dem Vertragsschluss zu warnen.[169] Vielmehr ist die Bank nach Auffassung des BGH berechtigt, ihr Eigeninteresse am Abschluss und an der Gestaltung des Kreditvertrages zu verfolgen.[170]

52 Eine Bank ist daher gegenüber einem Kunden grundsätzlich nur zur Finanzierungsberatung verpflichtet, wenn sie mit dem Kunden hierüber ausdrücklich oder stillschweigend einen Beratungsvertrages geschlossen hat.[171] Ohne einen solchen Finanzierungsberatungsvertrag schuldet die Bank dem Kreditnehmer ungefragt lediglich eine Aufklärung über seine Vertragspflichten aus dem Kreditvertrag, dh die Konditionen des Darlehens (zB Nominalzins, Effektivzins, Laufzeit, Zins- und Tilgungsraten).[172] Es besteht jedoch keine Hinweispflicht, dass die Aufbringung von Zinsen und die Rückzahlung des Krediets zu Schwierigkeiten für den Schuldner führen können – dies muss der Kreditnehmer selber wissen! Ebenso wenig ist die Bank verpflichtet, einen Bürgen, der einen von der Bank herausgelegten Kredit verbürgt, darauf hinzuweisen, dass er unverzüglich nach seiner Inanspruchnahme die verbürgte Summe bezahlen muss.[173]

53 Von diesem Grundsatz gibt es von der Judikatur anerkannte Ausnahmefälle, die einen höheren Aufklärungs- und Beratungsstandard erfordern und bei Verstößen eine Haftung der Bank auf Schadensersatz gegenüber dem Kunden begründen können (§ 280 Abs. 1 BGB iVm §§ 311 Abs. 2, 241 Abs. 2 BGB). Die Frage von Beratungspflichten einer Bank bei Finanzierungen ist daher weniger vom Grundsatz her zu erfassen, sondern eher von der Kasuistik. Insbesondere im Bereich der kreditfinanzierten Kapitalanlage hat die Rechtsprechung **vier Fallgruppen** entwickelt, in deren Rahmen für Banken auch ohne das Vorliegen eines Beratungsvertrages Aufklärungspflichten bestehen, deren Nichteinhaltung zu einer Haftung der Bank führen können.[174] Eine Aufklärungspflicht wird dabei angenommen, wenn – etwa bei steuersparenden Bauherren-, Bauträger- und Erwerbermodellen – (1) die Bank einen erkennbaren und konkreten Wissensvorsprung vor dem Kreditnehmer hat; (2) die Bank ihre Rolle als Kreditgeber überschreitet und zum Partner in dem kreditfinanzierten Geschäft wird; (3) besondere Gefährdungstatbestände vorliegen,

---

[168] *Früh/Müller-Arends*, Bankrecht und Bankpraxis, 3/94d.
[169] BGH WM 2007, S. 876 (881); BGH WM 2007, S. 1651 (1652); OLG Koblenz WM 2007, S. 497 (499); *Nobbe* WM 2007, Sonderbeilage 1, S. 28.
[170] BGH NJW 1992, S. 1820; BGH NJW 1982, S. 1520; *Canaris,* Bankvertragsrecht, Rn. 114.
[171] *Nobbe* WM 2007, Sonderbeilage 1, S. 27; BGH WM 2007, S. 876 (881); BGH WM 2007, S. 1651 (1652).
[172] *Nobbe* WM 2007, Sonderbeilage 1, S. 28; *Siol* in BankR-HdB, § 44, Rn. 19. Im Bereich des Verbraucherdarlehensvertrages (§ 491 BGB) bestehen jedoch gesetzliche Informationspflichten (§§ 491a, 493 BGB), die auch „*angemessene Erläuterungen*" vorsehen (§ 491a Abs. 3 BGB).
[173] BGH NJW 1988, S. 3205; BGH NJW 1996, S. 1274 (1275); vgl. auch BGH NJW 2006, S. 845 (847).
[174] → § 5 Rn. 16 ff.

bei denen aus Schutzgründen Aufklärungsbedarf zu vermuten ist; (4) sich die kreditgebende Bank in einem Interessenkonflikt befindet.[175]

Dies gilt grundsätzlich nicht bei Krediten an **gewerbliche Kreditnehmer** mit eigenem Finanzierungspersonal, das über einen ähnlichen Kenntnisstand verfügt wie der Kreditgeber. Die kreditgebende Bank kann jedoch verpflichtet sein, vor gewerblichen Kreditwünschen zu warnen, die Grundsätzen der Unternehmensfinanzierung widersprechen. **Beispiel:** Finanzierung einer langfristigen Investition mit 90-Tage-Wechseln – hier besteht keine Rechtspflicht zum Abraten, sondern zur Kreditablehnung.[176] 54

Anders, nämlich deutlicher, ist die (vorvertragliche) Aufklärungspflicht bei Verbraucherdarlehen (§ 491 BGB) ausgebildet (siehe insbesondere die Informationspflichten bei Verbraucherdarlehen, §§ 491a, 493 BGB). Dort entstehen Aufklärungspflichten schon bei besonderem Schutzbedürfnis des Darlehensnehmers, etwa wegen Unvertrautheit mit Krediten, oder wenn er grobe Fehlvorstellungen über seine eigenen Verhältnisse erkennen lässt.[177] **Beispiele:** Bei Umschuldungen von Verbraucherkrediten ist umfänglich auch über eventuelle Zinsnachteile aufzuklären.[178] Andererseits muss sich der Kunde bei Krediten zum Immobilienerwerb selbst über das Objekt ins Bild setzen.[179] 55

2. Anlageberatung im Wertpapiergeschäft

Die Beratung der Bank zur Geld- und Vermögensanlage gewinnt korrespondierend mit dem stark ansteigenden Anlagebedarf privater und institutioneller Investoren zunehmend sowohl wirtschaftlich als auch rechtlich an Bedeutung. Der Gesetzgeber erhöht daher seit der letzten großen Gesetzesnovelle im Bereich der Kapitalanlagen durch das Finanzmarktrichtlinie-Umsetzungsgesetz (FRUG)[180] im Jahre 2007, mit dem die Umsetzung der europäischen Richtlinine über Märkte in Finanzinstrumente (Markets in Financial Instruments Directive; kurz: MiFID)[181] in deutsches Recht erfolgte, kontinuierlich die Anforderungen an Banken bei der Anlageberatung im Wertpapiergeschäft.[182] Wesentliche Neuerungen sind zudem in naher Zukunft von der auf europäischer Ebene geplanten Reform der 56

---

[175] BGH WM 2007, S. 876 (881); BGH NJW 2006, S. 2099 (2103); BGH NJW 2005, S. 828 (830); siehe auch die Darstellung von *Siol* in BankR-HdB, § 44, Rn. 29 ff. und von *Nobbe* WM 2007, Sonderbeilage 1, S. 29 ff.

[176] BGH WM 1986, 1032 (1034); OLG Düsseldorf ZIP 1993, S. 1376.

[177] BGH WM 1991, S. 179 (182); BGH WM 1988, S. 898; BGH WM 1986, S. 1032 (1034).

[178] BGH NJW-RR 1991, S. 501 (502); OLG Celle WM 1992, S. 1145.

[179] Vgl. BGH NJW 2000, S. 2352 (2353).

[180] Finanzmarktrichtlinie-Umsetzungsgesetz (BGBl. I 2007, S. 1330).

[181] Richtlinie 2004/39/EG des europäischen Parlaments und des Rates vom 21. April 2004 über Märkte in Finanzinstrumente (Markets in Financial Instruments Directive) in der konsolidierten Fassung der Änderungsrichtlinie 2006/31/EG vom 5. April 2006.

[182] Siehe zB: Gesetz zur Stärkung des Anlegerschutzes und Verbesserung der Funktionsfähigkeit des Kapitalmarkts (Anlegerschutz- und Funktionsverbesserungsgesetz) vom 5. April 2011 (BGBl. I 2011, S. 538); Gesetz zur Novellierung des Finanzanlagenvermittler- und Vermögensanlagerechts (Finanzanlagenvermittler- und Vermögensanlagenrecht-Novellierungsgesetz) vom 6. Dezember 2011 (BGBl. I 2011, S. 2481); Gesetz zur Umsetzung der Richtlinie 2011/61/EU über die Verwalter alternativer Investmentfonds (AIFM-Umsetzungsgesetz – AIFM-UmsG) vom 04. Juli 2013 (BGBl I 2013, S. 1981); Gesetz zur Förderung und Regulierung einer Honorarberatung über Finanzinstrumente (Honoraranlageberatungsgesetz) vom 15. Juli 2013 (BGBl. I 2013, S. 2390; tritt in wesentlichen Teilen erst am 1. August 2014 in Kraft).

MiFID (sog. MiFID II) zu erwarten, deren Ziel ua eine weitere Stärkung des Anlegerschutzes ist.[183]

57 Der Pflichtenkreis von Banken bei der Anlageberatung im Wertpapiergeschäft wird durch das Zivil- und das Aufsichtsrecht bestimmt. Zivilrechtlich findet der Bereich der Anlageberatung als (Vor-)Vertragsrecht seine Grundlage im BGB, inhaltlich geprägt von einer mehr und mehr ausfernden, kasuistischen Judikatur (zB „Bond-Urteil" oder sog. „Kick-Back-Rechtsprechung"). Aufsichtsrechtlich bestimmen sich die Pflichten von Banken bei der Anlageberatung im Wertpapiergeschäft im Wesentlichen nach den umfangreichen gesetzlichen Vorgaben zu Verhaltens-, Informations- und Dokumentationspflichten des WpHG und der WpDVerOV[184] sowie durch spezialgesetzliche Regelungen, etwa im Vermögensanlagengesetz[185] oder im Kapitalanlagegesetzbuch.[186]

58 Die **Anlageberatung** ist, wenngleich eine Abgrenzung in der Praxis nicht immer trennscharf möglich ist, von der **Anlagevermittlung** abzugrenzen. Einen **Anlageberater** zieht der Kapitalanleger hinzu, wenn er selbst keine ausreichenden wirtschaftlichen Kenntnisse und keinen genügenden Überblick über wirtschaftliche Zusammenhänge hat und er nicht nur die Mitteilung von Tatsachen, sondern insbesondere deren fachkundige Bewertung und Beurteilung erwartet. Häufig wünscht er eine auf seine persönlichen Verhältnisse zugeschnittene Beratung (und ggf. Empfehlung) für eine anstehende Anlageentscheidung.[187] An den **Anlagevermittler,** der für eine bestimmte Kapitalanlage im Interesse des Kapitalsuchenden (zB des Wertpapieremittenten) und auch mit Rücksicht auf die ihm von diesem versprochene Provision den Vertrieb übernommen hat, wendet sich der Kapitalanleger in dem Bewußtsein, dass der werbende und anpreisende Charakter der Aussagen des Anlagevermittlers im Vordergrund steht.[188] Der zwischen dem Kapitalanleger und einem solchen Anlagevermittler zustande kommende Vertrag zielt lediglich auf Auskunftserteilung zu einem konkreten Finanzprodukt ab und nicht auf eine auf die persönlichen Verhältnisse zugeschnittene Beratung. Er verpflichtet den Anlagevermittler nur zu richtiger und vollständiger Information über die das Finanzprodukt betreffenden tatsächlichen Umstände, die für den Anlageentschluss des Kapitalanlegers von besonderer Bedeutung sind.[189] In diesem Kapitel wird allein die Anlageberatung durch Banken im Wertpapiergeschäft[190]

---

[183] Entwurf einer Richtlinie des Europäischen Parlaments und des Rates über Märkte für Finanzinstrumente zur Aufhebung der Richtlinie 2004/39/EG des Europäischen Parlaments und des Rates (Neufassung), Ratsentwurf (presidency compromise) vom 1. März 2013, 2011/0298(COD). Mit einer konkreten Umsetzung der MiFID II wird aufgrund des noch laufenden Legislativprozesses derzeit nicht vor Ende 2014 gerechnet.

[184] Wertpapierdienstleistungs-Verhaltens- und Organisationsverordnung.

[185] Gesetz über Vermögensanlagen (Vermögensanlagengesetz – VermAnlG) vom 6. Dezember 2011 (BGBl. I 2011, S. 2481).

[186] Kapitalanlagegesetzbuch (KAGB) vom 4. Juli 2013 (BGBl. I 2013, S. 1981).

[187] BGH NJW-RR 1993, S. 1114 (1115). Siehe auch die in sich identischen aufsichtsrechtlichen Definitionen des Begriffs „Anlageberatung" in § 1 Abs. 1a S. 1 Nr. 1a KWG und in § 2 Abs. 3 S. 1 Nr. 9 WpHG.

[188] Siehe die in sich identischen aufsichtsrechtlichen Definitionen des Begriffs „Anlagevermittlung" in § 1 Abs. 1a S. 2 Nr. 1 KWG und § 2 Abs. 3 S. 1 Nr. 4 WpHG.

[189] BGH NJW-RR 1993, S. 1114 (1115). Für die Abgrenzung der Anlageberatung von der Anlagevermittlung siehe ferner: *Nassall* NJW 2011, S. 2323 (2324): „Den Anlagevermittler fragt der Kunde: „Was hast Du?" Den Anlageberater fragt er: „Was hast Du für mich?"".

[190] Soweit in diesem Kapitel die Rede von der Anlageberatung im Wertpapiergeschäft ist, ist damit die nach § 1 Abs. 1a S. 2 Nr. 1a KWG erlaubnispflichtige Anlageberatung durch Kreditinstitute

behandelt, da eine Bank regelmäßig Anlageberaterin und nicht lediglich reine Anlagevermittlerin ist.[191]

a) Rechtsgrundlagen der Anlageberatung im Wertpapiergeschäft

Die Anlageberatung im Wertpapiergeschäft wird – wie vorstehend ausgeführt – durch zwei rechtliche Regelungskreise, nämlich durch das Zivilrecht und das Aufsichtsrecht bestimmt. **59**

Zivilrechtlich folgen Beratungspflichten einer Bank bei der Anlageberatung im Wertpapiergeschäft zumeist aus einem (stillschweigend) geschlossenen Beratungsvertrag[192], aus der Anbahnung eines Beratungsvertrages[193] oder auch aus dem allgemeinen Bankvertrag[194]. Ein Beratungsvertrag ist rechtlich mangels gesetzlicher Regelung als Auftrag iSv § 662 BGB (sofern unentgeltlich), im übrigen als Geschäftsbesorgungsvertrag mit Dienstvertragscharakter iSv §§ 675 Abs. 1, 611 BGB einzuordnen.[195] Der BGH stellt an das Zustandekommen eines Anlageberatungsvertrages keine allzu hohen Anforderungen. Tritt ein Kunde an eine Bank heran, um über die Anlage eines Geldbetrages beraten zu werden, so wird das darin liegende Angebot zum Abschluß eines Beratungsvertrages von der Bank stillschweigend durch die Aufnahme des Beratungsgesprächs angenommen.[196] Entsprechendes gilt, wenn ein Anlageberater an einen Kunden herantritt, um diesen zu beraten, und der Kunde darauf eingeht. In Abgrenzung hierzu kommt ein Beratungsvertrag beispielsweise nicht zustande, wenn ein Kunde mit gezielten Aufträgen an seine Bank herantritt und die Bank diese Aufträge lediglich ausführt (sog. execution-only-Geschäft).[197] **Beispiel:** Ein Anlageberatungsvertrag kommt zustande, wenn der Kunde den Bankmitarbeiter bittet,

---

als Wertpapierdienstleistung nach § 2 Abs. 3 Nr. 9 WpHG in Finanzinstrumenten iSv § 1 Abs. 11 KWG bzw. § 2 Abs. 2b WpHG gemeint. Siehe außerhalb des Bankbereichs zur Anlageberatung im Familienkreis beispielsweise: BGH NJW-RR 2012, S. 372 sowie BGH WM 2007, S. 1020.

[191] Die Anlageberatung dürfte – in Abgrenzung zur Anlagevermittlung – im Bankbereich noch der Regelfall sein, da das Angebot von Kreditinstituten gegenüber Kunden breit gestreute Anlagemöglichkeiten umfasst und sich Anlagegespräche selten auf nur ein Produkt beziehen; siehe auch: BGH NJW 2011, S. 3227 (3228); *Hannöver* in BankR-HdB, § 110, Rn. 27 unter Verweis auf die Rechtsprechung des BGH zur Abgrenzung der Beratungspflichten freier Anlageberater zu Bankberatern: BGH NJW-RR 2012, S. 372; BGH NJW-RR 2011, S. 913; BGH NJW 2011, S. 3229.

[192] stRspr BGH BKR 2013, S. 388; BGH NJW 2012, S. 2873 (2874); BGH NJW 2011, S. 1949 (1950); BGH BKR 2008, S. 199 (200); BGH NJW 1993, S. 2433; BGH NJW 1987, S. 1815. Der Gesetzgeber sieht die Rechtsgrundlage für die Anlageberatung in Finanzinstrumenten – zumindest zukünftig – ebenfalls ausdrücklich in einem Beratungsvertrag. Denn die am 1. August 2014 als Teil des *Gesetzes zur Förderung und Regulierung einer Honorarberatung über Finanzinstrumente* (**Honoraranlageberatungsgesetz** - BGBl. I 2013, S. 2390) in Kraft tretende Neuregelung des § 31 Abs. 4b S. 1 WpHG geht im Zusammenhang mit der Anlageberatung ausdrücklich vom Abschluss eines Beratungsvertrages aus.

[193] Siehe insbesondere: *Krüger* NJW 2013, S. 1845, der Beratungspflichten bei der Anlageberatung – anders als der BGH – nicht auf einen Beratungsvertrag, sondern auf vorvertragliche Nebenpflichten aus §§ 311 Abs. 2, 241 Abs. 2 BGB zurückführt.

[194] Vgl. *v. Heymann/Edelmann* in Assmann/Schütze, § 4, Rn. 14, die auf das Vertrauensverhältnis aus der Geschäftsverbindung abstellen.

[195] Nach Entgeltlichkeit/Unentgeltlichkeit differenzierend: *Sprau* in Palandt, BGB, § 675, Rn. 35; ferner: *Buck-Heeb* ZIP 2013, S. 1401 unter Verweis auf BGH WM 2007, S. 1020.

[196] BGH NJW 1993, S. 2433; BGH WM 2006, S. 851 (852); BGH NJW 2011, S. 3227; BGH NJW 2013, S. 1801.

[197] BGH WM 2013, S. 789 (791); BGH WM 2004, S. 1772 (1773) mwN. Siehe zum execution-only-Geschäft auch § 31 Abs. 7 WpHG.

ihm im Hinblick auf die Anlage eines Geldbetrages von € 10.000 eine Anlageempfehlung zu geben, der Bankmitarbeiter den Kunden nach seinen Anlagezielen und seiner Risikoneigung befragt, um ihm dann Anlagevorschläge zu unterbreiten. **Gegenbeispiel:** Kein Anlageberatungsvertrag kommt zustande, wenn ein Kunde seine Bank schriftlich anweist, 50 VW-Aktien für sein Wertpapierdepot zu kaufen und die Bank diesen Auftrag ohne weitere Rücksprache ausführt.[198]

60   **Aufsichtsrechtlich** ist zunächst festzuhalten, dass die Anlageberatung im Wertpapiergeschäft (dh die Anlageberatung in Bezug auf Finanzinstrumente iSv § 1 Abs. 11 KWG) eine erlaubnispflichtige Finanzdienstleistung iSv § 1 Abs. 1a S. 2 Nr. 1a KWG ist, die nach § 32 KWG nur von Kredit- und Finanzdienstleistungsinstituten erbracht werden darf, die über eine Erlaubnis der BaFin verfügen.[199] Erbringen Kredit- oder Finanzdienstleistungsinstitute die Anlageberatung iSd KWG, erbringen sie gleichzeitig eine Wertpapierdienstleistung iSd WpHG, nämlich die darin inhaltsgleich geregelte Anlageberatung nach § 2 Abs. 3 S. 1 Nr. 9 WpHG. Sie sind deshalb gemäß § 2 Abs. 4 WpHG Wertpapierdienstleistungsunternehmen, für die die Vorschriften des WpHG gelten, insbesondere die sog. Wohlverhaltensregeln der §§ 31 WpHG ff.[200] Die Wohlverhaltensregeln normieren, jeweils ergänzt um die Regelungen der WpDVerOV, umfangreiche Verhaltens-, Informations- und Dokumentationspflichten für Wertpapierdienstleistungsunternehmen bei der Erbringung von Wertpapierdienstleistungen.

61   Nicht gesetzlich geregelt ist das **Verhältnis von zivil- und aufsichtrechtlichen Anlageberatungspflichten** bei der Anlageberatung. Es besteht insofern Uneinigkeit über die Frage, welche Bedeutung die aufsichtsrechtlichen Wohlverhaltensregeln der §§ 31 WpHG ff. für zivilrechtliche Beratungspflichten aus Beratungsverträgen haben.[201] Der BGH[202] geht mit der überwiegenden Meinung im Schrifttum[203] zutreffend davon aus, dass die §§ 31 WpHG ff. in erster Linie aufsichtsrechtlicher Natur sind und von ihnen lediglich eine Ausstrahlungswirkung auf das Zivilrecht ausgeht. Danach bewirken aufsichtsrechtliche Bestimmungen regelmäßig weder eine Begrenzung noch eine Erweite-

---

[198] Vgl. BGH WM 1999, S. 2300 (2303).
[199] Wer Kreditinstitut und wer Finanzdienstleistungsinstitut ist, ergibt sich aus § 1 Abs. 1 und Abs. 1a KWG. Das Erbringen der Anlageberatung nach § 1 Abs. 1a S. 2 Nr. 1a KWG ohne BaFin-Erlaubnis ist gemäß § 54 Abs. 1 KWG grundsätzlich strafbar. Siehe zum erlaubnispflichtigen Tatbestand: *BaFin/Deutsche Bundesbank*, Gemeinsames Informationsblatt der BaFin und der Deutschen Bundesbank zum Tatbestand der Anlageberatung (Stand: 29. Juli 2013); ferner zu den Voraussetzungen für die Erlaubniserteilung: *Deutsche Bundesbank*, Merkblatt über die Erteilung einer Erlaubnis zum Erbringen von Finanzdienstleistungen gemäß § 32 Abs. 1 KWG (Stand: April 2013).
[200] Das KWG regelt danach mit Blick auf die Anlageberatung aufsichtsrechtlich, ob jemand hierfür eine Erlaubnis der BaFin braucht. Ist dies der Fall, regelt das WpHG, wie die Anlageberatung aufsichtsrechtskonform zu erbringen ist.
[201] Siehe zum Streitstand: *Bracht* ZBB 2013, S. 252 (257).
[202] BGH NJW 2012, S. 2873 (2875); BGH NJW 2008, S. 1734 (1735); BGH NJW 2007, S. 1876 (1878); BGH NJW 2000, S. 359 (361); siehe auch OLG Stuttgart, WM 2012, S. 1829 (1830).
[203] *Ellenberger*, Praktikerhandbuch Wertpapier- und Derivategeschäft, Rn. 1099; *Koller* in Assmann/Schneider, WpHG, Vor § 31, Rn. 3; *Schwark*, Kapitalmarktrechts-Kommentar, Vor §§ 31 WpHG, Rn. 16; *Fuchs*, WpHG, Vor §§ 31 bis 37a, Rn. 60; *Bracht* ZBB 2013, S. 252 (257); die Gegenmeinung geht davon aus, dass die Wohlverhaltensregeln der §§ 31 WpHG ff. auch den zivilrechtlichen Pflichtenkreis von Banken binden bzw. binden können: vgl. *Zetsche* WM 2009, S. 1020 (1027); *Köndgen* BKR 2009, S. 376 (377); *ders.* NJW 1996, S. 558 (569); *Weichert/Wenniger* WM 2007, S. 1149, 1156; so im Ergebnis wohl auch *Krüger* NJW 2013, 1845 (1847).

rung der zivilrechtlich zu beurteilenden Haftung des Anlageberaters. Sie können allenfalls Einfluss auf die Auslegung von Inhalt und Umfang zivilrechtlich anerkannter Aufklärungs- und Beratungspflichten haben.[204] Auch eine Schutzgesetzeigenschaft iSv § 823 Abs. 2 BGB billigt der BGH den Regelungen der §§ 31 WpHG ff. grundsätzlich nicht zu.[205] Wegen der möglichen Ausstrahlungswirkung der aufsichtsrechtlichen Wohlverhaltensregeln nach §§ 31 WpHG ff. auf die zivilrechtlichen Pflichten von Banken bei der Anlageberatung im Wertpapiergeschäft werden beide Regelungskreise nachfolgend jeweils in einem gemeinsamen Kontext dargestellt.

b) Umfang der Beratungspflichten

Zum Umfang der Beratungspflichten einer Bank im Wertpapiergeschäft lässt sich 62 Folgendes sagen: Wird eine Bank, wie im Regelfall, als Anlageberater tätig, richten sich Inhalt und Umfang der ihr gegenüber dem Kunden obliegenden Beratungspflichten **zivilrechtlich** nach den Umständen des Einzelfalls.[206] Generell gilt, dass eine Bank bei der Anlageberatung richtig, sorgfältig, vollständig, zeitnah und für den Kunden verständlich beraten und die etwaige Empfehlung eines Anlageobjektes ex ante betrachtet vertretbar sein muss.[207] Der BGH geht dabei seit dem sog. **„Bond-Urteil"**[208] in ständiger Rechtsprechung davon aus, dass eine Bank im Rahmen eines Anlageberatungsvertrages zu einer **anlegergerechten** (dh auf Kenntnis- und Erfahrungsstand sowie auf die Interessen des Kunden ausgerichteten) und **objektgerechten** (dh auf das passende Anlageobjekt ausgerichteten) Beratung verpflichtet ist.[209] Es gilt der Grundsatz: „The bank has to know his costumer and his merchandise." – **Aufsichtsrechtlich** unterliegen Banken als Wertpapierdienstleistungsunternehmen den Wohlverhaltensregeln der §§ 31 WpHG ff. Sie sind daher bei der Anlageberatung im Wertpapiergeschäft insbesondere verpflichtet, die Anlageberatung mit der erforderlichen Sachkenntnis, Sorgfalt und Gewissenhaftigkeit im Kundeninteresse zu erbringen (§ 31 Abs. 1 Nr. 1 WpHG), sich zu bemühen, Konflikte zwischen Kunden- und Eigeninteressen zu vermeiden oder jedenfalls eindeutig offen zu legen (§ 31 Abs. 1 Nr. 1 WpHG), und besondere Anforderungen im Zusammenhang mit der Anlageberatung zu beachten (§§ 31 Abs. 3a, Abs. 4, 31d, 34 Abs. 2a). Dazu gehört auch, dass Kreditinstitute einen Mitarbeiter nur dann mit der Anlageberatung betrauen dürfen, wenn dieser sachkundig ist und über die für die Tätigkeit erforderliche Zuverlässigkeit verfügt (§ 34d WpHG). Als Anlageberater tätige Mitarbeiter hat die Bank der BaFin anzuzeigen.[210]

---

[204] Vgl. BGH NJW 2012, S. 2873 (2875); BGH NJW 2007, S. 1876 (1878); siehe auch: OLG Stuttgart, WM 2012, S. 1829 (1830); *Ellenberger*, Praktikerhandbuch Wertpapier- und Derivategeschäft, Rn. 1099.
[205] BGH WM 2010, S 1393 (1396); BGH NJW-RR 2009, S. 1210; BGH WM 2008, S. 825; BGH WM 2007, S. 487 (489). In allen Entscheidungen verneinte der BGH für die jeweils streitgegenständliche WpHG-Regelung einen Schutzgesetzcharakter; so auch generell: *Ellenberger*, Praktikerhandbuch Wertpapier- und Derivategeschäft, Rn. 1099; differenzierend: *Koller* in Assmann/Schneider, WpHG, Vor § 31, Rn. 7 mwN; für einen Schutzgesetzcharakter: *Lang* WM 2000, S. 487 (489) mwN.
[206] BGH NJW 2012, S. 2873 (2874); BGH NJW 2011, S. 1949 (1950); BGH NJW 1993, S. 2433.
[207] BGH NJW 2012, S. 2873 (2874); BGH NJW 2006, S. 851 (852); BGH NJW 1993, S. 2433.
[208] BGH NJW 1993, S. 2433.
[209] BGH NJW 2012, S. 2873 (2874); BGH NJW 2011, S. 1949 (1950).
[210] Die BaFin führt in diesem Zusammenhang ein Mitarbeiter- und Beschwerderegister, in dem auch Beschwerden über Berater festgehalten werden. Siehe hierzu im Einzelnen die WpHG-Mitar-

63 **aa) Anlegergerechte Beratung.** Eine Bank schuldet dem Kunden im Rahmen eines Anlageberatungsvertrags **zivilrechtlich** eine **anlegergerechte Beratung**. Das bedeutet, dass eine Anlageberatung an den persönlichen Verhältnissen des Kunden ausgerichtet und eine ggf. hierauf basierende Anlageempfehlung (zB Kauf, Verkauf oder das Halten eines Wertpapiers) auf den Kunden und seine Anlageziele zugeschnitten sein müssen.[211] Die Engländer sagen, der Anlageberater **„has to know his customer"**. Die Bank muss den Kunden daher zu seinem Wissensstand (Anlagekenntnisse/-erfahrungen), seinen Anlagezielen (zB Rendite, Kapitalerhalt, Altersversorgung, laufende Einnahmen), seinem Anlagehorizont (gewünschte Anlagedauer), seiner Risikobereitschaft (zB sichere oder spekulative Geldanlage) und seiner Risikofähigkeit (finanzielle Verhältnisse) befragen (sog. **Erkundigungspflicht**).[212] Die Erkundigungspflicht besteht **vor** Abgabe einer Anlageempfehlung durch die Bank.[213] Diese Erkundigungspflicht entfällt nur, soweit der Bank die vorgenannten Umstände bereits bekannt sind, zB aus langjähriger Geschäftsbeziehung zum Kunden oder dessen bisherigem Anlageverhalten.[214] Die Kenntnisse und Erfahrungen des Kunden sind für den Anlageberater anhand von dessen Angaben zu Art, Umfang und Häufigkeit der von ihm bisher getätigten Geschäfte messbar. Dagegen kann aus einer rein beruflichen Tätigkeit oder Qualifikation des Kunden (etwa Prokurist eines Wirtschaftsunternehmens, Diplom-Volkswirt, Rechtsanwalt) nicht zwingend auf bestimmte Kenntnisse oder Erfahrungen mit Finanzprodukten oder auf geringere Beratungserfordernisse geschlossen werden.[215] Bei den Anlagezielen des Kunden sind seine Risikoneigung (zB „Kapitalerhalt", „Wachstum" oder „Spekulation") in Erfahrung zu bringen und, ob er finanzielle Verluste in den von ihm ins Auge gefassten Geschäftstypen verkraften kann. Tritt gegenüber der Bank bei der Geschäftsanbahnung oder Auftragserteilung ein Vertreter des Kunden auf, so ist im Hinblick auf vorhandene Kenntnisse oder Erfahrungen auf die Person des Vertreters abzustellen.[216] Denn dieser hat in der konkreten Situation die Anlageentscheidung zu treffen. Dagegen ist bei der Beurteilung der Anlageziele und finanziellen Verhältnisse allein die Person des Kunden ausschlaggebend, da diesen die finanziellen Folgen des Geschäftes treffen.[217] **Beispiele für eine nicht anlegergerechte Beratung:** Wünscht der Kunde eine sichere Kapitalanlage ohne Risiken, dürfen ihm keine ausländischen Aktienfonds empfohlen werden. Möchte der Kunde eine langfristige Investition tätigen, entsprechen Geldmarkttitel mit kurzer Laufzeit nicht seinem Anlageziel. Begehrt der Kunde laufende Erträge, ist eine endfällige Anleihe für ihn nicht geeignet.

---

beiteranzeigeverordnung (WpHGMaAnzV, BGBl. I 2011, S. 3116), abrufbar unter: http://www.bafin.de/DE/Aufsicht/BankenFinanzdienstleister/Anzeige-Meldepflichten/MitarbeiterBeschwerderegister/mitarbeiterbeschwerderegister_node.html.

[211] Vgl. BGH NJW-RR 2013, S. 296 (297); BGH NJW 1993, S. 2433.

[212] Vgl. BGH NJW-RR 2013, S. 296 (297); BGH NJW 2012, S. 2873 (2874); BGH NJW 2011, S. 1949 (1950).

[213] BGH NJW 2011, 1949 (1951).

[214] BGH NJW 2011, 1949, 1951; BGH NJW 1993, S. 2433.

[215] Es kommt auf einschlägige Anlageerfahrung an: BGH NJW 2011, S. 1949 (1951), Prokuristin und Diplom-Volkswirtin; BGH WM 2004, S. 2205, Rechtsanwalt und Notar; OLG München, Entscheidung v. 5. Oktober 2007, 19 U 3123/07, BeckRS 2007, 17658.

[216] BGH NJW 2002, S. 62 (64); *Braun/Lang/Loy*, Praktikerhandbuch Wertpapier- und Derivategeschäft, Rn. 351. Dies betrifft in der Praxis häufig professionelle Vermögensverwalter, die als Vollmachtsverwalter für Anleger tätig werden, → § 3 Rn. 100 ff.

[217] *Rothenhöfer* in Schwark/Zimmer, Kapitalmarktrecht, WpHG, § 31, Rn. 240; *Braun/Lang/Loy*, Praktikerhandbuch Wertpapier- und Derivategeschäft, Rn. 349.

Das **Aufsichtsrecht** regelt im WpHG und in der WpDVerOV Pflichten, die mit der 64
zivilrechtlichen Pflicht zur anlegergerechten Beratung vergleichbar sind. Die §§ 31 Abs. 4
S. 1 WpHG, 6 WpDVerOV enthalten nahezu inhaltsgleiche Erkundigungspflichten der
Bank über Anlagekenntnisse und -erfahrungen, finanzielle Verhältnisse, verfolgte Anlageziele, Anlagedauer und Risikobereitschaft des Kunden. Dabei bedarf es nach § 31 Abs. 4
S. 1 WpHG nur der Einholung „erforderlicher" Erkundigungen, dh auch im Aufsichtsrecht sind Informationen bei Kunden nur abzufragen, wenn und soweit sie der Bank nicht
bereits vorliegen.[218] Grundsätzlich darf sich die Bank dabei auf Kundenangaben verlassen.
Eine Pflicht der Bank, diese auf ihre Richtigkeit oder Plausibilität hin zu überprüfen, besteht nicht.[219] Im Gleichlauf mit dem Zivilrecht („anlegergerechte Empfehlung") darf eine
Bank dem Kunden nach § 31 Abs. 4a, Abs. 4 S. 2 WpHG ferner nur eine Wertpapieranlage empfehlen, die nach den eingeholten Informationen für den Kunden geeignet sind
(sog. **Geeignetheitsprüfung**).[220] Erleichterungen erfährt die Bank im Hinblick auf ihre
Erkundigungspflichten gegenüber sog. „*professionellen Kunden*" iSv § 31a Abs. 2 WpHG.
Bei diesen kann sie nach § 31 Abs. 9 WpHG ohne Erkundigung im Zusammenhang mit
einem konkreten Geschäft davon ausgehen, dass sie für Finanzprodukte, für die sie von der
Bank als professionelle Kunden eingestuft wurden, über die erforderlichen Kenntnisse und
Erfahrungen verfügen.[221] Erlangt eine Bank – vorbehaltlich dieser Ausnahme für professionelle Kunden – von Kunden nicht die nach § 31 Abs. 4 S. 1 WpHG „*erforderlichen*" Informationen, ist es ihr nach § 31 Abs. 4 S. 3 WpHG verboten, eine Anlageempfehlung
auszusprechen. Dies gilt auch, sofern sich ein Kunde weigert, Auskünfte zu bestimmten
Punkten zu erteilen.[222]

bb) Objektgerechte Beratung. Eine Bank schuldet im Rahmen eines Anlageberatungs- 65
vertrags als weitere **zivilrechtliche** Pflicht eine objektgerechte Beratung.[223] Das bedeutet,
dass eine Bank den Kunden in Bezug auf das Anlageobjekt über diejenigen Eigenschaften
und Risiken aufklären muss, die für die jeweilige Anlageentscheidung wesentliche Bedeutung haben oder haben können.[224] Der Anlageberater muss dafür sein Anlageprodukt
kennen; die Engländer sagen **„He has to know his merchandise"**. Dabei muss die
Bank bei der Aufklärung des Kunden über ein mögliches Anlageobjekt zwischen den allgemeinen Anlagerisiken (Konjunkturlage, Entwicklung des Börsenmarktes) und den speziellen Anlagerisiken, die sich aus den individuellen Gegebenheiten des Anlageobjekts
(Kurs-, Zins- und Währungsrisiko) ergeben, unterscheiden.[225] Die Bank muss den Kun-

---

[218] *Koller* in Assmann/Schneider, WpHG, § 31, Rn. 137.
[219] *Rothenhöfer* in Schwark/Zimmer, Kapitalmarktrecht, WpHG, § 31, Rn. 240; siehe auch § 31
Abs. 6 WpHG bei falschen Kundenangaben.
[220] Siehe zu den aufsichtsrechtlichen Anforderungen an die Geeignetheitsprüfung nach § 31
Abs. 4 WpHG BT 7 des Rundschreiben der BaFin: *Mindestanforderungen an die Compliance-Funktion
und die weiteren Verhaltens-, Organisations- und Transparenzpflichten nach §§ 31ff. WpHG für Wertpapierdienstleistungsunternehmen (MaComp)*, Fassung vom 30. November 2012.
[221] *Koller* in Assmann/Schneider, WpHG, § 31, Rn. 137.
[222] *Koller* in Assmann/Schneider, WpHG, § 31, Rn. 137; *Seyfried* in Kümpel/Wittig, Bank- und
Kapitalmarktrecht, Rn. 3.152. Zu prüfen ist jedoch, ob es sich bei den „verweigerten" Auskünften
um tatsächlich „erforderliche" Angaben handelt. Dies ist zB nicht der Fall, wenn die Bank aus der
laufenden Geschäftsbeziehung mit dem Kunden die notwendigen Informationen bereits besitzt.
[223] BGH NJW 2012, S. 2873 (2874); BGH NJW 2006, S. 851 (852); BGH NJW 1993, S. 2433.
[224] BGH NJW 2012, S. 2873 (2874); BGH NJW 2006, S. 851 (852); BGH NJW 1993, S. 2433.
[225] BGH NJW 2012, S. 2873 (2874); BGH NJW 2006, S. 851 (852); BGH NJW 1993, S. 2433.

den über diese Umstände richtig, sorgfältig, zeitnah, vollständig und für den Kunden verständlich unterrichten.[226] Will die Bank dem Kunden eine konkrete Anlage empfehlen, muss sie sich hierüber die zur Aufklärung notwendigen Kenntnisse verschaffen und die Anlage mit banküblich kritischem Sachverstand prüfen; eine alleinige Plausibilitätsprüfung ist nicht ausreichend.[227] Fehlen ihr derartige Kenntnisse oder hat sie die Anlage nicht entsprechend geprüft, so hat sie das dem Kunden mitzuteilen und offenzulegen, dass sie zu einer Beratung, zB über das konkrete Risiko eines Geschäfts mangels eigener Information nicht in der Lage ist.[228]

66 In der Praxis setzen Kreditinstitute die ihnen bei der Anlageberatung obliegenden Aufklärungspflichten um, indem sie die Kunden je nach Erfahrungen und Kenntnissen in Risikogruppen einteilen, diesen Risikogruppen geeignete Wertpapiertypen zuordnen und die Kunden entsprechend der Einordnung in die jeweiligen Gruppen informieren. Die Kundeninformation kann dabei durch **mündliche Aufklärung** im Beratungsgespräch und/oder standardisiert, nämlich durch **Broschüren** über Wertpapiere im Allgemeinen und **Prospekte** zum gewünschten Anlageobjekt im Besonderen erfolgen.[229] Jedoch ist im Hinblick auf die Art und Weise der Aufklärung, insbesondere bei der Auswahl des dem Kunden übergebenen Informationsmaterials auf die Auffassungsgabe des Kunden und dessen Basiswissen Rücksicht zu nehmen. Denn die Aufklärung muss für den Kunden verständlich sein.[230] Ferner muss die Aufklärung neutral erfolgen (Gebot der Sachlichkeit), dh Risiken dürfen nicht verharmlost oder dramatisiert, positive Informationen nicht übertrieben werden.[231] Die Information ist zu wiederholen, soweit dies angezeigt ist.

67 Erfolgt die **Aufklärung** des Kunden über die Kapitalanlage durch Informationsmaterial, etwa **durch einen Anlageprospekt,** genügt dies nur den Anforderungen an eine objektgerechte Beratung, wenn dem Kunden der Prospekt überreicht wird und der Prospekt richtig, vollständig sowie nach Form und Inhalt geeignet ist, die nötigen Informationen wahrheitsgemäß und verständlich zu vermitteln.[232] Außerdem muß dem Kunde

---

[226] BGH NJW 2012, S. 2873 (2874); BGH NJW 2006, S. 851 (852); BGH NJW 1993, S. 2433.

[227] BGH NJW-RR 2013, S. 371 (372); BGH NJW 2008, S. 3700 (3701), wonach die Bank auch die Wirtschaftspresse auswerten muss (zB bei einer privaten Anleihe die Berichte in der Börsenzeitung, dem Handelsblatt und der Frankfurter Allgemeinen Zeitung); ferner: BGH NJW 2012, S. 380 (381), wonach jedoch ohne besonderen Anlass für den Anlageberater keine Pflicht besteht, schwierigen oder ungeklärten Rechtsfragen nachzugehen, die er regelmäßig nur unter Inanspruchnahme von Rechtsrat abklären könnte.

[228] BGH NJW-RR 2013, S. 371 (372); BGH NJW 1993, S. 2433; vgl. BGH NJW 2012, S. 380 (381).

[229] Dies geschieht oft durch Übergabe/Übersendung der „Basisinformationen über Vermögensanlagen in Wertpapieren", Bankverlag, Stand: 2012. Siehe zur Information durch Anlageprospekte: BGH NJW-RR 2007, S. 1692; BGH NJW-RR 2006, 1345; BGH WM 2005, S. 833. Aufsichtsrechtlich ist ferner die Verpflichtung zur Übergabe eines Produktinformationsblattes über das Anlageobjekt nach § 31 Abs. 3a WpHG bzw. von Informationen nach § 13 VermAnlG oder §§ 164, 166 KAGB zu beachten.

[230] BGH NJW 1993, S. 2433; *Braun/Lang/Loy*, Praktikerhandbuch Wertpapier- und Derivategeschäft, Rn. 306.

[231] *Braun/Lang/Loy*, Praktikerhandbuch Wertpapier- und Derivategeschäft, Rn. 308. Die mündliche Risikoverharmlosung im Beratungsgespräch begründet auch dann den Vorwurf der Falschberatung, wenn in übergebenen schriftlichen Unterlagen eine korrekte Beschreibung der Anlage und des Risikos nachzulesen gewesen wäre, OLG München WM 2013, S. 122 (124).

[232] BGH NJW 2010, S. 3292 (3295), wo die Prospektübergabe jedoch nicht ausreichte, weil der Anleger auf den parallel erfolgten Rat seines Beraters vertraute und den Prospekt nicht las; siehe auch: BGH NJW-RR 2007, S. 1692; BGH WM 2005, S. 1692.

der Prospekt so rechtzeitig[233] vor dem Vertragsschluß überlassen werden, dass sein Inhalt noch zur Kenntnis genommen werden kann.[234]

Beispiele zum Erfordernis der Aufklärungspflicht: Möchte ein unerfahrener Anleger Aktien des Unternehmens X kaufen, muss die Bank ihn auf allgemeine Risiken des Anlageobjektes Aktie (etwa Wesen und generelle Risiken einer Aktie, derzeit allgemein hohes Kursniveau am Aktienmarkt und zukünftig erwarteter Kursrückgang) sowie über besondere Risiken der ins Auge gefassten X-Aktie (etwa schlechte Bonität der X-AG, eingeschränkte Handelbarkeit der X-Aktie) aufklären. – Ergeben sich aus einem von der Bank zur Aufklärung verwendeten Prospekt Fehler, muss die Bank diese Fehler vor Geschäftsabschluss richtig stellen.[235] – Auch ein Anleger mit grundlegenden Kenntnissen, der eine „chancenorientierte" Anlagestrategie verfolgt, darf im Rahmen einer Anlageberatung erwarten, dass er über die Risiken einer ihm bislang nicht bekannten Anlageform – insbesondere über ein Totalverlustrisiko zutreffend aufgeklärt wird.[236] – Bei Termingeschäften ist der Anleger abhängig vom Erfahrungsstand insbesondere über Basiswert, Funktionsweise des Produktes (Hebeleffekt), Ertrag und Kursrisiken aufzuklären. 68

Das **Aufsichtsrecht** regelt im WpHG und in der WpDVerOV Pflichten, die mit der zivilrechtlichen Pflicht zur objektgerechten Beratung vergleichbar sind. Einer Bank obliegen dabei als Wertpapierdienstleistungsunternehmen nach § 31 Absätze 2 bis 3a WpHG sowie nach §§ 4, 5, 5a WpDVerOV umfangreiche Informationspflichten gegenüber dem Kunden. Die Informationspflichten sind von der Bank rechtzeitig vor Geschäftsabschluss in für den Kunden verständlicher Form zu erfüllen. Von der Bank hierzu zur Verfügung gestellte Informationen müssen redlich, eindeutig und klar, dh nicht irreführend, sein, § 31 Abs. 2 WpHG, § 4 WpDVerOV. 69

Daneben muss dem Kunden im Rahmen einer Anlageberatung durch die Bank seit dem 1. Juli 2011 nach § 31 Abs. 3a WpHG **rechtzeitig** vor jedem Geschäftsabschluss jeweils ein kurzes, leicht verständliches Informationsblatt (sog. **„Produktinformationsblatt"** oder **„PIB"**) über jedes Finanzinstrument zur Verfügung gestellt werden, das Gegenstand einer Kaufempfehlung ist.[237] Die BaFin hat zu den aus ihrer Sicht nach § 31 70

---

[233] Für den Begriff der Rechtzeitigkeit gibt es keine taggenaue Definition in der Rechtsprechung: BGH NJW-RR 2007, S. 1692: 2 Wochen vor Anlageentschluss sollen ausreichen; BGH NJW 2011, S. 3229 (3231): 1 Tag vor Zeichnung im konkreten Fall zu wenig, aber einzelfallabhängig; BGH NJW 2012, S. 2427 (2429): Übergabe am Zeichnungstag reicht nicht. Behauptet der Anleger im Streitfall, dass ihm der Prospekt nicht (rechtzeitig) übergeben wurde, hat er dies darzulegen und zu beweisen, BGH NJW-RR 2013, 296 (297) mwN. Siehe zum aufsichtsrechtlichen Begriff der Rechtzeitigkeit (§ 31 Abs. 3a WpHG): *BaFin*, Rundschreiben 4/2013 (WA) – Auslegung gesetzlicher Anforderungen an die Erstellung von Informationsblättern gemäß § 31 Abs. 3a WpHG / § 5a WpDVerOV, vom 26. September 2013.

[234] BGH NJW-RR 2007, S. 1692; BGH WM 2005, S. 1692.

[235] BGH BKR 2009, S. 471; *Kirchhartz* GWR 2009, S. 427; OLG München WM 2013, S. 122 (123). .

[236] BGH NJW-RR 2008, S. 1365.

[237] Zum notwendigen Inhalt des Produktinformationsblattes: *BaFin*, Rundschreiben 4/2013 (WA) – Auslegung gesetzlicher Anforderungen an die Erstellung von Informationsblättern gemäß § 31 Abs. 3a WpHG / § 5a WpDVerOV vom 26. September 2013; *Günther*, GWR 2013, S. 55. Siehe ferner: § 5a WpDVerOV (max. 2 bzw. 3 DIN-A4-Seiten. Das PIB kann als elektronisches Dokument zur Verfügung gestellt werden, auch durch Hinweis auf die exakte Fundstelle im Internet). Für Anlagen nach dem VermAnlG gilt § 13 VermAnlG (Vermögensanlagen-Informationsblatt). Für Anlagen nach dem KAGB gelten §§ 164, 166 KAGB (Wesentliche Anlegerinformationen).

Abs. 3a WpHG, § 5a WpDVerOV bestehenden gesetzlichen Anforderungen an die Erstellung von PIB mit Rundschreiben vom 26. September 2013 Auslegungshinweise formuliert, die von Kreditinstitute in der Praxis seit dem 31. Dezember 2013 beachtet werden müssen.[238] Ausnahmen von der Verpflichtungen zur Kundeninformation durch PIB bestehen nur außerhalb von Beratungssituationen (hier gelten jedoch die allgemeinen Informationspflichten nach § 31 Abs. 2 und Abs. 3 WpHG) sowie gegenüber professionelle Kunden, denen kein PIB zur Verfügung gestellt werden muss (siehe § 31 Abs. 9 S. 2 WpHG).

71 **cc) Vermeidung von Interessenkonflikten.** Mit Abschluss des Beratungsvertrags übernimmt die Bank gegenüber dem Kunden auch die Pflicht, eine allein an dessen Interesse ausgerichtete Beratung durchzuführen. Die Bank muss daher Interessenkollisionen, die das Beratungsziel in Frage stellen und die Interessen des Kunden gefährden, vermeiden bzw. diese offen legen.[239] Dieser zivilrechtliche Grundsatz ist aufsichtsrechtlich für den Bereich der dem WpHG unterfallenden Geschäfte, dh auch für die Anlageberatung, in § 31 Abs. 1 Nr. 2 WpHG normiert.[240]

72 **Zivilrechtlich** ist die Bank mit Abschluss eines Beratungsvertrages also verpflichtet, den Kunden über bestimmte Interessenkonflikte unaufgefordert aufzuklären bzw. diese offen zu legen. Allein das generelle, für jeden Anbieter wirtschaftlicher Leistungen am Markt typische Gewinnerzielungsinteresse einer Bank als solches begründet für sich genommen jedoch noch keine beratungsvertragliche Verpflichtung zur Aufklärung.[241] Eine solche Pflicht entsteht vielmehr erst durch das Hinzutreten besonderer Umstände, die so schwer wiegen, dass sie dem Kunden zu offenbaren sind.[242] Diese Voraussetzung für das Vorliegen eines **schwerwiegenden, aufklärungspflichtigen Interessenkonfliktes** kann nach der bisherigen Rechtsprechung des BGH insbesondere in **zwei Fallkonstellationen** erfüllt sein.[243]

73 Die **erste Fallkonstellation** hat der BGH beispielsweise im Fall des Abschlusses eines sog. CMS-Spread-Ladder-Swap-Vertrages[244] gesehen, bei dem die beratende Bank gleichzeitig Vertragspartnerin des Anlegers (ein mittelständisches Unternehmen), wurde, sog. **„Zins-Swap-Urteil"**.[245] Der Interessenkonflikt basierte darauf, dass der aus dem Geschäft resultierende Gewinn der einen Vertragspartei (der Bank) spiegelbildlich den Verlust

---

[238] *BaFin*, Rundschreiben 4/2013 (WA) – Auslegung gesetzlicher Anforderungen an die Erstellung von Informationsblättern gemäß § 31 Abs. 3a WpHG / § 5a WpDVerOV vom 26. September 2013.

[239] BGH NJW 2011, S. 1949 (1952); BGH NJW 2010, S. 2339 (2340); BGH NJW 2007, S. 1876 (1877).

[240] BGH NJW 2011, S. 1949 (1952); BGH NJW 2009, S. 1416.

[241] BGH NJW-RR 2013, S. 244 (247); BGH NJW 2012, S. 2873 (2877).

[242] BGH NJW-RR 2013, S. 244 (247); BGH NJW 2012, S. 2873 (2877).

[243] BGH NJW-RR 2013, S. 244 (247); BGH NJW 2012, S. 2873 (2877).

[244] Bei einem CMS-Spread-Ladder-Swap handelt es sich um ein komplexes Finanzderivat in Form eines Swap-Vertrages (Tauschvertrag), das über festgelegte Zeiträume Zinsspannenschwankungen ausnützt, die zu Ausgleichszahlungen des Anlegers an die Bank oder der Bank an den Anleger führen. Knapp gesagt handelt es sich um eine „spekulative Zinswette" auf die Entwicklung des Zinsabstands zwischen kurz- und langfristigen Zinssätzen. Siehe: *Erne* GWR 2010, S. 220; *Erne* GWR 2010, S. 557; *Spindler* NJW 2011, S. 1920.

[245] BGH NJW 2011, S. 1949; hierzu: *Spindler* NJW 2011, S. 1920; generell zu Aufklärung und Beratung im OTC-Derivatgeschäft sowie zum „Zinsswap-Urteil": *Clouth*, Praktikerhandbuch Wertpapier- und Derivategeschäft, Rn. 1105 ff. und Rn. 1204 ff.

der anderen Vertragspartei (des Anlegers) darstellte. Als Partnerin der von ihr empfohlenen Zinswette übernahm die Bank somit eine Rolle, die den von ihr im Rahmen der Anlageberatung zu wahrenden Anlegerinteressen entgegen stand. Denn der im CMS-Spread-Ladder-Swap-Vertrag vereinbarte Tausch von Zinszahlungen konnte für die Bank nur günstig sein, wenn ihre gegenüber dem Anleger geäußerte Prognose zur Entwicklung des vertraglichen Basiswertes (das Ausweiten der Zinsdifferenz) nicht eintrat und der Anleger Verluste erlitt.[246] Bei einer solchen Interessenkollision muss die beratende Bank den Anleger über den von ihr bewusst strukturierten negativen Anfangswert des CMS-Spread-Ladder-Swap-Vertrages aufklären.[247]

Die **zweite Fallkonstellation,** in der der BGH einen schwerwiegenden, aufklärungspflichtigen Interessenkonflikt annimmt, beruht auf Sachverhalten, in denen die beratende Bank vom Emittenten des von ihr empfohlenen Anlageobjektes (zB von der Fondsgesellschaft deren Fondsanteile empfohlen wurden) ohne Wissen des Anlegers sog. **Rückvergütungen** erhält. In dieser Fallgruppe hat der BGH ausgehend von zwei Grundsatzentscheidungen in den Jahren 2000[248] und 2006[249] allein bis ins Jahr 2011 in zehn weiteren Grundsatzentscheidungen eine sich immer weiter verfeinernde Kasuistik zu Aufklärungspflichten über Rückvergütungen bei der Anlageberatung geprägt, die sog. **„Kick-Back-Rechtsprechung".**[250] Diese Rechtsprechung erfährt seit dem ständig weitere Verfestigung.[251] Nach der Kick-Back-Rechtsprechung ist eine Bank aus dem Anlageberatungsvertrag verpflichtet, über von ihr vereinnahmte Rückvergütungen aus offen ausgewiesenen Vertriebsprovisionen aufzuklären.[252] Dabei muss die Bank nicht nur das „Ob", sondern auch die Höhe einer Rückvergütung ungefragt offen legen.[253] 74

Aufklärungspflichtige Rückvergütungen sind – regelmäßig umsatzabhängige – Provisionen, die im Gegensatz zu versteckten Innenprovisionen nicht aus dem Anlagevermögen, sondern aus **offen ausgewiesenen Provisionen** wie zum Beispiel Ausgabeaufschlägen (Agio) oder Verwaltungsgebühren gezahlt werden, deren Rückfluss an die bera- 75

---

[246] BGH NJW 2011, S. 1949 (1952).

[247] BGH NJW 2011, S. 1949 (1952). Ob eine solche Aufklärungspflicht besteht, wurde bis zum „Zinsswap-Urteil" in der Rechtsprechung unterschiedlich beurteilt. Wie der BGH: OLG Stuttgart WM 2010, S. 2169; *Erne*, GWR 2010, S. 557; a. A. OLG Bamberg WM 2009, S. 1082 (1095); OLG Frankfurt aM WM 2009, S. 1563 (1564).

[248] BGH WM 2001, S. 297 „Kick-Back I" (externer Vermögensverwalter).

[249] BGH WM 2007, S. 487 „Kick-Back II (Aktienfonds).

[250] BGH WM 2009, S. 405 „Kick-Back III (Medienfonds); BGH NJW 2009, S. 2298 „Kick-Back IV" (Verjährung, Kausalität); BGH WM 2009, S. 2306 „Kick-Back V" (Abgrenzung Rückvergütung/Innenprovision); BGH WM 2010, S. 885 „Kick-Back VI" (freie Anlageberater); BGH WM 2010, S. 1694 „Kick-Back VII" (kein Rechtsirrtum); BGH WM 2011, S. 640 „Kick-Back VIII" (freie Anlageberater); BGH NJW 2011, S. 3227 „Kick-Back IX" (Definition Rückvergütung); BGH, Urt. v. 5. Mai 2011, Az. III ZR 84/10, BeckRS 2011, 13871 „Kick-Back X" (freie Anlageberater); BGH WM 2011, S. 1506 „Kick-Back XI" (Abgrenzung Rückvergütung/Innenprovision, Kausalität); BGH WM 2011, S. 1804 „Kick-Back XII" (Definition Rückvergütung); das Bundesverfassungsgericht hat die Kick-Back-Rechtsprechung des BGH bestätigt: BVerfG NJW 2012, S. 443. Siehe zum Ganzen auch: *Einsiedler* WM 2013, S. 1109; *Jordans* BKR 2011, S. 456.

[251] BGH BKR 2013, S. 388; BGH BKR 2013, S. 386; BGH BKR 2013, S. 212; BGH BKR 2013, S. 203; BGH BKR 2013, S. 68; BGH NJW-RR 2013, S. 98; BGH WM 2012, S. 1337; BGH NJW 2012, S. 66.

[252] BGH NJW-RR 2013, S. 244 (245) aus der Reihe der „Lehman-Urteile"; BGH BKR 2013, S. 212 (213); BGH NJW 2012, S. 2873 (2876).

[253] BGH BKR 2013, S. 203 (205); BGH WM 2011, S. 925 (927).

tende Bank aber nicht offenbart wird, sondern hinter dem Rücken des Anlegers erfolgt. Hierdurch kann beim Anleger zwar keine Fehlvorstellung über die Werthaltigkeit der Anlage entstehen, er kann jedoch das besondere Interesse der beratenden Bank an der Empfehlung gerade dieses Produkts nicht erkennen.[254]

76   Zu beachten ist jedoch, dass eine Bank auch nach der Kick-Back-Rechtsprechung nicht alle denkbaren Erträge offen legen muss.[255] Für die Frage der Anwendbarkeit der Kick-Back-Rechtsprechung ist im Einzelfall vielmehr trennscharf danach zu unterscheiden, ob tatsächlich Rückvergütungen im vorgenannten Sinne vorliegen, oder ob ggf. andere, von der Kick-Back-Rechtsprechung nicht erfasste Vergütungsformen gegeben sind. Denn nur im Falle von Rückvergütungen besteht eine Aufklärungspflicht gegenüber dem Kunden. **Beispiel:** Fließt die ausgewiesene Fondsverwaltervergütung verdeckt an die Bank zurück, handelt es sich um eine aufklärungspflichtige Rückvergütung. **Gegenbeispiel:** Es besteht mangels des Vorliegens von einer Rückvergütung keine Aufklärungspflicht im Hinblick auf die Höhe der **Gewinnmarge** einer Bank bei der Empfehlung von Produkten im Eigenbestand (Eigengeschäft).[256] Denn in einem solchen Fall ist es für den Kunden offensichtlich, dass die Bank eigene (Gewinn-)Interessen verfolgt, so dass darauf nicht gesondert hingewiesen werden muss.[257]

77   Abzugrenzen ist der Begriff der Rückvergütung ferner vom Begriff der **Innenprovision,** bei der es sich schon rein tatsächlich um eine andere Vergütungsform handelt. Innenprovisionen sind **nicht ausgewiesene Vertriebsprovisionen,** die in Anschaffungs- oder Herstellungskosten eines Kaufobjektes – versteckt – enthalten sind.[258] Über die Existenz und Höhe von Innenprovisionen ist nach der Rechtsprechung des BGH jedoch nur unter bestimmten Umständen aufzuklären, nämlich dann, wenn sie Einfluss auf die Werthaltigkeit der vom Anleger erworbenen Anlage haben und deswegen bei ihm insoweit eine Fehlvorstellung hervorrufen können.[259] Ab wann die Werthaltigkeit einer Anlage durch Zahlung einer Innenprovisionen so schwerwiegend beeinflusst wird, dass im Bereich der Anlageberatung eine aufklärungspflichtige Interessenkollision besteht, ist Einzelfallabhängig. Der BGH geht im Bereich der Anlageberatung jedenfalls dann von einer Aufklärungspflicht aus, wenn Innenprovisionen von mehr als 15% des investierten Betrages gezahlt werden.[260]

78   Keine Anwendung findet die Kick-Back-Rechtsprechung auf sog. **freie Anlageberater** (Nichtbanken).[261] Die Kick-Back-Rechtsprechung findet nur Anwendung auf

---

[254] BGH NJW-RR 2013, S. 244 (246); BGH BKR 2013, S. 212 (213); BGH NJW 2012, S. 2873 (2876). Es handelt sich zB um Teile der Ausgabeaufschläge oder Verwaltungsgebühren, die der Kunde über die Bank an die Gesellschaft zahlt, und die hinter seinem Rücken an die beratende Bank umsatzabhängig zurückfließen, BGH WM 2009, S. 2306 (2307).
[255] *Hannöver* in BankR-HdB, § 110, Rn. 72.
[256] BGH WM 2011, S. 2268 (2271); BGH NJW-RR 2013, S. 244 (245).
[257] BGH WM 2011, S. 2268 (2271); BGH NJW-RR 2013, S. 244 (245).
[258] BGH NJW-RR 2013, S. 244 (248); BGH NJW 2012, S 2873 (2877).
[259] BGH NJW-RR 2013, S. 244 (248); BGH NJW 2012, S 2873 (2877).
[260] Für die Innenprovision: BGH NJW-RR 2013, S. 244 (248) unter Verweis auf BGH NJW 2004, S. 1732 (1735). Für Vertriebsprovisionen generell, BGH BKR 2013, S. 288 (289). In den Fällen: BGH NJW-RR 2013, S. 244 und BGH NJW 2012, S 2873 bedurfte es jedoch keiner Entscheidung über eine aufklärungspflichtige Wertschwelle, da die gezahlte Innenprovisionen in Höhe von 3,5% weit unterhalb der 15%-Grenze lagen.
[261] BKR 2013, S. 288 (289); BGH NJW-RR 2012, S. 372; BGH NJW-RR 2011, S. 913; BGH NJW-RR 2010, S. 1064. Im Ergebnis bestätigt durch BVerfG NJW 2012, S. 443.

Banken. Dies gilt nach der ständigen Rechtsprechung des BGH selbst dann, wenn es sich bei dem freien Anlageberater um ein selbstständiges Unternehmen aus dem Finanzverbund einer Bank handelt, das als 100%-ige Tochtergesellschaft der Bank hauptsächlich auf dem Gebiet der Anlageberatung tätig ist.[262] Begründet wird dies damit, dass es für den Anleger bei der Beratung durch einen freien Anlageberater – anders als bei einer Bank – auf der Hand liege, dass der freie Anlageberater von der Kapital suchenden Gesellschaft eine Vertriebsprovision erhält. Da der freie Anlageberater, anders als eine Bank, die auch mit anderen Dienstleistungen Geld verdienen kann, mit der Beratung sein Geld verdienen muss, kann vom Anleger berechtigterweise nicht angenommen werden, dass er diese Leistung insgesamt kostenlos erbringt.[263]

Aufsichtsrechtlich ist die Pflicht zur Vermeidung von Interessenkonflikten im Verhältnis zwischen Bank und Kunde in § 31 Abs. 1 Nr. 2 WpHG geregelt. Danach müssen sich Banken um die Vermeidung von Interessenkonflikten bemühen und gegenüber ihren Kunden vor Geschäftsdurchführung die allgemeine Art und Herkunft etwaig bestehender Interessenkonflikte eindeutig darlegen, soweit die nach § 33 WpHG zu treffenden organisatorischen Vorkehrungen nicht ausreichen, um nach vernünftigem Ermessen das Risiko der Beeinträchtigung von Kundeninteressen zu vermeiden. Konkret im Bereich der Anlageberatung darf eine Bank dabei gegenüber Kunden nur unter völliger Ausblendung ihrer Eigeninteressen und der Interessen anderer Kunden auf ein bestimmtes Finanzinstrument bezogene, persönliche Empfehlungen abgeben.[264] Allerdings ist ein Interessenkonflikt nur zu besorgen, wenn eine ins Gewicht fallende Benachteiligung des Kunden droht.[265]

79

Umgesetzt wird die Regelung in § 31 Abs. 1 Nr. 2 WpHG durch § 33 WpHG. Dieser verpflichtet Banken, über die ihnen nach § 25a KWG obliegenden Organisationspflichten hinaus, angemessene Organisationsstrukturen für die ordnungsgemäße Erbringung von Wertpapierdienstleistungen (wie der Anlageberatung) und zur Vermeidung von Interessenkonflikten zu schaffen. Die nach § 33 WpHG zu beachtenden Organisationsanforderungen werden insbesondere durch die §§ 12, 13 WpDVerOV konkretisiert. In der aufsichtsrechtlichen Praxis sind ferner die von der BaFin veröffentlichten *Mindestanforderungen an die Compliance-Funktion und die weiteren Verhaltens-, Organisations- und Transparenzpflichten nach §§ 31 ff. WpHG für Wertpapierdienstleistungsunternehmen (MaComp)* in der Fassung vom 30. November 2012 maßgeblich, deren Name Programm ist.[266] Banken müssen nach § 33

80

---

[262] BGH BKR 2013, S. 288 (289); BGH NJW-RR 2013, S. 293; BGH NJW 2012, S. 2952; differenzierend das OLG München WM 2013, S. 122, das die Kick-Back-Rechtsprechung in einer vergleichbaren Konstellation für anwendbar hielt. Entscheidender Unterschied ist jedoch, dass der freie Anlageberater in dem vom OLG München entschiedenen Fall, anders als in den vom BGH entschiedenen Fällen, bei der Anlageberatung als vertraglich verbundener Vermittler nach § 2 Abs. 10 KWG für eine Bank tätig war. Ein vertraglich gebundener Vermittler wird rechtlich und wirtschaftlich für das haftende Kreditinstitut tätig (schließt mithin Verträge im Namen des Kreditinstitutes), so dass die Auffassung des OLG München Zustimmung verdient.

[263] BGH NJW-RR 2012, S. 372; BGH NJW-RR 2011, S. 913.

[264] *Koller* in Assmann/Schneider, WpHG, § 31, Rn. 36.

[265] *Koller* in Assmann/Schneider, WpHG, § 33, Rn. 39. Siehe Beispiele in § 13 Abs. 1 WpDVerOV.

[266] Das BaFin-Rundschreiben ist kein Gesetz. Es handelt sich um norminterpretierende Verwaltungsvorgaben, denen das Verständnis der BaFin zu den Regelungen der §§ 31 ff. WpHG sowie ihre ständige Verwaltungspraxis zugrunde liegen. Dabei enthält das Rundschreiben jedoch auch Anforderungen, die von der BaFin auf Basis der §§ 31 ff. WpHG als zwingend einzuhaltende Vorgaben für Wertpapierdienstleistungsunternehmen verstanden werden.

Abs. 1 WpHG insbesondere interne Grundsätze zur Vermeidung von Interessenkonflikten aufstellen, Kontroll- und Überwachungsmechanismen einführen[267] und eine kontinuierlich tätige, dauerhafte und unabhängige **Compliance-Funktion** einrichten.[268] Die Compliance-Funktion überwacht die von der Bank aufgestellten Grundsätze und Verfahren und trägt dafür Sorge, dass Interessenkonflikte vermieden werden bzw. unvermeidbaren Interessenkonflikten ausreichend Rechnung getragen wird; dies gilt insbesondere hinsichtlich der Wahrung der Kundeninteressen.[269] **Beispiele:** Die Compliance-Funktion müsste es beanstanden, wenn sie feststellt, dass ein Anlageberater der Bank gegenüber einem Kunden übermäßige Depotumschichtungen empfiehlt, um damit Gebühren für die Bank zu schinden (sog. „churning").[270] Gleiches gilt, wenn Verstöße gegen das nach § 33b Abs. 3 WpHG geltende Verbot von Mitarbeitergeschäften (§§ 13, 14 WpGHG – Insiderhandel) festgestellt werden.

81 Flankiert wird § 31 Abs. 1 Nr. 2 WpHG von weiteren Vorschriften, die dem Schutz der Kundeninteressen dienen. Hierzu gehören zB § 31c WpHG (Bearbeitung von Kundenaufträgen), § 33b Abs. 3 WpHG (verbotene Mitarbeitergeschäfte) oder § 13 Abs. 3 S. 2 Nr. 1 WpDVerOV (Einrichtung sog. „Chinese-Walls"). Im Hinblick auf die sog. „Kick-Back-Rechtsprechung" ist hierbei insbesondere auch § 31d WpHG von Bedeutung. Dieser gestattet Banken seit seinem in Kraft treten im Jahr 2011 im Zusammenhang mit der Anlageberatung aufsichtsrechtlich nur noch ausnahmsweise die Entgegennahme von **Zuwendungen** (dh Provisionen, Gebühren oder sonstige Geldleistungen) von Dritten (etwa Emittenten). Dies ist der Fall, wenn sich dadurch die Beratungsqualität für den Kunden verbessert, kein Interessenkonflikt entgegensteht und der Erhalt der Zuwendung offengelegt wird. § 31d WpHG reduziert damit für Sachverhalte ab dem Jahr 2011 jedenfalls faktisch die Reichweite der Kick-Back-Rechtsprechung.[271]

82 **dd) Honoraranlageberatungsgesetz.** Das Gebot der Vermeidung von Interessenkonflikten erfährt aufsichtsrechtlich durch das am 1. August 2014 in Kraft tretende *Gesetz zur Förderung und Regulierung einer Honorarberatung über Finanzinstrumente* **(Honoraranlageberatungsgesetz)**[272] eine wesentliche Ergänzung. Das Honoraranlageberatungsgesetz ist ein Artikelgesetz, dass den Regelungsbereich der §§ 31 WpHG ff. erweitert. Zusätz-

---

[267] Hierbei sind sowohl die operativen Bereiche für die Einhaltung geltender Vorschriften und die Durchführung von Selbstkontrollen verantwortlich, als auch andere Bereiche (etwa Handelsüberwachung und/oder Compliance-Funktion).

[268] Seit dem 1. Januar 2014 ist die Einrichtung einer Compliance-Funktion in Banken auch als allgemeine Organisationspflicht in § 25a Abs. 1 S. 3 Nr. 3c KWG geregelt.

[269] Siehe zu den Aufgaben und spezifischen Anforderungen an die Compliance-Funktion: *BaFin*, MaComp, BT 1.

[270] vgl. *Koller* in Assmann/Schneider, WpHG, § 31, Rn. 158. Der BGH hat „churning" angenommen, wenn in fünf Monaten 17% des Vermögens des Kunden aufgezehrt wurden, BGH NJW 2004, S. 3423 (3424).

[271] Für die bisher von der Anwendbarkeit der Kick-Back-Rechtsprechung ausgeschlossenen freien Anlageberater besteht – soweit diese als Finanzanlagenvermittler iSv § 34f GewO tätig sind – seit dem 1. Januar 2013 nach § 17 FinVermV ein dem § 31d WpHG ähnliches, gewerbeaufsichtsrechtliches „Zuwendungsverbot".

[272] Das Gesetz wurde am 18. Juli 2013 (BGBl. I 2013, S. 2390) verkündet. Parallel zur Regulierung des Bereichs der Honorar-Anlageberatung in Finanzinstrumenten durch Wertpapierdienstleistungsunternehmen nach WpHG enthält es mit § 34h GewO nF auch eine Neuregelung für Honorar-Finanzanlagenberater, die wegen Finanzanlagen iSv § 34f GewO beraten.

lich zur bereits durch das Zuwendungsverbot in § 31d WpHG regulierten **provisionsgestützten Anlageberatung** wird die bereits jetzt von einigen Banken[273] betriebene **honorargestützte Anlageberatung** gesetzlich verankert. Die §§ 31 WpHG ff. unterscheiden deshalb zukünftig zwischen der Anlageberatung und der „**Honorar-Anlageberatung**".

Der „Honorar-Anlageberater" ist künftig ua dadurch gekennzeichnet, dass er seiner Empfehlung stets eine hinreichende Anzahl von auf dem Markt angebotenen Finanzinstrumenten zugrunde legen muss und er sich die Honorar-Anlageberatung allein durch den Kunden vergüten lassen darf, § 31 Abs. 4c Nrn. 1 und 2 WpHG in der ab dem 1. August 2014 geltenden Fassung (nachfolgend: nF). Wer die Honorar-Anlageberatung erbringen möchte, muss sich bei der BaFin zunächst in einem Register über Honorar-Anlageberater[274] registrieren lassen, § 36c WpHG nF. Möchte eine Bank neben der Anlageberatung auch die Honorar-Anlageberatung erbringen, setzt dies voraus, dass sie den Bereich der Honorar-Anlageberatung organisatorisch, funktional und personell von der übrigen Anlageberatung trennt (Einrichtung sog. „Chinese Walls"), § 33 Abs. 3a S. 1 WpHG nF. Anderenfalls darf sie entweder nur die Anlageberatung oder – nach Eintrag im Honorar-Anlageberaterregister – nur die Honrorar-Anlageberatung erbringen. 83

Von besonderer Bedeutung ist, dass der Anlageberater zukünftig nach § 31 Abs. 4b S. 1 WpHG nF verpflichtet ist, Kunden rechtzeitig vor Beginn der Beratung und vor Abschluss des Beratungsvertrages und in verständlicher Form darüber zu informieren, ob die Anlageberatung als Honorar-Anlageberatung erbracht wird oder nicht. Sofern keine Honorar-Anlageberatung erbracht wird, ist der Kunde nach § 31 Abs. 4b S. 1 WpHG nF darüber zu informieren, ob im Zusammenhang mit der Anlageberatung Zuwendungen von Dritten angenommen und behalten werden dürfen. – Die gesetzliche Normierung beider Pflichten ist nicht nachvollziehbar. Denn auch nach Umsetzung im WpHG und in Kraft treten des Honoraranlageberatungsgesetzes bleibt der gesetzliche Regelfall der Anlageberatung die „bisherige" Anlageberatung.[275] Wer zusätzlich oder alternativ die Honorar-Anlageberatung erbringen möchte, muss sich bei der BaFin entsprechend registrieren (§ 36c WpHG nF) und ggf. die organisatorischen Voraussetzungen schaffen, um beide Formen der Anlageberatung erbringen zu dürfen (§ 33 Abs. 3a S. 1 WpHGnF). Die Honorar-Anlageberatung ist mithin ein gesetzlicher Sonderfall der Anlageberatung. Weshalb dann jedoch eine Bank, die gemäß dem gesetzlichen Regelfall ausschließlich die „bisherige" Anlageberatung erbringt und im öffentlichen Register der BaFin nicht als Honorar-Anlageberater registriert ist, vor jeder Beratung ausdrücklich darauf hinweisen muss, dass sie nicht die Honorar-Anlageberatung erbringt, leuchtet nicht ein. Gleiches gilt im Hinblick auf die weitere Pflicht zur Information über Zuwendungen. Denn diese ist bereits in § 31d WpHG geregelt. 84

Inwieweit das vorgesehene Konzept der Honorar-Anlageberatung in der Praxis zur Anwendung kommt und sich durchsetzt, bleibt abzuwarten. Denn der aktuelle Entwurf der in naher Zukunft erwarteten MiFID II verfolgt unter dem Begriff „unabhängige Bera- 85

---

[273] ZB die quirin bank AG.
[274] Bei den Begriffen „Honorar-Anlageberater", „Honorar-Anlageberatung" etc. handelt es sich nach § 36 WpHG nF um Bezeichnungen, die den nach § 36c WpHG nF im Anlageregister der BaFin geführten Anlageberatern gesetzlich vorbehalten sind.
[275] Siehe auch BRegE v. 6. Februar 2013, BT-Drucks. 17/12295, S. 12 und S. 14; ferner die Regelung des § 31 Abs. 4c S. 8 WpHG nF: *„Im Übrigen gelten die Anforderungen für die Anlageberatung."*.

tung" ein eigenes, wenn auch vergleichbares Konzept für die honorargestützte Anlageberatung.[276]

c) Zeitpunkt der Beratung und Dokumentation

86   Der **Zeitpunkt der Anlageberatung** durch die Bank muss naturgemäß vor der Anlageentscheidung (zB kein Verkauf) bzw. vor dem Abschluss des ins Auge gefassten Geschäftes erfolgen, damit der Kunde seine Anlageentscheidung sachgerecht treffen kann.[277] Ist dabei die Anlageberatung anleger- und objektgerecht sowie unter Beachtung etwaiger Aufklärungspflichten wegen des Bestehens von Interessenkonflikten erfolgt, hat die Bank die ihr aus dem Beratungsvertrag obliegenden Pflichten vollständig erfüllt (§ 362 Abs. 1 BGB).[278] Darüber hinaus ergeben sich, sofern nicht ausdrücklich anders vereinbart, keine anderen Beratungspflichten aus dem Beratungsvertrag für die Bank, insbesondere keine fortdauernden Beratungs- oder Überwachungspflichten im Hinblick auf die empfohlene Anlage.[279] **Beispiel**: Ein Kunde kauft auf Empfehlung eines Anlageberaters seiner Bank 500 Aktien aus einer Neuemission. Der Emissionspreis war von Analysten aufgrund der Unternehmensdaten der AG als günstig eingeschätzt worden. Die Empfehlung der Bank war ex ante betrachtet vertretbar. Drei Monate nach Abschluss des Geschäftes veröffentlicht die AG ihren Geschäftsbericht, der einen Verlust ausweist, was zu einem Kursrückgang der Aktie führt. Der Kunde will seinen Anlageberater auf Schadensersatz in Anspruch nehmen, weil ihm dieser nicht zum Verkauf der Aktien nach dem Kursrückgang geraten hat. Ein solcher Anspruch steht dem Kunden jedoch nicht zu. Denn einem Anlageberater obliegt es nicht, nach Abschluss des Geschäftes den Kunden vor allgemeinen Kursrisiken zu warnen oder ungefragt Verkaufsempfehlungen zu geben; dies wird nur im Rahmen eines Vermögensverwaltungsvertrages geschuldet.

87   Banken müssen bei der Erbringung von Wertpapierdienstleistungen, dh auch bei der Anlageberatung, die ihnen obliegenden Aufzeichnungs- und Aufbewahrungspflichten des § 34 WpHG beachten. Hierzu gehört bei der Anlageberatung seit dem 1. Januar 2010 insbesondere auch die Pflicht der Bank zur **Dokumentation der Beratung**. Banken sind danach gemäß § 34 Abs. 2a S. 1 WpHG verpflichtet, über jede Anlageberatung bei einem Privatkunden ein schriftliches Protokoll zu fertigen (sog. **Beratungsprotokoll**).[280] Von der Protokollpflicht ausgenommen ist die Beratung von professionellen Kun-

---

[276] Entwurf einer Richtlinie des Europäischen Parlaments und des Rates über Märkte für Finanzinstrumente zur Aufhebung der Richtlinie 2004/39/EG des Europäischen Parlaments und des Rates (Neufassung), Ratsentwurf (presidency compromise) vom 1. März 2013, 2011/0298(COD).

[277] Für das Zivilrecht: *Hannöver* in BankR-HdB, § 110, Rn. 77; *Braun/Lang/Loy*, Praktikerhandbuch Wertpapier- und Derivategeschäft, Rn. 355; OLG Düsseldorf WM 1995, S. 1488 (1495). Für das Aufsichtsrecht ergibt sich dies aus § 31 Abs. 3 S. 1, Abs. 4a WpHG.

[278] Vgl. *Hannöver* in BankR-HdB, § 110, Rn. 79; *Fuchs*, WpHG, § 31, Rn. 252. Ob dabei eine konkrete Empfehlung geschuldet ist, wird nicht einheitlich beurteilt, dürfte im Ergebnis aber vom Inhalt des Beratungsvertrages abhängen, vgl. BGH NJW 2011, S. 1949 (1952), Tz. [32]; differenzierend: *Hannöver* in BankR-HdB, § 110, Rn. 51.

[279] BGH WM 2006, S. 851, (852); OLG Koblenz BKR 2007, S. 428 (429); OLG Düsseldorf ZIP 2003, S. 471 (473); OLG Düsseldorf WM 1994, S. 1468 (1469); OLG Karlsruhe WM 1992, S. 577. Der Beratungsvertrag ist – anders als etwa ein Vermögensverwaltungsvertrag (→ § 3, Rn. 100 ff.) – idR kein Dauerschuldverhältnis.

[280] Siehe zum notwendigen Dokumentationsinhalt (zB Anlass-/Dauer der Beratung, Kundenanliegen, Empfehlungen) sowie zu den Anforderungen an Beratungsprotokolle im Einzelnen: § 14 Abs. 6 WpDVerOV; ferner: *BaFin*, MaComp, BT 6. Für sog. freie Anlageberater – soweit diese als

den iSv § 31a Abs. 2 WpHG. Vor dem 1. Januar 2010 waren Banken weder zivilrechtlich noch aufsichtsrechtlich verpflichtet, Beratungsprotokolle zur Dokumentation von Beratungs- und Aufklärungspflichten zu erstellen.[281] Gleichwohl war es schon damals gängige Bankpraxis, bei der Anlageberatung Basisangaben von Kunden in sog. „WpHG-Bögen" aufzuzeichnen. Ob nach Einführung von § 34 Abs. 2a WpHG auch zivilrechtlich eine Dokumentationspflicht besteht, ist bisher nicht höchstrichterlich entschieden.[282]

Das Beratungsprotokoll ist dem Kunden unverzüglich nach Abschluss der Anlageberatung in Papierform oder auf einem anderen dauerhaften Datenträger zur Verfügung zu stellen. Dies gilt unabhängig davon, ob ein Geschäftsabschluss zustande kommt oder nicht oder ob es sich bei dem Anlageinteressenten um einen Kunden der Bank handelt.[283] Das Beratungsprotokoll ist nach § 34 Abs. 2a S. 2 WpHG vom Anlageberater nach der Anlageberatung zu unterzeichnen, wobei eine Original- oder faksimilierte Unterschrift ausreicht.[284] Eine Unterzeichnung durch den Kunden ist gesetzlich nicht vorgesehen, in der Praxis jedoch nicht unüblich. Da der Kunde einen zivilrechtlichen Anspruch gegen die Bank auf Herausgabe einer Ausfertigung des Protokolls nach § 34 Abs. 2b WpHG hat[285], steht der Bank mit Erfüllung dieses Herausgabeanspruchs jedenfalls ein Anspruch auf schriftliche Quittung nach § 368 S. 1 BGB zu. Damit kann das Beratungsprotokoll im Streitfall nicht nur die Beweisführung für den Anleger, sondern auch die Beweisführung für die Bank erleichtern.

88

Besonderheiten bestehen nach § 34 Abs. 2a S. 3 WpHG, wenn der Kunde für die Anlageberatung und den Geschäftabschluss Kommunikationsmittel wählt, die keine Übermittlung des Beratungsprotokolls vor Geschäftsabschluss gestatten (etwa telefonische Beratung). In diesem Fall ist dem Kunden von der Bank ein Rücktrittsrecht (innerhalb einer Woche nach Protokollzugang) einzuräumen, § 34 Abs. 2a S. 4 WpHG.[286]

89

d) Folgen von Verletzungen der Beratungspflichten

Verletzt eine Bank bei der Anlageberatung die ihr zivilrechtlich oder aufsichtsrechtlich obliegenden Beratungspflichten, kann dies Schadensersatzansprüche der Kunden oder aufsichtsrechtliche Sanktionen in Form von Bußgeldern auslösen.

90

Finanzanlagenvermittler iSv § 34f GewO tätig sind – ist die Anfertigung eines Beratungsprotokolls in § 18 Abs. 1 FinVermV geregelt.

[281] BGH NJW 2006, S. 1429 (1430); *Hannöver* in BankR-HdB, § 110, Rn. 84 ff.

[282] *Braun/Lang/Loy*, Praktikerhandbuch Wertpapier- und Derivategeschäft, Rn. 500, halten nach Einführung von § 34 Abs. 2a WpHG die bisherige Rechtsprechung des BGH (NJW 2006, S. 1429), die eine Dokumentationspflicht ablehnte, nunmehr für hinfällig. Dafür spricht, dass § 34 Abs. 2b WpHG einen zivilrechtlichen Anspruch auf Herausgabe „des Protokolls nach Absatz 2a" enthält, mithin als Anspruchsvoraussetzung auf die Erstellung eines solchen Protokolls abstellt. Nach Absatz 2a muss über jede Anlageberatung bei einem Privatkunden ein schriftliches Protokoll angefertigt werden.

[283] *BaFin*, MaComp, BT 6.1.

[284] *BaFin*, MaComp, BT 6.2, Tz. 7.

[285] *Hannöver* in BankR-HdB, § 110, Rn. 89; *Seyfried* in Kümpel/Wittig, Bank- und Kapitalmarktrecht, Rn. 3.263.

[286] Dies hat dazu geführt, dass viele Banken bei Privatkunden keine telefonische Beratung in Finanzinstrumenten mehr anbieten. Denn sonst müssten sie das Risiko tragen, dass der Kunde bei einer für ihn ungünstigen Entwicklung der Anlage (etwa bei Kursverfall) durch einen Rücktritt eine Rückabwicklung zu Lasten der Bank erreichen könnte.

Kirchhartz

Zivilrechtlich kommen Schadensersatzansprüche wegen fehlerhafter Anlageberatung durch die Bank (etwa mangels anleger- oder objektgerechter Beratung oder Aufklärung über einen schwerwiegenden Interessenkonflikt) in Betracht. Rechtsgrundlage ist dabei regelmäßig ein vertraglicher Anspruch aus § 280 Abs. 1 BGB in Verbindung mit einem Beratungsvertrag oder ein vorvertraglicher Anspruch aus § 280 BGB iVm §§ 311 Abs. 2, 241 Abs. 2 BGB.[287] Daneben werden, soweit man etwa die Wohlverhaltensregeln der §§ 31 WpHG ff. als Schutzgesetze ansieht, Ansprüche aus § 823 Abs. 2 BGB für möglich gehalten.[288] In Ausnahmefällen kommt ferner eine Haftung wegen vorsätzlicher sittenwidriger Schädigung nach § 826 BGB in Betracht.[289]

91 Im Hinblick auf eine vertragliche Haftung der Bank lässt sich als Grundsatz festhalten, dass der Kunde bei Durchführung einer anleger- und objektgerechten Anlageberatung selbst das Risiko trägt, dass eine auf Grundlage dieser Beratung getroffene Anlageentscheidung sich im Nachhinein als falsch erweist.[290] Ein Anspruch auf Schadensersatz kann daher nach § 280 Abs. 1 BGB nur begründet sein, wenn ein Beratungsvertrag mit der Bank zustande gekommen ist, der Anlageberater eine ihm obliegende Beratungspflicht verletzt hat und die vom Anlagenberater zu vertretende Pflichtverletzung für die Anlageentscheidung und einen auf Anlegerseite eingetretenen Schaden kausal war.[291]

92 Im Streitfall ist zu beachten, dass nach der ständigen Rechtsprechung des BGH die allgemeinen prozessualen Grundsätze gelten und auch im Bereich der Anlageberatung grundsätzlich derjenige, der einen Schadensersatzanspruch geltend macht, dh der Anleger, für das Vorliegen der anspruchsbegründenden Voraussetzungen die Darlegungs- und Beweislast trägt.[292] Pauschaler, unsubstantiierter Vortrag des Anlegers reicht hingegen zur Anspruchsbegründung nicht aus. Die in der Praxis mit dem Nachweis einer negativen Tatsache verbundenen Schwierigkeiten werden dadurch ausgeglichen, dass die Bank die behauptete Falschberatung substanziiert bestreiten und darlegen muss, wie im Einzelnen beraten bzw. aufgeklärt wurde. Dem Anleger obliegt dann wiederum der Nachweis, dass diese Gegendarstellung nicht zutrifft.[293] **Beispiel:** Der Anleger muss substantiiert vortragen – und im Falle des Bestreitens beweisen – welche Person ihn wann beraten hat, welche Anlageinformationen und welche Anlageempfehlung ihm der Berater gegeben hat und welche Beratungspflichten verletzt wurden. Trägt der Anleger dies hinreichend

---

[287] In die Gruppe der Ansprüche aus §§ 280, 311 Abs. 2, 241 Abs. 2 BGB fallen auch Ansprüche gegen Anlageberater aus uneigentlicher Prospekthaftung (sog. Prospekthaftung im weiteren Sinne), siehe hierzu: *Grüneberg* in Palandt, § 311, Rn. 71. Im Hinblick auf die Prospekthaftung im engeren Sinne → § 6, Rn. 119.

[288] Siehe die Darstellung der unterschiedlichen Meinungen in: *Braun/Lang/Loy*, Praktikerhandbuch Wertpapier- und Derivategeschäft, Rn. 488 ff. Ferner: BGH WM 2010, S 1393 (1396); BGH NJW-RR 2009, S. 1210; BGH WM 2008, S. 825; BGH WM 2007, S. 487 (489); in allen Entscheidung verneinte der BGH für die jeweils streitgegenständliche WpHG-Regelung einen Schutzgesetzcharakter; so auch generell: *Ellenberger*, Praktikerhandbuch Wertpapier- und Derivategeschäft, Rn. 1099; differenzierend: *Koller* in Assmann/Schneider, WpHG, Vor § 31, Rn. 7 mwN; für einen Schutzgesetzcharakter: *Lang* WM 2000, S. 487 (489) mwN.

[289] Vgl. *Kirchhartz* GWR 2009, S. 252.

[290] BGH NJW 2012, S. 2873 (2874) mwN.

[291] Wegen der hohen Praxisrelevanz wird an dieser Stelle nur die vertragliche Haftung iVm § 280 Abs. 1 BGB im Einzelnen dargestellt.

[292] BGH, Beschl. v. 17. September 2009, Az. XI ZR 264/08, BeckRS 2009, 26985; BGH NJW 2006, S. 1429 (1430); BGH WM 2000, S. 1685 (1686); vgl. *Kirchhartz* GWR 2009, 427.

[293] BGH NJW 2006, S. 1429 (1430) mwN.

substantiiert vor (zB Anlageberatung durch Berater X in der Filiale Y am 27. März 2012; Anlageempfehlung: Kauf Z-Aktien; Beratungspflichtverletzung: keine Risikoaufklärung), muss die Bank – sofern der Anlegervortrag unzutreffend ist – den Vortrag substantiiert bestreiten (etwa damit, dass eine Beratung fehlerfrei erfolgte, der Anlageberater X im Jahr 2012 nicht mehr bei der Bank tätig war, die Filiale Y am 27. März 2012 (Sonntag) geschlossen war oder die angeblich empfohlenen Produkte gar nicht von der Bank vertrieben wurden).

Erleichterungen für beide Seiten, dh für Kunden und Banken, dürften sich für Beratungssachverhalte ab dem 1. Januar 2010 durch das seit dem anzufertigenden **Beratungsprotokoll** nach § 34 Abs. 2a WpHG ergeben. 93

Steht fest, dass ein Beratungsvertrag geschlossen und eine Pflichtverletzung begangen wurde, bestehen zugunsten des Anlegers Darlegungs- und Beweiserleichterungen. Im Hinblick auf die zur Anspruchsbegründung notwendige Kausalität zwischen Pflichtverletzung, Anlagentscheidung und Schaden streitet bei Feststehen der Pflichtverletzung nach ständiger Rechtsprechung des BGH zugunsten des Anlegers für alle Aufklärungs- und Beratungsfehler eines Anlageberaters die sog. **Vermutung des aufklärungspflichtigen Verhaltens.**[294] Es handelt sich hierbei um eine zur Beweislastumkehr führende widerlegliche Vermutung, dass der Anleger die empfohlene Anlage nicht getätigt hätte, wenn er fehlerfrei von der Bank beraten worden wäre. Um diese Vermutung zu entkräften, muss die Bank darlegen und beweisen, dass der einem Anleger entstandene Schaden auch eingetreten wäre, wenn sie sich pflichtgemäß verhalten hätte, der Anleger den Rat oder Hinweis also unbeachtet gelassen hätte.[295] Mögliche Indizien für eine fehlende Kausalität können sich aus vorangegangenem oder nachfolgendem Anlageverhalten des Anlegers ergeben.[296] Insbesondere die Kenntnis des Anlegers von Provisionen oder Rückvergütungen, die eine Bank bei vergleichbaren früheren Anlagegeschäften erhalten hat, kann indizieren, dass der Anleger die empfohlene Kapitalanlage auch in Kenntnis der Rückvergütung erworben hätte.[297] Sollte ein Anleger bei einer vergleichbare Kapitalanlage, die er vor oder nach der beanstandeten Anlage erwarb, erst nach dem Erwerb der jeweiligen Beteiligung Kenntnis von Rückvergütungen erhalten, so kann sich ein Indiz für die fehlende Kausalität der unterlassenen Mitteilung über Rückvergütungen auch daraus ergeben, dass er an den vergleichbaren – möglicherweise gewinnbringenden – Kapitalanlagen festhält und nicht unverzüglich Rückabwicklung wegen eines Beratungsfehlers begehrt.[298] 94

---

[294] BGH BKR 2013, S. 212, (213) mwN. Der BGH hat seine frühere Rechtsprechung, dass die Vermutung aufklärungspflichtigen Verhaltens nur dann eingreift, wenn der Anleger bei gehöriger Aufklärung vernünftigerweise nur eine Handlungsalternative gehabt hätte, er sich also nicht in einem Entscheidungskonflikt befand, kürzlich aufgeben. Das Abstellen auf das Fehlen eines Entscheidungskonflikts ist nach Ansicht des BGH in Fällen der Anlageberatung mit dem Schutzzweck der Beweislastumkehr nicht zu vereinbaren. Die Beweislastumkehr greift daher bereits bei feststehender Aufklärungspflichtverletzung ein; siehe BGH WM 2012, S. 1337 (1340). Zur Kausalitätsvermutung bei Prospektfehlern: BGH Urt. v. 13. Dezember 2012, Az. III ZR 70/12, Tz. [11]; *Kirchhartz* GWR 2013, S. 114.
[295] BGH BKR 2013, S. 212, (213) mwN.
[296] BGH BKR 2013, S. 212, (214).
[297] BGH BKR 2013, S. 212, (214).
[298] BGH BKR 2013, S. 212, (214).

95 Das zur Anspruchsbegründung erforderliche **Verschulden** wird bei Vorliegen einer Pflichtverletzung nach § 280 Abs. 1 S. 2 BGB vermutet.[299] Dabei wird der Bank das Verschulden von Mitarbeitern nach § 278 BGB zugerechnet.

96 Was den **Schaden** betrifft, ist der Anleger so zu stellen, als hätte er die Anlageentscheidung nicht getroffen. Die Bank hat gemäß § 249 BGB den Zustand herzustellen, der ohne die Pflichtverletzung bestehen würde; der Anleger hat einen Anspruch auf Ersatz des negativen Interesses.[300] I.d.R. wählt der Anleger daher die vollständige Rückabwicklung des Geschäftes, dh er richtet seinen Anspruch auf Rückzahlung des Anlagebetrages und etwaiger Folgeschäden Zug-um-Zug gegen Übertragung der Anlage.[301] Entgegenhalten muss sich der Anleger bei der Schadensberechnung nach den Grundsätzen der Vorteilsausgleichung die Vorteile, die er durch die Anlage erlangt hat.[302] Hierzu gehören grundsätzlich auch Steuern, die der Anleger infolge der Schädigung erspart hat.[303] Ferner muss er sich bei einer einheitlichen Anlageberatung aufgrund der mehrere Wertpapierkäufe getätigt wurden auch die Gewinne aus den durch eine fehlerhafte Beratung veranlassten Geschäften anrechnen lassen.[304]

97 Schadensersatzansprüche wegen fehlerhafter Anlageberatung unterliegen der dreijährigen gesetzlichen **Regelverjährung** (§ 195 BGB). Der Beginn der Verjährungsfrist setzt voraus, dass der Anspruch enstanden ist (§ 199 Abs. 1 Nr. 1 BGB) und dass der Anleger von den den Anspruch begründenden Umständen sowie der Person des Schuldners Kenntnis erlangt oder ohne grobe Fahrlässigkeit erlangen musste (§ 199 Abs. 1 Nr. 2 BGB).[305] Der Anspruch entsteht mit Tätigung der Anlage (zB Kauf der empfohlenen Wertpapiere).[306] Erhebt die Bank die Einrede der Verjährung, hat sie die Kenntnis bzw. grob fahrlässige Unkenntnis des Anlegers darzulegen und zu beweisen.[307]

98 **Beispiele zur Anspruchsverjährung:** Eine die Verjährungsfrist in Gang setzende Kenntnis ist bei Schadensersatzansprüchen wegen Rückvergütungen (Kick-Back-Rechtsprechung) regelmäßig ab dem Zeitpunkt gegeben, ab dem der Anleger weiß, dass die

---

[299] BGH WM 2011, S. 1506 (1507).

[300] *Hannöver* in BankR-HdB, § 110, Rn. 100; *Braun/Lang/Loy*, Praktikerhandbuch Wertpapier- und Derivategeschäft, Rn. 507.

[301] *Hannöver* in BankR-HdB, § 110, Rn. 100; *Braun/Lang/Loy*, Praktikerhandbuch Wertpapier- und Derivategeschäft, Rn. 507. Soweit der Anleger die getätigte Anlage (zB Wertpapiere) bereits wieder veräußert hat, kann er Zahlung des Differenzschadens verlangen. Siehe zu den Grenzen eines – oft pauschal in Anlegerprozessen als entgangener Gewinn (§ 252 BGB) geltend gemachten – Anlagezinsschadens: BGH BKR 2013, S. 283 (287) mwN.

[302] Vgl. BGH WM 2010, S. 1641 (1648). Dagegen ist ein etwaiges Mitverschulden des Anlegers nach § 254 BGB grundsätzlich unbeachtlich, BGH NJW 2011, 1949, 1953.

[303] Vgl. BGH WM 2010, S. 1641 (1648).

[304] *Braun/Lang/Loy*, Praktikerhandbuch Wertpapier- und Derivategeschäft, Rn. 509.

[305] BGH NJW-RR 2012, S. 111 (112). Die lediglich auf die Anspruchsentstehung abstellende Verjährungsregelung des § 37a WpHG wurde mit in Kraft treten des *Gesetzes zur Neuregelung der Rechtsverhältnisse bei Schuldverschreibungen aus Gesamtemissionen und zur verbesserten Durchsetzbarkeit von Ansprüchen von Anlegern aus Falschberatung* vom 31. Juli 2009 (BGBl. I 2009, S. 2512) mit Wirkung zum 5. August 2009 abgeschafft.

[306] BGH NJW-RR 2012, S. 111 (112). Wird ein Schadensersatzanspruch auf mehrere Beratungsfehler gestützt, beginnt die Verjährung nicht einheitlich. Vielmehr ist jede Pflichtverletzung verjährungsrechtlich selbstständig zu prüfen. Aufgrund der Verjährungshöchstgrenze in § 199 Abs. 3 S. 1 Nr. 1 BGB tritt die Verjährung jedoch spätestens 10 Jahre nach Anspruchsentstehung (zB Wertpapierkauf) ein.

[307] BGH WM 2011, S. 874 (875).

ihn beratende Bank Provisionen für das von ihm getätigte Anlagegeschäft erhält. Dies gilt selbst, wenn die Bank ihm keine Mitteilung über die Höhe der Rückvergütung macht.[308] – Eine verjährungserhebliche Kenntnis ist auch gegeben, wenn ein Anleger seinem Anlageziel entsprechend nach der Beratung davon ausgeht, das empfohlene Anlageobjekt beinhalte jährliche Ausschüttungen, er aber zu keinem Zeitpunkt Ausschüttungen erhält.[309] – Eine grob fahrlässige Unkenntnis ist gegeben, wenn sich ein Anleger den übergebenen Prospekt mit unübersehbaren Risikohinweisen nicht durchliest und er auch keine erläuternden Risikohinweise des Anlageberaters hören möchte. Denn damit nutzt er auf der Hand liegende Erkenntnismöglichkeiten nicht und verschließt sich auf diese Weise dem gebotenen Kenntnisstand.[310] Im Gegensatz dazu soll keine grob fahrlässige Unkenntnis gegeben sein, wenn der Anleger einen Prospekt mit deutlichen Risikohinweisen erhält, ihn aber nicht beachtet, weil er falschen mündlichen Angaben des Beraters vertraut.[311] Letzteres erscheint im Ergebnis unbillig, weil es den Anleger, der einen unstreitig überreichten Anlageprospekt nicht liest oder dies zumindest im Prozess behauptet, gegenüber dem Anleger, der einen Prospekt liest, privilegiert. Damit würde aber der Zweck von Anlageprospekten ins Gegenteil verkehrt, zumal eine objektgerechte Aufklärung nach ständiger Rechtsprechung des BGH auch ausschließlich auf einen Prospekt gestützt werden kann.[312]

Neben einer zivilrechtlichen Haftung drohen Banken **aufsichtsrechtlich** nach § 39 WpHG bei vorsätzlichen oder leichtfertigen Verstößen gegen die Wohlverhaltensregeln der §§ 31 WpHG ff. Bußgelder bis zu € 50.000 (zB bei Verstößen gegen Pflichten zur Vermeidung von Interessenkonflikten nach § 31 Abs. 1 Nr. 2 WpHG, Produktinformationsblättern nach § 31 Abs. 3 WpHG oder Protokollpflichten nach § 34a WpHG), bis zu € 100.000 (zB Anlageempfehlungen ohne hinreichende Kundeninformationen, § 31 Abs. 4 S. 3 WpHG oder Annahme von Zuwendungen nach § 31d Abs. 1 WpHG) sowie bis zu € 200.000 (zB Empfehlung ungeeigneter Finanzinstrumente, § 31 Abs. 4a WpHG). Derartige Verstöße sind als Ordnungswidrigkeiten zu qualifizieren.

3. Vermögensverwaltung

Neben der Anlageberatung in Wertpapieren gewinnt die Vermögensverwaltung (auch „Asset Management" oder „Wealth Management")[313] als Teil des insbesondere für vermögende Privat- oder institutionelle Kunden bestehenden Dienstleistungsspektrums von Banken weiter stetig an Bedeutung. Gründe hierfür liegen im Anstieg des Bedarfs für die Anlage privater und institutioneller Vermögen, aber auch in einer immer komplexer werdenden Vielzahl von globalen Anlagemöglichkeiten sowie im stets knapper werdende Gut Zeit, das außerhalb des professionellen Bereichs kaum noch eine hinreichende Analyse bestehender Anlagemöglichkeiten gestattet. Gleichwohl ist Vermögensverwaltung nichts Neues: Schon Bismarck betraute seinen Bankier Bleichröder mit der Verwaltung seines Vermögens, worüber es ein bedeutsames Buch gibt.[314]

---

[308] BGH NJW 2013, S. 1801 (1802).
[309] OLG Karlsruhe, Urt. v. 7. Juni 2011, Az. 17 U 65/09, BeckRS 2012, 24831; OLG Celle BKR 2008, S. 429.
[310] OLG Frankfurt aM BKR 2009, S. 82 (84).
[311] BGH WM 2010, S. 1493 (1496).
[312] BGH WM 2010, S. 1493 (1496); zutreffend: *Erne* GWR 2010, S. 91.
[313] Siehe ausführliche Darstellung von *Kienle* in BankR-HdB, § 110; *Müller/Teuber*, Praktikerhandbuch Wertpapier- und Derivategeschäft, Rn. 616 ff.
[314] *Stern*, Gold und Eisen, Bismarck und der Bankier Bleichröder.

101 Von der **Anlageberatung** lässt sich die Vermögensverwaltung dadurch abgrenzen, dass es bei ersterer um eine einmalige, punktuelle Beratung geht, die zum Ergebnis hat, dass der beratene Kunde auf Basis des erteilten Rates eine eigene Anlageentscheidung trifft und diese von seiner Bank umsetzen lässt (etwa: Kauf bestimmter Wertpapiere). Der Kunde entscheidet bei der Anlageberatung in jedem Fall selbst unmittelbar über die Anlage seines Vermögens. Bei der **Vermögensverwaltung** trifft hingegen der Vermögensverwalter innerhalb eines zuvor mit dem Kunden abgesteckten Rahmens, auf Dauer, fortlaufend und selbstständig Anlageentscheidungen für den Kunden, über die er dem Kunden nach Umsetzung berichtet. Der Vermögensverwalter entscheidet in jedem Fall nach eigenem Ermessen unmittelbar über die Anlage des ihm anvertrauten Kundenvermögens. Unter der Vermögensverwaltung kann man daher generell die dauerhafte, professionelle und selbstständige Verwaltung fremden Vermögens verstehen.[315]

102 Die Vermögensverwaltung erstreckt sich nicht nur auf Wertpapiere, sondern kann alle anderen Vermögenstitel umfassen, auch Grundstücke, Edelmetalle oder Kunstgegenstände.[316] Verwaltet der Vermögensverwalter gewerblich einzelne in Finanzinstrumenten (zB Wertpapiere) angelegte Vermögen für andere mit eigenem Entscheidungsspielraum, erbringt er zwar kein Bankgeschäft, jedoch eine Finanzdienstleistung iSv § 1 Abs. 1a S. 2 Nr. 3 KWG (Finanzportfolioverwaltung). In diesem Fall bedarf der Vermögensverwalter aufsichtsrechtlich einer vorherigen Erlaubnis durch die BaFin nach § 32 Abs. 1 KWG, um die Vermögensverwaltung erbringen zu dürfen.[317] Banken verfügen idR über eine solche Erlaubnis. Ausnahmen von der Erlaubnispflicht können sich auch bei sog. **„Familiy Offices"** ergeben. Hierbei handelt es sich um Unternehmen, die sich mit der bankenunabhängigen Verwaltung großer privater Vermögen befassen (zB sog. „Private Family Offices", die das Vermögen einzelner oder mehrerer Mitglieder einer einzelnen Familie verwalten).[318]

103 **Zivilrechtlich** unterscheidet man zwei Formen der Vermögensverwaltung, die Vollmachtverwaltung und die Treuhandverwaltung.[319] Die in der Praxis häufigere Form ist die **Vollmachtverwaltung.** Bei dieser bleibt der Kunde Inhaber des von der Bank als Vermögensverwalter verwalteten Vermögens, wird aber rechtsgeschäftlich gemäß § 164 BGB ff. von diesem in offener Stellvertretung mittels Konto- und Depotvollmacht bei

---

[315] *Buck-Heeb* in Tamm/Tonner, Verbraucherrecht, § 22, Rn. 242.
[316] *Kienle* in BankR-HdB, § 110, Rn. 5.
[317] Die Finanzportfolioverwaltung darf daher nicht nur von Banken (§ 1 Abs. 1 KWG), sondern auch von Finanzdienstleistern (§ 1 Abs. 1a KWG, die auch Wertpapierdienstleistungsunternehmen iSv § 2 Abs. 3 S. 1 Nr. 7 WpHG sind) mit vorheriger BaFin-Erlaubnis erbracht werden. Das Erbringen der Finanzportfolioverwaltung ohne BaFin-Erlaubnis ist grundsätzlich strafbar, § 54 Abs. 1 KWG. Siehe zum erlaubnispflichtigen Tatbestand der Finanzportfolioverwaltung: *BaFin*, Merkblatt – Hinweise zum Tatbestand der Finanzportfolioverwaltung (Stand: August 2013). Ferner zu den Voraussetzungen für die Erlaubniserteilung: *Deutsche Bundesbank*, Merkblatt über die Erteilung einer Erlaubnis zum Erbringen von Finanzdienstleistungen gemäß § 32 Abs. 1 KWG (Stand: April 2013).
[318] Siehe *BaFin*, Merkblatt zur Erlaubnispflicht gemäß § 32 Abs. 1 KWG für Family Offices (Stand: 10. Februar 2009).
[319] Daneben kann man noch zwischen individueller und standardisierter Vermögensverwaltung abgrenzen, die jedoch auch regelmäßig in der Form der Vollmachtverwaltung erbracht werden. Die individuelle Vermögensverwaltung wird von Banken wegen des damit verbundenen Mehraufwands häufig erst ab einem bestimmten Mindestanlagebetrag erbracht; die standardisierte Vermögensverwaltung richtet sich an Kunden mit kleineren und mittleren Vermögen. Siehe im Einzelnen hierzu: *Kienle* in BankR-HdB, § 110, Rn. 10, 11.

Geschäftsabschlüssen vertreten.[320] Daneben ist als weitere Form der Vermögensverwaltung die **Treuhandverwaltung** gängig. Bei dieser geht das zu verwaltende Kundenvermögen für die Dauer der Verwaltung treuhänderisch mit nach Außen unbegrenzter dinglicher Verfügungsmacht in das Eigentum des Vermögensverwalters über.[321] Der Treuhandverwalter handelt nach außen im eigenen Namen für Rechnung des Kunden, wobei er im Innenverhältnis die mit dem Kunden getroffenen Vereinbarungen einzuhalten hat.[322] Endet die Treuhandverwaltung, hat der Kunde einen Anspruch auf Rückübertragung gegen den Vermögensverwalter.[323]

Ihre Rechtsgrundlage findet die Vermögensverwaltung im **Vermögensverwaltungsvertrag** zwischen der Bank als Vermögensverwalter und dem Kunden. Hierbei handelt es sich um einen entgeltlichen Geschäftsbesorgungsvertrag gemäß §§ 675, 611 BGB, der die Beauftragung der Bank mit der dauerhaften Vermögensverwaltung zum Gegenstand hat.[324]   **104**

Kernstück des Vermögensverwaltungsvertrages sind die zwischen Bank und Kunden zu vereinbarenden **Anlagerichtlinien,** die der Bank zwingend einzuhaltende Vorgaben für die von ihr selbstständig zu treffenden Anlageentscheidungen machen und insofern ihr Ermessen bei Anlageentscheidungen begrenzen.[325] Die Anlagerichtlinien regeln zB die Ziele der Vermögensverwaltung, das von der Bank bei Anlageentscheidungen zu beachtende Risikoniveau („Kapitalerhalt", „Spekulation"), die Art der Finanzinstrumente, die in das Kundenportfolio aufgenommen werden können sowie die Struktur des Portfolios (zB 60% Anleihen, 20% Aktien, 20% Fondsanteile) und ggf. vereinbarte Einschränkungen (zB keine ausländischen Titel). Verzichten die Vertragsparteien auf die Vereinbarung von Anlagerichtlinien, hat der Vermögensverwalter seine Arbeit an allgemeinen Grundsätzen des Privatrechts, zu denen die Risikobegrenzung und die Mischung der Anlagen gehören, auszurichten.[326]   **105**

Neben der Pflicht zur Einhaltung der Anlagerichtlinien obliegen der Bank bei der Vermögensverwaltung gegenüber dem Kunden vor Vertragschluss im Wesentlichen die gleichen Pflichten, wie dem Anlageberater aus dem Beratungsvertrag (→ § 3, Rn. 62 ff.). Die Bank ist zur **anleger- und objektgerechten Beratung** verpflichtet. Sie muss dem Kunden ein zutreffendes Bild von den Chancen und Risiken der im Rahmen der Vermögensverwaltung auszuführenden Geschäfte vermitteln; Inhalt und Umfang der Informations- und Beratungspflichten hängen von den Umständen des Einzelfalls ab.[327] Für die Beratung und Aufklärung des Kunden entscheidend sind der Wissensstand des Kunden über die nach den Anlagerichtlinien vorgesehenen Anlageobjekte, seine Risikobereitschaft, wobei das vom Kunden vorgegebene Anlageziel zu berücksichtigen ist, sowie eine Aufklärung über die allgemeinen Risiken und speziellen Risiken, die sich aus den nach den Anlage-   **106**

---

[320] *Kienle* in BankR-HdB, § 110, Rn. 5; *Müller/Teuber,* Praktikerhandbuch Wertpapier- und Derivategeschäft, Rn. 622.
[321] *Kienle* in BankR-HdB, § 110, Rn. 9; *Müller/Teuber,* Praktikerhandbuch Wertpapier- und Derivategeschäft, Rn. 619.
[322] *Kienle* in BankR-HdB, § 110, Rn. 9; *Müller/Teuber,* Praktikerhandbuch Wertpapier- und Derivategeschäft, Rn. 619.
[323] *Kienle* in BankR-HdB, § 110, Rn. 5; *Müller/Teuber,* Praktikerhandbuch Wertpapier- und Derivategeschäft, Rn. 620.
[324] BGH NJW 2002, S. 1868.
[325] BGH WM 1998, S. 21.
[326] BGH WM 1994, S. 834; *Kienle* in BankR-HdB, § 110, Rn. 18.
[327] BGH NJW 2002, S. 1868.

richtlinien vorgesehenen Anlageobjekten ergeben.[328] Dagegen bedarf es nach der einmal erfolgten Beratung und Aufklärung nach Aufnahme der Vermögensverwaltung keiner weiteren Aufklärung des Kunden im Hinblick auf die von der Bank konkret zu treffenden Anlageentscheidungen im Einzelfall.[329] Darüber hinaus ist die Bank als Vermögensverwalter grundsätzlich verpflichtet, Kunden über Verluste, die einen erheblichen Teil des eingesetzten Kapitals ausmachen, zu unterrichten.[330] Bei Vertragspflichtverletzungen des Vermögensverwalters kommen Ansprüche aus §§ 280, Abs. 1, 675, 611 BGB in Betracht.

107 **Aufsichtsrechtlich** hat der Vermögensverwalter, sofern er die Finanzportfolioverwaltung (§ 1 Abs. 1a S. 2 Nr. 3 KWG, § 2 Abs. 3 S. 1 Nr. 7 WpHG) erbringt, die Wohlverhaltensregeln der §§ 31 WpHG ff. zu beachten. Insoweit gilt nichts anderes, als für den in Wertpapiergeschäften beratenden Anlageberater. Hervorzuheben sind die Regelungen von § 31 Abs. 3 und 4 WpHG (Aufklärungs- und Erkundigungspflichten), § 31d WpHG (Zuwendungsverbot) und § 34 WpHG (Dokumentationspflichten). Daneben treffen den Vermögensverwalter spezielle Informations- und Berichtspflichten (zB Warnpflicht ab Erreichen einer bestimmten Verlustschwelle), die in § 5 Abs. 2 Nr. 2 und § 9 WpDVerOV geregelt sind. Anders als Anlageberater sind Vermögensverwalter jedoch nicht nach § 31 Abs. 3a WpHG verpflichtet, Kunden vor Geschäftsabschluss Produktinformationsblätter zu überreichen oder ein Beratungsprotokoll zu erstellen. Dies liefe dem Sinn der eigenen Ermessensentscheidung des Vermögensverwalters bei der Anlage zuwider. Bei vorsätzlichen oder leichtfertigen Verstößen gegen die Wohlverhaltensregeln der §§ 31 WpHG ff. gelten für Vermögensverwalter, wie für Anlageberater, die Bußgeldvorschriften von § 39 WpHG.

4. Banken als Discountbroker

108 Neben der Anlageberatung und der Vermögensverwaltung betreiben Banken im Bereich des Wertpapiergeschäftes auch Geschäftsmodelle mit reduziertem Dienstleistungsspektrum. Dies gilt insbesondere für das Geschäft als sog. Discountbroker, das insbesondere von Direktbanken betrieben wird.[331] Eine Bank die als Discountbroker tätig ist, beschränkt sich zumeist auf die bloße Ausführung von Kauf- und Verkaufsorders sowie auf die Depotverwaltung.[332] Kennzeichend für die Tätigkeit einer Bank als Discountbroker ist, dass Dienstleistungen im Zusammenhang mit Wertpapieren unter Ausschluss jeglicher Beratung und unter erheblicher Reduzierung bzw. Standardisierung von Informationen erbracht werden; es handelt sich um sog. **beratungsfreies** bzw. sog. **execution-only-**

---

[328] Vgl. BGH NJW 2002, S. 1868; *Müller/Teuber*, Praktikerhandbuch Wertpapier- und Derivategeschäft, Rn. 622.

[329] *Müller/Teuber*, Praktikerhandbuch Wertpapier- und Derivategeschäft, Rn. 622. Denn der Vermögensverwalter kennt als Profi die aus seinen konkreten Entscheidungen erwachsenden Risiken.

[330] BGH WM 2008, S. 112 (114). Wann ein Verlust erheblich ist und ob bei der Beurteilung dieser Frage auf die Entwicklung des Gesamtportfolios oder auf die jeder einzelnen Anlage abzustellen ist, richtet sich nach dem Einzelfall. Siehe auch für das Aufsichtsrecht: § 9 Abs. 5 WpDVerOV.

[331] → § 1 Rn. 82.

[332] Discountbroker betreiben als Wertpapierdienstleister regelmäßig das Finanzkommissionsgeschäft (§ 1 Abs. 1 S. 2 Nr. 4 KWG; § 2 Abs. 3 S. 1 Nr. 1 WpHG), das Depotgeschäft (§ 1 Abs. 1 S. 2 Nr. 5 KWG; § 2 Abs. 3a Nr. 1 WpHG), die Abschlussvermittlung (§ 1 Abs. 1a S. 2 Nr. 2 KWG; § 2 Abs. 3 S. 1 Nr. 3 WpHG) oder den Eigenhandel (§ 1 Abs. 1a S. 2 Nr. 4 KWG; § 2 Abs. 3 S. 1 Nr. 2 WpHG), dh Bankgeschäfte oder Finanzdienstleistungen, und bedürfen daher der vorherigen Erlaubnis durch die BaFin nach § 32 Abs. 1 KWG. Banken verfügen idR über die erforderliche Erlaubnis.

Geschäft.³³³ Aufträge werden von Kunden dabei üblicherweise telefonisch, per Telefax oder elektronische Medien erteilt.³³⁴

Zivilrechtlich stellt sich gewöhnlich die Frage, ob und inwieweit die Bank als Discountbroker Beratungs-, Aufklärungs- oder Warnpflichten gegenüber Kunden treffen, aus denen sich eine Haftung ergeben kann. Eine Beratungshaftung scheidet dabei regelmäßig aus, weil es an einem Beratungsvertrag zwischen der Bank als Discountbroker und dem Kunden fehlt. Ein Beratungsvertrag kommt nicht zustande, weil Banken als Discountbroker üblicherweise bei Aufnahme der Geschäftsbeziehung gegenüber dem Kunden ausdrücklich erklären, sich nur an gut informierte und erfahrene Anleger zu wenden und zur Aufklärung nur durch Übersendung von Informationsbroschüren, nicht aber durch individuelle Hinweise bereit zu sein (execution-only-Dienstleistungen).³³⁵ Ein Kunde, der dem Discountbroker in Kenntnis dessen ohne Aufklärungsbegehren eine gezielte Order erteilt, erklärt damit konkludent, dass er nicht aufklärungsbedürftig ist.³³⁶ **109**

Denkbar ist eine Haftung jedoch, wenngleich nicht aus einem Beratungsvertrag, wegen der Verletzung einer vertraglichen Nebenpflicht aus einem Kommissions- oder Kaufvertrag (§§ 280 Abs. 1, 241 Abs. 2 BGB).³³⁷ Solche Nebenpflichten bestehen jedoch in einem wesentlich geringeren Umfang als Pflichten aus einem Beratungsvertrag.³³⁸ Sie werden häufig erfüllt, indem die Bank dem (Neu-)Kunden gleich zu Beginn der Geschäftsbeziehung eine „Grundaufklärung" zu in Betracht kommenden Anlageformen (Funktionsweise und Risiken) in standardisierter Form erteilt.³³⁹ **Beispiele für Warnpflichten:** Eine Bank kann als Discountbroker zB zur Warnung des Kunden verpflichtet sein, wenn dessen Aufträge von seinen zuvor erklärten Zielvorstellungen deutlich abweichen oder wenn erkennbar ist, dass Tragweite und Risiko eines Auftrages vom Kunden falsch eingeschätzt werden.³⁴⁰ Andererseits kann ein Discountbroker ohne sich haftbar zu machen auch objektiv unvernünftige Aufträge hinreichend informierter und gewarnter Kunden ausführen.³⁴¹ – Ein besonderes Haftungsrisiko besteht für Banken als Discountbroker in den Fällen einer gestaffelten Einschaltung mehrerer Wertpapierdienstleister durch den Kunden. Dies ist etwa der Fall, wenn der Kunde von einem Wertpapierdiensteister (zB einem Anlageberater) im Hinblick auf seine Anlageentscheidung beraten wird, er die Anlageentscheidung aber durch einen anderen Wertpapierdienstleister (den Discountbroker) **110**

---

³³³ Vgl. *Fuchs*, WpHG, § 31, Rn. 292.
³³⁴ *Fuchs*, WpHG, § 31, Rn. 293; *Braun/Lang/Loy*, Praktikerhandbuch Wertpapier- und Derivategeschäft, Rn. 313.
³³⁵ BGH BKR 2013, S. 248 (250); vgl. auch BGH WM 2004, S. 24 (26); BGH WM 1999, S. 2300 (2303). Zur AGB-rechtlichen Problematik einer solchen Erklärung: *Buck-Heeb* ZIP 2013, S. 1401 (1405).
³³⁶ BGH BKR 2013, S. 248 (250). Etwas anderes gilt jedoch, wenn der Kunde telefonisch eine bestimmte Order erteilen möchte, er den Bankmitarbeiter fragt, was dieser davon hält und der Bankmitarbeiter das Geschäft befürwortet. Dann kommt ein Anlageberatungsvertrag mit den daraus folgenden Beratungspflichten zustande.
³³⁷ BKR 2013, S. 248 (251); *Buck-Heeb* ZIP 2013, S. 1401 (1405); *Bracht* ZBB 2013, S. 252 (253).
³³⁸ *Buck-Heeb* ZIP 2013, S. 1401 (1405).
³³⁹ BGH WM 2004, S. 24; BGH WM 1999, S. 2300; *Braun/Lang/Loy*, Praktikerhandbuch Wertpapier- und Derivategeschäft, Rn. 314, 572. Die „Grundaufklärung" erfolgt in der Praxis häufig durch Zusendung der Broschüre „Basisinformationen über Vermögensanlagen in Wertpapieren" aus dem Bankverlag (Stand: 2012).
³⁴⁰ BGH BKR 2013, S. 248 (251); BGH WM 2004, S. 24 (27).
³⁴¹ BGH WM 2004, S. 24 (27).

ausführen lässt. In derartigen Fallkonstellationen obliegt der Bank als Discountbroker gegenüber dem Kunden eine Warnpflicht, wenn sie eine Fehlberatung des Kunden durch den Anlageberater im Hinblick auf das in Auftrag gegebene Wertpapiergeschäft entweder positiv kennt oder wenn die Fehlberatung aufgrund massiver Verdachtsmomente objektiv evident ist (etwa Fälle systematischer Falschberatung).[342] Dann ist neben einer vertraglichen Haftung auch eine deliktische Haftung des Discountbrokers aus §§ 826, 830 BGB bzw. §§ 823 Abs. 2, 830 BGB iVm § 263 StGB denkbar.[343]

111 **Aufsichtsrechtliche Pflichten** ergeben sich für die Bank als Discountbroker im beratungsfreien bzw. execution-only-Geschäft, da keine Anlageberatung nach § 31 Abs. 4 WpHG gegeben ist, im Wesentlichen aus § 31 Abs. 7 und § 31 Abs. 5 WpHG.[344] – § 31 Abs. 7 WpHG findet Anwendung, wenn der Discountbroker auf Veranlassung des Kunden tätig wird und ein Geschäft in den dort genannten „nicht-komplexen" Finanzinstrumenten erfolgt (zB bestimmte Aktien, Geldmarktinstrumente, Schuldverschreibungen; § 7 WpDVerOV). In diesem Fall muss der Discountbroker den Kunden lediglich darauf hinweisen, dass er keine Angemessenheitsprüfung iSv § 31 Abs. 5 WpHG vornimmt. Die Information kann in standardisierter Form erfolgen. – § 31 Abs. 5 WpHG findet Anwendung, wenn der Kunde „komplexe" Finanzinstrumente erwerben möchte. In diesem Fall treffen den Discountbroker lediglich reduzierte Erkundigungs- und Hinweispflichten. Die Bank muss als Discountbroker im Rahmen von § 31 Abs. 5 WpHG vom Kunden vor Geschäftsabschluss erforderliche Informationen über dessen Erfahrungen und Kenntnisse in bestimmten Wertpapieren einholen und auf Basis der eingeholten Informationen die Angemessenheit des ins Auge gefassten Geschäftes beurteilen, § 31 Abs. 5 S. 1 WpHG. Hält der Discountbroker das Geschäft daraufhin für nicht angemessen, muss es den Kunden darauf hinweisen. Nach erfolgtem Hinweis darf die Bank das Geschäft jedoch für den Kunden, sofern weiterhin vom Kunden gewünscht, ausführen.[345] Daneben muss die Bank dem Kunden einen Hinweis erteilen, wenn seine Angaben für eine Angemessenheitsbeurteilung unzureichend sind. Hat sie den Hinweis erteilt, darf sie das Geschäft, sofern weiterhin gewünscht, ebenfalls für den Kunden ausführen. Beide Hinweise können jeweils in standardisierter Form erteilt werden.[346] – Verstößt eine Bank als Discountbroker vorsätzlich oder leichtfertig gegen ihre vorgenannten Hinweispflichten aus § 31 Abs. 5 S. 3 oder 4 WpHG, in dem sie einer Pflicht nicht oder nicht rechtzeitig nachkommt, droht ihr gemäß § 39 Abs. 2 Nr. 17 WpHG ein Bußgeld von bis zu € 50.000.

IV. Der Vertrauensgrundsatz, die Interessenwahrungspflicht, insbes. der Schutz von Dritten

Literatur: *Baumbach/Hopt*, HGB, 35. Aufl. 2012; *Canaris* in Staub, HGB, Bankvertragsrecht, 4. Aufl. 2005; *Hopt* sowie *Nobbe* jeweils in Schimansky/Bunte/Lwowski, BankR-HdB, 4. Aufl., 2011, § 1 sowie § 61; *Werner* sowie *Peterek* jeweils in Kümpel, Bank- und Kapitalmarktrecht, 4. Aufl., 2011.

---

[342] BGH BKR 2013, S. 248 (251); *Kirchhartz* GWR 2013, S. 230.
[343] BGH BKR 2013, S. 248 (251, 253); siehe auch: *Bracht* ZBB 2013, S. 252 (253).
[344] § 31 Abs. 7 betrifft das execution-only-Geschäft und § 31 Abs. 5 WpHG das beratungsfreie Geschäft. § 31 Abs. 5 WpHG ist dabei ein Auffangtatbestand, vgl. *Koller* in Assmann/Schneider, WpHG, § 31, Rn. 181.
[345] *Hannöver* in BankR-HdB, § 110, Rn. 33.
[346] *Koller* in Assmann/Schneider, WpHG, § 31, Rn. 178.

Die vorgenannten Pflichten der Bank – zur Wahrung des Bankgeheimnisses, zur Erteilung von Bankauskünften sowie zur Erteilung von Rat – sind Ausdruck des Vertrauens, das Bank und Kunden wechselseitig bindet, sie finden im Vertrauensprinzip als einer leitenden Rechtsidee im allgemeinen Bankvertrag[347] und in §§ 311, 241 Abs. 2, 242 BGB[348] ihre Grundlage. Dieser dogmatische Ansatz führt zu einer besonderen Berufshaftpflicht, die in den Sonderheiten des Bankgewerbes ihren Ursprung hat und von dort ihre Strukturierung erfährt. Diese Berufshaftung ist Konkretisierung des gesetzlichen Schuldverhältnisses oder eines geschlossenen Grund- und Rahmenvertrages,[349] die eine Haftung gegenüber Dritten einschließt, die früher mit c.i.c., jetzt mit § 311 Abs. 3 S. 2 BGB begründet ist.[350] Ist ein allgemeiner Bankvertrag, der diese Vertrauensfolgen auslöst, noch nicht geschlossen, ist ein gesetzliches Schuldverhältnis ein Vertragsanbahnungsverhältnis, dann ist dieses vorvertragliche Verhältnis die Pflichtengrundlage, die in § 311 Abs. 2 BGB begründet ist.[351] Hauptinhalt des Vertrauensgrundsatzes ist es, dass die Bank die legitimen Interessen ihres Kunden vertritt,[352] auch der Kunde ist zur Treuebindung gehalten.[353] Diese Interessenwahrungspflicht setzt Grenzen für etwaige Freizeichnungen in den AGB oder einzelvertraglichen Haftungsbeschränkungen. Ob diese Grenzen eingehalten werden, unterliegt der richterlichen Inhaltskontrolle, setzt Verhaltenspflichten zB im Überweisungsverkehr in Kraft, auch Informations- und Verhaltenspflichten im Wertpapiergeschäft.[354] Diese Interessenwahrungspflicht kann auch im Garantiegeschäft zur Anwendung kommen, wenn ein Garant mit klaren Beweismitteln den Nichteintritt des Garantiefalles beweisen kann.[355] Verletzungen dieser Interessenwahrungspflicht können zu Schadensersatzverpflichtungen führen. Die Höhe des von der Bank zu leistenden Schadensersatzes ist zumeist das negative, selten das positive Interesse.

112

Der **Schutz des Vertrauens** gilt nicht nur dem Kunden der Bank, in seltenen Fällen dem Kreditinstitut, sondern kann in Ausnahmefällen auch **Dritte schützen.** Anwendungsfälle dieser „Drittschutzwirkung" oder „Drittshaftung" sind Verstöße zB gegen Gebote des Bankauskunftsrechts oder der Verschwiegenheitspflicht. Denn von Verstößen gegen die Gebote des Auskunftsrechtes und der Verschwiegenheit können nicht nur Bankkunden, sondern auch Dritte betroffen sein und Schaden nehmen. **Beispiel:** Die Eheleute A diskutieren eine Kreditaufnahme des Ehemannes A mit der Bank B, bei der der Ehemann A ein Konto hat. In diesem Gespräch berichtet Frau A über ihre Vermögensverhältnisse. Bei der Bank B hat sie kein Konto, also bestehen keine Vertragsbeziehungen zwischen Bank B und Frau A. Dennoch hat sie Anspruch auf Geheim-

113

---

[347] Vgl. zutreffend: *Hopt* in BankR-HdB, § 1, Rn. 17 ff. sowie zum Streitstand siehe Rn. 53, Fn. 4; a. A. *Peterek* in Kümpel, Bank- und Kapitalmarktrecht, Rn. 6.9. .
[348] Ständige Rechtsprechung BGH WM 1967, S. 1077, 1078.
[349] *Hopt* in BankR-HdB, § 1 Rn. 14 mit vielen Literaturhinweisen.
[350] *Baumbach/Hopt*, HGB, § 347, Rn. 21.
[351] Ausführlich: *Canaris*, Bankvertragsrecht, Rn. 12 ff.
[352] Früher war dieser Grundsatz, dass die Geschäftsverbindung zwischen Kunden und Bank von gegenseitigem Vertrauen getragen ist, in der Präambel der AGB-Banken als Satz 1 enthalten, was man 1993 für entbehrlich hielt, weil Gleiches aus § 242 BGB folgt.
[353] *Peterek* in Kümpel, Bank- und Kapitalmarktrecht, Rn. 6.566, nennt dies das Erhaltungs- oder Integritätsinteresse des Vertragspartners; BGH WM 2008, S. 1252 (1253); BGH WM 1983, 795 (796). .
[354] Vgl. *Werner* in Kümpel, Bank- und Kapitalmarktrecht, Rn. 7.241.
[355] OLG Düsseldorf WM 2001, 2294; → § 5 Rn. 142 ff.

nisschutz.³⁵⁶ Anspruchsgrundlage für diesen Geheimnisschutz ist die Lehre von der **Schutzwirkung zugunsten Dritter:** „Wer mit fremden Geldverhältnissen berufsmäßig in Berührung kommt, muss Dritte in den Schutzbereich seiner Vertrauenshaftung einbeziehen, wenn dies durch den Vertragszweck und wegen der erkennbaren Auswirkung der vertragsmäßigen Leistung auf sie – die Dritten – nach Treu und Glauben geboten ist."³⁵⁷ Es werden auch andere Anspruchsgrundlagen zugunsten dieses geschädigten Dritten angezogen, um diese Schutzwirkung für den vertragsunbeteiligten Dritten zu begründen. Dass es sich dabei um einen eigenen Anspruch auf Schutz und möglicherweise auf Schadensersatz handelt, ergibt sich heute klar aus § 311 Abs. 3 BGB. Grundsätzlich gilt, dass Ansprüche von Dritten wegen Schutzpflichtverletzungen in jedem einzelnen Rechtsfeld des Bankrechts – dem Überweisungsrecht, dem Lastschriftwesen, im Garantie- und Wertpapiergeschäft – sorgsam auf ihre Begründetheit zu prüfen sind, wozu auch ihre Praktikabilität gehört (zB die Gefahr der Schadensfallhäufung).

114 Die Drittschutzwirkung von Bankverträgen basiert auf der Rechtsidee, dass derjenige, der einen viele Menschen und Sachen erfassenden **Apparat** – wie zB ein umfassendes Auskunftswesen oder ein globales Zahlungsverkehrssystem – **bereitstellt**, in den Grenzen der Zumutbarkeit für das **Funktionieren dieses Apparates einzustehen hat**. **Beispiel**: Im Lastschriftverkehr kann der Gläubiger einen Schadensersatzanspruch gegen die Bank des Schuldners haben, obgleich der Gläubiger mit dieser Bank keine Vertragsbindung hat, wenn diese Bank eine nicht bezahlte Lastschrift nicht rechtzeitig an die Gläubiger zurückleitet.³⁵⁸ Anspruchsvoraussetzung für eine Haftung von Kreditinstituten gegenüber Dritten ist jedenfalls, dass **Leistungsnähe** vorliegt, was bedeutet, dass der Dritte so nahe wie der Gläubiger an der Bankleistung – zB der Bankauskunft – angesiedelt ist; es muss für die Bank eine aus der Leistungsnähe fließende Schutzpflicht erkennbar sein. **Beispiel**: Die Bank A fordert für ihren Kunden C eine Auskunft von der Bank B an. Erfährt B, dass die Auskunft für C bestimmt ist, ist C in den Schutzbereich einbezogen.³⁵⁹ Erfährt B nicht, dass die Auskunft für C bestimmt ist, entfällt die Schutzpflicht.³⁶⁰ – Die Reichweite des Rechtsanspruches wegen Drittschutzes wird von den sich gegenüberstehenden Schutz- und Interessenabwägungen beherrscht. **Beispiel** aus dem Scheckrecht: A reicht einen auf die B-Bank gezogenen Scheck bei der A-Bank ein, die ihn an die C-Bank weiterleitet, weil A-Bank mit B-Bank keine Kontoverbindung hat. Die C-Bank lässt den Scheck eine Woche unbearbeitet liegen. Sodann bleibt der Scheck wegen Ablaufs der Vorlegungsfrist unbezahlt. A hat einen Schadensersatzanspruch gegen die C-Bank, obgleich er zu ihr keine Vertragsbeziehung hat, begründet mit dem Rechtsgedanken der Schutzwirkung zugunsten eines Dritten.³⁶¹

---

³⁵⁶ Vgl. BGH NJW 1998, 1059.
³⁵⁷ BGHZ 69, S. 82, 86; → § 4 Rn. 35 für den Zahlungsverkehr.
³⁵⁸ BGHZ 69, S. 82.
³⁵⁹ BGH WM 1982, S. 689.
³⁶⁰ OLG Köln WM 1985, S. 598.
³⁶¹ Dies ist umstritten. Für eine Schutzwirkung zugunsten Dritter bisher: BGH – II. Zivilsenat, NJW-RR 1986, S. 211. Gegen eine Schutzwirkung zugunsten Dritter: BGH – XI. Zivilsenat, NJW 2008, S. 2245 (2246) mit ausführlichen Nachweisen zum Streitstand; siehe auch Darstellung von *Nobbe* in BankR-HdB, § 61, Rn. 171 ff.

§ 4. Recht der Bankverfügung – Zahlungsdienste und Zahlungssicherung

Übersicht

	Rn.
I. Recht der Zahlungsdienste	1
II. Barein- und -auszahlung, insbesondere durch Geldausgabeautomaten	4
III. Bargeldloser Zahlungsverkehr	12
1. Überweisungsverkehr	13
a) Bedeutung und Rechtsgrundlagen	13
b) Deckungsverhältnis zwischen Überweisendem und seiner Bank	16
c) Inkassoverhältnis zwischen Überweisungsempfänger und Empfängerbank	26
d) Valutaverhältnis zwischen Überweisendem und Begünstigtem	30
e) Inter-Banken-Verhältnis	32
f) Telefon-Banking, Online-Banking	37
2. Lastschriftverkehr	43
a) Bedeutung und rechtliche Grundlagen	43
b) Ablauf des SEPA-Lastschriftverfahrens	46
c) Rechtliche Beurteilung	48
d) Rückgabe der Lastschrift	50
e) Widerruf durch den Zahler	52
f) Erstattungsansprüche im Deckungsverhältnis	53
g) Inter-Banken-Verhältnis	59
h) Schadenersatzansprüche im Deckungs- und im Inkassoverhältnis	61
i) Valutaverhältnis zwischen Gläubiger (Zahlungsempfänger) und Schuldner (Zahler)	63
j) Inkassoverhältnis zwischen dem Zahlungsempfänger (Gläubiger) und seinem Zahlungsdienstleister (erste Inkassostelle)	64
3. Kartengesteuerter bargeldloser Zahlungsverkehr	66
a) POS-System/Electronic-Cash-System	66
aa) Funktionsweise und Rechtsgrundlagen.	66
bb) Rechtsverhältnis Bank/Händler	68
cc) Rechtsverhältnis Bank/Karteninhaber	71
b) Elektronisches Lastschriftverfahren	72
c) Geldkarte	73
aa) Funktionsweise und Rechtsgrundlagen	73

          bb) Rechtsverhältnis Bank/Karteninhaber 75
          cc) Rechtsverhältnis Bank/Händler. 77
     4. Netzgeld 78
     5. Scheckverkehr 80
        a) Bedeutung 80
        b) Scheckvertrag 81
        c) Rechtsstellung der bezogenen Bank 85
        d) Scheckinkasso 89
        e) Widerruf und Schecksperre; Scheckbestätigung und
           -einlösungszusage 92
        f) Reisescheck 94
  IV. **Auslandszahlungsverkehr und Zahlungssicherung** 96
     1. Bedeutung 96
     2. Dokumenteninkasso 100
        a) Ausgangssituation 100
        b) Rechtsbeziehungen der am Inkasso Beteiligten 101
     3. Akkreditiv 106
        a) Ausgangssituation 106
        b) Rechtsverhältnis zwischen dem Schuldner und seinem
           Gläubiger 111
        c) Rechtsverhältnis zwischen dem Akkreditivauftraggeber
           und seiner Bank 112
        d) Rechtsbeziehungen zwischen eröffnender Bank und
           Exporteur 115
        e) Rechtsverhältnisse bei Einschaltung einer weiteren Bank;
           Sonderformen 117

Literatur: *Aepfelbach/Cimiotti,* Zur Sicherheit des ec-Kartensystems, WM 1998, S. 1218; *Bautsch/Zahrte,* Die „SEPA-Migrationsverordnung" – Revolution des deutschen Massenzahlungsverkehrs in 2014?, BKR 2012, S. 229; *Belling, D./Belling, J.,* Zahlungsdiensterecht und Bereicherungsausgleich bei nicht autorisierten Zahlungsvorgängen, JZ 2010, S. 708; *Bertelmann,* Das BGB-Zahlungsdiensterecht im Kontext der Single Euro Payments Area, (Diss. Saarbrücken), 2011; *Bitter,* Problemschwerpunkte des neuen Zahlungsdiensterechts, WM 2010, S. 1725 und 1773; *Blaurock* (Hrsg.), Das Recht der grenzüberschreitenden Überweisung, Schriftenreihe der Gesellschaft für Rechtsvergleichung, Band 194, 2000; *Braun,* Rechtliche Folgen einer Überweisung bei unzureichender Information des Empfängers, ZIP 1996, S. 617; *Bröcker,* Funktion und Begründung des abstrakten Schuldversprechens bei Giroüberweisung, Kreditkartengeschäft und POS-System, WM 1995, S. 468; *Bülow,* Scheckprüfungspflicht der Kreditinstitute im Umbruch, WM 1997, S. 10; *ders.,* Scheckrechtliche Anweisung und Überweisungsvertrag, WM 2000, S. 58; *Bundschuh,* Höchstrichterliche Rechtsprechung zum Wechsel- und Scheckrecht, 1987; *Burgard,* Der Vorschlag der Kommission für eine Richtlinie über Zahlungsdienste im Binnenmarkt, WM 2006, S. 2065; *Burghardt,* Einzugsermächtigungsverfahren – Notwendigkeit eines Paradigmenwechsels?, WM 2006, S. 1892; *ders.,* Konkludente Genehmigung von Lastschriften – neue Rechtsstreite auf dem Rechtsboden der Genehmigungstheorie, WM 2013, S. 62; *Casper,* Die fehlgeleitete Überweisung wegen falscher Kontonummer, Festschrift Nobbe, 2009, S. 1; *v. Dücker,* Erfüllung einer Geldschuld durch Banküberweisung, WM 1999, S. 1257; *Einsele,* Der bargeldlose Zahlungsverkehr – Anwendungsfall des Garantievertrages oder abstraktes Schuldversprechen?, WM 1999, S. 1801; *dies.,* Die Rechtsstellung von Unternehmern im Zahlungsverkehr, ZIP 2011, S. 1741; *Ellenberger/Findeisen/Nobbe* (Hrsg.), Kommentar zum Zahlungsverkehrsrecht, 2010; *Engel,* Rechtsfragen im Zahlungsverkehr, 4. Aufl. 2013; *Erfurth,* Haftung für Missbrauch von Legitimationsdaten durch Dritte beim Online-Banking, WM 2006, S. 2198;

Escher-Weingart, Das neue Überweisungsrecht (Sonderausgabe aus BuB), 2013; *Feldhahn*, Die Bankenhaftung des neuen Überweisungsrechts, 2003; *van Gelder*, Fragen des sog. Widerspruchs und des Rückgabeentgelts im Einzugsermächtigungsverfahren, WM 2000, S. 101; *ders.*, Die Rechtsprechung des Bundesgerichtshofs zum Lastschriftverkehr, WM 2001, Sonderbeilage 7; *ders.*, Probleme beim Einzugsermächtigungsverfahren, Festschrift Kümpel, 2003, S. 131; *ders.*, Phisher, Pharmer & Co. – Angriffe und Haftung beim Online-Banking, Festschrift Nobbe, 2009, S. 55; *Gösele*, Erfüllung und Verzug bei Banküberweisungen, Festschrift Nobbe, 2009, S. 75; *Gößmann/Bredenkamp*, Phishing, Vishing, Spoofing, Pharming oder Sniffing – Moderne Missbrauchsformen im Zahlungsverkehr, Festschrift Nobbe, 2009, S. 93; *Gößmann/van Look*, Die Banküberweisung nach dem Überweisungsgesetz, WM 2000, Sonderbeilage 1; *Groß*, Rechtliche Aspekte zum System „GeldKarte", Festschrift Schimansky, 1999, S. 165; *Grundmann*, Die ec-Karte als selbständiges Zahlungsinstrument mit Ausnahme der elektronischen Geldbörse, in: Hadding/Hopt/Schimansky (Hrsg.), Kartengesteuerter Zahlungsverkehr, Außergerichtliche Streitschlichtung, Bankrechtstag 1998, 1999, S. 37; *ders.*, Grundsatz- und Praxisprobleme des neuen deutschen Überweisungsrechts, WM 2000, S. 2269; *ders.*, Das neue Recht des Zahlungsverkehrs, WM 2009, S. 1113 und 1157; *Hadding*, Leistungsstörungen und Rückgriff nach dem neuen Überweisungsrecht, WM 2000, S. 2465; *ders.*, Entwicklungslinien im Recht des Zahlungsverkehrs und Bundesgerichtshof, in: 50 Jahre Bundesgerichtshof, 2000, S. 425; *ders.*, Bereicherungsausgleich bei Scheckzahlung, Festschrift Kümpel, 2003, S. 167; *ders.*, Herkömmliche Einzugsermächtigungslastschrift – Fortbestand nach Umsetzung der EU-Zahlungsdiensterichtlinie oder Wegfall nach europäischem Interbankenabkommen (SEPA-Rulebook)?, Festschrift Hüffer, 2010, S. 273; *ders.*, Aktuelle rechtliche Entwicklungen zum Lastschriftverkehr, ZBB 2012, S. 149; *Häde*, Zahlung mit Kredit- und Scheckkarte, ZBB 1994, S. 33; *Harbeke*, Die POS-Systeme der deutschen Kreditwirtschaft, WM 1994 Sonderbeilage 1; *Hartmann*, Rechtliche Aspekte des neuen SEPA-Lastschriftverfahrens, in: Habersack/Mülbert/Nobbe/Wittig (Hrsg.), Die zivilrechtliche Umsetzung der Zahlungsdiensterichtlinie – Finanzmarktkrise und Umsetzung der Verbraucherkreditrichtlinie, Bankrechtstag 2009, 2010, S. 61; *Häuser*, Die Erfüllung der Geldschuld durch Inkasso einer Einzugsermächtigungslastschrift, WM 1991, S. 1; *ders.*, Inhaltskontrolle von Lastschriftabreden in AGB, ZBB 1995, S. 285; *ders.*, Scheckeinlösungszusage, Festschrift Schimansky, 1999, S. 183; *ders.*, Deliktsrechtlicher Schadensausgleich bei Ausführung gefälschter Überweisungsaufträge und Einlösung gefälschter Schecks gegenüber dem Fälscher, Festschrift Kümpel, 2003, S. 219; *Heyers*, Rechtsnatur der Geldschuld und Überweisung – welche Konsequenzen sind aus der Rechtsprechung des EuGH für das nationale Recht zu ziehen?, JZ 2012, S. 398; *Hoffmann, B.*, Einheitliche Richtlinien für Inkassi, 1995; *Hoffmann, J.*, Inhalt und Rechtsfolgen der Verordnung über grenzüberschreitende Zahlungen in Euro, WM 2002, S. 1517; *Hofmann, Chr.*, Schadensverteilung bei Missbrauch der ec-Karte, WM 2005, S. 441; *ders.*, Die ec-/maestro-Karte als Rektapapier, WM 2005, S. 1305; *Jacob*, Die zivilrechtliche Beurteilung des Lastschriftverfahrens, 1995; *Koller*, Der Vorschuß bei der Giroüberweisung, der Geldkarte und dem Netzgeld, Festschrift Schimansky, 1999, S. 209; *Krüger/Bütter*, Elektronische Willenserklärungen im Bankgeschäftsverkehr: Risiken des Online-Banking, WM 2001, S. 221; *Kümpel*, Rechtliche Aspekte der neuen GeldKarte als elektronische Geldbörse, WM 1997, S. 1037; *ders.*, Rechtliche Aspekte des elektronischen Netzgeldes, WM 1998, S. 365; *ders.*, Zur Bankenhaftung nach dem neuen Überweisungsgesetz, WM 2000, S. 797; *ders.*, Zum Bereicherungsausgleich bei fehlerhaften Banküberweisungen, WM 2001, S. 2273; *Laitenberger*, Das Einzugsermächtigungslastschriftverfahren nach Umsetzung der Richtlinie über Zahlungsdienste im Binnenmarkt, NJW 2010, S. 192; *Langenbucher*, Die Risikozuordnung im bargeldlosen Zahlungsverkehr, 2001; *Langenbucher/Gößmann/Werner* (Hrsg.), Zahlungsverkehr, 2004 (zit.: Autor, Zahlungsverkehr); *van Look*, Banküberweisung und Schuldrechtsreform, Festschrift Kümpel, 2003, S. 329; *Luckey*, Ein europarechtlicher Rahmen für elektronisches Geld, WM 2002, S. 1529; *Meder*, Annahme durch Schweigen bei Überweisungsvertrag und Gutschrift, JZ 2003, S. 443; *ders.*, Die Erfüllung einer Geldschuld im Einzugsermächtigungsverfahren, JZ 2005, S. 1089; *Merkel*, Nichtausführung von Aufträgen bei fehlender Kontodeckung, Festschrift Kümpel, 2003, S. 365; *Müller-Christmann*, Neuere Rechtsprechung zum Scheckrecht, WM 1998, S. 577; *Nobbe*, Die neuere Rechtsprechung des BGH zum Wechsel- und Scheckrecht, WM 1991, Sonderbeilage 10; *ders.*, Die neuere Rechtsprechung des BGH zum Wechsel- und Scheckrecht, WM 2000, Sonderbeilage 5; *ders.*, Die Rechtsprechung des Bundesgerichtshofs zum Überweisungsverkehr, WM 2001, Sonderbeilage 1; *ders*,

Neuregelungen im Zahlungsverkehrsrecht – Ein kritischer Überblick, WM 2011, S. 961; *ders.*, Die neuere Rechtsprechung des Bundesgerichtshofs zum Überweisungsverkehr, WM 2012, Sonderbeilage 1; *ders.*, Die neuere Rechtsprechung des Bundesgerichtshofs zu Kartenzahlungen und die neuere Rechtsprechung des Bundesgerichtshofs zum Wechsel- und Scheckrecht, WM 2012, Sonderbeilage 2; *ders.*, Die neuere Rechtsprechung des Bundesgerichtshofs zum Lastschriftverkehr, WM 2012, Sonderbeilage 3; *Obermüller/Kuder*, SEPA-Lastschriften in der Insolvenz nach neuem Recht der Zahlungsdienste, ZIP 2010, S. 349; *Omlor*, Die neue Einzugsermächtigungslastschrift – Von der Genehmigungs- zur Einwilligungstheorie, NJW 2012, S. 2150 *Pikart*, Zur Bedeutung der Kontoführung bei der Giroüberweisung, WM 1955, S. 822; *Reymann*, Das Recht der Zahlungsdienste – Eine Zwischenbilanz auf dem Weg zur SEPA, DStR 2011, 1959; *Schacht*, Das neue Lastschriftrecht, 2012; *Schinkels*, Warum die Geldkarte keine Zahlungskarte im Sinne des § 676h BGB ist, WM 2005, S. 450; *ders*, Zur Rechtsnatur der Debitkarte, WM 2006, S. 841; *Schnauder*, Das Belastungsrecht des Bezogenen bei abhanden gekommenen Inhaberschecks, WM 2000, S. 549; *Schneider, U.H.*, Die Angleichung des Rechts der grenzüberschreitenden Überweisung, EuZW 1997, S. 589; *ders.*, Pflichten und Haftung der erstbeauftragten Kreditinstitute bei grenzüberschreitenden Überweisungen, WM 1999, S. 2189; *Schön*, Prinzipien des bargeldlosen Zahlungsverkehrs, AcP 198 (1998), S. 401; *Schulz*, Das neue Recht der Banküberweisung, ZBB 1999, S. 287; *Schürmann*, Das künftige Recht der Zahlungsdiensteverträge – ein Überblick, in: Habersack/Mülbert/Nobbe/Wittig (Hrsg.), Die zivilrechtliche Umsetzung der Zahlungsdiensterichtlinie – Finanzmarktkrise und Umsetzung der Verbraucherkreditrichtlinie, Bankrechtstag 2009, 2010, S. 11; *Schütze*, Das Dokumentenakkreditiv im Internationalen Handelsverkehr, 6. Aufl. 2008; *Seibert*, Verzug, Mahnung und Warnobliegenheit beim Überweisungsvertrag, NJW 2006, S. 2357; *Spallino*, Rechtsfragen des Netzgeldes, WM 2001, S. 231; *Spindler*, Internet-Banking und Haftungsverteilung zwischen Bank und Kunden, Festschrift Nobbe, 2009, S. 215; *Sprau*, Die Haftung bei fehlerhaften Zahlungsvorgängen – Anmerkungen aus der Sicht eines unbefangenen Kommentators, in: Habersack/Mülbert/Nobbe/Wittig (Hrsg.), Die zivilrechtliche Umsetzung der Zahlungsdiensterichtlinie – Finanzmarktkrise und Umsetzung der Verbraucherkreditrichtlinie, Bankrechtstag 2009, 2010, S. 107; *Stockhausen*, Die Einführung des HBCI-Standards aus bankrechtlicher Sicht, WM 2001, S. 605; *Strohdeicher*, Risiken des automatisierten Zahlungsverkehrs beim Einsatz von POS (ECS), Geldautomaten und BTX, 1991; *Thießen* (Hrsg.), Bezahlsysteme im Internet, 1999; *Trölitzsch/Jaeger*, Belege im bargeldlosen Zahlungsverkehr, BB 1994, S. 2152; *Vollrath*, Die Endgültigkeit bargeldloser Zahlungen, 1997; *Vortmann*, Aufklärungs- und Beratungspflichten bei grenzüberschreitenden Bankdienstleistungen, WM 1993, S. 581; *Wand*, Aufklärungs- und Beratungspflichten im grenzüberschreitenden Zahlungsverkehr, WM 1994, S. 8; *ders.*, Die grenzüberschreitende Lastschrift, WM 1995, S. 2165; *ders.*, Zahlung mittels elektronischer Geldbörse („Geldkarte"), in: Hadding/Hopt/Schimansky (Hrsg.), Kartengesteuerter Zahlungsverkehr, Außergerichtliche Streitschlichtung, Bankrechtstag 1998, 1999, S. 97; *Weber, B.*, Recht des Zahlungsverkehrs, 4. Aufl. 2004; *Werner, St.*, Geldverkehr im Internet – ein Praxisleitfaden, 2002; *ders.*, Das Lastschriftverfahren im Internet, BKR 2002, 11; *ders.*, Rechtliche Neuerungen im Lastschriftverfahren – insbesondere das SEPA-Lastschriftverfahren, BKR 2010, S. 9; *ders.*, Das Weisungsrecht im Überweisungsrecht, BKR 2010, S. 353; *ders.*, Zivilrechtliche Neuerungen im Recht der Lastschrift – insbesondere im Einziehungsermächtigungsverfahren, BKR 2012, S. 221; *Graf v. Westphalen*, Die neuen Einheitlichen Richtlinien für Inkassi und das AGB-Gesetz, Festgabe Nielsen, 1996, S. 141; *ders.*, Rechtsprobleme der Exportfinanzierung, 3. Aufl. 1987; *Wiesgickl*, Rechtliche Aspekte des Online-Banking, WM 2000, S. 1039; *Wittig*, Lastschriftzahlungen in Krise und Insolvenz des Schuldners, Festschrift Nobbe, 2009, S. 237; *Zahn/Ehrlich/Neumann*, Zahlung und Zahlungssicherung im Außenhandel, 8. Aufl. 2009; *Zahrte*, Die Natur des Dauerauftrags vor dem Hintergrund des neuen Zahlungsdiensterechts, BKR 2012, S. 12; *ders.*, Änderungen im ZAG durch das SEPA-Begleitgesetz, WM 2013, S. 1207.

van Look

I. Recht der Zahlungsdienste

Das Recht der Bankverfügung, insbes. über Girokonten (→ § 2 Rn. 53 ff.), ist zum 31.10.2009 als Recht der „Zahlungsdienste" einer zT grundlegenden Neuregelung in den **§§ 675c – 676c BGB, Art 248 EGBGB**, auch einer neuen – manchmal „sperrigen" – Terminologie, unterworfen worden.[1] Die Novellierung des zivilrechtlichen Rechtsverhältnisses zwischen Kreditinstitut und Kunden ging einher mit einer Neuregelung des öffentlich-rechtlichen Aufsichtsrechts über Zahlungsdienstleister – insbes. Kreditinstitute und E-Geld-Institute – im KWG und im neu erlassenen **Zahlungsdiensteaufsichtsgesetz (ZAG;** vgl. ie § 1 Abs. 1 und Abs. 2a, § 1a ZAG; → § 1 Rn. 76).[2] Beides diente der Umsetzung der EU-Richtlinie 2007/64/EG vom 13.11.2007 über „Zahlungsdienste im Binnenmarkt…" (ZD-RL), mit der eine Vollharmonisierung[3] und Standardisierung des Zahlungsdiensterechts im EU-Binnenmarkt unter den Zielen Kostensenkung, Sicherheit, Effizienz, Beschleunigung, Transparenz erreicht werden soll (vgl. Erwägungsgründe [4], [18] und [21] ZD-RL).[4] Dies hat auch zur Konsequenz, dass zukünftig über rechtliche Zweifelsfragen in letzter Instanz nicht mehr der BGH, sondern der EuGH im Wege des Vorabentscheidungsverfahrens entscheidet (Art. 267 AEUV).

1

Unter dem – neu in das deutsche Recht eingeführten – Begriff **„Zahlungsdienste"** fasst der Gesetzgeber in § 1 Abs. 2 ZAG folgende Instrumente des Zahlungsverkehrs zusammen, wobei die dort enthaltenen aufsichtsrechtlichen Definitionen auch für das zivilrechtliche Rechtsverhältnis zwischen Kreditinstitut (Zahlungsdienstleister iSd § 1 Abs. 1 ZAG) und Kunden (Zahlungsdienstnutzer), maßgeblich sind (§ 675c Abs. 3 BGB):

2

- **Barein- und -auszahlungen** auf ein Zahlungskonto oder von einem Zahlungskonto (§ 1 Abs. 2 Nr. 1 ZAG; zur Definition des Zahlungskontos vgl. § 1 Abs. 3 ZAG; → § 2 Rn. 3)[5]
- **Zahlungsgeschäfte** mit und ohne Kreditgewährung; das sind **Lastschriften** (Definition in § 1 Abs. 4 ZAG),[6] **Überweisungen**[7] und Zahlungsvorgänge mittels einer **Zahlungskarte** (§ 1 Abs. 2 Nr. 3 und 4 ZAG)[8]
- **Zahlungsauthentifizierungsgeschäfte** (§ 1 Abs. 2 Nr. 4 ZAG; zur Definition des Zahlungsauthentifizierungsinstruments vgl. § 1 Abs. 5 ZAG)[9]
- **Digitalisierte Zahlungsgeschäfte** (§ 1 Abs. 2 Nr. 5 ZAG), vereinfacht ausgedrückt: Zahlung über die Rechnung des TK- oder IT-Providers
- **Finanztransfergeschäfte**, dh Entgegennahme, Übermittlung oder Verfügbarmachung von Geldbeträgen ohne Einrichtung eines Zahlungskontos (§ 1 Abs. 2 Nr. 6 ZAG)

---

[1] Vgl. dazu *Rösler/Werner* BKR 2009 1 ff.; *Grundmann* WM 2009, S. 1109 ff., 1157 ff.; *Rühl* DStR 2009, S. 2256 ff.; *Derleder* NJW 2009, S. 3195 ff.; *Bitter* WM 2010, S. 1725 ff., 1773 ff.

[2] Vgl. dazu *Schäfer* BKR 2009, S. 11 ff.

[3] Das heißt, dass das nationale Recht weder strengere noch mildere Regelungen enthalten darf, soweit die Richtlinie dies nicht ausdrücklich zulässt (vgl. Art 86 ZD-RL).

[4] Vgl. dazu *Lohmann/Koch* WM 2008, S. 57 ff.; *Manger-Nestler* EuZW 2008, S. 332 ff.; *Casper* in MüKoBGB, Vorbem. §§ 675c-676c Rn. 2–6.

[5] → § 4 Rn. 4–11.
[6] → § 4 Rn. 43–65.
[7] → § 4 Rn. 13–42.
[8] → § 4 Rn. 66–77.
[9] → § 4 Rn. 41 f.

van Look

- **Keine Zahlungsdienste** sind dagegen reine Barzahlungen und Zahlungen durch **Scheck** einschließlich des Scheckinkassos[10], Wechsel und Reisescheck[11] (vgl. § 1 Abs. 10 Nr. 1 und 6 ZAG).

2a   Die Inanspruchnahme aller dieser Leistungen eines Zahlungsdienstleisters (Kreditinstitut) durch einen Zahlungsdienstnutzer (Kunden), sei es als Zahler oder Zahlungsempfänger, erfolgt aufgrund eines **Zahlungsdienstevertrags**, der eine Sonderform des Geschäftsbesorgungsvertrags ist (§ 675c Abs. 1 BGB); dieser neue Vertragstyp wurde ebenfalls durch die Reform des Rechts der Zahlungsdienste ab 31.10.2009 eingeführt. Gleichgestellt sind Verträge über die Ausgabe und Nutzung von **E-Geld** (§ 675c Abs. 2 BGB).[12] Der Zahlungsdienstevertrag kann – in der Praxis selten vorkommend – **Einzelzahlungsvertrag** (§ 675f Abs. 1 BGB) oder – so idR – **Zahlungsdiensterahmenvertrag** (§ 675c Abs. 2 BGB) sein, insbes. ein Giroverhältnis (→ § 2 Rn. 55). Der einzelne **Zahlungsvorgang**, nämlich die Bereitstellung, Übermittlung oder Abhebung eines Geldbetrags (§ 675f Abs. 3 Satz 1 BGB), wird ausgelöst durch einen **Zahlungsauftrag** des Zahlers an seinen Zahlungsdienstleister, der auch mittelbar über den Zahlungsempfänger erteilt werden kann (§ 675f Abs. 3 Satz 2 BGB). Auf dieser – hohen – Abstraktionsebene, die sämtliche in der Praxis vorkommenden Instrumente des Zahlungsverkehrs erfassen soll, regelt das BGB seit 2009 den halbbaren und bargeldlosen Zahlungsverkehr durch Kreditinstitute und sonstige Zahlungsdienstleister.

3   Eine weitere Initiative der EU ist seit 2008 die Schaffung eines harmonisierten einheitlichen Euro-Zahlungsverkehrsraums (**Single Euro Payments Area – SEPA**), in dem die Vorgänge des Massenzahlungsverkehrs einheitlichen Zahlungsinstrumenten und technischen Standards unterliegen, womit kein Unterschied mehr zwischen Inlands- und Auslandszahlungsvorgängen innerhalb des SEPA-Raums besteht.[13] Zum SEPA-Raum gehören die zurzeit 28 EU-Staaten sowie – aufgrund besonderer Vereinbarungen – die EWR-Staaten (Island, Liechtenstein, Norwegen), die Schweiz und Monaco. Zur Umsetzung dieses Ziels wurde bereits 2002 durch die europäischen und nationalen Bankenverbände der Europäische Zahlungsverkehrsausschuss (**European Payments Council – EPC**) gegründet, der für die einzelnen Zahlungsinstrumente (zB Überweisung, Lastschrift, Kartenzahlung, Mehrwertdienste [e-SEPA]) Regelwerke (**Rulebooks**) und Umsetzungsrichtlinien (**Implementation Guidelines**)[14] erarbeitet hat, die als internationale Inter-Banken-Abkommen zu qualifizieren sind. Für den Bereich von Überweisungen und Lastschriften hat die EU die durch den EPC erarbeiteten Regeln in der sog. **EU-SEPA-Verordnung** 260/2012 vom 14.3.2012 (SEPA-VO)[15] übernommen, die seit 31.3.2012 in sämtlichen EU-

---

[10] → § 4 Rn. 80–93.
[11] → § 4 Rn. 94f.
[12] → § 4 Rn. 74 und 78.
[13] Zur Entwicklung und Zielsetzung von SEPA vgl. *Bernett/Haug* in BankR-HdB, § 51 Rn. 3–21; *Rigler* in Bankrechts-Kommentar, Kap. 11 Rn. 5–26.
[14] Sämtlich zugänglich unter www.europeanpaymentscouncil.eu; Überblick bei *Rigler* in Bankrechts-Kommentar, Kap. 11 Rn. 110–129.
[15] Amtl. Titel: VO (EU) Nr. 260/2012... „zur Festlegung der technischen Vorschriften und der Geschäftsanforderungen für Überweisungen und Lastschriften in Euro und zur Änderung der Verordnung (EG) Nr. 924/2009"; die SEPA-VO wird teilweise auch als „SEPA-Migrationsverordnung" bezeichnet, da sie die „Migrationsphase" des Übergangs der nationalen Zahlungsverkehrsinstrumente Überweisung und Lastschrift in das einheitliche SEPA-Verfahren abschließt (dazu *Bautsch/Zahrte* BKR 2012, S. 229ff.); zur Anpassung des deutschen (Aufsichts-)Rechts vgl. das SEPA-Begleitgesetz vom 3.4.2013, BGBl. I, S. 610 (dazu *Zahrte* WM 2013, S. 1207ff.).

Staaten unmittelbar geltendes Recht ist, soweit es sich um eine **Überweisung** oder **Lastschrift** in € innerhalb der EU handelt, bei denen der Zahlungsdienstleister (Kreditinstitut) des Zahlers und der Zahlungsdienstleister des Empfängers oder der einzige am Zahlungsvorgang beteiligte Zahlungsdienstleister ihren Sitz in einem EU-Staat haben (Art. 1 Abs. 1 SEPA-VO); die bisher aufgrund nationaler Inter-Banken-Abkommen (Überweisungs- und Lastschriftabkommen) praktizierten nationalen Überweisungs- und Lastschriftverfahren laufen zum 1.2.2014 aus (Art. 6 SEPA-VO).[16] Damit ergänzen die Vorschriften der SEPA-VO als Spezialregelungen für ihren Geltungsbereich (Überweisungen und Lastschriften) auch die §§ 675c – 676c BGB. Für die übrigen Zahlungsinstrumente (zB Barabhebungen, kartengesteuerter Zahlungsverkehr, Übermittlung von E-Geld) gelten zunächst die nationalen Systeme und Regelungen neben den SEPA-Regelwerken fort (vgl. Art 1 Abs. 2 SEPA-VO).

II. Barein- und -auszahlung, insbesondere durch Geldausgabeautomaten

Ebenso wie ein Kunde durch **bare Einzahlung** auf das Bankkonto den Guthabenstand erhöhen oder den Passivsaldo vermindern kann, so kann er auch durch **Barauszahlung** über seine Guthabenforderung bzw. über einen Kreditbetrag verfügen. Durch die Barein- oder -auszahlung verfügt er über die auf dem Konto verbuchte Forderung, indem er sie erhöht oder vermindert. Bei kreditorischem Konto (Konto im „Haben") handelt es sich um eine Forderung des Kunden gegen die Bank, bei debitorischem Konto (Konto im „Soll") um eine Darlehensforderung der Bank gegen den Kunden (§ 488 Abs. 1 S. 2, ggf. iVm § 700 Abs. 1 S. 1 BGB).[17] Barein- und -auszahlungen erfolgen durch die sachenrechtliche **Übertragung des Eigentums** (§ 929 S. 1 BGB) an Bargeld, dh Münzen und Banknoten, die gesetzliches Zahlungsmittel sind (zur Fremdwährungsschuld vgl. § 244 BGB). Die **Beweislast** für eine Bareinzahlung trägt der Kunde, wobei aber einer durch die Bank erteilten Quittung (Einzahlungsbeleg) hoher Beweiswert zukommt.[18]

4

Die Bareinzahlung kann auch durch einen **Dritten** erfolgen, der hiermit im Verhältnis zum Kontoinhaber, dem sog. Valutaverhältnis, eine Verpflichtung (zB Kaufpreiszahlung gem. § 433 Abs. 2 BGB) erfüllen will. Die Erfüllungswirkung (§ 362 Abs. 1 BGB) im Valutaverhältnis tritt dabei ein mit der Gutschrift auf dem Konto des Gläubigers, vorausgesetzt der Gläubiger hat die kontoführende Bank durch die Kontoangabe als Zahlstelle benannt, zB durch Aufdruck auf der Rechnung. Die Bank ist dabei nicht Dritter iSv § 362 Abs. 2 BGB.[19] Die Erfüllungswirkung tritt nur ein mit Einzahlung auf das angegebene, nicht etwa auch auf ein anderes Konto des Gläubigers.[20]

5

---

[16] Eine Übergangsfrist bis zum 1.2.2016 gilt allerdings für Lastschriften und Überweisungen bei Inlandszahlungen für **Konvertierungsdienstleistungen** des Zahlungsdienstleisters gegenüber Kunden, die Verbraucher sind, hinsichtlich der bisherigen Kontonummer („BBAN") in die IBAN (Art. 16 Abs. 1 SEPA-VO, § 7b KWG i.d.F. des SEPA-Begleitgesetzes vom 3.4.2013, BGBl. I, S. 610) sowie beim **elektronischen Lastschriftverfahren** (Art. 16 Abs. 4 SEPA-VO, § 7c KWG i.d.F. des SEPA-Begleitgesetzes, a.a.O.; → § 4 Rn. 72).

[17] → § 2 Rn. 58.

[18] BGH WM 1988, S. 524, 526.

[19] BGHZ 72, S. 316, 319.

[20] Vgl. BGHZ 98, S. 24, 29 f. = WM 1986, S. 875; BGH NJW 1999, S. 210 = WM 1999, S. 11; Ausnahmefall: BGH WM 2005, S. 1219, 1221.

6 Die Barein- und –auszahlung auf ein Girokonto ist **Zahlungsvorgang** iSd Zahlungsdiensterechts, der aufgrund eines Zahlungsauftrags des Einzahlenden zustande kommt (vgl. § 675f Abs. 3 BGB), für den die §§ 675n-t BGB gelten. Bei der Bareinzahlung auf ein Zahlungskonto in der Kontowährung muss der Zahlungsdienstleister den eingezahlten Betrag dem Kontoinhaber, der Verbraucher ist, unverzüglich, dh ohne schuldhaftes Zögern, nach der Entgegennahme **verfügbar** machen und wertstellen; bei Unternehmen muss dies spätestens am nächsten Geschäftstag erfolgen (§ 675t Abs. 2 BGB).[21] Auch die Kontokorrentbindung einzelner Zahlungseingänge steht einer Verfügung nicht entgegen (→ § 2 Rn. 61).

7 Probleme können auftreten, wenn die Barauszahlung nicht am Bankschalter, sondern kartengesteuert mit der Kundenkarte, der Debitkarte (girocard, SparkassenCard, VR-BankCard) oder einer Kreditkarte an einem **Geldausgabeautomaten (GAA)** erfolgt. Die weite Verbreitung von GAA ermöglicht es dem Bankkunden, sich an rd. 56.000 GAA in Deutschland (Stand: 2012) und bei wohl inzwischen 1 Mio. GAA in rd. 210 Ländern weltweit mit Bargeld zu versorgen; in Deutschland sind rd. 135 Mio. Karten mit dieser Funktion in Umlauf.[22] Die Bank, die sich diesem GAA-Auszahlungssystem anschließt, kann einen Großteil der Bargeldauszahlung über diese Automaten abwickeln, ersetzt also Schalterpersonal durch Kapitalinvestition. Da diese Interessenlage alle Institute – vor allem mit Privatkundengeschäft – verbindet, stellen Banken und Sparkassen ihre GAA auch den Kunden anderer Kreditinstitute – auch international – zur Verfügung. Diese Zusammenarbeit im Geldautomatensystem basiert auf einer Übereinkunft aller Spitzenverbände der deutschen Kreditwirtschaft, die wiederum an das SEPA-Regelwerk angepasst wurde, international auf der Teilnahme an entsprechenden GAA-Systemen, insbes. auf dem weltweiten Maestro- und Cirrus-System[23]. Dieses **Inter-Banken-Abkommen** regelt die Rechtsbeziehungen zwischen den angeschlossenen Instituten, zB die Geräteausstattung, die Bedienerführung und die Sicherungsmaßnahmen. Die Rechtsbeziehungen zwischen dem kartenemittierenden Institut und dem Kunden werden durch einen **Kartenvertrag** als Zusatzabrede zum Girovertrag geregelt, der Zahlungsdiensterahmenvertrag iSd § 675f Abs. 2 BGB ist und bei dem die Geltung der Sonderbedingungen für die Verwendung der Debitkarte als AGB vereinbart wird.[24]

8 **Technisch** erfolgt die Auszahlung durch die Einführung einer mit Magnetstreifen, zT auch einem Mikrochip, versehenen Kundenkarte, Debitkarte (frühere ec-Karte) oder Kreditkarte in den GAA nebst Eingabe einer persönlichen Geheimzahl (PIN – steht für „Persönliche Identifikations-Nummer" oder „Personal Identification Number") und des gewünschten Betrages, worauf der GAA anhand einer Sperrdatei prüft, ob die Karte nicht

---

[21] Vgl. *Mayen* in BankR-HdB, § 47 Rn. 66a; so schon die Rechtsprechung zum früheren Recht, vgl. BGHZ 74, S. 129, 132 = NJW 1979, S. 1461 = WM 1979, S. 533; zur Wertstellung BGHZ 106, S. 259, 263 f. = NJW 1989, S. 582 = WM 1989, S. 126.

[22] Quelle: Deutsche Bundesbank, Zahlungsverkehrs- und Wertpapierabwicklungsstatistiken in Deutschland 2008–2012, Stand: Juli 2013, Tab. 5.

[23] „Vereinbarung über das Deutsche Geldautomaten-System" der Spitzenverbände der Kreditwirtschaft, Fassung Januar 2011, abgedruckt bei *Maihold* in BankR-HdB, §§ 52–55 Anh. 4; dazu *Maihold* in BankR-HdB, § 54 Rn. 2; zu SEPA-Kartenzahlungen vgl. *Rigler* in Bankrechts-Kommentar, Kap. 11 Rn. 231 ff.

[24] Vgl. zB für den Sparkassenbereich die „Bedingungen für die SparkassenCard" (Stand Juli 2012), für die privatrechtlich organisierten Banken die „Bedingungen für die Girocard der privaten Banken" (Stand 2011), beide abgedruckt bei *Maihold* in BankR-HdB, §§ 52–55 Anh. 5 und 6.

van Look

als gestohlen gemeldet ist, und bei der kontoführenden Stelle rückfragt, ob die Abhebung im „Verfügungsrahmen" liegt; ist die Rückmeldung positiv, wird der gewünschte Betrag ausgezahlt.[25]

Rechtliche Einordnung: Die für das Geldabheben am GAA erforderliche Debitkarte ist ein Rektapapier im Sinne des Wertpapierrechts.[26] Sie ist – jedenfalls zusammen mit der PIN – Zahlungsauthentifizierungsinstrument iSd § 1 Abs. 5 ZAG. Das Auszahlungsverlangen des Kunden am GAA ist als **Zahlungsauftrag** iSd § § 675f Abs. 3 Satz 2 BGB zur Bereitstellung eines Geldbetrags (Zahlungsvorgang iS.d. § 675f Abs. 3 Satz 1) zu qualifizieren, durch den der Kunde bei kreditorischem Konto seinen Rückzahlungsanspruch nach §§ 488 Abs. 1 S. 2, 700 Abs. 1 S. 1 BGB oder bei Ausnutzung einer Kreditlinie sein Abrufrecht nach § 488 Abs. 1 S. 1 BGB geltend macht. In den Sonderbedingungen sind betragsmäßige Nutzungsgrenzen und Voraussetzungen einer Sperrung vereinbart (vgl. § 675k BGB). Die **Autorisierung** erfolgt als Einwilligung durch Einsatz der Karte und Eingabe der PIN als Zahlungsauthentifizierungsinstrument (§ 675j Abs. 1, insbes. Satz 4 BGB).[27] Die Erfüllung des Auszahlungsanspruchs erfolgt durch Übereignung der ausgeworfenen Banknoten nach § 929 S. 1 BGB.[28] Benutzt der Kunde den GAA eines nicht kontoführenden Kreditinstituts, so fungiert dieses als Erfüllungsgehilfe (§ 278 Satz 1 Fall 2 BGB) des kontoführenden Kreditinstituts. Zwischen beiden Kreditinstituten besteht ein Geschäftsbesorgungsvertrag gem. §§ 675 Abs. 1, 611 ff. BGB, wobei die auszahlende Bank den Auszahlungsbetrag per Lastschrift von dem kontoführenden Institut einzieht. Mit dem Auszahlungsbetrag wird das Kundenkonto – uU zuzüglich eines von der auszahlenden Bank für die Benutzung ihres GAA in Rechnung gestellten Entgelts – als **Aufwendungsersatzanspruch** (§§ 670, 675c Abs. 1 BGB) belastet.[29]

Bedeutsam ist die Frage, wer bei **Missbräuchen** der Karte und des GAA haftet. § 675u BGB bestimmt, dass ein **Aufwendungsersatzanspruch** des Kreditinstituts gegen den Kunden nicht besteht, wenn der Zahlungsvorgang nicht autorisiert war. Hier hat zunächst das Kreditinstitut ua zu beweisen, dass eine Authentifizierung in der Weise erfolgt ist, dass der Zahlungsdienstleister die Nutzung der Karte und der PIN überprüft hat, wobei die bloße Aufzeichnung der ordnungsgemäßen Nutzung des Zahlungsauthentifizierungsinstruments Karte und PIN (zB durch das GAA-Journal) zum Beweis nicht unbedingt ausreicht (vgl. ie § 675w BGB). Teilweise wird ein sog. Anscheinsbeweis der Autorisierung angenommen, wenn die Bank nachweist, dass bei der Abhebung die Originalkarte mit der korrekten PIN eingesetzt wurde.[30] Das Nichtbestehen eines Aufwendungsersatzanspruchs schließt aber **Schadensersatzansprüche** der Bank gegen den Kunden aus § 675v BGB nicht aus, wenn dem Kunden die Karte abhanden gekommen ist oder er die PIN nicht sicher aufbewahrt hat; der verschuldensunabhängige Anspruch nach § 675v Abs. 1 BGB ist jedoch auf 150 € begrenzt. Die Begrenzung entfällt jedoch, wenn der Karteninhaber grob fahrlässig, vorsätzlich oder in betrügerischer Absicht den von ihm nicht autorisierten Karteneinsatz ermöglicht hat, zB durch unsorgfältige Verwahrung der

---

[25] Näher zu den technischen Grundlagen *Maihold* in BankR-HdB, § 54 Rn. 4–10.
[26] Vgl. *Hofmann* WM 2005, S. 1305, 1310; *Herresthal* in Bankrechts-Kommentar, Kap. dagegen *Schinkels* WM 2006, S. 841, 844 f.
[27] Ausführlich *Maihold* in BankR-HdB, § 54 Rn. 40–42.
[28] Näher *Canaris,* Bankvertragsrecht I, Rn. 527e.
[29] Vgl. *Herresthal* in Bankrechts-Kommentar, Kap. 7 Rn. 39 und 42.
[30] Vgl. OLG Karlsruhe WM 2008, S, 1549; OLG Frankfurt WM 2009, S. 1602; begründete Bedenken bei *Maihold* in BankR-HdB, § 54 Rn. 48–53.

Karte, mangelnde Geheimhaltung der PIN oder verspätete Anzeige des Verlusts der Karte, wozu er nach § 675 l BGB verpflichtet ist (§ 675v Abs. 2 BGB; zu den Pflichten des Zahlungsdienstleisters, deren Verletzung ein Mitverschulden begründen kann, vgl. § 675 m BGB); bei normaler Fahrlässigkeit des Karteninhabers bleibt es jedoch bei der Haftungsbegrenzung auf 150 €.[31] Ist die Nutzung erst nach der Verlustanzeige erfolgt, entfällt der Schadensersatzanspruch (§ 675v Abs. 3 BGB). Nach einer Grundsatzentscheidung des BGH[32] spricht der **Beweis des ersten Anscheins** für ein grob fahrlässiges Verhalten des Kunden, nämlich Notieren der PIN auf der Karte oder gemeinsame Verwahrung von Karte und PIN, wenn die Originalkarte zeitnah nach einem Diebstahl unter Eingabe der korrekten PIN zur Abhebung an einem GAA verwendet wurde. Die Vermutung eines derartigen typischen Geschehensablaufs kann der Kunde widerlegen, wenn er zB vorträgt und ggf. beweist, dass die Karte in zeitlichem Zusammenhang mit der Eingabe der PIN an einem GAA oder POS-Terminal gestohlen worden ist; in diesem Fall liegt die Vermutung nahe, dass der Kunde bei der Eingabe der PIN beobachtet worden ist. Auch kann der Kunde die Möglichkeit von „Innentäterattacken", dh aus dem Kreis der Mitarbeiter der Bank oder des Rechenzentrums, hinreichend konkret behaupten mit der Folge, dass die Bank Einblick in ihre Sicherheitsvorkehrungen gewähren muss.

11   **Strafrechtlich** gilt § 263a StGB, nach dem die unberechtigte Entnahme von Geld aus einem GAA mit Hilfe gefälschter, entwendeter oder verloren gegangener Debitkarten als Computerbetrug anzusehen ist.[33] Den Missbrauch durch den Berechtigten stellt § 266b StGB unter Strafe.[34]

III. Bargeldloser Zahlungsverkehr

12   Der bargeldlose Zahlungsverkehr nimmt ständig zu: 2012 wurden in Deutschland ca. **18 Mrd. bargeldlose Zahlungstransfers** mit einem Gesamtumfang von rd. 70 Bio. € vorgenommen, und zwar 6 Mrd. Überweisungen (Umfang: 57 Bio. €), 9 Mrd. Lastschriften (Umfang: 13 Bio. €), 3 Mrd. kartengesteuerte Zahlungen (Umfang: 198 Mrd. €) und 34 Mio. Scheckverrechnungen (Umfang: 228 Mrd. €).[35] Um diese ungeheuren Volumina bewältigen zu können, werden ständig verbesserte technische und elektronische **Verfahren** eingesetzt. So werden heute Bankleitzahlen verwandt sowie Überweisungsformulare und Lastschriften maschinell oder von Datenträgern gelesen oder per Datenfernübertragung abgewickelt; der Zahlungsverkehr wird teilweise beleglos durchgeführt, also durch Datenübertragung mit gespeicherten Angaben zu Zahlungsvorgängen und mithilfe von Schriftlesesystemen. Alle diese Vorkehrungen, die die manuelle Bearbeitung von Zahlungsvorgängen erübrigen sollen, werfen aber auch neue Rechtsfragen auf. Eine große

---

[31] Vgl. ausf. *Maihold* in BankR-HdB, § 54 Rn. 65–98.

[32] BGHZ 160, S. 308 = NJW 2004, S. 3623 = BKR 2004, S. 493 = WM 2004, S. 2309 = ZIP 1994, S. 2226 (dazu *van Look* EWiR 2005, S. 167; *Gößmann*, WuB I D 5 b.-1.05; *Hofmann* WM 2005, S. 441; *Werner* BKR 2005, S. 503); bestätigt durch BGH WM 2012, S. 164 Rn. 16 (m. Anm. *Haertlein*, WuB I D 5a.-1.12); vgl. auch *Koller*, FS Kümpel, 2003, S. 315, 319 ff.; *Nobbe* WM 2012, Sonderbeilage 2, S. 4 f.

[33] Vgl. BGHSt 38, S. 120 = WM 1992, S. 515; BGHSt 40, S. 160; ausführlich *Bieber* WM 1987, Sonderbeilage 6, S. 15–31; *Altenhain* JZ 1997, S. 752 ff.

[34] Vgl. BGHSt 47, S. 160, 164 f.; auch *Brand* WM 2008, S. 2194 ff.

[35] Quelle: Deutsche Bundesbank, Zahlungsverkehrs- und Wertpapierabwicklungsstatistiken in Deutschland 2008–2012, Stand: Juli 2013, Tab. 6 und 7.

Herausforderung des bargeldlosen Zahlungsverkehrs stellte die Einführung des Euro als Buchgeld ab 1. Januar 1999 dar. In diesem Kontext sind die – bereits weit fortgeschrittenen – Aktivitäten der Europäischen Union zu sehen, europaweit einen **einheitlichen Zahlungsverkehrsraum** (SEPA) zu errichten, in dem gleiche rechtliche und technische Rahmenbedingungen für die einzelnen Zahlungsvorgänge bestehen (→ § 4 Rn. 3), zB durch europaweit einheitlich gestaltete Kontonummern (IBAN).

1. Überweisungsverkehr

a) Bedeutung und Rechtsgrundlagen

Die Überweisung ist – nach der Lastschrift – die am zweithäufigsten genutzte Form der bargeldlosen Zahlung. Die Überweisung wird initiiert durch den schriftlichen oder online erteilten Auftrag eines Kunden an seine Bank oder Sparkasse, einen bestimmten Geldbetrag einem Girokonto des Empfängers gutzuschreiben, wobei der Betrag vom Girokonto des Überweisenden abgebucht wird. Wirtschaftlich gesehen handelt es sich um eine Übertragung von Buchgeld. Unterhalten Überweisender und Überweisungsempfänger ihre Konten bei derselben Bank, so nennt man dies **Hausüberweisung,** Kontoübertrag oder Institutsverrechnung; ein Sonderfall ist die sog. Filialüberweisung, bei der die Konten des Überweisenden und des Überweisungsempfängers bei unterschiedlichen Filialen desselben Kreditinstituts geführt werden. Hier wird die Überweisung ausgeführt mit der Umbuchung des Überweisungsbetrages zu Lasten des Kontos des Überweisenden und zugunsten des Kontos des Empfängers.

13

Hat der Überweisungsempfänger sein Konto bei einer anderen Bank als der Bank des Überweisenden, so spricht man von **mehrgliedrigem Überweisungsverkehr** oder von einer **institutsübergreifenden Überweisung**. Der Geldverkehr zwischen diesen einander fremden Banken findet in einem **Gironetz** statt. Über dieses Gironetz zahlt die Bank des Überweisenden die Überweisungssumme unbar an die Bank des Überweisungsempfängers. Solche Gironetze mit Clearingstellen unterhalten die Deutsche Bundesbank (Grundlage: § 3 Satz 2 BBankG), die öffentlich-rechtlichen Kreditinstitute (Sparkassen und Landesbanken), der Genossenschaftssektor (Volks- und Raiffeisenbanken) sowie die Postbank. Auch die großen privatrechtlich organisierten Geschäftsbanken unterhalten für sich Clearingstellen. Gehören Absender- und Empfängerinstitut dem selben Gironetz an (zB zwei Sparkassen), so findet die Verrechnung innerhalb dieses Netzes statt; daher nennt man diesen Überweisungsweg „**Gironetzverrechnung**".[36] Hat der Überweisungsempfänger sein Konto dagegen bei einem Institut, das einer anderen Institutsgruppe und damit einem anderen Gironetz angehört, so muss die Überweisung in dieses Netz übergeleitet werden; hier spricht man von einer „Überleitungsverrechnung".[37] Aufsichtsrechtlich handelt es sich bei den Gironetzen um **Zahlungssysteme** iSd § 1 Abs. 6 ZAG (vgl. auch Art. 2 Nr. 6 SEPA-VO), für die §§ 7, 8 Abs. 2 Nr. 2 ZAG sowie § 24b KWG gelten.

14

Rechtsgrundlagen des Überweisungsverkehrs sind seit dem 31.10.2009[38] zunächst die **§§ 675c – 676c BGB, Art. 248 EGBGB**, da es sich bei der Überweisung um einen Zah-

15

---

[36] Zu den Verrechnungsmethoden vgl. *Mayen* in BankR-HdB, § 46 Rn. 9–16.
[37] Vgl. B. *Weber*, Recht des Zahlungsverkehrs, S. 74.
[38] Zur früheren Rechtslage (1999–2009) nach den §§ 676a–676g BGB, die durch das sog. **Überweisungsgesetz** vom 21. Juli 1999 (BGBl. I, S. 1642) in das BGB eingefügt worden sind, vgl. *Gößmann/van Look* WM 2000, Sonderbeilage 1; *Grundmann* WM 2000, S. 2269 ff.; *Hadding* WM 2000, S. 2454 ff.; *Hoffmann* WM 2001, S. 881 ff.

lungsdienst in Form eines Zahlungsgeschäfts iSd § 1 Abs. 1 Nr. 2 b), Nr. 3 ZAG handelt (vgl. § 675c Abs. 3 BGB; → § 4 Rn. 1 f.). Ergänzend und im Kollisionsfall vorrangig gelten seit 31.3.2012 für Überweisungen innerhalb der EU – auch für Inlandsüberweisungen – die Regelungen der sog. **SEPA-VO** (Art. 1 Abs. 1 SEPA-VO; → § 4 Rn. 3); abweichende nationale Regelungen sind ab dem 1.2.2014 nicht mehr möglich (vgl. Art. 6 Abs. 1 SEPA-VO). In der SEPA-VO findet sich auch eine **Definition** der Überweisung als „einen vom Zahler ausgelösten inländischen oder grenzüberschreitenden Zahlungsdienst zum Zwecke der Erteilung einer Gutschrift auf das Zahlungskonto des Zahlungsempfängers zulasten des Zahlungskontos des Zahlers, in Ausführung eines oder mehrerer Zahlungsvorgänge durch den Zahlungsdienstleister, der das Zahlungskonto des Zahlers führt" (Art. 2 Nr. 1 SEPA-VO). Im Verhältnis zwischen dem Überweisenden und seinem Kreditinstitut gelten die als AGB vereinbarten, weitgehend wortgleichen **Bedingungen für den Überweisungsverkehr** der Banken und Sparkassen (Fassung 2009 bzw. 2012),[39] im Verhältnis zwischen dem Überweisungsempfänger und seinem Kreditinstitut die **AGB-Banken** bzw. AGB-Sparkassen. In Verhältnis der an dem Überweisungsvorgang beteiligten Kreditinstitute gilt als Inter-Banken-Abkommen das deutsche **„Abkommen zum Überweisungsverkehr"** (Fassung Januar 2011) sowie die **SEPA-Regelwerke** „SEPA Credit Transfer Scheme Inter-Bank Implementation Guidelines" und „SEPA Credit Transfer Scheme Rulebook" (jeweils in Version 7.0, November 2012).

b) Deckungsverhältnis zwischen Überweisendem und seiner Bank

16 Die Überweisung setzt idR ein Girokonto des Überweisenden voraus, das Zahlungskonto iSd § 1 Abs. 3 ZAG ist und aufgrund eines **Zahlungsdiensterahmenvertrags** (§ 675f Abs. 2 BGB) zwischen dem Zahlungsdienstnutzer (Kontoinhaber) und dem Zahlungsdienstleister (Kreditinstitut) geführt wird (→ § 2 Rn. 54)[40]. Aufgrund des Zahlungsdiensterahmenvertrags ist der Zahlungsdienstleister verpflichtet, einzelne oder aufeinander folgende Zahlungsvorgänge auszuführen (§ 675f Abs. 2 Satz 1 BGB). Ein solcher **Zahlungsvorgang** ist die Überweisung als Übermittlung eines Geldbetrags (vgl. § 675f Abs. 3 Satz 1 BGB); soweit die Zahlungsvorgänge periodisch (zB zum jeden Ersten eines Monats) aufeinander folgen sollen, handelt es sich um einen sog. Dauerauftrag (vgl. Nr. 1.1 Satz 2 Bedingungen für den Überweisungsverkehr).[41] Der Zahlungsvorgang wird eingeleitet durch den **Überweisungsauftrag** des Kunden, der Zahlungsauftrag des Zahlungsdienstnutzers an seinen Zahlungsdienstleister ist (vgl. § 675f Abs. 3 Satz 2 BGB), eine Sonderform der **Weisung** iSd § 665 Satz 1 BGB, der für den Zahlungsdiensterahmenvertrag über § 675c Abs. 1 BGB gilt. Der Überweisungs- bzw. Zahlungsauftrag ist Willenserklärung und einseitiges Rechtsgeschäft (also kein Vertrag), da er ohne zustimmende Erklärung des Zahlungsdienstleisters dessen Hauptpflicht aus dem Zahlungsdiensterah-

---

[39] Hiervon abweichend verwendet die Commerzbank AG „Allgemeine Bedingungen für Zahlungsdienste" (Stand Juli 2012), die für sämtliche Arten von Zahlungsvorgängen gelten.
[40] Möglich ist auch eine Überweisung aufgrund eines **Einzelzahlungsvertrags** iSd § 675f Abs. 1 BGB, zB bei Bareinzahlung durch den Überweisenden bei einem Kreditinstitut mit der Maßgabe, den Überweisungsbetrag an das Kreditinstitut des Empfängers zu übermitteln (vgl. dazu *Casper* in MüKoBGB, § 676f Rn. 13 ff.; *Escher-Weingart*, BuB Rn. 6/33 f.); dies kommt jedoch in der Praxis selten vor. Den durch das Überweisungsgesetz ab 1999 eingeführten Vertragstyp des **Überweisungsvertrags** (§§ 676a-c aF BGB; dazu *Gößmann/van Look* WM 2000, Sonderbeil. 1, S. 25 ff.) hat der Gesetzgeber mit der Neuregelung des Zahlungsdiensterechts 2009 wieder abgeschafft.
[41] Dazu vgl. *Zahrte* BKR 2012, S. 12, 14 f.

menvertrag konkretisiert und auslöst, den Zahlungsvorgang auszuführen. Der Überweisungs-/Zahlungsauftrag bedarf nach dem Gesetz keiner Form, muss aber inhaltlich hinreichend bestimmt sein. Die einzelnen Ausführungsbedingungen werden im Zahlungsdiensterahmenvertrag festgelegt (vgl. § 675o Abs. 2 BGB), was in der Praxis durch Einbeziehung der Bedingungen für den Überweisungsverkehr geschieht. Nach ihnen wird der Überweisungs-/Zahlungsauftrag idR schriftlich in Form eines Überweisungsvordrucks erteilt, kann aber auch mündlich am Bankschalter, am Bankterminal, telefonisch[42] oder Online über das Internet durch das Ausfüllen einer Bildschirmmaske formuliert werden (vgl. Nr. 1.3 Abs. 1 Bedingungen für den Überweisungsverkehr); er kann als Einzel-, Sammel- oder Dauerauftrag erteilt werden. Er muss die in Nr. 2.1 oder Nr. 3.1 der Bedingungen für den Überweisungsverkehr genannten **Angaben** aufweisen, insbes. Name, Kontonummer (ab 1.2.2014 IBAN, vgl. Art. 5 Abs. 1 Buchst. a SEPA-VO), Bank (nebst Bankleitzahl oder BIC) des Begünstigten, Währung und Betrag der Überweisung sowie Name, Kontonummer (IBAN) und Bankleitzahl (BIC) des Kunden; ferner hat der Kunde auf Leserlichkeit, Vollständigkeit und Richtigkeit der Angaben zu achten (Nr. 1.3 Abs. 1 Satz 2 Bedingungen für den Überweisungsverkehr; vgl. zur erforderlichen Klarheit von Aufträgen auch Nr. 11 Abs. 2 AGB-Banken = Nr. 20 Abs. 1 Buchst. b AGB-Sparkassen).

Der Überweisungs-/Zahlungsauftrag wird mit **Zugang** beim Zahlungsdienstleister **17** wirksam und kann dann grundsätzlich nicht mehr widerrufen werden (§§ 675n Abs. 1 Satz 1, 675p Abs. 1 BGB), wobei wohl – anders als bei § 130 Abs. 1 Satz 1 BGB) – der rein physische Zugang im Machtbereich des Kreditinstituts ausreicht (vgl. Nr. 1.4 Abs. 1 Bedingungen für den Überweisungsverkehr; Art. 64 Abs. 1 der zugrundeliegenden Zahlungsdienste-Richtlinie spricht vom „Eingang").[43] Erfolgt der Zugang nicht an einem **Geschäftstag** des konkreten Zahlungsdienstleisters (nach den Preis- und Leistungsverzeichnissen meistens alle Werktage mit Ausnahme der Sonnabende sowie des 24. und 31.12.), so gilt der Überweisungs-/Zahlungsauftrag am darauf folgenden Geschäftstag als zugegangen (§ 675n Abs. 1 Satz 2 und 4 BGB; Nr. 1.4 Abs. 2 Bedingungen für den Überweisungsverkehr). Für die Berechnung der Ausführungsfristen kann die Bank einen Zeitpunkt „nahe am Ende eines Geschäftstags" festlegen (sog. Buchungsschnitt oder „cut-off-Zeitpunkt"), nach dem der Zugang erst am nächsten Geschäftstag als erfolgt gilt (§ 675n Abs. 1 Satz 3 BGB; Nr. 1.4 Abs. 3 Bedingungen für den Überweisungsverkehr); hiervon haben die Banken größtenteils in ihren Preis- und Leistungsverzeichnissen durch die Festlegung von „Annahmezeiten" oder „-fristen" Gebrauch gemacht, wobei zweifelhaft ist, ob bei beleglosen Zahlungen (zB im Online-Banking) 16.00 Uhr noch „nahe" am Ende des Geschäftstags (= 24.00 Uhr) liegt.[44] Ist für die Ausführung der Überweisung ein bestimmter **Termin** vereinbart (sog. Terminüberweisung), zB beim Dauerauftrag, so gilt für die Ausführungsfrist der vereinbarte Termin als Zeitpunkt des Zugangs (§ 675n Abs. 3 BGB).

Bis zum Zeitpunkt des Zugangs kann der Überweisungs-/Zahlungsauftrag durch Erklä- **18** rung („Gegenweisung") des Überweisenden gegenüber seinem Zahlungsdienstleister **widerrufen** werden (Umkehrschluss aus § 675n Abs. 1; vgl. auch § 130 Abs. 1 Satz 2 BGB),

---

[42] Vgl. BGH WM 1979, S. 224.
[43] So auch *Mayen* in BankR-HdB § 49 Rn. 15 f.; wohl auch *Casper* in MüKoBGB, § 675n Rn. 5 ff.; *Langenbucher* in Bankrechts-Kommentar, Kap. 3 § 675n Rn. 3: richtlinienkonforme Auslegung; aA *Sprau* in Palandt, BGB, § 675n Rn. 2.
[44] Zum Diskussionsstand vgl. *Escher-Weingart*, BuB, Rn. 6/57.

bei Terminüberweisungen bis zum Ende des Geschäftstags vor dem vereinbarten Tag (§ 675n Abs. 3 BGB); abweichende Vereinbarungen über die Möglichkeit eines späteren Widerrufs (zB Direktwiderruf gegenüber einer zwischengeschalteten Bank oder der Bank des Überweisungsempfängers[45]) sind möglich, dürfen dann aber auch durch die Bank bepreist werden (§ 675p Abs. 4 Satz 1 und 3 BGB); hiervon macht Nr. 1.5 Abs. 3 Bedingungen für den Überweisungsverkehr Gebrauch, wenn es der Bank gelingt, die Ausführung zu verhindern oder den Überweisungsbetrag zurückzuerlangen. Innerhalb eines Zahlungsverkehrssystems (Definition in § 1 Abs. 16 KWG), zB das durch die Deutsche Bundesbank betriebene TARGET2, kann ein abweichender Widerrufszeitpunkt festgelegt sein (vgl. § 675p Abs. 5 BGB).[46]

19 Der Überweisungs-/Zahlungsauftrag bedarf zu seiner Wirksamkeit nach § 675j Abs. 1 BGB der **Zustimmung** des Zahlers, die das Gesetz als „**Autorisierung**" bezeichnet. Die Zustimmung wird idR vor dem Zahlungsvorgang als Einwilligung des Zahlers erteilt, kann aber – bei entsprechender Vereinbarung – auch nachträglich als Genehmigung erfolgen (vgl. auch §§ 182 ff. BGB). Die Art und Weise der Autorisierung wird im Zahlungsdiensterahmenvertrag, dessen Bestandteil die AGB des Zahlungsdienstleisters sind, vereinbart (§ 675j Abs. 1 Satz 3 BGB), worüber der Zahlungsdienstleister den Zahlungsdienstnutzer vorvertraglich in Textform zu infomieren hat (§ 675d Abs. 1 Satz 1 BGB iVm Art. 248 §§ 3, 4 Abs. 1 Nr. 2 c EGBGB). Bei der schriftlichen Überweisung erfolgt die Autorisierung durch bloße **Erteilung** des Überweisungsauftrags, namentlich durch Unterschrift auf dem Überweisungsformular (so Nr. 1.3 Abs. 2 Bedingungen für den Überweisungsverkehr).[47] Bei telefonischer Auftragserteilung oder beim Online-Banking ist dagegen der Einsatz besonderer Zahlungsauthentifizierungsinstrumente (§ 1 Abs. 5 ZAG) vereinbart (vgl. § 675j Abs. 1 Satz 4 BGB), zB der Einsatz einer persönlichen Identifikations-Nummer (PIN) und einer Transaktions-Nummer (TAN), für die §§ 675k-m und v BGB gelten (→ § 4 Rn. 39 ff.). Die Zustimmung kann der Überweisende durch Erklärung gegenüber dem Zahlungsdienstleister **widerrufen**, so lange der Zahlungsauftrag widerruflich ist (§ 675j Abs. 2 Satz 1 BGB), dh idR bis Zugang (→ § 4 Rn. 18). Bezieht sich die Zustimmung auf mehrere Zahlungsvorgänge, zB beim Dauerauftrag, so hat der Widerruf zur Folge, dass alle zeitlich nachfolgenden Zahlungsvorgänge nicht mehr autorisiert sind (§ 675j Abs. 2 Satz 2 BGB). Nur bei autorisierten Überweisungen erlangt der Zahlungsdienstleister gegen den Überweisenden einen Anspruch auf **Aufwendungsersatz**, den er durch eine Belastung des Kontos des Überweisenden mit dem Überweisungsbetrag geltend macht (§§ 670, 675c Abs. 1, vgl auch 675u Satz 1 BGB).

19a Ist die Autorisierung erfolgt und der Überweisende über das Konto dispositionsbefugt (→ § 2 Rn. 18), so ist der Zahlungsdienstleister **verpflichtet**, die Überweisung auszuführen, soweit die Ausführung nicht gegen Rechtsvorschriften verstößt und die weiteren vereinbarten Ausführungsbedingungen erfüllt sind, zB ein zur Ausführung der Überweisung

---

[45] Dazu vgl. *Werner* BKR 2010, S. 353, 357 f.; *Langenbucher* in Bankrechts-Kommentar, Kap. 3 § 675p Rn. 8.

[46] Dazu *Mayen* in BankR-HdB, § 49 Rn 24 f.; *Langenbucher* in Bankrechts-Kommentar, Kap. 3 § 675p Rn. 11 f.

[47] Vgl. *Nobbe* WM 2012, Sonderbeil. 1, S. 4; *Mayen* in BankR-HdB, § 49 Rn. 3; *Langenbucher* in Bankrechts-Kommentar, Kap. 3 § 675j Rn. 8 und 19; *Sprau* in Palandt, BGB, § 675j Rn. 4; anders *Scheibengruber* BKR 2010, S. 15, 17; *Herresthal* in Bankrechts-Kommentar, Kap. 5 § 675j Rn. 11, die auch die Unterschrift als Zahlungsauthentifizierungsinstrument ansehen wollen, obwohl die §§ 675k-m BGB hier nicht „passen".

ausreichendes Guthaben oder ein ausreichender Kredit eingeräumt ist (vgl. § 675o Abs. 2 BGB; Nr. 1.6 Abs. 1 Bedingungen für den Überweisungsverkehr). Über den einzelnen ausgeführten Zahlungsvorgang (Überweisung) hat der Zahlungsdienstleister dem Zahler die in § 675d Abs. 1 BGB, Art. 248 § 7 EGBGB vorgeschriebenen **Informationen** in Textform zu erteilen. Im Fall einer **Ablehnung** des Überweisungs-/Zahlungsauftrags, zB wegen fehlender Deckung, hat der Zahlungsdienstleister den Überweisenden hierüber sowie möglichst auch über die Gründe für die Ablehnung unverzüglich, spätestens aber innerhalb der Ausführungsfrist nach § 675s BGB zu unterrichten; für die Unterrichtung darf ein Entgelt vereinbart werden (§ 675o Abs. 1 BGB), was in der Praxis regelmäßig geschieht (vgl. Nr. 1.7 Abs. 3 Bedingungen für den Überweisungsverkehr).

Das Kreditinstitut schuldet die ordnungsgemäße Ausführung des wirksamen Überweisungs-/Zahlungsauftrags innerhalb der **Ausführungsfrist** des § 675s Abs. 1 BGB. Diese beträgt für Überweisungen in € innerhalb des EWR ab 1.1.2012 einen Geschäftstag; das heißt, dass der Überweisungsbetrag beim Zahlungsdienstleister des Empfängers bis zum Ende des auf den Zugangszeitpunkt des Überweisungs-/Zahlungsauftrags folgenden Geschäftstags eingegangen sein muss. Für in Papierform erteilte Überweisungen kann die Frist um einen weiteren Geschäftstag verlängert werden. Für Überweisungen in EWR-Staaten, die nicht in € erfolgen, können maximal vier Geschäftstage vereinbart werden, wovon die meisten Kreditinstitute in ihren Preis- und Leistungsverzeichnissen Gebrauch gemacht haben. Für Überweisungen in Nicht-EU-Staaten ist keine Ausführungsfrist festgelegt; Nr. 3.2. der Bedingungen für den Überweisungsverkehr sehen hier eine Ausführung „baldmöglichst" vor. Verstöße gegen diese Ausführungsfristen führen zur Erstattungspflicht gem. § 675y Abs. 1 und 4 BGB, da auch die verspätete Ausführung als fehlerhafte Ausführung anzusehen ist.[48] Allerdings wird die Erstattung des Betrags, der den Empfänger, wenn auch verspätet, erreicht hat, meistens nicht dem Interesse des Überweisenden entsprechen.[49] Weitergehende verschuldensabhängige Schadenersatzansprüche sind möglich, wobei das überweisende Kreditinstitut das Verschulden zwischengeschalteter Kreditinstitute wie eigenes Verschulden zu vertreten hat, aber die Haftung auf 12 500 € begrenzt werden kann (§ 675z Satz 2 und 3 BGB), wovon die Kreditinstitute in Nr. 2.3.3 und 2.3.4 Bedingungen für den Überweisungsverkehr Gebrauch gemacht haben. **Beispiel:** Der Überweisende zahlt seine Kfz-Versicherungsprämie mit Überweisung, aber die überweisenden Kreditinstitute verzögern die Überweisung schuldhaft so lange, dass der Versicherungsschutz entfällt; dann verursacht der Überweisende einen hohen Schaden, den er zunächst selbst tragen muss. Der Fall ist nach dem allgemeinen Leistungsstörungsrecht, hier also nach den Regeln zum Schuldnerverzug zu entscheiden, die dem Überweisenden einen Anspruch auf Ersatz seines Verzögerungsschadens geben (§§ 280 Abs. 1 und 2, 286 Abs. 1 und 2 Nr. 2 BGB).[50]

20

---

[48] Umstr., wie hier *Franck/Massari* WM 2009, 1117, 1121; *Mayen* in BankR-HdB, § 47 Rn. 45; *Langenbucher* in Bankrechts-Kommentar, Kap. 3 § 675y Rn. 9; **aA** allerdings die Gesetzesbegründung in BT-Drucks. 16/11643, S. 116 f.; ebenso Nr. 2.3.2 Abs. 3 Bedingungen für den Überweisungsverkehr.

[49] Daher wird vorgeschlagen, dem Kreditinstitut einen Bereicherungsanspruch (§ 812 Abs. 1 Satz 1 Fall 1 BGB) gegen den Überweisenden zu gewähren, da er im Verhältnis zum Überweisungsempfänger von einer Verbindlichkeit befreit worden ist, den es dem Erstattungsverlangen einredeweise (§ 242 BGB) entgegenhalten kann (vgl. *Langenbucher* in Bankrechts-Kommentar, Kap. 3 § 675y Rn. 11; *Casper* in MüKoBGB, § 675y Rn. 15; *Sprau* in Palandt, BGB, § 675y Rn. 3).

[50] Vgl. *van Look,* FS Kümpel, 2003, S. 329, 340.

21 Das Kreditinstitut hat den Überweisungsauftrag auszuführen, soweit der **Auftrag** des Kunden **eindeutig** ist (vgl. Nr. 11 Abs. 2 AGB-Banken = Nr. 20 Abs. 1 Buchst. b AGB-Sparkassen). Es gilt das Prinzip der **formalen Auftragsstrenge**, was bedeutet, dass das Kreditinstitut sich exakt an die im Auftrag enthaltenen Angaben des Überweisenden zu halten hat.[51] Es kann die Überweisung allein nach der vom Auftraggeber angegebenen **Kontonummer** (Kundenkennung iSd § 675r Abs. 2 BGB) des Empfängers ausführen (§ 675r Abs. 1 BGB; → § 2 Rn. 31); nur wenn die Kontonummer erkennbar keinem Zahlungsempfänger oder -konto zuzuordnen ist, ist es zur Rückfrage beim Überweisenden verpflichtet und hat ihm ggf. den Zahlungsbetrag wieder herauszugeben (§ 675r Abs. 3 BGB). Das Kreditinstitut hat über das Valutaverhältnis und sonstige Schuldner-Gläubiger-Beziehungen keine Erwägungen anzustellen.[52] Ist der Überweisungsauftrag unklar, haftet die Bank nur bei eigenem Verschulden oder Verschulden zwischengeschalteter Kreditinstitute (§§ 280 Abs. 1, 676z S. 3 BGB, vgl. Nr. 3 Abs. 1 AGB-Banken = Nr. 19 Abs. 1 AGB-Sparkassen). Das Kreditinstitut sowie alle etwa zwischengeschalteten Stellen sind verpflichtet, den Überweisungsbetrag **ungekürzt**, dh ohne Abzug von Entgelten, an den Zahlungsdienstleister des Empfängers zu übermitteln (§ 675q Abs. 1 BGB); andernfalls hat der Überweisende einen Anspruch gegen seinen Zahlungsdienstleister auf **Nachüberweisung** des abgezogenen Betrags, auch wenn der Abzug durch eine zwischengeschaltete Stelle erfolgt ist (§ 675y Abs. 1 Satz 3 BGB).

22 Dies führt zu der Grundsatzfrage, wer das **Risiko von Fehlüberweisungen** trägt. Dieses Risiko soll nach Erwägungsgrund 47 der Zahlungsdienste-Richtlinie der EU der Zahlungsdienstleister des Überweisenden tragen. Daraus ergibt sich, dass das überweisende Kreditinstitut für den **Erfolg** des Zahlungvorgangs, also für die fehlerfreie, auch rechtzeitige und ungekürzte Übermittlung des Überweisungsbetrags, dh den Eingang des Überweisungsbetrages beim Kreditinstitut des Empfängers, einzustehen hat.[53] Dies wird deutlich aus § 676s Abs. 1 Satz 1 BGB, wonach der Zahlungsdienstleister des Zahlers sicherstellen muss, dass der Zahlungsbetrag innerhalb der Ausführungsfrist beim Zahlungsdienstleister des Empfängers eingeht, was durch die Haftungsregeln der §§ 675y und z BGB sanktioniert wird. Insofern trägt der Girovertrag, der Zahlungsdiensterahmenvertrag und Geschäftsbesorgungsvertrag iSd §§ 675 Abs. 1, 675c Abs. 1 BGB ist, auch werkvertragliche Elemente (vgl. § 631 Abs. 2 BGB: „…anderer durch… Dienstleistung herbeizuführender Erfolg…"). Das überweisende Kreditinstitut schuldet also die Gutschrift bei der Empfängerbank auch dann, wenn weitere Kreditinstitute zwischengeschaltet sind, für deren Verschulden es wie für eigenes Verschulden haftet (§ 676z S. 3 BGB). Beim Zahlungsdienstleister des Empfängers endet die Vertragspflicht der Bank des Überweisenden (vgl. § 675y Abs. 1 Satz 4 BGB). Für Fehler der Empfängerbank bei der Gutschrift oder Wertstellung (vgl. § 675t BGB) haftet die überweisende Bank nicht. Klar ist auch, dass der Zahlungsdienstleister des Überweisenden das Risiko von **gefälschten** und verfälschten Überwei-

---

[51] Vgl. *Nobbe* WM 2001, Sonderbeilage 4, S. 7 f.; *Nobbe* WM 2012, Sonderbeil. 1, S. 6 f.; *Mayen* in BankR-HdB, § 47 Rn. 67 ff.; Beispielsfälle: BGH WM 2003, S. 430, 433; BGH WM 2004, S. 1625, 1626; BGH WM 2006, S. 548, 550; OLG Schleswig WM 2001, S. 812 (dazu *van Look*, WuB I D 1.-1.01).

[52] Vgl. BGH WM 2004, S. 1546, 1547 (dazu *van Look*, WuB I B 2.-1.04).

[53] Vgl. *Grundmann* WM 2009, S. 1109, 1115; *Mayen* in BankR-HdB, § 49 Rn, 54; *Nobbe* WM 2012, Sonderbeil. 1, S. 6.

sungen trägt, weil es hier an einer Autorisierung (§ 675j Abs. 1 BGB) fehlt.[54] In diesem Fall hat der Zahlungsdienstleister gegen den Überweisenden keinen Anspruch auf Aufwendungsersatz aus §§ 670, 675c Abs. 1 BGB (§ 675u Abs. 1 Satz 1 BGB). Er kann vielmehr **Erstattung** des Überweisungsbetrags verlangen, ggf. auch Rückgängigmachung der Belastungsbuchung (§ 675u Satz 2 BGB); da der Anspruch verschuldensunabhängig ist, spricht man von einer „Geld-zurück-Garantie".

Eine weitere „Geld-zurück-Garantie" zugunsten des Überweisenden besteht bei **unterbliebener oder fehlerhafter Durchführung** der Überweisung (§ 675y Abs. 1 Satz 1 und 2, Abs. 4 BGB) – etwa weil der Überweisungsbetrag verloren ging. Zwar ist im Überweisungsweg „verlorenes Geld" technisch kaum möglich, da jeder Zahlungsvorgang zu verfolgen ist. Immerhin können Überweisungen im Fall der Insolvenz und der Schließung eines zwischengeschalteten Kreditinstituts verloren gehen („stecken bleiben"). Danach hat der Überweisende einen verschuldensunabhängigen **Erstattungsanspruch** gegen seinen Zahlungsdienstleister in Höhe des Überweisungsbetrags zuzüglich bereits entrichteter Entgelte und Zinsen. Der ursprüngliche Kontostand ist wiederherzustellen, dh die Belastungsbuchungen sind rückgängig zu machen. Der Anspruch ist ausgeschlossen, wenn der Zahlungsdienstleister nachweist, dass der Überweisungsbetrag ungekürzt und rechtzeitig beim Zahlungsdienstleister des Empfängers eingetroffen ist (§ 675y Abs. 1 Satz 4 BGB). Der Erstattungsanspruch ist ausgeschlossen, wenn der Zahlungsvorgang in Übereinstimmung mit einer vom Überweisenden angegebenen **fehlerhaften Kundenkennung**, insbes. einer falschen Kontonummer, ausgeführt wurde (§ 675y Abs. 3 Satz 1 BGB; vgl. auch § 675r BGB). In diesem Fall muss sich der Zahlungsdienstleister aber auf Verlangen des Überweisenden um die Wiedererlangung des Zahlungsbetrags bemühen, wobei er für die Wiederbeschaffung ein Entgelt vereinbaren darf (§ 675y Abs. 3 Satz 2 und 3 BGB). Außerdem hat das überweisende Kreditinstitut bei nicht oder fehlerhaft ausgeführter Überweisung auf Verlangen des Überweisenden „den Zahlungsvorgang nachzuvollziehen und seinen Zahlungsdienstnutzer über das Ergebnis zu unterrichten" (§ 675y Abs. 4 BGB, sog. Nachverfolgungsanspruch).

23

Allerdings besteht bei nicht autorisierten oder fehlerhaft ausgeführten Überweisungen eine Obliegenheit des Überweisenden zur **Anzeige** gegenüber seinem Zahlungsdienstleister, die unverzüglich nach Feststellung des Mangels, zB Kenntnisnahme von der Belastungsbuchung, zu erfüllen ist (§ 676b Abs. 1 BGB). Die Verletzung dieser Obliegenheit, dh auch das unverschuldete Unterlassen der Anzeige, führt zum **Ausschluss** von Einwendungen und Ansprüchen nach §§ 675u ff. BGB, wenn seit der Belastungsbuchung 13 Monate vergangen sind und der Zahlungsdienstleister seinen Kunden nach dem einzelnen Zahlungsvorgang korrekt unterichtet hatte (§ 676b Abs. 2 BGB, Art 248 §§ 7 und 10 EGBGB; auch über die Ausschlussfrist und die Haftungsmodalitäten hat der Zahlungsdienstleister seinen Kunden vorvertraglich zu unterrichten (§ 675d Abs. 1 BGB iVm Art. 248 § 4 Nr. 5 d EGBGB). Die Ansprüche wegen nicht autorisierter oder nicht (ordnungsgemäß) ausgeführter Überweisung sind auch ausgeschlossen, wen die anspruchsbegründenden Umstände auf höherer Gewalt beruhen, zB einer Naturkatastrophe oder

24

---

[54] Vgl. *Nobbe* WM 2012, Sonderbeil. 1, S. 5f.; *Langenbucher* in Bankrechts-Kommentar, Kap. 3 § 675j Rn. 12; zum früheren Recht vgl. BGH WM 1992, S. 1392; BGH NJW 1994, S. 2357; BGH WM 2001, S. 1712, 1713. Zur Frage einer Verschuldenshaftung (§ 280 Abs. 1 BGB) des Auftraggebers, zB wegen nachlässiger Aufbewahrung der Überweisungsformulare, vgl. BGH WM 1994, S. 2073, 2074; *Nobbe* WM 2001, Sonderbeilage 4, S. 11 f.; *Nobbe* WM 2012, Sonderbeilage 1, S. 9 f.

einem Terroranschlag, oder vom Zahlungsdienstleister auf Grund einer gesetzlichen Verpflichtung, zB nach dem GwG, herbeigeführt wurden (§ 676c BGB). Im Zusammenhang mit der Anzeigeobliegenheit ist auch Nr. 11 Abs. 4 AGB-Banken (= Nr. 20 Abs. 1 Buchst. g und h AGB-Sparkassen) von Bedeutung, wonach der Kunde verpflichtet ist, Abrechnungen, Kontoauszüge, Rechnungsabschlüsse etc. der Bank unverzüglich zu überprüfen und ggf. Einwendungen unverzüglich erheben muss; eine Verletzung dieser Pflichten kann einen Schadenersatzanspruch der Bank gegen den Kunden aus § 280 Abs. 1 BGB ergeben.[55]

25 Schließlich gehört in den Haftungskanon der Überweisungsbank die eigene Haftung für **verschuldete Pflichtverletzungen** bei der Vertragserfüllung nach allgemeinen Grundsätzen des Leistungsstörungsrechts, zB auf Schadenersatz für Verzögerungen (§§ 280 Abs. 1 und 2, 286 BGB), Folgeschäden aus Nebenpflichtverletzungen (§ 280 Abs. 1, ggf. iVm § 241 Abs. 2 BGB) oder Schadenersatz statt der Leistung wegen Unmöglichkeit oder Nichtausführung der Überweisung (§§ 280 Abs. 1 und 3, 281, 283 oder § 311a BGB).[56] Seine Haftung für nicht oder fehlerhaft ausgeführte – nicht dagegen für nicht autorisierte – Überweisungen kann der Zahlungsdienstleister jedoch vertraglich im Fall leichter Fahrlässigkeit auf 12 500 € begrenzen (§ 675z Satz 2 BGB), wovon die Kreditinstitute Gebrauch gemacht haben. Andererseits wird das Verschulden zwischengeschalteter Kreditinstitute dem Zahlungsdienstleister des Überweisenden wie eigenes Verschulden zugerechnet (§ 675z Satz 3 BGB). Die 13 monatige Ausschlussfrist bezieht sich auch auf diese Ansprüche, es sei denn, der Überweisende war unverschuldet an ihrer Einhaltung gehindert (§ 676b Abs. 3 BGB). Allgemein liegt die **Beweislast** für die ordnungsgemäße Ausführung des Zahlungsvorgangs (Aufzeichnung, Verbuchung, Störungsfreiheit), hier der Überweisung, beim Zahlungsdienstleister (§ 676 BGB).

c) Inkassoverhältnis zwischen Überweisungsempfänger und Empfängerbank

26 Der Überweisungsempfänger hat einen Anspruch gegen seine Bank aus dem Girovertrag, der Zahlungsdiensterahmenvertrag iSd § 675f Abs. 2 BGB ist, auf **Verfügbarmachung** des Überweisungsbetrags durch Gutschrift auf seinem Zahlungskonto, und zwar unverzüglich nach Eingang auf dem Konto seines Zahlungsdienstleisters (§ 675t Abs. 1 Satz 1 und 2 BGB). Er enthält somit einen Anspruch **auf Gutschrift** – als spezielle Ausprägung zu §§ 675 Abs. 1, 667 Fall 2 BGB – und einen Anspruch **aus Gutschrift**.[57] Dieser Zeitpunkt des Zahlungseingangs beim Zahlungsdienstleister des Überweisungsempfängers ist auch maßgebend für das **Wertstellungsdatum** (§ 675t Abs. 1 Satz 2 BGB), sie hat taggenau zu erfolgen.[58] Das ist der Zeitpunkt, ab dem die Guthaben- oder Kreditzinsen für den rechnerischen Saldo berechnet werden; das „Valutaschneiden" durch verspätete Gutschrift oder Wertstellung ist damit verboten. Rechtlich handelt es sich bei der Gutschrift um ein abstraktes Schuldversprechen nach § 780 BGB, § 350 HGB aufgrund des

---

[55] Im Einzelnen umstr., vgl. *Nobbe*, Zahlungsverkehrsrechts-Kommentar, § 676b Rn. 8; *Mayen* in BankR-HdB, § 49 Rn. 128; *Langenbucher* in Bankrechts-Kommentar, Kap. 3 § 676b Rn. 4; *Sprau* in Palandt, BGB, § 676b Rn. 4.
[56] Vgl. dazu *van Look*, FS Kümpel, S. 329, 339–342.
[57] Im Einzenen umstr., vgl. *Mayen* in BankR-HdB, § 49 Rn. 163; *Langenbucher* in Bankrechts-Kommentar, Kap. 3 § 675t Rn. 6.
[58] Vgl. *Mayen* in BankR-HdB, § 47 Rn. 61 ff.

Girovertrags.⁵⁹ Dieses Schuldversprechen kommt durch Ausübung eines entsprechenden „ausfüllenden Gestaltungsrechts" zustande, das der Empfängerbank im Girovertrag mit dem Überweisungsempfänger eingeräumt worden ist. Alternativ lässt sich dies auch als Insichgeschäft der Empfängerbank erklären, der die entsprechende Vollmacht einschließlich der Befreiung von § 181 BGB durch den Empfänger und Kontoinhaber im Girovertrag erteilt worden ist.⁶⁰ Hohe Überweisungsbeträge werden von der erstbeauftragten Bank auf Wunsch des Überweisenden häufig dem Kreditinstitut des Zahlungsempfängers **avisiert**, das dieses Avis dem Begünstigten weiterleitet. Solche Avise lösen keine Rechtswirkungen aus, insbesondere kein Verfügungsrecht des Begünstigten über die avisierte Summe.⁶¹ Der Zahlungsdienstleister hat den erhaltenen Überweisungsbetrag dem Empfänger grundsätzlich **ungekürzt** gutzuschreiben, sofern er nicht den Abzug ihm zustehender Entgelte mit dem Empfänger vereinbart hat, was im konkreten Fall auch entsprechende Informationspflichten auslöst (§ 675q Abs. 2 BGB). Über den einzelnen Zahlungsvorgang sind dem Überweisungsempfänger die in § 675d Abs. 1 BGB, Art. 248 § 8 EGBGB vorgeschriebenen **Informationen** in Textform zu erteilen.

Der maßgebliche Zeitpunkt für das Wirksamwerden der Gutschrift beim Überweisungsempfänger ist bei der manuellen Buchung der tatsächliche Buchungsvorgang, selbst wenn der Kunde hiervon noch keine Kenntnis hat.⁶² Bei der in der Praxis ganz überwiegend üblichen elektronischen Buchung kommt es auf die sog. „**autorisierte Abrufpräsenz**" an, die gegeben ist, sobald die Empfängerbank durch entsprechenden Organisationsakt („Freischaltung", uU nach einer Nachdisposition) ihren Willen zum Ausdruck bringt, den Überweisungsbetrag zur vorbehaltlosen Bekanntgabe an den Begünstigten zur Verfügung zu stellen, zB Online oder im Kontoauszugsdrucker.⁶³ Der Zahlungsvorgang der Überweisung ist mit der Abrufpräsenz der Gutschrift beendet; Korrekturen sind nur nach den Grundsätzen über die ungerechtfertigte Bereicherung (§ 812 BGB) möglich.⁶⁴ Mängel im Deckungsverhältnis kann die überweisende Bank dem Empfänger gegenüber nicht geltend machen.

27

Erhält ein Empfänger ohne Rechtsgrund eine Überweisung, steht ihm ein **Zurückweisungsrecht** zu,⁶⁵ etwa um eine irrtümliche Überweisung zu korrigieren. Dieses Zurückweisungsrecht ist mit dem allgemeinen Rechtsgedanken zu begründen, dass der hochtechnisierte Zahlungsverkehr nur bei ungehinderter Rückabwicklung von Fehlüberweisungen Bestand haben kann, also Treu und Glauben und ein Reflex des Stornorechts

28

---

⁵⁹ Vgl. BGHZ 6, S. 121, 124; BGHZ 87, S. 246, 252; BGHZ 103, S. 143, 146 = NJW 1988, S. 1320 = WM 1988, S. 321 (aufschiebend bedingtes globales Schuldversprechen); BGHZ 187, S. 327 Rn. 18 = WM 2011, S. 257; grundlegend *Koller* BB 1972, S. 687, 691 f.; auch *Hadding/Häuser* WM 1988, S. 1149, 1151; *Grundmann* WM 2009, S. 1109, 1113; *Nobbe* WM 2012, Sonderbeilage 1, S. 11; *Mayen* in BankR-HdB, § 47 Rn. 52; *Baumbach/Hopt*, HGB (7) BankGesch Rn. C/70; aA *Kupisch* WM 1979, Sonderbeilage 3, S. 20.
⁶⁰ So *Bröcker* WM 1995, S. 468, 472 ff.
⁶¹ Vgl. *Mayen* in BankR-HdB, § 49 Rn. 170.
⁶² Vgl. BSG WM 2007, S. 2232 Rn. 34 = WuB I D 1.-1.08 *Richrath*.
⁶³ Vgl. BGH NJW 2000, S. 804 = WM 2000, S. 25; BGH WM 2005, S. 1019, 1021; BSG WM 2007, S. 2232 Rn. 35 ff.; auch *Möschel* AcP 186 (1986), S. 204; *Hadding*, 50 Jahre Bundesgerichtshof, S. 425, 432; *Nobbe* WM 2012, Sonderbeilage 1, S. 10 f.; *Mayen* in BankR-HdB, § 47 Rn. 54 f.
⁶⁴ Vgl. BGH WM 1955, S. 1476. Umfassend: *Seiler*, Der Bereicherungsausgleich im Überweisungsverkehr, 1998; *Nobbe* WM 2001, Sonderbeilage 4, S. 24–28; *Nobbe* WM 2012, Sonderbeilage 1, S. 19–21.; *Kümpel* WM 2001, S. 2273; *Langenbucher*, Zahlungsverkehr, § 1 Rn. 132–147.
⁶⁵ BGH NJW 1990, S. 323 = WM 1989, S. 1560, 1562.

van Look

die Zurückweisung erlauben. Andererseits müssen sich die Bank des Begünstigten und dieser selbst auf die Richtigkeit des Saldos verlassen können wegen möglicherweise inzwischen vollzogener debitorischer Verfügungen. Treuwidrige oder verspätete Zurückweisungen sind deshalb unbeachtlich.[66] Im Schrifttum wird darüber hinaus ein allgemeines Zurückweisungsrecht analog § 333 BGB oder in ergänzender Auslegung des Girovertrags auch bei intaktem Valutaverhältnis angenommen;[67] der BGH[68] hat dies jedoch abgelehnt.

29 Zum Kreditinstitut des Überweisenden und zu etwa eingeschalteten Zwischenbanken unterhält der Begünstigte **keine Vertragsbeziehung**.[69] Denn die Rechtsverhältnisse des Zahlungsdienstleisters des Überweisenden und der zwischengeschalteten Banken sind selbstständige Geschäftsbesorgungsverträge (→ § 4 Rn. 32). Wenn das überweisende Kreditinstitut oder eine Zwischenbank die Überweisung fehlerhaft bearbeitet, so erwachsen dem Überweisungsempfänger hieraus keine vertraglichen Schadensersatzansprüche gegen diese Banken. Er muss seine Ansprüche aus unterlassener, fehlerhafter oder verspäteter Überweisung gegen seinen Schuldner und Überweisenden im Valutaverhältnis geltend machen, der seinerseits Regress nehmen kann bei seinem Zahlungsdienstleister nach §§ 675y und z BGB, dieser ggf. dann gegenüber der verantwortlichen zwischengeschalteten Stelle nach § 676a BGB.

d) Valutaverhältnis zwischen Überweisendem und Begünstigtem

30 Mit der wirksamen Kontogutschrift erhält der Überweisungsempfänger und Gläubiger die Leistung des Überweisenden, seines Schuldners.[70] Die zwischen diesen beiden Parteien bestehende Forderung aus dem Valutaverhältnis, zB auf Kaufpreiszahlung, erlischt durch **Erfüllung** (§ 362 Abs. 1 BGB). Dass der Schuldner mittels Überweisung durch Buchgeld seine Schuld tilgen kann und nicht etwa Bargeld dem Gläubiger übereignen muss, bedarf wohl immer noch der Vereinbarung, die aber auch stillschweigend, etwa durch Angabe einer Kontonummer auf dem Briefbogen, der Rechnung etc. getroffen werden kann, bei einem Kaufmann uU schon durch Eröffnung eines Kontos.[71] Ist keine Zahlung auf ein Konto vereinbart, so kann eine **Leistung an Erfüllungs Statt** iSv §§ 363, 364 Abs. 1 BGB vorliegen.[72] Welche Schuld durch die Überweisung getilgt

---

[66] OLG Celle WM 1994, S. 625 (m. Anm. *Häuser*, WuB I D 1.-3.94).

[67] Vgl. *Canaris*, Bankvertragsrecht I, Rn. 473; *Canaris* ZIP 1986, S. 1021, 1025 f.; *Schön* AcP 186 (1986), S. 401, 433; *Häuser*, WM-Festgabe Hellner, Sonderheft, 1994, S. 10 ff.; *Meder* WM 1999, S. 2137, 2140 f.

[68] BGHZ 128, S. 135, 139 = NJW 1995, S. 520 = WM 1995, S. 149; dazu krit. *Häuser* ZIP 1995, S. 89 ff.; *Escher-Weingart*, WuB I D 1.-3.95; zust. dagegen *Nobbe* WM 2001, Sonderbeilage 4, S. 17 f.; *Meder* JZ 2003, S. 443, 445; *Mayen* in BankR-HdB, § 47 Rn. 20.

[69] Vgl. BGHZ 69, S. 85; BGH NJW 1987, S. 318.

[70] Vgl. BGH WM 1996, S. 438; BGH NJW 1999, S. 210 = WM 1999, S. 11 (mit Anm. *Hadding*, WuB I D 1.-2.99); *Nobbe* WM 2001, Sonderbeilage 4, S. 21; *Nobbe* WM 2012, Sonderbeilage 2, S. 14; *Heyers* JZ 2012, S. 398, 401; *Mayen* in BankR-HdB, § 49 Rn. 195; nach **aA** ist schon mit Eintreffen des Überweisungsbetrags bei der Empfängerbank erfüllt (so zB *Bitter* WM 2010, S. 1725, 1727; *Langenbucher* in Bankrechts-Kommentar, Kap. 3 § 675y Rn. 24); siehe auch BFH WM 1988, S. 252: Überweisung auf ein inzwischen gelöschtes Konto.

[71] Vgl. BGH NJW-RR 2004, S. 1281 = WM 2004, S. 1219; BGHZ 185, S. 359 Rn. 29 = WM 2010, S. 1564 (m. Anm. *Casper/Pfeifle*, WuB IV D. § 307 BGB 1.10); *Nobbe* WM 2001, Sonderbeilage 4, S. 21; *Nobbe* WM 2012, Sonderbeilage 2, S. 13; *Mayen* in BankR-HdB, § 49 Rn. 183 ff.; aA mit guten Gründen *v. Dücker* WM 1999, S. 1257, 1261 f.

[72] Vgl. BGHZ 87, S. 156, 163; BGH WM 2004, S. 1219.

wird, ergibt sich idR aus dem „Verwendungszweck" im Überweisungsvordruck (vgl. § 366 Abs. 1 BGB).[73]

In diesem Rechtsverhältnis trägt der Schuldner das **Transportrisiko** bis zur Gutschrift; 31 er haftet dafür, dass die Überweisungssumme auf dem Überweisungsweg den Gläubiger rechtzeitig erreicht (§ 270 Abs. 1 BGB).[74] Auch bei der Überweisung von Buchgeld handelt es sich nach heute h. L. um eine **modifizierte Bringschuld**, bei der der Überweisende und Schuldner so rechtzeitig überweisen muss, dass der Überweisungbetrag dem Empfänger unter Berücksichtigung der Ausführungs- und Gutschriftsfristen (§§ 675s und t BGB) spätestens bei Fälligkeit der Forderung aus dem Valutaverhältnis gutgeschrieben ist (richtlinienkonforme Auslegung des § 270 Abs. 1 und 4 BGB).[75] Im Deckungsverhältnis zwischen dem Überweisenden und seinem Zahlungsdienstleister trägt dagegen die Bank weitgehend das Transportrisiko, da sie den rechtzeitigen Eingang beim Kreditinstitut des Überweisungsempfängers schuldet (→ § 4 Rn. 20).

e) Inter-Banken-Verhältnis

Rechtsverhältnisse „von Bank zu Bank" entstehen, wenn das überweisende Kredit- 32 institut nicht zugleich die Bank des Begünstigten ist, also keine Hausüberweisung, sondern eine institutsübergreifende Überweisung durch dem Überweisenden beauftragt wurde (→ § 4 Rn. 13 f.). Im mehrgliedrigen Überweisungsverkehr entstehen Rechtsbeziehungen zwischen dem Zahlungsdienstleister des Überweisenden und dem Zahlungsdienstleister des Überweisungsempfängers sowie den zwischengeschalteten Zahlungsdienstleistern. Die Rechtsverhältnisse in dieser „Überweisungskette" sind jeweils als selbstständige, zweiseitige **Geschäftsbesorgungsverhältnisse** iSd §§ 675 Abs. 1, 611 ff. BGB einzuordnen, da sie eine Dienstleistung, nämlich die Weiterleitung des Überweisungsbetrags zum Gegenstand haben.[76] Es handelt sich nicht um Zahlungsdiensteverträge iSd §§ 675c Abs. 1, 675f BGB, da sie keine Zahlungsdienste zum Gegenstand haben; keine Zahlungsdienste sind nämlich Zahlungsvorgänge, die innerhalb eines Zahlungssystems zwischen Teilnehmern des Systems und Zahlungsdienstleistern abgewickelt werden (§ 1 Abs. 10 Nr. 7 ZAG iVm § 675c Abs. 3 BGB); die Durchführung institutsübergreifender Überweisungen erfolgt idR über solche nationalen und internationalen Zahlungssysteme (→ § 4 Rn. 14).[77]

---

[73] Vgl. OLG Düsseldorf WM 1986, S. 478.

[74] So EuGH NJW 2008, S. 1935 Rn. 23 = WM 2008, S. 678 m. Anm. *Grothe*, WuB IV A. § 270 BGB 1.08.

[75] Vgl. *Langenbucher*, Die Risikozuordnung im bargeldlosen Zahlungsverkehr, 2001, S. 43 ff.; *Langenbucher*, Zahlungsverkehr, § 1 Rn. 131; *Langenbucher* in Bankrechts-Kommentar, Kap. 3 § 675y Rn. 28; *Gösele*, FS Nobbe, 2009, S. 75, 90; *Nobbe* WM 2012, Sonderbeilage 1, S. 14; *Mayen* in BankR-HdB, § 49 Rn. 201; *Baumbach/Hopt*, HGB (7) BankGesch Rn. C/83; *Grüneberg* in Palandt, BGB, § 270 Rn. 6; in der Sache auch *Heyers* JZ 2012 S. 398, 401 f.; offen lassend allerdings BGH WM 2011, S. 285 Rn. 36.

[76] Vgl. *Mayen* in BankR-HdB, § 49 Rn. 136; zum früheren Recht BGH NJW 2003, S. 1389 = WM 2003, S. 430, 431; den durch das Überweisungsgesetz ab 1999 eingeführten Vertragstyp des **Zahlungsvertrags** (§§ 676d und e aF BGB; dazu *Gößmann/van Look* WM 2000, Sonderbeil. 1, S. 43 ff.) hat der Gesetzgeber mit der Neuregelung des Zahlungsdiensterechts 2009 wieder abgeschafft.

[77] Vgl. *Baumbach/Hopt*, HGB, (7) BankGesch Rn. C/61; *Sprau* in Palandt, BGB, Einf v § 675c Rn. 7; aM offenbar *Escher-Weingart*, BuB, Rn. 6/36.

van Look

33 Das Inter-Banken-Verhältnis betrifft jedoch **§ 676a BGB**, der dem Zahlungsdienstleister des Überweisenden einen verschuldensunabhängigen **Schadenersatzanspruch** gegen eine zwischengeschaltete Stelle gewährt, in deren Verantwortungsbereich die Ursache für eine Haftung des Zahlungsdienstleisters gegenüber dem Überweisenden nach § 675y oder § 675z BGB fällt, der also zB die Weiterleitung verzögert oder unberechtigte Abzüge vorgenommen hatte (→ § 4 Rn. 20–25). Dieser „Sprungregress" gilt auch für die vertragliche Verschuldenshaftung (§§ 280 ff. BGB) des Zahlungsdienstleisters gegenüber dem Überweisenden, in deren Rahmen er für ein Verschulden zwischengeschalteter Stellen nach § 675z S. 3 BGB einzustehen hat.

34 Weitere Rechtsgrundlage für das Bank-zu-Bank-Verhältnis ist die **SEPA-VO**, die als in allen EU-Staaten unmittelbar geltendes Recht ab 31.3.2012 für die Zahlungsdienstleister verbindlich die Standards für Überweisungen festlegt, zB über Erreichbarkeit (Art. 3), Interoperabilität (Art. 4), die technischen Anforderungen, insbes. Angabe der europaweit einheitlichen Kundenkennung IBAN (Art. 5 Abs. 1, 2 und 4 mit Anhang), und das Enddatum für nationale Überweisungsverfahren (Art. 6 Abs. 1: 1.2.2014). Ergänzend gelten als internationale Zahlungsverkehrsabkommen die **SEPA-Regelwerke** „SEPA Credit Transfer Scheme Inter-Bank Implementation Guidelines" und „SEPA Credit Transfer Scheme Rulebook" (jeweils in Version 7.0 vom November 2012)[78] sowie als nationales Zahlungsverkehrsabkommen das deutsche **Abkommen zum Überweisungsverkehr** (letzte Fassung 2011), das jedoch nicht für SEPA-Überweisungen gilt (Nr. 1 Abs. 2 des Abkommens). Dies sind multilaterale Vereinbarungen, die die Bankenverbände als Vertreter der ihnen angeschlossenen Kreditinstitute abschließen; rechtsdogmatisch sind sie Vertragsrecht der Kreditinstitute untereinander.[79] Sie dienen der Vereinheitlichung der Technik der Abwicklung des Zahlungsverkehrs und legen die Voraussetzungen fest, unter denen ein Zahlungsvorgang durchgeführt werden muss und welche Daten er in welchem Format zu enthalten hat. Der einzelne Bankkunde ist nicht Vertragspartner dieser Abkommen, wenngleich er mittelbar von ihnen betroffen wird.

35 Darüber hinaus sind die Rechtsbeziehungen zwischen den beteiligten Banken von der Rechtsprechung früher dahin ausgelegt worden, dass sie Personen, die an einer Überweisung beteiligt sind, aber miteinander nicht in Vertragsbeziehungen stehen, also insbes. Überweisendem und Zahlungsempfänger, eigene Schadenersatzansprüche aus § 280 Abs. 1 BGB gegen die beteiligten Kreditinstitute gewähren. Hierfür hatte sie aus den Vertragsverhältnissen zwischen den beteiligten Kreditinstituten **Schutzwirkungen zugunsten Dritter**, nämlich der Kunden der Institute, entwickelt (vgl. §§ 241 Abs. 2, 311 Abs. 3 S. 1, 328 Abs. 1 BGB).[80] Diese Auffassung hat der BGH mit einer Grundsatzentscheidung aufgegeben und den geschädigten Kunden auf die Möglichkeit einer **Drittschadens-**

---

[78] Überblick bei *Rigler* in Bankrechts-Kommentar, Kap. 11 Rn. 142–168.

[79] Vgl. *Schäfer*, Die zivilrechtliche Qualifizierung der Interbankenabkommen, 1990, S. 95 ff.; auch *Hennig*, Zahlungsverkehrsabkommen der Spitzenverbände der Kreditwirtschaft, Diss. Hamburg 1991.

[80] Vgl. BGHZ 69, S. 82 = NJW 1977, S. 1916 = WM 1977, S. 1042 zum Lastschriftverfahren; zum Überweisungsverkehr zB OLG Düsseldorf WM 1982, S. 757 und WM 1987, S. 1008; OLG Frankfurt WM 1995, S. 1179, 1180 m. abl. Anm. *van Look*, WuB I D 1.-7.95; offen lassend BGHZ 144, S. 245 = WM 2000, S. 1379, 1380 f.; auch *Langenbucher*, Die Risikozuordnung im bargeldlosen Zahlungsverkehr, 2001, S. 104 ff., 466 ff.; kritisch *Hadding*, FS Werner, 1984, S. 165, 193 ff.; *van Gelder* WM 1995, S. 1253, 1255 ff.

liquidation verwiesen[81]. Hierbei handelt es sich um die Geltendmachung eines Schadens des Überweisenden, den das Kreditinstitut, welches das schadenstiftende Kreditinstitut mit der Weiterleitung beauftragt hat, für Namen und Rechnung des Geschädigten geltend zu machen verpflichtet ist; alternativ kann der Überweisende den Anspruch nach Abtretung durch das Kreditinstitut an sich direkt geltend machen.[82] **Beispiel**: Ein Schuldner überweist an seinen Gläubiger die Schuldsumme, aber auf eine falsche Bank. Die „falsche Bank" schreibt den Betrag einem Zwischenkonto gut, später hinterlegt sie den Betrag, nachdem zuvor ein Gläubiger des Zahlungsempfängers von der fehlgelaufenen Überweisung erfuhr und den Gegenwert zu pfänden versuchte. Der Schuldner musste dann zum zweiten Mal zahlen und macht seinen Schaden bei der „falschen Bank" geltend. Der BGH hat dem Anspruch stattgegeben; zwar stehe der Überweisende mit der falschen Bank nicht in Vertragsbeziehungen – was auch nach neuem Zahlungsdiensterecht zutrifft –, aber die falsche Bank habe durch ihre Information des Gläubigers des Zahlungsempfängers den Schaden angerichtet, den der Schuldner aus eigenem wie aus ihm von seiner Bank abgetretenen Recht im Wege der Liquidation des Drittinteresses geltend machen könne.[83] Bei diesem Fall ging es also um einen Überweisungsvorgang, bei dessen Abwicklung die beklagte, die überweisungsempfangende Bank die ihr gegenüber der überweisenden Bank obliegende Nebenpflicht zur Verschwiegenheit verletzt hatte, wodurch dem Überweisenden ein Schaden entstanden war. Dieser Verstoß ist im Zahlungsdiensterecht nicht geregelt, weswegen die Vollharmonisierung einem Anspruch nicht entgegensteht.[84] Der Anspruch ist deshalb auch nach heutigem Recht gem. § 280 Abs. 1 BGB aus dem Institut der Drittschadensliquidation herzuleiten.

Abschließend ist darauf hinzuweisen, dass für das Zahlungsdiensterecht in der aufgrund § 14 Abs. 1 Nr. 3 UKlaG erlassenen „Verordnung über die Schlichtungsstelle nach § 14 des Unterlassungsklagengesetzes und ihr Verfahren (Schlichtungsstellenverfahrensverordnung -SchlichtVerfV)"[85] ein **außergerichtliches Schlichtungsverfahren** vorgeschrieben wurde. Sinn dieses Verfahrens ist es, die Gerichte zu entlasten und für schnelle und effektive Klärung von Abwicklungsstörungen im Überweisungsverkehr zu sorgen. Nach § 7 Abs. 1 SchlichtVerfV ist die Schlichtungsaufgabe für Streitigkeiten mit verbandsangehörigen Kreditinstituten auf die jeweiligen Ombudsleute übertragen (→ § 1 Rn. 239 ff.); für nicht verbandsangehörige Institute besteht eine Schlichtungsstelle bei der deutschen Bundesbank.

---

[81] BGHZ 176, S. 281 Rn. 26 ff. und 35 ff. = NJW 2008, S. 2245 = WM 2008, S. 1252 m. Anm. *Siol*, WuB I D 1.-6.08; ebenso *Nobbe* WM 2012, Sonderbeil. 1, S. 15; *Mayen* in BankR-HdB, § 49 Rn. 155.

[82] Vgl. zum Überweisungsverkehr schon BGHZ 27, S. 241, 247; BGH NJW 1969, S. 320 = WM 1968, S. 1368; BGH WM 1976, S. 904, 906; *Hadding*, FS Werner, 1984, S. 165, 177, 182 f.; *Schürmann*, Haftung im mehrgliedrigen bargeldlosen Zahlungsverkehr, 1994, S. 140 ff., 197; *van Gelder* WM 1995, S. 1253, 1259 f.; *Nobbe* WM 2001, Sonderbeilage 4, S. 22. Für einen „Vertrag mit Schadensliquidation zugunsten Dritter" *Neuner* JZ 1999, S. 126, 133 ff.

[83] BGHZ 27, S. 241, 247 = NJW 1958, S. 1232 = WM 1958, S. 776.

[84] In diesem Sinne auch *Mayen* in BankR-HdB, § 49 Rn. 153; *Langenbucher* in Bankrechts-Kommentar, Kap. 3 § 675z Rn. 7.

[85] IdF v. 10. Juli 2002, BGBl. I, S. 2577.

van Look

f) Telefon-Banking, Online-Banking

37 Die hergebrachte Form eines Überweisungsauftrags ist die Ausfüllung eines schriftlichen Überweisungsträgers durch den Kunden, den er sodann (falls nicht ohnehin in den Geschäftsräumen der Bank ausgefüllt) der Bank übermittelt, sog. beleghafte Überweisung. Ein erster Schritt zur Automatisierung, der zugleich dem Privatkunden den Vorteil größerer Unabhängigkeit von den Öffnungszeiten der Banken brachte, war die Aufstellung von **Kundenterminals** durch die Banken in jederzeit zugänglichen Nebenräumen der Bank. Nach Einführung seiner Kundenkarte oder Debit-Karte und Eingabe seiner PIN kann der Kunde an diesen Terminals eine Vielzahl von Kontovorgängen (zB Abruf von Kontoauszügen) und auch Überweisungen vornehmen, die unmittelbar in die Rechneranlage der Bank eingespeist werden.

38 Eine weitere Variante der Vornahme von Bankgeschäfte ist das sog. **Telefon-Banking**. Dabei erteilt der Kunde seinen Überweisungsauftrag fernmündlich am Telefon. Die Legitimierung erfolgt durch zuvor mit der Bank zu vereinbarende Kennwörter und Geheimzahlen, wobei hier die Einzelheiten von Bank zu Bank unterschiedlich gestaltet sind. Besonders gebräuchlich ist das Telefon-Banking bei Direktbanken, die kein eigenes Zweigstellennetz unterhalten.

39 Stark zunehmende Bedeutung namentlich für die Erteilung von Überweisungsaufträgen gewinnt das sog. **Online-Banking** (oder Home-Banking, auch Internet-Banking), das mittlerweile von nahezu allen Banken angeboten wird; im Jahr 2012 wurden rd. 40% aller Überweisungen Online vorgenommen.[86] Beim Online-Banking nimmt der Kunde Bankgeschäfte wie zB Überweisungen an seinem Computer oder mobilen Endgerät (zB Mobiltelefon) vor, der entweder über ein geschlossenes Netz (Telefonleitung) durch spezielle Software oder über das Internet mit dem Rechner der Bank verbunden ist. Um Zugang zur Rechneranlage der Bank und seinem Konto zu erhalten, muss der Kunde sich zunächst durch Eingabe einer persönlichen Geheimzahl **(PIN)** aus Zahlen und/oder Buchstaben legitimieren, ggf. auch durch spezielle Passwörter. Daraufhin werden dem Kunden auf dem Bildschirm seine aktuellen Kontodaten angezeigt. Will der Kunde eine Überweisung vornehmen, also der Bank einen entsprechenden Auftrag übermitteln, so benötigt er dazu aus Sicherheitsgründen eine weitere Geheimzahl zur Legitimation des konkreten Zahlungsvorgangs, die sog. Transaktionsnummer **(TAN)**. Früher erhielt der Kunde von seiner Bank eine bestimmte Anzahl TAN in einem versiegelten Umschlag, von denen er sodann jeweils eine dieser TAN für eine bestimmte Transaktion (zB Überweisung) benutzen konnte. Da sich dieses Verfahren – auch in der Variante des indizierten TAN-Verfahrens – als nicht hinreichend sicher erwiesen hat, erfolgt heute die Vergabe der TAN entweder durch SMS auf ein Mobiltelefon des Überweisenden auf seine konkrete Anforderung hin (mobile TAN), mittels eines TAN-Generators (eTAN) oder mittels einer Chipkarte mit Signaturfunktion.[87]

40 Ein weiterer Kommunikationsstandard beim Online-Banking ist das seit 1997 in der Kreditwirtschaft eingeführte **HBCI-Verfahren** (Homebanking Computer Interface), mit dem der Kunde, nach Installation einer speziellen Software, in einem elektronischen Dialogverfahren zahlreiche Bankgeschäfte (zB auch Kreditaufnahmen) multibankfähig

---

[86] Quelle: Deutsche Bundesbank, Zahlungsverkehrs- und Wertpapierabwicklungsstatistiken in Deutschland 2008–2012, Stand: Juli 2013, Tab. 6.

[87] Zu den einzelnen Verfahren vgl. ausführlich *Maihold* in BankR-HdB, § 55 Rn. 9–20.

abwickeln kann.⁸⁸ Die Legitimation des Kunden erfolgt hier mittels einer elektronischen Signatur nach dem Signaturgesetz,⁸⁹ die idR auf einer Chipkarte des Kunden enthalten ist. Allerdings hat der zum HBCI-FinTS (Financial Transaction Services) weiterentwickelte Standard, der auch PIN und TAN unterstützt,⁹⁰ keine erhebliche Marktbedeutung erlangt.

Rechtsgrundlagen der Überweisung im Wege des Online-Banking sind zunächst die **41** **§§ 675c – 676c BGB**, da es sich auch hier um **Zahlungsdienste** iSd § 1 Abs. 2 Nr. 2 Buchst. b) und Nr. 3 ZAG handelt, ebenso die **SEPA-VO** sowie die SEPA-Regelwerke (vgl. schon oben § 4 Rn. 15). Zwischen dem Kunden und der Bank wird eine entsprechende Erweiterung des Girovertrags über diese Form der Nutzung des Kontos vereinbart, deren Einzelheiten sich nach den – inhaltlich weitgehend einheitlichen – „**Bedingungen für das Online-Banking**" richten.⁹¹ Für den einzelnen Online erteilten Überweisungsauftrag gelten für das Deckungsverhältnis zwischen dem Überweisenden und seinem Zahlungsdienstleister im Ausgangspunkt die gleichen Regeln wie für eine beleghaft erteilte Überweisung (→ § 4 Rn. 16–25). Jedoch erfolgt beim Online-Banking die **Autorisierung** mittels eines Zahlungsauthentifizierungsinstruments, nämlich durch die Eingabe von PIN und TAN oder einer elektronischen Signatur (§ 675j Abs. 1 Satz 4 BGB; Legaldefinition des **Zahlungsauthentifizierungsinstruments** in § 1 Abs. 5 ZAG). Hierbei handelt es sich um personalisierte Sicherheitsmerkmale, die der Kunde „vor unbefugtem Zugriff" schützen muss (§ 675l Satz 1 BGB), zB durch Geheimhaltung und sichere Aufbewahrung. Den Verlust, Diebstahl oder eine nicht autorisierte Nutzung hat der Kunde nach Kenntnis unverzüglich dem Zahlungsdienstleister anzuzeigen, damit dieser die weitere Verwendung sperren kann (§ 675l Satz 2 BGB; vgl. auch § 675m Abs. 1 Satz 1 Nr. 3 und Abs. 1 Satz 2 BGB). Eine solche Sperre kann der Zahlungsdienstleister aufgrund Vereinbarung in den Bedingungen für das Online-Banking (Nr. 9.2) auch von sich aus in bestimmten Verdachtsfällen vornehmen (vgl. § 675k Abs. 2 BGB). Zur Begrenzung des Missbrauchsrisikos können Nutzer und Zahlungsdienstleister Betragsobergrenzen für die Nutzung der Zahlungsauthentifizierungsinstrumente vereinbaren, zB einen Höchstbetrag für Online-Überweisungen mittels TAN (§ 675k Abs. 1 BGB). Darüber hinaus obliegen auch dem Zahlungsdienstleister bestimmte organisatorische Pflichten bei der Ausgabe von Zahlungsauthentifizierungsinstrumenten, zB die Unterhaltung eines jederzeit erreichbaren Sperrdienstes (§ 675m Abs. 1 Satz 1 BGB); er trägt auch die Versendungsgefahr, dh das Risiko des Abhandenkommens mit anschließendem Missbrauch (§ 675m Abs. 2 BGB).

Leider hat die weite Verbreitung des Online-Banking auch zu spezifischen Formen der **42** Computerkriminalität geführt, bei denen der Täter sich durch Manipulationen Kenntnis von PIN und TAN(s) verschafft. Häufig kommt zB das sog. Phishing oder das sog. Pharming vor, bei denen der Nutzer durch Manipulation auf gefälschte Webseiten geleitet wird, die denen des Kreditinstituts täuschend echt nachgeahmt sind; dort wird er veranlasst, seine PIN und (mehrere) TAN preiszugeben, die der Täter dann für Überweisungen

---

⁸⁸ Dazu vgl. *Stockhausen* WM 2001, S. 605 ff.
⁸⁹ Gesetz über Rahmenbedingungen für elektronische Signaturen (Signaturgesetz – SigG) vom 16. Mai 2001 (BGBl. I, S. 876); Verordnung zur elektronischen Signatur (Signaturverordnung – SigV) vom 16. November 2001 (BGBl. I, S. 3074).
⁹⁰ Vgl. dazu *Maihold* in BankR-HdB, § 55 Rn. 22.
⁹¹ Abgedruckt zB bei *Mayen* in BankR-HdB, § 55 Anh. 7 und 8; *Herresthal* in Bankrechts-Kommentar, Kap. 5 Anh. 2.

van Look

auf das Konto eines Finanzagenten verwendet, der das Geld ins Ausland transferiert.[92] Kommt es zu einem derartigen **Missbrauch**, so besteht mangels Autorisierung kein Aufwendungsersatzanspruch des Kreditinstituts aus §§ 670, 675c Abs. 1 BGB gegen den Kontoinhaber (§ 675u Abs. 1 Satz 1 BGB). Dieser kann vielmehr von seinem Kreditinstitut unverzügliche **Erstattung** des missbräuchlich abverfügten Überweisungsbetrags und Rückgangigmachung der Belastungsbuchung verlangen (§ 675u Abs. 1 Satz 2 BGB). Die Beweislast für die Authentifizierung durch Überprüfung von PIN und TAN liegt beim Zahlungsdienstleister; die Aufzeichnung dieser ordnungsmäßigen Authentifizierung und Nutzung reicht jedoch „allein nicht notwendigerweise aus", um eine Autorisierung zu beweisen (vgl. § 675w, insbes. Satz 3 Nr. 1 BGB). Ob in diesem Fall ein sog. Anscheinsbeweis korrekter Autorisierung möglich ist, ist umstritten, dürfte aber angesichts der Häufigkeit der Angriffe und der Komplexität der technischen Voraussetzungen zu verneinen sein.[93]

42a Dem Zahlungsdienstleister steht in diesen Missbrauchsfällen ein verschuldensunabhängiger **Schadenersatzanspruch** gegen den Nutzer zu, wenn ihm PIN und TAN oder eine Chipkarte mit Signaturfunktion abhanden gekommen gekommen sind oder er sie – bei einfacher Fahrlässigkeit – nicht sicher aufbewahrt hat (§ 675v Abs. 1 BGB). Hiermit wird an die Pflicht des Nutzers nach § 675l BGB angeknüpft, die personalisierten Sicherheitsmerkmale durch zumutbare Maßnahmen vor unbefugtem Zugriff zu schützen, die durch Nr. 7.1, 7.2, 10.2 Bedingungen für das Online-Banking konkretisiert wird. Die Haftung des Nutzers ist jedoch begrenzt auf maximal 150 €, womit ein Anreiz zum sicheren Umgang mit den Instrumenten gesetzt werden soll. Unter § 675v Abs. 1 Satz 2 BGB wäre zB der vom BGH[94] zum früheren Recht entschiedene **Beispielsfall** einzuordnen, dass der Nutzer aufgrund eines Pharming-Angriffs trotz ausdrücklichen Warnhinweises auf der Website des Betrügers beim Log-In-Vorgang gleichzeitig 10 TAN eingibt, womit dieser die Überweisung von 5 000 € ins Ausland vom Konto des Nutzers veranlasst; der BGH hat das Verhalten des Nutzers als normale Fahrlässigkeit eingeordnet.[95] Eine volle Haftung des Zahlungsdienstnutzers besteht jedoch, wenn er den missbräuchlichen Zahlungsvorgang in betrügerischer Absicht ermöglicht hat oder vorsätzlich oder grob fahrlässig seine Pflichten nach § 675l BGB oder nach den Bedingungen für das Online-Banking verletzt hat (§ 675v Abs. 2 BGB). Er haftet jedoch – außer bei betrügerischem Verhalten – nicht für Schäden, die dem Zahlungsdienstleister nach der Verlustanzeige hinsichtlich des Zahlungsauthentifizierungsinstruments (§ 675l Satz 2 BGB) entstanden sind (§ 675v Abs. 3 BGB).

---

[92] Vgl. ausführlich *Maihold* in BankR.-HdB, § 55 Rn. 29 ff., auch zu weiteren „Angriffsszenarien".

[93] Vgl. Kammergericht WM 2011, S. 493, 495 (m. Anm. *Meder/Flick*, WuB I D 1.-1.11); *Borges* BKR 2009, S. 85, 87; *Spindler*, FS Nobbe, 2009, S. 215, 232; *Maihold* in BankR.-HdB, § 55 Rn. 82–89; für Anscheinsbeweis dagegen *Bender* WM 2008, S. 2049, 2058; *van Gelder*, FS Nobbe, 2009, S. 55, 66 ff.; *Gößmann/Bredenkamp*, ebenda, S. 93, 110 ff.; *Herresthal* in Bankrechts-Komentar, Kap. 5 § 675w Rn. 14.

[94] WM 2012, S. 983 Rn. 24 ff (m. Anm. *Geschwandtner/Breidenbach*, WuB I D 1.-3.12); ähnlicher Phishing-Fall: Kammergericht WM 2011, S. 493.

[95] Weitere Beispiele für Pflichtverletzungen bei *Maihold* in BankR.-HdB, § 55 Rn. 114 ff.; *Herresthal* in Bankrechts-Kommentar, § 675u Rn. 22 ff.

2. Lastschriftverkehr

a) Bedeutung und rechtliche Grundlagen

Das Lastschriftverfahren hat sich nach dem Zweiten Weltkrieg in Deutschland als Form des bargeldlosen Zahlungsverkehrs in der Praxis entwickelt, bei dem ein Zahlungsbetrag auf Inititative des Zahlungsempfängers über sein Kreditinstitut (erste Inkassostelle) von dem Konto des Zahlungspflichtigen bei dessen Kreditinstitut (Zahlstelle) eingezogen; dem lag entweder eine dem Zahlungsempfänger durch den Zahlungspflichtigen erteilte Ermächtigung (**Einzugsermächtigungsverfahren**) oder ein der Zahlstelle durch den Zahlungspflichtigen zugunsten des Zahlungsempfängers erteilter Auftrag (**Abbuchungsauftragsverfahren**) zugrunde. Grundlagen waren das 1964 erstmals abgeschlossene **Abkommen über den Lastschriftverkehr** als Inter-Banken-Abkommen und im Verhältnis zu den Kunden die Sonderbedingungen der Banken und Sparkassen über den Lastschriftverkehr.[96] Heute werden die meisten Zahlungsvorgänge in Deutschland durch Lastschriften abgewickelt. 43

Durch die Neuregelung des Zahlungsdiensterechts zum 31.10.2009 wurde auch das Lastschriftverfahren erstmals in den **§§ 675c – 676c BGB, Art. 248 EGBGB** gesetzlich geregelt, da das Lastschriftgeschäft gem. § 1 Abs. 2 Nr. 2 a und Nr. 3 ZAG (iVm § 675c Abs. 3 BGB) als **Zahlungsdienst** anzusehen ist (→ § 4 Rn. 2). Einschneidende Änderungen und Konkretisierungen brachte die sog. **SEPA-VO 260/2012** der EU vom 14.3.2012 (→ § 4 Rn. 3), die für alle Lastschriften in € innerhalb des EU unmittelbar geltendes Recht ist (Art. 1 Abs. 1 SEPA-VO) und ab 1.2.2014 besondere nationale Verfahren, dh auch das „traditionelle" deutsche Lastschriftverfahren (zB in Form des Abbuchungsauftrags), ausschließt (Art. 6 Abs. 2 SEPA-VO).[97] Dessen frühere – zT heftig umstrittene – zivilrechtliche Beurteilung[98] hat damit – jedenfalls in weiten Teilen – nur noch rechtshistorische Bedeutung.[99] Die SEPA-VO wird ergänzt und konkretisiert durch internationale und nationale Bankenabkommen: das **SEPA-Regelwerk**, hier das „Direct Debit Core Rulebook" (Version 6.1, November 2012) und das „Direct Debit Business to Business Rulebook" (Version 4.1, November 2012) sowie diverse „Implementation Guidelines".[100] Auf nationaler Ebene werden diese ergänzt durch das **„Abkommen über die SEPA-Inlandslastschrift"** (Fassung Dezember 2012). Auch die Kreditinstitute haben ihre Sonderbedingungen aufgrund der SEPA-Regelwerke grundlegend reformiert und bieten jetzt zwei unterschiedliche SEPA-Lastschriftverfahren an: Das **SEPA-Basislastschriftverfahren**, geregelt in den „Bedingungen für Zahlungen mittels Lastschrift im SEPA-Basislastschriftverfahren" (im Folgenden: Bed. SEPA-Basis) und das **SEPA-Firmenlastschriftverfahren**, geregelt in den „Bedingungen für Zahlungen mittels Lastschrift im SEPA-Firmenlastschriftverfahren" (im Folgenden: Bed. SEPA-Firmen); für das Verhältnis zwischen Zahlungsempfänger und seinem Zahlungsdienstleister sind die „Bedingungen für den 44

---

[96] Zur Geschichte des Lastschriftverfahrens vgl. *Ellenberger* in BankR-HdB, § 56 Rn. 7–34.
[97] Zur parallelen Rechtslage bei der Überweisung → § 4 Rn. 15. Eine Ausnahme gilt allerdings für eine Übergangsfrist bis zum 1.2.2016 für das sog. **elektronische Lastschriftverfahren** (→ § 4 Rn. 72).
[98] Grundlegend *Hadding*, FS Bärmann, 1975, S. 375 ff., zusammenfassende Rechtsprechungsübersicht unter Berücksichtigung der Neuregelungen bei *Nobbe* WM 2012, Sonderbeil. 3.
[99] Ebenso *Hadding* ZBB 2012, S. 149, 151.
[100] Überblick bei *Rigler* in Bankrechts-Kommentar, Kap. 22 Rn. 187–211.

Lastschrifteinzug" (im Folgenden: Bed. SEPA-Einzug) maßgebend (derzeit jeweils Fassung 2012).

45   Art. 2 Nr. 2 SEPA-VO definiert die **Lastschrift** als „einen vom Zahlungsempfänger ausgelösten inländischen oder grenzüberschreitenden Zahlungsdienst zur Belastung des Zahlungskontos des Zahlers, aufgrund einer Zustimmung des Zahlers zu einem Zahlungsvorgang". Während bei der Überweisung die Initiative zur Zahlung des geschuldeten Betrags vom Schuldner (Zahler) ausgeht, wird bei der Lastschrift der Zahlungsvorgang vom Gläubiger (Zahlungsempfänger) in Gang gesetzt. Deshalb wird diese Zahlungsweise „rückläufige Überweisung" genannt; auch die Bezeichnung „Einziehungsverfahren" erklärt das Verfahren: Der Gläubiger (Zahlungsempfänger) zieht über seinen Zahlungsdienstleister (erste Inkassostelle) seine Forderung vom Zahlungskonto des Schuldners (Zahler) bei seinem Zahlungsdienstleister (Zahlstelle) in einem standardisierten Verfahren ein. Diese Standardisierung führt zu einem erheblichen Rationalisierungseffekt, sowohl für den Zahlungsempfänger, der sich die Kontrolle der Zahlungseingänge und ggf. Mahnungen erspart, als auch für den Zahler, für den das Ausstellen von Überweisungen oder Schecks entfällt; für die beteiligten Kreditinstitute bringt vor allem die Standardisierung und Automatisierung Kostenvorteile. Andererseits ist der Lastschriftverkehr aber auch mit Missbrauchsrisiken verbunden, da ein Kontoinhaber nach Zulassung zum Lastschrifteinzug mithilfe von Banken auf fremde Konten zugreifen kann, ggf. ohne hierzu im Valutaverhältnis berechtigt zu sein. Durch die SEPA-Lastschrift wird das Verfahren europaweit vereinheitlicht, beschleunigt und auch sicherer und kostengünstiger gestaltet.

b) Ablauf des SEPA-Lastschriftverfahrens

46   Im SEPA-Lastschriftverfahren muss der Zahlungsempfänger zunächst über eine Gläubiger-Identifikationsnummer verfügen, die durch die Deutsche Bundesbank vergeben wird. Grundlage für das SEPA-Lastschriftverfahren ist das sog. **SEPA-Lastschriftmandat**, das der Zahler dem Zahlungsempfänger erteilt, zB im Zusammenhang mit dem der Zahlung zugrunde liegenden Kausalgeschäft, das in diesem Fall auch die Lastschriftabrede enthält, dass die Forderung aus dem Kausalgeschäft durch Lastschrifteinzug erfüllt werden soll (→ § 4 Rn. 63). Der **Inhalt** des SEPA-Lastschriftmandats ist durch die SEPA-Rulebooks auf der Grundlage der Zahlungsdienste-Richtlinie festgelegt und wird im Verhältnis zum Zahlenden und seinem Zahlungsdienstleister durch jeweils Nr. 2.2.1 Bed. SEPA-Basis und Bed. SEPA-Firmen vorgegeben. Im Verhältnis zum Zahlungsempfänger wird der Inhalt durch die mit seinem Zahlungsdienstleister vereinbarte Nr. 4.4.1 Abs. 1–3 Bed. SEPA-Einzug vorgegeben, die in Anlagen B.3 und B.4 einen Vordruck enthalten, der vom Zahlungsempfänger dem Zahlenden vorzulegen und von diesem auszufüllen und zu unterzeichnen ist; mithin ist der Zahlungsempfänger verantwortlich für das Vorliegen eines ordnungsgemäßen Lastschriftmandats. Danach **ermächtigt** der Zahler den Zahlungsempfänger, Zahlungen vom Konto des Zahlers mittels Lastschrift einzuziehen. Zugleich **weist** der Zahler seinen Zahlungsdienstleister **an**, die vom Zahlungsempfänger auf sein Konto gezogenen Lastschriften einzulösen. Daneben muss das Mandat die sog. **Autorisierungsdaten** enthalten: Bezeichnung des Zahlungsempfängers, die Gläubiger-Identifikationsnummer, die Kennzeichnung einmalige Zahlung oder wiederkehrende Zahlungen, den Namen und die IBAN des Kunden sowie die BIC seiner Bank. Der Zahlungsempfänger muss für jedes Mandat eine individuelle Mandatsreferenz vergeben, die im Mandat enthalten sein oder seinem Zahlungsdienstleister nachträglich bekannt gegeben werden kann (Nr. 4.4.1 Abs. 4 Bed. LS-Einzug). Das Mandat bedarf grundsätzlich der **Schriftform**

(rechtsgeschäftlich bestimmte Schriftform iSd § 127 BGB), jedoch kann der Zahler mit seinem Zahlungsdienstleister eine andere Art und Weise der Erteilung vereinbaren (jeweils Nr. 2.2.1 Bed. SEPA-Basis und Bed. SEPA-Firmen).[101] Beim SEPA-Firmenlastschriftmandat hat der Zahler die Autorisierung mit den Kerndaten seinem Zahlungsdienstleister, dh der Zahlstelle, gegenüber zu **bestätigen**, zB durch eine Kopie des dem Zahlungsempfänger erteilten Formulars (Nr. 2.2.2 Bed. SEPA-Firmen).

Das vom Zahler erteilte SEPA-Lastschriftmandat verbleibt beim Zahlungsempfänger, der die Autorisierungsdaten in den elektronischen **Datensatz** zur Einziehung der SEPA-Lastschrift übernimmt („Dematerialisierung"), der auch den Lastschriftbetrag und den **Fälligkeitstag** („due date") der Lastschriftzahlung enthalten muss (Nr. 4.6 Abs. 1 und Nr. 5.6 Bed. LS-Einzug), der zeitlich maßgebend für die weitere Durchführung ist. Der Zahlungsempfänger hat dem Zahler spätestens 14 Kalendertage vor Fälligkeit der ersten Lastschrift-Zahlung den Lastschrifteinzug **anzukündigen**, wobei diese Information auch in einer anderen Erklärung (zB Rechnung) enthalten sein kann; bei wiederkehrenden Lastschriften mit gleichen Beträgen reicht auch eine einmalige Information vor dem ersten Einzug unter Angabe der Fälligkeitstermine; die Vereinbarung kürzerer Fristen zwischen Zahler und Zahlungsempfänger ist möglich (Nr. 4.5 und 5.5. Bed. LS-Einzug). Den erstellten Datensatz übermittelt der Zahlungsempfänger seinem Zahlungsdienstleister elektronisch unter Beachtung der zwischen Zahlungsempfänger und seinem Zahlungsdienstleister vereinbarten Einreichungsfristen, wobei Basislastschriften mit dem Zusatz „CORE", Firmenlastschriften mit dem Zusatz „B2B" zu kennzeichnen sind (Nr. 4.6 Abs. 2, Nr. 5.6 Abs. 2 iVm Anl. C Bed. LS-Einzug). Der Zahlungsdienstleister des Zahlungsempfängers **übermittelt** nun über das Zahlungsverkehrssystem von SEPA (Clearing and Settlement-Mechanismus) den erhaltenen Datensatz an den Zahlungsdienstleister des Zahlers (vgl. Nr. 4.6 Abs. 5 und 5.6 Abs. 5 Bed. LS-Einzug), und zwar so rechtzeitig, dass diese im Basis-Lastschriftverfahren bei Erst- und Einmallastschriften fünf Tage vor dem Fälligkeitszeitpunkt, bei Folgelastschriften zwei Tage vor Fälligkeit beim Zahlungsdienstleister des Zahlers vorliegt; im Firmen-Lastschriftverfahren verkürzt sich die Frist auf einen Tag vor Fälligkeit (vgl. § 675s Abs. 2 BGB). Dieser **belastet** am angegebenen Fälligkeitstag das Konto des Zahlers mit dem Lastschriftbetrag (Nr. 2.4.1 Abs. 1 Bed. SEPA-Basis und Bed. SEPA-Firmen); an diesem Tag findet auch die Verrechnung zwischen den beteiligten Kreditinstituten und die Gutschrift auf dem Konto des Zahlungsempfängers – unter Vorbehalt – statt. Der Zahlungsdienstleister des Zahlers **übermittelt** den Lastschriftbetrag wiederum über das Zahlungsverkehrssystem innerhalb der Ausführungsfrist der §§ 675s Abs. 1, 675n Abs. 2 BGB – idR spätestens bis Ende des folgenden Geschäftstags – an den Zahlungsdienstleister des Zahlungsempfängers (Nr. 4.7 Abs. 1 und 5.7 Abs. 1 Bed. LS-Einzug, Nr. 2.4.4. Bed. SEPA-Basis und Bed. SEPA-Firmen). Die Lastschrift ist **eingelöst**, wenn die Belastungsbuchung nicht innerhalb von zwei Geschäftstagen rückgängig gemacht wird (Nr. 2.4.2 Bed. SEPA-Bas. und Bed. SEPA-Firmen), wobei Nr. 2.4.1 Abs. 2 Bed. SEPA-Bas. und Bed. SEPA-Firmen die Voraussetzungen für eine Rückgängigmachung festlegt.

---

[101] Nach *Werner* in Bankrechts-Kommentar, Kap. 4 Rn. 101–119 soll auch die telekommunikative Übermittlung (§ 127 Abs. 2 BGB) über das Internet das Schriftformerfordernis erfüllen.

van Look

c) Rechtliche Beurteilung

48 Bei der SEPA-Lastschrift handelt es sich um einen Zahlungsvorgang, den der Zahlers aufgrund eines Zahlungsdiensterahmenvertrags mit seinem Zahlungsdienstleister (Girovertrag im Deckungsverhältnis) durch einen mittelbar über den Zahlungsempfänger erteilten Zahlungsauftrag auslöst (vgl. § 675 f Abs. 2 und 3, insbes. Satz 2 Fall 2 BGB). Das SEPA-Lastschriftmandat enthält einerseits das generelle **Einverständnis** des Zahlers damit, dass der Zahlungsempfänger Geldforderungen durch SEPA-Lastschrift vom Girokonto des Zahlers einzieht (sog. Lastschriftabrede im Valutaverhältnis; → § 4 Rn. 63). Gleichzeitig enthält das Mandat die **generelle Weisung** (vgl. §§ 665, 675c Abs. 1 BGB) i. S. eines Zahlungsauftrags des Zahlenden an seinen Zahlungsdienstleister, die durch den Zahlungsempfänger eingereichten einzelnen Lastschriften zu Lasten seines Kontos einzulösen (jeweils Nr. 2.2.1. Abs. 1 Bed. SEPA-Basis und Bed. SEPA-Firmen). Damit ermächtigt er den Zahlungsempfänger, die generelle Weisung durch Einreichung von Einzellastschriften als **Zahlungsaufträge**, insbes. hinsichtlich der Höhe des Zahlungsbetrags und des Zeitpunkts, zu konkretisieren; dies kann man als Einräumung eines Leistungsbestimmungsrechts iSd § 315 BGB ansehen. Gleichzeitig enthält das SEPA-Lastschriftmandat die **Autorisierung** der einzelnen aufgrund der Lastschriften ausgelösten Zahlungsvorgänge, und zwar in Form der vorherigen Zustimmung, dh einer Einwilligung (§ 675j Abs. 1 BGB, so ausdrücklich jeweils Nr. 2.2.1 Abs. 1 Satz 2 Bed. SEPA-Basis und Bed. SEPA-Firmen)[102]. Schließlich wird mit dem SEPA-Lastschriftmandat durch den Zahler der Zahlungsempfänger als **Erklärungsbote** (vgl. § 120 BGB) eingesetzt, dem Zahlungsdienstleister des Zahlers (Zahlstelle) den durch den Zahlungsempfänger konkretisierten Zahlungsauftrag und die Zustimmung über den Zahlungsdienstleister des Zahlungsempfängers (erste Inkassostelle) durch die Einreichung der Einzellastschriften zu übermitteln.[103] Mit der Belastungsbuchung aufgrund der autorisierten Lastschrift und Übermittlung des Lastschriftbetrags an den Zahlungsdienstleister des Zahlungsempfängers macht der Zahlungsdienstleister des Zahlenden gegen diesen einen Anspruch auf **Aufwendungsersatz** aus §§ 670, 675c Abs. 1 BGB geltend, den er in das Kontokorrent einstellt.[104] Der Zahlungsempfänger hat dann im Inkassoverhältnis gegen seinen Zahlungsdienstleister (erste Inkassostelle) einen Anspruch auf unverzügliche **Verfügbarmachung** des erlangten Lastschriftbetrags aus § 675t Abs. 1 Satz 1 BGB.

49 Art. 7 Abs. 1 SEPA-VO enthält eine gesetzliche **Umdeutung** („Migration") vor dem 1.2.2014 erteilter Einzugsermächtigungen, insbes. im „traditionellen" deutschen Einzugsermächtigungsverfahren, in ein SEPA-Lastschriftmandat, da ab diesem Zeitpunkt im EWR nur noch SEPA-Lastschriften möglich sind. Soweit die Kreditinstitute diese Umdeutung – einer Anregung des BGH[105] folgend – jedoch durch Änderung ihrer AGB zum 9.7.2012 vorweggenommen haben und in der Vergangenheit erteilte Einzugsermächtigungen zukünftig generell als SEPA-Lastschriftmandat behandeln wollen (Nr. 2.2.2, insbes.

---

[102] So BGHZ 186, S. 269 Rn. 17 = NJW 2010, S. 3510 = WM 2010, S. 1546 (m. Anm. *Hadding*, WuB I D 2.-5.10); vgl. auch *Nobbe* WM 2012, Sonderbeil. 3, S. 16; *Hadding* ZBB 2012, S. 149, 155 f.

[103] Vgl. BGHZ 186, S. 269 Rn. 17; *Hadding*, FS Hüffer, S. 273, 286, *Laitenberger* NJW 2010, S. 192, 193; *Lohmann*, BuB Rn. 20/102; *Ellenberger* in BankR-HdB, § 57 Rn. 45 und § 58 Rn. 98; *Werner* in Bankrechts-Kommentar, Kap. 4 § 675n Rn. 2.

[104] BGHZ 186, S. 269 Rn. 19 = WM 2010, S. 1546.

[105] BGH WM 2010, S. 1546, 1552 f. Rn. 40.

Satz 3 Bed. SEPA-Basis, Nr. 4.4.2 Bed. LS-Einzug), ist dies nicht ganz unbedenklich, weil hiermit der Erklärung des Kunden nachträglich durch AGB eine Bedeutung beigemessen wird, die sie im Zeitpunkt ihrer Abgabe nicht hatte.[106]

d) Rückgabe der Lastschrift

Der Zahlungsdienstleister des Zahlers ist diesem gegenüber aus dem Girovertrag **verpflichtet**, eine autorisierte Lastschrift einzulösen, wenn die Ausführungsbedingungen erfüllt sind und die Ausführung nicht gegen Rechtsvorschriften verstößt (vgl. § 675o Abs. 2 BGB). Die (negativen) Ausführungsbedingungen sind zT in Nr. 2.4.1 Abs. 2 Bed. SEPA-Basis und Bed. SEPA-Firmen festgelegt, insbes. fehlende Kontodeckung (kein ausreichendes Guthaben oder kein ausreichender Kredit für die Einlösung) und fehlende Möglichkeit zur Verarbeitung wegen fehlender Daten im Datensatz. In diesem Fall verweigert der Zahlungsdienstleister des Zahlers die Einlösung der Lastschrift und reicht diese über das Zahlungsverkehrssystem an den Zahlungsdienstleister des Zahlungsempfängers zurück. Hierauf macht der Zahlungsdienstleister des Empfängers die unter Vorbehalt erfolgte Gutschrift auf dem Konto des Empfängers wieder rückgängig (Nr. 4.7. Abs. 2 Bed. LS-Einzug). Da es sich hier um die berechtigte **Ablehnung** eines Zahlungsauftrags handelt, ist der Zahler durch seinen Zahlungsdienstleister von der Nichteinlösung der Lastschrift unverzüglich zu **unterrichten**, und zwar möglichst unter Angabe der Gründe und unter Aufzeigung von Abhilfemöglichkeiten (§ 675o Abs. 1 BGB; jeweils Nr. 2.4.3 Bed. SEPA-Basis und Bed. SEPA-Firmen);[107] für diese Benachrichtigung darf der Zahlungsdienstleister mit seinem Kunden, dem Zahler, ein **Entgelt** vereinbaren (§ 675o Abs. 1 Satz 4 BGB), was in den Preis- und Leistungsverzeichnissen der Kreditinstitute für den Fall fehlender Kontodeckung auch geschehen ist. 50

Die schuldhafte Verletzung der Unterrichtungspflicht kann auch **Schadenersatzansprüche** des Zahlers aus § 280 Abs. 1 BGB auslösen, wie folgender **Beispielsfall** zeigt: Eine Versicherungsgesellschaft schickt eine Lastschrift, betreffend die Erstprämie einer Autoversicherung, zum Inkasso; die Lastschrift wird mangels Deckung nicht eingelöst. Lastschriftschuldner ist ein gerade volljähriger Schuldner, der sein Konto unregelmäßig führte, weshalb die Bank eine Kontosperre verfügte und die Einlösung verweigerte. Der Lastschriftschuldner verursacht einen Verkehrsunfall; wegen Nichtzahlung der Erstprämie ist er unversichert. Von der Nichteinlösung waren weder Lastschriftschuldner noch Lastschriftgläubiger in Kenntnis gesetzt worden. Der BGH[108] verurteilte das Kreditinstitut, den gesamten Schaden des Unfalls zu tragen ohne jeden Abschlag für Mitverschulden o.ä., weil es nicht am selben Tag dem Lastschriftschuldner die Rückgabe der Lastschrift mitgeteilt hatte, vor Geltung des § 675o BGB allerdings noch unter Annahme einer ungeschriebenen Schutzpflicht. 51

---

[106] Bedenken deshalb bei *Nobbe* WM 2011, S. 961, 966; *Hadding* ZBB 2012, S. 149, 151; vgl. auch *Laitenberger* NJW 2010, S. 192, 195.

[107] A. A. offenbar *Werner* in Bankrechts-Kommentar, Kap. 5 § 675o Rn. 2, nach dem der „Lastschrifteinreicher" zu unterrichten ist; wie hier dagegen BGH WM 2012, S. 1383 Rn. 28; *Ellenberger* in BankR-HdB, § 58 Rn 133.

[108] BGH NJW 1989, S. 625 = WM 1989, S. 625 = ZIP 1989, S. 563 (dazu *Reiser*, WuB I D 2.-4.89; *Koller* EWiR 1989, S. 565). Zur Problematik der Darlegungs- und Beweislast für die Schadensursächlichkeit der unterbliebenen Information vgl. *Häuser* WM 1989, S. 841 ff.

van Look

e) Widerruf durch den Zahler

52   Das SEPA-Lastschriftmandat kann durch den Zahler durch Erklärung gegenüber seinem Zahlungsdienstleister oder dem Zahlungsempfänger jederzeit ohne Grund **widerrufen** werden mit der Folge, dass zeitlich nachfolgende Zahlungsvorgänge nicht (mehr) autorisiert sind. Letztmöglicher **Zeitpunkt** für den Zugang des Widerrufs ist der Ablauf des letzten Geschäftstags der Bank vor dem vereinbarten Fälligkeitstag (Nr. 2.2.3 Bed. SEPA-Basis und Bed. SEPA-Firmen), was der gesetzlichen Regelung entspricht (vgl. §§ 675j Abs. 2, 675p Abs. 2, insbes. Satz 2, und Abs. 3 BGB). Bei wirksamem Widerruf steht dem Zahlungsdienstleister des Zahlers kein Aufwendungsersatzanspruch zu; vielmehr hat der Zahler gegen ihn ggf. einen Anspruch auf Erstattung und Korrekturbuchung (§ 675u Abs. 1 BGB; jeweils Nr. 2.6.1 Bed. SEPA-Basis und Bed. SEPA-Firmen; Ausschlussfrist von 13 Monaten ab Belastungsbuchung, § 676b Abs. 2 BGB). Darüber hinaus kann der Zahler seinem Zahlungsdienstleister die Weisung erteilen, Zahlungen aus **bestimmten**, einzelnen SEPA-Lastschriften nicht zu bewirken, zB weil im Valutaverhältnis Gegenrechte des Zahlers gegen den Anspruch des Zahlungsempfängers bestehen (jeweils Nr. 2.2.4 Bed. SEPA-Basis und Bed. SEPA-Firmen). Hierbei handelt es sich um einen Widerruf des (Einzel-)Zahlungsauftrags iSd § 675p Abs. 2 Satz 2 BGB, der spätestens am Geschäftstag vor dem Fälligkeitstag dem Zahlungsdienstleister des Zahlers zugegangen sein muss. Im SEPA-Firmenlastschriftverfahren kann auch der Tag der Belastungsbuchung vereinbart werden, wobei die Vereinbarung wirksam wird, wenn es dem Zahlungsdienstleister gelingt, den Betrag zurück zu erlangen; für diese Leistung des Zahlungsdienstleisters kann ein Engelt vereinbart werden (Nr. 2.2.4 Bed. SEPA-Firmen); dies entspricht der gesetzlichen Regelung in § 675p Abs. 4 BGB, nach dessen Satz 2 zusätzlich die Zustimmung des Zahlungsempfängers zum Widerruf erforderlich ist.

f) Erstattungsansprüche im Deckungsverhältnis

53   Auch bei **autorisierten** Zahlungsvorgängen, also bei Vorliegen eines ordnungsgemäßen SEPA-Lastschriftmandats, hat der Zahler im SEPA-Basislastschriftverfahren trotz bestehenden Aufwendungsersatzanspruchs gegen seinen Zahlungsdienstleister ohne Angabe von Gründen einen eigenständigen Anspruch auf Erstattung des belasteten Lastschriftbetrags, der sich aus Nr. 2.1.1 Abs. 4 und Nr. 2.5 Bed. SEPA-Bas. ergibt. Damit haben die Kreditinstitute von der in § 675x Abs. 2 BGB vorgesehenen Möglichkeit Gebrauch gemacht, den gesetzlichen Erstattungsanspruch, der nur unter engeren Voraussetzungen besteht – nämlich eines atypisch hohen Zahlungsbetrags – durch Vereinbarung zu erweitern (vgl. § 675x Abs. 1 Satz 1, insbes. Nr. 2 BGB).

54   Der Anspruch ist innerhalb einer Ausschlussfrist von **acht Wochen** ab dem Zeitpunkt der Belastung gegenüber dem Zahlungsdienstleister des Zahlers geltend zu machen (§ 675x Abs. 4 BGB). Das Kreditinstitut ist verpflichtet, entweder den vollständigen Lastschriftbetrag innerhalb von zehn Geschäftstagen zu erstatten oder die Gründe für die Ablehnung mitzuteilen (§ 675x Abs. 5 Satz 1 BGB); eine Ablehnung des Erstattungsverlangens kommt nur in Betracht, wenn die in Nr. 2.5 Bed.SEPA-Basis festgelegten Voraussetzungen nicht vorliegen (vgl. § 675x Abs. 5 Satz 3 BGB). Bei einem berechtigten Erstattungsverlangen bringt das Kreditinstitut das Konto des Zahlers wieder auf denjenigen Stand, auf dem es sich ohne die Belastung mit der Lastschrift befunden hätte, dh mit Wertstellung auf den Tag der Belastungsbuchung.[109] Außer bei Nichteinhaltung der

---

[109] Vgl. *Ellenberger* in BankR-HdB, § 58 Rn. 117 f.

Acht-Wochen-Frist ist der Anspruch **ausgeschlossen**, wenn der Zahler die konkrete Belastungsbuchung durch eine ausdrückliche Genehmigung unmittelbar gegenüber seinem Zahlungsdienstleister autorisiert hat (Nr. 2.5 Abs. 2 Bed. SEPA-Bas.; großzügiger § 675x Abs. 6 BGB, der für einen Anspruch nach Abs. 1 auch eine konkludente Genehmigung ausreichen lässt). Fraglich ist, ob das Kreditinstitut dem Erstattungsverlangen den Einwand des Rechtsmissbrauchs (§ 242 BGB) entgegenhalten kann, wenn es weiß, dass die Forderung im Valutaverhältnis besteht.[110] Bei einem berechtigten Erstattungsverlangen leitet der Zahlungsdienstleister des Zahlers die Lastschrift an den Zahlungsdienstleister des Zahlungsempfängers zurück, der daraufhin die – unter Vorbehalt erfolgte – Gutschrift auf dem Konto des Zahlungsempfängers wieder rückgängig macht (Nr. 4.7 Abs. 2 Bed. LS-Einzug). Der Erstattungsanspruch besteht **nicht** beim SEPA-Firmenlastschriftverfahren (Nr. 2.5 Bed. SEPA-Firmen); damit haben die Kreditinstitute von der in § 675e Abs. 4 BGB vorgesehenen Möglichkeit Gebrauch gemacht, § 675x BGB gegenüber Unternehmern (§ 14 BGB) vertraglich abzubedingen.[111]

Der Erstattungsanspruch aus § 675x Abs. 1 und 2 BGB ist **insolvenzfest**: Wird über das Vermögen des Zahlenden innerhalb von acht Wochen nach der Belastungsbuchung das Insolvenzverfahren eröffnet, so fällt er nicht in die Insolvenzmasse und kann nicht durch den Insolvenzverwalter geltend gemacht werden; dies ergibt sich nach einer Grundsatzentscheidung des BGH aus einer analogen Anwendung des § 377 Abs. 1 BGB, nach dem das Recht zur Rücknahme aus der Hinterlegung nicht pfändbar ist.[112]   55

Erfolgt der Lastschrifteinzug im SEPA-Basislastschriftverfahren trotz ordnungsgemäßer 56
Autorisierung gar **nicht** oder **fehlerhaft**, zB verspätet, so kann zunächst der Zahlungsempfänger von seinem Zahlungsdienstleister verlangen, dass er dem Zahlungsdienstleister des Zahlers den Zahlungsauftrag unverzüglich – ggf. erneut – **übermittelt** (§ 675y Abs. 2 Satz 1 BGB; Nr. 1.5.2 Abs. 1 Bed. LS-Einzug). Weist der Zahlungsdienstleister des Empfängers nach, dass er seine Übermittlungspflichten ordnungsgemäß erfüllt hat, so hat der Zahler gegen seinen Zahlungsdienstleister einen **Erstattungsanspruch** auf den ggf. abgebuchten Betrag und Korrekturbuchung nebst Zinsen und Entgelten (§ 675y Abs. 2 Satz 2 und Abs. 4 BGB; Nr. 2.6.2. Bed. SEPA-Basis mit abweichender Regelung bei Verspätung in Abs. 3). Der Anspruch ist ausgeschlossen, wenn der Fehler auf die Angabe einer falschen Kontonummer durch einen der Zahlungsdienstnutzer zurückzuführen ist (§ 675y Abs. 3 BGB). Der Übermittlungs- und Erstattungsanspruch aus § 675y Abs. 2 und 4 BGB besteht **nicht** im SEPA-Firmenlastschriftverfahren (Nr. 2.6.2 Abs. 1 Satz 4 Bed. SEPA-Firmen), was gem. § 675e Abs. 4 BGB zulässig ist.

Bei **unberechtigtem Abzug** von Entgelten vom Zahlungsbetrag hat der Zahlungs- 57
empfänger einen Anspruch gegen seinen Zahlungsdienstleister auf unverzügliche Verfügbarmachung des abgezogenen Betrags, auch wenn der Abzug durch eine zwischengeschaltetete Stelle erfolgt ist (§ 675y Abs. 2 Satz 4 BGB). Im letzteren Fall besteht ein **Regress-**

---

[110] So *Ellenberger* in BankR-HdB, § 48 Rn. 119; aA *Nobbe* WM 2011, S. 961, 965; *Nobbe* WM 2012, Sonderbeil. 3, S. 16; vgl. zum früheren Einzugsermächtigungsverfahren zB BGH WM 2009, S. 1073 Rn. 16; zusammenfassend *Ellenberger* in BankR-HdB, § 48 Rn. 85 ff.

[111] Dies soll aber dazu führen, dass eine Vereinbarung des SEPA-Firmenlastschriftverfahrens zwischen Zahlendem und Zahlungsempfänger in AGB gem. § 307 BGB unwirksam ist (→ § 4 Rn. 63).

[112] BGHZ 186, S. 269 Rn. 27 ff. = NJW 2010, S. 3510 = WM 2010, S. 1546 = ZIP 2010, S. 1556; dazu *Hadding*, WuB I D 2.-5.10; *Jacoby* ZIP 2010, S. 1725 ff.; *Wagner* ZIP 2011, S. 846 ff.; *Nobbe* WM 2011, S. 961, 965 f.; *Nobbe* WM 2012, Sonderbeil. 3, S. 27 f.; *Ellenberger* in BankR-HdB, § 59 Rn. 18 ff.

van Look

anspruch des Erstattungspflichtigen gegen diejenige zwischengeschaltete Stelle, die für die fehlerhafte Ausführung verantwortlich ist (§ 676a BGB).

58   Sämtliche Erstattungsansprüche sind **ausgeschlossen**, wenn der Zahler seinen Zahlungsdienstleister nicht innerhalb von 13 Monaten nach der Belastungsbuchung von der fehlenden Autorisierung oder dem fehlerhaft ausgeführten Zahlungsvorgang unterrichtet hat (§ 676b Abs. 2 BGB) oder der Fehler auf höherer Gewalt oder Erfüllung einer gesetzlichen Pflicht beruhte (§ 676c BGB).

g) Inter-Banken-Verhältnis

59   Bei den Rechtsverhältnissen zwischen den an dem Lastschrifteinzug beteiligten Kreditinstituten handelt es sich jeweils um zweiseitige **Geschäftsbesorgungs-Dienstverträge** (§§ 675 Abs. 1, 611 ff.), deren Hauptpflicht jeweils in der ordnungsgemäßen Übermittlung des Lastschrift-Datensatzes an das nächste Institut in der Lastschriftkette bis hin zum Zahlungsdienstleister des Zahlers besteht, andererseits in der Weiterleitung des Lastschriftbetrags an das nächste Institut in der Lastschriftkette bis hin zum Zahlungsdienstleister des Zahlungsempfängers.[113] Der Inhalt dieser Verträge wird maßgeblich durch die **SEPA-VO** sowie das **SEPA-Regelwerk** („Direct Debit Core Rulebook", „Direct Debit Business to Business Rulebook" sowie diverse „Implementation Guidelines") als internationale Bankenabkommen bestimmt; ergänzend gilt für deutsche Kreditinstitute das „Abkommen über die SEPA-Inlandslastschrift" (→ § 4 Rn. 44).[114] Im Falle eines Erstattungsverlangens des Zahlers aus § 675x Abs. 1 und 2 BGB innerhalb der achtwöchigen Frist (→ § 4 Rn. 53–55) haben die zwischengeschalteten Kreditinstitute jeweils ebenfalls einen vertraglichen Erstattungsanspruch gegen das ihnen in der Zahlungskette jeweils „nachgeschaltete" Institut; damit ist gewährleistet, dass letztendlich der Zahlungsempfänger mit dem Erstattungsbetrag rückbelastet wird.[115] Weiterhin sind zwischen der beteiligten Zwischenbanken verschuldete Pflichtverletzungen denkbar, zB verzögerte Rückleitung einer nicht eingelösten Lastschrift, die einen Schadenersatzanspruch des Vertragspartners aus § 280 Abs. 1 (ggf. iVm §§ 280 Abs. 2, 286) BGB ergeben; fehlt es hier an einem Schaden der jeweiligen Gläubigerbank, so kann der ggf. geschädigte Zahlungsempfänger, zu dem keine vertragliche Beziehung besteht, diesen im Wege der Schadensliquidation im Drittinteresse gegen die Zahlstelle oder die zwischengeschaltete Stelle geltend machen.[116]

60   **Beispiel** (nach BGHZ 69, S. 82): Die Klägerin beliefert die Käuferin (K) mit Kalksandsteinen. Der Kaufpreis wurde im Lastschriftverfahren von der Klägerin bei der B-Bank, bei der die Klägerin ein Girokonto unterhielt, eingezogen. Bei der B-Bank wurden eine Reihe von Lastschriften nicht eingelöst. Die B-Bank sandte die nicht eingelösten Lastschriften aber nicht, wie es das damalige Lastschriftabkommen (heute: SEPA-Rulebook) vorsah, unverzüglich zurück, sondern erst verspätet. Die Klägerin hätte, wenn sie innerhalb der festgelegten Frist von einer Rückbelastung erfahren hätte, an K nicht mehr

---

[113] Vgl. *Nobbe* WM 2012, Sonderbeil. 3 S. 18; zur entsprechenden Rechtslage bei der Überweisung → § 4 Rn. 32.
[114] Zur entsprechenden Rechtslage bei der Überweisung → § 4 Rn. 34.
[115] Vgl. *Lohmann*, BuB Rn. 20/97; *Ellenberger* in BankR-HdB, § 57 Rn. 51 und § 58 Rn. 172.
[116] Vgl. grundlegend *Hadding*, FS Werner, 1984, S. 165, 177; ebenso *van Gelder* WM 1995, S. 1253, 1259 f.; *Ellenberger* in BankR-HdB, § 58 Rn 227 ff.; nunmehr auch BGHZ 176, S. 281 Rn 35 = WM 2008, S. 1252 zur Parallelproblematik im Überweisungsverkehr (→ § 4 Rn. 35); aM noch BGHZ 69, S. 82, 85 = WM 1977, S. 1042: Vertrag mit Schutzwirkung für Dritte; krit. dazu *Hadding* WM 1978, S. 1366, 1372.

van Look

geliefert. Nun konnte sie den Kaufpreis für die Lieferungen nicht mehr erlangen. Der BGH gewährte der Klägerin einen vertraglichen Anspruch auf Schadenersatz gegen die B-Bank (heute aus § 280 Abs. 1 BGB), weil diese eine ihr auch gegenüber der Klägerin als nicht vertragsbeteiligter Dritter obliegende Schutzpflicht (§ 241 Abs. 2 BGB) zur rechtzeitigen Rückgabe aus dem Vertragsverhältnis zur Gläubigerbank verletzt habe. Der BGH entnimmt diese Schutzpflicht dem Geschäftsbesorgungsvertrag zwischen Zahlstelle und erster Inkassostelle und fügt hinzu, wenn „durch Liegenlassen der Lastschriften... die beklagte Bank... zugelassen habe, dass die Klägerin die K weiterhin im Vertrauen auf die Einlösung der Lastschriften beliefert habe, so liegt darin eine sittenwidrige Schädigung. Die Beklagte hat damit erreichen wollen und erreicht, dass der Schuldsaldo der Firma K bei ihr verringert wurde...". Diese letzten Sätze machen den Anspruch aus § 826 BGB schlüssig, ohne dass es einer Erstreckung des Vertrags mit Schutzwirkung für Dritte auf verfahrenstypische Risiken im Massengeschäft ohne personenrechtliches Fürsorgeverhältnis zwischen Gläubiger und Geschädigtem bedurft hätte; vielmehr hätte das Rechtsinstitut der Schadensliquidation im Drittinteresse eine interessen- und praxisgerechtere Lösung zugelassen, da es hier nicht zu einer Ausweitung des Kreises potentieller Gläubiger kommt (so nunmehr auch der BGH[117]). Trotz dieser berechtigten Kritik an den Urteilsgründen macht der Fall – das erste grundlegende Urteil des BGH zum Lastschriftverkehr – die Abläufe und Risikofelder deutlich.

h) Schadenersatzansprüche im Deckungs- und im Inkassoverhältnis

Die speziellen zahlungsdienstrechtlichen Erstattungsansprüche (→ § 4 Rn. 53–58) schließen **verschuldensabhängige** vertragliche oder gesetzliche Schadenersatzansprüche zwischen den am Lastschrifteinzug Beteiligten, insbes. dem Zahler und seinem Zahlungsdienstleister (Deckungsverhältnis) sowie dem Zahlungsempfänger und seinem Zahlungsdienstleister (Inkassoverhältnis), nicht aus, zB aus §§ 280 Abs. 1 (ggf. iVm §§ 280 Abs. 2, 286, §§ 280 Abs. 3, 281) oder § 826 BGB. Für Schadenersatzansprüche des Zahlers oder des Zahlungsempfängers gegen ihre jeweiligen Zahlungsdienstleister wegen nicht oder fehlerhaft ausgeführter Zahlungsvorgänge eröffnet § 675z Satz 2 BGB die Möglichkeit, ua bei leicht fahrlässigem Handeln die Haftung des Zahlungsdienstleisters auf 12 500 € zu **beschränken**; hiervon haben die Kreditinstitute in ihren AGB Gebrauch gemacht (vgl. Nr. 2.6.3 Abs. 1 Bed. SEPA-Basis, Nr. 1.5.3 Abs. 2 Satz 2 und 3 Bed. LS-Einzug). Bei nicht autorisierten Lastschriften verbleibt es dagegen bei der vollen Haftung des Zahlungsdienstleisters. Das Verschulden einer zwischengeschalteten Stelle haben die jeweiligen Zahlungsdienstleister wie eigenes Verschulden zu vertreten (§ 675z Satz 3 BGB). Bei Kunden, die Unternehmer (§ 14 BGB) sind, ist die Haftung des Zahlungsdienstleisters bei leichter Fahrlässigkeit auf den **Lastschriftbetrag** begrenzt, bei Folgeschäden auf 12 500 € (Nr. 2.6.4 Abs. 3 Bed. SEPA-Basis, Nr. 2.6.2 Abs. 2 Bed. SEPA-Firmen, Nr. 1.5.3 Bed. LS-Einzug); hiermit haben die Kreditinstitute von der in § 675e Abs. 4 BGB vorgesehenen Möglichkeit Gebrauch gemacht, § 675z BGB nicht anzuwenden, womit allerdings noch nicht gesagt ist, dass diese Haftungsbeschänkung einer Inhaltskontrolle nach §§ 307 ff. BGB standhält. Die 13-monatige **Ausschlussfrist** des § 676b Abs. 2 BGB gilt auch für die verschuldensabhängigen Schadenersatzansprüche, soweit der anspruchsbe-

---

[117] Seit BGHZ 176, S. 281 Rn 35 = WM 2008, S. 1252 (m. Anm. *Siol*, WuB I D 1.-6.08) zum Überweisungsverkehr; zur Übertragbarkeit dieser Rechtsprechung auf den Lastschriftverkehr vgl. *Nobbe* WM 2012, Sonderbeil. 3, S. 18 und 23.

rechtigte Zahlungsdienstnutzer nicht unverschuldet, zB mangels Kenntnis oder fahrlässiger Unkenntnis, an ihrer Einhaltung verhindert war (§ 676b Abs. 3 BGB).

62 Umgekehrt kann sich auch eine Schadenersatzpflicht des **Zahlers** oder des **Zahlungsempfängers** aus § 280 Abs. 1 BGB ergeben, wenn er eine Pflicht, insbes. eine Schutzpflicht aus § 241 Abs. 2 BGB, gegenüber seinem jeweiligen Zahlungsdienstleister vorsätzlich oder fahrlässig verletzt und der Zahlungsdienstleister hierdurch einen Schaden erleidet. Dies kann zB in Betracht kommen, wenn der Zahlungsdienstnutzer seine Pflicht verletzt, Kontoauszüge und Rechnungsabschlüsse, die nicht autorisierte oder fehlerhafte Lastschriftbuchungen enthalten, unverzüglich zu kontrollieren und Einwendungen rechtzeitig gegenüber seinem Zahlungsdienstleister vorzubringen (vgl. Nr. 7 Abs. 2 und Nr. 11 Abs. 4 AGB-Banken = Nr. 7 Abs. 3 und Nr. 20 Abs. 1 Buchst. g AGB-Sparkassen);[118] die „Unterrichtungspflicht" des § 676b Abs. 1 BGB ist dagegen nach h. M.[119] als bloße Obliegenheit anzusehen, deren Verletzung nur zum Rechtsverlust nach § 676b Abs. 2 BGB führen, aber keine Schadenersatzansprüche aus § 280 Abs. 1 BGB auslösen kann.

i) Valutaverhältnis zwischen Gläubiger (Zahlungsempfänger) und Schuldner (Zahler)

63 Neben das Schuldverhältnis, das Gläubiger und Schuldner verbindet, tritt die **Lastschriftabrede**, dh die Übereinkunft zwischen Gläubiger und Schuldner, dass die Erfüllung des Schuldverhältnisses durch (SEPA-)Lastschrift erfolgen soll. Dies bedeutet, dass sich der Gläubiger die geschuldete Summe „holen" muss und der Schuldner eine Belastung seines Kontos vorab autorisiert (→ § 4 Rn. 48); hiermit wird aus der Geldschuld, die idR modifizierte Bringschuld ist (→ § 4 Rn. 31), kraft Vereinbarung eine **Holschuld** (vgl. § 269 Abs. 1 BGB).[120] Die Lastschriftabrede ist formfrei, kann auch konkludent geschlossen werden; aus ihr muss sich ergeben, ob das SEPA-Basis- oder -Firmen-Lastschriftverfahren gewählt wird. Lastschriftklauseln in **AGB** sind zulässig, soweit das SEPA-Basislastschriftverfahren gewählt wird; dagegen soll die formularmäßige Vereinbarung des SEPA-Firmenlastschriftverfahrens zu einer unangemessenen Benachteiligung des Schuldners iSd § 307 Abs. 1 BGB führen, da ihm hier kein Erstattungsanspruch aus § 675x BGB zusteht (→ § 4 Rn. 54).[121] Der Gläubiger ist nicht verpflichtet, nur auf dem Weg des Lastschriftverfahrens Befriedigung zu suchen; er kann auch alternativ zB Überweisung oder Scheckzahlung fordern.[122] Die Forderung aus dem Schuldverhältnis **erlischt** – auflösend bedingt (§ 158 Abs. 2 BGB) – mit der vorbehaltlosen Gutschrift des Lastschriftbetrags auf dem Konto des Zahlungsempfängers (§§ 362 Abs. 1, 364 Abs. 1 BGB); die Erfüllung entfällt rückwirkend (§ 159 BGB), wenn es zu einer Rückbelastung aufgrund

---

[118] Vgl. zum früheren Recht BGHZ 95, S. 103 = NJW 1985, S. 2326 = WM 1985, S. 905; zum Bereicherungsausgleich BGH WM 2006, S. 1001, 1002 Rn. 14 m. zust. Anm. *Hadding,* WuB I D 2.-2.06).

[119] Vgl. *Maihold* in BankR-HdB, § 54 Rn. 54; *Sprau* in Palandt, BGB, § 676b Rn. 2.

[120] BGHZ 69, S. 361, 367 = NJW 1978, S. 215; BGHZ 177, S. 69 Rn. 24 = WM 2008, S. 1963; BGHZ 186, S. 269 Rn. 26 = WM 2012, S. 1546; *Nobbe* WM 2012, Sonderbeil. 3, S. 8 und 19.

[121] So *Nobbe* WM 2012, Sonderbeil. 3, S. 8; *Ellenberger* in BankR-HdB, § 58 Rn. 106 und 180; zum früheren Abbuchungsauftragsverfahren vgl. BGH NJW 1996, S. 988, 989 f. = WM 1996, S. 335 = JZ 1997, S. 954 m. zust. Anm. *Häuser;* BGH NJW 2003, S. 1237 = WM 2003, S. 425, 427 f.; BGH WM 2008, S. 1391 Rn. 17 (m. Anm. *Haertlein/Thümmler* WuB I D 2.-4.08); BGH WM 2010, S. 1391 Rn. 12 ff.

[122] Ausnahmen von diesem Grundsatz hat der BGH bei Versicherungsprämien und Leasingraten zugelassen (vgl. BGHZ 70, S. 177; BGH NJW 1984, S. 871, 872).

eines Erstattungsverlangens des Zahlers aus § 675x kommt[123]. Die **Kündigung** der Lastschriftabrede, die vom Widerruf des SEPA-Lastschriftmandats oder des einzelnen Zahlungsauftrags zu unterscheiden ist (→ § 4 Rn. 52), ist jederzeit ohne Angabe von Gründen möglich, bedarf aber einer Kündigungserklärung des Zahlers gegenüber dem Zahlungsempfänger[124].

j) Inkassoverhältnis zwischen dem Zahlungsempfänger (Gläubiger) und seinem Zahlungsdienstleister (erste Inkassostelle)

Zwischen diesen Parteien muss – als Zusatzabrede neben dem Girovertrag – eine formularmäßige **Inkassovereinbarung** getroffen werden, die „Vereinbarung über den Einzug von Forderungen durch Lastschriften (Lastschriftinkassovereinbarung), die wiederum auf die „Bedingungen für den Lastschrifteinzug" (Bed. LS-Einzug; derzeit Fassung 2012)[125] und die „Sonderbedingungen über den Datenträgeraustausch, die Datenfernübertragung und das Online-Banking" verweist. Die Inkassovereinbarung enthält zunächst die Zulassung des Zahlungsempfängers zum Lastschriftverfahren sowie die Voraussetzungen, unter denen er Lastschriften zum Einzug einreichen darf, zB dass nur fällige Forderungen eingezogen werden dürfen, für deren Geltendmachung die Vorlage von Urkunden nicht erforderlich ist, und dass der Gläubiger nur Lastschriften in Form eines elektronischen Datensatzes gegen solche Schuldner einreichen darf, die ihm eine schriftliche Ermächtigung erteilt haben.[126] Auf die Zulassung zum Lastschriftverfahren durch Abschluss dieser Inkassovereinbarung hat der Kunde aus dem Girovertrag keinen Anspruch, weil für die Bank das Risiko besteht, dass für eine eventuelle Rückbelastung keine Deckung vorhanden ist. Deswegen prüfen die Kreditinstitute vor Zulassung zum Lastschriftverfahren regelmäßig die Bonität und die Seriosität ihres Kunden.

64

Reicht der Lastschriftgläubiger seinem Zahlungsdienstleister – der ersten Inkassostelle – aufgrund der Inkassovereinbarung eine Lastschrift ein, so erhält er sofort eine **Gutschrift** auf seinem Konto, allerdings unter der aufschiebenden Bedingung (§ 158 Abs. 1 BGB), dass die Lastschrift durch den Zahlungsdienstleister des Zahlenden (Zahlstelle) auch eingelöst wird; die Gutschrift erfolgt „**E. v.**" für „Eingang vorbehalten" (jeweils Nr. 9 Abs. 1 AGB-Banken und AGB-Sparkassen); lässt die Bank den Kunden über den E.v. gutgeschriebenen Betrag verfügen, zB im Rahmen eines Tagessaldos, so liegt hierin eine Kreditgewährung.[127] Mit Eingang der Deckung bei der ersten Inkassostelle tritt die Bedingung ein, und der Vorbehalt fällt weg; dieser Zeitpunkt ist auch für die **Wertstellung** des Lastschriftbetrags auf dem Konto des Zahlungsempfängers maßgebend, soweit der Betrag nicht – wie weithin üblich – dem Zahlungsdienstleister des Zahlungsempfängers schon vorher gutgeschrieben worden ist (§ 675t Abs. 1 Satz 2 BGB).[128] Löst dagegen der Zahlungsdienstleister des Zahlers (Zahlstelle) die Lastschrift nicht ein (zB mangels Deckung)

65

---

[123] So BGHZ 186, S. 269 Rn. 23 ff. = NJW 2010, S. 3510 = WM 2012, S. 1546 (m. insoweit krit. Anm. *Hadding*, WuB I D 2.-5.10); *Nobbe* WM 2012, Sonderbeil. 3 S. 21; *Ellenberger* in BankR-HdB, § 58 Rn. 204 ff.

[124] Vgl. BGH NJW 1984, S. 871, 872 = WM 1984, S. 163; *Ellenberger* in BankR-HdB, § 58 Rn. 190; enger *Häuser* WM 1991, S. 1, 3; *Hadding* ZBB 2012, S. 149, 164: nur aus wichtigem Grund; Sonderfall: BGH WM 2009, S. 931 Rn. 11.

[125] Abgedruckt bei *Ellenberger* in BankR-HdB, §§ 56–59 Anh. 2 (Fassung 2009).

[126] Dazu iE *Ellenberger* in BankR-HdB, § 58 Rn. 9 f.

[127] Vgl. *van Gelder*, FS Schimansky, 1999, S. 140, 143.

[128] Vgl. hierzu näher *Laitenberger* NJW 2010, S. 192, 195 f.; *Nobbe* WM 2012, Sonderbeil. 3 S. 9.

oder verlangt beim SEPA-Basislastschriftverfahren der Zahler Erstattung des Lastschriftbetrags aus § 675x Abs. 1 und 2 BGB (→ § 4 Rn. 53 f.), so kann die erste Inkassostelle das Konto des Zahlungsempfängers **rückbelasten**, dh die (Vorbehalts-)Gutschrift rückgängig machen (Nr. 4.7 Abs. 2 Bed. SEPA-Basis, Nr. 5.7 Bed. SEPA-Firmen). Für den Fall des Erstattungsverlangens ergibt sich dies schon daraus, dass die Gutschrift unter der auflösenden Bedingung (§ 158 Abs. 2 BGB) der Wiedervergütung gegenüber dem Zahlungsdienstleister des Zahlers steht.[129]

3. Kartengesteuerter bargeldloser Zahlungsverkehr

a) POS-System/Electronic-Cash-System

66 **aa) Funktionsweise und Rechtsgrundlagen.** Das POS-System – Point of sale-System – erlaubt das bargeldlose Bezahlen mit der Debit-Karte (Girocard, SparkassenCard, VR-Bank-Card) an speziell dafür eingerichteten **electronic cash-Kassen** (daher auch Electronic-Cash-System); durch die Teilnahme am internationalen maestro- und V-Pay-System wird auch der Auslandseinsatz der Debit-Karte ermöglicht. Die Funktionsweise ähnelt dem Kreditkartensystem, gewährt aber anders als jenes keinen Zahlungsaufschub, sondern führt zur unmittelbaren Abbuchung vom Konto des Kunden (Debit); hinsichtlich des Einsatzes der Debit-Karte ähnelt es dagegen dem Geldausgabeautomatensystem (→ § 4 Rn. 7-11, insbes. Rn. 9 f. zur Authentifizierung). Der Kunde gibt beim Bezahlen seine Debit-Karte in das ec-Terminal des Händlers oder Dienstleisters ein, tippt seine PIN ein und bestätigt durch Tastendruck den zu zahlenden Betrag. Das ec-Terminal entschlüsselt die auf der Karte gespeicherten Daten, die sodann elektronisch über einen Netzbetreiber, wie etwa die Gesellschaft für Zahlungssysteme oder andere Kopf- und Übergabestellen, an den Autorisierungsrechner der kartenausgebenden Bank weitergereicht werden. Dort wird die Richtigkeit der Daten überprüft und – sofern der Verfügungsrahmen eingehalten ist und keine Sperre vorliegt – die Zahlung freigegeben. Die Autorisierung ermöglicht neben der Überprüfung der ordnungsgemäßen Verwendung der Karte die Zuordnung des Zahlungsvorgangs zum jeweiligen Karten- und Kontoinhaber und dadurch die mit der Zahlung korrespondierende Kontobelastung. Der Händler erhält die Gutschrift des Betrags durch das sog. **Clearing**, meistens per Datenfernübertragung über die Hausbank des Händlers im Wege des Lastschrifteinzugs. Das POS/ec-System hat praktische Vorteile. Der Autorisierungsvorgang wird gewöhnlich innerhalb weniger Sekunden durchgeführt,[130] so dass für den Kunden ein zügiger und damit bequemer Zahlungsvorgang am Ort des Geschäftsabschlusses gewährleistet ist. Händler und Bank haben den Vorteil des von Anfang an elektronisch gestützten Buchungsverkehrs, der somit kostengünstiger vollzogen werden kann.

67 Die **Rechtsgrundlagen** des POS-Systems bestehen zunächst in den **§§ 675c – 676c BGB, Art 248 EGBGB**, da auch das **Zahlungskartengeschäft** ohne Kreditgewährung als Zahlungsdienst anzusehen ist (§ 1 Abs. 2 Nr. 2 Buchst. c ZAG iVm § 675c Abs. 3 BGB). Die SEPA-VO gilt nicht, da sie auf „Zahlungen mit Zahlungskarten oder einem ähnlichen Instrument" nicht anwendbar ist (Art. 1 Abs. 2 Buchst. c SEPA-VO). Im

---

[129] So *Ellenberger* in BankR-HdB, § 58 Rn. 17; zum früheren Recht vgl. BGHZ 74, S. 309, 315 = NJW 1979, S. 2145 = WM 1979, S. 828; *Häuser* WM 1991, S. 1, 4; *van Gelder*, FS Schimansky, 1999, S. 131, 143 f.
[130] *Bröcker* WM 1995, S. 468, 477.

übrigen werden die Rechtsbeziehungen zwischen den Beteiligten durch drei **Vertragswerke** geregelt, die die deutsche Kreditwirtschaft initiiert hat:

bb) Rechtsverhältnis Bank/Händler. Wesentlicher Inhalt der Händlerbedingungen für 68 die Teilnahme am POS-System ist zunächst die Verpflichtung des Händlers, Zahlungen des Karteninhabers mit der Debit-Karte zu **akzeptieren** (Nr. 2). Damit gewährt Nr. 2 der Händlerbedingungen dem Karteninhaber unmittelbar einen Anspruch auf entsprechende Bezahlung an einem POS-Terminal und ist somit ein Vertrag zugunsten Dritter gemäß § 328 BGB.[131] Das früher geltende Preisaufschlagsverbot zum Barzahlungspreis ist zum 1.1.2013 entfallen.

Weiterhin verpflichtet sich das Kreditinstitut, bei positiver Autorisierung die **Forderungen** 69 des Händlers gegen den Karteninhaber zu **erfüllen** (Nr. 5; vgl. auch Nr. 10 der Vereinbarung zum POS-System). Nr. 5 der Händlerbedingungen spricht insofern von einer „Erklärung, dass es die Forderung... in Höhe des autorisierten Betrages begleicht", ohne die Rechtsnatur dieser Verpflichtung näher zu beschreiben. Nach h. M. (zur früheren Fassung, die von einer „Zahlungsverpflichtung" sprach) handelt es sich hierbei um ein abstraktes **Schuldversprechen** gemäß § 780 BGB, § 350 HGB.[132] Anders als bei einer Garantie tritt die Bank nicht nur subsidiär für eine Verpflichtung ein, sondern befriedigt primär den Zahlungsanspruch des Händlers gegenüber dem Karteninhaber. Der Händlervertrag enthält keinen Rückbelastungsvorbehalt der Bank, denn der Wille der Beteiligten geht dahin, dass das autorisierte Zahlungsversprechen von seiner causa, dem Händlervertrag, abstrakt ist. Dies gilt auch in Missbrauchsfällen und entspricht dem Zweck des POS-Systems, die Bargeldzahlung zu ersetzen. Im übrigen ist ein Widerruf des Zahlungsauftrags nach erfolgter Autorisierung durch Einwilligung nicht mehr möglich (vgl. § 675p Abs. 2 Satz 1 BGB).

Die Zahlung der am POS-Terminal getätigten Umsätze erfolgt im **Lastschriftverfahren** 70 (vgl. Nr. 10 Händlerbedingungen), wobei aufgrund des Zahlungsversprechens eine Rückgabe der Lastschrift wegen mangelnder Deckung nicht möglich ist. Für die Abwicklung zahlt der Händler eine Vergütung von 0,08 € bei Umsätzen bis 25,56 €, darüber 0,3% des Umsatzes (Nr. 6 Händlerbedingungen).

cc) Rechtsverhältnis Bank/Karteninhaber. Im Verhältnis der kartenemittierenden 71 Bank zum Karteninhaber wird über die Kartennutzung im ec-Verfahren ein Zahlungsdiensterahmenvertrag (§ 675f Abs. 2 BGB) als Zusatzvereinbarung zum Girovertrag geschlossen, bei dem die Bedingungen für die Girocard/SparkassenCard/VR-Bank-Card als AGB vereinbart werden (→ § 4 Rn. 67).[133] Bei dem einzelnen Zahlungsvorgang am ec-Terminal handelt es sich um einen Zahlungsauftrag des Zahlers an seinen Zahlungsdienstleister, der über den Zahlungsempfänger ausgelöst wird (§ 675f Abs. 3 Satz 2 BGB). Die Autorisierung des Zahlungsauftrags erfolgt vorab im Wege der Einwilligung durch Einsatz der Zahlungsauthentifizierungsinstrumente Debit-Karte und PIN (§ 675j

---

[131] OLG Düsseldorf WM 1991, S. 913; *Harbeke* WM 1994, Sonderbeil. 1, S. 7; *Bröcker* WM 1995, S. 468, 477, Fn. 92; *Koch* in BankR-HdB, § 68 Rn. 8.

[132] *Harbeke* WM 1994, Sonderbeilage 1, S. 8 f.; *Bröcker* WM 1995, S. 468, 477; *Koch* in BankR-HdB, § 68 Rn. 11 ff.; *Baumbach/Hopt*, HGB (7) BankGesch Rn. F/23; *Herresthal* in Bankrechts-Kommentar, Kap. 7 § 675f Rn. 53; **a.A.** *Ahlers* WM 1995, S. 601, 605: Garantieversprechen.

[133] Zur entsprechenden Rechtslage beim Einsatz der Debit-Karte am Geldautomaten → § 4 Rn. 9f.

van Look

Abs. 1 Satz 4 BGB). Ein Widerruf der Zustimmung oder des Zahlungsauftrags ist nach Abgabe der Bestätigung durch Drücken der entsprechenden Taste am ec-Terminal nicht mehr möglich (§ 675p Abs. 2 Satz 1 BGB). Durch die Zahlung des Zahlungsdienstleisters des Zahlers an den Händler erwirbt er einen Anspruch gegen den Karteninhaber auf Aufwendungsersatz (§§ 670, 675c Abs. 1 BGB). Für die Haftung und das Missbrauchsrisiko gelten die §§ 675u – w, y und z BGB sowie die Regelungen in den Bedingungen für die Girocard/SparkassenCard/VR-Bank-Card (→ § 4 Rn. 10).

b) Elektronisches Lastschriftverfahren

72   Eine weitere Spielart des kartengesteuerten bargeldlosen Zahlungsverkehrs ist das elektronische Lastschriftverfahren (früher „wildes Lastschriftverfahren"), das äußerlich dem POS-System (→ § 4 Rn. 66 ff.) ähnelt und durch den Handel entwickelt wurde, weil die Entgelte für Autorisierung und Zahlungsgarantie entfallen. Hier wird die Debitkarte des Zahlenden an einem Terminal des Händlers eingesetzt, um die Kontodaten des Kunden auszulesen (ohne Eingabe der PIN) und elektronisch eine Lastschrift über den zu zahlenden Betrag erzeugt, auf deren Ausdruck der Kunde dann eine **Einzugsermächtigung** als Einwilligung iSd § 675j Abs. 1 BGB unterschreibt. Diese Lastschrift wird dann nach dem deutschen Einzugsermächtigungsverfahren beleglos weiterverarbeitet.[134] Auch dieses Verfahren unterliegt seit dem 30.10.2009 den **§§ 675c – 676c BGB, Art. 248 EGBGB** sowie den seit 9.7.2012 geltenden „Bedingungen für Zahlungen mittels Lastschrift im Einzugsermächtigungsverfahren", im Inter-Banken-Verhältnis dem „Abkommen über den Lastschriftverkehr (Lastschriftabkommen)" – derzeit Fassung 2012. Diese Variante des Lastschriftverfahrens unterliegt jedoch **nicht** der SEPA-VO (→ § 4 Rn. 3 und 44), da der deutsche Gesetzgeber aufgrund technischer Umsetzungsprobleme in § 7c ZAG[135] von der in § 16 Abs. 4 SEPA-VO vorgesehenen Ausnahme Gebrauch gemacht hat, diese nationale Variante des Lastschriftverfahrens bis zum 1.2.2016 fortzuführen. Bis zu diesem Termin ist aber auch das deutsche elektronische Lastschriftverfahren in das SEPA-Lastschriftverfahren zu überführen.

c) Geldkarte

73   **aa) Funktionsweise und Rechtsgrundlagen.** Eine weitere Form des bargeldlosen Zahlungsverkehrs wurde 1996 mit der Geldkarte (neudeutsch: GeldKarte) eingeführt. Die Geldkarte ist der Sache nach eine elektronische Geldbörse. Ihr Zweck besteht darin, auch für kleinere Geldbeträge ein Instrument der bargeldlosen Zahlung bereitzustellen. Die Geldkarte gibt es in drei Varianten. In der ersten wird diese Zahlungsfunktion in eine gewöhnliche Debit-Karte integriert; eine weitere Variante besteht in einer entsprechend ausgestatteten Kundenkarte der ausgebenden Bank. Schließlich gibt es kontoungebundene, so genannte „weiße" Geldkarten. Bei der Geldkarte wird am Geldausgabeautomaten in einen in die Karte eingelassenen **Mikrochip** ein Betrag von maximal 200 € vom Girokonto geladen, der dann bei den einzelnen Zahlungsvorgängen an dafür geeigneten Kassen oder Automaten (zB im Parkhaus oder zum Fahrscheinerwerb für öffentliche Verkehrsmittel) nacheinander abgezogen wird, bis der Betrag aufgebraucht ist. Sie kann dann oder bei Teilverbrauch wieder am Geldausgabeautomaten vom Girokonto **aufgeladen**

---

[134] Zu den Einzelheiten vgl. *Werner* in Bankrechts-Kommentar, Kap. 4 A. Rn. 121–124.
[135] IdF des SEPA-Begleitgesetzes v. 3.4.2013, BGBl. I, S. 610 (dazu *Zahrte* WM 2013, S. 1207, 1209).

werden. Bei der Einführung in ein Kassenterminal gibt der Geldkartenchip die jeweiligen Daten der kartenausgebenden Bank an die automatisierte Kasse des Händlers weiter und ermöglicht somit dem Händler die Einziehung seiner Forderung, wobei neben kartenausgebender Bank und Händlerbank noch die Kartenevidenzzentrale und die Händlerevidenzzentrale eingeschaltet werden. Die Verrechnung findet auf dem Börsenverrechnungskonto der kartenausgebenden Bank statt. Die Eingabe einer PIN ist nicht erforderlich, eine Autorisierung wie beim POS-System findet nicht statt. Damit ist dieser Zahlungsvorgang gegenüber dem POS-System noch einmal stark vereinfacht, was seiner Akzeptanz förderlich sein soll.

Die Rechtsgrundlagen der Geldkarte bilden zunächst die **§§ 675c – 676c BGB, Art. 248 EGBGB**, da es sich bei dem in dem Mikrochip „gespeicherten" Betrag um elektronisches Geld (E-Geld) handelt, für dessen Ausgabe und Nutzung die Regelungen über Zahlungsdienste gelten (§ 675c Abs. 2 BGB). **E-Geld** ist „jeder elektronisch, darunter auch magnetisch, gespeicherte monetäre Wert in Form einer Forderung gegenüber dem Emittenten, der gegen Zahlung eines Geldbetrages ausgestellt wird, um damit Zahlungsvorgänge im Sinne des § 675 f Absatz 3 Satz 1 des Bürgerlichen Gesetzbuchs durchzuführen, und der auch von anderen natürlichen oder juristischen Personen als dem Emittenten angenommen wird" (§ 1a Abs. 3 ZAG iVm § 675c Abs. 3 BGB). Gleichzeitig handelt es sich bei der Geldkarte um ein sog. **Kleinbetragsinstrument** iSd § 675i Abs. 1 BGB, für das bestimmte Regelungen des Zahlungsdiensterechts abbedungen werden können (§ 675i Abs. 2 BGB), wovon in den bankspezifischen Bedingungen zur Nutzung der Kunden- oder Debit-Karte (girocard, SparkassenCard, VR-Bank-Card), die im Verhältnis Bank/Kunde gelten, weitgehend Gebrauch gemacht worden ist; außerdem gelten die Haftungsregelungen für nicht autorisierte Zahlungen (§ 675u BGB) und bei missbräuchlicher Nutzung von Zahlungsauthentifizierungsinstrumenten (§ 675v BGB) nicht (§ 675i Abs. 3 BGB). Im Inter-Banken-Verhältnis gilt die „Vereinbarung über das institutsübergreifende System GeldKarte", sodann im Verhältnis zu den angeschlossenen Händlern die „Händlerbedingungen für das System GeldKarte".[136] Die SEPA-VO gilt nicht (Art. 1 Abs. 2 Buchst. c SEPA-VO).

bb) Rechtsverhältnis Bank/Karteninhaber. Bei der kontogebundenen Karte stellt die Ausgabe einer Geldkarte einen Zahlungsdiensterahmenvertrag iSd §§ 675c Abs. 2, 675f Abs. 2 BGB als Nebenabrede zum bestehenden Girovertrag dar; bei der kontoungebundenen besteht ein eigenständiger Zahlungsdiensterahmenvertrag, der aber die gleichen Rechte und Pflichten begründet.[137] Ein wesentlicher Unterschied zu anderen Kartenzahlungsformen liegt darin, dass bei der Geldkarte das Konto des Karteninhabers mit **Aufladung** der Geldkarte belastet wird und nicht wie sonst erst nach einem mit der Karte getätigten Zahlungsvorgang. Dies entspricht zum einen der in der Geldkarte zu sehenden weitgehenden Annäherung zum Bargeld. Auch rechtlich ist dagegen nichts einzuwenden, da aus dem Geschäftsbesorgungsverhältnis der Bank gemäß §§ 669, 675c Abs. 1 und 2 BGB ein Anspruch auf Vorschuss zusteht und die Bank angesichts der Zurverfügungstellung der Geldkarte umgehend damit rechnen muss, von an das System Geldkarte angeschlossenen Händlern für den Karteninhaber in Anspruch genommen zu

---

[136] Abgedruckt in WM 1996, S. 2353 ff., sowie bei *Koch* in BankR-HdB, §§ 67, 68 Anh. 4 und 5 (Fassung 2009).
[137] Vgl. zum früheren Recht *Pfeiffer* NJW 1997, S. 1036 f.

werden.[138] Daher bucht die Bank sofort nach Aufladung der Geldkarte den entsprechenden Betrag auf ein so genanntes Börsenverrechnungskonto[139], das nicht mehr dem Zahler zuzuordnen ist, weshalb ein Verstoß gegen § 675t Abs. 3 BGB ausscheidet.[140] Eine weitere Besonderheit besteht darin, dass es dem Karteninhaber bei der Geldkarte freisteht, den gespeicherten Geldbetrag nicht zu verbrauchen, sondern wieder bei der Bank entladen, dh dem Girokonto gutschreiben, zu lassen; dieser Anspruch des Kunden gründet sich auf §§ 667 Fall 1, 675c Abs. 1 und 2 BGB. Sowohl die Aufladung wie auch der einzelne Zahlungsvorgang sind als Zahlungsaufträge zu werten, die über den Zahlungsempfänger ausgelöst werden, wobei die Autorisierung durch den Einsatz der Geldkarte als Authentifizierungsinstrument erfolgt[141] und daher mit Auslösung am Händlerterminal unwiderruflich ist (vgl. §§ 675f Abs. 3 Satz 2, 675j Abs. 1 Satz 4, 675p Abs. 2 Satz 1 BGB).

76 In Nr. 13.3 Bedingungen für die Girocard (= Nr. 12.3 Bedingungen für die Sparkassen-Card) haben die Kreditinstitute eine Erstattung des in der Geldkarte gespeicherten Betrags bei **Verlust** oder nicht autorisierter Nutzung vollständig ausgeschlossen. Dies rechtfertigt sich zum einen aus der beabsichtigten Substitution des Bargeldes durch die Geldkarte.[142] Zum anderen schließt § 675i Abs. 3 BGB die Haftungsregelungen der §§ 675u und v BGB ausdrücklich aus, da die Geldkarte nicht gesperrt werden kann. Allenfalls kommt eine **Haftung des Händlers** gegenüber dem kartenausgebenden Kreditinstitut aus § 280 Abs. 1 BGB in Betracht, wenn der Missbrauch dem Händler erkennbar sein musste.

77 **cc) Rechtsverhältnis Bank/Händler.** Die Rechtsbeziehung zwischen den Banken und den angeschlossenen Händlern richten sich nach den „Händlerbedingungen für das System GeldKarte" (Fassung Januar 2013). Danach ist der Händler wie beim POS-System zur Akzeptanz der Geldkarte verpflichtet, so dass dieser als Vertrag zugunsten Dritter gemäß § 328 BGB anzusehen ist (→ § 4 Rn. 68). Der ordnungsgemäße Zahlungsvorgang am Geldkartenterminal gibt dem Händler einen **Zahlungsanspruch** gegen die kartenausgebende Bank. Obwohl die Neufassung der Händlerbedingungen (Nr. 4) ausdrücklich eine Garantie vorsieht, spricht viel dafür – ebenso wie beim POS-System (→ § 4 Rn. 69) – von einem abstrakten Schuldversprechen der Bank gemäß § 780 BGB, § 350 HGB auszugehen, da die Zahlung mit Geldkarte der Barzahlung entsprechen soll.[143] Die Gutschrift der jeweils mit der Geldkarte getätigten Umsätze erhält der Händler per Lastschriftverfahren (Nr. 16 der „Vereinbarung über das institutsübergreifende System Geldkarte"; zur ent-

---

[138] So *Kümpel* WM 1997, S. 1037, 1038; *Koch* in BankR-HdB, § 68 Rn. 40; aA *Groß*, FS Schimansky, 1999, S. 165, 169 f.: Forderungskauf; *Koller*, ebenda, S. 209, 218 ff.: Anspruch aus § 780 BGB; vgl. auch *Borges* in Bankrechts-Kommentar, Kap. 8 § 675f Rn. 15 ff.
[139] Eingehend *Kümpel* WM 1997, S. 1037 ff.
[140] So *Borges* in Bankrechts-Kommentar, Kap. 8 § 675t Rn. 4.
[141] Vgl. *Borges* in Bankrechts-Kommentar, Kap. 8 § 675j Rn. 8; aA *Casper/Pfeifle* WM 2009, S. 2343, 2344.
[142] Vgl. *Pfeiffer* NJW 1997, S. 1036, 1039; *Wand*, Bankrechtstag 1998, 1999, S. 97, 123 f.; *Häuser/Haertlein* in MüKoHGB, ZahlungsV Rn. E 117; *Borges* in Bankrechts-Kommentar, Kap. 8 § 675u Rn. 3.
[143] Vgl. *Pfeiffer* NJW 1997, S. 1036, 1038; *Einsele* WM 1999, S. 1801, 1808; *Baumbach/Hopt*, HGB (7) BankGesch Rn. F/17; *Borges* in Bankrechts-Kommentar, Kap. 8 § 675f Rn. 25; *Sprau* in Palandt, BGB, § 675f Rn. 58; aA (Garantie) *Kümpel* WM 1997, S. 1037, 1039 ff.; *Escher* WM 1997, S. 1173, 1180; *Koch* in BankR-HdB, § 68 Rn. 59; offen *Gößmann*, FS Schimansky, 1999, S. 145, 151; wiederum anders *Groß*, FS Schimansky, 1999, S. 165, 174: deklaratorisches Schuldanerkenntnis.

sprechenden Regelung im POS-Verfahren → § 4 Rn. 70). Der Händler hat an das kartenausgebende Institut für den Betrieb des Geldkarten-Systems und die Zahlungsgarantie ein gestaffeltes **Entgelt** von 0,01 € (für Umsätze bis 5 €) bis 0,3% des Umsatzes (über 20 €) zu zahlen (Nr. 6 Händlerbedingungen).

4. Netzgeld

Beim Netzgeld, einer anderen Form des E-Gelds (Definition → § 4 Rn. 74), auch Cybergeld, virtuelles Geld oder Computergeld genannt, gibt es nicht einmal mehr eine Karte. Der Abstraktionsgrad ist auf die **Speicherung auf einem Datenträger** im Computer oder Smartphone[144] des Bankkunden oder auf einem Konto des E-Geld-Emittenten (§ 1a Abs. 1 ZAG) reduziert. Ebenso wie bei der Geldkarte werden vorausbezahlte elektronische Geldeinheiten gespeichert und über Datennetze (zB das Internet) unmittelbar vom Zahlungspflichtigen an den Empfänger übertragen. Auch hierbei handelt es sich um **Zahlungsdienste**, für die die §§ 675c – 676c BGB, Art 248 EGBGB gelten (vgl. § 1 Abs. 2 Nr. 5 ZAG iVm § 675c Abs. 3, § 675c Abs. 2 BGB), häufig in Form des Kleinbetragsinstruments (§ 675i BGB; → § 4 Rn. 74). Am Computer des Zahlers werden, je nach System ohne oder mit Authentifizierung, zB durch eine smart-card, vom Girokonto beim Kreditinstitut oder E-Geld-Institut (vgl. § 1a ZAG) Geldeinheiten auf den Datenträger „geladen", als Zahlungsaufträge iSd § 675 f Abs. 3 Satz 2 BGB an einen Zahlungsempfänger verschlüsselt und elektronisch übermittelt, beim Empfänger wiederum abgespeichert und zu weiteren Zahlungsvorgängen verwendet oder auf sein Bankkonto transferiert. Insoweit sind der Ablauf des Verfahrens und die einzelnen Rechtsverhältnisse beim E-Geld mit denjenigen bei der Geldkarte vergleichbar (→ § 4 Rn. 73 f.). Dem E-Geld-System ist gemeinsam, dass die das elektronische Geld ausgebende Institution (E-Geld-Emittent) eine vermittelnde Stellung besitzt und der tatsächliche Zahlungsvorgang zwischen den elektronischen Zahlungsmedien (Computersystemen) des Zahlers und des Zahlungsempfängers abgewickelt wird, beim E-Geld meistens im Wege der Datenfernübertragung über ein Computernetz (Internet). Der Zahlungsempfänger kann wiederum erst über den Geldbetrag verfügen, wenn der E-Geld-Emittent (Zahlungsdienstleister) aufgrund des ihm über dem Zahlungsempfänger übermittelten Zahlungsauftrags an ihn zahlt.[145]

78

Soweit **E-Geld-Emittenten** nicht schon als Kreditinstitut der Aufsicht nach dem KWG unterliegen, werden sie als Zahlungs- oder E-Geld-Institute durch die BaFin nach dem ZAG beaufsichtigt (vgl. §§ 1 Abs. 2a, 1a Abs. 1, 3 Abs. 1 ZAG).

79

5. Scheckverkehr

a) Bedeutung

Der Scheckverkehr dient wie die Überweisung und die Lastschrift der bargeldlosen Zahlung, daneben auch der eigenen Bargeldversorgung, nämlich zum Abheben von Bargeld vom eigenen Konto mittels Scheck. In Deutschland steht der Scheck als Zahlungsmittel mengenmäßig weit hinter Überweisung und Lastschrift; dies kontrastiert mit dem angelsächsischen Ausland, wo überwiegend mit Scheck Zahlung geleistet wird. Der Scheck ist geregelt im **ScheckG** von 1933. Dieses Scheckgesetz setzte drei internationale

80

---

[144] Zum sog. Mobilepayment vgl. *Knops/Wahlers* BKR 2013, S. 240.
[145] Nach *Neumann* in BankR-HdB, § 55a Rn. 40, soll es sich beim Netzgeld um eine Anweisung iwS handeln, auf die die §§ 783 ff. BGB analog anzuwenden sind.

Abkommen in deutsches Recht um, die die Scheckrechtskonferenz des Völkerbundes 1931 ausgearbeitet hatte. Der Scheckverkehr ist **kein Zahlungsdienst** iSd §§ 675c–676c BGB, Art 248 EGBGB (§ 1 Abs. 10 Nr. 6 Buchst. a ZAG iVm § 675c Abs. 3 BGB). Der Scheck ist ein **Wertpapier**, er ist zum Umlauf bestimmt, dh er kann durch Indossament übertragen werden (Art. 14 Abs. 1, 17 ScheckG). Der Scheck ist eine Anweisung nach § 783 BGB des Scheckausstellers an eine Bank, zulasten seines Kontos den Scheckbetrag an den im Scheck genannten Empfänger zu zahlen oder mit ihm zu verrechnen (Art. 1 Nr. 2 ScheckG). Er enthält eine **Doppelermächtigung**, nämlich des Schecknehmers, die Zahlung bei der Bank im eigenen Namen zu verlangen, und der Bank, für Rechnung des Ausstellers an den Schecknehmer zu leisten. Der Scheck wird nach sachenrechtlichen Grundsätzen übertragen, §§ 929 ff. BGB; Art. 21 ScheckG: Das Recht aus dem Papier folgt dem Recht am Papier. Der Scheck ist ein Orderpapier, das durch eine negative Orderklausel zum Rektapapier und durch eine Überbringerklausel zum Inhaberpapier gemacht werden kann (Art. 5, 14 Abs. 2, ScheckG). Der Scheck begründet abstrakt eine **Zahlungspflicht** des Ausstellers (Art. 12 ScheckG), nicht aber der bezogenen Bank, da er nicht angenommen werden kann, vgl. Art. 4 ScheckG, der § 784 BGB ausschließt. Diese Zahlungspflicht des Ausstellers ist ohne Bezug zum Grundgeschäft und frei von Einwendungen hieraus (vgl. Art. 22 ScheckG). Nach Art. 3 ScheckG darf ein Scheck nur auf einen **Bankier** iSv Art. 54 ScheckG gezogen werden, bei dem der Aussteller ein Guthaben oder entsprechenden Verfügungsspielraum auf dem Konto hat. Wegen dieser Zentrierung des Schecks auf das erforderliche Bankkonto ergeben sich aus der Zahlung mit Scheck auch bankrechtliche Fragen, nämlich solche der Rechtsverhältnisse zwischen der Bank und dem Scheckaussteller, dem Scheckeinreicher und den zum Inkasso eingeschalteten Banken, das „interne Scheckrecht" oder Recht des Scheckinkassos.

b) Scheckvertrag

81 Der Scheckvertrag wird zwischen Bank und Kontoinhaber, dem späteren Scheckaussteller, als **Nebenabrede** zum Girovertrag geschlossen, er kommt ausdrücklich oder konkludent durch die Aushändigung von Scheckvordrucken zustande. Voraussetzung ist, dass der Kontoinhaber scheckfähig, dh kontofähig ist (zur Kontofähigkeit vgl. oben § 2 Rn. 10 f.). Der Scheckvertrag ist ein **Geschäftsbesorgungsvertrag** iSv § 675 Abs. 1 BGB mit dienst- und werkvertraglichen Elementen, weil die Scheckeinlösung andauernde selbständige Tätigkeit wirtschaftlicher Art für den Kunden ist, bei der die Bank die Einlösung als Erfolg schuldet.[146]

82 Den Inhalt dieses Scheckvertrages bestimmen die „Bedingungen für den Scheckverkehr" der Banken und Sparkassen.[147] Nach Nr. 1 ist die Bank im Verhältnis zum Aussteller zur Einlösung der auf den von der Bank zugelassenen Scheckvordrucken ausgestellten Schecks bei Deckung verpflichtet; trotz fehlender Deckung ist die Bank zur Scheckeinlösung berechtigt.[148] Die **Zahlungsverpflichtung** der bezogenen Bank besteht also gegenüber dem **Scheckaussteller** aufgrund einer Weisung iSd §§ 665, 675 Abs. 1 BGB, nicht aber gegenüber dem Inhaber und Vorleger des Schecks. Denn der Scheckvertrag ist

---

[146] Vgl. *Nobbe* in BankR-HdB, § 60 Rn. 30; *Baumbach/Hefermehl/Casper,* WG und ScheckG, Art. 3 ScheckG Rn. 4.
[147] IdF von 2001 bzw. 2002, abgedruckt bei *Baumbach/Hefermehl/Casper,* WG und ScheckG, Bankbedingungen Nr. 2.
[148] Vgl. BGHZ 53, S. 199, 204.

kein Vertrag zugunsten eines Dritten, etwa des Schecknehmers, mit Ansprüchen nach § 328 Abs. 1 BGB; dies folgt aus dem Annahmeverbot des Art. 4 ScheckG im Umkehrschluss zu § 784 BGB. Hieraus folgt weiter, dass für die bezogene Bank keine Einlösungspflicht besteht, wenn der Scheckaussteller keine wirksame Weisung erteilt hat, den Scheck einzulösen, zB im Fall der Fälschung. Wird ein Scheck mangels Deckung nicht eingelöst, ist die Bank zuvor zur Rückfrage beim Aussteller verpflichtet.[149]

Ist mit der Ausstellung von ungedeckten Schecks eine **Kreditschöpfung** beabsichtigt, liegt ein Verstoß des Scheckausstellers gegen den Scheckvertrag vor, der – Vertretenmüssen vorausgesetzt – nach § 280 Abs. 1 BGB den Aussteller zum Schadenersatz gegenüber der Bank verpflichtet. Schafft der Scheckaussteller die Deckung für den vorgelegten Scheck durch einen weiteren Scheck auf eine andere Bank an, der wiederum ungedeckt ist, sprechen wir von Scheckreiterei, die einen Rechtsverstoß gegen beide Scheckverträge mit Schadensersatzpflicht aus § 280 Abs. 1 BGB, aus unerlaubter Handlung, § 826 BGB, sowie gemeinschaftlich begangenem Betrug nach § 263 StGB darstellt.[150]

83

Den Kunden verpflichtet der Scheckvertrag zu Sorgfalts- und Haftungspflichten, zB zum sorgfältigen Umgang mit den Scheckvordrucken. **Beispiel**: Ein Kunde lässt sein Scheckheft offen im Auto liegen, es wird gestohlen, ein Scheck über 500 € gefälscht. Die Bank löst den Scheck ein. Sie hat keinen Aufwendungsersatzanspruch nach §§ 670, 675 Abs. 1 BGB, weil keine wirksame Weisung des Ausstellers zur Einlösung des Schecks vorlag. Die h. M. weist dem Kontoinhaber eine Schadenersatzhaftung zu, wenn er schuldhaft eine Schutzpflicht zur sorgfältigen Aufbewahrung der Scheckformulare verletzt hat (§§ 280 Abs. 1, 241 Abs. 2 BGB).[151] War für die Bank die Fälschung erkennbar, so richtet sich die Haftung nach den Mitverschuldensgrundsätzen des § 254 BGB.[152]

84

c) Rechtsstellung der bezogenen Bank

Erste Rechtspflicht der bezogenen Bank ist die **Einlösung** des Schecks aufgrund der geschäftsbesorgungsrechtlichen Weisung des Kunden (§§ 665, 675 Abs. 1 BGB).[153] Die Belastung auf dem Konto des Ausstellers ist die Geltendmachung des Aufwendungsersatzanspruchs aus §§ 670, 675 Abs. 1 BGB. Voraussetzung ist, dass das Konto entsprechende **Deckung**, dh entweder ein Guthaben oder eine eingeräumte Kreditlinie, aufweist. Bei teilweiser Deckung ist teilweise Einlösung möglich. Fehlt die Deckung, ist die Bank berechtigt, den ungedeckten Scheck einzulösen, weil in der Ausstellung des ungedeckten Schecks der Antrag des Kunden an seine Bank auf Einräumung eines Überziehungskredites („geduldete Überziehung") enthalten ist, den die Bank annehmen oder ablehnen kann (Nr. 4 S. 2 Bedingungen für den Scheckverkehr.

85

Wichtig ist der **Zeitpunkt der Scheckeinlösung**: bei Bareinlösung ist der Zeitpunkt die Barauszahlung der Schecksumme; bei bargeldlosem Inkasso des Schecks ist die Bezahltmeldung der einlösenden Bank der Einlösungszeitpunkt;[154] wird – wie in aller Regel

86

---

[149] Vgl. BGHZ 146, S. 377, 382 f. = WM 2001, S. 563.
[150] Nach wie vor instruktiver Fall: BGH WM 1970, S. 633.
[151] Vgl. BGHZ 135, S. 116 = NJW 1997, S. 1700 = WM 1997, S. 910 m. Anm. *Köndgen,* WuB I D 3.-3.97; BGH WM 1997, S. 1250; BGH WM 2001, S. 1460, 1461; *Nobbe* in BankR-HdB, § 60 Rn. 108 ff. mwN.
[152] Vgl. BGH WM 1997, S. 1250 m. Anm. *Harbeke,* WuB I D 3.-7.97; dazu *Müller-Christmann* WM 1998, S. 579.
[153] BGHZ 74, S. 352, 357.
[154] BGH WM 1997, S. 1194.

van Look

– keine Bezahltmeldung erteilt, ist der Scheck endgültig bezahlt 2 Tage nach der Belastung des Ausstellerkontos (Nr. 9 Abs. 2 AGB-Banken = Nr. 9 Abs. 2 AGB-Sparkassen). Denn bei der Automatisierung des Zahlungsverkehrs ist in der bloßen Belastung des Ausstellerkontos noch kein Einlösungswille der bezogenen Bank erkennbar.[155] Deshalb erfolgt die Gutschrift durch die Inkassobank unter dem Vorbehalt des Eingangs (E. v.) und der Nichtstornierung. Sind zwei Bankarbeitstage vergangen, kann die Gutschrift bei der Inkassobank und die Belastungsbuchung des Ausstellerkontos durch die bezogene Bank nicht mehr rückgängig gemacht werden – der Einlösungstatbestand ist vollendet.

87 Die Bank ist zur sorgfältigen **Prüfung** der vorgelegten Schecks verpflichtet. Sie hat zu prüfen, ob eine Schecksperre vorliegt, ob Anhaltspunkte für eine Fälschung oder Verfälschung bestehen, der Scheck veruntreut oder gestohlen wurde (vgl. §§ 989, 990 BGB iVm Art. 21 ScheckG). Hier werden die Rechtspflichten der Kreditinstitute durch umfangreiche Judikatur konkretisiert:[156] Als Verdachtsmoment gilt, wenn ein aus dem kaufmännischen Verkehr stammender Verrechnungsscheck, der an den Arbeitgeber des Einreichers adressiert ist, zur Einziehung auf ein privates Girokonto eingereicht wird (sog. disparischer Scheck). Prüft die Bank die sachliche Berechtigung des Einreichers in solchem Fall nicht, handelt sie grundsätzlich grob fahrlässig und ist zum Schadenersatz verpflichtet.[157] Das einlösende Institut hat aber abseits von solchen Verdachtsmomenten ansonsten nicht die Berechtigung eines Scheckeinreichers zu überprüfen oder gar das der Scheckausstellung zugrunde liegende Rechtsgeschäft. Die Bank hat das Risiko der Fälschung oder Verfälschung von Schecks zu tragen, weil sie in diesen Fällen einen Scheck ohne Anweisung des Kontoinhabers einlöst, es sei denn, den Kunden trifft ein Mitverschulden an dem eingetretenen Schaden, das ihn verpflichtet, einen Teil des Schadens selbst zu tragen (§ 254 Abs. 1 BGB).[158]

88 **Beispiele**: 1) Ein Kreditinstitut löst einen gefälschten Barscheck über 5800 € für einen ihm unbekannten Scheckeinreicher ein. Der Scheckaussteller hatte den Scheckvordruck auf dem Schreibtisch des Kontoinhabers vorgefunden und an sich genommen. Der Kontoinhaber haftet, weil für die Bank keine besonderen Anhaltspunkte für eine Fälschung erkennbar waren und das Risiko vom Kontoinhaber durch unachtsamen Umgang mit dem Scheckvordruck verschuldet war.

2) Eine bezogene Sparkasse löst deutlich sichtbar verfälschte und geänderte Schecks ein. Obwohl die bezogene Sparkasse das Missbrauchs- und Fälschungsrisiko trägt, nimmt der BGH[159] Mitverschulden des Scheckausstellers an, weil er nicht sorgsam genug den Umgang mit Schecks im Unternehmen geordnet hat.

3) „Zahnarztfall": Auf das Konto eines Zahnarztes gezogener, im Verhältnis zur Kontenführung außergewöhnlich hoher, gefälschter Barscheck wird von einem der Bank fremden Scheckvorleger vorgelegt und an ihn in bar ausgezahlt. Die Bank verletzt ihre Sorgfaltspflicht, da bei einem derart außergewöhnlichen Vorgang zumindest eine telefoni-

---

[155] Das Erfordernis des „Einlösungswillens" relativieren *Pleyer/Wallach* ZHR 153 (1989), S. 539, 569: „hat sich als entbehrlich erwiesen".

[156] Rechtsprechungsübersicht bei *Nobbe* WM 2000, Sonderbeilage 5, S. 17 ff.; *Nobbe* WM 2012, Sonderbeil. 2, S. 18; *Binder* WM 2004, S. 449 ff.; ausf. *Nobbe* in BankR-HdB, § 61 Rn. 232 ff.

[157] Vgl. BGH WM 1997, S. 2395, 2396; BGH WM 2000, S. 812, 813; BGH WM 2003, S. 2286 m. Anm. *Bülow,* WuB I D 3.-1.04; BGHZ 176, S. 281 Rn. 14 = WM 2008, S. 1252 (m. Anm. *Siol,* WuB I D 1.- 8.08); *Nobbe* WM 2000, Sonderbeilage 5, S. 20 f.; *Binder* WM 2004, S. 449, 454 ff.

[158] Vgl. BGH WM 2003, S. 2286, 2287 = WuB I D 3.-1.04 *Bülow.*

[159] ZIP 1997, S. 1144.

sche Rückfrage beim Zahnarzt, dem Kontoinhaber, nahegelegen hätte, ob es mit diesem Scheckinkasso seine Richtigkeit hat.[160]

4) Der Inhaber eines Sparbuchs reicht einen Verrechnungsscheck über einen hohen Betrag, der erkennbar kaufmännischen Zwecken dient, zur Gutschrift auf sein Sparkonto ein. Die Inkassobank, die zugleich einlösende Bank war, hätte erkennen müssen, dass der Einreicher durch Verfälschung an den Scheck gelangt sein muss, und hätte die Einlösung verweigern müssen.[161]

5) Ein Scheck wird im kaufmännischen Bereich in Umlauf gebracht; er ist auf einen Betrag ausgestellt, der im kaufmännischen Bereich üblich sein mag, für private Verhältnisse jedoch hoch ist. Dieser Scheck wird der bezogenen Bank von einem Angestellten der schecknehmenden Firma eingereicht, der um Gutschrift auf seinem Privatkonto nachsucht; hier liegt eine Pflichtwidrigkeit der Bank nahe, wenn sie diesen Scheck ohne weiteres honoriert.[162]

d) Scheckinkasso

Der Schecknehmer reicht in der Regel den Scheck seiner Bank zum Inkasso ein, er schließt damit einen **Inkassovertrag**, der ein Geschäftsbesorgungsvertrag nach § 675 Abs. 1 BGB mit dienstvertraglicher Struktur nach §§ 611 ff. BGB ist,[163] weil die einziehende Bank nur ihre Dienste und nicht einen konkreten Erfolg – nämlich die pünktliche Honorierung des Schecks – versprechen kann. Verfügt der Scheckeinreicher über ein Konto bei der Inkassobank, so ist der Inkassovertrag eine Zusatzabrede zum Girovertrag. Besteht kein Girovertrag, so wird der Inkassovertrag als selbstständiger Einzelvertrag, idR als Einmalgeschäft, abgeschlossen.[164] Aufgrund der Inkassoabrede erteilt der Scheckinhaber der Inkassobank die Weisung nach §§ 665, 675 Abs. 1 BGB, den Scheck bei der bezogenen Bank **einzukassieren**;[165] dies ist die Hauptpflicht der Inkassobank. Daneben obliegen ihr **Prüfungspflichten**, ob die bei ihr eingereichten Schecks nicht abhanden gekommen sind.[166]

89

Die Inkassobank schreibt dem Einreicher die Schecksumme auf seinem Konto sofort gut, und zwar „**Eingang vorbehalten**", abgekürzt „E. v." (vgl. Nr. 9 Abs. 1 AGB-Banken = Nr. 23 Abs. 2 AGB-Sparkassen); die Vorbehaltsgutschrift steht damit unter der aufschiebenden Bedingung der Einlösung des Schecks durch die bezogene Bank (§ 158 Abs. 1 BGB).[167] Die Inkassobank muss den Scheck innerhalb der 8-tägigen Vorlegungsfrist des Art. 29 ScheckG[168] – idR unter Zwischenschaltung von Drittbanken und Gironetzen – der bezogenen Bank vorlegen. Die zwischengeschalteten Banken werden wie im

90

---

[160] BGH ZIP 1986, S. 156.
[161] BGH ZIP 1987, S. 360; dazu *Bülow* EWiR 1987, S. 391.
[162] OLG Stuttgart BB 1970, S. 1506.
[163] Vgl. OLG Frankfurt WM 1978, S. 1025, 1027; *Nobbe* in BankR-HdB, § 61 Rn. 4.
[164] Vgl. BGHZ 150, S. 269, 272 = WM 2002, S. 1006, 1007.
[165] Vgl. BGHZ 118, S. 171, 176 = WM 1992, S. 1083; BGH WM 2006, S. 179, 180 (m. Anm. *Jungmann*, WuB I A 1. Nr. 19 AGB-Banken 1.06).
[166] Vgl. BGH ZIP 1997, S. 1023; BGH ZIP 1998, S. 330; BGH WM 2000, S. 812, 813; BGH WM 2000, S. 1744, 1745; OLG Karlsruhe ZIP 2007, S. 857, jeweils zu sog. disparischen Schecks.
[167] So BGHZ 118, S. 171, 177 = NJW 1992, S. 1960 = WM 1992, S. 1083, 1085; *Häuser* WM 1988, S. 1505, 1507; **aA** (auflösende Bedingung) BGH WM 1980, S. 738; BGH WM 1986, S. 1409, 1411; *Baumbach/Hefermehl/Casper*, WG und ScheckG, Art 28 ScheckG Rn. 21; *Nobbe* in BankR-HdB, § 61 Rn. 51.
[168] Instruktiv zur Vorlegungsfrist: BGHZ 115, S. 247 = WM 1991, S. 1910 = ZIP 1991, S. 1417.

van Look

Lastschriftverkehr als **Substituten** nach § 664 Abs. 1 S. 2 BGB tätig (vgl. Nr. 3 Abs. 2 AGB-Banken = Nr. 19 Abs. 2 AGB-Sparkassen), nicht als Erfüllungsgehilfen oder Boten der Inkassobank.[169] Wird der Scheck nicht bezahlt, hat die belastete Zwischenbank gegen Rückgabe des protestierten Schecks Anspruch auf Gutschrift der Schecksumme durch die den Scheck bei ihr einreichende Bank. Die Rechte und Pflichten in diesem Interbankenverhältnis sind niedergelegt in dem „**Abkommen über den Einzug von Schecks**",[170] das die Spitzenverbände der Kreditwirtschaft abgeschlossen haben. Entsteht einem der am Scheckinkasso beteiligten Kreditinstitute, dem Aussteller oder dem Scheckeinreicher ein Schaden aus der Verletzung von Pflichten aus dem Scheckabkommen, so kann er gegen seinen unmittelbaren Vertragspartner einen Schadenersatzanspruch nach § 280 Abs. 1 (ggf. iVm § 241 Abs. 2) BGB geltend machen. Bestehen zu dem Kreditinstitut, das eine Pflicht verletzt hat, keine vertraglichen Beziehungen, so kann das am Vertragsverhältnis beteiligte Kreditinstitut den Schaden des Dritten im Wege der **Schadensliquidation im Drittinteresse** geltend machen oder seinen Schadenersatzanspruch an den Geschädigten abtreten.[171] Das Scheckabkommen oder die Giroverhältnisse zwischen den Beteiligten entfalten keine Schutzwirkungen zugunsten nicht am Vertragsverhältnis beteiligter Dritter.[172]

91   Das geschilderte Inkassoverfahren, das die Vorlage des Originalschecks bei der bezogenen Bank voraussetzt, ist nicht geeignet, den Scheckverkehr rationell abzuwickeln. Deshalb ist 1985 der **beleglose Scheckeinzug** (BSE-Verfahren) eingeführt worden,[173] der den Einzug von Schecks bis zum Gegenwert von 6000 € ohne die im ScheckG vorgeschriebene körperliche Vorlage erlaubt. Für Schecks ab 6000 € gilt dagegen seit 2007 das **imagegestützte** Scheckeinzugsverfahren (ISE-Verfahren), bei dem die bezogene Bank nur ein digitales Abbild des Schecks erhält. Der beleglose und imagegestützte Scheckeinzug ist heute in Abschnitt II und III des Scheckabkommens geregelt.[174]

e) Widerruf und Schecksperre; Scheckbestätigung und -einlösungszusage

92   Das der Scheckausstellung innewohnende abstrakte Schuldversprechen kann zurückgenommen werden, was durch (einseitigen) **Widerruf** geschieht, der nach Art. 32 ScheckG erst nach Ablauf der Vorlagefrist wirksam ist. Der Sinn dieser Einschränkung des Widerrufsrechts ist es, die Akzeptanz des Schecks als Zahlungsmittel zu sichern. Die Vorschrift enthält jedoch kein zwingendes, sondern nachgiebiges Recht. Daher können Scheckaussteller und bezogene Bank vereinbaren, dass ein Widerruf auch vor Ablauf der Vorlegungsfrist zu beachten ist (**Schecksperre**); entsprechende Regelungen enthalten die Scheckbedingungen der Banken und Sparkassen (jeweils Nr. 5). Nach Auffassung des

---

[169] Vgl. *Nobbe* in BankR-HdB, § 61 Rn. 111; für Botenstellung der Deutschen Bundesbank BGHZ 96, S. 9, 13 = WM 1985, S. 1392 (m. abl. Anm. *Bürger*, WuB I D 3.-2.86); dagegen zu Recht *Nobbe* in BankR-HdB, § 61 Rn. 112: Auftragsverhältnis.

[170] Vom 3.9.2007; abgedruckt bei *Baumbach/Hefermehl/Casper*, WG und ScheckG, Bankbedingungen Nr. 13.

[171] Vgl. *Nobbe* in BankR-HdB, § 61 Rn. 176; *Nobbe* WM 2012, Sonderbeil. 2, S. 17; zur Parallelproblematik bei Überweisung und Lastschrift → § 4 Rn. 35 und 59.

[172] So aber BGHZ 96, S. 9, 17 = NJW 1986, S. 249 = WM 1985, S. 1391; BGH NJW-RR 1988, S. 566 = WM 1988, S. 246; *Baumbach/Hefermehl/Casper*, WG und ScheckG, Art. 28 ScheckG Rn. 23; krit. dazu *Nobbe* in BankR-HdB, § 61 Rn. 174 ff.

[173] Dazu *Reiser* WM 1986, S. 409; *Koller* WM 1985, S. 821.

[174] Dazu näher *Nobbe* in BankR-HdB, § 61 Rn. 115 ff. und 131 ff.; auch *Häuser*, FS Canaris II, 2007, S. 91 ff.

van Look

BGH[175] soll sich als ungeschriebene Nebenpflicht aufgrund langjähriger Übung der Kreditinstitute (Handelsbrauch gem. § 346 HGB) aus der Scheckabrede ergeben, dass Schecksperren auch schon vor Ablauf der Widerrufsfrist zu beachten sind. Wird der gesperrte Scheck dennoch eingelöst, hat das Kreditinstitut keinen Anspruch aus §§ 670, 675 Abs. 1 BGB, darf mithin das Ausstellerkonto nicht belasten. Das Kreditinstitut ist verpflichtet, bei Anfragen über die Deckung eines Schecks auf die Schecksperre hinzuweisen, und zwar auch dann, wenn die Frage auf ein anderes Ziel gerichtet ist, etwa nach der Zahlungsfähigkeit des Ausstellers.[176]

Die Scheckanfrage eines Scheckinhabers kann zu einer Scheckbestätigung oder -einlösungszusage der bezogenen Bank führen. Diese Zusagen gibt es in drei Formen: (1) als Auskunft über die Gegenwartslage, (2) als Sperrzusage oder (3) als selbständige Garantiehaftung. Welche der drei Formen im konkreten Fall vorliegt, muss häufig erst durch Auslegung der Erklärung der Bank (§§ 133, 157 BGB) ermittelt werden:[177]

93

Zu (1): Erhält der Scheckinhaber auf Anfrage, ob der Scheck gedeckt sei, eine positive Antwort unter „banküblichem Vorbehalt" des bezogenen Kreditinstituts (dh Vorbehalt der Prüfung der Scheckförmlichkeiten), so bedeutet dies, dass der Scheck eingelöst würde, wenn er der Bank zum Zeitpunkt der Auskunft vorläge; das heißt, dass kein Widerruf des Ausstellers vorliegt und Deckung für die Einlösung vorhanden ist. Dies ist eine **Scheckbestätigung** und keine Zusage, dass die Bank für die Zahlung des Schecks einstehen will.[178] Entsprechendes gilt für die Scheckeinlösungsbestätigung (Gut-Meldung), mit der die Bank die Auskunft gibt, der Scheck sei bereits eingelöst oder bezahlt.[179] Nur wenn die Auskunft nicht zutrifft und die Bank dies zu vertreten hat, haftet sie dem Anfragenden auf Schadenersatz (§ 280 Abs. 1, ggf. iVm § 311 Abs. 2 Nr. 3 BGB).

Zu (2): Die deutlichste Form der Scheckbestätigung ist kombiniert mit einer **Sperrzusage**, was bedeutet, dass die bezogene Bank sich verpflichtet, keine Verfügungen auf dem Konto zuzulassen, die die Einlösung des Schecks gefährden könnten.[180] Hierzu bedarf es eines Kundenauftrags.

Zu (3): Die **Scheckeinlösungszusage** lautet idR „Scheck wird eingelöst"; dies ist eine selbständige Zahlungsverpflichtung des die Bestätigung abgebenden Kreditinstituts,[181] das damit die Einlösung eines Schecks ohne Einwendungen garantiert; der Einreicher hat einen Erfüllungsanspruch auf Zahlung des Scheckbetrags aus Garantievertrag (§ 311 Abs. 1 BGB). Hier muss der Anfragende eindeutig zum Ausdruck bringen, dass er eine Garantiehaftung der bezogenen Bank wünscht, und diese muss sich auf dieses Ansinnen einlassen; Zweifel gehen zulasten des Anfragenden, so dass in diesem Fall idR nur eine Scheckbestätigung in Betracht kommt.

---

[175] So BGHZ 104, S. 374, 380 = NJW 1988, S. 3149 = WM 1988, S. 1325 = ZIP 1988, S. 1105 m. Anm. *Hadding* EWiR 1988, S. 1025; zust. *Nobbe* in BankR-HdB, § 60 Rn. 138.
[176] Vgl. BGHZ 35, S. 217, 222.
[177] Zur Abgrenzung vgl. insbes. *Nobbe* in BankR-HdB, § 61 Rn. 187 ff.
[178] Vgl. BGHZ 110, S. 263, 265 = NJW 1990, S. 1482 = WM 1990, S. 494; BGH WM 1994, S. 884, 885.
[179] Vgl. BGH NJW 1987, S. 317, 318 = WM 1986, S. 1409.
[180] Vgl. BGH NJW 1994, S. 2541 = WM 1994, S. 1466, 1467; OLG Stuttgart WM 1969, S. 278, 280.
[181] Vgl. BGHZ 77, S. 50, 52 = NJW 1980, S. 1956 = WM 1980, S. 586 = ZIP 1980, S. 443; BGH WM 1978, S. 873, 874; BGH WM 1982, S. 924, 925; BGH WM 1994, S. 884, 885; ausführlich *Häuser*, FS Schimansky, 1999, S. 183, 192 ff.

van Look

f) Reisescheck

94 Bestimmungsgemäß wird mit dem Reisescheck ein Bargeldbedarf befriedigt, zumal im Ausland. Der Reisende „kauft" den Reisescheck bei seiner Bank, was juristisch bedeutet, dass er der bezogenen Bank einen Vorschuss gewährt für die Einlösung seines, an die eigene Order ausgestellten Schecks, also zur Sicherung des Aufwendungsersatzanspruchs seiner Bank ihm gegenüber nach § 670 BGB. Ob der Reisescheck ein Scheck im Sinne des ScheckG ist, wird problematisiert, weil das ScheckG in Art. 4 das Akzeptverbot, das Verbot einer schuldbegründenden Annahme, ausspricht, sich das den Reisescheck verkaufende Finanzunternehmen aber zur Zahlung an den Einlösenden verpflichtete. Der praktische Rechtsverkehr teilt diese Bedenken nicht, behandelt den Reisescheck jedenfalls als ein zum Umlauf bestimmtes **Wertpapier** (Rektapapier),[182] das sich selbst als Scheck bezeichnet und die Besonderheit aufweist, dass die Einlösung aus der den Reisescheck begleitenden Garantie der bezogenen Bank erfolgt. Präsentiert der Reisende den Scheck bei einer dritten Bank – zumeist im Ausland –, so hat er einen Einlösungsanspruch nur, wenn diese Bank durch Vereinbarung mit der bezogenen Bank vertraglich hierzu verpflichtet ist. Innerhalb Deutschlands ist der Einzug von Reiseschecks durch das zwischen den Spitzenverbänden des Kreditgewerbes geschlossene Reisescheckabkommen geregelt.

95 Mit der **Einlösung** eines Reiseschecks geht der Zahlungsanspruch auf Ersatz der Aufwendungen gegen die ausstellende Bank aus §§ 670, 675 Abs. 1 BGB auf die Auslandsbank über. Für den Reisescheck gelten besondere **Sicherungsbestimmungen** zur Verhinderung von Verfälschungen und Fälschungen,[183] zB doppelte Unterschrift des Ausstellers, wobei die Zweitunterschrift erst bei Einlösung zu leisten ist. Geht trotz dieser Sicherungsbestimmungen ein ordnungsgemäß ausgestellter Reisescheck verloren, so hat die einlösende Zahlstelle einen Aufwendungsersatzanspruch (§§ 670, 675 Abs. 1 BGB) gegen die bezogene Bank, wenn die Zahlstelle ihre Prüfungspflichten erfüllt hatte (Unterschriftenvergleich, Identitätskontrolle etc.).[184] Die bezogene Bank erleidet ihrerseits keinen Schaden, weil sie bei der Überlassung des Schecks einen Vorschuss auf die Einlösung erhalten hat. Iü decken Versicherungen die Fälschungs- und Verlustrisiken bei Reiseschecks ab.

IV. Auslandszahlungsverkehr und Zahlungssicherung

1. Bedeutung

96 Deutschland ist als eine der führenden Exportnationen wirtschaftlich intensiv auslandsorientiert. Mehr als 40 % des Bruttosozialprodukts gehen in den **Export** von Waren und Dienstleistungen ins Ausland. Jeder dritte Arbeitsplatz ist exportabhängig. Alle diese ins Ausland geschickten Waren und dort geleisteten Dienste müssen bezahlt werden, also die **Gegenleistung** in Geld nach Deutschland transferiert werden. Zugleich ist die Bundesrepublik eine bedeutende **Importnation** der Weltwirtschaft; auch die Gegenleistungen für importierte Waren und Dienstleistungen müssen ins Ausland übermittelt werden. 2012

---

[182] Vgl. *Hadding*, FS Krejci, 2001, S. 1181, 1189; *Baumbach/Hefermehl/Casper*, WG und ScheckG, Einl. ScheckG Rn. 9; *Nobbe* in BankR-HdB, § 63 Rn. 12 ff.; *Baumbach /Hopt*, HGB, (7) BankGesch Rn. E/11.

[183] Vgl. OLG Frankfurt NJW 2003, S. 1747 zur Aufbewahrungspflicht „mit der gleichen Sorgfalt wie Bargeld".

[184] Vgl. *Nobbe* in BankR-HdB, § 63 Rn. 26 ff., 41.

van Look

kamen rd. 644 Mio. grenzüberschreitende Zahlungsvorgänge ins Ausland im Gesamtumfang von rd. 11 Billionen € zur Abwicklung, rd. 75 Mio. Zahlungsvorgänge aus dem Ausland nach Deutschland im Gesamtumfang von rd. 15 Billionen €[185] – ein Volumen, das zu rationellen und sicheren Verfahren zwingt.

Bei der Abwicklung dieser grenzüberschreitenden Verträge sind aus ökonomischer Sicht zwei Probleme zu lösen: einmal das normale **Zahlungsproblem**, dass der Schuldner nicht oder nur verzögert zahlt, wobei im Außenhandel dieses Problem gravierender ist als im Inlandsgeschäft, weil die Rechtsverfolgung im Ausland gegen säumige Schuldner ungleich schwieriger ist als im Inland. Das zweite Problem des Zahlungsverkehrs mit dem Ausland sind **Währungs- und Kursrisiken**, dass nämlich dem Schuldner die Währung, in der er zu zahlen hat, nicht oder zu einem veränderten Wechselkurs zur Verfügung steht. Gegen diese beiden Risiken zu schützen, ist Aufgabe der internationalen Rechtsordnung, aus der sich das Recht der internationalen Zahlungssicherung entwickelt hat. Hierfür die zweckmäßigen Instrumente bereitzustellen und die Beteiligten entsprechend zu beraten, ist Aufgabe der Banken. Bestehen diese Risiken nicht oder nur in geringem Ausmaß (zB innerhalb des SEPA, der die EU- und EWR-Staaten sowie die Schweiz umfasst), sind keine Unterschiede zum Inlandszahlungsverkehr gegeben. Soweit die Überweisung innerhalb des SEPA stattfindet, richten sich Rechtsverhältnisse zwischen den Beteiligten seit November 2009 nach den jeweils in nationales Recht umzusetzenden Grundsätzen der EU-Zahlungsdiensterichtlinie, seit 1.4.2012 ergänzend nach der SEPA-VO, die ab 1.2.2014 nur noch die SEPA-Überweisung kennt (→ § 4 Rn. 3 und 15). Die SEPA-VO gilt jedoch nicht für Zahlungsvorgänge im EWR, die über sog. Großbetragszahlungssysteme abgewickelt werden (Art. 1 Abs. 2 Buchst. b SEPA-VO), wie zB das durch die EZB und die nationalen Zentralbanken betriebene System TARGET2 (Trans-European Automated Real-time Gross settlement Express Transfer system)[186] Ab 1. Juli 2002 gilt innerhalb des Euro-Raums der Grundsatz der **Entgeltgleichheit** zwischen Inlands- und Auslandsüberweisungen unter 50 000 €.[187]

Handelt es sich um eine grenzüberschreitende Überweisung aus einem Staat außerhalb des EWR, so fehlt es meistens an einer direkten Korrespondenzbankverbindung zwischen der ausländischen Bank des Überweisenden und der deutschen Empfängerbank; dann wird der Rechnungsbetrag über eine Korrespondenzbank der ausländischen Absenderbank geleitet, es wird mit zwischengeschalteten Banken gearbeitet, und so entsteht die sog. **Kettenüberweisung**.[188] Lautet der Überweisungsbetrag in einer fremden Währung, so sprechen wir von einem **Fremdwährungsauftrag** an ein inländisches Kreditinstitut, wenn der Kunde nicht selbst ein Fremdwährungskonto im Ausland unterhält, zu dessen Lasten Zahlungen geleistet werden können (vgl. Nr. 10 Abs. 1 AGB-Banken = Nr. 12 AGB-Sparkassen).[189] Der weltweite Zahlungsverkehr wird dagegen über das System

---

[185] Quelle: Deutsche Bundesbank, Zahlungsverkehrs- und Wertpapierabwicklungsstatistiken in Deutschland 2008–2012, Stand: Juli 2013, Tab. 6 und 7.
[186] Vgl. hierzu *Mayen* in BankR-HdB, § 46 Rn. 14; *Haug*, in BankR-HdB, § 123 Rn. 57; *Langenbucher* in Bankrechts-Kommentar, Kap. 3 § 675p Rn. 11.
[187] Art. 3 VO (EG) Nr. 924/2009 vom 16. September 2009, EG-ABl. Nr. L 266, S. 11 ff.; vgl. zur Vorgängerregelung *Hoffmann* WM 2002, S. 1517, 1518 f., 1525 f.
[188] Vgl. *Hadding/Häuser/Haug* in BankR-HdB, § 51a Rn. 1.
[189] Vgl. *Hadding/Häuser/Haug* in BankR-HdB, § 51a Rn. 14.

S.W.I.F.T. abgewickelt.[190] Das Ziel einer weltweiten Vereinheitlichung des Überweisungsverkehrs verfolgt das UNCITRAL-Modellgesetz, das die Rechte und Pflichten aller an einer Überweisung Beteiligten weltweit vorgeben will;[191] seine Umsetzung, die in Ansätzen bereits in der EU-Zahlungsdiensterichtlinie und ihrer Transformation in die nationalen Rechtsordnungen erfolgt ist, liegt jedoch noch in der Ferne.

99 Ist die Vertrauensbasis zwischen Exporteur und Importeur nicht gesichert und/oder bestehen Währungsrisiken, so ist **Zahlungssicherung** geboten: Die einfachste Form der Zahlungssicherung gegen beide Risiken ist, dass der Verkäufer das Eigentum an der eine Grenze überschreitenden Ware in Handelspapieren – „in Dokumenten" – verbrieft und diese Dokumente nur gegen endgültige, vollständige und in das Land des Verkäufers transferierbare Zahlung des Käufers aushändigt. Dieser Vorgang kann mit oder ohne Einschaltung einer Bank erfolgen. Die Praxis verwendet hier die international übliche Handelsklausel: „**Verkauf Kasse gegen Dokumente**" oder „D/C" bzw. „D/P".

2. Dokumenteninkasso

a) Ausgangssituation

100 Beim bankrechtlichen Dokumenteninkasso nehmen **Banken** das Inkasso für den Verkäufer/Exporteur beim Bezogenen (Käufer/Importeur) vor. Er ist der Inkassoauftraggeber, der seine Bank beauftragt, seine Kaufpreisforderung gegen Aushändigung der das Eigentum an der Ware repräsentierenden Dokumente einzuziehen.
Beispiel: Eine kleinere deutsche Chemiefirma verkauft Pflanzenschutzmittel an einen Importeur in Kanada, den sie nicht kennt. Deshalb sind Sicherheiten einzubauen gegen eventuellen Zahlungsausfall oder Störungen im Zahlungsverkehr. Hat der Importeur seinen Sitz in einem Staat mit einem funktionierenden Rechtssystem, bietet sich dafür das Dokumenteninkasso an, welches zwar weniger Sicherheit als ein Akkreditiv bietet, dafür aber unkomplizierter und folglich kostengünstiger ist. Beim Dokumenteninkasso werden gewöhnlich zwei Banken eingeschaltet. Nach der weltweit gültigen Terminologie der **Einheitlichen Richtlinien für Inkassi (ERI)**[192] – hier Art. 3a ERI – heißt die vom Ex-

---

[190] Dazu *Etzkorn*, Rechtsfragen des internationalen elektronischen Zahlungsverkehrs durch S.W.I.F.T., 1991; *Escher-Weingart*, BuB, Rn. 6/299a – c.
[191] Abgedruckt in WM 1993, 665; dazu *Genner*, Das UNCITRAL-Modell-Gesetz über den internationalen Überweisungsverkehr, 1995; *Wulff*, Das UNCITRAL-Modell-Gesetz über den grenzüberschreitenden Überweisungsverkehr, 1998. Zur UNCITRAL (United Nations Commission on International Trade Law) vgl. *U. H. Schneider*, FS Everling, 1995, S. 1297; *Köndgen* NJW 1996, S. 558, 566.
[192] I.d.F. von 1995, abgedruckt zB bei *Baumbach/Hopt*, HGB, (12) ERI. Die rechtliche Einordnung der – von der Internationalen Handelskammer in Paris ausgearbeiteten und in regelmäßigen Zeitabständen überarbeiteten – ERI ist – ebenso wie die der ERA – umstr. Nach h. M. sind sie in ihrer Gesamtheit **AGB**, so BGH WM 1960, S. 40; *Basedow*, ZHR 150 (1986), S. 485; *Canaris*, Bankvertragsrecht I, Rn. 926 f.; *Baumbach/Hopt*, HGB, (11) ERA Einl Rn. 5 f.; *Segna* in Bankrechts-Kommentar, Kap. 10 Rn. 13 und 64; offen BGH WM 1984, S. 1443. Teilweise werden sie als **Handelsbräuche** iSd § 346 HGB – so OLG Frankfurt WM 1997, S. 153; *Wälzholz* WM 1994, S. 1457, 1459 f. – oder als internationales kaufmännisches **Gewohnheitsrecht** angesehen, so *Nielsen*, Neue Richtlinien für Dokumenten-Akkreditive, 1993, S. 16 f.; offen dagegen *Nielsen/Jäger* in BankR-HdB, § 120 Rn. 17 ff.; für **lex mercatoria**: *Grundmann*, Jahrbuch Junger Zivilrechtswissenschaftler, 1991, S. 57 ff. Für die Praxis ist die rechtliche Einordnung der ERI und ERA jedoch kaum erheblich, da ihre Geltung unter Kaufleuten bei Sachverhalten mit Auslandsberührung in den meisten Fällen mindestens konkludent vereinbart sein wird.

van Look

porteur in seinem Land beauftragte Bank **Einreicherbank**. Die Einreicherbank beauftragt ihrerseits eine Bank im Lande des Importeurs mit der tatsächlichen Durchführung des Inkassos, deshalb wird sie Inkassobank genannt; legt sie selbst die Dokumente beim **Bezogenen** (Importeur) vor, so wird sie **vorlegende Bank** genannt. Werden aus banktechnischen Gründen weitere Banken zwischen der Einreicherbank und der vorlegenden Bank eingeschaltet, nennt man diese Banken auch **Inkassobanken**. Alle beteiligten Banken werden ohne Garantiefunktion für die Zahlung lediglich als Dienstleister tätig. Das Risiko des Scheiterns des Inkassos trägt allein der Exporteur, die Banken sind aber gemäß Art. 26 ERI zur umgehenden Benachrichtigung verpflichtet.

Vertragsrechtlich stellt sich der Vorgang wie folgt dar: Es besteht ein Kaufvertrag zwischen Ex- und Importeur, das anwendbare Recht dieses Kaufvertrages ergibt sich aus einer Rechtswahlklausel im Vertrag oder aus dem jeweiligen Internationalen Privatrecht. Die Zahlungsklausel im Vertrag lautet: „Kasse gegen Dokumente" oder auch „Kasse gegen Akzept". Darauf folgt der **Inkassoauftrag** des Exporteurs an die Einreicherbank. Dieses Vertragsverhältnis ist im deutschen Recht ein Dienstvertrag, der eine Geschäftsbesorgung zum Gegenstand hat (§§ 675 Abs. 1, 611 BGB).[193] Die Einreicherbank beauftragt daraufhin die Inkassobank/vorlegende Bank, was sich – deutsches Recht unterstellt – wiederum nach den §§ 675 Abs. 1, 611 BGB beurteilt. Zwischen der vorlegenden Bank und dem Bezogenen besteht kein Vertragsverhältnis aus dem Dokumenteninkasso.[194]

b) Rechtsbeziehungen der am Inkasso Beteiligten

Das Dokumenteninkasso beginnt mit einer Vereinbarung im Kaufvertrag, dass der Kaufpreis gezahlt wird zu der Kondition: „Kasse gegen Dokumente" (oder „D/C" bzw. „D/P"; oben § 4 Rn. 99). Bei Gebrauch dieser Klausel gilt der Handelsbrauch (§ 346 HGB), dass der Verkäufer hinsichtlich der Dokumentenvorlage beim Käufer und der Käufer hinsichtlich der Bezahlung des Kaufpreises unter Ausschluss der Aufrechnung oder der Ausübung von Zurückbehaltungsrechten vorleistungspflichtig wird;[195] weitergehende Rechte werden nicht gewährt.[196] Im Ergebnis bedeutet dies, dass der Käufer zahlen muss, ohne vorher die Ware besichtigen zu können; bei mangelhafter Ware kann er seine Gewährleistungsansprüche erst nach Zahlung geltend machen. **Beispiel**: Firma A in Hamburg importiert Zitrusfrüchte aus Israel per Kühlschiff ex Haifa, an Hamburg. Die Ware verdirbt vor Ankunft, weil die Kühlanlage ausfällt. A hat Zahlung geleistet, weil die Dokumente ordnungsgemäß sind.[197]

101

Bei der Klausel „**Dokumente gegen Akzept**" zahlt der Käufer nicht bar, sondern leistet ein Wechselakzept. Wirtschaftlich räumt ihm der Verkäufer damit einen Warenkredit ein, da der Zeitpunkt der tatsächlichen Zahlung hinausgeschoben wird. Der Käufer erhält so die Möglichkeit, die importierte Ware weiterzuverkaufen und die Liquidität für die Bezahlung des Dokumentengegenwertes während der Wechsellaufzeit zu erhalten. Die Ban-

102

---

[193] Vgl. BGH WM 1958, S. 224; *Canaris*, Bankvertragsrecht I, Rn. 1090.
[194] Vgl. OLG Schleswig WM 2003, S. 20, 21: „tatsächlicher Einziehungsversuch".
[195] BGH NJW 1987, S. 2435 = WM 1987, S. 503.
[196] BGHZ 135, S. 39, 46 = WM 1997, S. 957 (m. Anm. *E. Wagner*, WuB IV A. § 407 BGB 1.97).
[197] Nach BGHZ 41, S. 215, 221, gibt es keinen Handelsbrauch der zur Besichtigung der Ware vor Zahlung der Dokumente berechtigt; Ausnahmen können gelten, wenn frühere Teillieferungen besichtigt werden durften; trotzdem kann der Käufer nur bei Vorlage nicht ordnungsgemäßer Dokumente die Zahlung verweigern, vgl. BGH WM 1964, S. 476; *T. Fischer* in BankR-HdB, § 119 Rn. 13.

ken müssen demnach in diesem Fall keine Zahlung, sondern lediglich das Akzept auf dem Wechsel einholen. Hier gelten die Grundsätze des Scheck- und Wechselinkassos, des Dienstvertragsrechts und der ERI.

103   Der notwendige Inhalt des **Inkassoauftrags** ist in Art. 4 ERI beschrieben: Es gilt das Prinzip der Auftragsstrenge.[198] Danach hat die Bank den Auftrag des Exporteurs exakt nach dessen Weisungen auszuführen. Bei Zweifeln muss die Bank Rückfrage beim Auftraggeber halten, Verzögerungen gehen zu seinen Lasten. Gemäß Art. 4a i und ii ERI müssen die Weisungen des Exporteurs im Inkassoauftrag enthalten sein, widersprechende Angaben in den Dokumenten sind unbeachtlich, da die Dokumente von der Bank darauf nicht untersucht werden. Die eingereichten Dokumente sind der Übersichtlichkeit halber im Inkassoauftrag aufzulisten (Art. 4b vi ERI). Die Dokumente sind von der Einreicherbank anhand dieser Liste zunächst auf Vollzähligkeit und Vollständigkeit zu überprüfen. Bei mangelhaften Dokumenten ist der Auftraggeber gem. Art. 12a ERI entsprechend zu unterrichten. Eine besondere Pflicht zur Prüfung der Unterschriften, etwa auf Fälschungen, besteht nicht.[199] Nach positivem Ergebnis leitet die Einreicherbank in Erfüllung des Inkassoauftrags die Dokumente an die Inkassobank weiter.

104   Gewöhnlich werden die Dokumente an eine Inkassobank weitergeleitet, die ihren Sitz im Lande des Bezogenen hat und die mit der Einreicherbank ein Kontokorrentverhältnis verbindet. Ausnahmsweise kann eine weitere Bank zwischengeschaltet sein, wenn dieses Kontokorrentverhältnis nicht besteht. Die Einreicherbank erteilt der Inkassobank einen eigenständigen **Auftrag** gemäß §§ 675 Abs. 1, 611 BGB. Ein Vertragsverhältnis zwischen dem Exporteur und der Inkassobank besteht nicht, **Weisungen** an die Inkassobank muss der Exporteur über die Einreicherbank **weiterleiten** lassen.[200] Die Einschaltung einer Inkassobank ist auftragsrechtlich als Substitution gemäß § 664 Abs. 1 S. 2 BGB zu betrachten[201] und nicht als Einsetzung eines Erfüllungsgehilfen.[202] Somit haftet die Einreicherbank nur für ein eventuelles Verschulden bei der Auswahl der Inkassobank. Dieses Ergebnis des deutschen Rechts deckt sich mit dem **Haftungsausschluss** der Einreicherbank für Fehler der Inkassobank in Art. 11 ERI. Der Verkäufer kann in einem solchen Fall aber trotz fehlenden Vertragsverhältnisses Ansprüche gegen die Inkassobank aus Drittschadensliquidation geltend machen.[203] Das **Auslandsrisiko** trägt gemäß Art. 11c ERI der Verkäufer, so dass er die Kosten der Einreicherbank, die sich aus der Befolgung ausländischer Gesetze ergeben, gemäß § 670 BGB erstatten muss.

105   Häufig nimmt der Exporteur bei der Durchführung eines Dokumenteninkassos einen **Dokumentenvorschuss** seiner Bank in Anspruch, der ein befristeter, durch Übereignung des Exportguts besicherter Kredit ist; finanzwirtschaftlich ist dies ein „aus sich selbst liquidierender Kredit", was bedeutet, dass er bei Fälligkeit aus dem Verkauf der Kreditsicherheit, hier dem Dokumenteninkasso, zurückgezahlt wird. Mit der Zahlung verliert das

---

[198] Vgl. BGH WM 1980, S. 587, 588; *Nielsen*, FS Kümpel, 2003, S. 411, 412.
[199] *Canaris*, Bankvertragsrecht I, Rn. 1090.
[200] OLG Hamburg MDR 1970, S. 335.
[201] HM, vgl. *Baumbach/Hopt*, HGB, (7) BankGesch Rn. M/3; *T. Fischer* in BankR-HdB, § 119 Rn. 22; *Canaris*, Bankvertragsrecht I, Rn. 1095; *Segna* in Bankrechts-Kommentar, Kap. 10 Rn. 71; aA *Heymann/Horn*, HGB, Anh. § 372, Rn. VI/18: Inkassobank ist Erfüllungsgehilfin gemäß § 278 BGB der Einreicherbank.
[202] Vgl. auch OLG Frankfurt WM 2000, S. 1636, 1637.
[203] Vgl. *Einsele*, § 6 Rn. 94; anders *Canaris*, Bankvertragsrecht I, Rn. 1097: Vertrag mit Schutzwirkung für Dritte.

Dokumenteninkasso seinen Sonderrechtscharakter, so dass Aufrechnungslagen entstehen und die Einreicherbank den erhaltenen Betrag in debitorische Konten des Exporteurs einstellen kann.[204]

3. Akkreditiv

a) Ausgangssituation

Hat sich für die Bezahlung eines Exportgeschäfts noch kein Vertrauensverhältnis entwickelt, so besteht für den Verkäufer Bedarf nach umfassender Zahlungssicherung. Entsprechendes gilt, wenn besondere wirtschaftliche oder politische Risiken die Erfüllung der Kaufpreisforderung gefährden. Da der Verkäufer seine Forderung möglicherweise nur mit ungewisser Aussicht auf Erfolg im Importland eintreiben kann, benötigt er zur Sicherung einen zahlungsfähigen inländischen Schuldner. Dies geschieht durch das „bestätigte Akkreditiv", international als „(Standby) Letter of Credit" („L/C") bezeichnet. Rechtsgrundlage des Akkreditivs sind die **„Einheitlichen Richtlinien und Gebräuche für Dokumenten-Akkreditive"**.[205]

106

Die Abläufe sind wie folgt:

107

(1) Abschluss eines Kaufvertrags über die Lieferung einer Ware oder Dienstleistung zwischen Exporteur und Importeur mit der Zahlungsbedingung: Lieferung nach Eingang eines unwiderruflichen, bestätigten Akkreditivs, sog. **Akkreditivklausel**;
(2) der Importeur lässt durch seine Bank, die sog. Akkreditivbank, zugunsten des Exporteurs das vereinbarte **Akkreditiv stellen**;
(3) **Bestätigung** des Akkreditivs durch die unterbeauftragte Bank, die Bestätigungsbank, zumeist die Bank des Exporteurs oder eine Korrespondenzbank der Akkreditivbank im Land des Exporteurs;
(4) **Einreichung der Dokumente** durch den Exporteur bei der Bestätigungsbank;
(5) **Prüfung der Dokumente** durch die Bestätigungsbank nach dem Prinzip der Dokumentenstrenge;
(6) **Zahlung** des Dokumentengegenwerts durch die Bestätigungsbank;
(7) **Weiterleitung der Dokumente** an die Akkreditivbank im Land des Importeurs bei Belastung des Kontos der Akkreditivbank bei der Bestätigungsbank;
(8) erneute **Prüfung der Dokumente** durch die Akkreditivbank;
(9) **Aufnahme** der Dokumente und **Bezahlung** der Dokumente durch den Importeur.

Die **praktische Bedeutung** des Akkreditivverkehrs ist rückläufig: Vom Anfang des 20. Jahrhunderts bis Ende der fünfziger Jahre wurden etwa 80% des Außenhandels mit diesem komplexen Zahlungsinstrument abgewickelt. In den neunziger Jahren ist das Akkreditiv auf einen minimalen Teil des Exports zurückgegangen. Gleichwohl ist das Akkreditiv aus bestimmten Branchen wie dem Anlagen- und Maschinenbau, zum Teil auch dem Rohstoffhandel, und aus dem Export in gewisse Regionen nicht wegzudenken. Mittelständische Unternehmen sind bei der Erschließung neuer Märkte gut beraten, zunächst das Akkreditiv als Instrument der Zahlungssicherung zu wählen.

108

---

[204] Zu den Auswirkungen einer Insolvenz des Exporteurs vor Eingang des Inkassoerlöses vgl. BGHZ 95, S. 149, 155 = WM 1985, S. 1057 m. Anm. *Obermüller*, WuB VI B. § 15 KO 2.85; *Canaris*, Bankvertragsrecht I, Rn. 1090; *Menkhaus*, Kreditsicherung beim Dokumenteninkasso, Diss. Köln 1984, S. 183 ff.; *Nielsen* ZIP 1985, S. 785; *T. Fischer* in BankR-HdB, § 119 Rn. 43 ff.
[205] ERA 600, Revision 2007, mit Anhang für die Vorlage elektronischer Dokumente (el. ERA), Version 1.1 von 2007, abgedruckt bei *Baumbach/Hopt*, HGB, (11) ERA; zur rechtlichen Einordung → § 4 Rn. 100 m. Fn. 192.

109 Sicherheit erlangt der Verkäufer dadurch, dass das Akkreditiv einen **selbstständigen Zahlungsanspruch** gegen die eingeschalteten Banken gewährt und sich der Verkäufer somit insbesondere an die Bestätigungsbank in seinem Land wenden kann.[206] Im Wesentlichen entspricht das Akkreditiv einem abstrakten Schuldversprechen gemäß §§ 780 BGB, 350 HGB,[207] verbunden mit einem Einrede- und Einwendungsverzicht. Im Dreiecksverhältnis Importeur – Bank – Exporteur weist das Akkreditiv somit Parallelen zur bürgerlich-rechtlichen Anweisung auf.[208] Mit dem Akkreditiv verpflichtet sich eine Bank unwiderruflich gegenüber einem Gläubiger im Auftrag eines Importeurs zur Bezahlung einer Forderung aus einem Exportgeschäft, in der Sprache der ERA: „… eine konforme Dokumentenvorlage zu honorieren" (vgl. die Definition „Akkreditiv" in Art. 2 ERA). Diese Zahlungsverpflichtung ist unabhängig von dem zugrunde liegenden Exportgeschäft; Einwendungen aus diesem Grundgeschäft sind ausgeschlossen. Es gilt der Grundsatz: „Erst zahlen, dann prozessieren", zB wenn der Käufer trotz ordnungsgemäßer Dokumente mangelhafte Ware erhalten hat.[209]

110 Dieser Grundsatz vom unabhängigen Zahlungsanspruch kennt **Ausnahmen** in engsten Grenzen, etwa wenn der Kaufpreisanspruch offenkundig nicht besteht, etwa wegen Nichtigkeit des Grundgeschäfts gem. § 134 BGB.[210] Eine weitere Ausnahme ist die betrügerische oder arglistige Inanspruchnahme des Akkreditivs. In diesen Fällen ist die Ausnutzung der formalen Rechtsstellung durch den Akkreditivbegünstigten **rechtsmissbräuchlich** und somit gemäß § 242 BGB unzulässig.[211] Entgegen der älteren Rechtsprechung reichen für die Begründung eines Rechtsmissbrauchs selbst schwerwiegende Mängel der Ware nicht aus.[212] Den Nachweis des Rechtsmissbrauchs des Begünstigten muss der Akkreditivauftraggeber durch **„liquide Beweismittel"** erbringen;[213] dazu werden in der Regel nur Urkunden tauglich sein.[214] Führt der Käufer der Bank den Missbrauch solchermaßen vor Augen, muss die Bank die Honorierung der Dokumente ablehnen.[215] Insofern besteht eine vertragliche Schutzpflicht (§ 241 Abs. 2 BGB) der Bank aus ihrem Geschäftsbesorgungsverhältnis zum Käufer. Allerdings muss der Käufer die Bank für die Kosten schadlos halten, die ihr entstehen können, wenn der Exporteur im Ausland versucht, seine Akkreditivforderung gerichtlich gegen die Akkreditiv- bzw. Bestätigungsbank durchzusetzen[216].

---

[206] Zur Entwicklungsgeschichte vgl. *Nielsen/Jäger* in BankR-HdB, § 120 Rn. 11–15.

[207] An diesem Leitbild orientieren sich Rechtsprechung (vgl. BGHZ 132, S. 313 = NJW 1996, S. 1812 = WM 1996, S. 995, 996) und h. L., zB *Segna* in Bankrechts-Kommentar, Kap. 10 Rn. 4 f.

[208] Vgl. *Canaris*, Bankvertragsrecht I, Rn. 920; ferner *Witte-Wegmann* JuS 1975, S. 137 ff.

[209] Vgl. BGHZ 60, S. 264.

[210] Vgl. BGHZ 132, S. 313 = WM 1996, S. 995, 996 = ZIP 1996, S. 913.

[211] Ausführlich *Nielsen/Jäger* in BankR-HdB, § 120 Rn. 452 ff.

[212] BGHZ 101, S. 84, 91 = WM 1987, S. 977; BGH WM 1988, S. 1298, 1300; anders früher RGZ 106, S. 308; BGH WM 1954, S. 223.

[213] BGHZ 132, S. 313, 317 = WM 1996, S. 995, 996 m. Anm. *Nielsen*, WuB VI E. § 365 HGB 1.96.

[214] *Schütze*, Das Dokumentenakkreditiv im Internationalen Handelsverkehr, Rn. 518; *Plett/Welling* DB 1987, S. 926; weitergehend *Canaris*, Bankvertragsrecht I, Rn. 1017.

[215] HM, vgl. BGH ZIP 1996, S. 914; *Baumbach/Hopt*, HGB (7) BankGesch Rn. K/20; *Hüffer* in MüKoBGB, § 783 Rn. 92; anders *Schütze*, Das Dokumentenakkreditiv im Internationalen Handelsverkehr, Rn. 465.

[216] LG Hamburg WM 1997, S. 258.

Problematisch ist, ob der Importeur die Bank per **einstweiliger Verfügung** (§ 940 ZPO) an der Auszahlung des Akkreditivbetrags hindern kann[217].

b) Rechtsverhältnis zwischen dem Schuldner und seinem Gläubiger

Für die Zahlung des Kaufpreises enthält der Kaufvertrag die Akkreditivklausel.[218] Die Gestellung des Akkreditivs erfolgt erfüllungshalber (vgl. § 364 Abs. 2 BGB), auch wenn es unwiderruflich ist und unabhängig von einer Bestätigung. Die Kaufpreisforderung ist erst dann erfüllt, wenn aus dem Akkreditiv bezahlt wurde. Dennoch ist die Verpflichtung des Käufers, das Akkreditiv vereinbarungsgemäß zu stellen, seine Hauptverpflichtung aus dem Kaufvertrag,[219] ebenso wie der Exporteur seine Befriedigung primär aus dem Akkreditiv suchen muss. Wie beim Dokumenteninkasso (→ § 4 Rn. 101) bestehen insofern Vorleistungspflichten der Parteien. Wenn der Käufer seine Rechtspflicht zur Stellung des Akkreditivs verletzt, stehen dem Verkäufer daher die Schadenersatzansprüche aus §§ 280 Abs. 1 und 3, 281 BGB zu. Die Verpflichtung des Käufers zur Akkreditivstellung qualifiziert das Geschäft zu einem relativen Fixgeschäft mit der Folge, dass der Verkäufer auch ohne Nachfrist vom Geschäft zurücktreten kann, wenn nicht innerhalb der vereinbarten Frist das Akkreditiv vorliegt (§ 323 Abs. 2 Nr. 2 BGB).

111

c) Rechtsverhältnis zwischen dem Akkreditivauftraggeber und seiner Bank

Zwischen dem Akkreditivauftraggeber und seiner Bank besteht ein **Werkvertrag mit Geschäftsbesorgungscharakter** nach §§ 675 Abs. 1, 631 BGB,[220] der formfrei zustande kommen kann. Der Auftrag zur Akkreditiveröffnung muss vollständig und genau sein, denn für die Eröffnung eines wirksamen Akkreditivs sind eine Reihe von Angaben erforderlich, etwa zur genauen Akkreditivart, zur Akkreditivsumme, zur Auszahlungsstelle, zu den einzelnen Dokumenten und zur Laufzeit des Akkreditivs.[221] Die Schriftform ist daher gebräuchlich. Aus dem Charakter des **Fixgeschäfts** für den Akkreditivauftraggeber folgt die Verpflichtung der Bank zur zügigen Entscheidung über den Akkreditivauftrag (vgl. § 663 BGB).[222] Nimmt die Bank den Auftrag an, ist sie zur **Eröffnung** des Akkreditivs nach den Weisungen des Auftraggebers verpflichtet, ferner zur unverzüglichen Mitteilung der Akkreditiveröffnung an den Begünstigten.[223] Sodann hat die Bank die bei ihr vom Begünstigten eingereichten Dokumente – das sind zumindest die Transportdokumente, die Versicherungsdokumente und die Handelsrechnung (Art. 18–28 ERA) – daraufhin zu prüfen, ob sie gemäß Art. 14a ERA „ihrer äußeren Aufmachung nach eine konforme Dokumentenvorlage zu bilden scheinen".

112

Diese **Prüfung** der vom Begünstigten eingereichten, in der Terminologie der Banken „angedienten" Dokumente ist das Kernstück des Akkreditivgeschäfts. Die formalisierte,

113

---

[217] Dafür wohl BGHZ 101, S. 84, 92; ebenso LG Aachen WM 1987, S. 1208; *Eschmann*, Einstweiliger Rechtsschutz beim Dokumenten-Akkreditiv in Deutschland, England und der Schweiz, Diss. Hamburg 1994, S. 173; abl. OLG Frankfurt WM 1981, S. 445; *Aden* RIW 1976, S. 680; *v. Bernstorff* RIW 1986, S. 334 f.

[218] BGHZ 41, S. 221.

[219] BGH WM 1965, S. 102 f.

[220] Anders als beim Dokumenteninkasso schuldet die Bank hier einen konkreten Erfolg, nämlich die Akkreditiveröffnung, so dass ein Werk- und kein Dienstvertrag vorliegt.

[221] Ausführlich *Nielsen/Jäger* in BankR-HdB, § 120 Rn. 89 ff.

[222] Zur möglichen Schadenersatzpflicht der Bank vgl. den anschaulichen Fall BGH WM 1983, S. 1985 f.

[223] RGZ 105, S. 34.

van Look

am Grundsatz der **Dokumentenstrenge** orientierte Prüfung schützt den vorleistungspflichtigen Käufer so gut wie möglich vor denkbaren Vertragsverletzungen des Verkäufers. Danach hat die Bank zu prüfen, ob die vorgelegten Dokumente dem Akkreditiv selbst, den ERA und dem Standard internationaler Bankpraxis entsprechen. Dokumentenstrenge bedeutet negativ, dass die Bank nicht zu prüfen hat, ob das in den Dokumenten verbriefte Warengeschäft erfüllt wurde, ob die Ware dokumentengerecht ist und ob die Dokumente inhaltlich richtig sind.[224] Die Banken befassen sich mit den Dokumenten, nicht mit Waren oder Dienstleistungen (vgl. Art. 5 ERA). Dokumentenstrenge bedeutet positiv, dass die Bank zu kontrollieren hat, ob die Dokumente mit den in dem Akkreditiv niedergelegten Bedingungen übereinstimmen. Maßgebliche Kriterien der Dokumentenprüfung sind Fristen, Vollzähligkeit der Dokumente,[225] Ordnungsgemäßheit nach Art und Inhalt gemäß Art. 18–28 ERA und der Ausschluss von Widersprüchen zwischen den Dokumenten, so genanntes Verbot der interdokumentären Inkonsistenz gemäß Art. 14d ERA. Die Bank haftet aber nicht für Form, Vollständigkeit, Genauigkeit, Echtheit, Verfälschung oder Rechtswirksamkeit der Dokumente (Art. 34 ERA); diese Freizeichnung ist wirksam, da sie dem formellen Prüfungscharakter entspricht.[226]

114   Wie jeder Rechtsgrundsatz erfährt auch die Dokumentenstrenge Einschränkungen unter dem Gesichtspunkt von Treu und Glauben (§ 242 BGB).[227] Unter bestimmten Umständen kann weder die Akkreditivbank gegenüber dem Begünstigten noch der Akkreditivauftraggeber gegenüber der Akkreditivbank die Bezahlung der Dokumente trotz des Vorliegens formaler Fehler verweigern. Zwei Fallgruppen sind hier anerkannt: Zunächst sind offensichtliche Irrtümer und Flüchtigkeitsfehler unbeachtlich. Weiter kann die Auslegung eines Dokuments zweifelsfrei ergeben, dass die Abweichungen für den Käufer unschädlich sind; dann können die Dokumente ebenfalls bezahlt werden.[228] Zweifel gehen zu Lasten des Akkreditivauftraggebers.[229]

d) Rechtsbeziehungen zwischen eröffnender Bank und Exporteur

115   Der Exporteur erhält mit der Akkreditiveröffnung von einer Bank ein **abstraktes Zahlungsversprechen** nach §§ 780 BGB, 350 HGB, so dass hier ebenfalls vertragliche Beziehungen begründet werden. Zwischen der Akkreditivbank und dem Begünstigten besteht zuvor kein Rechtsverhältnis. Das Akkreditiv ist getrennt, also abstrakt von dem Kaufvertrag, dessen Kaufpreis es besichert; deshalb ist das Zahlungsversprechen auch dann gültig, wenn das Grundgeschäft nichtig oder anfechtbar ist. Dieses abstrakte Schuldversprechen wird dem Begünstigten mitgeteilt; für diese Mitteilung gibt es zwar keine Formvorschrift, sie erfolgt aber in der Praxis immer schriftlich. Das Akkreditiv tritt nach Mitteilung in

---

[224] Vgl. *Canaris*, Bankvertragsrecht I, Rn. 959.

[225] Die Anzahl der einzureichenden Dokumente steht nicht immer von vornherein fest, sondern kann sich im Rahmen der Prüfung konkretisieren, vgl. *Schütze*, Das Dokumentenakkreditiv im Internationalen Handelsverkehr, Rn. 389 ff.

[226] Vgl. zur Freizeichnung in AGB: BGHZ 108, S. 348, 351 = NJW 1990, S. 255 = WM 1989, S. 1713; so schon früher RGZ 106, S. 31.

[227] Vgl. *Koller* WM 1990, S. 293.

[228] Vgl. BGH WM 1988, S. 1298, 1300; *Eschmann* RIW 1996, S. 916 f.; krit. *Dilger* RIW 1990, S. 325; zur Auslegung vgl. *Nielsen/Jäger* in BankR-HdB, § 120 Rn. 203 ff. mit instruktiven Beispielen.

[229] Vgl. OLG München WM 1996, S. 2335; OLG München WM 1998, S. 554; ferner *Baumbach/Hopt*, HGB, (7) BankGesch Rn. K/6.

Kraft, weil die Annahme von dem Begünstigten gemäß § 151 BGB nicht gegenüber dem Antragenden erklärt zu werden braucht. Das Zahlungsversprechen ist **aufschiebend bedingt**, § 158 Abs. 1 BGB, durch die Einreichung der im Akkreditiveröffnungsschreiben geforderten Dokumente; es ist immer **auflösend befristet**, §§ 158 Abs. 2, 163 BGB, durch die Einhaltung der Dokumenteneinreichungsfrist, binnen derer der Begünstigte die Dokumente vorzulegen hat. Denn ein Akkreditiv bedarf gemäß Art. 6d ERA eines strikten Verfallsdatums für die Dokumentenvorlage. Reicht der Begünstigte fristgerecht akkreditivgerechte Dokumente der eröffnenden Bank ein, so ist sie zur Zahlung („Honorierung") verpflichtet (Art. 7a, 15a ERA).

Änderungen eines einmal herausgelegten unwiderruflichen Akkreditivs sind nur mit Zustimmung aller Beteiligten zulässig (Art. 10a ERA). **Einwendungen** gegen die Zahlung hat die Bank gegenüber dem Begünstigten nur, wenn sie sich aus dem Inhalt der Akkreditiveröffnung ergeben, also in den praktisch kaum bedeutsamen Fällen, in denen Mängel der Akkreditiverklärung oder Einwendungen nach § 784 Abs. 1 Hs. 2 BGB bestehen, ferner in den Fällen des Rechtsmissbrauchs durch den Begünstigten. Kontrovers diskutiert wird die Frage, ob die Akkreditivbank gegen die Forderung des Begünstigten aus dem Akkreditiv **aufrechnen** kann; dies wird von der h. M. abgelehnt.[230] Unzweifelhaft können dagegen Mängel aus dem Grundgeschäft die Bank nicht von dem Zahlungsversprechen befreien. Einwendungen aus dem Deckungsverhältnis zwischen Akkreditivbank und Akkreditivauftraggeber sind gleichfalls ausgeschlossen. Schließlich kann die Bank auch nicht einen Doppelmangel von Valuta- und Deckungsverhältnis geltend machen.[231]

116

e) Rechtsverhältnisse bei Einschaltung einer weiteren Bank; Sonderformen

In der Regel tritt die eröffnende Bank nicht unmittelbar mit dem Begünstigten in Kontakt, sondern schaltet eine Bank im Heimatland des Exporteurs ein. **Beispiel**: Ein Exporteur aus Schwaben erhält von einer fremden Bank aus Fernost ein Akkreditiv – er kennt die Bank nicht, der technische Prozess der Dokumenteneinreichung lässt sich über eine so weite Entfernung nicht bewerkstelligen. Deshalb beauftragt die Bank des Käufers eine zweite, meist ausländische Bank (Korrespondenzbank) – in unserem Fall eine schwäbische Bank –, die dem Verkäufer die Stellung des Akkreditivs avisiert. Diese Bank heißt im Akkreditivgeschäft daher **avisierende Bank** (Art. 2 und 9 ERA).[232] Diese Bank hat kein eigenes Obligo gegenüber dem Begünstigten, doch ist sie häufig zusätzlich Zahlstelle und Abwicklungsstelle,[233] so dass der Begünstigte nach Einreichung und Überprüfung der Dokumente den Akkreditivbetrag von der Avisbank im Auftrag der Akkreditivbank ausgezahlt bekommt. Wenn die Abwicklungsbank das Akkreditiv bestätigt, erhält der Verkäufer einen zusätzlichen Zahlungsanspruch gegen diese Bestätigungsbank.[234] Begeht die von der Akkreditivbank ausgewählte Abwicklungsbank Fehler in der Abwicklung, so **haftet**

117

---

[230] *Baumbach/Hopt*, HGB (7) BankGesch Rn. K/20.; offen gelassen in BGHZ 60, S. 264; aA *Canaris*, Bankvertragsrecht I, Rn. 1009; für die – durchaus vergleichbare – Zahlungsgarantie auch BGHZ 94, S. 171.

[231] Vgl. umfassend zum Einwendungsausschluss *Nielsen/Jäger* in BankR-HdB, § 120 Rn. 76–82; *Segna* in Bankrechts-Kommentar, Kap. 10 Rn. 44 -51.

[232] Zur Rechtsstellung der avisierenden Bank vgl. *Nielsen/Jäger* in BankR-HdB, § 120 Rn. 419–431.

[233] Hierzu vgl. BGH WM 1958, S. 1542.

[234] Zur sog. Stillen Bestätigung vgl. OLG Frankfurt WM 2010, S. 1405.

van Look

die Akkreditivbank nur für sorgfältige Auswahl gem. § 664 Abs. 1 S. 2 BGB.[235] Diesem Ergebnis entspricht die in Art. 37 ERA enthaltene Freizeichnung der Akkreditivbank für Fehler der Zweitbank.

118 Eine Sonderrechtsgestaltung ist das **übertragbare Akkreditiv**, bei dem der Begünstigte einem Dritten – dem Zweitbegünstigten – die Rechte aus dem Akkreditiv übertragen darf. Voraussetzung der Übertragung ist nach Art. 38b ERA, dass das Akkreditiv ausdrücklich als übertragbar bezeichnet ist. Auf den Formularen der Banken für die Akkreditiveröffnung ist die Übertragbarkeitsklausel vorgedruckt. Dann kann der Begünstigte die eröffnende Bank anweisen, das Akkreditiv dem Zweitbegünstigten verfügbar zu stellen. Daraufhin teilt die Akkreditivbank dem Zweitbegünstigten die Übertragung mit; technisch geschieht dies in der Weise, dass dasselbe Akkreditiv dem Zweitbegünstigten zugestellt wird unter Schwärzung des Namens des Akkreditivbegünstigten und unter Änderung der Akkreditivsumme (Provision des Erstbegünstigten wird abgezogen) und eventuell der relevanten Fristen. Sinn dieses Vorgangs ist, dass ein exportierendes Handelshaus dem herstellenden Industrieunternehmen durch die Zweitbegünstigung Sicherheit für die Bezahlung des Exportgutes verschafft. Das Risiko, dass bei der Akkreditivbank zweimal aus einem Akkreditiv Zahlung gesucht wird, ist dadurch ausgeschaltet, dass der Erstbegünstigte das Akkreditiv dem Zweitbegünstigten verfügbar macht und damit insoweit auf seine Rechte aus dem Akkreditiv verzichtet. Die Übertragung eines Akkreditivs ist also keine Abtretung der Ansprüche aus dem Akkreditiv. Eine Abtretung ist nur hinsichtlich des Akkreditiverlöses möglich (vgl. Art. 39 ERA).[236]

119 Ist das Akkreditiv nicht übertragbar gestellt oder soll der Importeur nicht erfahren, wer der letzte Lieferant der Ware ist, beantragt der Akkreditivbegünstigte entweder bei der Akkreditivbank oder bei der Bank, über die das Akkreditiv avisiert wurde, ein **Gegenakkreditiv** zugunsten des Unterlieferanten, sog. back-to-back-credit. Dies ist ein von der das Akkreditiv avisierenden Bank neu zu eröffnendes Akkreditiv zugunsten des Endlieferanten, das in allen Konditionen auf das Hauptakkreditiv abzustimmen ist, insbesondere hinsichtlich des Fristablaufs: Das Gegenakkreditiv verlangt immer eine frühere Dokumentenpräsentation, damit die eingereichten Dokumente noch innerhalb der Frist des Hauptakkreditivs eingereicht werden können. Rechtlich handelt es sich um ein selbstständiges Akkreditiv, das aus sich selbst zu beurteilen ist, losgelöst vom Hauptakkreditiv, aus dem der Erstbegünstigte – anders als bei der Übertragung – seine volle Rechtsposition behält.

---

[235] Vgl. *Nielsen*, BuB, Rn. 5/409; *Graf v. Westphalen*, Exportfinanzierung, S. 254 f.; **aA** (§ 278 BGB) *Heymann/Horn*, HGB, § 372 Abs. 4 Rn. 48 f.; *Schütze* DB 1987, S. 2190.

[236] Vgl. hierzu OLG Karlsruhe IPRax 1982, S. 102 m. Anm. *Nielsen*; *Nielsen/Jäger* in BankR-HdB, § 120 Rn. 196 ff.

§ 5. Recht der Kreditgeschäfte

Übersicht

	Rn.
A. Das Kreditgeschäft	1
I. Allgemeines zum Recht der Kreditgeschäfte	6
II. Krediteröffnungsvertrag	9
1. Trennungstheorie	13
2. Beratungspflichten bei Vertragsschluss	16
3. Störung des Vertragsabschlusses	18
4. Bestandteile des Krediteröffnungsvertrages	21
5. Die Rechtspflicht zur Kreditauszahlung	22
6. Aufklärungspflicht des Kreditinstitutes nach Darlehensauszahlung	24
7. Der Zinsanspruch	25
8. Vorfälligkeitsvergütung	27a
9. Anspruch auf Stellung von Sicherheiten	28
10. Beendigung des Krediteröffnungsvertrages und Rückzahlung	33
11. Kreditkündigung	36
a) Leistungsstörung und Kündigung	36
b) Wichtiger Kündigungsgrund wegen Verschlechterung der Kreditnehmerbonität	38
c) Verzug des Kreditnehmers	41
d) Kündigung unbefristeter Kredite	43
e) Rechtspflicht zur Kreditverlängerung und Sanierungskredit	46
III. Die einzelnen Kreditarten	47
1. Kontokorrentkredit und die Überziehung	49
2. Lombardkredit	52
3. Diskontkredit	54
4. Akzeptkredit und Rembourskredit	59
5. Avalkredit	61
6. Langfristiger Kredit	68
a) Hypothekendarlehen	74
b) Kommunaldarlehen	81
7. Konsortialkredite	83
8. Akquisitionsfinanzierung	85
9. Projektfinanzierung und Public Private Partnership	86
10. Leasing	87
11. Factoring	92
12. Sonstige kreditnahe Finanzierungsinstrumente	101

IV.	**Verbraucherdarlehen und sonstige Finanzierungshilfen** ...	107
	a) Die Verbraucherkreditvorschriften im BGB	110
	b) Verbraucherdarlehensvertrag	111
	aa) Verbraucherschutz – Werbung und vorvertragliche Informationspflichten	112
	bb) Verbraucherschutz bei Vertragsschluss	113
	cc) Verbraucherschutz während der Darlehenslaufzeit	115
	c) Verbundene Geschäfte	116
	d) Beendigung des Vertrages und vorzeitige Rückzahlung ..	121
	e) Abwicklung gestörter Verträge	122
	f) Entgeltliche Finanzierungshilfen	124
B.	**Kreditsicherheiten**	127
I.	**Personalsicherheit**	133
	1. Bürgschaft	134
	2. Garantie	142
	3. Schuldbeitritt	145
	4. Patronatserklärung	146
	5. Ergebnisabführungsvertrag	149
	6. Negativerklärung	150
II.	**Sicherungsübereignung**	151
	1. Bestimmtheitsgrundsatz	155
	2. Kollisionsrechtslagen	158
	3. Übersicherung, Freigabe von Sicherungseigentum	162
	4. Das Sicherungseigentum in der Insolvenz	168
III.	**Sicherungsabtretung**	171
	1. Bestimmbarkeit, Individualisierung	175
	2. Verbot der Übersicherung, Freigabeverpflichtung	178
	3. Verwertung der abgetretenen Forderungen	181
	4. Globalzession und verlängerter Eigentumsvorbehalt	184
IV.	**Grundpfandrechte**	188
	1. Die Grundschuld im Einzelnen	191
	2. Erstreckung der Haftung	193
	3. Die Sicherungszweckerklärung	196
	4. Zahlung und Grundschuldrückgewähr	200
	5. Verwertung der Grundschuld	208
V.	**AGB-Pfandrechte, Nr. 14 AGB-Banken 2012, Nr. 21 AGB-Sparkassen 2012**	212

A. Das Kreditgeschäft

Literatur: Zum allgemeinen Kreditgeschäft *Hellner/Steuer*, Bankrecht und Bankpraxis, Bd. I, 3. Teil; *Rösler, Mackenthun, Pohl,* Handbuch Kreditgeschäft, 6. Aufl. 2002; *Falter,* Die Praxis des Kreditgeschäfts, 17. Aufl. 2007; *Baumbach/Hopt,* HGB, 35. Aufl. 2012, 2. Teil, Abschnitt V Bankgeschäfte, *Wunderlich* in Schimansky, Bunte, Lwowski, BankR-HdB, 4. Aufl. 2011, Band I, §§ 75–77; *Obst/Hintner,* Geld-, Bank- und Börsenwesen: Handbuch des Finanzsystems, 40. Aufl. 2000; *Thöne* (Hrsg.), Praxiswissen Bankrecht, 1. Aufl. 2011; *Schwintowski,* Bankrecht, 3. Aufl. 2011, § 12. Abschnitt A.

Erne

A. Das Kreditgeschäft

Kreditgewährung ist die wichtigste makro- und mikroökonomische Aufgabe des Kreditgewerbes; das Kreditgeschäft ist gem. § 1 Abs. 1 Satz 2 Nr. 2 KWG gesetzliche Aufgabenstellung der Banken. Makroökonomisch handelt es sich bei der Kreditvergabe um die Bündelung von vielen Geldbeträgen, die den Banken von ihren Kunden als Einlagen zur Verfügung gestellt, von den Kreditinstituten in Kreditmittel transformiert und dem Staat, der Wirtschaft und den privaten Haushalten zur Verfügung gestellt werden. Es wird also Kaufkraft der Sparer und der Einleger zeitweilig dem Kreditnehmer überlassen. Geldtheoretisch ist die Kreditvergabe der Banken und Sparkassen Geldschöpfung.[1] Mikroökonomisch ist das Kreditgeschäft eine der wichtigsten Geschäftssparten der Banken und Sparkassen. Kreditgeschäft ist ein risikotragender Geschäftszweig, weil es von der Fähigkeit und dem Willen der Kreditnehmer abhängt, den geliehenen Betrag am Fälligkeitstag zurückzuzahlen. Darum regelt der Gesetzgeber das Kreditgeschäft als einziges Bankgeschäft in den §§ 13–22 KWG im Detail, wobei das Gesetz das Ziel verfolgt, dass bei Fehleinschätzungen in der Kreditgewährung das Kreditinstitut nicht existentiell gefährdet wird. Deshalb ist das Kreditgewerbe in der Höhe und Art der Kreditgewährung eingeschränkt: Das Gesetz verbietet zu hohe Kredite an einen Kreditnehmer im Verhältnis zum haftenden Eigenkapital und gebietet eine Meldepflicht der Millionen- und Großkredite in § 14 KWG bzw. Art. 387 ff. CRR;[2] es gibt Sonderregeln für Organkredite in § 15 KWG. § 25a KWG verlangt in Abs. 1 Nr. 1 und 2 eine ordnungsgemäße Geschäftsorganisation und angemessene Kontrollverfahren zur Steuerung und Überwachung der Risiken. In Ausfüllung dieser Generalklauseln hat die BaFin Mindestanforderungen an das Risikomanagement der Kreditinstitute formuliert.[3] Auch die Vorschriften über die Beaufsichtigung von Kreditinstituten in §§ 32 ff. KWG und zur angemessenen Eigenkapitalausstattung der Kreditinstitute dienen dem Ziel, sicherzustellen, dass Kreditverluste nicht zu Schäden für die Bankeinleger ausarten. Die Herstellung eines rechtlichen Verhältnisses zwischen Kredithöhe, Kreditrisiko und Eigenmittel des Kreditinstitutes nach dem Modell von „Basel III"[4] dient ebenso der Beherrschung von Risikopositionen des Kreditgeschäftes.

Beim einzelnen Kreditinstitut wird das Ziel der Minimierung von Kreditverlusten durch die Kreditwürdigkeitsprüfung[5] angestrebt: Es wird die sachliche Kreditfähigkeit geprüft, bei Unternehmenskrediten vornehmlich mit dem Mittel der Bilanzanalyse; es folgt die Prüfung des Kreditzwecks; die gegenwärtige und zukünftige Geschäftslage und die Branchenbetrachtung werden bewertet, um die Zukunftsaussichten des Kreditnehmers zu erkunden. Anhand der in dieser Prüfung gewonnenen Erkenntnisse wird die Bonität des Kreditnehmers festgestellt. Der rechtliche Teil der Kreditprüfung umfasst die Rechtsbeständigkeit der Kreditsicherheit und u.a. die Prüfung der Vertretungsmacht des für den Kreditnehmer in den Kreditverhandlungen Auftretenden.

---

[1] *Hahn*, Währungsrecht, S. 24; *Karsten Schmidt* in Staudinger, BGB, I Vor. § 244 A 17 und 18; *Endres*, FS Mühlhaupt, S. 465 f.; *Benner*, FS Mühlhaupt, S. 354.

[2] → § 1 Rn. 201; Großkredite sind solche, die eine bestimmte Quote der anrechenbaren Eigenmittel des Kreditinstituts erreichen oder übersteigen. Die Erfassung und Begrenzung der Ausfallrisiken der Kreditinstitute erfolgt ergänzend durch die Groß- und Millionenkreditverordnung (GroMiKV, BGBl. I., 2013, S. 4183) und die Solvabilitätsverordnung (SolvV, BGBl. I., 2013, S. 4168).

[3] Mindestanforderungen an das Risikomanagement (MaRisk), Rundschreiben Nr. 10/2012 der BaFin v. 14. 12. 2012, das Kreditgeschäft wird dort im Modul BTO 1 dargestellt.

[4] Zu „Basel III" → § 1 Rn. 39.

[5] Aus der umfangreichen Literatur: *Rösler, Mackenthun, Pohl*, S. 427 ff.; *Dicken*, Kreditwürdigkeitsprüfung, 2. Aufl. 1999; *Eller, Gruber, Reif* (Hrsg.), Kreditrisikomodelle und Kreditderivate 1999.

Dieser Weg, das Kreditrisiko rechtlich zu minimieren, hat in Deutschland Tradition; er hat sich besser bewährt als andere Systeme.

3 Erste Aufgabe der Kreditvergabe an Unternehmen ist die **Finanzierung von Investitionen**. Die zweite **Finanzierungsfunktion** der gewerblichen Kredite ist das **Umlaufvermögen** der Unternehmen, vornehmlich im gewerblichen Mittelstand und im Handel. Drittens kann die **Finanzierung von** operativen **Verlusten** eines Unternehmens als bankenwirtschaftliche Aufgabenstellung vorkommen, insbes. bei Unternehmensgründungen und -sanierungen.

4 Neben dem Kredit an Unternehmen steht als große Kreditsparte der Verbraucherkredit.[6] Diese Kreditart wird nach ihrer Kreditnehmerstruktur bezeichnet; sie umfasst also Kredite, an einen Verbraucher (§ 13 BGB) für die Anschaffung von Verbrauchs- und Gebrauchsgütern oder zur Konsumfinanzierung im privaten Bereich.

5 Die Summe aller bankrechtlichen Kredite an Nichtbanken des Euroraums beträgt mehr als 12 Billionen Euro.[7]

I. Allgemeines zum Recht der Kreditgeschäfte

Literatur: *Nobbe* (Hrsg.), Kommentar zum Kreditrecht, 2. Aufl. 2012; *Freitag/Mülbert* in Staudinger, Komm. BGB 2011, Darlehensrecht, §§ 488–490, 607–609; *Kümpel/Wittig*, Bank- und Kapitalmarktrecht, 4. Aufl. 2011; *Obermüller*, Insolvenzrecht in der Bankpraxis, 7. Aufl. 2007; *Ebenroth/Boujong/Joost/Strohn*, HGB, 2. Aufl. 2009, Bd. 2, Bank- und Börsenrecht; *Schimansky/Bunte/Lwowski*, BankR-HdB, Bd. I, §§ 75–89; *Hellner/Steuer*, Bankrecht und Bankpraxis, Bd. 1 (Kreditformen); *Schwintowski*, Bankrecht, 3. Aufl. 2011, § 12 Abschnitte B/C.

6 Rechtsgrundlagen des Kreditrechts waren früher – neben den unter § 5 Rn. 1 erwähnten verwaltungsrechtlichen Vorschriften in §§ 13–22 KWG – die allgemeinen Bestimmungen über das Zustandekommen von Verträgen und über Darlehen, §§ 607–610 und 700 Abs. 1 Satz 1 BGB aF. Für die Kreditbesicherung waren einschlägig die Normen des Schuld- und Sachenrechts sowie Nr. 13–17 der AGB-Banken 2000, resp. Nr. 21–25 AGB-Sparkassen 1993. Diese Aufzählung so weniger Bestimmungen des BGB macht deutlich, dass es für diesen bedeutenden Wirtschaftsbereich des Krediteis über längere Zeit keine spezielle Gesetzgebung gab, was erstaunt, gibt es doch im 4. Buch des HGB Vorschriften über das Lagergeschäft, §§ 467–475 h HGB, und über das Frachtgeschäft, §§ 407–452 d HGB, aber keinen eigenen Abschnitt über das ungleich wichtigere „Kreditgeschäft". Im Jahre 2002 wurde das Recht der Kreditgeschäfte im Rahmen der Schuldrechtsmodernisierung normiert.[8]

7 Das Schuldrechtsmodernisierungsgesetz[9] regelt in §§ 488–498 BGB jetzt das „**Gelddarlehen**". Der Begriff „Kredit" wurde aufgegeben. Diese §§ 488–490 BGB enthalten Vorschriften zu allgemeinen Gelddarlehen. Vorschriften zur Sonderform des Verbraucherdarlehens, die bisher im Verbraucherkreditgesetz enthalten waren, schließen sich in §§ 491–498 BGB an. Sodann folgen Regelungen über sonstige Formen des Geldkredits

---

[6] → § 5 Rn. 107–126.
[7] Monatsbericht der Deutschen Bundesbank, Juli 2013, Statistischer Teil, S. 11 „Kredite an Nichtbanken im Euro-Währungsgebiet".
[8] Vgl. hierzu: *Grundmann* BKR 2001, S. 66 ff.; *Wittig/Wittig* WM 2002, S. 145 ff.
[9] BGBl I. 2002, S. 42 ff.

wie zB Zahlungsaufschub oder Ratenlieferung in §§ 499–507 BGB. Die §§ 607 ff. BGB nF regeln jetzt nur noch das Sachdarlehen.

Durch den Wortlaut von § 488 Abs. 1 BGB ist nunmehr klargestellt, dass es sich beim Darlehensvertrag um einen dem Modell des BGB-Schuldrechts entsprechenden Konsensualvertrag handelt. Die bisherige Formulierung in § 607 Abs. 1 BGB aF war Anlass für einen Theorienstreit zwischen Realvertragstheorie und Konsensualvertragstheorie.[10] Durch die Schuldrechtsmodernisierung hat sich dieser Theorienstreit erledigt. **8**

II. Krediteröffnungsvertrag

Literatur: *Wunderlich* in *Schimansky/Bunte/Lwowski*, BankR-HdB, 4. Aufl. 2011, Bd. I, § 77; *Früh/Müller-Arends* in *Hellner/Steuer*, Bankrecht und Bankpraxis, Bd. 1, 3. Teil; *Baumbach/Hopt*, HGB, 35. Aufl. 2012, 2. Teil, Abschnitt V., G 2; *Freitag* in Staudinger, Komm. BGB, 2011, § 488; *Thessinga* in Ebenroth/ Boujong/ Joost/ Strohn, HGB, 2. Aufl. 2009, Bd. 2, Bank- und Börsenrecht, Abschnitt IV. 1.

Am Anfang des Kreditgeschäftes steht der Krediteröffnungsvertrag, ein Grund- und Rahmenvertrag, durch den sich der Kreditgeber zur Gewährung eines Geldkredites und/oder eines Haftungskredites bis zu einer bestimmten Höhe (Kreditrahmen) nach Abruf des Kreditnehmers verpflichtet.[11] Dieser Krediteröffnungsvertrag ist dem Darlehensrecht, §§ 488–490 BGB,[12] und dem Geschäftsbesorgungsrecht, § 675 BGB, zuzuordnen.[13] Über diese gesetzliche Zuordnung hinausgehend, hat der Krediteröffnungsvertrag durch rechtsgestaltende Praxis und Rechtsprechung eigenständige Kontur erfahren. Von diesem Krediteröffnungsvertrag sind die einzelnen Kreditgeschäfte innerhalb seines Rahmens rechtlich getrennt. **9**

Der Krediteröffnungsvertrag kommt durch Angebot und Annahme zustande, §§ 145 ff. BGB. Der Krediteröffnungsvertrag wird idR schriftlich abgeschlossen, kann aber auch mündlich und stillschweigend zustande kommen, möglicherweise schon durch die mehrfache Zulassung nicht vereinbarter Kontoüberziehungen, zB durch Einlösung von Schecks.[14] **10**

Wie ist die Rechtslage im Vorfeld des Krediteröffnungsvertrages? **Beispiel:** Die Bank lehnt den Abschluss eines Kreditvertrages nach längeren Verhandlungen mit dem Kreditsuchenden ab. Ein Anspruch auf Vertragsabschluss besteht nicht, da beide Seiten frei sind in ihrer Willensbildung, wobei ggf. Rechtsfolgen aus § 311 Abs. 2 BGB (die frühere culpa in contrahendo (cic)) zu bedenken sind. Selbst nach Vertragsschluss behalten sich Banken Rücktrittsmöglichkeiten vom abgeschlossenen Krediteröffnungsvertrag vor, zB für den Fall, dass Aufsichtsgremien der Kreditgewährung nicht zustimmen – dies nennt man „Gremienvorbehalt" – oder dass bei Großkrediten vorgesehene Kreditpartner keine Kreditteile übernehmen – dieser Vorbehalt heißt „Konsortialvorbehalt". – Sind solche Vor- **11**

---

[10] S. hierzu § 8 Rn. 7/8 in der 2. Auflage.
[11] Zur Einordnung des Krediteröffnungsvertrages vgl. *Wunderlich*, der eine Übersicht über den Diskussionsstand vor der Schuldrechtsreform im BankR-HdB, § 77 Rn. 12 und 13 bringt.
[12] Zur Rechtsentwicklung des Kreditrechts von 1990 bis zur Schuldrechtsreform 2002 *Köndgen* WM 2001, S. 1637 ff.
[13] *Canaris*, Bankvertragsrecht, Rn. 1206.
[14] Ie strittig, vgl. *Hopt* ZHR 143 (79), S. 157; *Baumbach/Hopt*, HGB, Rn. G/2; *Wunderlich* in BankR-HdB, § 77 Rn. 18–22.

behalte nicht gemacht und handelt die Bank den Kredit mit dem Kunden aus und bricht nach mehreren Diskussionsrunden die Verhandlungen ab, kann eine Schadensersatzpflicht des Kreditinstitutes wegen culpa in contrahendo[15] (§§ 241 Abs. 2, 311 Abs. 2 BGB) in Betracht kommen, wenn das Kreditinstitut „weitergehende Rechtspflichten" gegenüber dem Kunden verletzt hat, etwa die Kreditzusage als sicher hinstellte[16] oder für den Abbruch sachfremde Gründe angibt. – Auch ist es Pflicht, dem Kreditsuchenden unverzüglich Mitteilung zu machen, wenn sich das Kreditinstitut entgegen seinem bisherigen Verhalten bei den Vertragsverhandlungen zur Verweigerung des Kredites entschlossen hat. Verletzt das Kreditinstitut die genannten „weitergehenden Rechtspflichten", hat es Schadensersatz zu leisten in Höhe des negativen Interesses, wie stets bei Schadensersatzansprüchen aus cic. Das Erfüllungsinteresse ist nur dann zu ersetzen, wenn der Geschädigte nachweist, er hätte ohne die Pflichtverletzung seitens der Bank einen Erfüllungsanspruch gehabt.[17] Dies ist gegeben im folgenden **Beispiel**:

A hat ein Kreditangebot der B-Bank. Er verhandelt auch mit der C-Bank, um die Konditionen zu vergleichen. Die C-Bank veranlasst A, bei der B-Bank den Kreditantrag zurückzuziehen, und sagt dann selbst den Kredit ab.[18] Auch darf ein Kreditinstitut sich keine unangemessen lange Frist für die Annahme eines Darlehensantrages vorbehalten. Eine sechswöchige Frist in den alten AGB der Hypothekenbanken war ein Verstoß gegen § 10 Nr. 1 AGBG (jetzt § 308 Nr. 1 BGB), eine Frist von einem Monat noch zulässig.[19]

12   Der rechtsgültig abgeschlossene Krediteröffnungsvertrag ist Grund- und Rahmenvertrag, was bedeutet, dass der Kreditnehmer das Recht hat, innerhalb eines bedungenen Zeitraumes einen Kredit in voller Höhe oder in Teilbeträgen oder überhaupt nicht auszunutzen. Sodann sind im Krediteröffnungsvertrag die Kreditbedingungen festgelegt, soweit sie nicht bei der einzelnen Kreditinanspruchnahme vereinbart werden. Dies zeigt, dass der Krediteröffnungsvertrag kein Darlehensvorvertrag[20] ist. Denn Vorverträge zielen nur auf den Abschluss eines Hauptvertrages und nicht auf die Regelung eines lang anhaltenden Rechtsverhältnisses,[21] nämlich die anhaltende Verpflichtung des Kreditinstitutes, dem Kreditnehmer zu bestimmten Bedingungen auf dessen Anfordern Kredit bis zu einer bestimmten Höhe zur Verfügung zu stellen. Gegenstand des Krediteröffnungsvertrages können alle banküblichen Kreditformen sein, also ein Kontokorrent- oder ein Diskontkredit oder ein Akzeptkredit. Den Kreditnehmer trifft mit dem Abschluss des Krediteröffnungsvertrages keine Pflicht zur Inanspruchnahme des Kredites; es steht in seinem Belieben, ob er von seinem Recht, den Kredit anzufordern, Gebrauch macht oder nicht, ob er einen Kontokorrentkredit in Teilen und/oder revolvierend in Anspruch nimmt.

---

[15] BGH WM 1960, S. 432; 1962, S. 347; *Mülbert* in Staudinger, BGB, § 488, Rn. 423.
[16] OLG Koblenz WM 1993, S. 1241, m. Bespr. *Tiedtke* WM 1993, S. 1228: Der verhandlungsführende Bankbedienstete hat nicht deutlich gemacht, dass die Kreditentscheidung von seinem Vorgesetzten, der Hauptstelle und/oder weiteren Kreditprüfungsstäben abhängt.
[17] BGHZ 49, S. 77; OLG Koblenz WM 1993, S. 1241.
[18] Zur Berechnung des Geldersatzanspruches BGH WM 1962, S. 347 f.
[19] BGH WM 1986, S. 577; BGH ZIP 1988, S. 559; EWiR § 10 AGBG 1/88, S. 627 (*M. Wolf*).
[20] So aber früher BGH NJW 1978, S. 947; wie hier *Freitag* in Staudinger, BGB, § 488, Rn. 115; *Wunderlich* in BankR-HdB, § 77 Rn. 12 f.
[21] Ähnlich *Mülbert* in Staudinger, BGB, § 488, Rn. 410 ff.

Erne

1. Trennungstheorie

Von diesem Krediteröffnungsvertrag als einem Grund- und Rahmenvertrag, der ein Dauerschuldverhältnis eröffnet, sind nach § 488 BGB die einzelnen Kreditgeschäfte zu trennen. Diese Trennung ist dogmatisch auf den überholten Realvertragsgedanken zurückzuführen, der sagte, dass Kreditverträge real durch Hergabe von Geld zustande kommen. Konkret folgt die Trennungstheorie der Tatsache, dass der Kreditnehmer mit Abschluss des Krediteröffnungsvertrages den Kredit noch nicht „nimmt", den Kredit nicht sofort „valutiert", sondern dieses Gestaltungsrecht auch erst später ausüben kann. Nimmt der Kreditnehmer später den Kredit in Anspruch, so ist dieser Vorgang als Vertragsdurchführung durch Abruf zu bewerten.[22] Für die Praxis ist dieser Ansatz insoweit sinnvoll, als er die Trennung vollzieht zwischen der stark typisierten und standardisierten vertraglichen Bereitstellung eines Kredites – seiner Eröffnung – und dem Lebensvorgang der Ausnutzung dieser vertraglichen Möglichkeit. Zwischen diesen beiden Rechtsakten zu unterscheiden, kann bedeutende wirtschaftliche Folgen haben, zum **Beispiel**, wenn die Konditionen im Krediteröffnungsvertrag offenbleiben und das Kreditinstitut sich bereits zu einem bestimmten Zinssatz refinanziert, am Tag der Inanspruchnahme die marktüblichen Zinsen aber auf ein Niveau unterhalb des Refinanzierungssatzes gefallen sind. Trotz dieses Beispiels sind dem Trennungsgedanken Anflüge von Rechtskonstruktivismus vorzuhalten, was bei der Kontoeröffnung deutlich wird. **Beispiel**: Ein Kunde eröffnet bei seiner Bank ein Konto und lässt sich einen Überziehungskredit über 50.000 Euro einräumen. Dieser einheitliche, alltägliche Lebensvorgang zerfällt juristisch in folgende Verträge: Einen allgemeinen Bankvertrag, eine Kontokorrentabrede, einen Krediteröffnungsvertrag sowie einen Kreditvertrag mit der ersten Inanspruchnahme des Darlehensbetrages. Diese Fülle von Vertragskonstruktionen ist lebensfern, deshalb ist der Trennungsgedanke umstritten.[23] Diese Lebensferne der Trennungstheorie ist partiell überwunden durch Nr. 18 und Nr. 19 AGB-Banken 2012, die das einseitige Kündigungsrecht von Kunden und Banken für den Gesamtkomplex der dargestellten vier Vertragskomplexe in einer einzigen Erklärung erlauben, also für den Kündigungsfall die Trennung aufheben.

Unberührt von solchen Einwänden lebt der Trennungsgedanke fort mit dem Ergebnis, dass der Krediteröffnungsvertrag nur die Rechtspflicht des Kreditgebers auslöst, bei Vorliegen aller Voraussetzungen den Kreditbetrag ganz oder teilweise auszuzahlen – mehr nicht. Der Kreditnehmer ist allein durch den Abschluss des Krediteröffnungsvertrages noch zu nichts verpflichtet, zB nicht zur Gestellung der vereinbarten Sicherheiten – diese ist lediglich Voraussetzung der Kreditauszahlung und muss erst erfolgen, wenn die Kreditauszahlung konkret beabsichtigt ist –, nicht zur Abnahme des Kredites. Rechtspflichten des Kreditnehmers – insbes. zur Verzinsung und Rückzahlung – werden erst durch den Rechtsakt der Kreditinanspruchnahme ausgelöst.

Dieser Theorienstreit um die Trennungsdogmatik ist dahin zu beenden, dass der Krediteröffnungsvertrag ein beidseitig bindender, Rechtspflichten auf beiden Seiten aus-

---

[22] BGHZ 83, S. 81.
[23] *Canaris,* Bankvertragsrecht, Rn. 1201 ff. mwN; *Baumbach/Hopt,* HGB, Rn. G/3, sieht in der Inanspruchnahme des Krediteröffnungsvertrages ein „einseitiges Gestaltungsrecht"; *Westermann* in MüKoBGB, Vor. § 607 BGB aF Rn. 17 ff. erinnert daran, dass der Krediteröffnungsvertrag vom RG in RGZ 86, S. 323; 66, 359, 361 als Darlehensvorvertrag gesehen wurde, was den verpflichtenden Charakter zur Geldausleihung nicht genügend akzentuiert.

lösender schuldrechtlicher Vertrag sui generis ist. Durch den Abruf der Kreditmittel[24] erfolgt einmal die dingliche Erfüllung dieses Kreditvertrages, zum anderen die Ausfüllung der noch nicht abgeschlossenen Vertragsbestandteile. Dies ist eine Sicht, die die Duplizität der Verträge aufrechterhält, aber sie eng aneinanderrückt. Neue Rechtsprechung zum Thema fehlt, das Ganze ist ein eher dogmatischer Disput.

2. Beratungspflichten bei Vertragsschluss

Literatur: *Wunderlich*, BankR-HdB, § 76 Rn. 125 ff.; *Ellenberger* in Nobbe (Hrsg.), Kommentar zum Kreditrecht, 2. Aufl. 2012, vor §§ 488 ff.; *Siol*, BankR-HdB, § 43; *Hopt*, Funktion, Dogmatik und Reichweite der Aufklärungs-, Warn- und Beratungspflichten der Kreditinstitute, Festschrift Gernhuber, S. 169; *Vortmann*, Aufklärungs- und Beratungspflichten der Banken, 8. Aufl. 2006, Rn. 83 ff.

16 Für das Kreditinstitut können mit dem Abschluss eines Krediteröffnungsvertrages Aufklärungs- und Beratungspflichten entstehen – → § 3 Rn. 51–55. Zwar ist eine Bank oder Sparkasse gut beraten, einen unkundigen Privatkunden auf die Kreditrückzahlungsverpflichtung hinzuweisen,[25] eine gesteigerte Aufklärungspflicht eines Kreditinstitutes besteht jedoch selbst bei erkennbarer Geschäftsunerfahrenheit des Kreditbewerbers im Normalfall nicht.[26]

17 Eine **Beratungs-** und **Aufklärungspflicht** besteht also nicht generell, sondern nur in Einzelfällen bei Abschluss eines Finanzierungsberatungsvertrages[27] oder nach Treu und Glauben, vornehmlich im Privatkundengeschäft. **Beispiel:** Beim finanzierten Kauf muss die Kreditgeberin auf die Pflicht zur Kreditrückzahlung hinweisen, gleichgültig ob der finanzierte Gegenstand, und zwar mängelfrei, geliefert wurde.[28] Dieses Rechtsfeld der Aufklärungspflichten des Kreditgebers ist noch ohne klare Kontur. Sicher ist, dass die Bank den Kreditnehmer auf seine Rechtspflichten hinzuweisen hat, insbes. auf die Kreditrückzahlungspflicht ohne Rücksicht auf den finanziellen Erfolg der Anlage des Kreditbetrages. Weitere Aufklärungspflichten des Kreditinstituts bestehen idR nicht. So gibt es keine Rechtspflicht der Bank, die Leistungsfähigkeit des Schuldners, den Kredit zu verzinsen und zurückzuzahlen, zu prüfen und bei negativem Ergebnis dem Kunden von der Kreditaufnahme abzuraten.[29] Der Kreditgeber ist nicht gehalten, sich über die Sinnhaftigkeit einer Kreditverwendung beratend zu äußern: Die Grundsätze über die Pflichten bei der Anlageberatung[30]

---

[24] *Canaris*, Bankvertragsrecht, Rn. 1205 nennt den Abruf ein „ausfüllendes Gestaltungsrecht"; ausführlich *Stauder*, Der bankgeschäftliche Krediteröffnungsvertrag, S. 74 ff.; *K. P. Berger* in MüKo BGB, Vor § 488 BGB, Rn. 68.

[25] *Ecker* WM 1990, S. 92 wegen Gefahr der Überschuldung.

[26] OLG Köln WM 2000, S. 2139, 2144; OLG Stuttgart WM 2000, S. 292, 298; a. A. noch OLG Düsseldorf WM 1993, S. 2207.

[27] Das kann auch konkludent geschehen, wenn der Kunde den Beratungswunsch äußert und sich die Bank darauf einlässt.

[28] *Heinrichs* in Palandt, § 280 BGB Rn. 57.

[29] Das Kreditinstitut prüft aus eigenem Interesse die Kreditwürdigkeit – vgl. oben § 5 Rn. 5 – und weil dies das KWG vorschreibt. Aber Kreditprüfung ist keine drittbezogene Verhaltenspflicht, vgl. OLG Stuttgart WM 2003, S. 343, 345. So hat das OLG Braunschweig WM 1998, S. 1223 zutreffend entschieden, dass Beleihungsrichtlinien nicht dem Schutz des Kreditnehmers dienen.

[30] BGH ZBB 1994, S. 44 (Bond-Fall); aber wenn eine Bank in der Zeitung einen „Idealkredit" anbietet, muss sie über die Risiken und Nachteile aufklären, BGH NJW 1991, S. 832; einen Fall fehlerhafter Beratung bei zwischenfinanzierten Bausparverträgen und fehlerhafter Angaben zur Zuteilungsdauer entschied OLG Celle WM 1993, S. 2082; zust. *Früh* WM 1998, S. 2179.

gelten nicht im Kreditrecht[31]. Es gibt idR keine Rechtspflicht, den Kreditnehmer über die Preisgerechtigkeit des Kredites zu beraten, insbes. nicht darüber, ob es auch preiswertere Kreditaufnahmemöglichkeiten gibt. Auch eine Pflicht zu produktvergleichender Beratung existiert im Regelfall nicht.[32] Sollten im Einzelfall Beratungspflichten bestehen, führen Versäumnisse gegenüber Kreditnachsuchenden nicht zu Leistungspflichten, sondern zu Schadensersatzpflichten. Von rechtlichem Gewicht sind Beratungspflichten im Kreditgeschäft jedoch im Bereich der kreditfinanzierten Kapitalanlage. Hier haben sich aus einer umfangreichen Kasuistik vier Fallgruppen der Beratungshaftung herausgebildet:

- Eine Aufklärungspflicht besteht, wenn die Bank gegenüber dem „Kreditanleger" einen konkreten **Wissensvorsprung** hat,[33] zumal über Negativa des Kreditzwecks. Es kann nicht sein, dass das Kreditinstitut seinen Kunden sehenden Auges in sein Verderben laufen lässt.   **17a**

- Eine intensive Beratung ist auch dann geschuldet, wenn die Bank über die Risiken aus dem Kreditvertrag hinaus einen speziellen **Gefährdungstatbestand** geschaffen hat.[34] Rät eine Bank ihrem Kunden zu einer riskanten kreditfinanzierten Geldanlage, so schafft sie eine zusätzliche Gefährdung und begibt sich in die pflichtintensive Anlageberatung. Auch das Verlagern schlechter Risiken auf den Kunden gehört zu diesem Bereich. Hat eine Bank ein Immobilienprojekt selbst initiiert und finanziert und rät sie ihren Kunden danach trotz Kenntnis des drohenden Scheiterns zu einer kreditfinanzierten Anlage in dem Projekt und reduziert so ihre ausfallgefährdeten Kreditlinien, dann ist eine Aufklärungspflicht offensichtlich.   **17b**

- Weiter ist die Bank zu einer Aufklärung verpflichtet, wenn sie ihre **Kreditgeberrolle überschreitet**, also in Planung, Durchführung oder Vertrieb der finanzierten Anlage involviert ist.[35] Hierfür ein **Beispiel**: Eine Bank will einem Privatkunden für einen Immobilienerwerb einen zweckgebundenen Kredit gewähren. Dieses Kreditinstitut steht in Geschäftsverbindung mit dem Bauträger, der die Immobilie zu verkaufen sucht. Der Kreditnehmer und dieser Bauträger sind von dem Kreditinstitut zusammengebracht worden. Der Bauträger erweckt in dem Immobilienerwerber die Vorstellung eines risikofreien, steuerlich interessanten Abschreibungsobjektes. Die Bank ist verpflichtet, Fehlvorstellungen auszuräumen, auch wenn diese Fehlvorstellungen nicht von ihr, sondern von dem Bauträger hervorgerufen wurden; insoweit ist die Verhaltensweise des Bauträgers dem Kreditinstitut zuzurechnen.[36]   **17c**

---

[31] *Ellenberger*, Kommentar zum Kreditrecht, S. 420, 423; BGH WM 1990, S. 920, 922.
[32] *Wunderlich* in BankR-HdB, § 76 Rn. 126.
[33] BGH WM 2010, S. 34; BGH WM 2011, S. 110; BGH WM 2005, S. 828, 830.
[34] BGH WM 2008, S. 971; BGH WM 2005, S. 828, 830.
[35] BVerfG WM 2003, S. 2370, 2371; BGH WM 2005, S. 72, 76; OLG Hamm WM 1998, S. 1230; OLG Stuttgart WM 1999, S. 844.
[36] BGH NJW 1980, S. 41; die Schutzbedürftigkeit des Kreditnehmers verneint BGH NJW 1981, S. 391; BGH ZIP 1986, S. 735; sind Kreditvermittler eingeschaltet, trifft die Beratungspflicht zunächst den Mittler. Verletzt dieser seine Pflichten und schädigt den Kreditnehmer arglistig, stellt sich für die Schadensersatzpflicht die Frage, welcher Risikosphäre der Vertragsverstoß zuzurechnen ist; hierzu BGH WM 1992, S. 602; OLG Düsseldorf ZIP 1993, S. 1376; OLG Köln EWiR § 607 BGB 2/1994, S. 31.

Erne

17d • Eine besondere Verantwortung begründet auch ein **schwerwiegender Interessenkonflikt** der Bank.[37] Dies ist beispielsweise der Fall, wenn die Bank durch das Darlehen des Kunden ein ausfallgefährdetes Engagement verringert, sich also auf Kosten des Kreditnehmers aus der Verantwortung stiehlt.

Insgesamt werden sich diese Fallgruppen oftmals überschneiden.

3. Störung des Vertragsabschlusses

18 Wie bei allen Verträgen können auch beim Krediteröffnungsvertrag Mängel des Vertragsabschlusses eintreten, zB durch arglistige Täuschung gem. § 123 BGB. Sie liegt vor, wenn der Kreditnehmer die Bank über seine Kreditwürdigkeit oder über eine zu stellende Sicherheit irreführt. Auch Täuschungen über den Kreditzweck können zur Anfechtung führen. **Beispiel**: Der Kreditnehmer bekundet, den Kreditbetrag für die Renovierung seines Hauses zu verwenden; in Wahrheit verbraucht er den Kreditbetrag in einem Spielcasino. – Beim Personalkredit sind häufig Darlehensvermittler tätig; sie können den Kreditgeber über die Bonität des Kreditnehmers täuschen, sie können den Kreditnehmer über die Qualität und Kostengerechtigkeit des Kreditangebots täuschen.[38] Anfechtung kann bei einem Irrtum über Eigenschaften der Person gem. § 119 Abs. 2 BGB in Betracht kommen, nämlich bei Irrtum über die Kreditwürdigkeit des Kreditnehmers. Tritt ein solcher Irrtum bei der Bank aufgrund einer Täuschungshandlung eben des Kreditnehmers ein, erfolgt die Anfechtung nach § 123 BGB, oder es wird nach Nr. 19 Abs. 3 AGB-Banken 2012 gekündigt. Fehlt die Täuschungshandlung, ist die Kündigungsnorm Nr. 19 Abs. 1 und 2 AGB-Banken 2012. Jedenfalls muss der Irrtum bei Abgabe der Willenserklärung vorhanden und beachtlich sein. Nach Abschluss des Vertrages eintretende Veränderungen in der Lage des Kunden erlauben eine Anfechtung des Krediteröffnungsvertrages nicht.

19 Ist der Kredit noch nicht in Anspruch genommen, das vereinbarte Darlehen noch nicht ausgezahlt, kann die Kreditzusage nach Nr. 19 Abs. 3 AGB-Banken 2012 und nach § 490 Abs. 1 BGB – nämlich bei wesentlicher Verschlechterung der Vermögensverhältnisse oder der Werte der Sicherheiten – gekündigt werden. Neu ist, dass bei Bestehen hinreichender Sicherheiten trotz Vermögensverschlechterung kein Kündigungsrecht besteht.[39]

Ein Krediteröffnungsvertrag kann nichtig sein, etwa aus allgemeinen Nichtigkeitsgründen, wie §§ 104 ff. BGB wegen Geschäftsunfähigkeit des Kreditnehmers, wegen Scheingeschäfts, § 117 BGB. **Beispiel**: Eine GmbH hat ein Darlehen ihres Gesellschafters erhalten, das nicht als kapitalersetzend i. S. der früheren BGH-Rechtsprechung erscheinen soll. Hierfür ist der Nachweis der Kreditwürdigkeit dienlich. Wird hierzu ein Krediteröffnungsvertrag geschlossen mit dem heimlichen Verständnis, dass der Kredit nicht in Anspruch genommen wird, sondern nur zum Beweis der Kreditwürdigkeit i. S. des alten Kapitalersatzrechts dient, dann liegt ein Scheingeschäft vor.[40] Unwirksamkeit eines Krediteröffnungsvertrages kann gegeben sein zB bei Minderjährigen nach §§ 1643, 1822 Nr. 8 BGB oder bei Verstoß gegen ein gesetzliches Verbot.

20 Liegt weder Anfechtbarkeit noch Nichtigkeit des Krediteröffnungsvertrages vor, kann der Kreditnehmer den Kredit nach Maßgabe des Eröffnungsvertrages abrufen, muss dies

---

[37] BGH WM 2011, S. 876; BGH WM 2005, S. 72, 76; BGH NJW 2006, S. 2099, 2103; OLG Hamm WM 1998, S. 1230; OLG Stuttgart WM 1999, S. 844.
[38] Einzelfälle bei *Freitag* in Staudinger, BGB, § 488, Rn. 147 ff.
[39] *Wittig/Wittig* WM 2002, S 148, mwN.
[40] *K. P. Berger* in MüKoBGB, § 488 Rn. 87.

aber nur, wenn er sich hierzu ausdrücklich verpflichtet hat. Dieser Abruf ist ein einseitiges Gestaltungsrecht, womit der Krediteröffnungsvertrag in einem Einzelvertrag konkretisiert wird, wie oben bei der Trennungstheorie dargelegt. Ob dieses Kreditabrufrecht durch Dritte pfändbar ist, hängt von der Zweckbindung des Darlehens ab: Außerhalb dieses Zwecks ist keine Pfändung möglich,[41] weil dies eine vertragswidrige Kreditverwendung wäre. Ist keine Zweckbindung des Darlehens vereinbart, ist die Rechtslage umstritten: zu differenzieren ist die Sachlage vor und nach Abruf des Kredites sowie danach, ob es sich um einen Dispositionskredit handelt, oder nur um eine geduldete Überziehung.[42] Die h. M. sieht das Abrufrecht nicht als übertragbares Recht iSv § 851 Abs. 1 ZPO, verneint also die Pfändbarkeit.[43] Entschieden hat der BGH ferner die Frage, ob ein von dem Schuldner abgerufener Kredit pfändbar ist. Dies ist der Fall, wenn es sich um einen Dispositionskredit handelt.[44] In einem solchen Fall hat das Kreditinstitut die Pfändung zu beachten und die Darlehensvaluta an den Pfändungsgläubiger zu überweisen. Handelt es sich dagegen um einen Überziehungskredit, ist nach der Rechtsprechung keine Pfändbarkeit gegeben.[45]

4. Bestandteile des Krediteröffnungsvertrages

Der Krediteröffnungsvertrag enthält idR die folgenden Bestandteile, ohne dass diese Aufzählung in allen Punkten rechtlich zwingend wäre: 21
(1) Die Benennung der Kreditvertragsparteien, also von Kreditgeber und Kreditnehmer, als unerlässlichem Vertragsbestandteil.
(2) Der Kreditzweck ist ein zweckmäßiger, aber idR kein zwingender Bestandteil des Krediteröffnungsvertrages. In Ausnahmefällen ist der Kreditzweck unerlässlich, zB bei steuerlich geförderten Bauspardarlehen. Im Verbraucherkreditgeschäft stellt der Kreditverwendungszweck möglicherweise die Verbindung zwischen Kredit und dem finanzierten Geschäft iSv § 358 BGB her.
(3) Der Kreditbetrag, d.i. die ziffernmäßige Angabe, wie viel Kredit vereinbart wird – entweder als Maximalhöhe mit Vereinbarung wechselnder Inspruchnahme oder als Festbetrag –, ist zwingender Vertragsbestandteil.
(4) Es ist die Kreditart anzugeben, also ob zB ein Kontokorrentkredit oder ein Lombardkredit zur Verfügung gestellt wird.
(5) Die Kreditkosten, aufgeteilt in Zinsen, Disagio, Provision und weitere Kosten, müssen Vertragsbestandteil sein und angegeben werden nach der Preisangabenverordnung v. 18. Oktober 2002.[46] Fehlen hierzu Vereinbarungen, gelten außerhalb des Privatkundengeschäfts nach § 315 BGB Zinsen nach billigem Ermessen, Nr. 12. Abs. 2 AGB-Banken 2012. Für das Privatkundengeschäft gelten bei ausgebliebener Zinsvereinbarung der gesetzliche Zinssatz von 4 % p.a. (§ 246 BGB), wenn es sich um einen Verbraucherkredit handelt, § 494 Abs. 2 BGB, bei anderen Privatkundenkrediten die im

---

[41] *Bitter* in BankR-HdB, § 33 Rn. 72 a.
[42] *Bitter* in BankR-HdB, § 33 Rn. 76 ff.
[43] BGH WM 2004, S. 517, 518
[44] BGH NJW 2001, S. 1937, 1938 ff.
[45] BGH NJW 2007, S. 1357.
[46] BGBl. I, S. 4197; vgl. *Baumbach/Hopt*, HGB, Rn. G/5; sehr ausführlich und mwN; *Bruchner/Krepold* in BankR-HdB, § 78 Rn. 28 ff.

Preisaushang angegebenen Regelsätze des standardisierten Privatkundengeschäfts, Nr. 12 Abs. 1 AGB-Banken 2012.

(6) Die Fälligkeitsregelung ist unerlässlich, sie sagt, für wann die Rückzahlung des Kredites vereinbart ist. Eine Fälligkeitsvereinbarung ist auch die Abrede, dass der Kredit „bis auf weiteres" (b.a.w.) läuft, also auf unbestimmte Zeit.

(7) Die Besicherung ist anzusprechen, wenngleich der Anspruch der Kreditgeberin auf Besicherung sich aus Nr. 13 AGB-Banken 2012 ergibt. Besteht noch keine Klarheit über die Sicherheit, genügt die Vertragsklausel: „Der Kredit wird gegen bankmäßige Sicherheiten gewährt" oder der Hinweis auf die AGB. Den Verzicht auf Besicherung wird der Kreditnehmer durch den Zusatz „Der Kredit wird blanko gewährt" dokumentiert wissen wollen.

(8) Die Gültigkeit der Allgemeinen Geschäftsbedingungen (AGB-Banken) ist im Krediteröffnungsvertrag zu vereinbaren.

5. Die Rechtspflicht zur Kreditauszahlung

22   Der Krediteröffnungsvertrag verteilt Rechte und Pflichten an Kreditgeber und Kreditnehmer: Die Rechte des einen Vertragspartners sind zugleich die Pflichten des anderen Vertragspartners. Die erste Rechtspflicht des Kreditgebers lautet auf Kreditauszahlung. Dieser Anspruch des Kreditnehmers folgt aus Vertrag, § 488 Abs. 1 S. 1 BGB, die Kreditauszahlung geschieht idR durch Überweisung und Gutschrift auf seinem Konto. Diese Gutschrift ist Erfüllung des Krediteröffnungsvertrages nach §§ 362 Abs. 1 oder nach 364 Abs. 1 BGB.[47] Wird ausnahmsweise Sachgeld verlangt, ist es die Rechtspflicht der Bank, dem Kreditnehmer Eigentum an diesem Sachgeld zu verschaffen, damit er das Darlehen empfangen kann. Wie geschieht der Empfang des Darlehens beim Überziehungskredit, also bei der Einräumung einer Kreditlinie, innerhalb derer der Kreditnehmer sein Konto debitorisch zu führen berechtigt ist? Mit der Einräumung der Kreditlinie hat der Kreditnehmer noch nichts „empfangen", aus dem Vermögen des Kreditgebers ist der Darlehensbetrag noch nicht ausgeschieden.[48] Diese Fragestellung macht deutlich, warum zwischen dem Krediteröffnungsvertrag und der Verfügung über Kreditmittel zu trennen ist: Die Rückzahlungs- und die Verzinsungspflicht setzt erst nach Abruf, also nach den einzelnen debitorischen Verfügungen, ein. Verfügt also ein Kreditkunde dreimal am Tage über seinen Kreditrahmen und wird ebenfalls dreimal am Tage der Debetsaldo durch Eingänge wieder ausgeglichen, so ist theoretisch in jeder der drei debitorischen Verfügungen ein rechtlicher Gestaltungsakt zu sehen. Der Überziehungskrediteröffnungsvertrag bringt dem Kreditnehmer zunächst nur die Vormerkung, dass er sein Konto überziehen kann, was kein „Empfangen" von etwas Materiellem ist, noch weniger eine Eigentumsverschaffung an Geld. Dennoch ist die Einräumung der Überziehungskreditlinie eine Wertzuwendung, weil der Kreditnehmer einen Anspruch auf Auszahlung des Kredites hat. Dies ist ein Beispiel für die Doppelschichtigkeit des Krediteröffnungsvertrages und des Abrufs als einem Gestaltungsakt. Zusammenfassend gilt: Die Einräumung der Kreditlinie und die Überweisung des Kredites auf das Konto des Kreditnehmers sind Vertragserfüllungshandlungen des Kreditinstitutes. Die Auszahlung eines Kreditbe-

---

[47] *Wittig/Wittig* WM 2002, S. 146, mwN.
[48] So lautet die Formel der Rechtsprechung für den „Empfang" iSv § 607 Abs. 1 BGB aF; so BGH NJW 1987, S. 55; NJW-RR 1987, S. 38.

trages, auch in der Form des Abrufs durch Kontodisposition des Kreditnehmers, ist Erfüllung.[49]

Der Kreditnehmer kann die Auszahlung an einen Dritten anordnen, die „Auszahlung an eine Geheißperson". **Beispiel**: A beantragt einen Bankkredit bei B und weist die Bank B an, dass die Kreditvaluta an den Bauunternehmer C ausgezahlt werden soll. In extensiver, aber richtiger Deutung von § 488 Abs. 1 BGB ist auch ein an einen Dritten ausgezahlter Kredit vom Kreditnehmer empfangen, wenn die Parteien sich über diese Auszahlung einig sind – es liegt Erfüllung des Kreditvertrages plus Erfüllung eines Auftrages im Sinne von §§ 488 und 662 iVm 362 Abs. 2, 185 BGB vor. Bei Privatkrediten, die durch Vermittler angeboten werden, ist bei Auszahlungen der Kreditvaluta an diese Vermittler die Darlehensvaluta nur dann empfangen, wenn der Vermittler nicht verlängerter Arm des Kreditgebers ist, der Vermittler vielmehr das Geld im Interesse des Darlehensnehmers erhält und nach Maßgabe seiner Anordnungen verwendet, etwa zur Rückzahlung von Schulden des Kreditnehmers bei Dritten oder zur Umschuldung.[50] In der Auszahlung der Darlehensvaluta auf ein Anderkonto sieht der BGH noch keinen Empfang der Darlehensvaluta durch den Kreditnehmer, weil er keinen ungehinderten Zugriff auf das Geld hat.[51] Diese Rechtsprechung hat zur Folge, dass das Unterschlagungsrisiko des Inhabers des Anderkontos – eines Notars oder Wirtschaftsprüfers – bei dem Kreditgeber liegt. 23

6. Aufklärungspflicht des Kreditinstitutes nach Darlehensauszahlung

Literatur: → § 3 Rn. 51–55 zu Warnpflichten **vor** Kreditauszahlung; → § 5 Rn. 17; *Schwintowski*, Bankrecht, 3 Aufl. 2011, § 12 Abschnitt F; *Vortmann*, Aufklärungs- und Beratungspflichten der Banken, 8. Aufl. 2006, Rn. 83 ff.

Mit der Auszahlung des Kredites hat die kreditgebende Bank i.W. ihre Vertragspflichten erfüllt. Weitergehende Rechtspflichten können sich allenfalls als Nebenpflichten aus dem Allgemeinen Bankvertrag ergeben, etwa eine Beratungspflicht bei einschneidenden geldpolitischen Veränderungen, die zu Geldeinstandsverbilligungen führen, oder wenn die Kosten eines Kredites aus vielen Posten bestehen und der Kreditnehmer die Gesamtbelastung nicht nachvollziehen kann. Bei Krediterhöhungen und bei Umschuldungen kann eine Beratungspflicht gegeben sein, und zwar vornehmlich im Privatkundenkreditgeschäft, weniger bei gewerblichen Krediten. Weitere Aufklärungspflichten bestehen grundsätzlich nicht. So ist die Bank zB nicht verpflichtet, den Kreditnehmer ungefragt auf die Möglichkeit einer vorzeitigen Kreditablösung (ggf. gegen Vorfälligkeitsentschädigung) hinzuweisen. Von einer Beratungs- und Aufklärungspflicht nach Auszahlung des Kredites, wovon hier die Rede ist, ist die Beratungspflicht bei Anbahnung eines Kreditvertrages, → Rn. 16 u. 17, streng zu trennen. 24

7. Der Zinsanspruch

Literatur: *Bruchner/Krepold* in BankR-HdB, § 78 mit kompletter Literaturübersicht; *Früh/Müller-Arends*, Bankrecht und Bankpraxis, Bd. 1, Rn. 3/102 ff.; Kommentare zu § 246 BGB, insbes. *Grundmann* in MüKoBGB, 6. Aufl. 2012, und *K.P. Berger* in MüKoBGB zu § 489; *Schwintowski*, Bankrecht, 3. Aufl. 2011, § 12 Abschnitt E.

---

[49] BGH ZIP 1987, S. 1103.
[50] Ausführlich *Freitag* in Staudinger, BGB, § 488 Rn. 156.
[51] BGH NJW 1986, S. 2947.

25 Die Bibel – Psalm 15 und das Lukas-Evangelium 6,35 – sowie das Kanonische Recht verbieten das Zinsnehmen. Aber seit dem Mittelalter ist die Erkenntnis, dass Geld eine Ware sei, die ihren Preis habe, im Vordringen. Die modernen Volkswirtschaften sind ohne den Zins als den „Preis aller Preise" nicht vorstellbar. – Mikroökonomisch ist das finanzwirtschaftlich wichtigste Recht des Kreditgebers während der Laufzeit eines Kredites der Zinsanspruch. Denn Zinsen sind aus der Sicht des Schuldners Vergütungen für die Möglichkeit der Nutzung von fremdem Kapital, also der Kreditpreis. Aus der Sicht des Kreditgebers und Gläubigers sind Zinsen die Entschädigung, der Preis für die entbehrte eigene Kapitalnutzung. Dieser Kreditpreis ist – innerhalb der allgemeinen Grenzen der §§ 138 Abs. 1 und 2, 242 BGB – frei zu vereinbaren. Grundsätzlich sind die Zinsen für kurzfristige Kredite niedriger als für langfristige Kredite; ist dies ausnahmsweise anders, sprechen wir von **inverser Zinsstruktur**. Kredite mit festen Zinssätzen sind teurer als Kredite mit variablen Zinsen. Auch variieren die Zinsvereinbarungen je nach Kreditart, deshalb wird hier bei jeder Kreditart die jeweilige Zinsgestaltung angesprochen.

26 Die gesetzliche Regelung des Zinsanspruches, nämlich dass nach § 246 der gesetzliche Zinssatz 4 % beträgt, dass nach § 488 Abs. 2 BGB der Zins jährlich fällig wird, dass nach § 352 HGB der gesetzliche Zinssatz bei Handelsgeschäften 5 % beträgt, dies alles hat für den Bankkredit eher Erinnerungswert. Für langfristige Darlehen mit festem Zinssatz, zB Hypothekendarlehen, gilt der wichtige § 489 BGB, der unter bestimmten Voraussetzungen ein vorzeitiges Kündigungsrecht gewährt, unten § 5 Rn. 93. Für den Verbraucherkredit gelten verbraucherschützende Grundsätze in §§ 491 ff. BGB, des Richterrechts sowie Nr. 12 Abs. 1, 4 und 7 AGB-Banken 2012.[52] In diesen Grenzen ist der Zins frei zu gestaltender Vertragsgegenstand, zB als wiederkehrende, quartalsweise fällig werdende Leistung; als Differenz zwischen einem verminderten Auszahlungsbetrag der Kreditmittel und einem höheren Rückzahlungsbetrag – Disagio;[53] als Kombination beider Methoden. Die Zinszahlungspflicht beginnt mit der Auszahlung der Kreditvaluta und der Möglichkeit des Kreditnehmers, die Valuta zu nutzen.[54] Die Zinspflicht endet mit der Kreditrückzahlung. Dies folgt aus ihrem akzessorischen Charakter. Wurde der Kredit zum vereinbarten Fälligkeitsdatum zurückgezahlt, wird bis zu diesem Datum der Vertragszins geschuldet; erfolgt die Rückzahlung später, liegt Verzug vor. Anfang und Ende des Zinslaufs werden von dem Zeitpunkt bestimmt, zu dem die einzelnen Kontobewegungen „zinsmäßig" in den Kontosaldo eingehen. Denn in der Bankbuchhaltung ist zwischen Geldbuchung und Wertstellungsbuchung zu unterscheiden. **Beispiel**: Der Kunde reicht seiner Bank einen Scheck, gezogen auf eine ausländische Bank, ein. Der Scheckbetrag wird ihm am Einreichungstag auf seinem Konto gutgeschrieben, der Bank steht der Scheckgegenwert aber erst nach Ablauf des für das Inkasso nötigen Zeitraums – mitunter bis zu einer Woche – zur Verfügung. Um diesen Verlust aus der fehlenden Verfügbarkeit des Guthabens auszugleichen, werden Gutschriften mit späteren Wertstellungen versehen.[55] Diese Praxis ist dogmatisch schwer einzufangen[56] und gesetzlich nicht erfasst;[57] für das Privatkundengeschäft sind die Wertstellungskonditionen in den Preisaushang und die Preisverzeichnisse

---

[52] Nr. 12 Abs. 1 und 6 AGB-Banken 2012.
[53] Vgl. *Claussen/Korth*, Kölner Komm AktG, 2. Aufl. 1991, Bd. 4, § 250 HGB Rn. 20 ff.
[54] *Freitag* in Staudinger, BGB, § 488 Rn. 185.
[55] OLG Karlsruhe NJW 1988, S. 74.
[56] *Pleyer/Huber* DB 1989, S. 1858.
[57] *Hadding/Häuser* ZHR 145 (1981), S. 161; *Schwark* ZHR 147 (1983), S. 236.

Erne

aufzunehmen, Nr. 12 Abs. 1 AGB-Banken 2012.[58] Sollten sie vorsehen, dass Bareinzahlungen mit einer späteren Wertstellung als dem Einzahlungstag versehen werden, so wäre dies unzulässig.[59] Bei größeren Bankkunden sind Wertstellungsfragen Vertragsbestandteil des Kontoeröffnungsvertrages.

Die Vereinbarung von veränderlichen Zinssätzen ist ausdrücklich in Nr. 12 Abs. 4 AGB-Banken 2012 geregelt. Bei einer Erhöhung des variabel vereinbarten Zinses kann der Kreditnehmer die von der Erhöhung betroffene Geschäftsverbindung – also den Krediteröffnungsvertrag – innerhalb von sechs Wochen nach Bekanntgabe der Änderung mit sofortiger Wirkung kündigen, Nr. 12 Abs. 4 AGB-Banken 2012. Ein weiterer Rechtsbehelf des Kreditnehmers gegenüber unangemessenen Zinserhöhungen aufgrund variabler Zinsvereinbarung ist § 315 Abs. 3 BGB, also gerichtliche Kontrolle. 27

8. Vorfälligkeitsvergütung

Literatur: *Canaris*, Die Vorfälligkeitsentschädigung zwischen Privatautonomie und richterlicher Regulierung, Festschrift Zöllner, S. 1055; *Lange* in Nobbe (Hrsg.), Kommentar zum Kreditrecht, § 488 Rn. 22 ff.; *Krepold* in BankR-HdB, § 79 Rn. 74 ff..; *Schwintowski*, Bankrecht, 3. Aufl. 2011, § 12 Abschnitt D.

Im Zusammenhang mit dem Zinsanspruch ist nun die Frage zu beantworten, wie die einem Kreditinstitut entgehenden Zinsen infolge der vorzeitigen Beendigung eines Kredites zu behandeln sind. Dieses Bedürfnis zur Ablösung eines Kredites kann entstehen aus subjektiven Gründen, nämlich wegen veränderter Lebensumstände des Kreditnehmers und aus objektiven Gründen, nämlich bei anhaltenden Zinssenkungen, wie wir sie aktuell erleben. Dann ist der Kreditnehmer bemüht, sich aus der alten, weil hohen Zinsbindung zu lösen, einen niedrigeren Vertragszins zu zahlen und diese Situation langfristig festzuschreiben. Die gleiche Problematik stellt sich bei der Verweigerung der Abnahme der Darlehensvaluta durch den Kreditnehmer, weil dieser das Geld nicht mehr benötigt oder nach Vertragsschluss ein für ihn günstigeres Angebot annehmen möchte. In derartigen Fällen steht eine Nichtabnahmeentschädigung des Kreditgebers im Raum. 27a

Beim Festzinsdarlehen, zumal dem Hypothekendarlehen, war der Kreditnehmer grundsätzlich an das Darlehen bis zum Ende der Festzinsperiode gebunden. Mit Ausnahme der in § 609a BGB aF geregelten Fälle hatte er kein Kündigungsrecht. Pacta sunt servanda – das war der entscheidende Rechtssatz. In der Sprache des BGH lautete dieser Rechtssatz: „Es besteht kein Anlass, auf die Frage einzugehen, ob die von der Beklagten für die Vertragsauflösung verlangte Vorfälligkeitsentschädigung unangemessen hoch ist; denn da der Kläger schon dem Grunde nach keinen Anspruch auf vorzeitige Vertragsauflösung hat, erübrigt sich die Frage nach deren Bedingungen."[60] Diese Position gehört der Vergangenheit an. Die zeitgeistige Lockerung des Satzes von der Bindungswirkung geschlossener Verträge als einer für unsere Rechtskultur kennzeichnenden Grundüberzeugung[61] bescherte den 90er Jahren eine heftige Diskussion über ein Lösungsrecht des Darlehensnehmers von geschlossenen langfristigen Kreditverträgen. 27b

---

[58] *Ulmer/Brandner/Hensen*, AGB-Gesetz, 11. Aufl. 2011, § 305 c BGB, Rn. 43 sehen hierin möglicherweise eine Intransparenz, also einen Verstoß gegen das Transparenzgebot.
[59] BGHZ 106, S. 259; dazu *Schimansky*, FS Heinsius, S. 705; kritisch *Pleyer/Huber* DB 1989, S. 1857.
[60] BGH WM 1982, S. 185.
[61] Vgl. *Kötz*, FS Mestmäcker, S. 1041, der „die Respektierung eines Vertrages nur dann verlangt, wenn jede Partei eine faire Chance hat, auf seinen Inhalt Einfluß zu nehmen".

27c   Hierbei gab es zwei Schwerpunkte dieser Rechtsfrage, nämlich ob und gegen welches Entgelt ein Darlehensnehmer einen Darlehensvertrag ändern oder aufheben kann, ohne dass die kreditgebende Bank einwilligt. Zum „Ob" der einseitigen Kündigung des langfristigen Kreditvertrages wurde anfangs vertreten, dass ein außerordentliches Kündigungsrecht jedenfalls dann nicht besteht, wenn erkennbar nur ein gesunkenes Zinsniveau Anlass für den Kreditnehmer ist, sich von der heute zu hohen Zinslast zu befreien.[62] Aber auch bei sozialen Problemlagen des Kunden besteht ein a.o. Kündigungsrecht nicht, weil dies dem Grundsatz der Vertragstreue widerspräche. In langer Folge haben die Gerichte diese Rechtsauffassung aufgehoben und eine **Rechtspflicht zum Abschluss eines Aufhebungsvertrages** entwickelt, mit der Begründung aus dem Gebot der Rücksichtnahme aus § 242 BGB. Diese Pflicht zum Abschluss eines Aufhebungsvertrages wurde für Fälle sozialer Problemlagen entwickelt.[63] Dieser Lösungsansatz führte dazu, dass sich die kreditgebende Bank Umstände aus dem Risikobereich des Vertragspartners zurechnen lassen muss, also von Risikobereichen, die sie nach früherer Sicht nicht tangierten. Dieser Rechtsgedanke fand Widerspruch, weil die Annahme einer Pflicht zum Abschluss eines Aufhebungsvertrages zu Risikoverschiebungen führe, die nicht einmal der Rechtsgedanke vom Wegfall der Geschäftsgrundlage erzielt. Ferner wurde eingewandt, dass diese Rechtspflicht zum Abschluss von Aufhebungsverträgen das Ende des Satzes „pacta sunt servanda" darstelle und naturgemäß die Interessenlage der Langfristkreditgeber nachhaltig beeinflusse. In diesem Widerstreit der Argumente hatte der BGH nach einer langanhaltenden, intensiven Debatte[64] am 1. Juli 1997 eine bedeutsame Grundsatzentscheidung gefällt. Der BGH[65] hatte die Frage, „ob" eine vorzeitige Darlehensablösung zulässig ist, bejaht, wenn das finanzielle Erfüllungsinteresse gewahrt wird und ein „berechtigtes Interesse eines Vertragsteils dies gebietet".[66] Dies ist der Fall, wenn der Darlehensnehmer zB das beliehene Haus verkaufen will und dies nur nach Ablösung des Hypothekendarlehens möglich ist. In einer Vereitelung des Hausverkaufs „läge ein Eingriff in die wirtschaftliche Handlungsfreiheit des Kreditnehmers, die das Gesetz – wie § 1136 BGB zeigt – gerade auch bei der grundpfandrechtlichen Belastung von Grundstücken gewahrt wissen will". Diese Begründung – es besteht ein Anspruch auf Freistellung vom langfristigen Darlehensvertrag zur Aufrechterhaltung der wirtschaftlichen Handlungsfreiheit – erübrigt andere Begründungen für den Aufhebungsvertrag. Die Kreditvertragsparteien müssen sich keiner Prüfung unterziehen, ob die Verweigerung eines Aufhebungsvertrages sittenwidrig nach § 138 BGB sei oder Treu und Glauben widerspreche oder ob ein Wegfall der Geschäftsgrundlage einschlägig sei oder eine außerordentliche Kündigung des Kreditvertrages aus wichtigem Grund angezeigt sei. Diese Begründung des Anspruchs auf Abschluss des Aufhe-

---

[62] „Der Darlehensnehmer kann sich nicht darauf berufen, dass er das Darlehen wegen anderer Finanzierungsmöglichkeiten oder Änderung seiner Planung nicht (mehr) benötigt"; BGH NJW 1990, S. 981; BGH NJW 1991, S. 1817.

[63] LG Karlsruhe WM 1995, S. 192 und WM 1996, S. 574; *Wenzel* WM 1995, S. 1433; *Nobbe*, Neue höchstrichterliche Rechtsprechung zum Bankrecht, 6. Aufl. 1995, Rn. 839.

[64] Eine Übersicht über Rechtsprechung und Literatur bringen *Lang/Beyer* WM 1998, S. 897, Fn. 1–7; *Köndgen* spricht von einer „beispiellosen Prozesswelle" bei der Vorfälligkeitsproblematik, ZIP 1997, S. 1645. Für den Bankrechtstag 1996 war die Vorfälligkeitsentschädigung das zentrale Thema. Für den Ombudsmann – → § 4 Rn. 32 – machte dieses Thema 80 % aller Beschwerden aus, ZBB-Report 1996, S. 252.

[65] NJW 1997, S. 2875–2878; auch NJW 1997, S. 2878.

[66] NJW 1997, S. 2877, linke Spalte.

Erne

bungsvertrages war zunächst in unsere Schuldrechtsdogmatik nicht recht einzuordnen, drohte uferlos auf andere Schuldverhältnisse übertragbar zu werden,[67] und hob den Satz „pacta sunt servanda" auf.[68] Trotz dieser berechtigten Einwände stand der XI. Senat des BGH zu seiner Rechtsprechung,[69] die sich im Rahmen seines Vorverständnisses von richterlicher Rechtsfortbildung bewegte. Mit der Schuldrechtsmodernisierung 2002 ist das Recht des Darlehensnehmers auf vorzeitige Vertragskündigung bei berechtigtem Interesse nach dem Modell der geschilderten Rechtsprechung Gesetz geworden, § 490 Abs. 2 BGB.[70]

Ergo gilt in Zukunft, dass eine Kündigung des Kreditvertrages gegen Zahlung einer **Vorfälligkeitsentschädigung** mit der Begründung, dass ein Festhalten am Kreditvertrag eine Einschränkung der wirtschaftlichen Handlungsfreiheit darstelle, bei jedem angestrebten Hausverkauf anzunehmen ist, so ausdrücklich jetzt § 490 Abs. 2 S. 2 BGB. Es bedarf für den Aufhebungsvertrag keiner wichtigen Gründe, die zum Hausverkauf nötigen wie Tod, Vermögensverfall, Ehescheidung, Arbeitslosigkeit, sondern der Aufhebungsvertrag ist bei Hausverkäufen aus allen Gründen zulässig, sogar auch dann, wenn überhaupt kein Verkauf beabsichtigt ist, sondern ein anderes Kreditinstitut eine höhere Beleihung vornimmt als das ursprüngliche Institut. Nur der Vertragsaufhebungsanspruch mit der Begründung des Kreditnehmers, er wolle ein billigeres Kreditengagement wegen inzwischen erfolgter Zinssenkung eingehen, ist als Begründung der Änderung des Kreditvertrages ausgeschlossen. Was neben dem Hausverkauf als zur vorzeitigen Kündigung berechtigtes Interesse anzusehen ist, bleibt der Präzisierung durch die Rechtsprechung vorbehalten.   **27d**

Auch bei der Verweigerung der Entgegennahme eines Festzinsdarlehens entsteht ein Schaden des Kreditgebers. Diesen Schaden soll die sog. Nichtabnahmeentschädigung ausgleichen, die analog der Vorfälligkeitsentschädigung zu berechnen ist und die dogmatisch kein Schadensersatz ist.[71] Die Höhe der Vorfälligkeitsentschädigung kann streitig werden. Diese Streitfragen der Berechnung der Höhe der Vorfälligkeitsentschädigung hat der Gesetzgeber der Rechtsprechung überlassen. Die Vorfälligkeitsentschädigung (und damit auch die **Nichtabnahmeentschädigung**) soll nach dem XI. Senat des BGH den finanziellen Nachteil, der der Darlehensgeberin durch die vorzeitige Ablösung/Nichtabnahme eines Darlehens entsteht, ausgleichen. Der BGH gestattet dem Kreditgeber nach seiner Wahl die Schadensberechnung auf zwei Arten: die Aktiv/Aktiv- oder die Aktiv/Passiv-Berechnungsmethode.[72] Die **Aktiv/Aktiv-Methode** gründet auf der Vorstellung, dass die vorzeitig zurückgezahlte bzw. nicht abgerufene Darlehensvaluta wiederum als verzinsliches Darlehen am Markt untergebracht werden kann. Insoweit entstehen dem Darlehensgeber zwei Schadensposten. Dies ist einmal der „**Zinsmargenschaden**", d.i. der entgangene Nutzen aus dem vorzeitig zurückgezahlten Darlehen. Dieser Zinsmargenschaden   **27e**

---

[67] *Medicus* EWiR § 242 BGB, S. 921, 922; *Marburger* ZIP 1998, S. 30, 31; zB auf Bürgschaften für Bankkredite, → § 5 Rn. 134.
[68] Kritik aus rechtsdogmatischen Gründen tragen vor *Köndgen* ZIP 1997, S. 1645; *Köndgen* WM 2001, S. 1643; *Medicus* EWiR § 242 BGB, S. 921, 922; *Marburger* ZIP 1998, S. 30, 31; *Wenzel* WM 1997, S. 2340 ff.; *Gronwaldt/Bleul* DB 1997, S. 2062.
[69] Dies ist aus seinem Urteil vom 11. November 1997, NJW 1998, S. 592, 593, zu entnehmen.
[70] Diese gesetzliche Umsetzung der vorhergehenden Rechtsprechung in § 490 Abs. 2 BGB kritisiert *Köndgen* WM 2001, S. 1643, aus europarechtlichen, aus dogmatischen und aus praktischen Gründen und bietet erste Ansätze zur gerechten Auslegung.
[71] Zust. *Köndgen* WM 2001, S. 1644.
[72] BGHZ 136, S. 161, 168 ff.; NJW 2001, S. 509, 510.

ist die Differenz zwischen dem Geldeinkauf durch Emission von Wertpapieren oder durch Aufnahme am Geldmarkt des Kreditinstitutes und dem Geldverkauf an die Darlehensnehmer. Diese Zinsmarge dient dem Kreditgeber zur Bezahlung seiner Bearbeitungskosten und als Ausgleich für Wagnis und Gewinn. Wegen dieser Zinsmarge gewähren Banken Kredite, die Zinsmarge ist der betriebswirtschaftliche Sinn der Kreditvergabe. Fließen Kredite entgegen der Ursprungsvereinbarung vorzeitig zurück, entfällt diese Marge und muss ersetzt werden, um die Bank so zu stellen, wie sie stünde, wenn der Darlehensvertrag erfüllt würde. Wegen der dargestellten Einzelkomponenten, aus denen sich die Zinsmarge zusammensetzt, sind diejenigen Komponenten nicht zu ersetzen, die nicht mehr anfallen, zB fallen kaum Verwaltungskosten und Risikozuschläge an, wenn eine Hypothek auf ein Gewerbegrundstück zurückgezahlt wird und die Bank mit diesem Geld Bundesanleihen erwirbt.[73] Die Größenordnung dieses Zinsmargenschadens liegt bei Hypothekenbanken im Dezimalbereich, also unter 1 %. Eine Vorfälligkeitsentschädigung von pauschaliert 1 % verstößt deshalb gegen § 307 Abs. 2 Nr. 1 BGB.[74] Bei Geschäftsbanken und Sparkassen kann die Zinsmarge höher liegen.

27f Neben diesem Zinsmargenschaden kann das Kreditinstitut Ersatz für einen etwaigen **Zinsverschlechterungsschaden** verlangen,[75] „wenn die Bank das vorzeitig zurückerhaltene Darlehenskapital für die Restlaufzeit des abgelösten Darlehens nur zu einem niedrigeren als dem Vertragszins wieder ausleihen kann", wie dies für die aktuelle Zinslandschaft mit den kontinuierlich als Folge der Finanz- und Schuldenkrise sinkenden Sätzen kennzeichnend ist. Konkret geht es darum, die Differenz zu ermitteln zwischen dem Zinsniveau zur Zeit der Kreditgewährung und dem Zinsniveau zur Zeit der Kreditrückzahlung, und zwar für die Restlaufzeit.[76]

Aus diesen beiden Komponenten setzt sich bei der Aktiv/Aktiv-Berechnung die Vorfälligkeitsentschädigung zusammen, die auf den Zeitpunkt von deren Zahlung abzuzinsen ist, weil die Leistung vertragsändernd vorzeitig erbracht wird. Für die Berechnung des Entschädigungsbetrages kann die Bank ein angemessenes Entgelt verlangen.[77]

Die **Aktiv/Passiv-Methode** geht davon aus, dass die Darlehensvaluta am Kapitalmarkt angelegt wird. Der Schaden besteht in der Differenz zwischen den Darlehenszinsen und der Rendite laufzeitkongruenter Kapitalmarkttitel.[78] Zinsmargen- und Zinsverschlechterungsschaden werden so in einem erfasst. Bei der Berechnung sind ersparte Verwaltungsaufwendungen und entfallene Kreditrisikokosten in gleicher Weise wie bei der Aktiv/Aktiv-Methode zu berücksichtigen, außerdem ist der Betrag abzuzinsen.[79] Schließlich kann die Bank auch hier ein angemessenes Berechnungsentgelt verlangen.[80] Im Falle einer vereinbarten regelmäßigen Tilgung des Darlehens, sog. Annuität, darf die Bank den hypothe-

---

[73] BGH NJW 1997, S. 2875, 2878. Anstelle der Offenlegung interner Betriebsdaten kann die Bank auch den Durchschnittsgewinn vergleichbarer Kreditinstitute geltend machen.
[74] BGH NJW 1998, S. 592; vgl. auch *Köndgen*, Gewährung und Abwicklung von grundpfandrechtlich gewährten Krediten, S. 134.
[75] BGH NJW 1997, S. 2875, 2877. Dabei muss sich die Bank ein Ersatzkreditgeschäft nicht schadensmindernd anrechnen lassen.
[76] OLG Hamm WM 1996, S. 569, 572; OLG Karlsruhe WM 1996, S. 572, 573 ff.
[77] *Krepold* in BankR-HdB, § 79 Rn. 126 (Euro 250–400).
[78] Zu den Einzelheiten vgl. BGH, NJW 2001, S. 510; vgl. BGH NJW 2005, S. 751 f. Anmerkungen dazu: *Wimmer/Rösler* BKR 2005, S. 150.
[79] Zu den Einzelheiten vgl. BGH, aaO, S. 752.
[80] *Krepold* in BankR-HdB, § 79 Rn. 125.

tischen Tilgungsverlauf berücksichtigen.[81] Die Bank darf dazu ihre eigenen Berechnungsprogramme verwenden, wenn der Rechenweg nachvollziehbar ist.[82]

Ein **dritter Aspekt** neben dem „Ob überhaupt" und der Höhe der Vorfälligkeitsentschädigung ist in der Büchereien füllenden Diskussion nicht angesprochen worden, nämlich der **bilanzrechtliche Aspekt solcher Zahlungen** für die betroffenen Kreditinstitute. Vorfälligkeitsentschädigungen müssen bilanzrechtlich korrekt periodisiert werden. Ist die Vorfälligkeitsentschädigung Ertrag des Geschäftsjahres, in dem der Kreditnehmer die Summe bei dem abgelösten Kreditinstitut einzahlt oder muss der Eingang gestreckt werden über den Zeitraum, für den der ursprüngliche Kredit vereinbart war?   **27g**

In der Gewinn- und Verlustrechnung des Kreditinstituts sind Vorfälligkeitsentschädigungen ohne Zweifel auf der Ertragsseite „Zinseinkünfte" nach § 275 Abs. 1 Nr. 11 HGB.[83] Auf der Aufwandsseite sind Zuweisungen zur passiven Rechnungsabgrenzung gem. § 250 Abs. 2 HGB in der Höhe vorzunehmen, wie die Vorfälligkeitsentschädigungen keine Zinseinkünfte im eigentlichen Sinne sind. Nach dem Ursprungsdarlehensvertrag betreffen diese Vorfälligkeitsentschädigungen nicht das Geschäftsjahr, sondern „Ertrag für eine bestimmte Zeit nach dem Tag" – gemeint ist der Abschlussstichtag, wie das Gesetz in §§ 250 Abs. 2 HGB sagt.[84] Denn es ist der Sinn der Rechnungsabgrenzungsposten, Zahlungsvorgänge dem Geschäftsjahr zuzuordnen, auf das sie wirtschaftlich entfallen;[85] es gilt der Grundsatz der Abgrenzung der Geschäftsjahre voneinander „nach der Sache und der Zeit" und nicht nach dem Zufluss. Dieser Grundsatz der Periodenabgrenzung von Aufwendungen und Erträgen ist ein zwingender Grundsatz ordnungsgemäßer Buchführung. Der periodengerechte Ausweis (Pagatorik) ist dem Ausweis nach der Zahlung gemäß ausdrücklicher Gesetzesvorschrift in § 252 Abs. 1 Nr. 5 HGB vorrangig. Die dynamische Bilanzlehre nennt diese Position „transitorische Rechnungsabgrenzungsposten".[86] Diese Regelung gilt auch im Steuerrecht, § 5 Abs. 5 S. 1 Nr. 2 EStG.[87]   **27h**

Für die passive Rechnungsabgrenzung spricht auch das Vorsichtsprinzip als Korrektiv eines überzogenen, nämlich „unvorsichtigen" Realisationsprinzips[88] und das Einblicksgebot in die Ertragslage nach § 264 Abs. 2 HGB – die die Vorfälligkeitsvergütung empfangende Bank wird in Zukunft ein um diese Beträge vermindertes ordentliches Zinsergebnis erzielen. Wer dies anders sieht, eröffnet der Kreditwirtschaft unzulässige Ertragsrechnungsgestaltungsmöglichkeiten, die man sich so vorstellen kann: Hat eine Bank ein unbefriedigendes Zinsergebnis, vereinbart sie mit einigen Kreditgroßkunden vorzeitige Kreditrückzahlungen von höherverzinslichen Darlehen, sie vereinnahmt die Vorfälligkeitsentschädigung und verbucht sie ertragswirksam als ordentliches Zinsergebnis und leiht den gleichen Betrag zu niedrigeren Tageskonditionen an die gleichen Kunden wieder aus – sicher ein Verstoß gegen § 264 Abs. 2 HGB. Alles dies spricht für die **Rechtspflicht** zur   **27i**

---

[81] BGH NJW 2001, S. 509, 510; *Krepold* in BankR-HdB, § 79, Rn. 74 ff.
[82] BGH NJW 2001, S. 509, 511 f. zu dem in der Praxis häufig verwendeten KAPO-Programm.
[83] Auszuweisen nach Maßgabe des § 28 der VO über die Rechnungslegung der Kreditinstitute v. 11. Dezember 1998 (BGBl. I, S. 3658 ff.) und der jeweils einschlägigen Formblätter.
[84] Zust. *Förschle*, Beck'scher BilKomm, 4. Aufl. 1999, § 275 HGB Rn. 191: „Zinsertrag ist jedes auf das abgelaufene Geschäftsjahr entfallende Entgelt für die Hingabe von Kapital."
[85] *Baetge*, Bilanzen, 8. Aufl. 2005.
[86] *Schmalenbach*, Dynamische Bilanz, 13. Aufl. 1988, S. 81; *Kropff* ZGR 1997, S. 120.
[87] Hierzu BFH DB 1994, S. 1304.
[88] *Adler/Düring/Schmaltz*, Rechnungslegung und Prüfung der Unternehmen, 6. Aufl. 1998, § 250 HGB, Rn. 115 mwN.

passiven **Rechnungsabgrenzung der Vorfälligkeitsvergütung**[89] mit der Folge, dass im Jahr des Zuflusses keine Zinseinkünfte, folglich keine Steuerpflicht anfällt, sondern erst bei periodengerechtem Anfall, also bei der Auflösung des passiven Rechnungsabgrenzungspostens. Denn die Vorfälligkeitsvergütung ist Zinsmarge der Zukunft.

9. Anspruch auf Stellung von Sicherheiten

28 Der Anspruch des Kreditinstituts auf Sicherheit wird im Krediteröffnungsvertrag mit konkreter Bezeichnung der Sicherheit geregelt. **Beispiel**: „Als Sicherheit für diesen Kredit treten Sie uns eine erstrangig eingetragene Grundschuld auf Ihrem Betriebsgelände – verzeichnet im Grundbuch von XY – i. H. v. Euro... ab." Dieser Anspruch ist in Nr. 13 AGB-Banken 2012 enthalten, wonach die Bank für alle Ansprüche aus der bankmäßigen Geschäftsverbindung die Bestellung bankmäßiger Sicherheiten verlangen kann. Der Darlehensnehmer ist in der Auswahl der anzubietenden Sicherheiten frei, wenn es keine vertraglichen Abreden gibt.[90] Er ist also nicht verpflichtet, zB ein Grundpfandrecht zu bestellen, wenn er andere Sicherheiten anbietet, solange sie „bankmäßig" sind. Dies sind solche mit leichter und rascher Verwertbarkeit.

29 Anspruch auf Bestellung von Sicherheiten besteht nicht, wenn im Krediteröffnungsvertrag ausdrücklich auf Sicherheiten verzichtet wurde, etwa mit der Formel: „Diese Kreditgewährung erfolgt zunächst ohne Sicherheitenstellung." Wird diese Vertragsabrede bei Leistungsstörungen, insbes. durch verschlechterte Bonität des Kreditnehmers, hinfällig, weil nach Nr. 13 Abs. 2 AGB-Banken 2012 die Neubestellung oder Verstärkung von Sicherheiten vom Kreditgeber verlangt werden kann, zB „wenn sich die wirtschaftlichen Verhältnisse des Kunden nachhaltig verändert haben", sprechen wir von **Nachbesicherung**.[91]

30 Neben den vertraglich dem Kreditgeber gewährten Sicherheiten fallen den Kreditinstituten aufgrund von Nr. 21 Abs. 1 AGB-Sparkassen 2012 und Nr. 14 Abs. 1 AGB-Banken 2012 Pfandrechte an Werten jeder Art – also vor allem Wertpapieren und im Schließfach befindlichen Sachen – zu, die im bankmäßigen Verkehr in den Besitz oder die sonstige Verfügungsmacht des Kreditgebers gelangen. Rechtsgrundlage dieses Sicherungsrechts ist ein mit der Anerkennung der AGB vereinbartes Pfandrecht an diesen Werten, das zur Folge hat, dass nicht nur die willentlich dem Kreditinstitut gewährten Sicherheiten Zugriffsmasse für die Kreditrückführung darstellen, sondern auch vertraglich nicht ausdrücklich als Sicherheit behandelte Werte. Diese **Pfandrechtsklausel**, die auch künftige Ansprüche der Bank sichert, ist mit §§ 305 c, 307 BGB zu vereinbaren.[92]

31 Sicherheiten können gestellt werden vom Kreditnehmer und/oder Dritten. **Stellen Dritte die Sicherheit**, besteht deren rechtliches Interesse darin, für einen genau spezifizierten Kredit die Sicherheit zu liefern und nicht für alle Verbindlichkeiten des Kreditnehmers. Diesem Ziel der Fixierung des Sicherungszwecks dient die **Sicherungszweckerklärung**. Fehlt diese Fixierung auf einen einzelnen Kredit, handelt es sich um eine

---

[89] Wegen weiterer Einzelheiten vgl. *Claussen*, FS Kropff, 1998, S. 438 ff.; vgl. auch die Beispiele bei *Adler/Düring/Schmaltz*, Rechnungslegung und Prüfung der Unternehmen, § 250 HGB, Rn. 117 und 118.
[90] BGH NJW 1981, S. 1363.
[91] Hierzu *Westermann* WM 1993, S. 1873.
[92] BGHZ 93, S. 75; BGH WM 1981, S. 150, 162 ff.; BGH WM 1983, S. 926 ff.; BGH WM 1985, S. 78, 688 f.

"weite Sicherungszweckerklärung", die die Sicherheit des Dritten für alle Kredite des Kreditnehmers haften lässt. **Beispiel**: Eine anlässlich der Aufnahme eines Kontokorrentkredites an die Firma des einen Ehegatten übernommene unbeschränkte Bürgschaft des anderen Ehegatten mit einer derartigen, nämlich weiten Sicherungszweckerklärung soll sich auch auf den Überziehungsbetrag, den die kreditnehmende Firma über die vereinbarte Kreditsumme hinaus ausnutzt, erstrecken. Der BGH hat mit der sog. „**Anlass-Rechtsprechung**" die Wirksamkeit der weiten Sicherungszweckklauseln mit Rückgriff auf die §§ 305 c und 307 BGB stark eingeschränkt. Ein Sicherungsgeber haftet danach trotz weiter Zweckerklärung nur für den Kredit, der Anlass der Sicherheitenbestellung war.[93]

Gewährt ein Kreditinstitut einen Kredit an mehrere Kreditnehmer, so haften diese als Gesamtschuldner. Das Kreditinstitut braucht bei der Beitreibung des Kredites keine Rücksicht auf das interne Rechtsverhältnis der Gesamtschuldner untereinander zu nehmen, nämlich ob sie – wie es § 426 BGB vorschreibt – untereinander zum Ausgleich verpflichtet sind oder etwas anderes vereinbart ist. Dies gilt auch, wenn einer der Gesamtschuldner eine Sicherheit gestellt hat. **Beispiel**: A, B und C sind Gesamtschuldner der X-Bank. A hat zur Besicherung dieser X-Bank sein Sparkonto verpfändet. Die Bank ist frei, wen sie von den drei Gesamtschuldnern A, B und C bei Kreditfälligkeit in Anspruch nimmt. Vorzugsweise wird sie sich an A halten und Befriedigung aus dessen Sparkonto suchen. Wie ist die Rechtslage, wenn die X-Bank dem A das Sparkonto vor Fälligkeit des Kredites freigab? Können sich A oder B oder C dann bei Inanspruchnahme auf § 776 BGB berufen, wonach ein Bürge frei wird, wenn ein Gläubiger ein Pfandrecht aufgibt? Dies ist zu verneinen, weil die Vorschrift des § 776 BGB auf Gesamtschuldverhältnisse und das Kreditbesicherungsrecht nicht ohne weiteres übertragbar ist.[94] – Die einzelnen Sicherheiten werden in → Rn. 133–212 behandelt, ebenso die Rückgewähr von gestellten Sicherheiten. 32

10. Beendigung des Krediteröffnungsvertrages und Rückzahlung

Der Rückzahlungsanspruch des Kreditgebers folgt aus Vertrag und § 488 Abs. 1 S. 2 BGB. Der Rückzahlungsanspruch ist dem Kredit wesensgemäß und unterscheidet dieses Schuldverhältnis von der Schenkung. Mehrere Kreditnehmer haften für die Rückzahlung als Gesamtschuldner, §§ 421 ff. BGB. Das Kreditinstitut ist wie jeder sonstige Gläubiger frei, in welcher Folge es die Schuldner oder ob es alle Gesamtschuldner gemeinsam auf Kreditrückzahlung in Anspruch nimmt. 33

Der Krediteröffnungsvertrag sagt, wie die Kreditrückzahlung zu erfolgen hat: in einer Summe beim endfälligen Darlehen; in Raten zu den Zinszahlungsterminen beim Tilgungsdarlehen. Tilgungsdarlehen gibt es in der Form des **Annuitätendarlehens**, in dem der Kreditschuldner stets gleichbleibende Raten zahlt, die einen Zins- und einen Tilgungsanteil enthalten – anfangs ist der Zinsanteil hoch, der Tilgungsanteil niedrig, mit Fortschreiten der Laufzeit kehrt sich das Verhältnis um. Eine andere Form ist der Ratenkredit, hierbei wird aus Kreditbetrag, Zinsen und Kosten eine Summe – der Bruttokredit – errechnet, der in gleichmäßigen monatlichen Raten zurückzuzahlen ist. 34

Der Rückzahlungsanspruch entsteht, wenn das Kreditschuldverhältnis endet. Dies geschieht durch Zeitablauf oder Kündigung. Bei der Kündigung ist die ordentliche Kündi- 35

---

[93] BGH NJW 1992, S. 896, 897; BGH NJW 1995, S. 2553 ff; BGH WM 1996, S. 766.
[94] OLG Hamm ZIP 1983, S. 923; ebenso BGH WM 1962, S. 1293 für den Fall des Schuldbeitritts.

gung mit Einhaltung einer Frist und die außerordentliche Kündigung aus wichtigem Grund ohne Einhaltung von Fristen zu unterscheiden, vgl. § 490 Abs. 1 BGB und Nr. 19 Abs. 1–3 AGB-Banken 2012, → § 5 Rn. 38–40. Die Beendigung eines Kreditverhältnisses zerfällt wie die Begründung in zwei Rechtsakte, nämlich das Ende des Krediteröffnungsvertrages und die Beendigung des konkreten Einzelkredites durch den Realakt der Rückzahlung. Diese Zweispurigkeit findet sich in Nr. 19 Abs. 1 Satz 1 AGB-Banken 2012 wieder, wo steht, dass die Bank die gesamte Geschäftsbeziehung oder einzelne Geschäftsbeziehungen kündigen kann.

11. Kreditkündigung

Literatur: *Früh,* Eigenkapitalersetzende Gesellschaftskredite, GmbHR 1999, S. 842; *Freitag,* Die Beendigung des Darlehensvertrages nach dem SchuldrechtsmodernisierungsG, WM 2001, S. 2370; *Hadding,* Die einseitige Aufhebung der Geschäftsverbindung, Festschrift Heinsius, S. 185; *Mülbert* in Staudinger, BGB, § 490; *Bruchner/Krepold* in BankR-HdB, § 79; *Schwintowski,* Bankrecht, 3. Aufl. 2011, § 12 Abschnitt H.

a) Leistungsstörung und Kündigung

36 Die §§ 320 ff. BGB sagen, wie **Leistungsstörungen bei gegenseitigen Verträgen** ausgeglichen werden, also wer für welche Leistungsstörung welchen Ersatz zu leisten hat. Diese Vorschriften gelten im Grundsatz auch für den Bankkredit. Wer keinen Kredit empfangen hat, braucht eine Kreditsumme nicht zurückzuzahlen, was die Rechtsidee des § 320 BGB ist. Die Vermögensverschlechterungsvorschrift des § 321 BGB stipuliert ein Leistungsverweigerungsrecht, sie ist für das Kreditrecht zentral. An die Stelle des Rücktrittsrechts der §§ 323 ff. BGB tritt das Recht zur fristlosen Kündigung gemäß § 490 Abs. 1 BGB und Nr. 19 Abs. 3 AGB-Banken 2012.

37 Wie alle wechselseitigen Schuldverhältnisse endet ein Kreditschuldverhältnis durch Zeitablauf oder durch ordentliche Kündigung, die von Kreditnehmer und Kunden jederzeit, und zwar sowohl für die gesamte Geschäftsverbindung wie für einzelne Geschäftsbeziehungen nach § 488 Abs. 3 BGB bzw. Nr. 18 AGB-Banken und Nr. 26 Abs. 1 AGB-Sparkassen, ausgesprochen werden kann. § 489 Abs. 1 BGB schränkt dieses Kündigungsrecht für festverzinsliche Darlehen ein, wenn die Zinsbindung nicht abgelaufen ist. Neben der ordentlichen Kündigung gibt es Sonderkündigungsgründe.

b) Wichtiger Kündigungsgrund wegen Verschlechterung der Kreditnehmerbonität

38 § 490 Abs. 1 BGB iVm § 314 BGB bzw. Nr. 19 Abs. 3 AGB-Banken 2012 gewährt ein Kündigungsrecht von Kreditzusagen ohne Einhaltung einer Kündigungsfrist, wenn ein wichtiger Grund vorliegt und die Fortsetzung der Geschäftsverbindung nicht zumutbar ist. Unter den dort und in Nr. 26 Abs. 2 a–e AGB-Sparkassen 2012 beispielhaft aufgeführten wichtigen Gründen ist die wesentliche Verschlechterung der wirtschaftlichen Lage des Kreditnehmers der am häufigsten vorkommende wichtige Grund, ein Kreditverhältnis und/oder die gesamte Geschäftsverbindung ohne Einhaltung einer Frist zu kündigen.[95] Durch die ausdrückliche Regelung der fristlosen Kündigung aus wichtigem Grund gemäß den Vorschriften der Schuldrechtsmodernisierung 2002 braucht insoweit zur Herleitung des Kündigungsrechts nicht mehr auf allgemeine Rechtsgrundsätze zurückgegrif-

---

[95] Zust. *Heinsius* KTS 1990, S. 54. Zum ganzen *Gößmann,* BuB Bd. 1, Rn. 1/575–601 mwN; *Bruchner/Krepold* in BankR-HdB, § 79, Rn. 167 ff.; *Freitag* WM 2001, S. 2372.

fen werden. Bei Vermögensverschlechterung gibt es drei Regelungen: § 321 BGB gewährt ein Leistungsverweigerungsrecht, also ein Zurückbehaltungsrecht der noch nicht erfolgten Kreditauszahlung; § 490 Abs. 1, 1. Alt. BGB gewährt vor Kreditauszahlung ein Kündigungsrecht;[96] § 490 Abs. 1, 2. Alt. iVm § 314 BGB bzw. Nr. 19 Abs. 3 AGB-Banken 2012 trifft den Fall der Kündigung nach erfolgter Kreditauszahlung, bei der danach eine wesentliche Verschlechterung der Vermögenslage des Kreditnehmers eintritt bzw. einzutreten droht oder diese Verschlechterung der kreditgebenden Bank oder Sparkasse erst nachträglich bekannt wird. Weitere Voraussetzung für das Kündigungsrecht ist jetzt auch, dass die Rückerstattung des Kredites auch unter Verwertung etwaiger Sicherheiten gefährdet ist. Über eine wesentliche Verschlechterung entscheidet die Gesamtwürdigung aller Umstände des Einzelfalls unter Abwägung der Interessen beider Vertragsteile.[97] Die AGB-Banken 2012 fügen verschärfend hinzu, dass die Kündigung schon zulässig ist, wenn die Verschlechterung der Vermögenslage „die Erfüllung einer sonstigen Verbindlichkeit gegen die Bank gefährdet". Es genügt also, wenn die Zinszahlung nicht mehr gesichert erscheint. Hingegen ist eine einmalige Verschlechterung der Bilanzrelationen und der Ertragslage des gewerblichen Kreditnehmers kein wichtiger Grund, wenn die Kapitalausstattung des Kreditnehmers noch ausreichend ist. Beim Privatkundenkredit kann die Fixierung von § 498 BGB, wonach sich der Kreditnehmer mit zwei Tilgungsraten oder mit 10 % des Kreditbetrages in Verzug befinden muss, als Anhalt dafür dienen, wann ein wichtiger Grund vorliegt. Die enge Verknüpfung eines Kredites mit einem Projekt bei Projektfinanzierungen entfernt den Kredit von den Vermögensverhältnissen des Kreditnehmers, schränkt also die Kündigungsrechte wegen Bonitätsverschlechterung ein.[98] Grundsätzlich gilt, dass der zur Kündigung berechtigende Grund eingeengt auszulegen ist. Neu ist, dass die Bank bei der fristlosen Kündigung aus wichtigem Grund nach Nr. 19 Abs. 3 AGB-Banken 2012 erfolglos abgemahnt oder zur Abhilfe aufgefordert haben muss. Allerdings ist auch dieses Erfordernis in den Fällen von § 323 Abs. 2 und 3 BGB entbehrlich.

Zur Abwehr einer außerordentlichen Kündigung kann sich der Kreditnehmer auf **39** unzulässige, weil willkürliche Rechtsausübung oder widersprüchliches Verhalten des Kreditinstituts berufen, indem er vorträgt, dass der Grund für die anschließende Verschlechterung der Vermögenslage dem Kreditinstitut bereits beim Vertragsschluss bekannt war, möglicherweise sogar das Kreditinstitut von Anbeginn einen Sanierungskredit gewährte.[99] Liegt ein zur fristlosen Kündigung berechtigender wichtiger Grund nicht vor, kann das Kreditinstitut nach §§ 280, 325 BGB zum Schadensersatz verpflichtet sein.[100]

---

[96] Über das Verhältnis von § 610 aF zu § 321 BGB vgl. einmal *Canaris*, Bankvertragsrecht, Rn. 1252, zum anderen *Hopt/Mülbert* in Staudinger, BGB, § 610 aF Rn. 14. Ob diese Gedanken auf das Verhältnis von § 490 Abs. 1 1. Alt. zu § 321 BGB festzuschreiben sind, ist offen.
[97] Durch die Formulierung „in der Regel" in § 490 Abs. 1 aE BGB soll zum Ausdruck gebracht werden, dass die Kündigung nach Kreditauszahlung höhere Anforderungen, insbesondere bei der Berücksichtigung der Schuldnerbelange, stellt. Demgegenüber ist es der Bank vor Kreditauszahlung nicht zumutbar, sehenden Auges, dass das Geld vom Kreditnehmer nicht zurückgezahlt werden kann, zu valutieren, vgl. Begr. z. Regierungsentwurf des Gesetzes zur Modernisierung des Schuldrechts, S. 599; vgl. *Wittig/Wittig* WM 2002, S. 148.
[98] Weitere Einzelheiten bei *Becker/Gößmann* BKR 2002, S. 524.
[99] Das sind Kredite, die in Problemsituationen einem Unternehmen in Kenntnis der Sanierungsbedürftigkeit gewährt werden, iE *Gößmann*, BuB, Rn. 1/579 ff.
[100] *Canaris*, Bankvertragsrecht, Rn. 1269, S. 1276–1279.

Die außerordentliche Kündigung umfasst idR sowohl den Krediteröffnungsvertrag als auch das konkrete einzelne Kreditgeschäft. Bei begrenzter Verschlechterung der Vermögenslage, die für den Kreditgeber nicht vorhersehbar war, ist auch die Kündigung des konkreten Einzelkredites bei Aufrechterhaltung des Krediteröffnungsvertrages oder die Reduzierung der dort vereinbarten Kreditlinie denkbar.

40 Weiterer wichtiger Grund, der zur außerordentlichen Kündigung des Kredites berechtigt, sind unrichtige Angaben des Kunden. Dann ist die Aufrechterhaltung des Kreditverhältnisses der Bank nicht zuzumuten. Der täuschende Kunde bedarf keines Schutzes. Natürlich müssen die falschen Angaben für den Kredit erheblich gewesen sein, etwa Auswirkungen auf die Sicherheit des Kredites haben,[101] oder die falschen Angaben müssen die persönliche Zuverlässigkeit des Kreditnehmers in Frage stellen. Ein wichtiger Grund nach § 314 Abs. 2 BGB bzw. Nr. 19 Abs. 3 AGB-Banken 2012 liegt auch vor, wenn der Kunde seiner Verpflichtung zur Bestellung oder Verstärkung von Sicherheiten nach Anforderung durch die Bank nicht innerhalb angemessener Frist nachkommt. Voraussetzung ist, dass die Sicherheiten durch die Bank angefordert wurden und dem Kreditnehmer eine angemessene Frist eingeräumt wurde. Die Nichtbestellung von Sicherheiten ist nur dann ein wichtiger Kündigungsgrund, wenn für den Kunden auch die Verpflichtung – entweder nach dem Krediteröffnungsvertrag[102] oder nach Nr. 13 Abs. 1 oder Abs. 2 AGB-Banken 2012 – bestanden hat, Sicherheiten zu bestellen.

c) Verzug des Kreditnehmers

41 Erfolgt die Kündigung aus wichtigem Grund berechtigterweise, weil der Kreditnehmer mit seinen Leistungen in Verzug ist,[103] kann die Bank Verzugsschaden nach §§ 286, 288, 249 ff. BGB geltend machen. Für die Berechnung des Verzugsschadens seit Inkrafttreten des § 288 Abs. 1 S. 1 BGB gilt die Verzugszinsregelung Basiszins + 5 % (B + 5) mit nur einer Ausnahme für alle Geldschulden (auch bei Realkrediten) für die abstrakte Verzugsschadenberechnung.[104] Nur bei Realkrediten, die Verbraucherkredite sind, beträgt die Verzugszinsregelung B + 2,5, § 497 Abs. 1 BGB.

d) Kündigung unbefristeter Kredite

43 Das Recht des Kreditinstituts, unbefristete Kredite – das sind die sog. „bis auf weiteres" gewährten b.a.w.-Kredite und geduldete Überziehungen – zu kündigen, folgt aus § 488 Abs. 3 BGB bzw. Nr. 19 Abs. 2 AGB-Banken 2012. Die gesetzliche Kündigungsfrist beträgt drei Monate. In den Banken-AGB 2012 ist diese Kündigungsfrist abbedungen. Eine Kündigung zur Unzeit ist rechtswidrig: Der Kündigungsempfänger (Kreditnehmer) erlangt bei einer solchen Kündigung einen verschuldensunabhängigen Schadensersatzanspruch entsprechend §§ 627 Abs. 2 Satz 2, 671 Abs. 2 Satz 2, 675 Abs. 1, 2. Halbsatz, 723 Abs. 2 Satz 2 BGB.[105]

---

[101] v. Westphalen WM 84, S. 2, 11; Bruchner/Krepold in BankR-HdB, § 79 Rn. 213.
[102] Canaris, Bankvertragsrecht, Rn. 1247.
[103] BGH WM 1984, S. 1273; OLG Köln WM 2003, S. 826; Gößmann, BuB, Rn. 1/595. I.d.R. ist Verzug mit Zins- und/oder Rückzahlungsraten im Krediteröffnungsvertrag als Kündigungsgrund vertraglich vereinbart.
[104] Bruchner/Krepold in BankR-HdB, § 80 Rn. 30 ff.
[105] Mülbert in Staudinger, BGB, § 488 Rn. 333 f.; a. A. Westermann in MüKoBGB, § 609 aF BGB Rn. 6.

Eine Kündigung zur Unzeit liegt zB vor, wenn die Bank über ausreichende Sicherheiten verfügt und dem Kunden aus der Kündigung ein Schaden droht[106] oder der Kreditnehmer von der Kündigung derart überrascht wird, dass es ihm nicht gelingt, sich die Darlehensvaluta rechtzeitig, also vor Fälligkeit des Darlehensrückzahlungsanspruchs, von dritter Seite zu besorgen. Aus dem Verbot der Kündigung zur Unzeit folgt die Pflicht des Kreditgebers, seinen Vertragspartner von seiner Kündigungsabsicht frühzeitig zu informieren.[107] Bei Sanierungskrediten – das sind Kredite, die in Problemsituationen einem Unternehmen in Kenntnis der Sanierungsbedürftigkeit gewährt werden –, ist das Kündigungsrecht weiter eingeschränkt durch eine Rechtspflicht zur Interessenabwägung und durch Bindungen des Kreditinstituts nicht nur gegenüber dem Schuldner, sondern auch gegenüber anderen Gläubigern, die auf das Mitwirken der Bank an der Sanierung vertrauen und daraufhin eigene Risiken eingehen. Nicht jeder kurzfristige Misserfolg in dem Sanierungsbemühen, wie zB Verluste in einer kurzen Periode, berechtigt daher zur Kündigung.[108]

44

e) Rechtspflicht zur Kreditverlängerung und Sanierungskredit

Literatur: *Batereau,* Die Haftung der Bank bei fehlgeschlagener Sanierung, WM 1992, S. 1517; *Claussen,* Möglichkeit und Grenzen der Kreditgewährung an Kapitalschwache, in IDW (Herausgeber), Unternehmensfinanzierung heute, 1985, S. 147; *Feddersen,* Die Rolle der Banken bei der Unternehmenssanierung, Festschrift Helmrich, 1994, S. 597; *Häuser,* BankR-HdB, § 85 mwN; *ders.,* Rechte und Pflichten der Kreditinstitute bei der Sanierung von Unternehmen, in Sicherheitenfreigabe und Unternehmenssanierung, 1995, S. 75; *Eichenmüller,* Die Banken im Gefangenendilemma, ZHR 160 (1996), S. 343; *Obermüller,* Insolvenzrecht in der Bankpraxis, 7. Aufl. 2007.

Das Verbot der Kreditkündigung zur Unzeit führt zu der weitergehenden Frage, ob für Kreditinstitute bei Fälligkeit eines Kredites eine Rechtspflicht zur Verlängerung einmal hinausgelegter Kredite besteht, wenn dies dem Interesse des Kreditnehmers entspricht oder wenn eine unterstellte wirtschaftliche Macht eines Kreditgebers durch solche Rechtspflicht kompensiert werden müsse. Eine Pflicht zur Kreditverlängerung, gar zur Krediterhöhung, ist idR zu verneinen. Ebenso wie bei der Krediteinräumung besteht Vertragsfreiheit und Kontrahierungsfreiheit bei der Kreditverlängerung, die einen neuen Krediteröffnungsvertrag darstellt. In besonders gelagerten Ausnahmefällen hingegen verlangt die Treuepflicht, dass die Bank die nachgesuchte Kreditverlängerung und/oder -erhöhung vornimmt,[109]. Dann gilt der Rechtsgedanke, dass der Kreditkunde vor übermäßiger Schädigung und einem widersprüchlichen Verhalten seines Kreditgebers geschützt werden muss. Rechtsgrundlage dieser Verlängerungspflicht in diesen Ausnahmefällen ist das Billigkeitsgebot, der Schutz vor Willkür und vor widersprüchlichem Verhalten. **Beispiel**: Kreditnehmer A ist in Liquiditätsenge wegen hoher Investitionen. Das Kreditinstitut B hat die Investitionen und das Umlaufvermögen finanziert. Es kennt die Finanzplanung, aus der auch der gegenwärtige Engpass hervorgeht. Die jetzt anstehende Kreditverlängerung ist

46

---

[106] *Gößmann,* BuB, Rn. 1/562; *K. P. Berger* in MüKoBGB, § 488, Rn. 241.
[107] *Mülbert* in Staudinger, BGB, § 488 Rn. 334.
[108] BGH ZIP 1981, S. 146; OLG Köln WM 1985, S. 1132 f.; *Obermüller,* Kredite vor Konkurseröffnung, ZIP 1980, S. 337, 340 ff.; *Obermüller,* Die Gewährung neuer Kredite in der Krise, ZIP 1980, S. 109, 1062; *Canaris* ZHR 143 (1979), S. 113, 124 ff., 133 ff.
[109] *Canaris* ZHR 143 (1979), S. 120 ff., 123 f., 132 f.; ähnlich *Hopt* ZHR 143 (1979), S. 159 f.; *Westermann* in MüKoBGB, § 610 aF Rn. 3 f., *K. P. Berger* in MüKoBGB, Vor § 488 Rn. 109 f.

wegen des Verbots widersprüchlichen Verhaltens und wegen der erfolgversprechenden Sanierung auszusprechen.

46a Dies leitet über zu der Frage, ob eine **Kreditverlängerungspflicht** besteht, wenn das kreditnehmende Unternehmen notleidend und deshalb sanierungsbedürftig ist. Bedenkt man, dass circa 35.000 Unternehmen p.a. aus dem Wirtschaftsleben durch Insolvenz ausscheiden, ist die volkswirtschaftliche Bedeutung der Sanierung angesprochen und damit die Frage, ob kreditgebende Banken zur Prolongation und/oder zur Krediterhöhung aus Sanierungsgründen verpflichtet sind. Grundsätzlich ist diese Frage zu verneinen. Eine Verpflichtung zur Prolongation oder gar zur Bereitstellung weiterer, also neuer Kredite ist jedenfalls nicht gegeben, weil es eine Kreditversorgungspflicht der Kreditinstitute aus öffentlichem Interesse mangels gesetzlicher Inpflichtnahme nicht gibt. Es gibt auch keine aus dem allgemeinen Bankvertrag oder aus dem Kreditvertrag abzuleitende Treuepflicht, die zur Kreditverlängerung oder Erhöhung zwingt;[110] es gibt auch keinen Kontrahierungszwang im Kreditrecht.[111] Ob wirtschaftliche Einsicht und Verantwortung gegenüber dem Kunden ein anderes Verhalten nahelegt, ist eine unternehmerische und keine Rechtsfrage. Sehr häufig zwingt ökonomische Einsicht zur Sanierungskreditierung, aber aufgrund verantwortlichen unternehmerischen Handelns und nicht aus rechtlichem Verpflichtetsein.[112]

46b Bei Sanierungen kann die Finanzhilfe nicht nur aus dem Stehenlassen und der Erhöhung von bestehenden Krediten bestehen, sondern auch aus Krediten, die neu und ausschließlich zum Zweck der Sanierung gewährt werden. Solche Sanierungskredite werden häufig aus beschäftigungs- oder regionalpolitischen Gründen, auch aus Lieferanten- oder Bezugsgründen gewährt. Diese **Sanierungskredite** haben wegen ihrer Zweckbindung rechtliche Besonderheiten.[113] So ist der Anspruch auf Kreditauszahlung wegen der Zweckbindung nicht pfändbar und nicht abtretbar. Wichtiger ist die Besonderheit, dass der Sanierungskredit nur eingeschränkt kündbar ist. Die ordentliche Kündigung nach § 488 Abs. 3 BGB bzw. Nr. 19 Abs. 2 AGB-Banken 2012 ist ausgeschlossen, weil dies der Sanierungsabrede und dem Sanierungszweck widerspricht.[114] Erst wenn deutlich wird, dass das Sanierungsziel eindeutig nicht zu erreichen ist, lebt das Kündigungsrecht auf. – Das Recht auf außerordentliche, fristlose Kündigung von Sanierungskrediten kann nicht auf den wichtigen Grund gem. § 490 Abs. 1 BGB bzw. Nr. 19 Abs. 3 AGB-Banken 2012, der Verschlechterung der Vermögenslage gestützt werden, weil diese Situation dem Kreditgeber bekannt und damit der Rechtsgedanke von § 442 BGB einschlägig ist. Es muss neben der Verschlechterung der Vermögenslage noch die Gefährdung der Rückzahlung

---

[110] Zust. *Häuser* in BankR-HdB, § 85 Rn. 27 ff.
[111] BGHZ 90, S. 381, 399: „Einer Bank bleibt es grundsätzlich überlassen, ob sie ein notleidendes Unternehmen, dem sie Kredit gegeben hat, fallen lassen will"; OLG Frankfurt MDR 1986, S. 849; OLG Düsseldorf, WM 1989, S. 1838. In einem weiteren Sinne auch BGHZ 116, S. 319, wo eine Rechtspflicht zur Mitwirkung an einem außergerichtlichen Vergleich verneint und die „Akkordstörung" der sanierungswilligen Gläubiger für zulässig erklärt wird. A. A. *Canaris*, Bankvertragsrecht, Rn. 1271 ff., der Kreditinstitute sowohl zur Kreditverlängerung als auch -erhöhung für verpflichtet hält, wenn dies aus dem Gesichtspunkt des Treueverhältnisses, wegen vorausgegangenen Tuns und wegen des Verbots übermäßiger Schädigung geboten ist. Auf dieser Linie auch *Eichenmüller* ZHR 160 (1996), S. 343–373, der die Kooperationspflicht im Sanierungsrecht bejaht.
[112] Zust. *Heinsius*, *Birk*, Das Unternehmen in der Krise, 1986, S. 147, 151.
[113] Zum ganzen *Häuser* in BankR-HdB, § 85 Rn. 15–44.
[114] BGH WM 2004, S. 2200, 2202; *Häuser* in BankR-HdB, § 85 Rn. 62, 63; *Mülbert* in Staudinger, BGB § 488 Rn. 371 ff.; *K. P. Berger* in MüKoBGB, Vor § 488 Rn. 111.

des Sanierungskredites hinzukommen, so § 490 Abs. 1 BGB und Nr. 19 Abs. 3 S. 2 AGB-Banken 2012. Dies ist zB nicht der Fall, wenn der Sanierungskredit ausreichend besichert ist.[115] Der gravierendste und häufigste wichtige Grund der außerordentlichen Kündigung von Sanierungsdarlehen ist die unterlassene oder fehlerhafte Information des Kreditgebers durch den Kreditnehmer über die Lage des Problemunternehmens.

Dem Sanierungskredit sind noch folgende Rechtsfolgen eigen: Verlangt der Kreditgeber nachträglich Verstärkung der Sicherheiten, ohne „fresh money" einzulegen, ist die Insolvenzanfechtung nach § 144 InsO zu besorgen, möglicherweise die Absichtsanfechtung nach § 148 Abs. 1 InsO. Der Sanierungskredit muss sich auch mit der Insolvenzverschleppung und der Gläubigergefährdung auseinandersetzen. Beides ist der Fall, wenn der Sanierungskredit nur dem Ziel dient, das Unternehmen aus eigensüchtigen Gründen für eine gewisse Zeit am Leben zu erhalten, aber keine endgültige Sanierung zu wollen. In den Fällen, in denen die Sanierungsanstrengungen lohnend erscheinen, ist der Vorwurf der Insolvenzverschleppung und das Einfordern von Schadensersatz aus § 826 BGB unberechtigt;[116] ob sie lohnend sind, muss das Kreditinstitut prüfen. Schließlich ist daran zu denken, dass oft mehrere Banken und Sparkassen einem zu sanierenden Unternehmen Kredit geben, in die formale Sanierung aber nur einige Kreditgeber einbezogen sind. **Beispiel**: Eine kreditgebende Sparkasse ist in den Sanierungsprozess ihres Kreditkunden, den andere Kreditgeber durchführen, nicht einbezogen, die Sparkasse gewährt also einen Routinekredit. Soll sie bei Vorhandensein ausreichender Sicherheiten diesem, sich plötzlich als sanierungsbedürftig darstellenden Kreditnehmer einen fälligen Kredit verlängern müssen, also zum Mittragen der Sanierung verpflichtet sein? Die Entscheidung hängt von den Gesamtumständen ab, dogmatischer Ausgangspunkt ist die Verpflichtung zur Kreditrückzahlung bei Fälligkeit gem. § 488 Abs. 1 BGB und der Rechtssatz, dass es ein Akkordgebot aller Kreditgeber zur Mithilfe bei einer Sanierung im deutschen Recht nicht gibt.[117] Dass die Akkordverweigerung unsolidarisch ist und mit marktwirtschaftlichen Mitteln geahndet werden sollte, ist eine außerrechtliche Feststellung.

46c

III. Die einzelnen Kreditarten

Kredite begegnen uns in unterschiedlicher Ausformung und Größenordnung. Folglich gibt es keinen einheitlichen Rechtsbegriff für Kredit, obgleich oft versucht wurde,[118] einen solchen Sammelbegriff zu formulieren. Im BGB kommt „Kredit" zB in § 778 BGB als Kreditauftrag, in § 824 BGB als Kreditgefährdung vor, aber nicht in den Grundvorschriften des Kreditrechts, den §§ 488, 491 BGB – dort ist nur von Darlehen bzw. Verbraucherdarlehen die Rede. In § 1 Abs. 1 Satz 2 Nr. 2 KWG, der die Aufzählung der genehmigungsbedürftigen Bankgeschäfte enthält, werden aus der Fülle der Kreditarten nur das Gelddarlehen und der Akzeptkredit aufgeführt. Die Praxis bezeichnet mit „Kredit" alle Mittelzurverfügungstellungen an einen Dritten. Auch die Betriebswirtschaft kennt

47

---

[115] Für die Rechtslage vor der Reform der AGB im Jahre 1993: *Canaris*, Bankvertragsrecht, 3. Aufl. 1988, Rn. 1247.
[116] BGHZ 75, S. 96; BGH WM 1992, S. 1812, 1823; BGHZ 96, S. 231, 235.
[117] BGHZ 116, S. 319; hierzu kritisch *Eidenmüller* ZHR 160 (1996), S. 343 ff.; ausführlich zum Akkordstörer: *Häuser* in BankR-HdB, § 85 Rn. 20 f.
[118] Seit *v. Caemmerer* NJW 1955, S. 44 f.

keinen einheitlichen Kreditbegriff;[119] sie stellt alle Kredite als Fremdmittel dem Eigenkapital des Unternehmens gegenüber, wobei Eigenkapital als höherwertiges Finanzierungsmittel gilt, weil es das Risiko des Unternehmens trägt und deshalb keiner Verzinsungspflicht unterliegt, nicht besichert wird und idR nicht an einem im Voraus bestimmten Datum zur Rückzahlung fällig ist. So verstanden, ist Eigenkapital das Herz, die Muskeln und teilweise das Gehirn des Unternehmens, während der **Kredit das Blut des Unternehmens** ist. Diese fundamentale Unterscheidung zwischen Kredit und Eigenkapital war lange Zeit in der Rechtswissenschaft undeutlich, was die juristische Figur des kapitalersetzenden Darlehens deutlich machte, die früher Kredite in Eigenkapital umfunktionierte. So verstanden, sind gewerbliche Kredite zu definieren als Finanzierungsmittel, die keine Eigenmittel und keine Rückstellungen sind.

Die wichtigsten Unterscheidungskriterien der Kredite[120] sind:

48 (1) Nach dem **Kreditgeber**: Banken und Sparkassen gewähren Bankkredite, hiervon ist in diesem Buch die Rede. Lieferanten gewähren Lieferantenkredite, also Kaufpreisstundungen. Kunden gewähren Vorkasse, also Anzahlungen. Einzelhändler gewähren Absatzkredite. Die öffentliche Hand gewährt Förderkredite zur Erreichung volkswirtschaftlich gewünschter Ziele.

(2) Innerhalb der Bankkredite ist zu unterscheiden zwischen dem **Einzelkredit**, bei dem ein einzelnes Kreditinstitut einem Kunden Kredit gewährt, und dem **Konsortialkredit**, bei dem mehrere Banken unter Führung einer Bank einem Kunden zumeist einen großen Kredit geben.

(3) Nach dem **Kreditnehmer**: Als Kreditnehmer kommen **gewerbliche Unternehmen** aller Rechtsformen in Betracht. Kredite an **Privatpersonen** sind idR Verbraucherdarlehen.

(4) Es ist sodann zu unterscheiden zwischen dem Geldkredit als der Zurverfügungstellung von Buchgeld und dem **Akzeptkredit** sowie dem **Avalkredit**, bei dem die Bank nicht Buchgeld, sondern ihren Namen und ihre Haftung einem anderen Geldgeber für Rechnung des Kreditnehmers zur Verfügung stellt.

(5) Nach der **Laufzeit** der Kredite: Die Spannweite reicht von einem Tag – der Kontoüberziehung aufgrund mündlicher Vereinbarung mit der Bank – bis zum 30 Jahre laufenden Hypothekendarlehen.

(6) Nach der **Besicherung** der Kredite unterscheidet man zwischen Blankokrediten, die ohne Stellung besonderer Sicherheiten gewährt werden, und den besicherten Krediten; besteht die gestellte Sicherheit in erststelligen Grundpfandrechten, sprechen wir von Realkrediten.

(7) Zu unterscheiden ist zwischen den **Dokumentationsformen**: Ein Kredit muss nicht, wird aber idR schriftlich dokumentiert. Das Krediteinräumungsschreiben mit Anerkennung der in diesem Schreiben enthaltenen Kreditbedingungen durch den Kreditnehmer ist Beweismittel. Über Schuldscheindarlehen werden Urkunden ausgestellt, die beschränkt handelbar, also übertragbar sind.

Die wichtigsten einzelnen Kreditarten sind:

---

[119] *Hagenmüller*, Der Bankbetrieb, Bd. II, 1978, S. 327.
[120] Vgl. *Mülbert* in Staudinger, BGB, § 488 Rn. 388.

1. Kontokorrentkredit und die Überziehung

Literatur: *Eichwald*, Die Kreditarten, Kontokorrentkredit, *Obst/Hintner*, 40. Aufl. 2000, S. 414 ff.; *Schürnbrand* in MüKoBGB, §§ 504, 505; *Mülbert* in Staudinger, BGB, § 488 Rn. 465 ff.; *Kessal-Wulf* in Staudinger, BGB, §§ 504, 505; *Wunderlich* in BankR-HdB, § 75 Rn. 8–18, 25–28; *Jungmann/Peters* in BankR-HdB, § 81 a Rn. 106 ff.

Der Kontokorrentkredit oder Überziehungskredit[121] oder auch Dispositionskredit wird dem Kreditnehmer auf seinem Girokonto mit Kontokorrentabrede[122] zur Verfügung gestellt; ohne ein Girokonto ist dieser Kredit nicht gestaltbar, weil dieser Kredit dazu dient, die Liquiditätslücke zwischen den Eingängen auf einem Kontokorrentkonto und den Abverfügungen zu Lasten eines Kontokorrentkontos auszugleichen. Der Kontokorrentkredit dient insoweit auch der Aufrechterhaltung eines ungestörten Zahlungsverkehrs. Der Kreditnehmer zahlt Zinsen nur auf den ausgenutzten Kreditbetrag. **Beispiel**: Die Bank A räumt dem Kunden B einen Kontokorrentkredit über 100.000 Euro ein. Der Kunde ist berechtigt, den Kredit am ersten Tag in voller Höhe, in halber Höhe oder überhaupt nicht in Anspruch zu nehmen; er kann eine Inspruchnahme des Krediets alsbald voll zurückführen oder in der vorhandenen Höhe weiterführen. Diese Flexibilität in der Inanspruchnahme ergibt sich aus der Benennung des Kredites als einem Kontokorrentkredit und bedarf nicht der ausdrücklichen Erwähnung im Krediteröffnungsvertrag.[123] 49

Zur rechtlichen Begründung eines Kontokorrentkreditverhältnisses bedarf es eines Krediteröffnungsvertrages, eines Kontos, dem ein Girovertrag zugrunde liegt, sowie der Vereinbarung einer Kontokorrentabrede, die für die Kontenführung die §§ 355–357 HGB für anwendbar erklärt. Der Praxis ist diese ausdifferenzierte Rechtsgrundlage fremd, sie stellt auf den Krediteröffnungsvertrag ab, der die Angabe der Kreditvertragspartner enthält, die Höhe des Kontokorrentkredites, die Fälligkeit und die Zinsen; schließlich ist die Sicherheitenfrage im Krediteröffnungsvertrag zu regeln, wobei für den Kontokorrentkredit die sog. „liquiden Sicherheiten" im Vordergrund stehen, wie Sicherungsübereignung und Globalzession.[124] Im Privatkundengeschäft findet bei Kontokorrentkrediten eine ausdrückliche Besicherung häufig nicht statt. 50

Die Kredithöhe ist im Krediteröffnungsvertrag zu vereinbaren. Werden „ungenehmigte Kontoüberziehungen" – eine contradictio in adjecto, weil ohne Genehmigung des Kreditinstituts keine Auszahlung von Geldmitteln, also keine Überziehung stattfinden kann – in Anspruch genommen, so ist die Überziehung der Kreditbetrag. In der nicht ausdrücklich vereinbarten Inanspruchnahme einer nicht durch einen Krediteröffnungsvertrag fundierten Kontokorrentinanspruchnahme liegt ein konkludenter Abschluss eines Kreditvertrages. Hier sprechen wir von einer „**geduldeten Überziehung**". Es kann sich aber auch um eine Pflichtverletzung gem. § 280 Abs. 1 BGB handeln. Hierfür ist ein höheres Entgelt zu entrichten, das früher in Nr. 14 Abs. 3 AGB-Banken, Nr. 10 AGB-Sparkassen – alt – 51

---

[121] Terminologisch wird zwischen Kontokorrentkredit und Überziehungskredit in der Praxis und Teilen des Schrifttums – zB *Wunderlich* in BankR-HdB, § 75 Rn. 25 und hier in diesem Buch – nicht unterschieden. Für Kontokorrentkredite und Überziehungen bei Verbraucherdarlehen sind diese Kreditarten zwischenzeitlich in §§ 504, 505 BGB gesetzlich geregelt.
[122] → § 2 Rn. 56–71.
[123] Vgl. BGH WM 1984, S. 1181.
[124] → § 5 Rn. 151–188.

unzulässigerweise[125] vorgeschrieben war. Nach Fortfall dieser Bestimmung seit den AGB-Banken 1998 wird die Überziehungsprovision mit § 315 BGB dem Grunde nach sowie dem Preisaushang über Privatkundengeschäfte in den einzelnen Banklokalen der Höhe nach begründet. Diese Überziehungsprovision für Kontokorrentkredite ohne vorherige Vereinbarung kann 4,5 % jährlich rechtlich unbeanstandet ausmachen.[126] Der hier beschriebene Kontokorrentkredit ist abzugrenzen gegen verbraucherkreditähnliche Gestaltungen, die vom Kontokorrentkredit die wechselnde Inanspruchnahme und vom Verbraucherkredit die ratenweise Tilgung übernehmen, aber oftmals nicht die vom Verbraucherkreditrecht geforderte Preistransparenz bieten. Diese Kreditformen führen Bezeichnungen wie Idealkredit, Dispo-Vario-Kredit u.ä. Wegen der Preisgestaltung und/oder der fehlenden Transparenz können diese Kreditformen unter § 138 sowie § 494 BGB fallen[127] und als „verschleierte Ratenkredite" angesehen werden.

2. Lombardkredit

52   Der Lombardkredit ist der einzige Kredit, der seinen Namen von der Besicherung entliehen hat. Der Lombardkredit ist Kreditgewährung auf kurze Laufzeit gegen Verpfändung von beweglichen, marktgängigen Sachen und Rechten, also gegen Faustpfänder. Der Kredit wird in einer Summe zur Verfügung gestellt und idR in einer Summe zurückgezahlt. Im Bankwesen überwiegt die Verpfändung von Wertpapieren.[128] Der Lombardkredit ist eine einfach zu handhabende, formfreie und in ihrer rechtlichen und wirtschaftlichen Ausgestaltung unproblematische Kreditart: Die Person des Kreditnehmers ist von geringerer Bedeutung, der Kredit ist primär auf die Werthaltigkeit des Pfandobjektes abgestellt; der Kreditzweck steht nicht im Vordergrund der Kreditvereinbarung. Oft ist der wirtschaftliche Hintergrund von Lombardkrediten, dass der Kreditnehmer weitere Wertpapiere erwerben will.

53   Lombardkredite werden nicht nur gegen Verpfändung von Wertpapieren ausgereicht, sondern auch gegen Verpfändung von anderen vertretbaren Wirtschaftsgütern, die einen Markt- oder Börsenpreis haben, wie Wechsel, Waren – zB Edelmetalle, Rohstoffe – oder auch Forderungen.

Die Beleihung erfolgt der Höhe nach in Prozentsätzen des Wertes des Pfandes. **Beispiel**: A will einen Lombardkredit a) gegen Verpfändung von Bundesanleihen – er erhält hierauf ca. 80–90 % des Börsenwertes;[129] b) gegen Verpfändung deutscher Standardaktien – er erhält hierauf 60 % des Börsenwertes; c) gegen Verpfändung von Freiverkehrswerten, also von Aktien die sich keinem formalisierten Börsenzulassungsverfahren unterworfen

---

[125] BGH WM 1992, S. 940, womit eine Debatte über die Zulässigkeit von Überziehungsprovisionen beendet wurde.
[126] OLG Hamm WM 1983, S. 223; für den Verbraucherkreditbereich vgl. *Jungmann/Peters* in BankR-HdB, § 81 a Rn. 109.
[127] BGH NJW 1991, S. 832.
[128] *Mülbert* in Staudinger, BGB, § 488 Rn. 500 ff.
[129] Nach § 19 Abs. 3 Ziff. d DBBankG belieh die Bundesbank diese Titel zu ³/₄ ihres Kurswertes; Einzelheiten zur Beleihungspolitik siehe „Verzeichnis der bei der Deutschen Bundesbank beleihbaren Wertpapiere" (Lombardverzeichnis), was auch heute noch als Richtschnur für bankprivatrechtliche Lombardierungen dienen mag. Das ESZB fordert für seine liquiditätszuführenden Transaktionen – → § 1 Rn. 35 – (Offenmarktpolitik) Sicherheiten mit Margen, die, wie oben dargestellt, umso niedriger sind, je qualitätsvoller die Sicherheiten sind, vgl. Europäische Zentralbank, Die einheitliche Geldpolitik, Stufe 3, September 1998, S. 44–45.

Erne

haben – er erhält hierauf zwischen 30–40 % des Börsenwertes. Die Beleihungssätze werden zwischen Kreditinstitut und Kreditnehmer frei vereinbart.

3. Diskontkredit

Literatur: *Baumbach/Hefermehl/Casper*, Wechselgesetz, Scheckgesetz, Recht der kartengestützten Zahlungen, 23. Aufl. 2008; *Hueck/Canaris*, Recht der Wertpapiere, 12. Aufl. 1986; *Zöllner*, Wertpapierrecht, 14. Aufl. 1987; *Bülow*, Wechselgesetz, 4. Aufl. 2004; *Peters*, BankR-HdB, § 65; *Ständer*, Zur Rechtsnatur des Wechseldiskontkredites, WM 1968, S. 562 und 1238.

Diskontkreditgeschäft[130] ist der Ankauf von Wechseln und Schecks, so § 1 Abs. 1 Nr. 3 **54** KWG. Die Bank erwirbt vom Einreicher und Kreditnehmer noch nicht fällige Wechsel. Die Bank bezahlt dafür den Nennbetrag des Wechsels abzüglich Zinsen für die Zeit bis zum Fälligkeitstag des Wechsels an den Kreditnehmer/Wechseleinreicher. Der Diskontkredit ist ein Geldgeschäft, und zwar idR zu günstigeren Zinsen als andere Kredite.

Der Diskontkredit ist in der Regel nicht nach §§ 488 ff. BGB zu beurteilen, sondern **55** nach Kauf-, evtl. nach Geschäftsbesorgungsrecht.[131] Dies entspricht der Geschichte und der Praxis des Diskontkredits, in dem nicht die Bonität des Kreditnehmers, sondern die Bonität des Wechsels – also der Kaufsache – im Vordergrund des rechtsgeschäftlichen Willens steht.[132] Deshalb definiert § 1 Abs. 1 Nr. 3 KWG das Diskontgeschäft als den „Ankauf von Wechseln".

4. Akzeptkredit und Rembourskredit

Literatur: *Baumbach/Hopt*, HGB, 35. Aufl. 2012, BankGesch (7), G 25–27; *Wunderlich*, BankR-HdB, § 75 Rn. 41–55; *Mülbert* in Staudinger, BGB, § 488 Rn. 580 ff.; *Babusico* in Thöne (Hrsg.), Praxiswissen Bankrecht, 1. Aufl. 2011, S. 454 ff.

Die Bank stellt bei dieser Kreditform nicht eigene Liquidität dem Kreditnehmer zur **59** Verfügung, sondern ihr Akzept. Der Kreditnehmer stellt also einen Wechsel aus, den die den Akzeptkredit gewährende Bank annimmt. Der Kreditnehmer erhält durch Verkauf dieses Wechsels, zumeist an eine andere Bank, Liquidität. Denn die Grundidee dieser Kreditform ist es, einen Kredit in fremder Währung zu schöpfen. **Beispiel**: Ein Hamburger Importeur benötigt einen Kredit in £-Sterling, seine Hausbank in Deutschland kann ihm keine £-Sterling zinsgünstig zur Verfügung stellen. Dann tritt seine Hausbank unter Akzept und verkauft den Wechsel in London, wo das £-Sterling Heimatwährung und damit preisgünstig ist. Dieses Akzept von einer Akzeptbank wird idR aufgrund eines Geschäftsbesorgungsvertrages,[133] der zwischen Bank und Kunden abgeschlossen wird, zur Verfügung gestellt. Danach ist die Akzeptbank verpflichtet, den Wechsel anzunehmen, zu

---

[130] *Eichwald*, Das Diskontkreditgeschäft, Obst/Hintner, S. 424.
[131] So BGHZ 19, S. 282, 292; BGHZ 59, S. 200; BGH WM 1972, S. 582.
[132] Zust. *Baumbach/Hopt*, HGB, 35. Aufl. 2012 (7) BankGesch, Rn. J/2; *Schönle*, Bank- und Börsenrecht, 2. Aufl. 1976, § 14 I, 1; *Peters* in BankR-HdB, § 65 Rn. 3; a. A. *Canaris*, Bankvertragsrecht, Rn. 1532; *Hueck/Canaris*, Recht der Wertpapiere, § 17 II 2, alle detailliert zu dieser Streitfrage, ob Diskontgeschäfte Kauf oder Darlehen sind und mwN.
[133] BGHZ 19, S. 282, 288 lässt diese rechtliche Einordnung offen. Es liegt immer dann ein Darlehensvertrag vor, wenn die Akzeptbank den Wechsel selbst diskontiert. Dann stellt die Bank nicht nur ihre Haftungsübernahme zur Verfügung, sondern auch Liquidität, was die Qualifizierung als Darlehen begründet, so *Canaris*, Bankvertragsrecht, Rn. 1062; *Baumbach/Hopt*, HGB, BankGesch (7) Rn. G 25. In allen anderen Fällen, in denen dritte Banken den Ankauf vornehmen, also die Liqui-

akzeptieren. Der Kreditnehmer ist verpflichtet, die Deckungssumme rechtzeitig vor Verfall des Wechsels anzuschaffen, §§ 669, 670 BGB. Das Entgelt für die Bank besteht in einer Akzeptprovision. Auf diesem Wege entsteht ein handelbarer Wechsel mit zwei Unterschriften, von denen die eine Unterschrift die einer Bank ist. Dieser Wechsel ist im In- und Ausland diskontfähig. Diskontiert die Akzeptbank den Wechsel selbst, sprechen wir von Eigendiskont. Dieser Eigendiskont kann schon in dem Akzeptkrediteröffnungsvertrag vereinbart werden, er qualifiziert das Rechtsverhältnis als einen Darlehensvertrag, wie dargelegt.

60   Der **Rembourskredit** ist eine Sonderform des Akzeptkredits, der nur im Außenhandel eingesetzt wird. Der Rembourskredit ist ein Akzeptkredit mit einem Akkreditiv gekoppelt. **Beispiel**: Ein Exporteur verkauft Pharmazeutika nach Ghana an einen dort ansässigen Importeur. Dieser Käufer beauftragt seine Bank, ein Akkreditiv zugunsten des Verkäufers des Inhalts zu eröffnen, dass der Verkäufer bei Ankunft der Ware einen von ihm ausgestellten Wechsel, der von der Bank des Käufers akzeptiert wurde, als Entgelt für die Pharmazeutikalieferung erhält. Die Akkreditivbedingung lautet: Dokumente gegen Akzept. Zusätzlich erhält der Verkäufer die Zusage der Remboursbank, diesen Wechsel anzukaufen. Rechtlich sind der Akzeptkredit und das Akkreditiv zu trennen. Für das Akkreditiv gelten die Grundsätze des Dokumentenrechts,[134] für den Akzeptkredit gilt Geschäftsbesorgungsrecht nach §§ 675, 631 BGB. Zwischen der Remboursbank und dem Verkäufer der Ware, dem Exporteur, besteht nach Bestätigung des Akkreditivs ein abstraktes Schuldanerkenntnis nach § 780 BGB.[135] Mit zunehmender Integration des Außenhandels und ansteigendem Vertrauen in überseeische Geschäftspartner nehmen diese auf Zahlungssicherung abgestellten Finanzierungsinstrumente in der Praxis immer mehr ab.

5. Avalkredit

Literatur: *Peters* in BankR-HdB, § 65 Rn. 29; *Rieder*, Die Bankbürgschaft, 6. Aufl. 2004; *Wunderlich* in BankR-HdB, § 75 Rn. 38, 39; *Staudinger/Horn*, BGB, 13. Bearbeitung, §§ 765 ff. mit Vorbemerkung; *Tiedtke*, Rechtsprechung des BGH auf dem Gebiet des Bürgschaftsrechts seit 1997, NJW 2005, S. 2498; *Babusico* in Thöne *(Hrsg.)*, Praxiswissen Bankrecht, 1. Aufl. 2011, S. 454 ff.

61   Garantie und Bürgschaft werden zusammengefasst als das Avalgeschäft bezeichnet. Es handelt sich nicht um Geldkredite, sondern um Haftungskredit: Die Bank stellt sich ihrem Kunden als Haftungsträger zur Verfügung, nicht als Geldgeber. Bei der Bürgschaft steht das Kreditinstitut für die Erfüllung eines Schuldverhältnisses ihres Kunden ein. Die eine Garantie herauslegende Bank stellt einen bestimmten Erfolg sicher, den ein anderer, zumeist der Kunde des Kreditinstituts, zu erbringen hat.[136]

62   Garantien kommen zumeist im grenzüberschreitenden Verkehr vor, häufig als Garantie von versprochenen Werkdienstleistungen. **Beispiele**: Ein das Importgeschäft betreibender Bankkunde bittet seine Hausbank um eine Garantie zugunsten des Verkäufers einer Leistung, dass der Kaufpreis bezahlt wird. Die Nähe dieser Garantie zur Bürgschaft ist offenbar, aber der Unterschied ist die Akzessorietät der Bürgschaft, die der Garantie nicht an-

---

dität zur Verfügung stellen, handelt es sich um eine Geschäftsbesorgung; zust. *Peters* in BankR-HdB, § 65 Rn. 18.
[134] → § 4 Rn. 106–119.
[135] Einzelheiten *Mülbert* in Staudinger, BGB, § 488, Rn. 608 ff.; *Peters* in BankR-HdB, § 65 Rn. 21–28.
[136] Vgl. BGHZ 82, S. 401.

haftet. Diese Formfreiheit der Bankgarantie ist indessen ein theoretischer Lehrsatz, weil in der Praxis ausschließlich mit in Formblättern vorformulierten schriftlichen Garantien gearbeitet wird. **Beispiel**: Ein Bauunternehmer bewirbt sich um einen Auftrag, er benötigt eine Bietungsgarantie, die dem den Auftrag Ausschreibenden die Sicherheit für Vertragserfüllung des Bieters garantiert, falls er den Zuschlag erhält.[137] Diese Bietungsgarantie wird in Schriftform und auf Formblatt ausgestellt.

Die Bankgarantie ist im Gesetz nicht geregelt, sie ist ein Auftragsverhältnis nach §§ 675, 631 ff. BGB. Es handelt sich nicht um ein Kreditgeschäft nach § 1 Abs. 1 S. 2 Nr. 2 KWG, sondern ist gesondert in Nr. 8 daselbst als Garantiegeschäft behandelt. – In der internationalen Vertragspraxis wird die Garantie nach den **Einheitlichen Richtlinien für Vertragsgarantien der Internationalen Handelskammer** in Paris[138] herausgelegt; als ergänzende Rechtsquelle für die internationale Garantie ist das Akkreditivrecht einschlägig. **63**

Das Kreditinstitut muss die Garantie nach den Weisungen des Kunden erstellen und dem Garantiebegünstigten zur Kenntnis bringen. Wird die Bank aus der Garantie in Anspruch genommen, muss sie ihren Auftraggeber benachrichtigen und bei exaktem Nachweis des Eintritts des Garantiefalles den gleichen strikten Beweisregeln der **Dokumentenstrenge** wie im Akkreditivrecht[139] folgend die Garantiesumme an den Garantiebegünstigten auszahlen. Es ist idR die Klausel enthalten, dass **auf erstes Anfordern** zu zahlen ist, also Einwendungen aus dem Grundgeschäft zwischen dem Bankkunden und dem Garantieempfänger der Bank abgeschnitten sind, sogar das Recht der Anhörung des Kunden vor Zahlung[140] – bis zur Grenze des Rechtsmissbrauchs. Rechtsmissbrauch liegt vor, wenn ein Garantiebegünstigter Garantien einfordert, obwohl der Garantiefall offensichtlich nicht eingetreten ist.[141] **Beispiel**: Ein Bankkunde verspricht die Lieferung einer Fabrikanlage, stellt diese auch her und verschifft sie an den Besteller. Die Anlage kann am Bestimmungshafen nicht abgeladen werden, weil der Besteller dies verhindert. Danach nimmt er den Garanten in Anspruch. Hierzu gilt, dass eine garantierende Bank die Zahlung bei manifestem, nachweisbarem Missbrauch der Garantie durch den Garantieberechtigten verweigern darf.[142] – Kompliziert wird der Vorgang dadurch, dass im internationalen Verkehr meist sog. indirekte Garantien gestellt werden, bei denen zumindest zwei Banken eingeschaltet sind. **Beispiel**: Der Lieferant beauftragt seine Hausbank (Erstbank), diese beauftragt eine Zweitbank im Land des Bestellers. Die Zweitbank stellt die Garantie; die Hausbank sichert diese durch eine Rückgarantie, es wird eine **Garantiekette** gebildet.[143] Hier muss die Erstbank die Zweitbank bei Missbrauch durch **64**

---

[137] Weitere Beispiele des Einsatzes der Bankgarantie bringt *Kümpel/Wittig*, Bank- und Kapitalmarktrecht, Rn. 13.2.

[138] IntHK-Publikation Nr. 325; Muster für Vertragsgarantien n. F. 1982 IntHK-Publikation Nr. 406; *Trost* RIW 1981, S. 659.

[139] Akkreditivrecht ist, wie oben dargestellt, richtungsweisend (→ § 4 Rn. 106–119). Sodann besteht eine Verbindung zum Kreditsicherungsrecht, deshalb siehe unten Rn. 134 ff.

[140] BGH WM 1985, S. 1387, 1390 – Anhörungsrecht des Kunden besteht nur, wenn die Bankgarantie nicht „auf erstes Anfordern" zahlbar gestellt ist. Grundsätzlich zur Bürgschaft auf erstes Anfordern *Tiedtke* NJW 2001, S. 1019.

[141] BGH WM 1986, S. 1429.

[142] BGHZ 90, S. 292; BGH WM 1986, S. 1429, 1430; *Nielsen* ZIP 1982, S. 253, 262; *Canaris*, Bankvertragsrecht, Rn. 1139; *Horn* NJW 1980, S. 2153.

[143] BGH WM 1984, S. 44.

den Garantiebegünstigten zur Zahlungsverweigerung auffordern, notfalls unter Inanspruchnahme von einstweiligem Rechtsschutz.[144] Wichtig ist es festzumachen, dass wie im Akkreditivrecht auch im Garantierecht das Rechtsverhältnis zwischen der garantieerstellenden Bank und dem Garantiebegünstigten ein abstraktes, nicht akzessorisches Schuldverhältnis ist – ein wichtiger Unterschied zur Bürgschaft.

65 Beim **Bürgschaftsgeschäft** der Banken verpflichten sich diese gegenüber dem Gläubiger ihres Bankkreditkunden, für dessen Verbindlichkeiten diesem gegenüber einzustehen. Diese Bankbürgschaften haben ein weitgezogenes Anwendungsfeld, von der Anzahlungsbürgschaft bis hin zur Zeitbürgschaft.[145] Allen diesen verschiedenen Erscheinungsformen ist eines gemeinsam, nämlich dass die Bürgschaft eine von der Hauptschuld abhängige, streng akzessorische Verbindlichkeit schafft, während die Garantie eine selbständige Verpflichtung des Garanten ist, die unabhängig von der Hauptschuld neben dieser besteht. – Bei dem Kreditgeschäft der Übernahme von Bürgschaften nach § 1 Abs. 2 Nr. 8 KWG handelt es sich rechtlich um die spiegelbildliche Übernahme der Grundsätze über die Kreditsicherheit „Bürgschaft". Was bei der Kreditsicherheit „Bürgschaft" der Bürge gegenüber der Bank ist, ist im aktiven Bürgschaftsgeschäft die Bank für den begünstigten Dritten.

66 Der bürgenden Bank stehen als Folge der Akzessorietät von der Hauptforderung alle Einreden des Hauptschuldners zu, § 768 BGB. Die Hauptschuld ist anfechtbar, oder sie kann verjährt sein, oder der Gläubiger kann sich durch Aufrechnung befriedigen, § 770 Abs. 2 BGB, während die bürgende Bank mit einem Gegenanspruch gegen den Gläubiger, wenn dieser bei ihr Kreditnehmer sein sollte, nicht aufrechnen kann. Der Bürge hat die Einrede der Vorausklage, §§ 771–773 BGB. Diese Einrede der Vorausklage gilt für die Bankbürgschaft nicht, § 349 HGB, weil Kreditinstitute Handelsgeschäfte tätigen. Was bleibt, ist die Einrede der Verjährung, § 768 Abs. 1 BGB.[146] Der eine Bankbürgschaft empfangende Gläubiger braucht nicht zunächst Klage gegen den Schuldner zu erheben, sondern kann sogleich Zahlung von der bürgenden Bank verlangen. Die bürgende Bank hat keinen rechtserheblichen Anspruch auf Information über den Ablauf des Schuldverhältnisses.[147]

67 Einen Verzicht auf jeden Nachweis der Existenz und des Umfangs der verbürgten Forderung stellt die für das bankmäßige Aktivgeschäft typische „Bürgschaft auf erstes Anfordern" dar, die die Bürgschaft wegen der Loslösung von der Hauptforderung in die Nähe der Garantie[148] bringt. **Beispiel:** A verpflichtet sich, für B ein Bauwerk zu errichten, die Bank C verpflichtet sich als Bürgin auf erstes Anfordern für die Beseitigung der Mängel bis zu 100.000 Euro. B benötigt weder einen Titel gegen A, noch trifft ihn eine Darlegungslast, um den verbürgten Betrag von C einzufordern. Wenn A und/oder C meinen, dass B materiell nicht berechtigt gewesen sei, die Bürgschaftssumme einzuziehen, muss die Leistung nach § 812 BGB kondiziert werden.[149]

---

[144] OLG Frankfurt, WM 1988, S. 1480–1482; OLG Köln, WM 1991, S. 1751, 1752; ausführlich hierzu *Kümpel/Wittig*, Bank- und Kapitalmarktrecht, Rn. 13.72 ff.
[145] Zu diesen verschiedenen Formen der Bürgschaft, vgl. *Nobbe* in BankR-HdB, § 91 Rn. 475 ff.
[146] Hierzu aktuelle Rechtsprechung bei *Nobbe* in BankR-HdB, § 91 Rn. 262.
[147] BGH NJW 1983, S. 1850.
[148] Zur Abgrenzung BGHZ 95, S. 375, 387; BGH NJW 1984, S. 923, ausführlich dazu: *Nobbe* in BankR-HdB, § 91 Rn. 475 ff.
[149] *Horn* NJW 1980, S. 2153.

6. Langfristiger Kredit

Literatur: *v. Heymann/Merz*, Der Hypothekarkredit (Realkredit) in BankR-HdB, Band I, § 86, mit kompletter Literaturübersicht; *Eckstein/Wilhelm* in Hellner/Steuer, Bankrecht und Bankpraxis, Bd. 1, Kapital 3, 5. Abschnitt; die Kommentierungen zu §§ 1113 ff. BGB und zum PfandbriefG; *Selzer* in Thöne (Hrsg.), Praxiswissen Bankrecht, 1. Aufl. 2011, S. 417 ff..

Langfristige Kredite dienen der Finanzierung von Investitionen in Anlagen. Hypotheken finanzieren den Wohnungsbau und industrielle Investitionen; Schuldscheindarlehen finanzieren öffentliche Haushalte. Langfristige Ausleihungen werden von den Hypothekenbanken,[150] Sparkassen und Landesbanken herausgelegt, aber auch nach Aufgabe des Spezialisierungsprinzips im Kreditgewerbe[151] in Grenzen von anderen Banken, sofern sie über die entsprechende langfristige Refinanzierung verfügen. **68**

Für die Definition des langfristigen Kredites ist dessen Laufzeit ausschlaggebend – wie der Name sagt. Langfristigkeit ist kein feststehender bankrechtlicher Rechtsbegriff, aber bankwirtschaftlich eine bedeutsame Trennlinie, weshalb dieser Begriff hier zu thematisieren ist. Langfristigkeit wird angenommen bei Kreditgewährung mit einer vereinbarten Laufzeit oder Kündigungsfrist von vier Jahren oder länger.[152] Bei der Frage, ob Langfristigkeit vorliegt, kommt es nach § 340 d HGB auf die Restlaufzeit[153] und nicht auf den Beginn des Kredites, der ersten Inanspruchnahme an. **69**

Langfristige Kredite werden entweder als Tilgungskredite oder als Kredit mit Endfälligkeit gewährt. Erstere werden zu festgelegten Terminen, etwa zum Monats- oder Quartalsende mit festen oder variablen Raten zurückgezahlt. Die Kredite mit Endfälligkeit werden in einer Summe am Ende der Laufzeit zurückgezahlt. Mischformen zwischen diesen beiden Kreditformen sind unter der Herrschaft der Vertragsfreiheit erlaubt.

Langfristige Kredite werden mit Festzinssatz für die gesamte Laufzeit herausgelegt oder mit variablem Zinssatz gem. Nr. 12 Abs. 4 AGB-Banken 2012. Ersteres gilt für Hypothekendarlehen, die vom Kreditgeber mit Pfandbriefen[154] refinanziert wurden, Letzteres ist im nicht langfristig refinanzierten Bereich frei vereinbar. Das Gesetz verbindet bei diesen Krediten, bei denen der Zinssatz periodisch neu vereinbart wird, in § 489 BGB die Zinsfestlegung mit der Darlehenskündigung zu dem Ziel, dass der Kreditgeber unter dem Druck des Kündigungsrechts des Kreditnehmers marktgerechte Zinsen für den nächsten Zinsfestlegungszeitraum anbietet. § 489 BGB gibt dem Darlehensnehmer aus Zinsgründen ein Kündigungsrecht, das zwar für alle Kredite gilt, aber für den Langfristkredit typisch ist. Dies **Kündigungsrecht** ist wie folgt ausdifferenziert, nämlich: **70**

1) Nach § 489 Abs. 1 Nr. 1 BGB können Darlehen, bei denen „die **Zinsbindung** vor der für die Rückzahlung **bestimmten Zeit endet**", auf den Tag gekündigt werden, an dem die Zinsbindung endet, es sei denn, es ist eine neue Vereinbarung über den Zinssatz **71**

---

[150] Einschließlich der „gemischten Institute" Hypo-Vereinsbank und Norddeutsche Hypotheken- und Wechselbank, die aufgrund überkommener Struktur sowohl die langfristige Immobilienfinanzierung als auch das kurzfristige Kreditgeschäft betreiben dürfen.

[151] → § 1 Rn. 142 ff.

[152] *Eichwald* in Obst/Hintner, Geld-, Bank- und Börsenwesen, S. 444; so auch § 151 Passivseite Nr. V AktG 1965, der eine Laufzeit von vier Jahren als Anlage, also als langfristig ansah, während nach dem Bilanzschema des BiRiLiG in § 285 Nr. 1 a) HGB eine Restlaufzeit von fünf Jahren vorgegeben ist.

[153] Vgl. *Claussen/Korth*, Kölner Komm AktG, §§ 340–340a HGB Rn. 8; auch *Jährig/Schuck*, Kreditgeschäft, S. 136.

[154] → § 1 Rn. 75–79.

getroffen. Sieht der Krediteröffnungsvertrag keine freie Zinsänderung, sondern eine Zinsanpassung anhand von objektiven Kriterien, also eine relative Zinsbindung vor, dann teilt die Bank dem Kreditnehmer die veränderten **Refinanzierungskonditionen** mit, was eine deklaratorische Mitteilung ist und keine einen neuen Zinsanspruch schaffende Willenserklärung. Dann ist die Kündigung durch den Darlehensnehmer zulässig auf den Zeitpunkt, zu dem die Zinsbindungsfrist endet, weil bis dahin das Kreditinstitut sich refinanziert hat, aber nur dann, wenn die **Zinsbindungsfrist** nicht länger als ein Jahr währt. **Beispiel**: Im Krediteröffnungsvertrag wird eine Verzinsung des Darlehens i. H. v. 1 % über dem 3-Monats-EURIBOR als Zinssatz vereinbart. Dies ist eine solche Zinsanpassungsklausel; Kredite mit solcher Zinsvereinbarung nennt man „**Roll-over-Kredite**".

72 2) **Kredite mit Festzinsvereinbarung** können in jedem Fall nach Ablauf von zehn Jahren nach Empfang des Darlehens[155] mit einer Kündigungsfrist von sechs Monaten gekündigt werden, § 489 Abs. 1 Nr. 2 BGB. Der maximale Kündigungsausschluss beträgt also 10 Jahre.[156] **Beispiel**: Es wird ein Hypothekendarlehen in einer Hochzinsperiode mit 20-jähriger Laufzeit und Festzinsvereinbarung vereinbart. Nach 10 Jahren ist das Zinsniveau niedrig. Der Schuldner hat ein Kündigungsrecht, das bei frühestmöglicher Ausübung nach 10 1/2 Jahren den Kreditvertrag beendet.

73 3) Darlehen mit **veränderlichem Zinssatz** – also mit einem Zinssatz, der jederzeit und nicht nur nach Ablauf einer Festlegungsfrist geändert werden kann, auch nicht an einen Referenzzinssatz gebunden ist, wie oben zu § 489 Abs. 1 Nr. 1 erläutert – können jederzeit nach § 489 Abs. 2 BGB mit einer Frist von drei Monaten gekündigt werden. **Beispiel**: Ein Darlehen ist in seiner Verzinsung an die Entwicklung des Basiszinssatzes der EZB angelehnt. Wird dieser Zinssatz von der Bank aufgrund einer Erhöhung des Basiszinssatzes angehoben, hat der Kreditnehmer, obgleich die **Zinsanpassung** vertraglich vereinbart wurde und sie in Nr. 12 Abs. 4 AGB-Banken 2012 vorgesehen ist, bei einer Zinserhöhung nach Nr. 12 Abs. 4 S. 2 AGB-Banken 2012 dieses Kündigungsrecht[157] – ein Fall, der eher im kurzfristigen als im langfristigen Kreditgeschäft eintritt.

Umgehungsverbots- und Unabdingbarkeitsklauseln in § 489 Abs. 4 BGB sichern die Einhaltung dieser in Sonderheit für den Langfristkredit bedeutsamen kreditrechtlichen Vorschrift ab.

a) Hypothekendarlehen

74 Hypothekendarlehen werden von nahezu allen Banken, insbes. aber und speziell von den privaten Hypothekenbanken und öffentlich-rechtlichen Realkreditinstituten gewährt.[158] Das Hypothekendarlehen zählt auch zu den klassischen Geschäftssparten der Sparkassen und Landesbanken, wo diese Kreditform über lange Perioden[159] die wichtigste Kreditsparte war. Kennzeichnend für den Realkredit sind dessen Refinanzierung durch **Hypothekenpfandbriefe**, sodann im Kreditbereich seine Langfristigkeit und seine Sicherheit. Zwischen diesen Komponenten besteht eine Wechselwirkung.

75 Der durch Hypothek oder Grundschuld gesicherte Kredit zur Baufinanzierung ist wegen seiner Langfristigkeit von bis zu 30 Jahren auf die **Werthaltigkeit der Sicherheit** –

---

[155] Fristberechnung erfolgt nach §§ 187 Abs. 1, 188 Abs. 2 BGB.
[156] *Jährig/Schuck*, Kreditgeschäft, S. 145.
[157] *Sonnenhol*, BuB, Rn. 1/343.
[158] → § 1 Rn. 75–79. Entsprechendes gilt nach Inkrafttreten des Pfandbriefgesetzes (BG Bl. I. 2005, S. 1373) für Pfandbriefbanken.
[159] Schon 1838 wurde das erste Sparkassen-Reglement für den Realkredit in Preußen erlassen.

Erne

also des Grundpfandrechts – abgestellt. Das Hypothekendarlehen ist objektbezogen, nicht personenbezogen. Besteht das Hypothekendarlehen der Höhe nach innerhalb der **Beleihungsgrenze** von 60 % des Grundstückswertes, so wird dieser Kredit **Realkredit**[160] genannt, und zwar bei allen Kreditinstitutsgruppen. Diese Beleihungsgrenze von 60 % des Grundstückswerts folgt aus §§ 14, 16 PfandbriefG. Die Einhaltung dieser Bestimmung ist Voraussetzung dafür, dass die betreffenden Darlehen und die hierfür bestellten Sicherheiten in den sog. Deckungsstock für die von der Bank zur Refinanzierung emittierten Pfandbriefe aufgenommen werden.[161] Detaillierte Regelungen für die Beleihung von Grundstücken enthält schließlich die aufgrund von § 16 PfandbriefG erlassene **Beleihungswertermittlungsverordnung**.[162] Solche Beleihungssätze nicht beachtet zu haben, ist den amerikanischen Hypothekenbanken vorzuhalten, weil sie damit Anlass für eine weltweite Finanzkrise ab dem Jahr 2007 gegeben haben. Diese Ereignisse bestätigen aber auch die fundamentale Bedeutung der hier beschriebenen Beleihungsgrundsätze.

Neben diesen aufsichtsrechtlichen Vorschriften ist privates Bankrecht Rechtsgrundlage des Realkredits. Für den Kreditereröffnungsvertrag gelten die allgemeinen Grundsätze.[163] Sodann ist Geschäftsgrundlage des Hypothekendarlehens die Ermittlung des **Beleihungswertes der Immobilie**. Dies geschieht durch Begutachtung. Hierbei sind der Sachwert der Immobilie, der Ertragswert als auch der sog. Vergleichswert einzubeziehen.[164] Der Sachwert orientiert sich am Bodenwert und an den Herstellungskosten, so jedenfalls im Wohnungsbau, möglicherweise sind Abschläge erforderlich, etwa weil altersbedingte Wertminderungen vorhanden sind oder weil Verfügungsbeschränkungen auf dem Grundstück lasten. Solche Verfügungsbeschränkungen können sich zB aus dem Familienrecht – § 1365 BGB – ergeben oder aus Städtebaurecht, §§ 51, 144 Baugesetzbuch. Bei gewerblich genutzten Grundstücken kann der Sachwert durch Umweltlasten in Frage gestellt sein. Der Ertragswert ist der nachhaltig zu erzielende Vermietungserlös. Im Wohnungsbau orientiert sich der Beleihungswert am Sachwert, bei gewerblich genutzten Grundstücken am Ertragswert, § 4 BelwertV. Der Beleihungswert darf den Marktwert nicht übersteigen, § 16 Abs. 2 PfandbriefG. 60 % des Beleihungswertes sind die Beleihungsgrenze. Das in dieser Grenze bleibende Darlehen ist – wie gesagt – ein Realkredit. Der die 60 %-Grenze des Beleihungswertes übersteigende Teil des Kredites ist ein nachrangiger Kredit, der als II. Hypothek von einer Bausparkasse und anderen Finanzinstituten zur Verfügung gestellt wird. Heute beherrscht das Finanzangebot der „Gesamtfinanzierung aus einer Hand" den Wohnungsbaufinanzierungsmarkt. Mit dieser Gesamtfinanzierung wird ein Objekt mit ⁴/₅, teilweise auch bis zu 100 % des Beleihungswerts finanziert. Dies setzt eine persönliche Bonitätsprüfung nach § 18 KWG voraus; die oben beschriebenen Privilegien des Realkredits gelten für diese nachrangigen Kredite nicht.

Beleihungsfähig sind Grundstücke und grundstücksgleiche Rechte – d.s. veräußerliche und vererbliche Nutzungsrechte an Grundstücken wie Erbbaurechte, Wohnungs- und Teileigentum.

---

[160] Der Begriff „Realkredit" ist synonym mit „Hypothekarkredit" und mit „Hypothekardarlehen" zu verwenden. Zu dieser Begrifflichkeit v. *Heymann/Merz* in BankR-HdB, § 86 Rn. 6–12.
[161] Weiterführend zum PfandbriefG und zum Deckungsprinzip: *Stöcker* in BankR-HdB, § 87 Rn. 10 ff.
[162] BGBl. I 2006, S. 1175 ff.
[163] → Rn. 9 f.
[164] Einzelheiten v. *Heymann/Merz* in BankR-HdB, § 86 Rn. 12; *Kleiber/Simon/Weyers*, Recht der Verkehrswertermittlung von Grundstücken, Rn. 112.

78 Typisch für den Hypothekarkredit ist das Amortisationsdarlehen, dessen einzelne Annuität sich aus den Zinsen auf den Darlehensbetrag und 1 % anfänglicher Tilgung errechnet. Die mit abnehmender Zinsbelastung ersparten Zinsen erhöhen die Tilgungen. So errechnet sich eine planmäßige Gesamtlaufzeit des Hypothekarkredites von 25–30 Jahren.[165] Früher wurde bei dieser Kondition der Zins auf den Kapitalstand am Anfang der Abrechnungsperiode gerechnet, unterjährige Tilgungen führten also nicht zur Zinsreduzierung, was der frühere § 20 Abs. 2 HypBankG billigte. Solche Klauseln im Krediteröffnungsvertrag, vornehmlich in Formularverträgen, wonach Tilgungsleistungen im Laufe eines Jahres bei der Zinsberechnung bis zum Ende des Kalenderjahres unberücksichtigt bleiben, können nach § 307 Abs. 1 BGB unwirksam sein,[166] wenn die dadurch bewirkte Preiserhöhung dem Darlehensnehmer nicht „transparent" gemacht wird. Dann werden sie als Verstöße gegen das Transparenzgebot angesehen, gar als Kundenbenachteiligung. Die Tilgungsverrechnungen erfolgen seit 1988, nämlich seit dieser zitierten Rechtsprechung, bei der Zinsberechnung überwiegend zeitgerecht, nämlich taggenau.[167] Dies bedeutet, dass die monats- oder quartalsweise zu leistenden Annuitätszahlungen des Kreditnehmers, die Zins- und Tilgungsanteile enthalten, auf diese Anteile aufgeteilt werden. Der Tilgungsanteil wird vom zu verzinsenden Darlehensrest abgezogen. Auch schreibt die verbraucherkreditrechtliche Vorschrift des § 492 Abs. 1 Nr. 5 BGB die Transparenz des Effektivzinses vor, was die Publizierung eines Mehrzinses wegen der erst nachträglichen Berücksichtigung von Tilgungsleistungen beinhaltet.

79 Nicht nur für die Verzinsung des Kreditsaldos gilt das Transparenzgebot,[168] sondern weitergehend gilt der Grundsatz, dass alle Kostenbestandteile dem Hypothekenkreditnehmer so deutlich gemacht werden müssen, dass sie ihm den Preisvergleich mit anderen Angeboten ermöglichen.[169] Bei der Wertung, ob dies Transparenzgebot eingehalten wurde, ist neben der Analyse der Einzelbestimmung auch ihre Einbindung in das gesamte Vertragswerk zu beachten. So kann ein entfernt von den Zins- und Tilgungsklauseln im Krediteröffnungsvertrag angebrachter kostenträchtiger Vertragspassus die Transparenz aufheben.[170] Wie oben dargestellt, kann das Kündigungsrecht des Darlehensnehmers für maximal 10 Jahre ausgeschlossen werden, während die Kreditzusage auf einen längeren Zeitraum erwartet wird, was zur Folge hat, dass die Zinsen während der Laufzeit, nämlich in der Regel nach 10 Jahren, neu vereinbart werden müssen. Dies wird durch im Krediteröffnungsvertrag enthaltene Zinsanpassungsklauseln vorbereitet. Diese Vereinbarung eines neuen Zinssatzes ist ein neuer Vertrag, der durch Angebot und ausdrückliche schriftliche Annahme zustande kommt. Schweigen ist nur dann Annahme, wenn im Angebot hierauf hingewiesen wurde und dem Kreditnehmer eine angemessene Frist für die ausdrückliche Annahme gewährt wurde,[171] zwei Wochen sind zu kurz, um ein Konkurrenzangebot ein-

---

[165] Diese lange Laufzeit von 25–30 Jahren muss über verschiedene Finanzierungsabschnitte verteilt werden, weil § 489 Abs. 1 Nr. 2 BGB – wie oben dargestellt – nur eine Zinsbindung über 10 Jahre zulässt.

[166] Grundsätzlich BGHZ 106, S. 42 ff.; BGHZ 112, S. 115 = WM 1990, S. 1367; BGH WM 1988, S. 1780;

[167] *Bruchner/Krepold* in BankR-HdB, § 78 Rn. 97.

[168] BGH WM 1988, S. 1780 mit Anm. *Bruchner* WM 1988, S. 1870.

[169] *Köndgen* NJW 1989, S. 943, 946; *Koller*, FS Steindorf, S. 672.

[170] Aus der umfangreichen Rechtsprechung BGH WM 1991, S. 1452; BGH WM 1995, S. 2286; BGH WM 1992, S. 1097.

[171] BGH WM 1984, S. 8, 9.

zuholen,[172] vier Wochen sollten ausreichen. Ein einseitiges Konditionsveränderungsrecht des Hypothekarinstituts ist mit dem BGH zu akzeptieren, wenn damit ein Lösungsrecht des Kreditnehmers einhergeht.

Beim Kündigungsrecht herrscht in den Grenzen von § 489 BGB weitgehend Vertragsfreiheit. Die sich mit Pfandbriefen refinanzierenden Realkreditinstitute pflegen die Länge der Laufzeit des Hypothekendarlehens entsprechend ihre Refinanzierung einzurichten. Der Kündigungsausschluss ist durch § 489 BGB auf 10 Jahre begrenzt. Verbraucherschützende Rechtspflichten sind die stärker als im sonstigen Kreditrecht ausgebauten Aufklärungspflichten der Realkreditinstitute. **Beispiel**: Wird ein Hypothekendarlehen mit einer Lebensversicherung gekoppelt, also die Tilgungsleistungen auf die Hypothekenforderung durch Versicherungsprämien geleistet, hat die Hypothekenbank einen unerfahrenen Kreditnehmer hierüber umfänglich aufzuklären.[173] Über die Risiken des finanzierten Rechtsgeschäfts aufzuklären – also über die mit der erworbenen Immobilie zusammenhängenden Gefahren – kann nur in Sonderfällen verlangt werden.[174] 80

b) Kommunaldarlehen

Literatur: *May*, Handwörterbuch der Sparkassen, Bd. 2, S. 477–490; *Jährig/Schuck*, Handbuch des Kreditgeschäftes, 5. Aufl. 1989, S. 306, 195; *Josten*, Kommunalkreditgeschäft, BKR 2006, S. 133 ff.

Gemeinden und Gemeindeverbände, der Bund und die Länder sind die typischen Nehmer von Kommunalkrediten. Nach § 20 Abs. 2 Nr. 1 a) – e) KWG und § 20 PfandbriefG werden Kommunalkredite auch an andere öffentlich-rechtliche Anstalten und Körperschaften, etwa an die Europäische Union, ausgeliehen. Sie dienen der Finanzierung öffentlicher Investitionen. Der Kommunalkredit ist keine eigenständige Kreditart, sondern ein normaler Langfristkredit an eine besondere Gruppe von Kreditnehmern. Unterschiedlich von anderen Krediten ist, dass im Kommunalkredit eine Absicherung, insbes. eine hypothekarische Sicherheit, nicht gewährt wird. Die Sicherheit des Kommunalkredites ist die finanzielle Leistungsfähigkeit des Schuldners, also die Steuerkraft einer Gemeinde, eines Gemeindeverbandes oder einer Stadt, die ihre Ausgaben einschließlich des laufenden Schuldendienstes im Rahmen ihrer Einnahmen aus Steuern, Abgaben und Gebühren zu halten hat. Deshalb ist die Kreditaufnahme der Kommunen grundsätzlich nur innerhalb der gesetzlich vorgeschriebenen Verschuldungsgrenze zulässig und von der Genehmigung der kommunalen Aufsichtsbehörde abhängig.[175] Die weitere Abweichung von anderen Krediten ist, dass der Kommunalkredit nach § 20 Abs. 2 Nr. 1 KWG bankrechtlich privilegiert ist durch die Nichtanwendung der gläubigerschützenden §§ 13–13 b KWG und durch die geringere oder ganz entfallende Belastung der Grundsätze nach §§ 10 und 11 KWG.[176] Veranlassung für diese Besserstellung des Kommunalkredites ist die Bonität der öffentlichen Kreditnehmer, also die Risikofreiheit, und wohl auch das große Volumen dieser Kreditausleihungen. 81

Die Banken refinanzieren die von ihnen gewährten Kommunalkredite durch den Verkauf von **Kommunalobligationen**, auch Kommunalschuldverschreibungen oder öffent- 82

---

[172] BGH WM 1989, S. 740.
[173] BGH WM 1991, S. 179; BGH WM 1991, S. 272, 273; Einzelheiten hierzu bei *Eckstein/Wilhelm*, BuB, Rn. 3/ 813 ff.
[174] BGH WM 1991, S. 216.
[175] Vgl. § 107 der Hessischen Gemeindeordnung.
[176] → § 1 Rn. 167.

liche Pfandbriefe genannt, § 1 Abs. 1 Nr. 2 PfandbriefG. Diesen Kommunalobligationen müssen zur Absicherung der Käufer dieser Wertpapiere zins- und laufzeitgleiche Kommunalkredite als Deckung[177] gegenüberstehen. Wichtig ist, dass diese Kommunalobligationen nicht etwa Teilschuldverschreibungen einer Gemeinde sind, sondern Teilschuldverschreibungen eines Realkreditinstituts zur Refinanzierung eines Kommunalkredits.

7. Konsortialkredite

Literatur: *Hinsch/Horn*, Internationale Konsortialkredite, 1985; *Früh/Müller-Arends* in *Hellner/Steuer*, Bankrecht und Bankpraxis, Bd. I, Rn. 3/332 ff.; *Rösler/Mackenthun/Pohl*, Handbuch Kreditgeschäft, 6. Aufl. 2002, S. 185 ff.; *Wunderlich* in BankR-HdB, Bd. I, § 76, Rn. 146 ff.; *Kapteina* in Thöne (Hrsg.), Praxiswissen Bankrecht, 1. Aufl. 2011, S. 435 ff.

83 Konsortialkredite, auch syndizierte Kredite genannt, sind keine eigenständige Kreditart, sondern eine besondere Form der Kreditgewährung, bei der auf Kreditgeberseite mehrere Banken als Konsortium zusammenwirken. Dies geschieht vor allem bei der Finanzierung großer Industrieanlagen oder Infrastrukturmaßnahmen, bei Akquisitions- und Projektfinanzierungen, bei Sanierungen, aber auch zur allgemeinen Unternehmensfinanzierung. Mit diesen Konsortialkrediten bezwecken die mitwirkenden Banken, die Risiken solcher Kredite nicht allein tragen zu müssen. Unabhängig vom Bankaufsichtsrecht, das für Großkreditengagements bereits Obergrenzen vorgibt, sind Banken bestrebt, die Risiken in ihrem Kreditportfolio möglichst stark zu diversifizieren und die Steuerung ihres Kreditportfolios mit Blick auf Renditevorgaben und das erforderliche regulatorische Eigenkapital zu optimieren.

Für den Kreditnehmer großer Kreditvolumina ist es effizienter, nur mit dem Konsortialführer anstatt mit mehreren Kreditinstituten verhandeln zu müssen und den Kredit zu einheitlichen Konditionen gewährt zu bekommen. Auf Grund der Einbindung der Banken in das Konsortium bieten Konsortialkredite zudem eine stabilere Finanzierungsbasis als eine Vielzahl voneinander unabhängiger bilateraler Kredite. Beim Konsortialkredit sind die Rechtsverhältnisse zwischen den Kreditgebern und dem Kreditnehmer vom Rechtsverhältnis der Kreditgeber untereinander zu trennen. Während die Rechtsbeziehungen zwischen den Kreditgebern und dem Kreditnehmer in den Kreditverträgen niedergelegt werden, findet die Regelung der Rechtsbeziehungen der Kreditgeber untereinander im **Konsortialvertrag** statt. Die an einer Konsortialfinanzierung beteiligten Banken können im Rahmen der Transaktion verschiedene Aufgaben übernehmen bzw. Dienstleistungen erbringen. Dafür haben sich im internationalen Finanzierungsgeschäft bestimmte Bezeichnungen etabliert. Die wichtigsten werden im Folgenden dargestellt:

84 Als **Arranger** wird die Bank bezeichnet, die der Kreditnehmer als Konsortialführer mandatiert hat. Aufgabe des *Arranger* ist es, die einzelnen Bedingungen des Kreditvertrages mit dem Kreditnehmer zu verhandeln, die potentiellen weiteren Konsortialbanken einzuladen und die Abstimmung mit diesen zu übernehmen. Der **Underwriter** ist die Bank, die sich dem Kreditnehmer gegenüber verpflichtet, die gesamten Kreditbeträge oder einen Teil der Kreditbeträge auch dann zur Verfügung zu stellen, wenn der *Arranger* die Kredite nicht anderweitig syndizieren kann. Der *Underwriter* trägt also das Risiko, dass die **Syndi-**

---

[177] „Als Deckung" heißt nicht zur Sicherheit im dinglichen Sinne, wie *Schönle*, Bank- und Börsenrecht, 2. Aufl. 1976, S. 203 meint. Denn die Kommunalkredite stehen ausschließlich den Realkreditinstituten zu und sind nicht zur Sicherheit an den Kommunalobligationskäufer abgetreten.

Erne

zierung scheitert. In der Regel sind *Underwriter* und *Arranger* identisch. Der **Security Agent** hält alle nicht akzessorischen Sicherheiten (zB Garantie, abstraktes Schuldanerkenntnis, Grundschuld) treuhänderisch für die Konsortialbanken und verwaltet alle akzessorischen, den Konsortialbanken selbst bestellten Sicherheiten (zB Pfandrecht, Bürgschaft) namens und im Auftrag der Konsortialbanken. In allen die Kreditsicherheiten betreffenden Angelegenheiten ist der *Security Agent* somit der einzige Ansprechpartner des Kreditnehmers.

8. Akquisitionsfinanzierung

Literatur: *Erne,* Akquisitionsfinanzierung in Thöne (Hrsg.), Praxiswissen Bankrecht, 1. Aufl. 2011, S. 973 ff.; *Diem,* Akquisitionsfinanzierungen, 3. Aufl. 2013.

Eine wichtige Rolle spielen Banken im Rahmen von Akquisitionsfinanzierungen. Als Akquisitionsfinanzierung wird die Fremdfinanzierung des Erwerbs eines Unternehmens oder einer Unternehmensgruppe bezeichnet. In der Regel finanziert der Erwerber den Unternehmenskauf sowohl mit Eigenkapital als auch mit Fremdkapital. Da oftmals wegen des hohen Kaufpreises und der auf Investorenseite nur begrenzt vorhandenen oder mit Absicht nur zu einem geringen Teil bereitgestellten Eigenmittel der erforderliche Fremdkapitalbedarf erheblich ist, wird er in aller Regel durch ein Bankenkonsortium gedeckt. Akquisitionsfinanzierungen erfolgen also regelmäßig in Form von Konsortialkrediten. Die Fremdkapitalquote beträgt bei Akquisitionsfinanzierungen etwa zwischen 50 % und 75 %. Macht der Anteil des Fremdkapitals am Gesamtfinanzierungsvolumen mindestens ca. 60 % aus, spricht man von einem **Leveraged Buy-Out** (LBO). Bei einem LBO setzt der Investor auf die Hebelwirkung des Fremdkapitals für die Rendite seines eingesetzten Eigenkapitals, den so genannten **Leverage-Effekt**. Danach erhöht sich die Rendite seines investierten Eigenkaitals mit zunehmendem Fremdkapitaleinsatz; dies gilt allerdings nur so lange, wie die Rendite des insgesamt investierten Eigen- und Fremdkapitals größer ist als der Zinssatz für das aufgenommene Fremdkapital. Die treibende Kraft bei LBOs sind vielfach Finanzinvestoren in Form von Private-Equity-Fonds, die ihre Beteiligungen – im Gegensatz zu strategischen Investoren – in der Regel in einem Zeitraum von drei bis fünf Jahren wieder gewinnbringend veräußern wollen. Die Private-Equity-Branche entwickelte sich in der zweiten Hälfte des vergangenen Jahrhunderts in den USA und mit etwas Verzögerung dann auch in Deutschland, wo sie ihren vorläufigen Höhepunkt in den Jahren 2003 bis 2007 erreichte. Akquisitionsfinanzierungen stellen aus finanztechnischer, vor allem aber auch aus rechtlicher Sicht höchst anspruchsvolle Finanzierungstransaktionen dar. Sie bedürfen sowohl in steuerlicher als auch in gesellschafts- und finanzrechtlicher Hinsicht einer sorgfältig vorbereiteten und in allen relevanten Aspekten passgenau aufeinander abgestimmten Strukturierung. Die stark vereinfachte Grund- oder Ausgangsstruktur einer Akquisitionsfinanzierung sieht folgendermaßen aus: Der Finanzinvestor gründet eine neue Gesellschaft (NewCo), die die Zielgesellschaft erwerben soll. Die NewCo wird von dem Finanzinvestor mit Eigenkapital und von den Banken und anderen Fremdkapitalgebern mit Krediten ausgestattet. Mit dem so zur Verfügung gestellten Kapital erwirbt sie im Wege des *share deal* die Anteile an der Zielgesellschaft. Die von der NewCo benötigten Mittel, um die Kredite zu bedienen, werden von der Zielgesellschaft erwirtschaftet, die anders als die NewCo über ein operatives Geschäft verfügt. Aus Sicht des Finanzinvestors sind alle Risiken der Transaktion in der NewCo als Käuferin der Zielgesellschaft und Kreditnehmerin der Kredite gebündelt. Um die Haftung des Finanzinves- 85 tors zu begrenzen, wird die NewCo als Kapitalgesellschaft gegründet. Die Banken erhalten von dem Finanzinvestor üblicherweise weder Garantien noch Sicherheiten (**Non-Recourse-Finanzierung**). Die Besicherung der Kredite erfolgt ausschließlich durch die NewCo (Verpfändung der Gesellschaftsanteile an der Zielgesellschaft bzw. deren Gruppe). Wegen des nur sehr eingeschränkten Sicherheitenwertes der verpfändeten Gesellschaftsanteile treffen die Banken ihre Kreditentscheidung in erster Linie auf Grund des projektierten Cashflows der Zielgesellschaft, aus dem der Schuldendienst erwirtschaftet werden muss und erst in zweiter Linie unter Berücksichtigung der in der Späre der Zielgesellschaft verfügbaren Sicherheiten.

9. Projektfinanzierung und Public Private Partnership

Literatur: *Siebel/Röver/Knütel*, Rechtshandbuch Projektfinanzierung und PPP, 2. Aufl. 2008.

86 Bei der Projektfinanzierung handelt es sich um die langfristige Finanzierung eines separierbaren und wirtschaftlich sich selbst tragenden Investitionsvorhabens ohne bzw. mit beschränktem Rückgriff auf die Projektbeteiligten (**Non-Recourse- bzw. Limited-Recourse-Finanzierung**). Die Kreditgeber orientieren sich bei ihrer Kreditvergabeentscheidung nur an dem zu finanzierenden spezifischen Projekt, das die zur Bedienung des Schuldendienstes notwendigen Cash-Flows generiert und dessen Vermögen als Sicherheit zur Verfügung steht, wobei der erwartete Cash-Flow die dominierende Entscheidungsgrundlage ist. Die Technik der Projektfinanzierung wird seit vielen Jahrzehnten zur Finanzierung großvolumiger, risikoreicher Investitionsvorhaben eingesetzt. Bei Investitionsvolumina von mindestens etwa 30 Mio. Euro und Eigenkapitalanteilen von mitunter weniger als 20 % ist der Fremdkapitalbedarf regelmäßig beträchtlich. Die Kreditgewährung erfolgt daher und aus Risikodiversifizierungsgründen meist durch ein Bankenkonsortium. Die Projektfinanzierung, die sich vor allem in den USA und Kanada entwickelt hat, ist seit längerem auch hierzulande ein etabliertes Finanzierungsinstrument, insbesondere für Investitionsvorhaben aus dem Energiesektor (Müllverbrennungsanlagen und Kraftwerke aller Art, insbesondere aus dem Bereich der Erneuerbaren Energien), dem Transportsektor (Straßen, Tunnel, Brücken, Häfen, Flughäfen), dem industriellen Sektor (Raffinerien, Stahlwerke) und aus dem Rohstoffsektor (Öl- und Gasfelder, Pipelines). Angesichts der vielfach angespannten Haushaltslage der öffentlichen Hand werden traditionell staatlich finanzierte Investitionsvorhaben zunehmend gemeinsam von öffentlicher Hand und privatem Sektor im Rahmen von „PPP-Projekten" (*Public Private Partnerships*) verwirklicht. Eines der prestigeträchtigsten, wenn auch nicht erfolgreichsten, Beispiele ist das Eurotunnelprojekt zwischen Dover und Calais für die Verbindung Großbritanniens mit dem Festland. Auf kommunaler Ebene werden typischerweise Projekte aus dem öffentlichen Hochbau und aus dem Gesundheitswesen im Rahmen einer *Public Private Partnership* finanziert. Die Beteiligung an Projektfinanzierungen ist für Banken ähnlich attraktiv wie diejenige an Akquisitionsfinanzierungen und anderen strukturierten Finanzierungen. Kennzeichnend für die Projektfinanzierung ist die Verselbständigung des Projekts in einer rechtlich eigenständigen Kapitalgesellschaft, die von den als **Sponsoren** bezeichneten Eigenkapitalgebern gegründet wird und die alle mit der Durchführung des Projektes verbundenen Verträge abschließt, also auch Schuldnerin der Fremdkapitalgeber wird. Die rechtliche Verselbständigung des Projekts soll sowohl auf Seiten der Sponsoren, als auch auf Seiten der Fremdkapitalgeber zur Risikobegrenzung dienen. Die Sponsoren können so ihre Haftung für die Verbindlichkeiten der Projektgesellschaft auf ihr dort eingebrachtes

Eigenkapital begrenzen und die finanzierenden Banken können davon ausgehen, dass die Fähigkeit der Projektgesellschaft zur Leistung des Schuldendienstes nicht durch Risiken aus der sonstigen Geschäftstätigkeit der Sponsoren beeinträchtigt wird.

10. Leasing

Literatur: *Kümpel/Wittig*, Bank- und Kapitalmarktrecht, 4. Aufl. 2011, S. 1446 ff.; *Martinek*, BankR-HdB, § 101; *Baumbach/Hopt*, HGB, 35. Aufl. 2012, (7) BankGesch, Abschnitt P; *Hellner/Steuer*, Bankrecht und Bankpraxis, Bd. 5, Kapital 13, Rn. 13/60 ff.; *Graf v. Westphalen*, Der Leasingvertrag, 6. Aufl. 2008; *Peters*, Leasinggeschäfte und Verbraucherdarlehensrecht, WM 2006, S. 1183 ff.; *Kratzer*, Leasinggesellschaften in Thöne (Hrsg.), Praxiswissen Bankrecht, 1. Aufl. 2011, S. 1061 ff.

Leasing ist zwar kein Bankgeschäft iSv § 1 Abs. 1 KWG, aber es ist eine Finanzdienstleistung nach § 1 Abs. 1 a Nr. 10 KWG, weshalb die Leasinggesellschaft der Aufsicht der BaFin unterliegt. Deshalb ist Leasing hier kurz anzusprechen. Beim Leasinggeschäft überlässt der Leasinggeber eine Sache dem Leasingnehmer gegen Entgelt zur Nutzung auf Zeit. Die Bezeichnung dieser Geschäftssparte „Leasing" kommt aus dem englischen „to lease" = mieten, pachten. Von dorther, nämlich aus den USA, kam diese Finanzierungsform ursprünglich nach Deutschland für idR größere Investitionsgüter. In der Bundesrepublik hat sich in den letzten Jahrzehnten diese Finanzierungsform stürmisch entwickelt. Der Anteil des Leasing an den gesamtwirtschaftlichen Investitionen beträgt heute mehr als 10 %, in den Branchen Kraftfahrzeuge, Büromaschinen, Computer, Software ist das Leasing die typische Finanzierungsform und hat den Kauf dieser Investitionsgüter weitgehend ersetzt. Steuerrechtlich hat das Leasing seine Ausformung in vier Leasingerlassen gefunden,[178] die anordnen, unter welchen Bedingungen nicht nur das rechtliche, sondern auch das wirtschaftliche Eigentum an dem Leasinggegenstand bei dem Leasinggeber verbleibt mit der Folge, dass der Leasingnehmer seine monatlich oder quartalsweise zu zahlenden Leasingraten in voller Höhe als steuermindernde Betriebsausgabe absetzen kann. Dies ist eine wesentliche Voraussetzung dafür, dass sich Leasing betriebswirtschaftlich für beide Vertragsparteien rechnet. Der Fachausdruck lautet: **Erlasskonformes Leasing**.[179]

87

Bei dieser Form des Leasing überlässt der Leasinggeber ein von ihm gekauftes und bezahltes Investitionsgut dem Leasingnehmer für eine fest bestimmte Zeit zum Gebrauch und zur Nutzung. Der Vertrag kann während dieser vertraglich festgelegten Laufzeit idR nicht gekündigt werden. Die Zeit der Gebrauchsüberlassung und die Höhe des ratenweise zu zahlenden Leasingentgelts wird so bemessen, dass der Leasinggeber im Laufe der Vertragszeit den Anschaffungspreis des Investitionsgutes nebst Zinsen, Kosten, Versicherungsschutz und einen Geschäftsgewinn erhält.[180] Die Vorteile des Leasing bestehen für den Leasingnehmer darin, dass er das Leasinggut ohne Kapitalbindung und ohne Belastung seiner Liquidität[181] nutzen kann, auch seine Bilanz wird nicht durch Kreditaufnahme belastet. Erlasskonformes Leasing ist bilanzneutral. Nachteilig sind höhere Kosten, als sie bei einer Kreditfinanzierung entstehen.

88

---

[178] Erlasse des Bundesfinanzministeriums v. 1971, BStBl. 1971 I/264, abgedruckt in DB 1971, S. 795; Immobilien-Leasingerlass v. 1972, abgedruckt DB 1972, S. 651; Teilamortisationserlass v. 1975, abgedruckt in DB 1976, S. 172; Teilamortisationserlass für Immobilien v. 1991, BStBl. 1992 I/13.
[179] *Martinek* in BankR-HdB, § 101 Rn. 5.
[180] BFH 97, S. 466 ff.
[181] Zum Vor- und Nachteilsargumentatorium *Drukarczyk*, Finanzierung, S. 354; *Martinek* in BankR-HdB, § 101 Rn. 4.

Erne

89   Beim Leasing unterscheidet man sodann zwischen **Operating Leasing** und **Finanzierungsleasing**. Operating Leasing sind Mietverträge über bewegliche Sachen mit zumeist kürzerer Laufzeit, die idR von beiden Vertragsparteien jederzeit kündbar sind, unter Einhaltung von vereinbarten Kündigungsfristen. Diese Leasingform hat nicht zum Ziel, dass der Leasinggeber über die Laufzeit des Vertrages seine Investitionssumme amortisiert erhält. Operating Leasing ist nicht erlasskonform. Dieses Operating Leasing wird hier nicht behandelt.[182] – Ist die Laufzeit des Leasingvertrages hingegen lang bemessen und an der wirtschaftlichen Nutzung des Leasingobjektes orientiert, überdies der Leasingvertrag während dieser Vertragsdauer beidseitig unkündbar, sprechen wir von Finanzierungsleasing. Dieses Finanzierungsleasing ist in seiner finanzwirtschaftlichen Auswirkung kreditnahe, weil der Leasingnehmer nahezu wie ein wirtschaftlicher Eigentümer des Leasingobjektes behandelt wird: Der Leasingnehmer übernimmt die Gefahr des Untergangs der ihm überlassenen Sache und der Beschädigung. Der Leasingnehmer hat zumeist eine Option auf späteren Erwerb der geleasten Sache. Der Leasingnehmer kann sich wie ein Eigentümer des Leasinggegenstandes empfinden, der zur Finanzierung dieses Erwerbs einen Kredit aufgenommen hätte, jedoch in den Grenzen der steuerrechtlichen Erlassvorgaben. – Es gibt Mobilien- und Immobilienleasing. Es gibt Hersteller- und Händler-Leasing, was als absatzfördernde Finanzdienstleistung zu sehen ist. **Beispiel**: PKW-Leasing. Ob dieses Händlerleasing reines Finanzierungsleasing ist oder verbraucherkreditnahe und damit den Verbraucherkreditvorschriften untersteht, wurde früher unterschiedlich gesehen.[183] Dem hat § 506 BGB ein Ende gesetzt, indem er anordnet, dass für Finanzierungsleasingverträge die verbraucherkreditrechtlichen Vorschriften weitgehend anwendbar sind.[184]

90   Die Vielfalt der Erscheinungsformen hat zur Folge, dass Leasingverträge Elemente des **Miet-, Kauf-** und **Verbraucherkreditrechts** enthalten und nicht einfach dem Mietrecht zuzuordnen sind. Was im Einzelfall überwiegt, ist aus der wirtschaftlichen Zielsetzung und der Vertragsgestaltung abzuleiten. Handelt es sich um ein Leasinggeschäft zwischen dem Hersteller eines Anlagegutes und einem Anwender, ist die Klassifizierung als Mietvertrag – Operating Leasing – zutreffend,[185] obgleich die Parteien insoweit vom Leitbild des Miet- und Pachtvertrages abweichen, als sie in der Regel einen auf eine feste Laufzeit geschlossenen Vertrag vereinbaren. Die Mietsache geht nach Ablauf des Mietvertrages an den Vermieter zurück. Ob der Hersteller über die feste Mietzeit seinen Aufwand für den vermieteten Gegenstand nebst Gewinn zurückerhält oder nicht, ist Gestaltungsfrage. Beim operativen Leasing wollen die Vertragsparteien eine zeitlich begrenzte entgeltliche Gebrauchsüberlassung.

91   Beim Finanzierungsleasing verkauft der Hersteller den Leasinggegenstand an eine Leasinggesellschaft. Die Leasinggesellschaft vermietet den Gegenstand an den Benutzer und Leasingnehmer. Der Leasingvertrag sieht eine Grundmietzeit vor, die idR der betriebsgewöhnlichen Nutzungsdauer entspricht. Während dieser Grundmietzeit ist der Vertrag unkündbar. Die Mietraten werden so bemessen, dass das vermietete Objekt nach Ablauf der

---

[182] *Graf v. Westphalen*, Der Leasingvertrag, Rn. 76/77.
[183] Dafür *Canaris* NJW 1982, S. 305, 309; *Canaris* ZIP 1993, S. 401; *Schmid-Burgk/Schölermann* BB 1991, S. 567; *Slama* WM 1991, S. 570; *Graf v. Westphalen* ZIP 1991, S. 641. Dagegen BGHZ 95, S. 170, 180; BGHZ 97, S. 65, 75; *Martinek* in BankR-HdB, § 101 Rn. 16.
[184] *Rossbach* in Kümpel/Wittig. Bank- und Kapitalmarktrecht, Rn. 11.356 f.
[185] Seit BGH NJW 77, S. 196; BGH NJW 90, S. 1113 mwN; *Baumbach/Hopt*, HGB (7) BankGesch, P/1.

Grundmietzeit die Anschaffungskosten einschließlich aller Nebenkosten und die Finanzierungskosten amortisiert, und zwar muss die Grundlaufzeit zwischen 40 % und 90 % der betriebsgewöhnlichen Nutzungsdauer – gemessen nach dem Buchwert aufgrund der steuerrechtlichen AfA-Tabellen – betragen und niemals 100 %, weil dann der Leasinggeber nicht mehr wirtschaftlich der Eigentümer des Leasinggutes wäre und das Steuerrecht bei voller Entrichtung des Gegenwertes durch Mietraten, einen Fall des Kaufs und nicht der Miete für die Steuerbilanz vorsieht.[186] Beim Finanzierungs-Leasing trägt der Leasingnehmer das Risiko des zufälligen Unterganges und das Investitionsrisiko sowie die Kostenlast, wie Versicherungs-, Wartungs- und Reparaturaufwendungen. Der Leasinggeber hat nur die Leasingsache in einem für den Vertragszweck geeigneten Zustand zur Verfügung zu stellen.[187] Ist dies geschehen, übt der Leasinggeber ausschließlich die Finanzierungsfunktion aus, kümmert sich also nach dem Finanzierungsleasingvertrag nicht mehr um die Beschaffenheit des Leasinggegenstandes.

11. Factoring

Literatur: *Martinek* in BankR-HdB, § 102; *Baumbach/Hopt*, HGB, 35. Aufl. 2012, (7) BankGesch, 6. Kapitel; *Kümpel/Wittig*, Bank- und Kapitalmarktrecht, 4. Aufl. 2011, S. 1437 ff.; *Dunker/ Scolaro*, Forderungsverbriefung, Asset Backed Securities in Thöne (Hrsg.), Praxiswissen Bankrecht, 1. Aufl. 2011, S. 1041 ff.

Factoring ist, wie die Bezeichnung deutlich macht, ein ebenfalls aus den USA stammendes Finanzgeschäft. Factoring bedeutet, dass ein Unternehmen seine Forderungen – seine Außenstände – an den Factor, ein Finanzierungsinstitut, verkauft. Diese Factoringgesellschaft betreibt diesen Ankauf von Forderungen gewerbsmäßig, sie vergütet dem Kunden sofort den Gegenwert der Forderungen abzüglich Kosten, nimmt ihm die Debitorenbuchhaltung ab und zieht die Forderungen ein. Factoring ist in den letzten Jahrzehnten in volkswirtschaftlich relevante Größenordnungen vorgestoßen mit Jahresumsätzen von über 30 Milliarden Euro – exakte Zahlen fehlen. Vornehmlich eigenkapital- und liquiditätsschwache Mittelstandsunternehmen verflüssigen sich über das „Herausfactorn" ihrer Debitoren. Branchen wie Handel, Konsumgüterhersteller, Exportunternehmen sind die vornehmliche Factoring-Kundschaft. Auch akademische Dienstleister verkaufen ihre Forderung, zB Ärzte und Zahnärzte an Verrechnungsstellen. 92

Factoring ist – wie Leasing – kein in § 1 Abs. 1 KWG angesprochenes Bankgeschäft, weil keine Gelddarlehen gewährt werden, aber es handelt sich um eine Finanzdienstleistung nach § 1 Abs. 1a Nr. 9 KWG. Ein Factor-Unternehmen unterliegt deshalb der Aufsicht durch die BaFin. Rechtsgrundlage des Factoring ist ein aus mehreren Bestandteilen zusammengesetztes Vertragsverhältnis zwischen einem Unternehmen mit Außenständen, das **„Anschlussfirma"** genannt wird, und dem Finanzierungsinstitut, **Factor** genannt. Die Anschlussfirma verkauft und tritt dem Factor laufend alle Forderungen gegen ihre

---

[186] Vgl. aus der umfänglichen Literatur: Rechtsausschuss des BT, BT-Drucks. 11/8274, S. 21; BGH NJW 1977, S. 195, 196 – erste Entscheidung zum Finanzierungsleasing; BGHZ 68, S. 118, 123; BGHZ 97, S. 135, 139; Leasing-Erlasse des BMF zu § 8 Rn. 100 zitiert; Einzelheiten *Claussen/Korth*, Kölner Komm AktG, § 246 HGB Rn. 11; *Martinek* in BankR-HdB, § 101 Rn. 11.
[187] Die Gewährleistungsansprüche des Leasinggebers gegenüber dem Hersteller des Leasinggegenstandes sind an den Leasingnehmer abzutreten, um die Rechtspflicht der Übertragung einer einwandfreien Mietsache zu erfüllen; vgl. BGHZ 84, S. 42, 45; *Martinek* in BankR-HdB, § 101 Rn. 77 ff.

Kunden ab. Der Factor verpflichtet sich, den Gegenwert der Forderungen der Anschlussfirma auszuzahlen und einen etwa noch nicht ausgezahlten Teil des Kaufpreises zu fest vereinbarten Terminen zu vergüten, entweder unter Übernahme des Ausfallrisikos, des „Delkredere", oder unter Haftung der Anschlussfirma für die Zahlung des Drittschuldners. Im ersteren Fall sind die Elemente eines Kaufvertrages dominierend, im letzteren das Darlehensrecht. Wirtschaftlich erfüllt Factoring also eine **Finanzierungsfunktion**: der Anschlusskunde erhält mit Entstehen seiner Forderung liquide Finanzmittel.

93   Daneben steht eine **Dienstleistungsfunktion**: der Factor übernimmt die Debitorenbuchhaltung, das Mahnwesen, das Rechnungsinkasso sowie sonstige betriebliche Aufgaben, möglicherweise Marktanalysen über Zahlungsgewohnheiten, er liefert die Mengengerüste für die Kalkulation und Statistik. Insoweit gelten dienst- oder werkvertragliche Elemente. Da mit Fortschreiten der Computerisierung auch für kleine Unternehmen diese Dienstleistungsfunktion an Wert für den Anschlusskunden verloren hat, entwickelte sich das auf Dienstleistung verzichtende Inhouse- oder Bulkfactoring.[188] Hier entfällt die Dienstleistungsfunktion, der Anschlusskunde betreibt seine Debitorenbuchhaltung weiter, allerdings nach dem Verkauf der Forderung an den Factor jetzt in dessen Namen. Dem Factor bleibt nur die zuvor beschriebene Finanzierungsfunktion und die nun zu behandelnde Delkrederefunktion.

94   Fakultativ ist die **Delkrederefunktion**, also die Übernahme des Risikos, dass die Forderungen bezahlt werden. Beim **echten Factoring** trägt der Factor das volle Delkredere-Risiko, er kauft die Forderung, wie sie sich befindet, nur mit den Rechten gegen den Anschlusskunden nach § 453 BGB, nämlich dass das verkaufte Recht besteht, aber nicht mit einer Haftung des Anschlusskunden im Fall der Nichtzahlung durch den Drittschuldner. Hieraus folgt, dass der Factoringvertrag bei diesem echten Factoring **kaufrechtlich** einzuordnen ist.[189]

Beim **unechten Factoring** bleibt das Risiko des Schuldnerausfalls bei der Anschlussfirma, die Kundenforderungen werden dem Factor nur erfüllungshalber nach § 364 Abs. 2 BGB übertragen; der Factor betreibt **Inkassogeschäftsbesorgung** nach § 675 BGB, verbunden mit Kreditgewährung.[190] Dann dominiert Darlehensrecht. Denn es verkauft der Anschlusskunde seine Forderungen nur formal, das Ausfallrisiko verbleibt beim Kunden, was die Einordnung als Kredit auf der Besicherungsbasis der Abtretung der Forderungen erfüllungshalber nahelegt.[191] Die richtige Zuordnung und die zutreffenden Rechtsfolgen sind aus den einzelnen Factoringverträgen zu entnehmen, die alle Einzelheiten und Ver-

---

[188] *Martinek* in BankR-HdB, § 102 Rn. 7.

[189] BGHZ 69, S. 254, 257 f.; BGHZ 100, S. 353, 358; *Soergel/Huber,* BGB, Vor. § 433 Rn. 108; *Serick,* Eigentumsvorbehalt und Sicherungsübereignung, Band IV § 52 II. 2 und Band V § 70 IV. 2; *Martinek* in BankR-HdB § 102 Rn. 32; *Blaurock* ZHR 142, S. 78 und 341; ZHR 143, S. 71, 79; *Knobbe-Keuk,* Bilanz- und Unternehmenssteuerrecht, § 4 Abs. 3, S. 3; *Claussen/Korth,* Kölner Komm AktG, § 246 HGB Rn. 10 mwN.

[190] BGHZ 58, S. 364 ff.; BGH WM 1972, S. 683 ff.; wegen dieser Dominanz der Kreditgewährung lehnt *Kohls,* Bankrecht, 2. Aufl. 1997, S. 163 das unechte Factoring als eigenständigen Rechtsbegriff ab.

[191] BGHZ 58, S. 366; BGHZ 71, S. 308; BGHZ 81, S. 61; *Baumbach/Hopt,* HGB (7) BankGesch, O/1 nimmt Kauf, ausnahmsweise Darlehen an, da wie auch beim Diskont der Wechsel vom Aussteller angekauft wird, obgleich der Regress auf ihn offenbleibt, vgl. auch *Martinek* in BankR-HdB, § 102 Rn. 44/45.

Erne

fahrensabläufe regeln,¹⁹² von der Rechtsprechung und der Wissenschaft überprüft und am Ergebnis gemessen werden.

Dies gilt auch deshalb, weil in der Praxis die hier präsentierte Gegenüberstellung von echtem und unechtem Factoring in dieser Schärfe nicht besteht, sondern **Mischformen** das Feld beherrschen. So wird beim echten Factoring nicht vorbehaltlos das Risiko aller Außenstände übernommen, sondern die Drittschuldner werden professionell überprüft und beauskunftet, Ankäufe von Forderungen können abgelehnt und/oder limitiert werden, der Kaufpreis liegt bei 80–90 % des Nennwertes der Forderungen. Echtes Factoring verwandelt sich in unechtes Factoring, wenn im Factoringvertrag vereinbart ist, dass Forderungen, die die Prüfung des Factors – wie eben dargestellt – nicht bestehen, nicht im echten Factoring, sondern nur im unechten Factoring angekauft werden und umgekehrt, wenn anfänglich ein Limit überschritten, dann dort aber wieder Platz frei wird – was die Fachsprache „Siloprinzip" nennt.¹⁹³

95

Ein wichtiges Teilproblem des Factoring, an dem die geschilderten Regelungs- und Kontrollmechanismen getestet werden, ist die **Konkurrenz** des Factors mit einem **Warenlieferanten**, der einen verlängerten Eigentumsvorbehalt vereinbart hat. Wem von beiden steht die Forderung des Anschlusskunden gegen den Drittschuldner zu? Diese Problematik entspricht in etwa dem Konflikt vom verlängerten Eigentumsvorbehalt mit der Sicherungszession, die uns im Recht der Besicherung beschäftigen wird, vgl. unten § 8 Rn. 184. Die dort vorgestellten Rechtsgedanken wie der Prioritätengrundsatz und die Vertragsbruchtheorie gelten im Ansatz auch hier. Diese Denkansätze führen den BGH und die h. M.¹⁹⁴ zu dem Ergebnis, dass zwischen dem unechten Factoring als einer ähnlichen Fallgestaltung wie beim Konflikt zwischen Globalzession und verlängertem Eigentumsvorbehalt und dem echten Factoring zu unterscheiden ist, bei einem weiten Meinungsspektrum.¹⁹⁵ Beim **unechten Factoring** – d.i. die einer Kreditgewährung des Factors an den Anschlusskunden ähnliche Gestaltung – **geht** dieser **Eigetumsvorbehalt vor**. Dies lehrt die Vertragsbruchrechtsprechung,¹⁹⁶ weil der Vorbehaltskäufer nicht berechtigt ist, die aus dem Weiterverkauf entstehende Forderung nochmals im Rahmen eines unechten Factoring abzutreten, und der Factor mit dieser Gestaltung einer dem Zessionskredit deckungsgleichen Konfliktlage rechnen muss. Auch deckt die vom Vorbehaltsverkäufer erteilte Einzugsermächtigung idR nicht die Factoringzession zur Sicherheit.

96

Anders ist die Rechtslage beim **echten Factoring**. Dort ist die Forderungsabtretung gegenüber dem verlängerten Eigentumsvorbehalt des Warenlieferanten wirksam.¹⁹⁷ Denn die **Einzugsermächtigung**, die der Vorbehaltsverkäufer dem Vorbehaltskäufer mit der

97

---

¹⁹² Vertragsmuster sind zu finden bei *Bette*, Das Factoring-Geschäft, S. 101; *Peters* in Hellner/Steuer, BuB, Rn. 13/81 ff.

¹⁹³ *Martinek* in BankR-HdB, § 102, Rn. 19.

¹⁹⁴ BGHZ 69, S. 254, 258; BGHZ 72, S. 15; BGHZ 82, S. 50; BGH WM 1987, S. 775. *Kümpel/Wittig*, Bank- und Kapitalmarktrecht, Rn. 11.332 ff.

¹⁹⁵ Grundlegend *Serick*, Eigentumsvorbehalt und Sicherungsübertragung, Bd. IV, S. 575, Bd. V, S. 803; *ders.* NJW 1981, S. 794; die Barvorschusstheorie bevorzugend *Canaris*, Bankvertragsrecht, 2. Bearbeitung, Rn. 1685; *ders.* NJW 1981, S. 249 ff., S. 1347 ff. und die Teilung in echtes und unechtes Factoring ablehnend; ausführliche Darstellung bei *Martinek* in BankR-HdB, § 102 Rn. 49 ff.

¹⁹⁶ BGHZ 82, S. 50; BGHZ 100, S. 353, 358; vgl. *Karsten Schmidt,* Handelsrecht, S. 1049; *Martinek* in BankR-HdB, § 102, Rn. 50.

¹⁹⁷ BGHZ 69, S. 258; BGH WM 1987, S. 775, 776; zust. *Blaurock* ZHR 142 (1978), S. 325; *Beckmann* in Staudinger, BGB, § 449 Rn. 153; *Hopt/Mülbert* in Staudinger, BGB, Vor. §§ 607 aF Rn. 739.

Vereinbarung des verlängerten Eigentumsvorbehalts einräumt, deckt auch die Factoringzession, also das unverzügliche Zu-Geld-Machen der aus dem Weiterverkauf der Ware entstehenden Forderung im Wege des Verkaufs an den Factor.[198] Hinzu kommt, dass der Vorbehaltsverkäufer durch das echte Factoring nicht schlechter steht, als wenn der Vorbehaltskäufer die Forderung selbst einzieht, nämlich den Forderungsgegenwert endgültig entsprechend dem Vorbehaltskaufvertrag verwenden kann.

98 Schließlich ist zu unterscheiden zwischen dem **offenen** und **verdeckten Factoring**. Beim offenen Factoring werden die Debitoren vom Verkauf und der Abtretung der Forderungen an den Factor unterrichtet. Die Debitoren können mit befreiender Wirkung nur noch an den Factor zahlen, § 407 BGB. Beim verdeckten Factoring geschieht eine solche Unterrichtung nicht. Dies hatte früher zum Ziel, dass bei Kunden der Eindruck einer wirtschaftlichen Schwäche der Anschlussfirma vermieden werden sollte. Hierbei besteht aber die Gefahr, dass Drittschuldner an die Anschlussfirmen mit befreiender Wirkung zahlen und diese die an sie fließende Zahlungen nicht oder nicht sofort an den Factor weiterleiten, weshalb heute ganz überwiegend das offene Factoring praktiziert wird.[199]

99 Eine besondere Gestaltungsform des Factoring sind **Asset-Backed Securities Transaktionen**. Dabei handelt es sich um Folgendes: Ein finanzierungsbedürftiges Unternehmen wählt anstelle einer Kreditaufnahme die Finanzierung über einen Forderungsverkauf im Rahmen eines Asset-Backed-Programms. Diesen Ankauf von Forderungen besorgt eine Forderungsankaufgesellschaft, das sog. special purpose vehicle. Diese Finanzierungsgesellschaft refinanziert sich durch die Emission von Wertpapieren am Kapitalmarkt. Besichert werden diese Wertpapiere durch Zession der angekauften Forderungen an einen Treuhänder. Zahlt der Drittschuldner an die „Special Purpose Company", leitet diese den Erlös an den Treuhänder und dieser an die Wertpapiereigentümer weiter.

100 Zum Schluss ist darauf hinzuweisen, dass das Recht des internationalen Factoring seine rechtliche Regelung weltweit durch das **UNIDROIT**-Übereinkommen erfahren hat, das 1988 abgeschlossen wurde und am 1. Mai 1995 in Kraft trat und von der Bundesrepublik 1998 angenommen wurde.[200] Dieses Abkommen regelt das materielle Recht der Forderungsabtretung an einen Factor, wenn der Abtretende – d.i. der Exporteur, Gläubiger und Verkäufer – und der Schuldner – d.i. der Importeur, der Käufer – in verschiedenen Ländern ihren Sitz haben. Alle drei Vertragsparteien müssen in Ländern ihren Sitz haben, die dieser Konvention beigetreten sind. Der wichtigste Rechtssatz des UNIDROIT-Übereinkommens ist, dass zwischen Verkäufer und Käufer vereinbarte Abtretungsverbote im Verhältnis zum Factor absolut unwirksam sind, so Art. 6 Abs. 1 des Abkommens.[201] Das Abkommen hat allerdings keine große praktische Bedeutung erlangt, weil es bislang nur von 7 Staaten ratifiziert wurde.

---

[198] Zust. *Soergel/Huber,* BGB, vor § 433 Rn. 330 f.; *Erman/Westermann,* BGB, § 398 Rn. 14 ff.; a. A. *Canaris,* Bankvertragsrecht, Rn. 1686.
[199] *Martinek* in BankR-HdB, § 102 Rn. 26.
[200] BGBl. 1998 II, S. 172 und 2375.
[201] BGBl. 1998 II, S. 172. Allerdings haben zwei der sieben Vertragsstaaten den Vorbehalt erklärt, dass Art. 6 I nicht für Schuldner mit Sitz in ihrem jeweiligen Staat gilt, BGBl. 1998 II, S. 2375.

Erne

12. Sonstige kreditnahe Finanzierungsinstrumente

Literatur: *Jahn,* BankR-HdB, § 114; *Erne,* Die Swapgeschäfte der Banken, 1992; *ders.,* Unternehmenskredite mit Derivaten optimieren, 1997; *Kümpel/Wittig,* Bank- und Kapitalmarktrecht, 4. Aufl. 2011, S. 2417 ff.; *Lerbinger,* Zins- und Währungsswaps, 1988; *Scharpf/Luz,* Risikomanagement, Bilanzierung und Aufsicht von Finanzderivaten, 2. Aufl. 2000, S. 438 ff.; *Zerey,* Finanzderivate, 2. Aufl. 2010.

Bedeutsam im Zusammenhang mit Kreditgewährung sind die neuartigen Finanzierungsinstrumente, auch **Derivate** genannt, die selbst keine Kredite sind, also nicht bilanzwirksam sind, sondern zur Absicherung von Bonitäts-, Zins- und Währungsrisiken dienen, die im Zusammenhang mit Kreditaufnahmen entstehen können. Derivate gehören heute zum routinemäßigen Repertoire im Finanzmanagement von Banken und Industrieunternehmen und mittelständischen Unternehmen. Hier werden zunächst die dem Kreditgeschäft nahen **Zinssatzswaps** behandelt, das häufigste und zugleich typischste Derivatprodukt,[202] während die Derivate mit Aktien als Basiswert unten in → § 7 Rn. 75 ff. behandelt werden. Beim Zinssatzswap vereinbaren die Partner den Austausch von Geldbeträgen in gleicher Währung mit unterschiedlichen Zinsgestaltungen. Kapitalbeträge selbst werden nicht ausgetauscht.

101

Veranlassung zu diesem Zinsaustausch ist folgende Interessenlage: Der eine Swappartner hat einen Festsatzkredit aufgenommen, würde sich jedoch wegen nachträglich geänderter Finanzierungsinteressen lieber zu variablen Konditionen refinanzieren. Bei seinem Swappartner verhält es sich genau umgekehrt: Dieser verfügt über einen variabel verzinslichen Kredit, würde sich jetzt aber lieber zu Festsatzkonditionen refinanzieren, zB weil sich nachträglich seine Finanzierungsinteressen geändert haben oder weil er steigende Zinsen erwartet. Also tauschen sie ihre Zinsansprüche – „swapen" sie; indem die eine Swappartei an ihren Partner Zahlungen leistet, deren Höhe der variablen Zinsverbindlichkeit aus dessen Finanzierung entsprechen. Der Partner wiederum zahlt Geldbeträge, die der Höhe der Festsatzfinanzierung der anderen Swappartei entsprechen. **Beispiel** (stark vereinfacht): Die A-GmbH nahm einen Investitionskredit von 50 Mio. Euro mit einem Festsatzzins von 5 % p.a. und 10-jähriger Zinsbindung auf. A ist aufgrund geänderter Finanzbedürfnisse an einer variablen Verzinsung interessiert. Die B-AG hat über 50 Mio. Euro eine variabel verzinsliche Anleihe zu LIBOR + 1 % p.a. mit 10-jähriger Laufzeit begeben. Die B-AG hat jetzt Interesse an einer Festsatzfinanzierung. Die gegenseitigen Interessen können mit einem Zinssatzswapgeschäft zum Ausgleich gebracht werden. Im Rahmen des Zinssatzswapgeschäftes zahlt A an B Beträge, die dem jeweils gültigen LIBOR-Satz plus 1 % p.a. gerechnet auf den Swapnominalbetrag von 50 Mio. Euro entsprechen. Die von A empfangenen Zahlungen verwendet B zur Tilgung seiner variablen Zinsverbindlichkeit aus der begebenen Anleihe. Im Gegenzug zahlt B an A Beträge, die dem Festsatzzins von 5 % p.a., gerechnet auf den Swapnominalbetrag von 50 Mio. Euro, entsprechen. A verwendet die empfangenen Zahlungen zur Tilgung seiner Zinsverbindlichkeit aus dem Festsatzkredit.[203]

102

---

[202] Vgl. zu den Zinsderivaten, den Zins-Caps (Zinsbegrenzungsvereinbarung) und den Forward-Rate-Agreements (Zinsterminvereinbarungen) *Erne,* Unternehmenskredite mit Derivaten optimieren, S. 9 ff.; *Pohl,* Neue Generation derivativer Finanzierungsinstrumente – Anlass zur juristischen Nachstellung?, WM 1995, S. 957 ff.

[203] Beispiel von *Erne* DB 1994, S. 1809, 1810.

103 Schuldrechtlich ist der Zinssatzswap nicht als schlichter Tausch iSv § 480 BGB einzuordnen, auch nicht als einer der vom BGB typisierten Veräußerungs- oder Gebrauchsüberlassungsverträge, wegen der abweichenden Leistungsinhalte. Swapverträge sind vielmehr atypische Verträge mit Dauerschuldcharakter, deren Inhalt die wechselseitige Begründung von Geldschulden ist.[204]

104 Swapgeschäfte sind **Finanztermingeschäfte**, bei denen über die Dauer der Vertragslaufzeit in periodischen Abschnitten Geldbeträge ausgetauscht werden. Da diese gegenseitig geschuldeten Geldbeträge beim Zinsswap idR identische Zahlungstermine haben, sehen die Swapverträge regelmäßig vor, dass die gegenseitigen Forderungen miteinander kompensiert werden und nur die Partei mit der betragsmäßig höheren Zahlungsverpflichtung eine effektive Zahlung in Höhe des überschießenden Betrages an den Vertragspartner leistet. Dieses Geschäft ist nach Abschaffung des Differenzeinwandes nach § 764 BGB nicht weiter zu problematisieren. Zu beachten ist zwar noch der Spieleinwand nach § 762 BGB. Ist bei dem Swapgeschäft – wie regelmäßig – ein Unternehmen beteiligt, das Swapgeschäfte gewerbsmäßig abschließt, wird das Vorliegen eines wirtschaftlich berechtigten Zwecks unterstellt. Die Spielabsicht fehlt dann und der Spieleinwand ist ausgeschlossen, § 37e WpHG.

105 Neben Zinssatzswaps gibt es den **Währungsswap** und den **kombinierten Zinssatz/Währungsswap**. Mit einem Anteil von 90 % sind die Zinssatzswaps die am häufigsten eingesetzte Form der Finanzswaps. Beim Währungsswap vereinbaren die Partner den Austausch gleichwertiger Kapitalbeträge in unterschiedlichen Währungen einschließlich der Beträge, die den hierauf zu entrichtenden fixen oder variablen Zinszahlungen entsprechen. Beim kombinierten Zinssatz-/Währungsswap handelt es sich um eine Vereinbarung über den Austausch gleichwertiger Kapitalbeträge in unterschiedlichen Währungen, einschließlich der Beträge, die den hierauf zu entrichtenden Zinszahlungen mit fixer und variabler Zinsbasis entsprechen.

106 Behandelt wird sodann eine weitere bedeutende Entwicklung auf den Kreditmärkten: der Transfer von Kreditrisiken durch sog. **Kreditderivate**. Dieser Transfer erfolgt dabei nicht durch Weiterverkauf des Kredits, sondern virtuell über sog. **Credit Default Swaps (CDS)**. Credit Default Swaps sind bilaterale Finanzkontrakte und so strukturiert, dass das Ausfallrisiko eines Referenzschuldners vom Verkäufer des CDS auf den Käufer des CDS übergeht. Vergleichbar mit einem Versicherungsvertrag zahlt eine Vertragspartei eine Prämie, um von der anderen Vertragspartei einen Versicherungsschutz zu erhalten. Der Käufer des CDS (Sicherungsgeber) leistet an den Verkäufer des CDS (Sicherungsnehmer) eine Ausgleichszahlung, falls während der Laufzeit des CDS ein zuvor festgelegtes Ereignis (Credit oder Default Event), also der Versicherungsfall, eintritt. Im Gegenzug zahlt der Verkäufer des CDS an den Käufer eine Risikoprämie, den sog. CDS-Spread. Deren Höhe hängt iW ab von der Bonität des oder der im CDS refenzierten Schuldner(s). Kreditderivate kann man sowohl aus spekulativen Interessen erwerben als auch aus Absicherungsgründen. Spekulativ erlauben Kreditderivate die bewusste Übernahme von Kreditrisiken. Vor allem aber dienen Kreditderivate einer besseren Steuerung der Ausfallrisiken eines Kredites oder Kreditportfolios durch den Verkauf des Kreditausfallrisikos. CDS sind Finanztermingeschäfte gemäß § 37e Satz 2 WpHG. Rechtsdogmatisch sind Kreditderivate als Verträge „sui generis" mit Swap- und Optionscharakter einzuordnen.

---

[204] *Erne*, Die Swapgeschäfte der Banken, 1992, S. 44 ff.; *Jahn* in BankR-HdB, § 114 Rn. 75 mwN.

Erne

IV. Verbraucherdarlehen und sonstige Finanzierungshilfen

Literatur: *Bülow/Artz*, Kommentar zum Verbraucherkreditgesetz, 7. Aufl. 2011; *Godefroid*, Verbraucherkreditverträge, 3. Aufl. 2008; *Habersack* in MüKoBGB, 6. Aufl. 2012; *Schimansky/Bunte/Lwowski*, BankR-HdB, 4. Aufl. 2011; *Nobbe*, Neuregelungen im Verbraucherkreditrecht, WM 2011, S. 625–632; *Schwintowski*, Bankrecht, 3. Aufl. 2011, § 13; *Rösler/Werner*, Erhebliche Neuerungen im zivilen Bankrecht: Umsetzung von Verbraucherkredit- und Zahlungsdiensterichtlinie, BRK 2009, S. 1–10.

Das Verbraucherdarlehen ist die gewerbliche Vergabe von Kreditmitteln durch Kreditinstitute an natürliche Personen für private Zwecke. Das Verbraucherdarlehen ist somit keine spezielle Art von Krediten, sondern wird durch die Person des Kreditnehmers und den Geschäftszweck klassifiziert. Ein Verbraucherdarlehen liegt immer vor, wenn der Kreditnehmer als Verbraucher im Sinne von § 13 BGB handelt. Die Erscheinungsformen von Verbraucherdarlehen sind vielfältig. Am häufigsten kommen in der Praxis die Kreditarten des Kontokorrentkredits und das Immobiliendarlehen in der Form des langfristigen Hypothekendarlehens vor. Das Kreditvolumen aller Bankengruppen lag für diese Kreditsparte in den letzten drei Jahren stetig zwischen 150 und 160 Milliarden Euro.[205] Die jährlichen Neuauszahlungen dürften im Jahr 2012 einen Betrag von 65 Milliarden Euro überstiegen haben.[206] **107**

Diese Daten belegen die gesamtwirtschaftliche Bedeutung dieser Kreditsparte für den Absatz von Konsumgütern im Binnenmarkt und damit auch ihre Bedeutung für stabile Konjunkturverläufe. Die Verbraucherdarlehensverträge bilden das Rückgrat einer soliden Binnennachfrage und ermöglichen einen höheren privaten Konsum. Im Zuge der Wirtschaftskrise der Jahre 2008/2009 war eine Konjunkturstütze seitens der Verbraucher von Politik und Wirtschaft sogar ausdrücklich gewünscht und wurde durch niedrige Zinsen gefördert. Ihre ordnungsgemäße und schnelle Abwicklung ist die Basis für eine exportunabhängige Volkswirtschaft. Deutschland verfügt im Euroraum über eine unterdurchschnittlich niedrige Verschuldensquote der privaten Haushalte (62% des BIP[207]). Dennoch besteht ein Schutzinteresse der einzelnen Verbraucher und Haushalte vor den Folgen einer zügellosen und expansiven Verbraucherkreditwirtschaft (Stichwort: Schuldturmproblematik). Gefahren bestehen durch die Komplexität der Vertragswerke und das Eingehen einer zukünftigen Zahlungsverpflichtung. Im Jahr 2012 betrug die Schuldnerquote bundesweit 9,65%, damit waren rund 6,6 Mio. Bürger überschuldet oder in nachhaltigen Zahlungsschwierigkeiten (190.000 mehr als 2011).[208] **107a**

Ziel der Verbraucherkreditnormen ist die Sicherstellung eines „angemessenen Verbraucherschutzes"[209] auf einem harmonisierten europäischen Binnenmarkt. Konkret heißt dies, dass der Verbraucher europaweit geschützt werden soll – vor übermäßig belastenden Kreditbedingungen und vor wirtschaftlich unvernünftigen Kreditumschuldungen. Des Weite- **107b**

---

[205] www.bundesbank.de, Zeitreihe BBK01.OXA7A8: Konsumentenkredite an unselbständige u. sonstige Privatpersonen, insgesamt alle Bankengruppen.

[206] www.bundesbank.de, Zeitreihe BBK01.SUD230: Neugeschäftsvolumina Banken DE / Konsumentenkredite an private Haushalte insgesamt.

[207] http://www.iwh-halle.de/d/publik/wiwa/10-12-2.pdf, *Susann Just*, Wirtschaft im Wandel, Jg.18 (10), 2012.

[208] www.creditreform.de, Schuldner Atlas 2012 – Jährliche Analyse zur Überschuldung von Privatpersonen in Deutschland.

[209] BT-Drucks. 11/5462, S. 11.

ren soll die Rechtsstellung des Verbrauchers bei der Abwicklung gestörter Vertragsverhältnisse verbessert werden. Um diese Ziele zu erreichen, werden die Grundsätze der Privatautonomie, der Selbstbestimmung und Selbstverantwortung, auf denen unsere Rechts- und Wirtschaftsordnung beruht, gesetzlich eingeschränkt.[210] Seinen Ursprung hat der heutige Verbraucherschutz in zwei Verbraucherkreditrichtlinien der EU: Die erste Verbraucherkreditrichtlinie[211] verpflichtete den nationalen Gesetzgeber zur Einführung einer Dokumentationspflicht mit Mindestangaben über die Kreditkonditionen, zu Unterrichtungspflichten bei Überziehungskrediten, zur Einführung einer jederzeitigen Rückführungsmöglichkeit und dem Einwendungsdurchgriff bei verbundenen Geschäften. Ziel der Richtlinie war die Mindestharmonisierung des europäischen Binnenmarktes. In Folge der lediglich angestrebten Teilharmonisierung blieb ein einheitlicher Binnenmarkt aber weitgehend aus.[212] Zu den europarechtlichen Vorgaben und dem geschilderten Verbraucherschutzbedürfnis gesellte sich die Besorgnis vor Überschuldung der Bevölkerung in den neuen Bundesländern. All dies führte zur Ablösung des Abzahlungsgesetzes aus dem Jahre 1894 durch das Gesetz über Verbraucherkredite[213], das dieser Kreditsparte neue Konturen gab. Mit der Schuldrechtsmodernisierung 2002 sind die Regelungen des Verbraucherkreditgesetzes inhaltlich im Wesentlichen unverändert in das BGB integriert worden (§§ 491 ff. BGB). Damit ist ein zentraler Bereich des modernen Zivilrechts wieder in das BGB, die zentrale Zivilrechtskodifikation, zurückgeholt worden, die leitenden Rechtsideen des VerbrKrG blieben dabei erhalten.[214] Die Verbraucherkreditrichtlinie wurde im Jahr 2008 neugefasst. Durch die Novellierung sollen die verbraucherrechtlichen Bestimmungen weiter harmonisiert werden und ein echter Binnenmarkt im Konsumentenkreditbereich entstehen (weitgehende Vollharmonisierung der Vorschriften). Die Neugestaltung des Verbraucherkreditrechts baut auf den bisherigen gesetzlichen Strukturen auf. Im Zuge der Umsetzung wurde der Teilabschnitt des BGB zu den Darlehensverträgen neu mit Kapiteln strukturiert und in einen allgemeinen Teil (§§ 488–490 BGB) und einen speziellen Teil für Verbraucherdarlehensverträge im weiteren Sinn (§§ 491–512 BGB) aufgeteilt. Dieser Teil enthält nochmals Untertitel für Finanzierungshilfen, Ratenlieferungsverträge und Existenzgründer. Die Vorschriften zu den Informationspflichten (bisher BGB-InfoV) wurden ins EGBGB verschoben und stellen nun ebenfalls formell-gesetzliche Regelungen dar. Mit Inkrafttreten des Gesetzes zur Umsetzung der Verbraucherrechterichtlinie am 13. Juni 2014 erfahren die Vorschriften zum Verbraucherdarlehensrecht eine erneute Überarbeitung, die jedoch die allgemeinen Strukturen und die wesentlichen Grundgedanken unberührt lässt.

108   Herkömmlich unterscheidet man zwischen den „finanzierten Rechtsgeschäften" und den „Barkrediten". Ein finanziertes Rechtsgeschäft liegt vor, wenn der Geldkredit eines Kreditinstituts in seiner Zweckbindung mit einem konkret zu finanzierenden Rechtsgeschäft – zumeist dem Kauf eines gehobenen Konsumguts – so verbunden ist, dass beides

---

[210] *v. Heymann*, Zum neuen Verbraucherkreditgesetz WM 1991, S. 1285.
[211] Richtlinie des Rates v. 22. Dezember 1986 (87/102/EWG).
[212] *Bülow/Artz*, 7. Aufl., Einf. Rn. 2; *Schürnbrand* in MüKoBGB, 6. Aufl., Vorb. § 491 Rn. 19.
[213] BGBl. I 1990, S. 2840 ff.; *Kessal-Wulf* in Staudinger, BGB, 2012, Einl. §§ 491 ff. Rn. 1; *Schürnbrand* in MüKoBGB, 6. Aufl., Vorb. § 491 Rn. 8.
[214] Zum ganzen *Köndgen*, Darlehen, Kredit u. finanzierte Geschäfte nach neuem Schuldrecht – Fortschritt oder Rückschritt?, WM 2001, S. 1644–1646; *Reifner*, Schuldrechtsmodernisierungsgesetz und Verbraucherschutz, ZIP 2001, S. 193 mwN; *Schürnbrand* in MüKoBGB, 6. Aufl., Vorb. § 491 Rn. 10.

Erne

als einheitlicher wirtschaftlicher Vorgang anzusehen ist. Beim finanzierten Rechtsgeschäft schließen Verkäufer und Käufer einen Kaufvertrag, der unter der auflösenden Bedingung nach §§ 158 Abs. 2, 159 BGB steht, dass dem Käufer von der Bank ein Darlehen zur Finanzierung des Kaufpreises gewährt wird. Zugleich lässt der Verkäufer den Käufer einen Antrag auf Abschluss eines Darlehensvertrages mit einem Kreditinstitut unterschreiben, in dem der Käufer die Bank unwiderruflich anweist, die Darlehensvaluta zur Tilgung der Kaufpreisschuld direkt an den Verkäufer auszuzahlen. Als Sicherheit für den Kredit tritt der Käufer meist pfändbare Teile von Lohn- oder Gehaltsforderungen ab, daneben wird der Bank das Sicherungseigentum an der verkauften Sache eingeräumt[215]. Der Käufer verpflichtet sich gegenüber dem Kreditinstitut zur ratenweisen Rückzahlung des Darlehens nebst Zinsen und Gebühren. Nach Tilgung überträgt die Bank das Eigentum an dem finanzierten Kaufgegenstand auf den Käufer, § 929 S. 2 BGB. Zwischen dem Verkäufer des finanzierten Konsumgutes und der Bank besteht idR ein sog. Händler- oder Rahmenvertrag, in dem zB die Ratenzahl und -höhe und das Gesamtkontingent möglicher Finanzierungen niedergelegt sind.

Größere Bedeutung als das finanzierte Rechtsgeschäft hat der Barkredit als Form des Verbraucherkredits. Der Barkredit ist ein Darlehen nach §§ 488–490 BGB, er wird in der Bankensprache als „Persönlicher Kleinkredit" (PKK) bezeichnet. Wird ein Verwendungszweck im Kreditvertrag angegeben, lautet die Kreditbezeichnung „Persönliches Anschaffungsdarlehen" (PAD), womit dieser Kredit wirtschaftlich in die Nähe des finanzierten Abzahlungskaufs rückt. Hier bemüht sich der Kaufinteressent zuerst um einen Kredit, ohne Mitwirkung des Verkäufers der zu erwerbenden Kaufsache, also „auf eigene Faust"[216], es fehlt an einem planmäßigen Zusammenwirken zwischen Kreditinstitut und Verkäufer. Kauf und Darlehen sind voneinander getrennt, mit der Folge, dass der Käufer und Kreditnehmer bei Leistungsstörungen im Kaufvertrag keinen Einwendungsdurchgriff auf den Kreditvertrag hat. Dies war 1990 ein Anlass für den Gesetzgeber, das Recht des Verbraucherkredits neu zu schreiben. Weitere Anlässe waren die Sittenwidrigkeit von vielerlei Kostenelementen der herkömmlichen Verbraucherkredite sowie die mit „Schuldturm" bezeichnete extreme Verschuldung von Privatpersonen mit Verbraucherkrediten, die zur dauerhaften Überschuldung und Zahlungsunfähigkeit der Kreditnehmer führt, wenn neben den fälligen Schulden die höheren Verzugszinsen und Zinseszinsen anfallen[217]. Auch Umschuldungen – meist unter Einschaltung eines Kreditvermittlers – erhöhen regelmäßig die Belastungen des Kreditnehmers[218]. Die Kosten des Mahnwesens, Anwalts- und Gerichtskosten sind weitere „Bausteine des Schuldturmes".

109

a) Die Verbraucherkreditvorschriften im BGB

Normadressaten des Gesetzes sind einerseits der Verbraucher als Kreditnehmer und andererseits der Kreditgeber[219], § 491 Abs. 1 BGB. Geschützt ist also der „Verbraucher" iSv § 13 BGB genannte Kreditnehmer, der den über 200 Euro hinausgehenden Kredit für private Zwecke aufnimmt, wozu nicht nur die Konsumgüterfinanzierung gehört, son-

110

---

[215] *Bülow/Artz,* 7. Aufl., § 495 Rn. 210 ff. zu den verbundenen Geschäften allgemein sowie zu den Sicherheiten Rn. 305.
[216] BGHZ 47, S. 253, 256.
[217] Begründung des Regierungsentwurfs des VerbrKrG BT-Drucks. 11/5462 S. 11, 13.
[218] BT-Drucks. 11/5462, S. 15.
[219] Die Tätigkeit der Kreditvermittler regeln seit der Schuldrechtsmodernisierung die §§ 655 a - 655 e BGB.

dern auch der Kredit zur Förderung einer unselbständigen beruflichen Tätigkeit als Arbeitnehmer, zur Vermögensbildung und zur Existenzgründung bis zu 75.000 Euro, zum Erwerb einer Beteiligung, etwa zur Steuerminderung oder der privaten Vermögensvorsorge[220], nicht aber wenn der Erwerb einer Gesellschafterstellung im Vordergrund steht[221]. Eine in der Richtlinie vorgesehene Höchstbetragsgrenze für die Anwendbarkeit der Verbraucherschutzvorschriften wurde, vorbehaltlich der Einschränkung für Existenzgründer (vgl. § 512 BGB), bewusst nicht ins deutsche Recht übernommen. Der über die Gesetzesanwendung entscheidende Verwendungszweck der Kreditmittel ergibt sich aus der Auslegung des Kreditvertrages[222]. Soweit eine Aufteilung des einheitlichen Kreditvertrages nach der privaten und der gewerblichen Zweckbestimmung möglich ist, sind die unterschiedlichen Teile jeweils getrennt rechtlich zu bewerten.[223] Ist die Grenze nicht scharf zu ziehen, ob die Kreditverwendung privat oder gewerblich erfolgt, scheidet die partielle Anwendung der §§ 491 ff. BGB aus.[224] Nach Inkrafttreten des Gesetzes zur Umsetzung der Verbraucherrechterichtlinie und der damit einhergehenden Neufassung des § 13 BGB wird zukünftig keine Aufteilung eines einheitlichen Kreditvertrages in einen privaten und einen gewerblichen Teil mehr erforderlich und möglich sein. Ein einheitlicher, zu privaten Zwecken abgeschlossener Kreditvertrag wird zukünftig bereits vorliegen, wenn er nicht überwiegend zu gewerblichen oder selbständig beruflichen Zwecken abgeschlossen wurde.

Die wesentlichen verbraucherrechtlichen Vorschriften gelten auch für die private Immobilienfinanzierung, § 503 BGB.[225]

b) Verbraucherdarlehensvertrag

111 § 491 Abs. 1, 1. HS BGB enthält eine Legaldefinition für den Verbraucherdarlehensvertrag: Wer als Kreditnehmer und Verbraucher mit einem gewerblichen Kreditgeber einen Darlehensvertrag schließt, ist von den verbraucherkreditrechtlichen Schutzvorschriften begünstigt, sofern in diesem Vertrag ein Entgelt vereinbart ist. Entgelt ist jede Art von Gegenleistung, also Zinsen, Vergütungen, Teilzahlungsaufschläge etc.. Verträge bei denen eine wesentliche Gefährdung der Verkehrsinteressen nicht zu befürchten ist, sind von Verbraucherschutzrechten ausgenommen. § 491 Abs. 2 BGB enthält Fallgruppen für den vollständigen Ausschluss der Schutzvorschiften. Nennenswerte allgemeine Ausschlussgründe sind beispielsweise nach § 491 Abs. 2 Nr. 1 BGB die sogenannten Kleindarlehen (200

---

[220] *Kessal-Wulf* in Staudinger, BGB, 2012, § 491 Rn. 38.
[221] *Bülow/Artz*, 7. Aufl., § 491 Rn. 108; *Kessal-Wulf* in Staudinger, BGB, 2012, § 491 Rn. 39 ff..
[222] *Kessal-Wulf* in Staudinger, BGB, 2012, § 491 Rn. 32 ff.
[223] vgl. BGH NJW 1983, S. 2227, *Godefroid*, 3. Aufl., Teil 2 Rn. 76.
[224] Beweisbelastet für die Anwendung der §§ 491 ff. BGB ist der Verbraucher (ausreichend, dass Verwendungszwecks überwiegend im privaten Bereich). Ein Zweifelssatz „in dubio pro consumatore" ist mit der gesetzlichen Beweislastverteilung unvereinbar, vgl. BT-Drucks. 11/5462, 17(zum alten, inhaltlich insoweit aber unveränderten VerbrKrG), *Bülow/Artz*, 7. Aufl., § 491 Rn. 140 u. *Ebenroth/Boujong/Joost/Strohn*, 2. Aufl., HGB IV Rn. 284. Für die Anwendung des Zweifelssatzes: *Kessal-Wulf* in Staudinger, BGB, 2012, § 491 Rn. 34; *Müschner* in BankR-HdB, 4. Aufl., § 81 Rn. 17.
[225] Die Verbraucherkreditrichtlinie nimmt Immobilienkredite aus dem Anwendungsbereich der Verbraucherschutzvorschriften aus (auf europäischer Ebene ist jedoch eine Wohnimmobilienkredit RiLi in der Diskussion, vgl. Vorschlag vom 31.3.2011 KOM 2011, 142 end). Dem Gesetzgeber wird nach geltendem Recht ein Erweiterungsspielraum zugestanden. Durch die negativen Erfahrungen mit der Schrottimmobilienkrise in den 90er Jahren wurde daher für Immobilienkredite die Sondervorschrift des § 503 BGB geschaffen, *Derleder* NJW 2009, S. 3195, 3198; *Nobbe* WM 2011, S. 625.

Erne

Euro-Grenze) und Kurzzeitdarlehen nach § 492 Abs. 2 Nr. 3 BGB (Rückzahlungszeitraum nicht mehr als 3 Monate).[226] In Absatz 3 des § 491 BGB werden dagegen die Fälle des partiellen Ausschlusses normiert (Darlehensverträge als Bestandteil eines gerichtlichen Vergleichs). §§ 503 bis 505 BGB enthalten weitere Ausschlussgründe für spezielle Vertragstypen. Im Zuge der Umsetzung der Richtlinie wurde in § 491 Abs. 2 Nr. 5 BGB eine Ausnahme für Förderdarlehen neu eingefügt und in Absatz 3 die bisherige Ausnahme für notariell beurkundete Vergleiche gestrichen.

Falls sich der Verbraucher der Hilfe eines Vertreters (in Gestalt eines professionellen Finanzmaklers) bedient, ist die Wertung des § 166 Abs. 1 BGB nicht zu berücksichtigen und allein auf die Verbrauchereigenschaft des Kreditnehmers abzustellen.[227] Bei einer Personenmehrheit auf Seiten des Darlehensnehmers hat hinsichtlich der Verbrauchereigenschaft jeweils eine Einzelbetrachtung zu erfolgen, da dem jeweiligen Darlehensnehmer seine Schutzrechte nicht abgeschnitten werden dürfen.[228] Auf die Fälle des Schuldbeitritts, der Vertragsübernahme, der Mitverpflichtung nach § 1357 BGB und die Abtretung sind die Schutzvorschriften entsprechend anzuwenden.[229]

aa) Verbraucherschutz – Werbung und vorvertragliche Informationspflichten. 112
Bereits bei der Werbung für Kredite besteht ein Schutzinteresse des Verbrauchers, nicht durch Lockvogelangebote irregeleitet zu werden. § 6a Abs. 1 PAngV enthält für die Werbung daher spezielle Anforderungen, soweit Zinssätze oder sonstige Zahlen angegeben sind. Als Standardinformation sind dann der Zinssatz (inkl. Angabe zur Zinsbindung „fest"/„variabel"), der Nettodarlehensbetrag, der effektive Jahreszins sowie alle sonstigen Vertragsabschlusskosten anzugeben. Die Informationen müssen in verständlicher Sprache und in auffallender Weise erfolgen. Absatz 2 des § 6 PAngV erweitert die Informationspflicht beispielsweise auf die Vertragslaufzeit oder den Gesamtbetrag bei Teilzahlungsgeschäften, soweit das Erfordernis vom jeweiligen Vertragstyp vorausgesetzt wird. Nach Absatz 3 muss der Darlehensgeber von nun an in der Werbung eine Beispielsrechnung angeben. Diese muss unter Berücksichtigung des Effektivzinses für mindestens zwei Drittel der eingeworbenen Geschäftsvolumina repräsentativ sein.

Der neueingefügte § 491a BGB gestaltet in Verbindung mit Art. 247 §§ 1 ff. EGBGB 112a
die vorvertraglichen Informationspflichten neu und erweitert sie gegenüber den bisherigen Vorschriften in der BGB-InfoV erheblich. Die Vertragsinformationen[230] sind dem Verbraucher rechtzeitig vor Vertragsschluss in Textform zu überlassen, damit dieser die Konditionen prüfen und vergleichen kann[231]. Neben den Standardinformationen, die bereits

---

[226] *Schürnbrand* in MüKoBGB, 6. Aufl., § 491 Rn. 64, 67; *Kessal-Wulf* in Staudinger, BGB, 2012, § 491 Rn. 63; 66, 88 f.
[227] BGHZ 129, S. 371.
[228] *Schürnbrand* in MüKoBGB, 6. Aufl., § 491 Rn. 14.
[229] *Schürnbrand* in MüKoBGB, 6. Aufl., § 491 Rn. 27 ff., 56 f., 60 f.; *Bülow/Artz*, 7. Aufl., § 491 Rn. 122; *Kessal-Wulf* in Staudinger, BGB, 2012, § 491 Rn. 22; vgl. zur Vertragsübernahme BGH NJW 1999, S. 2664 sowie zum Schuldbeitritt BGH NJW 2006, S. 431 u. BGH NJW-RR 2007, S. 1673; Bürgschaften werden weder direkt noch analog von den §§ 491 ff. BGB erfasst, vgl. OLG Düsseldorf WM 2009, S. 847 und bzgl. Analogie OLG Düsseldorf WM 2007, S. 2009, kritisch: *Nobbe* WM 2011, S. 625 f.
[230] § 491 Abs. 1 BGB iVm Art. 247 § 3 ff. EGBGB regelt einen Informationskatalog mit 16 Punkten (zB Name u. Anschrift des Darlehensgebers, Vertragslaufzeit, effektiver Jahreszins, Sollzinssatz, Nettodarlehensbetrag etc.).
[231] BT-Drucks. 16/11643, S. 197.

für Werbemaßnahmen erforderlich sind, bestehen insbesondere zwingende Vorgaben zum Widerrufsrecht, den Rückzahlungsmodalitäten und für die Hinweise zu den Folgen ausbleibender Zahlungen.[232] Gemäß Art. 247 § 2 Abs. 1 EGBGB müssen dem Verbraucher die Informationen des § 491a BGB in Textform nach den Vorgaben des Musters der Anlage 3 zu Art. 247 § 2 EGBGB erteilt werden, der sogenannten „Europäischen Standardinformation für Verbraucherkredite"[233]. Bei einer Pflichtverletzung kann sich der Darlehensgeber schadensersatzpflichtig machen.[234] Eine Belehrung entsprechend des Musters ist somit für den Darlehensgeber empfehlenswert, da bei ordnungsgemäßer Verwendung der Mustertexte eine unwiderlegliche Vermutung für die richtige Informationserfüllung begründet wird, Art. 247 § 2 Abs. 3 EGBGB.

Der Verbraucher hat darüber hinaus einen Anspruch auf Aushändigung eines Vertragsentwurfes, § 491a Abs. 2 BGB. Absatz 3 des § 491a BGB enthält schließlich eine vorvertragliche Pflicht zur unaufgeforderten sowie angemessenen Erklärung der verwendeten Fachbegriffe und Vertragsbedingungen. Die Erläuterungen sollen dem Darlehensnehmer helfen, die Vertragsbedingungen verständlich zu machen, um beurteilen zu können, ob der Vertrag dem gewünschten Zweck und seinen individuellen Vermögensverhältnissen gerecht wird.[235] Der Darlehensgeber muss die Zweckmäßigkeit des Darlehensvertrags für den Darlehensnehmer nicht prüfen und kann sich allein von den Kundenwünschen leiten lassen.[236] Die Erläuterungspflicht ist lediglich produktbezogen und in ihrem Umfang abhängig von der Komplexität des angebotenen Kredits[237]. Die Kreditwirtschaft verwendet hierzu standardisierte Erläuterungsformulare.

112b Kreditinstitute sind neuerdings gemäß § 18 Abs. 2 KWG ausdrücklich verpflichtet, vor Abschluss eines Verbraucherdarlehensvertrags die Kreditwürdigkeit des Verbrauchers zu prüfen.[238] Der Verbraucherschutz will einerseits verhindern, dass der Darlehensnehmer eine Kreditverbindlichkeit eingeht, die seine finanzielle Leistungsfähigkeit übersteigt. Andererseits soll die Volkswirtschaft vor den negativen Folgen einer verantwortungslosen

---

[232] Abweichungen ergeben sich für Immobiliendarlehensverträge, Überziehungskredite und Umschuldungen, vgl. Art. 247 §§ 9–11 EGBGB. Zusätzliche Angaben sind, soweit im konkreten Fall einschlägig, gemäß Art. 247 §§ 4,8 EGBGB (beispielsweise für anfallende Notarkosten, zu stellende Sicherheiten o. eine abzuschließende Restschuldversicherung) erforderlich.

[233] Für Umschuldungen, Überziehungskredite und Immobiliendarlehen gibt es gemäß Art. 247 § 2 Abs. 2 EGBGB in den Anlagen 4 und 5 jeweils gesonderte Muster.

[234] *Ady*, Die „unechte Abschnittsfinanzierung" nach der Umsetzung der Verbraucherkreditrichtlinie WM 2010, S. 1309.

[235] Umstritten ist, ob die Erläuterungspflicht als quasi Beratungspflicht, analog der Grundsätze zur anlage-/anlegergerechten Beratung, zu qualifizieren ist. In diesem Fall müsste individualisiert auf die Bedürfnisse und die finanziellen Verhältnisse des Darlehensnehmers eingegangen werden. Für eine Beratungspflicht sprechen sich ua *Rösler/Werner* BRK 2009, S. 1, 3 und *Hoffman*, Die neue Erläuterungspflicht des § 491a Abs. 3 BGB, BKR 2010, S. 232, 234 aus, dagegen sind *Kessal-Wulf* in Staudinger, BGB, 2012, § 491a Rn. 27; *Rühl* DStR 2009, S. 2256, 2261; *Bülow/Artz*, 7. Aufl., § 491a Rn 49. Entsprechend der gesetzgeberischen Vorgaben ist es wohl überzeugender, eine Beratungspflicht im Rahmen des § 491 a Abs. 3 BGB abzulehnen, vgl. BT-Drs. 16/11643, S. 79.

[236] *Bülow/Artz*, 7. Aufl., § 491a Rn. 49; *Nobbe* WM 2011, S. 625, 629; a. A. *Rösler/Werner* BRK 2009, S. 1, 3.

[237] *Nobbe* WM 2011, S. 625, 629.

[238] § 18 Abs. 2 S. 2 u. 4 KWG dient der Umsetzung von Art. 8 Abs. 1 VerbrKr-RL. Unter Kreditwürdigkeit iSv § 18 KWG ist die Zahlungsausfallwahrscheinlichkeit des Verbrauchers zu verstehen. Die Bewertung erfolgt durch Einholung einer Selbstauskunft des Verbrauchers oder Heranziehung von Auskunfteien wie der SCHUFA.

Erne

Kreditvergabe bewahrt werden. § 18 KWG dient jedoch allein der aufsichtsrechtlichen Sanktion.[239] Eine Schutzwirkung zugunsten des Darlehensnehmers hat die Bonitätsprüfungspflicht nicht.[240]

bb) Verbraucherschutz bei Vertragsschluss. Im Zusammenhang mit dem Vertragsschluss erlangt insbesondere das verbraucherrechtliche Gebot des Übereilungsschutzes Bedeutung. Diesem soll einerseits durch das Schriftformerfordernis und andererseits durch das Widerrufsrecht zur Geltung verholfen werden. 113

Grundsätzlich erfordert der Darlehensvertrag die Schriftform, § 492 Abs. 1 BGB.[241] Abweichend von allgemeinen Grundsätzen reicht gemäß Satz 2 des § 492 Abs. 1 BGB die getrennte schriftliche Niederlegung von Antrag und Annahme aus.[242] Es ist ferner ausreichend, dass nur der Darlehensnehmer seine Erklärung unterschreibt. Für die Erklärung des Darlehensgebers kann bei automatisierter Erstellung der Urkunde auf die eigenhändige Unterschrift verzichtet werden, § 491 Abs. 1 S. 3 BGB.[243] Der Vertragsschluss kann nach § 126 Abs. 3 BGB auch in elektronischer Form entsprechend der Vorgaben des § 126a BGB erfolgen, denn die für den Verbraucherschutz entscheidenden Funktionen der Schriftform (Warn-, Klarstellungs- und Beweisfunktion) werden mit der elektronischen Form gewahrt.[244] 113a

Der Vertrag, zumindest aber die vom Verbraucher zu unterzeichnende Erklärung, muss alle das Kreditverhältnis ausmachenden Angaben nach Art. 247 §§ 6–13 EGBGB enthalten und die Kosten der Kreditaufnahme transparent machen. Gemäß § 492 Abs. 3 S. 2 BGB kann der Darlehensnehmer einen Tilgungsplan verlangen.

Der Kreditvertrag ist nach § 494 Abs. 1 BGB nichtig, wenn die Schriftform insgesamt oder eine aufgezählte Angabe nach Art. 247 §§ 6 u. 9–13 EGBGB fehlt. Der an sich wegen Formmangels nichtige Kreditvertrag wird in einer komplexen Systematik mit abgestuften Sanktionen aber rechtsgültig, wenn der Verbraucher den Kredit empfängt oder den Kredit in Anspruch nimmt. Einzelheiten hierzu regeln § 494 Abs. 2–6 BGB. „Empfangen" hat der Verbraucher das Darlehen mit der Gutschrift auf seinem Girokonto[245]. Der formwidrige Vertrag wird nach dem Empfang der Kreditvaluta für die gesamte Laufzeit gültig (je nachdem welche Angabe fehlt, aber mit abweichendem Inhalt). **Beispiel**: Wenn in dem Darlehensvertrag die Angabe des effektiven Jahreszinses fehlt, darf der Darlehensgeber nur den gesetzlichen Zinssatz von 4 % geltend machen. Es gilt, dass die nicht angegebenen Kosten nicht geschuldet und die nicht angegebenen Sicherheiten nicht ge- 113b

---

[239] *Derleder* NJW 2009, S. 3195, 3199.
[240] § 18 KWG ist kein Schutzgesetz iSv § 823 Abs. 2 BGB u. begründet keine vorvertragliche Aufklärungspflicht, vgl. *Hofmann*, Die Pflicht zur Bewertung der Kreditwürdigkeit, NJW 2010, S. 1782; *Derleder* NJW 2009, S. 3195, 3199.
[241] § 492 sind gilt auch für Änderungen des Darlehensvertrags, wenn damit die Vereinbarung eines neuen Kapitalnutzungsrechts einhergeht (jedenfalls Novation, Prolongation, echte Abschnittsfinanzierung, str. bei unechter Abschnittsfinanzierung), vgl. Überblick bei *Schürnbrand* in MüKoBGB, 6. Aufl., § 492 Rn. 11–13; *Bülow/Artz*, 7. Aufl., § 491 Rn. 142–152.
[242] BGH NJW-RR 2004, S. 1684.
[243] BGH WM 2008, S. 970.
[244] Begr. RegE, BT-Drucks. 14/4987 S. 16, denn gem. Art. 9 Abs. 1 E-Commerce-RL darf der Vertragsschluss mittels elektronischer Form nicht mehr ausgeschlossen sein. Wegen den Erfordernissen der elektronischen Signatur hat diese Form bislang keine praktische Bedeutung erlangt.
[245] *Weidenkaff* in Palandt, 72. Aufl., § 494 Rn. 4; ausreichend ist die weisungsgemäße Auszahlung an Dritte, vgl. BGH WM 2006, S. 1064.

fordert werden können. Eine Ausnahme für die Sicherheiten enthält § 494 Abs. 6 S. 2 BGB, wenn der Nettokreditbetrag 75.000 Euro übersteigt.

114 Ist der Darlehensvertrag beidseitig unterzeichnet, ist er damit noch nicht endgültig wirksam, sondern wegen der Bedeutung der Tragweite von Kreditgeschäften und der schwierigen Materie bleiben Verbraucherdarlehensverträge nur dann wirksam, wenn der Verbraucher seine Willenserklärung nicht innerhalb der gesetzlichen Frist widerruft, § 495 Abs. 1 BGB. § 495 Abs. 2 BGB regelt in Abweichung zu § 355 BGB die Besonderheiten für das Verbraucherdarlehenswiderrufsrecht. An die Stelle der **Widerrufsbelehrung** nach § 360 BGB treten gemäß § 495 Abs. 2 S. 1 Nr. 1 BGB die Pflichtangaben zum **Widerrufsrecht** im Darlehensvertrag.

Die Widerrufsfrist beginnt erst nach Vertragsschluss und mit vollständigem Erhalt der Pflichtangaben nach Art. 247 § 6 Abs. 2 EGBGB. Bei richtiger und formgerechter Verwendung des Textmusters gemäß Anlage 6 zu Art. 247 §§ 6 Abs. 2, 12 Abs. 1 EGBGB greift eine gesetzliche Fiktion der Ordnungsgemäßheit der **Widerrufsinformationen**. Es gilt dann gemäß § 355 Abs. 2 S. 1 BGB eine **Widerrufsfrist** von 14 Tagen. Bei Nachholung einer versäumten Widerrufsbelehrung verlängert sich die Frist auf einen Monat. Bei einer fehlerhaften oder fehlenden Widerrufsbelehrung steht dem Darlehensnehmer in den Grenzen der Verwirkung ein zeitlich unbegrenztes Widerrufsrecht zur Verfügung.

Das Widerrufsrecht darf grundsätzlich nicht ausgeschlossen oder umgangen werden, § 511 BGB. § 495 Abs. 3 BGB enthält 3 Ausnahmekonstellationen in denen kein Verbraucherwiderrufsrecht besteht, nämlich bei Umschuldungsverträgen zur Vermeidung einer Kündigung, bei notariell beurkundeten Verträgen und für eingeräumte bzw. geduldete Überziehungen nach den §§ 504 Abs. 2 bzw. 505 BGB. Des Weiteren besteht eine Ausnahme für den gerichtlichen Vergleich nach § 491 Abs. 3 BGB.

Der Widerruf wird beim finanzierten Kauf durch Verschlechterung, Untergang oder die anderweitige Unmöglichkeit der Herausgabe des empfangenen Gegenstandes nicht ausgeschlossen.

Der Verbraucher nimmt sein Verbraucherschutzrecht aus § 495 Abs. 1 BGB wahr, indem er fristgerecht widerruft oder die Ware fristgerecht zurückschickt, § 355 Abs. 1 Satz 2 BGB. Nach erfolgtem Widerruf gelten gemäß §§ 357, 346 ff. BGB die Rechtsfolgen der Rücktrittsvorschriften. Die Parteien sind verpflichtet, die empfangenen Leistungen wechselseitig zurückzugewähren, der Verbraucher muss die bis zur Ausübung des Widerrufs erlangten Gebrauchsvorteile herausgeben. Bei finanzierten Rechtsgeschäften erfasst der Widerruf des Darlehensvertrages auch den Kaufvertrag und umgekehrt. Bei nicht verbundenen Verträgen (Barkredit) findet kein Einwendungsdurchgriff statt.

Kommt für den Verbraucherdarlehensvertrag zugleich ein Widerrufsrecht aus Haustürgeschäft oder Fernabsatzvertrag nach den §§ 312, 312 d BGB in Betracht, geht § 495 BGB diesen Widerrufsrechten als spezielleres Recht vor.[246]

Das Gesetz zur Umsetzung der Verbraucherrechterichtlinie bringt hinsichtlich des Widerrufsrechts und der Widerrufsfolgen einige Verschiebungen innerhalb der derzeitigen Vorschriften mit sich, die die bisherige Rechtslage aber – abgesehen etwa von der Abschaffung des Rückgaberechts und der eigenständigen Regelung der Widerrufsfolgen in § 357 BGB n. F. – im Wesentlichen unverändert lassen. Insbesondere zu erwähnen sind insofern § 356b BGB n. F., der ähnlich wie derzeit § 495 Abs. 2 BGB spezielle Bestimmungen für das Widerrufsrecht bei Verbraucherdarlehensverträgen normiert, sowie

---

[246] *Weidenkaff* in Palandt, 72. Aufl., § 495 Rn. 7; *Schürnbrand* in MüKoBGB, 6. Aufl., § 495 Rn. 4.

§§ 357, 357a BGB n. F., die die Rückabwicklung des Kreditverhältnisses nach erfolgtem Widerruf regeln und insofern die Verweisungskette der §§ 357, 346 BGB ablösen.

cc) Verbraucherschutz während der Darlehenslaufzeit. Das Ende einer Periode, für 115
die ein fester Zinssatz vereinbart wurde, bzw. das Ende des Darlehensvertrags ist eine einschneidende Änderung für die Vermögensverhältnisse des Verbrauchers, wenn zu diesem Zeitpunkt das Darlehen nicht vollständig zurückgezahlt ist. § 493 BGB zielt daher auf eine angemessene Informationsversorgung des Verbrauchers während des laufenden Darlehensvertrags. Der Verbraucher soll als Darlehensnehmer auf anstehende Änderungen im Vertragsverhältnis rechtzeitig aufmerksam gemacht werden, damit er deren Folgen abschätzen und sich am Markt über die Möglichkeit einer Umschuldung informieren kann. Durch das Risikobegrenzungsgesetz[247] wurde eine Unterrichtungspflicht[248] mit drei Monaten Vorlauf in das Verbraucherkreditrecht eingefügt. Nach der Novellierung wird diese fortan in § 493 Abs. 1 und 2 BGB geregelt. Rechtsfolge eines möglichen Verstoßes ist ein Schadensersatzanspruch des Verbrauchers (Ausgleich eines möglichen Zinsnachteils wegen Vereitelung der Prüfung von Alternativangeboten).

Absatz 3 iVm Art. 247 § 15 EGBGB enthält eine Unterrichtungsplicht für **Sollzinsanpassungen** in Verträgen mit variabler Verzinsung. Eine Zinserhöhung tritt erst nach ordnungsgemäßer Information des Verbrauchers ein.

c) Verbundene Geschäfte

Will ein Verbraucher eine Sache kaufen und ist er zur Finanzierung des Kaufpreises auf 116
einen Kredit angewiesen, der Verkäufer hat aber selbst nicht genügend Liquidität zur Kreditgewährung zur Verfügung, dann ist ein Kreditinstitut einzuschalten, wie einleitend in diesem Kapitel dargestellt. Bei diesem Kreditinstitut nimmt der Verbraucher ein Darlehen auf. Da der Verkäufer seine Ware oder seine Leistungen an den Verbraucher verkaufen will, ist er idR bei der Einschaltung eines Kreditinstituts behilflich. Rechtlich wird der vom Verbraucher als einheitlicher Lebensvorgang begriffene Abzahlungskauf in einen Barkauf nach §§ 433 ff. BGB und ein – vom Verkäufer vermitteltes – Darlehensrechtsgeschäft nach §§ 488 ff. BGB aufgespalten.[249] Die rechtliche Verbindung dieser beiden Verträge besteht darin, dass der Käufer dem Verkäufer keine Kaufpreiszahlung nach § 433 Abs. 2 BGB schuldet, sondern dem Kreditinstitut Darlehensrückzahlung und Zinszahlung[250].

Das Verbraucherkreditrecht nennt diese Konstellation „verbundene Verträge" und re- 117
gelt sie in den §§ 358, 359 BGB dahin, dass einmal das Widerrufsrecht die beiden Verträge verbindet, und zum anderen der Käufer dem Darlehensgeber Einwendungen aus dem Kaufvertrag im Wege des sog. **Einwendungsdurchgriffs** entgegenhalten kann. Im Einzelnen: Ein Kaufvertrag ist – nach dem Gesetzeswortlaut – mit dem Kreditvertrag ein ver-

---

[247] Art. 6 RisikobegrenzgsG vom 12.8.2008, BGBl. S. 1669 hat die Unterrichtungspflicht des § 492 a BGB eingeführt, die nach der Umsetzung der Verbraucherkreditrichtlinie nun in § 493 BGB fortbesteht.

[248] Das Gesetz unterscheidet sogenannte unechte Abschnittsfinanzierungen gemäß § 493 Abs. 1 BGB und echte Abschnittsfinanzierungen gemäß § 493 Abs. 2 BGB. Näheres zur echten Abschnittsfinanzierung vgl. *Nobbe* WM 2011, S. 625, 631 u. unechten Abschnittsfinanzierung vgl. *Ady*, Die „unechte Abschnittsfinanzierung" nach der Umsetzung der Verbraucherkreditrichtlinie, WM 2010, S. 1306.

[249] *Bülow/Artz*, 7. Aufl., § 495 Rn. 212, 230.

[250] *Bülow/Artz*, 7. Aufl., § 495 Rn. 227 f.

bundenes Geschäft, wenn der Kredit der Finanzierung des Kaufpreises ganz oder teilweise dient und beide Verträge eine wirtschaftliche Einheit bilden – § 358 Abs. 3 S. 1 BGB. Dies ist gegeben, wenn es Zweck des Krediteins ist, den Kaufpreis zu begleichen[251], also kein Geschäft ohne das andere sinnvoll ist. Eine solche Einheit wird nach § 358 Abs. 3 S. 2 BGB unwiderlegbar vermutet, wenn der Verkäufer im Einvernehmen mit dem Kreditinstitut bei der Vorbereitung oder dem Abschluss des Kreditvertrages mitwirkt.[252] Die Einheit hat nicht zur Folge, dass die Formvorschriften des Verbraucherkreditvertrages auch für den Kaufvertrag gelten, dieser muss also nicht schriftlich geschlossen werden. Ist der Darlehensvertrag aber wegen Formmangels gem. § 494 Abs. 1 BGB nichtig, hat dies bei verbundenen Geschäften wegen der unlösbaren Verknüpfung Nichtigkeit des zu finanzierenden Kaufvertrages zur Folge; eine Heilung des zunächst formungültigen Kreditvertrages gemäß § 494 Abs. 2 BGB heilt auch den Kaufvertrag[253]. **Beispiel**: A schließt fernmündlich mit Bank B einen Verbraucherkreditvertrag, der wegen Formmangels nichtig ist. A kauft bei C einen Kühlschrank. Die Bank B überweist den Kreditbetrag an den Verkäufer C. Damit werden beide Verträge gültig.

118 Weitere Rechtsfolge des verbundenen Geschäftes ist, dass der Widerruf des einen Vertrages dazu führt, dass der Verbraucher auch nicht mehr an den anderen hiermit verbundenen Vertrag gebunden ist. Der Widerruf des Liefervertrags richtet sich nach § 358 Abs. 1 BGB und des Darlehensvertrags nach Absatz 2. Besteht jeweils ein Widerrufsrecht für den Liefervertrag als auch für den Darlehensvertrag, kann das Widerrufsrecht wahlweise ausgeübt werden.[254] Die nach § 355 Abs. 2 BGB erforderliche Belehrung über das Widerrufsrecht muss den Vorgaben des § 360 Abs. 1 BGB entsprechen. Verwendet der Unternehmer unverändert den Mustertext der Anlage 1 zu Art. 246 § 2 Abs. 3 S. 1 EGBGB, genügt seine Belehrung den gesetzlichen Anforderungen.[255] Zusätzlich ist bei verbundenen Verträgen gemäß § 358 Abs. 5 BGB im Rahmen der Widerrufsbelehrung auf die Rechtsfolge des § 358 Abs. 1 bzw. 2 BGB hinzuweisen, wonach durch Ausübung des Widerrufsrechts in einem Vertrag auch die Bindung an den anderen Vertrag entfällt. Ist der Darlehensbetrag zu dem Zeitpunkt, zu dem der Käufer den Widerruf erklärt, dem Verkäufer bereits zugeflossen, so tritt nach § 358 Abs. 4 S. 3 BGB „der Kreditgeber im Verhältnis zum Käufer hinsichtlich der Rechtsfolgen des Widerrufes in die Rechte und Pflichten des Verkäufers aus dem Kaufvertrag ein", was im Ergebnis bedeutet, dass dem Kreditgeber die erbrachten Leistungen herauszugeben sind und Nutzungsentschädigung zu zahlen ist[256], vgl. § 508 Abs. 2 S. 6 BGB.

119 Wichtiger als diese ausdifferenzierte Widerrufsregelung ist die Rechtsidee vom Einwendungsdurchgriff. Der Verbraucher soll davor geschützt werden, den Kredit zurückzahlen zu müssen, wenn der Warenlieferant oder Dienstleistungserbringer keine oder keine vertragsmäßige Leistung erbracht hat. Der Verbraucher soll nicht „schlechter" gestellt werden, als wenn er nur einen Vertrag mit einem Verkäufer und Darlehensgeber geschlossen hätte. Dieser von Rechtsprechung und Lehre schon vor dem Inkrafttreten des alten Ver-

---

[251] BGH NJW 2010, S. 531; zum Einwendungsdurchgriff insgesamt *Füller* ZIP 2001, S. 157 f.
[252] BGH NJW 2006, S. 1788.
[253] *Bülow/Artz*, 7. Aufl., § 494 Rn. 48a.
[254] Der Ausschlussgrund des § 358 Abs. 2 BGB aF (Konkurrenzregel) ist durch die Umsetzung der Verbraucherkreditrichtlinie entfallen.
[255] BGH NJW 2010, S. 989.
[256] *Bülow/Artz*, 7. Aufl., § 495 Rn. 286, 289.

brauucherkreditgesetzes[257] entwickelte Einwendungsdurchgriff dehnt die Einwendungen aus Störungen eines Lieferverhältnisses auf ein hiervon getrenntes Kreditrechtsverhältnis aus. Nach § 359 BGB kann der Verbraucher die Rückzahlung des Kredits verweigern, soweit Einwendungen aus dem verbundenen Kaufvertrag ihn gegenüber dem Verkäufer zur Verweigerung seiner Leistung berechtigen würden. Jede Einwendung gegen den Verkäufer kann dem Kreditgeber entgegengehalten werden[258], also alle rechtshindernden, rechtsvernichtenden und rechtshemmenden Einwendungen und Einreden. Dieser Einwendungsdurchgriff bewirkt, dass der Verbraucher beim verbundenen Geschäft die gleiche Rechtsposition hat wie bei einem Teilzahlungsgeschäft, bei dem der Verbraucher nur einen Vertragspartner hat.

Die Einwendungen des Verbrauchers aus dem Kaufvertrag greifen ausnahmsweise nicht auf das Darlehen durch, wenn entweder der finanzierte Kaufpreis 200 Euro nicht übersteigt oder die Einwendung auf einer nachträglichen Vertragsänderung beruht, § 359 S. 2 BGB. Zu beachten ist außerdem die Subsidiaritätsklausel des § 359 S. 3 BGB. Beruht die Einwendung des Verbrauchers auf einem Mangel der gelieferten Sache und kann der Verbraucher Nacherfüllung nach §§ 437 Nr. 1, 439 BGB verlangen, so kann er die Rückzahlung des Krediteserst verweigern, wenn die Nacherfüllung fehlgeschlagen ist. Denn solange der Verbraucher am Vertrag festhalten kann – er sich also an den Verkäufer/Leistungserbringer hält –, muss er den Kredit ordnungsgemäß zurückzahlen[259]. Wenn die Voraussetzungen des Einwendungsdurchgriffes vorliegen, kann der Verbraucher auch Rückzahlung von bereits gezahlten Darlehensraten fordern mit der Begründung aus § 813 BGB[260]. **120**

Der neu eingefügte § 359a BGB erweitert das Anwendungsgebiet des § 358 BGB auch auf verbundähnliche Geschäfte. Einzelne Regelungen des § 358 BGB sind danach auch anwendbar, wenn die Voraussetzungen eines verbundenen Vertrages nicht vorliegen (Fehlen der wirtschaftlichen Einheit). Nach § 359a Abs. 1 BGB ist § 358 Abs. 1 u. 4 BGB entsprechend anwendbar, wenn die Ware oder Leistung des Unternehmers aus dem widerruflichen Vertrag in dem Verbraucherdarlehensvertrag konkret angegeben ist. Eine kausale Verknüpfung beider Verträge ist dann nicht erforderlich. Nach Absatz 2 gilt dieses auch für Verträge über Zusatzleistungen (beispielsweise Restschuldversicherungen) die in unmittelbarem Zusammenhang mit dem Verbraucherdarlehensvertrag abgeschlossen werden. Der Gesetzgeber hat aber infolge der unberechenbaren Folgen für Darlehensgeber bei Barkrediten darauf verzichtet, das Merkmal der wirtschaftlichen Einheit generell aufzugeben und damit die Fälle des § 359a denen der verbundenen Verträge gleich zu stellen. Der Einwendungsdurchgriff des § 359 BGB wird daher von der Erweiterung des § 359a BGB nicht erfasst. Aufgrund der klaren gesetzgeberischen Wertung besteht auch keine Regelungslücke für eine analoge Anwendung des Einwendungsdurchgriffs.

Auch die dargestellten, im BGB und dem EGBGB enthaltenen Bestimmungen zu verbundenen Geschäften sind von den Änderungen durch das Gesetz zur Umsetzung der Verbraucherrechterichtlinie betroffen. Insofern besteht die derzeitige Rechtslage aber auch nach dem 13. Juni 2014 im Wesentlichen weiterhin fort, da die grundlegenden Re-

---

[257] BGHZ 47, S. 237; zB bei fremdfinanzierten Grundstückskauf- und Werk- oder Werklieferungsverträgen; BGH NJW 1987, S. 1813, 1814.
[258] *Grünberg* in Palandt, 72. Aufl., § 359 Rn. 3.
[259] *Bülow/Artz*, 7. Aufl., § 495 Rn. 319; *Grünberg* in Palandt, 72. Aufl., § 359 Rn. 3.
[260] OLG Dresden ZIP 2000, S. 180, 183

gelungsinhalte erhalten bleiben. Allerdings finden sich beispielsweise die Regelungen zu zusammenhängenden Verträgen zukünftig in § 360 BGB n. F. und nicht wie derzeit in § 359a BGB.

d) Beendigung des Vertrages und vorzeitige Rückzahlung

121   Neben den allgemeinen Kündigungsregeln des § 489 BGB enthält das Verbraucherdarlehensrecht besondere Regelungen in den §§ 498–500 BGB. Der Darlehensgeber kann gemäß § 499 Abs. 1 BGB nur unbefristete Verbraucherdarlehensverträge ordentlich kündigen, jedoch ist auch in diesem Fall eine mindestens zwei monatige Kündigungsfrist zu beachten. Daneben enthält § 498 BGB eine außerordentliche Kündigungsmöglichkeit im Fall des Zahlungsverzugs.

Daneben besteht nach § 499 Abs. 2 BGB ein Recht des Darlehensgebers, bei Vorliegen eines sachlichen Grundes, die Auszahlung des Darlehens zu verweigern. Es handelt sich um eine § 321 BGB vergleichbare Einrede, die den Auszahlungsanspruch nur suspendiert, aber in seinem Fortbestand nicht berührt.[261] Die Voraussetzungen sind eine vertragliche Vereinbarung und ein unbefristeter Darlehensvertrag. Die weitergehende Kündigung kennt solche Einschränkungen nicht und ist damit der geläufigere Rechtsbehelf.

Der Darlehensnehmer kann den Vertrag jederzeit kündigen, soweit er sich nicht im Rahmen einer vertraglichen Kündigungsfrist für bis zu einem Monat gebunden hat, § 500 Abs. 1 BGB.

Gleichzeitig kann der Verbraucher auch unabhängig von der Kündigung nach Absatz 2 den Darlehensbetrag jederzeit zurückführen.[262] Mit § 500 Abs. 2 BGB weicht das Gesetz von dem allgemeinen Grundsatz ab, wonach der Schuldner ungeachtet des § 271 Abs. 2 BGB nicht berechtigt ist, eine verzinsliche Forderung vor deren Fälligkeit zu erfüllen.[263] Um eine vertragliche Kündigungsfrist nach § 500 Abs. 1 BGB nicht zu unterlaufen, ist diese vertragliche Bindung entsprechend auch auf die Rückführungsmöglichkeit des Absatzes 2 anzuwenden. Das Eingreifen der in §§ 501, 502 BGB bestimmten Rechtsfolgen ist allein vom Eintritt der Erfüllung nach §§ 362, 364, 372 ff., 387 ff. BGB abhängig.[264] Dem Darlehensnehmer muss gegebenenfalls zur Ausübung des Rückführungsrechts auch ein Auskunftsanspruch über dessen Höhe zustehen. Dieses beruht auf der Informationsverantwortung des Darlehensgebers. Der Anspruch besteht nach ständiger Rechtsprechung aber nur wenn, der Darlehensnehmer entschuldbar über den Rückführungsumfang im Ungewissen war (beispielsweise wegen der Komplexität) und der Darlehensgeber unschwer die Auskunft erteilen kann[265]. Im Fall einer vorzeitigen Rückführung des Darlehens sind die Zinsen und sonstigen laufzeitabhängigen Kosten für die Restlaufzeit nicht mehr fällig.

§ 501 BGB enthält eine Vorschrift über die Kostenermäßigung, da der Darlehensnehmer vom Zeitpunkt der wirksamen Kündigung oder der vorzeitigen Rückzahlung von der

---

[261] Anknüpfungspunkt ist Art. 13 Abs. 2 VerbrKr-RL, der dem Kreditgeber ein Recht gewährt dem Verbraucher unter bestimmten Umständen die Inanspruchnahme des Darlehens zu verweigern, vgl. *Schürnbrand* in MüKoBGB, 6. Aufl., § 499 Rn. 8.

[262] Die vorzeitige Erfüllung kann darüber hinaus praxisgerecht auch als eine konkludente Kündigungserklärung ausgelegt werden, *Schürnbrand* in MüKoBGB, 6. Aufl., § 500 Rn. 9.

[263] *Schürnbrand* in MüKoBGB, 6. Aufl., § 500 Rn. 8.

[264] Die Vorschriften des § 267 Abs. 1 BGB (Leistung durch Dritte) und des § 422 I BGB für Gesamtschuldner bleiben neben den verbraucherdarlehensrechtlichen Vorschriften anwendbar, *Kessal-Wulf* in Staudinger BGB, 2012, § 500 Rn. 2.

[265] BGH NJW 2003, S. 582; BGH NJW 2007, S. 1806.

Zinszahlungspflicht befreit wird (Akzessorietät der Zinsforderung). Von der Ermäßigung erfasst sind nur laufzeitabhängige Kosten. Ihre Berechnung beruht auf der vereinbarten Dauer der Kapitalüberlassung und hat sich bei der vorzeitigen Beendigung des Darlehensvertrags anteilig entsprechend zu verringern. Die Vorschrift erfasst alle Formen der vorzeitigen Vertragsbeendigung und ist grundsätzlich auch auf die sonstige Finanzierungshilfe iSv § 506 Abs. 1 BGB anwendbar. Relevante Ausnahmen bestehen nach § 506 Abs. 2 S. 2 BGB für Leasingverträge und nach § 503 Abs. 1 BGB für Immobilienfinanzierungen.[266] Die Vorfälligkeitsentschädigung ist für Verbraucherdarlehensverträge gedeckelt, § 502 BGB. Dogmatisch handelt es sich dabei um einen begrenzten Schadensersatzanspruch für die Kompensation einer gesicherten Gewinnerwartung. Der Anspruch ist ähnlich wie § 122 BGB an die Ausübung eines Gestaltungsrechts gekoppelt. Die Entschädigung ist nach der Restlaufzeit gestaffelt und beträgt bei mehr als einem Jahr maximal 1% und ansonsten maximal 0,5% des vorzeitig zurückgezahlten Betrags. Die absolute Höchstgrenze bildet jedoch der ausstehende Zinsbetrag. § 502 Abs. 2 BGB enthält darüber hinaus einen absoluten Entschädigungsausschluss, wenn die Tilgung aus einem Tilgungsersatzmittel (Restschuldversicherung) geleistet wird oder im Kreditvertrag nur unzureichende Angaben zur Laufzeit, den Kündigungsrechten oder Entschädigungsberechnung erfolgt sind.

Die Vorschriften §§ 499 f. BGB, insbesondere die vorstehend erwähnte Spezialvorschrift zur Deckelung der Vorfälligkeitsentschädigung, gelten nach § 503 BGB nicht für Immobiliendarlehensverträge.[267] Stattdessen finden hier die allgemeinen Tatbestände der §§ 489, 490 BGB Anwendung.[268] Weitere Ausnahmen bestehen gemäß § 506 Abs. 2 S. 2 BGB für Leasingverträge, gemäß § 505 Abs. 4 BGB bei geduldeten Überziehungen und nach § 507 Abs. 3 S. 3 bei Teilzahlungsgeschäften, wenn der Unternehmer nur gegen Teilzahlungen Sachen liefert oder Leistungen erbringt.

e) Abwicklung gestörter Verträge

Schwerpunkt des Verbraucherkreditrechts ist die Bewältigung der sog. Schuldturmproblematik, das sind die den Verbrauchern bei Verzug und bei Umschuldungen drohenden Überschuldungsgefahren, von denen einleitend zu diesem Kapitel die Rede war[269]. Oft ist der Darlehensnehmer bei anhaltendem Ratenverzug und im Zeitpunkt der Kündigung des Darlehens nicht mehr in der Lage, die fällig gestellte Restschuld zu erfüllen. Die in § 367 Abs. 1 BGB bestimmte Anrechnungsreihenfolge, wonach die Ratenzahlungen zunächst auf den zu ersetzenden, durch Zinseszinseffekte ansteigenden Verzugsschaden anzurechnen sind, führt oft zu einem weiteren Anstieg der Schulden.[270] § 497 BGB soll dem Interessenausgleich zwischen Darlehensgeber und säumigem Darlehensnehmer dienen

122

---

[266] *Schürnbrand* in MüKoBGB, 6. Aufl., § 502 Rn. 3.
[267] Neben den allgemeinen Anforderungen an Verbraucherdarlehensverträge, erfordert das Immobiliendarlehen nach § 503 BGB die Abhängigkeit der Darlehensgewährung von der Sicherung durch ein Grundpfandrecht u. die Gewährung des Darlehens zu marktüblichen Konditionen, *Bülow/Artz*, 7. Aufl., § 503 Rn. 6 f. u. 12 f.
[268] Anders als noch Art. 2 Abs. 1 lit. a ihrer Vorgängerin enthält die RL allerdings keine Privilegierung von Krediten mehr, die zur Renovierung oder Verbesserung eines Gebäudes bestimmt sind. Soweit das Darlehen der Finanzierung einer Renovierung dient u. daher unionsrechtlich nicht privilegiert ist, ist § 503 dahingehend richtlinienkonform einschränkend auszulegen, dass auch §§ 499, 500 und 502 Anwendung finden, vgl. *Schürnbrand* in MüKoBGB, 6. Aufl., § 503 Rn. 2 und 9.
[269] *Emmerich*, Das Verbraucherkreditgesetz, JuS 1991, S. 705, 709.
[270] *Schürnbrand* in MüKoBGB, 6. Aufl., § 497 Rn. 1.

und unter Einschränkung der Gläubigerrechte den Darlehensnehmer, durch eine Reduzierung der Hauptforderung, zur zumindest teilweisen Tilgung anhalten[271].

Der Vertragszins ist die vereinbarte Gegenleistung des Darlehensnehmers für das eingeräumte Nutzungsrecht am Kapital. Mit Verzugseintritt endet diese Pflicht zur Gegenleistung. Kommt der Schuldner mit der Kreditrückzahlung in Verzug, beträgt der Verzugszins abstrakt 5 Prozentpunkte über dem Basiszinssatz[272], wenn nicht einer der Vertragspartner einen abweichenden konkreten Schaden nachweist, § 497 Abs. 1 BGB. Eine Ausnahme besteht für Immobiliardarlehen, bei denen lediglich ein reduzierter Satz von 2,5 Prozentpunkten über dem Basiszinssatz anfällt, § 503 Abs. 2 BGB.

Ab Eintritt des Verzugs ist grundsätzlich der Gesamtbetrag, als Summe aller aus dem Vertrag geschuldeter bzw. in Verzug befindlicher Zahlungen des Darlehensnehmers, einheitlich zu verzinsen. Dieses ist als Ausnahme von dem Zinseszinsverbot des § 289 S. 1 BGB zu werten und wegen der absoluten Deckelung des § 497 Abs. 2 S. 2 BGB zulässig. Kommt der Schuldner mit den während des Verzuges anfallenden Zinsen wiederum in Verzug, kann der Kreditgeber darauf Schadensersatz gedeckt nur in Höhe des gesetzlichen Zinssatzes von 4 % wie nach § 246 BGB geltend machen, § 497 Abs. 2 S. 2 BGB. Diese Zinsbegrenzung ist eine Abweichung von dem in den §§ 287, 288 Abs. 4 BGB enthaltenen Grundsatz der Totalrestitution von entstandenen Schäden, um dem in dem Rechtsverhältnis Schwächeren zu helfen und ihm Anreize zu geben, seine Schulden abzutragen, was auch im Interesse der Kreditgeber liegt[273]. Mit Argumenten des Privatrechts ist diese Regelung „kaum mehr begründbar"[274]. Des Weiteren ist die in § 497 Abs. 3 BGB enthaltene Änderung der Tilgungsreihenfolge gegenüber § 367 Abs. 1 BGB zu beachten, wonach Zahlungen erst auf die Hauptleistung sowie Rechtsverfolgungskosten und dann auf die Zinsen angerechnet werden, was nicht nur rechnerisch eine wichtige Schuldnerentlastung bedeutet.

123 Eine weitere Entlastung für Schuldner im Verzug ist die Einschränkung des Rechts der Gesamtfälligstellung in § 498 BGB. Der Zweck der Vorschrift ist es, die verzugsbedingte Kündigung des Darlehensvertrags an das Vorliegen qualifizierter Voraussetzungen zu binden. Mit der Kündigung entstehen neben der Restschuld weitere verzugsbedingte Kosten und Verzugszinsen. Es droht ein „dauerndes Zwangskreditverhältnis" für den Darlehensnehmer. Insbesondere soll vermieden werden, dass der Darlehensgeber den noch offenen Darlehensbetrag bei einer sich abzeichnenden finanziellen Krise des Darlehensnehmers sofort fällig stellt, umso einem endgültigen Forderungsausfall in der Insolvenz zuvorzukommen.

Nach § 498 S. 1 BGB kann ein Verbraucherkreditvertrag vom Kreditgeber gekündigt werden (Verfallklauseln genügen nicht), wenn kumulativ ein Ratenverzug mit zwei Raten und mindestens 10 % (resp. 5 %) des Nennbetrags des Darlehens [275] sowie der Ablauf einer

---

[271] *Weidenkaff* in Palandt., 72. Aufl., § 497 Rn. 1.
[272] § 288 Abs. 1 BGB; dieser Satz ersetzt seit 1. Januar 1999 den Bundesbankdiskontsatz, § 1 Diskontsatz-Überleitungsgesetz, u. erklärt sich mit 3 % Refinanzierungskosten und 2 % verzugsbedingtem Verwaltungsaufwand, so *Ulmer/Habersack*, VerbrKrG aF, § 11, Rn. 7.
[273] Begründung des alten Referentenentwurfs, ZIP 1988, S. 1215, 1221.
[274] *Schwintowski*, Das neue Verbraucherkreditgesetz – sozialpolitische Instrumentierung des Privatrechts, JA 1992, S. 38.
[275] Verbraucher können auch dies eingeschränkte Kündigungsrecht vereiteln, indem sie durch einseitige Tilgungsbestimmung nach § 366 Abs. 1 BGB nur auf jede zweite Rate zahlen. Dies muss bei der Formulierung des Kreditvertrages bedacht werden, also eine diese Umgehung ausschließende Regelung getroffen werden.

Erne

zwei wöchigen Nachzahlungsfrist vorliegen. Diese Regelung verdrängt das außerordentliche Kündigungsrecht aus Nr. 19 Abs. 3 AGB-Banken 2012. Auch Nr. 19 Abs. 4 AGB-Banken 2012 normiert insoweit nochmals den Anwendungsvorrang der Verbraucherschutzbestimmungen. Im Falle der Kündigung kann der Kreditgeber die Zahlung der Restschuld, vermindert um die Zinsen, die bei staffelmäßiger Berechnung auf die Zeit nach Wirksamwerden der Kündigung entfallen, verlangen, § 501 BGB.

f) Entgeltliche Finanzierungshilfen

Die Verbraucherkreditrichtlinie unterscheidet nicht nach der Art des gewährten Kredits. **124** Die Verbraucherkreditrichtlinie versteht unter dem Oberbergriff Kredit einerseits das Darlehen und anderseits die entgeltlichen Finanzierungshilfen, als dessen Unterformen. Damit erfasst der Verbraucherschutz grundsätzlich sämtliche Verträge, bei denen ein Kredit in Form eines Darlehens oder einer sonstigen Finanzierungshilfe gewährt wird. Diese Systematik ist nach der Umsetzung der Richtlinie auch im BGB zu finden. Die §§ 491–505 BGB gelten für das Darlehen und im Untertitel 2 werden in den §§ 506–509 BGB die Finanzierungshilfen geregelt.

Die Ausgangsvorschrift für die Finanzierungshilfen ist § 506 BGB. Die Verbraucherdarlehensvorschriften sind jedoch weitgehend auf entgeltliche Finanzierungshilfen anwendbar, § 506 Abs. 1 BGB.

Den **Zahlungsaufschub** hat der Gesetzgeber als Musterbeispiel einer Finanzierungshilfe in § 506 Abs. 1 BGB benannt. Die Voraussetzungen für den Zahlungsaufschub sind demnach: 1. Die Vertragsparteien sind Verbraucher und Unternehmer, 2. der Vertrag begründet eine Zahlungsverpflichtung des Verbrauchers, 3. für die Zahlungsverpflichtung wurde eine abweichende Fälligkeitsvereinbarung zugunsten des Verbrauchers getroffen und 4. der Zahlungsaufschub erfolgt gegen ein Entgelt.

Den sonstigen Finanzierungshilfen des § 506 BGB unterfällt fortan auch das Finanzierungsleasing. In Abs. 2 finden sich Vorgaben, wann Gebrauchsüberlassungsverträge als Finanzierungsleasingverträge und damit als Finanzierungshilfen zu qualifizieren sind.

Eine besondere Variante des Zahlungsaufschubs ist das **Teilzahlungsgeschäft** nach **125** Abs. 3. Das Gesetz versteht hierunter Verträge, die die Lieferung einer bestimmten Sache oder die Erbringung einer bestimmten anderen Leistung gegen Teilzahlungen zum Gegenstand haben, und dem Verbraucher gegen einen entsprechenden Aufschlag das Recht einräumen, das Entgelt ganz oder teilweise zu einem späteren Zeitpunkt als dem gesetzlichen Fälligkeitstermin zu entrichten. Die §§ 507 und 508 BGB enthalten für das Teilzahlungsgeschäft abweichende Spezialvorschriften, insbesondere hinsichtlich der Rechtsfolgen von Formmängeln und Rücktritt. Die erforderlichen Angaben zum Vertragsinhalt sind nach Aufhebung des § 502 Abs. 1 BGB aF nun direkt dem § 492 Abs. 1 BGB zu entnehmen. Absatz 1 des § 507 BGB fasst die Ausnahmen für den Anwendungsbereich beim Teilzahlungsgeschäft zusammen. § 507 Abs. 2 und 3 BGB übernehmen im Wesentlichen die bisherigen Vorschriften des § 502 BGB aF. Auch bei Teilzahlungsgeschäften führt die Nichteinhaltung der Schriftform oder das Fehlen der gesetzlichen Mindestangaben grundsätzlich zur Nichtigkeit des Kreditvertrages, § 507 Abs. 2 S. 1 BGB.

Eine Ausnahme besteht hinsichtlich des Formerfordernisses für **Fernabsatzverträge**, § 507 Abs. 1 Satz 2 BGB. Der Vertrag ist demnach auch ohne Einhaltung der Formvorschrift des § 492 BGB wirksam, wenn der Unternehmer die Sache bzw. seine Leistung in einem Verkaufsprospekt oder einem vergleichbaren elektronischen Medium präsentiert und der Verbraucher die Informationen wahrnehmen und auswerten kann.

Erne

126   Eine unvollständige Vertragsurkunde, die aber den **Barzahlungspreis** und den effektiven Jahreszins enthält, wird so gültig, wie sie formwidrig abgeschlossen wurde. Fehlt die Angabe des Teilzahlungspreises oder des effektiven Jahreszinses, so wird der Barzahlungspreis zuzüglich 4% geschuldet. Ist ein Barzahlungspreis nicht genannt, gilt im Zweifel der Marktpreis als Barzahlungspreis, § 507 Abs. 2 S. 4 BGB. Auch die Regelung des § 502 Abs. 1 S. 2 BGB aF wonach bei Teilzahlungsgeschäften die Angabe des Barzahlungspreises und des effektive Jahreszins entbehrlich ist, besteht in § 507 Abs. 3 BGB fort.

Ein Formmangel wird nach § 507 Abs. 2 S. 2 BGB durch die Übergabe der Sache oder durch die Erbringung der vereinbarten Leistung geheilt.

In § 508 Abs. 1 BGB wird für das Teilzahlungsgeschäft aus Gründen der allgemeinen Übung im Versandhandel die Möglichkeit eingeräumt, die Rückgabe der gelieferten Sache nach § 356 BGB dem Widerruf gleichzustellen. Die Verbraucherschutzrechte werden durch diese zusätzliche Option nicht beeinträchtigt.

§ 508 Abs. 2 BGB gilt für den Rücktritt des Unternehmers bei ausbleibenden Zahlungen. Neben einer Kündigungsmöglichkeit der Teilzahlungsabrede nach den §§ 506 Abs. 1, 498 BGB, kann der Unternehmer unter Beachtung der Vorgaben des Absatz 2 nach § 323 BGB vom Vertrag zurücktreten. Die eingeschränkte Verzugsregelung des § 497 BGB gilt auch für das Rücktrittsrecht des Kreditgebers/Unternehmers bei Teilzahlungsgeschäften, § 508 Abs. 2 BGB. Nimmt der Kreditgeber/Unternehmer die gelieferte Sache wieder an sich, gilt dies als Ausübung des Rücktrittsrechts, es sei denn, der Kreditgeber/Unternehmer einigt sich mit dem Verbraucher, diesem den gewöhnlichen Verkaufswert der Sache im Zeitpunkt der Wegnahme zu vergüten, § 508 Abs. 2 S. 5 und 6 BGB.

§ 509 BGB enthält eine § 18 Abs. 2 KWG entsprechende Bonitätsprüfungspflicht und gilt für jede Form der entgeltlichen Finanzierungshilfe (insb. Teilzahlungsgeschäfte und Finanzierungsleasingverträge). Die tatbestandlichen Voraussetzungen bei der Bewertung der Kreditwürdigkeit entsprechen dabei denen des § 18 Abs. 2 KWG. Abweichend ist die Rechtsfolgenseite zu bewerten.[276] § 509 BGB begründet eine eigenständige Prüfungsverpflichtung gegenüber dem Verbraucher (vorvertragliche Aufklärungs- bzw. Warnpflicht). Unterlässt der Unternehmer schuldhaft einen gebotenen Hinweis, so hat der Verbraucher einen auf den Ersatz des negativen Interesses gerichteten Schadensersatzanspruch aus §§ 280 Abs. 1, 311 Abs. 2 BGB.[277]

Vorschriften über den Kreditvermittlungsvertrag in §§ 655 a bis 655 e BGB [278] und die Unabdingbarkeit dieser Verbraucherschutzvorschriften sowie ein ausdrückliches Verbot von Umgehungsgeschäften, § 511 BGB – Beispiel: ein Kreditgeber teilt einen Verbraucherkredit über 570 Euro in drei Einzelverträge á 190 Euro auf, um mit jedem unter die Bagatellgrenze nach § 491 Abs. 2 Nr. 1 BGB zu kommen – runden diese umfassende Regelung des Verbraucherkreditrechts ab.

---

[276] Umstritten ist, ob die Vorschrift ähnlich wie die Parallelvorschrift des § 18 Abs. 2 KWG allein dem öffentlichen Interesse dient oder als Anknüpfungspunkt des Verbrauchers für Schadensersatzansprüche dient, vgl. *Nobbe* WM 2011, S. 625, 630 mwN. Die gezielte Verankerung im BGB spricht dafür, dass § 509 BGB auch dem Schutz des Verbrauchers dient.

[277] Die unterschiedliche Behandlung von Kreditinstituten (unter Aufsicht der BaFin) u. Unternehmen die entgeltliche Finanzierungshilfen gewähren (ohne Aufsichtskontrolle) ist gerechtfertigt, vgl. *Derleder* NJW 2009, S. 3195, 3200; *Nobbe* WM 2011, S. 625, 630 mwN.

[278] Bereits der Darlehensvermittler ist nach § 655a Abs. 2 S. 1 BGB iVm Art. 247 §§ 6–13 EGBGB zur umfassenden Information verpflichtet.

B. Kreditsicherheiten

Literatur: *Lwowski, Fischer, Langenbucher,* Recht der Kreditsicherung, 9. Aufl. 2011; *Schimansky, Bunte, Lwowski,* BankR-HdB, Bd. II, 4. Aufl. 2011, §§ 90–98, 121; *Hellner/Steuer,* Bankrecht und Bankpraxis, Band 2, Abschnitt 4 (Kreditsicherung); *Bunte,* AGB-Banken und Sonderbedingungen, 3. Aufl. 2011; *Clemente,* Recht der Sicherungsgrundschuld, 4. Aufl. 2008; *Nobbe* (Hrsg.), Kommentar zum Kreditrecht, 2. Aufl. 2012; *Obermüller,* Insolvenzrecht in der Bankpraxis, 7. Aufl. 2007; *Thöne* (Hrsg.), Praxiswissen Bankrecht, 1. Aufl. 2011, Abschnitt IV (Kreditsicherheiten).

Kredite sind zu besichern, wenn die Bonität des Kreditnehmers die Kreditgewährung nicht alleine trägt. Dies gebietet der Umgang mit fremdem Geld. Diese Sicherungsanforderung will Vermögensverluste des Kreditgebers minimieren und so den Bankeinleger vor einer Insolvenz seiner Bank schützen. Diese rechtliche Sicht wird in der Bankbetriebslehre nicht allseits geteilt. Dort setzt man anstelle von Sicherheiten auf Marktstellung, Management und rationale Produktion, die sich in der Ertragskraft des kreditnehmenden Unternehmens niederschlagen. Die dauerhafte Ertragskraft des Kreditnehmers sei das verlässlichste Kreditbesicherungsmedium und setzt anstelle von dinglicher Sicherheit auf die Einhaltung von Bilanzrelationen, die als Basis für das Kreditstanding dienen. Richtig dürfte sein, das eine zu tun und das andere trotzdem nicht zu lassen. 127

Eine Kreditsicherheit ist das Medium, aus dem der Kredit zurückgeführt wird, wenn der Kreditnehmer den Kredit bei Fälligkeit nicht zurückzahlen kann oder will. Die Besicherung dient dem „Ernstfall". Nach Insolvenzrecht[279] steht dem Kreditgeber im Ernstfall nicht der volle Gegenwert der verwerteten Sicherheit zur Verfügung, sondern es müssen Teile hiervon – nämlich insgesamt 9 %[280] – an die Insolvenzmasse abgeführt werden. Diese Beträge sollen dazu dienen, dass mehr Verfahren eröffnet werden können und die Befriedigungschancen ungesicherter Gläubiger steigen – näheres gehört zum Insolvenzrecht. – Es gibt wenige Kreditgewährungen, bei denen der rechtsgeschäftliche Wille der Parteien des Kreditvertrages auf Kreditrückzahlung aus der Sicherheit gerichtet ist; dies ist nur bei den „**selfliquidating credits**" der Fall, also zB bei Krediten auf Importware, die allein aus dem Verkauf dieser Ware zurückgeführt werden. 128

Wer sich diese Zielsetzung der Kreditbesicherung – den „Ernstfall" – vor Augen hält, dem erklären sich die Ausnahmen vom Besicherungsgebot: erstklassige Schuldner, wie die Bundesrepublik, die deutschen Bundesländer und die großen Aktiengesellschaften stellen aus Standinggründen und um den mit der Sicherheitsbestellung verbundenen Aufwand einzusparen, keine Kreditsicherheiten, evtl. gewähren sie Negativerklärungen[281] als Ersatzsicherheiten. Kredite ohne Sicherheit sind „**Blankokredite**". Dem Volumen nach übersteigen die Blankokredite die besicherten Kredite. Die Zusage der Blankokreditgewährung im Krediteinräumungsschreiben ändert nichts daran, dass nach Nr. 13 Abs. 2 AGB-Banken 2012 und Nr. 22 Abs. 1 AGB-Sparkassen 2012 nachträglich eine Besicherung verlangt werden kann, sog. „Nachbesicherungsklausel". 129

Ob ein Kreditinstitut Sicherheiten bei einer Kreditgewährung verlangt oder hierauf verzichtet, ist eine unternehmerische Frage und eine Marktfrage, keine Rechtsfrage. Ge- 130

---

[279] *Ganter* in BankR-HdB, § 90 Rn. 581 ff.
[280] für Mobiliarsicherheiten gilt: 4 % des Verwertungserlöses für die Feststellung des Sicherungsgegenstands, § 171 Abs. 1 InsO; 5 % für die Kosten der Verwertung, § 171 Abs. 2 InsO; zur abweichenden Sach- und Rechtslage bei Immobiliarsicherheiten: *Ganter* in BankR-HdB, § 90 Rn. 595 ff.
[281] Vgl. zum Begriff der Negativerklärung unten § 5 Rn. 150.

setze, insbes. das KWG, zwingen das Kreditinstitut nicht, Kredite nur gegen Sicherheiten zu geben.[282] Ziel des Rechts der Kreditsicherheiten ist es einerseits, dem Kreditgeber im **Verwertungsfall** eine rechtlich verlässliche Position zu gewähren, insbes. seine Rechte von Ansprüchen Dritter abzugrenzen, auf der anderen Seite den Kreditnehmer vor **ungebührlichen Einschränkungen** in seiner wirtschaftlichen Bewegungsfreiheit und in der bestimmungsgemäßen Nutzung des Sicherungsguts zu schützen.

131   Nach den Besicherungsformen unterscheidet man zwischen den persönlich gesicherten Krediten, das sind Kredite, die durch Bürgschaften, Garantien und Schuldbeitritt besichert sind, und den dinglich, also durch Grundpfandrechte, durch Sicherungsübereignung und Pfandrechte an beweglichen und unbeweglichen Sachen besicherten Krediten. Bankmäßige Kreditsicherheiten können ebenso Zessionen von Rechten und von Warenzeichen[283] sein.

132   Rechtsgrundlage des Kreditbesicherungsrechts sind das Bürgschaftsrecht in §§ 765 ff. BGB und die sachenrechtlichen Vorschriften zum Eigentum und zur Grundschuld; für die Zession und andere Sicherungsübertragungen von Rechten die §§ 398–413 BGB; des Weiteren gelten Nr. 1–17 AGB-Banken 2012, Nr. 21 und 22 AGB-Sparkassen 2012, vor allem Nr. 14 Abs. 1, 15 Abs. 1 AGB-Banken, die den Inhalt haben, dass alle in den Besitz des Kreditgebers gelangenden Rechte und Sachen als Sicherheit für alle bestehenden und zukünftigen Ansprüche haften, die der Bank und allen ihren Geschäftsstellen zustehen. Mitunter sind darüber hinaus Spezialgesetze einschlägig, wie die ErbbaurechtsVO oder das WohnungseigentumsG. Schließlich ist umfangreiches, im stetigen Wandel begriffenes Richterrecht zu beachten. Zunächst indessen gelten die vertraglichen Abmachungen zwischen den Parteien des Krediteröffnungsvertrages nebst etwaigen Sicherungszweckerklärungen.

I. Personalsicherheit

133   Wenn sich dem Kreditgeber neben dem Kreditnehmer eine oder mehrere weitere Personen für die Rückzahlung eines Kredites verpflichten, gewähren Letztere eine Personalsicherheit. Diese Personen verpflichten sich, entweder a) als Bürge; b) als Garant; c) als Patron; oder d) durch Schuldbeitritt oder Schuldübernahme für die Kreditrückzahlung einzustehen. Diese Besicherungsformen werden im Kreditgeschäft häufig neben anderen Sicherheiten eingesetzt. **Beispiel**: Eine Familien-GmbH mit niedrigem Stammkapital erhält einen Investitionskredit, der durch Grundschuld auf der Betriebsimmobilie besichert ist. Um das fortdauernde Engagement der Eignerfamilie unter Beweis zu stellen, werden deren Mitglieder um Bürgschaften für die Rückzahlung und Verzinsung des Kredits gebeten. Die **Bürgschaft** ist wegen ihrer gesetzlichen Regelung in den §§ 765 ff. BGB die häufigste und bankrechtlich bis ins Detail ausgearbeitete Personalsicherheit. Das Bankrecht kennt sie vor allem als Höchstbetragsbürgschaft mit engem und mit weitem Sicherungszweck. Die gesetzlich nicht geregelte **Garantie** enthält das Versprechen, für den Eintritt eines bestimm-

---

[282] Dies gilt nicht für Pfandbrief-Banken, die Kredite nur gegen Sicherheiten gewähren dürfen, § 1 Abs. 1 PfandBG.
[283] Nach dem Gesetz über die Erstreckung von gewerblichen Schutzrechten v. 23. April 1992, BGBl I, S. 938; *Rohnke*, Warenzeichen als Kreditsicherheit, NJW 1993, S. 561; *Schmidt*, Urheberrechte als Kreditsicherheit nach der gesetzlichen Neuregelung des Urhebervertragsrechts, WM 2003, S. 461 ff.

ten Erfolges einzustehen. Diese Besicherungsform ist im internationalen Geschäft vorherrschend. Die **Patronatserklärung** enthält die Verpflichtung einer Muttergesellschaft, ihre Tochter finanziell so auszustatten, dass sie ihre Verbindlichkeiten erfüllen kann. **Schuldbeitritt und Schuldübernahme** sind eher ungebräuchliche Besicherungsformen, sie gehören ebenso wie Wechselverpflichtungen nach Art. 15 WG, gesellschaftsrechtliche Haftungen etwa nach §§ 128, 130 HGB und konzernrechtliche Haftungen etwa aus § 302 AktG (Ergebnisabführungsverträge) zu den atypischen Personalsicherheiten.

1. Bürgschaft

Der Bürge haftet für fremde Schuld. Dies ist der Unterschied zum Schuldbeitritt als weiterer Kreditschuldner, wo jeder auf die volle Schuldsumme aus eigener Schuld haftet. Für die Bürgschaft ist nach § 766 BGB Schriftform zwingend. Anderes gilt nach § 350 HGB für die Bürgschaft eines Vollkaufmannes, für die das Schriftformerfordernis nicht gilt. Ist Schriftform geboten, muss die Urkunde die Personen des Bürgschaftsverhältnisses, also den Gläubiger, den Bürgen und den Hauptschuldner, die verbürgte Forderung und die Einstandspflicht des Bürgen präzise angeben.[284] Bezüglich dieser Präzisierung können vielfache Rechtsfragen entstehen: Ist zweifelhaft, ob eine Erklärung als Bürgschaft, als Schuldbeitritt oder als sonstige Personalsicherheit zu begreifen ist, hat die Auslegung anhand der schriftlichen Erklärung zu erfolgen; sie allein gibt Auskunft, was vereinbart ist.[285] In der Kreditpraxis werden von den Bankenverbänden erarbeitete Bürgschaftsformulare verwandt, die Auslegungsprobleme nicht entstehen lassen und regelmäßig **selbstschuldnerische Höchstbetragsbürgschaften** vorgeben. Dies bedeutet einmal, dass die Einrede der Vorausklage gem. § 773 Abs. 1 Nr. 1 BGB für den Bürgen ausgeschlossen ist und zum anderen, dass die Bürgschaft in der verbürgten Summe nach oben begrenzt ist. Lautet die Bürgschaft – noch weitergehend – „zur Zahlung auf erstes Anfordern", sind dem Bürgen alle Einwendungen ausgeschlossen. Diese Bürgschaftsform ist wegen der sie kennzeichnenden weitgehenden Lockerung der Akzessorietät von der Hauptforderung und „wegen unzumutbarer Belastung des Bürgen" formularmäßig nur wirksam, „wenn sie von Banken oder Versicherungen oder Großunternehmen, die über die entsprechende Geschäftserfahrung verfügen, ausgefertigt wird",[286] nicht aber, wenn sie von Privatpersonen im Kreditsicherungsgeschäft an Banken gewährt wird.[287] In diesem Fall ist sie als einfache Bürgschaft auszulegen.[288] **134**

Der Inhalt der Bürgschaftsverpflichtung muss aus dem Bürgschaftsvertrag **eindeutig bestimmbar** sein. Es muss die Hauptschuld, also der verbürgte Kredit, zweifelsfrei bezeichnet sein, sofern ein bestimmter Kredit durch eine Bürgschaft mit **engem Sicherungszweck** und nicht die Gesamtverbindlichkeiten eines Kreditnehmers verbürgt sind. Die Akzessorietät der Bürgschaft – §§ 767, 768 BGB – hat grundsätzlich für das Bankrecht zur Folge, dass sich die Bürgenhaftung nicht auf Verbindlichkeiten, die erst nach Kündi- **135**

---

[284] BGH WM 1989, S. 559, BGH NJW 1993, S. 724 für den Inhalt der Hauptschuld.
[285] BGH NJW 1995, S. 1886 bei unbewusst gebrauchter Falschbezeichnung; BGH WM 1968, S. 1201, ein Fall der Schuldmitübernahme; OLG Köln, EWiR § 765 BGB 2/86, 567 (*Schneider*), ein Fall der Patronatserklärung; weitere Rechtsprechungsnachweise bei *Nobbe* in BankR-HdB, § 91 Rn. 56
[286] BGH NJW 2001, S. 1857.
[287] BGH NJW 2002, S. 3627 f.
[288] BGH NJW 2002, S. 3178.

gung der Hauptschuld und Abwicklung der Geschäftsverbindung neu begründet werden, erstreckt. Der Bürge muss nicht damit rechnen, dass trotz der Aufhebung der Geschäftsverbindung dem Hauptschuldner weitere Kredite gewährt werden und er für diese Verbindlichkeiten einzustehen habe.[289] Ist dagegen im Kreditvertrag die Möglichkeit von Kreditprolongationen oder Zinsänderungen vorgesehen oder war nach der Art des verbürgten Kredits die spätere Prolongation für den Bürgen vorhersehbar, so erlischt die Bürgschaft nach erfolgter Prolongation nicht. Eine Bürgschaft mit **weitem Sicherungszweck** verpflichtet den Bürgen, für alle bestehenden, künftigen und bedingten Ansprüche aus der bankmäßigen Geschäftsbeziehung einzustehen. Diese weite Bürgschaftsform hat der BGH, sofern formularmäßig vereinbart, grundsätzlich für überraschend iSv § 305 c BGB erklärt,[290] weshalb sie zumindest im Privatkundengeschäft nicht verwendet werden sollte.

Der Bestimmtheitsgrundsatz gilt nach § 767 Abs. 1 Satz 1 BGB nicht für den Bürgschaftsbetrag, für den der „Bestand der Hauptverbindlichkeit maßgeblich" ist, was bankrechtlich bei einem verbürgten Kontokorrentkredit, der täglich schwankt, bedeutet, dass der jeweilige Saldo nebst Abschlussposten bis zum vereinbarten Kreditlimit verbürgt ist. Bei einem unlimitierten Kontokorrentkredit ist die Haftung auf den Saldo bei Übernahme der Bürgschaft beschränkt.[291]

136 Bei der sog. Höchstbetragsbürgschaft werden die über den Höchstbetrag hinausgehenden Zinsen, Zinsrückstände o.ä. Nebenforderungen nicht miterfasst, weil es dem Wesen des Höchstbetrages entspricht, die höchste verbürgte Summe anzugeben.[292] Dementsprechend ist nach den heute üblichen Bürgschaftstexten der Kreditinstitute der Höchstbetrag die absolute Obergrenze, die auch durch Nebenforderungen nicht überschritten werden kann.

137 Das Kreditinstitut, das eine Bürgschaft annimmt, ist nicht verpflichtet, den Bürgen auf die Risiken einer Bürgschaft hinzuweisen. Selbst die der Bank erkennbare Erwartung des Bürgen, über die Weiterentwicklung des verbürgten Kredits orientiert zu werden, wird nicht Geschäftsgrundlage der Bürgschaft.[293] Richtigerweise muss die Bank diese Erwartungshaltung ausräumen. Tut dies die Bank nicht, sondern fördert sie die Erwartung, dass der Bürge wohl nicht in Anspruch genommen werde, ist zu prüfen, ob sie nicht Unerfahrenheit ausnutzt und den Bürgen ungewöhnlich stark belastet. Zwar ist die Bürgschaft eine risikobehaftete Haftungsübernahme und soll es als Ausfluss der Privatautonomie auch bleiben. Aber wenn Kreditinstitute bei Krediten an Privatpersonen gleichsam routinemäßig **Bürgschaftserklärungen von dem Kreditnehmer nahestehenden Personen** verlangen, selbst wenn diese Mitverpflichteten ohne Einkommen und Vermögen sind, waren diese Bürgschaften[294] früher nur beim IX. Senat des BGH rechtsbeständig. Der XI. Senat des BGH hielt eine **Mithaftung einer einkommens- und vermögenslosen Ehefrau** für den Betriebsmittelkredit ihres Ehemannes über 126.000 DM für sitten-

---

[289] BGH ZIP 1988, S. 1167 = WM 1988, S. 1301 = EWiR § 765 BGB 6/88, S. 981 (*Bülow*).
[290] BGH WM 2002, S. 919, 920.
[291] BGH WM 1998, S. 67.
[292] BGH WM 2002, S. 1836 f.
[293] BGH NJW 1983, S. 1850; BGH WM 1991, S. 1154, 1157; mit Recht kritisch hierzu *Köndgen* NJW 1991, S. 2015, 2018 f.
[294] Zwei Söhne, 20 und 21 Jahre alt, vermögens- und einkommenslos, verbürgen sich für den Unternehmenskredit an den Vater über damals 350 TDM. Nach BGHZ 106, S. 269 ist die Bürgschaft wirksam; ähnlich WM 1989, S. 480 und S. 667.

widrig wegen finanzieller Überforderung und daraus folgender aussichtsloser Lebenssituation des Bürgen.²⁹⁵ In diesem Diskurs hatte das BVerfG²⁹⁶ die Ansicht des XI. Senats bestätigt und eine Inhaltskontrolle von Bürgschaften vermögensloser Familienangehöriger vorgegeben. Nach inzwischen übereinstimmender Rechtsprechung des IX. und XI. Zivilsenats ist Sittenwidrigkeit vom Grad des Missverhältnisses zwischen Leistungsvermögen und Verpflichtungsumfang abhängig. Maßstab ist die Fähigkeit des Bürgen, aus seinem pfändbaren Vermögen die Zinslast der verbürgten Hauptschuld dauerhaft erbringen zu können²⁹⁷. Hierüber ist aufgrund einer Prognose im Zeitpunkt der Bürgschaftsübernahme zu befinden²⁹⁸. Es besteht dabei die widerlegliche Vermutung, dass die wirtschaftliche Lage des Bürgen im Zeitpunkt seiner Inanspruchnahme für die Bank voraussehbar war²⁹⁹. Liegt eine krasse Überforderung vor, wird widerleglich vermutet, das Kreditinstitut habe die emotionale Beziehung zwischen Hauptschuldner und Bürgen in sittlich anstößiger Weise ausgenutzt.³⁰⁰ **Beispiel für eine Widerlegung**: Der Bürge hat an der Kreditgewährung ein eigenes wirtschaftliches Interesse. Dann ist die Bürgschaft rechtsbeständig.³⁰¹

Die Verbraucherschutzvorschriften des § 1 HWiG aF bzw. § 7 VerbrKG aF waren auf Bürgschaftsverträge weder direkt noch analog anwendbar.³⁰² Auch der EuGH entschied sich gegen die Anwendbarkeit der Verbraucherkreditrichtlinie, wenn der Bürge und der Hauptschuldner Verbraucher sind.³⁰³ Der BGH hat die Anwendung der Regeln zum Verbraucherdarlehensvertrag auf Bürgschaften (ua das Widerrufsrecht) jedenfalls in dem Fall verneint, dass die Bürgschaft einen gewerblichen, nicht den Verbraucherdarlehensregeln unterfallenden Kredit sichert.³⁰⁴ **138**

Zahlt der Bürge, so ist dies Erfüllung der Bürgschaftsverpflichtung und nicht, wie früher vertreten wurde, nur Sicherheitsleistung.³⁰⁵ Die Forderung der kreditgebenden Bank einschließlich der Zinsforderung³⁰⁶ geht gem. § 774 BGB mit den gestellten Sicherheiten auf den Bürgen über. Dies ist im Bankrecht dahin konkretisiert, dass dieser **Sicherheitenübergang** erst nach vollständiger Erfüllung der Bürgschaftsverpflichtung geschieht. Gibt eine Gläubigerin, also die Kreditgeberin, Sicherheiten frei, wird der Bürge nach § 776 BGB von seiner Verpflichtung insoweit frei, als er aus dem aufgegebenen Recht nach **139**

---

²⁹⁵ BGH NJW 1991, S. 923; BGH NJW 1995, S. 592, Feststellung eines unerträglichen Ungleichgewichts zu Lasten des Ehegatten aufgrund dem Gläubiger zurechenbarer Umstände, ermittelt im Wege des Interessenausgleichs nach § 242 BGB; BGH WM 1997, S. 511, Überrumpelung des Bürgen in einer durch den Gläubiger geschaffenen Zwangslage; BGH ZIP 1997, S. 923, zur Sittenwidrigkeit der Mithaftung eines finanziell überforderten Ehepartners auch ohne konkrete Einflussnahme der Bank.
²⁹⁶ BverfG, Beschluss v. 19. Oktober 1993, BVerfGE 89, S. 214, bestätigt in BVerfG ZIP 1994, S. 1526.
²⁹⁷ BGH WM 2010, S. 32, 33.
²⁹⁸ BGH WM 2005, S. 421.
²⁹⁹ BGH WM 1996, S. 1124.
³⁰⁰ BGH WM 2010, S. 32, 33.
³⁰¹ BGH WM 2005, S. 421.
³⁰² Zuletzt BGH NJW 1998, S. 1939.
³⁰³ EuGH ZIP 2000, S. 574.
³⁰⁴ BGH NJW 1998, S. 1939; *Peters* in BankR-HdB, § 81 Rn. 283 mwN
³⁰⁵ BGHZ 92, S. 374.
³⁰⁶ BGH WM 1990, S. 260 = WuB I F 1 a – 7.90 (*Rimmelspacher*); *Hadding/Häuser*, WM-Festgabe für Heinsius 1991, S. 4, zum Anspruch des Bürgen auf Rückerstattung des nicht verbrauchten Teils vorausbezahlter Zinsen.

Erne

§ 774 BGB hätte Ersatz verlangen können. Diese Rechtsfolge wurde in den Bürgschaftsformularen der Kreditinstitute regelmäßig abbedungen, was nach der Rechtsprechung aber unzulässig war.[307] Nach Nr. 13 Abs. 1 S. 1 AGB-Banken 2012 hat die kreditgebende Bank gegen den Hauptschuldner Anspruch auf Verstärkung der Sicherheiten. Ein solcher Anspruch besteht nicht gegenüber dem Bürgen. Aber ab Fälligkeit der Hauptforderung kann das Kreditinstitut vom Bürgen Stellung oder Verstärkung der Sicherheit für die Bürgschaftsverpflichtung verlangen, Nr. 13 Abs. 1 Satz 2 AGB. Die gleiche Regel gilt zur allgemeinen Pfandklausel Nr. 14 AGB: Die vom Bürgen in den Besitz des Kreditinstituts gebrachten Wertsachen unterliegen erst ab Fälligkeit der Hauptforderung dem Pfandrecht des Kreditgebers, Nr. 14 Abs. 2 AGB-Banken 2012.

140 Eine Bürgschaft erlischt nicht durch den Tod der Bürgen: Sie geht als Nachlassverbindlichkeit nach §§ 1922, 1967 Abs. 1 BGB auf die Erben über. Eine Bürgschaft erlischt durch Zeitablauf oder durch Kündigung, die Haftung für Altschulden bleibt bestehen, vgl. § 777 Abs. 1 S. 2 BGB. Ist für die Kündigung keine Frist in der Bürgschaftserklärung vorgesehen, muss der Bürge die Belange des Hauptschuldners und der Bank in seiner Fristsetzung berücksichtigen.[308] Normaler **Erlöschensgrund** ist die Rückzahlung des verbürgten Kredites durch den Schuldner; das Erlöschen folgt aus der Akzessorietät der Bürgschaft. Auch die Kreditübernahme durch einen Dritten nach § 418 Abs. 1 BGB kann den Bürgen befreien.[309] Die Bürgschaft erlischt schließlich durch Zahlung des Bürgen. Die verbürgte Hauptforderung geht nach § 774 Abs. 1 Satz 1 BGB auf den Bürgen zur Sicherung seines Erstattungsanspruchs nach §§ 675, 670 BGB über. Das Gleiche gilt für akzessorische Sicherheiten, auch sie gehen nach § 412, 401 BGB auf den zahlenden Bürgen über; dies soll auch für nicht akzessorische Sicherheiten gelten.[310] Hier ist allerdings ein besonderer Übertragungsakt erforderlich.

141 In der Bankpraxis dominiert die hier behandelte selbstschuldnerische Bürgschaft, lautend auf einen Höchstbetrag[311].

2. Garantie

142 Die Garantie enthält das Versprechen, für einen bestimmten Erfolg einzustehen. Eine gesetzliche Regelung der Garantie fehlt. Es gibt keine Formvorschrift für die wirksame Übernahme einer Garantie, was ein wichtiger Unterschied zur Bürgschaft ist. Ist zweifelhaft, ob eine abgegebene Einstandsverpflichtung eine Bürgschaft oder eine Garantie darstellt, erfolgt die Abgrenzung nach dem Maß der Selbständigkeit (Unabhängigkeit) der übernommenen Einstandsverpflichtung und nicht nach der verwendeten Bezeichnung. Die Klausel „**Zahlung auf erstes Anfordern**" gilt als Indiz für das Vorliegen einer Garantie mit **Liquiditätssicherungsfunktion**.[312]

143 In der Bankpraxis werden schriftliche Garantien verlangt, idR des Inhalts, dass die Zahlung einer besicherten Kreditforderung auf erstes Anfordern zu geschehen hat, sog. Zah-

---

[307] BGH WM 2000, S. 764; BGHZ 144, S. 52 ff.
[308] BGH WM 1985, S. 155; die vertraglichen Anforderungen der Zahlungsklauseln sind jedoch zu beachten.
[309] OLG Hamm WM 1990, S. 1152 = WuB I F 1a – 12.90 (*Rehbein*).
[310] BGH WM 2009, S. 1460.
[311] Vertiefend zu anderen Formen der Bürgschaften: *Nobbe* in BankR-HdB, § 91 Rn. 459 ff.
[312] Vgl. BGHZ 74, S. 244, 247; dazu *Horn* NJW 1980, S. 2153; BGH JR 1980, S. 16 mit Anm. *Rehbein*; a. A.: *Nobbe* in BankR-HdB, § 92 Rn. 10.

Erne

lungsgarantie. Damit ist für den Garanten die Prüfung ausgeschlossen, ob der Garantiefall tatsächlich eingetreten ist. Diese Bankgarantie sichert dem Kreditgeber auch die Zahlung von nur behaupteten Ansprüchen aus Kreditgewährung oder sonstigem Rechtsgrund. Grenze ist die missbräuchliche Inanspruchnahme, die notfalls im Wege der einstweiligen Verfügung durchzusetzen ist. Dafür ist aber erforderlich, dass der Missbrauch offensichtlich oder liquide beweisbar ist[313]. Die Garantie kann als Besicherung auch zum Einsatz kommen, wenn ein Kreditinstitut einen für ihre Kreditgewährung notwendigen Erfolg sichergestellt haben will. **Beispiel**: Das Bauunternehmen A verpflichtet sich, in Ägypten für B ein Bauwerk zu errichten und zu festgelegten Terminen zu vollenden. Der Auftraggeber B hat die Errichtung vor Ort zu fördern, andernfalls fällt Vertragsstrafe an. Zur Besicherung der Einhaltung dieser Vertragsstrafe ersucht B seine Bank C, dem Auftragnehmer eine Garantie zu erstellen. Die Bank D finanziert das Vorhaben für A, sie lässt sich die Garantie der Bank C abtreten. Gegen die Inanspruchnahme der Bank C aus Garantie ist in Ausnahmefällen der **Einwand des Rechtsmissbrauchs** möglich.[314] Objektive Voraussetzung dieses Einwands ist, dass der Garantiefall nicht eingetreten ist oder dass aus von B nicht zu vertretenden Gründen das Bauvorhaben nicht durchzuführen ist.[315] Die Garantie ist als Kreditbesicherungsmedium vor allem im internationalen Handelsverkehr bedeutsam[316].

Auch im Wertpapierwesen findet die Garantie häufiger Anwendung, zB als Scheckeinlösungsgarantie und als Garantie für die Einlösung von Schuldverschreibungen. **Beispiel**: Eine Bank emittiert durch eine ausländische Tochtergesellschaft auf fremden Kapitalmärkten in fremder Währung eine Anleihe. Hier tritt die Mutterbank als Garantin auf. Sodann ist die Garantie im Bankwesen ein aktives Bankgeschäft: Das Kreditinstitut stellt sich seinem Kunden als Garant für eine Leistung, die einem Dritten geschuldet wird, zur Verfügung.[317]

3. Schuldbeitritt

Eine atypische Kreditsicherheit ist der Schuldbeitritt, auch kumulative Schuldübernahme oder Schuldmitübernahme genannt. Hierunter versteht man die von einem Dritten gegenüber dem Gläubiger einer Forderung vertraglich übernommene Verpflichtung, für die Verpflichtungen des Kreditschuldners gesamtschuldnerisch mitzuhaften, §§ 421, 427 BGB. Beim Schuldbeitritt hat die Bank oder Sparkasse das Recht, nach Belieben die Rückzahlung des Kredites von jedem Verpflichteten ganz oder teilweise zu verlangen. Der Schuldbeitritt ist vorbehaltlich der für das Grundgeschäft einzuhaltenden Formerfordernisse formfrei.[318] In der Praxis erfolgt der Schuldbeitritt durch entsprechenden Passus auf dem Krediteinräumungsschreiben, der von dem Dritten mit unterschrieben wird. Häufiger Anwendungsfall des Schuldbeitritts sind Verbraucherdarlehensverträge. Wird der Kredit an zwei Eheleute ausgereicht, handelt es sich um einen Kredit an zwei Kreditnehmer. Wird der Kredit einer Person gewährt unter Beitritt des anderen Ehepartners, dann sind

---

[313] *Nobbe* in BankR-HdB, § 92 Rn. 40 ff.
[314] Übersicht über die komplexe Rechtsentwicklung, *T. Fischer* in BankR-HdB, § 121 Rn. 185 ff.
[315] Für den Fall einer Verstaatlichung vgl. BGHZ 104, S. 240.
[316] *T. Fischer* in BankR-HdB, § 121 (Bankgarantien bei Außenhandelsgeschäften).
[317] → § 5 Rn. 62–67.
[318] BGH WM 1993, S. 287 Schuldbeitritt zu einem konstitutiven Schuldanerkenntnis mit Bespr. *Dehn* WM 1993, S. 2115.

Kreditnehmer und Schuldbeitretender Gesamtschuldner nach § 421 BGB mit der Folge, dass die Bank von jedem Schuldner Zahlung des vollen Betrages verlangen kann, insgesamt aber natürlich nur einmal. Für den Schuldbeitritt eines Verbrauchers sind die Pflichtangaben nach Art. 247 §§ 6 bis 13 EGBGB sowie die Schriftform des § 492 Abs. 1 BGB separat zu beachten.

4. Patronatserklärung

146   Auch die Patronatserklärung gehört zu den atypischen Banksicherheiten, ebenso wie die Verlustdeckungszusage und die Bilanzhilfezusage. „Patronatserklärung" ist ein Sammelbegriff für eine Vielzahl unterschiedlicher Erklärungen, deren Gemeinsamkeit darin besteht, dass ein Patron – in der Regel eine Muttergesellschaft – einem Kreditgeber gegenüber zur Förderung oder Erhaltung der Kreditbereitschaft an einen Begünstigten – in der Regel eine Tochtergesellschaft – eine garantieähnliche Verpflichtung übernimmt.[319] In der „**harten Patronatserklärung**" erklärt der Patron gegenüber dem Kreditgeber, dass die kreditnehmende Tochtergesellschaft jederzeit finanziell so ausgestattet wird, dass sie ihren Verbindlichkeiten nachkommen kann, oder dass das Kapital der Kreditnehmerin erhalten bleibt. Das bedeutet, dass der Patron sich verpflichtet, bei Verlusten der kreditnehmenden Tochtergesellschaft Nachschüsse zu leisten. Im Kontrast zu den harten Patronatserklärungen stehen die „weichen Patronatserklärungen";[320] das sind Mitteilungen mit Goodwill-Charakter, wie zB die Erklärungen der Muttergesellschaft, sie habe von der Kreditaufnahme ihrer Tochtergesellschaft Kenntnis; oder sie werde auf die Zahlungsfähigkeit der kreditnehmenden Tochtergesellschaft Bedacht legen.

147   Für die Verwendung von Patronatserklärungen spielen bilanzrechtliche Gesichtspunkte eine Rolle.[321] Denn gem. § 251 HGB sind Verbindlichkeiten aus Bürgschaften und Garantien als Eventualverbindlichkeiten gesondert in der Bilanz auszuweisen. Deshalb kann das Interesse bestehen, auf Sicherungsmittel auszuweichen, die dieser Ausweispflicht nicht unterliegen.[322] Ein solches, nicht ausweispflichtiges Sicherungsmittel ist aber nur die weiche, nicht die harte Patronatserklärung. Es gibt also einen Zielkonflikt zwischen dem Interesse des Patrons, Offenlegung in der Bilanz zu vermeiden und des Kreditinstituts, dem mit der weichen Erklärung nur in Grenzen gedient ist. Das gleiche Problem entsteht bei ausländischen Muttergesellschaften, die für die Abgabe einer bürgschaftsähnlichen Verpflichtung die Devisengenehmigung einer staatlichen Kontrollbehörde einholen müssen, was sie mit der Abgabe einer weichen Erklärung vermeiden wollen. Oder es entstehen außensteuerliche Nachteile, wenn die ausländische Muttergesellschaft eine Bürgschaft abgibt, sie also bestrebt ist, ihre Erklärung so unverbindlich wie möglich abzufassen und dennoch dem Besicherungsbedürfnis der Kreditgeberin zu entsprechen.

148   In die Kategorien des Schuldrechts ist die Patronatserklärung nicht einzuordnen, sie ist keine Schuldmitübernahme, weil die Erklärung nicht die Verpflichtung enthält, die Kreditverbindlichkeit als eigene Schuld zu übernehmen. Auch die Einordnung als Bürgschaft

---

[319] *Merkel/Tetzlaff* in BankR-HdB, § 98 Rn. 4 ff.; *Wittig*, Moderne Patronatserklärungen WM 2003, S. 1981 ff.; BGH WM 2003, S. 1178 ff.; BGHZ 117, 127 ff.
[320] Zum Unterschied zwischen weicher und harter Patronatserklärung OLG Karlsruhe, AG 1993, S. 89.
[321] *Claussen/Korth*, Kölner Komm AktG, § 251 HGB Rn. 13.
[322] zu weiteren Anwendungsfällen: *Lwowski, Fischer, Langenbucher*, Das Recht der Kreditsicherung, S. 349 f.

scheidet aus, weil gerade dies nicht gewollt ist und das Kreditinstitut keinen unmittelbaren Anspruch auf Leistung an sich hat. Die Einordnung als Garantie kommt nicht in Betracht, weil deren Merkmal darin besteht, dass der Versprechende die von der Schuld des Hauptschuldners unabhängige Verpflichtung übernimmt, dem Gläubiger für die pünktliche Rückzahlung des Kredites oder eines sonstiges Erfolges einzustehen. Eine von der Hauptschuld unabhängige Verpflichtung übernimmt der Patron aber nicht.[323] Mithin ist die Patronatserklärung ein Vertrag sui generis mit dem Ergebnis, dass aus einer **weichen Patronatserklärung**, etwa einer Muttergesellschaft, sie habe von der Kreditaufnahme durch ihre Tochtergesellschaft Kenntnis genommen[324] oder mit x % an der Kreditnehmerin beteiligt zu sein, keine Rechtsfolgen entstehen. Weiche Patronatserklärungen gewähren dem Kreditgeber idR keine Ansprüche. Sie schaffen allenfalls einen Vertrauenstatbestand.[325] Die **harte Patronatserklärung** stellt dagegen eine rechtliche Verpflichtung gegenüber der Tochtergesellschaft dar, in der Insolvenz der Tochtergesellschaft als Gesamtschuldner zu haften.[326]

5. Ergebnisabführungsvertrag

Weitere atypische Kreditsicherheiten sind Ergebnisabführungsverträge in Verbindung mit Beherrschungsverträgen nach § 291 Abs. 1 AktG mit den Rechtsfolgen aus §§ 302, 303 AktG. Inhalt dieses konzernrechtlichen Vertragswerks ist es, dass die herrschende Gesellschaft während der Dauer des **Ergebnisabführungsvertrages** anfallende Verluste der beherrschten Gesellschaft ausgleichen muss. Das hat die gläubigerschützende Wirkung, dass das herrschende Unternehmen seine kreditnehmende Tochtergesellschaft jeweils auf dem Kapitalstand zu halten verpflichtet ist, der bei Eingehung des Kreditvertrages bestand. Im regelmäßigen Verlauf bedeutet das, dass die Obergesellschaft ihre Tochtergesellschaft zur Rückzahlung von deren Krediten instand zu halten hat – ein konzernrechtliches Konstrukt, das auch ein Besicherungsmedium ist[327].

149

6. Negativerklärung

Schließlich können auch **Negativerklärungen** in den Bereich der atypischen Personalsicherheiten eingeordnet werden. Sie kommen häufig im internationalen Kreditgeschäft vor. Negativerklärungen sind Erklärungen des Kreditnehmers gegenüber der Bank, während der Laufzeit eines Kredites einem anderen Gläubiger keine Sicherheiten zu bestellen, aber mit der Ausnahme, dass branchenübliche Eigentumsvorbehalte von Lieferanten und AGB-Pfandrechte von anderen Banken erlaubt sind. Häufig wird diese Negativerklärung mit der **Positiverklärung** verbunden, dass im Falle einer anderweitigen Sicherheitenbestellung die begünstigte Bank pari passu mitabgesichert wird. Es handelt sich also um Gleichbehandlungsklauseln für alle Kreditgeber. Hier ist für die rechtliche und wirtschaftliche Gestaltung breiter Raum, der, angepasst an die einzelnen Kreditverhältnisse, zu nutzen ist[328].

150

---

[323] *Obermüller,* Patronatserklärung, ZGR 1975, S. 1, 26.
[324] *Lwowski, Fischer, Langenbucher,* Recht der Kreditsicherung, S. 351; *Merkel/Tetzlaff* in BankR-HdB, § 98 Rn. 40.
[325] OLG Düsseldorf GmbHR 2003, S. 178.
[326] BGHZ 117, 127, zur Abgrenzung der Haftung außerhalb der Insolvenz und zwischen externen und internen Patronatserklärungen: *Merkel/Tetzlaff* in BankR-HdB, § 98 Rn. 20 ff.
[327] ausführlich zu den Sicherungsdefiziten: *Merkel/Tetzlaff* in BankR-HdB, § 98 Rn. 60 ff.
[328] weiterführend: *Merkel/Tetzlaff* in BankR-HdB, § 98 Rn. 80 ff.

II. Sicherungsübereignung

151 Der Regelung des BGB liegt die Vorstellung zugrunde, dass ein Kredit in allen wesentlichen Fällen entweder Realkredit oder Personalkredit sein könne, also durch Grundpfandrechte oder durch das Vertrauen auf die Leistungsfähigkeit des Darlehensnehmers selbst oder eines von ihm gestellten Bürgen gesichert werde. Das Umlaufvermögen eines Unternehmens, also das Warenlager, Vorräte, halbfertige und fertige Erzeugnisse als Kreditsicherheit heranzuziehen, hat der Gesetzgeber nur in der Form des Faustpfandrechts nach §§ 1204 ff. BGB angedacht. Voraussetzung für das wirksame Entstehen dieses Pfandrechts an beweglichen Sachen ist nach § 1205 BGB, dass der Kreditgeber den Besitz am Pfandgegenstand erhält. Die Begründung eines Besitzmittlungsverhältnisses reicht nicht aus, was sich aus § 1206 BGB ergibt. Da die beweglichen Sachen, mit denen ein Kredit besichert werden soll, zumeist Gegenstände sind, die der Kreditnehmer in seinem unmittelbaren Besitz behalten muss, weil er sie in seiner Firma nicht entbehren kann – nämlich Warenlager, Handelsbestände, halbfertige Industrieprodukte –, ist ihm mit einer solchen Pfandrechtsbestellung nicht gedient. Deshalb hat die Rechtsprechung zur Verbesserung der Kreditfähigkeit der deutschen Unternehmen die Sicherungsübereignung zugelassen. Dabei wird eine bewegliche Sache oder eine Vielzahl von Sachen, zB ein Warenlager, zur Sicherung einer Kreditforderung übereignet – also nicht verpfändet. Die Sicherungsübereignung geschieht derart, dass der Sicherungsgeber dem Sicherungsnehmer gem. § 930 BGB durch Besitzkonstitut mittelbaren Besitz verschafft. Diese vertragliche Eigentumsübertragung ist eine Eingrenzung des Publizitätsgebotes, wonach Eigentumsverhältnisse offenkundig sein sollten. Auf diesem Grundsatz beruht der gutgläubige Erwerb von Sachen, die dem Besitzer nicht gehören. Denn zugunsten des Besitzers wird vermutet, dass er Eigentümer sei, § 1006 Abs. 1 Satz 1 BGB. Aber das Publizitätsprinzip wird im Mobiliarsachenrecht nicht uneingeschränkt durchgehalten, weil es mit den Verkehrsbedürfnissen kollidiert. Darum weicht die Sicherungsübereignung vom Publizitätsprinzip ab und eröffnet damit Gefahren für Dritte und die Beteiligten selbst[329]: Die Sicherungsübereignung kann dem Sicherungsgeber Scheinvermögen zurechnen, mit der eventuellen Folge der Täuschung des Kreditverkehrs und Kollisionen mit anderen Sicherungsrechten.

152 Trotz dieser Kollisionsmöglichkeit der Sicherungsübereignung mit dem Offenkundigkeitsprinzip ist die Sicherungsübereignung aus gewichtigeren Rechtsgründen in Rechtsprechung, Rechtslehre und Gewohnheitsrecht fest verankert.[330] Das Bedürfnis der Wirtschaft, Kredite durch bewegliche Sachen zu sichern, deren Besitz der Kreditnehmer nicht entbehren und die er deshalb nicht gemäß §§ 1205, 1206, 1253 BGB verpfänden kann, tragen diese einhellige Anerkennung. Die Praxis macht von diesem Besicherungsmedium starken Gebrauch. Gegenstand von Sicherungsübereignungen können nur sonderrechtsfähige Sachen sein, also nicht Sachen, die das Schicksal der Hauptsache teilen, wie wesentliche Bestandteile nach §§ 93–95 BGB. Zubehör ist sonderrechtsfähig, aber als gesondertes Sicherungsgut nur geeignet, wenn es nicht der Zubehörhaftung für Grundpfandrechte unterliegt.[331]

153 Dogmatisch ist bei der Sicherungsübereignung zu unterscheiden zwischen dem Darlehens- oder Krediteröffnungsvertrag und der im Sicherungsvertrag geregelten Sicherungs-

---

[329] *Gerhardt*, Mobiliarsachenrecht, Bd. 1, § 14 a.
[330] Seit RGZ 57, S. 175, 177; 59, S. 146, 147; *Ganter* WM 2006, S. 1081.
[331] → § 5 Rn. 194.

übereignung. Teil des Kreditvertrages ist die Verpflichtung, das genau bezeichnete Sicherungsgut dem Kreditinstitut zu übereignen. Dies ist die causa für die Sicherungsübereignung zwischen Kreditgeber und Kreditnehmer. Der danach abzuschließende Sicherungsvertrag regelt die für ein besitzloses Sicherungsrecht typischen, aus § 930 BGB folgenden schuldrechtlichen Abreden des Erfüllungsgeschäfts. Die Einzelabreden bewegen sich in dem Spannungsverhältnis, dass einmal der Kreditgeber Volleigentümer des Sicherungsguts wird, andererseits der Kreditnehmer wirtschaftlich der Herr über die Sache bleibt. Deshalb verbleiben bei dem Kreditnehmer die Versicherungspflicht sowie die Verarbeitungs- und Veräußerungserlaubnis.

Im Gegensatz zu der zuvor behandelten Bürgschaft ist die Sicherungsübereignung ein **154** selbständiges Vollrecht, das unabhängig von der gesicherten Forderung bestellt wird und Bestand hat. Die Sicherungsübereignung ist demzufolge nicht akzessorisch.[332] Hieraus folgt, dass bei der Sicherungsübereignung der kreditgebenden Bank mehr Rechte übertragen werden können, als ihr im Innenverhältnis zum Sicherungsgeber wirtschaftlich zustehen und zur Befriedigung des Sicherungsbedürfnisses erforderlich sind. Insoweit handelt es sich dann um ein Treuhandgeschäft, um eine eigennützige Sicherungs-Treuhand.[333] Denn die Besicherung einer Kreditforderung rechtfertigt nur ein zeitlich beschränktes, nicht ein endgültiges Behaltendürfen des Treugutes, während die rechtlichen Möglichkeiten des Kreditgebers als Inhaber eines Vollrechts umfassende Herrschaftsrechte gewähren. Deshalb ist zu klären, wann und in welcher Form nach Erledigung des Sicherungszwecks das Sicherungsgut auf den Sicherungsgeber zurückübertragen wird.[334] Daneben sind Freigaberegeln bei Überbesicherung erforderlich. Aus diesem Treuhandgedanken und der oben erläuterten Abweichung der Sicherungsübereignung vom Publizitätsgebot von Eigentumsverhältnissen, ergeben sich einschränkende Rechtsregeln für die Sicherungsübereignung, zunächst der Bestimmtheitsgrundsatz.

1. Bestimmtheitsgrundsatz

Die Sicherungsübereignung ist ein im Sachenrecht angesiedeltes Rechtsinstitut. Das **155** Sachenrecht kennt nur gesetzlich vorgegebene dingliche Rechte an einzelnen, genau bestimmten Gegenständen. Eigentumsrechte an nicht bestimmten Gegenständen kennt unsere Rechtsordnung, die dem Grundsatz der Singularsukzession folgt, nicht. Die deshalb dogmatisch zu fordernde exakte Bestimmtheit des Übereignungsgutes ist auch praktisch für die Wirksamkeit der Übereignung wichtig bei Streit mit anderen Sicherungsnehmern. Negatives **Beispiel**: Ein Textileinzelhandelsgeschäft mit mehreren Filialen übereignet seine Warenlager an ein Kreditinstitut, ausgeschlossen die unter Eigentumsvorbehalt stehenden Waren. Ansonsten enthält die Sicherungsübereignung keine nähere Kennzeichnung. Diese Sicherungsübereignung ist mangels Bestimmtheit unwirksam.[335] Positives **Beispiel**: Ein Ehepaar übereignet zur Besicherung eines Anschaffungsdarlehens „das Hausinventar, also sämtliche Gegenstände der Wohnungseinrichtung im Hause X, einschließlich aller Kunst- und kunstgewerblichen Gegenstände, welche sich im Hause gegenwärtig und künftig be-

---

[332] *Ganter* in BankR-HdB, § 90 Rn. 29.
[333] *Ganter* in BankR-HdB, § 90 Rn. 30.
[334] BGH NJW 1998, S. 671.
[335] BGH NJW 1986, S. 1985 = WUB F5, 1.86 (*Möschel*) = BGH WM 1986, S. 594.; BGH NJW 1992, S. 1161.

finden" eines gemeinsam bewohnten Einfamilienhauses. Diese Sicherungsübereignung ist auch ohne Einzelaufstellung **ausreichend bestimmt**, weil Zweifel über die Zugehörigkeit einzelner Gegenstände nicht entstehen können.[336] Dabei ist ein objektiver Maßstab auf subjektiver Grundlage anzulegen, dh es muss für jeden, der die Parteiabreden kennt, anhand einfacher äußerer Abgrenzungskriterien ersichtlich sein, welche Sache übereignet ist, und welche nicht.[337]

156 Die Bestimmtheit muss im Zeitpunkt des Vertragsabschlusses feststehen. Werden zB Maschinen übereignet, sind diese im Sicherungsübereignungsvertrag eindeutig zu bestimmen nach Art, Maschinennummer und Platz der Aufstellung.[338] In schwierigeren Fällen, wie bei der Übereignung eines Warenlagers mit wechselndem Bestand, bei denen die Übereignung durch antizipiertes Besitzkonstitut mit Nachschubklausel geschieht (dh dass auch zukünftig in das Lager eingelieferte Sachen übereignet werden), sind entsprechend einer umfangreichen Rechtsprechung an die Bestimmbarkeit hohe Anforderungen zu stellen. Bloße Wertangaben – etwa „die Hälfte des Warenlagers in... ist an die X-Bank zur Sicherung übereignet" – oder „Waren im Wert von 50.000 DM" – reichen nicht aus, sondern es sind konkrete Sachaussagen erforderlich. Ausreichend bestimmt sind Sicherungsübereignungen wie folgt: „Alle Warenbestände im Lager in... bestehend aus Aluminium." Auch ein räumlich exakt bestimmter Teil eines Lagers, mit Hinweisschild auf den Sicherungseigentümer, ist ein ausreichend bestimmter Raumsicherungsvertrag. Wird nur ein Teil eines Lagers übereignet, ist das Hinweisschild unverzichtbar – wir sprechen dann von einem **Markierungsvertrag**[339] als Sonderform eines **Raumsicherungsvertrages**. Auch ein komplettes Werksgelände kann als ein Raum, also geeignet für einen Raumsicherungsvertrag gesehen werden.[340] Die Rechtsprechung des BGH zur Bestimmtheit ist gefestigt, sodass die Vertragsparteien der Sicherungsübereignung in der Lage sind, ihre Verträge anhand von Formularen so zu gestalten, dass sie sowohl den konkreten Gegebenheiten beim Kreditnehmer als auch dem sachenrechtlichen Grundsatz der Bestimmbarkeit entsprechen. Wichtig ist die periodische Überprüfung, ob die Vertragslage noch mit den betrieblichen Verhältnissen und dem tatsächlichen Bestand übereinstimmt.[341]

157 Der Sicherungsgeber darf regelmäßig aufgrund des Sicherungsübereignungsvertrages die übereigneten Waren veräußern. Die übliche Klausel lautet: „Die Bank gestattet dem Sicherungsgeber, über das Sicherungsgut im Rahmen eines ordnungsgemäßen Geschäftsbetriebes zu verfügen". Ist der Kreditnehmer ein Produktionsunternehmer, muss er die Vorräte zu neuen Gegenständen be- und verarbeiten dürfen. Die Verarbeitung erfolgt dann rechtskonstruktiv durch den Sicherungsgeber und Kreditnehmer für Rechnung des Sicherungsnehmers. Letzterer ist Hersteller iSv § 950 BGB, er erhält das Eigentum an der neu hergestellten Sache oder behält das Eigentum an der verarbeiteten Sache. Rechtsgrundlage für dieses fortdauernde Eigentum ist die „**Verarbeitungsklausel**" im Sicherungsübereignungsvertrag. Eine typische Verarbeitungsklausel lautet: „Vorbehaltlich des aus wichtigem Grund zulässigen Widerrufs gestattet die Bank dem Sicherungsgeber, das

---

[336] BGHZ 73, S. 253; OLG München WM 1986, S. 1521.
[337] BGH NJW 2000, S. 2898.
[338] BGH ZIP 1994, S. 305, mwN.
[339] BGH NJW 1984, S. 803; BGH NJW 1991, S. 2144; *Cartano* in Hellner/Steuer, Bankrecht und Bankpraxis, Bd. 2 Rn. 4/372
[340] BGH WM 1986, S. 594.
[341] *Barbier* ZIP 1985, S. 520.

Erne

Sicherungsgut in eigenem oder fremden Betrieben zu ver- oder bearbeiten." Werden indessen Sachen mitverarbeitet, die Dritten gehören, entstehen Kollisionsrechtslagen.

2. Kollisionsrechtslagen

Für die bankrechtliche Sicherungsübereignung ist die Kollision mit anderen Sicherungsrechten ein rechtliches und wirtschaftliches Problemfeld.[342] Denn das Kreditinstitut leitet sein Sicherungseigentum von dem Kreditnehmer/Sicherungsgeber ab. Wenn aber dieses Eigentum belastet ist, etwa durch ein Vermieterpfandrecht oder wenn die sicherungsübereigneten Sachen nicht dem Sicherungsgeber, sondern Vorbehaltsverkäufern gehören, wie ist dann die Rechtslage? Das Vermieterpfandrecht berührt die Rechtsgültigkeit der Sicherungsübereignung dann nicht, wenn die Sicherungsübereignung vor Einbringung der Sachen erfolgte. Dies lehrt das Prioritätsprinzip. Ein Vermieterpfandrecht an mieterfremden Sachen gibt es nicht, ein gutgläubiger Erwerb ist bei gesetzlichen Pfandrechten ausgeschlossen. Eine nach Einbringung der Sache erfolgte Sicherungsübereignung ist dagegen mit dem zuvor entstandenen Vermieterpfandrecht belastet.[343] Besteht ein Raumsicherungsvertrag bewirkt das Einbringen in den Sicherungsraum zugleich das Entstehen des Vermieterpfandrechts und des Sicherungseigentums. In solchen Fällen hat das Vermieterpfandrecht Vorrang[344]. Ist das Sicherungseigentum an unter Eigentumsvorbehalt stehender Ware erworben worden, ist die Sicherungsübereignung zunächst fehlgeschlagen und nur ein Anwartschaftsrecht entstanden. Dies ist eine Vorstufe zum Eigentum.[345] Dieses Anwartschaftsrecht erhält der Sicherungsnehmer vom Sicherungsgeber. Gegenüber dem Vorbehaltsverkäufer kann sich die sicherungsnehmende Bank – da ihr kein unmittelbarer Besitz eingeräumt wird – nicht auf gutgläubigen Erwerb nach § 933 BGB berufen. Aber sie erhält das Anwartschaftsrecht des Vorbehaltskäufers übertragen. Zahlt der Kreditnehmer/Vorbehaltskäufer an seinen Warenlieferanten, verwandelt sich diese Anwartschaft in Volleigentum des Kreditinstituts. In den Übereignungsvertragsformularen wird die Rechtspflicht des Sicherungsgebers zur Ablösung von Eigentumsvorbehalten stipuliert, des Weiteren ist die Bank befugt, eine Kaufpreisrestschuld des Sicherungsgebers auf dessen Kosten an den Lieferanten zu zahlen.

158

Der Sinn von Warenlagern bei Industrieunternehmen ist deren Verarbeitung zu neuen Gegenständen. Zugleich ist auf die Hergabe des Warenlagers als Sicherheit für Bankkredite oft nicht zu verzichten. Hier regelt die Rechtsverhältnisse die oben wiedergegebene Verarbeitungsklausel im Sicherungsübereignungsvertrag, die dem Sicherungsnehmer Eigentum an dem Produkt der Verarbeitung, also der neuen Sache verschafft, weil das Kreditinstitut als Hersteller nach § 950 BGB auftritt. Auch hier kann eine Kollision mit Eigentumsvorbehalten eintreten. **Beispiel 1**: Die X-GmBH stellt Zementbausteine her und verarbeitet dazu Material von verschiedenen Lieferanten. Sofern diese Lieferanten das Vormaterial ohne Eigentumsvorbehalt geliefert haben, gehen deren Zulieferungen in den Wert der neuen Zementbausteine ein. Die X-GmBH erwirbt Eigentum an den Steinen, die kreditgebende Bank kann wirksam Sicherungseigentum erwerben. Voraussetzung ist natürlich, dass ein ausreichend konkretes Besitzkonstitut nach §§ 930, 868 BGB vereinbart und durchgeführt wurde und dass die erfasste Ware ausreichend bestimmt

159

---

[342] *Lwowski, Fischer, Langenbucher,* Recht der Kreditsicherung, S. 512;
[343] BGH NJW 1992, S. 1156 für einen Raumsicherungsvertrag.
[344] BGH NJW 1992, S. 1156.
[345] BGH NJW 1991, S. 353.

ist.³⁴⁶ In der Insolvenz der X-GmbH haben die Lieferanten lediglich eine Insolvenzforderung. – **Beispiel 2**: Die Lieferanten haben ihre Ware unter einfachem Eigentumsvorbehalt geliefert. Diese Lieferanten haben ihr Eigentum aufgrund der Verarbeitung durch die X-GmbH gem. § 950 BGB verloren, wenn das Material wesentlicher Bestandteil der neuen Sache wurde und der Wert des Materials erheblich geringer als der Wertzuwachs durch die Verarbeitung ist. Diese Lieferanten können gegen die X-GmbH lediglich den Bereicherungsanspruch nach § 951 BGB geltend machen. **Beispiel 3**: Der Lieferant hat sich durch einen Eigentumsvorbehalt mit Verarbeitungsklausel gesichert. Damit ist der Eigentumserwerb des Herstellers nach § 950 BGB zwar nicht abbedungen, aber die Vereinbarung, dass der Lieferant Hersteller und damit Miteigentümer an den Zementsteinen wird, ist zulässig.³⁴⁷ Auf diese Weise kann sich der Lieferant Eigentum an der verarbeiteten Sache und der aus dem Verkauf entstehenden Forderung sichern. Für den Kreditgeber verbleibt der auf den Verarbeiter entfallende Wertanteil als Anwartschaft; der Kreditgeber erhält als Sicherheit nicht mehr als dem Sicherungsgeber zusteht.

160 Alle diese Kollisionsmöglichkeiten müssen zwischen Kreditgeber und Kreditnehmer bei der Abfassung von Sicherungsübereignungsverträgen berücksichtigt werden. Hierbei sind die Rechtsbeziehungen von Lieferanten des Kreditnehmers naturgemäß nicht Vertragsgegenstand, aber wesentlicher Erörterungsgegenstand, um die dargestellten Kollisionen zu antizipieren.

161 Übereignet der Sicherungsgeber das Sicherungsgut mehrfach, etwa an zwei oder mehr kreditgebende Banken, richtet sich der Eigentumserwerb nach dem Prioritätsgrundsatz. Die erste Sicherungsübereignung ist wirksam, die zeitlich nachfolgende Sicherungsübereignung unwirksam, weil für den Zweiterwerb ein gutgläubiger Erwerb nach § 933 BGB bei der typischen Situation der Sicherungsübereignung ohne Besitzerlangung nicht möglich ist.

3. Übersicherung, Freigabe von Sicherungseigentum

162 Übersicherung liegt vor, wenn der Wert der Sicherheiten das zu besichernde Risiko deutlich übersteigt. Liegt die Übersicherung von Anfang des Kreditverhältnisses an vor, spricht man von **anfänglicher Übersicherung**. In diesem Fall ist der Kreditsicherungsvertrag nicht allein aufgrund der Übersicherung sittenwidrig. Ein Verstoß gegen § 138 BGB mit der Folge der Nichtigkeit ist nur anzunehmen, wenn das Geschäft zum Zeitpunkt des Abschlusses nach seinem nach Inhalt, Beweggrund und Zweck zu bestimmenden Gesamtcharakter gegen die guten Sitten verstößt.³⁴⁸ Hierfür mag ein Anlass sein, wenn der Wert der Sicherheit mehr als 300% des Kredites ausmacht³⁴⁹. Komplexer ist die Rechtslage, wenn die Übersicherung **nachträglich** eintritt, was insbes. bei der Sicherungsübereignung von Warenlagern der Fall sein kann. Für diesen Fall sollte der Sicherungsvertrag eine Teilfreigabeverpflichtung enthalten, die sich in Anwendung der §§ 133, 157, 242 BGB für Sicherungsverträge aller Art unmittelbar und zwingend aus dem Gesetz ergibt.³⁵⁰ Beharrt das Kreditinstitut unter Einschränkung des Sicherheitgebers in seiner

---

³⁴⁶ Vgl. BGH NJW 1984, S. 803.
³⁴⁷ BGHZ 20, S. 159, 163; BGHZ 46, S. 117.
³⁴⁸ BGH WM 1998, S. 1037, 1041; vgl. auch *Ganter* WM 2001, S. 1, 2.
³⁴⁹ zu den Schwierigkeiten, hier einen Pauschalbetrag für alle Fallgestaltungen zu nennen: *Ganter* in BankR-HdB, § 90 Rn. 352c mit zahlreichen Nachweisen zum Stand der Diskussion.
³⁵⁰ *Lwowski, Fischer, Langenbucher*, Recht der Kreditsicherung, S. 99 ff. mwN

unternehmerischen Entfaltung und wirtschaftlichen Bewegungsfreiheit auf übermäßigen Sicherheiten, kann Sittenverstoß, Knebelung und Gläubigergefährdung die Rechtsfolge sein. Deshalb besteht eine Sicherheitenfreigabepflicht. Diese Freigabpflicht ist bei der Sicherungsübereignung von Sachgesamtheiten mit wechselndem Bestand und bei der Globalzession am kompliziertesten. Denn zum einen sind diese beiden Sicherheiten nicht akzessorisch, passen sich also nicht von alleine der Kreditsumme an; zum anderen zeigen Sicherungsübereignungen und Sicherungszessionen meistens stark wechselnde Bestände. Diese beiden Problemfelder finden wir bei den anderen Sicherheiten nicht: Die Bürgschaft, Pfandrechte und Hypotheken sind akzessorisch. Deshalb ist die Freigabe von Sicherheiten hier bei den nicht-akzessorischen Sicherungsmitteln – Sicherungsübereignung, Sicherungszession und Sicherungsgrundschuld – → Rn. 178 f.; 192 – zu behandeln.

Der BGH hat seit etwa 1960[351] in vielen Urteilen verschiedener Senate ein großdimensioniertes richterrechtliches Gebäude errichtet über die Grundsätze zur Übersicherung und Sicherheitenfreigabeverpflichtung.[352] Diese richterrechtlichen Grundsätze werden in Nr. 16 Abs. 2 AGB-Banken 2012 und in Nr. 22 Abs. 2 AGB-Sparkassen 2012 übernommen und auf diesem Wege als Vertragsrecht festgeschrieben. Seit 1989 war zu beobachten, dass verschiedene Senate des BGH die rechtlichen Anforderungen an die Wirksamkeit formularmäßig vereinbarter Kreditsicherheiten zusehens verschärften. So wurde bei Globalzessionen eine zahlenmäßig bestimmte Deckungsgrenze und eine qualifizierte, ermessensunabhängige **Freigabeklausel** verlangt;[353] diese Grundsätze übertrug der BGH sodann auf die Übereignung von Warenlagern mit wechselndem Bestand.[354] Die sukzessive Verschärfung der Rechtsprechung führte in der Kreditpraxis zu zunehmender Rechtsunsicherheit. Dies berücksichtigend hat der BGH in Urteilen des IX. Senats vom Januar und des XI. Senats vom Mai 1994[355] Klarstellungen, aber auch Relativierungen vorgenommen, die im Ergebnis auf unterschiedlichen Standpunkten beruhen. So stellte der IX. Senat den Freigabeanspruch des Sicherungsgebers in den Vordergrund, während der XI. Senat seinen Schwerpunkt beim Sicherungsinteresse des Sicherungsnehmers setzte. Nach Vorlage an den Großen Senat des BGH,[356] der über die streitigen Rechtsfragen nunmehr verbindlich zu entscheiden hatte, erging dessen Beschluss zu revolvierenden Globalsicherungen vom November 1997. Nach dieser Phase intensiver Rechtsfortschreibung ist dieses Rechtsfeld an folgenden Fixpunkten festzumachen: **163**

a) Ein formularmäßiger Sicherungsvertrag, etwa bei Sicherungsübereignungsverträgen von Warenlagern, oder bei Globalzessionsverträgen, muss **keine ausdrückliche Freigabeklausel**, keine zahlenmäßig bestimmte Deckungsgrenze und keine Klausel hinsicht- **164**

---

[351] Beginnend mit BGH WM 1960, S. 855.
[352] Auffällig ist hieran, dass der BGH seine Grundsätze zur Übersicherung und Sicherheitenfreigabe ausschließlich an Fällen entwickelte, in denen sich zwei Gläubiger eines Sicherungsgebers um Sicherheiten streiten, weil keiner von beiden genug Sicherheiten hat. Aus Mangel an Sicherheiten entstand das Recht über zu viel Sicherheit. Ein „Zuviel" an Sicherheiten ist selten.
[353] BGHZ 98, S. 303 = WM 1990, S. 51.
[354] BGH WM 1992, S. 813.
[355] BGH IX. Senat WM 1994, S. 414; modifizierend XI. Senat des BGH WM 1994, S. 1283; vgl. hierzu auch die Vorlagebeschlüsse des IX. Senats, WM 1997, S. 750 sowie des XI. Senats, WM 1997, S. 1197 = WuB I F 4.-10.97 (*Rellermeyer*).
[356] BGH GrS NJW 1998, S. 671 = WM 1998, S. 227 = ZIP 1998, S. 234; mit Besprechung von *Medicus* EWiR 1998, S. 155; *Roth* JZ 1998, S. 462 und *Ganter* WM 1998, S. 2045, 2046; Vollzug des Beschlusses des Großen Senats durch den IX. Senat in WM 1998, S. 856; des VIII. Senats NJW-RR 1998, S. 1123; des XI. Senats WM 1998, S. 1280.

lich der Bewertung von Sicherungsgegenständen enthalten.[357] Danach sind Besicherungsverträge auch ohne ausreichende Freigabeklauseln rechtswirksam. Denn der Freigabeanspruch ist ein ermessensunabhängiger gesetzlicher Anspruch, der aus dem fiduziarischen Charakter der Sicherungsabrede sowie der Interessenlage der Vertragsparteien folgt und seine gesetzliche Stütze, wie oben Rn. 162 dargelegt, in den §§ 138, 157, 242 BGB findet.[358] Des Weiteren sind ermessensunabhängige Orientierungsgrößen zu erarbeiten. Dabei macht es keinen Unterschied für diese Orientierungsgrößen, ob sie sich unmittelbar aus dem gesetzlichen Verbot der Überbesicherung herleiten oder ob sie aus Nr. 16 AGB-Banken und Nr. 22 AGB-Sparkassen folgen oder aus einem formularmäßigen Sicherungsvertrag. Mithin sind Orientierungsgrößen erforderlich, auch um der Rechtsprechung der Instanzgerichte und der Praxis rechtlich klare Wegweisung zu geben. Als Orientierungsgröße dient die vertraglich vereinbarte Deckungsgrenze. Dies ist eine den Kredit prozentual übersteigende Sicherungsmasse. Übersteigt die Sicherungsmasse diesen Prozentsatz, setzt die Freigabeverpflichtung ein. **Beispiel** für ausreichende Orientierungsgrößen: „Die Bank ist nach Befriedigung ihrer Ansprüche zur Rückübereignung des Sicherungsgutes verpflichtet. Die Bank ist schon vor vollständiger Befriedigung ihrer Ansprüche verpflichtet, nach ihrer Wahl bestellte Sicherheiten freizugeben, wenn der realisierbare Wert der Sicherheiten x % der gesicherten Ansprüche nicht nur vorübergehend überschreitet."[359] **Beispiel** für eine nicht ausreichende, weil zahlenmäßig nicht bestimmte Freigabeerklärung: „Die Bank ist bereit, nach billigem Ermessen Sicherheiten aus dem übereigneten Warenlager auf Antrag freizugeben",[360] weil dies keine Verpflichtung ist, sondern nur eine Goodwill-Erklärung. Fehlt in einem Sicherungsübereignungsvertrag diese Freigabeklausel mit konkreter Fixierung der Deckungsgrenze, ist deshalb nicht der Sicherungsübereignungsvertrag nichtig, sondern dann kann der Sicherungsgeber nach §§ 157, 242 BGB einen Teil der Sicherheiten herausverlangen.[361] Dieser ganze Komplex gilt indessen nur bei revolvierenden Globalsicherheiten. Diese Rechtsprechung gilt nicht bei der Sicherungsübereignung von Einzelgegenständen. Sie gilt auch nicht bei der Sicherungsübereignung einer Sachgesamtheit, zB bei der Übereignung eines Postens von Schreinereimaschinen[362] oder eines Postens von Baumaschinen.[363] Denn diese Sicherheit kann nicht unkontrolliert im Wert ansteigen und damit dem Kreditgeber zuwachsen, sondern ist dem Wert und dem Bestand nach vom Kreditnehmer willentlich dem Kreditinstitut übereignet worden.

165   b) Der Freigabeanspruch von Sicherheiten setzt ein, wenn die vereinbarte **Deckungsgrenze** überschritten ist. Deckungsgrenze ist der Betrag, bis zu dem die gesicherte Forderung durch den Wert der Sicherheiten gedeckt sein muss. Die Rechtsordnung geht von einer Vollbesicherung der Kredite aus. Überbesicherung liegt noch nicht vor, wenn die Parteien des Sicherungsvertrages vereinbaren, dass die Deckungsgrenze über 100 % des Kredites liegt. Denn eine Sicherheitsmarge ist nach allen Erfahrungen mit der Verwertung von Si-

---

[357] BGH GrS NJW 1998, S. 671, 673.
[358] BGH GrS NJW 1998, S. 671, 672.
[359] Verkürzte Fassung der Sicherheitenfreigabeverpflichtungserklärung nach Nr. 15 Formular des Bankenverbandes.
[360] BGHZ 109, S. 240, 245; BGHZ 117, S. 374, 378; BGH WM 1992, S. 813 mit Bespr. *A. Weber,* WuB I F 5–7.92.
[361] BGHZ 110, S. 241, 246; BGH ZIP 1994, S. 307.
[362] BGH ZIP 1994, S. 309, 312.
[363] BGH ZIP 1994, S. 305, 307.

Erne

cherheiten in der Insolvenz des Kreditnehmers unerlässlich.[364] Fehlt eine Deckungsgrenze oder ist diese unangemessen, so beträgt diese nach der Rechtsprechung unter Berücksichtigung der Kosten für Verwaltung und Verwertung der Sicherheit **110 % der gesicherten Forderung**, bezogen auf den realisierbaren Wert der Sicherungsgegenstände.[365] Somit setzt der BGH eine abstrakt-generelle und objektive Grenze. Diese Grenzziehung von nicht mehr als 110 % des Kreditbetrages ist weder aus der Sicherheitenverwertung empirisch entwickelt, noch sonstwie nachvollziehbar objektiviert, sondern wurde schrittweise von einer dynamischen Rechtsprechung erarbeitet und mit rückständigen Zinsen und Kosten sowie unter Berücksichtigung der Vorschriften der Insolvenzordnung (§ 171 InsO) erklärt. Die formularmäßige Festlegung einer ermessensabhängigen Freigabepflicht ist als Verstoß gegen § 307 BGB unwirksam, da sie den ermessensunabhängigen Anspruch auf Sicherheitenfreigabe in einen bloßen Freigabeprüfungsanspruch umkehren würde.[366]

c) In die Berechnung der Deckungsgrenze von 110 % gehen die einzelnen Sicherheiten mit ihrem **realisierbaren Wert ein**, Nr. 16 Abs. 2 AGB-Banken. Der realisierbare Wert bezeichnet den Erlös, der bei Eintritt des Sicherungsfalles, also bei Verwertung der Sicherheiten, tatsächlich erzielt werden kann. Es handelt sich somit um eine Prognoseentscheidung.[367] Allgemeingültige und branchenunabhängige Maßstäbe zur Bestimmung dieses Wertes bestehen allerdings weder für unbekannte künftige Forderungen noch für Sachgesamtheiten mit wechselndem Bestand. Der realisierbare Wert ist vielmehr erst unter Berücksichtigung der Marktverhältnisse im Verwertungsfall bestimmbar. Die Kreditpraxis trägt diesem Umstand in der Weise Rechnung, indem sie in den Sicherungsformularen Abschläge vom Nominalwert abgetretener Forderungen bzw. vom Marktwert sicherungsübereigneter Waren vornimmt. So beträgt der Abschlag bei sicherungsübereigneten Waren **zwischen 10 %-40 % des Marktwertes**. Bei Sicherungsübereignung von beweglichen Anlagegütern – also Maschinen u.ä. – ist ohne besondere Vereinbarung ein Abschlag von 20 % zulässig. Übersteigt der Gesamtbestand der Sicherheiten nach Vornahme dieser Abschläge die Grenze von 110 % der gesicherten Forderungen, tritt Übersicherung und somit die Freigabeverpflichtung ein.

166

Zur raschen Durchsetzung des Freigabeanspruchs für den Fall, dass keine Abschläge vereinbart wurden, bedarf es hingegen einer Orientierungshilfe zur Bestimmung der Werthaltigkeit des Sicherungsgutes zum Zeitpunkt des Freigabeverlangens.[368] Die mit der Ermittlung des realisierbaren Wertes verbundene Ungewissheit überwindet der BGH in diesem Fall durch die Annahme eines **Schätzwertes**, der bei der Verwertung der Sicherheiten voraussichtlich erzielt werden könnte. Der Freigabeanspruch für den Sicherungsgeber entsteht, wenn der geschätzte Wert des Sicherungsgutes zum Zeitpunkt des Freigabeverlangens 150 % der gesicherten Forderung übersteigt.[369] Ist eine exakte Bestimmung des

---

[364] *Rellermeyer* WM 1994, S. 1009 und S. 1053, der mit dieser Erfahrung mangelnder Werthaltigkeit dem Eingrenzungsbemühen des BGH in der Fixierung der Deckungsgrenze entgegentrat.
[365] BGH GrS NJW 1998, S. 671, 674.
[366] BGH GrS NJW 1998, S. 671, 673.
[367] BGH GrS NJW 1998, S. 671, 675f.
[368] BGH GrS NJW 1998, S. 671, 676; *Ganter* WM 1998, S. 2045, 2047, der zutreffend ausführt, dass der Deckungswert von 110 % nur bedeutsam ist, wenn ein ins Gewicht fallendes Be- und Entlastungsrisiko nicht besteht.
[369] BGH GrS NJW 1998, S. 671, 676; der BGH entwickelt den Schätzwert als widerlegbare Vermutung aus § 237 S. 1 BGB i. S. eines Abschlags von einem Drittel vom Nominalwert abgetretener Forderungen.

realisierbaren Wertes durch Vornahme von Abschlägen nicht möglich, kann somit anstatt des (ungewissen) realisierbaren Wertes von 110 % der genannte Schätzwert von 150 % zugrunde gelegt werden.

166a Die Wertfeststellung des Sicherungsgutes zwecks Bestimmung des Schätzwertes – gleichgültig, ob dies übereignete Waren oder abgetretene Forderungen betrifft – geschieht in der Weise, dass bei beweglichen Sachen an deren geschätzten Marktwert und bei abgetretenen Forderungen an deren Nominalwert angeknüpft wird.[370] Zur Sicherheitenfreigabe das folgende **Beispiel**: Einem zwischen dem Kunden A und der Bank B ausgelegten Kredit über 100 T€ liegt die Deckungsgrenze von 110 %, bezogen auf den realisierbaren Wert der Sicherheiten, zugrunde. Für die Bewertung von Forderungen ist ein Abschlag von 30 %, für sicherungsübereignete Waren von 20 % vereinbart. Diese Vereinbarung nennt man **Gesamtdeckungsplan**. Dann darf der Gesamtbestand an zedierten Forderungen und übereigneter Ware nach diesen Abschlägen in Anbetracht der Deckungsgrenze einen Wert von 110 T€ nicht übersteigen. Tragen beide Sicherheiten gleichmäßig (je T€ 55) zur Besicherung bei, so dürfen Forderungen mit einem Nominalwert von rd. 72 T€ und Ware mit einem Marktwert von 66 T€ – jeweils vor Berechnung der entsprechenden Abschläge – an die kreditgebende Bank übertragen werden. Übersteigt die Gesamtheit der Sicherheiten, etwa durch das Entstehen neuer Forderungen oder das Anwachsen des Bestandes eines sicherungsübereigneten Warenlagers, die Grenze von 110 T€, so ist die Bank zur Sicherheitenfreigabe verpflichtet. Sind die Sicherheiten auf 200 T€ angestiegen, hat A Anspruch auf Freigabe von Sicherheiten i. H. v. 90 T€. Wurden keine Abschläge vereinbart, so setzt die Freigabeverpflichtung ein, wenn der Nennwert abgetretener Forderungen bzw. der Schätzwert sicherungsübereigneter Ware 150 % der gesicherten Forderung übersteigt. Dieses Beispiel zeigt die Kompliziertheit des Freigaberechts. Für die Kreditwirtschaft ist es nicht einfach, mit diesem Recht technisch fertig zu werden, und die kreditnehmende Mittelstandswirtschaft kann ohne Rechtshilfe diese Freigaberechte nicht begreifen, geschweige denn faktisch durchsetzen. Eine dogmatische Festlegung der Maßstäbe für die Bewertung des Sicherungsguts ist nach Ansicht des Großen Senats nicht notwendig und auch nicht möglich, da sich die Werthaltigkeit von unbekannten künftigen Forderungen oder von Sachgesamtheiten mit wechselndem Bestand nicht bestimmen lässt.[371] Es ist jedoch nunmehr klargestellt, dass die Unwirksamkeit einer ermessensabhängigen Freigabeklausel nicht zur Gesamtnichtigkeit der Sicherungsübertragung führt. An die Stelle der unwirksamen Klausel tritt in Anwendung des § 306 Abs. 2 BGB der ermessensunabhängige Freigabeanspruch des Sicherungsgebers, also die Deckungsgrenze von 110 %. Damit stellt der BGH ausdrücklich klar, dass das Verbot der geltungserhaltenden Reduktion dem nicht entgegensteht.[372] Insgesamt hat die Entscheidung des Großen Senats durch Aufnahme der verschiedenen Lösungsansätze der Rechtsprechung einen Kompromiss gefunden, der durch Anknüpfung an den letztlich realisierbaren Wert einer Sicherheit eine tragfähige Grundlage für die Praxis darstellen dürfte. – Wichtig ist, dass alle Rechtsprechung und Literatur aus der Zeit **vor** der Entscheidung des Großen Senats vom November 1997 auf ihre Fortgültigkeit zu überprüfen sind.

167 Die Sicherheitenfreigabe muss vom Bankkunden beantragt und mit Übersicherung begründet werden. Die Bank ist frei, welche Sicherheiten sie an den Kreditnehmer zu-

---

[370] BGH GrS NJW 1998, S. 671, 676.
[371] BGH GrS NJW 1998, S. 671, 674.
[372] BGH GrS NJW 1998, S. 671, 673.

rückübertragen will, § 262 BGB.³⁷³ Sie hat dabei die Belange des Kreditnehmers und der Drittsicherungsgeber zu berücksichtigen, was bedeutet, dass bei der Freigabe auf die oben beschriebene Kollisionsmöglichkeit zu achten ist. Macht der Sicherungsnehmer bei Eintritt der Freigabeverpflichtung Untersicherung geltend, so stellt der BGH strenge Anforderungen an den Nachweis eines etwaigen höheren Ausfallrisikos.³⁷⁴ Weitere Komplikationen treten auf, wenn ein Kreditnehmer sowohl ein Warenlager übereignet als auch eine Globalzession vornimmt. Liegt Übersicherung vor, fragt sich, aus welchem Sicherungspotential die Freigabe erfolgt und nach welcher Vertragsgrundlage. Hier ist ein Sicherungsrahmenvertrag – gleichsam über den beiden Einzelverträgen – regelnd die Freigabe, die sachgerechte Lösung.³⁷⁵ – Gegen Auswechselklauseln in Sicherungsübereignungsverträgen (dh der Sicherungsgeber kann benötigte Ware aus dem Sicherungslager entnehmen und neue Ware hinzufügen) hat der BGH in Übereinstimmung mit bisherigem Recht keine Einwendungen.

4. Das Sicherungseigentum in der Insolvenz

Sicherungseigentum gewährt in der Insolvenz des Sicherungsgebers kein Aussonderungsrecht, sondern nur ein **Absonderungsrecht** nach § 51 InsO, wie ein Pfandrecht.³⁷⁶ Denn „das Sicherungseigentum ist gerade kein volles, ungebundenes Eigentum, sondern gewährt nur eine Verwertungsbefugnis".³⁷⁷ Dieses Absonderungsrecht ist gegenüber dem Insolvenzverwalter geltend zu machen, § 80 Abs. 1 InsO. Es kann mit der Insolvenzanfechtung nach §§ 130, 131 InsO anfechtbar sein, wenn die Rechtshandlung innerhalb reines Zeitraumes von 1 bis 3 Monaten vor dem Antrag auf Eröffnung des Insolvenzverfahrens vorgenommen wurde.³⁷⁸ Wichtiger ist, dass die Sicherungsübereignung an ein Kreditinstitut von Dritten in der Insolvenz des Sicherungsgebers häufig unter Berufung auf Sittenwidrigkeit angefochten wird, wobei Knebelung und Übersicherung die Gründe sind. Wann Übersicherung vorliegt und wann nicht, wurde oben – § 8 Rn. 162 ff. – dargelegt. Sonstige Sittenwidrigkeit als Unwerturteil muss sich aus der Würdigung des konkreten Sicherungsübereignungsvertrages, der wesentlichen äußeren Umstände und der inneren Einstellung der Beteiligten ergeben.³⁷⁹ Sie kann vorliegen, wenn bei der Übereignung Vorteile erlangt werden, die nach Art und Umfang zu dem Sicherungsbedürfnis des Kreditgebers in keinem Verhältnis stehen. Ein Indiz für die Knebelung ist eine wesentliche Beeinträchtigung der wirtschaftlichen Bewegungsfreiheit des Sicherungsgebers.³⁸⁰ Die oben dargestellten Verkaufs- und Verarbeitungsklauseln in den Sicherungsübereignungsverträgen zugunsten des Sicherungsgebers schließen idR die Knebelung aus.

168

Außerhalb der Insolvenz des Sicherungsgebers ist die Verwertung der Sicherheit bei Verzug des Kreditnehmers mit fälligen Zahlungen und nach Androhung einer angemesse-

169

---

³⁷³ BGH NJW 1994, S. 1798, 1799.
³⁷⁴ BGH GrS NJW 1998, S. 671, 677; danach ist der Nachweis konkreter Tatsachen erforderlich, die belegen, dass der Abschlag von 150% den besonderen Verhältnissen der Branche oder des Sicherungsgebers überhaupt nicht gerecht wird.
³⁷⁵ *A. Weber*, WuB I F 5–7.92, S. 1395.
³⁷⁶ *Obermüller*, Insolvenzrecht in der Bankpraxis, Rn. 1.264 ff.
³⁷⁷ BGH ZIP 1980, S. 40, 42.
³⁷⁸ Einzelheiten bei *Obermüller*, Insolvenzrecht in der Bankpraxis, S. 895 ff.
³⁷⁹ BGH NJW 1991, S. 353, 354.
³⁸⁰ BGHZ 83, S. 313; *Ganter* in BankR-HdB, § 90 Rn. 346.

nen Frist zulässig. Die Verwertung erfolgt freihändig; sittenwidrig ist die Verschleuderung von Sicherungsgut in der Verwertung.[381]

170 Anfechtungsgrund könnte auch der **sittenwidrige Eingriff in Drittinteressen** sein, weil dritte Gläubiger auf das bei ihrem Schuldner lagernde Vorratsvermögen als Basis seines Unternehmens vertrauen, während in Wahrheit diese Vermögenswerte an ein Kreditinstitut sicherungsübereignet sind. Dieser Wertung steht jedoch entgegen, dass dies Folge des publizitätslosen Sicherungsrechts ist, also systemimmanent und von jedermann einzukalkulieren ist, weshalb für eine Sittenwidrigkeit gegenüber Dritten mehr erforderlich ist[382] – etwa ein bewusstes Zusammenwirken von Sicherungsgeber und -nehmer zum Ziel der Täuschung, zumindest die bewusste Duldung des Sicherungsnehmers – oder ein bewusster Verzicht auf die Kenntlichmachung einer Raumsicherungsübereignung in einem öffentlich zugänglichen Lagerhaus, obgleich dies Kreditinstitute, die solche Sicherheit hereinnehmen, normalerweise verlangen.

III. Sicherungsabtretung

171 Sicherungsabtretung ist die fiduziarische Abtretung von Forderungen aller Art nach §§ 398 ff. BGB. Abgetreten werden als Sicherheit zB Kaufpreisforderungen, Forderungen aus erbrachten Dienstleistungen, auch Lohn- oder Mietforderungen, Ansprüche aus einem Lebensversicherungs- oder Bausparvertrag, Steuererstattungsansprüche. Dabei wird bei einer **Singularzession** eine einzelne Forderung, bei einer **Globalzession** eine Vielzahl von Forderungen abgetreten. Die Sicherungsabtretung ist eine rechtstatsächlich eminent wichtige Besicherungsform, zumeist für Betriebsmittelkredite.[383] Die Sicherungsabtretung hat die Verpfändung von Forderungen nach §§ 1273 ff. BGB als Kreditsicherungsmittel verdrängt. Der Grund für den Vorrang der Sicherungsabtretung vor der Forderungsverpfändung ist das Geheimhaltungsinteresse des Kreditschuldners und Sicherungsgebers: Eine Verpfändung von Forderungen muss nach § 1280 BGB dem Drittschuldner mitgeteilt werden, während die Sicherungsabtretung publizitätslos durch Vertrag zwischen Sicherungsgeber und Sicherungsnehmer wirksam wird, also ohne Kenntnisgabe an den Drittschuldner, ohne einen Registereintrag oder sonstige Bekanntmachung an die Öffentlichkeit (sog. „stille Zession", die im Kreditsicherungsrecht überwiegt). Bei der „**stillen Zession**" wird der Forderungsübergang dem Drittschuldner im Normalfall nicht angezeigt, sondern nur im Verwertungsfall. Diese Anzeige der vollzogenen Abtretung ist also Teil der Verwertung der Sicherheit. Die stille Zession ist zulässig, weil die in §§ 409, 410 Abs. 2, 411 BGB erwähnte Abtretungsanzeige keine Wirksamkeitsvoraussetzung für die Abtretung ist. Für den Fall, dass der Drittschuldner an den nicht mehr berechtigten Erstgläubiger, nämlich den Kreditnehmer, aus Unkenntnis direkt zahlt, wird er durch §§ 407, 408 BGB geschützt.

172 Bei der Sicherungsabtretung überträgt der Schuldner seine Forderungen auf das Kreditinstitut zur Sicherung einer Kreditforderung. Die Sicherungsabtretung ist ein abstraktes, kein akzessorisches Rechtsgeschäft. Die Forderung geht unabhängig vom Bestehen eines

---

[381] OLG Düsseldorf WM 1990, S. 1062 – Verkauf eines fast neuen LKW zum Händlereinkaufswert anstelle zum Endverbraucherpreis; Einzelheiten hierzu bei *Fischer/Klindtworth* in Nobbe (Hrsg.), Kommentar zum Kreditrecht, Bd. 2, S. 1172 ff.
[382] Prüfungspflicht verlangt BGHZ 10, S. 228.
[383] *Pottschmidt/Rohr*, Kreditsicherungsrecht, Rn. 636.

Kausalgeschäfts – also einer Kreditgewährung – auf den Sicherungsnehmer über.[384] Rechtsgrund für die Verpflichtung des Kreditnehmers zur sicherungsweisen Abtretung der Forderungen ist der Sicherungsvertrag. Der Sicherungsnehmer wird durch die Forderungsabtretung Vollrechtsinhaber. Der Neugläubiger – das Kreditinstitut – soll aber weder auf Dauer Inhaber der Forderung sein, noch wirtschaftlich Gläubiger werden. Im Innenverhältnis sind deshalb zwischen Kreditgeber und Kreditnehmer die Rechte und Pflichten des Neugläubigers entsprechend dem Sicherungszweck der Abtretung durch den Sicherungsvertrag und die Rechtsprechung eingeschränkt. So ist es dem Sicherungsgeber gestattet, die abgetretenen Forderungen selber einzuziehen und den Eingang zu verwenden. Die Sicherungsabtretung ist also ein fiduziarisches Rechtsverhältnis, dessen Inhalt darin besteht, einmal den Zahlungsfluss aufrechtzuhalten und sonstige Rechte des Sicherungsnehmers zu wahren, andererseits zugunsten des Sicherungsgebers sicherzustellen, dass mit den Sicherungsrechten nur nach Maßgabe des Sicherungszwecks verfahren wird.[385] Dieses Spannungsverhältnis löst das Recht derart, dass die Stellung des Sicherungsnehmers auf die Verwertungsbefugnis beschränkt ist. Wirtschaftlich und administrativ verbleiben die abgetretenen Forderungen in der Hand des Sicherungsgebers, weshalb sie auch bei ihm in der Bilanz als Aktivum ausgewiesen werden und nicht beim Sicherungsnehmer. Im Steuerrecht werden die zedierten Forderungen als wirtschaftliches Eigentum dem Sicherungsgeber und Kreditnehmer zugerechnet.[386]

173 Die Sicherungszession sichert in der Regel (vor allem bei Globalzessionen) alle Ansprüche des Kreditinstitutes aus der Geschäftsverbindung mit einem Kreditnehmer, also nicht nur einzelne Kredite. Der umfassende Sicherungszweck ist die Regel und wird von den formularmäßigen Globalzessionsverträgen vorgesehen. Dort heißt es: „Die Abtretung erfolgt zur Sicherung aller bestehenden, künftigen und bedingten Ansprüche..." – Die Sicherungsabtretung ist grundsätzlich formfrei. Im Bankrecht herrscht indessen die Schriftform vor.

174 Ein gravierender Nachteil dieses Besicherungsmediums „Forderungsabtretung" war die Möglichkeit des Ausschlusses der Forderungsabtretung durch den Drittschuldner. Zunehmend schlossen Schuldner – zumeist große Unternehmen und die öffentliche Hand –, die Abtretung der gegen sie gerichteten Forderungen gem. § 399 BGB aus;[387] andere Formen des Forderungseinzugs als durch den Kreditnehmer und Forderungsgläubiger haben die Drittschuldner nicht erlaubt. Dies engte die Kreditaufnahmemöglichkeiten vornehmlich des Kleingewerbes und des Mittelstandes ein. Denn wenn ein solcher Abtretungsausschluss – etwa durch die AGB des Drittschuldners – als vereinbart gilt, war die vom Kreditnehmer dennoch vorgenommene Abtretung absolut unwirksam.[388] Diese Rechtslage ist seit 1994 durch § 354a HGB[389] geändert: „Ist ein Rechtsgeschäft, das die Forderung begründet, für beide Teile ein Handelsgeschäft oder ist der Schuldner eine juristische Person des öffentlichen Rechts oder ein öffentlich-rechtliches Sondervermögen, ist die Abtretung gleich-

---

[384] BGH JZ 1991, S. 723, 724.
[385] *Ganter* in BankR-HdB, § 96 Rn. 16.
[386] BFH DB 1984, S. 437.
[387] Abtretungsverbote waren nach BGHZ 77, S. 274, 275 entgegen § 9 Abs. 3 AGBG aF und unter Berufung auf § 399 BGB wirksam, was als ungerechtfertigter Eingriff in das Eigentum des Kreditnehmers zu werten ist. Einzelheiten *Depping* DB 1994, S. 1199.
[388] BGHZ 40, S. 156
[389] Eingefügt in das HGB durch Gesetz zur Änderung des D-Markbilanzgesetzes und anderer handelsrechtlicher Bestimmungen v. 16. Juni 1994, BT-Drucks. 12/7912, S. 38; BR-Drucks. 595/94.

wohl wirksam. Der Schuldner kann jedoch mit befreiender Wirkung an den bisherigen Gläubiger leisten." Der Gesetzgeber hat also zur Förderung der Finanzierungsmöglichkeiten des Mittelstandes den von § 399 BGB erlaubten Abtretungsausschluss für Handelsgeschäfte für unwirksam erklärt. Der Gesetzgeber hat sich im Zielkonflikt zwischen freier Vertragsgestaltung, also der Möglichkeit für Gläubiger und Schuldner, die Abtretung der Forderung auszuschließen, und der Mittelstandsförderung – Gläubiger von mit Abtretungsverboten belasteten Forderungen waren zumeist kleinere Zulieferunternehmen, Schuldner zumeist Großunternehmen[390] – für Letztere entschieden. Mithin sind in AGB enthaltene oder einzelvertraglich vereinbarte Abtretungsverbote unwirksam; der Gläubiger kann seine Forderungen an ein Kreditinstitut als Sicherheit abtreten. Nach § 354a Satz 2 HGB erhält der Schuldner das Recht, ungeachtet der Abtretung mit befreiender Wirkung an den bisherigen Gläubiger zu leisten. Dieses Recht steht ihm auch dann zu, wenn er von der Abtretung in Kenntnis gesetzt wird.[391] Damit wird das Interesse des Forderungsschuldners, sich nicht auf wechselnde Gläubiger einstellen zu müssen, sowie Verrechnungen und Zahlungsvereinbarungen mit dem alten Gläubiger vornehmen zu können, von der Neuregelung uneingeschränkt gewahrt. Die Besorgnis des Schuldners, bei versehentlicher Zahlung an den „falschen" Gläubiger nochmals leisten zu müssen, ist ausgeräumt.[392]

1. Bestimmbarkeit, Individualisierung

175   Wegen der äußerlichen Nichterkennbarkeit der Sicherungsabtretung von Forderungen (wie bei der Sicherungsübereignung beweglicher Sachen, die ebenfalls den Anschein nach außen erweckt, dass die Sache dem Sicherungsgeber noch gehört) fordert die Rechtsordnung die Individualisierung der abgetretenen Forderungen. Voraussetzung für eine wirksame Abtretung ist die Bestimmtheit bzw. Bestimmbarkeit der abgetretenen Forderungen.[393] Der Unterschied zwischen der Bestimmbarkeit und der Bestimmtheit besteht darin, dass zu ihrer Individualisierung Buchhaltungsunterlagen u.ä. herangezogen werden können und die rechtliche Zuordnung der abgetretenen Forderung nicht angesehen werden muss. Werden nur Teile von Forderungsbeständen eines Kreditnehmers – **Beispiel**: „Alle Forderungen gegen Schuldner mit den Anfangsbuchstaben A-M" – abgetreten, erhöhen sich die Anforderungen an die Bestimmtheit. Die abgetretenen Forderungen müssen teilbar, die einzelnen Teile bestimmt oder wenigstens bestimmbar sein und sich von gleichartigen Rechten unterscheiden. **Beispiel** für ausreichende Bestimmbarkeit, auch „Individualisierbarkeit" genannt: „Alle künftig im Geschäftsbetrieb entstehenden Forderungen"[394] werden im Voraus abgetreten.[395] Da eine Abtretung erst wirksam wird, wenn die Forderung entstanden ist, verpflichtet der Abtretungsvertrag zur Übertragung von zukünftigen Forderungen. Dieser Verpflichtung genügt der Zedent durch Übersendung von Rechnungsdurchschriften, Schuldneraufstellungen oder durch Verbuchung auf einem für den Zessionar geführten Sonderkonto (Zessionskonto).

---

[390] Begründung des § 354a HGB – BT-Drucks. 12/7912, S. 38.
[391] *Ganter* in BankR-HdB, § 96 Rn. 41 ff.; die Bank kann daher, da § 407 Abs. 1 BGB nicht einschlägig ist, trotz Offenlegung der Zession in der Realisierung der Sicherheit beeinträchtigt sein.
[392] Weitere Einzelheiten *Henseler* BB 1995, S. 5.
[393] BGHZ 71, S. 75; BGH NJW 1995, S. 1668; 2000, S. 276 zur Individualisierbarkeit künftiger Forderungen.
[394] BGH WM 2008, S. 65.
[395] BGH WM 1990, S. 1389.

Weitere **Beispiele** für ausreichende Bestimmbarkeit: es wird abgetreten das „Einkommen aus der Tätigkeit als Lehrer";[396] „alle gegenwärtigen und zukünftigen Forderungen aus der Lieferung von Waren einer bestimmten Gattung gegen deren Abnehmer";[397] der „pfändbare Teil des Arbeitslohnes".[398] **Beispiele** für nicht ausreichende Bestimmtheit sind die Abtretung von „allen künftigen Einnahmen" und von „sämtlichen Ansprüchen aus jedem irgendwie gearteten Rechtsgrund",[399] oder von Forderungen bis zur Höhe der Kreditinanspruchnahme. 176

Nicht nur die abzutretenden Forderungen müssen ausreichend bestimmt sein, sondern auch die zu besichernde Forderung. In der Regel enthalten die Globalzessionsverträge eine umfassende Sicherungszweckerklärung. **Beispiel**: „Die Abtretung erfolgt zur Sicherung aller bestehenden, künftigen und bedingten Ansprüche, die der Bank mit ihren sämtlichen in- und ausländischen Geschäftsstellen aus der bankmäßigen Geschäftsverbindung zustehen." Diese Formel ist ausreichend bestimmbar. Dass künftige, also noch nicht bestimmte Kreditrückzahlungsansprüche auf diese Weise besichert werden können, dient auch dem Rechtsfrieden. Könnte man zukünftige Forderungen nicht absichern, müsste bei jeder Kreditverlängerung, die routinemäßig alle 12 Monate geschieht, ein neuer Globalzessionsvertrag geschlossen werden, weil es sich um eine künftige Kreditgewährung handelt. 177

2. Verbot der Übersicherung, Freigabeverpflichtung

Übersicherung kann als **Knebelung** sittenwidrig nach § 138 BGB sein. Übersicherung liegt vor, wenn der Wert der Sicherheit das gesicherte Risiko deutlich übersteigt, vgl. oben § 5 Rn. 162 ff. Die Rechtsfragen der Übersicherung stellen sich bei der Sicherungsabtretung von Forderungen, vor allem bei der Globalzession, wegen der Möglichkeit der starken Schwankung dieser Sicherungsmasse zumindest ebenso intensiv wie bei der Sicherungsübereignung, wo Schwankungen in Lagerinhalten die Sicherungsmasse verändern. Denn bei der Globalzession kann sich aus einem plötzlichen Anstieg der Forderungen, zB als Folge eines Ausverkaufs, ein unverhältnismäßiger Überschuss von Sicherungsmitteln gegenüber der Kreditforderung ergeben. Dann setzt die Freigabeverpflichtung des sicherungsnehmenden Kreditinstituts ein,[400] nämlich dann, wenn die Grenze für das Entstehen des Freigabeanspruchs nicht nur vorübergehend überschritten wird. Hier tritt, wie bei der Sicherungsübereignung[401] das Problem auf, ob Globalzessionsverträge zu ihrer Rechtswirksamkeit ausreichende Freigabeklauseln benötigen oder ob diese Klauseln entbehrlich sind, weil sich die Deckungsgrenze im Richterrecht gebildet hat. Diese Frage war zwischen dem XI. Senat des BGH und dem VII., VIII., und IX. Senat strittig.[402] Überzeugend war die Rechtsansicht des XI. Senats,[403] nämlich dass die Angabe der konkreten 178

---

[396] BGH ZIP 1980, S. 693.
[397] BGHZ 30, S. 149, 151.
[398] BGH WM 1976, S. 151.
[399] BGHZ 13, S. 42; es dürfte sich hier allerdings eher um einen Verstoß gegen § 307 Abs. 1 BGB bzw. § 138 BGB handeln.
[400] So schon BGH WM 1991, S. 1499, seit 1993 Nr. 16 Abs. 2 AGB-Banken, Nr. 22 Abs. 2 AGB-Sparkassen.
[401] → § 5 Rn. 164.
[402] BGH WM 1994, S. 1283, 1284 = ZIP 1994, S. 1010.
[403] Zust. OLG Hamm WM 1994, S. 1840, 1841.

Deckungsgrenze nicht Wirksamkeitsvoraussetzung für einen Globalzessionsvertrag ist, weil die bereits im Sicherungsvertrag zumindest konkludent geregelt ist und für weitere Ausformungen kein Bedürfnis besteht.[404]

179 Dies ändert nichts an der Aufgabe des Rechts, diese Deckungsgrenze zu fixieren. In diesem Zusammenhang hat die nach Vorlagebeschlüssen des IX. und XI. Senats des BGH ergangene Entscheidung des Großen Senats des BGH vom November 1997, von der – → § 5 Rn. 164 – ausführlich die Rede war, hinreichende Klarheit gebracht. Danach gelten für die Fixierung der Deckungsgrenze für mittels Sicherungsabtretungen besicherte Forderungen sowie für die Entstehung des Freigabeanspruchs dieselben Grundsätze wie bei der Sicherungsübereignung. Denn bei beiden Besicherungsformen handelt es sich um revolvierende Globalsicherheiten. Da eine konkret-individuelle Grenze wegen der Gefahr der Untersicherung des Sicherungsnehmers bzw. des Risikos der Einschränkung der wirtschaftlichen Bewegungsfreiheit des Sicherungsgebers nicht praktikabel ist, wird dem Zweck des Sicherungsvertrags nur eine abstrakt-generelle Deckungsgrenze gerecht.[405] Diese Grenze liegt, sofern der formularmäßige Zessionsvertrag keine oder eine unangemessene Grenze bestimmt, bei 150 % des Nominalwerts der gesicherten Forderungen[406].

180 Der Freigabeanspruch des Sicherungsgebers entsteht bei Überschreiten dieser 150 %-Grenze. Zur Bestimmung des Wertes wird bei abgetretenen Forderungen auf deren Nominalwert im Zeitpunkt der Entscheidung über das Freigabebegehren abgestellt.[407] Nicht zu berücksichtigen sind Forderungen, die der Sicherungsnehmer wegen eines wirksamen Abtretungsverbots oder eines branchenüblichen verlängerten Eigentumsvorbehalts nicht erworben hat. Entsprechendes gilt für einredebehaftete Forderungen.[408] Denn diese Forderungen sind im Verwertungsfall wertlos.

3. Verwertung der abgetretenen Forderungen

181 Die im Kreditwesen angewandten Zessionssicherungsverträge enthalten formularmäßig eine Einziehungsermächtigung zugunsten des Kreditnehmers/Bankkunden,[409] die wirksam bleibt bis zum Zeitpunkt der Offenlegung der Zession.[410] Diese Einziehungsermächtigung zugunsten des Kreditnehmers entspricht seinem Geheimhaltungsinteresse an der Forderungsabtretung und dem regelmäßigen Interesse des Kreditgebers, mit dem Einzug der abgetretenen Forderungen nicht belastet zu werden. Die Einziehungsbefugnis endet durch Widerruf des Kreditinstituts, das zugleich die Offenlegung der Abtretung gegenüber dem Drittschuldner vornimmt. Gründe des Widerrufs sind: Gefährdung des Kredites, Zahlungsschwierigkeiten des Kreditnehmers, Fälligstellung des Kredites aus sonstigem wichtigem Grund.[411] Wegen der Bedeutung dieses Widerrufs ist das offenlegende Kreditinstitut verpflichtet, den Sicherungsgeber zu informieren, dass die Benachrichtigung

---

[404] OLG Hamm a.a.O, S. 1842.
[405] BGH GrS NJW 1998, S. 671, 674.
[406] *Cranshaw* in Nobbe, Kommentar zum Kreditrecht, Bd. 2, S. 204.
[407] BGH GrS NJW 1998, S. 671, 676.
[408] BGH GrS NJW 1998, S. 671, 676.
[409] *Ganter* in BankR-HdB, § 96 Rn. 85 und Anh. 1 Rn. 11.
[410] BGH WM 1989, S. 1086 verlangt die vertragliche Fixierung der Voraussetzungen der Offenlegung.
[411] BGH WM 1992, S. 1359, 1361.

der Drittschuldner über die vollzogene Forderungsabtretung bevorsteht.[412] Überdies ist die Einhaltung einer Frist[413] geboten, wovon abzusehen ist, wenn der Kreditnehmer seine Zahlungen eingestellt hat oder ein Insolvenzverfahren beantragt ist.

Kommt es zur Verwertung der abgetretenen Forderungen durch die kreditgebende Bank, wird die Abtretung offengelegt durch Versendung von entsprechenden Mitteilungen, den sog. **Blankoanzeigen**. Das sind vom Kreditnehmer bereits bei Vertragsabschluss vorbeugend unterzeichnete Schreiben. In diesen Anzeigen wird dann der Drittschuldner und der von ihm geschuldete Betrag bei der Offenlegung vom Kreditinstitut eingesetzt. Diese Blankoanzeigen sind vom Kreditinstitut darauf zu kontrollieren, dass sie von einem noch Vertretungsberechtigten des Kreditnehmers rechtsgültig unterzeichnet sind, weil der Kreditnehmer diese Anzeigen bereits bei Kreditaufnahme, also vielleicht vor Jahren, unterzeichnet hat. Mit dieser Offenlegung wird die „Stille" der Zession aufgehoben.

182

Nach erfolgter Unterrichtung der Drittschuldner stehen dem Kreditinstitut aus der Sicherungsabtretung alle Rechte des Vollrechtseigentümers der Forderungen zu, wobei Beschränkungen im Sicherungsvertrag üblich sind. Der Drittschuldner kann nicht mehr mit schuldbefreiender Wirkung an den ursprünglichen Gläubiger zahlen. Begründete Einwendungen des Drittschuldners gegen Grund oder Höhe der Forderung muss das Kreditinstitut gegen sich gelten lassen, § 404 BGB. Auch das Recht der Aufrechnung mit Gegenforderungen nach § 406 BGB bleibt dem Drittschuldner erhalten. Dabei kommen auch solche Gegenforderungen in Betracht, die der Drittschuldner nach Abtretung, aber vor Offenlegung erworben hat.[414] Um hierüber Klarheit zu erhalten, ist es sinnvoll, mit der Offenlegungsanzeige beim Drittschuldner anzufragen, ob er Einwendungen gegen die Forderung oder Aufrechnungen geltend macht. Die Anfrage soll den Hinweis enthalten, dass, wenn binnen kurzer Frist derartiges nicht vorgebracht wird, die Forderung als anerkannt gelten soll. Bei Verstößen des Sicherungsnehmers gegen Abreden des Sicherungsvertrages können sich Schadensersatzansprüche des Sicherungsgebers aus § 280 BGB ergeben.

183

4. Globalzession und verlängerter Eigentumsvorbehalt

Ein Globalzessionsvertrag darf keine Forderungen umfassen, die aufgrund verlängerten Eigentumsvorbehalts einem Lieferanten zustehen können. Die Globalabtretung muss die vom verlängerten Eigentumsvorbehalt erfassten Forderungen durch eine dingliche Verzichtsklausel ausschließen oder nur für den Fall erfassen, dass der verlängerte Eigentumsvorbehalt erloschen ist.[415] Die Globalzession hätte zwar nach dem Prioritätsgrundsatz den Vorrang vor später abgeschlossenen Lieferverträgen mit verlängertem Eigentumsvorbehalt. Da aber der verlängerte Eigentumsvorbehalt ebenfalls ein legitimes Kreditsicherungsmittel ist, wird hier der Prioritätsvorrang der Globalzession von der Rechtsprechung nicht als interessengerechte Lösung dieser Kollisionslage angesehen.

184

---

[412] BGH WM 1994, S. 1613 zur Unwirksamkeit (§ 9 Abs. 1 AGBG aF) einer Globalzession, bei der die Bank dem Drittschuldner jederzeit die Abtretung anzeigen darf.
[413] BGH BB 1996, S. 344, BGH WM 1992, S. 1361; Nr. 10 Abs. 2 des Globalzessionsformularvertrages des Bundesverbandes deutscher Banken sieht 1 Monat vor, bei Handelsgeschäften mindestens 1 Woche. Für die Lohnzession vgl. BGH WM 1994, S. 414, 417.
[414] BGH WM 1990, S. 1025, besprochen in WuB 4.90 (*Bülow*).
[415] *Ganter* in BankR-HdB, § 96 Rn. 186.

185 Globalzessionsverträge sind sittenwidrig, § 138 BGB, wenn sie Forderungen erfassen, die die Kreditnehmer ihren Lieferanten auf Grund verlängerten Eigentumsvorbehalts künftig abtreten müssen.[416] Dogmatischer Ansatz hierfür ist die **Vertragsbruchtheorie**: Wer einen Globalzessionsvertrag abschließt und einhält, kann keine Waren mehr unter verlängertem Eigentumsvorbehalt einkaufen, was im Kaufmannsleben praktisch nicht vorstellbar ist. Also veranlasst der Globalzessionsvertrag den Kaufmann, Waren unter verlängertem Eigentumsvorbehalt einzukaufen, obwohl nach dem Prioritätsgrundsatz dieser verlängerte Eigentumsvorbehalt in Bezug auf die Kaufpreisforderung aus der Weiterveräußerung keine Rechtswirkungen entfalten kann, der Kaufmann gegenüber seinen Lieferanten also vertragsbrüchig wird.[417] Die Sittenwidrigkeit der Globalzession fordert überdies eine zu missbilligende Gesinnung der Beteiligten,[418] die vorliegt, wenn das sicherungsnehmende Kreditinstitut wusste, dass der Zedent Waren unter verlängertem Eigentumsvorbehalt bezieht oder dies in der Branche als übliches Sicherungsmittel gelten kann. In diesem Fall beteiligt sich der Zessionar am sittenwidrigen Verhalten des Zedenten mit der Folge, dass Nichtigkeit der Globalzession eintritt, wenn die Globalzession die verlängerten Eigentumsvorbehalte beeinträchtigt.[419] Diese Rechtsfolge wird vermieden durch die **dingliche Teilverzichtsklausel**, mit der von der Globalzession von vornherein die Forderungen ausgenommen werden, die einem branchenüblichen verlängerten Eigentumsvorbehalt unterliegen. Diese Klausel vermeidet die Kollision der beiden Zessionen, sie gewährt dem verlängerten Eigentumsvorbehalt den Vorrang, kehrt also bei regelmäßigem Verlauf den Prioritätsgrundsatz in sein Gegenteil um. Diese Klausel erhält der Globalzession die Wirksamkeit.[420]

186 Eine nur schuldrechtliche Verpflichtung der Bank, die Forderung an den Rechtsinhaber des verlängerten Eigentumsvorbehalts abzutreten oder ihn zu befriedigen – die sog. **schuldrechtliche Teilverzichtsklausel** –, reicht nicht aus.[421] Die im Kreditgewerbe üblichen Formularverträge tragen dieser Rechtslage Rechnung und vermeiden so die aus Eingriffen der Globalzession in den verlängerten Eigentumsvorbehalt folgende Nichtigkeit.

187 Wer dieser Nichtigkeit nach § 138 BGB zu entgehen sucht und dennoch den vollen Erlös für verkaufte Ware auf dem Bankkonto zu sehen wünscht, wird an die Vereinbarung einer **Zahlstellenklausel** denken. Dabei enthält der Globalzessionsvertrag die Verpflichtung des Kreditnehmers, alle Zahlungen aus Verträgen auf sein laufendes Konto bei der kreditgebenden Bank zu disponieren. Bei einer unwirksamen Globalzession ist eine solche Zahlstellenklausel eine Umgehung der vorzitierten höchstrichterlichen Rechtsprechung mit der Folge, dass, wenn der Drittschuldner auf das Konto des Zedenten/Kreditnehmers zahlt, dies zwar zunächst eine Reduzierung des Debetsaldos bewirkt. Aber die kreditgebende Bank muss sich so behandeln lassen, als hätte sie die Zahlungen ohne Rechtsgrund erhalten, sie muss also nach § 816 Abs. 2 BGB an den Vorbehaltslieferanten die auf diesen entfallenden Anteile oder den gesamten Eingang herausgeben.[422]

---

[416] Seit BGHZ 30, S. 149; BGHZ 109, S. 240, 243, BGH NJW 1995, S. 1668, 1669; BGH NJW 1999, S. 940.
[417] BGHZ 30, S. 149, 153.
[418] BGHZ 55, S. 34, 35; BGH WM 1962, S. 13, 14.
[419] zuletzt: BGH NJW 1999, S. 2588, 2589; a. A.: *Ganter* in BankR-HdB, § 96 Rn. 186, der die Globalzession im Wege der ergänzenden Vertragsauslegung auf den zulässigen Umfang reduzieren möchte.
[420] BGH ZIP 1991, S. 807, 811.
[421] BGHZ 100, S. 353, 358; OLG Frankfurt ZIP 1981, S. 492.
[422] BGH NJW 1979, S. 371.

IV. Grundpfandrechte

Private finanzieren ihre Grundstückskäufe und Bauvorhaben mit Hypotheken- oder Bauspardarlehen, die mit Grundpfandrechten besichert sind. Grundpfandrechte besichern auch Unternehmenskredite, seien es Investitionskredite oder ergänzende Mittel der Unternehmensfinanzierung. Im letzteren Fall spielen die Revalutierungen einmal bestellter Grundschulden eine bedeutsame Rolle. Das Besondere des Kredites mit Besicherung durch Grundpfandrechte besteht darin, dass diese Sicherheiten der Höhe nach durch **Beleihungsgrundsätze** fixiert sind; die Beleihungsgrundsätze für die Sparkassen sind aufsichtsrechtlich festgelegt,[423] für das Pfandbriefgeschäft gelten §§ 12 ff. PfandBG, für Bausparkassen § 7 BausparG. Alle diese Begrenzungen schreiben grosso modo die Einhaltung einer Beleihungsgrenze von 60 % des Wertes des beliehenen Grundstücks vor.[424] Diese Beleihungsgrenze bestimmt also maßgeblich die Höhe des Kredites. Bei allen anderen Krediten ist die Festlegung der Kredithöhe im Angesicht der angebotenen Sicherheit eine unternehmerische Entscheidung.

188

In der Kreditpraxis hat die Grundschuld die Hypothek als Kreditsicherheit fast vollständig verdrängt. Nur etwa 1–2 % der Kredite werden in der Sparkassenpraxis durch Hypotheken gesichert.[425] Die Gründe für die Präferenz der Grundschuld sind die größere Flexibilität und die breiteren Einsatzmöglichkeiten der Grundschuld nebst weiter Sicherungszweckerklärung, was erlaubt, dass die besicherte Forderung ausgewechselt werden kann. Die fehlende Akzessorietät verwandelt sich hier in einen Praktikabilitätsvorteil. Die Grundschuld ist demnach besonders geeignet, Forderungen zu sichern, die ihrer Höhe nach schwanken, und die als Sicherheit nicht nur für eine bestimmte, sondern für eine Vielzahl auch wechselnder Forderungen, mit auch wechselnden Konditionen gegenüber dem Grundstückseigentümer oder Dritten, dienen kann. Eine Grundschuld kann ferner – anders als die Hypothek – von vornherein für den Eigentümer bestellt werden, § 1196 BGB. Sie wird automatisch zur Fremdgrundschuld, wenn der Eigentümer sie auf einen Dritten überträgt. Dem Eigentümer ist damit die Möglichkeit eröffnet, sich ein zusätzliches Kreditsicherungsmittel zu beschaffen. Schließlich ist die Grundschuld einfach durchzusetzen.

189

Alle diese Vorteile sind der Hypothek nicht eigen, obgleich die Hypothek in der Ausformung als Verkehrshypothek nach §§ 1113–1183 BGB, oder als Sicherungshypothek nach §§ 1184–1190 BGB, als Kreditbesicherungsmedium geschaffen wurde. Bei der Verkehrshypothek ergibt sich eine Durchbrechung des Akzessorietätsgrundsatzes mit der Folge der Umlauffähigkeit der Hypothek dadurch, dass der Gläubiger das Bestehen einer Forderung nicht nachzuweisen braucht, wenn er aus der Hypothek Zahlung begehrt. Die Sicherungshypothek hingegen ist streng akzessorisch, was bedeutet, dass sich das Recht des Hypothekengläubigers ausschließlich nach der Forderung richtet und sich der Gläubiger auf die Grundbucheintragung nicht berufen kann, § 1184 Abs. 1 BGB. Aber der Sicherungshypothek fehlen die oben beschriebenen Vorteile der Grundschuld.

190

---

[423] Das in den einzelnen Bundesländern geltende Sparkassenrecht enthält die Ermächtigung für die oberste Sparkassenaufsichtsbehörde, „Beleihungsgrundsätze für Sparkassen" zu erlassen; vgl. zB für NRW den Runderlass des Ministers für Wirtschaft, Mittelstand und Verkehr v. 13.9.2013 (MBl. NRW, S. 520).
[424] Vgl. zur Methode der Wertermittlung des Grundstücks die Beleihungswertermittlungsverordnung, BGBl. I. 2006, S. 1175 ff.
[425] *Fischer*, Bankrecht, S. 133.

1. Die Grundschuld im Einzelnen

191 Die Grundschuld kommt durch Einigung zwischen Bank und Grundschuldbesteller gem. §§ 873 Abs. 1, 1191 BGB und Eintragung im Grundbuch zustande. Die Grundschuld begründet eine unmittelbare dingliche Haftung des belasteten Grundstücks in Höhe des Schuldbetrages, § 1191 Abs. 1 BGB. Die Grundschuld setzt eine persönliche Forderung des Grundschuldgläubigers nicht voraus. Grundschulden können also bestellt werden, um eine oder mehrere Forderungen zu sichern, oder vorsorglich zur Besicherung später entstehender Forderungen. Dies macht die oben angesprochene Flexibilität der Grundschuld aus. Eine Grundschuld dient erst dann zur Sicherung einer persönlichen Forderung, wenn Sicherungsgeber und Sicherungsnehmer dies in einer **Zweckerklärung** vereinbaren.[426] Dadurch wird die Grundschuld aber nicht akzessorisch, der Gläubiger behält das dingliche Recht unabhängig vom Bestehen der persönlichen Forderung. Die für Hypotheken geltenden Vorschriften sind anzuwenden, soweit sich aus der Forderungsunabhängigkeit der Grundschuld nichts anderes ergibt, § 1192 Abs. 1 BGB. Die Grundschuld muss – wie andere Kreditsicherungen – bestimmt sein, was bedeutet, dass der Betrag idR zerlegt in Kapital und Zinsen, für den das Grundstück haften soll, festgelegt und eingetragen werden muss. Die **Sicherungsgrundschuld** kann wie eine Hypothek als Buch- oder als Briefgrundschuld bestellt werden. Zur verdeckten Kreditaufnahme – also ohne Publizität der Sicherungsbestellung aus dem Grundbuch – eignet sich die (Brief-) Eigentümergrundschuld nach § 1196 BGB, weil sie außerhalb des Grundbuchs an das Kreditinstitut abgetreten wird. Denn die Grundschuld ist durch Abtretung selbständig übertragbar, weil sie kein akzessorisches Recht ist, §§ 1192 Abs. 1, 1154, 398 BGB.

Dienen mehrere Grundstücke zur Besicherung, so können sie mit einer **Gesamtgrundschuld** belastet werden, das ist eine einheitliche dingliche Last für ein und dieselbe Forderung auf mehreren Grundstücken, §§ 1132, 1192 Abs. 1 BGB.

192 Im Grundbuch sind der Sicherungszweck bzw. der Sicherungsvertrag nicht eintragbar.[427] Die Abstraktheit der Grundschuld erlaubt es, dass die Grundschuld auch auf einen höheren Betrag als den des gerade zu sichernden Krediets lauten kann. – Der Anspruch auf Zinsen und Nebenleistungen ist auch abstrakt, deswegen wird in der Bankpraxis die Grundschuld mit höheren Zinsen eingetragen, als diese im Darlehensvertrag vereinbart werden. So kann in der Grundschuld der Zinssatz festgelegt werden, der einem zukünftigen höheren Zinsniveau oder sonstigen Haftungsgründen gerecht wird.[428] Mit Wegfall des Sicherungszwecks steht dem Eigentümer ein Rückgewähranspruch zu, der wahlweise auf Abtretung, auf Verzicht oder auf Aufhebung der Grundschuld gerichtet ist.[429] Eine ausdrückliche Freigabeklausel ist, wie bei der Sicherungsübereignung und der Sicherungszession, bei der Besicherung durch Grundschulden nicht Wirksamkeitsvoraussetzung, weil sich der Freigabeanspruch ermessensunabhängig aus allgemeinen Gesetzesgrundsätzen wie §§ 157, 242 BGB ergibt.[430] – Bei Leistungen des Kreditnehmers hat der Kreditgeber stets darauf zu achten, ob die Leistung auf die Grundschuld, auf die schuldrechtliche Forderung oder auf beide Rechte gezahlt wird. Soweit der Kreditnehmer oder ein ablösungsberechtigter Dritter Rückzahlung sowohl auf die Kreditforderung als auch auf die

---

[426] *Epp* in BankR-HdB, § 94 Rn. 294.
[427] BGH NJW 1986, S. 53.
[428] *Clemente*, Recht der Sicherungsgrundschuld, S. 19 ff.
[429] BGH EWiR § 1191 BGB 4/89, S. 881 (*Clemente*).
[430] BGH GrS NJW 1998, S. 671.

Grundschuld leistet, geht diese analog §§ 1142, 1143 BGB auf den Eigentümer oder den ablösungsberechtigten Dritten über. Deshalb wird in den Sicherungsverträgen der Kreditinstitute in der Regel die ausschließliche Zahlung auf die Forderung vereinbart, um den Übergang der Grundschuld auszuschließen.

2. Erstreckung der Haftung

Das Wesen dieser Grundpfandrechte ist, dass das belastete Grundstück nebst getrennten Erzeugnissen und Bestandteilen und Zubehör nach § 1120 BGB, nebst Miet- und Pachtzinsforderungen nach § 1123 BGB und Reallasten nach § 1226 BGB einschl. Versicherungsforderungen nach §§ 1127–1130 BGB, schließlich nebst dem Entgelt für Dauerwohnrechte nach § 40 WEG für die Zahlung der besicherten Geldsumme haftet. Diese Geldleistung ist also aus dem Grundstück und den aufgezählten Rechten zu leisten. **193**

Was Zubehör ist, sagen §§ 97, 98 BGB: Sachen, die sonderrechtsfähig sind, aber der Hauptsache zu dienen bestimmt sind. Zubehör unterliegt nur dann dem Haftungsverband der Grundschuld, wenn es im Eigentum des Grundstückseigentümers steht. **Beispiele** aus der Kreditsicherheitenrechtsprechung: Diesel-Notstromaggregat in einem Hotelneubau[431] ist Zubehör; serienmäßig hergestellte Einbauküchen sind keine wesentlichen Bestandteile, können aber – jedenfalls in Norddeutschland – Zubehör sein.[432] Zubehör sind auch Hotelomnibusse zum An- und Abtransport von Gästen; dem Betrieb eines Baugeschäfts dienender PKW zum Aufsuchen der Baustellen durch Außendienstmitarbeiter;[433] Fahrzeuge eines Unternehmens für die Zu- oder Ablieferung von Gütern.[434] Der Zubehörhaftung unterliegen nicht Fahrzeuge eines Speditions- oder Transportunternehmens.[435] Leitlinie für die Erstreckung der Grundschuld ist, dass die Bestimmung des Zubehörbegriffs nicht vom Unternehmen ausgeht, sondern vom Grundstück. Dies entspricht dem kreditrechtlichen Ansatz. Nach § 10 Abs. 1 Nr. 1 a ZVG wird von dem grundbuchrechtlich gesicherten Gläubiger verlangt, dass er 4 % des auf Zubehör entfallenden Verwertungserlöses an die Masse als Verwertungsbeitrag abführt. **194**

Dem Zubehör ist wesentlich, dass es das rechtliche Schicksal der Hauptsache teilt, was der Gesetzgeber für den Fall des Verkaufs in § 314 BGB und der Veräußerung in § 926 BGB und durch die Erstreckung der Grundpfandrechte in § 1120 BGB deutlich macht. Das Zubehör kann also nicht rechtlich getrennte Wege gehen, insbes. nicht gesondert als Kreditsicherheit zur Verfügung stehen. Deshalb ist bei der Entgegennahme von beweglichen Sachen als Kreditsicherheit mittels Sicherungsübereignung zu prüfen, ob diese bewegliche Sache nicht bereits einer Zubehörhaftung unterliegt. Überdies ist zu bedenken, dass in der Rechtsprechung eine Tendenz zur weiten Ausdehnung des Zubehörbegriffs insbesondere bei Gewerbebetrieben besteht. **195**

Der Höhe nach haftet das belastete Grundstück für den Betrag, auf den das Pfandrecht lautet, also für den Hauptanspruch, auch Kapitalanspruch genannt. Sodann haftet das Grundstück für die gesetzlichen Zinsen, für die Kosten der Kündigung, der Rechtsverfol-

---

[431] BGH WM 1987, S. 1302 = WuB IV A § 94 BGB 1.88 (*Rehbein*).
[432] BGH WM 1990, S. 603 = WuB IV A § 94 BGB 2.90 (*Bales*); vgl. OLG Nürnberg NJW-RR 2002, S. 1485, 1486, welche eine regional verschiedene Verkehrsauffassung über die Zubehöreigenschaft von Einbauküchen (zu Recht) anzweifelt.
[433] OLG Hamm JMBl NRW 53, S. 244.
[434] BGH WM 1980, S. 1384.
[435] BGH JR 1983, S. 278, mit Anm. *Rehbein*.

gung und, soweit im Grundbuch eingetragen, auch für vertragliche Zinsen und andere Nebenleistungen (§§ 1115 Abs. 1, 1118 BGB).

3. Die Sicherungszweckerklärung

196 Die Grundzüge der Bestellung des Grundpfandrechts werden in der Sicherungsabrede, auch **Sicherungszweckerklärung** genannt, festgelegt. Wesentlicher Inhalt dieser Vereinbarung ist die Zweckbestimmung der Grundschuldbestellung. Diese Sicherungszweckerklärung stellt die Brücke von der Grundschuld zum Kredit dar; sie gleicht die fehlende Akzessorietät aus. Sie bedarf keiner Form und kann selbst stillschweigend vereinbart werden.[436] Im Bankrecht überwiegt die Sicherungszweckerklärung in gesonderter Urkunde, und zwar die weite Zweckerklärung, auch „erweiterte Sicherungsabrede". Sie besagt, dass die Grundschuld „zur Sicherheit für alle bestehenden und künftigen, auch bedingten und befristeten Forderungen der Bank gegen den Kreditnehmer aus der Geschäftsverbindung... dient". Ist der Sicherungsgeber gleichzeitig Kreditnehmer, ist diese Sicherungszweckerklärung der Normfall und im Sinne der §§ 305 ff. BGB weder überraschend noch unangemessen,[437] wohingegen eine überraschende Klausel nach § 305 c BGB n. F. grundsätzlich vorliegt, wenn der Sicherungsgeber die Sicherheit für einen Dritten stellt. Dies gilt selbst dann, wenn der Dritte der Ehegatte des Sicherungsgebers ist.[438]

197 **Beispiel** für den vollen Wortlaut einer Sicherungszweckerklärung: „Das Grundpfandrecht dient zur Sicherung aller bestehenden und zukünftigen, auch bedingten oder befristeten Ansprüche, die der Bank und allen anderen Geschäftsstellen des Gesamtinstituts aus der Geschäftsverbindung (insbesondere aus laufender Rechnung und aus der Gewährung von Krediten jeder Art), aus Bürgschaften und aus abgetretenen oder kraft Gesetzes übergegangenen Forderungen sowie aus Wechseln (auch soweit diese von Dritten hereingegeben worden sind) gegen den Kreditnehmer zustehen."

198 Nach dieser Zweckerklärung dient die Grundschuld als Sicherheit für alle bestehenden und auch zukünftigen Forderungen aus der Geschäftsverbindung mit dem Kreditnehmer.[439] Damit gewährt der Kreditnehmer seinem Kreditinstitut Sicherung über ein konkretes Darlehen hinaus für auch zukünftige Forderungen, mit der Rechtsfolge, dass der Sicherungsgeber nach Rückzahlung des im Kreditvertrag behandelten Darlehens seine Sicherheit nicht zurückfordern kann, weil diese für die übrigen Forderungen des Kreditinstituts haftet. **Beispiel**: Bei Aufnahme eines Kontokorrentkredits durch eine GmbH und Grundschuldbestellung durch deren Gesellschafter auf dessen privat gehaltenem Grundstück wird die obige Sicherungszweckerklärung vom Gesellschafter und Grundeigentümer abgegeben, wonach die Grundschuld für alle Ansprüche aus der Geschäftsverbindung und damit auch für Wechselverbindlichkeiten der Gesellschaft als Sicherheit dient.[440] Der Sicherungsgeber hat den Anspruch auf Rückübertragung der Grundschuld erst dann,

---

[436] BGH NJW-RR 1991, S. 305; NJW 2004, S. 158, 159.
[437] BGH WM 1990, S. 969, WuB I F 1 a.-9.90 (*Rimmelspacher*); 2000, S. 2675, 2676.
[438] BGH ZIP 1997, S. 1229, zur Identität von Sicherungsgeber und Kreditnehmer bei einem Oder-Konto, dessen Debetsaldo aus Verbindlichkeiten des Sicherungsgebers resultierte, vgl. WM 2000, S. 138, 2001, S. 455; BGH NJW 2001, S. 1417, 1419.
[439] BGH NJW 1996, S. 1472 zum Erfordernis hinreichender Bestimmtheit künftiger Forderungen nach Gegenstand und Umfang, BGH WM 1987, S. 802, 803.
[440] Nach BGH WM 1987, S. 584, WuB I F 3–12.87 (*Schröter*), keine Überraschungsklausel iSv § 3 AGBG aF

wenn entweder die Geschäftsverbindung zwischen Kreditinstitut und Kreditnehmer beendet ist oder feststeht, dass Forderungen des Kreditinstituts gegen den Kreditnehmer in nächster Zeit nicht neu entstehen werden.

Nach der Rechtsprechung des BGH ist die formularmäßige Ausdehnung der dinglichen Haftung des Sicherungsgebers für alle bestehenden und künftigen Verbindlichkeiten **eines Dritten** grundsätzlich überraschend i. S. des § 305 c BGB.[441] Bei der weiten Sicherungszweckerklärung muss daher besorgt werden, dass derjenige, der für fremde Schuld mit seinem Grund haftet, nicht „einem Überrumpelungseffekt" – wie der BGH sagt – unterliegt.[442] Bei Drittsicherungsgebern ist somit auf die vom BGH vorgeschriebene Beurteilung des Einzelfalles Bedacht zu nehmen, jedenfalls dann, wenn Anlass für die Sicherheitenbestellung ein bestimmtes Kreditverhältnis war. Liegt Unwirksamkeit vor, führt dies nicht zur Totalnichtigkeit, sondern der Anlasskredit bleibt gesichert.

199

Die Unwirksamkeit einer weiten Zweckerklärung wegen Verstoßes gegen § 307 Abs. 2 Nr. 1 und 2 BGB hat der BGH aber verneint, da Inhalt und Umfang der schuldrechtlichen Zweckbindung einer Grundschuld nicht gesetzlich festgelegt sind, sondern freier Vereinbarung unterliegen.[443] Dabei betont der BGH die geringere Schutzbedürftigkeit etwa im Vergleich zu einem Bürgen, da der dingliche Sicherungsgeber lediglich mit der verpfändeten Immobilie, nicht aber mit seinem gesamten übrigen Vermögen haftet.

4. Zahlung und Grundschuldrückgewähr

Bei der Rückzahlung des Kredites ist davon auszugehen, dass diese Zahlung auf die Forderung erfolgt.[444] Dies steht idR in der Sicherungszweckvereinbarung und ist auch ohnehin gewollt, zumindest wenn die Zahlung vom Eigentümer des belasteten Grundstücks, der zugleich persönlicher Schuldner ist, erfolgt. Mit der Zahlung erlischt die Kreditforderung nach § 362 BGB; die Grundschuld verbleibt beim Kreditinstitut; der Eigentümer hat einen **Rückgewähranspruch** auf die Grundschuld. Das Kreditinstitut hat die Grundschuld an den Eigentümer abzutreten; sie wird zur Eigentümergrundschuld. Nachrangige Gläubiger haben einen gesetzlichen Löschungsanspruch nach § 1179a BGB, mit dem verhindert wird, dass der Eigentümer zu Lasten nachrangiger Sicherungsnehmer mit der für ihn entstandenen Eigentümergrundschuld einen Rangvorteil erhält. Das Gleiche gilt zugunsten des Vormerkungsberechtigten, wenn bei einer Grundschuld eine Löschungsvormerkung eingetragen ist und damit der Rückgewährberechtigte gegen unerlaubte Verfügungen des Grundschuldgläubigers, die seinen Anspruch verletzen, geschützt wird. Erfolgt die Zahlung ausnahmsweise entgegen der Kreditsicherungsabrede auf die Grundschuld, so entsteht, sofern Eigentümer und Schuldner identisch sind, eine Eigentümergrundschuld gemäß §§ 1143 Abs. 1 S. 1 analog, 1163, 1192 Abs. 1 BGB bei gleichzeitigem Erlöschen der gesicherten Forderung.[445]

200

Erfolgt die Leistung durch den Eigentümer, der nicht persönlicher Schuldner der Forderung – zB Kreditnehmer – ist, macht der Eigentümer also von seinem Ablösungsrecht

201

---

[441] st. Rspr. – BGH NJW 1997, S. 2677; BGH ZIP 1989, S. 85.
[442] In zwei Fällen wird die weite Zweckerklärung bei Drittbestellung für unbillig angesehen, BGHZ 83, S. 56 und BGH ZIP 1989, S. 85; in anderen Fällen für angemessen, BGH ZIP 1987, S. 245 und BGH ZIP 1987, S. 695.
[443] BGH WM 1997, S. 1280 mit Bespr. WuB I F 3. – 8.97 (*Wenzel*); BGH ZIP 2001, S. 507, 510.
[444] BGH WM 1987, S. 1213 = WuB I F 31.88 (*Schröter*).
[445] BGH NJW 1992, S. 3228.

bei Fälligkeit nach § 1142 BGB Gebrauch, so bestimmt das zwischen Kreditgeber und -nehmer vereinbarte Rechtsverhältnis auch das Innenverhältnis zwischen dem zahlenden Eigentümer und dem Kreditnehmer. Zahlt der Eigentümer auf die Forderung, so erlischt sie nach § 362 Abs. 1 BGB; der Eigentümer hat gegen die Bank Anspruch auf Rückgewähr der Grundschuld. Der Eigentümer hat gegen den Kreditnehmer einen Erstattungsanspruch. Zahlt der Eigentümer auf die Grundschuld, geht sie auf ihn über und verwandelt sich in eine Eigentümergrundschuld; die Forderung bleibt bestehen, aber die Geltendmachung ist ausgeschlossen.[446]

202   Nach Rückzahlung des Kredites, bzw. bei vereinbarter weiter Zweckerklärung mit Befriedigung aller Ansprüche aus der Geschäftsverbindung, ist der Grundschuldgläubiger und Sicherungsnehmer – wie dargestellt – verpflichtet, die Grundschuld zurückzugewähren. Dies folgt aus dem allgemeinen Rechtsgedanken, dass der Sicherungszweck entfallen ist; dies ergibt sich auch aus dem Sicherungsvertrag; schließlich aus § 812 BGB; als Anspruchsgrundlage kommt auch § 1169 iVm § 1192 Abs. 1 BGB in Betracht.

203   Diese Rückgewähr kann durch Abtretung nach §§ 1154, 1192 BGB, durch Aufhebung nach §§ 1153, 1192 BGB oder Verzicht der Bank auf die Grundschuld nach §§ 1168, 1192 BGB erfolgen. Diese Rückgewähransprüche können an einen anderen Gläubiger abgetreten werden. Sie sind selbständige Rechte und wirtschaftliche Faktoren, mithin als eigenständige Kreditsicherheit geeignet; sie können zur Verstärkung einer gleich- oder nachrangigen Grundschuld dienen, indem sie sich der nachrangige Gläubiger abtreten lässt, anstelle der Nutzung seines gesetzlichen Löschungsanspruchs nach §§ 1196 Abs. 3, 1179a BGB. Eine solche Abtretung der Rückgewähransprüche an nachrangige Gläubiger unter gleichzeitiger Abtretung der Ansprüche auf Rechnungslegung über das Kreditverhältnis, auf Herausgabe des Grundschuldbriefes und auf Auszahlung des Mehrerlöses in der Zwangsvollstreckung gewährt dem nachrangigen Gläubiger zusätzliche Sicherheit. In der Zwangsversteigerung hat er Anspruch auf Auskehrung des Mehrerlöses. Zu beachten ist indessen, dass der wirtschaftliche Wert solcher Rückgewähransprüche sich vermindert, wenn eine weite Sicherungszweckerklärung – → § 5 Rn. 196 ff. – zur Sicherung aller künftigen Verbindlichkeiten vereinbart ist. Dies wirkt sich zu Lasten des Rückgewähranspruchs aus, weil er erst entsteht, wenn feststeht, dass eine erneute Kreditgewährung endgültig nicht mehr beabsichtigt ist oder die Geschäftsbeziehung beendet wurde.

204   Der Rückgewähranspruch kann formlos abgetreten werden.[447] Mit der Abtretung des Rückgewähranspruchs erwirbt der Zessionar das Recht, wahlweise Abtretung der Grundschuld, Aufhebung der Grundschuld oder deren Verzicht verlangen zu können. Der Zessionar hat also die gleiche Rechtsstellung, wie vor ihm der Grundstückseigentümer.

205   Der Rückgewähranspruch ist als selbständiges Vermögensrecht auch pfändbar. Wird das Grundstück vor Rückgewähr verwertet, so steht ein etwaiger Mehrerlös aus der Verwertung dem Inhaber des Rückgewähranspruchs zu, und zwar vor der Befriedigung nachrangiger Grundpfandgläubiger.

206   Verkauft der Grundeigentümer das Anwesen, geht der Rückgewähranspruch des Grundschuldbestellers nicht durch die Übertragung des belasteten Grundstücks auf den neuen Eigentümer über. Der Rückgewähranspruch geht nur durch Abtretung, die ausdrücklich oder konkludent erfolgen kann, oder dadurch über, dass der neue Eigentümer

---

[446] BGHZ 80, S. 228; BGH WM 1987, S. 202.
[447] BGH WM 1991, S. 779.

Erne

mit Zustimmung des Kreditgebers anstelle des ursprünglichen Kreditnehmers in das Kreditverhältnis eintritt.[448]

Hatte die Grundschuld ein Dritter und nicht der Kreditnehmer bestellt und zahlt der Kreditnehmer den Kredit zurück, so steht der Rückgewähranspruch dem Kreditnehmer als dem Leistenden zu.

5. Verwertung der Grundschuld

Die Verwertung der Grundschuld erfolgt durch **Zwangsversteigerung** oder **Zwangsverwaltung**. Vollstreckungsvoraussetzungen sind nach §§ 704 ff. ZPO Titel, Klausel und Zustellung. Den Vollstreckungstitel erhält die Bank mit der Bestellung der Grundschuld, da in der Bestellungsurkunde idR die Unterwerfung der Schuldner unter die sofortige Zwangsvollstreckung vereinbart ist. Diese Unterwerfung unter die sofortige Zwangsvollstreckung ist kein Verstoß gegen die AGB-rechtlichen Vorschriften des BGB, auch dann nicht, wenn die Bestellung der dinglichen Last durch einen Dritten – also einen Nichtschuldner – erfolgt; indessen bedarf es der ausdrücklichen Belehrung durch den beurkundenden Notar.[449] Die Erteilung einer vollstreckbaren Ausfertigung der Bestellungsurkunde ist ebenfalls in der Urkunde vereinbart (§§ 724 ff. ZPO). Einzelheiten gehören in das Zwangsvollstreckungsrecht.

Das Versteigerungsverfahren beginnt mit der **Beschlagnahme** des Grundstücks, die im Grundbuch zu vermerken ist, §§ 19, 20 ZVG. Die Beschlagnahme enthält ein relatives Veräußerungs- und Belastungsverbot, um den betreibenden Gläubiger vor verfahrensschädlichen Verfügungen des Schuldners und vor Zwangsvollstreckungsmaßnahmen Dritter zu schützen. Diese Beschlagnahme umfasst alle Gegenstände, auf welche sich die Grundschuld erstreckt, also die oben in § 5 Rn. 193 beschriebenen wesentlichen Bestandteile und das Zubehör, § 20 Abs. 2 ZVG. Aus einem Versteigerungserlös sind nach § 10 ZVG die Ansprüche in einer Reihenfolge von acht **Rangklassen** zu befriedigen, und zwar in der Weise, dass die Ansprüche einer späteren Klasse erst zu berücksichtigen sind, wenn diejenigen der vorhergehenden Klassen befriedigt worden sind. Außerhalb und vor diesen Rangklassen stehen die Verfahrenskosten, § 109 ZVG. Die Rangordnung des § 10 ZVG ist zwingend und kann nicht durch Vereinbarung der Parteien eines Kreditvertrages geändert werden. Ansprüche aus dinglichen Rechten, also aus Grundschuldbestellungen zur Kreditbesicherung, gehören zur Rangklasse 4, § 10 Abs. 4 ZVG, sie werden nach den Kosten und öffentlichen Lasten berücksichtigt. Bei der Verwertung des Grundstücks hat die Bank die berechtigten Belange des Sicherungsgebers in angemessener und zumutbarer Weise zu berücksichtigen, soweit nicht ihre Sicherungsinteressen entgegenstehen.[450]

Bankrechtliche Besonderheiten haben sich in diesem Rechtsfeld seit dem 1. Januar 1999 ergeben: danach sind kreditgebende Gläubiger gem. § 10 Abs. 1 Nr. 1 a ZVG zur Abführung von 4% des Erlöses aus der Sicherheitenverwertung für das Zubehör an die Masse verpflichtet. Der neuen Rechtslage hat der BGH durch Festlegung der zulässigen De-

---

[448] BGH ZIP 1986, S. 900, Bespr. EWiR § 1191 BGB 3/86, 573 (*Gaberdiel*).
[449] BGH WM 1990, S. 304 mit Bespr. WuB I F 3–10.90 (*Rehbein*).
[450] BGH NJW 1997, S. 1063; BGH ZIP 1997, S. 1448 im Fall des freihändigen Verkaufs eines Grundstücks, bei dem die Bank unzulässigerweise mit dem Käufer eine Maklerprovision zu ihren Gunsten vereinbarte, die den Kaufpreis minderte. Der BGH bejahte eine Pflicht zum Schadensersatz aus positiver Verletzung des Sicherungsvertrages.

ckungsgrenze in Höhe von 110 % des realisierbaren Wertes der Grundschuld Rechnung getragen.

211 Bei der Zwangsverwaltung ergeben sich für das Kreditrecht keine Sonderheiten. In der Zwangsverwaltung verbleibt dem Schuldner das Eigentum, die Hauptsubstanz wird nicht verwertet. Die Gläubiger werden aus den Erträgen – zumeist den Miet- und Pachtzinsen – befriedigt; es gelten die §§ 146–161 ZVG. Die Verwaltung obliegt einem Zwangsverwalter (§ 150 ZVG). Die Anordnung der Zwangsverwaltung gilt zugunsten des Gläubigers als Beschlagnahme des Grundstücks (§ 20 ZVG).

V. AGB-Pfandrechte, Nr. 14 AGB-Banken 2012, Nr. 21 AGB-Sparkassen 2012

212 Hierbei handelt es sich um eine Kreditbesicherung durch ein vertragliches, nämlich mit den AGB vereinbartes Pfandrecht an Wertpapieren und Sachen des Bankkunden, die sich im Besitz eines inländischen Kreditinstituts befinden. Dies Pfandrecht kommt zustande durch die vorweggenommene Einigung zwischen Kunde und Bank mittels Anerkennung der AGB und die Inbesitzbringung von Sachen des Kreditnehmers in die Hände des Kreditgebers. Dem Pfandrecht unterliegen Ansprüche des Kunden „gegen die Bank aus der bankmäßigen Geschäftsverbindung" Nr. 14 Abs. 1 S. 2 AGB-Banken 2012.

Nr. 14 AGB stellt nicht darauf ab, ob die eingebrachten Sachen dem Kunden gehören oder einem Dritten, sodass die Bank gutgläubig ein Pfandrecht an fremden, eingebrachten Sachen erwerben kann.[451] Aber ausgeschlossen ist ein Pfandrechtserwerb nach Nr. 14 Abs. 3 AGB-Banken 2012 an Vermögensgegenständen, „die nur für einen bestimmten Zweck verwendet werden dürfen". **Beispiel**: Ein Kunde zahlt den Gegenwert für einen auf ihn gezogenen Wechsel am Vorlegungstag in bar bei der Bank ein mit der Bestimmung, hiermit den Wechsel einzulösen. Oder: ein Kunde erteilt einen Überweisungsauftrag und zahlt den Gegenwert gleichzeitig ein. In beiden Fällen ist das Konto des Kunden ungenehmigt im Debet. Die Bank darf die Einzahlungsbeträge nicht verrechnen, sondern darf sie nur für „den bestimmten Zweck" verwenden.[452] Hauptanwendungsfall der AGB-Pfandklausel ist die Bestellung eines Pfandrechts an Wertpapierdepots und Kontoguthaben.

---

[451] *Gößmann*, BuB 1/385, auch mit Nachweis der gegenteiligen Ansicht.
[452] LG Zweibrücken WM 1987, S. 1010; OLG Düsseldorf, WM 1987, S. 1008.

Erne

§ 6. Kapitalmarktrecht

Übersicht

I. Begriff und Rechtsquellen	1
1. Gegenstand des Kapitalmarktrechts	1
2. Europäisches Kapitalmarktrecht	4
II. Die Börse als Einrichtung	8
III. Rechtsgrundlagen der Börse	13
1. Das Börsengesetz und das WpHG	13
2. Die Börse als Handelsplatz	18
3. Rechtsform und Träger der Börsen	21
4. Aufsicht über die Börsen	27
a) Die Bundesanstalt für Finanzdienstleistungsaufsicht (BaFin) in Frankfurt/Main und Bonn	28
b) Börsenaufsicht der Länder	30
c) Der Wertpapierrat	31
d) Die Handelsüberwachungsstellen	32
e) Die Börsenselbstverwaltung	33
5. Die Börsenorgane und die Handelsteilnehmer	35
6. Die Börsenordnung	40
7. Die Marktsegmente	42
a) Überblick	42
b) Der regulierte Markt	46
c) Der Freiverkehr	51
d) Multilaterale Handelssysteme	56
e) Der Terminmarkt	58
8. Das Recht der Zulassung	64
a) Zulassung zum regulierten Markt	65
b) Einbeziehung in den regulierten Markt	78
c) Die Einbeziehung in den Freiverkehr	79
d) Teilnahme am Prime Standard für Unternehmensanleihen	85
9. Zulassungs-, Einbeziehungs- und Teilnahmefolgepflichten	86
a) Zulassungsfolgepflichten im regulierten Markt	89
aa) Ad hoc-Publizität	90
bb) Weitere Veröffentlichungpflichten im Zusammenhang mit Insiderinformationen	101
cc) Stimmrechtmitteilungen	103
dd) Informationen für die Wahrnehmung von Rechten	105
ee) Finanzberichterstattung	106
ff) Corporate Governance	110
b) Einbeziehungsfolgepflichten im Freiverkehr	113

c) Teilnahmefolgepflichten im Prime Standard für Unternehmensanleihen	115
10. Der Schutz des Wertpapieranlegers	116
a) Prospekthaftung	119
b) Insiderhandelsverbot	127
c) Verbot der Marktmanipulation	140

Literatur: *Assmann/Schneider*, WpHG 6. Aufl. 2012; *Assmann*, GroßKom z. AktG, 4. Auflage 2004, Einleitung Rn. 352 ff.; *Assmann/Schütze*, Handbuch des Kapitalanlagerechts, 3. Auflage 2007; *Ekkenga/Maas*, Das Recht der Wertpapieremissionen, 2006; *Fleischer/Merkt*, Gutachten F und G für den 64. DJT; *Groß*, Kapitalmarktrecht, 5. Aufl. 2012; *Habersack/Mülbert/Schlitt*, Unternehmensfinanzierung am Kapitalmarkt, 3. Auflage 2013; *Kümpel/Wittig*, Bank- und Kapitalmarktrecht, 4. Aufl. 2011, Rn. 14.1–14.341; *Schwark/Zimmer*, Kapitalmarktrechts-Kommentar, 4. Aufl. 2010; *Siller*, Kapitalmarktrecht, 2006.

I. Begriff und Rechtsquellen

1. Gegenstand des Kapitalmarktrechts

1 Das deutsche – oder, mit Blick auf seinen mittlerweile überwiegend europarechtlichen Hintergrund wohl zutreffender: das in Deutschland geltende – Kapitalmarktrecht hat sich in den vergangenen Jahren unverändert sehr dynamisch entwickelt. Aufgrund seines Umfangs und seiner rechtspraktischen Bedeutung erscheint es mittlerweile als richtig, das Kapitalmarktrecht als **eigenständiges Rechtsgebiet** zu betrachten,[1] ohne dass sich freilich aus dieser Kategorisierung weiterer Erkenntnisgewinn ziehen ließe. Regelungsgegenstand des Kapitalmarktrechtes sind die **Märkte**, auf denen **Kapitalanlagen angeboten und nachgefragt** werden, vornehmlich die Wertpapierbörsen, aber daneben etwa noch Waren- oder Terminbörsen sowie darüber hinaus auch Handelsplätze, die keine Börse im engeren Sinne darstellen. Die gehandelten Kapitalanlagen sind längst nicht nur Wertpapiere, sondern die verschiedenartigsten Finanzinstrumente und andere Wirtschaftsgüter und Rechte. Das Kapitalmarktrecht erfasst nicht nur den laufenden Handel mit bereits platzierten Papieren, auch Sekundärmarkt genannt, sondern ebenso den erstmaligen Absatz – die Platzierung – von Wertpapieren, den Primärmarkt. Kapitalmarktrecht regelt nicht nur den Kapitalmarkt als solchen, sondern auch die Berechtigung, dort tätig zu sein; sodann die Geschäfte am Kapitalmarkt und die Aufsicht über Marktteilnehmer und die von ihnen getätigten Geschäfte. Ziel des Kapitalmarktrechtes ist es, für faire Wettbewerbsbedingungen für alle Marktteilnehmer zu sorgen, die Anleger zu schützen und die Effizienz des Marktes zu fördern; es geht um den Individualschutz und den Funktionsschutz.[2] Unter dem Oberbegriff des Kapitalmarktrechtes sind die Normen und sonstigen Verhaltenspflichten zusammengefasst, „die die Organisation des Kapitalmarktes, die marktbezogenen Dienstleistungen der Banken sowie die marktbezogenen Verhaltenspflichten der Marktteilnehmer oder sonstiger Dritter regeln".[3]

---

[1] So auch *Wittig* in Kümpel/Wittig, Bank- und Kapitalmarktrecht, Rn. 1.14; ebenso bereits *Kümpel* in Kümpel/Hammen/Ekkenga, Kapitalmarktrecht, Kennz. 050, Rn. 1.

[2] *Hopt*, schon in ZHR 141 (1977), S. 429, 431; *ders.*, FS Heinsius, 1991, S. 280, 303, 304.

[3] *Kümpel* in Kümpel/Hammen/Ekkenga, Kapitalmarktrecht, Kennz. 050, Rn. 14; ganz ähnlich auch *Wittig* in Kümpel/Wittig, Bank- und Kapitalmarktrecht, Rn. 1.10.

I. Begriff und Rechtsquellen

Kapitalmarktrecht ist **Wirtschaftsrecht**, denn der Funktionsschutz, den das Kapitalmarktrecht ausübt, ist Teil der staatlichen Aufgabe, für Gerechtigkeit und Funktionsfähigkeit einer insgesamt marktwirtschaftlich verfassten Wirtschaftsordnung zu sorgen. – Kapitalmarktrecht ist teils **öffentliches Recht**, teils **Privatrecht**, eine eindeutige Zuordnung ist nicht möglich.[4] – Kapitalmarktrecht erreicht jeden Teilnehmer am Kapitalmarkt ohne Ansehen seiner Rechtsform, ein wichtiger Unterschied zum rechtsformbezogenen Gesellschaftsrecht. Kapitalmarktrecht erfasst alle Produkte, die an einem staatlich erlaubten Markt gehandelt werden.

2

Die **Rechtsquellen** des Kapitalmarktrechtes nehmen zu: Früher waren das bereits 1896 geschaffene BörsG und das DepotG die wesentlichen Rechtsquellen des Kapitalmarktrechts, seit 1994 ist das – seither noch vielfach geänderte und ergänzte – Wertpapierhandelsgesetz (WpHG) das Kernstück des deutschen Kapitalmarktrechts.[5] Bedeutende kapitalmarktrechtliche Regelwerke sind außerdem das Wertpapiererwerbs- und Übernahmegesetz (WpÜG) aus dem Jahre 2001[6] und das Wertpapierprospektgesetz (WpPG) aus dem Jahr 2005.[7] Weitere Rechtsquellen des Kapitalmarktrechtes sind unter anderem noch das Verkaufsprospektgesetz, die Börsenzulassungsverordnung und das Investmentgesetz.[8] Auch das AktG und das HGB – vgl. zB §§ 3 Abs. 2, 124a, 125 Abs. 1 Satz 3, 161 AktG sowie §§ 285 Nr. 9 Satz 5 bis 9, 289 Abs. 4, 314 Abs. 1 Nr. 6 Satz 5 bis 8, 315 Abs. 4 HGB – sind in einzelnen Bestimmungen einschlägig für das Kapitalmarktrecht, wobei Koordinationsfragen zwischen Kapitalmarktrecht und Gesellschaftsrecht auftreten.[9]

3

2. Europäisches Kapitalmarktrecht

Literatur: *Wittig* in Kümpel/Wittig, Bank- und Kapitalmarktrecht, 4. Aufl. 2011, Rn. 1.59 ff.; *Schnyder* in MüKoBGB, 5. Auflage 2010, Band 11, Internationales Kapitalmarktrecht; *Schwark*, Börsen- und Wertpapierhandelsmärkte in der EG, WM 1997, S. 293; *Steinherr*, Der europäische Bankensektor ZBB 1989, S. 121; *Troberg*, Europäisches Bankaufsichtsrecht, WM 1991, S. 1745; *Troberg/Kolassa* in Schimansky/Bunte/Lwowski, BankR-HdB, § 135 Rn. 23–41; *Veil*, Europäisches Kapitalmarktrecht, 2011.

Deutsches Börsen- und Kapitalmarktrecht unterliegt dem europäischen Gesetzgeber. Es wird in Zukunft in diesen Rechtsbereichen nicht viele bedeutsame Rechtsänderungen ohne europarechtlichen Anstoß geben, wenngleich auch der Einfluss der Märkte, der internationalen Vergleiche und die von der Praxis für notwendig erkannten Reformanstöße dabei nicht vergessen werden dürfen. **Rechtsgrundlage** eines europäischen Kapitalmarktrechts ist dabei neben dem Vertrag über die Europäische Union[10] insbesondere noch der 2010 geschaffene Vertrag über die Arbeitsweise der Europäischen Union (AEUV)[11]. Zentrale Vorgaben aus diesen Regelwerken für das Kapitalmarktrecht sind insbesondere die Gewährleistung des freien Kapital- und Zahlungsverkehrs sowie die Libera-

4

---

[4] *Kümpel*, Kapitalmarktrecht, aaO Rn. 15 f.
[5] *Hopt* ZHR 159 (1995), S. 135.
[6] Vom 20. Dezember 2001, BGBl. I, S. 3822.
[7] Vom 22. Juni 2005, BGBl. I, S. 1698; s. hierzu nur *Kullmann/Sester* ZBB 2005, S. 209 ff.
[8] Vom 15. Dezember 2003, BGBl. I, S. 2676; vgl. *Lenenbach*, Kapitalmarkt- und Börsenrecht, Köln 2000, Rn. 1.52 f.
[9] Vgl. hierzu *Hopt* ZHR, (1976), S. 201, 202; *Schwark*, WM 1997, S. 293, 304.
[10] Gültig in der Fassung des Vertrags von Lissabon, vgl. die konsolidierte Fassung des Vertrags über die Europäische Union, ABl. EU Nr. C83 vom 30. März 2010, S. 13.
[11] ABl. EU Nr. C83 vom 30. März 2010, S. 47.

lisierung von Dienstleistungen auf dem Gebiet des Kapitalverkehrs – all dies überwölbt von der Idee des Gemeinsamen Binnenmarkts. Europäische Rechtssetzungsakte auf dem Gebiet des Kapitalmarktrechts können dabei vor allem entweder in Gestalt von Verordnungen oder von Richtlinien erfolgen[12]. Dabei erlangen Verordnungen unmittelbare Geltung in den Mitgliedsstaaten und sind somit ohne weitere Schritte verbindlich. Richtlinien müssen dagegen zunächst noch durch die Mitgliedsstaaten umgesetzt werden, was durch entsprechende Gesetze, aber auch durch Rechtsverordnungen geschehen kann. Wenngleich europäische Rechtsetzung sich grundsätzlich am Prinzip der Subsidiarität orientieren soll, hat das europäische Rechtssetzungsakte der Europäischen Union vorgenommene Kapitalmarktrecht mittlerweile eine Dichte erreicht, für die einzelstaatliche Regelungen (außerhalb der Umsetzung von EU-Verodnungen) nur noch wenig Raum lässt.

5   Ursprünglich galt sogar das Ziel, das Börsen- und das **Kapitalmarktrecht** in der Gemeinschaft **zu vereinheitlichen**. Denn ein europäischer Binnenmarkt, eine europäische Währungsunion, ist ohne integrierten Kapitalmarkt nicht vorstellbar. Ein vereinheitlichter Rechtsrahmen fördert die Funktion der optimalen Kapitalaufbringung und Kapitalallokation in nur einem Markt, weil er über mehr Liquidität verfügt, wohl niedrigere Transaktionskosten erwarten lässt und Europa im globalen Wettbewerb eine größere Attraktivität verleihen könnte. Dieser **Integrationsgedanke** verlangt allerdings nicht zwingend die weitergehenden Vorstellungen einer Vollvereinheitlichung des Kapitalmarktrechts und -systems in der EU, etwa in dem Sinn einer Europäischen Einheitsbörse, eines EU-weit befugten Wertpapieraufsichtsamtes,[13] ebenso wenig wie das europäische Bankrecht an eine Vollvereinheitlichung der Banksysteme und des Bankrechts in der Gemeinschaft denkt. So pendelt das Europäische Kapitalmarktrecht zwischen Rechtsannäherungen der nationalen Rechte als Folge des Gemeinsamen Marktes und dem Anstreben einer Vollintegration in seiner noch jungen Geschichte: In den 60er und 70er Jahren wollte die damalige EG die zu erhaltenden nationalen Börsenrechte durch fortschreibende Reformen einander annähern. In den 80er Jahren stand die Idee des übernationalen Marktes mit vereinheitlichtem Rechtssystem im Vordergrund. Inzwischen sind Gedanken über Vollintegration und die Schaffung eines Einheitsrechts nicht mehr zu vernehmen.

6   Seit der im Januar 1993 erlassenen Wertpapierdienstleistungsrichtlinie gelten vielmehr für das europäische Kapitalmarktrecht vier **Grundprinzipien**, anhand derer die notwendige Integration ohne vollständige Rechtsvereinheitlichung erreicht werden soll.[14] Das erste Grundprinzip ist der sog. **Europa-Pass**. Danach sollen Zulassungen, wie beispielsweise die Zulassung zum Wertpapierdienstleister, jeweils EU-weit gelten; ein Wertpapierdienstleister muss also nicht in allen EU-Ländern, in denen er tätig werden will, immer wieder neue behördliche Verfahren durchlaufen. Zweites Grundprinzip ist die **Herkunftslandkontrolle**. Darunter wird verstanden, dass die – nach dem Prinzip des Europa-Passes EU-weit wirkende – Zulassungsentscheidung in der Regel von der Aufsichtsbehörde zu treffen ist, die im Sitzstaat des jeweiligen Wertpapierdienstleisters oder Emittenten zuständig ist. So benötigt etwa ein in Deutschland ansässiger Emittent

---

[12] *Wittig* in Kümpel/Wittig, Bank- und Kapitalmarktrecht, Rn. 1.60 ff.
[13] Zust. *Assmann/Buck*, EWG Europäisches Wirtschafts- und Steuerrecht 1990, S. 111, 112; auch *Hoppmann*, Europarechtliche Entwicklungen im Börsenrecht, Osnabrücker Arbeitspapiere 6/1998, S. 70.
[14] *Fleischer* BKR 2006, 389.

I. Begriff und Rechtsquellen

von Wertpapieren für das öffentliche Angebot dieser Wertpapiere in Deutschland einen von der BaFin gebilligten Prospekt. Soll das öffentliche Angebot zugleich auch in anderen EU-Ländern durchgeführt werden, ist dies auf der Grundlage des von der BaFin gebilligten Prospekts ohne Weiteres möglich, da bei den in diesen Ländern zuständigen Aufsichtsbehörden lediglich die Billigung des Prospekts durch die BaFin angezeigt und nachgewiesen werden muss (die sog. Notifikation). Das dritte Prinzip ist die **Mindestharmonisierung**. Sie trägt dem Gedanken Rechnung, dass es auch unterhalb der Schwelle einer vollständigen Rechtsvereinheitlichung jedenfalls einen Kernbestand an länderübergreifend geltenden Regelungen geben muss. Ergänzt wird die Mindestharmonisierung durch das vierte Grundprinzip der **gegenseitigen Anerkennung** nicht harmonisierter Aufsichtsnormen. Das lässt Raum für national eigenständige Regelungen, vermeidet aber für Wertpapierdienstleister und Emittenten die Notwendigkeit, letzten Endes doch wieder in einer Vielzahl europäischer Länder je eigene Verfahren bei den Aufsichtsbehörden durchlaufen zu müssen.

Seit die Europäische Kommission im Mai 1999 ihren „Aktionsplan Finanzdienstleistungen" verabschiedet hat, haben Umfang und Bedeutung des europäischen Kapitalmarktrechts nochmals stark zugenommen, was zugleich eine entsprechende große Integration und Vereinheitlichung dieses Rechtsgebiets in der EU bedeutet. Der „Aktionsplan Finanzdienstleistungen" umfasst nicht weniger als 42 nach Prioritäten geordnete Gesetzes- und Reformvorhaben, mit deren Verwirklichung die Kommission drei Hauptziele verfolgt: Einen einheitlichen EU-Firmenkundenmarkt, offene und sichere Privatkundenmärkte sowie einen modernisierten Rahmen für Aufsicht und Überwachung der Marktteilnehmer.[15] Zu den bedeutenden **Richtlinien**, die seitdem erlassen wurden, gehören etwa die folgenden: **7**

– die Richtlinie (2003/6/EG) des Europäischen Parlaments und des Rates über Insidergeschäfte und Marktmanipulation (Marktmissbrauch) vom 28. Januar 2003 (*Marktmissbrauchsrichtlinie*),[16]

– die Richtlinie (2003/71/EG) des Europäischen Parlaments und des Rates betreffend den Prospekt, der beim öffentlichen Angebot von Wertpapieren oder bei deren Zulassung zum Handel zu veröffentlichen ist, und zur Änderung der Richtlinie 2001/34/EG vom 4. November 2003 (*Prospektrichtlinie*),[17]

– die Richtlinie (2004/25/EG) des Europäischen Parlaments und des Rates betreffend Übernahmeangebote vom 21. April 2004 (*Übernahmerichtlinie*),[18]

– die Richtlinie (2004/39/EG) des Europäischen Parlaments und des Rates über Märkte für Finanzinstrumente, zur Änderung der Richtlinien 85/611/EWG und 93/6/EWG des Rates und der Richtlinie 2000/12/EG des Europäischen Parlaments und des Rates und zur Aufhebung der Richtlinie 93/22/EWG des Rates vom 21. April 2004 (*Finanzmarktrichtlinie*),[19]

– die Richtlinie (2004/109/EG) des Europäischen Parlaments und des Rates zur Harmonisierung der Transparenzanforderungen in Bezug auf Informationen über Emittenten, deren Wertpapiere zum Handel auf einen geregelten Markt zugelassen sind, und zur

---

[15] Vgl. auch *Fleischer* BKR 2006, 390.
[16] ABl. EG Nr. L 96 v. 12. April 2003, S. 16.
[17] ABl. EG Nr. L 345 v. 31. Dezember 2003, S. 64.
[18] ABl. EG Nr. L 142 v. 30. April 2004, S. 12.
[19] ABl. EG Nr. L 145 v. 30. April 2004, S. 1.

Änderung der Richtlinie 2001/34/EG vom 15. Dezember 2004 (*Transparenzrichtlinie*).[20] Zu dieser keineswegs abschließenden Aufzählung von Richtlinien kommt noch eine Reihe von **kapitalmarktrechtlichen Verordnungen** hinzu, die unmittelbar geltender Bestandteil des Kapitalmarktrechts der Mitgliedstaaten werden.[21]

Offenbar wegen ihrer besonderen Komplexität ist es bei der EU mittlerweile üblich geworden, kapitalmarktrechtliche Richtlinien im Wege des sog. Lamfalussy-Verfahrens zu implementieren. Dabei handelt es sich um ein vierstufiges Verfahren, das für den beschleunigten Erlass und die effiziente Durchsetzung von Rechtsakten im Wertpapierwesen entwickelt wurde.[22] Nach dem **Lamfalussy-Verfahren** wird in der ersten Stufe zunächst vom Europäischen Parlament und dem Rat eine Rahmenrichtlinie erlassen, die nur die wesentlichen Grundentscheidungen vorgibt. Auf der zweiten Stufe erlässt dann die Europäische Kommission Durchführungsvorschriften in Gestalt von Richtlinien oder Verordnungen. Als Drittes wird durch den Ausschluss der EU-Wertpapierregulierungsbehörden (CESR – Committee of European Securities Regulators) eine einheitliche Aufsichtspraxis gewährleistet, wozu beispielsweise auch bestimmte Empfehlungen vom CESR-Ausschuss entwickelt und veröffentlicht werden können. Die einheitliche Umsetzung und Einhaltung der Rechtsvorschriften wird dann auf der vierten und letzten Stufe wieder durch die Europäische Kommission überwacht.

II. Die Börse als Einrichtung

8   Das Börsenwesen beginnt im 12. Jh. in Italien. Es folgen Brügge, Antwerpen und Amsterdam. 1558 wurde die Börse in Hamburg gegründet. Der **Börsenhandel in Wertpapieren** begann wohl mit der Gründung der Holländisch-Ostindischen Compagnie im Jahre 1602 in Amsterdam, in Deutschland etwa 1710 in Frankfurt am Main, 1805 in Berlin. Zunächst handelte man fast ausschließlich Schuldverschreibungen, seit 1840 kamen mit fortschreitender Industrialisierung – vor allem mit dem Eisenbahnbau – Aktien hinzu. Die Börsen stehen in ihrer langen Geschichte nicht nur für optimale Kapitalallokation zu niedrigen Transaktionskosten, sondern sinnbildhaft für Kapitalismus und die Macht des Geldes als Gegensatz zur Arbeit; der Marxismus lehrte die Unmoral des Geldverdienens durch Geldeinsatz. Heute betreiben ehemals oder immer noch kommunistisch geleitete Volkswirtschaften wieder Börsen, zB in Moskau oder Peking. – Im kritischen Visier ste-

---

[20] ABl. EG Nr. L 390 v. 31. Dezember 2004, S. 38.
[21] ZB Verordnung (EG) Nr. 809/2004 der Kommission v. 29. April 2004 zur Umsetzung der Richtlinie 2003/71/EG des Europäischen Parlaments und des Rates betreffend die in Prospekten enthaltenen Informationen sowie das Format, die Aufnahme von Informationen mittels Verweis und die Veröffentlichung solcher Prospekte und die Verbreitung von Werbung, ABl. EG Nr. L 149 v. 30. April 2004, berichtigt durch Amtsblatt der Europäischen Union L 215 v. 16. Juni 2004, S. 3. Verordnung (EG) Nr. 1287/2006 der Kommission v. 10. August 2006 zur Durchführung der Richtlinie 2004/39/EG des Europäischen Parlaments und des Rates betreffend die Aufzeichnungspflichten für Wertpapierfirmen, die Meldung von Geschäften, die Markttransparenz, die Zulassung von Finanzinstrumenten zum Handel und bestimmte Begriffe im Sinne dieser Richtlinie, ABl. EG Nr. L v. 2. September 2006, S. 1. *Lenenbach*, Rn. 1.51.
[22] Vgl. *Fleischer* BKR 2006, 390; *Schmolke* NZG 2005, 912, 913 ff.; *Hirschberg* AG 2006, 398, 399 f.

hen Börsen gelegentlich für Spekulationen und Skandale,[23] beginnend mit den großen Börsenspekulationen von Anfang des 18. Jahrhunderts; zu erinnern ist auch an den über die Börsen betriebenen Ausbau eines weltweiten Zündholzkonzerns des Schweden Ivar Kreuger und seinen Zusammenbruch 1931, die Kapitalvernichtung durch die Fondsgesellschaften der IOS-Gruppe und den Börsenkrach in Wall Street vom Oktober 1987 aufgrund von computergesteuerten Stop-Loss-Verkäufen; schließlich die Hedge-Fondskrise in Wall Street im Herbst 1998, das „Platzen" der Kursblase am Neuen Markt ab März 2000[24] und zuletzt die Ausfälle bei zweitklassig besicherten US-amerikanischen Hypothekenanleihen („Subprimes") mit ihren bis in deutsche Bankenlandschaft reichenden Verwerfungen.

Ungeachtet solcher Defekte und oftmals erheblicher Irrationalität im Kurzfristbereich ist der in Börsen organisierte Kapitalmarkt die denkbar effektivste Form der Kapitalaufbringung in einer auf Privateigentum ausgerichteten Wirtschaftsordnung.[25] Denn in einer Marktwirtschaft bedarf es eines Mittlers zwischen den Kapitalaufbringern und den Kapitalnachfragern, in welcher Funktion sich die Börsen bewährt haben. Kapitalnachfrager könnte man mit ihren Finanzierungsaufgaben, den Kapitalanleger vielleicht mit seinen Anlagewünschen an einen staatlichen Kapitalzuteilungsmechanismus, organisiert in einer Behörde, verweisen. Aber die dritte Funktion der Börse, die Mobilisierungs- oder Liquiditätsfunktion, kann durch keine andere Institution ausgefüllt werden: Nämlich dem Anleger jederzeit Gelegenheit zu geben, seinen Anlagetitel zu verkaufen, also in Liquidität zurückzuverwandeln, ohne dass bei dieser Rückverwandlung des Anlagekapitals in Liquidität der Kapitalnachfrager hiervon berührt wird, ohne dass ihm das zur Verfügung gestellte Kapital entzogen wird. Diese Liquiditätsfunktion besteht also darin, dass die Börse einen neuen Kapitalanleger an die Stelle des früheren Anlegers, der Liquidität wünscht, vermittelt. Diese Funktionen rechtlich überzeugend, für die Öffentlichkeit nachvollziehbar und Vertrauen vermittelnd zu gestalten, und zwar effektiv – dh mit niedrigen Transaktionskosten belastet –, ist die Aufgabe des Kapitalmarktrechts und der Kapitalmärkte.

In der Bundesrepublik gibt es noch sieben Effektenbörsen in Frankfurt am Main, Düsseldorf, Hamburg, München, Berlin, Stuttgart und Hannover, mit einer gemeinsamen Trägergesellschaft für die Börsen in Hamburg und Hannover. Ein solches Regionalbörsensystem wie in der Bundesrepublik weisen die USA und die Schweiz auf, in geringem Umfang Italien. Die meisten Länder haben eine Zentralbörse. Diese Grundstruktur der deutschen Börsenlandschaft ist in Bewegung – die Börse in Frankfurt am Main gewinnt zu Lasten der anderen Börsen an Gewicht, der Präsenzhandel verliert an Bedeutung. Im Sommer 2007 hat die Börse in Bremen nach 325-jährigem Bestehen aufgrund zu geringer Umsätze aufgegeben und den Handel beendet. Es ist durchaus nicht ausgeschlossen, dass weiteren Regionalbörsen ein ähnliches Schicksal bevorsteht. – Der Terminhandel ist an der Eurex in Zürich und in Frankfurt konzentriert, die überörtlich handeln.[26] Die Börsenlandschaft ist weltweit in Bewegung, wobei vor allem grenzüberschreitende **Zusammen-**

---

[23] *Galbraith,* Geschichte der Spekulation, 1992, bringt eine historische Übersicht über die großen Spekulationsfälle der Welt seit dem Mittelalter.
[24] Hierzu *Claussen* BB 2002, S. 105.
[25] Zur volkswirtschaftlichen Bedeutung der Börsen und des Wertpapiermarktes vgl. *Obst/Hintner,* Geld, Bank- und Börsenwesen, S. 608; *Bley,* Grundlagen und Praxis des Wertpapiergeschäftes, S. 208 ff.
[26] *Kümpel,* Rn. 17.541.

schlüsse zu immer **größeren Börsenunternehmen** das Bild prägen. Es ist wahrscheinlich, dass sich diese Entwicklung fortsetzen und auch das führende deutsche Börsenunternehmen, die Deutsche Börse AG in Frankfurt am Main, berühren wird.

11 Für die Zeit seit den 1970er Jahren lassen sich zwei große Entwicklungslinien benennen, die das Börsenwesen seither grundlegend verändert haben. Die erste Entwicklung gilt in besonderer Weise für Deutschland und betrifft den – zumindest relativen – **Rückgang des Kreditgeschäfts** zugunsten der Unternehmensfinanzierung über die Kapitalmärkte. Zwar mag gerade für mittelständische Unternehmen die Kreditfinanzierung immer noch eine beträchtliche Bedeutung haben. Aber auch für viele deutsche Mittelständler ist es längst nichts Ungewöhnliches mehr, jenseits eines Bankkredits die vielfältigen Finanzierungsmöglichkeiten des Kapitalmarkts zu nutzen. Hier kommt nicht nur die Eigenkapitalbeschaffung durch Platzierung von Aktien in Betracht, sondern es gibt eine Fülle differenzierter Gestaltungsformen, die unter dem Stichwort „Mezzanine-Finanzierung" zusammengefasst werden können. Mit der gewachsenen Offenheit für kapitalmarktgetragene Finanzierungen auf Unternehmensseite korrespondiert ein Interesse der Banken, im Kapitalmarktgeschäft Provisionserträge mit vergleichsweise kleinem Risiko erzielen zu können, wohingegen das Kreditgeschäft neben höheren Risiken auch großem Wettbewerbsdruck bei den Zinsmargen und steigenden Anforderungen an die Kapitalkraft des Kreditgebers (Stichwort: Basel II) unterliegt.

12 Die zweite große Entwicklungslinie wirft ganz grundlegend die Frage auf, was heute unter einer „Börse als Einrichtung" überhaupt verstanden werden muss. Sie wird getragen von der rasanten Entwicklung der **Informations- und Kommunikationstechnologie**. Die technischen Möglichkeiten des jederzeitigen, weltweiten Informationsaustausches haben das jahrhundertelang prägende Bild einer Börse weitgehend obsolet werden lassen. War es nämlich über die Jahrhunderte selbstverständlich, dass an einer Börse die Handelsteilnehmer sich körperlich zusammenfinden mussten, um ihren Handel zu betreiben und Börsengeschäfte abzuschließen, so ist eine solche Präsenz der Handelsteilnehmer mittlerweile keineswegs mehr zwingend. Das hat zum einen zu einer hohen Technisierung des Börsenhandels geführt, auch wenn der Präsenzhandel nach wie vor existiert. Zum anderen aber haben die Möglichkeiten der Informations- und Kommunikationstechnologie zu der Entstehung von Handelsplätzen jenseits der klassischen Börsen geführt. Eine Börse im eigentlichen Sinne ist deshalb mittlerweile nur eine – wenn auch nach wie vor die bedeutendste und auch das Kapitalmarktrecht unverändert dominierende – Gestalt eines Kapitalmarkts.

III. Rechtsgrundlagen der Börse

Literatur: *Assmann/Schneider,* WpHG, 6. Aufl., 2012; *Claussen,* Neues zur Rechtsform der Börsen, ZBB 1995, S. 68; *Claussen,* Börsenreform in Permanenz, Festschrift Hadding, 2004; *Groß,* Kapitalmarktrecht, 5. Auflage 2012, Vorbemerkung zum BörsG; *Kümpel/Wittig.,* Bank- und Kapitalmarktrecht, 4. Aufl., 2011, R. 4.1 ff.; *Merkt,* Gutachten zum 64. DJT 2002; *Schlüter,* Wertpapierhandelsrecht, 2000; *Schüppen/Schaub,* Münchener Anwaltshandbuch Aktienrecht (MAH Aktienrecht), 2. Auflage 2010, § 46; *Schwark/Zimmer,* Kapitalmarktrechts-Kommentar, 4. Auflage 2010; *Spindler/Kasten,* Änderungen des WpHG durch das FRUG, WM 2007, S. 1245 ff.

1. Das Börsengesetz und das WpHG

Literatur: *Assmann/Schneider,* WpHG, 6. Auflage, 2012; *Claussen,* Die vier aktienrechtlichen Änderungsgesetze des 12. Bundestages, AG 1995, S. 163, 165; *Fuchs,* WpHG, 2009; *Schwark/Zimmer,* Kapitalmarktrechts-Kommentar, 4. Auflage 2010; *Hirte/Möllers,* Kölner Kommentar z. WpHG, 2007; *Schäfer/Hamann,* Kapitalmarktsgesetz, 7. Lieferung zur 2. Auflage, Stand: Januar 2013..

Die wichtigsten Rechtsquellen für das Börsengeschehen sind das Börsengesetz[27] und das Wertpapierhandelsgesetz.[28] Diese, aber auch andere Vorschriften, regeln deutsches Börsen- und Kapitalmarktrecht. Das Börsengesetz stammt aus 1896. Einige wichtige Änderungen geschahen zunächst 1975, um die Organisation der Börsen zu modernisieren; 1989, als die Terminbörse eingeführt und das alleinige Prinzip der Präsenzbörse aufgegeben wurde; 1994, als der aufsichtsrechtliche Teil des Gesetzes neu geschrieben wurde; 1998 durch das 3. Finanzmarktförderungsgesetz;[29] nochmals 2002 durch das 4. Finanzmarktförderungsgesetz, das das BörsG neu abfasste und viele sachliche Änderungen brachte;[30] sodann 2007 durch das FRUG, welches das BörsG in vielen wesentlichen Punkten änderte.[31] Das Börsengesetz enthält Vorschriften über die Erlaubnis zur Errichtung und zum Betrieb einer Börse, über ihre Organe, die Art der Ermittlung des Börsenpreises; es bildet den Rechtsrahmen für die Marktsegmente und schreibt die grundsätzliche Notwendigkeit der Zulassung von Wertpapieren zum Börsenhandel vor.

Im Einzelnen sind die fortdauernden und leitenden Rechtsprinzipien des Börsengesetzes kurz zusammengefasst die folgenden: Nach § 4 BörsG ist zur **Errichtung einer Börse die Erlaubnis** der obersten Landesbehörde erforderlich, in deren Gebiet die Börse errichtet und betrieben werden soll. Die oberste Landesbehörde – in den Begriffen des BörsG die Börsenaufsichtsbehörde – übt nach § 3 Abs. 1 BörsG die Aufsicht insbesondere über die Börsenorgane und die Börsengeschäftsabwicklung aus.[32] So wenig wie es nach deutschem Börsenrecht – § 4 BörsG – zulässig ist, dass man eine staatsfreie Börse eröffnet, so wenig lässt das BörsG zu, dass jedermann die Börse besuchen und dort Geschäfte tätigen darf, sondern es bedarf der **Zulassung zur Börse**, § 19 Abs. 1 BörsG. Die überwiegende Anzahl der zum Börsenhandel zugelassenen Börsenteilnehmer sind Kredit- und Finanzdienstleistungsinstitute – weshalb das Börsenrecht insoweit engen Bezug zum Bankrecht hat –, die durch ihre Mitarbeiter handeln, § 19 Abs. 5 BörsG, die Börsenhändler genannt werden. Von ihnen werden persönliche Zuverlässigkeit und berufliche Eignung verlangt. Von anderen Börsenbesuchern, die keine Kreditinstitute oder Finanzdienstleistungsinstitute sind,[33] ist nach § 19 Abs. 4 Nr. 3 BörsG ein Eigenkapital von Euro 50.000 nachzuweisen. – Die dritte Kategorie der Marktteilnehmer können die Emittenten sein, und zwar sowohl die Emittenten des Primär- und des Sekundärmarktes. Am Primärmarkt ist der Emittent Wertpapierverkäufer (häufig allerdings mittelbar über eine Bank, die zunächst das Wertpapier vom Emittenten erwirbt und an den Anleger weiterplatziert). Der

---

[27] Börsen-Gesetz v. 22. Juni 1896, RGBl. 157, idF v. 1908, häufig geändert, zB 1993, BGBl. I, S. 512, 1994, BGBl. I, S. 1749, 1998, BGBl. I, S. 1474; zuletzt am 4. Juli 2013, BGBl. I, S. 1981.
[28] Gesetz über den Wertpapierhandel (Wertpapierhandelsgesetz – WpHG) vom 26. Juli 1994, BGBl. I, S. 1749; zuletzt geändert am 28. August 2013, BGBl. I, S. 3395.
[29] *Schwark,* KMRK, Einl. BörsG, Rn. 9.
[30] *Lenenbach,* Kapitalmarkt- und Börsenrecht, Rn. 3.71 ff.
[31] Siehe *Hirschberg* AG 2006, S. 398 ff.
[32] → § 6 Rn. 27, Abschnitt Aufsicht über die Börsen.
[33] → § 6 Rn. 231.

Anleger ist dann unmittelbar und direkt der Wertpapierkäufer, der durch seinen Kaufvertrag einen regelmäßig sofort zu erfüllenden Anspruch auf (Mit)Eigentumsverschaffung am Wertpapier erhält. Der Emittent kann auch als indirekter Marktteilnehmer an den Sekundärmärkten auftreten. An den Sekundärmärkten kommt dem Wertpapier weniger die Bedeutung einer beweglichen Sache als vielmehr die eines wertpapiermäßig verbrieften Forderungs- oder Beteiligungsrechts zu, dessen Schuldner der am Wertpapiergeschäft nicht beteiligte Emittent ist. Der Emittent sollte aber trotz dieses Unbeteiligtseins am Wertpapierkauf an einer möglichst positiven Einschätzung seiner Emission durch die Anleger interessiert sein. Denn der Anleger will mit seiner Anlage einen Gewinn erzielen, zumindest die Möglichkeit haben, das erworbene Wertpapier ohne Kursverluste weiterzuveräußern. Insoweit ist die indirekte Rolle des Emittenten für den Sekundärmarkt von Bedeutung. Aber zugelassener Marktteilnehmer ist er nicht.

15 Das **Organisationsrecht** der Börsen ist an vielen Stellen des BörsG festgeschrieben, so vor allem in § 3 BörsG, worin Aufgaben und Befugnisse der Börsenaufsichtsbehörde geregelt werden. Diese Börsenaufsicht ist seit dem 2. Finanzmarktförderungsgesetz, also seit 1994, von der Dominanz der Staatsverwaltung mit einigen Elementen von Selbstverwaltung geprägt;[34] auch die Änderungen des BörsG durch das FRUG im Jahr 2007 haben die starke Stellung des Staates bekräftigt und nicht etwa zurückgenommen. Dem Staat obliegt eine umfassende Börsenaufsicht und die Genehmigung der inneren Ordnung, die die Börse sich mit ihren Selbstverwaltungsorganen gibt. Konkret heißt dies, dass die Börsenordnung und die Gebührenordnung, die beide das Selbstverwaltungsorgan „Börsenrat" nach § 12 Abs. 2 erlässt, der staatlichen Genehmigung bedürfen, § 16 Abs. 3 und § 17 Abs. 5 BörsG. – An der Börse dürfen im regulierten Markt nur solche Wertpapiere gehandelt werden, die das in §§ 32 ff. BörsG umfänglich geregelte Zulassungsverfahren oder ein ausländisches Zulassungsverfahren mit vergleichbaren Anforderungen durchlaufen haben.[35] – Derart zugelassene Wertpapiere werden zwischen den zugelassenen Börsenbesuchern gehandelt. Die Vermittlung zwischen Verkäufer und Käufer übernimmt der Skontroführer im physischen, im Parketthandel, oder, bei externen Abwicklungssystemen (vgl. § 21 BörsG), ein elektronischer Rechner. Wie die Preise an der Börse festgestellt werden, regelt das Gesetz in § 24 BörsG.[36]

16 Dem BörsG steht das Gesetz über den **Wertpapierhandel** – WpHG – zur Seite. Während das BörsG sich vornehmlich auf die Organisation der Börse und des Börsenhandels konzentriert, sind die Themen des WpHG vielfältiger. Stets obliegt es jedoch der BaFin, die Beachtung der Vorgaben des WpHG zu überwachen und ggf. durchzusetzen, § 4 WpHG. Adressaten des WpHG sind Emittenten und Wertpapierdienstleister, aber auch der Anleger selbst. So ist in § 14 WpHG das Verbot von Insidergeschäften verankert, flankiert von der Verpflichtung von Emittenten, Insiderinformationen grundsätzlich im Wege einer Ad-hoc-Mitteilung zu veröffentlichen (§ 15 WpHG), sowie der Verpflichtung von Führungskräften – im Wesentlichen Organmitglieder – eines Emittenten, eigene Geschäfte („Directors' Dealings") in Bezug auf Aktien des Emittenten oder sich darauf beziehende Finanzinstrumente ebenfalls publik zu machen, § 15a WpHG. Weiter regelt das WpHG in § 20a das Verbot der Marktmanipulation. Die §§ 21 ff. WpHG begründen

---

[34] Zust. *Peterhoff* in Schäffer, WpHG und BörsG, Komm., vor §§ 1 ff. BörsG, Rn. 1; ähnlich *Kümpel*, Bank- und Kapitalmarktrecht, Rn. 17.20 und 18.20.
[35] → § 6 Rn. 64 ff.
[36] → § 6 Rn. 50, § 7 Rn. 142 f.

Meldepflichten von Aktionären, die bestimmte Stimmrechtsschwellen bei ihrer Beteiligung an einer börsennotierten Gesellschaft erreichen, über- oder unterschreiten. Diese Mitteilungspflichten setzen bereits bei 3 % ein, gelten zwischen 5 % und 30 % eng gestaffelt in Fünf-Prozent-Schritten sowie außerdem noch für die Schwellen von 50 % und 75 %.[37] Ein Aktionär, der die Mitteilungspflichten missachtet, verliert nach § 28 WpHG die Stimm- und Dividendenrechte aus seinen Aktien. In §§ 30a ff. WpHG sind durch das Transparenzrichtlinieumsetzungsgesetz (TUG) zahlreiche Informationspflichten von Emittenten gegenüber ihren Aktionären neu geregelt worden. In §§ 31 ff. WpHG sind durch das FRUG umfangreiche Neuerungen hinzugekommen, die sich mit verschiedenen Pflichten von Wertpapierdienstleistern befassen, etwa auch dann, wenn ein Wertpapierdienstleister ein multilaterales Handelssystem betreibt (vgl. §§ 31 f ff. WpHG) oder als systematischer Internalisierer tätig ist (vgl. §§ 32 ff. WpHG).[38] Die §§ 37b und 37c des WpHG richten sich wieder an Emittenten und deren Vorstandsmitglieder, da sie eine Schadensersatzpflicht bei verspäteter Veröffentlichung von Ad-hoc-Mitteilungen und Veröffentlichung unrichtiger Ad-hoc-Mitteilungen begründen. Gleichfalls vor allem Emittenten betreffen die durch das Transparenzrichtlinieumsetzungsgesetz[39] größtenteils neu eingefügten §§ 37n bis 37z WpHG (dem Gesetzgeber ist es hier also erstmals gelungen, bei der Paragraphenbenennung das gesamte Alphabet in Anspruch zu nehmen). So finden sich dort insbesondere umfangreiche Pflichten zur Offenlegung von Quartals-, Halbjahres- und Jahresfinanzberichten.

Mit dem Finanzmarktrichtlinieumsetzungsgesetz und dem Transparenzrichtlinieumsetzungsgesetz von 2007, dem Übernahmerichtlinieumsetzungsgesetz von 2006[40] sowie mit den Finanzmarktförderungsgesetzen von 1994, 1998 und 2002 entsprach der Gesetzgeber teils seinem eigenen gesetzgeberischem Wollen, mehr noch aber setzte er europarechtliche Vorgaben in deutsches Recht um.[41]   **17**

Folge dieser permanenten Rechtsergänzungen und -änderungen ist eine Fülle von kapitalmarktrechtlichen Vorschriften, eine erhebliche **Regelungsdichte**,[42] was mit dem vom Gesetzgeber lautstark vorgetragenen Deregulierungswillen[43] und mit dem Deregulierungswettbewerb zwischen den Wirtschaftsnationen nicht zusammenpasst. Handelt es sich doch bei allen Handelsplätzen und namentlich auch den Börsen „nur" um einen Markt, also nur um einen Platz, an dem sich Käufer und Verkäufer treffen, um Wertpapiere oder sonstige Wirtschaftsgüter und Rechte zu kaufen und zu verkaufen. Im Kern werden alle regulatorischen Aktivitäten und ihre Notwendigkeit immer wieder zurückgeführt auf die zwei grundlegenden **Ziele des Kapitalmarktrechts, die Funktionsfähigkeit der Ka-**

---

[37] Siehe hierzu *Hutter/Kaulamo* NJW 2007, S. 471, 474; *Schnabel/Korff* ZBB 2007, S. 179 ff.
[38] *Duve/Keller* BB 2006, S. 2537, 2538.
[39] Dazu *Hutter/Kaulamo* NJW 2007, S. 471 ff.; *Riegger/Rieg* ZIP 2007, S. 1148 ff.
[40] *Diekmann* NJW 2007, S. 17 ff.; *Meyer* WM 2006, S. 1135 ff.
[41] Insider-Richtlinie v. 13. November 1989 zur „Koordinierung der Vorschriften betreffend Insidergeschäfte", 89/592/EWG, ABl. der EG L 334/30 v. 18. November 1989; Richtlinie des Rates v. 12. Dezember 1988 „über die bei Erwerb und Veräußerung einer bedeutenden Beteiligung an einer börsennotierten Gesellschaft zu veröffentlichenden Informationen", 88/627 EWG, ABl. der EG L 348/62; Richtlinie des Rates v. 12. Mai 1993 „über Wertpapierdienstleistungen", 93/22/EWG, ABl. der EG L 141/27.
[42] *Hopt/Rudolph/Baum*, Börsenreform, S. 330.
[43] So zB in der Begründung zum 4. FFG, Bundesrat-Drucks. 936/01, S. 175; *Franke* in Obst/Hintner, Geld-, Bank- und Börsenwesen, S. 1055.

pitalmärkte und den Schutz der Anleger. Gerade aus der Perspektive des EU-Gesetzgebers liegen diese beiden Ziele und eine EU-weite Regelung stets eng beieinander: Danach stärkt die Integration und europaweite Vernetzung der einzelstaatlichen Kapitalmärkte geradezu zwangsläufig deren Funktionsfähigkeit, und der Anlegerschutz ist – wie sonst häufig auch generell der „Verbraucherschutz" – ein Aspekt, der offenbar jeder Brüsseler Regelungsinitiative eine Dynamik verleiht, die dann in neue Richtlinien und Verordnungen mündet. Nun hat ganz gewiss gerade bei der Gestaltung der Kapitalmärkte ein EU-einheitlicher Rechtsrahmen besonders große Berechtigung und einzelstaatliche Sonderwege in Grundfragen der Kapitalmarktorganisation gehören aus guten Gründen der Vergangenheit an. Bei der Realisierung des Anlegerschutzes scheint indessen ein Stadium erreicht, in dem der zusätzliche Nutzen weiterer Regelungen mit besonderer Sensibilität erforscht werden sollte. Denn zum einen erhält ein Anleger heute oftmals so viel Informationen, dass es ihm – wenn er sich nicht gerade professionell der Kapitalanlage widmet – schwerfallen dürfte, wichtige und weniger wichtige Informationen zu unterscheiden und einzuordnen nach dem Motto: To much information is no information. Transparenz kann also rasch in Intransparenz umschlagen. So dürfte ein Wertpapierprospekt mit dem heute üblichen Umfang von mehreren hundert Seiten kaum noch eine eingängige Lektüre sein; und erst recht gilt dies für die Erfassung des Finanzteils eines solchen Wertpapierprospekts, der nicht selten sechs oder noch mehr verschiedene Jahres- bzw. Konzernabschlüsse des Emittenten umfasst. Zum Zweiten darf das uneingeschränkt legitime Regelungsziel des Anlegerschutzes weder den Gesetzgeber noch den Anleger selbst zu dem **Fehlverständnis** verleiten, **Anlegerschutz erzeuge wirtschaftliche Sicherheit der Kapitalanlage** und verhindere das Risiko von Vermögensverlusten. Bei der Kapitalanlage auf Kapitalmärkten wird in Unternehmen oder Wirtschaftsgüter investiert, jedenfalls in Anlagen, deren Wert sich in einer marktwirtschaftlich verfassten Wirtschaftsordnung auch negativ entwickeln kann, weil er sich letztlich immer wieder neu aus dem Zusammenspiel von Angebot und Nachfrage ableitet. Dieses Risiko kann und darf dem Anleger nicht abgenommen werden. Vor allem darf Anlegerschutzrecht nicht einen anderen Eindruck erwecken, weil es sonst einem sozialistischen Menschenbild folgen würde und nicht mehr dem Menschenbild eines aufgeklärten, Chancen und Risiken eigenverantwortlich abwägenden Menschen, der als Subjekt an den Wirtschaftsaktivitäten auf einem Kapitalmarkt teilhat. Die **leitende Rechtsidee des Anlegerschutzes** soll vielmehr allein darin liegen, dem Anleger durch Information und Transparenz eine verantwortliche Investitionsentscheidung zu ermöglichen, damit er dann seine individuellen Risiken und vor allem auch Chancen auf belastbarer Grundlage abwägen kann.

2. Die Börse als Handelsplatz

18   An einer Börse werden Wertpapiere oder andere Wirtschaftsgüter und Rechte zwischen einer unbestimmten Vielzahl von Kauf- und Verkaufsinteressenten gehandelt und deren jeweilige Kauf- bzw. Verkaufsaufträge zusammengeführt. Bis vor wenigen Jahrzehnten war es selbstverständlich, dass ein solcher Handel nur an einer Börse im eigentlichen Sinne stattfinden konnte, also an einem Ort, an dem sich die Börsenteilnehmer zusammenfanden („präsent" waren) und börsenmäßigen Handel betreiben. Durch die technische Entwicklung gilt diese Selbstverständlichkeit heute nicht mehr. Vielmehr gibt es mittlerweile auch außerhalb von Börsen im eigentlichen Sinne Handelsplätze, an denen auf die unterschiedlichste Weise Kauf- und Verkaufsinteressen zusammengeführt werden.

Das macht es notwendig, der Börse eine klare Stellung in der **Vielfalt der Handelsplätze** zuzuweisen und sie von diesen abzugrenzen.

Dem ist auch der Gesetzgeber gefolgt, indem er mit dem FRUG nach mehr als 100 Jahren erstmals eine **Definition der Börse** im Rechtssinne in das BörsG aufgenommen hat. So sind nach § 2 Abs. 1 BörsG Börsen jetzt definiert als „teilrechtsfähige Anstalten des öffentlichen Rechts, die multilaterale Systeme regeln und überwachen, welche die Interessen einer Vielzahl von Personen am Kauf und Verkauf von dort zum Handel zugelassenen Wirtschaftsgütern und Rechten innerhalb des Systems nach festgelegten Bestimmungen in einer Weise zusammenbringen oder das Zusammenbringen fördern, die zu einem Vertrag über den Kauf dieser Handelsobjekte führt". Schon diese Definition zeigt, dass es offenbar heute nicht mehr so einfach ist, sich einen Begriff davon zu machen, was eine Börse ist.[44] Im Folgenden wollen wir deshalb eine **systematische Einordnung** anhand der einschlägigen Gesetze und Regelwerke versuchen.

Der allgemeine Oberbegriff ist zunächst der Handelsplatz, wie er in Artikel 2 Nr. 8 der VO 1287/2006 bestimmt wird.[45] Handelsplätze können **multilaterale Systeme** oder **bilaterale Systeme** sein. Ein bilaterales System ist dadurch gekennzeichnet, dass es von einem systematischen Internalisierer betrieben wird, der nach dem durch das FRUG neu eingeführten § 2 Abs. 10 WpHG dadurch umschrieben wird, dass er Handel „außerhalb organisierter Märkte und multilateraler Handelssysteme betreibt".[46] Damit ist zugleich die Abgrenzung zu multilateralen Systemen bezeichnet. Bei diesen nämlich ist zu unterscheiden zwischen organisierten Märkten einerseits und multilateralen Handelssystemen andererseits (die „multilateralen Systeme" dürfen also als Oberbegriff nicht verwechselt werden mit den „multilateralen Handelssystemen", die einen ihrer Unterfälle bilden). Auch der organisierte Markt und das multilaterale Handelssystem haben – ebenfalls durch das FRUG – eine Definition im WpHG erfahren. So ist nach § 2 Abs. 5 WpHG ein **organisierter Markt** insbesondere auch dadurch gekennzeichnet, dass es sich um ein „durch staatliche Stellen genehmigtes, geregeltes und überwachtes multilaterales System" handelt. In der Begriffsbestimmung des **multilateralen Handelssystems** in § 2 Abs. 3 Nr. 8 WpHG fehlt dagegen gerade diese Voraussetzung der staatlichen Genehmigung, Regelung und Überwachung.[47] Für den organisierten Markt schließt sich so indessen der Kreis zur Definition der Börse, denn, wie erinnerlich, gehört nach § 2 Abs. 1 BörsG zu deren Wesensmerkmalen das Regeln und Überwachen eines multilateralen Systems. **19**

Um den an dieser Stelle gegebenen Überblick über das System der Handelsplätze zu vervollständigen, sind freilich noch zwei weitere Begriffe einzuführen. Das ist erstens der **regulierte Markt**, wobei es sich um einen erstmals durch das FRUG eingeführten Gesetzesbegriff handelt; dieser Begriff heißt im Sinne des BörsG, dass dieser Markt geregelt (reguliert) und überwacht wird.[48] Damit ist also der regulierte Markt der gegenüber dem **20**

---

[44] Vgl. zum Börsenbegriff auch *Seiffert* in Kümpel/Wittig, Bank- und Kapitalmarktrecht, Rn. 4.21 ff., 4.39 ff.

[45] Verordnung (EG) Nr. 1287/2006 der Kommission v. 10. August 2006 zur Durchführung der Richtlinie 2004/39/EG des Europäischen Parlaments und des Rates betreffend die Aufzeichnungspflichten für Wertpapierfirmen, die Meldung von Geschäften, die Markttransparenz, die Zulassung von Finanzinstrumenten zum Handel und bestimmte Begriffe im Sinne dieser Richtlinie, ABl. EG Nr. L v. 2. September 2006, S. 7.

[46] Vgl. *Spindler/Kasten* WM 2006, S. 1749, 1755.

[47] *Hirschberg* AG 2006, S. 398, 400 f.

[48] *Gomber/Hirschberg* AG 2006, S. 777, 779.

organisierten Markt engere Begriff, wobei es gewiss nicht der Rechtsklarheit dient, dass es dem Gesetzgeber nicht gelungen ist, hier im BörsG und im WpHG eine einheitlichere und eingängigere Systematik zu wählen. Schließlich ist noch der **Freiverkehr** zu erwähnen, der in § 48 BörsG verankert ist. Auch im Freiverkehr findet Börsenhandel statt, und es werden Börsenpreise gebildet, aber der Freiverkehr ist kein regulierter Markt, weil die dort gehandelten Wertpapiere eben nicht zum regulierten Markt zugelassen oder in diesen einbezogen sind.[49] Ebenso wenig ist der Freiverkehr ein multilaterales Handelssystem im Sinne von § 2 Abs. 3 Nr. 8 WpHG.[50] Zwar mag der Handel am Freiverkehr inhaltlich weitgehende Übereinstimmungen mit der Definition des multilateralen Systems in § 2 Abs. 3 Nr. 8 WpHG aufweisen, also durchaus als System beschrieben werden können, dass „die Interessen einer Vielzahl von Personen am Kauf und Verkauf von Finanzinstrumenten innerhalb des Systems und nach festgelegten Bestimmungen in einer Weise zusammenbringt, die zu einem Vertrag über den Kauf dieser Finanzinstrumente führt". Andererseits prägen den Freiverkehr Besonderheiten, die seine **Einordnung als multilaterale Handelssystem nicht angezeigt** erscheinen lassen: Der Freiverkehr unterfällt nicht den Regelungen des WpHG, weshalb der Betrieb des Freiverkehrs gerade auch keine Wertpapierdienstleistung ist (weshalb auch der jeweilige Börsenträger als Betreiber des Freiverkehrs eben keine Genehmigung der BaFin benötigt, vgl. § 2a Abs. 1 Nr. 13 WpHG). Stattdessen prägt den Freiverkehr, dass er von einem Börsenträger betrieben und durch die Börsenaufsicht überwacht wird. Angesichts dieser grundlegenden Unterschiede des Freiverkehrs gegenüber einem „normalen" multilateralen Handelssystem bliebe deshalb auch unklar, welche rechtlichen Konsequenzen es noch haben sollte, wollte man den Freiverkehr dennoch als multilaterales Handelssystem einordnen.

3. Rechtsform und Träger der Börsen

Literatur: *Kümpel/Wittig*, Bank- und Kapitalmarktrecht, 4. Auflage 2011, Rn. 17.90 ff.; *Kümpel/ Hammen*, Börsenrecht, 2. Auflage 2003; *Lenenbach*, Kapitalmarkt- und Börsenrecht, 2002, § 3; *Posegga*, Gesellschafts- und aufsichtsrechtliche Aspekte des Zusammenschlusses von Börsen, WM 2002, S. 2402 ff.;

21 Kennzeichnend für das deutsche Börsensystem ist das Auseinanderfallen von Börsen als einem Marktplatz und dem Träger der Börsen, der die materiellen Ressourcen für den Börsenbetrieb bereithält – also ein Börsengebäude unterhält, die Geschäftsleitung und die Mitarbeiter der Börse unter Vertrag nimmt. Dieses Auseinanderfallen zwischen der Börse und ihrem Träger ist am Beispiel der größten deutschen Börse – der Frankfurter Wertpapierbörse – zu verdeutlichen: Diese Börse wird von der Deutschen Börse AG getragen, die ihrerseits ein börsennotiertes Unternehmen ist und als DAX30-Wert zu den großen deutschen Publikumsgesellschaften zählt. Dieser Deutschen Börse AG gehören alle Aktien der Clearstream Banking AG[51] und die Trägergesellschaft der Deutschen Terminbörse.[52] Die **Deutsche Börse AG** – Marketingbezeichnung: Gruppe Deutsche Börse – betreibt **keine Wertpapierbörse**. Dies obliegt der Frankfurter Wertpapierbörse. Ob die

---

[49] Vgl. § 32 Abs. 1 BörsG; *Gomberg/Hirschberg* AG 2006, S. 777, 779.
[50] So aber die wohl HM, vgl. etwa *Schwark* in Schwark/Zimmer, KMRK, § 31 f. WpHG, Rn. 11 sowie *ders.*, aaO., § 48 BörsG, Rn. 2; *Seiffert* in Kümpel/Wittig, Bank- und Kapitalmarktrecht, Rn. 4.71 f.; andere Ansicht aber *Harrer/Müller* WM 2006, S. 653.
[51] → § 7 Rn. 6.
[52] → § 6 Rn. 61.

Deutsche Börse AG sich in Zukunft zum Nukleus eines einheitlichen deutschen Börsensystems entwickeln wird, das Marktplatz und Trägerschaft, Kassa- und Termingeschäfte mit dazugehöriger Geschäftsabwicklung verbindet und die Regionalbörsen einbezieht, wie dies nicht selten empfohlen wurde,[53] ist offen. Gegenwärtig indessen lebt das überkommene System der Trennung zwischen der eigentlichen Börse, in der das Verkaufsgeschäft in Wertpapieren abgewickelt wird, und der Trägergesellschaft,[54] die die sachlichen und personellen Vorhaltungen für den Börsenbetrieb leistet, fort und ist mit § 5 Abs. 1 BörsG bis auf Weiteres auch gesetzlich festgeschrieben.

Nach § 4 Abs. 4 BörsG ist für die Errichtung einer Börse die Erlaubnis der obersten Landesbehörde erforderlich. Diese Erlaubnis wird dem Träger der Börse erteilt und kann dem Träger wieder entzogen werden. Weil von der Finanzmarktrichtlinie so verlangt, enthält § 4 Abs. 2 BörsG erstmals auch **materielle Kriterien** über die Entscheidung der Börsenaufsichtsbehörde zur **Erlaubnis** einer Börse oder deren Versagung. So gehört zu den notwendigen Antragsunterlagen neben dem Nachweis ausreichender finanzieller Mittel sowie Angaben zur Zuverlässigkeit und fachlichen Eignung der vorgesehenen Geschäftsleiter auch ein Geschäftsplan, aus dem die Art der geplanten Geschäfte, der organisatorische Aufbau und die geplanten internen Kontrollverfahren des Trägers der Börse hervorgehen müssen. Außerdem muss ein Entwurf des Regelwerks der geplanten Börse vorgelegt werden, vgl. § 4 Abs. 2 Nr. 3 BörsG. Ganz ähnlich regelt jetzt außerdem § 4 Abs. 3 BörsG in Umsetzung der Vorgaben der Finanzmarktrichtlinie, unter welchen Voraussetzungen die Börsenaufsichtsbehörde keine Erlaubnis erteilen darf. 22

Zu der zuvor umstrittenen Frage[55] der Rechtsform der Börsen sagte schon die Amtliche Begründung zum BörsG idF v. 2002 (4. FFG), dass sie öffentlich-rechtliche Anstalten sind.[56] Mit dem FRUG ist nun im BörsG selbst der Charakter der Börse als teilrechtsfähige Anstalt des öffentlichen Rechts klargestellt, § 2 Abs. 1 BörsG. In der Sache wird diese **Einordnung in das öffentliche Recht** davon getragen, dass im Börsenbereich öffentliche Interessen angesprochen sind:[57] Die Börsenkurse, die an der Börse deutlich werdenden Kapitalmarktentwicklungen, sind volkswirtschaftlich bedeutsame Daten. Öffentlich-rechtliches Konstruktionselement der Börsen ist auch, dass § 4 Abs. 1 BörsG nur die staatlich erlaubte Börse zulässt. Diese Erlaubnis gibt dem Träger der Börse ein subjektiv-öffentliches Recht, eine Beleihung, eine Börse zu betreiben, und stipuliert eine öffentlich-rechtliche Unterwerfung unter die Staatsaufsicht, die das BörsG und die Börsenordnung regeln. Die Aufhebung einer Börse ist nach § 4 Abs. 5 BörsG nur öffentlich-rechtlich durch die 23

---

[53] Zu den Gründen *Rudolph*, Der Finanzplatz Deutschland im internationalen Wettbewerb, in Deutsche Börsengeschichte, 1992, S. 354; *Claussen,* FS Niedersächsische Börse, S. 75; *Hopt/Rudolph/Baum*, Börsenreform, S. 402 ff.

[54] *Beck* in Schwark, KMRK, § 1 Rn. 11; auch 2. Aufl., §§ 1, 18, 21, 27, 38, 40.

[55] Übersicht über den Diskussionsstand *Schwark,* BörsG, § 1 Rn. 14 bis 19; *Claussen/Hoffmann,* ZBB 1995, S. 68, setzen sich für die privatrechtliche Organisation ein; zust. *Hopt/Rudolph/Baum*, Börsenreform, S. 402; ebenso *Schwark*, Börsen in der EG, S. 302; dagegen *Kümpel*, Börsenrecht, S. 147 ff.; *Kümpel*, Bank- und Kapitalmarktrecht, Rn. 17.96. Für *Schwark* ist die Rechtsnatur der Börse „eine Kernfrage des Börsenrechts".

[56] BR-Drucks. 936/01 S. 199. Damit ist das Schweigen des Gesetzgebers zur Rechtsnatur der Börsen gebrochen und eine Standortbestimmung geliefert, die schon von *Max Weber* ZHR 43, S. 128 ff. und 148 ff. gefordert wurde.

[57] *Kümpel*, FS Pleyer, S. 61.

Börsenaufsichtsbehörde möglich und nicht durch den Börsenrat oder den Träger der Börse, schon gar nicht durch die Börsenbesucher.

24 Die Tätigkeit der Börsen und deren Organe sind gesetzlich reglementiert und unterstehen intensiver Staatsaufsicht, § 3 BörsG.[58] Börsenorgane sind der Börsenrat, die Börsengeschäftsführung, der Sanktionsausschuss und die Handelsüberwachungsstellen. Sie alle üben öffentlich-rechtliche Funktionen aus.[59] Die Zulassung zum Besuch der Börse sowie zur Teilnahme am Börsenhandel nach § 19 BörsG und die Zulassung von Wertpapieren zum Börsenhandel nach §§ 32 ff. BörsG deuten auf die öffentlich-rechtliche Struktur hin.[60] Dies ist der Katalog der für die öffentliche Rechtsform streitenden Argumente.

25 Der Gesetzgeber sagt, dass die Börsen **Anstalten** sind und keine Körperschaften, nämlich kein mitgliedschaftlich strukturierter Verband. Mithin sind die Aktionäre der Trägergesellschaften oder gar die Benutzer der Börse nicht deren Mitglieder. Die Börse ist auch deshalb Anstalt, weil sie aus einem Bestand an Personal- und Sachmitteln besteht, die in der Hand eines Trägers öffentlicher Verwaltung einem bestimmten Zweck dauernd zu dienen bestimmt sind und idR Benutzern zur Verfügung stehen.[61] Auch das Merkmal der anstaltlichen Organisationsform, die externe Trägerschaft,[62] liegt vor.

Eine Börse ist nicht rechtsfähig, wohl aber **teilrechtsfähig**, wie jetzt ausdrücklich in § 2 Abs. 1 BörsG festgehalten ist. Die fehlende (volle) Rechtsfähigkeit ist auch im Umkehrschluss aus § 2 Abs. 4 BörsG zu entnehmen, wonach die Börse unter ihrem Namen im verwaltungsgerichtlichen Verfahren klagen oder verklagt werden kann. Die Geschäftsführung vertritt die Börse gerichtlich und außergerichtlich, wobei Näheres die Börsenordnung regelt, § 15 Abs. 3 BörsG.

26 Mit der gesetzlichen Verankerung des Anstaltscharakters der Börse haben sich frühere Empfehlungen der Wissenschaft, einen privatrechtlichen Charakter der Börsen[63] zu wählen, beim Gesetzgeber endgültig nicht durchgesetzt. Diese Empfehlungen waren ua damit begründet, dass Börsen dazu da sind, dem Privatrecht unterliegende Kaufverträge über Wertpapiere zu ermöglichen – dies ist der Sinn der Einrichtung „Börse". Dieser „Sinngebung" ist nichts Öffentlich-rechtliches eigen. – Auch hat die öffentliche Hand die Börsen aus ihrer Trägerschaft entlassen und, wie oben dargestellt, der privatrechtlichen Deutsche Börse AG oder anderen privatrechtlichen Trägervereinen zur Finanzierung, Personalbeschickung, Ausstattung mit Sachmitteln überlassen. Am Eigentum der Börsen ist der Staat nicht beteiligt. – Auch sollte das Interesse der öffentlichen Hand, Haftungsverantwortung zu vermeiden, gegen eine öffentlich-rechtliche Rechtsreform sprechen: Sind die Börsen öffentlich-rechtlich, haftet das Land, in dem die Börse beheimatet ist, für fehlerhafte Ver-

---

[58] → § 6 Rn. 27 ff.
[59] *Wiede*, Die Börse als verwaltungsrechtliches Problem, 1965, S. 136.
[60] So zu früherem Recht *Schwark*, BörsG, § 1 Rn. 16, § 29 Rn. 30; OVG Berlin AG 1964, S. 342.
[61] *v. Münch*, Grundbegriffe des Staatsrechts I, Rn. 138; *Maurer*, Allgemeines Verwaltungsrecht, 7. Aufl., 1990, § 23 Rn. 46; so schon RGZ 130, S. 169 ff.; *Forsthoff*, Lehrbuch des Verwaltungsrechts, 10. Aufl., S. 412 und 495.
[62] *Wolff/Bachof/Stober*, Verwaltungsrecht II, 5. Aufl., S. 104, Rn. 3 und 4.
[63] Für die privatrechtliche Börsentheorie früher *Anschütz*, Staatsaufsicht und Börsenverwahrung, Verw. Arch. 11, S. 519, 521; *Nussbaum*, BörsG, 1910, S. 26 ff.; für privatrechtlich organisierte Börsen *Hopt/Rudolph/Baum*, Börsenreform, S. 407; *Baums/Segma*; Börsenreform 1998, S. 51 ff.; *Claussen* ZBB 2000 S. 1 ff.; *ders.*, Bank- und Börsenrecht, 2. Aufl., S. 445; *Hellwig* ZGR 1999 S. 781 f.; *Wastl* WM 1999, S. 628; *Köndgen/Mues* WM 1998, S. 53, 56, 57; *Merkt*, Gutachten G zum 64. DJT, S. G 84 und G 136 mwN; zum Ganzen *Hammen* AG 2001, S. 551.

Bröcker

waltungsakte der Börsenorgane,⁶⁴ sofern nicht rechtswirksame Haftungsausschlüsse diese Verantwortlichkeit aufheben. Solche Haftungsverantwortung will § 3 Abs. 3 BörsG für die Börsenaufsicht, § 15 Abs. 6 BörsG für die Börsengeschäftsführung und § 12 Abs. 6 BörsG für den Börsenrat entgegenwirken, indem diese Vorschriften klarstellen, dass diese Instanzen ihre Aufgaben und Befugnisse nur im öffentlichen Interesse wahrnehmen.⁶⁵ Ob diese unlimitierte Freizeichnung von Ansprüchen von Börsenbenutzern, etwa von Aktionären, die durch vorwerfbar falsches Verhalten von Börsenorganen zu Schaden kommen, verfassungsrechtlich unbedenklich ist und ob eine ausgeschlossene Staatshaftung ein Aufleben der Außenhaftung des Amtsträgers nach § 839 BGB zur Folge hat, werden möglicherweise einmal Gerichte zu entscheiden haben.⁶⁶ Es ist nicht leicht vorstellbar, dass sich der Staat so einfach durch eine Klausel im Gesetz von der Verantwortung für sein Handeln verabschieden kann. Ein Haftungsrisiko der öffentlichen Hand bleibt. – Der deutsche Ansatz, Börsen als teilrechtsfähige öffentlich-rechtliche Anstalten festzuschreiben, wird in anderen Ländern nicht geteilt. Dort sind die Börsen privatrechtliche Einrichtungen, die Aufrechterhaltung öffentlich-rechtlicher Börsen führt zu deren „wettbewerbsrechtlicher Schieflage".⁶⁷ Aus diesen und vielen anderen Gründen hat der 64. Deutsche Juristentag im Jahr 2002 mit deutlicher Mehrheit beschlossen, für die Zukunft eine Öffnung der deutschen Börsen für privatrechtliche Rechtsformen vorzusehen – sprich die Börsen als einheitliche Aktiengesellschaften, also privatrechtlich, zuzulassen. Damit ist er mit Blick auf das FRUG für absehbare Zeiträume erst einmal nicht durchgedrungen. Roma locuta, causa finita.

4. Aufsicht über die Börsen

Die Börsen und der Börsenhandel unterliegen vielfacher Aufsicht: In der Sache unterliegen sie einer Aufsicht zur Verhinderung von Insiderdelikten, einer allgemeinen Marktaufsicht und einer Rechtsaufsicht. Zunächst unterliegen die Börsen der Aufsicht durch die Allfinanzaufsicht in Gestalt der **Bundesanstalt für Finanzdienstleistungsaufsicht (BaFin)**. Die BaFin ist eine selbständige Bundesoberbehörde im Geschäftsbereich des Bundesministers der Finanzen.⁶⁸ – Staatliche Aufsicht erfolgt zum Zweiten durch die oberste Landesbehörde (**Börsenaufsichtsbehörde**), hierzu unten § 6 Rn. 30. Als dritte Instanz erfolgt eine Aufsicht durch die **Selbstverwaltungsorgane** der Börse.⁶⁹ Zwischen Staatsaufsicht und Selbstverwaltungsaufsicht ist gem. § 7 BörsG die **Handelsüberwachungsstelle** angesiedelt.⁷⁰ Last not least wird das Börsengeschehen von einer wachen Öffentlichkeit und von kritischen Medien überwacht. Diese Vielzahl von Überwachungsinstanzen ist – neben anderen Gesichtspunkten – auf den Dialog zwischen Bund und Ländern zurückzuführen, die jeweils für sich Aufsichtsfunktionen und Kompetenzen im Börsenrecht

27

---

⁶⁴ *Schwark*, KMRK, § 12 Rn. 9: *Claussen*, FS Niedersächsische Börse, S. 74.
⁶⁵ Hierzu *Peterhoff*, WpHG und BörsG, Komm., 1999, § 1 Rn. 17; LG Hamburg WM 1989, S. 336; *Claussen*, DB 1994, S. 973.
⁶⁶ Zu den Grenzen und Beschränkungen des Haftungsausschlusses von Art. 34 GG siehe *Papier* in Maunz/Düring/Herzog, Art. 34 Rn. 235 ff., insbes. 240 ff.
⁶⁷ *Merkt*, Gutachten G zum 64. DJT, S. G 136.
⁶⁸ § 1 Abs. 1 des Gesetzes über die integrierte Finanzdienstleistungsaufsicht, BT-Drucks. 14/8389; Bundesrat-Drucks. 156/02; zu diesem „Ein-Amt-Konzept" früher *Claussen* ZBB 1992, S. 263 f.
⁶⁹ → § 6 Rn. 33.
⁷⁰ → § 6 Rn. 32.

anstreben. **Beispiel:** Die Insider-Richtlinie der EG[71] verlangt vom nationalen Gesetzgeber, eine Marktaufsicht einzuführen, die die Insidervergehen verfolgt. Der deutsche Gesetzgeber hat diese Kontrolle von der allgemeinen Staatsaufsicht über die Börsen nach § 3 BörsG abgetrennt. So liegt die Aufsicht über die Börsenorgane und über die Börsengeschäftsabwicklung bei den Ländern. Die Börsenaufsicht des Marktes wegen Insiderdelikten, einschließlich der Information des Marktes über wichtige Veränderungen bei börsennotierten Unternehmen, liegt beim Bund. Diese verschiedenen Aufsichten sind auch in verschiedenen Gesetzen geregelt: Die von den Ländern zu leistende Aufsicht steht im BörsG, die vom Bund zu leistende Aufsicht im WpHG.

a) Die Bundesanstalt für Finanzdienstleistungsaufsicht (BaFin) in Frankfurt/Main und Bonn

28 Diese Bundesinstanz wurde durch das Gesetz über die integrierte Finanzaufsicht geschaffen,[72] und zwar durch Zusammenlegung des Bundesaufsichtsamtes für das Kreditwesen, des Bundesaufsichtsamtes für das Versicherungswesen und des Bundesaufsichtsamtes für den Wertpapierhandel. Das Stichwort für diese Zusammenlegung lautet: **Allfinanzaufsicht**. Die Bundesanstalt für Finanzdienstleistungsaufsicht nimmt die ihr nach dem WpHG übertragenen Aufgaben wahr. Diese Funktion der Bundesanstalt steht hier im Börsenrecht im Mittelpunkt. So überwacht die BaFin die Märkte und das Verhalten der Marktteilnehmer unter anderem im Hinblick auf Verstöße gegen das Insiderhandelsverbot, → § 6 Rn. 127 ff., sowie im Hinblick auf Verstöße gegen das Verbot der Marktmanipulation, → § 6 Rn. 140. Außerdem kontrolliert die BaFin die Einhaltung der Veröffentlichungspflichten, die Erwerber und Veräußerer von Beteiligungen an börsennotierten Aktiengesellschaften nach §§ 21 ff. WpHG zu erfüllen haben. Des Weiteren ist die BaFin nach §§ 13 ff. WpPG für die Billigung von Wertpapierprospekten zuständig – eine Aufgabe, die sie mit Inkrafttreten des WpPG im Jahr 2005 von der Börse übernommen hat, da deren zuvor nach §§ 13 ff. BörsZulVO begründete Zuständigkeiten insoweit aufgehoben wurden.[73] Schließlich überwacht die BaFin nach §§ 31 ff. WpHG den gewerbsmäßigen Wertpapierhandel dahingehend, ob er die nicht zuletzt aus dem europäischen Recht[74] überkommenen und durch das FRUG nochmals deutlich ausgeweiteten Pflichten für faire und kundenschützende Anlageberatung, Betreuung und Analyse einhält. Die BaFin ist also für die die einzelne Börse übergreifenden Kontrollfunktionen zuständig und für solche Kontrollen, die aus europarechtlichem Kontext herkommen. Damit die Aufsicht effektiv wirkt, ist jedes Wertpapiergeschäft, das inländische Kreditinstitute als Wertpapierdienstleistung tätigen, der BaFin mitzuteilen, § 9 WpHG, und zwar mit allen Details des getätigten Rechtsgeschäftes einschließlich Kennzeichen zur Identifikation des jeweiligen Depotinhabers und, falls von diesem abweichend, des jeweiligen Auftraggebers. Die von

---

[71] Richtlinie des Rates der Europäischen Gemeinschaft v. 13. November 1989 zur Koordinierung der Vorschriften betreffend Insidergeschäfte (89/592/EWG).
[72] Vom 1. März 2002 Deutscher BT-Drucks. 14/7033, 14/7088; BR-Drucks. 156/02 (FinDAG).
[73] *Kullmann/Sester* WM 2005, S. 1068; *Holzborn/Israel* ZIP 2005, S. 1668, 1670.
[74] Richtlinie des Rates der Europäischen Gemeinschaft v. 10. Mai 1993 über Wertpapierdienstleistungen, ABl. Nr. L 141 v. 11. Juni 1993, abgedruckt in AG 1993, S. 394 ff.; umgesetzt in deutsches Recht durch §§ 31 ff. WpHG und die hierzu erlassene Richtlinie des BAW vom 26. Mai 1997, Bundesanzeiger Nr. 98 vom 3. Juli 1997, S. 6586 ff.; hierzu vgl. oben § 6 Rn. 35 b; *Schön*, Verhaltensregeln für Wertpapierdienstleistungsunternehmen, Diss. Hamburg 1998; zu einem Vorentwurf dieser Richtlinie BAW *Köndgen* ZBB 1996, S. 361 ff.

Kreditinstituten oder Finanzdienstleistungsinstituten getätigten Eigengeschäfte sind von den das Geschäft durchführenden Banken der BaFin gesondert mitzuteilen.[75] Dieser Mitteilungspflicht mittels elektronischer Datenfernübertragung unterliegen nicht nur Umsätze in Wertpapieren deutscher Emittenten, sondern alle Geschäfte in Wertpapieren und Derivaten, die zum Handel an einem organisierten Markt zugelassen oder in den regulierten Markt einer inländischen Börse einbezogen sind. Es besteht ein **„gläserner Wertpapiermarkt" für die BaFin**.

Mitteilungspflichtig sind zunächst alle Wertpapierdienstleistungsunternehmen und Zweigniederlassungen im Sinne von § 53b KWG, aber in bestimmtem Umfang auch Unternehmen mit Sitz außerhalb der EU oder des EWR, wenn sie zugelassener Börsenhändler sind, iE § 9 Abs. 1 WpHG. Anhand dieser Mitteilungen kann die BaFin Kursausschläge, die den Verdacht auf Insidergeschäfte nahe legen, feststellen, lokalisieren und daselbst nachfassen. Liegen Anhaltspunkte für einen Verstoß gegen das Insiderhandelsverbot vor, so stehen der Bundesanstalt gegenüber den mitteilungspflichtigen Unternehmen Auskunftsrechte über die getätigten Geschäfte und über die Identität der hieran Beteiligten zu, § 4 Abs. 3 WpHG. Die BaFin darf diese Daten nur für ihre Zwecke verwerten, § 4 Abs. 10 WpHG, ähnlich § 7 Abs. 7 WpHG für den internationalen Bereich, woraus zu entnehmen ist, dass diese Mitteilungs- und Auskunftsrechte des WpHG den Schutz des Bankgeheimnisses gegenüber Finanzbehörden nicht aufheben und den oben beschriebenen „gläsernen Effektenkunden" nicht gegenüber dem Fiskus einführen wollen.[76] Der BaFin stehen zur Durchsetzung dieser Auskunfts- und Mitteilungspflichten nach § 4 Abs. 2 bis 4 WpHG umfangreiche Rechte zu Gebot. Verstöße gegen Mitteilungspflichten stellen Ordnungswidrigkeiten dar, die mit Geldbußen bis zu Euro 50.000 geahndet werden können, § 39 WpHG. 29

b) Börsenaufsicht der Länder

Die Börsenaufsichtsbehörden der Länder überwachen den Geschäftsverkehr an der Börse. Der Aufsicht unterliegen auch die Börseneinrichtungen, auf die sich der Börsenverkehr bezieht. Die Aufsicht erstreckt sich auf die Einhaltung der börsenrechtlichen Vorschriften und der Anordnungen, die ordnungsmäßige Durchführung des Handels an der Börse sowie die ordnungsmäßige Erfüllung des Handels an der Börse, was insgesamt nach § 3 Abs. 1 Satz 3 BörsG die Börsengeschäftsabwicklung bildet. Während die BaFin, wie dargelegt, insbesondere für das Aufgreifen von Insiderverstößen sowie Marktmanipulationen zuständig ist, üben die Länder eine generelle Rechts-, Markt- und Handelsaufsicht aus.[77] Die Aufsicht erstreckt sich auch auf die Handelsüberwachungsstelle. Daneben gibt es eine fortdauernde Börsenselbstverwaltung, auch mit Funktionen in der dezentralen, täglichen Börsenaufsicht. Es besteht mithin ein Spannungsfeld zwischen staatlicher Rechts- und Marktaufsicht und der Selbstverwaltungsaufsicht. 30

---

[75] Einzelheiten Amtl. Begründung des 2. Finanzmarktförderungsgesetzes, BT-Drucksache 12/6679, S. 43.

[76] Die Amtliche Begründung des 2. Finanzmarktförderungsgesetzes sagt dies zwar nicht, sondern verweist auf Datenschutz, aber die Diskussion verlief in diese Richtung, BT-Drucks. 12/6679, S. 51; die Amtliche Begründung des 4. FFG, BR-Drucks. 936/01, S. 250, sagt hierzu nichts; vgl. aber § 11 FinDAG; → § 6 Rn. 10 ff.

[77] Amtl. Begründung der Reform des BörsG durch das 2. Finanzmarktförderungsgesetz, BT-Drucks. 12/6679, S. 59; unverändert durch das 4. FFG, vgl. Amtl. Begründung, B-Rat Drucks. 936/01 S. 200.

c) Der Wertpapierrat

31 Da das Verhältnis von Börsenaufsicht durch den Bund und durch die Länder nicht exakt definierbar ist[78] und um „Erfahrung und Sachverstand der Länder" im Bereich der Börsenaufsicht nutzbar zu machen,[79] wurde ein Wertpapierrat geschaffen, § 5 WpHG. Dieser Wertpapierrat wirkt bei der Aufsicht mit, er berät die BaFin, § 5 Abs. 2 WpHG, und soll dem Zusammenwirken von Bund und Ländern dienen. In ihm haben nicht nur die Länder, die über eine Börse verfügen, Sitz und Stimme, sondern alle 16 Bundesländer, also auch die Länder, die keine Börse haben. Die Einbeziehung aller Bundesländer in den Wertpapierrat wurde auch damit begründet, dass die Aufsichtstätigkeit der BaFin über die Landesgrenzen hinausreicht und damit auch die Länder berührt, in denen lediglich außerbörsliche Wertpapierdienstleistungen angeboten und durchgeführt werden.[80] Der Wertpapierrat muss einmal jährlich zusammentreten.

d) Die Handelsüberwachungsstellen

32 Die Handelsüberwachungsstelle (HÜSt) überwacht den Handel an der Börse und die Börsengeschäftsabwicklung. Sie „hat Daten über den Börsenhandel und die Börsengeschäftsabwicklung systematisch und lückenlos zu erfassen und auszuwerten sowie notwendige Ermittlungen durchzuführen", so § 7 Abs. 1 BörsG. Die Börsen haben diese Handelsüberwachungsstellen nach Maßgabe der Börsenaufsichtsbehörde „einzurichten und zu betreiben", also zu installieren und dann zu bezahlen. Die Börsenaufsichtsbehörde ist gegenüber der Handelsüberwachungsstelle weisungsberechtigt und kann „die Ermittlungen übernehmen".[81] Andererseits ist die Handelsüberwachungsstelle „Börsenorgan", was ihre eigenständige Verantwortung „für transparente und damit attraktive Marktplätze, auf denen freie Handelsbedingungen gesichert sind", betont.[82] Als Börsenorgan ist die Handelsüberwachungsstelle auch dem Börsenrat – als dem höheren Börsenorgan – unterstellt, in ihrer Funktion aber selbstständig und eigenverantwortlich. In diesen Dialog zwischen Selbstverwaltung und Staatsaufsicht ist wegen dieser widersprechenden Argumente die Handelsüberwachungsstelle juristisch nicht präzise einzuordnen.[83] Einmal ist die Handelsüberwachungsstelle in den Einflussbereich der staatlichen Marktaufsicht gestellt,[84] andererseits sprechen Sachgründe für ihre Einordnung als Einrichtung der Börsenselbstverwaltung.[85] Auch das Verhältnis zwischen der Börsengeschäftsführung und den Handelsüberwachungsstellen wird hinterfragt.[86] In die Zukunft zielt die Fragestellung, ob anstelle der

---

[78] Die Amtl. Begründung, aaO, S. 59, meint, dass es zu Kompetenzüberschreitungen zwischen der Aufsichtstätigkeit des Bundesamtes und den Bundesländern „grundsätzlich nicht kommen" könne.

[79] Amtl. Begründung, 2. FFG, aaO, S. 40. Die Mitgliedschaft im Wertpapierrat nach § 5 Abs. 1 Satz 2 WpHG ist nicht personengebunden.

[80] *Assmann/Schneider/Dreyling*, WpHG, § 5 Rn. 2.

[81] Vgl. *Peterhoff* in Schäfer, WpHG und BörsG, 1999, § 16 BörsG Rn. 2, wonach der Börsenaufsicht gegenüber HÜSt „keine weitergehenden Rechte zukommen".

[82] Amtl. Begründung, 2. FFG, aaO, S. 60.

[83] *Kümpel* WM 1994, S. 231; *Baums*, Börsenreform, Osnabrücker Arbeitspapiere, Nr. 65/1998, S. 88; *Schlüter*, Wertpapierhandelsrecht, Rn. G 16, bezeichnet die Handelsüberwachungsstelle als „börsliches Selbstverwaltungsorgan".

[84] *Kümpel* in Kümpel/Ott, Kapitalmarktrecht, 050, S. 24; wohl zustimmend *Beck* in Schwark, § 4 Rn. 6.

[85] *Brockhausen* sieht die Handelsüberwachungsstellen als „selbständige eigenverantwortliche und unabhängige Organe der Börsen" und als Behörde, WM 1997, S. 1924, 1926.

[86] *Hopt/Baum*, Börsenreform, S. 447.

dezentralen, an jedem Börsenplatz angesiedelten Handelsüberwachung eine zentrale Handelsüberwachung angesichts der Loslösung des Börsengeschäftes von einem Platz angezeigt oder ob die regionale Aufsicht beizubehalten ist.[87]

e) Die Börsenselbstverwaltung

Der an Börsen stattfindende organisierte Wertpapierhandel ist in vielen Ländern der Welt „von einem hohen Maß an autonomer, staatlich überwachter Selbstverwaltung gekennzeichnet".[88] Die ordnungspolitische Aufgabe des Börsenrechts besteht darin, diese Selbstverwaltungsautonomie mit der unverzichtbaren Staatsaufsicht in ein zeit- und aufgabengerechtes Verhältnis zu setzen. Seit dem 2. Finanzmarktförderungsgesetz aus dem Jahr 1994 ist der Börsenrat ein Organ der Selbstverwaltung, zugleich ist der Börsenrat Behörde im verwaltungsrechtlichen Sinn. Der Börsenrat trifft keine Grundsatzentscheidungen der Börse; ihm obliegt nicht die Leitung oder Aufsicht der Börse. Der Börsenrat hat auch nicht den täglichen Börsenhandel zu überwachen.[89] Dies obliegt – wie gesagt – der Handelsüberwachungsstelle nach § 7 BörsG. Der Börsenrat ist vor allem zuständig für die Bestellung und Abberufung der Geschäftsführer der Börse im Benehmen mit der Börsenaufsichtsbehörde; er erlässt eine Börsen- und eine Gebührenordnung, iE § 12 Abs. 2 BörsG. Die administrativen Börsengeschäfte leitet eigenverantwortlich die Geschäftsführung der Börse, § 15 BörsG.

33

Die vorstehend beschriebenen Überwachungseinrichtungen arbeiten nach dem Verhältnismäßigkeitsgrundsatz, wonach der angestrebte Zweck und das eingesetzte Mittel der Börsenaufsichtsinstanzen in einem angemessenen Verhältnis zueinander stehen sollen, also das mildeste Mittel ergriffen wird, das für die Börse und die am Börsenhandel Beteiligten am wenigsten einschneidend ist".[90] Dies mag man auch in die verwaltungsrechtliche Nähe eines Opportunitätsprinzips rücken, wonach eine Aufsicht nach pflichtgemäßer Prüfung vornehmlich solche Ansätze verfolgt, bei denen das öffentliche Interesse an einem Eingriff unter Beachtung des Gesamtverhaltens der Börse dies geboten erscheinen lässt. Für alle Personen, die in den verschiedenen Aufsichtsprozessen mitwirken, gilt die Schweigepflicht der § 8 WpHG, § 10 BörsG, die auch gegenüber Finanzbehörden besteht, es sei denn, dass an einem Besteuerungsverfahren ein „zwingendes öffentliches Interesse" besteht.

34

5. Die Börsenorgane und die Handelsteilnehmer

Jede Börse im Sinne von § 2 Abs. 1 BörsG verfügt über insgesamt vier Börsenorgane: den Börsenrat, die Börsengeschäftsführung, den Sanktionsausschuss und die Handelsüberwachungsstelle. Der Börsenträger selbst ist dagegen kein Börsenorgan, auch wenn er wie die Börsenorgane der Aufsicht durch die Börsenaufsichtsbehörde unterliegt, vgl. § 3 Abs. 1 BörsG. Bis zu den Änderungen des BörsG durch das FRUG gab es als weiteres Börsenorgan noch die Zulassungsstelle (s. § 31 BörsG aF). Bereits im Jahr 2005 hatten die Zulassungsstellen mit dem Inkrafttreten des WpPG eine ihrer bedeutendsten Aufgaben, nämlich die Prüfung und Billigung von Zulassungsprospekten (die häufig zugleich Verkaufs-

35

---

[87] *Kurth* ZKW 1998, S. 11 und 20.
[88] *Hahn,* Organisation, Strukturen und Handelsmechanismen der Wertpapierbörsen im internationalen Vergleich, 1992, S. 38 ff.
[89] Zust. *Schäfer/Peterhoff,* WpHG und BörsG, 1999, § 3 Rn. 7.
[90] Zust. *Schwark,* BörsG, § 1 Rn. 51 unter Hinweis auf BVerwGE 17, S. 127, 132.

prospekte für ein öffentliches Angebot von Wertpapieren waren), verloren, da die Billigung von Wertpapierprospekten seither bei der BaFin angesiedelt ist. Insofern war die im Jahr 2007 erfolgte **Abschaffung der Zulassungsstellen** durch das FRUG durchaus folgerichtig. War die Zulassungsstelle nach altem Recht noch für die Entscheidung über die Zulassung von Wertpapieren zum Börsenhandel im amtlichen oder geregelten Markt zuständig, so wird diese Zulassungsentscheidung nach § 32 Abs. 1 BörsG jetzt von der Börsengeschäftsführung getroffen, → § 6 Rn. 75 ff.

36 Die laufenden Geschäfte der Börse leiten der oder die **Börsengeschäftsführer**, § 15 BörsG. Diese Geschäftsführer sind Organ der Börse. Diese Rechtsstellung entspricht ihrem realstrukturierten Arbeits- und Verantwortungsbereich. Mithin vertreten die Geschäftsführer die Börse gerichtlich und außergerichtlich, § 15 Abs. 3 BörsG. Die Börsen haben also mit den Börsengeschäftsführern und dem Börsenrat eine korporationsrechtliche Organisation.[91] Wer die Börse leitet, ist auch für deren Funktionen verantwortlich und verantwortbar zu halten; so haften die Börsengeschäftsführer für aus Pflichtverstößen der Börse entstehende Schäden. Da die Börsengeschäftsführer Organ der Börse sind, sind sie Träger öffentlicher Gewalt, mithin Behörde im verwaltungsrechtlichen und haftungsrechtlichen Sinne. Hieraus folgt die Amtshaftung des Landes für die Tätigkeiten des Börsengeschäftsführers nach § 839 BGB, Art. 34 GG, für deren etwaige Amtspflichtverletzungen wie auch der anderen Börsenorgane.[92] Die Aufgabenbegrenzung in § 15 Abs. 6 BörsG – dass die Leitung der Börse nur öffentliche Interessen wahrzunehmen habe und zB keinen Anlegerschutz im Visier habe – wirkt als Haftungsbegrenzung. Ob überdies wegen der zitierten Anlehnung an das Modell der AG eine persönliche Haftung analog § 93 AktG zu diskutieren ist, ist offen.

37 Das höchste Börsenorgan ist der **Börsenrat**. Er setzt sich nach § 12 Abs. 1 BörsG aus bis zu 24 Personen zusammen. Ihm müssen sowohl Vertreter der Handelsteilnehmer – also insbesondere der zur Teilnahme am Börsenhandel zugelassenen Kreditinstitute, Finanzdienstleistungsinstitute oder sonstigen zugelassenen Unternehmen – als auch von Emittenten als auch der Anleger angehören. Weitere Einzelheiten zur Wahl des Börsenrats sind in § 13 BörsG festgelegt.[93] Zur notwendigen Qualifikation der Börsenratsmitglieder schreibt § 13 Abs. 3 BörsG vor, dass sie zuverlässig sein und die erforderliche fachliche Eignung haben müssen. Die wichtigsten Aufgaben des Börsenrats sind die Bestellung und Abberufung der Geschäftsführer, der Erlass der Börsenordnung und der Gebührenordnung, § 12 Abs. 2 BörsG. Auch bei anderen grundlegenden Maßnahmen, die die Organisation oder den Betrieb der Börse betreffen, wirkt der Börsenrat mit.

38 Weiteres hier zu behandelndes Börsenorgan ist der **Sanktionsausschuss**, § 22 BörsG. Der Sanktionsausschuss kann Handelsteilnehmer, die vorsätzlich oder fahrlässig gegen börsenrechtliche Vorschriften verstoßen haben, mit durchaus empfindlichen Sanktionen belegen, nämlich mit einem Ordnungsgeld von bis zu EUR 250.000,00 oder mit einem Ausschluss von der Börse von bis zu 30 Handelstagen.[94] Entsprechende Sanktionen kann der Sanktionsausschuss außerdem gegen Emittenten oder gegen für diese tätigen Hilfspersonen verhängen, wenn sie vorsätzlich oder fahrlässig gegen Pflichten des Emittenten aus

---

[91] Die Amtl. Begründung des 2. Finanzmarktförderungsgesetzes, aaO, 11, sagt: „in Anlehnung an das Organisationsmodell der Aktiengesellschaft".
[92] Zust. *Schäfer/Peterhoff*, WpHG und BörsG, § 30 BörsG Rn. 29.
[93] Zum bisherigen Recht *Schwark*, KMRK, § 10 BörsG.
[94] *Schwark* in KMRK, § 20 BörsG.

dessen Zulassung verstoßen. Gegen eine Entscheidung des Sanktionsausschusses kann der Betroffene auf dem Verwaltungsrechtsweg vorgehen, § 22 Abs. 3 BörsG.

Auf die Handelsüberwachungsstelle als weiteres Börsenorgan wurde bereits an früherer Stelle eingegangen.[95]

Die Börse besteht natürlich nicht nur aus diesen Organen – dies sind die Funktionsträger –, sondern vornehmlich aus **Handelsteilnehmern**, die der Börse das Handelsgeschäft zutragen, es durchführen und abwickeln. Zu den Handelsteilnehmern gehören die zur Teilnahme am Börsenhandel zugelassenen Unternehmen, außerdem die Börsenhändler, Skontroführer und skontroführenden Personen.[96] Sowohl ein Unternehmen, das am Börsenhandel teilnehmen will, benötigt dafür nach § 19 Abs. 1 BörsG eine Zulassung durch die Börsengeschäftsführung als auch die Personen, die für ein solches zur Handelsteilname zugelassenes Unternehmen an der Börse handeln wollen; dies sind dann die Börsenhändler.[97] Ein Unternehmen, das am Börsenhandel teilnehmen will, muss den in § 19 Abs. 2 und 4 BörsG enthaltenen Katalog von Positivvoraussetzungen erfüllen. Unternehmen, die kein Kredit- oder Finanzdienstleistungsinstitut sind, müssen für die Zulassung neben weiteren Voraussetzungen ein Eigenkapital von mindestens Euro 50.000 nachweisen. Der Gesetzgeber will mit diesen Zulassungsschranken ua die Teilnahme am Handel nur für eigene Rechnung zurückdrängen. Es soll der Massenumsatz durch kapitalkräftige Fachkreise gefördert sowie das fachliche Niveau der Börsenhändler und deren Zuverlässigkeit hochgehalten werden.[98] Überdies sorgt ein vereinfachtes Zulassungsverfahren für diejenigen, die bereits an einer anderen Börse im Europäischen Wirtschaftsraum zugelassen sind, dass sie hier bevorzugt zugelassen werden. – Voraussetzung für die Zulassung zur Teilnahme am Börsenhandel ist, dass das Wertpapiergeschäft gewerbsmäßig und in einem nach Art und Umfang in kaufmännischer Weise eingerichteten Geschäftsbetrieb betrieben wird oder der Antragsteller Organ oder Angestellter in einem solchen Unternehmen – zumeist einer Bank oder Sparkasse – ist. Bei vielen der zum Handel zugelassenen Unternehmen handelt es sich um Kreditinstitute oder Finanzdienstleistungsinstitute. Entsprechend sind deren für sie an der Börse tätige Mitarbeiter als Börsenhändler zugelassen. Voraussetzung für die Zulassung als Börsenhändler ist, dass die jeweilige Person zuverlässig ist und die notwendige berufliche Eignung hat, § 19 Abs. 5 bis 7 BörsG.

6. Die Börsenordnung

§ 12 Abs. 2 Nr. 1 BörsG ermächtigt den Börsenrat, eine Börsenordnung – BörsO – als Satzung der Börse zu erlassen. Die BörsO muss von der Börsenaufsichtsbehörde – sprich der Landesregierung – genehmigt werden, § 16 Abs. 3 BörsG. Die BörsO hat die Aufgabe, sicherzustellen, dass „die Börse die ihr obliegenden Aufgaben erfüllen kann und dabei den Interessen des Publikums und des Handels gerecht wird"; sie regelt die Organisation der Börse, enthält Ausführungsvorschriften zum Börsengesetz, über die Organisation der Börse, die Voraussetzungen für die Zulassung zum Börsenbesuch und zur Teilnahme am Börsenhandel, die Handelsarten, was bedeutet, dass die BörsO festlegt, ob der Handel elektronisch abgewickelt wird oder ob Intermediäre – Skontroführer – eingeschaltet werden, um nur

---

[95] → § 6 Rn. 32.
[96] *Schwark* in KMRK, § 9 BörsG, Rn. 7, 8 ff.
[97] Siehe nur *Schwark*, KMRK, § 16 BörsG, Rn. 6.
[98] Amtl. Begründung BörsG-Reformgesetz, BT-Drucks. 4/1683, S. 8; § 7 Abs. 1, S. 1, BörsG 1994.

ein Beispiel für mögliche Handelsarten zu nennen. Die BörsO kann des Weiteren für Teilbereiche eines Marktsegments besondere Pflichten der Emittenten festlegen, § 42 BörsG, wie es namentlich in der BörsO der Frankfurter Wertpapierbörse für den Prime Standard und den General Standard als Teilbereiche des regulierten Markts der Fall ist.

41   Die Börsenordnungen sind Rechtssetzungsakte der Selbstverwaltung, die zwar von jeder Börse[99] autonom im gesetzlichen Rahmen für sich erlassen werden, aber unter den verbliebenen sieben Börsen abgestimmt sind. Die Rechtsnatur der Börsenordnung ist selbstregulierendes **Satzungsrecht**, das die Börse durch das Organ Börsenrat sich selber gibt.[100] Die dem Börsenrat zustehende Satzungsgewalt ist Einräumung von Rechtssetzungsmacht, um die Börse als Anstalt des öffentlichen Rechts in den Stand zu versetzen, sich zu organisieren. In § 16 Abs. 1 und 2 BörsG gibt das Gesetz exakt an, „welchen Gegenstand die autonome Rechtssetzung betreffen darf".[101] Dem rechtsstaatlichen Gebot der Bestimmtheit wird auch dadurch entsprochen, dass die Delegation der Rechtssetzungsmacht an einen Autonomieträger erfolgt aufgrund einer generellen Ermächtigung.[102] Auf diese verfassungsrechtliche Unbedenklichkeit des Rechtes zum Erlass der BörsO ist hinzuweisen, weil Börsenordnungen Regelungen enthalten, die in den von Grundrechten geschützten Bereich der Bürger eingreifen. So ist zB in den Börsenordnungen die Zulassung zum Börsenbesuch[103] geregelt. Es wird also mit der BörsO in den Schutzbereich des Art. 12 GG, der die freie Berufswahl sowie die freie Berufsausübung schützt, eingegriffen, aber zulässigerweise.

7. Die Marktsegmente

Literatur: *Claussen,* ZGR 1984, S. 1; *ders.* in Beiträge zum Börsenrecht, Band 14 der Schriften zu deutschem und ausländischem Geld-, Bank- und Börsenrecht, S. 45; *ders.,* Festschrift Stimpel, S. 1049; *ders.,* DB 1998, S. 177 ff.; *Groß,* Kapitalmarktrecht 5. Aufl. 2012; *Habersack/Mülbert/Schlitt,* Unternehmensfinanzierung am Kapitalmarkt, 3. Auflage 2013; *Kümpel/Wittig,* Bank- und Kapitalmarktrecht, 4. Aufl. 2011; *Marsch-Barner/Schäfer,* Handbuch börsennotierte AG, 2. Auflage 2009, § 7; *Schanz,* Börseneinführung, 3. Aufl. 2007; *Schwark/Zimmer,* Kapitalmarktrechts-Kommentar, 4. Auflage 2010.

a) Überblick

42   Auf den Kapitalmärkten werden die unterschiedlichsten Kapitalanlagen gehandelt. So können die dort gehandelten Kapitalanlagen beispielsweise Aktien oder Schuldverschreibungen sein; sie können festverzinslich, variabel verzinslich oder – wie es bei der Aktie der Fall ist – mit einem mitgliedschaftsrechtlichen Anspruch auf Teilhabe am Gewinn ausgestattet sein. Mindestens ebenso groß wie die Bandbreite bei der Ausgestaltung von Wertpapieren ist diejenige der Emittenten. Sie reicht vom traditionsreichen Großunternehmen bester Bonität bis zum undurchsichtigen Emissionsvehikel mit Sitz in einem entlegenen Winkel der Welt.

---

[99] Die BörsO für die Frankfurter Wertpapierbörse ist abrufbar unter http://extra.com und dort unter Zulassung zum Handel/Regelwerke der FWB.
[100] Zust. *Ekkenga* in MüKoHGB, Band 5, Effektengeschäft, Rn. 42; *Schwark,* BörsG, § 4 Rn. 3; *Samm,* Börsenrecht, S. 37; *Hopt/Baum,* Börsenreform, S. 460.
[101] BVerwGE für den Fall der Autonomie einer Gemeinde aufgrund einer Gemeinde-Ordnung, 6, S. 251.
[102] BVerwGE 6, S. 250; BVerwGE 12, S. 319.
[103] §§ 12 ff. Frankfurter Wertpapierbörse (Stand: 16. Dez. 2013).

Bei den „klassischen" auf dem Kapitalmarkt gehandelten Wertpapieren handelt es sich um Aktien und Schuldverschreibungen – letztere werden auch Anleihen genannt. Während es sich bei Aktien um Wertpapiere handelt, die Anteile am Grundkapital eines Unternehmens verbriefen und über deren Ausgabe an der Börse Unternehmen Eigenkapital aufnehmen, stellen Schuldverschreibungen (Anleihen) eine Form der Fremdfinanzierung – und damit eine Alternative zum Bankkredit – dar. Eine Anleiheemission ist darauf angelegt, dass private oder institutionelle Investoren dem Emittenten für die Laufzeit der Anleihe einen bestimmten Geldbetrag zur Verfügung stellen; im Gegenzug gibt das Unternehmen Schuldverschreibungen aus, dh die Investoren erhalten verzinsliche Wertpapiere, die den Anspruch auf Rückzahlung des zur Verfügung gestellten Geldbetrags sowie den Zinsanspruch verbriefen und handelbar sind.[104]

Neben diesen „klassischen" Wertpapieren gibt es eine immer weiter zunehmende Zahl komplexer Finanzprodukte wie etwa Optionsscheine, Indexzertifikate oder sonstige hybride Finanzinstrumente. Und erwähnt werden müssen darüber hinaus noch weitere Wirtschaftsgüter und Rechte, die börsenmäßig gehandelt werden, so etwa bestimmte Waren bzw. Warenkontrakte an den Warenbörsen oder die Termingeschäfte an den Terminbörsen.[105] Diese **Vielfalt von Kapitalanlagen** spiegelt die ebenso große Vielfalt der Interessen von Anlegern und Emittenten wider. Mag der eine Anleger eher die möglichst risikoarme Anlage in einem Wertpapier, dessen Emittent bei der Platzierung möglichst strengen Anforderungen unterlag, suchen, so mag der andere Anleger eher auf den raschen, spekulativen Gewinn aus dem kurzfristigen Erwerb eines hybriden Finanzinstruments aus sein; und ein dritter Anleger wiederum mag das Interesse verfolgen, sich durch Optionsscheine oder Indexzertifikate gegen Kursrisiken aus anderen von ihm getätigten Kapitalanlagen abzusichern. Zudem unterteilt sich die Anlegerschaft in die beiden großen Gruppen der institutionellen und der privaten Anleger. Vor diesem Hintergrund ist es nur folgerichtig, dass sich für den Handel mit den verschiedenen Kapitalanlagen auch **unterschiedliche Handelsplätze und Marktsegmente** herausgebildet haben. Genauso, wie für den Lebensmitteleinkauf ein Supermarkt, aber auch ein Discounter und ein Feinkostgeschäft zur Verfügung stehen, gibt es also für die verschiedenen Kapitalanlagen auch Märkte, die auf die auf ihnen gehandelten Kapitalanlagen – und damit auch auf die entsprechenden Anleger- und Emittenteninteressen – entsprechend zugeschnitten sind.

Gerade das deutsche Börsenwesen war und ist durch eine **Vielzahl verschiedener Marktsegmente** gekennzeichnet. So gab es bis zum Inkrafttreten des Finanzmarktrichtlinie-Umsetzungsgesetzes (FRUG) am 1. November 2007 den amtlichen Markt und den geregelten Markt als gesetzlich regulierte Märkte sowie den Freiverkehr. Bis zum Jahr 2003 gab es zudem den als Konstruktion zwischen dem geregelten Markt und dem Freiverkehr angesiedelten Neuen Markt an der Frankfurter Wertpapierbörse, der aufgrund des ab dem Jahr 2001 einsetzenden ruinösen Kursverfalls und dem damit verbundenen Ansehensverlust jedoch wieder abgeschafft wurde.[106]

43

Seit dem 1. November 2007 unterscheidet das deutsche Börsengesetz nunmehr nur noch zwischen zwei Marktsegmenten: dem gesetzlich geregelten, sogenannten **regulier-**

---

[104] Vgl. *Kaulamo* in Habersack/Mülbert/Schlitt, Unternehmensfinanzierung am Kapitalmarkt, § 17 Rn. 2.
[105] Vgl. *Schwark* in Schwark/Zimmer, KMRK, § 16 BörsG Rn. 9.
[106] Vgl. hierzu *Claussen* BB 2002, S. 105; *ders.* Das Wertpapier, 2002, S. 17; Deutsches Aktieninstitut, Der Gang an die Börse, S. 18; *Schanz*, Börseneinführung, S. 360.

ten Markt, der an die Stelle des amtlichen und geregelten Marktes getreten ist, und dem **Freiverkehr**, einem jeweils von der Börse selbst überwachten Markt.[107] Diese beiden Marktsegmente untergliedern sich wiederum je nach Art der Wertpapiere und der Börse, an der sie gehandelt werden, in verschiedene privatrechtliche Teilbereiche.

So teilt sich das Marktsegment „regulierter Markt" für den Handel von Aktien an der Frankfurter Wertpapiere Börse (FWB) beispielsweise in die Teilbereiche „General Standard" und „Prime Standard" auf. Der von der Börse überwachte Freiverkehr, welcher an der Frankfurter Wertpapierbörse seit Oktober 2005 als „Open Market" bezeichnet wird, untergliedert sich in die Teilbereiche „Entry Standard" und „Quotation Board".

Für den Handel von Anleihen wird an der Frankfurter Wertpapierbörse hingegen zwischen dem Quotation Board und dem Entry Standard, jeweils als Teilbereiche des Freiverkehrs (Open Market), und dem sog. Prime Standard für Unternehmensanleihen unterschieden, an dem sowohl über den regulierten Markt als auch über den Freiverkehr teilgenommen werden kann.[108]

Übersicht über die Marktsegmente am Beispiel der Frankfurter Wertpapierbörse:

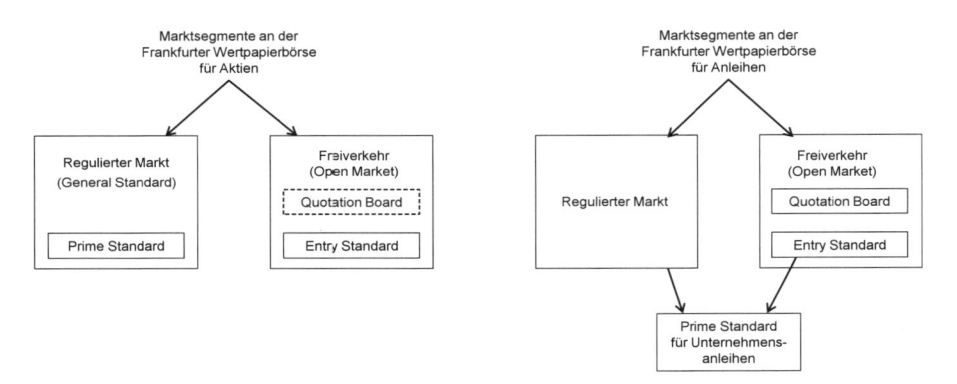

Die anderen sechs deutschen Börsen verwenden andere Bezeichnungen und Abgrenzungsmerkmale für die einzelnen Teilbereiche. Neben dem Entry Standard und dem Prime Standard für Unternehmensanleihen der Frankfurter Wertpapierbörse gibt es beispielsweise den „Mittelstandsmarkt" der Börse Düsseldorf, den „m:access" der Börse München, die „Mittelstandsbörse Deutschland" der Börsen Hannover und Hamburg und den bekannten „Bondm"[109] der Börse Stuttgart, welche ebenfalls spezielle Handelssegmente für Unternehmensanleihen darstellen.

Und schließlich gibt es noch weitere börsliche und außerbörsliche Handelsplätze wie Terminmärkte und multilaterale Handelssysteme. Diese bilden zwar keine Marktsegmente im eigentlichen Sinne, sollen aber dennoch in diesem Abschnitt behandelt werden, weil sie letztlich ebenfalls Ausdruck der verschiedenartigen Anleger- und Emitteninteressen sowie des Wettbewerbs der Handelsplätze untereinander sind.

---

[107] *Sudmeyer* in Schüppen/Schaub, MAH Aktienrecht, 2. Auflage 2010, § 47 Rn. 27.
[108] Näheres zum Prime Standard für Unternehmensanleihen noch unter → Rn. 85.
[109] Der Bondm wurde 2010 eingeführt und war damit das erste Segment einer deutschen Börse, welches speziell auf Mittelstandsanleihen zugeschnitten war.

Nicht mit einem Marktsegment zu verwechseln sind die bekannten **Indizes** der Deutschen Börse wie DAX30, MDAX, TecDAX. In diesen Indizes werden bestimmte Emittenten-Gruppen zusammengefasst, um mit dem so errechneten Index eine Basis für die Gesamtentwicklung der jeweiligen Emittentengruppe zu haben, die dann insbesondere auch für die Gestaltung der verschiedensten Finanzinstrumente (zB Indexzertifikate) genutzt werden kann. Der bekannteste Index ist sicher der DAX30, in dem die Aktien der 30 nach Marktkapitalisierung und Liquidität des Handels größten deutschen Emittenten zusammengefasst sein sollen.[110] Die Aufnahme in einen solchen Index ist für einen Emittenten prestigeträchtig und erstrebenswert. Sie sichert ihm größere Aufmerksamkeit am Markt und häufig auch wachsendes Anlegerinteresse, da insbesondere manche institutionelle Anleger ihre Anlageentscheidungen an der Zusammensetzung eines Index ausrichten und diesen in ihrem Portfolio abbilden wollen.

44

Die einzelnen **Marktsegmente oder sonstigen Handelsplätze unterscheiden sich** jeweils **in drei wesentlichen Bereichen**: Erstens unterscheiden sie sich bei den Anforderungen, die daran gestellt werden, dass ein Wertpapier oder sonstiges Finanzprodukt überhaupt dort gehandelt werden kann; namentlich ist also zu fragen, ob und unter welchen Voraussetzungen und durch wessen Entscheidung das jeweilige Papier zum Handel zugelassen oder in den Handel einbezogen werden muss.[111] Der zweite Bereich betrifft die sog. Folgepflichten. Hier ist also zu fragen, ob und welche Verpflichtungen für einen Emittenten gelten, dessen Papiere an dem jeweiligen Marktsegment oder sonstigen Handelsplatz gehandelt werden.[112] Der dritte Unterschiedsbereich schließlich betrifft die Art des Handels und vor allem der Preisermittlung und -feststellung, worauf in diesem Abschnitt noch näher eingegangen wird. Wir werden sehen, dass es hier beträchtliche Unterschiede zwischen den Marktsegmenten und Handelsplätzen gibt. Zunächst sollen die einzelnen Marktsegmente jedoch erst einmal näher dargestellt werden.

45

b) Der regulierte Markt

Der **regulierte Markt** ist mit dem Wirksamwerden der Änderungen des Finanzmarktrichtlinieumsetzungsgesetzes (FRUG) seit dem 1. November 2007 an die Stelle sowohl des amtlichen als auch des geregelten Markts getreten. Der regulierte Markt ist zugleich **stets organisierter Markt** im Sinne von § 2 Abs. 5 WpHG,[113] also ein Markt, der von staatlich anerkannten Stellen geregelt und überwacht wird, regelmäßig stattfindet und für das Publikum unmittelbar oder mittelbar zugänglich ist. Als organisierter Markt unterliegt der regulierte Markt der strengsten und umfassendsten Reglementierung aller Marktsegmente. Sowohl die Zulassungsvoraussetzungen als auch die Zulassungsfolgepflichten der Emittenten sowie die Organisation des Handels selbst sind gesetzlich geregelt.[114] Er ist damit zugleich das Marktsegment mit den **höchsten Anforderungen** an die Emittenten, die ihre Wertpapiere dort handeln lassen wollen. Umgekehrt ist der regulierte Markt freilich auch dasjenige Marktsegment, das den Anlegern besonders weitreichende Informationsmöglichkeiten bietet und so – das jedenfalls ist die zugrunde liegende Annahme des europäischen ebenso wie des deutschen Gesetzgebers – den höchsten Schutz für die Anleger bietet.

46

---

[110] Börsenlexikon der Deutschen Börse AG, abrufbar unter www.deutsche-boerse.com.
[111] Näheres hierzu unter Abschnitt 8. Das Recht der Zulassung.
[112] Näheres hierzu unter Abschnitt 9. Zulassungs-, Einbeziehungs- und Teilnahmefolgepflichten.
[113] Vgl. zum Verhältnis der Begriffe „regulierter Markt" und „organisatorischer Markt" auch schon → Rn. 19.
[114] Vgl. Deutsche Börse AG, Regulierter Markt, abrufbar unter www.boerse-frankfurt.de.

47   Der regulierte Markt ist zunächst einmal das Marktsegment für alle großen deutschen Publikumsgesellschaften, also der deutsche „Big Board". So werden etwa die Aktien aller im DAX30 und im MDAX vertretenen Gesellschaften im regulierten Markt der Frankfurter Wertpapierbörse gehandelt. Aber auch für mittelständische Unternehmen oder andere Wertpapiere als Aktien steht der regulierte Markt durchaus offen. Sowohl mit Blick auf die Anzahl der zugelassenen und einbezogenen Unternehmen als auch hinsichtlich der getätigten Umsätze dominiert der regulierte Markt der Frankfurter Wertpapierbörse alle anderen Marktsegmente sowie alle anderen deutschen Börsenplätze mit großen Abstand.

48   Wertpapiere, die im regulierten Markt an einer Börse gehandelt werden sollen, müssen entweder zum Handel **zugelassen oder** in diesen **einbezogen** werden, § 32 Abs. 1 BörsG.[115] Nach früherem Recht konnte der Zugang zum amtlichen Markt (heute regulierten Markt) ausschließlich durch eine Zulassung erreicht werden. Nach § 33 BörsG, welcher in Umsetzung der Vorgaben der Finanzmarktrichtlinie im Jahr 2007 in das Börsengesetz eingefügt wurde, besteht neben der Zulassung seither auch die Möglichkeit der Einbeziehung von Wertpapiere in den regulierten Markt. Es wäre jedoch ein Missverständnis, die Einbeziehung als einen Weg zu begreifen, der Emittenten unter generell geringeren Anforderungen als bei der Zulassung den Zugang zu einem regulierten Markt öffnet. Die Einbeziehung ist nämlich jeweils nur dann möglich, wenn der Emittent für die betreffenden Wertpapiere bereits an einem anderen Markt erfolgreich ein Zulassungsverfahren durchlaufen hat. Im Grunde vermeidet also die Möglichkeit der Einbeziehung nur ein unnötiges Durchlaufen mehrerer Zulassungsverfahren für diejenigen Emittenten, die ihre Wertpapiere an mehreren organisierten bzw. regulierten Märkten handeln lassen wollen.

49   Für den Handel von Aktien im regulierten Markt der Frankfurter Wertpapierbörse stehen – wie bereits erwähnt – zwei Teilbereiche zur Verfügung: der General Standard und der Prime Standard. Diese Teilbereiche werden auch Transparenzstandards genannt, da sie über das Ausmaß der Veröffentlichungspflichten eines börsennotierten Unternehmens bestimmen.[116] Während im General Standard ausschließlich die – freilich schon sehr umfangreichen – gesetzlichen Mindestanforderungen gelten, stellt der Teilbereich Prime Standard ein Handelssegment mit nochmals erhöhten Transparenzpflichten dar.[117] Emittenten, die ihre Aktien im Prime Standard handeln wollen, haben daher neben den gesetzlichen Pflichten, die ihnen aufgrund der Zulassung zum regulierten Markt obliegen, zusätzliche Anforderungen zu erfüllen[118], die in erster Linie der Internationalisierung dienen. Zum Beispiel haben sie zusätzlich zum Jahres- und Halbjahresfinanzbericht auch Quartalsfinanzberichte (und nicht nur Insidermitteilungen) zu erstellen; und zudem müssen sämtliche Finanzberichte sowohl in deutscher als auch in englischer Sprache veröffentlicht werden.[119] Die Aufnahme in den Prime Standard ist darüber hinaus Voraussetzung dafür, dass ein Unternehmen in einen der Auswahlindizes der Deutschen Börse AG (DAX30, MDAX, TecDAX) aufgenommen werden kann. Damit richtet sich der Teilbereich Prime Standard an größere Unternehmen, die den internationalen Kapitalmarkt

---

[115] Zum Zulassungs- und Einbeziehungsverfahren im Einzelnen vgl. näher noch → § 6 Rn. 64 ff.
[116] Börsenlexikon der Frankfurter Wertpapierbörse, abrufbar unter www.boerse-frankfurt.de.
[117] Vgl. *Göckeler* in Müller/Rödder, Beck`sches Handbuch der AG, 2. Auflage 2009. § 26 Rn. 120.
[118] Zu den einzelnen Zulassungsfolgepflichten, vgl. näher noch → Rn. 112.
[119] Vgl. *Göckeler* in Müller/Rödder, Beck`sches Handbuch der AG, 2. Auflage 2009. § 26 Rn. 120.

erschließen wollen. Kleinere und mittlere Unternehmen, die sich zwar die Vorteile einer Börsennotierung sichern wollen, die aber hauptsächlich auf den nationalen Kapitalmarkt ausgerichtet sind, wählen hingegen den General Standard.

Nach § 24 Abs. 1 BörsG sind Preise, die während der Börsenzeit an einer Börse festgestellt werden, **Börsenpreise**. Da der regulierte Markt notwendig an einer Börse stattfindet, werden an ihm folglich Börsenpreise im gesetzlichen Sinne festgestellt. Inhaltlich ist die entscheidende Anforderung an einen Börsenpreis, dass er ordnungsmäßig zustande kommt und der wirklichen Marktlage des Börsenhandels entspricht, § 24 Abs. 2 BörsG. Die Feststellung von Börsenpreisen erfolgt durch sogenannte **Skontroführer**, die durch eine entsprechende Zulassung von der Geschäftsführung der Börse mit der Befugnis zur Preisfeststellung betraut werden. Skontroführer kann nur ein zur Teilnahme am Börsenhandel zugelassenes Unternehmen sein.[120] Der zugelassene Skontroführer handelt seinerseits durch skontroführende Personen, die ihrerseits Börsenhändler sind und ebenfalls von der Geschäftsführung der Börse zugelassen werden müssen, vgl. im Einzelnen § 27 Abs. 1 und 2 BörsG. Eine wichtige Neuerung im Hinblick auf das Zustandekommen von Börsenpreisen ist die durch das FRUG in §§ 30, 31 BörsG festgeschriebene **Vorhandelstransparenz** und **Nachhandelstransparenz**; diese gilt allerdings nicht für alle Wertpapiere, sondern nur für Aktien und Aktien vertretende Zertifikate. Die hiernach vorgeschriebene Handelstransparenz bedeutet, dass zum einen jeweils der am höchsten limitierte Kaufauftrag und der am niedrigsten limitierte Verkaufsauftrag sowie das zu diesen Preisen handelbare Volumen kontinuierlich veröffentlicht werden muss (Vorhandelstransparenz), und sie bedeutet zum anderen, dass die schließlich festgestellten Börsenpreise nebst Volumen und Zeitpunkt der Börsengeschäfte ebenfalls unverzüglich veröffentlicht werden müssen (Nachhandelstransparenz). Das Ziel dieser Veröffentlichungspflichten ist es, Marktmanipulationen zu erschweren und möglichst zu verhindern.

50

c) Der Freiverkehr

Dieses Marktsegment ist – wie der Name sagt – von Liberalität in allen kapitalmarktrechtlichen Positionen bestimmt. Der Freiverkehr blickt auf eine lange Geschichte zurück.[121] Der bedeutendste Freiverkehr ist derjenige, den die Frankfurter Wertpapierbörse (FWB) zugelassen hat und der dort von der Deutsche Börse AG – vermarktet unter der Bezeichnung „Open Market" – betrieben wird. Das Marktsegment der Freiverkehre ist gesetzlich in § 48 BörsG im Ansatz geregelt, das Gesetz verweist hinsichtlich der weiteren Ausgestaltung auf **Geschäftsbedingungen**, die von der Geschäftsführung der Börse gebilligt werden müssen. Die Ausgestaltung des Handels am und der Einbeziehung in den Freiverkehr obliegt also den Börsenträgern selbst, so dass der Freiverkehr keinen organisierten Markt im Sinne von § 2 Abs. 5 WpHG darstellt. Mit der Einbeziehung von Wertpapieren in den Freiverkehr steht Emittenten daher im Vergleich zur Zulassung zum regulierten Markt ein vereinfachter Weg zum Börsenhandel zur Verfügung, da für ihn weder die gesetzlichen Transparenzpflichten noch die besonderen Anforderungen, die zB an die Aufstellung des Jahresabschlusses eines börsennotierten Unternehmens gestellt werden, gelten. Zugleich haben die Anleger in diesem Marktsegment jedoch nur wenig Informationsmöglichkeiten und sind nur in geringerem Maße geschützt.

51

---

[120] Vgl. *Beck* in Schwark/Zimmer, KMRK, § 27 BörsG, Rn. 58.
[121] Ausführliche Darstellung bei *Harter/Hogrefe/Franke/Seger,* Wertpapiere in Theorie und Praxis, S. 58–59.

Der staatlichen Börsenaufsicht steht eine Untersagungsbefugnis zu, wenn ein ordnungsgemäßer Handel für die Wertpapiere nicht mehr gewährleistet erscheint, so § 48 Abs. 2 BörsG. Wertpapiere, die weder zum regulierten Markt zugelassen noch in diesen einbezogen sind, aber in den Freiverkehr einbezogen sind, dürfen im Börsenbereich von den Handelsteilnehmern gehandelt werden. Dies geschieht nach privatrechtlichen Regeln. Die Preisfeststellung im Freiverkehr erfolgt durch einen oder mehrere von der Börsengeschäftsführung bestimmte Skontroführer.[122] Diese Preisfeststellung hat die besondere Qualität eines **Börsenpreises**, § 24 Abs. 1 S. 2 BörsG, mit der Folge, dass auch die im Freiverkehr festgestellten Preise den Anforderungen des § 24 Absatz 2 BörsG zu genügen haben. Ob der Freiverkehr weiterhin als eine Veranstaltung des Privatrechts[123] unter begrenzter öffentlich-rechtlicher Aufsicht anzusehen ist, bleibt offen. Es gibt eine Einflussnahme der Börsengeschäftsführung auf den Freiverkehr als Ausfluss der öffentlich-rechtlichen Selbstverwaltung; es gibt eine Einbeziehung des Freiverkehrs hinsichtlich der Geschäftsbedingungen und des Verfahrens der Preisfeststellung in die öffentlich-rechtliche Ordnung der Börse; es gibt für den Handel in Freiverkehrswerten eine öffentlich-rechtliche Börsenzuständigkeit für den ordnungsgemäßen Börsenhandel; es gibt eine Letztkontrollbefugnis der Börsenaufsicht. Aber der Name des Börsensegments und die Aussagen des Gesetzgebers[124] sprechen für den privatrechtlichen Charakter.

52   Im Frankfurter Freiverkehr (Open Market) werden neben deutschen Aktien überwiegend ausländische Aktien, Anleihen deutscher und ausländischer Emittenten, Zertifikate und Optionsscheine gehandelt. Insgesamt sind im Freiverkehr (Open Market) der Frankfurter Wertpapierbörse Aktien aus über 60 Ländern notiert.[125]

53   Der „**Entry Standard**" ist ein **Teilbereich** des Freiverkehrs (Open Market) an der Frankfurter Wertpapierbörse mit zusätzlichen Transparenzpflichten. Dieser im Jahr 2005 von der Deutschen Börse AG geschaffene und in §§ 16 ff. der AGB für den Freiverkehr an der FWB[126] näher ausgestaltete Teilbereich soll einen Teil der Lücke schließen, die durch die Abschaffung des Neuen Marktes entstanden war. Der Entry Standard richtet sich besonders an kleinere und mittlere Unternehmen, denen ein Handel ihrer Aktien an einem regulierten Markt zu aufwendig wäre oder die noch an einem zu frühen Stand ihrer Unternehmensentwicklung sind, um die für einen Handel am regulierten Markt wünschenswerte Aufmerksamkeit von Anlegern zu wecken. Zugleich ist der Entry Standard in seiner Konzeption ein **Einstiegssegment**, der **für die kleinen und mittleren Unternehmen** einen ersten, noch mit verhältnismäßig geringem Aufwand verbundenen Schritt an die Börse ermöglicht, dem dann nach einiger Zeit – wenn das jeweilige Unternehmen dies will und sich entsprechend entwickelt – als zweiter Schritt der Gang an den regulierten Markt und dort in den General Standard oder sogar Prime Standard folgen kann. Die Einbeziehung in den Entry Standard stellt also gegenüber dem General Standard und dem Prime Standard eine vereinfachte Möglichkeit dar, Eigenkapital über die

---

[122] → § 2 Rn. 142.
[123] Dafür früher *Claussen*, FS Stimpel, 1049, S. 1056 ff.; *Schwark* in Schwark/Zimmer, KMRK, § 48 BörsG Rn. 3; *Hopt* in Baumbach/Hopt, Handelsgesetzbuch, 35. Auflage 2012, BoersG2007 § 48.
[124] Begründung des 4. FFG, Bundesrat-Drucks. 936/01, S. 234.
[125] Deutsche Börse AG, Marktstruktur & handelbare Werte – gesetzliche Marktsegmente – Open Market (Freiverkehr), abrufbar unter: http://xetra.com.
[126] Allgemeine Geschäftsbedingungen der Deutsche Börse AG für den Freiverkehr an der Frankfurter Wertpapierbörse (Stand: 26. Juli 2013).

Börse aufzunehmen. Für den Entry Standard als Teilbereich des Freiverkehrs (Open Market) gelten zunächst die (geringen) Anforderungen, die die Einbeziehung in den Freiverkehr (Open Market) stellt. Hinzu kommen einzelne **weitere Folgepflichten**, die einerseits eine gewisse Qualität der Emittenten am Entry Standard sichern und diese so auch für Anleger attraktiver machen sollen, andererseits aber nach wie vor deutlich hinter den hohen Anforderungen des regulierten Markts zurückbleiben.[127] – Seit Anfang 2011 gibt es zudem an der Frankfurter Wertpapierbörse auch einen **Entry Standard für Unternehmensanleihen**. Dieser baut im Wesentlichen auf den Regelungen zum Entry Standard für Aktien auf und ermöglicht mittelständischen Unternehmen, Anleihen mit relativ geringen Volumina bei ebenfalls verhältnismäßig geringen Transparenzanforderungen zu platzieren.[128] Der Entry Standard für Unternehmensanleihen richtet sich gleichwohl insbesondere auch an private Investoren. Durch die Einführung eines Teilbereichs speziell für Anleihen eröffnet die Frankfurter Wertpapierbörse Unternehmen die Möglichkeit, öffentlich platziertes Fremdkapital aufzunehmen, ohne zugleich den Schritt des Börsengangs wagen zu müssen.

Die bisherige Entwicklung des Entry Standard kann als Erfolg betrachtet werden. Es gilt eine begründete Einschätzung, dass durch den Entry Standard manche durchaus qualitätvolle mittelständische Unternehmung den Weg an die Börse gefunden hat, die diesen Weg ohne den Entry Standard nicht beschritten hätte. Auch der Entry Standard für Unternehmensanleihen ist auf durchaus große Nachfrage gestoßen. Bereits innerhalb des ersten Jahres seit seiner Einführung konnte sich das Marktsegment für Mittelstandsanleihen gemessen am Volumen und der Anzahl der Emissionen als Marktführer bei börsenplatzierten Unternehmensanleihen in Deutschland etablieren.[129]

Neben dem Entry Standard gab es bis Juli 2012 an der Frankfurter Wertpapierbörse **54** noch die Teilbereiche „**First Quotation Board**" und „**Second Quotation Board**". In das im Jahr 2008 eingeführte „First Quotation Board" wurden Aktien und Anleihen aufgenommen, die im Freiverkehr (Open Market) ihr Erstlisting hatten. Das First Quotation Board setzte nur geringe Transparenzpflichten voraus und bot insbesondere kleinen und mittelständischen Unternehmen die Möglichkeit, ohne großen Aufwand – vor allem ohne Prospekt – an die Börse zu gehen. Das Second Quotation Board erfasste hingegen die sogenannten Zweitlistings von Aktien und Anleihen, also solche, die zum Zeitpunkt der Börsennotiz bereits an einem anderen Handelsplatz zugelassen oder in den Handel einbezogen waren. Da es aufgrund der geringen Transparenzanforderungen des First Quotation Boards trotz einer Verschärfung der Voraussetzungen im Jahr 2011 vermehrt zu Verdachtsfällen auf Marktmanipulation gekommen ist, wurde das First Quotation Board wieder abgeschafft und zum 15. Dezember 2012 geschlossen.[130] Neben dem Entry Standard gibt es seit dem 1. Juli 2012 als weiteren Teilbereich des Freiverkehrs (Open Market) der Frankfurter Wertpapierbörse nunmehr nur noch das **Quotation Board,** welches das bis dato geltenden Second Quotation Board fortführt. Zudem werden dort weiterhin

---

[127] Vgl. hierzu Näheres unter →Rn. 113 ff.
[128] *Rudolf* in Habersack/Mülbert/Schlitt, Unternehmensfinanzierung am Kapitalmarkt, § 1 Rn. 120.
[129] Vgl. Pressemitteilung der Deutschen Börse AG vom 25. April 2012, abrufbar unter www.deutsche-boerse.de.
[130] Vgl. Pressemitteilung der Deutschen Börse AG v. 4. April 2012, abrufbar unter www.boerse-frankfurt.de.

die Anleihen, die früher vom First Quotation Bord erfasst waren, gehandelt. Aktien können daher im Quotation Board nur noch gehandelt werden, wenn diese bereits an einem anderen Handelsplatz zugelassen oder in den Handel einbezogen sind. Zum Stand 4. April 2012 waren im Quotation Board (vormals Second Quotaition Board) rund 10.000 Aktien gelistet.[131]

55 Damit besteht der Zugang zum Freiverkehr (Open Market) der Frankfurter Wertpapierbörse für Erstlistings von Aktien heute folglich nur noch über die Einbeziehung in den Entry Standard und setzt damit zumindest gesteigerte Transparenzpflichten voraus. Die Abkehr von der Möglichkeit, Aktien ohne nennenswerte Anforderungen in den Freiverkehr einbeziehen zu können – wie dies noch über das First Quotation Board möglich war –, ist begrüßenswert. Insgesamt bleibt der Freiverkehr hinsichtlich seiner Anforderungen für die Einbeziehung von Aktien jedoch noch immer weit hinter den Anforderungen des Zugangs zum regulierten Markt zurück, was das Marktsegment für Anleger nach wie vor weniger transparent und damit risikoreicher macht. – Das ist auch insofern nicht ganz unbedeutend, als der Weg an den Entry Standard nicht nur über ein Erstlisting führen kann, sondern auch über ein so genanntes „**Downlisting**", also den Wechsel vom regulierten Markt in den Entry Standard. Ein solcher Wechsel ist recht einfach und nach der jüngsten Rechtsprechung des BGH ohne Unterbreiten eines Abfindungsangebots möglich. Damit ist es gerade für kleinere und mittlere Unternehmen interessant, durch eine Downlisting ohne hohen Aufwand für eine Notierung im regulierten Markt zu vermeiden.

d) Multilaterale Handelssysteme

56 Mit der Regelung der multilateralen Handelssysteme in § 2 Abs. 3 Nr. 8 WpHG hat das Finanzmarktrichtlinie-Umsetzungsgesetz (FRUG) eine neue Form der Regulierung des Wertpapierhandels gebracht. Der Betrieb eines multilaterales Handelssystem ist danach eine Wertpapierdienstleistung. Zugleich stellt der Betrieb eines multilateralen Handelssystems gemäß § 1 Absatz 1a Satz 2 Nr. 1b KWG auch eine Finanzdienstleistung dar. Der Betreiber eines solchen Handelssystems benötigt daher eine **Erlaubnis** gem. §§ 32 Abs. 1, 1 Abs. 1 a Satz 2 Nr. 1 b KWG, für deren Erteilung die Bundesanstalt für Finanzdienstleistungen zuständig ist.[132] Die Begrifflichkeit eines multilateralen Handelssystems entspricht der eines organisierten Marktes gem. § 2 Abs. 5 WpHG mit Ausnahme der Genehmigung, Regelung und Überwachung durch staatliche Stellen. Genauso wie bei einem organisierten Markt handelt es sich aber bei einem multilateralen Handelssystem um ein System, das die Interessen einer Vielzahl von Personen am Kauf und Verkauf von Finanzinstrumenten innerhalb des Systems und nach festgelegten Bestimmungen in der Weise zusammenbringt, die zu einem Vertrag über den Verkauf dieser Finanzinstrumente führt. „Technikneutralität" ist also das ausschlaggebende Kriterium für das Vorliegen eines multilateralen Handelssystems, die Matching-Funktion, dh die Zusammenführung von Angebot und Nachfrage.[133] Ein multilaterales Handelssystem ist daher eine börsenähnliche Handelsplattform in Form eines „elektronischen Marktplatzes"[134] für Finanzinstrumente wie Wertpapiere und Derivate, die von Wertpapierdienstleistern im Sinne des WpHG

---

[131] Vgl. Pressemitteilung der Deutschen Börse AG v. 4. April 2012, abrufbar unter www.boerse-frankfurt.de.

[132] *Seiffert* in Kümpel/Wittig, Bank- und Kapitalmarktrecht, 4. Auflage 2011, Rn. 4.57.

[133] *Kasten/Spindler* WM 2006, S. 1749, 1754.

[134] Vgl. *Rudolf* in Habersack/Mülbert/Schlitt, Unternehmensfinanzierung am Kapitalmarkt, 3. Auflage 2013, § 1 Rn. 57.

auf privatrechtlicher Basis betrieben werden. Im Vergleich zur Börse unterscheiden sich multilaterale Handelssysteme in erster Linie dadurch, dass der Handel in diesen auf einen Vertragsabschluss gerichtet ist, während die Begriffsbestimmung des organisierten Markts die Förderung des Zusammenkommens genügen lässt.[135] Daneben können im multilateralen Handelssystem nur Finanzinstrumente und keine Waren gehandelt werden.[136] Ferner treffen die Teilnehmer, die ihre Finanzinstrumente in einem multilateralen Handelssystem handeln, allein aufgrund ihrer Zulassung zum multilateralen Handelssystem keine Folgepflichten. Etwas anderes kann freilich gelten, wenn es sich bei den gehandelten Finanzinstrumenten zugleich um Wertpapiere handelt, die am regulierten Markt zugelassen sind.

Als Finanzdienstleistungsinstitut unterliegt der Betreiber eines multilateralen Handelssystems folglich auch nicht der Börsenaufsicht, sondern der **Beaufsichtigung durch die BaFin**.[137] Außerdem bedarf es zumindest eines Eigenkapitals gem. § 33 Abs. 1 Satz 1 Nr. 1 b KWG von mindestens Euro 125.000. Zutreffenderweise kann man die Regulierung der multilateralen Handelssysteme als Finanzdienstleistungsinstitute als eine Art Auffangbecken für die regulierten Märkte verstehen.[138]

Neben der Geltung der allgemeinen Wohlverhaltensregeln gem. §§ 31 ff. WpHG gibt es eine spezielle Ausprägung der Wohlverhaltensregeln für multilaterale Handelssysteme gem. § 31 f WpHG. Hier finden sich besondere **organisatorische Anforderungen**, die von der BaFin überwacht werden.[139] Zu nennen sind:

- Zulassungsregeln für Teilnehmer;
- die Einbeziehung von Finanzinstrumenten in den Handel;
- handelsmäßige Kontrollverfahren;
- eine Preisbildung analog § 24 Abs. 2 BörsG;
- die lückenlose Überwachung durch die BaFin;
- die öffentliche Bekanntmachung bestimmter Informationen;
- die Mithilfe bei der Beaufsichtigung durch die BaFin.

Die Regelungen zur Zulassung zum mulitlateralen Handelssystem und Einbeziehung der Finanzinstrumente sowie der Preisfeststellung sind dabei vom Betreiber festzulegen. Das Gesetz schreibt diesbezüglich lediglich Mindestanforderungen vor. So ist der Teilnehmerkreis gemäß § 31 f Absatz 1 Nr. 1 WpHG zB auf Unternehmen zu beschränken, die die Anforderungen für eine Teilnahme am Börsenhandel nach § 19 Abs. 2 und 4 Satz 1 BörsG erfüllen. In der weiteren Ausgestaltung sowie der Entscheidung, ob ein Unternehmen zum Handelssystem zugelassen wird, ist der Betreiber hingegen frei.[140]

Ein ganz wesentliches Kriterium der Finanzmarktrichtlinie ist die Stärkung des Wettbewerbs im Wertpapierhandel durch eine Gleichstellung der Handelsplätze und die dafür erforderliche **Markttransparenz**. Hierzu soll § 31 g WpHG den entsprechenden Beitrag leisten. Danach unterliegt der Betreiber eines multilateralen Handelssystems den gleichen Regelungen zur Vor- und Nachhandelstransparenz wie die Börsen. So regelt § 31 g WpHG als Mindestvoraussetzung[141], dass der Betreiber für Aktien und Aktienzertifikate,

---

[135] Vgl. *Assmann* in Assmann/Schneider, WpHG, 5. Auflage 2009, § 2 Rn. 109; *Schwark* in Schwark/Zimmer, KMRK, § 31 f WpHG, Rn. 9.
[136] Vgl. *Schwark* in Schwark/Zimmer, KMRK, § 31 f WpHG Rn. 9.
[137] *Gomber/Hirschberg* AG 2006, S. 777, 780.
[138] *Kasten/Spindler* WM 2006, S. 1749, 1755.
[139] *Duve/Keller* BB 2006, S. 2537, 2538.
[140] Vgl. *Seiffert* in Kümpel/Wittig, Bank- und Kapitalmarktrecht, Rn. 4.59 ff.
[141] Vgl. *Fuchs*, WpHG, § 31 g Rn. 3.

die zum Handel am organisierten Markt zugelassen sind, den Preis des am höchsten limitierten Kaufauftrags und des am niedrigsten limitierten Verkaufsauftrags und das zu diesen Preisen handelbare Volumen kontinuierlich zu veröffentlichen hat (Vortransparenz). Darüber hinaus hat er nach Abschluss des Geschäfts das Volumen und den Zeitpunkt des Geschäfts – soweit möglich sogar auf Echtzeitbasis – zu veröffentlichen (Nachtransparenz). Auch wenn die Börsen nach Einführung der multilateralen Handelssysteme einen nicht unwesentlichen Verlust des Marktanteils im Aktienhandel vermerkten[142], haben multilaterale Handelssystem die Börsen bislang nicht aus ihrer starken Stellung als Wertpapierhandelsplätze[143] verdrängen können.

e) Der Terminmarkt

Literatur: *Casper*, Das neue Recht der Termingeschäfte, WM 2003, S. 161 ff.; *Fleckner*, Die Lücke im Recht des Devisenterminhandels, WM 2003, S. 168 ff.; *Fuchs*, WpHG, 2009, Vor §§ 37e und 37g; *Horn/Balzer*, Anlegerschutz durch Information bei Finanztermingeschäften, Festschrift Kümpel, 2004, S. 275 ff.

58 In allen vorgenannten Marktsegmenten werden Wertpapiere gegen sofortige Lieferung des Wertpapiers bei sofortiger Bezahlung gehandelt. Anders im Terminhandel – hier liegen zwischen dem Tag des Geschäftsabschlusses und seiner Erfüllung längere Zeiträume. Termingeschäfte sind Handelsgeschäfte mit hinausgeschobener Erfüllungszeit – mit anderen Worten: Es sind Rechtsgeschäfte, die zu einem fest bestimmten, späteren Zeitpunkt zu erfüllen sind.[144] Sinn des Termingeschäftes ist die Kurssicherung und/oder die Spekulation. **Beispiel** für eine **Kurssicherung** durch Abschluss eines Termingeschäftes in der Form der **Kaufoption**: A will Aktien der Bayer AG zum gegenwärtigen Kurs erwerben, aber kein volles Geld einsetzen. Also kauft er Kaufoptionen auf Bayer-Aktien am 1. Januar 2014 per 19. Juni 2014 (einfaches Fixgeschäft) und sichert sich derart den Gegenwartskurs. **Beispiel** für Sicherung eines Kurses durch Kauf einer **Verkaufsoption**: Der Eigentümer von Bayer-Aktien befürchtet Kursrückgänge dieses Wertpapiers, das er zu Euro 55 pro Stück erworben hat. Er kauft am Terminmarkt Verkaufsoptionen, Basispreis Euro 54 für Euro 5 je Option, was dem Aktionär das Recht gibt, seine Bayer-Aktien an den Kontrahenten seines Termingeschäfts zu Euro 54 zu veräußern. Auf diese Weise sichert sich der Bayeraktionär gegen einen stärkeren Kursrückgang als bis zu Euro 54. Fällt der Kurs zB bis auf Euro 40, übt der Inhaber der Verkaufsoption sein Recht aus und hat an diesem Kursverlust über Euro 54 hinaus keinen Anteil; er hat nur die Optionsprämie von Euro 5 verloren. **Beispiel für ein Spekulationsgeschäft**: A erwartet für deutsche Aktien steigende Kurse in der Zukunft. Er kauft sich Terminkontrakte auf den DAX – sog. DAX-calls – etwa bei einem Gegenwartsstand von 8.000, dem Basispreis. Steigen die Kurse innerhalb der Optionsfrist, steigt also der Deutsche Aktienindex DAX etwa auf 9.000, hat A Anspruch auf Zahlung der Differenz zwischen dem Basispreis und dem Schlussabrechnungspreis von 8.000 mal 10. Dies sind Beispiele für den Einsatz von Termingeschäften zur Risikobegrenzung und zur Spekulation – die Absicherung gegen Kursrisiken auch Hedging, Spekulationen auch Trading genannt.[145]

---

[142] Vgl. *Seiffert* in Kümpel/Wittig, Bank- und Kapitalmarktrecht, Rn. 4.70.
[143] *Gomber/Hirschberg* AG 2006, S. 777, 783.
[144] BGHZ 92, S. 317, 320.
[145] *Jung* in Fuchs, WpHG, 2009, Vor §§ 37e und 37g, Rn. 5,6.

III. Rechtsgrundlagen der Börse 393

Das Recht der Finanztermingeschäfte findet sich in den §§ 37e WpHG. Finanztermin- **59**
geschäfte sind nach § 37e S. 2 WpHG Derivate im Sinne von § 2 Abs. 2 WpHG sowie
Optionsscheine, ansonsten aber werden sie vom Gesetz nicht definiert, insbes. unterscheidet das Recht nicht, ob bei den oben dargestellten Finanztermingeschäften eine wirtschaftlich einsehbare Preis- oder Kurssicherung zugrunde liegt oder ob es Differenzspekulationsgeschäfte sind. In jedem Fall ist es die Leitidee, mit geringem Geldeinsatz durch den Hebel- oder Leverageeffekt überproportional an auftretenden Preisveränderungen zu partizipieren und über das generell bestehende Insolvenzrisiko des Emittenten bez. Kontrahenten hinausgehende Risiko eines Totalverlustes der Geldmittel zu tragen. Diese Kurzbeschreibung mag zur Verdeutlichung des Grundkonzepts genügen.[146]

Termingeschäfte haben im Außenhandel ihren Ursprung. **Beispiel:** Der Exporteur ei- **60**
ner auf $-Basis verkauften Ware verkauft im Devisenterminhandel diese $ auf den Termin, zu dem er seinen Rechnungsgegenwert erwartet, und vermeidet damit das Währungsrisiko. Das Wertpapiergeschäft folgt diesem Grundprinzip..

Im Wertpapierterminhandel werden vor allem Aktien, Renten und Indices gehandelt. **61**
Für den Terminhandel gibt es an den deutschen Wertpapierbörsen kein eigenständiges Marktsegment, stattdessen findet der Terminhandel an der der **Eurex Deutschland** mit Sitz in Frankfurt statt, einer nach deutschem Recht genehmigten Terminbörse in Form einer Anstalt öffentlichen Rechts[147]. Vorgänger der Eurex Deutschland ist die 1990 errichtete Deutsche Terminbörse – DTB –, welche sich 1998 mit der Schweizer Terminbörse SOFFEX (Swiss Options and Financial Futures Exchange) zu einer börsenmäßig organisierten Handelsplattform zusammengeschlossen[148] und in diesem Zuge in die Eurex Deutschland umbenannt hat[149]. Träger der Eurex Deutschland ist die Eurex Frankfurt AG, § 2 der Börsenordnung für die Eurex Deutschland und die Eurex Zürich[150].

Die Eurex Deutschland betreibt zusammen mit der Eurex Zürich – eine nach Schweizer Recht bewilligte Terminbörse – eine vollelektronische Handelsplattform, über die die Termingeschäfte abgewickelt werden. Geschäfte, die über diese Handelsplattform zustandekommen, sind Geschäfte der Eurex Deutschland und in dem Fall, dass die an dem Geschäft beteiligten Börsenteilnehmer an der Eurex Zürich zugelassen sind, zugleich Geschäfte der Eurex Zürich, § 13 Börsenordnung für die Eurex Deutschland und die Eurex Zürich. Der Handel findet ausschließlich über Computer statt und nicht in einer Versammlung der Börsenteilnehmer, in der diese physisch präsent wären. Die Abwicklung der Aufträge erfolgt ebenfalls voll automatisiert, das heißt, dass übereinstimmende Aufträge und Angebote per Computer zu einem Geschäftsabschluss zusammengeführt und im integrierten Clearingsystem verrechnet werden. Die für das deutsche Börsenwesen sonst typische Teilung in Börse als Marktplatz und dem Träger der Börse gibt es bei der Terminbörse nicht. An der Eurex Deutschland werden die Geschäfte nicht nur abgeschlossen, sie wirkt darüber hinaus bei dem Clearing der Geschäfte mit. Diesbezüglich ist zwischen Börsenteilnehmern und Clearingmitgliedern zu unterscheiden: Der Handel

---

[146] Im Einzelnen *Jung* in Fuchs, WpHG, 2009, Vor §§ 37e und 37g; *Hartmut Schmidt,* Wertpapierbörsen, S. 68 ff.; *Schäfer/Lang* BKR 2002, S. 197.
[147] *Seiffert* in Kümpel/Wittig, Bank- und Kapitalmarktrecht, 4. Auflage 2011, Rn. 4.356, 4.357.
[148] vgl. *Kümpel,* Bank- und Kapitalmarktrecht, 3. Auflage 2004, Rn. 17.658 mit weiteren Informationen zur Historie des Terminhandels in Deutschland.
[149] *Groß* in Groß, Kapitalmarktrecht, 5. Auflage 2012, § 2 BörsG, Rn. 13.
[150] Börsenordnung für die Eurex Deutschalnd und die Eurex Zürich, Stand 29. November 2013.

findet zwischen den Börsenteilnehmern statt, die Kontrakte kommen jedoch zwischen der Eurex Clearing AG als Clearingstelle und den zugelassenen Clearingmitgliedern zustande.[151] Letztere werden dabei für eigene Rechnung tätig, soweit sie selbst den Handel abgeschlossen haben, oder im Auftrag und für Rechnung anderer Börsenteilnehmer, die selbst nicht Clearingmitglieder sind.

62 Regelungswerke zur Eurex Deutschland sind die Börsenordnung für die Eurex Deutschland und die Eurex Zürich, die Handelsbedingungen[152] und die Clearing-Bedingungen[153]. Während die Börsenordnung die Organisation und Zulassung zum Handel an der Terminbörse regelt, ist Gegenstand der Handelsbedingungen die weitere Ausgestaltung des Handels selbst wie die Auftragsarten oder die Zuteilung.[154] Gegenstand der Clearing-Bedingungen sind vor allem die Voraussetzungen und Rechte der Clearingmitglieder.[155]

63 Die staatlichen Aufsichtsfunktionen über die Eurex Deutschland werden durch die zuständige oberste Landesoberbehörde des Landes Hessen ausgeübt. Die Aufsicht über die Eurex Zürich übt die Eidgenössische Finanzmarktaufsicht FINMA aus. Die Eurex-Börsen, wie die Eurex Deutschland und die Eurex Zürich gemeinsam bezeichnet werden, unterstehen damit der Aufsicht der jeweiligen Aufsichtsbehörden beider Länder im Rahmen ihrer Zuständigkeiten. Sofern Aufsichtsmaßnahmen im Ausland erforderlich sind und zwischenstaatliche Vereinbarungen nichts anderes vorsehen, erfolgen diese regelmäßig im Wege der Amts- bzw. Rechtshilfe. Ist die oberste Landesbehörde des Landes Hessen als Aufsichtsbehörde über die Eurex Deutschland betroffen, so erfolgt die Aufsicht über die Bundesanstalt für Finanzdienstleistungsaufsicht (BaFin).

8. Das Recht der Zulassung

Literatur: *Groß*, Kapitalmarktrecht, 5. Aufl. 2012; *Habersack/Mülbert/Schlitt*, Unternehmensfinanzierung am Kapitalmarkt, 3. Auflage 2013, § 37; *Kümpel/Hammen/Ekkenga*, Kapitalmarktrecht, Loseblatt, Kap. 060; *Kümpel/Wittig*, Bank- und Kapitalmarktrecht, 4. Auflage 2011, Rn. 14.300 ff.; *Marsch-Barner/Schäfer*, Handbuch börsennotierte AG, 2. Auflage 2009, § 9; *Schanz*, Börseneinführung, 3. Aufl. 2007; *Schwark/Zimmer*, Kapitalmarktrechts-Kommentar., 4. Auflage 2010.

64 Unter der Zulassung von Wertpapieren zum Börsenhandel ist die Erlaubnis zu verstehen, für Geschäfte in diesen zugelassenen Papieren die Einrichtungen der Börse zu benutzen. Der Rechtsbereich wird auch als **Börseneinführung** bezeichnet. Seit der Zusammenlegung des geregelten und des amtlichen Marktes durch das Finanzmarktrichtlinie-Umsetzungsgesetz 2007 (FRUG) erfolgt die Zulassung nunmehr allein zum regulierten Markt. Wer hingegen als Emittent nicht die hohen Anforderungen an eine Zulassung zum Handel im regulierten Markt erfüllen kann oder will, ist auf den Freiverkehr verwiesen, bei dem man nicht von einer Zulassung, sondern von der Einbeziehung der Wertpapiere spricht[156]. Weitere Differenzierungen ergeben sich noch aus den Teilbereichen „Prime Standard" und „General Standard" am regulierten Markt sowie dem „Entry Standard" und dem „Quotation Board" im Freiverkehr. Aus der Perspektive des Anlegers kann

---

[151] *Seiffert* in Kümpel/Wittig, Bank- und Kapitalmarktrecht, 4. Auflage 2011, Rn. 4.366.
[152] Bedingungen für den Handel an der Eurex Deutschland und der Eurex Zürich, Stand 25. Juni 2013.
[153] Clearing-Bedingungen der Eurex Clearing AG, Stand 2. Januar 2014.
[154] *Franke* in Assmann/Schütze, Handbuch des Kapitalanlagerechts, 3. Auflage 2007, § 2 Rn. 134.
[155] *Franke* in Assmann/Schütze, Handbuch des Kapitalanlagerechts, 3. Auflage 2007, § 2 Rn. 134.
[156] Vgl. *Groß*, Kapitalmarktrecht, BörsG, § 32 Rn. 6.

festgehalten werden, dass er bei Papieren, die am regulierten Markt gehandelt werden, auf ein äußerst umfangreiches gesetzliches Instrumentarium zu seinem Schutz vertrauen darf, wohingegen dieses Schutzinstrumentarium im Freiverkehr substanziell geringer ist. Die Schlussfolgerung, den deshalb möglicherweise höheren Risiken im Freiverkehr müssten auch entsprechend größere Chancen auf Kursgewinne gegenüberstehen, griffe allerdings wohl zu kurz. Auch am regulierten Markt gab und gibt es neben soliden, aber „langweiligen" Emittenten immer wieder solche, die mit einer spektakulären Kursentwicklung aufwarten – ebenso wie solche, die scheitern: bei Emittenten am regulierten Markt ist ein Totalverlust der Anleger zwar selten, aber keineswegs ausgeschlossen. – Zulassungsrecht ist EU-Recht,[157] das ein einheitliches europäisches Recht anstrebt, mit dem weiteren Ziel der wechselseitigen Anerkennung der von einer Börse der EU ausgesprochenen Börsenzulassung an allen anderen EU-Börsen. Normzweck dieses europaweit vereinheitlichten Zulassungsrechts ist es, nur Wertpapiere eines rechtlich vorgegebenen einheitlichen Qualitätsstandards an den einzelnen Marktsegmenten einzuführen. Zulassungsrecht lebt von der Rechtsidee, dass durch die Erfüllung von Zulassungspublizität und Zulassungsprüfungsverfahren der Wertpapierinhaber über den Emittenten und den Stand seiner Geschäfte und damit über die Qualität des Wertpapiers[158] ausführlich informiert wird.

a) Zulassung zum regulierten Markt

In einem regulierten Markt ist nicht nur der laufende Handel von Wertpapieren stark reglementiert und überwacht sowie mit beträchtlichen Folgepflichten für die Emittenten verbunden. Bereits um überhaupt Wertpapiere im regulierten Markt handeln lassen zu können, muss ein Emittent einen anspruchsvollen Weg gehen. In der Regel nämlich muss er der **Zulassungspflicht** nach § 32 BörsG genügen und dazu das erforderliche Zulassungsverfahren erfolgreich absolvieren. Daneben können zwar Wertpapiere auch durch die in § 33 BörsG geregelte Einbeziehung in den Handel an einem regulierten Markt gelangen. Die Einbeziehung setzt aber stets voraus, dass der betreffende Emittent bereits für einen anderen regulierten oder organisierten Markt eine Zulassung der Wertpapiere erlangt hat. Aus Emittentensicht ist deshalb in jedem Fall ein Zulassungsverfahren erforderlich, damit von ihm begebene Wertpapiere in einem regulierten Markt gehandelt werden können. 65

Die Zulassungspflicht und das damit notwendigerweise verbundene **Zulassungsverfahren** sind im Grundsatz im bereits erwähnten § 32 BörsG festgeschrieben. Über die Zulassung **entscheidet die Geschäftsführung** der Börse, § 32 Abs. 1 BörsG. 66

Das Zulassungsverfahren ist durch einen entsprechenden **Antrag** einzuleiten. Diesen Antrag kann der **Emittent** freilich **nicht allein** stellen, sondern muss dies zwingend zusammen mit einem Kreditinstitut oder Finanzdienstleistungsinstitut tun, vgl. § 32 Abs. 2 BörsG. Liegen die Voraussetzungen für die Zulassung – auf die sogleich noch näher ein- 67

---

[157] ZB Richtlinie zur Koordinierung der Bedingungen für die Zulassung von Wertpapieren, Zulassungsrichtlinie ABl. EG Nr. L 66 v. 16. März 1979, S. 21; Richtlinie zur Koordinierung der Bedingungen für die Erstellung, die Kontrolle und die Verbreitung des Zulassungsprospekts, ABl. EG Nr. L 100 v. 17. April 1980, S. 1; Richtlinie über regelmäßige Informationen, die von Gesellschaften zu veröffentlichen sind, deren Aktien zur amtlichen Notierung an einer Wertpapierbörse zugelassen sind, ABl. EG Nr. L 48 v. 20. Februar 1982, S. 26; umgesetzt 1986 durch das Börsenzulassungsgesetz – BGBl. I, S. 2478. Auch das 2. Finanzmarktförderungsgesetz v. 1994 mit seiner Änderung des Zulassungsrechts ist europarechtlich intendiert.

[158] *Heidelbach* in Schwark/Zimmer, KMRK, BörsG § 32 Rn. 1.

zugehen sein wird – vor, so muss die Geschäftsführung eine positive Zulassungsentscheidung treffen (vgl. § 32 Abs. 3 BörsG: „Wertpapiere sind zuzulassen, wenn...."). Lediglich im Ausnahmefall des § 32 Abs. 4 BörsG kann die Geschäftsführung die Zulassung ablehnen, weil der Emittent an einem anderen regulierten oder organisierten Markt seine dortigen Pflichten aus der Zulassung nicht erfüllt. Jenseits dieser Ausnahme handelt es sich jedoch bei der Zulassungsentscheidung um eine gebundene Ermessensentscheidung der Geschäftsführung. Liegen die Zulassungsvoraussetzungen vor, so muss die Geschäftsführung zulassen, selbst wenn ihr aus anderen, außerhalb der Zulassungsvoraussetzungen liegenden Gründen eine Ablehnung vorzugswürdig erschiene.

68 Die näheren Einzelheiten zur **Durchführung des Zulassungsverfahrens** sind in §§ 48 ff. BörsZulVO geregelt. Danach ist der Zulassungsantrag schriftlich zu stellen. Ihm ist nach § 48 Abs. 2 BörsZulVO eine ganze Reihe von Dokumenten beizufügen, so beispielsweise ein aktueller Handelsregisterauszug, eine aktuelle Satzung, die Jahresabschlüsse und Lageberichte nebst Bestätigungsvermerken des Abschlussprüfers für die letzten drei Geschäftsjahre und weitere Unterlagen. Im Einzelfall kann die Geschäftsführung auch die Vorlage weiterer, nicht ausdrücklich in dem Katalog des § 48 Abs. 2 BörsZulVO aufgeführter Unterlagen verlangen, wenn ihr dies zur Prüfung der Zulassungsvoraussetzungen erforderlich erscheint. Als weiteres Dokument, das dem Zulassungsantrag beizufügen ist, ist außerdem noch besonders hervorzuheben der erforderliche gebilligte Prospekt, § 32 Abs. 3 Nr. 2 sowie näher bei → Rn. 70 ff. – Der gestellte Zulassungsantrag wird von der Börsengeschäftsführung im Bundesanzeiger sowie in nach § 32 Abs. 5 bestimmten überregionalen Börsenpflichtblättern bekannt gemacht. Die Entscheidung über die Zulassung darf frühestens am ersten Handelstag erfolgen, der auf das Datum der Einreichung des Zulassungsantrags folgt, vgl. § 50 BörsZulVO. Auch die Zulassung selbst wird von der Börsengeschäftsführung veröffentlicht, allerdings nur noch im Bundesanzeiger und nicht mehr durch Bekanntmachung in einem überregionalen Börsenpflichtblatt.

69 Inhaltlich bestimmen sich die **Zulassungsvoraussetzungen** nach drei Rechtsquellen. Das ergibt sich aus § 32 Abs. 3 BörsG. Danach müssen die Anforderungen nach Art. 35 der VO Nr. 1287/2006 erfüllt werden; es müssen die Anforderungen der Börsenzulassungsverordnung erfüllt werden; und es muss schließlich ein nach den Vorschriften des WpPG gebilligter Prospekt veröffentlicht worden sein, sofern ein solcher nach dem WpPG nicht ausnahmsweise entbehrlich ist.

Die Zulassungsanforderungen aus der VO Nr. 1287/2006 sind schnell beschrieben: Die Verordnung verlangt freie Handelbarkeit und Übertragbarkeit der zuzulassenden Wertpapiere, Art. 35 Abs. 1 und 2. Außerdem ist für den fairen, ordnungsgemäßen und effizienten Handel von Aktien noch vorgeschrieben, dass insoweit die Streuung dieser Aktien und die von einem Emittenten veröffentlichten Finanzinformationen berücksichtigt werden müssen, Art. 35 Abs. 4. – Dies leitet über zu den detaillierteren Vorgaben in der BörsZulV. So verlangt § 9 Abs. 1 BörsZulV für die Zulassung, dass mindestens 25 % der Papiere im Publikum gestreut, also sog. **Streubesitz** sind. Des Weiteren muss nach § 7 Abs. 1 BörsZulV ein Zulassungsantrag grundsätzlich für alle Aktien derselben Gattung gestellt werden; nur für Aktienpakete zur Aufrechterhaltung eines beherrschenden Einflusses oder solche, die für eine bestimmte Zeit nicht gehandelt werden dürfen (zB bei bestimmten Halteabreden oder Verfügungsverboten)[159], kann ausnahmsweise von der Aufnahme in den Zulassungsantrag abgesehen werden. Weitere wichtige Zulassungsanforderungen er-

---

[159] Vgl. *Heidelbach* in Schwark/Zimmer, KMRK, BörsZulV § 7 Rn. 2.

geben sich aus §§ 2 und 3 der BörsZulV. Danach muss der Emittent mindestens drei Jahre als Unternehmen (also nicht unbedingt in der Rechtsform einer Aktiengesellschaft) bestanden haben und seine Jahresabschlüsse für die drei letzten Geschäftsjahre ordnungsgemäß offengelegt haben. Der voraussichtliche Kurswert der zuzulassenden Aktien muss mindestens Euro 1,25 Mio. betragen; bei anderen Wertpapieren als Aktien muss der Gesamtnennbetrag mindestens Euro 250.000 betragen bzw. es muss eine Mindeststückzahl von 10.000 Papieren erreicht werden. § 2 Abs. 4 BörsZulV erlaubt allerdings der Geschäftsführung, im Einzelfall auch auf diese Anforderungen zu verzichten, wenn sie überzeugt ist, dass sich dennoch ein ausreichender Markt für die zuzulassenden Papiere bilden wird. Ebenso kann die Geschäftsführung auf die Erfüllung des Kriteriums einer mindestens dreijährigen Existenz des Emittenten verzichten, sofern dies im Interesse des Emittenten und des Publikums liegt, § 3 Abs. 2 BörsZulV.

Das wichtigste und für den Emittenten **aufwendigste Zulassungserfordernis** ist freilich der in der Regel notwendige **Wertpapierprospekt**. Er ist als Zulassungsvoraussetzung festgeschrieben in § 32 Abs. 3 Nr. 2 BörsG (wobei es sich nicht in allen Fällen um einen Wertpapierprospekt nach dem WpPG handeln muss, sondern je nach Wertpapier in hier nicht näher zu betrachtenden Sonderfällen auch Prospekte nach dem Investmentgesetz in der bis zum 21. Juli 2013 geltenden Fassung oder im Sinne des Kapitalanlagegesetzbuchs vorzulegen sind). Das Wertpapierprospektgesetz ist nach seinem § 1 Abs. 1 anzuwenden auf die Erstellung, Billigung und Veröffentlichung von Prospekten für Wertpapiere, die öffentlich angeboten oder zum Handel an einem organisierten Markt zugelassen werden sollen. Damit weist es einem Wertpapierprospekt **zwei mögliche Funktionen** zu: Die eines Verkaufsdokuments für das öffentliche Angebot von Wertpapieren und diejenige eines Zulassungsdokuments.[160] Ein Wertpapierprospekt kann zugleich beide Funktionen erfüllen, muss dies aber nicht. So ist durchaus denkbar, dass Aktien (beispielsweise aus einer umfangreicheren Sachkapitalerhöhung) eines bereits am regulierten Markt gehandelten Emittenten neu zugelassen werden sollen, ohne dass es zugleich ein öffentliches Angebot für diese Aktien gibt (beispielsweise weil die Kapitalerhöhung zu einer Unternehmensakquisition diente und mit den neuen Aktien die Verkäufer des akquirierten Unternehmens „bezahlt" wurden). Umgekehrt ist ein öffentliches Angebot von Wertpapieren keineswegs daran gebunden, dass diese hiernach zum Handel an einem organisierten Markt zugelassen werden sollen. So kann etwa ein Emittent einen Börsengang oder die Platzierung einer Anleihe am Freiverkehr anstreben, was dann zwar mit einem prospektpflichtigen öffentlichen Angebot verbunden wäre, aber eben nicht mit dem Prospekt als Zulassungsdokument. Der Börsengang eines Emittenten an den regulierten Markt ist hingegen der geradezu klassische Fall, bei dem die Doppelfunktion des Wertpapierprospekts als Verkaufsdokument und als Zulassungsdokument zum Tragen kommt. – Wenngleich das WpPG in § 1 Abs. 1 beide dargestellten Funktionen nebeneinander nennt, zielt es doch in der Sache vorrangig darauf, einen Prospekt für öffentliche Angebote von Wertpapieren vorzuschreiben und so die Anleger zu schützen.[161] Gerade die Prospektpflicht für öffentliche Angebote ist nämlich seit Jahrzehnten im Grunde der Kernbestandteil jedes Anlegerschutzes. Sie war allerdings noch nie zuvor so umfassend wie seit der Geltung des im Jahr 2005 in Kraft getretenen WpPG.

70

---

[160] Siehe hierzu *Kullmann/Sester* WM 2005, S. 1068.
[161] *Grub/Thiem* NZG 2005, S. 750.

71 Die **inhaltlichen Anforderungen** an einen Wertpapierprospekt ergeben sich zunächst aus §§ 5 und 7 WpPG, wobei dann die Einzelheiten in der von § 7 in Bezug genommenen VO Nr. 809/2004, der sog. **Prospektverordnung**, geregelt sind. Neben dem WpPG und der Prospektverordnung gibt es außerdem noch Empfehlungen des Committee for European Securities Regulators, die sog. **CESR-Empfehlungen**, zur Anwendung der Prospektverordnung. Für die Praxis ist stets davon auszugehen, dass die Beachtung dieser Empfehlungen ebenfalls Voraussetzung für eine Billigung des Prospekts durch die BaFin ist. Die ziemlich umfangreiche Prospektverordnung fällt durch eine sonst im deutschen Recht wohl unbekannte Regelungstechnik auf. Sie besteht zu einem großen Teil aus insgesamt 30 Anhängen. Diese Anhänge sind überwiegend sog. „Module" und „Schemata". Je nach Art des Wertpapiers (zB Aktien oder Schuldverschreibungen) und weiteren Eckdaten der Emission gelten dann für den Prospektinhalt bestimmte Module und Schemata. Anhang XVIII der Verordnung enthält eine Übersicht über die jeweils anzuwendenden Kombinationen. Bei **Aktienemissionen** richtet sich der Prospektinhalt typischerweise nach dem in Anhang I niedergelegten Modul (Mindestangaben für das Registrierungsformular für Aktien) und dem in Anhang III niedergelegten Schema (Mindestangaben für die Wertpapierbeschreibung für Aktien); bei **Anleiheemissionen** typischerwiese nach dem in Anhang IV niedergelegten Schema (Mindestangaben für das Registrierungsformular für Schuldtitel und derivative Wertpapiere), ergänzt durch das in Anhang V niedergelegte Schema (Mindestangaben für die Werpapierbeschreibung für Schuldtitel) sowie dem in Anhang XXX niedergelegten zusätzlichen Modul (zusätzliches Angabemodul für die Zustimmung gemäß Artikel 20a).

72 Ziel ist es, mit einem Wertpapierprospekt dem Anleger umfangreiche Informationen über die wirtschaftlichen, finanziellen und rechtlichen Verhältnisse des Emittenten, über seine jüngere historische Entwicklung unter besonderer Berücksichtigung der Finanzhistorie und namentlich auch über Risiken zu geben. Die wichtigsten Abschnitte eines Prospekts dürften die folgenden sein:

- **Zusammenfassung**: Die nach § 5 Abs. 2 WpPG vorgeschriebene Zusammenfassung soll dem Anleger ermöglichen, alle wesentlichen Prospektinformationen auf wenigen Seiten zusammengefasst erfahren zu können, um nicht den gesamten – in der Praxis oft mehrere hundert Seiten starken – Prospekt durchlesen zu müssen. Welche inhaltlichen Angaben die Zusammenfassung enthalten muss und in welcher Reihenfolge diese angegeben werden müssen, ist in Anhang XXII der Prospektverordnung strikt vorgegeben und unterscheidet sich je nach Art der Wertpapiere. Zudem enthält Anhang XXII auch formale Vorgaben für die Erstellung der Zusammenfassung (zB fünf Tabellen, keine Querverweise, Kennzeichnung nicht einschlägiger Angaben mit dem Zusatz „entfällt"). Damit wird gewährleistet, dass die Zusammenfassung für Wertpapierprospekte stets ein einheitliches Erscheinungsbild erhält. Auf diese Weise soll dem Anleger die Orientierung und auch ein Vergleich verschiedener Emissionen ermöglicht werden.

- **Risikofaktoren**: Die Risikofaktoren sollen dem Anleger eine Einschätzung mit einem Erwerb der angebotenen Papiere verbundenen (Kurs-)Risiken ermöglichen. Neben etwaigen konkreten Risiken, die sich aus besonderen Umständen bei dem Emittenten ergeben, finden sich in den Prospekten regelmäßig allerdings auch zahlreiche eher abstrakte Risiken, die in ähnlicher Form im Grunde für sehr viele Unternehmen bestehen.

- **Darstellung des Angebots**: Naturgemäß informiert der Prospekt über die Einzelheiten des öffentlichen Angebots wie Erwerbspreis, geplanter Zeitpunkt der Zulassung usw.
- **Beschreibung der Geschäftstätigkeit**: In diesem Abschnitt sind in einiger Ausführlichkeit die von einem Emittenten angebotenen Produkte oder Dienstleistungen, seine Kunden- und Lieferantenbeziehungen, seine bedeutendsten Vermögensgegenstände (Produktionsanlagen, aber auch immaterielle Vermögensgegenstände wie Patente usw.), seine Forschungs- und Entwicklungsaktivitäten, die Mitarbeiterentwicklung, etwaige Rechtsstreitigkeiten und vieles mehr darzustellen.
- **Darstellung und Analyse der Vermögens-, Finanz- und Ertragslage**: Dieser Abschnitt, auch „Management's Discussion and Analysis" (MD&A) genannt, umfasst Erläuterungen des Emittenten zu den wichtigsten Kennzahlen seiner geprüften Abschlüsse aus den letzten drei Geschäftsjahren(bei Schuldtiteln und derivativen Wertpapieren aus den letzten zwei Jahren) sowie gegebenenfalls auch weiterer, unterjähriger Finanzinformationen. Erläutert wird die Entwicklung der wichtigsten Bilanzpositionen (zB signifikante Veränderungen bei der Eigenkapitalausstattung, der Verschuldung, dem Anlage- oder Umlaufvermögen) ebenso wie der Gewinn- und Verlustrechnung (insbesondere die Entwicklung von Umsätzen, Aufwendungen und Ergebnis) und schließlich der Kapitalflussrechnung (Veränderung der Liquidität, Gründe für Mittelzu- und -abflüsse). Auch Bewertungs- und Bilanzierungsgrundsätze sind anzusprechen.
- **Finanzteil**: Welche Abschlüsse im Einzelnen in den Finanzteil eines Prospekts aufzunehmen sind, hängt von den Gegebenheiten bei dem jeweiligen Emittenten ab. Bei einem größeren Emittenten sind in aller Regel jedenfalls die Konzernabschlüsse der letzten drei Jahre (bzw. bei Schuldtiteln und derivativen Wertpapieren der letzten zwei Jahre) einschließlich Konzernlageberichten aufzunehmen. In manchen Fällen sind auch sog. „Pro-Forma-Abschlüsse" erforderlich, nämlich dann, wenn sich durch besondere Ereignisse in den zurückliegenden drei bzw. zwei Jahren die Gestalt des Emittenten so verändert hat, dass die Zahlen in den tatsächlichen Abschlüssen eher verwirren als über die Verhältnisse des Emittenten informieren würden. **Beispiel:** Ein Emittent war lange Jahre ein recht kleines Unternehmen. Kurz vor der Emission wird ein wesentlich größeres Unternehmen auf ihn verschmolzen; das verschmolzene Unternehmen soll dann an die Börse gebracht werden. Die Abschlüsse mit den Zahlen zu dem Emittenten als noch kleines Unternehmen sind jetzt vergleichsweise uninteressant. In einem Pro-Forma-Abschluss wäre dann darzustellen, welche Zahlen sich ergeben hätten, wäre das verschmolzene Unternehmen schon drei Jahre zuvor so entstanden. All dies verhilft dem Finanzteil in der Regel zu einem großen Umfang. Allerdings sind gerade die Abschlüsse für den interessierten Anleger, der sie zu lesen und zu interpretieren versteht, gewiss eine der aufschlussreichsten Informationsquellen.

Große praktische Relevanz für die Prospektabfassung hat zudem § 15 WpPG. Danach darf nämlich ein Emittent in **Werbemaßnahmen**, mit dem er gegebenenfalls das öffentliche Angebot seiner Papiere begleitet, keine wesentlichen Angaben machen, die nicht auch im Prospekt enthalten sind oder gar zu diesem im Widerspruch stehen. Entgegen einer bis zum Inkrafttreten des WpPG gar nicht so seltenen Handhabung ist es also heute nicht mehr möglich, in Werbeanzeigen für einen Börsengang zB beeindruckende Planzahlen zur angeblichen künftigen Entwicklung des Emittenten zu nennen, diese aber nicht in den Prospekt aufzunehmen und so auch nicht zur der Prospekthaftung unterliegenden Information werden zu lassen. Ein Emittent, der heute mit solchen Planzahlen werben will, muss diese zugleich in den Prospekt aufnehmen und dann auch dafür haften – in der Praxis kommt freilich eine derartige Aufnahme von Planzahlen in den Prospekt so gut wie nie vor, weil kein Emittent die damit verbundenen Haftungsrisiken in Kauf nehmen will.

74   Nach § 33 Abs. 3 Nr. 2 BörsG ist, wie schon angesprochen, in der Regel für die Zulassung ein gebilligter Wertpapierprospekt erforderlich. Für die **Billigung** ist die BaFin zuständig, § 13 WpPG. Für das sog. **Anhörungsverfahren**, an dessen Ende die BaFin über die Billigung entscheidet, gilt eine Frist von zehn Werktagen nach Eingang des Prospekts; bei einem erstmaligen öffentlichen Angebot eines Emittenten verlängert sich die Frist auf 20 Werktage, vgl. § 13 Abs. 2 Satz 2 WpPG. Die BaFin prüft den Prospekt auf formale **Vollständigkeit**, aber auch auf inhaltliche **Kohärenz**. Sie begnügt sich also aus guten Gründen nicht damit, lediglich „abzuhaken", ob den formalen Vorgaben der Prospektverordnung Genüge getan ist. Vielmehr befasst sich die BaFin auch mit der Verständlichkeit des Prospekts, der Widerspruchsfreiheit und Plausibilität der darin getroffenen Aussagen.

75   Nicht für jedes Zulassungsverfahren ist ein Wertpapierprospekt notwendig. Vielmehr verweist § 32 Abs. 3 Nr. 2 BörsG auf die **Ausnahmen von der Prospektpflicht** in §§ 1 Abs. 2 und 4 Abs. 2 WpPG. So können zum Beispiel nach § 4 Abs. 2 Nr. 1 WpPG Aktien prospektfrei zugelassen werden, wenn sie über einen Zeitraum von 12 Monaten weniger als 10 % von bereits zugelassenen Aktien dieser Gattung ausmachen. Auf diese Weise kann ein bereits börsennotierter Emittent kleinere Kapitalerhöhungen durchführen, ohne dafür den Aufwand eines gebilligten Prospekts treiben zu müssen.

76   Das Zulassungsverfahren endet zwar mit der Entscheidung über die Zulassung und deren Veröffentlichung, §§ 50, 51 BörsZulV. Tatsächlich im Handel sind die zugelassenen Wertpapiere damit aber noch nicht. Das geschieht erst mit der **Einführung**, also mit der Aufnahme der Notierung dieser Wertpapiere im regulierten Markt, § 38 Abs. 1 S. 1 BörsG. Auch für die Einführung ist ein Antrag des Emittenten erforderlich, für den die Börsengeschäftsführung die Entscheidungszuständigkeit hat. Weitere Einzelheiten zur Abfolge von Zulassung und Einführung ergeben sich aus § 52 BörsZulV. Danach darf die Einführung der Wertpapiere frühestens an dem auf die erste Veröffentlichung des Prospekts oder, falls ein solcher nicht zu veröffentlichen ist, an dem der Veröffentlichung der Zulassung folgenden Werktag erfolgen.

77   Mit der Zulassung von Aktien zum regulierten Markt der Frankfurter Wertpapierbörse werden die Aktien automatisch in dem Teilbereich General Standard gehandelt. Sollen die Aktien hingegen im Prime Standard gehandelt werden, so hat der Emittent einen zusätzlichen Antrag auf Zulassung zum Teilbereich des regulierten Marktes mit weiteren Zulassungsfolgepflichten (Prime Standard) zu stellen. Dieser kann mit dem Antrag auf Zulassung zum regulierten Markt verbunden werden oder nach der Zulassung der Aktien im regulierten Markt (General Standard) gestellt werden und muss sich auf alle zum regulierten Markt zugelassenen Aktien einer Gattung beziehen. Über den Antrag entscheidet die Geschäftsführung der Frankfurter Wertpapierbörse. Sie hat einem Antrag grundsätzlich stattzugeben, wenn ihr keine Umstände bekannt sind, wonach der Emittent der Aktien die im Prime Standard geltenden Zulassungsfolgepflichten nicht ordnungsgemäß erfüllen wird, § 48 BörsO für die Frankfurter Wertpapierbörse[162].

---

[162] Börsenordnung für die Frankfurter Wertpapierbörse Stand 16. Dezember 2013.

b) Einbeziehung in den regulierten Markt

Nach § 33 BörsG können Wertpapiere auch durch Einbeziehung in den Handel an einen regulierten Markt kommen. Die Einbeziehung unterscheidet sich in zweifacher Hinsicht wesentlich von der Zulassung: Zum einen kann das Einbeziehungsverfahren nicht vom Emittenten der jeweiligen Wertpapiere initiiert werden, sondern dies muss entweder durch Antrag eines Handelsteilnehmers oder von Amts wegen durch die Börsengeschäftsführung geschehen. Zum anderen gibt es bei der Einbeziehung **deutlich geringere Verfahrensanforderungen** als bei der Zulassung. Im Grunde muss nämlich die Geschäftsführung lediglich feststellen, dass die betreffenden Wertpapiere bereits anderweit im Sinne von § 33 Abs. 1 Nr. 1 BörsG – also beispielsweise am regulierten Markt einer anderen deutschen Börse – zugelassen sind, und dass ansonsten keine Umstände bekannt sind, die der Einbeziehung nach § 33 Abs. 1 Nr. 2 BörsG entgegenstehen. Hintergrund dieses vereinfachten Verfahrens ist, dass Gegenstand der Einbeziehung nur Wertpapiere sein können, die bereits anderweit am regulierten oder organisierten Markt einer anderen deutschen Börse zugelassen sind. Der Emittent der einzuziehenden Wertpapiere hat daher bereits ein Zulassungsverfahren durchlaufen und dessen strenge Verfahrensanforderungen nachweislich erfüllt. Weitere Einzelheiten zur Einbeziehung sind in der Börsenordnung zu regeln, § 33 Abs. 2 BörsG. Ist die Einbeziehung erfolgt, so muss außerdem die Börsengeschäftsführung nach § 33 Abs. 3 den Emittenten hierüber unterrichten.

78

c) Die Einbeziehung in den Freiverkehr

Sollen Wertpapiere nicht zum regulierten Markt zugelassen und auch nicht in den dortigen Handel einbezogen werden, sondern in den Freiverkehr „einbezogen", also dort gehandelt werden, so kann dies nicht völlig frei geschehen und nicht nur nach dem Willen der Emittenten. Auch im Freiverkehr müssen aus Anlegerschutzgründen, zur Aufrechterhaltung eines ordnungsgemäßen Handels und aus Gründen der Gleichbehandlung gewisse Verfahrungsgrundsätze eingehalten werden (vgl. § 48 BörsG). Dieses Verfahren ist gesetzlich nicht geregelt, es folgt den Geschäftsbedingungen für den Freiverkehr, im Falle der Frankfurter Börse also beispielsweise den AGB für den Freiverkehr an der FWB. Es ist ein privatrechtliches Verfahren.

79

Die allgemeinen Voraussetzungen für die Einbeziehung in den Freiverkehr der Frankfurter Börse sind in den §§ 8 und 9 der AGB für den Freiverkehr an der FWB[163] geregelt. Danach ist ein schriftlicher Antrag zu stellen, der an die Deutsche Börse AG zu richten ist. In diesem Antrag sind Firma und Sitz des antragstellenden Teilnehmers und des Emittenten sowie die Art der einzubeziehenden Wertpapiere anzugeben, § 9 der AGB für den Freiverkehr an der FWB. Zudem hat der Emittent, dessen Wertpapiere in den Freiverkehr an der FWB einbezogen werden sollen, bestimmte, in § 8 der AGB für den Freiverkehr an der FWB näher geregelte Einbeziehungsvoraussetzungen zu erfüllen. So müssen die einzubeziehenden Wertpapiere über eine ISIN (International Securities Identification Number) verfügen, frei handelbar sein; es muss eine ordnungsgemäße Erfüllung der Geschäfte gewährleistet sein und dem Börsenhandel mit diesen Papieren dürfen keine behördlichen Verbote oder Untersagungen entgegenstehen.

---

[163] Allgemeine Geschäftsbedingungen der Deutschen Börse für den Freiverkehr an der Frankfurter Wertpapierbörse, Stand 26. Juli 2013.

80   Neben diesen allgemeinen Einbeziehungsvoraussetzungen gelten je nachdem, in welchem Teilbereich des Freiverkehrs die Wertpapiere einbezogen werden sollen, zusätzliche Voraussetzung für die Einbeziehung.

Die Einbeziehung in den Teilbereich **Entry Standard für Aktien** setzt nach § 17 der AGB für den Freiverkehr an der FWB voraus, dass ein prospektpflichtiges öffentliches Angebot erfolgt und in diesem Zusammenhang ein Wertpapierprospekt erstellt wurde. Diese Anforderung ist im Zuge der Neusegmentierung des Freiverkehrs der Frankfurter Wertpapierbörse zum 1. Juli 2012, in dessen Rahmen auch das First Quotation Board abgeschafft wurde[164], neu eingefügt worden. Bis dahin reichte es aus, wenn der Antragsteller alternativ zum Wertpapierprospekt ein sog. Exposé erstellte, welches nähere Angaben über das Wertpapier und den Emittenten enthalten musste und nicht zu veröffentlichen war – wobei von dieser Möglichkeit in der Praxis aufgrund des Aufwands, der bei der Ausarbeitung eines solchen Exposés anfallen konnte, nur selten Gebrauch gemacht wurde. Neben der Einführung der Prospektpflicht wurden im Rahmen der Neusegmentierung auch die weiteren Einbeziehungsvoraussetzungen verschärft. So setzt die Einbeziehung von Aktien in den Entry Standard nunmehr unter anderem voraus, dass das eingezahlte Grundkapital zu einem Stichtag, der nicht mehr als zwei Monate vor der Antragsstellung liegt, mindestens Euro 750.000 beträgt, mindestens 10% der Aktien im Publikum gestreut, also Streubesitz sind, und die im Streubesitz befindlichen Aktien mindest von 30 Aktionären oder Inhabern gehalten werden. Durch diese erhöhten Anforderungen an die Einbeziehung von Aktien in den Entry Standard sollen die Qualität des Transparenzsegments gestärkt und eine nachhaltige Handelbarkeit mit hoher Liquidität sicher gestellt werden.[165] Es findet also eine Art Qualitätsauswahl statt, die die in der Vergangenheit zu beobachtenden Verdachtsfälle auf Marktmanipulationen verhindern soll und den Teilbereich Entry Standard für mittelständische Unternehmen attraktiver macht.

81   Ebenso wie bei der Einbeziehung von Aktien in den Entry Standard haben auch Emittenten von Anleihen, die in den **Entry Standard für Unternehmensanleihen** einbezogen werden sollen, nach § 18 der AGB für den Freiverkehr an der FWB ein prospektpflichtiges öffentliches Angebot zu unterbreiten und in diesem Zusammenhang einen Wertpapierprospekt zu erstellen. Daneben setzt die Einbeziehung von Anleihen in den Entry Standard für Unternehmensanleihen voraus, dass die einzubeziehenden Anleihe in Teilschuldverschreibungen von maximal Euro 1.000 gestückelt ist und es sich bei der Anleihe nicht um nachrangige Verbindlichkeiten des Emittenten handelt. Der Antrag auf Einbeziehung in den Entry Standard ist vom Emittenten sowohl bei Aktien als auch bei Anleihen gemeinsam mit einem Kreditinstitut, einem Finanzdienstleistungsinstitut oder einem Unternehmen im Sinne des § 53 Absatz 1 Satz1 bzw. § 53b Absatz 1 Satz 1 Kreditwesengesetz zu stellen, § 16 der AGB für den Freiverkehr an der FWB.

82   Die Einbeziehung von Wertpapieren in das **Quotation Board** ist nur noch beschränkt möglich. Wie bereits erwähnt, steht der Teilbereich Quotation Board seit der Neusegmentierung im Jahr 2012 neben dem Handel in Anleihen nur noch für Aktien zur Verfügung, die bereits an einem anderen börsenmäßigen Handelsplatz zugelassen sind (→ Rn. 66a und 66b). Anleihen müssen zudem entweder ebenfalls bereits an einem anderen börsenmäßigen Handelsplatz zugelassen sein oder es muss für diese ein gebilligter und

---

[164] → § 6 Rn. 54.
[165] Vgl. Pressemitteilung der Deutschen Börse AG vom 4. April 2012, abrufbar unter www.boerse-frankfurt.de.

gültiger Propekt in deutscher oder englischer Sprache – sofern ein solcher nach dem Wertpapierprospekt nicht ausnahmsweise entbehrlich ist – vorgelegt oder ein entsprechendes Exposé erstellt werden, § 11 der AGB für den Freiverkehr der FWB. Alternativ reicht es für die Einbeziehung in das Quotation Board auch aus, wenn es sich bei dem Emittenten der Anleihe um ein Unternehmen handelt, dessen Wertpapiere zum regulierten Markt der Frankfurter Wertpapierbörse zugelassen oder in den regulierten Markt oder in den Freiverkehr der Frankfurter Wertpapierbörse einbezogen sind. Eine Besonderheit ist zudem, dass der Antrag auf Einbeziehung in das Quotation Board nur noch gemeinsam mit Teilnehmern gestellt werden kann, die zugleich Spezialisten im Sinne des § 25 AGB für den Freiverkehr an der FWB sind.

Die Einbeziehung in den Freiverkehr der FWB kann durch die Deutsche Börse AG auch wieder beendet werden, etwa wenn die Ordnungsmäßigkeit des Handels oder der Geschäftsabwicklung gefährdet oder eine Übervorteilung des Publikums droht. Darüber hinaus kann die Deutsche Börse eine Kündigung aus wichtigem Grund aussprechen, vgl. § 7 AGB für den Freiverkehr an der FWB. 83

Von der Einbeziehung in den Freiverkehr ist der völlig **freie Verkauf von Wertpapieren** ohne jede Börsenmitwirkung, also über Telefon, über Zeitungsinserate oder die Vermittlung von Drittpersonen zu trennen. Ein solcher Wertpapierhandel findet weder an der Börse noch bei Gelegenheit einer Börse statt, sondern ohne Beziehung zur Börse. Deshalb handelt es sich hierbei weder um eine bankrechtliche noch um eine börsenrechtliche Thematik, sondern um Kaufrecht nach §§ 433 ff. BGB. Da auf diesem Feld Übervorteilung von Anlegern festzustellen war, sind die gesetzlichen Beschränkungen allerdings umfangreich, insbesondere durch das Prospekterfordernis bei einem öffentlichen Angebot von Wertpapieren. 84

d) Teilnahme am Prime Standard für Unternehmensanleihen

Der Prime Standard für Unternehmensanleihen wurde im August 2012 von der Frankfurter Wertpapierbörse eingeführt und bietet für Anleihen ein Börsensegment mit erhöhten Transparenzanforderungen. Er stellt damit eine Parallele zum Prime Standard für Aktien dar, allerdings mit der Besonderheit, dass die Teilnahme am Prime Standard für Unternehmensanleihen nicht zwingend die Zulassung zum regulierten Markt voraussetzt. Stattdessen kann eine Teilnahme am Prime Standard für Unternehmensanleihen auch aufgrund der Einbeziehung der Anleihe in den Entry Standard erfolgen, § 5 Absatz 1 lit. a) der AGB für die Teilnahme am Prime Standard für Unternehmensanleihen[166]. Als weitere Voraussetzung neben der Zulassung zum regulierten Markt bzw. der Einbeziehung in den Entry Standard setzt die Teilnahme zudem voraus, dass die Anleihe in Teilschuldverschreibungen von € 1.000 nominal gestückelt ist, das platzierte Anleihevolumen mindestens € 100 Mio. beträgt oder dass sich der Jahresumsatz des Emittenten, eines etwaigen Garanten der Anleihe oder der Muttergesellschaft basierend auf dem letzten veröffentlichten Jahresabschlusses auf mindestens € 300 Mio. belief. 85

Ein Emitttet, der seine Anleihe im Prime Standard für Unternehmensanleihen handeln möchte und die zuvor genannten Voraussetzungen erfüllt, hat zusammen mit einem Kreditinstitut, einem Finanzdienstleistungsinstitut oder einem Unternehmen im Sinne des § 53 Absatz 1 Satz 1 bzw. § 53b Absatz 1 Satz 1 Kreditwesengesetz, welche den in § 4

---

[166] Allgemeine Geschäftsbedingungen der Deutschen Börse AG für die Teilnahme am Prime Standard für Unternehmensanleihen, Stand 8. Oktober 2012.

der AGB für die Teilnahme am Prime Standard für Unternehmensanleihen näher geregelten Anforderungen zu genügen haben, einen Antrag auf Teilnahme am Prime Standard für Unternehmensanleihen zu stellen, über den die Deutsche Börse AG entscheidet.

9. Zulassungs-, Einbeziehungs- und Teilnahmefolgepflichten

Literatur: *Assmann/Schneider*, WpHG, 6. Auflage 2012; *Habersack/Mülbert/Schlitt*, Unternehmensfinanzierung am Kapitalmarkt, 3. Auflage 2013, § 38; *Müller/Rödder*, Beck´sches Handbuch der AG, 2. Auflage 2009, § 26; *Schanz*, Börseneinführung, 3. Auflage 2007, § 16, 17; *Schwark/Zimmer*, Kapitalmarktrechts-Kommentar, 4. Auflage 2010.

86 Emittenten, deren Wertpapiere zum Handel an einen regulierten Markt zugelassen oder in den Freiverkehr einbezogen sind, haben bestimmte Pflichten zu erfüllen. Der Umfang dieser Folgepflichten unterscheidet sich zwischen dem regulierten Markt und dem Freiverkehr erheblich. Während im Freiverkehr lediglich geringe Publizitätsanforderungen gelten, hat ein Emittent, dessen Wertpapiere zum Handel an einem regulierten Markt zugelassen sind, wie auch dessen Großaktionäre einer Vielzahl gesetzlicher Mitteilungs- und Veröffentlichungspflichten nachzukommen. Eine weitere Differenzierung, inwieweit der Emittentent bestimmte Ereignisse offenlegen muss, ergibt sich zudem aus der Wahl des jeweiligen Teilbereichs, in dem der Emittent seine Wertpapiere handeln lassen will.

87 An der Frankfurter Wertpapierbörse haben **Emittenten von Aktien** daher insgesamt die Wahl zwischen vier Teilbereichen mit jeweils unterschiedlichen Transparenzlevels: dem Quotation Board mit dem niedrigsten Transparenzlevel und lediglich Mitteilungspflichten gegenüber der Deutschen Börse AG (wobei dieser Teilbereich nur noch Aktien offen steht, die bereits an einem anderen börsenähnlichen Handelsplatz zugelassen sind), dem Entry Standard mit einer gegenüber dem Quotation Board höheren Transparenz, aber insgesamt geringen Folgepflichten, dem General Standard, für den die gesetzlichen Mindestanforderungen und damit höchste europäische Transparenzanforderungen gelten, und schließlich dem Prime Standard mit hohen, über das Maß des General Standard hinausgehenden, internationalen Standards genügenden Transparenzanforderungen.[167]

88 **Emittenten von Anleihen** stehen hingegen an der Frankfurter Wertpapierbörse drei Teilbereiche mit unterschiedlichen Transparenzlevels zur Verfügung: das Quotation Board (das bei Anleihen sowohl Erst- als auch Zweitlistings erfasst) mit kaum Transparenzanforderungen, dem Entry Standard mit geringen und dem Primestandard für Unternehmensanleihen mit erhöhten Transparenzanforderungen.[168]

a) Zulassungsfolgepflichten im regulierten Markt

89 Die Zulassung von Wertpapieren zum Handel an einen regulieren Markt (und bei Aktien an der Frankfurter Börse damit zugleich die Zulassung zum General Standard) begründet für Emittenten umfangreiche und anspruchsvolle Folgepflichten, welche aufgrund ihrer Anknüpfung an die Zulassung zum Handel an einen regulierten Markt auch Zulassungsfolgepflichten genannt werden. Diese Zulassungsfolgepflichten sind ganz überwiegend im WpHG verankert, daneben aber teilweise auch in anderen Gesetzen. Das Börsengesetz selbst begründet allerdings lediglich zwei Zulassungsfolgepflichten. So ist

---

[167] Vgl. Deutsche Börse AG – Marktstruktur & handelbare Werte – Transparenzstandards, abrufbar unter http://xetra.com.

[168] Vgl. Deutsche Börse AG – Marktstruktur & handelbare Werte – Transparenzstandards, abrufbar unter http://xetra.com.

nach § 40 BörsG ein Emittent zugelassener Aktien verpflichtet, für später angegebene Aktien derselben Gattung die Zulassung zum regulierten Markt zu beantragen; Näheres dazu ist außerdem in der Börsenzulassungsverordnung (§ 69) geregelt. Des Weiteren ist nach § 41 BörsG ein Emittent zugelassener Wertpapiere ebenso wie das die Zulassung begleitende Kredit- oder Finanzdienstleistungsinstitut gegenüber der Geschäftsführung der jeweiligen Börse zur Auskunftserteilung verpflichtet. Die bedeutesten Zulassungspflichten ergeben sich indessen aus dem WpHG. Danach unterliegen börsennotierte AGen und deren Großaktionäre vielfältigen Mitteilungs- und Veröffentlichungspflichten, einmal aus dem Gesichtspunkt des Anlegerschutzes, sodann um größtmögliche Transparenz am Kapitalmarkt herzustellen, schließlich um unternehmerische Verantwortung deutlich aufzuzeigen und aus konzernrechtlichen Erwägungen. Die wesentlichen Mitteilungs- und Veröffentlichungspflichten des WpHG sind in §§ 15, 21 ff. WpHG sowie §§ 37v ff. WpHG niedergelegt.

aa) Ad hoc-Publizität. § 15 WpHG regelt die sog. „**Ad hoc-Publizität**". Danach ist 90 ein inländischer Emittent von zugelassenen Wertpapieren verpflichtet, „Insiderinformationen, die ihn umittelbar betreffen, unverzüglich (zu) veröffentlichen", wobei eine Insiderinformation den Emittenten insbesondere dann unmittelbar betrifft, „wenn sie sich auf Umstände bezieht, die in seinem Tätigkeitsbereich eingetreten sind", § 15 Abs. 1 WpHG. Auf diese Weise soll möglichst rasch Informationsgleichheit im Publikum hergestellt werden; indem also Insiderwissen nur möglichst kurz besteht und dann aufgrund der vorgeschriebenen Ad hoc-Meldung seinen Charakter des Insiderwissens verliert, soll zugleich dem Insiderhandel vorgebeugt werden.

Was genau unter einer **Insiderinformation** zu verstehen ist, ist in § 13 Absatz 1 Satz 1 91 WpHG legaldefiniert. Danach ist eine Insiderinformation eine konkrete Information über nicht öffentlich bekannte Umstände, die sich auf einen oder mehrere Emittenten von Insiderpapieren oder auf die Insiderpapiere selbst beziehen und die geeignet sind, im Falle ihres öffentlichen Bekanntwerdens den Börsen- oder Marktpreis der Insiderpapiere erheblich zu beeinflussen. Das Gesetz nennt als Regelbeispiele für eine Insiderinformation die Kenntnis von Aufträgen anderer Personen über den Kauf oder Verkauf von Finanzinstrumenten oder Informationen mit Bezug zu Derivaten, von denen der Marktteilnehmer erwartet, dass er sie in Übereinstimmung mit der zulässigen Praxis an den betreffenden Märkten erhalten würde, § 13 Abs. 1 Satz 4 Nr. 1 und 2 WpHG. In der Regel ist jedoch im Einzelfall zu prüfen, ob eine Information die gesetzlichen Merkmale einer Insiderinformation erfüllt, sie also konkret ist (1), sich auf einen oder mehrere Emittenten von Insiderpapieren oder auf das Insiderpapier selbst bezieht (2), nicht öffentlich bekannt ist (3) und nicht zuletzt geeignet ist, den Börsen- oder Marktpreis der Insiderpapiere erheblich zu beeinflussen (4).

(1) Eine Information ist **konkret,** wenn sie so bestimmt ist, dass sie hinreichende 92 Grundlage für eine Einschätzung über den zukünftigen Verlauf des Börsen- oder Marktpreises eines Insiderpapiers bilden kann.[169] Erfasst werden also alle Umstände, die bereits existieren oder zukünftig existieren werden und deren Eintritt hinreichend wahrscheinlich ist, sofern diese Umstände so spezifisch sind, dass sie eine Schlussfolgerung auf Kursauswirkungen zulassen.[170]

---

[169] *Merker/Sustmann* NZG 2005, 729, 731.
[170] Art. 1 Nr. 1 der Richtlinie 2003/124/EG vom 22.12.2003.

93   Derzeit wird in der Rechtsprechung und Literatur insbesondere die Frage kontrovers diskutiert, ob bei **gestreckten Geschehensabläufen** nur das Endergebnis eine veröffentlichungspflichtige Insiderinformation darstellt oder ob ggf. auch bereits verwirklichte Zwischenschritte eine konkrete Information darstellen können. Anlass dieser Diskussion ist der **Fall Daimler/Schrempp,** bei dem es um die Frage ging, zu welchem Zeitpunkt des Entscheidungsprozesses über das vorzeitige Ausscheiden des damaligen Vorstandsvorsitzenden der (seinerzeit noch anders firmierenden) Daimler AG, eine Veröffentlichungspflicht im Sinne des § 15 WpHG entstanden ist. Nachdem das OLG Stuttgart erst die Entscheidung des Präsidialausschusses, dem gesamten Aufsichtsrat den Wechsel in der Position des Vorstandsvorsitzenden vorzuschlagen, als Insiderinformation und damit als ausschlaggebenden Zeitpunkt für die Veröffentlichung einer Ad hoc-Meldung einordnete, hat das OLG Frankfurt am Main bereits auf das erste Gespräch mit dem Aufsichtsratsvorsitzenden über ein mögliches vorzeitiges Ausscheiden als Insiderinformation abgestellt. Der BGH hat das Beschwerdeverfahren gegen die Entscheidung des OLG Stuttgart ausgesetzt und dem EuGH die Fragen vorgelegt, ob Zwischenschritte eines gestreckten Sachverhalts eine Insiderinformation darstellen können und welcher Grad des Wahrscheinlichkeitseintritts hierzu verlangt wird. Der EuGH hat daraufhin mit Entscheidung vom 28. Juni 2012, C-19/11, klargestellt, dass nicht nur ein bestimmter Umstand oder ein bestimmtes Ereignis selbst eine Insiderinformation darstellen könne, sondern auch die mit der Verwirklichung dieses Umstands oder Ereignisses verknüpften Zwischenschritte des Vorgangs. Dies gelte im Übrigen auch für Zwischenschritte, die noch nicht existieren, aber von denen mit hinreichender Wahrscheinlichkeit davon auszugehen ist, dass sie in Zukunft eintreten werden. Voraussetzung für eine ad hoc-Pflicht sei lediglich, dass das Ereignis hinreichend wahrscheinlich ist, also vernünftiger Weise mit dessen Eintritt gerechnet werden könne. Hierfür sei eine umfassende Würdigung der bereits verfügbaren Anhaltspunkte vorzunehmen. Das Ausmaß der Auswirkungen auf den Kurs sei hingegen nicht entscheidend. Der BGH hat in seinem anschließenden Beschluss vom 23. April 2013, II ZB 7/09, entschieden, dass eine Insiderinformation jedenfalls nicht erst in dem Beschluss des Präsidialauschusses zu sehen gewesen sei und das Verfahren Daimler/Schrempp zur weiteren Tatsachenfeststellung zurück an das OLG Stuttgart verwiesen. Unternehmen sind daher gut beraten, wenn sie eine Information frühzeitig als konkret einordnen und sich die Frage nach einer ad hoc-Pflicht auch schon während eines gestreckten Verfahrens stellen.

94   (2) Sofern die Information als konkret zu werten ist, muss sich die Information, um die Voraussetzungen einer Insiderinformation zu erfüllen, des Weiteren auf **einen oder mehrere Emittenten von Insiderpapieren oder auf das Insiderpapier selbst** beziehen. Der Bezug kann dabei ein direkter oder indirekter sein, dh auch mittelbare Umstände können Insiderinformationen sein, wenn sie dazu geeignet sind, den Preis des Insiderpapiers erheblich zu beeinflussen. Branchenspezifische statistische Daten oder Rohstoffpreise können mithin ebenfalls erfasst sein.[171]

95   (3) Die Information muss darüber hinaus **nicht öffentlich bekannt** sein, § 13 WpHG. Ein Umstand ist öffentlich bekannt, wenn ein breites Anlegerpublikum und damit eine unbestimmte Anzahl von Personen die Möglichkeit hat, von ihm Kenntnis zu nehmen.[172] Diese Herstellung der Öffentlichkeit ist am einfachsten zu erreichen, indem die Nachricht

---

[171] Vgl. BaFin, Emittentenleitfaden, Stand 15. Juli 2005, S. 32, 33.
[172] Amtl. Begründung, BT-Drucks. 12/6679, S. 46.

über die Massenmedien gestreut wird. Öffentlichkeit kann aber auch durch die **Bereichsöffentlichkeit**[173] hergestellt werden. Dies geschieht, indem eine Information einer unbestimmten Anzahl von Personen aus dem engeren Kreis der regelmäßigen Marktteilnehmer so zur Verfügung gestellt wird, dass sie von ihr Kenntnis nehmen können. Zur Erzielung der Bereichsöffentlichkeit genügt daher auch die Zugänglichmachung durch ein allgemein zugängliches, elektronisches Informationsverbreitungssystem.[174] Eine Veröffentlichung in einem nur von einem begrenzten Kreis genutzten Börseninformationsdienst oder Newsboard genügt hingegen nicht.

(4) Die Insiderinformation muss schließlich auch **geeignet** sein, **den Preis erheblich zu beeinflussen,** wenn sie bekannt wird. Entscheidend ist dabei nicht eine tatsächliche Veränderung des Preises des Insiderpapiers nach dem Bekanntwerden. Ausreichend, aber auch erforderlich ist vielmehr, dass es aus der Sicht eines verständigen Anlegers, der zum Zeitpunkt des Handelns alle verfügbaren Informationen kennt, wahrscheinlich erscheint, dass es zu einer erheblichen Preisbeeinflussung kommen kann.[175] Tatsächlich eintretende erhebliche Veränderungen können als Indiz für das Preisbeeinflussungspotential der betroffenen Information herangezogen werden.[176] Um vom Verbot des Insiderhandels Umstände auszuschließen, die nur eine geringfügige Preisbewegung herbeiführen, muss eine Erheblichkeit der Beeinflussung vorliegen. Hierfür ist nach § 13 Abs. 1 Satz 2 WpHG entscheidend, ob ein verständiger Anleger die Information bei seiner Entscheidung berücksichtigen würde. Dies wird sich immer nach der konkreten Situation des Marktes im Moment der Entscheidung richten, die durch weitere Faktoren, wie etwa die allgemeine Branchenentwicklung, geprägt ist.[177] Zur Bewertung der Erheblichkeit wird daher regelmäßig neben einer isolierten Betrachtung des grundsätzlichen Preisbeeinflussungspotentials des relevanten Umstandes auch der konkrete Einzelfall im Zeitpunkt des Handelns zu berücksichtigen sein. Durch das Abstellen bei der Bewertung der Erheblichkeit auf rein subjektive Gesichtspunkte, mithin die Frage des Entstehens eines Kauf- oder Verkaufsanreizes beim Anleger,[178] hat der Gesetzgeber in § 13 WpHG Abstand von der bis zum AnSVG herrschenden Meinung genommen, die auf fixe Grenzwerte für die Beurteilung der Erheblichkeit abstellte.[179] Gleichwohl drängt die Praxis zur Erleichterung der Rechtsanwendung weiter auf die Festlegung von im Allgemeinen preiserheblichen Umständen. So hat auch die BaFin in ihrem Emittentenleitfaden eine (nicht abschließende) Liste von Umständen mit Preisbeeinflussungspotential zusammengestellt, die Punkte wie die Veräußerung von Kerngeschäftsfeldern, maßgebliche Produkthaftungs- oder Umweltschadensfälle oder auch den überraschenden Wechsel des Abschlussprüfers enthält und den Umgang mit dem Insiderhandelsverbot erleichtern soll.[180]

Handelt es sich bei einer Information um eine Insiderinformtion in dem vorgenannten Sinne, so ist diese jedoch nicht zwingend zugleich auch meldepflichtig nach § 15 WpHG.

96

97

---

[173] Begründung des RegE, 2. Finanzmarktförderungsgesetz, BT-Drucks. 12/6679, S. 48; *Assmann* in Assmann/Schneider, WpHG, 6. Auflage 2012, § 13 Rn. 34 f.; *Claussen* ZBB 1992, S. 267, 276.

[174] Ua *Assmann* in Assmann/Schneider, WpHG, § 13 Rn. 34; *Schwark/Kruse* in Schwark/Zimmer, KMRK, § 13 Rn. 30 mwN.

[175] Vgl. BaFin, Emittentenleitfaden, Stand, 15. Juli 2005, S. 35.

[176] So bereits *Claussen* ZHR 1992, S. 277.

[177] *Assmann* in Assmann/Schneider, WpHG, § 13 Rn. 59.

[178] *Assmann* in Assmann/Schneider, WpHG, § 13 Rn. 64.

[179] So etwa *Immenga* ZBB 1995, 203 ff., *Assmann* AG 1954, S. 244.

[180] BaFin, Emittentenleitfaden, Stand 28. April 2009, S. 53.

Um eine ad hoc-Pflicht auszulösen, muss vielmehr das Merkmal der **unmittelbaren Betroffenheit des Emittenten** hinzutreten. Hierdurch wird der Anwendungsbereich von § 15 WpHG im Vergleich zu § 13 WpHG in der Weise eingeschränkt, dass von der ad hoc-Pflicht weder Informationen, die den Emittenten nur mittelbar betreffen, noch Informationen, die sich auf die Wertpapiere beziehen, erfassen, wobei letzeres jedoch umstritten ist.[181] Das Merkmal der Unmittelbarkeit ist erfüllt, wenn es sich um eine Information handelt, die in dem Tätigkeitsbereich des Emittenten eingetreten ist.[182] Im Einzelfall können aber auch Informationen, die außerhalb des Tätigkeitsbereichs des Emittenten eingetreten sind, eine unmittelbare Betroffenheit begründen. Allgemeine Marktdaten wie politische Entscheidungen oder Zins-, Währungs- und Rohstoffpreisänderungen erfüllen das Kriterium der Unmittelbarkeit – jedenfalls losgelöst von den konkreten Auswirkungen auf einen Emittenten – hingegen nicht.[183]

98 Einzelheiten zum Inhalt der Ad-hoc-Meldung und zur Art und Reichweite ihrer Verbreitung sind in der Wertpapierhandelsanzeige- und Insiderverzeichnisverordnung **(WpAIV)** geregelt.[184] So muss nach § 4 der WpAIV beispielsweise eine Ad-hoc-Meldung neben einer Überschrift, die sie als solche kennzeichnet, auch mit einem als Betreff erkennbaren Schlagwort versehen sein, das den wesentlichen Inhalt der Veröffentlichung zusammenfasst. Weiter muss neben der zu veröffentlichenden Insiderinformation angeben werden, wann die dieser Information zugrunde liegenden Umstände eingetreten sind, und es muss kurz erklärt werden, inwieweit die Information den Emittenten unmittelbar betrifft und warum sie geeignet ist, den Börsen- oder Marktpreis erheblich zu beeinflussen.

99 Unter bestimmten Voraussetzungen ist ein Emittent berechtigt, sich zeitweise von seiner Verpflichtung zur Veröffentlichung einer Ad-hoc-Meldung selbst zu befreien. Dieses **Recht zur Selbstbefreiung** setzt voraus, dass das vorläufige Unterbleiben der Meldung zum Schutz seiner berechtigten Interessen erforderlich ist, keine Irreführung der Öffentlichkeit zu befürchten ist und dass außerdem der Emittent die Vertraulichkeit der Insiderinformation gewährleisten kann, § 15 Abs. 3 S. 1 WpHG. Alle drei Voraussetzungen müssen kumulativ erfüllt sein. Fällt nur eine der Voraussetzungen während der Selbstbefreiung weg – etwa weil aufgrund „undichter Stellen" der Emittent die Vertraulichkeit nicht mehr weiter gewährleisten kann – muss die Ad-hoc-Meldung unverzüglich erfolgen. Hervorzuheben ist, dass über das Vorliegen der Voraussetzungen und eine darauf gestützte Befreiung tatsächlich der Emittent selbst entscheidet. Es ist also nicht etwa ein Verfahren erforderlich, mit dem sich der Emittent von der BaFin das Aufschieben oder Unterlassen der Ad-hoc-Meldung gestatten lassen müsste. Eine Kontrolle über die Ordnungsmäßigkeit der Entscheidung des Emittenten, sich selbst zu befreien, findet gleichwohl durch die BaFin statt. Veröffentlicht der Emittent dann nämlich zu einem späteren Zeitpunkt die Ad-hoc-Meldung, weil die Gründe für die Selbstbefreiung nicht mehr vorliegen, so muss er jetzt gegenüber der BaFin auch mitteilen, dass und aus welchen Gründen er sich zuvor selbst befreit hatte, vgl. § 15 Abs. 3 S. 4 WpHG. Diese Begründung der Selbstbefreiung soll zwar

---

[181] Dafür ua *Pfeiffer* in Fuchs, WpHG, 2009, § 15 Rn. 121; *Zimmer/Kruse* in Schwark/Zimmer, KMRK, § 15 Rn. 34; dagegen ua *Assmann* in Assmann/Schneider, WpHG, § 15 Rn. 56.
[182] Vgl. *Fuchs*, WpHG, 2009, § 15 Rn. 122.
[183] Vgl. *Zimmer/Kruse* in Schwark/Zimmer, KMRK, § 15 Rn. 38 mwN.
[184] Verordnung zur Konkretisierung von Anzeige-, Mitteilungs- und Veröffentlichungspflichten sowie der Pflicht zur Führung von Insiderverzeichnissen nach dem Wertpapierhandelsgesetz, VO vom 13. Dezember 2004 (BGBl. I S. 3376), Zuletzt geändert durch Art. 3 G zur Umsetzung der RL 2010/73/EU und zur Änd. des BörsenG vom 26.6.2012 (BGBl. I S. 1375).

knapp ausfallen und sich auf das Wesentliche beschränken (also sich keinesfalls dem Charakter eines Rechtsgutachtens annähern). Sie muss aber dennoch aussagekräftig genug sein, die vorgenommene Selbstbefreiung für die BaFin nachvollziehbar zu machen. Ist dies nicht der Fall, kann die BaFin weitere Nachforschungen anstellen und namentlich weitere Angaben von dem Emittenten verlangen, um sich so Klarheit darüber zu verschaffen, ob der Emittent den Anforderungen der Ad-hoc-Publizität genügt hat oder nicht. In der Praxis hat sich, auch dank des Emittentenleitfadens der BaFin,[185] mittlerweile eine Reihe von Fällen herausgebildet, bei denen eine Selbstbefreiung grundsätzlich anerkannt ist. **Beispiel**: Ein Emittent steht kurz vor einem sehr bedeutenden Vertragsabschluss. Dass es tatsächlich zur Vertragsunterzeichnung kommt ist recht wahrscheinlich; trotz noch nicht erfolgter Vertragsunterzeichnung ist also der bevorstehende Vertragsschluss bereits hinreichend konkret und begründet so eine Insiderinformation im Sinne von § 13 Abs. 1 WpHG, die – weil sie den Emittenten auch unmittelbar betrifft – prinzipiell nach § 15 Abs. 1 im Wege der Ad-hoc-Meldung zur veröffentlichen wäre. Würde der Emittent jedoch tatsächlich eine solche Ad-hoc-Meldung publizieren, begäbe er sich aufgrund des publizierten und deshalb vom Markt erwarteten Geschäfts letztlich in die Hand der anderen Vertragspartei. Der Emittent könnte kaum noch entscheiden, das Geschäft doch nicht abzuschließen, selbst dann nicht, wenn die andere Seite plötzlich noch substanzielle Nachforderungen stellen würde. All dies würde den Interessen des Emittenten nicht dienen. Zudem ist auch wegen des noch schwebenden Geschäfts eine Irreführung der Öffentlichkeit nicht zu befürchten, wenn die Meldung zunächst unterbleibt. Der Emittent kann sich also zu Recht selbst befreien und mit der Ad-hoc-Meldung so lange warten, bis der Vertrag tatsächlich unterschrieben ist.

Die Möglichkeit der Selbstbefreiung hat durch die Entscheidung des EuGH vom 28. Juni 2012, in welchem der EuGH bereits Zwischenschritte eines gestreckten Verfahrens als ad hoc-pflichtig eingeordnet hat (→ Rn. 39), tatsächlich nochmals an Bedeutung gewonnen. Auch wenn der BGH in seinem anschließenden Beschluss vom 23. April 2013, II ZB 7/09, in dem er das Verfahren zurück an das OLG Stuttgart verwiesen hat, ausgeführt hat, dass selbst bei einem fehlenden Beschluss zur Selbstbefreiung eine Pflichtverletzung wegen rechtmäßigen Alternativverhaltens entfallen kann, wenn alle Voraussetzungen für eine Selbstbefreiung außer der bewussten Entscheidung zur Selbstbefreiung selbst vorliegen, wird ein Unternehmen mit einer vorsorglichen Selbstbefreiung auf der sichereren Seite sein.

Die **unterlassene oder verspätete Veröffentlichung** von Ad-hoc-Meldungen ebenso wie die Veröffentlichung von Ad-hoc-Meldungen mit unwahren Insiderinformationen ist in §§ 37b und 37c WpHG mit speziellen **Schadensersatzpflichten** belegt. Beide Schadensersatzansprüche richten sich gegen den Emittenten mit der Folge, dass im Falle des Obsiegens getäuschter Aktionäre diese ihren Schadensersatz aus „ihrer" Gesellschaftskasse an sich selber zahlen. Dieses Ergebnis wurde kritisiert. Aber §§ 37b Abs. 5 und 37c Abs. 6 verweisen ausdrücklich auf Ansprüche gegen die Vorstände, die vorbehalten bleiben. Hierunter sind nicht nur etwaige Ansprüche von Aktionären gegen Vorstände aus dem Komplex der §§ 15 ff. WpHG zu verstehen, sondern vor allem Regressansprüche des Emittenten gegen seine fehlerhaft handelnden Vorstände.

100

---

[185] BaFin, Emittentenleitfaden, Stand 28. April 2009, S. 59 ff.

bb) Weitere Veröffentlichungpflichten im Zusammenhang mit Insiderinformationen.

101 Zur Erleichterung der Ermittlung des Kreises der Insider muss ein Emittent am regulierten Markt zudem ein **Insiderverzeichnis** über solche Personen führen, die für sie tätig sind und bestimmungsgemäß Zugang zu Insiderinformationen haben, § 15b WpHG. Hierin ist ein beträchtlicher organisatorischer Aufwand beim Emittenten verbunden, für den gelegentlich schon angezweifelt wurde, ob ihm ein ausreichender Nutzen gegenübersteht.[186] Bei Verdacht auf Insidergeschäfte sollte das Insiderverzeichnis, zu dessen Vorlage der Emittent dann verpflichtet ist, der BaFin die Aufklärung erleichtern. Ausgenommen von der Pflicht, ein Insiderverzeichnis zu führen, sind lediglich Abschlussprüfer und ihre Gehilfen.

102 Weiter müssen Personen, die bei einem Emittenten von am regulierten Markt gehandelten Aktien Führungsaufgaben wahrnehmen, eigene Geschäfte in diesen Aktien – so genannte **Director's Dealings** – veröffentlichen, § 15a WpHG. Im Wesentlichen trifft diese Verpflichtung die Vorstands- und Aufsichtsratsmitglieder.[187] Von der Verpflichtung erfasst werden jedoch auch Personen, die mit einer solchen Führungsperson in einer engen Beziehung stehen, wie etwa Ehegatten und Verwandte ersten Grades. Der Grund für diese spezielle Offenlegungspflicht besteht darin, dass davon ausgegangen werden kann, dass die betroffenen Personenkreise über einen Informationsvorsprung gegenüber den anderen Aktionären verfügen und deshalb solchen „directors' dealings" eine Indikationswirkung zukommt. Offenzulegen ist jedes Geschäft, sofern die Gesamtsumme der Geschäfte einer Person mit Führungsaufgaben und der mit ihr in enger Beziehung stehenden Personen insgesamt einen Betrag von Euro 5.000 bis zum Ende des Kalenderjahres übersteigt. Damit müssen sich die Personenkreise stets gegenseitig über die vorgenommenen Geschäfte informieren, um ein Überschreiten der Bagatellgrenze zu prüfen, was wenig praktikabel erscheint.[188] Die BaFin gestattet daher auch die Meldung von Geschäften, die die Betragsgrenze nicht überschreiten.[189] Offenzulegen sind die Geschäfte gegenüber dem Emittenten und der BaFin innerhalb einer Frist von fünf Werktagen ab Vornahme des Geschäfts, wobei im Zweifel auf den Zeitpunkt des schuldrechtlichen Geschäfts abzustellen sein wird[190], § 15a WpHG.

103 **cc) Stimmrechtmitteilungen.** Aus den §§ 21 ff. WpHG ergibt sich für Emittenten am regulierten Markt und deren Aktionäre ein ausgefeilter Pflichtenkatalog, das **Erreichen, Über- oder Unterschreiten bestimmter Schwellenwerte bei den Stimmrechten mitzuteilen**. Die diese Mitteilungspflicht auslösenden Schwellen liegen bei 3, 5, 10, 15, 20, 25, 30, 50 und 75 % der Stimmrechte. Mitgeteilt werden muss, wie schon angesprochen, das genaue Erreichen einer solchen Schwelle ebenso wie deren Über- oder Unterschreiten.[191] Diese Melde- und Informationspflichten von Beteiligungen gehen von dem Anteil an Stimmrechten aus, die ein Aktionär besitzt, und nicht von seinem Aktienbesitz. Der jeweils meldepflichtige Aktionär muss zunächst binnen höchstens vier Handelstagen den Emittenten und zugleich die BaFin informieren. Der Emittent muss dann seinerseits innerhalb von höchstens drei Handelstagen eine entsprechende Mitteilung veröffentlichen

---

[186] *Steidle/Waldeck* WM 2005, S. 868, 873.
[187] Siehe nur *Pluskat* DB 2005, S. 1097, 1098.
[188] *Pluskat* BB 2005, S. 1097, 1101.
[189] BaFin, Emittentenleitfaden, Stand 28. April 2009, S. 77.
[190] *Erkens* Der Konzern 2005, S. 29, 35.
[191] *Hutter/Kaulamo* NJW 2007, S. 471, 474.

und so für alle Anleger Transparenz herstellen. Um Umgehungsmöglichkeiten zu verhindern, sieht § 22 die **Zurechnung** von Stimmrechten in verschiedenen Fällen vor; so kann also die Mitteilungspflicht nicht etwa einfach dadurch umgangen werden, dass ein Aktionär seine Beteiligung nicht direkt, sondern über eine ihm gehörende Beteiligungsgesellschaft aufstockt. In der Sache soll mit den Mitteilungspflichten nach § 21 ff. WpHG sowohl für den Emittenten selbst als auch für alle übrigen Anleger Klarheit über dessen wesentliche Aktionärsstruktur und die Identität seiner bedeutendsten Aktionäre hergestellt werden. Nicht zuletzt soll so außerdem auch erkennbar werden, wenn ein Aktionär schrittweise seine Beteiligung mit dem möglichen Ziel einer Übernahme aufstockt.

Nach § 26a WpHG muss ein Emittent am regulierten Markt jeweils mitteilen, wenn sich bei ihm die Anzahl der insgesamt vorhandenen **Stimmrechte geändert** hat. Dies ist typischerweise bei Kapitalerhöhungen der Fall, da nur noch sehr selten stimmrechtslose Vorzugsaktien ausgegeben werden und somit in der Regel durch die Ausgabe neuer Aktien sich auch die Anzahl der Stimmrechte verändert. 104

dd) Informationen für die Wahrnehmung von Rechten. Ein ganzer Strauß weiterer Zulassungsfolgepflichten ist in **§§ 30a ff. WpHG** enthalten, die mit dem Transparenzrichtlinieumsetzungsgesetz vom 5. Januar 2007 neu eingeführt wurden. So müssen Emittenten die Inhaber von Aktien unter gleichen Voraussetzungen gleich behandeln (was sich freilich auch schon aus § 53a AktG ergibt). Sie müssen sicherstellen, dass den Aktionären alle Einrichtungen und Informationen zur Ausübung ihrer Rechte im Inland öffentlich zur Verfügung stehen, § 30a Abs. 1 Nr. 2 WpHG. Weiter müssen Emittenten sicherstellen, dass Daten über ihre Aktionäre vor einer Kenntnisnahme durch Unbefugte geschützt sind und dass im Inland stets ein Finanzinstitut als Zahlstelle zur Verfügung steht. Die in § 30b WpHG enthaltenen Zulassungsfolgepflichten betreffen vor allem die Hauptversammlung: So muss die Einberufung der Hauptversammlung einschließlich der Teilnahmebedingungen und der Gesamtzahl der Aktien und Stimmrechte im Bundesanzeiger veröffentlicht werden, und auf Verlangen muss jede stimmberechtigte Person ein Vollmachtsformular erhalten. Ebenso müssen Dividendenbekanntmachungen, Bezugs- und Umtauschaufforderungen sowie vergleichbare Bekanntmachungen jeweils im Bundesanzeiger veröffentlicht werden, § 30b Abs. 1 Nr. 2 WpHG. Ferner müssten beabsichtigte Satzungsänderungen spätestens bei Einberufung der Hauptversammlung der BaFin und der jeweiligen Börse mitgeteilt werden, § 30c WpHG. Immerhin begründen diese vielfältigen Pflichten mit ganz überwiegend doch sehr formalem Charakter kein Recht zur Anfechtung eines Hauptversammlungsbeschlusses, sollte ein Emittent hier einmal etwas versäumen. Dieser Ausschluss der Anfechtung ergibt sich eindeutig aus § 30g WpHG. 105

ee) Finanzberichtserstattung. Bedeutende Zulassungsfolgepflichten ergeben sich für Emittenten, die am regulierten Markt gehandelt werden, im Hinblick auf deren **Finanzberichterstattung**. Die einschlägigen Regelungen finden sich in §§ 37v ff. WpHG. Nach § 37v WpHG müssen Emittenten einen **Jahresfinanzbericht** erstellen, der mindestens aus dem geprüften Jahresabschluss sowie Lagebericht und außerdem dem Bilanzeid[192] zu bestehen hat. Diejenigen Emittenten, die als **Muttergesellschaft eines Konzerns** zugleich auch ein Konzernabschluss aufstellen müssen (was auf die ganz überwiegende Anzahl der Emittenten zutrifft), müssen in ihrem Jahresfinanzbericht auch den geprüften Konzernabschluss, den Konzernlagebericht und wiederum den Bilanzeid auf- 106

---

[192] Näher bei → § 6 Rn. 109.

nehmen, § 37y Nr. 1 WpHG. Der Emittent muss seinen Jahresfinanzbericht unter einer Internetadresse veröffentlichen (also naheliegenderweise auf seiner eigenen Internetseite) und außerdem – was in der Praxis über den Bundesanzeiger erfolgt – dem Unternehmensregister zur Speicherung übermitteln. Die Frist für die Veröffentlichung des Jahresfinanzberichts beträgt **vier Monate** ab Geschäftsjahresende, was deutlich kürzer als die allgemeine Frist des § 325 HGB ist, aber dafür eine entsprechend rasche Information des Publikums gewährleistet.

107 Ein Emittent am regulierten Markt muss außerdem auch einen **Halbjahresfinanzbericht** veröffentlichen, § 37w WpHG. Inhaltlich muss der Halbjahresfinanzbericht mindestens einen verkürzten Abschluss, einen Zwischenlagebericht und außerdem auch den sog. Bilanzeid enthalten. Woraus genau der verkürzte Abschluss bestehen muss, ist näher in § 37w Abs. 3 und 4 WpHG geregelt. Ist der Emittent Mutterunternehmen eines Konzerns, muss der Halbjahresfinanzbericht entsprechend auch wieder einen verkürzten Konzernabschluss nebst Konzernzwischenlagebericht und Bilanzeid enthalten, § 37y Nr. 2 WpHG. Der Emittent kann den in seinem Halbjahresfinanzbericht enthaltenen verkürzten Abschluss und Zwischenlagebericht einer prüferischen Durchsicht durch seinen Abschlussprüfer unterziehen oder sogar durch diesen prüfen lassen. Verpflichtend ist dies aber nicht, wenngleich solche Überlegungen im Vorfeld des Transparenzrichtlinieumsetzungsgesetzes durchaus angestellt wurden.[193] Die Entscheidung des Gesetzgebers, es bei der **freiwilligen Möglichkeit zur Prüfung oder prüferischen Durchsicht** zu belassen, ist zu begrüßen, da anderenfalls gerade für kleinere und mittlere börsennotierte Unternehmen der Aufwand nochmals gestiegen wäre. So spielen die Erwartungen des Marktes die entscheidende Rolle. Gerade größere Unternehmen dürften sich durchaus häufiger der Markterwartung ausgesetzt sehen, ihren Halbjahresfinanzbericht zumindest prüferisch durchsehen zu lassen. Wenn der Vorstand eines solchen Unternehmens dieser Erwartung nachkommen will, ist das willkommen, aber eben auch besser als eine pauschale gesetzliche Verpflichtung für alle. Im Übrigen schreibt § 37w Abs. 5 S. 6 WpHG vor, dass im Halbjahresfinanzbericht ausdrücklich angegeben werden muss, wenn dieser nicht prüferisch durchgesehen und nicht geprüft worden ist. Die Frist für die Veröffentlichung des Halbjahresfinanzberichts beträgt nach § 37w Abs. 1 S. 1 WpHG **zwei Monate**. Ein Emittent, dessen Geschäftsjahr das Kalenderjahr ist, muss also seinen Halbjahresfinanzbericht bis spätestens zum 31. August eines Jahres veröffentlichen, was vor allem dann, wenn eine prüferische Durchsicht oder Prüfung vorgenommen werden soll, durchaus beträchtliche Anforderungen an die innere Organisation dieses Emittenten und namentlich sein Rechnungswesen stellt. Für die Veröffentlichung eines Halbjahresfinanzberichts gilt dasselbe wie beim Jahresfinanzbericht. Außer der Übermittlung an das Unternehmensregister muss er also im Internet veröffentlicht werden, wobei die genaue Internetadresse durch gesonderte Hinweisveröffentlichung bekannt zu machen ist. Im Unterschied zum Jahresfinanzbericht muss der Halbjahresfinanzbericht allerdings nicht auch im Bundesanzeiger veröffentlicht werden, denn § 325 HGB gilt nur für den Jahresfinanzbericht.

108 In § 37x WpHG finden sich schließlich Regelungen zum **Quartalsfinanzbericht** sowie zu sog. **Zwischenmitteilungen**. Bis zum Inkrafttreten dieser Regelungen durch

---

[193] Vgl. hierzu etwa den Gesetzentwurf der Bundesregierung, BT-Drucks. 16/2498 v. 4. September 2006, der eine solche Verpflichtung vorsah, und die Stellungnahme des Bundesrates v. 21. September 2006, BR-Drucks. 579/06 (Beschluss) v. 22. September 2006 gegen eine solche über die Vorgaben der Transparenzrichtlinie hinausgehende Verpflichtung.

III. Rechtsgrundlagen der Börse

das Transparenzrichtlinieumsetzungsgesetz war außer dem halbjährlichen Zwischenbericht keinerlei unterjährige Finanzberichterstattung vorgeschrieben.[194] Die Regelungen in § 37x WpHG haben Kompromisscharakter. Zwar ist nach wie vor ein Quartalsfinanzbericht für Emittenten am regulierten Markt nicht verpflichtend. Zwingend vorgeschrieben sind stattdessen jedoch sog. Zwischenmitteilungen, die jeweils in der ersten und zweiten Hälfte eines Geschäftsjahres veröffentlicht werden müssen. Diese Zwischenmitteilungen müssen Informationen über den Zeitraum zwischen dem Beginn der jeweiligen Geschäftsjahreshälfte und dem Zeitpunkt ihrer Veröffentlichung enthalten; und sie müssen insbesondere eine Beurteilung ermöglichen, wie sich die Geschäftstätigkeit des Emittenten in den ersten drei Monaten vor Ablauf des Mitteilungszeitraums entwickelt hat, § 37x Abs. 2 WpHG. Damit sind Zwischenmitteilungen faktisch vom Inhalt eines Quartalsfinanzberichts nicht allzu weit entfernt, auch wenn ihr genau vorgeschriebener Inhalt recht unkonturiert bleibt. Für Emittenten, die einen Quartalsfinanzbericht veröffentlichen, entfällt die Verpflichtung zur Erstattung von Zwischenmitteilungen, § 37x Abs. 3 S. 1 WpHG. Vor diesem Hintergrund besteht zwar nach wie vor keine gesetzliche Verpflichtung, wohl aber ein erheblicher **gesetzlicher Anreiz, einen Quartalsfinanzbericht zu erstatten**. Für Inhalt und Veröffentlichung von Quartalsfinanzberichten gilt im Grunde dasselbe wie für Halbjahresfinanzberichte einschließlich der Zweimonatsfrist.

Nur für Emittenten am regulierten Markt gelten des Weiteren die Regelungen zum sog. **Bilanzeid**, die somit ebenfalls eine Zulassungsfolgepflicht darstellen. Einschlägige Bestimmungen für den Bilanzeid sind §§ 264 Abs. 2 S. 3, 289 Abs. 1 S. 5, 297 Abs. 2 S. 4 und 315 Abs. 1 S. 6 HGB sowie außerdem §§ 37v Abs. 2 Nr. 3 und 37w Abs. 2 Nr. 3 WpHG. Der „Bilanzeid" ist kein Eid im eigentlichen oder gar prozessrechtlichen Sinne. Er besteht vielmehr in der Versicherung der Vorstandsmitglieder eines Emittenten, dass nach ihrem besten Wissen das jeweilige Dokument der Finanzberichterstattung ein den tatsächlichen Verhältnissen entsprechendes Bild vermittelt.[195] Mit der Einführung des Bilanzeides hat in das deutsche Kapitalmarktrecht wieder einmal das US-amerikanische Vorbild Eingang gefunden, da dort ähnliche Regelungen mit dem Sarbanes-Oxley Act eingeführt wurden. Was die inhaltliche Reichweite des Bilanzeides anbetrifft, so ist zunächst wichtig, dass die entsprechende **Versicherung „nach bestem Wissen"** abgegeben wird. Damit ist ein Bilanzeid grundsätzlich nur dann falsch, wenn ein Vorstandsmitglied vorsätzlich handelt, wobei indessen bedingter Vorsatz ausreicht. Ein Vorstandsmitglied gibt also einen falschen Bilanzeid ab, wenn es positiv weiß, dass das jeweilige Dokument der Finanzberichterstattung unrichtige Informationen enthält oder wenn es dies zwar nicht positiv weiß, dafür aber mögliche Unrichtigkeiten billigend in Kauf nimmt, weil ihm jedenfalls bewusst ist, dass es sich hinsichtlich der Richtigkeit oder Unrichtigkeit dieser Informationen keine ausreichende Wissensgrundlage verschafft hat. Ein vorsätzlich falscher Bilanzeid ist eine **Straftat** nach § 331 Nr. 3 a HGB und kann mit einer Freiheitsstrafe von bis zu drei Jahren geahndet werden. Ein Verstoß gegen §§ 37v Abs. 2

109

---

[194] Bekannt geworden ist in diesem Zusammenhang die Auseinandersetzung zwischen der Dr. Ing. h. c. F. Porsche AG und der Deutschen Börse AG. Für die Aufnahme in ihren Index DAX verlangte die Deutsche Börse AG die Erstattung von Quartalsberichten. Die Dr. Ing. h. c. F. Porsche AG hat (im Ergebnis erfolglos) versucht, auch ohne die Erstattung von Quartalsberichten in den DAX aufgenommen zu werden.

[195] Vgl. hierzu beispielhaft Wortlaut des § 264 Abs. 2 Satz 3 HGB sowie die Anmerkungen von *Beiersdorf/Buchheim* BB 2006, S. 1674, 1677.

Nr. 3 bzw. 37w Abs. 2 Nr. 3 WpHG ist dagegen nach § 39 Abs. 2 Nr. 24 WpHG lediglich eine **Ordnungswidrigkeit**, für die eine Geldbuße von bis zu Euro 50.000,00 verhängt werden kann. Allerdings ist für die Verwirklichung dieser Ordnungswidrigkeit nicht zwingend Vorsatz erforderlich, sondern auch leichtfertiges Handeln reicht aus. Insoweit wird noch in den Einzelheiten zu klären sein, wie sich das Merkmal des Bilanzeids „nach bestem Wissen" zu leichtfertigem Handeln verhält.

110 **ff) Corporate Governance.** Für einen Emittenten am regulierten Markt gilt schließlich die in § 161 AktG festgeschriebene Verpflichtung, eine **Entsprechenserklärung** darüber abzugeben, ob er die Empfehlungen des Deutschen Corporate Governance Kodex einhält oder nicht.[196] Die Einhaltung dieser Empfehlungen als solche ist damit ausdrücklich nicht Zulassungsfolgepflicht, sondern freiwillig für die Emittenten. Der **Wirkmechanismus** von § 161 AktG im Zusammenspiel mit dem Deutschen Corporate Governance Kodex liegt allein darin, dass Emittenten, die Empfehlungen nicht einhalten und dies in der Entsprechenserklärung offenbaren müssen, negative Reaktionen des Anlegerpublikums und auf diese Weise letzen Endes eine schlechtere Börsenbewertung befürchten müssen. Die formal bestehende Freiwilligkeit der Einhaltung der Kodexempfehlungen ist also mit der Hoffnung des Gesetzgebers und der Kodexverfasser verknüpft, der sanfte Druck der Markterwartungen werde durchaus zu einer weitreichenden Beachtung der Empfehlungen bei den Emittenten führen. Und in der Tat lässt sich beobachten, dass die Emittenten die Kodexempfehlungen in weitem Umfang befolgen; gerade bei größeren Emittenten ist die Befolgung sämtlicher Empfehlungen keine Seltenheit.[197]

111 Von den geschilderten gesetzlich festgeschriebenen Zulassungsfolgepflichten, die für alle Aktien und Anleihen gelten, die zum regulierten Markt zugelassen sind, zu unterscheiden sind solche Zulassungsfolgepflichten, denen sich der Emittent aufgrund eigener, freiwilliger Entscheidung unterwirft, weil er seine Aktien in einem **Teilbereich des regulierten Marktes** handeln lassen will. Die Möglichkeit, solche Teilbereiche zu schaffen und in der Börsenordnung **zusätzliche Zulassungsfolgepflichten** vorzusehen, ist in § 42 BörsG enthalten und präzisiert.

112 Bekannt geworden ist vor allem der **Prime Standard** für Aktien als Teilbereich mit weiteren Zulassungsfolgepflichten, wie sie die Börsenordnung der Frankfurter Wertpapierbörse (BörsO FWB) vorsieht. Wählt ein Emittent den Teilbereich Prime Standard, so ist vorgeschrieben, dass er neben Jahres- und Halbjahresfinanzberichten auch Quartalsberichte (also nicht nur Zwischenmitteilungen) erstatten und sämtliche Finanzberichte nicht nur in deutscher, sondern auch in englischer Sprache veröffentlichen muss. Außerdem muss er seine Ad-hoc-Meldungen ebenfalls zweisprachig in Deutsch und Englisch veröffentlichen. Darüber hinaus muss er jährlich einen Unternehmenskalender in deutscher und englischer Sprache veröffentlichen und mindestens einmal im Jahr eine Analystenveranstaltung durchführen.

b) Einbeziehungsfolgepflichten im Freiverkehr

113 Die zuvor genannten Mitteilungs- und Veröffentlichungspflichten des WpHG gelten für Emittenten, deren Wertpapiere in den **Freiverkehr** einbezogen sind, nicht. Es steht dem Emittenten daher frei, ob er die entsprechenden Mitteilungen und Veröffentlichungen vornimmt oder hiervon Abstand nimmt. Hiervon zu unterscheiden sind wiederum

---

[196] Vgl. hierzu Lutter, Kölner Komm AktG z. AktG, Band 3 3. Teillieferung, § 161 Rn. 25 ff.
[197] Vgl. hierzu ausführlich v. Werder/Talaulicar DB 2007, S. 869–875.

die Folgepflichten, die sich aus der Einbeziehung in einen bestimmten Teilbereich des Freiverkehrs ergeben. Nennenswert sind hier vor allem die Teilbereiche **Quotation Board** und der **Entry Standard** des Freiverkehrs der FWB.

Während Emittenten, dessen Aktien oder Anleihen in den Teilbereich Quotation Board einbezogen sind, lediglich bestimmte, in § 18 der AGB für den Freiverkehr an der FWB[198] geregelte Mitteilungspflichten gegenüber der Deutschen Börse zu erfüllen haben, gelten für Emittenten, deren Aktien oder Anleihen in den Teilbereich Entry Standard einbezogen sind, bestimmte **Einbeziehungsfolgepflichten** (§ 19 der AGB für den Freiverkehr an der FWB). Die wichtigsten Einbeziehungsfolgepflichten am Entry Standard sind zunächst die Veröffentlichung eines geprüften Jahres- bzw. Konzernabschlusses nach spätestens sechs Monaten und außerdem die Veröffentlichung eines Halbjahresberichts nach spätestens drei Monaten. Es genügt jedoch eine Rechnungslegung nach dem HGB; gerade die nicht bestehende Notwendigkeit, einen Konzernabschluss nach den IFRS aufzustellen, ist bislang für viele Emittenten ein wichtiger Aspekt gewesen, den Entry Standard einem Handel am regulierten Markt vorzuziehen. Weiter müssen Emittenten am Entry Standard ein jeweils aktuelles Unternehmensporträt sowie einen Unternehmenskalender auf ihrer Internetseite veröffentlichen. Eine der bedeutendsten Folgepflichten für den Entry Standard dürfte schließlich die in § 19 Absatz 1 lit. c) der AGB für den Freiverkehr an der FWB niedergelegte Verpflichtung des Emittenten sein, wesentliche Informationen, die ihn oder die Wertpapiere betreffen, unverzüglich auf seiner Internetseite sowie über ein elektronisch betriebenes Informationsverbreitungssystem zu veröffentlichen; auf diese Weise gilt also am Entry Standard eine den Regelungen in § 15 WpHG zumindest angenäherte Ad-hoc-Pflicht.

114

c) Teilnahmefolgepflichten im Prime Standard für Unternehmensanleihen

Ebenso wie bei Aktien stellt auch für Emittenten von Anleihen das Segment mit dem höchsten Transparenzlevel der Prime Standard, genauer gesagt der **Prime Standard für Unternehmensanleihen** dar. Entscheidet sich ein Emittent für eine Teilnahme am Prime Standard für Unternehmensanleihen, so hat er bestimmte **Teilnahmefolgepflichten** zu erfüllen, welche in den AGB der Deutschen Börse AG für die Teilnahme am Prime Standard für Unternehmensanleihen geregelt sind. Danach haben Emittenten, deren Anleihen am Prime Standard für Anleihen teilnehmen, der Deutschen Börse AG ein aktuelles Unternehmens- oder Anleiherating, ein Unternehmens- und Anleihekurzporträt sowie jährlich einen Unternehmenskalender zu übermitteln. Zudem haben die Emittenten vier Monate nach Ablauf eines jeden Geschäftsjahres bestimmte Unternehmenskennzahlen mitzuteilen und einmal im Jahr eine Analystenveranstaltung durchzuführen. Neben diesen allgemeinen Teilnahmefolgepflichten bestehen zudem noch weitere besondere Teilnahmefolgepflichten, die sich danach unterscheiden, ob die Anleihe zum regulierten Markt zugelassen oder in den Entry Standard einbezogen ist. Für Anleihen, die zum regulierten Markt zugelassen sind, ist in § 7 der AGB für die Teilnahme am Prime Standard für Unternehmensanleihen[199] geregelt, dass der Emittent einen Jahresfinanzbericht bzw. Konzernabschluss sowie einen Halbjahresfinanzbericht erstellen und

115

---

[198] Allgemeine Geschäftsbedingungen der Deutsche Börse AG für den Freiverkehr an der Frankfurter Wertpapierbörse (Stand: 26. Juli 2013).

[199] Allgemeine Geschäftsbedingungen der Deutsche Börse AG für die Teilnahme am Prime Standard für Unternehmensanleihen (Stand. 8. Oktober 2012).

diesen veröffentlichen muss. Für Anleihen, die in den Entry Standard einbezogen sind, hat der Emittent neben der Veröffentlichung seines Jahres bzw. Konzernabschlusses nebst (Konzern-)Lagebericht sowie seines Halbjahresabschlusses nebst Zwischenlagebericht nach § 8 der AGB für die Teilnahme am Prime Standard für Unternehmensanleihen zudem alle wesentlichen Informationen, die ihn oder die Anleihe unmittelbar betreffen, unverzüglich auf seiner Internetseite sowie über ein elektronisches Informationsverbreitungssystem zu veröffentlichen.

10. Der Schutz des Wertpapieranlegers

Literatur: *Groß*, Kapitalmarktrecht, 5. Aufl. 2012; *Kümpel/Wittig*, Bank- und Kapitalmarktrecht, 4. Aufl., 2011, Rn. 14.170; *Keunecke*, Prospekte im Kapitalmarkt, Berlin 2005; *Fleischer* und *Merkt*, Gutachten F und G für 64. DJT, 2002, S. F 13 und G 9.

116 Anlegerschutz dient der Anlageentscheidung auf gleichmäßiger Informationsbasis aller Marktteilnehmer, der Markttransparenz und der Marktintegrität. Anlegerschutz will nicht die typischen Anlagerisiken, die dem Risikopapier eigen sind,[200] abbauen, aber darüber hinausgehende Risiken mindern. Dem Anlegerschutz dienen viele der vorgenannten Institutionen des Wertpapier- und Börsenwesens – Börsenaufsicht, Zulassungskontrolle, Marktsegmentierungen. Anlegerschutz ist eine zentrale Rechtsidee des Kapitalmarktrechts und ergänzt die dem gleichen Ziel verpflichteten gesellschaftsrechtlichen Normen. Dem Anlegerschutz sind zB aus dem Aktienrecht die Vorschriften über das Gründungsverfahren nach §§ 23 ff. AktG mit der Haftung der Gründer und der Organe nach §§ 46 ff., 76, 93 und 148 AktG verpflichtet. Das Konzernrecht dient dem Anlegerschutz von Minderheiten, §§ 291 ff. AktG. Vor allem das Rechnungslegungsrecht ist dem Anlegerschutz verpflichtet, weil §§ 264 Abs. 2 Satz 1, 297 Abs. 2 HGB den fairen Einblick in die Vermögens-, Ertrags- und Finanzlage gebietet und die Aktionäre Hauptadressaten dieses Einblickgebots sind.[201] Hier im Bank- und Börsenrecht sind Anlegerschutzinstitutionen zB die staatliche Überwachung des Börsenwesens;[202] die Zulassungskontrolle;[203] die Tätigkeit und Funktion der Börsenorgane.[204] Der Anlegerschutz ist eines der vorrangigen Regelungsziele des Kapitalsmarktrechts, wenngleich dort der Funktionsschutz[205] des Kapitalmarktes als primäres Ziel angesehen wird und nur eine verhältnismäßig geringe Anzahl der kapitalmarktrechtlichen Regelungen ausdrücklich dem Individualschutz des einzelnen Anlegers dient.[206] Aber Anlegerschutz ist, richtig verstanden, eine Kombination der beiden Schutzbereiche, nämlich einmal des im Vordergrund stehenden Individualschutzes des einzelnen Anlegers, zum anderen des Funktionsschutzes der Institution Börse. Der Funktionsschutz gehört schon deshalb zum Anlegerschutz, weil dem Anleger auch die perfekteste Absicherung seiner Rechtsposition wenig nützt, wenn die für den Verkauf seines

---

[200] Vgl. *Fleischer*, 64. DJT 2002, S. F 13.
[201] *Claussen/Korth*, Kölner Komm AktG z. AktG, 2. Auflage 1991, § 264 HGB Rn. 14; *Winkeljohan/Schellhorn* in Beck'scher Bilanz-Kommentar, 8. Auflage 2012, § 264 Rn. 36.
[202] → § 6 Rn. 24 ff.
[203] → § 6 Rn. 64 ff.
[204] → § 6 Rn. 30 ff.
[205] Funktionsschutz bedeutet Steigerung der Allokationsfunktion des Kapitalmarktes, nämlich die knappe Ressource „Kapital" an die beste Kapitalverwendungsstelle – im Sinne der Kombination von Bonität, Seriosität und Rentabilität – zu bringen, und zwar zu optimalen Transaktionskosten.
[206] Vgl. *Oulds* in Kümpel/Wittig, Bank- und Kapitalmarktrecht, Rn. 14.141, 14.142.

Wertpapiers erforderliche Einrichtung – die Börse – Schaden nimmt und ihre Funktion nicht erfüllt.

Bei den nachfolgend zu behandelnden Rechtsinstituten des Anlegerschutzes geht es überwiegend um den Individualschutz. Dieser Individualschutz findet seine Einzelausformung neben den bereits behandelten Publizitätspflichten[207] vor allem in folgenden Rechtsinstituten: der Prospekthaftung; dem Verbot von Insidergeschäften; und dem Verbot der Marktmanipulation nach § 20a WpHG. Mit dieser Heraushebung dieser anlegerschützenden Rechtsinstitute sollen andere Rechtsinstitute des Anlegerschutzes nicht gemindert werden. So haben Kreditinstitute als Depotbanken zum Beispiel weitere Informationspflichten. Wenn sie für Hauptversammlungen den Aktionären Abstimmungsvorschläge machen, haben sie Konsortialbeteiligungen innerhalb der letzten fünf Jahre mitzuteilen, § 128 Abs. 2 Satz 5 und 6 AktG. Anlegerschützend sind auch die Rechtspflichten der Börse, bei Gefährdung des Börsenhandels die Kurse auszusetzen, auch die Straf- und Bußgeldvorschriften der §§ 399 ff. AktG, 331 ff. HGB wegen unrichtiger Angaben über bewertungserhebliche Umstände haben nicht nur strafrechtlichen Sühnecharakter, sondern auch anlegerschützenden Abschreckungscharakter. **117**

Anlegerschutz hat vor allem den Sparer und Kleinanleger als Schutzobjekt im Visier,[208] weil der Großanleger mit eigener Sachkunde und Urteilsvermögen ausgestattet ist und deshalb des besonderen Schutzes des Gesetzes weniger bedürftig ist. Wenn Anlegerschutz nicht nur den schutzbedürftigen Privatanleger betreuen soll, sondern weitergehend den privaten Sparer zur Anlage in Wertpapieren veranlassen soll,[209] dann war Anlegerschutz in Deutschland bis dato wenig erfolgreich: Von dem gesamten Geldvermögen der privaten Haushalte in Deutschland in 2012, welches rund 4,94 Billionen Euro betrug, wurden nur rund 260 Mrd. Euro, dies entspricht knapp über 5 % in Aktien angelegt (Quelle: Publikation der Deutsche Bundesbank „Geldvermögen und Verbindlichkeiten (Jahresdaten)" vom 3.5. 2013, abrufbar unter www.bundesbank.de). Nach wie vor bevorzugen deutsche Privathaushalte gegenüber Aktien daher insbesondere Sparbücher und Girokonten als Anlage. **118**

a) Prospekthaftung

Literatur: *Assmann/Schütze*, Handbuch des Kapitalanlagerechts, 3. Aufl. 2007, § 6; *Groß*, Kapitalmarktrecht 5. Auflage 2012, § 21 WpHG; *Hopt*, Prospekt- und Kapitalmarktinformationshaftung, 2005; *Kümpel/Wittig*, Bank- und Kapitalmarktrecht, 4. Auflage 2011, Rn. 15.186 ff.*Leuering*, Die Neuordnung der gesetzlichen Prospekthaftung, NJW 2012, 1905; *Schanz*, Börseneinführung, 3. Aufl., 2007, § 13 Rn. 29 ff.; *Keunecke*, Prospekte im Kapitalmarkt, Berlin 2005;

Der Anleger soll durch den für ein öffentliches Angebot von Wertpapieren erforderlichen Prospekt über den Emittenten und das Wertpapier vollständig und wahrheitsgerecht informiert werden. Die Prospekthaftung schützt den Anleger vor unlauterem Wertpapierangebot. Rechtsdogmatisch ist die Prospekthaftung eine kraft Gesetzes eintretende Vertrauenshaftung.[210] Denn zwischen dem Ersatzberechtigten und dem Ersatzverpflichteten besteht idR kein Vertrag, auch kein allgemeiner Bankvertrag, so dass eine Vertragshaftung entfällt. Für die Annahme einer Vertrauenshaftung genügt die schlichte Teilnahme an **119**

---

[207] → § 6 Rn. 90 ff.
[208] Zust. Begründung des 4. FFG, Bundesrat-Drucks. 936/01 S. 174.
[209] Vgl. Amtl. Begründung zum Regierungsentwurf des AktG 1965 BT-Drucks. IV/171, S. 92 f.: Das Hauptmotiv für die Verbesserung des Anlegerschutzes ist eine breitere und gleichmäßigere Verteilung des Produktivkapitals, S. 513; *Claussen* AG 1995, S. 163.
[210] *Coing* WM 1980, S. 206; *Schwark* in Schwark/Zimmer, KMRK, §§ 45, Rn. 5 mwN.

einem gesonderten rechtsgeschäftlichen Verkehr, wie dies der BGH für das Angebot von nicht börsenfähigen Gesellschaftsanteilen entwickelt hat.[211] In der Rechtswirklichkeit ist die Prospekthaftung selten, aber wenn sie einsetzt, geschieht dies spektakulär – zB in den Fällen Beton- und Monierbau-AG, im Bondfall und der Elsflether Werft, in denen Banken zum Schadensersatz resp. zur Wertpapierrücknahme verurteilt wurden.[212]

Die Prospekthaftung war bis Mitte 2012 über eine Vielzahl von Gesetzeswerken verstreut. Das Wertpapierprospektgesetz selbst, welches die Prospektpflicht für die Zulassung zum Börsenhandel sowie für das öffentliche Angebot von Wertpapieren regelt, sah keine eigene Haftungsnorm vor. Stattdessen musste beim Auffinden der richtigen Anspruchsgrundlage – losgelöst von dem für die Prospektpflicht einschlägigem Gesetz – zwischen der Funktion des Prospekts als Börsenzulassungsprospekt und der als Verkaufsprospekt unterschieden werden. Handelte es sich um die Haftung aufgrund eines Prospekts, mit dem Wertpapiere zum Börsenhandel zugelassen werden sollten (Börsenzulassungsprospekt), war die zentrale spezialgesetzliche Prospekthaftungsgrundlage § 44 BörsG. Basierte die Haftung hingegen auf einem Prospekt, mit dem Wertpapiere oder Vermögensanlagen öffentlich angeboten wurden (Verkaufsprospekt), waren die §§ 13 und 13a VerkProspG einschlägig, die im wesentlichen auf die §§ 44 ff. BörsG verwiesen. Bis zum 1. Juli 2011 gab es in § 127 InvG zudem eine Haftungsnorm für das öffentliche Angebot von Investmentanteilen und den hierfür zu erstellenden Prospekt.

Diese nicht ganz konsequente Systematik der gesetzlichen Prospekthaftung hat der Gesetzgeber mit dem Gesetz zur Novellierung des Finanzanlagenvermittler- und Vermögensanlagenrechts, welches am 1. Juni 2012 in Kraft getreten ist, neu geordnet.[213] Seither befindet sich die Haftungsnorm für einen fehlerhaften Prospekt jeweils in dem Gesetz, in welchem auch die entsprechende Pflicht zur Erstellung des maßgeblichen Prospekts geregelt ist.[214] Damit ist sowohl hinsichtlich des Standorts der Prospektpflicht als auch hinsichtlich der Haftungsnorm nunmehr einheitlich nur noch danach zu differenzieren, ob es sich bei dem Gegenstand des Prospekts um Wertpapiere oder um nicht in Wertpapieren verbriefte Vermögensanlagen (insbesondere Beteiligungen an geschlossenen Fonds) handelt. Bildet den Gegenstand des Prospekts die Zulassung oder das öffentliche Angebot von Wertpapieren, so ist die Prospekthaftung ebenso wie die Prospektpflicht für diese Verfahren im Wertpapierprospektgesetz normiert. Die Haftungsnorm für Prospekte für öffentliche Angebote von Vermögensanlagen befindet sich hingegen in § 20 VermAnlG, in dessen § 6 mit dem Inkrafttreten des Gesetzes zur Novellierung des Finanzanlagenvermittler- und Vermögensanlagenrechts nun auch die entsprechende Prospektpflicht geregelt ist. Innerhalb des Wertpapierprospektgesetzes bestimmt sich die Prospekthaftung für Börsenzulassungsprospekte nach § 21 WpPG, wohingegen die Prospekthaftung für Prospekte für ein öffentliches Angebot von Wertpapieren in § 22 WpPG geregelt ist, der den § 21 WpPG jedoch weitestgehend für entsprechend anwendbar erklärt.

---

[211] BGHZ 79, S. 337, 341, 348; BGH WM 1986, S. 517.
[212] Zum Fall Beton- und Monierbau-AG, OLG Düsseldorf ZIP 1981, S. 847, 849; BGH AG 1982, S. 278 f.; Fall Bond, ein australischer Emittent von festverzinslichen Wertpapieren, LG Frankfurt WM 1992, S. 1768; OLG Frankfurt AG 1994, S. 184; „Elsflether Werft", Aktienemission, BGH AG 1998, S. 520 ff.; LG Frankfurt AG 1998, S. 488 ff.
[213] Vgl. *Leuring* NJW 2012, 1905.
[214] Vgl. *Leuring* NJW 2012, 1905.

Die Neuordnung hinsichtlich der Prospekthaftungsgrundlagen ist sehr begrüßenswert. Sie hat zu einer einheitlichen Einordung der Prospektpflicht und der Prospkethaftung geführt und so das Auffinden der einschlägigen Haftungsnorm wesentlich einfacher gemacht.

Nachdem nun die einschlägige Norm ermittelt wurde, sollen im Weiteren die Voraussetzungen und die Rechtsfolgen der Prospekthaftung anhand der jetzt geltenden zentralen Norm des § 21 WpPG erläutert werden.

Prospekthaftung bedeutet, dass ein Wertpapiererwerber nach § 21 Abs. 1 WpPG die Rücknahme dieser Wertpapiere gegen Zahlung des Erwerbspreises sowie der mit dem Erwerb verbundenen üblichen Kosten verlangen kann, wenn im Prospekt gemachte wesentliche Angaben unrichtig oder unvollständig sind. Für die Entstehung des Anspruches ist der Besitz des Wertpapieres nicht mehr erforderlich. – Der Anspruch richtet sich gem. § 21 Abs. 1 WpPG gegen diejenigen, „die für den Prospekt die Verantwortung übernommen haben" und „von denen der Erlass des Prospektes ausgeht".

Haftungsbegründend ist ein **unrichtiger oder unvollständiger** Prospekt. Die fehlerhaften Angaben müssen für die Beurteilung des Wertes des Wertpapiers von wesentlicher Bedeutung sein.[215] Auch die Unvollständigkeit des Prospektes, nämlich das Fortlassen wesentlicher Tatsachen, begründet die Prospekthaftung, wozu auch das Weglassen von wertenden Aussagen über die wirtschaftliche Lage des Emittenten gehören kann oder die Hervorrufung eines unrichtigen Gesamtbildes. Was „vollständig" heißt, richtet sich nicht zuletzt nach der Art der Emission. Für Anleger eines multinationalen Konzerns, der eine Kapitalerhöhung durchführt, ist „Vollständigkeit" im Prospekt etwas anderes als für die wenigen Aktionäre einer jungen kleinen Technologiegesellschaft, die über wenig Vergangenheit und eine ungewisse Zukunft als Berichtsgegenstand verfügt.[216] Ein wichtiger Teilaspekt der Vollständigkeit ist die Aktualisierungspflicht, aufgrund derer bei kurzfristigen Änderungen bis zum Ende des öffentlichen Angebots ein – wiederum von der BaFin zu billigender – Nachtrag zu veröffentlichen ist, § 16 WpPG. Auch für erst später erkannte Unrichtigkeiten oder Unvollständigkeiten des Prospekts kann der Emittent seine Haftung mit Wirkung für die Zukunft noch ausschließen. Dazu muss er die falsche oder unvollständige Angabe durch eine **Berichtigung** korrigieren, die den Anforderungen des Haftungsausschlusses nach § 23 Abs. 2 Nr. 4 WpPG genügt. Ebenso wie ein Nachtrag gilt eine solche Berichtigung aber immer nur gegenüber Erwerbern, die erst nach der Veröffentlichung des Nachtrags bzw. der Berichtigung erworben haben.

120

Die Ersatzpflicht tritt ua auch dann nicht ein, wenn der Besitzer des Wertpapiers die Unrichtigkeit oder Unvollständigkeit der Prospektangaben kannte – § 23 Abs. 2 Nr. 3 WpPG. Deshalb ist es wichtig, welche Maßstäbe für diese Kenntnis anzuwenden sind. Hierbei ist auf einen durchschnittlichen Anleger abzustellen, der zwar „einen Jahresabschluss lesen", also die Grundzüge erkennen kann, aber über kein überdurchschnittliches Fachwissen zu verfügen und auch mit der gebräuchlichen Fachsprache nicht vertraut zu sein braucht.[217] Andere wollen nur den unkundigen Kleinaktionär schützen,[218] wieder an-

121

---

[215] Vgl. *Krämer* in Marsch-Barner/Schäfer, Handbuch börsennotierte AG, 2. Auflage 2009, § 10 Rn. 320.
[216] *Claussen* ZGR 1984, 1, S. 14.
[217] BGH, NJW 82, S. 2823, 2824; OLG Frankfurt, AG 94, S. 184, 186. = WM 1993, S. 1455 = BB 1993, S. 1903 – Bondfall.
[218] *Canaris*, Bankvertragsrecht, 1981, Rn. 2279; *Fleischer* ist im Gutachten F für den 64. DJT, S. F 45, für eine „differenzierte Verständlichkeit".

dere auch den auf den Wahrheitsgehalt des Prospektes vertrauenden Fachmann.[219] Richtig ist es, dass der Prospekt auf den Durchschnittsanleger zugeschnitten sein und ihn wahr und vollständig informieren muss. Ein Prospekt kann kein Lehrbuch in Bilanzlesen sein. Der Unkundige kann von dort nicht Zugang zum kritischen Studium von Wirtschaftsmitteilungen erfahren. Andererseits fällt der Anleger mit überdurchschnittlichem Fachwissen als Schutzobjekt aus, weil er ähnlich wie der Emittent oder die Emissionsbank die Anlage beurteilen kann.[220]

122   Nach § 21 Abs. 1 Satz 1 WpPG sind unrichtige Angaben im Inhalt des Börsenzulassungsprospektes haftungsbegründend, wenn sie **wesentlich** sind. **Beispiele:** Wesentliche Verstöße gegen zwingendes Bilanzrecht[221] oder falsche Kalkulationen oder die unrichtige Darstellung von Haftungsverhältnissen[222]. Im Prospekt enthaltene Prognosen oder Wertungen sind unrichtig, wenn sie auf falschen Tatsachen beruhen, wenn sie ohne Tatsachenhintergrund nur ins Blaue hinein angestellte Mutmaßungen sind, oder – was am häufigsten ist – wenn sie auf Wunschdenken basieren, also kaufmännisch nicht vertretbar sind.[223] Entscheidend ist der vom Prospekt vermittelte Gesamteindruck.[224] So ist ein deutlicher Hinweis erforderlich, wenn die zulässigen Möglichkeiten zur Verbesserung des Bilanzbildes – „window-dressing" – ausgeschöpft wurden oder wenn Dividendenausschüttungen trotz Verlustperioden erfolgten. Durch einen ebenso deutlichen Hinweis auf die Risiken solcher Prognosen wird im Zuge der Internationalisierung versucht, eine hierauf gründende Haftung zu vermeiden.

123   Wer haftet für Schäden aus unrichtigen oder unvollständigen Prospekten? Nach § 21 WpPG diejenigen, die für den Prospekt Verantwortung übernommen haben und jene, von denen er „ausgeht". Die Verantwortung für den Prospekt trägt derjenige, der ihn unterschreibt, also der Emittent und das emissionsbegleitende Kredit- oder Finanzdienstleistungsinstitut. Von dem der Prospekt ausgeht, ist derjenige, der hinter dem Prospekt steht, also der eigentliche Urheber ist.[225] **Beispiel:** Eine Finanzierungstochtergesellschaft, Sitz Bahamas, mit gleichem Namen wie die Muttergesellschaft, emittiert eine Optionsanleihe. Dann geht der Prospekt von der Muttergesellschaft aus.[226] Beide Gruppen haften als Gesamtschuldner, § 21 Abs. 1 Satz 1 WpPG, sofern bei beiden Gruppen die Haftungsvoraussetzungen vorliegen.

124   Neben den Angaben des Emittenten enthalten Börsenprospekte in der Regel Angaben, die von dritter Seite stammen, wie Sachverständigengutachten und von Wirtschaftsprüfern geprüfte Jahresabschlüsse. Sind diese Angaben unrichtig, so haften auch hierfür die Prospekterlasser, sie können sich nicht darauf berufen, sie hätten diesen Teil des Prospekts nicht

---

[219] Vgl. *Hopt*, Die Verantwortlichkeit der Banken bei Emissionen, 1991, S. 95; *Schwark* ZGR 83, S. 162, 168; LG Düsseldorf WM 1981, S. 102, 106; zur Übersicht der einzelnen Meinungsstände siehe auch *Robert Müller*, Wertpapierprospektgesetz, 1. Auflage 2012, § 21 Rn. 7.
[220] Zust. *Kort* AG 1999, S. 9, 14;.
[221] *Oulds* in Kümpel/Wittig, Bank- und Kapitalmarktrecht, 4. Auflage 2011, Rn. 15.195.
[222] *Assmann* in Assmann/Schütze, Handbuch des Kapitalanlagerechts, § 6 Rn. 98 mit weiteren Beispielen.
[223] BGH NJW 1982, S. 2823, 2826; OLG Frankfurt, AG 1994, S. 184, 185 (Bondfall); *Assmann* in Assmann/Schütze, Handbuch des Kapitalanlagerechts, § 6 Rn. 89.
[224] *Mülbert/Steup* in Habersack/Mülbert/Schlitt, Unternehmensfinanzierung am Kapitalmarkt, 3. Auflage 2013, § 41 Rn. 37.
[225] Vgl. *Robert Müller*, Wertpapierprospektgesetz, 1. Auflage 2012, § 21 Rn. 17.
[226] Vgl. auch *Robert Müller*, Wertpapierprospektgesetz, 1. Auflage 2012, § 21 Rn. 17.

selbst erstellt. Unter Umständen könnte ein Prospektverantwortlicher seine Haftung jedoch durch Berufung auf § 23 Abs. 1 WpPG ausschließen, wenn er nachweisen kann, dass er die betreffende Unrichtigkeit oder Unvollständigkeit nicht gekannt hat und diese Unkenntnis nicht auf grober Fahrlässigkeit beruht. Die Anforderungen an diesen Nachweis sind allerdings hoch.

Der dem Anleger entstandene Schaden ist nur dann zu ersetzen, wenn er aus der von den Prospektangaben abweichenden Sachlage erwächst. Der falsche Prospekt muss Anlass für den schadenstiftenden Wertpapierkauf gewesen sein. Dies Kausalitätserfordernis entspricht allgemeinem Schadensersatzrecht.[227] Abweichend davon enthält § 23 Abs. 2 Nr. 1 WpPG zu diesem Kausalitätserfordernis die Umkehr der bisherigen Beweislastregelung. Es gilt nun eine Vermutung für das Bestehen eines Kausalzusammenhanges zwischen einem falschen Prospekt und dem zum Schaden führendem Wertpapierkauf zugunsten des Anlegers; der Prospektverantwortliche kann die Vermutung durch den Beweis des Gegenteils entkräften.[228] Bisher wurde dieses Ergebnis für den Anleger dadurch erreicht, dass das Prospekthaftungsrecht eine erweiterte Kausalität kennt, nämlich dass von einem veröffentlichten Prospekt durch seine mediale Verbreitung eine Anlagestimmung verbreitet wird. Erreicht diese Anlagestimmung den Anleger und kauft er deshalb das Wertpapier, braucht er nicht nachzuweisen, dass er vor dem Kauf den Prospekt gelesen hat. Im Übrigen ist weiterhin erforderlich, dass der Erwerb nach Veröffentlichung des Prospektes erfolgt.[229] – Wurde die im Prospekt fehlende oder falsche Angabe durch eine Berichtigung im Sinne von § 23 Abs. 2 Nr. 4 WpPG berichtigt, besteht der Anspruch nicht, wenn der Erwerb des Wertpapiers erst nach der Berichtigung erfolgte. Vorherige Erwerbstatbestände bleiben unberührt. Kritische Medienäußerungen hingegen heben die durch eine positive Anlagestimmung erzeugte Kausalitätsvermutung nicht auf. Diese Lösung der Kausalitätsfrage steht im Einklang mit den sonstigen Informationspflichten für Emittenten und entspricht wohl der Form, wie die Praxis Angebote und Informationen über das Kapitalmarktgeschehen dem Publikum nahe bringt. Aber in die Kategorien klassischen Schadensersatzrechts ist diese Anleitung schwer einzuordnen. Dem amorphen Begriff der „Anlagestimmung", der kein exakter juristischer Begriff ist, sondern eher ein psychologischer Terminus,[230] wird deshalb in Zukunft weniger Gewicht zukommen.

Mit Inkrafttreten des Gesetzes zur Novellierung des Finanzanlagenvermittler- und Vermögensanlagenrechts am 1. Juni 2012 hat sich auch die **Verjährungsfrist für Prospekthaftungsansprüche** geändert. Ursprünglich war die Verjährung von Prospekthaftungsansprüchen in § 46 BörsG geregelt. Danach verjährten die Prospekthaftungsansprüche in einem Jahr seit dem Zeitpunkt, zu dem der Erwerber von der Unrichtigkeit oder Unvollständigkeit der Angaben des Prospekts Kenntnis erlangt hat, spätestens jedoch in drei Jahren seit der Veröffentlichung des Prospekts. Diese spezialgesetzliche Regelung zur Verjährung wurde nicht in das Wertpapierprospektgesetz übernommen. Mangels spezieller Regelung greifen daher nunmehr die allgemeinen Verjährungsregeln des BGB, nach denen die regelmäßige Verjährungsfrist drei Jahre ab dem Schluss des Jahres, in dem der

---

[227] H. M.; BGH NJW 1982, S. 2827, 2828; OLG Frankfurt AG 1994, S. 184, 187.
[228] Begründung zum 3. FMFG, BR-Drucks. 13/8933, Besonderer Teil, zu § 45 BörsG; *Assmann* in Assmann/Schütze, Handbuch des Kapitalanlagerechts, § 6 Rn. 233.
[229] Ähnlich schon RGZ 80, S. 196, 204 f.; BGH, NJW 82, S. 2827, 2828; OLG Frankfurt, AG 1994, S. 184, 187; ebenso *Groß* in Groß, Kapitalmarktrecht, § 21 Rn. 70.
[230] So schon *Meyer-Cording* BB 1984, S. 2092.

Anspruch entstanden ist und der Gläubiger von den den Anspruch begründenden Umständen und der Person des Schuldners Kenntnis erlangt oder ohne grobe Fahrlässigkeit erlangen müsste, beträgt. Damit beginnt die Verjährung anders als noch bei der speziellen Verjährungsregelung des § 46 BörsG bereits in dem Zeitpunkt, in dem der Antragsteller grob fahrlässige Unkenntnis von der Prospektunrichtigkeit hat.[231]

b) Insiderhandelsverbot

Literatur: *Assmann/Schneider*, WpHG, 6. Auflage, 2012; *Hirt /Möllers*, Kölner Kommentar zum WpHG, 2. Aufl. 2013; Bundesanstalt für Finanzdienstleistungsaufsicht (*BaFin*), Emittentenleitfaden, Stand 28. April 2009; *Möllers*, Insiderinformation und Befreiung von der Ad-hoc-Publizität nach § 15 Abs. 3 WpHG, WM 2005, S. 1393 ff.; *Claussen*, Insiderhandelsverbot und Ad-hoc-Publizität, 1996; *Kümpel/Wittig*, Bank- und Kapitalmarktrecht, 4. Auflage 2011, Rn. 3.451 ff.; *Merkner/Sustmann*, Insiderrecht und Ad-Hoc-Publizität – das Anlegerschutzverbesserungsgesetz „in der Fassung durch den Emittentenleitfaden der BaFin", NZG 2005, S. 729.

127 Anlegerschützend ist sodann auch das in § 14 WpHG normierte Verbot von Insidergeschäften.[232] Das Insiderhandelsverbot schützt den Kapitalmarkt insgesamt und bietet damit Individualschutz für den einzelnen Anleger, weil seit mehr als 100 Jahren Marktteilnehmer gelegentlich eigennützigen Gebrauch von Insiderwissen machen. Groß angelegte Insiderfälle über mehrere hundert Millionen Dollar, wie sie zB mit den Namen Boesky, Freeman und Guiness verbunden sind, spielten sich in New York und London ab. Auch in Deutschland sind Namen wie Haffa und ComRoad in diesem Zusammenhang nicht unbekannt. Vermehrt werden in Deutschland auch Ermittlungsverfahren gegen Vorstände und Aufsichtsräte führender deutscher Unternehmen wegen Insiderhandels eingeleitet. Dies zeigt – auch wenn der relativ kleine deutsche Aktienmarkt derart groß dimensionierte Insidergeschäfte wie im Ausland bislang kaum hergibt –, dass dennoch das Gesetz Insidergeschäfte mit Wertpapieren verbieten muss, weil solche Geschäfte den unkundigen Geschäftspartner übervorteilen, für das Börsengeschehen abträglich sind, die Marktwirtschaft diskreditieren und den Insider, der seine Insiderkenntnisse aus beruflichen Quellen hat, die er privat ausnutzt, als einen ungetreuen Sachwalter entlarvt.[233]

128 Die Vorschriften des WpHG zur Insiderüberwachung wurden durch das Anlegerschutzverbesserungsgesetz (AnSVG)[234] – in Kraft seit 30. Oktober 2004 – in zentralen Punkten weiter verschärft. Das AnSVG und die damit verbundenen Änderungen beruhen auf europäischen Vorgaben: der sog. Marktmissbrauchsrichtlinie (Richtlinie 2003/6/EG des Europäischen Parlaments und des Rates über Insider-Geschäfte und Marktmanipulation) und den hierzu erlassenen Durchführungsrichtlinien der Europäischen Kommission.[235] Als Reaktion auf das AnSVG und seine Regelungen hat die Bundesanstalt für Finanzdienstleistungsaufsicht (BaFin) mit Stand vom 15. Juli 2005

---

[231] *Grote* in MüKoBGB, 6. Aufl. 2012, § 199 Rn. 28.
[232] Vgl. *Assmann* in Assmann/Schneider, WpHG, § 14 Rn. 6.
[233] Insiderrecht ist auf US-amerikanische Rechtsquellen zurückzuführen, nämlich den Securities Act von 1993; dazu aus der Fülle der Literatur *Steinberg/Wang*, Insider Trading, Boston, 1996, mwN. Das US-amerikanische Insiderrecht ist auf der „misappropriation theory" aufgebaut, die besagt, dass ein Insider einer Treuepflicht gegenüber seiner Informationsquelle unterliegt, *Lange* WM 1998, S. 525–535.
[234] BGBl. I 2004, S. 2630.
[235] Verordnung (EG) Nr. 2273/2003 vom 22. Dezember 2003, Richtlinie 2003/124/EG der Kommission vom 22. Dezember 2003, Richtlinie 2003/125/EG der Kommission vom 22. Dezember 2003 und Richtlinie 2004/72/EG der Kommission vom 29. April 2004.

einen Emittentenleitfaden veröffentlicht, der sich an in- und ausländische Emittenten richtet, deren Wertpapiere zum Handel an einer inländischen Börse zugelassen sind, und Hilfestellungen für den Umgang mit den geänderten und neuen Vorschriften des Wertpapierhandelsrechts bieten soll.[236]

Nach § 14 WpHG ist es verboten, unter **Verwendung** einer **Insiderinformation**[237] **Insiderpapiere** für eigene oder fremde Rechnung oder für einen anderen **zu erwerben oder zu veräußern** (Nr. 1), einem anderen eine Insiderinformation **unbefugt mitzuteilen oder zugänglich zu machen** (Nr. 2), einem anderen auf der Grundlage einer Insiderinformation den Erwerb oder die Veräußerung von Insiderpapieren **zu empfehlen** oder einen anderen auf sonstige Weise dazu **zu verleiten** (Nr. 3). Hiervon explizit ausgenommen sind der Handel mit eigenen Aktien im Rahmen von Rückkaufprogrammen und Maßnahmen zur Stabilisierung des Preises von Finanzinstrumenten, wenn diese in Übereinstimmung mit den Ausnahmeregelungen der europäischen Verordnung für Rückkaufprogramme und Kursstabilisierungsmaßnahmen[238] erfolgen. Geschütztes Rechtsgut des Verbots von Insidergeschäften ist die Funktionsfähigkeit des organisierten Kapitalmarkts.[239] Nach traditioneller Ansicht dient das Insiderverbot daneben aber insbesondere auch dem Anlegerschutz.[240]

129

Was sind Insiderpapiere? Da das Insiderrecht den Kapitalmarkt und zumindest mittelbar auch den Privatanleger schützen will, unterliegen gemäß § 12 WpHG zum einen diejenigen **Finanzinstrumente** dem Insiderrecht, „die an einer inländischen **Börse** zum Handel zugelassen oder in den **regulierten Markt** oder in den **Freiverkehr** einbezogen oder zum Handel an einem **anderen organisierten europäischen Markt** zugelassen sind". Der Begriff des Finanzinstruments ist in § 2 Abs. 2b WpHG gesetzlich definiert. Als Finanzinstrumente gelten danach Wertpapiere wie Aktien, Zertifikate, die Aktien vertreten, Schuldverschreibungen sowie Geldmarktinstrumente im Sinne des § 2 Abs. 1a WpHG und auch alle Derivate im Sinne von § 2 Abs. 2 WpHG. Gerade für die Unterwerfung aller Derivate unter die Regelungen des Insiderrechts, mithin auch Derivate auf Waren, Edelmetalle oder Strom, bestand Anlass, um keine Umgehungsmöglichkeiten entstehen zu lassen.[241]

130

Der Begriff der Inhaberpapiere erfasst erweiternd gemäß § 12 S. 1 Nr. 3 WpHG zusätzlich alle Finanzinstrumente ohne eigene Zulassung zum Handel, deren **Preis unmittelbar oder mittelbar** von Finanzinstrumenten nach Nr. 1 oder Nr. 2 **abhängt**. Durch die Änderung fallen nun zB auch Aktienoptionen, die auf börsennotierte Aktien bezogen sind, unter den Begriff der Insiderpapiere. Hierdurch wurde eine in der Vergangenheit nicht selten genutzte Strafbarkeitslücke geschlossen, da ein Insider sich bislang in Kenntnis eines nur ihm bekannten (negativ) kursrelevanten Umstands verlustvermeidend durch den Abschluss von Optionsverträgen von seinen Papieren trennen konnte, ohne sich strafbar zu machen.[242]

131

---

[236] BaFin, Emittentenleitfaden, Stand 22. Juli 2013, S. 27.
[237] Hinsichtlich der Frage, was Insiderinformationen sind, → Rn. 91 ff.
[238] Verordnung (EG) Nr. 2273/2003 vom 22. Dezember 2002.
[239] Begr. RegE., 2. FGG, BT-Drucks. 12/6679, S. 45.
[240] Vgl. *Assmann* in Assmann/Schneider, WpHG, § 14 Rn. 6.
[241] Vgl. hierzu *Assmann* in Assmann/Schneider, WpHG, S. 2 Rn. 12.
[242] *Claussen/Florian* AG 2005, S. 745, 748.

132 Was ist den **Insidern nach § 14 WpHG konkret verboten?** Dies ist zunächst einmal der Erwerb oder die Veräußerung von Insiderpapieren, die unter Verwendung der Insiderinformation erfolgt. Für den Erwerbs-/Veräußerungsvorgang ist dabei die Ausführung der Order ausreichend.[243] Während für den Verstoß gegen das Insiderhandelsverbot nun bereits die **Verwendung** einer Insiderinformation genügt, war nach alter Rechtslage hierfür noch die „Ausnutzung"[244] einer solchen Information erforderlich. Ein Verwenden liegt bereits dann vor, wenn der Insider in Kenntnis der Information handelt und die Information in sein Handeln mit einfließen lässt.[245] Die Kenntnis muss ursächlich für das Handeln werden. Eine Ausnahme vom tatbestandsmäßigen Verwenden ist jedoch in solchen Fällen zu machen, in denen bei Paketerwerben beide Parteien den gleichen Kenntnisstand besitzen oder der Insider das Geschäft auch ohne Kenntnis der Information getätigt hätte.[246] Für die Feststellung der Kenntnis ist auf den Zeitpunkt der Ordererteilung abzustellen.[247] Hat der vermeintliche Insider im Moment der Eingehung der rechtlichen Erwerbsverpflichtung oder auch der Teilnahmeerklärung an einem Aktienoptionsprogramm keine Kenntnis von der Insiderinformation, so kann auch eine später hinzutretende Kenntnis – etwa im Falle von Dauer-Ordern oder vertragsgemäßen späteren Einbuchungen von Aktien und Optionen im Rahmen von Mitarbeiterprogrammen, auf deren Vornahme der Insider keinen Einfluss hat[248] – hieran nichts ändern.[249]

133 Um eine Erhöhung der Gefahr des Insiderhandels durch eine immer größer werdende Zahl von Insidern bereits im Vorfeld zu verhindern, ist auch die **unbefugte Weitergabe** von Insiderinformationen verboten, § 14 Abs. 1 Nr. 2 WpHG. Dies umfasst sowohl die direkte Mitteilung von Informationen an Dritte als auch das Verschaffen von Zugriffsmöglichkeiten, in deren Verlauf der Dritte konkrete Kenntnis von der Insiderinformation erlangt.[250] Das Handeln ist dabei unbefugt, wenn es nicht im Rahmen einer gewöhnlichen Ausübung des Berufs oder in Erfüllung von anderen Aufgaben des Insiders für den Emittenten erfolgt.[251]

134 Ebenfalls im Vorfeld zu Transaktionen liegt die untersagte **Empfehlung** oder **Verleitung** zum Handel von Insiderpapieren auf der Grundlage von Insiderinformationen, § 14 Abs. 1 Nr. 3 WpHG. Die Empfehlung ist ein Unterfall des Verleitens,[252] welches darauf abzielt, den Willen eines anderen im Hinblick auf eine Transaktion zu beeinflussen.[253] Erforderlich ist in beiden Fällen, dass die Handlung des Insiders ursächlich auf die Kenntnis von der Insiderinformation zurückgeht.[254] Nicht erforderlich ist hingegen, dass der Dritte als Reaktion auch tatsächlich Insiderpapiere erwirbt oder veräußert.[255]

---

[243] BaFin, Emittentenleitfaden, Stand 15. Juli 2005, S. 37.
[244] Im Sinne zweckgerichteten Handelns zum Nachteil anderer, *Spindler* NJW 2004, S. 3449, 3451.
[245] Begründung RegE, AnSVG, BT-Drucks. 15/3174, S. 34.
[246] *Merkner/Sustmann* NZG 2005, S. 729, 732 f.
[247] BaFin, Emittentenleitfaden, Stand 15. Juli 2005, S. 37.
[248] *Claussen/Florian* AG 2005, S. 745, 751.
[249] *Assmann* in Assmann/Schneider, WpHG, § 14 Rn. 29.
[250] *Assmann* in Assmann/Schneider, WpHG, § 14 Rn. 69.
[251] BaFin, Emittentenleitfaden, Stand 15. Juli 2005, S. 41.
[252] Begründung RegE, AnSVG, BT-Drucks. 15/3174, S. 34.
[253] BaFin, Emittentenleitfaden, Stand 15. Juli 2005, S. 41.
[254] *Assmann* in Assmann/Schneider, WpHG, § 14 Rn. 127.
[255] *Assmann* in Assmann/Schneider, WpHG, § 14 Rn. 127.

Der Insiderhandel wird durch § 38 WpHG unter **Strafe** gestellt.[256] Neben der Strafbewehrung des Erwerbs- oder Veräußerungsverbots eines Insiderpapiers gem. § 14 Abs. 1 Nr. 1 WpHG, dessen Täter jeder sein kann, der über eine Insiderinformation im Sinne des § 13 WpHG verfügt, wird ein besonders definierter Täterkreis auch dann bestraft, wenn er einem anderen eine Insiderinformation unbefugt mitteilt oder zugänglich macht (§ 14 Abs. 1 Nr. 2 WpHG) oder einem anderen auf der Grundlage einer Insiderinformation den Erwerb oder die Veräußerung von Insiderpapieren empfiehlt oder auf sonstige Weise hierzu verleitet (§ 14 Abs. 1 Nr. 3 WpHG). Die früher[257] auf der Tatbestandsebene des Insiderverstoßes getroffene Unterscheidung zwischen Primär- und Sekundärinsidern[258] wird auf diesem Wege auf die Rechtsfolgenseite verlagert. Im Hinblick auf das Erwerbs- und Veräußerungsverbot ist dabei sowohl der vorsätzliche als auch der leichtfertige Verstoß für jeden Insider nach § 38 WpHG strafbar.[259] Bei den beiden anderen Verstößen gegen das Insiderhandelsverbot ist zu unterscheiden: Ein vorsätzlicher Verstoß ist für den Primärinsider eine Straftat, für den Sekundärinsider dagegen nur eine Ordnungswidrigkeit (§ 39 Abs. 2 Nr. 3 WpHG), ein leichtfertiger Verstoß stellt sowohl für den Primärinsider als auch für den Sekundärinsider eine Ordnungswidrigkeit dar (§ 39 Abs. 2 Nr. 3 WpHG). Unter Primärinsidern sind dabei solche Personen zu verstehen, die die in § 38 Abs. 1 Nr. 2 a–d WpHG genannten besonderen persönlichen Merkmale aufweisen. Dies sind etwa Organmitglieder und persönlich haftende Gesellschafter, Anteilseigner oder Insider aufgrund Beruf, Tätigkeit oder Aufgabe, aber auch jeder, der im Zuge der Begehung oder Vorbereitung eine Straftat eine Insiderinformation erlangt.[260] Sekundärinsider sind demgegenüber alle anderen Personen, die auf andere Art über Insiderinformationen verfügen und die entsprechenden Maßnahmen tätigen.[261]

135

Der **Versuch** des Erwerbs oder der Veräußerung von Insiderpapieren unter Verstoß gegen § 14 Abs. 1 WpHG wird **ebenfalls bestraft** (§ 38 Abs. 3 WpHG). Die Begehung der Tat durch Unterlassen (§ 13 StGB) wird hingegen kaum möglich sein, da tatbestandsmäßig ein Erwerb oder eine Veräußerung vorausgesetzt sind, deren bloße Nichtvornahme nicht strafrechtlich erfasst sein kann.[262] Dies gilt auch im Falle von Stornierungen bereits erteilter Order oder der Nichtausübung von Optionen geben.[263]

136

Das Strafmaß für Insiderdelikte ist nicht zaghaft: Bis zu fünf Jahren Freiheitsstrafe oder Geldstrafe kann verwirkt werden, § 38 Abs. 1 WpHG. Auf Rechtsfolgenseite differenziert das Gesetz nicht zwischen Primär- und Sekundärinsidern; dies schließt jedoch nicht aus, dass bei der Strafzumessung nach den Umständen des Einzelfalles eine Abstufung zwischen Primär- und Sekundärinsidern vorzunehmen sein wird.[264] Erzielte Vorteile des In-

137

---

[256] Weitere Ordnungswidrigkeiten regelt § 39 WpHG.
[257] D. h. bis zur Anpassung des WpHG aufgrund des am 30. Oktober 2004 in Kraft getretenen Anlegerschutzverbesserungsgesetzes.
[258] *Spindler* NJW 2004, S. 3449, 3451.
[259] Vgl. zur ausführlichen Darstellung *Assmann* in Assmann/Schneider, WpHG, 6. Auflage 2012, § 38 Rn. 44 ff.
[260] Diese Umschreibung entspricht weitgehend dem in § 13 Abs. 1 WpHG aF dargestellten Kreis der Primärinsider.
[261] *Hilgendorf* in Park, Kapitalmarktstrafrecht, 3. Auflage 2013, § 38 Rn. 252 .
[262] Zum Beispiel die Rückkaufprogramme und Stabilisierungsmaßnahmen *Claussen/Florian*, AG 2005, S. 745, 753.
[263] *Assmann* in Assmann/Schneider, WpHG, § 38 Rn. 78.
[264] *Zimmer/Cloppenburg* in Schwark/Zimmer, KMRK, § 38 Rn. 24.

siders verfallen nach §§ 73 ff. StGB. Schadensersatzverpflichtungen ergeben sich idR aus § 823 Abs. 2 Satz 1 BGB,[265] andere Anspruchsgrundlagen sind denkbar.

138 Das ganze Gebäude des Insiderrechts wird von der Erkenntnis getragen, dass Informationen über Geld nahezu so wichtig sind wie Geld selbst und deshalb der Gesetzgeber die **gleichzeitige Nutzung** von **neuen Informationen** durch alle Marktteilnehmer anzustreben hat. Die hoch strafbewehrte und administrativ anspruchsvolle Lösung des WpHG hat die Informationspolitik der börsennotierten Gesellschaften grundsätzlich geändert und erweitert und derart ein erstes Ziel erreicht. Wertpapierdienstleistungsunternehmen haben sich auch intern geändert und interne Kontrollmaßnahmen eingeführt, um einen Missbrauch des sich immer stärker ausweitenden Informationsmaterials zu vermeiden – eine Aufgabe, mit der sich das Rechtsfeld der Compliance befasst,[266] das hier nicht ausgebreitet wird, weil es nicht ausschließlich bankrechtlich einzuordnen ist.

139 Das Vorgehen gegen den Insiderhandel wird zudem durch die in § 10 WpHG gesetzlich normierte Verpflichtung zur **Anzeige von Verdachtsfällen** hinsichtlich eines Verstoßes gegen das Insiderhandelsverbot verstärkt, welche eine bestimmte Gruppe von „Personen, die beruflich Geschäfte mit Finanzinstrumenten tätigen, wie etwa Wertpapierdienstleistungsunternehmen im Sinne des § 2 Abs. 4 WpHG, trifft.

c) Verbot der Marktmanipulation

140 Ebenfalls zur Palette der Anlegerschutzbestimmungen gehört das Verbot der Marktmanipulation in § 20a WpHG. Danach ist es verboten, „unrichtige Angaben über Umstände zu machen, die für die Bewertung eines Finanzinstruments erheblich sind". Dies gilt auch, wenn „solche Umstände entgegen bestehenden Rechtsvorschriften verschwiegen werden, wenn die Angaben oder das Verschweigen geeignet sind, auf den inländischen Börsen- oder Marktpreis einzuwirken". Aufgrund dieser Formulierung sind jetzt nicht nur zu positive Angaben von dem Verbot erfasst, sondern auch ein Unterlassen von Angaben, sofern eine Rechtspflicht zur Offenbarung besteht. Von dieser Verbotsnorm sind darüber hinaus auch „sonstige Täuschungshandlungen", die geeignet sind, auf den Börsen- oder Marktpreis eines Vermögenswertes einzuwirken, umfasst. Hierunter fallen Transaktionen, die über die tatsächliche Geschäftslage täuschen, wie zB eine Kursbeeinflussung durch fiktive Geschäfte, dh Geschäfte mit identischen Vertragspartnern, „Hin- und Hertransaktionen", auch wash sales genannt, Geschäfte, bei denen Aufträge und Gegenaufträge aufeinander abgestimmt sind, sog. matched orders, auch manipulierte Leerverkäufe und das gezielte Streuen von Gerüchten können Kursmanipulationen und Täuschungshandlungen sein. Nach § 20a Abs. 5 WpHG kann das BMF diese Täuschungshandlungen durch RechtsVO definieren, mit der weiteren Delegationsmöglichkeit an die BAFin, was rechtsstaatlichen Bedenken aus Art. 74 GG begegnet. § 20a WpHG ist nach § 39 Abs. 1 WpHG als Ordnungswidrigkeit ausgestaltet; aber die Ordnungsstrafe kann bis zu einer Geldbuße bis zu einer Million Euro betragen, § 39 Absatz 4 WpHG.

---

[265] *Fischer zu Cramburg/Royé* in Heidel, Aktienrecht und Kapitelmarktrecht, 3. Auflage 2011, § 14 Rn. 11: Die durch § 38 strafbewehrte Norm ist weder Schutzgesetz iSv § 823 Abs. 2, noch gesetzliches Verbot iSd § 134 BGB. Ebenso *Wehowsky* in Erbs/Kohlhaas,Strafrechtliche Nebengesetze, 194. Ergänzungslieferung 2013 in Bezug auf das Insiderhandelsverbot nach § 14 WpHG.
[266] *Koller* in Assmann/Schneider, WpHG, 6. Auflage 2012, § 33 Rn. 18 ff.

§ 7. Wertpapierhandel

Übersicht

A.	**Börsenfähige Wertpapiere, Globalurkunden und Wertrechte**	1
I.	Allgemeines	1
II.	Sammelverwahrung	6
III.	Sammelverbriefung	7
IV.	Wertrechte	9
V.	Die Übertragung von Wertpapieren	11
	1. Inhaberpapiere	11
	2. Orderpapiere	13
	3. Rektapapiere	15
VI.	Die Aktie als Mitgliedschaftswertpapier	16
VII.	Die Schuldverschreibung als Forderungspapier	28
	1. Allgemeines	28
	2. Öffentliche Anleihen	39
	3. Pfandbriefe	45
	4. Bankschuldverschreibungen	47
	5. Industrie- oder Unternehmensanleihen	48
	6. Euroanleihen	49
VIII.	**Schuldverschreibungen mit Bezug zum Eigenkapital**	51
	1. Wandelanleihen	51
	2. Optionsanleihen	55
	3. Genussscheine	59
	4. Optionsscheine	66
IX.	**Derivate**	75
	1. Allgemeines	75
	2. Fest- und Optionsgeschäfte	82
	3. Rechtliche Ordnung	86
	4. Abgrenzungsfragen	89
X.	Wertpapierleihe	93
XI.	Anteile an Investmentfonds	97
	1. Investmentzertifikate	97
	2. Immobilienzertifikate	102
	3. Sonstige Fondstypen	106
	4. Insbesondere: Hedgefonds und Private-Equity-Fonds	107
B.	**Das Recht der Wertpapiergeschäfte**	109
I.	**Auftragsanbahnung und -erteilung**	109
II.	**Die Auftragsausführung**	119
III.	**Besonderheiten des Börsenhandels**	127
	1. Ausführung durch Teilnahme am Präsenzhandel	127
	2. Die Feststellung des Börsenpreises im Präsenzhandel	134

3. Der Xetra-Handel		137
IV. Der Handel außerhalb der Börse		141
1. Die Ausführung im Eigenhandel (Best Execution)		141
2. Ausführung über ein Multilaterales Handelssystem		145
V. Die Geschäftsabwicklung		146
1. Allgemeines		146
2. Eigentumsverschaffung im Girosammelverkehr		149
3. Eigentumsverschaffung bei Sonderverwahrung		158
4. Bezahlung der Wertpapierkaufpreise		161
5. Leistungsstörungen in der Geschäftsabwicklung		162
VI. Das Recht der Verwahrung und Verwaltung von Wertpapieren (Depotgeschäft)		163
1. Allgemeines		163
2. Sonderverwahrung		175
3. Sammelverwahrung		177
4. Pfand- und Zurückbehaltungsrechte		187
C. Das Emissions- und Konsortialgeschäft		195
I. Allgemeines		195
1. Grundbegriffe		195
2. Rechtsgrundlagen		203
II. Das Emissionskonsortium		205
III. Der Übernahmevertrag		212
1. Allgemeines		212
2. Spezialfragen der Anleiheemission		217
3. Spezialfragen der Aktienemission		221
a) Vorbereitende Maßnahmen		221
b) Verbandsinterne Vorbereitungen		232
c) Fragen der Durchführung		237
d) Die Nachbereitung der Emission		247

Literatur zu Wertpapiergeschäften und Börsen allgemein: *Assmann/Schneider,* WpHG, 6. Aufl. 2012; *Assmann/Schütze,* Handbuch des Kapitalanlagerechts, 3. Aufl. 2007; *Buck-Heeb,* Kapitalmarktrecht, 5. Aufl. 2011; *Ekkenga,* Effektengeschäft in: Münchener Kommentar zum HGB, Band 5, 2. Aufl. 2009; *Foelsch,* Grundzüge des Börsenwesens, in: BuB, Loseblattsammlung, Rn. 7/420 ff.; *Groß,* Kapitalmarktrecht, 5. Aufl. 2012; *ders.,* Kapitalmarktrecht, in: Ebenroth/Boujong/Joost/Strohn, HGB, Band 2, 2.Aufl. 2009, Abschnitt IX; *Grundmann,* WpHG, in: Ebenroth/Boujong/Joost/Strohn, HGB, Band 2, 2. Aufl. 2009, Abschnitt VI, 1; *Hueck/Canaris,* Recht der Wertpapiere, 12. Aufl., 1986; *Kümpel/Wittig,* Bank- und Kapitalmarktrecht, 4. Aufl. 2011; *Kümpel/Hammen,* Börsenrecht – Eine systematische Darstellung, 2003; *Kümpel/Hammen/Ekkenga,* Kapitalmarktrecht, Loseblattsammlung; *Lenenbach,* Kapitalmarktrecht, 2. Aufl. 2010; *Schäfer/Hamann,* Kapitalmarktgesetze, Loseblattsammlung; *Schlüter,* Börsenhandelsrecht, 2. Aufl. 2002; *Schwark/Zimmer,* Kapitalmarktrechts-Kommentar, 4. Aufl. 2011; *Seiler/Kniehase,* Grundlagen des Kapitalmarktrechts/Effektengeschäft, in: Schimansky/Bunte/Lwowski, BankR-HdB, Band II, 4. Aufl. 2011, Vor § 104 und § 104; *Siller,* Kapitalmarktrecht, 2006; *Wagner,* Wertpapierhandel, in: BuB, Loseblattsammlung, Rn. 7/1 ff.

Literatur zu börsenfähigen Wertpapieren: *Baumbach/Hefermehl/Casper,* Wechselgesetz und Scheckgesetz, 23. Aufl. 2008; *Einsele,* Wertpapierrecht als Schuldrecht – Funktionsverlust von Effektenurkunden im internationalen Rechtsverkehr, 1995; *Hueck/Canaris,* Recht der Wertpapiere, 12. Aufl. 1986; *Habersack* in Münchener Kommentar zum BGB, 6. Aufl. 2013, Kommentierung der §§ 793 ff.; *Meyer-Cording/Drygala,* Wertpapierrecht, 3. Aufl., 1995; *Peters,* Rechtliche Entwicklungsmöglichkeiten im Effektenbereich, 1983; *Schmidtbleicher/Hartwig-Jacob,* SchVG, AGB-Recht und

Transparenzkontrolle sowie Prospektrecht, in: Ekkenga/Schröer, Handbuch der AG- Finanzierung, 2014, S. 1037 ff.; *Zöllner,* Wertpapierrecht, 14. Aufl. 1987; vgl. ferner die Literaturhinweise vor den einzelnen Abschnitten.

A. Börsenfähige Wertpapiere, Globalurkunden und Wertrechte

I. Allgemeines

Wertpapiere im bürgerlich-rechtlichen Sinne sind Urkunden, in denen ein privates Recht in der Weise verbrieft ist, dass zur **Geltendmachung des Rechts** das **Innehaben der Urkunde** erforderlich ist, sog. Vorlage- oder Präsentationsfunktion.[1] Maßgebliches Kriterium ist also die Art und Weise der Rechtsausübung. Weitere, auf die Erleichterung des Wertpapierumlaufs gerichtete Wertpapierfunktionen sind:[2] Die Legitimationsfunktion, wonach allein die Vorlage des Papiers genügt, um das verbriefte Recht ausüben zu können, so dass der Inhaber seine materielle Anspruchsberechtigung nicht nachweisen muss (vgl. § 793 Abs. 1 Satz 1 BGB); die Liberationsfunktion, wonach der Schuldner mit befreiender Wirkung an jeden leisten kann, der Inhaber des Papiers ist, folglich die Anspruchsberechtigung des Inhabers nicht prüfen muss (vgl. § 793 Abs. 1 Satz 2 BGB); schließlich die Transportfunktion, wonach mit der Übereignung des Papiers zugleich das darin verbriefte Recht ipso jure auf den Erwerber übergeht. Es gilt der Satz: „Das Recht aus dem Papier folgt dem Recht am Papier".

Im Recht des Wertpapierhandels spielt die Vorlage- oder Präsentationsfunktion dagegen kaum noch eine Rolle.[3] Stattdessen rückt das Merkmal der freien Handelbarkeit in den Vordergrund. Wertpapiere sind dort Handelsobjekte („Effekten"), die sich für gewerbsmäßige Umsatzgeschäfte eignen. Nach Europäischem Recht ist das der Fall, wenn „alle Wertpapiere innerhalb der gleichen Kategorie wie das besagte Wertpapier fungibel sind" (Art. 35 I der MiFiD-DVO).[4] Dieses Merkmal der **Fungibilität** prägt auch den aufsichts- und kapitalmarktrechtlichen Wertpapierbegriff, der uns in diversen Definitionsnormen beggenet und der Wertpapiere nur als Teil einer „Gattung", also einer Vielzahl gleichartiger Handelsobjekte erfasst (§ 1 Abs. 11 S. 2 KWG, § 2 Abs. 1 S. 1 WpHG; vgl. auch § 2 Ziff. 1 WpPG). Gegenüber dem bürgerlichrechtlichen Wertpapierbegriff ist der handelsrechtliche insofern weiter, als er die Verbriefung in einer Urkunde nicht voraussetzt (vgl. hierzu Rn. 9 ff.). § 2 Abs. 2b WpHG bezeichnet diese Markttitel als Finanzinstrumente, ebenso wie Geldmarkttitel und Derivate (zu ihnen → Rn. 75 ff.).

Hauptanliegen des Wertpapierrechts ist es also, einen Anspruch iSv § 194 Abs. 1 BGB oder eine Mitgliedschaft (Aktie) verkehrsfähig zu machen. Da sich die Veräußerung des Wertpapiers nach eigentumsrechtlichen Grundsätzen vollzieht, besteht – wie bei allen beweglichen Sachen, aber anders als im Zessionsrecht – die Möglichkeit des gutgläubigen Erwerbs vom Nichtberechtigten (näher → Rn. 12). Die **Verknüpfung der dinglichen**

---

[1] H. M., zB *Hueck/Canaris,* Das Recht der Wertpapiere, 12. Aufl. 1986, § 1, I (S. 1). Diese Definition erfasst das papierlose (unverkörperte) Wertrecht nicht. Weitere Definitionen des Wertpapiers bringen *Marburger* in Staudinger, BGB, Neubearb. 2009, Vorbem. zu § 793 BGB und Baumbach/ *Hefermehl/Casper,* Wechselgesetz und Scheckgesetz, 23. Aufl. 2008, WPR Rn. 11; *Karsten Schmidt,* Handelsrecht, 6. Aufl. 2014, § 24 I, 2 (S. 821 ff.); *Zöllner,* Wertpapierrecht, 15. Aufl. 2006, S. 20.

[2] *Zöllner,* Wertpapierrecht, 15. Aufl. 2006, S. 22 f (zur Legitimations- und Liberationsfunktion).

[3] Das ist eine Folge des stückelosen Effektengiroverkehrs → Rn. 6. Grundlegend und vertiefend *Zöllner,* FS Raiser, 1974, S. 249 ff.

[4] EG-Verordnung Nr. 1287/2006 zur Durchführung der MiFiD-Richtlinie 2004/39/EG.

Verfügungsberechtigung ("Recht am Papier") mit dem verbrieften Recht ("Recht aus dem Papier") ist zwingend; bei der Veräußerung eines Wertpapiers kann nicht das Recht aus dem Papier durch Abtretung an A und das Eigentum am Papier durch Übereignung an B fallen. Die wahlweise Übertragung des verbrieften Rechtes auf dem Zessionswege ist dadurch nicht ausgeschlossen, weil der Zessionar das Eigentum am Papier dann ipso jure nach § 952 Abs. 2 BGB erwirbt.[5] Wertpapiere haben zudem eine Rechtssicherungsfunktion, die den Inhaber des verbrieften Rechts gegen eine Rechtsausübung durch andere, etwa nach Zessionsrecht aus §§ 407, 408 BGB legitimierte Personen schützt. Hierdurch wird die für das Börsenwesen unerlässliche Verklammerung von Inhaberschaft und Anspruchsberechtigung hergestellt.[6]

4   Der wertpapierrechtlichen Verpflichtung des Ausstellers liegt nach hM ein **gestufter Tatbestand** zugrunde. Dieser besteht in der einseitigen Errichtung und Unterzeichnung der Urkunde („Kreation") sowie im Abschluss eines Begebungsvertrages mit dem ersten Gläubiger, in dem der Emittent mit der Übergabe des Papiers an den ersten Inhaber sein Leistungsversprechen an den jeweiligen Inhaber abgibt (Inhaberpapiere) oder an dessen Order adressiert (Orderpapiere). Die wertpapierrechtliche Verpflichtung entsteht nicht schon mit dem Druck, also der körperlichen Herstellung des Wertpapieres, wie dies einst die Kreationstheorie lehrte.[7] Auch die vertragliche Begebung allein reicht als Erklärung nicht aus, wie von den Vertretern der reinen Vertragstheorie behauptet. Denn der Skripturakt begründet einen Rechtsschein, auf den ein gutgläubiger Zweiterwerber vertrauen können muss, wenn der Wertpapierumlauf nicht empfindlich gestört werden soll. **Beispiel**: A kauft von D eine Inhaberschuldverschreibung, die D in einer Wertpapierdruckerei gestohlen hat. A würde mangels Begebungsvertrages kein Recht erwerben. Dieses Ergebnis würde dem Gedanken des Verkehrsschutzes widersprechen. Deshalb ist der gute Glaube des A durch die Rechtsscheintheorie als Fortentwicklung der (Begebungs-)Vertragstheorie geschützt.[8]

5   Da die Wertpapiere den gutgläubigen Erwerber beim Erwerb vom Nichtberechtigten und beim Einwendungsausschluss privilegieren (näher → Rn. 12), unterliegt die Schaffung neuer Handelsobjekte im Effektenwesen gewissen Gestaltungsgrenzen (→ Rn. 10); für Aktien und Orderpapiere gibt es sogar einen Numerus Clausus (→ Rn. 11, 14). Das Gesetz enthält eine **beispielhafte Aufzählung:** Aktien, aktienvertretende Zertifikate, Genussscheine, Inhaber- und Orderschuldverschreibungen sowie Wertpapiere, die ein Erwerbs- oder Veräußerungsrecht verbriefen (Optionsscheine), ferner Anteile an Investmentvermögen (§ 1 Abs. 11 S. 1 Nr. 5 KWG; § 2 Abs. 2b WpHG). Nicht erwähnt sind dort Wechsel und Schecks, die zwar als Instrumente der Kreditschöpfung bzw. des Zahlungsverkehrs umlauffähig, für den Effektenhandel indes weder bestimmt noch geeignet sind. Sie sind Gegenstand von Spezialregelungen (WG, ScheckG) und hier nicht näher zu behandeln.[9]

---

[5] HM; vgl. *Habersack* in MüKoBGB, 6. Aufl. 2013, § 793 Rn. 18 f.

[6] Vgl. *Karsten Schmidt*, Handelsrecht, 6. Aufl., 2014, § 24 I 3ff (S. 821 f.) mit Darstellung des dogmatischen Hintergrundes.

[7] Für Kreationstheorie: *Eugen Ulmer*, Das Recht der Wertpapiere, 3. Aufl., 1938, S. 38–41; *Zöllner*, Wertpapierrecht, 15. Aufl. 2006, S. 32.

[8] Baumbach/*Hefermehl*/*Casper*, Wechselgesetz und Scheckgesetz, 23. Aufl. 2008, WPR. Rn. 31 f.; Staudinger/*Marburger*, BGB, Neubearb. 2008, § 793 Rn. 16–17 mwN; *ders.* ebenda, Vorbem. zu §§ 793–808, Rn. 18; *Meyer-Cording*, Wertpapierrecht, 3. Aufl. 1995, S. 29 ff.

[9] Alphabetisch geordneter Gesamtüberblick bei *Ekkenga* in MüKoHGB, Effektengeschäft, 3. Aufl. 2014, Rn. 69.

II. Sammelverwahrung

Der moderne Effektenhandel vollzieht sich nicht durch Übereignung und Besitzwechsel bestimmter Stücke, die einzeln bei Banken verwahrt werden. Das wäre angesichts des Massencharakters von Wertpapieremissionen und der Größenordnungen der Umsätze in Wertpapiergeschäften[10] unzweckmäßig und zu aufwendig. § 5 Abs. 1 DepotG gestattet deshalb die Girosammelverwahrung durch eine Wertpapiersammelbank im Sinne des § 1 Abs. 3 DepotG, das ist derzeit die Clearstream Banking AG, Frankfurt aM, eine Tochtergesellschaft der Clearstream International S.A., Luxemburg, die wiederum eine 100%ige Tochtergesellschaft der Deutsche Börse AG ist.[11] Die Wertpapiere eines jeden Depotkunden (Hinterlegers) werden dabei ungetrennt von den Beständen vieler anderer Hinterleger derselben Wertpapiere verwahrt. Der Kunde verliert sein Sondereigentum am eingelieferten Wertpapier und erhält dafür Miteigentum nach Bruchteilen an den im Sammelbestand befindlichen Wertpapieren derselben Gattung (§ 6 Abs. 1 DepotG), womit indessen keine Aufgabe des herkömmlichen Wertpapierbegriffs verbunden ist.[12] Für die Sammelverwahrung sind auf den Inhaber lautende, vertretbare Wertpapiere geeignet, Investmentanteile nach Maßgabe von § 97 Abs. 1 KAGB, aber auch Wertpapiere ausländischer Emittenten, zB alle Anleihen des Euro-Marktes. Die Sammelverwahrung ermöglicht den **stückelosen Effektengiroverkehr**. Dieser lässt sich durch Sammelverbriefung gem. § 9a Abs. 1 Satz 1 DepotG noch weiter vereinfachen, wovon in der Praxis meist Gebrauch gemacht wird.

III. Sammelverbriefung

§ 9a DepotG erlaubt, Wertpapiere über mehrere Rechte in Sammelurkunden zu verbriefen,[13] auch **Globalurkunden** genannt. § 9a Abs. 1 DepotG definiert die Globalurkunde als „ein Wertpapier, das mehrere Rechte verbrieft, die jedes für sich in vertretbaren Wertpapieren einer und derselben Art verbrieft sein könnten". Diese Sammel- oder Globalurkunden werden bei der Wertpapiersammelbank verwahrt. Der Hinterleger kann zwar nach §§ 7, 8 iVm 9a Abs. 3 Satz 1 DepotG von der Sammelbank die Auslieferung einzelner Stücke verlangen; zu diesem Zweck wird die Sammelbank einen ausreichenden Bestand einzelner Wertpapiere vorhalten müssen. Der Anspruch auf Einzelverbriefung besteht aber nicht, wenn der Ausdruck von Einzelstücken in den Emissionsbedingungen des Emittenten ausgeschlossen ist (§ 9a Abs. 3 Satz 2 DepotG), wie zB bei allen Emissionen des Bundes. Von dieser Möglichkeit wird weitestgehend Gebrauch gemacht. **Beispiel**: In den Emissionsbedingungen von festverzinslichen Wertpapieren steht dann etwa folgender Vorbehalt: „Die Anleiheschuldnerin behält sich vor, einen Teil der Teilschuldver-

---

[10] 1970 betrug der Gesamtumsatz in Aktien und Renten an der Frankfurter Wertpapierbörse DM 8,5 Mrd., 1980 betrug er knapp DM 40 Mrd., 1993 betrug der Umsatz DM 3162 Mrd., 1997 DM 8.971 Mrd., Fact-Book 1997, Zahlen zur Deutschen Börse; inzwischen sind die Umsätze rückläufig.
[11] Die Clearstream Banking AG ist Kreditinstitut und die einzige deutsche Wertpapiersammelbank. Sie hat die Aufgabe, für Wertpapierdienstleistungsunternehmen, die das Depotgeschäft betreiben, die Verwahrung und Verwaltung von Wertpapieren durchzuführen, sie ist zentrale Buchungs- und Clearingstelle. Näher → Rn. 146 ff.
[12] *Einsele* in MüKoHGB, 3. Aufl. 2014, Depotgeschäft, Rn. 42 ff.
[13] Zur Geschichte der Global- oder Sammelurkunde und ihren Ausformungen: *Than*, FS Heinsius, 1991, S. 809, 812 ff.; *Einsele* in MüKoHGB, 3. Aufl. 2014, Depotgeschäft, Rn. 52 ff.

schreibungen in auf den Inhaber lautenden Sammelurkunden zu verbriefen". Damit ist der Einzelanspruch ausgeschlossen. Der Ausschluss des Ausdrucks von Einzelstücken hat zur Folge, dass der einzelne Rechtsinhaber über seine Rechte nur im Wege des Effektengiroverkehrs verfügen kann. Dabei werden die Einzelrechte durch Umbuchung bei der Sammelbank übertragen – eine Technik, die den explosionsartigen Anstieg der Emissionstätigkeit in den letzten 20 Jahren erst ermöglicht hat. Die gesetzliche Ausnahme ist denn auch heute die Regel: Die Globalurkunde wird nicht als vorübergehende, sondern als Dauerverbriefung eingesetzt.[14] § 10 Abs. 5 AktG eröffnet diese Möglichkeit auch für die **Aktie.** Danach kann die Satzung der AG die Auslieferung von Einzelaktien einschränken oder ausschließen.[15]

8   Zusammenfassend ist festzuhalten, dass die Sammel- oder Globalurkunde eine Zusammenführung vieler Einzelwertpapiere in einer Urkunde ist. Sie ist ebenso wie die Einzelurkunde eine nach sachenrechtlichen Grundsätzen lebende Verbriefung von Rechten, also ein Wertpapier (vgl. die Klammerdefinition in § 9a Abs. 1 DepotG), obwohl sie zentrale Wertpapierfunktionen wie die Präsentationsfunktion und die Transportfunktion nicht ausfüllt.[16] Für den Wertpapiercharakter der Sammelurkunde spricht auch, dass sie an den Börsen zulassungsfähig[17] ist. Die Frage ist vor allem für die Zulassung des gutgläubigen Erwerbs vom Nichtberechtigten von praktischer Bedeutung (→ Rn. 12).

IV. Wertrechte

9   Die nächste Rationalisierungsstufe des Wertpapierwesens nach der Sammelurkunde ist die vollständige **Entmaterialisierung**, die vollständige Entkörperung, also der Verzicht auf jedes Wertpapier. Diese Rationalisierungsform wurde für den Teilbereich der Schuldaufnahme durch die öffentliche Hand entwickelt und ist dort zulässig und umfassend eingesetzt. Hier wird auf eine die Anleihe verkörpernde Urkunde ganz und gar verzichtet. **Beispiel**: Der Bund emittiert eine Anleihe über 1.000 Mio. Euro, die auf den Namen der Clearstream Banking AG, Frankfurt aM, als Wertpapiersammelbank im Bundesschuldbuch eingetragen wird (§ 8 Abs. 1 BWpVerwG[18]). Es entsteht eine Sammelschuldbuchforderung, die kraft gesetzlicher Fiktion als Wertpapiersammelbestand „gilt"; die Anleihegläubiger „gelten" als Miteigentümer nach Bruchteilen (§ 8 Abs. 2 Satz 1, 2 BWpVerwG). Die Clearstream Banking AG verwaltet die Sammelschuldbuchforderung treuhänderisch für die Gläubiger, ohne selbst aktivlegitimiert zu sein (§ 8 Abs. 2 S. 4 BWpVerwG). Treugeber sind die Kreditinstitute, deren Anteile auf einem Sammeldepotkonto gutgeschrieben wurden und die wiederum Treuhänder ihrer Depotkunden sind, und zwar in der Form der Ermächtigung nach § 185 BGB. Auf diese Weise wird der Depotkunde und Anleihekäufer über ein doppeltes Treuhandverhältnis unmittelbarer Gläubiger der Schuld-

---

[14] *Hueck/Canaris,* Recht der Wertpapiere, 12. Aufl. 1986, S. 17: mit der Dauerglobalurkunde habe die Zurückdrängung des Verkörperungselements des an sich körperlichen Wertpapiers ihren äußersten Punkt erreicht.

[15] *Seibert* DB 1999, S. 267; *Kirchfeld* in Seibert/Kiem, Handbuch der kleinen AG, 4. Aufl., 2000, S. 401 und 402.

[16] *Einsele* in MüKoHGB, 3. Aufl. 2014, Depotgeschäft Rn. 58 f.

[17] *Heidelbach* in Schwark/Zimmer, KMRK, 4. Aufl. 2010, § 32 BörsG Rn. 28.

[18] Bundeswertpapierverwaltungsgesetz, abgedruckt in: Kümpel/Hammen/Ekkenga, Kapitalmarktrecht, Kennz. 335.

buchforderung gegen den Bund, ohne dass es einer individuellen Eintragung in das Schuldbuch bedarf. Die Veräußerung erfolgt nach den Regeln des Depotgesetzes über den Effektengiroverkehr (§ 8 Abs. 2 S. 6 BWpVerwG). Der Erwerber von Anleihen des Bundes hat aber auch die Möglichkeit, seinen Anspruch im Einzelschuldbuch individuell registrieren zu lassen (§ 9 BWpVerwG). In beiden Fällen sind die obligatorischen Ansprüche kraft Ersetzung der Verbriefung durch eine Registereintragung verdinglicht und Gegenstand von Erwerbsvorgängen nach Sachenrecht.[19] Man spricht von „Wertrechten" oder plastischer von „Bucheffekten".

Mit fortschreitender Ausbreitung des Effektengiroverkehrs – mehr als 90 % aller umlaufenden Wertpapiere werden stückelos übertragen, und zwar problemfrei – ist ein **Wertpapierwesen ohne (Einzel-)Urkunden** entstanden und ohne ein Recht des Wertpapiereigentümers, einzelne Stücke zu beanspruchen. Gänzlich obsolet ist die Einzelurkunde dennoch nicht, weil sie von Privatanlegern durchaus hin und wieder nachgefragt wird. Die sachenrechtliche Anerkennung vollkommen entmaterialisierter Wertrechte oder Bucheffekten jenseits des Bundesschuldbuches bedarf nach h.M der gesetzlichen Grundlage.[20] Ob und inwieweit der Gesetzgeber solche virtuellen Handelsobjekte künftig neben oder anstelle den klassischen Inhaberpapieren des BGB einführen sollte, ist Gegenstand umfangreicher rechtspolitischer Diskussionen. Zu unterscheiden sind vier Grundsatzpositionen: 10

1. Der **zessionsrechtliche Ansatz**[21] hält die Anbindung des Effektenumlaufs an das Sachenrecht für entbehrlich und lässt es bei der Anwendung des Zessionsrechts bewenden. Das entspricht der Faktizität des Umganges mit stückelosen Effekten, der mit der Körperlichkeit beweglicher Sachen nichts mehr zu tun hat, widerspricht aber der auf dem Besitz der Urkunde basierenden Konzeption von § 793 Abs. 1 Satz 1 BGB. Eine Komplettumstellung des Wertpapierrechts – vom Recht der Inhaberschuldverschreibung bis zum Scheck- und Wechselrecht –, wäre also nur über weitreichende Gesetzesänderungen möglich. Entsprechende Vorschläge gibt es, sie haben sich aber nicht durchgesetzt.[22]

2. An die Stelle des körperlichen Wertpapiers wird der elektronische Datenträger gesetzt.[23] Wie bei den Bundesanleihen wird also aus dem körperlichen Wertpapier über die Zwischenstation des Wertrechts ein **elektronischer Wertträger**. Technisch stellt man sich dieses Verfahren so vor, dass der Emittent der Wertpapiersammelbank die Wertträger zur Verwaltung übergibt und die Erwerber von Teilrechten an den jeweiligen Emissionen bei der Wertpapiersammelbank als solche erfasst sind. So sehr dieser Ansatz der Praxis entspricht, steht ihm doch entgegen, dass elektronische Datenträger keine Urkunden sind, es fehlt die in § 793 Abs. 1 Satz 1 BGB vorausgesetzte schriftliche Verkörperung.[24]

---

[19] *Habersack* in MüKoBGB, 6. Aufl. 2013, Vor § 793 Rn. 32; *Decker*, BuB, Rn. 8/115 ff (Stand 2006).
[20] *Habersack* in MüKoBGB, 6. Aufl. 2013, Vor § 793 BGB Rn. 34 mwN.
[21] *Zöllner*, FS Raiser, 1974, S. 249 ff.
[22] *Koller*, Gutachten und Vorschläge zur Überarbeitung des Schuldrechtes, Herausgeber Bundesminister der Justiz, Bundesanzeiger 1981, S. 1491 ff., vom Schuldrechtsmodernisierungsgesetz von 2001 nicht berücksichtigt.
[23] *Lütticke*, Elektronische Verbriefung von Effektenrechten, Sonderveröffentlichung des Instituts für Bankwirtschaft und Bankrecht, Köln, 1980, S. 221 ff.
[24] Problemdarstellung bei *Habersack* in MüKoBGB, 6. Aufl. 2013, Vor § 793 BGB Rn. 36; *Peters*, Rechtliche Entwicklungsmöglichkeiten im Effektenbereich, 1983, S. 26.

3. Der **depottechnische Ansatz**[25] hält am geltenden Recht fest, die Übertragung von Wertpapieren soll nach Sachenrecht möglich bleiben. Die Globalurkunde soll de lege ferenda im Verhältnis zwischen dem Schuldner und der Wertpapiersammelbank gestärkt werden. Diesem Ansatz steht entgegen, dass modernes Wertpapierwesen vom Funktionsverlust der Verbriefung gekennzeichnet ist und mit der Dauerglobalurkunde eine temporäre Hilfslösung gefunden wurde, die zwar praktikabel und erfolgreich ist, aber doch nur herkömmliche Rechtsinstrumente zeitgerecht umfunktioniert. Zukünftiges Recht sollte ohne solche „geistigen Krücken"[26] auskommen.

4. Auf „Krücken" verzichtet das **wertpapierfreie Effektenwesen**,[27] das eine generelle Entmaterialisierung der Effekten nach dem Vorbild der staatlichen Schuldbuchforderungen vorsieht. Bei Aktien gibt es nach diesem Modell de lege ferenda keinen Anspruch auf Verbriefung des Anteilsrechts mehr. Dies mag der Anspruchshaltung der Aktionäre gelegentlich widersprechen, dient aber der praktischen Vereinfachung – einem Anliegen, dem der Gesetzgeber durchaus aufgeschlossen gegenübersteht. Die Einfügung des § 10 Abs. 5 AktG in 1994 darf zwar nicht als Einführung eines wertpapierfreien Aktienwesens mißverstanden werden[28], sie weist aber den richtigen Weg: Der Souverän der AG – die Hauptversammlung – hat darüber zu befinden, ob sie eine gänzlich wertpapierfreie AG will oder ob sie ausgedruckte Stücke vorzieht. Im ersteren Fall ist zu bedenken, dass es mit dem Ausschluss des Anspruchs auf Einzelurkunden nicht getan ist. Wer ein papierloses Effektenwesen will, muss anderweitig für eine ordnungsgemäße Dokumentation sorgen, etwa durch Schaffung privater Register.

V. Die Übertragung von Wertpapieren

1. Inhaberpapiere

11   Rechte aus Schuldverschreibungen auf den Inhaber (§ 793 Abs. 1 Satz 1 BGB) werden nach bürgerlichem Recht durch **Übereignung des Wertpapiers** übertragen; dabei folgt das Recht aus dem Inhaberpapier (genauer: aus dem Leistungsversprechen) dem Recht am Papier (genauer: dem Eigentum; → Rn. 3). Materiell aus dem Wertpapier berechtigt ist der jeweilige Inhaber der Urkunde, „es sei denn, dass er zur Verfügung über die Urkunde nicht berechtigt ist" (§ 793 Abs. 1 Satz 1, 2. Halbsatz). Als Ersterwerber ist stets der Eigentümer verfügungsbefugt, danach – also nach erstmaliger Begebung des Papiers durch den Aussteller – können auch Pfandgläubiger (vgl. § 1294 BGB), Nießbraucher (vgl. §§ 1081 ff. BGB) oder gem. § 185 BGB ermächtigte Personen verfügungsbefugt sein. Der Inhaber muss, wie sich aus § 793 Abs. 1 Satz 1 BGB unmittelbar ergibt, seine materielle Berechtigung nicht nachweisen – entscheidende Voraussetzung dafür, dass sich das

---

[25] *Koller*, Gutachten und Vorschläge zur Überarbeitung des Schuldrechtes, Herausgeber Bundesminister der Justiz, Bundesanzeiger 1981, S. 1499, 1503; hierzu *Kümpel* WM 1982, S. 730; *Pleyer*, FS Werner, 1984, S. 639, 649 f.
[26] *Zöllner*, FS Raiser, 1974, S. 249, 255.
[27] *Peters*, Wertpapierfreies Effektensystem, 1978, S. 153 ff.; *ders.*, Rechtliche Entwicklungsmöglichkeiten im Effektenbereich, 1983, S. 34 ff.; zum Ganzen Staudinger/*Marburger*, Neubearb. 2009, Vorbem zu § 793 BGB, Rn. 37 – 43.
[28] *Habersack* in MüKoBGB, 6. Aufl. 2013, Vor § 793 Rn. 36; *Claussen* AG 1995, 163, 168.

Ekkenga

Inhaberpapier für das anonyme Massengeschäft eignet.[29] Um börsenfähiges („fungible") Verkehrspapiere (Effekten) handelt es sich allerdings erst dann, wenn sie massenhaft gleich oder annähernd gleich ausgestattet sind, so dass sich Angebot und Nachfrage an einem einheitlichen Standard ausrichten können. Paradigmatisch hierfür steht wiederum die (Inhaber-) Aktie (§ 10 Abs. 1 AktG), deren Standards durch aktienrechtlichen Gestaltungszwang (§ 23 Abs. 5 AktG) gesetzlich zementiert sind. Zu den börsenfähigen Anspruchspapieren (Anleihen, Investmentzertifikate etc.) → bereits Rn. 5. Der Rechtsübergang geschieht im Massengeschäft auch nicht nach §§ 929 ff. BGB durch Einigung und Übergabe, sondern durch einfache Umbuchung im Effektengiroverkehr, also auf den oben dargestellten, fiktiven Wegen, Rn. 6. Daneben ist zwar die Übertragung der Rechte aus einem Inhaberpapier durch schuldrechtlichen Zessionsvertrag nach §§ 398, 413 BGB möglich. Das Eigentum an der Urkunde geht dann nach § 952 Abs. 2 BGB auf den Erwerber über (→ Rn. 3). Dieser Rechtsübergang findet im Börsenrecht aber nicht statt, weil ein Wertpapierauftrag auf Kauf eines Inhaberpapiers lautet und nicht auf Erwerb einer Forderung im Wege der Abtretung.

Inhaberpapiere sind kraft formeller Legitimation möglicher Gegenstand eines **Erwerbs** **12** **vom Nichtberechtigten.** Es ist zu unterscheiden: Was zunächst das Recht am Papier betrifft (Fall der fehlenden Verfügungsberechtigung, insbesondere fehlendes Eigentum), ist der Erwerber in seinem guten Glauben nach den allgemeinen Regeln der §§ 932 ff. BGB, § 366 Abs. 1 und 2 HGB geschützt. Der Gutglaubensschutz macht also vor abhandengekommenen Titeln nicht halt (§ 935 Abs. 2 BGB). Das alles gilt nach hM grundsätzlich auch im Effektengiroverkehr, obwohl es hier nicht zu Änderungen am Wertpapierbesitz kommt (→ Rn. 153 ff.). Allerdings ist der Gutglaubensschutz zugunsten von Banken, die die Papiere in eigenem Namen erwerben, durch § 367 Abs. 1, 2 HGB massiv eingeschränkt (vgl. Gesetzestext). Der zweite Teil des Verkehrsschutzes bezieht sich auf das Recht aus dem Papier, also auf das Leistungsversprechen des Ausstellers iSv § 793 Abs. 1 Satz 1, 1. Halbsatz. Gemeint ist der Fall, dass der Aussteller sein Leistungsversprechen gegenüber dem ersten Erwerber nicht erfüllen muss, weil ihm Einwände[30] im Sinne des § 796 BGB zustehen (gleichlautend: § 8 Abs. 6 BWpVerwG für Bundesschuldbuchforderungen). Obwohl der Gesetzestext zu der Frage schweigt, besteht Einigkeit, dass solche Einwände dem redlichen Zweit- oder Folgeerwerber gegenüber ausgeschlossen sind, sofern die Ausstellung des Papiers den zurechenbaren Rechtsschein einer wertpapierrechtlichen Verpflichtung gegenüber dem jeweiligen Inhaber begründet hat. Letzteres trifft zu bei persönlichen Einwänden gegenüber dem Ersterwerber (zB Bereicherungseinrede nach § 821 BGB, Erfüllungs- oder Aufrechnungseinwand), nicht aber auf Einwände, die die Gültigkeit der Ausstellung betreffen (zB Unterschriftsfälschung) oder die sich aus der Urkunde selbst ergeben. Zu den dokumentierten Einwänden im letzteren Sinne dürften auch diejenigen Verpflichtungsbeschränkungen zu rechnen sein, die in den vorformulierten und publizierten Emissionsbedingungen enthalten sind (→ Rn. 31 ff.). „Redlich" im Sinne der wertpapierrechtlichen Einwendungslehre bedeutet in Anlehnung an Art. 17 WG, dass dem Zweit- oder Folgeerwerber der Einwand gegen das Recht aus dem Papier

---

[29] Verfahrensrechtlich ist der Inhaber zusätzlich begünstigt, da er allein kraft formeller Legitimation im Urkundenprozess einen Vollstreckungstitel erstreiten kann. Seine materielle Berechtigung wird dann erst im Nachverfahren überprüft, vgl. §§ 599 ff. ZPO.

[30] Der Gesetzestext spricht von „Einwendungen", das ist aber nicht zu eng aufzufassen. Gemeint sind daher auch Gegenrechte (Einreden).

unbekannt war.[31] Fehlt es an einem wirksamen Begebungsvertrag, so hängt die Leistungsverpflichtung gegenüber dem Zweit- oder Folgeerwerber von dessen Gutgläubigkeit ab (so die Rechtsscheintheorie, → Rn. 4). Ein Abhandenkommen der Urkunde schließt auch hier die Haftung nicht aus (vgl. § 794 Abs. 1 BGB).

2. Orderpapiere

13   Orderpapiere werden auf eine bestimmte Person oder deren Order ausgestellt.[32] Dadurch nehmen sie eine Mittelstellung zwischen den Inhaber- und den Namenspapieren (§ 808 Abs. 1 BGB) ein. Bei den Orderpapieren ist nicht der jeweilige Inhaber des Wertpapiers aktivlegitimiert, sondern entweder der auf der Urkunde namentlich Genannte oder derjenige, der seine Berechtigung durch eine Übertragungskette von der anfänglich auf der Urkunde genannten Person ableitet, der also durch eine „Order" des auf dem Wertpapier namentlich Genannten legitimiert ist. Die Orderpapiere haben mit den Namenspapieren gemein, dass der erste Berechtigte im Papier mit Namen angegeben wird. Aber der Emittent von Orderpapieren rechnet bereits bei der Emission mit weiteren Übertragungen. Deshalb verspricht der Emittent Leistung aus dem Wertpapier nicht nur an den namentlich Genannten, sondern auch an dessen Order, also an einen Dritten. Die Order erfolgt durch einen Vermerk auf der Rückseite des Wertpapiers, das **Indossament**, das auch blanko erfolgen kann. Die Übertragung der Rechte aus dem Wertpapier geschieht durch Übereignung der Urkunde nach §§ 929 ff. BGB und Indossament. Der Berechtigte muss sich als Leistungsempfänger ausweisen, entweder in der Urkunde selbst als erster Nehmer oder im Indossament. Das Indossament begründet die formelle Legitimation desjenigen Inhabers, der nicht als Gläubiger namentlich benannt ist. Dies ist Voraussetzung, um die Umlauffähigkeit dieser Wertpapiere herzustellen und derart aus den Orderpapieren – neben den Inhaberpapieren – auch Verkehrspapiere zu machen.

14   Beispiele für Orderpapiere sind: Namensaktien gem. § 68 Abs. 1 AktG, Wechsel, Schecks – dies sind geborene Orderpapiere, sie bedürfen keiner ausdrücklichen Orderklausel. Gekorene Orderpapiere sind die sechs handelsrechtlichen Wertpapiere des § 363 HGB, wenn sie eine Orderklausel enthalten. Im Börsenwesen spielen die gekorenen Orderpapiere keine Rolle. Von den geborenen Orderpapieren sind nur die **Namensaktien** börsenrechtlich relevant. Eine zeitlang drohte die Inhaberaktie allmählich durch die Namensaktie verdrängt zu werden, weil letztere in den USA leichter verkäuflich sind und weil es zur Pflege von „Investor Relations" (individuelle Gesprächskontakte zwischen AG und Aktionären) sinnvoll schien, den Namen aller Aktionäre zu kennen. Inzwischen ist die Kommunikationspflege, sogar das elektronische Abarbeiten der Stimmrechte und das Abarbeiten aller sonstigen Informationspflichten rund um die Aktie, über Internet auch für Inhaberaktien möglich, sodass diese Aktienform wieder im Vordergrund steht. Nach wie vor werden Versicherungsaktien häufig als Namensaktien ausgestaltet und Papiere von Großgesellschaften, die an Wall-Street eingeführt sind. Denn dem US-amerikanischen Börsenwesen fehlt, wie gesagt, das Verständnis für die deutsche Inhaberaktie. **Beispiel:** Als die Siemens AG ihre Aktie an Wall-Street zugelassen erhalten wünschte, musste Siemens ihre bisherigen Inhaber- in Namensaktien umwandeln. Blanko indossierte Na-

---

[31] Zum Ganzen *Habersack* in MüKoBGB, 6. Aufl. 2013, § 796 Rn. 3 ff.
[32] Zum Ganzen *Baumbach/Hefermehl/Casper*, Wechsel- und Scheckgesetz, 23. Aufl. 2008, WPR Rn. 55 ff.; *Habersack* in MüKoBGB, 6. Aufl. 2013, Vor § 793 Rn. 14; Staudinger/*Marburger*, Neubearb. 2009, Vorbem zu § 793 Rn. 8.

mensaktien sind sammelverwahr- und börsenfähig, selbst wenn sie nach § 68 Abs. 2 AktG vinkuliert sind. Allerdings muss die AG dann die Umlauffähigkeit durch eine schriftliche Blankofreigabe herstellen, die bei der Zulassungsstelle hinterlegt wird.[33]

3. Rektapapiere

Bei den Rektapapieren ist der Berechtigte aus dem Wertpapier diejenige Person, die in dem Papier benannt ist, § 808 Abs. 1 Satz 1 BGB. An sie ist direkt – italienisch „recta" – zu leisten. Aus dem Papier ist nur der im Papier namentlich Benannte berechtigt (§ 808 Abs. 1 Satz 2 BGB) – daher wird das Rektapapier auch Namenspapier[34] genannt, was nicht mit der Namensaktie, von der wir unter → Rn. 14 als einem Orderpapier gesprochen haben, verwechselt werden darf. Das Recht aus dem Papier kann nicht wertpapierrechtlich, also durch Einigung und Übergabe übergehen, sondern nur nach den Regeln für die Übertragung des verbrieften Rechtes selbst, regelmäßig also durch **Abtretung** nach § 398 ff., 413 BGB. Mit der Forderung erwirbt der Zessionar auch das Eigentum. Reziprok zu den Inhaberpapieren gilt also der Satz: „Das Recht am Papier folgt dem Recht aus dem Papier" (§ 952 Abs. 1 BGB). Rektapapiere werden wegen ihrer reduzierten Umlauffähigkeit den „Wertpapieren im weiteren Sinne" zugerechnet. Im Börsenrecht spielen sie keine Rolle mehr, nachdem es keine bergrechtlichen Kuxe mehr gibt. **15**

VI. Die Aktie als Mitgliedschaftswertpapier

Literatur: *Assmann* in Großkommentar zum AktG, 4. Aufl. 1992 ff., Einleitung; *Kübler,* Aktie, Unternehmensfinanzierung und Kapitalmarkt, 1989; *Würdinger,* Aktienrecht, 2. Aufl., 1966, noch immer lesenswert; ferner die Kommentierungen zu §§ 8-13 AktG.

Im Zentrum des börsenmäßigen Wertpapierhandels steht die Aktie. Aktien werden von der Aktiengesellschaft ausgegeben („emittiert"). Sie verkörpern die **Mitgliedschaft des Aktionärs**, Inbegriff für die dem Aktionär zustehenden Rechte. Die Aktie lautet auf einen Anteil am Grundkapital der AG (§ 8 Abs. 4 AktG); das Ergebnis (die Beteiligungsquote) bestimmt über die Höhe des Stimmrechts und über den Dividendenanteil des Inhabers. Die AG ist grundsätzlich verpflichtet, den Aktionären eine Einzelurkunde über ihre Mitgliedschaft auszustellen.[35] Es handelt sich – im Gegensatz zu den Inhaberpapieren des BGB – um ein deklaratorisches Wertpapier.[36] **16**

Die Aktienurkunden können gemäß § 10 Abs. 1 AktG auf den Inhaber oder auf den Namen lauten. Für lange Zeit war die **Inhaberaktie** die in Deutschland bevorzugte Variante, mittlerweile hat sich diese Tendenz jedoch zugunsten der Namensaktie abgeschwächt.[37] Für die Inhaberaktie gibt es keine ausdrückliche wertpapierrechtliche Regelung, so dass die §§ 793 ff. BGB zwar nicht unmittelbar, aber entsprechend anwendbar sind.[38] Das verbriefte Mitgliedschaftsrecht wird also der Idee nach durch Einigung plus **17**

---

[33] Einzelheiten bei *Ekkenga* in MüKoHGB, Effektengeschäft, 3. Aufl. 2014, Rn. 21.
[34] Staudinger/*Marburger,* Neubearb. 2009, Vorbem zu § 793 BGB, Rn. 10.
[35] Seit RGZ 52, 417 422/423; modifiziert durch § 10 Abs. 5 AktG, → Rn. 7.
[36] *Kraft/Kreutz,* Gesellschaftsrecht, 11. Aufl. 2000, S. 330.
[37] *Dauner-Lieb,* Kölner Komm AktG., 3. Aufl. 2011, § 10 Rn. 28.
[38] *Dauner-Lieb,* Kölner Komm AktG., 3. Aufl. 2011, § 10 Rn. 29; *Heider* in MüKoAktG, 3. aufl. 2008, § 10 Rn. 33.

Übergabe der Aktienurkunde oder Übergabesurrogat gem. §§ 929 ff. BGB übertragen. Mit der Realität hat das jedoch nichts mehr zu tun; vielmehr wird der moderne Aktienhandel im Wege des Effektengiroverkehrs abgewickelt (→ Rn. 6). Das Gegenstück zur Inhaberaktie ist die **Namensaktie**; sie ist Orderpapier, das durch Indossament übertragen wird (§ 68 Abs. 1 AktG), vgl. Rn. 14. Bei den Namensaktien ist die Sonderform der vinkulierten Namensaktien nach § 68 Abs. 2 AktG zu erwähnen, die die Übertragung an die Zustimmung des Vorstandes der AG bindet.[39]

18 § 11 AktG unterscheidet weiter nach Aktiengattungen, in denen sich die verbrieften Rechte begrenzt variieren lassen: **Stammaktien** gewähren Stimmrechte in der Hauptversammlung, während **Vorzugsaktien** ohne Stimmrecht ausgegeben werden können – vorausgesetzt, dass die Aktionäre zum Ausgleich bei der Gewinnverwendung (und bei der Schlussverteilung im Rahmen der Liquidation) bevorzugt werden, §§ 12 Abs. 1 Satz 2, 139–141 AktG. Welche Gattung gewählt wird, steht im Ermessen der Aktiengesellschaft, doch bedarf es einer satzungsmäßigen Grundlage (§ 23 Abs. 3 Nr. 4 AktG). Wir werden die Vorzugsaktie ohne Stimmrecht im Kapitel über das Emissionsgeschäft der Banken (→ Rn. 228) noch näher behandeln. – Über alle Aktien werden Urkunden ausgestellt, und zwar Einzelurkunden, Mehrfachurkunden oder Sammelurkunden. Für Inhaberaktien dürfen Urkunden nicht ausgegeben werden, wenn der Ausgabebetrag nicht (voll) geleistet ist (§ 10 Abs. 2 Satz 1 AktG). Um die Mitgliedschaften vorläufig zu verbriefen, kann die AG **Zwischenscheine** ausstellen (§ 8 Abs. 6 AktG). Zwischenscheine müssen auf den Namen lauten (§ 10 Abs. 3 AktG). Sie sind wie die Namensaktien Orderpapiere, und es gelten für sie die Vorschriften über Namensaktien, insbesondere die §§ 67, 68 AktG.

19 Zu den Besonderheiten der deutschen Aktie gehört, dass sie einen Nennwert hat, der auf ein Euro oder mehr, jedenfalls aber auf volle Euro lauten muss (§ 8 Abs. 2 AktG).[40] Da die Summe der Aktiennennwerte dem Grundkapital der AG (§ 6 AktG) entspricht, lässt sich die auf jede Aktie entfallende Beteiligungsquote anhand des Größenverhältnisses zum Grundkapital jederzeit problemlos ablesen (§ 8 Abs. 4 AktG). Neben dieser herkömmlichen **Nennbetragsaktie** lässt § 8 Abs. 1 AktG auch die **Stückaktie** zu, die ebenfalls einen quotalen Anteil am nominellen Grundkapital repräsentiert (§ 8 Abs. 4 AktG). Nur ergibt sich die Beteiligungsquote nicht aus einem Nennbetrag, sondern aus einem Mengenvergleich mit der Gesamtzahl der vorhandenen Stücke (§ 8 Abs. 3 AktG). Mit der Zulassung der Stückaktie wurde die Währungsumstellung von DM auf Euro auf elegante Weise vollzogen: Die Aktie bleibt unverändert, wird nicht ersetzt, nicht abgestempelt, nicht umgestellt – sie hat nur keinen Nennbetrag mehr, lautet deshalb auch nicht auf eine bestimmte Währung. **Quotenaktien,** die einen Bruchteil am Gesellschaftsvermögen ausdrücken und demzufolge bei jeder Änderung der Beteiligungsquote (zB nach Ausgabe neuer Aktien per Kapitalerhöhung) erneuert werden müssen, sind dem deutschen Recht unbekannt.[41]

20 **Volksaktien** werden zur Privatisierung von Bundesvermögen ausgegeben, wie zB bei der Deutsche Telekom, bevorzugt an Belegschaftsmitglieder der betreffenden Gesellschaften, wie zB früher bei der VEBA AG. Mit der Volksaktie sollen breite Bevölkerungskreise zu Miteigentümern an Aktiengesellschaften gemacht werden. Freilich handelt es sich bei

---

[39] Einzelheiten bei *Lutter/Drygala*, Kölner Komm z. AktG., 3. Aufl. 2011, § 68 Rn. 57 ff.
[40] § 8 Abs. 1 Satz 1 AktG idF von 1994, BGBl. I, Nr. 48, S. 1749; zum Nennwert allgemein *Kübler*, Aktie, Unternehmensfinanzierung und Kapitalmarkt, 1989, S. 29 ff.; *Seibert* AG 1993, S. 315 ff. zum DM-5-Nennwert; *Claussen* AG 1963, S. 237 „Die Aktie ohne Nennbetrag ist die richtigere".
[41] Zum Ganzen *Ekkenga* WM 1997, 1645; *Schröer* ZIP 1997, 221.

der Volksaktie nicht um eine rechtliche Kategorie, sondern um ein Schlagwort für die Bezeichnung von Aktien mit hoher Verbreitung bei Kleinanlegern. – **Berichtigungsaktien** nach §§ 207–220 AktG – auch fälschlich Gratisaktien genannt – entstehen durch Umwandlung von offenen Rücklagen in Grundkapital. Die Berichtigungsaktien stehen den vorhandenen Aktionären zu, sie gelten als voll eingezahlt. Der Sinn der Ausgabe von Berichtigungsaktien ist es, die einzelne Aktie im Kurs an der Börse „leichter" zu machen. Am Wert der Beteiligung des Aktionärs ändert sich nichts. – **Eigene Aktien** nennt man die von der AG ausgegebenen und von ihr selbst am Kapitalmarkt zurückerworbenen Aktien. Erlaubt ist ein solcher Rückerwerb nur in den engen Grenzen der §§ 71 ff. AktG.[42] Hervorzuheben sind die Begrenzung auf ein Höchstvolumen von 10 % des Grundkapitals (§ 71 Abs. 1 Ziff. 8 AktG) und die Fähigkeit der AG zur Rücklagenbildung nach § 71 Abs. 2 AktG. Der Aktienrückerwerb setzt normalerweise eine Satzungsermächtigung voraus. Er eignet sich vorzüglich zur manipulativen Kursbeeinflussung und unterliegt deshalb weitergehenden kapitalmarktrechtlichen Restriktionen. So darf eine börsennotierte AG Aktienrückkäufe nur zum Zwecke der Kursstabilisierung im Anschluss an eine Neuemission programmieren und durchführen; die in der MaKonV beschriebenen Grenzen[43] sind zu beachten. Nach hM musseine börsennotierte AG die im WpÜG vorgeschriebenen Prospekt- und Publizitätspflichten nicht einhalten, wenn sie ein öffentliches Rückkaufangebot unterbreitet.[44]

Belegschaftsaktien werden an Mitarbeiter der emittierenden AG ausgegeben. Zu diesem Zweck kann die AG ihr Grundkapital erhöhen (vgl. § 192 Abs. 2 Nr. 3 AktG) oder sich die benötigten Aktien durch Rückerwerb vom Kapitalmarkt beschaffen. Die soeben erwähnte 10%-Grenze ist hier ausnahmsweise außer Kraft gesetzt, § 71 Abs. 1 Satz 1 Nr. 2 AktG. Erfolgt der Verkauf zu einem Vorzugskurs, muss der Erwerber häufig eine Sperrfrist beachten, bevor er die Aktie weiterveräußern darf. Die Ausgabe von Belegschaftsaktien ist durch das 5. Vermögensbildungsgesetz 1987[45] und § 3 Nr. 39 EStG steuerlich gefördert. Letzterer hat § 19 a EStG abgelöst, der zum 01. April 2009 aufgehoben wurde und insoweit nur noch als Bestandsschutzvorschrift auf entsprechende Beteiligungsprogramme in einer Übergangszeit bis zum 31. Dezember 2015 anzuwenden ist (vgl. § 52 Abs. 35 EStG). Sinn der Belegschaftsaktien[46] ist es, einen Beitrag für eine gerechtere Vermögensverteilung zu leisten, eine engere Bindung des Arbeitnehmers an „seine" AG herzustellen und eine höhere Identifikation der Mitarbeiter mit dem Erfolgsstreben der AG zu erreichen. – **Junge Aktien** sind Aktien aus einer Kapitalerhöhung, die für das laufende Geschäftsjahr noch nicht oder nicht voll dividendenberechtigt sind. Nach dem nächsten Dividendentermin werden sie den alten Aktien gleichgestellt. Bei zwei Kapitalerhöhungen in einem Jahr kann es zur Ausgabe von „jüngsten" Aktien kommen. – **Vorratsaktien** sind neue eigene Aktien, die im Rahmen einer ordentlichen Kapitalerhöhung von der AG oder einem abhängigen Unternehmen gezeichnet werden. Dies ist nach § 56 Abs. 1 AktG unzulässig.

---

[42] Der Grund: Der Rückerwerb kommt einer Einlagerückzahlung gleich und kollidiert deshalb mit dem gesellschaftsrechtlichen Grundsatz der Kapitalerhaltung, s. *Hüffer*, AktG, 10. Aufl. 2012, § 71 Rn. 1.

[43] MaKonV = VO zur Konkretisierung des Verbotes der Marktmanipulation, abgedr. In *Kümpel/Hammen/Ekkenga*, Kapitalmarktrecht, Kennz. 620a/1, erlassen aufgrund § 20a Abs. 5 Satz 1 WpHG.

[44] Vgl. *Hüffer*, AktG, 10. Aufl. 2012, § 71 Rn. 191 mwN; so seit 2006 auch die BaFin, s. deren Verlautbarung v. 9. August 2006, abrufbar unter www.bafin.de.

[45] BGBl. 1987 I, S. 630; in der Fassung des Steuerreformgesetzes 1988, BGBl. 1988 I, S. 1093.

[46] *Claussen*, FS Zöllner, 1999, S. 112, 114.

22 Der Aktionär ist **Mitglied** der Aktiengesellschaft und kein Gläubiger wie der Inhaber einer Schuldverschreibung.[47] Das von den Aktionären aufgebrachte Grundkapital zuzüglich eines Agios (= Aufgeld zum Nennwert der Aktie) steht der AG langfristig, dh prinzipiell[48] für die Dauer ihrer Existenz als Finanzierungsmittel und als Haftungsmasse zur Verfügung, während der Aktionär seine Aktie jederzeit über die Börse verkaufen kann, also seine Anlage in Liquidität zurückverwandeln kann. Dies ist „die List der Idee" der börsennotierten Aktie, nämlich aus täglich liquidierbaren Mitteln langfristiges Investitionskapital zu machen. Der Aktie ist auch die Transformation von kleinen Anlagebeträgen in große Investitionskapitalien eigen: Sie ist das einzige Instrument des Kapitalmarktrechts, das von einer Vielzahl von Investoren kleine Beträge einsammelt und der AG als gebündeltes, großes Investitionskapital zur Verfügung stellt, mit der zusätzlichen Möglichkeit der späteren Kapitalerhöhung. Zwischen diesem, von den Aktionären aufgebrachten Grundkapital als einer festen Größe und dem Gesellschaftsvermögen als einer variablen Größe besteht nur ein weitläufiger, indirekter Bezug. Das Gesellschaftsvermögen sollte idR höher als das Grundkapital sein.[49] Das Gesellschaftsvermögen beeinflusst den Ertrag der AG, dieser Ertrag bestimmt ua den Börsenpreis (Kurs) der Aktie, also ihren wirtschaftlichen Wert.

23 Wirtschaftlich beteiligt die Aktie den Aktionär am Risiko und am Erfolg der Gesellschaft. Das Risiko des Aktionärs ist auf den Verlust des von ihm gezahlten Kapitaleinsatzes beschränkt (§ 54 Abs. 1 AktG). Am Erfolg der AG ist der Aktionär durch den Werterhalt, die **Wertsteigerung** seiner Kapitalanlage und die **Dividende** gem. §§ 58 Abs. 4, 174 Abs. 2 Nr. 2 AktG beteiligt. Die Dividende richtet sich nach dem in der Gewinn- und Verlustrechnung ausgewiesenen Jahresüberschuss (§ 275 Abs. 3 Nr. 19 HGB), der bei der AG nach § 158 Abs. 1 AktG zum Bilanzgewinn weitergerechnet wird. Der Jahresüberschuss wird idR etwa zur Hälfte als Dividende ausgeschüttet. Dies ist – abseits aller Details – das Grundkonzept der Gewinnverwendungsvorschrift des § 58 AktG. Einbehaltene Gewinnanteile stärken das Vermögen der AG, sollten deshalb Kurssteigerungen der Aktie an den Börsen bewirken und derart das Vermögen der Aktionäre mehren. Das dem Aktionär außerdem zustehende Recht auf **Auszahlung des Liquidationsanteils** (§ 271 AktG) erlangt kaum jemals praktische Bedeutung. Erhöht die AG ihr Grundkapital und emittiert sie daraufhin neue Aktien gegen Einlagen, so gewährt § 186 Abs. 1 AktG jedem (Alt-)Aktionär ein nach Abs. 3 der Vorschrift entziehbares **Bezugsrecht**, dh ein vorrangig zu bedienendes Recht auf Bezug der jungen Aktien. Wir werden darauf im Zusammenhang mit den aktienähnlichen Schuldverschreibungen (→ Rn. 51 ff.) und dem Emissionsgeschäft (→ Rn. 235) zurückkommen.

24 Von den soeben behandelten Vermögensrechten aus der Mitgliedschaft sind die sog. Mitverwaltungsrechte des Aktionärs zu unterscheiden. Neben dem **Stimmrecht** sind das **Auskunftsrecht** in der Hauptversammlung gem. § 131 AktG, sanktioniert gem. §§ 245 ff. AktG, und das **Recht zur Anfechtung** von Hauptversammlungsbeschlüssen (§§ 245 Ziff. 1, 249 Abs. 1 AktG) zu nennen. Weitere, vom Zustandebringen eines Minderheitsquorums abhängige Befugnisse zielen auf Einberufung einer Hauptversammlung nach § 121 f. AktG, die Bestellung von Sonderprüfern zur Kontrolle der Geschäftsführung

---

[47] → Rn. 28 ff.
[48] Nur in dem seltenen Fall einer Kapitalherabsetzung nach §§ 222 ff. AktG kann auf den gezahlten Nennwert oder das Aufgeld in den Grenzen des § 225 AktG zurückgezahlt werden.
[49] Vgl. *Karsten Schmidt*, Gesellschaftsrecht, 4. Aufl. 2002, § 26 IV 1 (S. 775 f) zu den Begriffen Gesellschaftsvermögen und Grundkapital.

Ekkenga

(§ 142 AktG) und der Rechnungslegung (§ 258 AktG), ferner die Geltendmachung von Ersatzansprüchen gegen Mitglieder der Verwaltung (Vorstand, Aufsichtsrat) gem. § 147 ff. AktG. Einen besonderen bankrechtlichen Bezug hat das den Stammaktionären nach §§ 12, 134 AktG zustehende Stimmrecht, das gem. § 118 Abs. 1 AktG durch Teilnahme an der Hauptversammlung ausgeübt wird. Das Stimmrecht kann nach § 135 AktG von der Depotbank für die Aktionäre und ausschließlich in deren Interesse ausgeübt werden. Die Vorschrift stellt strenge Anforderungen an die Bevollmächtigung und legt dem Vollmachtstimmrecht enge Fesseln an, was darauf zurückzuführen ist, dass dieses Konstrukt rechtspolitisch umstritten ist.[50] Es führe zu Machtzusammenballung bei den Kreditinstituten, ohne dass die das Stimmrecht ausübenden Banken Geld für diesen Stimmenzuwachs aufwendeten oder ein Risiko übernähmen. Vor allem aber wird bemängelt, dass die Bank die Stellvertretung bei der Abstimmung nicht offen legen muss (§ 134 Abs. 4 S. 2 AktG), so dass die Einhaltung von Stimmverboten aufgrund von Verletzungen bestimmter Verhaltenspflichten am Kapitalmarkt (vgl. § 20 Abs. 7 S. 1 AktG, § 28 S. 1 WpHG, § 59 S. 1 WpÜG) in praxi nur schwer zu kontrollieren ist.[51] Als Alternative zu den Kreditinstituten bietet sich an, das Abstimmungs- und Kontrollverhalten der Kleinaktionäre per E-Mail zu koordinieren und zu bündeln. Nach § 127a AktG steht hierfür das neu eingerichtete Aktionärsforum des elektronischen Bundesanzeigers zur Verfügung.

Den Rechten der Aktionäre stehen die **Pflichten aus der Mitgliedschaft** gegenüber. Hauptpflicht ist die Leistung der versprochenen Bar- oder Sacheinlage in Höhe des Aktiennennwertes und – sofern ein höherer Ausgabebetrag festgesetzt ist – des Aufgeldes (§ 54 AktG). Bevor diese Einlage vollständig geleistet ist, dürfen Inhaberaktien nicht ausgegeben werden (§ 10 Abs. 2 S. 1 AktG). Der Grund: Mitgliedschaften, denen eine offene Schuld gegenüber der AG anhaftet, sind noch nicht reif für den Handel im anonymen Massengeschäft. Diese Aussage lässt sich generell dahin verlängern, dass fungible, kapitalmarktfähige Wertpapiere grundsätzlich lastenfrei sein müssen: Gehandelt wird mit Rechten, nicht mit Pflichten. Gibt die AG Namensaktien aus, so kann sie von einer Vollvalutierung des Anteils vorläufig absehen (vgl. §§ 36a, 188 Abs. 2 AktG)[52] und dem Aktionär sogar weitere satzungsmäßige (Neben-)Verpflichtungen auferlegen. Dabei darf es sich allerdings nur um wiederkehrende Leistungen handeln, die nicht in Geld bestehen, und die Anteile müssen nach § 68 Abs. 2 AktG vinkuliert sein (§ 55 AktG). Für den Börsenhandel sind solche Papiere ungeeignet, sie empfehlen sich uU für Familiengesellschaften mit überschaubarer Mitgliederzahl. 25

Dass den Aktionären eine **mitgliedschaftliche Treuepflicht** gegenüber der AG obliegt, ist heute nahezu allgemein anerkannt, und zwar für den Mehrheits- wie für den Minderheitsaktionär.[53] Für den Umfang der Treubindung ist prägend, dass sich eine korporative Entscheidungsfindung nach dem Mehrheitsprinzip nur durch freie Stimmrechtsausübung verwirklichen lässt; das Aktienrecht ist nicht der Ort für sozialpolitische Moralisierungen oder außerrechtliche Ethisierungen des Stimmrechts. Auch folgt aus dem Rechtsformunterschied zwischen der AG und der Personengesellschaft, dass es bei der 26

---

[50] *Hüffer*, AktG, 10. Aufl. 2012, § 135 Rn. 1–3 mit aktueller Literaturübersicht.
[51] *Burgard* AG 1992, 41, 54.
[52] An dieser Stelle berührt sich der institutionelle Rahmen des Kapitalmarktes mit dem gläubigerschützenden Prinzip der realen Kapitalaufbringung, das dem Gesellschaftsrecht zuzuordnen ist. Vgl. zur Einführung *Karsten Schmidt*, Gesellschaftsrecht, 4. Aufl. 2002, § 29 II, 1 (S. 881 ff).
[53] Grundlegend BGHZ 129, 136 „Girmes"; BGHZ 103, 184, 194 f. (Linotype); dazu *Karsten Schmidt*, Gesellschaftsrecht, 4. Aufl. 2007, § 28 I 4 (S. 799 ff) mwN.

Ekkenga

AG eine Treuepflicht, die nach Art und Umfang derjenigen bei den Personengesellschaften[54] entspricht, nicht gibt. Ist der Aktionär aber im Besitz von mehrheitlichen Stimmrechtsanteilen und sind für das Schicksal der AG entscheidende Beschlüsse zu fassen, ist es nicht akzeptabel, den Großstimmrechtsinhaber von Rechtsbindungen in der Ausübung seiner Aktionärsrechte freizustellen, ihm die Freiheit der Willkür, zum Schaden der Gesellschaft und/oder der überstimmten Mitaktionäre abzustimmen, einzuräumen. Vielmehr muss das Maß des Einflusses das Maß der Rücksichtnahme bestimmen.[55] Bankrechtlich ist diese Einbindung der Stimmrechtsausübung des Aktionärs in die Treuepflicht bedeutsam für die Ausübung des unter → Rn. 24 behandelten Bankenstimmrechts.

27   Da die Aktie ein Kapitalmarkttitel ist, sind Aktienrecht und Börsenrecht, ebenso Aktienpraxis und Bankpraxis, eng verbunden. In Deutschland existierten im Jahre 1913 5483 Aktiengesellschaften, im Jahre 1925 waren es 13.010. In 2013 war der Trend wieder rückläufig: Erfasst waren 11.938 Aktiengesellschaften, davon waren 490 zum Börsenhandel im Geregelten Markt zugelassen, hinzu kamen ca. 265 AG, deren Aktien im Freiverkehr gehandelt wurden.[56] Die Anzahl der **börsennotierten Aktiengesellschaften** ist im internationalen Vergleich niedrig, ebenso die Zahl der direkten und indirekten Aktionäre mit 12 Mio. in Deutschland, und zwar sowohl im Vergleich zu anderen Vermögensanlagen als auch im internationalen Vergleich. Das deutsche Aktienrecht beruht auf dem Einheitsprinzip, dh die Normen des AktG gelten grundsätzlich für die börsennotierte AG (vgl. § 3 Abs. 2 AktG) und für sonstige AG gleichermaßen. Allerdings tendiert der Gesetzgeber in jüngerer Zeit mehr und mehr dazu, Sondervorschriften für die börsennotierte AG zu schaffen – meist mit dem Ziel einer Regelungsverschärfung (besonders wichtig: Entsprechenserklärung zum Corporate Governance Kodex, § 161 AktG; Höchstanforderungen an die Rechnungslegung, § 267 Abs. 3 Satz 2 HGB). Die Börsenzulassung kann aber auch Erleichterungen mit sich bringen, so beim vereinfachten Bezugsrechtsausschluss nach § 186 Abs. 3 Satz 4 AktG.

VII. Die Schuldverschreibung als Forderungspapier

Literatur: *Hartwig-Jacob*, Die Vertragsbeziehungen und die Rechte der Anleger bei internationalen Anleiheemissionen, 2001; *Hopt*, Änderung von Anleihebedingungen, FS Steindorff, 1990, S. 341; *Horn*, Das Recht der internationalen Anleihe, 1972; *ders.*, A Uniform Approach to Eurobond Agreements, 1977; *Hueck/Canaris*, Recht der Wertpapiere, 12. Aufl., 1986; *Rottenbacher/Schütt*, Verzinsliche Wertpapiere, 1997.

1. Allgemeines

28   Schuldverschreibungen ermöglichen die Fremdfinanzierung über den Kapitalmarkt. Für den Aussteller (Emittenten) sind sie die Alternative zum Bankkredit einerseits bzw. zur Eigenfinanzierung über Aktien andererseits. Festverzinsliche Schuldverschreibungen

---

[54] Seit RGZ 162, S. 388, 394, bis zu BGHZ 68, S. 81, 82; vgl. *Ulmer/Schäfer* in MüKoBGB, 6. Aufl. 2013, § 705 Rn. 221 ff. mwN.

[55] *Mestmäcker*, Verwaltung, Konzerngewalt und Rechte der Aktionäre, 1958, S. 195 ff., spricht sogar von der „Rechtsstellung" der Majorität als Treuhänder der Minderheit; auf die Realstruktur der AG abstellend *Karsten Schmidt*, Gesellschaftsrecht, 4. Aufl. 2002, § 28 I 4a; *Nehls*, Die gesellschaftsrechtliche Treuepflicht im Aktienrecht, Hamburger Diss. 1993; hierzu *Zöllner* AG 1993, S. 574.

[56] Vgl. Deutsche Börse AG, Cash Market Monthly Statistics v. September 2013.

werden „Rentenpapiere" genannt. Bei langfristigen und am Kapitalmarkt gehandelten Titeln spricht man vorzugsweise von „**Anleihen**" oder – im Falle der Börsenzulassung – von „öffentlichen Anleihen". Ihre Bedeutung für das Bank- und Börsenwesen ist erheblich. So betrug das Gesamtvolumen aller umlaufenden, börsenzugelassenen, festverzinslichen Wertpapiere von Ansässigen im Euro-Währungsgebiet in 2013 über 3 Billionen €.[57] Dies sind Ziffern im Billionenbereich, die viel höher liegen als die Volumina umlaufender inländischer Aktien, das 2013 bei ca. 171 Milliarden € lag. Die wichtigsten Emittenten sind die Bundesrepublik Deutschland, die Bundesländer, die Landesbanken und die Realkreditinstitute – → § 1 Rn. 75 ff.

Schuldner des Leistungsversprechens ist der Emittent, der die Anleihe ausgegeben und **29** gegen Einzahlung der Anleihesumme (Valuta) im Primärmarkt platziert hat. Der verbriefte Anspruch – regelmäßig eine Inhaberschuldverschreibung iSd §§ 793 ff. BGB – lautet auf Rückzahlung des Anleihenennbetrages (Tilgung) zuzüglich Fremdkapitalvergütung (Zinsen). Weitere **Rechtsquellen** sind die sogleich zu behandelnden Anleihebedingungen, das Recht des Darlehensvertrages sowie die anerkannten Handelsbräuche des Emissionswesens, ferner gewisse Sondervorschriften, die auf verschiedene Spezialgesetze aufgeteilt sind. Hervorzuheben sind das neue Schuldverschreibungsgesetz (SchVG) vom Juli 2009, das für eine Mindestorganisation der Anleihegläubiger untereinander sorgt,[58] das BundeswertpapierverwaltungsG (BWpVerwG)[59] für öffentliche Anleihen sowie die einschlägigen Vorschriften im PfandbriefG für Hypotheken- und Schiffspfandbriefe und für öffentliche Pfandbriefe.[60]

Schuldverschreibungen sind am Kapitalmarkt nur absetzbar, wenn die Gesamtsumme **30** der Emission in ausreichend kleine, handelbare Stücke unterteilt ist, die man **Teilschuldverschreibungen** nennt. Folglich müssen Angaben über diese Teilung (die „Stückelung") in den Anleihebedingungen (→ Rn. 31) enthalten sein. Soll keine Verbriefung erfolgen, lautet die Bestimmung: „Der Druck und die Aushändigung von Einzelurkunden sind ausgeschlossen. Stattdessen sind auf den Inhaber lautende Sammelurkunden ausgefertigt und bei der Clearing Aktiengesellschaft hinterlegt." Eine solche Anleihebedingung qualifiziert die Schuldverschreibung als reine Sammelurkunde, bei der von vornherein der Ausdruck effektiver Stücke für die gesamte Laufzeit ausgeschlossen ist. Darauf muss im Emissionsprospekt hingewiesen werden. Der Anleger hat dann keinen Anspruch auf Lieferung effektiver Stücke. Im Gegensatz zu dieser „reinen Sammelurkunde" steht die nur einen Teilbetrag der Emission verbriefende Sammelurkunde, während der andere Teil durch effektive Stücke in der eingangs erwähnten Stückelung verbrieft wird. Wenn bei Neuemissionen die Sammelurkunden nach Fertigstellung des Drucks durch effektive Stücke ersetzt werden sollen, spricht man auch von „interimistischen Global- oder Sammelurkunden", bei denen der Anleger Anspruch auf Lieferung effektiver Stücke hat.[61]

Die **Anleihebedingungen** sind standardisiert, weil ein reibungsloser Handel nicht zu- **31** stande käme, wenn innerhalb ein- und derselben Emission Titel A anders ausgestattet wäre

---

[57] Deutsche Bundesbank, Cash Market Monthly Statistics, September 2013, S. 52.
[58] Abgedruckt bei Kümpel/Hammen/Ekkenga, Kapitalmarktrecht, Kennz. 118; hierzu *Habersack* in MüKoBGB, 6. Aufl. 2013, § 793 BGB, Rn. 40; *Ekkenga/Maas*, Das Recht der Wertpapieremissionen, 2005, Rn. 33; *Hopt*, FS Steindorff, 1990, S. 341 ff.
[59] BGBl I 2001, 3519.
[60] Abgedruckt bei Kümpel/Hammen/Ekkenga, Kapitalmarktrecht, Kennz. 120.
[61] → Rn. 7.

als Titel B. Der BGH und die hL sind deshalb der Ansicht, es handele sich um **Allgemeine Geschäftsbedingungen**, so dass der Weg in die richterliche Inhaltskontrolle nach §§ 307 ff. BGB eröffnet sei.[62] Damit wird der schuldvertragliche Verbraucherschutz in das Massengeschäft mit Kapitalmarkttiteln hinein verlängert – ein Schritt, der zu Recht auf Kritik stößt, weil er AGB-rechtlich kaum begründbar, im Interesse des Anlegerschutzes nicht zielführend und mit den Gegebenheiten des Kapitalmarktes schlechterdings nicht zu vereinbaren ist[63] (→ Rn. 38). Im internationalen Kontext hat man einmal mehr einen „deutschen Sonderweg" eingeschlagen. Leider hat der Gesetzgeber die Gelegenheit, die Frage im Kontext des neuen SchuldVG abschließend zu klären, nicht wahrgenommen.[64]

32 Die **Zinshöhe** hängt vor allem von zwei Faktoren ab: Zum einen von der Laufzeit – langfristiges Fremdkapital ist normalerweise teurer als kurzfristiges – und von der Leistungsfähigkeit (Bonität) des Emittenten. Bei Realkreditinstituten ist die Bonität weitgehend gleich, was i. w. Folge des einheitlichen Rechts der Realkreditinstitute ist.[65] Anders ist die Lage bei Industrieanleihen, die von unabhängigen Rating-Agenturen bewertet werden. Diese haben die Aufgabe, die Bonität des Emittenten zu prüfen und das Prüfungsergebnis zu veröffentlichen, so dass sich ein marktgerechter Zinssatz bilden kann. Die gesetzlichen Bestimmungen über den Zins in §§ 246–248 BGB sind in den Anleihebedingungen durch Spezialregelungen ersetzt. Bei periodischer Verzinsung (Beispiel: 6 % des Nennbetrages, zahlbar am Ende eines jeden Kalenderjahres) entstehen wiederkehrende Zinsansprüche, die in einer gesonderten Inhaberschuldverschreibung, dem **Zinsschein**, § 803 BGB, verbrieft sein können. Alle Zinsscheine – auch Kupons genannt – einer Emission sind auf einem „Bogen" zusammengefasst. Die Geltendmachung des Zinsanspruchs ist bei verbrieften Anleihen nur gegen Vorlage des Kupons möglich. Es gelten die Grundsätze zur formellen Legitimation und zum Einwendungsausschluss (Rn. 12). Fällt der Marktzins für Fremdkapital, so erhöht sich die Attraktivität der Anleihe als Handelsobjekt. Festverzinsliche Titel unterliegen daher höheren Kursschwankungen als variabel verzinsliche; sie sind vergleichsweise „volatil" und zu Spekulationszwecken geeignet. Steigt der Marktzins und droht den Anleihekäufern deshalb ein Kursverfall, so kann der Emittent die Anleihe zurückkaufen, ohne an den börsenrechtlichen Gleichbehandlungsgrundsatz gebunden zu sein (§ 39 Abs. 1 Nr. 1 BörsG). Das betrifft zB Publikumsanleger mit Anteilen unter 5.000,– Euro, denen die Wohltat des Rückkaufs zu Pari nach Kursverlusten zuteil werden soll. Anders als bei der Abtretung einer Forderung an den Schuldner führt der Rückerwerb nicht zum Erlöschen kraft Konsolidation; vielmehr ruht die Forderung, solange der Emittent das Eigentum am Papier behält, und lebt wieder auf, sobald er es weiterveräußert.[66]

33 Bei der **Null-Kupon-Anleihe** (auch: Zero-Bond) fehlt es an einer periodischen Verzinsung; dafür verdient der Anleger am Rückzahlungsbetrag, der höher ist als der Ausgabebetrag. Für den Emittenten bringt dies einen wünschenswerten Vereinfachungs- und Liquiditätseffekt mit sich, da sein Cash-Flow entlastet wird. Der Erwerber wiederum ist der Mühe enthoben, sich ständig um die Wiederanlage der Zinsgutschriften kümmern

---

[62] BGHZ 163, 311 ff = BB 2005, 1871 m.Anm. *Fillmann* mit umfassenden Nachweisen zum Streitstand und zur hL; vgl auch *Habersack* in MüKoBGB, 6. Aufl. 2013, § 793 BGB, Rn. 44 mwN.
[63] Näher hierzu *Assmann* WM 2005, 1053, 1065 f.; *Ekkenga* ZHR 160 (1996), 59, 67 f.; speziell zur Fremdemission *Verannemann*, SchuldVG, 2010, Vorb. zu § 5 Rn. 20 ff.
[64] *Verannemann*, SchuldVG, 2010, Vorb. zu § 5 Rn. 4; *Habersack* in MüKoBGB, 6. Aufl. 2013, § 793 BGB, Rn. 44.
[65] → § 1 Rn. 75 ff.
[66] Staudinger/*Marburger*, BGB, Neubearb. 2009, § 793 Rn. 19.

zu müssen. Außerdem muss er seine Rendite – die Differenz zwischen Einstandspreis und Rückzahlungsbetrag – erst am Ende der Laufzeit als Einkünfte aus Kapitalvermögen versteuern. Er kann also den Ertragszufluss auf einen künftigen Zeitpunkt verlegen, der ihm steuerlich günstig ist, zB wegen abflachender Progression nach der Pensionierung.[67] Zu unterscheiden sind zwei Varianten: Bei der **Aufzinsungsanleihe** wird der gesamte Zinsertrag einschließlich Zinseszins am Ende der Laufzeit auf den Nennwert aufgeschlagen und akkumuliert an den Anleger ausbezahlt. Der Vorteil: Fallen die marktlichen Zinsen für Fremdkapital, so steigt der Handelskurs der Anleihe überproportional. Beim häufigeren **Abzinsungstyp** ist der Unterschiedsbetrag zwischen Ausgabe- und (höherem) Rückzahlungsbetrag dagegen Ausdruck eines Disagios, dh der Zins wird schon im Zeitpunkt der Emission kapitalisiert und vom Rückzahlungsbetrag abgezogen. Der Ausgabebetrag liegt hier also beträchtlich unter dem Nominalwert, was die Optik verbessert und den Kaufanreiz erhöht. So ergeben sich bei Laufzeiten von 20 bis 30 Jahren mitunter Ausgabepreise in Höhe von 5 % des Nennwertes.[68] Allerdings kann ein Zinseszinseffekt nach der Abzinsung naturgemäß nicht mehr eintreten.[69] In steuerlicher Hinsicht besteht kein Unterschied, dh auch die Rendite aus der Abzinsungsanleihe fällt unter die Einkünfte aus Kapitalvermögen.[70]

Bei **zinsvariablen Anleihen** oder Floating Rate Notes (auch: „Floater") ist kein fester Zinssatz für die Gesamtlaufzeit vereinbart, sondern der Zins wird den variablen Marktverhältnissen angepasst. So erfolgt eine Neufestsetzung des Zinssatzes etwa alle 3 oder 6 Monate anhand eines Referenzzinssatzes. Referenzzinssätze sind die in London, Frankfurt oder Luxemburg geltenden Geldmarktsätze für Banktermineinlagen gleicher Frist, zuzüglich einer Marge zwischen $1/16$ bis $1/2$ % je nach Rating. Der Emittent beschafft sich auf diese Weise mittel- bis langfristiges Kapital zu besonders günstigen (Geldmarkt-)Konditionen, dafür ist er dem Risiko steigender Zinssätze voll ausgesetzt. Eine Möglichkeit, dieses Risiko zu begrenzen, ist die Kombination der FRN mit einem Zinsdeckel (Cap), der entweder in die Anleihebedingungen aufgenommen wird oder separat am freien Markt erhältlich ist. Der Anleger hat den Vorteil, dass sich durch die zeitnahe Anpassung an den Marktzinssatz die Kursrisiken minimieren. Da nämlich die Zinserhöhungen auf den Emittenten unmittelbar durchschlagen, kann dem Anleger „nichts entgehen" und das Papier behält seine Attraktivität. Diese Kurssicherheit „bezahlt" der Anleger mit einem Verzicht auf Kursgewinne, wenn die Marktzinsen für Fremdkapital fallen. Der Ausgabepreis liegt zumeist bei 100 %. Für Floater gibt es einen gut funktionierenden Zirkulationsmarkt, sie sind also besonders leicht veräußerbar.[71] **34**

Die beschriebenen Zinsvergütungen – Festzins, Nullkupon, variabler Zins – werden in der Emissionspraxis weiter variiert, so dass wir an den Kapitalmärkten Anleihekonditionen in einer nahezu **unüberschaubaren Vielfalt** antreffen. Wir können hier nur ganz wenige Beispiele nennen: Bei Indexanleihen verändert sich die Höhe der Kapitalverzinsung mit einem Anstieg oder Rückgang ausgewählter Indices, vorzugsweise eines Aktienindex (Bull-and-Bear-Bonds), wobei sich die Indexkopplung wahlweise oder zusätzlich auf die **35**

---

[67] *Rottenbacher/Schütt*, Versinsliche Wertpapiere, 1997, S. 59.
[68] Zum Ganzen *Rottenbacher/Schütt*, Versinsliche Wertpapiere, 1997, S. 58 f.
[69] Das wird im Schrifttum oft verkannt. Vgl. hierzu *Ekkenga*, Anlegerschutz, Rechnungslegung und Kapitalmarkt, 1998, S. 245.
[70] BFH BB 1992, 410, 411.
[71] Zum Ganzen *Rottenbacher/Schütt*, Verzinsliche Wertpapiere, 1997, S. 56 ff.

Ekkenga

Tilgungshöhe auswirken kann. (Heaven-and-Hell-Bonds). Solche Anleihen sind währungspolitisch nicht unproblematisch, vom gesetzlichen Verbot der Wertsicherung jedoch seit 1998 ausdrücklich ausgenommen (§ 5 PrKlG).[72] Statt oder zusätzlich zu einem Cap kann die Anleihe mit einem Floor, also mit einer Zinsuntergrenze ausgestattet sein, so dass das Verlustrisiko des Anlegers limitiert ist; bei Fremdwährungsanleihen, die auf eine stabilere Fremdwährung lauten und in derselben Währung zu verzinsen sind, versprechen sich die Beteiligten zusätzliche Vorteile aus der Wechselkursentwicklung (Emittent) bzw. aus Veränderungen des Marktzinses (Anleger); Floating Rate Notes können „spiegelverkehrt" konzipiert sein, indem der Emittent statt eines Marktzinses einen Differenzbetrag auszahlt, der sich aus einem vereinbarten Höchstsatz und dem aktuellen Referenzzinssatz errechnet. Der Anleger spekuliert also darauf, dass die Zinssätze fallen und sich sein Differenzgewinn entsprechend vergrößert (Reverse Floater); Junk Bonds stammen von Emittenten mit niedrigem Rating. Der Anleger übernimmt also ein erhöhtes Bonitätsrisiko, das er sich durch einen Zinsaufschlag (Spread) vergüten lässt.[73]

36 Verzinsliche Anleihen verkörpern normalerweise **Fremdkapital**, weil die Kapitalvergütung nominell bemessen ist und nicht vom Gewinn oder Verlust beim Emittenten abhängt. Daneben gibt es Papiere mit eigenkapitalgleicher oder eigenkapitalähnlicher Ausstattung, zum Teil vermischt mit fremdkapitaltypischen Elementen. § 221 Abs. 1 AktG erwähnt ausdrücklich die **Gewinnschuldverschreibungen**, „bei denen die Rechte der Gläubiger mit Gewinnanteilen von Aktionären in Verbindung gebracht werden." Diese Anleihe ist entweder festverzinslich und wird dann ergänzt durch einen Gewinnanspruch in einem bestimmten Verhältnis zur Dividende (Zusatzzins), oder die Anleihe ist ohne festen Zins, dafür aber mit einem begrenzten Gewinnanspruch ausgestattet. Gewinnschuldverschreibungen sind in der deutschen Praxis nahezu bedeutungslos[74] – ganz im Gegensatz zu den mit ihnen verwandten **Genussrechten** (§ 221 Abs. 3 AktG), denen unten → Rn. 59 ff. ein eigener Abschnitt gewidmet ist.

37 Die Anleihebedingungen legen Art und Zeitpunkt der vertraglichen **Tilgung** fest. Die meisten Anleihen sind gesamtfällig,[75] dh der Emittent hat den vollen Anleihebetrag am Tag der Fälligkeit zurückzuzahlen, doch sind auch vorfällige Ratenzahlungen nichts Ungewöhnliches, die der Emittent nach einem festgelegten Tilgungsplan leistet. Bei annuitätischer Tilgung ist die vom Emittenten jährlich aufzubringende Summe für Zins- und Tilgungsleistung über die Laufzeit der Anleihe konstant, der Tilgungsanteil der Annuität vergrößert sich infolge sinkender Zinslast von Jahr zu Jahr, mit der Folge, dass nach Ablauf von ca. zwei Dritteln der Tilgungsjahre rund die Hälfte der Anleihe zurückgezahlt ist. Seltener trifft man auf „ewige Rentenanleihen," auch „Perpetual Bonds" genannt. Das sind Anleihen ohne Rückzahlungsverpflichtung, also Schuldverschreibungen, die nur zur Zinszahlung verpflichten und die der Anleger durch Veräußerung am Zirkulationsmarkt liquidieren kann.[76]

---

[72] Abgedr. bei Palandt, BGB, 72. Aufl. 2013, Anh. zu § 245; dazu *Vogler* NJW 1999, 1236, 1237.
[73] Ausführliche Zusammenstellungen bei *Ekkenga*, Anlegerschutz, Rechnungslegung und Kapitalmarkt, 1998, S. 215 ff.; *Rottenbacher/Schütt*, Verzinsliche Wertpapiere, 1997, S. 55 ff.
[74] Zust. und ausführlich *Lutter*, Kölner Komm AktG, 2. Aufl. 1994, § 221 Rn. 33 ff., 449.
[75] Pfandbriefe und Kommunalobligationen sind nicht gesamtfällig, sondern werden nach unterschiedlichen Vertragskonzepten getilgt, → Rn. 45 f.
[76] Umfassender Überblick bei *Ekkenga*, Anlegerschutz, Rechnungslegung und Kapitalmarkt, 1998, S. 282 ff.

Sehen die Anleihebedingungen einen **Kündigungsvorbehalt** des Emittenten vor, so 38
kann der Anleihekäufer den Kapitalrückfluss nicht präzise terminieren. Solche Klauseln
können zudem gläubigerbenachteiligend sein, wie folgendes **Beispiel** zeigt: Eine Anleihe
ist mit unterschiedlichen Kündigungsrechten für den Anleger und den Emittenten ausgestattet. Für den Anleger gilt eine lange, für den Emittenten und Schuldner eine kurze
Kündigungsfrist. Die Rechtsprechung sieht in den möglichen wirtschaftlichen Nachteilen
für denjenigen, der die kurze Kündigungsfrist einzuhalten hat, nichts rechtlich Bedenkliches,[77] sondern belässt es beim Grundsatz der Vertragsautonomie, die von Emittent und
Konsortialbank beim Aushandeln der Anleihebedingungen genutzt wird. Das deckt sich
im Ergebnis mit der hier vertretenen Ansicht zur AGB-Kontrolle von Wertpapierbedingungen (→ Rn. 31). Unabhängig von alledem wird bei inländischen Neuemissionen ein
einseitiges Kündigungsrecht des Emittenten von den Marktkräften nicht mehr akzeptiert,
anders als etwa bei den Euroanleihen. Die dem Anleger bei vorzeitiger Rückzahlung entstehenden Nachteile werden hier dadurch gemildert, dass die Rückzahlung zu einem über
100 % liegenden Kurs erfolgt. – Eine außerordentliche **Kündigung** aus wichtigem Grund
kommt zB bei Verzögerungen von Zinszahlungen oder vorfälligen Tilgungen in Betracht,[78] wobei es eine „Erheblichkeitsschwelle" – dh 10 oder 15 % der ausstehenden
Anleihe müssen notleidend sein[79] – nach deutschem Recht nicht gibt. Häufig wird das
außerordentliche Kündigungsrecht in den Anleihebedingungen ausformuliert, nicht zuletzt um bei Vorliegen eines wichtigen Grundes andere Verbindlichkeiten desselben Emittenten ebenfalls außerordentlich kündigen zu können, sog. Cross-Default-Klausel.

2. Öffentliche Anleihen

Die Anleihen des Bundes, der Bundesländer und der öffentlichen Sondervermögen sind 39
die „Bundesliga" der Rentenwerte. Der Anteil der Anleihen einschließlich Bundesobligationen (ohne Bundesschatzbriefe) an der Gesamtschuld des Bundes beläuft sich auf mehr
als 50 % der öffentlichen Schuld. Alle öffentlichen Anleihen werden in der Form des
Wertrechts verkauft, die nicht in Schuldurkunden verbrieft, sondern im Bundesschuldbuch registriert sind und auf dieser Grundlage gehandelt werden (§§ 7 ff. BWpVerwG;
Einzelheiten → Rn. 9 f.). Zu den drei wichtigsten Titeln, die börsentäglich notiert werden, gehören die **Bundesanleihen** („Bunds"), das sind festverzinsliche Schuldverschreibungen des Bundes mit Laufzeiten zwischen 10 und 30 Jahren. Seit 1979 begibt der
Bund daneben festverzinsliche **Bundesobligationen** („Bobls") mit kleineren Nennbeträgen und kürzeren Laufzeiten, die ursprünglich dazu gedacht waren, die Vermögensbildung der Privathaushalte zu fördern, inzwischen aber hauptsächlich zur Finanzierung des
Bundeshaushaltsdefizits dienen. **Bundesschatzanweisungen** (frühere Bezeichnung: Kassenobligationen, landläufig „Schätze") werden seit 1991 von den Bundesländern emittiert.
Sie haben eine mittlere Laufzeit von bis zu vier Jahren und erzielen einen Festzins, der
etwas niedriger liegt als der Zins für Bundesanleihen. **Bundesschatzbriefe** werden dagegen seit 2013 nicht mehr ausgegeben.[80] Bei ihnen handelt es sich um unverbriefte, nicht
börsenfähige Wertrechte, die zur zur Vermögensbildung breiter Bevölkerungsschichten

---

[77] OLG Frankfurt WM 1993, 2089, 2090.
[78] Palandt/*Weidenkaff*, BGB,72. Aufl. 2013, § 490 Rn. 11.
[79] *Hopt*, FS Steindorff, 1990, S. 341, 360.
[80] S. Mitteilung der Bundesrepublik Deutschland – Finanzagentur GmbH vom 3.1.2013, abrufbar
unter www.deutsche-finanzagentur.de.

beitragen sollen und die dem Anleger eine steigerungsfähige Rendite bei gleichzeitiger Zubilligung kurzfristiger Rückgaberechte zubilligen.[81]

40 Deutsche öffentliche Anleihen galten jahrelang als Finanztitel erstklassiger Bonität, in letzter Zeit gab es allerdings unter dem Eindruck der Europäischen Finanzkrise gelegentlich auch abgeschwächte Beurteilungen („Ratings").[82] Eine Besicherung der Anleihen erübrigt sich angesichts der gebündelten Leistungsfähigkeit unseres föderalen Staatswesens. Wegen ihrer Bonität sind Anleihen von Bund und Ländern nach § 1807 Abs. 1 Nr. 2 BGB „mündelsicher", dh für die Anlage von Mündelgeldern geeignet. Börsenfähige öffentliche Anleihen sind auch deckungsstockfähig, was bedeutet, dass Versicherungsgesellschaften einen wesentlichen Teil ihrer Vermögensanlagen in diesen bonitätsmäßig abgesicherten Anlagen vorzunehmen haben (vgl. § 54 Abs. 2, 3 VAG nebst Ausführungsvorschriften) und Pfandbriefbanken mit ihnen die nach § 4 Abs. 1 PfandbriefG erforderliche Deckungskongruenz für das Pfandbriefgeschäft (näher → Rn. 45 f.) herstellen können. Öffentliche Anleihen sind weiter notenbankfähig gemäß Art. 18.1 der ESZB/EZB-Satzung, dh sie können von Kreditinstituten bei der Deutschen Bundesbank und bei den anderen Notenbanken im Europäischen System der Zentralbanken beliehen werden.

41 In der Aufnahme von Schulden ist die öffentliche Hand nicht frei, vielmehr bedarf sie gem. Art. 115 Abs. 1 Satz 1 GG einer Ermächtigung durch Bundesgesetz. Nach § 6 Abs. 3 BWpVerwG bestimmt sich der Umfang der Kreditaufnahme per Anleihe nach dem für das jeweilige Haushaltsjahr geltende Haushaltsgesetz. Gem. Art. 109 Abs. 1, 2 GG sind der Bund und die Länder in ihrer Haushaltswirtschaft voneinander unabhängig, aber den Erfordernissen des **gesamtwirtschaftlichen Gleichgewichts** verpflichtet. Letztgenannter Begriff ist verfassungsrechtlich nicht definiert. Gemeint ist die Beeinflussung und Förderung von Maßnahmen zur Stabilität der Preise, eines hohen, gleichmäßigen Beschäftigungsstandes, einer ausgeglichenen Außenwirtschaft und eines stetigen Wachstums. Diese Ziele sind das „Magische Viereck" nicht nur der Verschuldenspolitik, sondern aller Konjunkturpolitik.[83] Nach Art. 115 Abs. 1 Satz 2 GG darf die Schuldaufnahme die Höhe der für Investitionen vorgesehenen Mittel nicht überschreiten; Ausnahmen sind zur Abwehr einer Störung des gesamtwirtschaftlichen Gleichgewichtes zulässig (Art. 115 Abs. 1 Satz 2 GG). Ob diese Norm überhaupt noch nennenswerte Wirkung entfaltet, ist allerdings zweifelhaft, nachdem das BVerfG die Verschuldungsgrenze unter Hinweis auf den Einschätzungs- und Beurteilungsspielraum der Regierung bis an den Rand der Konturenlosigkeit aufgeweicht hat[84] und die Überschreitung der Defizitgrenzen unter Berufung auf die Ausnahmebestimmung seit 2002 fast schon zur Regel geworden ist. Weitere, ebenfalls wenig verläßliche Maßstäbe setzen die europarechtlichen Stabilitätsgebote des Maastricht-Vertrages. Danach darf die Neuverschuldung in einem Jahr nicht die Grenze von drei Prozent des Bruttoinlandsprodukts überschreiten, und die Gesamtverschuldung muss auf 60% des Bruttoinlandsprodukts beschränkt bleiben. Diese Grenzen hat Deutschland mit einer Schuldenquote von ungefähr 76% (insgesamt 2,071 Billionen Euro) in 2012[85] deutlich

---

[81] Zum Ganzen ausführlich *Rottenbacher/Schütt,* Verzinsliche Wertpapiere, 1997, S. 36 f.

[82] Bund- und Länderanleihen werden von den US-amerikanischen Ratingagenturen normalerweise mit „AAA", dh in der Wertungsgruppe mit der höchsten Bonität, eingestuft. Laut „Handelsblatt" v. 24. Oktober 2013 hatte die Moody`s Ratingagentur das Ergebnis jedoch auf „Aaa, Ausblick negativ" herabgestuft.

[83] Vgl. *Nebel* in Piduch, Bundeshaushaltsrecht, Losebl., 2. Aufl. 2011, Art. 109 GG Rn. 11.

[84] Vgl. BVerfGE 79, 311.

[85] Pressemitteilung Nr. 112 v. 22.3.2012 des Statistischen Bundesamtes.

Ekkenga

überschritten. Als Reaktion auf die ständig steigende Staatsverschuldung wurde 2009 die sogenannte „Schuldenbremse" in Artt. 109 und 115 GG des Grundgesetzes eingefügt, die dem Bund nur noch eine strukturelle Neuverschuldung von 0,35% gestattet. Den Ländern wird die Neuverschuldung gänzlich untersagt. Nach Art. 143d GG können der Bund bis einschließlich 2015 und die Länder bis 2019 von diesen Regelungen abweichen. Im Anschluss gelten nur noch die in Art. 115 Abs. 2 getroffenen Ausnahmeregelungen für wirtschaftliche Krisenzeiten und Naturkatastrophen. Die verfassungsrechtliche Prüfung dieser Regelungen steht noch aus, nachdem die bislang einzige Klage des Landes Schleswig Holstein aus verfahrensrechtlichen Gründen gescheitert war.[86] Einige Bundesländer wie Hessen, Hamburg oder Rheinland-Pfalz haben mittlerweile ähnliche Regelungen in ihren Landesverfassungen implementiert.

Die Anleihen des Bundes werden an allen Börsenplätzen zur amtlichen Notierung eingeführt, Länderanleihen dagegen an den Börsenplätzen der betreffenden Region. Bis Ende 1997 wurden Bundesanleihen über das sog. Bundesanleihekonsortium platziert – eine Gesellschaft bürgerlichen Rechts aus Kreditinstituten, die nahezu das gesamte deutsche Kreditgewerbe repräsentierten. Seit 1998 werden Bundesanleihen dagegen – zusammen mit bestimmten Bundesobligationen[87], unverzinslichen Schatzanweisungen und Bundesschatzanweisungen – über die **Bietergruppe Bundesemissionen** nach einem einheitlichen Tenderverfahren platziert. Die Möglichkeit für private Anleger, Bundesanleihen zum festen Kurs ex Emission erwerben zu können, ist entfallen. Mitgliedschaft in der Bietergruppe setzt eine ausreichende Platzierungskraft voraus. Sie liegt vor, wenn im Schnitt mindestens 0,05 % des gesamten zugeteilten Emissionsvolumens ersteigert werden. Bundesanleihen werden in unregelmäßigen Abständen mehrmals im Jahr aufgelegt und – mit zunehmender Größe der Volumina – aufgestockt. Dagegen werden Bundesobligationen nicht zu bestimmten Ausgabezeitpunkten im Wege der Einmalemission begeben, sondern kontinuierlich in aufeinander folgenden Serien als Daueremissionen zur Zeichnung angeboten, bis die Marktlage den Übergang zu einem anderen Nominalzins erfordert. Spätestens nach drei Monaten, bei starken Veränderungen des Zinsniveaus auch früher, kommt eine neue Serie mit angepasstem Nominalzins zur Ausgabe. **42**

Seit 1997 können Kapital- und Zinsansprüche aus bestimmten Bundesanleihen nach der Erstemission als „Anleihe cum" auf Wunsch getrennt registriert und gehandelt werden, sog. **Bond-Stripping.** Auf dem Zirkulationsmarkt werden dann die Mäntel (Anleihe ex) und die Zinstitel (Zins-Strip) abgezinst und neben den verbliebenen ungeteilten Stücken (Anleihe cum) wie Nullkuponanleihen gehandelt. Das Stripping nimmt die depotführende Stelle (Kreditinstitut oder Bundesschuldenverwaltung) im Auftrage des Anlegers vor, der sich damit steuerliche Vorteile (→ Rn. 33) sowie einen zusätzlichen „Gewinnhebel" am Sekundärmarkt verschaffen kann. Der Kapitalmarkt unterstützt die Hebelwirkung noch dadurch, dass er den Mindestnennbetrag der Kapital-Strips („Anleihe ex") und Zins-Strips auf das denkbare Minimum von 0,01 € festlegt. Zins-Strips gleicher Fälligkeit und Rendite werden unter einer ISIN-Kennnummer zusammengefasst und gehandelt. Durch sie hat der Markt für 30-jährige Bundesanleihen einen neuen Auftrieb erfahren. **43**

---

[86] Vgl. BVerfG v. 19. August 2011, 2 BvG 1/10.BVerfGE 129, 108.
[87] Es handelt sich nicht um die im freihändigen Verkauf fortwährend emittierten Papiere, sondern um Sonderauflagen, die nur an Kreditinstitute abgegeben werden können.

44   Für den Verkauf der Anleihen wie für die Übernahme des Absatzrisikos in Zeiten ungünstiger Kapitalmarktentwicklung erhalten die Banken ein Entgelt, eine **Bonifikation**. Teile der Bonifikation werden weitergegeben an Versicherungen, andere institutionelle Anleger sowie an Banken, die nicht zur Bietergruppe gehören und eine feste Quote auf eigenes Risiko übernehmen, die also „unterbeteiligt" sind. Nach den Usancen ist die Bonifikation zurückzuzahlen, wenn die öffentlichen Anleihen nicht dauerhaft plaziert, sondern innerhalb eines Jahres zum Zwecke der Kursstützung zurückgekauft werden.

3. Pfandbriefe

45   Pfandbriefe sind festverzinsliche Bankschuldverschreibungen, die von Pfandbriefbanken (früher: Hypotheken- und Schiffsbanken) ausgegeben werden und auf den Inhaber oder auf einen Namensträger lauten können. Pfandbriefe dienen der Refinanzierung des Hypotheken- und Kommunalkreditgeschäfts. Sie nehmen eine Sonderstellung ein, weil das Pfandbriefgeschäft extrem hohen Sicherheitsstandards unterworfen ist, die aufsichtsbehördlich strengstens überwacht werden. Zu unterscheiden sind der **Pfand- oder Hypothekenpfandbrief**, dessen Umlauf durch die Vorhaltung von Hypotheken und Grundschulden bis zur Beleihungsgrenze von 60 % des Grundstückswertes gedeckt ist (sog. Deckungswerte, §§ 12 ff. PfandbriefG), der **öffentliche Pfandbrief** (früher: Kommunalobligation), dessen Gegenwert für Kredite an öffentliche Haushalte, für Darlehen zum Wohnungsbau oder für die gewerbliche Wirtschaft bestimmt ist, sofern die öffentliche Hand die Einlösung garantiert (§ 20 PfandbriefG), schließlich mit rückläufiger Bedeutung der **Schiffspfandbrief** (§§ 21 ff. PfandbriefG). Diese Bezeichnungen sind gesetzlich geschützt (§ 41 PfandbriefG). Es gilt das Prinzip der kongruenten Wertdeckung, dh der Nennbetrag der in Umlauf befindlichen Pfandbriefe einer Gattung muss jederzeit durch Deckungswerte gleicher Höhe und mindestens gleicher Rendite gedeckt sein, die Deckungswerte sind in einem Register zu dokumentieren (§ 5 PfandbriefG). Außerdem muss die Bank durch Vorhaltung öffentlicher Anleihen oder gleichwertiger Titel eine „sichernde Überdeckung" einhalten, die den Gesamtbetrag der deckungspflichtigen Verbindlichkeiten um 2 % übersteigt (§ 4 PfandbriefG)

46   Für Pfandbriefe ist die vertragliche Gestaltungsfreiheit durch § 6 PfandbriefG eingeschränkt, wonach den Pfandgläubigern kein Kündigungsrecht eingeräumt werden darf (Abs. 2). Aus dem Pfandbrief müssen die für den Gläubiger wesentlichen Bestimmungen hervorgehen, § 6 Abs. 1 PfandbriefG. Die Laufzeit beträgt in der Regel bis zu 25 Jahre. Die **Börsenfähigkeit** ist einerseits erleichtert, weil Pfandbriefe im Wege der Daueremission ausgegeben werden, so dass entweder kein Zulassungsprospekt[88] oder nur ein Basisprospekt erstellt werden muss (§ 6 Abs. 1 Nr. 2 WpPG).[89] Andererseits prüft die Zulassungsstelle zusätzlich, ob die Emission die aus dem Deckungsregister ersichtliche Deckungsgrenze überschreitet (§ 4 Abs. 7 S. 1 PfandbriefG). Zu diesem Zweck muss der Emittent die Unbedenklichkeitsbescheinigung eines unabhängigen Wirtschaftsprüfers oder vereidigten Buchprüfers vorlegen (§ 4 Abs. 7 Satz 3 PfandbriefG), der von der BaFin zur ständigen Kontrolle der Deckungskongruenz bestellt ist (§§ 7, 8 PfandbriefG).[90]

---

[88] Daueremittentenprivileg nach § 1 Abs. 2 Nr. 5 WpPG für Emissionen im Wert von weniger als 75 Mio €.
[89] Dieses Privileg gilt für „Einlagenkreditinstitute" iSd § 1 Abs. 3d Satz 1 KWG. Zum Ganzen *Ekkenga/Maas*, Das Recht der Wertpapieremissionen, 2005, Rn. 76.
[90] Näheres zum Treuhänder nach §§ 7 ff. PfandbriefG bei *Kristen/Springer* BKR 2006, 366 ff.

Pfandbriefe sind mündelsicher gem. § 1807 Abs. 1 Nr. 4 BGB iVm der VO über die Mündelsicherheit der Pfandbriefe und verwandten Schuldverschreibungen v. 7. Mai 1940.[91] Pfandbriefe werden börsentäglich einmal amtlich notiert. Die Liquidität im Sekundärhandel ist herkömmlich eher gering, obwohl die Rendite stets etwas über der von Bundesanleihen liegt. Seit 1995 versuchen die Banken deshalb, die Attraktivität des Papiers durch großvolumige Emissionen im Wert von 1 Milliarde € und mehr zu steigern (Jargon: „Jumbo-Anleihen").[92] Heute sind ein Drittel der in Deutschland ausgegebenen festverzinslichen Wertpapiere Pfandbriefe.

4. Bankschuldverschreibungen

Neben dem Pfandbrief gibt es Schuldverschreibungen privater Geschäftsbanken, die keine Pfandbriefbanken sind, weil sie die nach § 2 PfandbriefG erforderliche Sonderlizenz nicht besitzen, und die langfristige Fremdmittel für die Refinanzierung ihres mittel- und langfristigen Kreditgeschäfts benötigen. Für die Verbindlichkeiten aus diesen Bankschuldverschreibungen gibt es keine spezialgesetzlichen Regeln; für die Rückzahlung und Verzinsung haftet das Vermögen, also alle Aktivwerte des emittierenden Instituts. Nur ein geringer Teil der Bankschuldverschreibung wird an einer oder mehreren Börsen zur Notierung eingeführt. Soweit keine Börseneinführung stattfindet, handelt es sich um verbriefte Kredite, die begrenzt marktfähig, nämlich nach Zessionsrecht transferierbar sind. Diese Bankschuldverschreibungen sind nicht für Privatanleger, sondern für Kapitalsammelstellen gedacht, die sie bis zur Endfälligkeit behalten. Keine bzw. geringe Bedeutung für den Börsenhandel haben die von den Volksbanken seit 1967 ausgegebenen Sparbriefe sowie die Sparobligationen der Sparkassen und Genossenschaftsbanken.[93]

47

5. Industrie- oder Unternehmensanleihen

Ist der Emittent von Schuldverschreibungen ein Unternehmen, nennt man die Wertpapiere Unternehmensanleihe; da solche Anleihen früher ganz überwiegend von Industrieunternehmen emittiert wurden, spricht man auch von Industrieanleihen oder Industrieobligationen. Dies sind in Teilschuldverschreibungen gestückelte, festverzinsliche, börsengängige Schuldverschreibungen. Als Emittenten kommen in Deutschland nur Unternehmen infrage, die erstklassige Bonität mit einem hohen Bekanntheitsgrad verbinden. Für sie sind Unternehmensanleihen die kostengünstigere Alternative zur langfristigen Kreditfinanzierung.[94] Da es sich um Fremdkapital handelt, trägt der Anleger – anders als bei der Aktie – nicht das Gewinnrisiko, sondern lediglich dasjenige der Insolvenz des Emittenten.

48

6. Euroanleihen

Der Kapitalmarkt kennt die beschriebenen Wertpapiertypen nicht nur von deutschen Emittenten, sondern auch als Wertpapiere der Außenmärkte,[95] vornehmlich des Euroren-

49

---

[91] RGBl. I S. 756, geänd. durch Art. 15 des Gesetzes zur Neuordnung des Pfandbriefrechts v. 22. Mai 2005, BGBl. I S. 1373.
[92] Zum Ganzen *Rottenbacher/Schütt,* Verzinsliche Wertpapiere, 1997, S. 47 ff.
[93] *Rottenbacher/Schütt,* Verzinsliche Wertpapiere, 1997, S. 45 f.
[94] *Drukarczyk,* Finanzierung, 9. Aufl. 2003, S. 401 ff.
[95] *Denning,* Internationale Geld- und Kreditmärkte, in Obst/Hintner, 39. Aufl., 1993, S. 1071.

tenmarktes. Dieser entstand während des Kalten Krieges, etwa Ende der 50ger Jahre, als die ehemalige Sowjetunion und andere Comecon-Länder ihre Liquidität nicht in New York, sondern an neutralen Märkten anlegen wollten. Die Erdölkrisen der 70ger Jahre haben die Marktentwicklung durch massive Liquiditätszuflüsse aus den OPEC-Ländern weiter beschleunigt. Hinzu kam die Einführung der Zinsausgleichssteuer, die Interest Equalization Tax in den USA 1963, die einen Abfluss von Anlagekapital aus den USA bewirkte.[96] Seitdem ist dieser Markt eine etablierte Veranstaltung. Der Kapitalmarkt bezeichnet als „Euroanleihen" Schuldverschreibungen, die außerhalb der Regelungskreise der heimischen Wertpapiermärkte im internationalen Platzierungsgeschäft begeben werden. Diese Anleihen können auf Euro, aber auch auf andere Währungen lauten („Euro-Dollar", „Euro-Pfund"). Sehr verbreitet ist die Kapitalvergütung in Höhe von Referenzzinssätzen an den Geldmärkten. Bei längerfristigen Anleihen, die man auch als **Eurobonds** bezeichnen kann, wird der Zins in regelmäßigen Zeitabständen an die veränderten Marktgegebenheiten angepasst (→ Rn. 34). Verbreitet sind aber auch kurzfristige Titel (**Euronotes**), die der Emittent am Ende der Laufzeit durch Auszahlung einlösen oder je nach Kapitalbedarf durch eine neue (revolvierende) Platzierung ersetzen kann, wobei ihm ein Bankenkonsortium den Platzierungserfolg im Rahmen sog. Underwritten Facilities für eine längere Laufzeit (idR fünf bis sieben Jahre) garantiert.[97] Bei **Doppelwährungsanleihen** erfolgen Mittelaufbringung und -rückzahlung in unterschiedlichen Währungen. Die Zinszahlungen sind entweder in der Aufbringungs- oder in der Rückzahlungswährung zu leisten. **Beispiel**: Eine Euroanleihe wird in US-Dollar aufgelegt und in Euro zurückgezahlt, um Anleihekäufer zu gewinnen, die langfristig mehr an die Stabilität des Euro im Vergleich zum US-Dollar glauben.

50 Der Euromarkt ist eine grenzüberschreitende Veranstaltung, so dass die Anleihe nicht per se deutschem Recht unterliegt, vielmehr ist die einschlägige Rechtsordnung kollisionsrechtlich zu ermitteln. Nach zutreffender Auffassung gilt das Prinzip der **Rechtswahlfreiheit**, obwohl Art 1 Abs. 2 d Rom I – VO die einschlägigen Vorschriften des deutschen bzw. europäischen Kollisionsrechts – insbesondere Art. 3 Rom I – VO – für unanwendbar erklärt.[98] Durchweg entscheiden sich die Emittenten für die Rechtsordnung, die sie im Übernahmevertrag mit dem emissionsbegleitenden Bankenkonsortium oder mit der konsortialführenden Bank vereinbart haben[99]; das ist meist englisches Recht mit dem Gerichtsstand in London. Die „einseitige" Festlegung dieses Statuts in den Anleihebedingungen ist AGB-rechtlich nicht zu beanstanden,[100] sofern man einer solchen AGB-Kontrolle überhaupt näher treten will (→ Rn. 31). Hinsichtlich der Börsenzulassung gilt die lex fori, dh der Emittent muss die Vorschriften des BörsG einhalten, wenn er die Euroanleihe an einer inländischen Börse in den Handel bringen will.[101] Das gilt nicht zuletzt für die Erstellung des Börsenzulassungsprospekts.[102] Was schließlich die Prospekthaf-

---

[96] *Finsterwalder,* Internationale Kapitalmärkte, in Obst/Hintner, 39. Aufl., 1993, S. 1102.
[97] Ausführlicher *Ekkenga,* Anlegerschutz, Rechnungslegung und Kapitalmarkt, 1998, S. 287 ff.
[98] *Hartwig-Jacob,* Die Vertragsbeziehungen und die Rechte der Anleger bei internationalen Emissionen, 2001, S. 246 ff.
[99] *Hartwig-Jacob,* Vertragsbeziehungen und die Rechte der Anleger bei internationalen Emissionen, 2001, S. 245.
[100] *Hartwig-Jacob,* Vertragsbeziehungen und die Rechte der Anleger bei internationalen Emissionen, 2001, S. 249 f.
[101] *Schnyder* in MüKoBGB, 5. Aufl. 2010, IntKapMarktR Rn. 50.
[102] *Schnyder* in MüKoBGB, 5. Aufl. 2010, IntKapMarktR Rn. 79.

tung (§ 6 Rn. 119 ff.) betrifft, spricht viel für eine marktrechtliche Anknüpfung, so dass die → §§ 21 ff WpPGanzuwenden sind, wenn die Prospektveröffentlichung auf den inländischen Kapitalmarkt einwirkt.[103]

VIII. Schuldverschreibungen mit Bezug zum Eigenkapital

Literatur: *Bechtel*, Die Anlageberatung der Banken im Wandel, Optionsrechte, Diss. Hamburg 1999; *Busse von Colbe/Großfeld/Martens ua*, Bilanzierung von Optionsanleihen im Handelsrecht, 1987; *Claussen*, Aktienoptionen, WM 1997, S. 1825; *Drygala*, Aufklärungspflicht beim Handel mit Optionsscheinen, ZHR 159 (1995), 686; *Ekkenga*, Finanzierung und außergerichtliche Sanierung, in: Ekkenga/Schröer, Handbuch der AG-Finanzierung, 2014, Kapitel 15 Rn. 154 ff.; *Frey/Hirte*, Das Vorab-Bezugsrecht auf Aktien und Optionsanleihen, ZIP 1991, 697; *Hammen*, Zur Dogmatik des Aktienoptionsgeschäftes, ZIP 1987, 151; *Jäger*, Aktienoptionen und Optionsscheine, 1990; *Schumann*, Optionsanleihen, 1990, Diss. Bonn; *Knobbe-Keuk*, Steuerrechtliche Fragen der Optionsanleihe, ZGR 1987, 312; *Kropff*, Handelsrechtliche Bilanzierungsfragen der Optionsanleihen, ZGR 1987, 285; ferner die Kommentierungen zu § 221 AktG.

1. Wandelanleihen

Eine Sonderform der Schuldverschreibung ist die Wandelanleihe, auf englisch „convertible bond".[104] Dies sind Schuldverschreibungen nach § 793 BGB, also festverzinsliche Wertpapiere, die dem Inhaber ein Umtauschrecht auf Aktien gewähren (§ 221 Abs. 1 Satz 1 AktG). Diese **Aktienoption** kann der Anleger einlösen, indem er neue Aktien, die der Emittent regelmäßig aufgrund einer bedingten Kapitalerhöhung ausgibt (§ 192 Abs. 2 Nr. 1 AktG), gegen Einlage erwirbt. Die Einlageforderung des Emittenten wird dabei mit der Rückzahlungsforderung aus der Schuldverschreibung verrechnet, ohne dass es einer Werthaltigkeitskontrolle nach den Regeln über die Sacheinlage bedarf (§ 194 Abs. 1 Satz 2 AktG). Meist sehen die Anleihebedingungen allerdings eine Zuzahlung vor. Der anfängliche Gläubiger des festverzinslichen Wertpapiers wird, wenn er sein Recht fristgerecht[105] ausübt, zum Aktionär der Gesellschaft. Wandelanleihen sind häufiger als die oben beschriebenen Gewinnschuldverschreibungen,[106] aber weniger verbreitet als die sogleich zu behandelnde Optionsanleihe. 51

Vor der Ausgabe von Wandelanleihen muss der AG-Vorstand einen Ermächtigungsbeschlusses der Hauptversammlung herbeiführen, der einer ¾ Kapitalmehrheit bedarf (§ 221 Abs. 1 und 2 AktG); allerdings hängt die Wirksamkeit der Anleiheemission hiervon nicht ab.[107] Außerdem hat jeder Aktionär der ausgebenden AG ein **gesetzliches Bezugsrecht** (§ 221 Abs. 4 AktG), dh der Emittent muss die Anleihe zunächst den Aktionären nach dem Verhältnis ihrer Beteiligung zum Erwerb anbieten. Diese Vorschriften 52

---

[103] *Schnyder* in MüKoBGB, 5. Aufl. 2010, IntKapMarktR Rn. 92 ff., 106 mwN zum Streitstand.

[104] Dieses Finanzierungsinstrument hat zwar angelsächsischen Hintergrund, aber aus Deutschland ist auch schon aus dem Jahr 1857 eine 6 %ige Schuldverschreibung des Dortmunder Vereins mit Wandelrecht in Aktien überliefert.

[105] Die Wandlungsfrist ist idR nicht identisch mit der Laufzeit der Wandelschuldverschreibung, sie beginnt oft Jahre vor der Fälligkeit der Schuldverschreibung; ein Umtausch ist vertragsgemäß ausgeschlossen zu unpassendem Zeitpunkt wie jeweils zwei Wochen vor Jahresende, um den Hauptversammlungstermin und bei Bezugsrechtsangeboten.

[106] → Rn. 36.

[107] *Hüffer*, AktG, 10. Aufl. 2012, § 221 Rn. 52.

ergänzen den Verwässerungsschutz der Aktionäre, deren Beteiligungsquoten (Stimm- und Dividendenanteil) sich reduzieren, wenn Dritte über die Aktienoption Zugang zur Mitgliedschaft erhalten. **Beispiel:** Vergibt der Emittent Wandelanleihen im Nennwert von 10 Mio € an außenstehende Anleger und erhöht sich später sein Grundkapital zwecks Bedienung der Aktienoptionen um 10 Mio € auf 40 Mio, so halten die Altaktionäre nur noch eine Beteiligungsquote von 75%, während sie vor der Emission noch über 100% verfügten. Gegen diesen Verwässerungseffekt sind sie nur durch ein Bezugsrecht auf die Anleihe selbst geschützt, weil sich das Bezugsrecht auf Aktien nach § 186 AktG nicht auf bedingte Kapitalerhöhungen nach § 192 Abs. 2 Nr. 1 AktG erstreckt.[108] Die Bezugsrechte können wie alle anderen Bezugsrechte selbständig an der Börse veräußert und erworben werden.

53   Quotenverwässerungen drohen indes nicht nur den Altaktionären, sondern auch den Inhabern der Wandeloption, wenn es zu weiteren Kapitalerhöhungen, hohen Ausschüttungen, Verschmelzungen, Umwandlungen oder Abfindungs- und Umtauschangeboten an Minderheitsaktionäre von Tochtergesellschaften kommt. § 216 Abs. 3 Satz 1 AktG bietet nur einen unvollkommenen Schutz, indem er bei Kapitalerhöhungen aus Gesellschaftsmitteln eine Anpassung des Wandlungsverhältnisses vorschreibt. Weiterreichende Schutzvorschriften existieren nicht; insbesondere kennt das Gesetz kein **Bezugsrecht für Anleihe- und Optionsinhaber**. Ein solches Bezugsrecht kann auch nicht in den Anleihebedingungen wirksam vereinbart werden, weil es sich zu Lasten der gesetzlich bezugsberechtigten Altaktionäre auswirken würde; dies wäre mit § 187 Abs. 1 AktG nicht zu vereinbaren.[109] Nach zutreffender Ansicht ist der Verwässerungsschutz deshalb durch Anpassung der Ausstattungsbedingungen zu bewältigen, etwa im Wege einer nachträglichen Optionspreisermäßigung[110], einer Änderung des Bezugsverhältnisses oder durch Einräumung vorzeitiger Ausübungsrechte. Schweigen die Anleihebedingungen zu der Frage, so ergibt sich die Anpassung aus einer ergänzenden Vertragsauslegung[111] oder – nach verbreiteter Ansicht – aus einer Analogie zu § 216 Abs. 3 Satz 1 AktG.[112]

54   Wie man unschwer erkennt, sieht der Gesetzgeber die Aktionäre in einer Verteilungskonkurrenz mit den Inhabern von Wandeloptionen, was deren gewisse **Nähe zum Eigenkapital** unterstreicht. Der Reiz für den Emittenten beruht allerdings auf der Fremdfinanzierungskomponente, da der Anleger für das Optionsrecht einen teilweisen Zinsverzicht leistet, so dass sich über Wandelanleihen billige Fremdmittel generieren lassen. Der Anleger muss seinerseits beurteilen, ob die absehbare Aktienkursentwicklung diesen Zinsverlust voraussichtlich aufwiegt.[113] Dabei ist zu berücksichtigen, dass die Nominalwerte der Schuldverschreibungen in den Anleihebedingungen zum Nominalwert der

---

[108] Beachte: § 186 AktG gehört zum Unterabschnitt „Kapitalerhöhung gegen Einlagen", § 192 AktG hingegen zum Unterabschnitt „Bedingte Kapitalerhöhung". Problematisch ist die Anwendbarkeit des § 186 Abs. 3 Satz 4 AktG (vereinfachter Ausschluss bei Erhöhungstranchen bis zu 10 % des Grundkapitals) in diesem Zusammenhang; vgl. dazu OLG München WM 2006, 1525.

[109] Str.; näher hierzu *Ekkenga/Maas,* Das Recht der Wertpapieremissionen, 2005, Rn. 403 mwN.

[110] Die Formel für die Ermäßigung des Wandlungspreises P auf P-1 lautet: $\frac{aP+nEK}{a+n}$

EK ist der Emissionskurs, a. die Zahl a+n der Altaktien, auf die neue Aktien bezogen werden können, vgl. auch Kölner Komm AktG/*Lutter,*2. Aufl. 1995, § 221 Rn. 132.

[111] *Zöllner* ZGR 1986, 288, 304 f.

[112] Überblick bei *Ekkenga/Maas,* Das Recht der Wertpapieremissionen, 2005, Rn. 405 mwN.

[113] *Rottenbacher/Schütt,* Verzinsliche Wertpapiere, 1997, S. 61 f.

eintauschbaren Aktien ins Verhältnis gesetzt werden und nicht zu Kurswerten. **Beispiel**: Ein Wandlungsverhältnis von 5:1 besagt, dass 250 € Wandelschuldverschreibung in 50 Aktien über nominal 1 € gewandelt werden können; idR ist überdies eine Zuzahlung vorgesehen. Die Zuzahlung kann zeitlich variiert werden mit steigenden oder fallenden Beträgen. **Beispiel**: Das Wandlungsverhältnis beträgt 5:1, außerdem hat der Wandelnde eine Zahlung zu leisten, die am 1. Juni 2000 100 €, am 1. Juni 2002 150 € beträgt.

2. Optionsanleihen

Bei der Optionsanleihe besteht das Zusatzrecht gleichfalls in einer **Aktienoption** – nur mit dem Unterschied, dass die Option neben den Rückzahlungsanspruch tritt, so dass die Anleihegläubiger nach Optionsausübung Gläubiger und Gesellschafter ihrer AG zugleich sind. Dadurch kommt zum vorhandenen Fremdkapital weiteres Eigenkapital hinzu, während bei der Wandelanleihe Fremdkapital in Eigenkapital umgewandelt wird und aus den Gläubigern Aktionäre werden. Das Optionsrecht wird entweder durch Zahlung eines Aufgeldes auf die Anleihe vergütet oder – wie bei der Wandelanleihe – durch eine Zinsverbilligung. Gesellschafts- und wertpapierrechtlich sind Optionsanleihen grundsätzlich wie Wandelanleihen zu beurteilen; das zeigt schon § 221 Abs. 1 Satz 1 AktG, der für beide Titel den Oberbegriff „Wandelschuldverschreibungen" verwendet. Für den Verwässerungsschutz der Aktionäre (Bezugsrecht auf neu ausgegebene Optionsanleihen) und der Anleiheinhaber (Anpassung der Anleihebedingungen) gelten also keine Abweichungen. In den Anleihebedingungen ist zu regeln, wie viele Aktien je Optionsschein zu welchem Preis innerhalb welcher Fristen bezogen werden können. Dieses Optionsrecht ist ein rechtsgeschäftliches Bezugsrecht iSv § 187 Abs. 1 AktG, weshalb die Hauptversammlung der Einräumung dieses Bezugsrechts zustimmen muss, § 221 Abs. 1 AktG. 55

Der Hauptunterschied der Optionsanleihe zur Wandelanleihe zeigt sich erst im Zirkulationsmarkt. Da nämlich die Aktien im Falle der Optionsausübung durch Zahlung einer Einlage statt durch Verrechnung mit dem Anleihekapital valutiert werden, bietet die Optionsanleihe die Möglichkeit einer **Trennung des Optionsrechts von der Schuldverschreibung**: Durch gesonderte Verbriefung entstehen rechtlich selbständige Optionsscheine (Warrants), die neben dem Anleihemantel (Anleihe ex) separat gehandelt werden.[114] Die Anleihe ex entspricht im Ergebnis einer Niedrig-Coupon-Anleihe, deren Kurs stärker auf Zinsschwankungen reagiert als normalverzinsliche Anleihen und die deshalb über einen stärkeren „Hebel" verfügt; diese Technik ist uns schon bei den Zero-Bonds begegnet (→ Rn. 33). Mit dem Optionsschein hat der Anleger die Möglichkeit, überproportional an der Kursentwicklung der Aktie teilzunehmen; auch hier beobachten wir eine Verstärkung des „Hebels" gegenüber dem Handel mit der Aktie selbst (näher → Rn. 67). Bleiben Anleihe- und Optionskomponente dagegen ungetrennt, so spricht man von einer Anleihe cum. Ihr Kurswert wird weniger durch die Zinsentwicklung als vielmehr durch den Kurs der optierten Aktie beeinflusst. Sinkt der Kurs, so bleibt das Verlustrisiko des Anlegers dennoch begrenzt, weil die Anleihe bei Fälligkeit in jedem Falle zum Nennwert zurückbezahlt wird.[115] 56

Da die Verbindung von Anleihe- und Optionskomponente nicht zwingend ist, können **Anleihe- und Optionsschuldner personenverschieden** sein. In der Praxis lauten die 57

---

[114] Ausführlich *Ekkenga,* Anlegerschutz, Rechnungslegung und Kapitalmarkt, 1998, S. 388 ff.
[115] *Rottenbacher/Schütt,* Verzinsliche Wertpapiere, 1997, S. 62 f.

Optionen daher nicht selten auf Aktien einer anderen, mit dem Emittenten verbundenen AG. **Beispiel:** Um Finanzierungskosten einzusparen, gründet die AG eine Finanztochter in einem Niedrigzinsland. Diese emittiert alsdann eine Optionsanleihe zu vergleichsweise günstigen Zinskonditionen. Der Anleger erwirbt mit der Option zugleich ein Bezugsrecht auf Aktien der inländischen Muttergesellschaft.[116] § 221 AktG erfasst diesen Fall nicht direkt, doch ist die Vorschrift analog anwendbar.[117]

58   **Optionsscheinen** aus einer Optionsanleihe gem. § 221 Abs. 1 AktG stehen am Kapitalmarkt solchen gegenüber, die von vornherein isoliert, also ohne Kombination mit einer Anleihe begeben werden (→ Rn. 66). In beiden Fällen handelt es sich um Schuldverschreibungen iSd § 793 Abs. 1 BGB, die statt auf Geld auf Zuteilung neuer Aktien lauten. Zum anderen sind Optionsscheine zu unterscheiden von den unverbrieften Rechten aus Finanzterminkontrakten, die auf den künftigen Kauf oder Verkauf zirkulierender Aktien gerichtet sind, ebenfalls Optionen genannt und unter dem Oberbegriff „Derivate" zusammengefasst werden . Letztere sind weder Wertpapiere noch überhaupt Handelsobjekte am Kapitalmarkt, sondern Gegenstand von Spekulations- und Sicherungsgeschäften an den Terminmärkten (→ Rn. 75 ff.). Der Variantenreichtum ist auch bei den Optionsscheinen (Warrants) sehr ausgeprägt, wobei die Option keineswegs immer auf den Erwerb von Aktien gerichtet sein muss. Recht bekannt ist etwa der Bond-Warrant, der das Recht auf Bezug einer (weiteren) Anleihe desselben oder eines anderen Typs verbrieft. Ein weiteres Beispiel von vielen sind Optionen auf den Erwerb von Terminkontrakten, etwa einer weiteren (Aktien-) Option.[118]

3. Genussscheine

Literatur (Auswahl): *Frantzen*, Genußscheine, 1993; *Claussen*, Der Genußschein, FS Werner, 1984, S. 81; *ders.*, Genuß ohne Reue, AG 1985, S. 77; *Habersack*, Genußrecht und sorgfältige Geschäftsführung, ZHR 155 (1991), S. 378; *Hirte*, Genußscheine und Eigenkapitalcharakter in der AG, ZIP 1988, S. 477; *ders.*, Genußscheine und Kapitalherabsetzung, ZIP 1991, S. 1461; *Lutter*, Genußrechtsfragen, ZGR 1993, 291; *Schott*, Genußscheine-Inhaltsbestimmung von Genußrechtsverhältnissen, 1995; ferner die Kommentierungen zu § 221 AktG.

59   Genussscheine sind börsengehandelte Inhaberschuldverschreibungen iSd § 793 Abs. 1 BGB, die vornehmlich von Banken und Versicherungen emittiert werden. Man verwendet sie seit über 150 Jahren mit wechselnden Inhalten.[119] Im Gesellschaftsrecht sind sie den Wandelschuldverschreibungen gleichgestellt (§ 221 Abs. 3 AktG), weil sie typischerweise mit den Aktien um Dividenden- und Liquidationsanteile konkurrieren. Der Gesetzgeber sieht in ihnen also primär **Eigenkapitaltitel** auf schuldvertraglicher Grundlage, die nicht verzinst werden, sondern wie Aktienkapital gewinnbeteiligt sind. Solche Genussrechte dürfen folglich gem. § 221 Abs. 1, 3 AktG nur aufgrund eines Hauptversammlungsbe-

---

[116] Zu den Rechtsfragen, die bei der Emission von Optionsanleihen durch ausländische Finanzierungstochtergesellschaften auftreten, vgl. *Lutter*, Kölner Komm z. AktG, 2. Aufl. 1995, § 221 Rn. 166 ff.; *Schumann*, Optionsanleihen, Rechtliche Grundlagen und aktuelle Probleme, 1990, S. 95 ff.; *Martens*, FS Stimpel, 1985, S. 621.
[117] BGHZ 114, 177, 181.
[118] Einzelheiten und Hintergründe bei *Ekkenga*, Anlegerschutz, Rechnungslegung und Kapitalmarkt, 1998, S. 390 ff.; Rottenbacher/Schütt, Verzinsliche Wertpapiere, 1997, S. 62 f.
[119] Der Genussschein wurde schon 1854 zur Finanzierung des Suezkanals von *Ferdinand de Lesseps* eingesetzt; vgl. *Habersack* in MüKoAktG, 3. Aufl. 2011, § 221 Rn. 15.

Ekkenga

schlusses neu ausgegeben werden[120] und sind dann grundsätzlich zuerst den Aktionären anzubieten, denen ein gesetzliches Bezugsrecht zusteht (§ 221 Abs. 4 AktG).[121] Banken dürfen ihr Genusskapital nach näherer Maßgabe von § 10 Abs. 5 KWG dem Ergänzungskapital als Bestandteil des aufsichtsrechtlich vorgeschriebenen Eigenkapitals zuschlagen, sofern es bestimmte inhaltliche Merkmale aufweist. Eine explizite Zuordnungsregel für Genusskapital gibt es seit Neufassung dieser Vorschrift durch die 8. KWG-Novelle 2010 nicht mehr – anders als heute noch das Versicherungsaufsichtsrecht in § 53 c Abs. 3a, 3b VAG.

Der Erwerb von Genussscheinen unterliegt der **steuerlichen Förderung** im Rahmen der beschäftigungsabhängigen Vermögensbildung, wobei Genussscheine, die von Kreditinstituten ausgegeben werden, gegenüber anderen Genussscheinen, Aktien und Wandelschuldverschreibungen noch zusätzlich privilegiert sind.[122] Für den Emittenten ist eigenkapitaltypisches Genusskapital von beträchtlichem Reiz, und zwar vornehmlich aus zwei Gründen: Zum einen mindern die Ausschüttungen auf Genusskapital – anders als Ausschüttungen auf Aktien – das zu versteuernde Einkommen, es sei denn, der Anleger ist nicht nur am laufenden Gewinn, sondern auch am Liquidationserlös beteiligt (Umkehrschluss aus § 8 Abs. 3 Satz 2 KStG). Mit anderen Worten: Finanzwirtschaftliches Eigenkapital wird steuerlich wie Fremdkapital behandelt, sofern der Genussberechtigte sein Kapital vor Liquidation der Gesellschaft fällig stellen und zurückfordern kann.[123] Der zweite Vorteil gegenüber der Aktie besteht darin, dass der Emittent über den Kapitalmarkt Eigenmittel mobilisieren kann, ohne den Anteilsinhabern ein Mitspracherecht im Unternehmen einräumen zu müssen. Denn Genussscheine verbriefen keine Mitgliedschaften in der AG und vermitteln folglich kein Stimmrecht in der Hauptversammlung.

60

Eigenkapitaltypische Genussrechte sind damit den Vorzugsaktien ohne Stimmrecht inhaltlich angenähert, ohne dem detaillierten und zwingenden Regime der §§ 139 ff. AktG zu unterfallen. Insbesondere gilt für die Emission von Genussscheinen nicht die nominelle Höchstgrenze des § 139 Abs. 2 AktG (Ausgabe im Nennwert bis maximal zur Hälfte des Grundkapitals) – eine Vorschrift, die zeigt, dass der Gesetzgeber Eigenfinanzierungen nicht schrankenlos hinzunehmen bereit ist, sofern die Eigenkapitalgeber nicht auch an den Entscheidungsprozessen im Unternehmen beteiligt werden. **Aktiengleichen Genussrechten** wird daher verbreitet ein gewisses Umgehungspotential nachgesagt, was zu der These geführt hat, sie seien wegen Verstoßes gegen zwingendes Aktienrecht unzulässig. Durchgesetzt hat sich diese Ansicht aber nicht.[124] Sie bezieht sich ohnehin auf einen Genussscheintyp, den es aus steuerlichen Gründen praktisch nicht gibt, nämlich auf Genusskapital mit Beteiligung am Gewinn *und* Liquidationserlös.[125] Nach Ansicht des BGH

61

---

[120] § 292 Abs. 1 Nr. 2 AktG, der Teilgewinnabführungsverträge den weitergehenden Vorschriften der §§ 293 ff. AktG unterstellt, ist hingegen nicht einschlägig, vgl. *Habersack* in MüKoAktG, 3. Aufl. 2011, § 221 Rn. 72.
[121] Vgl. auch § 23 UmwG, der die Gleichstellung bestätigt.
[122] Vgl. § 3 Nr. 39 EStG iVm. § 2 Abs. 1 Nr. 1, 1 des 5.Vermögensbildungsgesetzes: Bemessung der steuerlichen Freigrenze nach dem (i.d.R. niedrigeren) Nennwert statt nach dem Kurswert.
[123] Zu den streitigen Einzelheiten s. etwa BFH BB 1994, 1275; BMF, Schreiben v. 27.12.1995, BB 1996, 142; *Sontheimer* BB 1984, Beilage 19.
[124] *Ekkenga/Maas*, Das Recht der Wertpapieremissionen, 2005, Rn. 41; *Claussen* AG 1985, S. 77.
[125] Vgl. *Berghaus/Bardelmeier* in Habersack/Mülbert/Schlitt, Unternehmensfinanzierung am Kapitalmarkt, 3. Aufl. 2013, § 14 Rn. 10 mwN.

sind Genussrechte mit aktiengleicher Vermögens- und Erfolgsbeteiligung ohne weiteres zulässig. Es gilt das Prinzip der vertraglichen Gestaltungsfreiheit.[126]

62 Die Emissionspraxis hat von dieser Freiheit regen Gebrauch gemacht, so dass der Variantenreichtum des Emissionsgeschäfts in Genussscheinen steht dem des Anleihegeschäfts in nichts nachsteht. Das kann Verunsicherungseffekte mit sich bringen, die die börsliche Fungibilität der Genussrechte beeinträchtigen: Je größer die Angebotsvielfalt, desto höher der Informationsbedarf für die Anleger und desto größer die Gefahr, dass der Handel aufgrund mangelnder Standardisierung des Marktobjektes zurückgeht (→ Rn. 11). Um sich einen systematischen Überblick zu verschaffen, kann man die Varianten danach ordnen, ob und inwieweit sie sich im Vergleich zu anderen und zur Stammaktie vor- oder nachteilig darstellen. Auf diese Weise ergibt sich, da ein solcher Qualitätsvergleich fremdkapitaltypische Elemente ausblenden muss (man vergleiche sonst „Äpfel mit Birnen"), eine **Typologie der Eigenkapitaltitel**. Sie zeigt die Entwicklung von prioritätischen Vorzügen im Rahmen der Gewinnverteilung (zB prozentual bemessene Überdividende ohne nominelles Limit) über paritätische Ausstattungstechniken bis hin zu posterioritätischen Rückstufungen, zB vorrangige Verlustteilnahme oder Gewinnbeteiligung nur in Höhe eines Prozentsatzes von der Aktiendividende.[127] Zweck einer solchen Typologie könnte es sein, „unangemessene Benachteiligungen" iSd § 307 BGB in den Genussscheinbedingungen aufzudecken – sofern man diese im Widerspruch zur hier vertretenen Auffassung (→ Rn. 31) der AGB-Inhaltskontrolle unterwirft.

63 Nimmt man hingegen die fremdkapitaltypischen Elemente hinzu, so entsteht eine **Typologie der Mischtitel**, für die sich die Bezeichnung „Mezzanine" allmählich etabliert hat. Die Unterschiede innerhalb der Eigenkapitalstruktur bleiben hier außer Betracht. Die Reihe beginnt mit reinen Eigenkapitaltiteln, die an Gewinn und Verlust voll beteiligt sind, setzt sich fort mit Übergangsformen, die die Gewinnbeteiligung mit Verzinsungselementen oder sonstigen erfolgsunabhängigen Bemessungsfaktoren kombinieren und endet mit Genusskapital, das auch im Verlustfalle zum Nennwert zurückzuzahlen ist und nominell verzinst wird, das also finanzwirtschaftlich reines Fremdkapital darstellt. **Beispiele** für eine Kapitalvergütung „zwischen" Eigen- und Fremdfinanzierung: Der Genussberechtigte erhält eine limitierte Vorzugsdividende aus dem Gewinn, jedoch nur bis zur Höhe von 4 % des Kapitalnennbetrages; fällt der Gewinn höher aus, so werden daraus ausschließlich die Aktionäre bedient. Oder: Das Genusskapital wird mit 4 % vom Nennbetrag jährlich, aber nur gewinnabhängig verzinst, dh der Zinsanspruch entfällt, wenn er nicht aus dem Gewinn bedient werden kann.[128] Anhand einer solchen Typologie lässt sich bestimmen, ob der Titel noch hinreichend viele Eigenkapitalelemente enthält, um den „Genussscheinen" im Sinne der oben behandelten gesellschafts-, aufsichts- und steuerrechtlichen Vorschriften zugeordnet werden zu können. Die gesellschaftsrechtliche Literatur verfährt allerdings von vornherein großzügiger, wenn sie schon ein einziges aktionärstypisches Element für ausschlaggebend hält, anstatt der typologischen Erkenntnismethode zu folgen und auf das Gesamtbild der Kapitalausstattung abzustellen.[129]

---

[126] BGHZ 120, 141, 147 „Bremer Bankverein".
[127] Einzelheiten bei *Ekkenga*, Anlegerschutz, Rechnungslegung und Kapitalmarkt, 1998, S. 199 ff.
[128] Weitere Einzelheiten bei *Ekkenga*, Anlegerschutz, Rechnungslegung und Kapitalmarkt, 1998, S. 174 ff.; weniger differenziert (Reduzierung auf drei Haupttypen) *Habersack* in MüKoAktG, 3. Aufl. 2011, § 221 Rn. 76 ff. unter Hinweis auf *Hammen* DB 1988, 2550; *Claussen* ZBB 1989, 27.
[129] *Habersack* in MüKoAktG, 3. Aufl. 2011, § 221 Rn. 65 mwN.

Die Rechtsprechung ist durch **zwei Leitentscheidungen des BGH** (II. Zivilsenat) **64** geprägt, die sich mit der Verteilungskonkurrenz zwischen Aktionären und Genussberechtigten befassen und deren Kenntnis man von jedem Kapitalmarktrechtler erwartet: In der Sache **Bremer Bankverein** aus dem Jahre 1992 ging es um den Schutz der Aktionäre vor Verwässerungseffekten, die sich einstellen können, wenn die AG aktiengleiche Genussrechte an Dritte ausgibt. Technisch kann eine solche Drittzuteilung nur funktionieren, wenn die AG – wie bei den Wandelschuldverschreibungen – das gesetzliche Bezugsrecht der Aktionäre nach §§ 221 Abs. 4 Satz 2, 186 Abs. 3 AktG ausschließt. Im direkten Anwendungsfall des § 186 Abs. 3 AktG – Ausgabe neuer Aktien an Dritte ohne vorheriges Bezugsangebot an die Altaktionäre – ist ein Bezugsrechtsausschluss aber grundsätzlich nicht ohne weiteres rechtmäßig, selbst wenn die AG die hierfür benötigte Kapitalmehrheit von ¾ zustandebringt; vielmehr verlangt der Schutz der Aktionäre vor einer Verwässerung ihrer Anteilsquote, dass der Ausschluss im Interesse der AG geeignet und erforderlich ist, ferner, dass sich die Maßnahme angesichts der Schwere des Eingriffs in die Mitgliedschaft nicht als unverhältnismäßig darstellt.[130] Der BGH hat es abgelehnt, diese Schutzregeln schematisch auf Genussrechtsfinanzierungen zu übertragen. Eine Stimmrechtsverwässerung zum Nachteil der Aktionäre trete nämlich nicht ein, weil zusätzliche Stimmrechte ohne Begründung neuer Mitgliedschaften nicht entstehen könnten, und zwar selbst dann nicht, wenn die Genussrechtsbedingungen dies vorsehen. Die schuldvertragliche Gestaltungsfreiheit finde hier ihre Grenze.[131] Auch vermochte der BGH eine Beeinträchtigung der mitgliedschaftlichen Gewinnanteile durch Quotenverwässerung in concreto nicht zu erkennen. Denn die jährliche Ausschüttung auf die Genussrechte war nominell (in Prozent vom Nennwert) bemessen und nur insoweit gewinnabhängig, als die Wertpapierbedingungen keine Ausschüttungen zu Lasten der Vermögenssubstanz gestatteten.[132] Angesichts dieses Gesamtbefundes wäre es wohl eher konsequent und methodologisch einleuchtender gewesen, von einer Anwendung des § 221 AktG überhaupt abzusehen und die Genussscheine wie Anleihen zu behandeln (vgl. vorherige Rn. aE).

Um einen Verteilungskonflikt zwischen Aktionären und Genussberechtigten ging es **65** auch im **Klöckner-Urteil** des BGH (II. Zivilsenat), ebenfalls aus dem Jahre 1992, jedoch mit umgekehrten Vorzeichen: Verwässerungsgefährdet waren nicht die Aktien, sondern die Genussrechte. Stein des Anstoßes war eine Sanierungsmaßnahme wegen drohender Verluste nach § 229 AktG, also eine Herabsetzung des Grundkapitals mit kombinierter Kapitalerhöhung zwecks Ausgabe neuer Aktien gegen Einlage (sog. Kapitalschnitt). Nach den Genussrechtsbedingungen hatte die Kapitalherabsetzung zur Folge, dass sich die Genussanteile im Nennwert proportional reduzierten, ohne dass die Klöckner KGaA ihren Genussberechtigten die Möglichkeit eingeräumt hätte, sich an der anschließenden Kapitalaufstockung zu beteiligen und so die alten Anteilsverhältnisse wiederherzustellen. Im Ergebnis kam das einer Enteignung zugunsten der Aktionäre gleich. Zwar war die Gesellschaft den Beteiligten zunächst tatsächlich sanierungsreif erschienen, so dass es vermeintlich nichts mehr gab, was man den Genussberechtigten durch die Kapitalanpassung nach unten hätte wegnehmen können. Später waren die Verluste jedoch wider Erwarten ausge-

---

[130] BGHZ 71, 40, 44 f. „Kali + Salz".
[131] BGHZ 120, 141, 146 f. in Fortführung von BGHZ 119, 305 „Klöckner". Dieser Befund hat mit einer AGB-Kontrolle nichts zu tun, für die sich der BGH in anderem Zusammenhang ausspricht. Er resultiert vielmehr aus dem aktienrechtlichen Gestaltungszwang.
[132] BGHZ 120, 141, 147 f.; dazu die Besprechung von *Martens* ZIP 1992, 1677.

Ekkenga

blieben, so dass der Kapitalschnitt ex post betrachtet auf eine Umschichtung von Genusskapital in Aktienkapital hinauslief. Der Verwässerungsschutz nach § 216 Abs. 3 AktG, der auch den Genussberechtigten zusteht und den wir bereits oben bei der Wandelanleihe (→ Rn. 53) kennengelernt haben, trifft auf diese Konstellation nicht zu, jedenfalls nicht bei wortgetreuer Auslegung. Der BGH lässt indes keinen Zweifel daran, dass den Genussberechtigten in einem derartigen Fall dennoch Verwässerungsschutz zuteil werden müsse, und billigt ihnen einen geldlichen Ausgleichsanspruch gegen die Gesellschaft zu, den er den Grundsätzen über die ergänzende Vertragsauslegung und dem Haftungsrecht entnimmt.[133]

4. Optionsscheine

66 Optionsscheine haben wir bereits kennengelernt, und zwar im Zusammenhang mit Aktienoptionen, die als Bestandteil einer Optionsanleihe emittiert, alsdann getrennt verbrieft und am Sekundärmarkt als „**Warrants**" gehandelt werden (→ Rn. 56). Daneben hat sich seit etwa 1986 ein bedeutend größeres Geschäft mit sog. selbständigen Optionsscheinen (Jargon: Naked Warrants) entwickelt, die ohne jede Verbindung mit einer Anleihe in Umlauf gebracht werden. Die Grundstruktur dieser Inhaberschuldverschreibungen lässt sich – bei allem Variantenreichtum – einheitlich wie folgt beschreiben[134]: Mit der Option erwirbt der Anleger einen bedingten Anspruch gegen den Emittenten auf Erwerb eines Bezugsobjektes (Aktie oder sonstiges Handelsobjekt), wobei der Optionsinhaber selbst den Bedingungseintritt auslöst, indem er die Option innerhalb eines bestimmten Zeitraumes („amerikanischer Typ") oder zu einem bestimmten Zeitpunkt („europäischer Typ") ausübt. Für den Optionserwerb zahlt der Anleger eine Optionsprämie an den Emittenten, dessen Leistungsversprechen auf Einlösung der Option gerichtet ist, der also eine Art Garantenfunktion als „Stillhalter" einnimmt. Die Vergütung für die Lieferung der Aktie richtet sich nach einem zu Beginn des Geschäfts festgelegten Basispreis. Von der Kursentwicklung des Basisobjektes am Fälligkeitstag hängt ab, ob sich die Ausübung der Option für den Anleger rechnet. **Beispiel**: Der Bezugspreis für die optierte Aktie beträgt 200 €, die für die Option zu entrichtende Prämie 20 €. Steigt der aktuelle Kurswert der Aktie auf 300 €, so wird der Anleger die Option ausüben und die Aktie mit Gewinn (80 €) verkaufen. Fällt der Kurs hingegen auf 280 €, wird der Anleger die Option verfallen lassen, weil er sich an der Börse billiger eindecken kann. Steigt der Kurs auf einen Mittelwert (zB 310 €), so ist zwar die Ausübung im Hinblick auf die Gewinnspanne von 10 € sinnvoll. Sie dient aber nurmehr der Verlustbegrenzung, weil der Anleger den doppelten Prämienbetrag investiert hat.

67 Vergleicht man dieses zeitlich gestreckte Hin und Her (Einzahlung der Optionsprämie und spätere Amortisation durch die anschließende Abwicklung des Geschäfts zum Basispreis) mit einer befristeten Zuführung von Eigen- oder Fremdkapital, so wird die Anlagekomponente der Optionsscheine deutlich, allerdings mit einem gravierenden Unterschied zu den Kapitalanlagen, der den eigentlichen Sinn und Zweck dieses Geschäftszweiges ausmacht: Der optierte Anspruch ist nicht (wie der Anspruch auf Kapitalrückzahlung) auf Auszahlung gerichtet, sondern auf Leistung eines nicht-monetären Erwerbsgegenstandes,

---

[133] BGHZ 119, 305, 324 ff. = AG 1993, 125 m. krit. Anm. *Claussen*. .

[134] Hierzu und zum folgenden umfassend *Ekkenga* in MüKoHGB, Effektengeschäft, 3. Aufl. 2014, Rn. 52 ff.

Ekkenga

der seinerseits Handelsobjekt ist und entsprechenden Wertschwankungen unterliegt. Der Anleger hätte sich, um Kursgewinne mitzunehmen, statt für eine Option auf die Aktie auch für eine Sofortlieferung jener Aktie per Tageskurs entscheiden können. Er wählt aber die Optionsvariante, weil er sich hiervon eine Potenzierung der Gewinnchancen verspricht, die mit dem **Hebeleffekt** (Leverage) börslich gehandelter Optionen zu tun hat. Bleiben wir, um das zu illustrieren, bei unserem vorherigen **Beispiel**: Kauft Anleger A statt einer Aktie im Kurswert zu 200 € 10 Optionen auf Erwerb dieser Aktie und zahlt er für jede Option eine Prämie von 20 €, so kommen ihm Kurssteigerungen der Aktie zehnfach zugute. Er kann also, wenn der Kurswert der Aktie nach einem Jahr auf 300 € gestiegen ist, die Optionen ausüben und die 10 Aktien für insgesamt 3.000 €, also mit einem Mehrwert von 1.000 € am Sekundärmarkt verkaufen. Unter Einrechnung seines Prämienaufwandes hat er dann einen Gewinn von 800 € erzielt, während ihm der direkte An- und Verkauf der Aktie bei gleichem Einsatz nur einen Gewinn von 100 € eingebracht hätte.[135]

Wie das Beispiel aber auch zeigt, ist unser Vergleich des Optionsgeschäfts mit einer Kapitalanlage nicht zwingend. Es lässt sich nämlich nicht nur im Sinne eines zeitlich gestreckten Finanzierungsvorganges (Überlassung der Optionsprämie auf Zeit) auffassen, sondern erinnert zugleich an einen punktuellen Leistungsaustausch, dem Kauf eines Lotterieloses insofern nicht unähnlich: Der Anleger erwirbt gegen Prämie eine Gewinnchance, damit ist für beide Teile das Geschäft zunächst abgewickelt – ungeachtet der ungewissen Frage, ob später ein zweiter Leistungsaustausch (Erwerb der Aktie zum Basispreis) zustande kommt.[136] Diese **hybride Struktur des Optionsgeschäfts** wirft schwierige Abgrenzungsprobleme auf. Sie entfalten Bedeutung vor allem noch für die Art der Rechnungslegung (Bilanzierung als Umsatzgeschäft oder Finanzierungsgeschäft?), nachdem der Gesetzgeber die den Anlegerschutz betreffende Sonderregelung für Termingeschäfte in § 37d WpHG aF, die den Effektenbanken verschärfte Aufklärungspflichten gegenüber ihren Kunden auferlegt hatte, abgeschafft hat. 68

Für das Emissionsgeschäft in Aktienoptionsscheinen genügt es einstweilen, den Aspekt der Hebelwirkung etwas zu präzisieren, indem wir unser **Beispiel** unter → Rn. 67 wiederum ergänzen: Steigt der Börsenkurs wie erwünscht auf 300 €, so kann A zwar seinen Spekulationsgewinn von 1.000 € realisieren. Zuvor muss er aber die Aktien erwerben und dafür den Basispreis entrichten, m.a.W.: Er muss nach Entrichtung der Optionsprämie erneut Geld investieren. In der Termingeschäftsbranche spricht man in diesem Zusammenhang von einer **offenen Position**. Gelingt es A dagegen, diese Position durch ein seitenverkehrtes Gegengeschäft, also durch den Verkauf einer ausreichenden Stückzahl gleicher Aktien zu schließen („glattzustellen") und dabei einen Preis zu erzielen, der im Vergleich zum Kaufpreis (Basiskurs) aktueller und somit höher ist, so erübrigt sich die Investition. Da nämlich jede Partei Aktien gleicher Art und Stückzahl an die jeweils andere zu liefern hat, werden beide Posten schlicht miteinander verrechnet, und A braucht sich nur noch die Kursdifferenz (Verkaufskurs abzüglich Basispreis) auszahlen zu lassen. Um die Verrechnung zu ermöglichen, müsste A entweder vertraglich ein Gegenseitigkeitsverhältnis mit der stillhaltenden Gesellschaft herstellen oder sich Zugang zu einer Wertpapierbörse (her- 69

---

[135] Beispiel nach *Hartung,* Das Wertpapieroptionsgeschäft in der Bundesrepublik Deutschland, 1989, S. 53 ff.
[136] Zum daran anknüpfenden Theorienstreit (Einheits- oder Doppelvertragstheorie) s. *Ekkenga* in MüKoHGB, Effektengeschäft, 3. Aufl. 2014, Rn. 52 ff., Fn. 183.

kömmlich: Terminbörse) verschaffen, die die Aufgabe hat, offene Käufer- und Verkäuferpositionen durch ein zentrales Clearing zusammenzuführen (näher → Rn. 81).

70 Beides scheidet für die eingangs erwähnten selbständigen oder „nackten" Optionsscheine aus, wenn diese wie die herkömmlichen Wandelschuldverschreibungen **Optionen auf den Erwerb neu zu schaffender Aktien** (Equity Warrants) verbriefen. Denn das gesellschaftsrechtliche Gebot der realen Kapitalaufbringung verlangt, dass gegen bar ausgegebene Aktien tatsächlich bar valutiert werden; Verrechnungen und sonstige Ersatzleistungen haben keine befreiende Wirkung (§ 66 Abs. 1 AktG).[137] Ohne Einbettung in ein börsen- oder vertragsgestütztes Verrechnungssystem kommt es aber nicht zu jener Abkürzung der Leistungs- und Zahlungsströme, die zum Hebeleffekt hinzutreten muss, um die für das Termingeschäft typische, besonders gefährliche Dynamik zu entwickeln.[138]

71 Ob die Ausgabe **selbständiger Optionsscheine auf neue Aktien** mit geltendem Aktienrecht überhaupt vereinbar ist, wird seit langem kontrovers diskutiert. Stein des Anstoßes ist der aktienrechtliche Gestaltungszwang, verbunden mit der Einsicht, dass diese Variante im Aktienrecht nicht ausdrücklich vorgesehen ist. §§ 192 Abs. 2 Nr. 1, 221 Abs. 1 AktG kennen Optionen auf neue Aktien nur als Bestandteile einer Wandelschuldverschreibung, und § 187 AktG scheint die rechtsgeschäftliche Einräumung solcher Bezugsrechte jenseits der gesetzlich geregelten Fälle zu verbieten. Die moderne und inzwischen wohl herrschende Auffassung entscheidet sich dennoch gegen einen „numerus clausus" der Aktienbezugsrechte[139] – mit Recht, denn wenn man es schon vorzieht, in einer Kernmaterie des Wirtschaftsrechts begriffsjuristisch zu argumentieren, dann kann man auch den zweiten Schritt tun und Aktienoptionen unter § 221 Abs. 3 AktG subsumieren: Das Gesetz enthält sich einer Definition der „Genussrechte", also kann auch der Erwerb einer jungen Aktie ein „Genuss" sein.[140] Die Folge ist freilich, dass die Hauptversammlung zustimmen muss und die Aktionäre ein Bezugsrecht auf den Optionsscheinerwerb haben (→ Rn. 59).

72 Ganz andere Rechtsprobleme werfen die sog. **gedeckten Optionsscheine auf Aktien** (auch: Covered Warrants) auf. Sie verbriefen einen Anspruch auf Lieferung zirkulierender Aktien, die die emittierende AG entweder im Eigenbestand hält oder die – häufiger – bei einem Dritten (etwa einer Konzerntochter) – deponiert sind. Das können Aktienanteile an Drittunternehmen sein, aber auch Aktien der emittierenden AG selbst. Die Unterschiede zu den unter → Rn. 66 ff. behandelten „ungedeckten" Warrants lassen sich in zwei Beobachtungen zusammenfassen: Zum einen muss sich die AG die Aktien am Zirkulationsmarkt beschaffen, um die Optionen bedienen zu können. Den Ausweg, die optierten Papiere per Kapitalerhöhung – gewissermaßen durch Betätigung der „Druckerpresse"[141] – in benötigter Menge selbst zu produzieren, hat sie sich nach den Ausgabebedingungen versperrt. Sie wird demzufolge die für den Rückerwerb eigener Aktien gesetzte 10%-Grenze (§§ 71 Abs. 1 Nr. 8, 71d AktG) beachten müssen, wenn sie einen Deckungsbestand im eigenen Portefeuille, bei einer Tochtergesellschaft oder einem Treuhänder unterhält.[142]

---

[137] Anders beim Tausch Anleihe gegen Aktie, vgl. § 194 Abs. 1 S. 2 AktG.
[138] *Ekkenga* in MüKoHGB, Effektengeschäft, 3. Aufl. 2014, Rn. 40.
[139] *Fuchs* AG 1995, 433, 442 ff.; *Kuntz* AG 2004, 480 ff. mit umfassenden Nachw. zum Streitstand.
[140] *Ekkenga* in MüKoHGB, Effektengeschäft, 3. Aufl. 2014, Rn. 54.
[141] Vgl. *Schwark* WM 1988, 921, 927.
[142] Sehr streitig; vgl. *Ekkenga/Maas*, Das Recht der Wertpapieremissionen, 2005, Rn. 38 mwN.

Noch schwieriger wird es im Zusammenhang mit der (Wieder-)Ausgabe der Aktien nach Optionsausübung. Da sich die Ausgabe nach den vereinbarten Optionsbedingungen richtet und folglich unter Kurswert erfolgt, droht den nicht optionsberechtigten Aktionären eine Anteilsverwässerung, also ein Nachteil, vor dem sie § 71 Abs. 1 Nr. 8 AktG mit seiner Verweisung auf § 186 AktG gerade schützen will. Die Frage bedarf noch der Klärung, doch spricht im Ergebnis viel dafür, bei der Korrektur schon früher, nämlich bei der Optionsscheinausgabe anzusetzen und den Aktionären ein Bezugsrecht nach § 221 Abs. 4 AktG einzuräumen (s. schon vorige Rn.). Mit der Kapitalaufbringung gibt es dagegen – und das ist der zweite Unterschied zu den ungedeckten Warrants – keine Probleme, weil zirkulierende Aktien stets voll valutiert sind; also besteht kein Verrechnungsverbot. Dennoch gibt es kein termingeschäftliches Marktsegment auf der Grundlage gedeckter Optionsscheine, weil sich diese Titel nicht so weit standardisieren lassen, dass sie sich für einen bloßen Differenzausgleich nach Verrechnung der beiderseitigen Leistungsverpflichtungen eignen.[143]

Die Finanzwirtschaft hat all dies längst erkannt und ist dazu übergegangen, Optionen auf Aktien zu „synthetisieren": Üblicherweise behält sich die emittierende AG vor, bei Ausübung der Option von einer Lieferung der versprochenen Aktien absehen zu dürfen, so dass lediglich noch der Unterschiedswert (Tageskurs abzüglich historisch fixierter Basispreis) an den Optionsinhaber auszuzahlen ist. Solche **Optionsscheine auf Ausgleich von Kursdifferenzen** verbriefen Rechte, die einer terminbörslich gehandelten (nicht verbrieften) Kaufoption (Call) letztlich gleichkommen. Aktienrechtlich verbleibt ein gewisses Unbehagen, weil die AG mit der synthetischen Zusammenführung von Aktienrückkaufs- und Lieferungsverpflichtung Ergebnisse herstellt, die durch § 71 Abs. 1 Nr. 8 AktG gerade verhindert oder doch eingedämmt werden sollen. Die Kommentarliteratur lehnt dennoch – bislang – die Anwendung dieser Vorschrift auf die „reine Geldwette über die Wertentwicklung der eigenen Aktien" ab.[144] Hier dürfte das letzte Wort noch nicht gesprochen sein. Wer sicher gehen will, unterlegt die Option mit sonstigen veränderlichen Bezugsgrößen, die nicht an den eigenen Börsenkurs anknüpfen. Die Emissionspraxis war in der Vergangenheit sehr erfinderisch: Verbrieft werden beispielsweise Optionen, mit denen der Erwerber auf den Wertanstieg von Devisen, Zinsen, Anleihen und Indices setzt. **73**

In **steuerlicher Hinsicht** hat das Optionsscheingeschäft einige Besonderheiten, die hier nur kurz gestreift werden können. Aus der Sicht des (privaten) Anlegers bleibt der Optionserwerb als solcher steuerneutral. Übt der Anleger die Option aus und veräußert er sodann das Bezugsobjekt (zB die Aktie) mit Gewinn, so bezieht er Einkünfte aus Kapitalvermögen iSd § 20 Abs. 1 Nr. 1, Abs. 2 Nr. 1 EStG, die nach § 43a Abs. 1 Nr. 1 EStG einem einheitlichen Steuersatz von 25% unterliegen. Die Steuer wird nach § 43 Abs. 1 Nr. 9 EStG durch Abzug vom Kapitalertrag erhoben (Kapitalertragsteuer); die Einkommensteuer ist mit diesem Steuerabzug abgegolten (Abgeltungssteuer). Die früher unter dem Etikett „Spekulationsfrist" vorgesehene Steuerbefreiung nach Ablauf einer Wartezeit von einem Jahr ist entfallen.[145] Der Erwerb eines Optionsscheines mit synthetischem Bezugsobjekt (Differenzausgleich) steht steuerlich gleich (§ 20 Abs. 2 Nr. 3 EStG). UU kann sich für den Anleger empfehlen, die Option auch dann auszuüben, wenn seine Spekula- **74**

---

[143] *Ekkenga* in MüKoHGB, Effektengeschäft, 3. Aufl. 2014, Rn. 54; *Drygala* ZHR 159 (1995), 686, 694 f.
[144] *Oechsler* in MüKoAktG, 3. Aufl. 2008, § 71 Rn. 84.
[145] Zur früheren Rechtslage s. *3. Aufl.,* Rn. 183.

tion nicht aufgegangen ist und die Durchführung für ihn mit einem Verlust endet: Wenn er den Verlust innerhalb der Spekulationsfrist realisiert, kann er ihn mit anderweitig erzielten Spekulationsgewinnen steuermindernd verrechnen.

IX. Derivate

Literatur: *Dannhoff,* Das Recht der Warentermingeschäfte (rechtsvergleichend), 1992; *Demuth,* Geldanlage mit Optionsscheinen, 1993; *Jahn,* Ausserbörsliche Finanztermingeschäfte (OTC-Derivate), BankR-HdB, 4. Aufl. 2011, § 114.

1. Allgemeines

75 „Derivate" sind nach § 2 Abs. 2 WpHG vor allem **Termingeschäfte**, genauer: Festgeschäfte (auch: Direktgeschäfte oder Futures) oder Optionsgeschäfte (Options), „die zeitlich verzögert zu erfüllen sind und deren Wert sich unmittelbar oder mittelbar vom Preis oder Maß eines Basiswertes ableitet." Mit dieser neu in das WpHG eingefügten Definition hat der Gesetzgeber einen Schlussstrich unter eine über 100 Jahre alte und wenig fruchtbare Kontroverse gezogen.[146] Auf die Verbriefung der Derivate kommt es nicht an. So sind Optionsscheine ebenso einbezogen wie die an den Wertpapier- oder Warenbörsen (herkömmlich: Terminbörsen) gehandelten Optionskontrakte (→ Rn. 82 ff.). Anbieter verbriefter Derivate nennen ihre Produkte seit geraumer Zeit auch „Zertifikate." Das darf nicht zu Verwechslungen mit den nicht börsenfähigen Investmentzertifikaten führen, wenngleich sich durch die Unterlegung von Optionen mit synthetischen Bezugsobjekten – zB Währungskörbe oder Aktienindices – durchaus vergleichbare Anlageeffekte erzielen lassen (Rn. 73).

76 Der **Hebeleffekt** der Termingeschäfte ist, wie unsere Überlegungen im Abschnitt „Optionsscheine" gezeigt haben, auf zwei Wesenselemente zurückzuführen: Zum einen auf die „Terminierung" selbst, dh auf die Verschiebung des Leistungsaustausches auf einen künftigen Termin, so dass das Wertverhältnis von Leistung und Gegenleistung im Zeitpunkt des Vertragsschlusses noch nicht feststeht. Termingeschäfte sind daher zu unterscheiden von den „Kassageschäften", die wie der gewöhnliche Kauf sogleich oder kurzfristig abgewickelt werden, denen also das Moment der zeitlichen Streckung fehlt[147] (vgl. Art. 38 Abs. 2 MiFiD-DVO 1287/2006). Zum zweiten ist wesentlich, dass kein realer Leistungsaustausch bei Eintritt des Termins angestrebt ist und meist auch nicht stattfindet. Stattdessen wird der aktuelle Kurswert des Kaufgegenstandes mit dem vereinbarten Basispreis saldiert, und der verlierende Teil zahlt den Differenzbetrag an den gewinnenden Teil aus. Termingeschäfte sind daher keine Güteraustauschgeschäfte, sondern typischerweise Finanzausgleichsgeschäfte.[148] Im Gegensatz dazu stehen die tatsächlich abgewickelten „Effektivgeschäfte", zu denen ua die nicht gedeckten Optionsscheine auf Aktien gehören (→ Rn. 66). Nach der Legaldefinition ist für den Begriff des „Termingeschäfts" allerdings nur das erste (zeitliche) Wesensmerkmal unverzichtbar. Die Möglichkeit der jederzeitigen

---

[146] *Schäfer* in Schäfer/Hamann, Kapitalmarktgesetze, 2. Aufl. 2012, § 2 WpHG Rn. 21.
[147] Art 38 Abs. 2 der EG-VO Nr. 1287/2006 definiert das Kassageschäft als Verkaufsgeschäft, bei dem die Lieferung über die handelsübliche Frist, mindestens aber über zwei Handelstage hinaus aufgeschoben wird.
[148] Zum Ganzen *Ekkenga* in MüKoHGB, Effektengeschäft, 3. Aufl. 2014, Rn. 45 f.

Ekkenga

Glattstellung ist für den Gesetzgeber nicht ausschlaggebend, soweit es sich Termingeschäfte in Finanz- oder Geldmarktinstrumenten handelt.

Wir haben die Derivate bisher nur als Aktienoptionen kennengelernt. Termingeschäfte können aber auch an den Börsen- oder Marktpreis anderer Wertpapiere, von Geldmarktinstrumenten, Zinssätzen oder Devisen anknüpfen, ferner an die Wertentwicklung von Waren, und Edelmetallen, schließlich gänzlich fiktive Größen wie Klimawerte oder andere „physikalische Variablen" sowie die Inflationsrate (§ 2 Abs. 2 WpHG). **Warenterminkontrakte** werden an besonderen Warenterminbörsen gehandelt, in Deutschland vor allem an der Warenterminbörse Hannover. Die Kontrakte beziehen sich vornehmlich auf Agrarprodukte wie Schweine, Kartoffeln, Weizen, Braugerste, Raps etc, zu den auf Termin gehandelten Edelmetallen gehören Gold, Silber, Platin und Palladium. An der in Leipzig ansässigen Europäischen Energiebörse (European Energy Exchange, EEX) vollzieht sich der Terminhandel nach Strompreisen. 77

Bei den Warentermingeschäften, genauer: beim Handel mit Agrarprodukten liegt auch der **historische Ursprung** der Derivate. Bereits im 16. Jahrhundert versuchten Landwirte und ihre Abnehmer (Mühlen und Mehlfabriken), Vorkehrungen gegen zu starke Preisausschläge an den Getreidemärkten zu treffen, um die eigene Existenz langfristig zu sichern. Dies geschah, indem die Landwirte ihre gesamte Ernte eines Jahres zu einem bestimmten Termin zum vorher vereinbarten Preis verkauften, während die Abnehmer terminierte Liefergarantien erhielten, die ihnen eine kontinuierliche Auslastung ihres Betriebes ermöglichten.[149] 78

Heute ist das Belieferungsziel, wie zuvor ausgeführt, in den Hintergrund getreten. Stattdessen ist der Funktion nach zwischen **Spekulations- und Sicherungsgeschäften** zu unterscheiden. Während der spekulative Kauf per Kasse schlicht auf der Erwartung beruht, dass der Wert des Kaufgegenstandes – etwa der Börsenkurs einer Aktie – in Zukunft ansteigt, bezeichnet die termingeschäftliche Spekulation den Erwerb einer offenen Terminposition. Darunter versteht man eine Gewinnchance, die nicht durch eine Kassaposition (zB das Halten der Aktie) unterlegt ist und die sich – wie das ihr gegenüberstehende Verlustrisiko – realisiert, sobald der Termingeschäftspartner seine Position durch ein gegenläufiges Kassa- oder Termingeschäft schließt („glattstellt")[150], sog. Turnaround. 79

Sicherungsgeschäfte, auch **Hedging** genannt, sind dagegen darauf gerichtet, offene Verlustrisiken zu eliminieren, was für den Hedger zwangsläufig mit der Aufgabe von Gewinnchancen verbunden ist. **Beispiel:** Ein Unternehmen U verfügt über festverzinsliche Anleihen im Nennwert von 10 Mio US-$, Zinssatz 8% p.a., Laufzeit 20 Jahre. U möchte die Anleihe in 5 Monaten verkaufen, befürchtet aber einen Kursverfall im Werte von 400.000 US-$, weil die Zinssätze steigen. U kann sich gegen den drohenden Verlust absichern, indem er sich an einen Geschäftspartner wendet, der sinkende Zinsen erwartet. Ihm verkauft er Anleihen gleicher Ausstattung zum aktuellen Kurs per Termin 6 Monate. Ist der Anleihekurs nach 5 Monaten wie erwartet gesunken, so wird U seine Position durch verbilligten Einkauf des benötigten Deckungsbestands am Kassamarkt glattstellen und den Differenzgewinn in Höhe von 400.000 US-$ zum Ausgleich seines Realverlustes aus dem ersten Veräußerungsgeschäft verwenden.[151] Im Vergleich zu den Spekulationsge- 80

---

[149] *Mues* in Albrecht ua, Derivate Finanzinstrumente in der Praxis, 1997, S. 30.
[150] *Kammann,* Zinsterminoptionen und Kassazinsstruktur, 1989, S. 35.
[151] Standardbeispiel aus der Literatur, vgl. statt anderer *Kammann,* Zinsterminoptionen und Kassazinsstruktur, 1989, S. 29.

Ekkenga

schäften sind Hedginggeschäfte weit weniger verbreitet. Im Kassageschäft ist ein Hedging ieS nicht möglich. Wer eine Kassaposition besitzt, indem er zB bestimmte Aktien vorhält, verschafft sich stattdessen Sicherheit im Wege des Portfoliomanagements, genauer: Durch Anschaffung weiterer Aktien anderer Herkunft und Qualität, deren Wertentwicklung mit der des ursprünglichen Bestandes negativ korreliert.

81   Da die Schließung einer termingeschäftlichen Position nur durch ein Gegengeschäft mit einem Dritten möglich ist, vollzieht sich der organisierte Terminhandel über außerbörsliche oder **terminbörsliche Clearingsysteme**. Im zweiten Fall spricht man vom Handel in Terminkontrakten statt in Termin-"Geschäften". Darunter sind allerdings keine An- und Weiterverkäufe zu verstehen, wie wir sie an den Kassamärkten für Aktien, Anleihen und Optionsscheine antreffen. Die Handelbarkeit (Fungibilität) der – stets unverbrieften – Terminkontrakte wird vielmehr dadurch hergestellt, dass die Terminbörse als jeweiliger Kontraktpartner zwischen die kaufenden und verkaufenden Marktteilnehmer tritt und so alle angebotenen Terminpositionen an sich zieht, um sie nach marktfähigen Standards zu ordnen und vorzuhalten. Sie wird damit zur Koordinationsstelle, die aufgrund ihrer zentralen Position in der Lage ist, fortwährend und zeitnah die Nachfrage nach passenden Gegengeschäften zu befriedigen und die Möglichkeit einer jederzeitigen Glattstellung offener Terminpositionen zu gewährleisten. Die Abwicklung vollzieht sich wie bei der Wertpapierbörse exklusiv über zugelassene Börsenteilnehmer, das sind idR Banken. Unabhängig davon gibt es Kassamärkte, an denen Terminpositionen wie Handelsobjekte von anderen Marktteilnehmern (außer der Terminbörse) ge- und verkauft werden. Das hat aber nichts mehr mit organisiertem Terminhandel ieS. zu tun.[152] Außerdem gibt es außerbörsliche Terminmärkte, an denen OTC-Derivate[153] gehandelt werden.

2. Fest- und Optionsgeschäfte

82   Festgeschäfte unterscheiden sich von den Optionsgeschäften in zweierlei Hinsicht: Zum einen vereinbaren die Parteien keinen Basispreis, an dem sich die vom verlierenden Teil auszugleichende Kursdifferenz bemisst. Vielmehr richten sich Gewinn und Verlust nach dem Unterschied zwischen dem Terminkurs im Vereinbarungszeitpunkt und dem Kassakurs im Fälligkeitszeitpunkt. Da die Erfüllung zum Terminkurs für beide Vertragsteile bindende Rechtspflicht ist, sind Gewinnchancen und Verlustrisiken – und das ist der zweite Unterschied – auf beide Vertragsteile gleichmäßig verteilt und unbegrenzt, dh nur durch Abschluss eines glattstellenden Gegengeschäftes beherrschbar. Bei börslich gehandelten unverbrieften Terminkontrakten (**Futures**) wird in 90% bis 99% aller Fälle so verfahren, damit es nicht zu einem effektiven Leistungsaustausch kommt. Folgendes **Beispiel** mag das veranschaulichen, wobei wir die an die Terminbörse zu erbringenden Sicherheitsleistungen („Einschüsse")[154] sowie die Bankvergütungen aus Vereinfachungsgründen ausklammern: A erwartet, dass der Börsenkurs einer bestimmten Aktie in nächster Zukunft absinken wird. Er verkauft deshalb 1000 Stück dieser Aktien am 1.10.2010 zum aktuellen Kurswert von 100.000 €, fällig zum 31.3.2011. Ist der Aktienkurs bis Ende Februar 2011 tatsächlich auf 95.000 € gesunken, so ergibt sich für A ein rechnerischer Gewinn in Höhe von 5.000 €. Ihn kann A realisieren, indem er an der Terminbörse einen auf Kauf gleicher

---

[152] *Ekkenga* in MüKoHGB, Effektengeschäft, 3. Aufl. 2014, Rn. 50.
[153] OTC = Over-the Counter = außerbörslich. Monographisch hierzu *Clouth,* Rechtsfragen der außerbörslichen Finanz-Derivate, 2001; *Franken,* Das Recht des Terminhandels, 1997.
[154] Dazu etwa *Jutz* BB 1990, 1515, 1516 ff.

Ekkenga

Stücke gerichteten Terminkontrakt erwirbt, Fälligkeit ebenfalls 31.3.2011, und damit seine Position glattstellt. A kann zwar auch bis zur Fälligkeit zuwarten in der Hoffnung, dass sich sein Gewinn noch weiter erhöht, und dann gegen Zahlung von 100.000 € liefern. Dadurch vergrößert sich aber sein Investitionsvolumen, wenn er das Ursprungsgeschäft ein Leerverkauf war und er sich den benötigten Deckungsbestand demzufolge erst am Kassamarkt beschaffen muss.

Anders als für den Teilnehmer am Festgeschäft ist das Verlustrisiko des Optionsinhabers **83** begrenzt, weil er nicht gezwungen ist, das beiderseitige Leistungs- und Pflichtenprogramm durch Ausübung der Option in Kraft zu setzen. Das Verlustrisiko beschränkt sich auf die Optionsprämie und realisiert sich, wenn die Option bei Eintritt der Fälligkeit keinen inneren Wert hat oder wenn der innere Wert geringer ist als die investierte Optionsprämie. Im Falle einer **Kaufoption (Call)** ist damit gemeint, dass der Marktpreis des Bezugsobjektes (Underlying, zB Kurs der Aktie) unter den Basispreis gesunken ist, so dass die Option „aus dem Geld" („out of the money") ist, oder dass die Option zwar „im Geld" („in the money") ist, der Kursanstieg aber nicht ausreicht, die Summe aus vereinbartem Basispreis und Optionsprämie abzudecken. Im zweiten Fall (Option „im Geld") wird der Optionsinhaber die Option ausüben, um wenigstens einen Teil seiner Optionsprämie zurückzuerhalten, im ersten wird er die Option verfallen lassen und die Prämie abschreiben.[155]

Verkaufsoptionen (Puts) funktionieren nach dem gleichen Prinzip, nur mit dem **84** Unterschied, dass der Optionsinhaber die Verkäuferposition bekleidet und deshalb auf fallende Kurse spekuliert. In Fortführung unseres **Beispiels** unter Rn. 191: Wenn A sein Verlustrisiko von vornherein auf einen festen Betrag begrenzen will, erwirbt er statt eines Future-Kontraktes eine Put-Option, Basispreis 100.000 €, und zahlt hierfür eine Optionsprämie von 2.000 €. Er erzielt per 28.2.2011 den gleichen Kursgewinn, sein Reingewinn ermäßigt sich aber aufgrund der Optionsprämie auf 3.000 €.

Den Optionsverpflichteten nennt man **Stillhalter.** Sein Verlustrisiko entspricht spiegel- **85** bildlich der Gewinnchance des Optionsberechtigten; es ist also nach oben unbegrenzt und kann nur durch ein glattstellendes Gegengeschäft aus der Welt geschafft werden. Insofern ist die Position des Stillhalters der aus einem Future-Kontrakt vergleichbar. Die Optionsprämie ist seine Vergütung, die er mit dem Verlust verrechnet oder – falls sich seine Kurserwartung verwirklicht – als Gewinn vereinnahmt. Damit lässt sich insgesamt zwischen vier möglichen Grundpositionen unterscheiden, die in der Praxis mit eigenen Namen versehen sind (am Beispiel der Aktienoption): (1) Long Call (= Kauf einer Kaufoption = Eingehung einer optionalen Terminposition in Geld); (2) Short Call (= Verkauf einer Kaufoption = Eingehung einer Stillhalterposition in Aktien); (3) Long Put (= Kauf einer Verkaufsoption = Eingehung einer optionalen Terminposition in Aktien); (4) Short Put (= Verkauf einer Verkaufsoption = Eingehung einer Stillhalterposition in Geld).[156]

3. Rechtliche Ordnung

Ein Sonderrecht der (Finanz-)Termingeschäfte gibt es nicht mehr, nachdem der Gesetz- **86** geber die in §§ 50-70 BörsG aF, § 764 BGB aF enthaltenen Marktzutrittsschranken durch das Vierte FinanzmarktförderungsG 2002 gestrichen hat. Diese Vorschriften waren darauf

---

[155] Instruktive Darstellung bei *Graf von Treuberg/Scharpf* DB 1991, 661, 662 f.
[156] *Graf v. Treuberg/Scharpf* DB 1991, 661.

gerichtet, Termin- und Differenzgeschäften wegen ihres besonders hohen Risikopotentials die volle rechtliche Anerkennung zu versagen, sofern ein Teilnehmer nicht kraft beruflicher Qualifikation oder Information die sog. Börsentermingeschäftsfähigkeit erlangt hatte. Die Inanspruchnahme aus einem solchen Geschäft konnte der Teilnehmer mit Hilfe des sog. **Termin- und Differenzeinwandes** abwehren. An die Stelle dieses antiquiert und paternalistisch anmutenden Schutzsystems ist heute ein reines Aufklärungsreglement zur Herstellung von Markt- und Produkttransparenz getreten, wie es uns überall im Kapitalmarktrecht begegnet.

87 Verschaffen wir uns einen Überblick über die wichtigsten verbliebenen **Einzelregelungen:** (1) *Bürgerlich-rechtlich* liegt die Qualifizierung als Spiel oder Wette näher als die Anwendung von Kaufrecht, wie der Gesetzgeber höchstselbst in § 37e S. 1 WpHG zu erkennen gegeben hat. Danach kann ein Vertragsteil die Vollverbindlichkeit des Termingeschäfts nicht unter Hinweis auf § 762 BGB in Abrede stellen, es sei denn, das Geschäft kommt – selbst im OTC-Handel höchst unwahrscheinlich – unter Privatleuten zustande. (2) Die *kapitalmarktrechtlichen Regelungen* konzentrieren sich auf das schon erwähnte Informationsschutzsystem, dem wir uns weiter unten (→ Rn. 109 ff.) widmen. Daneben sind die (unverbrieften) Derivate in den vom WpHG abgedeckten kapitalmarktrechtlichen Einzelaspekten wie dem Insiderhandelsverbot und den Wohlverhaltensregeln für Banken den Primärprodukten (Wertpapieren) weitgehend gleichgestellt, vgl. §§ 31 ff. WpHG. (3) Durch Kredit- oder Finanzdienstleistungsinstitute gehaltene Terminpositionen sind *bankaufsichtsrechtlich* relevant, weil sie die Messung der Marktrisiken und damit den Umfang der für die Risikodeckung benötigten Eigenmittel nach oben beeinflussen. Einzelheiten ergeben sich aus den zu §§ 10 ff. KWG erlassenen, aufsichtsbehördlichen „Grundsätzen über die Eigenmittel und die Liquidität der Kreditinstitute". (4) Den Zusammenhang zwischen Marktrisiko und Risikodeckung darzustellen und offenzulegen, ist ferner das Anliegen des *Handelsrechts,* genauer: des Bilanzrechts. Im Zentrum steht hier die Frage, ob Termingeschäfte noch im Schwebezustand, also vor ihrer Beendigung vollumfänglich (brutto) bilanziert werden oder ob nur die Ergebnisse und Risiken dieser Geschäfte netto abzubilden sind.[157] Das HGB entscheidet diese Frage grundsätzlich im zweiten Sinne. Angesichts der gigantischen Geschäftsvolumina weltweit erscheinen die Bilanzsummen inländischer Institute vergleichsweise gering, was angelsächsische Institute, die dem Bruttoprinzip folgen, optisch begünstigt und dem (Vor-)Urteil Vorschub geleistet hat, deutsche Unternehmen seien generell mit weniger Eigenkapital ausgestattet als ausländische. Inländische Kreditinstitute haben nach § 36 RechKredVO (VO über die Rechnungslegung von Kreditinstituten) im Anhang des Jahresabschlusses detaillierte Angaben zum Derivatengeschäft zu machen. (5) *Insolvenzrechtlich* verfolgt der Gesetzgeber das Ziel, im Interesse der Vertragspartner des Gemeinschuldners schnellstmöglich Klarheit über das Geschäftsergebnis zu schaffen. § 104 Abs. 2 InsO nimmt dem Insolvenzverwalter deshalb die Möglichkeit des „cherry picking". Darunter versteht man die Ausübung des Wahlrechts nach § 103 InsO in der Weise, dass der Insolvenzverwalter die Erfüllung ungünstiger Derivategeschäfte verweigert, während die Erträge aus anderen, günstig verlaufenen Geschäften mit demselben Vertragspartner weiterfließen.[158]

---

[157] Ausführlich *Ekkenga,* Anlegerschutz, Rechnungslegung und Kapitalmarkt, 1998, S. 325 ff.
[158] Monographisch *Kieper,* Abwicklungssysteme in der Insolvenz – dargestellt am Beispiel der Eurex Deutschland, 2004.

Ekkenga

Banken pflegen das Derivatengeschäft auf der Grundlage sog. **Master- Agreements** 88
abzuwickeln. Das sind Rahmenabkommen zur Herstellung einheitlicher Vertragsgrundlagen im internationalen Geschäft. Bestandteile dieser Abkommen sind: Die präzise Bezeichnung von Leistung und Gegenleistung, was vor allem für OTC-Geschäfte wegen ihrer Vielfalt und Komplexität wichtig ist; ferner Aufrechnungsklauseln, sog. Netting-Vereinbarungen,[159] wonach die zwischen zwei Vertragspartnern bestehenden Volumina in Derivaten gegeneinander aufzurechnen sind, wenn es zu Zahlungsstörungen kommt, und – vor allem – die Verklammerung mehrerer Derivategeschäfte zu einer rechtlichen Einheit, die nach § 104 Abs. 2 S. 3 InsO auch durch das Wahlrecht des Insolvenzverwalters nicht aufgebrochen werden kann. Die europäischen Spitzenverbände der Kreditwirtschaft haben einen europäischen Rahmenvertrag entworfen (European Master Agreement), den auch die Europäische Zentralbank verwendet.[160] Die bankaufsichtsrechtliche Anerkennung solcher produktübergreifender Nettingvereinbarungen ist allerdings fraglich geworden, nachdem die Europäische Kommission und der Baseler Ausschuss für Bankaufsicht Bedenken angemeldet haben.[161]

4. Abgrenzungsfragen

Neben dem terminbörslichen Handel in standardisierten Futures und Options hat sich 89
ein kaum noch überschaubarer Markt für **OTC-Derivate** gebildet. Solche außerbörslich („over-the-counter"=OTC) gehandelten Derivate werden von Banken und anderen Wertpapierdienstleistungsunternehmen entwickelt und an institutionelle oder kaufmännische Anleger verkauft, die sich für mehr „maßgeschneiderte" Finanzprodukte denn für „Ware von der Stange" interessieren. Entsprechend der Bedarfslage und um den Umsatz in Derivaten zu beleben, werden fortwährend höhere Stufen der Komplexität erarbeitet. Dies hat den Variantenreichtum der OTC-Derivate (auch: „Finanzinnovationen") derart gesteigert, dass die Produktstrukturen selbst für Fachleute, also für Investmentbanker, Wirtschaftsprüfer und auf das Bankgeschäft spezialisierte Rechtsanwälte nicht oder erst nach Absolvierung einer teuren Zusatzausbildung zu durchschauen sind.[162] Die Rechtsordnung kann diese Entwicklung nicht im Vorhinein erfassen, sondern muss den stets neuen Derivaten nachlaufen. Deren Qualifikation als Termingeschäfte im Rechtssinne war bisher problematisch, weil eine Glattstellung offener Terminpositionen ohne ein Mindestmaß an Standardisierung nicht möglich ist.[163] Durch die neue Legaldefinition des § 2 Abs. 2 WpHG dürfte sich dieser Streit jedoch erledigt haben, soweit das Termingeschäft in Finanz- und Geldmarkttiteln betroffen ist.

In einer Reihe von Entscheidungen zum alten Recht hat der BGH auf bestimmte 90
Optionsscheingeschäfte, also auf den Zweiterwerb einer verbrieften Option im Sekun-

---

[159] Vgl. *Jahn* in Schimansky/Bunte/Lwowski in BankR-HdB, 4. Aufl. 2011, § 114, Rn. 131 ff.; *Rudolf* in Kümpel/Wittig, Bank- und Kapitalmarktrecht, 4. Aufl. 2011, Rn. 19.108.; mit Bezug zum Internationalen Insolvenzrecht *H.Schneider,* FS für Bosch, 2006, S. 197 ff.

[160] Abdruck in: *Jahn* in BankR-HdB, 4. Aufl. 2011, Anh. 11 zu § 114; *Rudolf* in Kümpel/Wittig, Bank- und Kapitalmarktrecht, 4. Aufl. 2011, Rn. 19.105 f.

[161] Einzelheiten bei *Hartenfels,* FS Bosch, 2006, S. 67 ff.

[162] Deshalb verlangt man in den USA vom Management der in Derivaten handelnden Corporations im Geschäftsbericht eine persönliche Erklärung zum Nachweis, dass sie die Details, Risiken und Implikationen der vom Unternehmen gehandelten Derivate überblicken. Sehr verdienstvoll die Zusammenstellung von *Clouth,* Rechtsfragen der außerbörslichen Finanz-Derivate, 2001.

[163] Näher *Ekkenga* in MüKoHGB, Effektengeschäft, 2001, Rn. 438 ff.

Ekkenga

därhandel, die Sonderregelungen über den Termin- und Differenzeinwand angewandt.[164] Das hat im Schrifttum vielfach Überraschung und Irritationen ausgelöst, handelt es sich doch ohne Zweifel um Kassageschäfte und damit um Vorgänge, die mit „Terminhandel" im technischen Sinn nichts gemein haben. Der BGH sah sich mancherorts dem Verdacht ausgesetzt, den Unterschied zwischen dem (uU termingeschäftlichen) Ersterwerb am Primärmarkt und dem (kassageschäftlichen) Zweiterwerb der Terminposition am Zirkulationsmarkt verkannt zu haben – zu Unrecht, wie die Lektüre der Pionierentscheidung in **BGHZ 117, 135** lehrt. Dort ging es weniger um den Schutz des Käufers vor den ausufernden Gefahren eines Termingeschäfts als vielmehr um den Schutz des Verkäufers vor einem drohenden Käuferregress, nachdem feststand, dass der Stillhalter die Inanspruchnahme aus der Option mit Hilfe des Termineinwandes abwehren konnte und die Option somit als Handelsobjekt mangelhaft war.[165] Nach Abschaffung dieser Schutzregel (→ Rn. 86) wird die Frage neu zu diskutieren sein – jetzt allerdings unter anderen Vorzeichen, nämlich unter dem Aspekt der bankgeschäftlichen Informationspflicht (→ Rn. 109 ff.).

91   **Swapgeschäfte** beziehen sich auf Forderungen oder Verbindlichkeiten, die die Vertragsparteien – regelmäßig Banken – austauschen („swappen"), weil sie erwarten, dass ihnen die übernommene Forderung im Vergleich zur eingetauschten mehr einbringt (Asset Swap) bzw. die übernommene Verbindlichkeit sie weniger belastet (Liability Swap). Der termingeschäftliche Charakter wird deutlich, wenn wir unser **Beispiel** zum Hedging unter Rn. 189 etwas abwandeln: Statt durch einen Leerverkauf der Anleihe kann A sich absichern, indem er sich an B wendet, der für den gleichen Zeitraum über variabel verzinsliche Anleihen verfügt und eine Zinssenkung erwartet. Mit ihm vereinbart A, dass beide Parteien ihre Zinseinnahmen tauschen, dass also A den variablen und B den festen Zins kassiert. Unterstellt, dass die Differenz zwischen Bar- und Nominalwert der Forderungen den zinsänderungsbedingten Wertzuwachs bzw. -verlust jeweils genau widerspiegelt, erreichen A und B so eine zeit- und sachkongruente Refinanzierung ihrer Aktiva. Solche kurssichernden oder auch spekulativen Zinsswaps sind nicht mit den Arbitragegeschäften zu verwechseln, mit denen Bonitäts- oder Wechselkursunterschiede innerhalb eines Währungsmarktes gewinnbringend ausgenutzt werden sollen. Zu ihnen gehören vor allem die sog. Devisen- und Währungsswaps.[166]

92   **Zinsbegrenzungsvereinbarungen und -garantien** (Caps and Floors) funktionieren ähnlich wie Zinsswaps, nur mit dem Unterschied, dass die Gegenleistung nicht in der Übernahme einer Zinsverpflichtung bzw. der Übertragung eines Zinsanspruches besteht, sondern in der Entrichtung einer Prämie. Mit einem Zinscap erwirbt der Schuldner einer variabel verzinsten Verbindlichkeit das Recht auf Erstattung der Zinsdifferenz, sofern der Zinssatz eine festgelegte Obergrenze überstiegen hat, während die Zinsgarantie dem Gläubiger einer variabel verzinsten Forderung eine Mindestverzinsung sichert, so dass der Garant Zinsdifferenzen bis zur Höhe einer nominellen Untergrenze (des „Floor") zu erstatten hat. Die Rechtsnatur solcher Vereinbarungen gleicht der der unter → Rn. 89 behandelten OTC-Optionen.[167]

---

[164] BGHZ 133, 200, 203; BGH NJW 1995, 321.
[165] BGHZ 117, 135, 138 f. (betr. Zweiterwerb einer unverbrieften Option).
[166] *Ekkenga* in MüKoHGB, Effektengeschäft, 2001, Rn. 445; *ders.*, Anlegerschutz, Rechnungslegung und Kapitalmarkt, S. 316 ff. mit Beispielen.
[167] Str.; vgl. *Ekkenga* in MüKoHGB, Effektengeschäft, 2001, Rn. 446 mwN.

X. Wertpapierleihe

Literatur: *Acker,* Praxis der Wertpapierleihe, 2. Aufl. 1995; *Hänselmann/Wiesenbart,* Wertpapierleihe, 1991; *Dröge,* Rechtliche Aspekte der Wertpapierleihe, 1992; *ders.,* Wertpapierleih- und Wertpapierpensionsgeschäfte, AG 1997, S. 396; *Kienle,* Wertpapierleihe und Wertpapier-Pensionsgeschäft, in: Schimansky/Bunte/Lwowski, BankR-HdB, 4. Aufl. 2011, § 105; *Gesell,* Wertpapierleihe und Repurchase Agreement im deutschen Recht, 1995; *Kümpel/Peters,* AG 1994, S. 525 ff.

Als „Wertpapierleihe" bezeichnet man normalerweise die Übereignung von Wertpapieren durch einen Verleiher an einen Entleiher mit der Verpflichtung des Entleihers, dem Verleiher nach Ablauf der Leihfrist Wertpapiere gleicher Art und Güte zurückzuübereignen und ihm für die Dauer der Leihfrist ein Nutzungsentgelt zu zahlen. Juristisch korrekt ist mithin die Einordnung als Sachdarlehen iSv. § 607 Abs. 1 BGB und nicht als Leihe.[168] Aufsichtsrechtlich handelt es sich um ein Kreditgeschäft iSd § 19 Abs. 1 S. 2 bzw. S. 3 Nr. 8, 9 KWG. Bankwirtschaftlich passt aber eher die Zuordnung zum Wertpapierhandel,[169] genauer: zum Terminhandel, denn die Wertpapierleihe öffnet nicht zuletzt den Weg für Leerverkäufe (short sales): Wer etwa auf sinkende Aktienkurse setzt, verkauft die Aktien zum aktuellen Kurs und beschafft sich die benötigten Stücke, indem er sie sich von einem Verleiher „leiht". Geht die Spekulation auf, kann der Wertpapierentleiher die Aktien am Fälligkeitstermin billiger im Kassamarkt erwerben und dem Verleiher zurückgeben.[170] Die Wertpapierleihe wird außerdem im Emissionsgeschäft eingesetzt, sie gehört dort zum Durchführungsprogramm der Mehrzuteilungsoption (→ Rn. 248). Vom Wertpapierpensionsgeschäft unterscheidet sich die Wertpapierleihe durch die Art der Gegenleistung (Nutzungsentgelt statt Kaufpreis). 93

Die in der Praxis verwendeten **Vertragsmuster und Rahmenverträge**[171] zielen darauf ab, dem Verleiher das „wirtschaftliche Eigentum" an den (übereigneten) Papieren zu belassen und dem Entleiher lediglich eine formale Eigentumsposition zuzugestehen, die es ihm ermöglicht, über die entliehenen Stücke während der Laufzeit zu verfügen. Der Entleiher hat den Verleiher so zu stellen, als hätte dieser die Papiere tatsächlich nur verliehen statt übereignet: Zinsen, Dividenden, Tilgungen usw. stehen dem Verleiher zwar nicht im Außenverhältnis gegenüber dem Emittenten, wohl aber im Innenverhältnis zum Entleiher zu, und zwar über die volle Laufzeit. Der Entleiher muss also entsprechende Kompensationszahlungen auch dann leisten, wenn er die entliehenen Stücke weiterverkauft hat. Dafür übernimmt der Verleiher das Kursänderungsrisiko. 94

Als Verleiher treten insbesondere institutionelle Investoren mit ihren Eigenbeständen in Erscheinung, die die Rendite ihrer Portefeuilles durch das Verleihentgelt verbessern wollen. Gibt ein Bankkunde seinem Kreditinstitut den Auftrag, einen Posten seiner Wertpapiere zu verleihen, so ist dieses Rechtsverhältnis zwischen dem Auftraggeber und seiner Bank ein Kommissionsvertrag, wie bei anderen Wertpapiergeschäften auch.[172] Das ergibt sich aus 95

---

[168] Ausführlich *Kümpel/Peters* AG 1994, S. 525; *Oulds* in Kümpel/Wittig, Bank- und Kapitalmarktrecht, 4. Aufl. 2011, Rn. 14.104.

[169] Zum Verhältnis zu Termingeschäften *Oulds* in Kümpel/Wittig, Bank- und Kapitalmarktrecht, 4. Aufl. 2011, Rn. 14.10.

[170] Zu den umstrittenen Einzelheiten s. *Ekkenga* in MüKoHGB, Effektengeschäft, 1. Aufl. 2001, Rn. 447.

[171] Vgl. den Abdruck des Europäischen Rahmenvertrages bei *Jahn* in BankR-HdB, 4. Aufl. 2011, Anh. 11 zu § 114.

[172] → Rn. 116.

der Gleichstellungsregel des § 406 Abs. 1 HGB, sog. **Verleihkommission**. Tritt der Kunde als Entleiher auf, um anschließend Leerverkäufe durchzuführen, kann die ausführende Bank einer verschärften, termingeschäftlichen Informationspflicht unterliegen.[173] Wird die Leihe über das System der Clearstream Banking AG abgewickelt, so sind die „Sonderbedingungen für Wertpapier-Leihgeschäfte im Wertpapier-Leihsystem der Clearing AG" zu beachten.[174] Danach verleiht die Depotbank des Verleihers dem Entleiher über seine Depotbank die verliehenen Wertpapiere. Beide Depotbanken sind Kontoinhaber bei der Clearstream Banking AG, die die Erfüllungsgeschäfte per Umbuchung durchführt.

96 Gewisse Sonderprobleme stellen sich beim **Verleihgeschäft in Aktien**; sie betreffen vor allem die Zuordnung und Ausübung der Aktionärsrechte im Außenverhältnis zum Emittenten. Grundsätzlich kommt es hier auf die rechtliche (statt auf die wirtschaftliche) Inhaberschaft an. Der Entleiher erwirbt also mit dem Aktionärsstatus alle mitgliedschaftlichen Vermögensrechte (Dividendenanteil, Bezugsrechte usw.). Ob das auch für das Stimmrecht gilt, ist allerdings umstritten, weil dem Entleiher damit die Möglichkeit eröffnet wäre, die Kontrolle über ein Unternehmen gegen ein bloßes Nutzungsentgelt zu erwerben. Manche sehen in der Ausübung des Stimmrechts durch den Entleiher deshalb – wohl zu Unrecht – einen Verstoß gegen das Verbot des Stimmenkaufs nach § 405 Abs. 3 AktG.[175] Die Rechtsprechung gelangt bislang auf anderen Wegen zu ähnlichen Ergebnissen: Das längere Halten der entliehenen Aktien und die dadurch ermöglichte Ausübung des Stimmrechts in der Hauptversammlung gelten als geschäftsuntypisch, so dass der Verdacht naheliegt, der Entleiher wolle sich rechtsmissbräuchlich die Stimmenmehrheit erschleichen.[176] Von alledem klar zu trennen ist die Frage, ob der Entleiher durch die Stimmrechtsausübung gegen seine Vertragspflichten gegenüber dem Verleiher verstößt. In kapitalmarktrechtlicher Hinsicht besteht die Neigung, den Entleiher wie einen Käufer zu behandeln, dh er ist meldepflichtig nach §§ 21 ff. WpHG[177] und unterliegt der Angebotspflicht nach § 35 WpÜG.[178]

XI. Anteile an Investmentfonds

Literatur: *Berger/Steck/Lübbehüsen,* InvG/InvStG, 2010; *Emde/Dreibus,* Der Regierungsentwurf für ein Kapitalanlagegesetzbuch, BKR 2013, 89; *Köndgen/Schmies,* Investmentgeschäft in: Schimansky/Bunte/Lwowski, BankR-HdB, 4. Aufl. 2011, § 113; *van Kann/Redeker/Keiluweit,* Überblick über das Kapitalanlagegesetzbuch (KAGB), DStR 2013, 1483; *Viciano/-Gofferje,* Neue Transparenzanforderungen für Private-Equity-Fonds nach dem Kapitalanlagegesetzbuch, BB 2013, 2506; *Zetzsche,* Das Gesellschaftsrecht des Kapitalanlagegesetzbuches, AG 2013, 613.

1. Investmentzertifikate

97 Investmentzertifikate, auch Fondsanteile genannt, gehören neben den Wertpapieren zu den sog. Finanzinstrumenten (§ 2 Abs. 2b WpHG). Durch sie beteiligt sich der Inhaber am Ergebnis einer geschäftsmäßigen Vermögensverwaltung (asset management), die insbe-

---

[173] Problematisch, s. *Ekkenga* in MüKoHGB, Effektengeschäft, 3. Aufl. 2014, Rn. 66, Fn. 222.
[174] Neueste Fassung abgedr. bei Kümpel/Hammen/Ekkenga, Kapitalmarktrecht, Kennz. 390.
[175] *Kümpel/Peters* AG 1994, 525, 529 f.
[176] OLG München ZIP 2005, 2259; LG Landshut Der Konzern 2006, 633 (Herbeiführung eines Squeeze-out-Beschlusses).
[177] *U.H. Schneider* in Assmann/Schneider, WpHG, 6. Aufl. 2010, § 22 Rn. 82 ff.
[178] *Hasselbach* in KölnKommWpÜG, 2. Aufl. 2010, § 35 Rn. 80.

sondere Wertpapiere, Geldmarktinstrumente und (andere) Investmentanteile umfasst. Das Rechtsgebiet ist durch das Kapitalanlagebesetzbuch (KAGB), das an die Stelle des alten Investmentgesetzes (InvG) getreten ist (s. *Voraufl.* Rn. 206 ff.), neu geordnet worden; die herkömmliche Bezeichnung „Fonds" wird dort in Anlehnung an den europäischen Sprachgebrauch durch das Kürzel „OGAW" (= „Organismus für gemeinsame Anlagen in Wertpapieren", § 1 Abs. 2 KAGB) ersetzt. Investmentzertifikate lauten auf den Namen oder – häufiger – auf den Inhaber und verbriefen **Anteile am Publikums-Sondervermögen einer Kapitalverwaltungsgesellschaft**[179] (§ 95 Abs. 1 KAGB), das sind inländische offene Investmentvermögen, die für Rechnung der Anleger verwaltet werden (§ 1 Abs. 10 KAGB). Kapitalverwaltungsgesellschaften sind Unternehmen mit Sitz im Inland, deren Geschäftsbetrieb auf die Verwaltung von Investmentvermögen gerichtet ist (§ 17 Abs. 1 KAGB). Im Kern geht es darum, Gelder von gewerblichen und privaten Kunden einzusammeln, um es sodann nach dem Grundsatz der Risikomischung gesondert von dem eigenen Vermögen anzulegen. Kapitalverwaltungsgesellschaften erfüllen damit eine gemeinnützige Funktion, da die Technik der Risikomischung eine gewisse Mindestgröße des Portfolios voraussetzt, die der private Anleger im Wege des direkten Investment nicht aufbringen kann.[180] Das Gesetz unterstützt diese Funktion, indem es dafür sorgt, dass das Sondervermögen nicht für die Verbindlichkeiten der Kapitalverwaltungsgesellschaft haftet, und zwar unabhängig davon, ob es der Gesellschaft als Treuhänderin dinglich zugeordnet ist[181] oder ob es – wie überwiegend in der Praxis – im „Miteigentum" der Anleger steht (§ 93 Abs. 2 KAGB).[182] Die Kapitalverwaltungsgesellschaft hat für die von ihr verwalteten Sondervermögen einen Verkaufsprospekt zu erstellen und zu veröffentlichen (§ 164 Abs. 1 KAGB), für dessen Inhalt sie den Anlegern nach § 306 KAGB haftet.

Die Beteiligung der Anleger erstreckt sich nur auf das Sondervermögen, nicht auf die Kapitalverwaltungsgesellschaft selbst. Die Rechte der Anleger sind deshalb nicht gesellschaftsrechtlicher Natur, sondern im Investmentvertrag näher geregelt[183] und im Investmentzertifikat verbrieft. Im Falle des Miteigentümermodells verbriefen die Anteilsscheine die gesamte Rechtsstellung des Anlegers, einschließlich der dinglichen Miteigentumsrechte am Sondervermögen (§ 95 Abs. 2 KAGB).[184] Wegen dieses Sammelcharakters sind die Investmentzertifikate Wertpapiere eigener Art und keine Inhaberschuldverschreibungen.[185] Dennoch sind die §§ 793 ff. BGB bei Bedarf ergänzend heranzuziehen, so etwa die Regelungen über die Kraftloserklärung bei Abhandenkommen oder Vernichtung, vgl. § 97 Abs. 2 KAGB. Dieses Modell einer **vertragsgestützten Fondsverwaltung** ist allerdings nicht zwingend. Seit 1998 gibt es daneben die Möglichkeit, die Fondsbeteiligungen gesellschaftsrechtlich zu organisieren. Zu diesem Zweck erwerben die Anleger

---

[179] Bei → § 1 Rn. 86 ff. ist der Träger des Investmentgeschäftes beschrieben, hier das Produkt, nämlich das Wertpapier „Investmentzertifikat.".

[180] *Einsele,* Bank- und Kapitalmarktrecht, 2006, § 10 Rn. 2.

[181] Zur dogmatischen Einordnung dieser Treuhand *Coing,* Die Treuhand kraft privaten Rechtsgeschäfts, 1973, S. 23 f.; *Roth,* Das Treuhandmodell des Investmentrechts, 1972, S. 129.

[182] Zu den dogmatischen Hintergründen dieses „Miteigentums" s. *Einsele,* Bank- und Kapitalmarktrecht, 2006, § 10 Rn. 26.

[183] Näher *Einsele,* Bank- und Kapitalmarktrecht, 2006, § 10 Rn. 22 ff.

[184] *Einsele,* Bank- und Kapitalmarktrecht, 2006, § 10 Rn. 28; vgl. auch *Zöllner,* Wertpapierrecht, 15. Aufl. 2006, § 30, III, 3.

[185] *Einsele,* Bank- und Kapitalmarktrecht, 2006, § 10 Rn. 28; Staudinger/*Marburger,* BGB, Neubearb. 2009, § 793 Rn. 11.

statt der Beteiligung an einem Sondervermögen Aktien an einer fondsverwaltenden Investmentaktiengesellschaft, die – abweichend von den zwingenden Regelungen des AktG – wahlweise mit fixem oder veränderlichem Grundkapital ausgestattet sein kann (Einzelheiten s. §§ 108 ff. KAGB).[186]

99 Die Investmentzertifikate werden nach neuem Recht von einer **Verwahrstelle** an die Anleger ausgegeben (§ 71 Abs. 1 KAGB), die die Papiere neben der Kapitalverwaltungsgesellschaft unterzeichnen (§ 95 Abs. 1 S. 5 KAGB). Verwahrstellen sind Kreditinstitute mit Sitz in der Europäischen Union, die über die Lizenz zur Betreibung des Depotgeschäfts verfügen (§ 68 Abs. 2, 3 KAGB) und denen die Aufgabe zukommt, das Fondsvermögen in einem gesperrten Depot zu verwahren und die Fondsverwaltung im Interesse der Anleger fortwährend zu kontrollieren (Einzelheiten s. §§ 68 ff. KAGB). Es handelt sich um die gleiche Funktion, die nach dem alten InvG den Depotbanken zugedacht war. Die Einschaltung der Verwahrstelle ist obligatorisch. Kapitalverwaltungsgesellschaft oder Investmentaktiengesellschaft kommen ihrer Verpflichtung nach, indem sie mit der Verwahrstelle einen Geschäftsbesorgungsvertrag schließen (§ 68 Abs. 1 KAGB), der nach zunehmend verbreiteter Auffassung ein Vertrag zugunsten Dritter, nämlich der Anleger ist (§ 328 Abs. 1 BGB).[187] Dazu passt, dass der Anleger die Verwahrstelle nach § 88 Abs. 2 KAGB direkt auf den Ersatz pflichtwidrig verursachter Vermögensschäden in Anspruch nehmen kann. Gesellschaft, Verwahrstelle und Anleger bilden so ein rechtsgeschäftliches Beziehungsdreieck. Dessen rechtsdogmatische Struktur harrt noch – wie schon die Rechtsbeziehungen der Depotbank nach dem früheren InvG – der abschließenden Klärung.[188]

100 Sondervermögen von Kapitalverwaltungsgesellschaften sind einem zwingenden **Open-end-Prinzip** unterworfen, d.h. sie sind einerseits offen für Einlagen weiterer Anleger, andererseits verbleibt den Anlegern das Recht, gegen Rückgabe des Anteilsscheines zu vertraglich festgelegten Terminen die Auszahlung seines Anteils am Sondervermögen zu verlangen (§ 98 Abs. 1 KAGB).[189] Die Ermittlung des Rückgabepreises ist Sache der Kapitalverwaltungsgesellschaft; die Auswahl der Bewertungskriterien, das Bewertungsverfahren sowie die Veröffentlichung der Bewertungsergebnisse richten sich nach §§ 168-170 KAGB. Daneben bleibt es dem Anleger unbenommen, sein Zertifikat nach §§ 929 f. BGB an einen Käufer zu übertragen. Da die Liquidität der Anlage jedoch schon durch das Rückgaberecht hergestellt wird und es hierzu eines Sekundärhandels nicht bedarf, sind Investmentzertifikate **nicht börsenfähig**. Wer eine Fondsbeteiligung mit der Möglichkeit von Kursgewinnen an der Börse verbinden will, investiert deshalb in Aktien einer Investmentaktiengesellschaft oder entscheidet sich für handelbare Zertifikate, deren Marktpreis sich aus der Wertentwicklung virtueller Portfolios ableitet[190] und die wir bereits im Kapital über die Derivate kennengelernt haben (→ Rn. 184).

101 Die **Zusammensetzung des Sondervermögens** bestimmt die Gesellschaft nach pflichtgemäßem Ermessen im ausschließlichen Interesse der Anleger (§ 26 Abs. 2 KAGB); dabei hat sie die in §§ 192 ff. KAGB zwingend vorgeschriebenen Anlagegrenzen zu beachten. Zugelassen ist insbesondere die (Wieder-)Anlage in Wertpapieren, Geld-

---

[186] Gute Einführung bei *Fock* BB 2006, 2371.
[187] *Einsele*, Bank- und Kapitalmarktrecht, 2006, § 10 Rn. 34 ff. mwN.
[188] Näher *Einsele*, Bank- und Kapitalmarktrecht, 2006, § 10 Rn. 16 ff.
[189] *Einsele*, Bank- und Kapitalmarktrecht, 2006, § 10 Rn. 10, 14.
[190] Beispiel: Kopplung der Rendite an einen ausländischen Hedge-Fond-Index, vgl. *Leistikow/Ellerkmann* BB 2003, 2693, 2698.

marktinstrumenten, Bankguthaben, Investmentanteilen, innerhalb der durch die DerivateVO vom 6. Februar 2004 definierten Grenzen auch in Derivaten, nicht aber in Immobilien (→ Rn. 102 ff.). Was die Definition der Anlagegrenzen anbelangt, unterscheidet das Gesetz nicht (mehr) zwischen einzelnen Fondstypen – abgesehen von den Indexfonds (nunmehr: „Wertpapierindex-OGAW"), die nach Massgabe von § 209 KAGB privilegiert sind. Nach Maßgabe von § 196 Abs. 1 KAGB kann das Sondervermögen auch aus Anteilen an anderen in- oder ausländischen Investmentfonds oder Investmentaktiengesellschaften bestehen. Das Risiko solcher Dachfonds muss auf mindestens fünf verschiedene Zielfonds gestreut sein (§ 207 Abs. 1 KAGB), der Erwerbsanteil ist auf maximal 25% begrenzt (§ 210 Abs. 3 KAGB).[191]

2. Immobilienzertifikate

Immobilienzertifikate werden auch Hausbesitzbriefe genannt. Sie verbriefen Anteile an einem Immobilienfonds, die nach neuem Recht den „Alternativen Investmentfonds" (europäisch: AIF = Alternative Investment Funds) zuzurechnen sind – in Abgrenzung zu den regulären Anlagen in Wertpapieren, die wir oben Rn. 206 unter der Bezeichnung OGAW kennengelernt haben (vgl. die Begriffsbestimmungen in § 1 Abs. 1 bis 4 KAGB). Zu unterscheiden sind zwei Varianten: 1) den nach dem Open-end-Prinzip konzipierten **offenen Immobilienfonds**. Er gehört nach § 1 Abs. 4 Nr. 2, Abs. 19 Nr. 23 KAGB zu den offenen Immobilien-Sondervermögen mit einer unbegrenzten Zahl von Anteilen. Nachgefragte Fondsanteile können jederzeit ausgegeben werden, der Gegenwert fließt in das Fondsvermögen ein und steht für Neuanlagen zur Verfügung (§§ 230 ff. KAGB); 2) den geschlossenen Fonds, bei dem Immobilien zu festen Preisen in eine Trägergesellschaft eingebracht werden und Anteile daran verkauft werden. Derartige Investmenttypen waren vom Anwendungsbereich des inzwischen aufgehobenen InvG nicht umfasst; das nunmehr geltende KAGB schließt diese Lücke (→ Rn. 103). Nach § 245 KAGB können Grundstückssondervermögen nur im Eigentum der Kapitalverwaltungsgesellschaft stehen, sie können also nur nach der Treuhandlösung konzipiert sein, nicht nach der Miteigentumslösung des § 92 Abs. 1 KAGB. In dieses Treuhandsondervermögen dürfen nach § 231 Abs. 1 KAGB im Wesentlichen die folgenden Immobilien eingebracht werden: Mietwohngrundstücke, Geschäftsgrundstücke, gemischt genutzte Grundstücke, entsprechende Objekte im Zustand der Bebauung sowie Erbbaurechte und unbebaute Grundstücke und Erbbaurechte bis zu maximal 20 % des Wertes des Sondervermögens. 102

Immobilienzertifikate sind rechtlich zu qualifizieren wie (sonstige) Investmentzertifikate (→ Rn. 97 ff.) und können wie diese gegen Auszahlung des Anteils zurückgegeben werden. Da eine Preisfestsetzung durch Börsenkurse ausscheidet, sehen § 249 Abs. 1, § 250 Abs. 1 KAGB die Bewertung durch zwei externe, voneinander **unabhängige Sachverständige** vor. Die besondere Problematik der offenen Immobilien-Fonds hat mit den Schwierigkeiten zu tun, die Rückgaberechte der Anleger zu sichern, ohne dass Liquiditätsprobleme auftreten, weil Grundstücke nicht annähernd so leicht verkäuflich sind wie Kapital- und Geldmarkttitel.[192] Nach § 253 Abs. 1 KAGB darf sich der Fonds deshalb nicht allein auf Immobilien konzentrieren, sondern muss zu 49% aus anderen, überwiegend liquiden Mitteln bestehen. 103

---

[191] *van Kann/Redeker/Keiluweit*, DStR 2013, 1483, 1485.
[192] *Köndgen/Schmies* in BankR-HdB, 4. Aufl. 2011, § 113 Rn. 97 ff.

104 Da Kapitalverwaltungsgesellschaften mit Immobilien-Sondervermögen einem strengen Reglement und einer nicht weniger strengen Aufsicht durch die BaFin unterliegen, gilt der inländische Immobilienmarkt als vergleichsweise unbeweglich. Es kommt hinzu, dass die Immobilienreserven deutscher Unternehmen im internationalen Vergleich überhöht sind, weil im Falle einer Veräußerung nicht betriebsnotwendiger Objekte meist stille Reserven aufgedeckt und versteuert werden müssen. Dadurch wird viel Eigenkapital gebunden, das besser für Investitionen in das unternehmerische Kerngeschäft genutzt werden könnte. Der Gesetzgeber hat deshalb ein besonderes Gesetz für **REIT Immobilienaktiengesellschaften** (ReitG v. 28. Mai 2007) geschaffen (REIT = Real Estate Investment Trust), die Immobilien steuerfrei erwerben und an denen sich Publikumsanleger (Aktionäre) unter steuerlich günstigen Bedingungen beteiligen können. Steuerlich begünstigt sind auch Unternehmen, die Immobilien an eine REIT-AG veräußern.[193]

105 Geschlossene Immobilienfonds (→ Rn. 102) waren bisher in der Rechtsform der Publikums-KG organisiert. Ihr Zweck war in erster Linie auf die Erzielung steuerlicher Abschreibungsvorteile gerichtet – eine Option, die der Gesetzgeber durch Einführung des § 15a EStG weitgehend versperrt hat.[194] Obwohl es sich um genuines Gesellschaftsrecht ohne direkte Verbindung zum Bank- und Börsenrecht handelte, sprach man in diesem Zusammenhang vom „**Grauen Kapitalmarkt**." Damit deutete sich an, dass der Massenvertrieb von Kommanditbeteiligungen ähnliche Anlegerschutzprobleme aufwirft wie die Wertpapieremission. Unter dem neuen Regime des KAGB sind geschlossene Immobilienfonds nunmehr in der Rechtsform der Investmentaktiengesellschaft mit festem Kapital oder der geschlossenen Investmentkommanditgesellschaft (§§ 149 ff. KAGB) zu führen (§ 139 KAGB). Dem Anlegerschutz ist vor allem dadurch Rechnung getragen, dass die Verwaltungsgesellschaft nach näherer Maßgabe von §§ 268 ff. KAGB einen Verkaufsprospekt zu veröffentlichen hat, für dessen Richtigkeit sie nach § 306 KAGB haftet. Aus dem Anwendungsbereich des Wertpapierhandelsrechts (WpHG) bleiben Anteile an Immobilienfonds jedoch nach wie vor ausgeklammert. Das hat sich nach Verabschiedung des MiFiD-Umsetzungsgesetzes und des neuen KAGB nicht geändert.[195]

3. Sonstige Fondstypen

106 Schon das InvG aF enthielt ergänzende Vorschriften für weitere Sondervermögen, deren Verwaltung in besonderer Weise zweckgebunden ist. Sie mussten allerdings mangels Konformität mit dem EU-Gemeinschaftsrecht bislang ohne „Europäischen Pass" auskommen. Im wesentlichen handelte es sich um Mischfonds, die Elemente richtlinienkonformer Investmentfonds und Immobilienfonds miteinander kombinierten, Pensionsfonds zum Zwecke der planmäßigen Altersvorsorge, die auf Vermögenserhaltung angelegt sind und den Anleger zu regelmäßigen Spareinlagen während der Laufzeit verpflichten, ferner Spezialfonds, die nicht an das Anlegerpublikum, sondern an wenige Großinvestoren adressiert sind (s. zum Ganzen *Voraufl.*, Rn. 215). Im neuen KAGB finden sich entsprechende Vorschriften im Kapitel über die Alternative Investment Funds (AIF), allerdings mit gewissen Modifikationen, die der europäischen Vorgabe in der AIFM-Richtlinie geschuldet

---

[193] Einführende Darstellung bei *Stefan Schmidt/Behnes* BB 2006, 2329.
[194] *Karsten Schmidt*, Gesellschaftsrecht, 4. Aufl. 2002, § 57 I (S. 1665 ff.); Baumbach/*Hopt*, HGB, 36. Aufl. 2014, Anh. § 177a Rn. 55..
[195] Kritisch dazu DSW, Stellungnahme zum MiFiD-UmsetzungsG v. 11.10.2006, S. 1.

sind.[196] Mangels nennenswerter praktischer Bedeutung wurden Mitarbeiterbeteiligungs-Sondervermögen (§§ 90l ff. InvG aF) nicht mehr berücksichtigt.[197] Keine Nachfolgeregelung gibt es ferner für die §§ 87 ff. InvG aF, die das Investmentrecht auf Altersvorsorge-Sondervermögen erstreckte (vgl. § 347 Abs. 2 KAGB). Der Gesetzgeber sah hierfür keinen praktischen Bedarf mehr,[198] nachdem das Geschäft mit Pensionsfonds in §§ 112 ff. VAG bereits eine erschöpfende versicherungsrechtliche Regelung erfahren hat.[199]

4. Insbesondere: Hedgefonds und Private-Equity-Fonds

Hedgefonds gehören nach neuem Recht zur Kategorie der Spezialfonds, die mit zusätzlichen Risiken behaftet sind und von einer AIF-Kapitalverwaltungsgesellschaft betreut werden (§ 283 Abs. 1 iVm § 282 KAGB). Dahinter verbergen sich hoch spekulative und besonders risikobehaftete Vermögensanlagen, mithin ziemlich genau das Gegenteil dessen, was die Bankwirtschaft im allgemeinen unter Hedging (=absichern) versteht.[200] Um den Anlegerschutz zu verbessern, hat sich der Gesetzgeber entschieden, nur noch professionelle und semi-professionelle Anleger zur Beteiligung an (Single-)Hedgefonds zuzulassen[201] Als Spezialfonds sind die Hedgefonds in der Anlagepolitik weitgehend frei, allerdings haben auch sie den Grundsatz der Risikomischung zu beachten (§ 282 Abs. 1 iVm § 283 Abs. 1 KAGB). Als einziger Fondstyp dürfen sie Leerverkäufe abschließen (§ 283 Abs. 1 Nr. 2 KAGB). Unterbleibt dies und ist das Anlagerisiko auch nicht auf sonstige Weise, nämlich durch den Einsatz von Hebeleffekten („Leverage"), gesteigert, so kommt eine Zuordnung des Sondervermögens unter den Hedgefonds nicht in Betracht (§ 283 Abs. 1 KAGB).[202] Die Vermögensbindung der Anleger ist ausgeprägter, dh ihr Rückgaberecht kann auf längere Frist ruhen (§ 283 Abs. 3 KAGB). Neben diesen sog. Single-Hedgefonds, deren Vertrieb individuelle Informationspflichten beträchtlichen Umfanges auslöst (§§ 307, 308 KAGB), sind Dach-Hedgefonds zugelassen, die ihre Mittel grundsätzlich in Ziel-Hedgefonds anlegen und weniger spekulativ angelegt sind (§ 225 KAGB).[203] **107**

Hedgefonds sind vor allem als Käufer und Verkäufer von Unternehmensbeteiligungen in das Bewusstsein der Öffentlichkeit gerückt und von Politikern als unternehmens- und arbeitsplatzvernichtende „Heuschrecken" pauschal diffamiert worden. Immerhin bleibt aber festzuhalten, dass die Volumina für den Einstieg in das M&A-Geschäft (=mergers & acquisitions) unterhalb derjenigen Beteiligungsschwelle bleiben müssen, mit der die Verwaltungsgesellschaft die Kontrolle über das (nicht börsennotierte) Zielunternehmen erlangen würde (§ 282 Abs. 3 S. 1, iVm § 283 Abs. 1 KAGB). Gem. § 288 Abs. 1 KAGB ist **108**

---

[196] Zusammenfassende Darstellung in der Entwurfsbegründung zum KAGB, vgl. BT-Dr. 17/12294, S. 190 ff.
[197] Begr. RegE, BT-Dr. 17/12294, S. 191.
[198] Begr. RegE, BT-Dr. 17/12294, S. 191 .
[199] Vgl. *Köndgen* in Berger/Steck/Lübbehüsen, InvG/InvStG, 2010, § 1 InvG Rn. 11.
[200] *Einsele,* Bank- und Kapitalmarktrecht, 2006, § 10 Rn. 6.
[201] Begr. RegE, BT-Dr. 17/12294, S. 191. Diese Beschränkung gilt für alle Spezialfonds, s. die Begriffsbestimmung in § 1 Abs. 6 KAGB sowie die Definition des Begriffs "semiprofessioneller" Anleger in § 1 Abs. 19 Nr. 33 KAGB. Die indirekte Beteiligung durch Privatanleger über Dach-Hedgefonds bleibt aber möglich, s. *van Kann/Redeker/Keiluweit* DStR 2013, 1483, 1485.
[202] Näher hierzu *van Kann/Redeker/Keiluweit* DStR 2013, 1483, 1485.
[203] Näher zum Ganzen *Einsele,* Bank- und Kapitalmarktrecht, 2006, § 10 Rn. 6 ff.; *Siller,* Kapitalmarktrecht, 2006, § 6 Anm. 4 (S. 134 ff.).

diese Schwelle beim Erwerb von mehr als 50% der Stimmrechte erreicht.[204] Die Vorschrift zielt vor allem auf **Private-Equity-Fonds**, die auf die vorübergehende Übernahme ganzer Unternehmen (Buyout) spezialisiert sind. Seit Mitte der 90ger Jahre engagieren sich hierzulande vor allem Private-Equity-Fonds aus den USA und England, nachdem es dem Gesetzgeber nicht gelungen ist, die deutschen Standortbedingungen für die M&A-Branche durch Verabschiedung des UBGG (Gesetz über Unternehmensbeteiligungsgesellschaften) spürbar zu verbessern.[205] In den §§ 287 ff. KAGB hat der Gesetzgeber nunmehr die M&A-geschäftlichen Aktionsspielräume in- und ausländischer Finanzinvestoren empfindlich eingeschränkt. Neuerdings müssen Private-Equity-Fonds mit Sitz im In- oder Ausland, die „inländische" Spezial-AIF (§ 66 Abs. 5 KAGB) verwalten, den Erwerb von Beteiligungen an nicht börsennotierten Unternehmen bei Erreichen bestimmter Schwellenwerte sowie die Erlangung der Kontrolle über das Zielunternehmen offenlegen (§§ 289, 290 KAGB). Die Meldungen sind – vergleichbar dem Meldesystem beim Erwerb börsennotierter Wertpapiere nach §§ 21 ff. WpHG – ua an die BaFin zu richten. Liegt ein Kontrollerwerb vor, so erstreckt sich die Offenlegungspflicht auch auf die Art und Weise der Akquisitionsfinanzierung (§ 290 Abs. 5 KAGB). „Rückbaumaßnahmen" am Zielobjekt wie Definanzierungen („Rekapitalisierungen") oder die Zerlegung in separate Betriebseinheiten sind für eine Übergangszeit von 24 Monaten nach Kontrollerlangung untersagt (§ 292 Abs. 1 KAGB).[206] Auf Private-Equity-Fonds, die keine inländischen AIF (§ 1 Abs. 7 KAGB) verwalten, sind diese recht weitreichenden Restriktionen nicht anwendbar. Die Abgrenzung richtet sich nach allgemeinem Kollisionsrecht.[207]

B. Das Recht der Wertpapiergeschäfte

Literatur: s. die Angaben vor B. → Rn. 1.

I. Auftragsanbahnung und -erteilung

109 Am Anfang eines Wertpapiergeschäfts steht normalerweise nicht die Auftragserteilung, sondern die vorbereitende **individuelle Aufklärung des Bankkunden** über die Chancen, vor allem aber über die Risiken des Wertpapiergeschäfts. So will es der Gesetzgeber in den sog. „Wohlverhaltensregeln" des § 31 Abs. 1-3 WpHG. Diese Regeln kodifizieren einerseits aufsichtsbehördlich überwachte Verhaltensstandards der Effektenbanken, sind also öffentlich-rechtlicher Natur. Andererseits konkretisieren sie die (vor-)vertraglichen Sorgfaltspflichten der Banken, für deren Einhaltung sie ihren Kunden haften.[208] Die Wohlverhaltensregeln sind – wie das gesamte Recht der Effektengeschäfte – auf Veranlas-

---

[204] Anders das Regulierungskonzept bei der Beteiligung an einer börsennotierten AG, die ein Pflichtangebot auslöst, wenn der Erwerber die Schwelle von nur 30% der Stimmanteile erreicht oder überschritten hat, vgl. §§ 29 Abs. 2, 35 Abs. 1 WpÜG.
[205] *Köndgen/Schmies* in BankR-HdB, 4. Aufl. 20111, § 113 Rn. 92a.
[206] Überblick bei *Viciano/-Gofferje* BB 2013, 2506 ff.
[207] Begr. RegE, BT-Dr. 17/12294, S. 202.
[208] Näher zu den Rechtsgrundlagen *Ekkenga* in MüKoHGB, Effektengeschäft, 2. Aufl. 2009, Rn. 263 ff.

sung des Europäischen Richtliniengebers durch das MiFiG-UmsetzungsG (FRUG) mit Wirkung vom 1. November 2007 zu einem ebenso wortreichen wie perfektionistischen Generalkodex ausgebaut worden, dessen sprachliche Defizite offenkundig sind[209] und der im Verordnungswege weiter ausgebaut wird (vgl. §§ 4, 5 WpDVerOV).[210] Neben die kapitalmarktrechtliche Aufklärung treten die vorvertragliche **Unterrichtungspflicht gegenüber dem Anleger als Verbraucher,** wenn der Auftrag über ein Fernkommunikationsmittel (Telefon, Fax, Internet) zustande kommt (§ 312c Abs. 1, 2, 4 BGB),[211] sowie weitere Mitteilungspflichten gegenüber jedem Kunden, wenn das Geschäft dem Electronic-Banking zuzuordnen ist (§ 312e Abs. 1, 3 BGB). Wir können uns mit diesen sehr detaillierten Regelungen hier nicht ausführlich beschäftigen, sondern müssen uns auf wenige Grundzüge beschränken:

Bevor die Bank ihre vorvertragliche **Aufklärungsleistung** erbringt, muss sie die Kenntnisse und Erfahrungen, die Anlageziele und den finanziellen Bewegungsspielraum des Kunden ergründen (§ 31 Abs. 4-6 WpHG). Hiervon ist sie grundsätzlich nur dann befreit, wenn der Kunde seinerseits an sie mit einem Geschäftswunsch herantritt, der sich auf „einfach" zu verstehende („nicht-komplexe") Finanzmarkttitel bezieht (§ 31 Abs. 7 WpHG). Die Information kann in standardisierter Form gegeben werden (§ 31 Abs. 3 S. 2 WpHG), was bedeutet, dass die Aushändigung eines massenhaft vervielfältigten Formblattes, uU auch die Veröffentlichung auf einer Website (§ 5 Abs. 6 S. 3 WpDVerOV) genügt. Im Hinblick auf die Generalklausel des § 31 Abs. 1 Nr. 1 WpHG dürfte aber jedenfalls dann ein persönliches Anlagegespräch erforderlich werden, wenn der Kunde über die anlagebezogenen Basisinformationen hinaus reichende Spezialinformationen wünscht oder wenn die Bank von sich aus in die Individualaufklärung überleitet, etwa indem sie eine Empfehlung abgibt.[212] Die Information muss sich grundsätzlich auch auf das beratende Institut und sein Leistungsangebot, auf Anlagestrategien und auf Kosten und Nebenkosten beziehen (§ 31 Abs. 3 WpHG). Eventuell auftretende, unvermeidbare Interessenkonflikte (zB im Verhältnis zu anderen Kunden bei konkurrierenden Großaufträgen) muss die Bank offen legen (§ 31 Abs. 1 Nr. 2 WpHG). Das alles gilt uneingeschränkt nur für Privatkunden, zu den neben Privathaushalten auch kleinere Unternehmen zählen (§ 31a Abs. 2, 3 WpHG).[213]

110

Für die Anbahnung von **Termingeschäften** sah § 37d WpHG aF weiterreichende Warn- und Hinweispflichten der Bank vor. Danach war der Bankkunde, dort noch als „Verbraucher" bezeichnet, schriftlich über die durch die Hebelwirkung ausgelösten, gesteigerten Verlustrisiken aufzuklären. Durch das neue MiFiD-UmsetzungsG ist § 37d WpHG ersatzlos weggefallen – und mit ihm der im Geltungsbereich des WpHG vorübergehend eingeführte Begriff des „Verbrauchers". Der Gesetzgeber wollte damit aus Vereinfachungsgründen das Informationsprogramm für Termin- und Kassageschäfte zusammenlegen.[214] So

111

---

[209] Kostprobe: „Alle Informationen ... müssen redlich, eindeutig und nicht irreführend sein." (§ 31 Abs. 2 S. 1 WpHG).
[210] Verordnung zur Konkretisierung der Verhaltensregeln und Organisationsanforderungen für Wertpapierdienstleistungsunternehmen – Wertpapierdienstleistungs- Verhaltens- und Organisationsverordnung – v. 20.Juli 2007 des Bundesministeriums der Finanzen (BGBL. I, 1432).
[211] Dazu *Kocher* DB 2004, 2679, 2680 ff.; *Rott* BB 2005, 53, 55 ff.; *Held/Schulz* BKR 2005, 270, 272 f.
[212] *Ekkenga* in MüKoHGB, Effektengeschäft, 3. Aufl. 2014, Rn.307.
[213] Zum Ganzen *Seyfried* WM 2006, 1375 ff.
[214] Begr. RegE, BT-Dr. 16/4028, S. 72.

sehr man dies im Ansatz begrüßen mag, so sehr drängt sich doch die Frage auf, wozu dann noch das aufwendige Definitionsgerüst des § 2 Abs. 2 WpHG gut sein soll. Denn worüber die Bank ihren Kunden nach den allgemeinen Wohlverhaltensregeln aufzuklären hat, kann sicherlich nicht von der begrifflichen Zuordnung eines Kundenauftrages zum Geschäft mit „Derivaten" und zum „Termingeschäft" abhängen, sondern richtet sich nach dem individuell gewünschten Geschäftsinhalt. Beide Begriffe werden denn auch für die Beschreibung der kundengeschäftlichen Standards nicht mehr verwendet – außer in § 31 Abs. 7 Nr. 1 WpHG, wonach die Kundenorder im Geschäft mit Derivaten die Bank nicht von ihrer Pflicht zur Kundenbefragung entbindet. Doch verwendet der Gesetzgeber für derartige Geschäfte ohnehin eine neue Bezeichnung, nämlich den Begriff des **„komplexen Finanzinstruments"**, dessen Merkmale der Definition „nichtkomplexer Finanzinstrumente" in § 7 WpDVerOV zu entnehmen sind. Der Einwand aus Spiel und Wette (§ 762 BGB) kann gegen Termingeschäfte normalerweise nicht erhoben werden (§ 37e WpHG).

112 Umfang und Tiefe einer anlage- und anlegergerechten Information lassen sich nicht pauschal bestimmen, sondern richten sich nach dem Einzelfall. Wie der BGH schon frühzeitig entschieden hat, muss die Bank im Zweifel vom Leitbild des gänzlich geschäftsunerfahrenen Anlegers ausgehen.[215] Jede Relativierung dieses strengen Maßstabes hieße den Individualcharakter des effektengeschäftlichen Anlegerschutzes verkennen. Insbesondere geht es nicht an, dem Kunden ohne weiteres eine gewisse, wenn auch „durchschnittliche" Vertrautheit mit der Materie zu unterstellen. Hier liegt der entscheidende Unterschied zum typischen Prospektleser, der Adressat einer allgemeinzugänglichen (keiner: individuellen) Informationsquelle ist. Zwar hat sich der Gesetzgeber im Zuge der MiFiD-Umsetzung vom Konzept einer „anlegergerechten" Individualberatung verabschiedet, um sich der nach inländischem Verständnis neuartigen Idee eines typisierten Aufklärungsbedarfs zuzuwenden – mit der Folge, dass sich die Aufklärung aufsichtsrechtlich auf eine Grundversorgung des Kunden mit Standardinformationen beschränkt.[216] Die Rechtsprechung setzt sich über diesen Paradigmenwechsel aber hinweg, indem sie die Aufklärungspflicht zivilrechtlich aus einem (mindestens) konkludent geschlossenen Beratungsvertrag der Bank mit dem Kunden ableitet.[217]

113 Die Aufklärung mündet ein in die **Auftragserteilung des Anlegers**, ein Wertpapier, Wertrecht oder Derivat zu kaufen oder zu verkaufen. Meist werden hierfür die geschäftsüblichen Vordrucke oder – bei elektronischer Übermittlung – Online-Formulare benutzt, der Auftrag kann aber auch mündlich, fernmündlich oder per Fax erfolgen. Der Auftrag ist eine Offerte zum Abschluss eines Geschäftsbesorgungsvertrages und muss als solche dem Bestimmtheitsgrundsatz genügen, dh er muss die Bezeichnung des Papiers, Rechts oder Derivats enthalten und die Menge angeben, die die Bank für ihn kaufen oder verkaufen soll. Weitere wichtige, aber nicht unentbehrliche Vorgaben betreffen die Frage, ob zu „limitierten" oder zu den jeweils günstigsten Preisen gehandelt werden soll, ob ein bestimmter Handelsort oder ein Handelssystem benannt werden soll, ferner die Vergütung der Bank. Macht der Kunde hierzu keine Angaben, so werden die Lücken durch die Banken-AGB ausgefüllt.[218]

---

[215] BGHZ 123, 126, 128 f.; noch etwas deutlicher BGH WM 1987, 531, 532.
[216] Eingehend *Ekkenga* in MüKoHGB, Effektengeschäft, 3. Aufl. 2014, Rn. 292 ff.
[217] Eingehend *Ekkenga* in MüKoHGB, Effektengeschäft, 3. Aufl. 2014, Rn. 267 ff. mit Rechtspr.-Nachweisen.
[218] *Ekkenga* in MüKoHGB, Effektengeschäft, 3. Aufl. 2014, Rn. 155 ff.

Der Auftrag bedarf der **Annahme durch die Bank**. Besteht bereits eine bankmäßige **114**
Geschäftsverbindung (insbesondere: Depotvertrag), so gilt das Schweigen der (Depot-)
Bank nach § 362 Abs. 1 HGB als Annahmeerklärung. Fraglich ist auch, ob die Bank überhaupt ablehnen darf oder als Funktionsträger der Versorgungswirtschaft einem Kontrahierungszwang unterliegt. Hier spricht viel für die Annahme, dass die Ablehnung sachlich begründet sein muss, solange die bankmäßige Geschäftsverbindung andauert. Anderenfalls kann der Kunde kraft Haftungsrechts auf den Abschluss eines Vertrages klagen.[219] Aus einem Verstoß gegen das Diskriminierungsverbot des neuen AGG (Allgemeines Gleichbehandlungsgesetz) lässt sich dagegen ein Kontrahierungszwang nicht ableiten. § 21 Abs. 1 AGG ist insoweit restriktiv zu interpretieren.[220]

Da der Bankkunde nicht nur als „Anleger", sondern auch als „Verbraucher" für schutz- **115**
bedürftig gehalten wird, hat er unter eng begrenzten Voraussetzungen ein grundsätzlich auf zwei Wochen befristetes **gesetzliches Widerrufsrecht** (§ 355 Abs. 1, 2 BGB), das sich in ein unbefristetes verwandeln kann, wenn die Bank die obligatorische Belehrung über das Widerrufsrecht unterlässt (§ 355 Abs. 3 BGB). Das Widerrufsrecht beschränkt sich auf Haustürgeschäfte im Sinne des § 312 Abs. 1 BGB. Für Wertpapiergeschäfte im Fernabsatz ist es ausgeschlossen (§ 312d Abs. 4 Nr. 6 BGB), ebenso für Verbundgeschäfte eines Verbraucherkredits (§ 491 Abs. 3 Nr. 2 BGB). Damit wollte der Gesetzgeber der Gefahr begegnen, dass der Bankkunde Kursveränderungen während des Widrrufsfrist einseitig-spekulativ für sich ausnutzt.[221]

Der Auftrag des Kunden zielt im Regelfall auf ein **Finanzkommissionsgeschäft** iSd § 2 **116**
Abs. 3 Nr. 1 WpHG. Die Bank verpflichtet sich dadurch zur „Anschaffung oder Veräußerung von Finanzinstrumenten im eigenen Namen für fremde Rechnung". Die Ausführungsgeschäfte (Kauf, Verkauf) verpflichten nach außen, also gegenüber dem vermittelnden Makler und dem anderen Vertragspartner, nur die Bank als Kommissionär. Im Innenverhältnis berechtigen und verpflichten diese Geschäfte dagegen den auftraggebenden Kommittenten (vgl. § 392 Abs. 2 HGB). Ohne ein solches Treuhandsystem wäre die Anonymität des börslichen Wertpapierhandels nicht gewährleistet, die der Gesetzgeber anderenorts zum Bestandteil der institutionellen Rahmenbedingungen des Kapitalmarktes erklärt hat – wenn auch bisher nur implizit (vgl. § 71 Abs. 1 Nr. 8 S. 6 AktG: Gleiche Veräußerungs- und Erwerbschancen aller Aktionäre, wenn die AG eigene Aktien über die Börse – also anonym – zurückkauft bzw. verkauft).

Für die Effektenkommission gelten die §§ 383 ff. HGB, die allerdings durch die ein- **117**
schlägigen **Banken-AGB** in mehrfacher Hinsicht modifiziert sind.[222] Mit den Gegebenheiten des Effektenhandels nicht vereinbar ist insbesondere § 384 Abs. 2 HGB, soweit er dem Kommissionär abverlangt, die Identität desjenigen offenzulegen, mit dem er das Ausführungsgeschäft abgeschlossen hat. Denn die Banken haben an der Offenlegung ihrer Beschaffungs- und Absatzquellen kein Interesse, und die Schutzbedürftigkeit des Kunden vor den Folgen anonymer Geschäftsvorgänge ist vergleichsweise gering, weil

---

[219] Zur Problematik *Bachmann* ZBB 2006, 257 ff.
[220] Näher *Bachmann* ZBB 2006, 257, 265 f.
[221] *Held/Schulz* BKR 2005, 270, 273. Das gilt auch für Warentermingeschäfte, s. *Kocher* DB 2004, 2679, 2683. Zum Ganzen *Ekkenga* in MüKoHGB, Effektengeschäft, 3. Aufl. 2014, Rn. 214 ff.
[222] Sonderbedingungen für Wertpapiergeschäfte i.d. Fassung v. Januar 2003 sowie die für Sparkassen geltenden Bedingungen für Wertpapiergeschäfte als Teil der AGB-Spark. v. April 2002, abgedruckt und kommentiert von Baumbach/*Hopt*, HGB, 36. Aufl. 2014, VI. Bankgeschäfte unter (8), (8a); *Wagner*, BuB, Rn. 7/24 ff.

die Kommissionsbank das Ausfallrisiko per Haftungseintritt nach § 384 Abs. 3 HGB übernimmt.[223] Wahlweise sehen die Banken-AGB vor, dass die Bank für den Kunden ein **Festpreisgeschäft** durchführt, das ist ein auftragsmäßiges Eigenhändlergeschäft iSd § 2 Abs. 3 Nr. 2 c) WpHG mit Festpreisvereinbarung. In der Praxis beschränkt sich diese Variante weitgehend auf den Rentenhandel mit Privatkunden und institutionellen Anlegern.[224]

118 Mögliche Unwirksamkeitsgründe und ihre Folgen entnehmen wir den allgemeinen Vorschriften des bürgerlichen Rechts. Eine **Irrtumsanfechtung** des Kunden kommt beispielsweise dann in Betracht, wenn die Kauforder auf DAX-Optionen lautet, der Kunde aber DAX-Optionsscheine gemeint hat (je nach Fall Erklärungs- oder Inhaltsirrtum nach § 119 Abs. 1 BGB). Die Anfechtung wegen eines Eigenschaftsirrtums (§ 119 Abs. 2 BGB) lässt die hM nur zu, wenn sich der Kunde falsche Vorstellungen über Einflussgrößen gemacht hat, die für die Wertschätzung des Finanztitels wesentlich sind und diesem unmittelbar anhaften. So soll der Irrtum über die Höhe der Aktiendividende oder über den Zinsfuß einer Schuldverschreibung erheblich sein, nicht aber der Irrtum über den Börsenkurs oder über die Bonität des Emittenten. Im Detail ist noch vieles offen und umstritten.[225] Nicht abschließend geklärt ist auch die Frage, ob Verstöße gegen das **Verbot des Insiderhandels** (§ 14 Abs. 1 Nr. 1 WpHG) einen Nichtigkeitsgrund iSd § 134 BGB darstellen. Die ganz hM lehnt das zwar ab, bislang jedoch ohne überzeugende Begründung.[226]

II. Die Auftragsausführung

119 Mit der Annahme des Auftrages verpflichtet sich die Bank zur Durchführung des Wertpapiergeschäfts unter Beachtung der kaufmännischen Sorgfalt und der strikten Bindung an das Kundeninteresse (§ 384 Abs. 1 HGB). Es gilt das **Gebot der bestmöglichen Ausführung von Kundenaufträgen**, in den Wohlverhaltensregeln des WpHG (insbesondere in §§ 31c, 33a WpHG) und der hierzu erlassenen Durchführungsverordnung (WpDVerOV, → Rn. 109) seit Umsetzung der Europäischen Finanzmarkt-Richtlinie im Jahre 2007 bis in alle nur erdenklichen Einzelheiten beschrieben, ausdifferenziert und festgezurrt. Diese Regeln sind zwar aufsichtsrechtlicher – also öffentlich-rechtlicher – Natur, sie konkretisieren aber zugleich die privatrechtliche Individualbeziehung der Bank zum Kunden.[227] Manches darin versteht sich von selbst, so die Verpflichtung zur Erzielung des für den Kunden bestmöglichen Ergebnisses (§ 33a Abs. 2 WpHG). Der Kunde ist gem. § 396 Abs. 1 HGB zur Zahlung einer Provision an die Bank verpflichtet, wenn die Ausführung abgeschlossen ist, ferner sowie nach §§ 675 Abs. 1, 670 BGB zum Ersatz ihrer Aufwendungen. Über die Preis- und Aufwandskomponenten muss die Bank den Kunden nach § 675a BGB informieren.

120 Als Kommissionärin hat die Bank die **Weisungen des Kunden** als Kommittenten zu beachten (§ 384 Abs. 1 HGB). Die Einholung einer solchen Weisung liegt auch im eige-

---

[223] *Ekkenga* in MüKoHGB, Effektengeschäft, 3. Aufl. 2014, Rn. 93, 103, 495.
[224] *Ekkenga* in MüKoHGB, Effektengeschäft, 3. Aufl. 2014, Rn. 109.
[225] *Ekkenga* in MüKoHGB, Effektengeschäft, 3. Aufl. 2014, Rn. 186 ff. mwN.
[226] *Ekkenga* in MüKoHGB, Effektengeschäft, 3. Aufl. 2014, Rn. 205 f. mwN.
[227] Näher zum Verhältnis Aufsichtsrecht/Vertragsrecht in diesem Zusammenhang *Ekkenga* in MüKoHGB, Effektengeschäft, 3. Aufl. 2014, Rn. 263, 446.

nen Interesse der Bank, weil mit der weisungsgemäßen Ausführung nach § 33a Abs. 4 WpHG feststeht, dass dem Gebot der bestmöglichen Ausführung genügt ist. Privatkunden sind auf diese Rechtsfolge vor Einholung der Weisung „deutlich" hinzuweisen (§ 33a Abs. 6 Nr. 2 WpHG). Obwohl § 33a Abs. 4 WpHG keine Öffnungsklausel für Ausnahmefälle enthält, dürfte weiterhin daran festzuhalten sein, dass die Bank aus gegebenem Anlass von einer Kundenweisung abweichen darf und muss (vgl. § 385 Abs. 2 HGB, § 665 BGB). So verhält es sich etwa dann, wenn eine Weisung der mit der Order verfolgten Absicht des Kunden widerspricht, wenn die Gegebenheiten sich nachträglich ändern, uU auch dann, wenn sich die Order als objektiv unzweckmäßig darstellt.[228] Im letztgenannten Fall ist allerdings Zurückhaltung angebracht.

Der Massencharakter des Wertpapiergeschäfts bringt es mit sich, dass die Bank viele Einzelentscheidungen selbst – also ohne vorherige Weisung des Kunden – treffen muss. Zu diesem Zweck hat sie gem. § 33a Abs. 1 WpHG hausinterne **Grundsätze zur Auftragsausführung** festzulegen und diese mindestens einmal jährlich auf ihre Zweckdienlichkeit – bestmögliche Wahrung der Kundeninteressen – zu überprüfen (Ziff. 1). Außerdem muss sie die Einhaltung dieser Grundsätze im Rahmen der täglichen Operative ständig überwachen (Ziff. 2). Bevor sie zur Auftragsausführung schreitet, muss die Bank jeden Kunden über diese Grundsätze informieren und seine individuelle Zustimmung einholen (§ 33a Abs. 6 Ziff. 1 WpHG). Außerdem muss sie „in der Lage sein", dem Kunden auf Anfrage „darzulegen", dass die Ausführung den Grundsätzen entspricht (§ 33a Abs. 7 WpHG). Der haftungsrechtliche Einfluss dieser neuartigen Regeln (Rechtsnatur der „Zustimmung", Entlastung der Bank im Falle ihrer Erteilung, haftungsrechtliche Folgen ihrer Versagung/Nichteinholung, prozessuale Bedeutung der Darlegungspflicht) bedarf noch der abschließenden Klärung. 121

Die Grundsätze zur Auftragsausführung müssen auch darüber aufklären, welche Handelsplätze sich für einen bestimmten Kapitalmarkttitel eignen und wo die Bank die bestmöglichen Ergebnisse erzielen kann (§ 33a Abs. 5 S. 1 WpHG). Prinzipiell stehen der börsliche Kauf oder Verkauf und die Ausführung über ein multilaterales Handelssystem (→ § 6 Rn. 86 f.) zur Auswahl. Die Benutzung anderer Handelsplattformen ist der Bank nur gestattet, wenn sie die ausdrückliche Einwilligung des Kunden eingeholt hat (§ 33a Abs. 5 S. 2 WpHG). Damit ist der früher in § 22 Abs. 1 BörsG aF geregelte sog. **„Börsenzwang"** abgeschwächt, aber nicht vollständig eliminiert. § 33a Abs. 5 S. 2 WpHG verpflichtet die Bank darüber hinaus zur Prüfung, ob nicht die Ausführung außerhalb einer Börse oder eines multilateralen Handelssystems für den Kunden günstiger ist; gelangt sie zu einem positiven Ergebnis, muss sie ihn darauf hinweisen. Angesprochen sind hier vor allem Dienstleistungen, die die Bank als systematischer Internalisierer erbringen kann. Wie werden dieser neuartigen Thematik unter → Rn. 142 wieder begegnen. 122

Der **Ablauf eines Kassageschäftes im Präsenzhandel** (Parketthandel) richtet sich in weitgehendem Umfang nach den Börsenusancen (zum elektronischen Handel → Rn. 137 ff.): Die Kommissionsbank des Käufers leitet, wenn sie gem. § 19 BörsG zum Handel am gewünschten Börsenplatz zugelassen ist, den ihr erteilten Auftrag (Order) über ein elektronisches Orderrouting-System (XONTRO[229]) schnellstmöglich dem skontro- 123

---

[228] *Ekkenga* in MüKoHGB, Effektengeschäft, 3. Aufl. 2014, Rn. 446.
[229] An der Frankfurter Wertpapierbörse wurde der Präsenzhandel zum Mai 2011 eingestellt. An den sechs übrigen deutschen Börsen in Berlin, Hamburg, Hannover, Stuttgart, München und Düsseldorf wird das XONTRO-System dagegen noch verwendet.

führenden Makler (→ Rn. 127 ff.) zu, der sich um den Abschluss des Geschäfts bemüht. Die persönliche Anwesenheit des ausführenden Händlers ist also nicht erforderlich, er kann sich auch außerhalb des Börsensaales aufhalten. Für den Makler führt XONTRO das elektronische Orderbuch, übermittelt den festgestellten Kurs dem Kursinformationssystem, meldet ausgeführte Aufträge der auftraggebenden Bank und leitet sie an das Abwicklungssystem weiter. Von dort gehen die Daten sodann zwecks Auftragsabwicklung wiederum elektronisch an die europäische Abwicklungsgesellschaft Clearstream. An der Ausführung sind mithin fünf Vertragsparteien beteiligt: Der Käufer des Wertpapiers und der Verkäufer, zwei zur Teilnahme am Börsenhandel zugelassene Banken, nämlich die Kommissionäre für den Käufer und den Verkäufer, sowie der Skontroführer, der die beiden Parteien als Auftragnehmer verbindet. Beim Abschluss eines Börsenkaufvertrages sehen Käufer und Verkäufer sich nicht, sie nehmen auch nicht sonst wie voneinander Kenntnis. Verfügt die beauftragte Bank nicht über die Zulassung als Börsenhändler, wird sie den Auftrag an ein von ihr und unter ihrer Verantwortung ausgewähltes zugelassenes Kreditinstitut weitergeben. Die Identität des ausführenden Instituts ist in den Grundsätzen zur Auftragsausführung anzugeben (§ 33a Abs. 8 WpHG).

124   Für den **Handel mit Derivaten (**Termingeschäft) enthalten die Banken-AGB Sonderregelungen, die die Anwendung der allgemeinen Wohlverhaltensregeln über den Ort der Ausführung weitgehend ausschließen. Danach führt die beauftragte Bank alle Aufträge, die sich auf die an der Eurex Deutschland zugelassenen Options- und Futureskontrakte beziehen, als Kommissionärin an der Eurex Deutschland aus. Dieser selbstgeschaffene Börsenzwang zielt darauf ab, das Massengeschäft in Terminkontrakten möglichst bei der Eurex zu bündeln, um den Terminmärkten die größtmögliche Liquidität zu verleihen.

125   Vor, während und nach der Auftragsausführung hat die Bank eine Fülle von **Aufklärungs-, Hinweis-, Befragungs-, Dokumentations- und Meldepflichten** zu beachten, von denen teilweise schon die Rede war, deren Gesamtumfang aber erst im Überblick deutlich wird: Im Anschluss an die vorvertragliche Kundenbefragungs- und Aufklärungspflicht (→ § 3 Rn. 51 ff., Rn. 56 ff.,) und die nachfolgende Auftragserteilung hat die Bank die Geschäftsdaten (Identität des Kunden, Geschäftsart, Handelsobjekt etc.) minutiös aufzuzeichnen (Art. 7 MiFiD-DVO 1287/2006; § 15 WpDVerOV) und der BaFin unverzüglich (spätestens am Tage nach der Auftragserteilung) zu melden (§ 9 WpHG; Artt. 12 ff. MiFiD-DVO 1287/2006). Vor Beginn der Auftragsausführung muss sie den Kunden über ihre allgemeinen Ausführungsgrundsätze informieren und seine Zustimmung zu diesen Grundsätzen einholen. Ergänzende Veröffentlichungspflichten betreffen die sog. Vorhandelstransparenz: Nicht sofort ausführbare (limitierte) Kundenaufträge sind unverzüglich bekannt zu machen, um Informationsstaus zu beheben und die Nachfrage zu effektuieren (§ 31c Abs. 2 WpHG).[230] Nach Abschluss der Ausführung muss die Bank ihrem Kunden „in geeigneter Form" berichten (§ 31 Abs. 8 WpHG iVm. § 8 WpDVerOV; in diesem Sinne auch schon § 384 Abs. 2 HGB). Die Einzelheiten des Geschäftsverlaufs muss sie dokumentieren und aufbewahren, um das Material auf Wunsch der BaFin (§ 34 WpHG) oder dem Kunden (§ 33a Abs. 7 WpHG) vorweisen zu können. Die Aufzeichnungs- und Dokumentationspflicht umfasst insbesondere auch die Kundeninformation nach § 31 Abs. 3 WpHG (vgl. § 14 Abs. 2 Nr. 3 WpDVerOV) sowie die Anfertigung eines Beratungsprotokolls, das den Inhalt der vorvertraglichen Individualaufklärung wiedergibt (§ 34 Abs. 2a WpHG). Over the counter abgewickelte Geschäfte sind zum Zwecke der

---

[230] Vgl. dazu *Kumpan* WM 2006, 797, 803.

Nachhandelstransparenz zu veröffentlichen (§ 31h WpHG).[231] Diese Aufzählung ist nicht abschließend, einen umfangreichen, teilweise weitergehenden Pflichtenkatalog enthalten etwa die zu §§ 312c, 312e BGB erlassenen Vorschriften der Informationspflichten-Verordnung (InfV) als Teil der Durchführungsvorschriften zum BGB, vgl. Art. 246 EGBGB. Das umfängliche Gesamtsystem ist so angelegt, dass Pflichtverletzungen sowohl aufsichtsrechtlich als auch privatrechtlich gegenüber dem Kunden (insbesondere haftungsrechtlich) relevant sind.

Die Behandlung von **Leistungsstörungen** bei der Effektenkommission folgt i. W. den allgemeinen Regeln der §§ 280 ff. BGB. Unterlässt die Bank die Ausführung des Kommissionsvertrages trotz entsprechender Gelegenheit und lässt sich das Geschäft zu diesen Konditionen nicht mehr nachholen, so haftet die Bank wegen Unmöglichkeit durch Zeitablauf, in den übrigen Fällen greifen die Haftungsregeln bei Verzug und sonstiger Pflichtverletzung ein. Unterlässt es die Bank schuldhaft, eine Weisung des Kunden zu beachten, so kann der Kunde gem. § 385 Abs. 1 HGB Schadensersatz verlangen und braucht das Geschäft nicht für sich gelten zu lassen.[232] Der Anspruchsteller darf jedoch nicht die weitere Kursentwicklung abwarten, sondern muss der Bank die Gefahr eines Regresses unverzüglich anzeigen und das Versäumnis rügen. Unterlässt er dies, so tritt Genehmigung analog § 386 Abs. 1 HGB und Nr. 11 Abs. 4 AGB Banken ein.[233]

126

III. Besonderheiten des Börsenhandels

Literatur: *Schultheiß*, Die Neuerungen im Hochfrequenzhandel, WM 2013, 596; s. ferner die Angaben vor → Rn. 1.

1. Ausführung durch Teilnahme am Präsenzhandel

Der börsliche Handel mit zugelassenen Wertpapieren (regulierter Markt, → § 6 Rn. 43) vollzieht sich heute größtenteils nicht mehr auf dem Parkett (Präsenzhandel; in Frankfurt seit 2011 gänzlich eingestellt), sondern elektronisch (im Xetra-System); wir werden darauf später zurückkommen (→ Rn. 137 ff.). Zunächst zum Präsenzhandel, der vor allem für weniger marktgängige Titel an den Regionalbörsen durchaus noch seine Funktion hat: In dessen Mittelpunkt stehen Kreditinstitute, die von der Börsengeschäftsführung als **Skontroführer** zugelassen sind.[234] Sie haben neben der Preisfeststellung (→ Rn. 134 ff.) die Aufgabe, Kauf- und Verkaufsorders zusammenzuführen, so dass sie die Stellung eines Handelsmaklers iSd § 93 HGB einnehmen.[235] Über die Verteilung der Skontren[236] entscheidet die Geschäftsführung nach näherer Maßgabe der jeweiligen Börsenordnung (§ 29 BörsG), die dem verfassungsrechtlichen Bestimmtheitsgrundsatz genügen muss.[237]

127

---

[231] *Kumpan* WM 2006, 797, 803.
[232] BGH WM 1976, 630, 631.
[233] *Ekkenga* in MüKoHGB, Effektengeschäft, 3. Aufl. 2014, Rn. 501, 542.
[234] Die skontroführende Bank ist 2002 durch das 4. FinM-FörG an die Stelle des amtlichen Kursmaklers getreten, der als natürliche Person Organfunktionen bekleidete, vgl. dazu Vorauf. Rn. 232 f.
[235] *Hammen* WM 2002, 2129, 2133.
[236] Der Begriff „Skontro" bezeichnet allgemein das Hilfsbuch der Bankbuchhaltung zum Nachweis eines Bestandes bzw. von Bestandsveränderungen.
[237] VGH Münster WM 2012, 1996; VGH Kassel ZIP 2007, 215; VG Düsseldorf ZIP 2010, 466; VG Düsseldorf ZBB 2010, 45.

Den Skontroführern ist damit eine Art Monopol verliehen, sie sind für die Geschäftsvermittlung in bestimmten Wertpapieren an der Börse und zur Preisermittlung ausschließlich zuständig.

128 Ihre **Pflichten als Skontroführer** erfüllen die Banken durch Einschaltung von „skontroführende(n) Personen", die einer separaten Zulassung bedürfen (§ 27 Abs. 1 S. 3 BörsG). Ihnen gehen die Orders während der Börsenzeit mündlich, elektronisch oder telefonisch zu. Damit kommt zwischen der ausführenden Effektenbank und dem Skontroführer ein Maklervertrag zustande, der eine Geschäftsbesorgung gemäß §§ 675, 611 ff. BGB zum Gegenstand hat, dh der Makler muss sich um das Zustandekommen eines Abschlusses bemühen. Die Pflichten des Skontroführers sind indes nicht nur vertragsrechtlicher Natur, sondern erstrecken sich auf das gesamte Marktgeschehen: Seine Aufgabe besteht darin, auf einen geordneten Marktverlauf hinzuwirken und hierbei Neutralität zu bewahren (§ 28 Abs. 1 S. 1 BörsG; zur Preisfeststellung → Rn. 134 ff.). Zu diesem Zweck nimmt er alle Aufträge für die Präsenzbörse in seine Vermittlungstätigkeit auf und kompensiert die zum Ausgleich zu bringenden Kauf- und Verkaufsaufträge. Überhänge wird er im Börsensaal oder auch außerhalb zu vermitteln suchen. Der Skontroführer ist nach Maßgabe der Börsenordnungen (vgl. § 27 Abs. 1 S. 4 BörsG) verpflichtet, dafür zu sorgen, dass während der Börsenhandelszeiten zugelassenes Personal in ausreichender Anzahl anwesend ist. Für seine Tätigkeit erhält der Skontroführer eine Courtage. Über das abgeschlossene Geschäft erstellt er mittels EDV eine Schlussnote, die an die beteiligten Banken übersandt wird (§ 94 Abs. 1 HGB) und zugleich als Lieferliste für die Abwicklung des Geschäftes dient.

129 Die skontroführende Bank kann **Eigengeschäfte** abschließen, wenn es an passenden Kundenaufträgen mangelt; anderenfalls könnte sie ihre Vermittleraufgabe vielfach nicht angemessen erfüllen.[238] Dies brachte § 27 Abs. 1 S. 2 BörsG aF wörtlich zum Ausdruck und dürfte nach neuem Recht nicht anders sein (arg. e. § 20 Abs. 1 S. 1 BörsG nF). Eigengeschäfte können allerdings die Neutralität des Skontroführers bei der Kursfeststellung beeinträchtigen und seine Liquidität strapazieren, weil er die gekauften Wertpapiere bezahlen muss. Die Handelsüberwachungsstelle kontrolliert deshalb das Eigengeschäft der Skontroführer auf Angemessenheit der Kursfestsetzung. Für die Liquidität muss der Skontroführer Sicherheit leisten, vgl. § 20 Abs. 1 S. 1 BörsG.

130 Ein liquider Börsenhandel funktioniert nach Regeln, die den ausführenden Börsenmitgliedern bei der Zusammenführung von Angebot und Nachfrage keinen Ermessensspielraum einräumen (ebenso § 31f Abs. 1 Nr. 2 WpHG für den Betrieb multilateraler Handelssysteme), denn anders wäre die jederzeitige Bereitstellung einer vertraglichen Abschlussgelegenheit nicht zu gewährleisten. Das betrifft zunächst die Börsenhändler, denen es versagt ist, die Annahme eines ihnen vermittelten Angebots ohne zwingenden Grund zu verweigern. Entsprechendes gilt für den Skontroführer, dem es verwehrt ist, Aufträge ohne zwingenden Grund zurückzuweisen, was sich auch aus dem Gleichbehandlungsgrundsatz des § 28 Abs. 2 BörsG ableiten lässt. Um diesen für einen funktionsfähigen Markt unerlässlichen **Abschlusszwang** risikofrei zu ermöglichen, muss die Vertragserfüllung durch die Börsenmitglieder gewährleistet sein. Darin liegt der Grund für die strikten Zulassungsanforderungen hinsichtlich der Zuverlässigkeit und beruflichen Eignung der Börsenmitglieder, wie oben unter → § 6 Rn. 33 ff. dargestellt.

131 Nach § 25 Abs. 1 S. 1 Nr. 1 BörsG kann die Börsengeschäftsführung die **zeitweilige Aussetzung des Börsenhandels** anordnen, wenn die Ordnungsmäßigkeit des Handels

---

[238] *Ledermann* in Schäfer/Hamann, Kapitalmarktgesetze, § 27 BörsG Rn. 11.

während dieser Zeit gefährdet ist oder wenn die Aussetzung zum Schutze des Publikums geboten erscheint.[239] Die Aussetzung ist die Reaktion auf bemerkenswerte Ereignisse in der Sphäre des Emittenten,[240] zB eine extreme, aktuelle Marktlage, die zu einem signifikanten Überhang der Angebots- oder der Nachfrageseite geführt hat und ein erhebliches Abweichen des Kurses von dem zuvor festgestellten Kurs erwarten lässt. Die Aussetzung soll außerdem die objektive Preisfeststellung fördern und Kursschwankungen verhindern, die sich sachlich nicht begründen lassen und den Verdacht auf Manipulationen nahelegen. Gesetzlich geregelt ist der Fall, dass der Emittent der Börsengeschäftsführung eine Ad-hoc-Meldung nach § 15 Abs. 4 Nr. 1 WpHG ankündigt. Die Geschäftsführung hat dann zu entscheiden, ob sie den Handel aussetzt, um zu verhindern, dass das Anlegerpublikum von der Veröffentlichung der Ad-hoc-Meldung im Nachhinein überrascht wird (§ 15 Abs. 4 S. 3 WpHG).[241] Schließlich können Allgemeinbefindlichkeiten des Kapitalmarktes wegen politischer oder sonstiger Verwerfungen Gründe für eine Aussetzung sein. Die deutschen Börsen sind mit Aussetzungen sehr zurückhaltend, weil diese von den Anlegern und der Presse negativ gewertet werden. Auch bei den großen Börsencrashs von 1987, 1991 und 2000 hätten nach Bekanntwerden der Kursentwicklung in den USA in Deutschland Aussetzungen nahe gelegen, man hat es dennoch nicht getan. Diese Grundhaltung steht im Gegensatz zum Börsengeschehen in London und New York, wo die Aussetzung ein Routinevorgang zur Herstellung gleichen Informationsniveaus für die Anleger ist, der eher neutral gewertet wird.

Statt der Aussetzung ermöglicht § 25 Abs. 1 S. 1 Nr. 2 BörsG die **Einstellung des Börsenhandels auf Dauer**, wenn die Ordnungsmäßigkeit des Handels nicht mehr gewährleistet erscheint. Diese Maßnahme belastet das Standing des Emittenten und sollte deshalb nur als ultima ratio praktiziert werden. **Beispiele**: Beantragung eines Insolvenzverfahrens, Verstöße gegen die Zulassungsbedingungen, schwerwiegende Rechtsverletzungen des Vorstands wie Bilanzfälschung, unzulässige Auszahlungen aus der Gesellschaftskasse u.ä. Die Gründe für eine Einstellung kommen aus dem Innenleben der AG. Ein zwingender Einstellungsgrund ist der Widerruf der Zulassung nach § 39 BörsG. 132

Die vorstehend skizzierten Grundregeln beziehen sich primär auf den **regulierten Markt**, sie erstrecken sich kraft Verweisung in § 48 Abs. 3 BörsG aber auch auf den Handel in Wertpapieren, die in den **Freiverkehr** (→ § 6 Rn. 51. ff.) einbezogen sind. Zwar galt dieser bisher als außerbörsliches Marktsegment.[242] Doch hat der Gesetzgeber den Betrieb des Freiverkehrs mit der durch das FRUG neu eingefügten Blankettverweisung nunmehr ausdrücklich dem börslichen Handel zugeordnet.[243] Mit der zusätzlichen Verweisung auf die besonderen Organisations- und Dokumentationspflichten nach WpHG wollte der Gesetzgeber den Freiverkehr zudem an die Qualitätsstandards der multilateralen Handelssysteme anpassen[244] (§ 48 Abs.3 BörsG). 133

---

[239] Hierzu und zum folgenden ausführlich *Hammen* in Kümpel/Hammen/Ekkenga, Kapitalmarktrecht, Kennz. 060, Rn. 504 ff.
[240] *Beck* in Schwark/Zimmer, KMRK, 4. Aufl. 2010, § 25 Rn. 5 f.
[241] Vgl. auch *Beck* in Schwark/Zimmer, KMRK, 4. Aufl. 2010, § 25 Rn. 6.
[242] So die hM, vgl. *Seiffert* in Kümpel/Wittig, Bank- und Kapitalmarktrecht, 4. Aufl. 2011, Rn. 4.309; *Reuschle/Fleckner* BKR 2002, 617, 621 .
[243] Begr. RegE BT-Dr. 16/4028 S. 105.
[244] Begr. RegE BT-Dr. 16/4028 S. 106.

2. Die Feststellung des Börsenpreises im Präsenzhandel

134   Börsenpreise sind Preise, die während der Börsenzeit an einer Börse festgestellt werden – sei es im regulierten Markt, sei es im Freiverkehr (§ 24 Abs. 1 BörsG). Die Preisfeststellung im Präsenzhandel ist eine weitere Aufgabe des **Skontroführers**, der zu diesem Zweck von der Geschäftsführung bestellt wird (§ 27 Abs. 1 BörsG) und dabei frei von Weisungen seiner Auftraggeber handelt (§ 28 Abs. 1 BörsG). Im Kassahandel wird entweder einmal in einer Börsensitzung ein Kurs festgestellt – der sog. Einheitskurs. Oder es werden fortlaufend Kurse festgestellt und auf der Anzeigetafel publiziert, wann immer Umsätze zustande kommen – die sog. fortlaufende oder variable Notierung.[245] Eine steigende oder fallende Tendenz ist aus der Folge der variablen Kurse erkennbar. Grundsätzlich werden alle Kauf- und Verkaufsaufträge für Aktien im variablen Handel ausgeführt. Ausgenommen hiervon sind die Titel, die so wenig Umsatz machen, dass sie nur im Einheitsmarkt gehandelt werden.

135   Börsenpreise sind **fair, ohne Manipulation** und der **objektiven Marktlage entsprechend** zu ermitteln (vgl. § 24 Abs. 2 S. 1 BörsG).[246] Dieses vom Börsenrecht verfolgte Ziel kann grundsätzlich nur auf Herstellung der formalen Kurswahrheit gerichtet sein. Ob die Börsenpreise auch qualitativ den wahren Wert einer Aktie wiedergeben, kann die Börse weder klären noch vermitteln, ist mithin bei der Kursfeststellung unerheblich.[247] Aktien können von der Börse über- oder unterbewertet werden, ohne dass hierin ein Rechts- oder ein Systemfehler zu erkennen wäre. Preisermittlungen nach § 24 BörsG enthalten keine Bonitätsgarantie für die Aktie, aber sie erfüllen einen formellen Qualitätsstandard. Der Skontroführer wird regelmäßig den Preis feststellen, zu dem die meisten Umsätze möglich sind, nämlich die meisten Aufträge ausgeführt werden können. Genauere Bestimmungen auch technischer Natur finden sich in den Börsenordnungen und den Geschäftsbedingungen der Börsen. Nach § 24 Abs. 2a BörsG n.F. sind die Börsen verpflichtet, die Ordnungsmäßigkeit der Preisbildung auch bei erheblichen Kursschwankungen zu gewährleisten. Diese im Jahre 2013 neu eingefügte Vorschrift bezweckt die „Vermeidung von Gefahren und Missbräuchen im Hochfrequenzhandel" (so der Name des Reformgesetzes), dem ein maßgeblicher Anteil an der Entstehung manipulationsanfälliger Volatilitäten zugeschrieben wird.[248] §§ 26a, 26b BörsG n.F. enthalten weitere Beschränkungen, die auf die Herstellung eines angemessenen Order-Transaktions-Verhältnis abzielen.[249]

136   Zur Fairnis der Preisgestaltung gehört schließlich eine ausreichende **Preistransparenz**, die das Gesetz herstellen will, indem es der Börse eine Reihe von Veröffentlichungspflichten auferlegt. Offenzulegen sind die Börsenpreise und -kurse sowie das Handelsvolumen; Einzelheiten regeln die Börsenordnungen (§§ 16 Abs. 1 Ziff. 4, 24 Abs. 3 BörsG). Zur ordnungsmäßigen Veröffentlichung gehört auch die Offenlegung der zunächst nur dem Skontroführer bekannten internen Marktdaten; er muss den Handelsteilnehmern die aus Angebot und Nachfrage ermittelte Preisspanne zur Kenntnis bringen. Die BörsO kann auch vorsehen, dass der höchstlimitierte Auftrag und der niedrigst limitierte Verkaufsauftrag bekannt gegeben werden, § 24 Abs. 3 S. 3 BörsG. Damit sollen Kurse ohne Umsätze,

---

[245] Vgl. *Foelsch* in BuB Rn. 7/612 ff.
[246] Begründung Entwurf 2. FinanzmarktförderungsG, BR-Dr. 793/93, S. 212; *Beck* in Schwark/Zimmer, KMRK, 4. Aufl. 2010, § 24 Rn. 16 ff.
[247] *Bremer*, Grundzüge des deutschen und ausländischen Börsenrechts, 1969, S. 85.
[248] Speziell hierzu *Schultheiß* WM 2013, 596, 598.
[249] *Schultheiß* WM 2013, 596, 598 f.

die Gefälligkeitskurse sein können, verhindert werden, ebenso sollen durch diese Transparenz der Marktlage sog. „Kursschnitte" – dh Kursfestsetzungen knapp über oder knapp unter der limitierten Kundenorder zur Ermöglichung von Eigengeschäften – verhindert werden. Für den Börsenhandel in Aktien und in Aktien vertretenden Zertifikaten ist diese erweiterte Publizität obligatorisch; außerdem hat die Veröffentlichung kontinuierlich während der üblichen Geschäftszeiten stattzufinden. Näheres regeln wiederum die Börsenordnungen sowie die Europäische MiFiD-DVO Nr. 1287/2006 (§§ 30, 31 BörsG, sog. Vor- und Nachhandelstransparenz).

3. Der Xetra-Handel

Parallel zum geschilderten Parkett- oder Präsenzhandel vollzieht sich der inzwischen vom Volumen viel bedeutendere Xetra-Wertpapierhandel. Xetra[250] ist ein **vollelektronisches Handelssystem**, das Aufträge aus beliebigen Standorten der Welt in einem zentralen Orderbuch zusammenführt, die Preise ermittelt und im Börsenkassahandel abwickelt. Mithin entfällt die Funktion des skontroführenden Maklers – und damit auch die Maklergebühr für seine Dienstleistung. Dies bringt Kostenvorteile mit sich, denen nur wenige, anlassbezogene Nachteile gegenüber dem Parketthandel gegenüberstehen.[251] Xetra hatte Vorläufer in den elektronischen Handelssystemen „IBIS-Aktien" und „IBIS-Renten", die ausschließlich Großanlegern vorbehalten waren. Technisch vergleichbar ist Xetra mit der vollelektronischen Terminbörse Eurex (vormals Deutsche Terminbörse – DTB). Anders als § 25 BörsG aF erwähnt das neue Börsenrecht die Ausführung über den elektronischen Handel nicht mehr ausdrücklich, sondern setzt sie als selbstverständlich voraus (so etwa in § 20 Abs. 1 S. 1 BörsG) und behandelt die elektronische Preisermittlung als gleichwertig. Der Kunde hat vor Ordererteilung die Wahl, ob er seinen Auftrag lieber über Xetra oder über den Parketthandel ausführen lassen will. Das Nähere regeln die bankseitig erstellten Grundsätze zur Auftragsausführung, vgl. § 33a BörsG sowie → Rn. 119 ff.

137

Das Xetra-System ist eine Handelsplattform der Deutschen Börse AG, seine Zentralrechner stehen in Frankfurt aM Die deutschen Regionalbörsen werden also bei Xetra – im Gegensatz zu IBIS – nicht automatisch am Handel beteiligt. Seit seiner Einführung im Herbst 1997 haben die Regionalbörsen kräftig an Umsatz verloren, während sich Xetra zur **marktführenden Handelsplattform** entwickelte. Inzwischen werden mehr als 95 % des inländischen Aktienhandels über Xetra abgewickelt. Angesichts dieser Entwicklung ist es derzeit eine offene Frage, wie lange sich der Parketthandel neben Xetra überhaupt noch wird behaupten können. Die Einzelheiten des Xetra-Handels regeln die BörsenO der Frankfurter Wertpapierbörse und die Bedingungen für Geschäfte an der Frankfurter Wertpapierbörse.[252]

138

Im Xetra-Handel wird unterschieden zwischen dem **fortlaufenden Handel**, den sog. Auktionen und dem Blockhandel. Für den fortlaufenden Xetra-Handel ist eine Mindestordergröße vorgegeben, beispielsweise für inländische Aktien 100 Stück. Im fortlaufenden Handel werden die Kurse kontinuierlich gebildet; der Handel ist anonym. Es sind limitierte und unlimitierte Orders zugelassen. Jede neu eintreffende Order wird sofort auf

139

---

[250] Dies steht für „Exchange Electronic Trading"; zum rechtlichen Hintergrund *Köndgen/Mues* WM 1998, S. 53 ff.
[251] Näher *Ekkenga* in MüKoHGB, Effektengeschäft, 3. Aufl. 2014, Rn. 461.
[252] Abgedruckt bei *Kümpel/Hammen/Ekkenga*, Kapitalmarktrecht, Kennz. 438, 450.

Ausführbarkeit im Orderbuch überprüft. Eine Order kann ganz ausgeführt, teilausgeführt oder gar nicht ausgeführt werden. Die Ausführung einer Order unterliegt der Preis-/Zeitpriorität, dh bei gleichen Limits kommt die zuerst eingestellte Order zuerst zur Ausführung. Unlimitierte Orders wiederum haben im Orderbuch Priorität vor Limitorders. Der fortlaufende Handel beginnt immer mit einer Eröffnungsauktion und endet mit einer Schlussauktion.

140 Wer niedrigere Stückzahlen als die Mindestordergröße in Auftrag gibt, die nicht am fortlaufenden Handel teilnehmen, kommt damit in die sog. **Auktionen**.[253] Sie finden zu Handelsbeginn um 8 Uhr 30, mittags und zum Handelsschuss um 17 Uhr statt. Ziel der Auktionen ist es, einen einheitlichen Kurs herauszufinden, zu dem möglichst viele dieser Aufträge ausgeführt werden können. Zudem gilt aber auch die Preis-/Zeitpriorität. **Beispiel**: A ordert den Kauf von 350 Stück der B-Aktie über Xetra. Dann bekommt er 300 Stück sofort aus dem fortlaufenden Handel. Die verbleibenden 50 Stück kommen in die nächste Auktion, wo sie gegebenenfalls zu einem anderen Kurs ausgeführt werden. Durch die Aufsplitterung der Liquidität kann es zu zwei Teilausführungen eines einheitlichen Geschäfts kommen. Die Börse AG nimmt für die zwei Geschäfte nur eine Gebühr, während die Bank ihrem Kunden zwei Gebühren in Rechnung stellen kann. Unter einem „Blockhandel" schließlich versteht man Auktionen, an denen nur Aufträge mit einem vorfixierten Mindestvolumen teilnehmen. Der einheitliche Xetra-Handel ist neben der Mindestgröße auch nach Indexzugehörigkeit der Einzelwerte, deren Liquidität und der Herkunftslage segmentiert.

IV. Der Handel außerhalb der Börse

Literatur: *Loff,* Alternative Handelssysteme, Diss. Gießen 2007, *Kumpan,* Transparenz als Mittel der Kapitalmarktregulierung, WM 2006, 797.

1. Die Ausführung im Eigenhandel (Best Execution)

141 Mitte 2002 hat die Deutsche Börse mit der Einführung des Handelssystems „Xetra Best Execution" (kurz: **Xetra-Best**) begonnen, das den Effektenbanken erlaubt, Kauf- und Verkauforders mit passenden Angeboten aus dem eigenen Haus zusammenzuführen. Wie die Bezeichnung „Best Execution" schon andeutet, geht es um die Effektuierung der Auftragsausführung: Xetra-Best überprüft einen Kauf- oder Verkaufsauftrag zunächst darauf, ob er sogleich durch ein eigenes Angebot der ausführenden Bank bedient werden kann. Erst wenn die sofortige Ausführung auf diese Weise nicht in Betracht kommt, werden die Orders in das Xetra-Orderbuch eingestellt. Die Vermeidung von Verzögerungen wird nicht zuletzt im Interesse der Privatkunden angestrebt; ihnen ermöglicht das System die Nutzung von Preisvorteilen gegenüber dem Preis, der für den hypothetischen Fall einer sofortigen Ausführung über Xetra zu erzielen wäre. Die maximale Ordergröße liegt daher bei 50.000 €.

142 Da die Auftragsausführung über Xetra-Best außerbörslich stattfindet, übernimmt die ausführende Bank, wenn sie Xetra-Best regelmäßig in Anspruch nimmt, als **Systemati-**

---

[253] Die Mindestordergröße für Auktionen beträgt bei allen inländischen und ausländischen Aktien sowie den echten Optionsscheinen 1 Stück. Bei Renten ist die kleinste handelbare Einheit von den Emissionsbedingungen abhängig.

Ekkenga

scher Internalisierer (§ 2 Abs. 10 WpHG) selbst die Verantwortung für die Ordnungsmäßigkeit des Handelsgeschehens. Das schlägt sich in einer Vielzahl von Zusatzverpflichtungen nieder, die sich (vorerst) auf den Handel in Aktien und Aktien vertretenden Zertifikaten beschränken und darauf gerichtet sind, die Transparenz solcher außerbörslicher Handelsbeziehungen dem Niveau des organisierten Börsenhandels anzugleichen. So muss der systematische Internalisierer regelmäßig und kontinuierlich für die von ihm angebotenen Papiere sog. Quotes stellen, das sind verbindliche Kauf- und Verkaufsangebote, die dem Anlegerpublikum über ein allgemein zugängliches Medium (insbes. Internet) offenzulegen sind (§ 32a WpHG, sog. Vorhandelstransparenz). Die Quotes sind für die Bank als Internalisierer grundsätzlich verbindlich, § 32c Abs. 1 WpHG. Daneben sieht das neue Recht eine umfassende Nachhandelstransparenz vor, das meint die Aufzeichnung, Veröffentlichung und Dokumentation der historischen Geschäftsergebnisse. Die Einzelheiten ergeben sich aus §§ 32 ff. WpHG sowie Artt. 21 ff. DVO Nr. 1287/2006. All dies hat den Gesetzgeber aber nicht veranlassen können, die Preisergebnisse der systematischen Internalisierung als Referenzkurse für Börsenpreise zu akzeptieren (vgl. § 24 Abs. 2 BörsG).

Zum Systematischen Internalisierer wird die Bank durch wiederholten Gebrauch des **143** Selbsteintrittsrechts, das ihr gem. § 400 Abs. 1 HGB als Kommissionärin zusteht.[254] Eine separate, von der Effektenkommission zu unterscheidende Wertpapierdienstleistung ist mit der Internalisierung dagegen nicht verbunden, so dass die Bank keiner besonderen **Zulassung** der BaFin bedarf.[255] Um Xetra-Best nutzen zu können, muss sie jedoch bei der Frankfurter Wertpapierbörse die Zulassung als „Best Executor" einholen. Ferner bedarf sie der Zustimmung des Kunden, weil Xetra-Best nach der Legaldefinition des § 2 Abs. 10 WpHG weder ein organisierter Markt ist noch den multilateralen Handelssystemen zugerechnet wird (§ 33a Abs. 5 S. 2 WpHG).

Die Bank kann ihre Eigengeschäfte auch außerhalb Xetra-Best mit Auftragsgeschäften **144** zusammenführen. Als Medium bietet sich in der Regel das Telefon an, deshalb spricht man vom außerbörslichen **„Telefonhandel"**. Makler sind nicht eingeschaltet. Die Preise sind bilateral ausgehandelt und ohne Signalwirkung für sonstige Wertpapiergeschäfte. Nach früherem Recht, das die börsliche Ausführung für vorrangig erklärte, beschränkte sich der Telefonhandel weitgehend auf den Interbankenhandel.[256] Das könnte sich mit der Erweiterung der Best-Execution-Regeln in § 33a Abs. 5 S. 2 WpHG (→ Rn. 1221) künftig ändern. Ebenfalls noch offen ist die Frage, ob ein planmäßig betriebener Telefonhandel mit zunehmender Geschäftsdichte in ein Internalisierungssystem „umschlagen" kann, so dass die Bank die zusätzlichen Pflichten nach §§ 32 ff. WpHG treffen. Ausschlaggebend ist hier die Legaldefinition in Art. 21 Abs. 1-3 der MiFiD-DVO 1287/2006. Danach rückt die Einstufung als Internalisierungssystem umso näher, je mehr sich der Telefonhandel von einer mit Großkunden ad hoc geführten Geschäftsbeziehung entfernt (Abs. 3 lit. a). Dass der Auftrag statt über ein automatisiertes technisches System unter Einsatz von Personal durchgeführt wird, ist dagegen kein Hinderungsgrund (Abs. 1 lit. a).

---

[254] Anders nach den früheren AGB ist der Bank der Selbsteintritt nach den Sonder-AGB für Wertpapiergeschäfte unter bestimmten Voraussetzungen gestattet, s. *Ekkenga* in MüKoHGB, Effektengeschäft, 3. Aufl. 2014, Rn. 102.
[255] *Fleischer* BKR 2006, 389, 393.
[256] *Ekkenga/Maas*, Das Recht der Wertpapieremissionen, 2005, Rn. 136a.

2. Ausführung über ein Multilaterales Handelssystem

145 Statt der „bilateralen" Ausführung im außerbörslichen Eigenhandel bietet sich die Benutzung einer außerbörslichen Handelsplattform an, die eine Vielzahl von Auftragsgeschäften in einem „multilateralen" Netzwerk zusammenführt. Solche Multilateralen Handelssysteme (früher: sog. „börsenähnliche Einrichtungen") sind den Börsen qualitativ in mehrfacher Hinsicht angeglichen, sofern sie die Definitionsmerkmale des § 2 Abs. 3 Nr. 8 WpHG (dazu → § 6 Rn. 56 f.) erfüllen: Die Preisergebnisse sind mögliche Referenzkurse für Börsenpreise (§ 24 Abs. 2 S. 2 BörsG), als Ausführungsplatz sind Multilaterale Handelssysteme den Börsen gleichwertig iSd Best-Execution-Regeln (§ 33a Abs. 5 S. 2 WpHG); die Ordnungsmäßigkeit des Handels hat der Systembetreiber durch Herstellung entsprechender institutioneller Rahmenbedingungen zu gewährleisten (§§ 31f, 31g WpHG). Solche Handelsplattformen empfehlen sich für Wertpapiere und Wertrechte, die in den börslich organisierten Marktsegmenten nicht zugelassen sind. Dies sind oft Wertpapiere ausländischer Emittenten, viele Optionsscheine, Genussscheine und neuerdings auch Investmentzertifikate.

V. Die Geschäftsabwicklung

1. Allgemeines

146 Sinn eines Wertpapiergeschäftes ist es, dass der Käufer Eigentümer der gewünschten Wertpapiere wird und der Verkäufer den Kaufpreis für seine verkauften Wertpapiere erhält. Folglich schließt sich an den soeben behandelten Abschluss des Kaufvertrages die **Erfüllung des Wertpapiergeschäftes** an. Nach den Usancen der deutschen Börsen sind alle abgeschlossenen Wertpapierkassageschäfte am zweiten Börsentag nach dem Tag des Geschäftsabschluss zu erfüllen. Diese Erfüllungsfrist gilt für alle Handelsplattformen und Marktsegmente der Börse. Das ist eine kürzere Erfüllungsfrist, als sie in anderen Kapitalmärkten Usance ist. So beträgt in den USA die Erfüllungsfrist 5 Banktage. Die Erfüllung eines Wertpapierkaufes geschieht durch Zahlung des Kaufpreises durch die Bank des Käufers an die Bank des Verkäufers und durch die Verschaffung des Miteigentums am Wertpapiersammelbestand der gekauften Wertpapiere durch die Bank des Verkäufers an die Bank des Käufers, § 24 DepotG. Die beiden Leistungen sind im Kassageschäft Zug um Zug zu erbringen.[257] Alle mit dieser Abwicklung verbundenen Vorgänge und Buchungen erfolgen durch EDV.

147 Der **typische Geschehensablauf** lässt sich am Beispiel des Präsenzhandels wie folgt schildern: Die vom Käufer und Verkäufer beauftragten Banken unterhalten jeweils Depots bei der Clearstream Banking AG als zentrale Verwahr- und Buchungsstelle. Zwischen ihnen vollzieht sich der erste Teil der Transaktion, weil sie als Kommissionäre in eigenem Namen handeln. Dies geschieht, indem die Clearstream Banking AG das Depot der Verkäuferbank (Verkaufskommissionärin) auf deren Anweisung belastet und das Depot der Käuferbank um eine entsprechende Gutschrift erhöht. Zugleich erteilt die Clearstream Banking AG den Auftrag zur Zahlung des Kaufpreises, der durch Kontenübertrag, idR über Konten bei der Landeszentralbank, zu Lasten der Käuferbank entrichtet wird. Alle diese Vorgänge werden über die EDV der DWZ – Deutsche Wertpapierdatenzentrale

---

[257] Technisch vollzieht sich die Zug-um-Zug-Abwicklung über das Geldclearing bei der Wertpapiersammelbank, s. *Kümpel* in BuB, Rn. 8/337c.

GmbH, Frankfurt – abgewickelt. Bei ihr fließen sämtliche Datenströme zusammen, und sie erstellt das Maklerbuch für den skontroführenden Makler (§ 100 HGB), nachdem die Verkäuferbank ihr die Lieferliste mit den Schlussnoten über sämtliche Abschlüsse des Börsentages (§ 94 HGB, → Rn. 128) zugeleitet hat.

In einem zweiten Schritt geht es schließlich darum, dass die ausführenden Banken das aus der Ausführung Erlangte (Wertpapiere, Erlös) an ihre Kunden als Auftraggeber abführen (vgl. § 384 Abs. 2 HGB). Zu beachten sind hier die Sondervorschriften der §§ 18 ff. DepotG über den Eigentumserwerb des Kommittenten vom Einkaufskommissionär. Danach ist vorgesehen, dass der Kunde (Kommittent) das Eigentum am Kaufobjekt durch Zusendung des Stückeverzeichnisses (Sonderverwahrung, § 18 Abs. 3 DepotG) bzw. mit Umschreibung im Verwahrungsbuch der Bank als Einkaufskommissionärin (Sammelverwahrung) erwirbt (§ 24 Abs. 2 DepotG). Das Verhältnis beider Vorschriften zu den **allgemeinen Bestimmungen der §§ 929 ff. BGB** ist umstritten. Die hM nimmt wohl zu Recht an, dass diese Bestimmungen neben den §§ 18 ff. DepotG uneingeschränkt anwendbar sind – allerdings mit dem Ergebnis, dass die depotrechtlichen Sonderregeln ebenso wie § 384 Abs. 2 HGB im Ergebnis weitgehend leer laufen (näher → Rn. 150). **148**

2. Eigentumsverschaffung im Girosammelverkehr

In der Praxis hat sich die Girosammelverwahrung (→ Rn. 6) anstelle der Sonder- oder Streifbandverwahrung als Regelverwahrung durchgesetzt, so dass bei Wertpapierverkäufen keine „Stücke" mehr übereignet werden.[258] Gegenstand der Übertragung ist vielmehr das **Miteigentum an einem Sammelbestand** (§ 6 DepotG) – vorausgesetzt, dass dieser aus Inhaberpapieren besteht und dass der Käufer seine Bank zur Girosammelverwahrung seiner Wertpapiere ermächtigt hat (§ 5 Abs. 1 DepotG). Der Vorteil der dem bargeldlosen Zahlungsverkehr nachgebildeten Girosammelverwahrung besteht darin, dass Wertpapiere allein durch Umbuchung im sog. **Effektengiroverkehr** ohne körperliche Bewegung der effektiven Wertpapierurkunden übereignet werden können (§ 24 Abs. 2 DepotG). Diese Abwicklung ist nicht nur kostensparend, sondern vermeidet auch das Transportrisiko einer körperlichen Übereignung (sog. Stückeverkehr). Mit dem sachenrechtlichen Bestimmtheitsgrundsatz wäre ein solcher Übertragungsvorgang nicht zu vereinbaren. Insofern enthält das Depotrecht eine notwendige Ergänzung zu den allgemeinen Lehren des BGB.[259] **149**

Folgt man allerdings der hM, laufen die Sonderregeln des § 24 DepotG im übrigen leer, weil die Käuferbank (Einkaufskommissionärin) regelmäßig kein (Durchgangs-) Eigentum erwirbt, das sie an ihren Kunden weiterleiten müsste. Vielmehr geht das Eigentum im Wege des **Direkterwerbs** vom Verkäufer auf den Käufer über, ohne dass ein Zwischenerwerb der Käuferbank oder der Verkäuferbank (Verkaufskommissionärin) stattfindet. Zwar wirken beide Banken an dem Übereignungsvorgang mit, und richtig bleibt auch die Erkenntnis, dass sie ihre Erklärungen als Kommissionäre in eigenem Namen – also in verdeckter Stellvertretung – abgeben, so dass der Direkterwerb des auftraggebenden Käufers dem Offenkundigkeitsprinzip des § 164 Abs. 1 und 2 BGB augenscheinlich widerspricht. Der Verzicht auf Offenlegung der Stellvertretung ist aber in erster Linie der Anonymität des Börsenhandels geschuldet (→ Rn. 116) und lässt nicht etwa den Schluss zu, **150**

---

[258] Dies geschieht noch im sog. Tafelgeschäft, vgl. Baumbach/*Hopt*, HGB, 36. Aufl. 2014, § 383 Rn. 8.
[259] *Einsele* in MüKoHGB, Depotgeschäft, 3. Aufl. 2014, Rn. 98.

dass die Banken einen Zwischenerwerb des Wertpapiereigentums anstreben. Im Ergebnis ist die Rechtsfolge des Direkterwerbs heute fast allgemein akzeptiert, die Begründung bereitet allerdings nach wie vor Schwierigkeiten.[260] Mit ihr wollen wir uns jetzt etwas näher befassen.

151   Nach heute ganz hM vollzieht sich die Übertragung von Anteilsrechten iSd § 6 DepotG nicht gem. § 931 BGB unter Abtretung des Auslieferungsanspruchs nach § 7 Abs. 1 DepotG, sondern nach § 929 S. 1 BGB durch Einigung und Übergabe.[261] Die Bank des verkaufenden Kunden (Verkaufskommissionärin) leitet den Vorgang ein, indem sie die Clearstream Banking AG als unmittelbar besitzende Wertpapiersammelbank anweist, die Miteigentumsrechte ihres Kunden an die Bank des Käufers umzubuchen, und dadurch eine **Übereignungsofferte** abgibt. Die Anweisung liegt konkludent in der Rückgabe der unterschriebenen Lieferliste, die der Skontroführer zuvor zum Zweck der Dokumentation erstellt und ihr zugeleitet hat (→ Rn. 128). Adressat der Übereignungsofferte ist allerdings nicht die angewiesene Wertpapiersammelbank, die lediglich als Empfangsbotin fungiert[262], sondern die Bank des Käufers. Da die Bank des Verkäufers in eigenem Namen und nicht im Namen ihres Kunden auftritt, ist die Offerte auf die Verfügung über Fremdeigentum gerichtet. Die dingliche Wirkung entspricht aber der einer offenen Stellvertretung, weil der Kunde mit seiner Verkaufsorder eine Verfügungsermächtigung erteilt hat, was nach den Grundsätzen des § 185 Abs. 1 BGB einen Direkterwerb des Käufers (ohne Zwischenerwerb durch die verfügende Verkäuferbank) nach sich zieht.

152   Die **Annahme der Übereignungsofferte** erklärt nach neuerer Auffassung die Wertpapiersammelbank als verdeckter Stellvertreter des Käufers, indem sie die Umbuchung vornimmt.[263] Andere wollen auf die Empfängerbank abstellen, die die Umbuchung widerspruchslos geschehen lasse und dadurch ihren Erwerbswillen zum Ausdruck bringe.[264] Im Ergebnis macht das keinen Unterschied, denn nach beiden Auffassungen folgt aus den allgemeinen Grundsätzen des „Geschäfts für den, den es angeht", dass der Käufer Partei des Übereignungsgeschäfts wird und somit das Eigentum auf dem Direktwege – also ohne Zwischenerwerb der Einkaufskommissionärin oder der Wertpapiersammelbank – erwirbt.[265] Nach dieser Lehre muss das Offenkundigkeitsprinzip nicht sklavisch befolgt werden, wenn dem Verkäufer gleichgültig ist, an wen er übereignet, und wenn der verdeckte Stellvertreter nicht beabsichtigt, die Kaufsache selbst zu erwerben.[266] Beides trifft auf den Börsenhandel typischerweise zu, weil es sich um ein anonymes Massengeschäft handelt und die ausführenden Banken kein Interesse daran haben, in das Börsengeschehen eigentumsrechtlich involviert zu werden.

153   Die Übergabe besteht nach hM in der **Übertragung des mittelbaren (Mit-)besitzes** am Sammelbestand. Diese wiederum soll sich dadurch vollziehen, dass der Verkäufer seine bisherige Position als mittelbarer (Mit-)Besitzer aufgibt und die Wertpapiersammelbank mit dem Käufer ein neues Besitzmittlungsverhältnis begründet. Es bedarf also keines

---

[260] Zum Ganzen *Einsele* in MüKoHGB, Depotgeschäft, 2. Aufl. 2009, Rn. 100 ff.
[261] Hierzu und zum Folgenden ausführlich *Kümpel* in BuB, Rn. 8/336 f.; allgemein zur Übergabe durch Einräumung mittelbaren Besitzes Soergel/*Henssler*, BGB, 13. Aufl. 2002, § 929 Rn. 55.
[262] Zum Ganzen *Kümpel* in BuB Rn. 8/338 f.
[263] *Einsele* in MüKoHGB, Depotgeschäft, 2. Aufl. 2009, Rn. 104.
[264] *Kümpel* in BuB, Rn. 8/338.
[265] Für die Wertpapiersammelbank: *Einsele* in MüKoHGB, Depotgeschäft, 2. Aufl. 2009, Rn. 104; für die Käuferbank als Einkaufskommissionärin: *Kümpel* in BuB, Rn. 8/343.
[266] S. statt anderer Soergel/*Leptien,* BGB, 13. Aufl. 1999, Vor § 164 Rn. 29.

Übergabesurrogates in Form einer Abtretung nach § 931 BGB.²⁶⁷ Die Besitzumstellung äußert sich in dem Umbuchungsvorgang bei der Clearstream-Banking AG, durch den diese dokumentiert, dass sie den Besitz künftig für den Käufer statt für den Verkäufer mitteln will; dies ist in Nr. 8 der Clearstream-AGB²⁶⁸ ausdrücklich so vorgesehen. Ob Clearstream die Umstellung des Besitzmittlungsverhältnisses durch ein (erlaubtes) Insichgeschäft (§ 181 BGB) vornimmt²⁶⁹ oder ob die Käuferbank an der Umstellung rechtsgeschäftlich mitwirkt, indem sie der Zusendung des neuen Kontoauszuges durch Clearstream nicht widerspricht, ist bei alledem nicht ausschlaggebend. Wenn die hM in diesem Zusammenhang von „Besitzmittlungsverhältnissen" spricht, so ist damit bei genauem Hinsehen eine Kette mehrerer hintereinandergeschalteter Depotverträge gemeint: Clearstream hält den unmittelbaren (Mit-)Besitz für die Kommissionsbank, für die sie ein Depotkonto unterhält (§ 868 BGB); die Kommissionsbank wiederum mittelt den Besitz ihrem Depotkunden (§§ 868, 871 BGB). Sie ist folglich mittelbarer Besitzer 1. Stufe, der Bankkunde mittelbarer Besitzer 2. Stufe. Mit der Übergabe iSd § 929 S. 1 BGB soll dieser mehrstufige mittelbare Besitz vom Veräußerer auf den Erwerber wechseln.

Die **Schwäche** dieses Erklärungsansatzes besteht darin, dass Depotverträge strenggenommen kein Besitzmittlungsverhältnis begründen. Denn es fehlt an einem Herausgabeanspruch des Hinterlegers, ohne den mittelbarer Besitz nicht entstehen kann. Das gilt sicher für die Verbriefung in einer Dauerglobalurkunde, bei der dem Hinterleger nicht einmal ein Auslieferungsanspruch zusteht (§ 9 Abs. 3 S. 2 DepotG). Das gilt aber auch für die Sammelbeurkundung. Der Hinterleger hat hier zwar einen Auslieferungsanspruch, dieser ist aber nicht auf Herausgabe des Besitzobjektes, sondern auf die Lieferung von Ersatzurkunden gerichtet (§ 7 Abs. 1 DepotG).²⁷⁰ Der Übereignungsvorgang ließe sich daher kaum schlüssig begründen, gäbe es nicht die Sonderregelung des § 24 Abs. 2 S. 1 DepotG. Darin findet sich der verallgemeinerungsfähige Rechtsgedanke, dass die bloße Umschreibung eines Wertpapierdepots die Übergabe iSd § 929 S. 1 BGB ersetzt.²⁷¹ Zwar beschränkt sich die Regelung auf das Verhältnis Effektenbank/Kunde. Die Annahme eines direkten Eigentumserwerbs vom auftraggebenden Verkäufer ist dadurch aber nicht ausgeschlossen, denn nach inzwischen gefestigter Auffassung enthält das DepotG keinerlei Spezialregelungen, die den Rückgriff auf das Sachenrecht des BGB sperren.²⁷²

Nach herrschender, aber keineswegs unumstrittener Auffassung folgt aus der sachenrechtlichen Grundlegung des Übereignungsvorganges in § 929 S. 1 BGB, dass dem Erwerber die Möglichkeit des **gutgläubigen Erwerbs vom Nichtberechtigten** nach § 932 BGB offensteht.²⁷³ Da die Banken nach außen erkennbar stets über Fremdeigentum verfügen wollen und der gute Glaube an die Verfügungsbefugnis des Veräußerers grundsätzlich nicht geschützt wird, ist § 932 BGB allerdings nur über die Verweisung in § 366 Abs. 1 HGB anwendbar.²⁷⁴ Die hM nimmt an, dass die Verbuchung im Depotkonto des Erwerbers und der mit ihr verbundene Wechsel des mittelbaren Besitzes jenen Rechtsschein erzeugt, der einen Gutglaubenserwerb kraft Besitzverschaffung nach § 932 Abs. 1

---

²⁶⁷ *Kümpel* in BuB Rn. 8/69c, 337 ff.
²⁶⁸ Abdruck bei Kümpel/Hammen/Ekkenga, Kapitalmarktrecht, Kennz. 380.
²⁶⁹ So *Kümpel* in BuB Rn. 8/337.
²⁷⁰ *Einsele* in MüKoHGB, Depotgeschäft, 2. Aufl. 2009, Rn. 90 f.
²⁷¹ AA *Habersack/Mayer* WM 2000, 1678, 1680.
²⁷² *Einsele* in MüKoHGB, Depotgeschäft, 2. Aufl. 2009, Rn. 98 mit zahlr. Nachweisen.
²⁷³ *Kümpel* in BuB Rn. 8/69c, 8/336 mwN.
²⁷⁴ *Einsele* in MüKoHGB, Depotgeschäft, 2. Aufl. 2009, Rn. 105.

BGB rechtfertigt.[275] Näher liegt es aus den soeben (→ Rn. 154) genannten Gründen, im Wege der Rechtsfortbildung direkt auf den Umbuchungsvorgang im Verwahrungsbuch der Wertpapiersammelbank abzustellen.[276] Einsele meint dagegen, mangels Rechtsscheintatbestand sei der Gutglaubenserwerb de lege lata überhaupt nicht möglich.[277] Das vermag im Ergebnis nicht zu überzeugen. Spätestens nachdem der Gesetzgeber sogar den gutgläubigen Erwerb von GmbH-Anteilen kraft Legitimation des Nichtberechtigten in der Gesellschafterliste zugelassen hat (§ 16 Abs. 3 S. 1 GmbHG), dürfte den letzten Zweifeln an der Tragfähigkeit des depotrechtlichen Gutglaubensschutzes der Boden entzogen sein.

156   Seit 2003 existiert neben dem herkömmlichen Effektengiroverkehr ein weiteres Abwicklungssystem für bestimmte Aktiengeschäfte an der Frankfurter Wertpapierbörse, das **CCP-System**. „CCP" steht für „Central Counterparty" und bezeichnet die Eurex Clearing AG, die nach dem Vorbild des termingeschäftlichen Zentralclearing (→ Rn. 81) unmittelbarer Vertragspartner beider Handelsteilnehmer wird.[278] Die Einzelheiten ergeben sich aus den Clearing-Bedingungen der Eurex-Clearing AG.[279] Beim Erwerb vom Nichtberechtigten ist konsequenterweise auf den guten Glauben der Eurex Clearing AG abzustellen.[280]

157   Der in § 24 Abs. 1 DepotG geregelte stückelose Effektengiroverkehr, der die Erfüllung von Wertpapiergeschäften durch Umbuchung bei einer Wertpapiersammelbank erlaubt, ist nicht nur bei der deutschen Clearstream Banking AG möglich, sondern mit gleichen Rechtswirkungen auch bei **ausländischen Wertpapiersammelbanken**. Denn ausländische Verwahrer sind seit 1985[281] zur Sammelverwahrung zugelassen, § 5 Abs. 4 DepotG. Voraussetzung ist, dass diese ausländischen Sammelverwahrer einen gleichwertigen Anlegerschutz gewährleisten wie eine inländische Wertpapiersammelbank. § 5 Abs. 4 DepotG verlangt deshalb eine behördliche oder gleichwertige Aufsicht über die ausländische Wertpapiersammelbank, einen jederzeitigen Anspruch auf Auslieferung der dort verwahrten Wertpapiere und eine gleichwertige Rechtsstellung des Hinterlegers gegenüber dem Verwahrer wie nach inländischem Recht.[282]

3. Eigentumsverschaffung bei Sonderverwahrung

158   Wenn der verkaufende Kunde die Wertpapiere in Streifbandverwahrung hat, was selten vorkommt, entfällt die Übereignung durch Depotgutschrift. Statt dessen vollzieht sich der Eigentumsübergang durch Absendung des Stückeverzeichnisses von der Bank an den Käufer, § 18 Abs. 3 DepotG. Auf den Zugang des Stückeverzeichnisses beim Käufer und Kommittenten kommt es für dessen Eigentumserwerb nicht an (vgl. Gesetzeswortlaut). Dieses **Stückeverzeichnis** dokumentiert die zu übereignenden Wertpapiere nach Gattung,

---

[275] Ausführlich Einsele in MüKoHGB, Depotgeschäft, 2. Aufl. 2009, , Rn. 111 ff. (im Ergebnis ablehnend).
[276] Canaris, Bankvertragsrecht, 2. Bearbeitung, 1981, Rn. 2026 ff.; Kümpel in BuB, 8/76; kritisch Einsele in MüKoHGB, Depotgeschäft, , 2. Aufl. 2009, Rn. 116.
[277] Einsele in MüKoHGB, Depotgeschäft, 2. Aufl. 2009, Rn. 113 ff.
[278] Kümpel in BuB, Rn. 8/3a, 3b. Ausführliche Darstellung bei Horn WM 2002, Sonderbeilage 2.
[279] Abgedruckt in: Kümpel/Hammen/Ekkenga, Kapitalmarktrecht, Kennz. 471.
[280] Kümpel in BuB, Rn. 8/76a.
[281] Nach der Novelle zum DepotG v. 1985 BGBl. I, 1507.
[282] Zur Abwicklung von Wertpapiergeschäften mit Auslandsberührung Nr. 12 der Sonderbedingungen für Wertpapiergeschäfte i.d.F. vom 1.1.2003; zu diesem Komplex ausführlich Harter/Franke/Hogrefe/Seger, Wertpapiere in Theorie und Praxis, 4. Aufl., 1993, S. 165–172; Will in Kümpel/Wittig, Bank- und Kapitalmarktrecht, 4. Aufl. 2011, Rn. 18.166 ff.

Nennbetrag, Nummern und sonstigen Merkmalen (§ 18 Abs. 1 S. 2 DepotG). Inhaltliche Mängel des Stückeverzeichnisses hindern nur dann den Eigentumsübergang, wenn sie die Identifikation der Wertpapiere beeinträchtigen, denn dann fehlt es an der inhaltlichen Bestimmtheit der Übereignungserklärungen. Die Absendung des Stückeverzeichnisses wird wegen des damit verbundenen Eigentumsüberganges als rechtsgeschäftsähnliche Handlung verstanden, weshalb bei Willensmängeln (zB irrtümliche Erstellung eines falschen Stückeverzeichnisses) eine Anfechtung analog §§ 119 ff. BGB in Betracht kommt.[283]

Auch bei im Streifband verwahrten Wertpapieren ist für den Käufer ein **gutgläubiger** **159** **Erwerb** möglich. Ist die Bank des Verkäufers nicht berechtigt, über die Wertpapiere zu verfügen, so erlangt der Käufer zwar durch das Absenden des Stückeverzeichnisses noch kein Eigentum, selbst wenn er gutgläubig war, weil es an der Rechtsscheingrundlage – nämlich der Besitzverschaffung – mangelt (s. Wortlaut § 18 Abs. 3 DepotG).[284] Der Eigentumserwerb tritt aber ein, sobald der Käufer den Besitz an den Wertpapieren erlangt (§ 932 Abs. 1 BGB), denn die Anwendung der allgemeinen Erwerbsvorschriften ist durch das DepotG nicht gesperrt (s. § 18 Abs. 3 DepotG).

Gem. § 18 Abs. 1 DepotG ist die einkaufende Effektenbank ihrem Kunden zur **Über-** **160** **sendung des Stückeverzeichnisses** verpflichtet, sobald sie den Auftrag ausgeführt hat. Dies hat unverzüglich, spätestens innerhalb einer Woche zu geschehen. Unterbleibt die Übersendung, verbleibt der Bank noch eine Nachfrist von drei Tagen, die zu laufen beginnt, sobald der Kunde die Zusendung angemahnt hat. Nach ergebnislosem Ablauf dieser Nachfrist kann der Käufer das Geschäft zurückweisen. Die Rechtsfolge ist Schadensersatz wegen Nichterfüllung (§ 25 Abs. 1 DepotG), das entspricht dem „Schadensersatz statt der Leistung" nach moderner Terminologie des Schuldrechts (§ 280 Abs. 3, §§ 281 ff. BGB).

4. Bezahlung der Wertpapierkaufpreise

Im Vergleich zur rechtlich komplexen wertpapierrechtlichen Geschäftsabwicklung ist **161** die **geldmäßige Abwicklung** einfach. Der Skontroführer übermittelt die Geschäftsdaten per EDV an die Deutsche Wertpapierdatenzentrale GmbH, Frankfurt/M., die die Schlussnoten ausdruckt. Diese Datenzentrale führt gleichzeitig die Abrechnungen durch, nämlich die Belastung des Kontos der Käuferbank (Einkaufskommissionärin) und die Gutschrift des Abrechnungsbetrages bei der Verkäuferbank (Verkaufskommissionärin). Die Bankkunden (Kommittenten) sind zunächst von diesem Zahlungsvorgang nicht berührt, was unserem Kommissionsrecht entspricht, wonach der Kommissionär im eigenen Namen und für eigene Rechnung „für eine logische Sekunde" auftritt. Der Kommissionär des Verkäufers erwirbt also den Kaufpreis und leitet ihn gem. § 384 Abs. 2 HGB „unverzüglich" auf das Konto des Kommittenten, des Verkäufers, weiter.[285] Als Maßstab wird man auf das Beschleunigungsgebot der § 675s Abs. 1, § 675t BGB (Wertstellung innerhalb des auf den Geldempfang folgenden Bankgeschäftstags) zurückgreifen können. Der Kunde muss also maximal drei Arbeitstage (die in den Börsenusancen verankerte zweitägige Erfüllungsfrist für Börsengeschäfte[286] plus 1 Tag) auf sein Geld warten. Ein weiterer Rechtsschutz des

---

[283] Vgl. *Einsele* in MüKoHGB, Depotgeschäft, 3. Aufl. 2014, Rn. 96.
[284] *Einsele* in MüKoHGB, 3. Aufl. 2014, Depotgeschäft, Rn. 96.
[285] Dass sich das Beschleunigungsgebot nicht ausdrücklich auch auf die Erlösherausgabe bezieht, ist unerheblich, vgl. *Koller* in Staub, HGB, 4. Aufl. 2004, § 384 Rn. 42.
[286] § 15 Abs. 1 S. 1 der Bedingungen für Geschäfte an der Frankfurter Wertpapierbörse, abgdr. in Kümpel/Hammen/Ekkenga, Kapitalmarktrecht, Rn. 450.

Verkäufers besteht darin, dass § 392 Abs. 2 HGB die Kaufpreisforderung im Verhältnis zwischen Kommittent und Kommissionär ersterem zuordnet.[287] Vergütet also die Verkäuferbank ihrem Kunden nicht das vom Handelssystem errechnete Entgelt, hat dieser als Kommittent gegen die Bank eine Forderung, auf die deren Gläubiger nur einen nachrangigen Zugriff haben (→ § 2 Rn. 97 ff. zur Einlagensicherung).

5. Leistungsstörungen in der Geschäftsabwicklung

162   Leistet der Wertpapierverkäufer am zweiten Börsentag nach Geschäftsschluss nicht, so tritt Verzug nach § 286 Abs. 1, 2 Nr. 2 BGB ein, ohne dass es einer Mahnung des Wertpapierkäufers und Gläubigers bedarf. Diesem steht daraufhin nach § 376 Abs. 1 HGB ein Wahlrecht zu: Er kann zurücktreten, Schadensersatz wegen Nichterfüllung verlangen oder weiterhin auf Erfüllung bestehen, nachdem er dies dem Verkäufer angezeigt hat. Die Börsenusancen sehen für diesen Fall die Möglichkeit einer **Zwangsregulierung** vor, deren Durchführung mit erheblichen Nachteilen zu Lasten des säumigen Teils verbunden sein kann.[288] Danach ist das Wertpapier unter Vermittlung des skontroführenden Maklers zum erstmöglichen fortlaufend notierten Preis oder zum Einheitspreis zu verkaufen. Der Differenzbetrag zwischen dem Zwangsregulierungskurs und dem bei ordnungsgemäßer Erfüllung maßgeblichen Kurs ist dem Vertragspartner zu erstatten.[289] Im Falle des Zahlungsverzuges durch den Wertpapierkäufer gelten die allgemeinen Vorschriften über Schadensersatz wegen Leistungsverzögerung, §§ 280 Abs. 2, 286 Abs. 2 Nr. 2 BGB. In der Praxis kommen solche Leistungsstörungen kaum vor, weil jedes Börsenmitglied in der prompten Erfüllung der von ihm abgeschlossenen Börsengeschäfte seine berufliche und wirtschaftliche Existenz findet, also alles daransetzt, diese Leistungsstörungen zu vermeiden. Wenn ein Geschäftspartner nach Abschluss eines noch schwebenden Börsengeschäfts in Insolvenz fällt, gilt § 104 InsO – mit der Folge, dass dem anderen Geschäftspartner die Differenz zwischen Vertragskurs und dem Kurs am zweiten Werktag nach Insolvenzeröffnung zusteht.[290] Bei einer Kursentwicklung zugunsten des Gemeinschuldners kann der Verwalter die Differenz zur Masse ziehen.

VI. Das Recht der Verwahrung und Verwaltung von Wertpapieren (Depotgeschäft)

Literatur: *Berger,* Verpfändung und Verwertung von Aktien, WM 2009, 577; *Mülbert,* Vom Ende allen sachenrechtlichen Denkens im Depotrecht durch UNIDROIT und die EU, ZBB 2010, 445; s. ferner die Angaben vor → Rn. 1.

1. Allgemeines

163   Nach Ausführung und Abwicklung des Effektengeschäfts – in der Börsensprache „Settlement" genannt – ist das gekaufte Wertpapier für den Kunden zu verwahren und zu ver-

---

[287] *Karsten Schmidt,* Handelsrecht, 6. Aufl., 2014, § 31, VI, 4 (S. 1043 ff).
[288] §§ 16a bis 18 Bedingungen für Geschäfte an der Frankfurter Wertpapierbörse, abgedr. bei Kümpel/Hammen/Ekkenga, Kapitalmarktrecht, Rn. 450; vgl. hierzu *Will* in Kümpel/Wittig, Bank- und Kapitalmarktrecht, 4. Aufl. 2011, Rn. 18.2.
[289] *Kümpel,* Bank- und Kapitalmarktrecht, 3. Aufl. 2004, Rn. 15.9 ff.
[290] S. die Kommentierungen zu § 104 InsO, etwa von *Lüer* in Uhlenbruck, InsO, 13. Aufl. 2010.

Ekkenga

walten. Die Verwahrung und Verwaltung von Wertpapieren ist ein **Bankgeschäft** nach § 1 Abs. 1 S. 2 Nr. 5 KWG (Depotgeschäft). „Verwahrer" ist nach § 1 Abs. 2 DepotG, wem im Betrieb seines Gewerbes Wertpapiere unverschlossen zur Verwahrung anvertraut werden. Der Vermieter eines Bankschließfaches ist also nicht Verwahrer. Das Depotgeschäft dürfen nur Kreditinstitute ausführen, nicht aber Finanzdienstleistungsinstitute oder Wertpapierhandelsbanken (vgl. § 1 Abs. 3d S. 2 und 3 KWG).[291] Ob dies ordnungsgemäß geschieht, wird nach § 29 Abs. 2 S. 2 KWG, § 36 WpHG mit der jährlich stattfindenden Depotprüfung kontrolliert. Die Prüfung findet unangemeldet und in variierenden Zeitabständen durch einen unabhängigen Depotprüfer statt. Depotprüfer sind neben den Jahresabschlussprüfern[292] die Prüfungsstellen der Sparkassen- und Giroverbände und die genossenschaftlichen Prüfungsverbände. Einzelheiten der Depotprüfung richten sich nach §§ 70 ff. der PrüfungsberichtsVO (PrüfbV) 1998.[293]

Zu unterscheiden ist zwischen Sonder- und Sammelverwahrung. Bei der **Sonderverwahrung** werden die in effektiven Stücken ausgedruckten Wertpapiere – und nur solche sind sonderverwahrfähig, anders als Wertrechte – gem. § 2 DepotG unter äußerlich erkennbarer Bezeichnung separat aufbewahrt. Der Hinterleger behält dadurch den Zugriff auf diejenigen Stücke, die er eingeliefert hat bzw. die für ihn beim Ankauf der Papiere in sein Streifbanddepot gelegt wurden. Der Kunde erhält maW „seine" Wertpapiere zurück. In der Praxis überwiegt hingegen bei weitem die **Sammelverwahrung.** Darunter versteht man die gemeinsame Aufbewahrung von Wertpapieren ein und derselben Art für mehrere Hinterleger. Die für alle Hinterleger verwahrten Wertpapiere sind ungetrennt voneinander; sie sind bei einer Wertpapiersammelbank in einem einheitlichen Bestand (dem Sammelbestand) zusammengeführt (§ 5 Abs. 1 DepotG). Die Sammelverwahrung verzichtet im Gegensatz zur Sonderverwahrung auf die Körperlichkeit der verwahrten Einzelstücke. Damit entfällt zwangsläufig das Alleineigentum an den Wertpapieren. Ziel ist es, den Lagerungs- und Verwaltungsaufwand im Depotgeschäft zu minimieren. Es handelt sich gleichsam um eine Mittellösung zwischen der ökonomisch wenig sinnvollen Sonderverwahrung und dem ersatzlosen Verzicht auf jegliche wertpapiermäßige Verbriefung, die eine Verwahrung überhaupt entbehrlich macht (→ Rn. 9 f. zu den Wertrechten). 164

Neben der bankgeschäftlichen gibt es zwei weitere Möglichkeiten der Wertpapierverwahrung, nämlich die Selbstverwahrung durch den Wertpapiereigentümer, zB in einem häuslichen Tresor, und die Verwahrung beim Emittenten. Die **Selbstverwahrung** ist kein Bankgeschäft, denn selbst wenn der Rechtsinhaber die Wertpapiere nicht bei sich zu Hause, sondern in einem Bankschließfach verwahrt, kommt kein Depotvertrag iSd § 1 Abs. 1 S. 2 Nr. 5 KWG zustande. Es ist selten geworden, dass Kapitalanleger sich ihre Wertpapiere aushändigen lassen und sie selbst verwahren, die anfallenden Dienstleistungen selbst vornehmen, also zu den Fälligkeitsterminen die Kupons (Zins- und Dividendenscheine) zur Einlösung abtrennen und ausgeloste Stücke zur Rückzahlung persönlich einreichen. Zudem entfällt die Option der Selbstverwahrung bei Wertpapieren, bei denen die Verbriefung ausgeschlossen ist, zB wenn eine Aktiengesellschaft von der Möglichkeit des § 10 Abs. 5 AktG Gebrauch macht. Eine gewisse Restbedeutung hat die Selbstverwahrung bei der Vorbereitung und Durchführung von Tafelgeschäften. 165

---

[291] Vgl. *Fischer* in Boos/Fischer/Schulte-Mattler/Fülbier, KWG, 4. Aufl. 2012, § 1 Rn. 62.
[292] *Einsele* in MüKoHGB, Depotgeschäft, 3. Aufl. 2014, Rn. 231.
[293] Abgedruckt bei Kümpel/Hammen/Ekkenga, Kapitalmarktrecht, Kennz. 743; Kommentierung *Miletzki*, ebenda Kennz. 320.

166 Die **Verwahrung von Wertpapieren beim Emittenten** (2. Möglichkeit) ist zB in den USA gebräuchlich, sie findet auch in der Schweiz – zB bei der Nestlé S.A. – statt. In Deutschland dürfen Aktiengesellschaften, die nicht Kreditinstitute sind, keine Emittentenverwahrung betreiben, weil das Depotgeschäft als Bankgeschäft den Kreditinstituten vorbehalten ist (§ 1 Abs. 1 S. 2 Nr. 5 KWG, → Rn. 163). Weitere Zutrittsschranken errichten die Vorschriften über den Erwerb eigener Aktien (insbes. § 71 Abs. 1 Nr. 8 AktG), soweit das Aktieneigentum auf die Depotbank übergehen soll, soweit also eine unregelmäßige Verwahrung iSd § 15 DepotG, § 700 BGB vorgesehen ist.[294] Im übrigen bestehen gegen die Emittentenverwahrung durch Kreditinstitute keine Bedenken. Sie wird in den Regelungen über das Depotstimmrecht (§ 135 Abs. 1 S. 2 AktG betr. Stimmrechtsvollmacht der Banken in der eigenen Hauptversammlung) als selbstverständlich vorausgesetzt.

167 Der **Verwahrung durch Kreditinstitute** liegt ein Depotvertrag zugrunde, der mit Unterzeichnung des Depoteröffnungsantrages zustande kommt.[295] Auf das Depotkonto verbucht die Bank alle Wertpapiereinlieferungen, An- und Verkäufe von Wertpapieren. Am Jahresende erhält der Depotkunde (Hinterleger) nach Nr. 13 der Sonderbedingungen für Wertpapiergeschäfte einen Depotauszug, in dem sein Wertpapierbestand aufgeführt ist. Zwei Depotarten sind zulässig: Das Sonderdepot nach § 2 DepotG[296] und das Sammeldepot nach §§ 5 ff. DepotG.[297] Wegen seiner engen Verbindung zum Effektengeschäft qualifiziert der Gesetzgeber das Depotgeschäft als Wertpapiernebendienstleistung (§ 2 Abs. 3a Nr. 1 WpHG), dh es sind die Wohlverhaltensregeln der §§ 31 ff. WpHG sinngemäß anzuwenden. Das gilt vor allem für das Bestausführungsgebot des § 31 Abs. 1 WpHG und für die Grundsätze ordnungsmäßiger Vermögensverwahrung (§ 34a WpHG; § 16 WpDVerOV), aber auch für besondere Verhaltensregeln, etwa für die Verpflichtung zur jährlichen Berichterstattung (§ 10 WpDVerOV), das Verbot der Vorteilsannahme (§ 31d WpHG) oder die Verantwortlichkeit bei arbeitsteiliger Leistungserbringung (§ 31e WpHG). Weitere Rechtsquellen des Depotgeschäfts sind das Vertragsrecht des BGB sowie die Sonderbedingungen für Wertpapiergeschäfte (SBW).[298]

168 **Regelungszweck des Depotgesetzes** ist der Schutz des Hinterlegers. Er soll möglichst unmittelbar nach Zahlung des Kaufpreises für die Wertpapiere, die er über ein Kreditinstitut kauft, Eigentum an den gekauften Wertpapieren oder -rechten erwerben. Das DepotG will zugunsten des Hinterlegers und Depotkunden rechtliche und/oder wirtschaftliche Risiken ausschalten, die möglicherweise beim Depothalter oder beim Zwischenerwerb entstehen können. Es sichert dem Kunden das Eigentum an seinen Wertpapieren, indem es diese gegen Zugriffe von außen – sei es der Bank selbst, sei es der Bankgläubiger – absichert. Geht also die Depotbank in die Insolvenz oder kollabiert das gesamte Kreditwesen wie mit Ausgang des 2. Weltkrieges, so bleibt das Eigentumsrecht des Wertpapierinhabers hiervon cum grano salis unbelastet. Der Depotkunde ist dadurch rechtlich günstiger gestellt als der Inhaber von Spar- oder anderen Konten, der am Schicksal seiner Bank teilnimmt und erst in einer zweiten Stufe durch ein von Dritten errichtetes Sicherungssystem geschützt ist.[299] Dem Ziel des Kundenschutzes dient auch Ziff. 19 SBW,

---

[294] *Oechsler* in MüKoAktG, 3. Aufl. 2008, § 71 Rn. 77.
[295] *Einsele* in MüKoHGB, Depotgeschäft, 3. Aufl. 2014, Rn. 3.
[296] → Rn. 175 f.
[297] → Rn. 177 ff.
[298] Abdruck bei Kümpel/Hammen/Ekkenga, Kapitalmarktrecht, Rn. 220.
[299] → § 5 Rn. 97 ff.

wonach die Bank bei der Inlandsverwahrung uneingeschränkt haftet, so dass sie schon bei leicht fahrlässigen Verfehlungen ihrer Mitarbeiter belangt werden kann.

Der **Depotvertrag** verpflichtet die Bank zur Verwahrung und Verwaltung der vorhandenen und der anzuschaffenden Wertpapiere. „Verwahrung" meint die Führung eines offenen Depots (§ 1 Abs. 2 DepotG), dh die Wertpapiere sind der Bank „unverschlossen" zum Zwecke der Verwaltung anvertraut. Die „Verwaltung" umfasst weitere Dienstleistungen und Geschäftsbesorgungen, die in Nr. 13–18 SBW – wenn auch nur unvollständig – beschrieben sind. Es handelt sich um einen gemischttypischen Vertrag, der Elemente der Verwahrung und des Geschäftsbesorgungsvertrags (§§ 688 ff., 675, 611 BGB ff. BGB) enthält.[300] Gem. § 3 Abs. 1 DepotG ist das Kreditinstitut zur Einschaltung eines Drittverwahrers berechtigt; uU – nämlich mangels eigener Lizenz zum Betreiben des Depotgeschäfts – besteht eine dahingehende Pflicht (§ 34a Abs. 2 WpHG). Es wird dadurch zum Zwischenverwahrer, ohne hierdurch die Verantwortung gegenüber dem Hinterleger abzugeben (§ 3 Abs. 2 DepotG).[301] Die Drittverwahrung ist in der Praxis der Regelfall, weil die Wertpapiertransaktionen über eine Wertpapiersammelbank (Clearstream Banking AG, → Rn. 6) abgewickelt werden. **169**

Der Gegensatz zum offenen Depot ist das geschlossene Depot, bei dem die Bank Wertsachen, insbes. Dokumente in verschlossenem Umschlag oder Behälter verwahrt, ohne von deren Inhalt Kenntnis zu nehmen und ohne die Verpflichtung, den Inhalt des verschlossenen Behälters zu verwalten. Diese Dienstleistung nennt man die **Annahme** und **Aufbewahrung von Verwahrstücken**. Sind in dem geschlossenen Umschlag Wertpapiere, besteht also für den Verwahrer keine Rechtspflicht zum Zins- oder Dividendeninkasso. Die Aufbewahrung des verschlossenen Umschlags oder Behälters ist weder Depotgeschäft iSv § 1 Abs. 1 Nr. 5 KWG noch überhaupt eine Wertpapier(neben)dienstleistung im Rechtssinne.[302] **170**

Zur pflichtgemäßen **Verwaltung** zählen Überwachungs- und Benachrichtigungspflichten (§ 666 BGB, Nr. 16 SBW), zB über Umtausch- oder Abfindungsangebote, ferner Aufzeichnungs- und Dokumentationspflichten (§ 34a Abs. 3 WpHG). Die Verwaltung von Aktien umfasst ua die Verpflichtung der Bank, Mitteilungen der AG an ihre Aktionäre zur Vorbereitung der Hauptversammlung (§ 125 AktG) weiterzuleiten (§ 128 Abs. 1 AktG). Zu den Pflichten des Verwahrers gehört auch der Einzug von Forderungen bei Endfälligkeit des Rückzahlungsbetrages sowie die Einlösung von Zins-, Gewinnanteil- und Ertragsscheinen.[303] Werden Zinsen oder Dividenden in fremder Währung eingelöst, schreibt die Depotbank diese Inkassobeträge valutagerecht dem Kunden gut, wenn er in dieser Währung ein Konto führt. Führt er kein entsprechendes Währungskonto, sieht sich das verwahrende Kreditinstitut beauftragt, den Währungsbetrag in Euro zu tauschen und dem Kunden auf ein Euro-Konto gutzuschreiben. Auch die Ausübung des Bankenstimmrechts (§ 135 AktG) gehört zum Dienstleistungsprogramm des Verwahrers, aber nur als ein **171**

---

[300] BGH NJW 1991, 978; *Heermann* in MüKoBGB, 6. Aufl. 2012, § 675 Rn. 82; *Klanten* in BankR-HdB, 4. Aufl. 2011, § 72 Rn. 4.

[301] *Klanten* in BankR-HdB, 4. Aufl. 2011, § 72 Rn. 10 ff. Der neue § 16 Abs. 1 WpDVerOV ist daneben schlicht überflüssig.

[302] *Canaris*, Bankvertragsrecht, 2. Bearbeitung, 1981, Rn. 2085; vgl. auch *Assmann* in Assmann/Schneider, WpHG, 5. Aufl. 2009, § 2 Rn. 71.

[303] *Canaris*, Bankvertragsrecht, 2. Bearbeitung, 1981, , Rn. 2182 und 2184; *Kümpel* WM 1995, 137, 143.

Vertragsangebot, nicht als Rechtspflicht aus dem Depotvertrag.[304] Der Verwahrer betreut die Aktionärsrechte bei Kapitalerhöhungen, was vor allem bedeutet, dass die Bank ihre Kunden über die Einräumung von Bezugsrechten informiert und diese Rechte bestens verkauft, wenn sie keine anderslautende Weisung empfängt (Nr. 15 Abs. 1 SBW).

172 Die Verwaltung beschränkt sich auf Maßnahmen, die sich auf die technische Umsetzung getroffener Entscheidungen bzw. zuvor veranlasster Erwerbsvorgänge beschränken. Darin besteht der **Unterschied zur Vermögensverwaltung,** die Gegenstand einer Wertpapierdienstleistung iSd § 2 Abs. 3 Nr. 7 WpHG ist und die dem Kreditinstitut die Verpflichtung auferlegt, solche Entscheidungen für den Kunden erst zu treffen. Das Gesetz spricht hier von „Verwaltung ... für andere mit Entscheidungsspielraum (Finanzportfolioverwaltung)" (§ 2 Abs. 3 Nr. 7 WpHG).

173 Alle Wertpapierkäufe und -verkäufe werden auf dem **Depotkonto** verbucht. Die Eröffnung eines Depotkontos unterliegt denselben Bestimmungen, wie sie für die Eröffnung eines Bankkontos gelten und wie sie bei → § 2 Rn. 4 ff. dargestellt wurden. Mithin sind Depotkonten auf falschen oder erdichteten Namen verboten, § 154 Abs. 1 AO. Kreditinstitute sind verpflichtet, sich bei der Kontoeröffnung über die Person des Verfügungsberechtigten zu vergewissern. Denn es gilt auch für Wertpapierdepotkonten der Grundsatz der **Kontenwahrheit** (vgl. § 154 Abs. 2 AO). Das Depotkonto soll als Verzeichnis der Wertpapierbestände dienen, wie das Geldkonto dem Verzeichnen von Geldbeständen dient. Wegen dieser Funktionsähnlichkeit sind die beiden Kontenformen den gleichen Grundprinzipien verhaftet. Depotkonten können wie Geldkonten auf einen Inhaber lauten oder als Gemeinschaftskonto mit zwei oder mehreren Personen als Inhabern geführt werden. Über ein Gemeinschaftsdepotkonto können beide Kontoinhaber jeweils für sich (Oder-Depot) oder gemeinsam (Und-Depot) verfügen.[305] Oder-Depot-Konten ermöglichen es zB Ehegatten, in Abwesenheit des anderen Ehegatten Wertpapierverfügungen zu treffen. Nach dem Tode eines Ehegatten kann der überlebende Ehegatte das Depotkonto auf seinen Namen umschreiben lassen, sog. „kleines Testament".[306] Das gleiche Ergebnis lässt sich durch eine Vollmacht erreichen, die über den Tod hinaus erteilt ist, oder durch eine Depotkontovollmacht, die erst mit dem Todesfall in Kraft tritt.[307]

174 Der Verwahrer ist nicht nur zur Führung der Personendepots und der Depotkonten verpflichtet, sondern hat eine **Depotbuchhaltung** zu unterhalten, die den Grundsätzen ordnungsgemäßer Buchführung entspricht. Diese Buchführung kann nicht mit der allgemeinen Bankbuchhaltung verglichen werden, denn sie kennt als Abschluss weder eine Bilanz noch eine Gewinn- und Verlustrechnung. Zur Depotbuchhaltung gehören ein persönliches Verwahrungsbuch, das nach Hinterlegern geordnet ist und Art, Nennbetrag oder Stückzahl sowie die Kennnummern der verwahrten Wertpapiere auflistet (§ 14 DepotG), sowie ein Sachdepotbuch, das nach Wertpapierarten geordnet ist.[308] Eine ordnungsgemäße

---

[304] *Einsele* in MüKoHGB, Depotgeschäft, 3. Aufl. 2014, Rn. 176.
[305] Wegen weiterer Differenzierung der Depots vgl. § 12 DepotG, kommentiert von *Heinsius/Horn/Than*, DepotG, 1975; zur Verpfändung von Depotinhalten → Rn. 187 ff.
[306] Vgl. BGH WM 1990, S. 239, 240.
[307] Grundsätzlich BGH DB 1995, S. 570, 571. Die Bank hat Verfügungen aufgrund postmortaler Vollmacht in aller Regel auszuführen, sie hat idR gegenüber etwa benachteiligten Erben keine Warte- oder Rückfrageverpflichtungen.
[308] *Baumbach/Hopt*, HGB, 35. Aufl., 2012, (13), § 14 DepotG, Rn. 1, bezeichnet das Sachdepotbuch als „üblich".

Ekkenga

Depotbuchhaltung muss ein zudem ein Depottagebuch enthalten, das alle Ein- und Ausgänge eines Börsentages verbucht.

2. Sonderverwahrung

Wünscht der Depotkunde statt der Sammelverwahrung eine Sonderverwahrung, so muss er dies ausdrücklich verlangen (§ 2 S. 1 DepotG) – es sei denn, die Wertpapiere sind nicht „vertretbar" oder von der Wertpapiersammelbank nicht zugelassen und einer Sammelverwahrung deshalb nicht zugänglich (§ 5 Abs. 1 S. 1 DepotG).[309] 175

Einzelverwahrte Wertpapiere erhalten einen breiten Streifen, auf dem Name und Anschrift des Hinterlegers sowie die Art und die Menge der Wertpapiere verzeichnet sind, weshalb diese Verwahrform auch **Streifbandverwahrung** genannt wird. Der Depothalter muss die Wertpapiere gesondert von seinen eigenen Beständen und von Beständen Dritter verwahren (§ 2 S. 1 DepotG) und sie nach § 14 DepotG im Verwahrungsbuch verzeichnen.

Der Hinterleger ist und bleibt **Alleineigentümer** dieser Wertpapiere und hat gegen den Verwahrer einen Herausgabeanspruch.[310] Der Eigentümer ist mittelbarer, der Verwahrer unmittelbarer Besitzer. Beim Verkauf der in Sonderverwahrung befindlichen Wertpapiere findet der Eigentumsübergang nach § 929 S. 1 BGB durch Einigung und Übergabe statt. Letztere geschieht durch effektive Lieferung der Wertpapiere durch Boten von Bank zu Bank. Um zur Abrechnung die Möglichkeiten der EDV und der Wertpapiersammelbank als Clearingstelle nutzen zu können, hat sich das so genannte Durchlieferungsverfahren entwickelt. Dabei entnimmt das Kreditinstitut des Verkäufers die Stücke seiner Sonderverwahrung (Streifband) und übersendet diese per Boten an die Clearstream Banking AG als einzige noch bestehende Wertpapiersammelbank. Hat der Kontrahent (die Bank des Käufers) den Gegenwert auf dem Geldkonto bei der Wertpapiersammelbank gutgebracht, händigt der Vertreter des Verkäufers der Bank des Käufers die gelieferten Stücke aus. Gleichzeitig schreibt die Clearstream Banking AG der Verkäuferbank den Gegenwert gut. 176

3. Sammelverwahrung

Die Sammelverwahrung ist in §§ 5–12a DepotG geregelt. Bei ihr werden alle Wertpapiere einer Gattung, zB alle Aktien der Bayer-AG, zusammengelegt und bei einer Stelle, der Clearstream Banking AG, gemeinsam verwahrt. Die Kreditinstitute sind also idR[311] nicht selbst Endverwahrer der Wertpapiere ihres Kunden, sondern sie geben die zu einem Sammelbestand gehörenden Wertpapiere ihrer Depotkunden an die Wertpapiersammelbank Clearstream Banking AG weiter. Diese verwahrt die Wertpapiere für das einliefernde Institut, das hierdurch zum Zwischenverwahrer wird. Das Gesetz spricht in diesem Zusammenhang von **Drittverwahrung** (§ 3 DepotG), die Praxis von **Girosammelverwahrung** (GS-Verwahrung lautet der Fachausdruck). Von den deutschen börsennotierten Wertpapiergattungen ist der größte Teil des Depotvolumens, von ausländischen Werten 177

---

[309] Diese Einschränkung hat, wie die von *Einsele* in MüKoHGB, Depotgeschäft, 3. Aufl. 20149, Rn. 40 ff. erörterten Beispielsfälle zeigen, kaum noch praktische Bedeutung.
[310] I. E. *Klanten* in BankR-HdB , 4. Aufl., 2011, § 72 Rn. 79 ff.
[311] Sammelverwahrung ist rechtlich auch bei einem Kreditinstitut möglich, sog. Haussammelverwahrung, die aber kaum praktiziert wird, weil dies unökonomisch wäre.

Ekkenga

178 Gegenstand der Sammelverwahrung sind normalerweise gekaufte Stücke, die auf das Depotkonto der Käuferbank gebucht werden. Denkbar – wenn auch selten – ist aber auch die Aufnahme eingelieferter – also in Einzelurkunden verbriefter – Stücke in die Sammelverwahrung. Sie bewirkt, dass der Depotkunde (Hinterleger) sein Alleineigentum am Wertpapier verliert, sobald dieses über seine depotführende Bank an die Clearstream Banking AG als Sammelverwahrer gelangt ist. Dafür erwirbt er **Miteigentum am Sammelbestand**, soweit es dem Umfange seiner Einlieferung entspricht (§ 6 Abs. 1, § 7 Abs. 1 DepotG). Der Kunde steht also nunmehr in einer Rechtsgemeinschaft mit den anderen Anlegern, die Wertpapiere dieser Gattung eingeliefert oder mit der Maßgabe der Verwahrung bei der Clearstream Banking AG erworben haben. Sein Einverständnis ist hierfür nicht erforderlich, vielmehr ist der Depotbank die Weitergabe der Papiere zum Zwecke der Drittverwahrung ohne weiteres erlaubt (§ 3 Abs. 1 S. 1 DepotG). Der Kunde kann den Verlust des Alleineigentums nur verhindern, indem er auf Sonder- statt Sammelverwahrung besteht (§ 5 Abs. 1 S. 1 DepotG). Konsequente Folge dieser Weiterleitungsbefugnis von Wertpapieren von der Depotbank an die Clearstream Banking AG ist, dass das nunmehr zwischenverwahrende Kreditinstitut die Haftung für jedes Verschulden des Drittverwahrers, der Clearstream Banking AG, übernimmt (Nr. 19 Abs. 1 SBW).

179 Nicht jedes Wertpapier ist sammelverwahrfähig; vielmehr bedarf es hierzu der Zulassung durch die Wertpapiersammelbank (§ 5 Abs. 1 S. 1 DepotG), die ihre Entscheidung im Mitteilungsblatt bekanntmacht (Nr. 26 der AGB Clearstream Banking AG).[312] In Betracht kommen nur „vertretbare" (austauschbare) Wertpapiere, also zB nicht Schuldverschreibungen unterschiedlicher Laufzeit oder Vorzugs- und Stammaktien.[313] Investmentzertifikate (→ Rn. 97 ff.) sind nach § 97 Abs. 1 KAGB nur beschränkt sammelverwahrfähig. Von der **Sammeldepotfähigkeit** zu unterscheiden ist die **Sammeldepoteignung**. Sie fehlt bei vertretbaren Wertpapieren, deren Sammelverwahrung zwar rechtlich möglich, praktisch aber nicht durchführbar ist.[314] **Beispiel:** Schuldverschreibungen, die der Tilgung nach Auslosung unterliegen, behalten ihre Sammeldepoteignung bis zum Auslosungsbeginn. Wird jedoch eine Reihe ausgelost, ist diese Reihe nicht mehr artgleich, also nicht mehr sammeldepotgeeignet, denn sie trägt Sondermerkmale, die die anderen Wertpapiere dieser Emission nicht tragen.[315] Die effektive Belieferung von Geschäften mit nicht sammeldepotgeeigneten Stücken vollzieht sich durch Boten von Bank zu Bank, also nach dem oben geschilderten Modell der Sonderverwahrung, → Rn. 176.

180 Die **Depotbuchhaltung** der drittverwahrenden Banken sind mehrteilig, weil die verwahrten Wertpapiere Gegenstand von Pfand- und Zurückbehaltungsrechten sein können, deren Entstehungsvoraussetzungen unterschiedlich geregelt sind (näher → Rn. 187 ff.). Im Eigendepot A sind solche Papiere untergebracht, die dem zwischenverwahrenden Institut gehören und für die der in § 4 Abs. 1 S. 1 DepotG geregelte Grundsatz der Fremdvermutung ausnahmsweise nicht gilt (vgl. § 4 Abs. 2 DepotG). Im (gesetzestypischen) Regelfall werden die Papiere als solche des Bankkunden im Fremddepot B gebucht. Zwei weitere

---

[312] Abgedruckt bei Kümpel/Hammen/Ekkenga, Kapitalmarktrecht, Kennz. 380.
[313] *Einsele* in MüKoHGB, Depotgeschäft, 3. Aufl. 2014, Rn. 43.
[314] *Einsele* in MüKoHGB, Depotgeschäft, 3. Aufl. 2014, Rn. 45.
[315] *Heinsius/Horn/Than*, DepotG, 1975, § 5 Rn. 32.

VI. Das Recht der Verwahrung und Verwaltung von Wertpapieren (Depotgeschäft)

Depots – das Pfanddepot C und das Sonderpfanddepot D – dienen der Aufnahme solcher Papiere, die dem Drittverwahrer nach § 12 DepotG verpfändet sind.[316]

Die Clearstream Banking AG übernimmt neben der Verwahrung auch die **Verwaltung** **181** **der eingelieferten Wertpapiere**. Dazu gehören zB das Inkasso von Dividenden und Zinsen[317] sowie die Überprüfung der eingelieferten Wertpapiere auf ihre Echtheit. Sind Wertpapiere in einer Aufgebotsliste aufgeführt, trennt die Clearstream Banking AG Gewinnanteilscheine und Zinsscheine von den Wertpapieren und zieht deren Gegenwert ein. Die Sperre von Aktien vor Hauptversammlungen nimmt die Clearstream Banking AG vor, sie stellt Stimmkarten für die Hauptversammlung aus, wenn sie von der AG dazu ermächtigt worden ist und der Aktionär dies beantragt. Schleichen sich Fehler ein, so haftet die zwischenverwahrende Depotbank wie stets für die Folgen, Nr. 19 Abs. 1 SBW.

Die offensichtlichen Rationalisierungsvorteile einer solchen zentralisierten Wertpapier- **182** verwahrung stehen naturgemäß im Zielkonflikt mit dinglichen Ansprüchen, die den Eigentümern der Wertpapiere nach allgemeinen Regeln normalerweise zustehen. Das Depotgesetz löst diesen Zwiespalt auf, indem es dem Hinterleger einen schuldrechtlichen **Auslieferungsanspruch** gewährt, der auf die Lieferung gleichwertiger Ersatzstücke gerichtet ist (§ 7 Abs. 1 DepotG). Das zwischenverwahrende Kreditinstitut wird also für seinen Verwahrauftraggeber, den Wertpapiereigentümer, der zugleich Hinterleger und Bankkunde ist, die diesem gebührende Menge an Wertpapieren aus dem Gesamtbestand bei der Clearstream Banking AG entnehmen lassen und an den Kunden ausliefern. Ist für die Papiere eine Globalurkunde ausgestellt, so umfasst der Auslieferungsanspruch die Herstellung der für die Auslieferung benötigten Einzelstücke (§ 9a Abs. 3 S. 1 DepotG). Der Auslieferungsanspruch tritt an die Stelle des Aufhebungs- und Auseinandersetzungsanspruchs, der den Hinterlegern als Angehörigen einer Bruchteilsgemeinschaft sonst zustünde (§§ 749 ff. BGB). Weitergehende dingliche Ansprüche aus Miteigentum (§ 1011 BGB) sind den Hinterlegern abgeschnitten (§ 8 DepotG).

Die Clearstream Banking AG ist unmittelbare Besitzerin der bei ihr verwahrten Wert- **183** papiere, § 854 BGB. Die Zwischenverwahrerin ist nach herrschender, aber keineswegs unumstrittener Auffassung mittelbare Besitzerin, § 868 BGB. Der Kunde hat demnach mittelbaren Besitz zweiten Grades an seinen Wertpapieren, § 871 BGB[318] (näher → Rn. 153 f.). Weitere Zwischenverwahrer verlängern diese **Besitzleiter**. **Beispiel**: Die Kreissparkasse in Stade verwahrt für A Aktien der B-AG. Die Kreissparkasse wickelt ihr Depotgeschäft über die regional zuständige Girozentrale ab, das ist die Norddeutsche Landesbank. Diese wiederum benutzt als Drittverwahrer die Clearstream Banking AG. Unmittelbarer Besitzer der Wertpapiere ist die Clearstream Banking AG. Mittelbarer Besitzer erster Stufe ist die Landesbank. Mittelbarer Besitzer der zweiten Stufe ist die Kreissparkasse. Der Eigentümer A ist mittelbarer Besitzer dritter Stufe.

Will der Kunde seinen mittelbaren Besitz in unmittelbaren Besitz umwandeln, stellt sich **184** die Frage nach der Anspruchsgrundlage. Denn die dinglichen Herausgabeansprüche des (Mit-)Eigentümers nach §§ 985, 1011 BGB sind gem. § 8 DepotG auf den Umfang des

---

[316] Ausführlicher *Kümpel* in BuB, Rn. 8/34 ff.
[317] Näheres findet sich in den AGB der Clearstream Banking AG, abgedruckt bei Kümpel/Hammen/Ekkenga, Kapitalmarktrecht, Kennz. 380, und kommentiert von *Stuhlfauth* WM 1994, 96.
[318] *Kümpel* in BuB, 8/14; *Canaris*, Bankvertragsrecht, 2. Bearbeitung, 1981, Rn. 2020.

Ekkenga

Auslieferungsanspruchs nach § 7 DepotG reduziert.[319] Da sich der (obligatorische) Auslieferungsanspruch nur gegen die zwischenverwahrende Depotbank richtet[320] und zwischen dem Kunden und der drittverwahrenden Clearstream Banking AG kein Vertragsverhältnis besteht, wäre der Kunde rechtlos gestellt – ein wenig überzeugendes Ergebnis, weil die Drittverwahrung nicht durch Weisung des Bankkunden veranlasst ist (§ 3 Abs. 1 DepotG) und deshalb für ihn keinen Rechtsnachteil mit sich bringen darf. Nach verbreiteter Auffassung hat der Hinterleger deshalb gegen den Verwahrer (Wertpapiersammelbank) einen **drittgerichteten Auslieferungsanspruch** aus dem Verwahrungsvertrag. Begründen lässt sich das mit einer Rechtsanalogie zu §§ 546 Abs. 2 (früher: 556 Abs. 3), 604 Abs. 4 BGB.[321] Für den Besitzer von Wertpapieren, der diese für einen anderen Eigentümer hält und für den er den Verwahrungsvertrag geschlossen hat, verbleibt es dagegen bei der Grundregel des § 7 DepotG.[322] Die Vertreter der Gegenansicht wenden ein, die mit der Besitzhierarchie intendierte Rationalisierung des Depotgeschäfts verlange danach, die Wertpapiersammelbank nicht mit Ansprüchen Dritter (der Bankkunden) zu belasten; insofern enthielten die §§ 7, 8 DepotG abschließende Spezialvorschriften.[323]

185 Gem. § 5 Abs. 4 S. 1 DepotG darf die Wertpapiersammelbank die bei ihr verwahrten Wertpapiere einem **ausländischen Verwahrer** zur Sammelverwahrung anvertrauen, sofern die dort genannten anlegerschützenden Anforderungen erfüllt sind. Nach § 5 Abs. 4 S. 2 DepotG haftet die Wertpapiersammelbank in diesem Fall zwingend für das Verschulden des ausländischen Verwahrers, was zur Folge hat, dass auch die zwischenverwahrende Depotbank gem. Nr. 19 Abs. 2 S. 2 der Sonderbedingungen für Wertpapiergeschäfte ihrem Kunden gegenüber haftet.[324] An der Anwendbarkeit deutschen Rechts ändert sich nichts. Anders verhält es sich wiederum dann, wenn der Bankkunde direkt eine ausländische Depotbank einschaltet. Nach Art. 4 Abs. 1, 2 ROM-I-VO ist jetzt das Recht desjenigen Staates anzuwenden, in dem die Depotbank ihre Hauptniederlassung hat, weil sie diejenige Vertragspartei ist, die die charakteristische Leistung erbringt.[325]

186 Die so nur in Deutschland anzutreffende Sammelverwahrung hat sich **praktisch bewährt**,[326] etwa in der Börsenkrise vom 19. Oktober 1987, als an der Wall-Street der Dow-Jones-Index um 22,6 % sank, und bei den Kursstürzen am Neuen Markt ab 2000. Mit diesen Crashs waren hohe Börsenumsätze verbunden, die in Deutschland zu keinerlei Verzögerungen des Clearing und der Lieferung führten, während es an Wall-Street zu erheblichen Verzögerungen kam. Auch in extremen Zeitläufen wie nach dem Zusammenbruch Deutschlands 1945, als in Berlin der Kassenverein mit dem Hauptsammeldepot den

---

[319] Zu den (streitigen) rechtsdogmatischen Hintergründen s. *Einsele* in MüKoHGB, Depotgeschäft, 3. Aufl. 2014, Rn. 85.

[320] *Einsele* in MüKoHGB, Depotgeschäft, 3. Aufl. 2014, Rn. 82.

[321] *Hopt* in Baumbach/Hopt, HGB, 35. Aufl. 2012, (13) § 7 DepotG Rn. 1; *Canaris*, Bankvertragsrecht, 2. Bearbeitung, 1981, Rn. 2119.

[322] *Hopt* in Baumbach/Hopt, HGB, 35. Aufl. 2012, (13) § 8 DepotG Rn. 1.

[323] *Einsele* in MüKoHGB, Depotgeschäft, 3. Aufl. 2014, Rn. 84 unter Berufung auf *Zöllner*, FS für Raiser, 1974, S. 249, 264 f.

[324] Details bei *Einsele* in MüKoHGB, Depotgeschäft, 3. Aufl. 20149, Rn. 37 f.; *Klanten* in BankR-HdB, 4. Aufl. 2011, § 72 Rn. 37 ff; *Will* in Kümpel/Wittig, Bank- und Kapitalmarktrecht, 4. Aufl. 2011, Rn. 18.169.

[325] Einzelheiten bei *Einsele*, Bank- und Kapitalmarktrecht, 2. Aufl. 2009, § 9 Rn. 79 ff.

[326] Zust. AG-Report 1995, S. R 130: Das „Delivery against payment"-System des deutschen Wertpapierwesens sei effizienter als das von allen anderen Börsenplätzen der Welt.

Kriegswirren zum Opfer gefallen und alle dort verwahrten körperlichen Wertpapierbestände verloren waren, hat sich das deutsche System bewährt. Die verwahrenden Aktionäre konnten ihren Miteigentumsanspruch nach Bruchteilen aus der Sammelverwaltung behalten, und die Anspruchsinhaber wurden durch die Wertpapierbereinigung[327] in ihre Rechte als Miteigentümer an einem restitutionsfähigen Sammelbestand wieder eingesetzt. Auch in den Börsenkrisen unserer Tage – 1988 ein Minicrash, 1994 eine Barings Derivate-Krise, ab 2000 die Neuer-Markt-Krise – ging von der deutschen Sammelverwahrung Sicherheit aus, weil dieses System die Abwicklung der Wertpapiergeschäfte unberührt von plötzlichen Krisenerscheinungen in zwei Tagen ermöglicht, was andere Verwahr- und Geschäftsabwicklungssysteme nicht leisteten.

4. Pfand- und Zurückbehaltungsrechte

Die Bestellung von Sicherheiten an Wertpapieren wirft gewisse depotrechtliche Spezialfragen auf, denen wir uns wenigstens kurz zuwenden wollen.[328] Von großer praktischer Bedeutung ist die **Verpfändung depotverwahrter Aktien** im Rahmen von M&A-Transaktionen. Ein vereinfachtes **Beispiel:** Die Käuferfirma K, eine neu gegründete Tochter der Fondsgesellschaft F, möchte ein Aktienpaket an der T-AG erwerben. Für die Akquisitionsfinanzierung benötigt K Kreditsicherheiten. Da sie selbst über nennenswertes Vermögen nicht verfügt, soll das Vermögen der T eingesetzt werden. Da die T als Zielunternehmen eine Sicherheitsleistung gem. § 71a S. 1 AktG nicht selbst erbringen kann, bietet sich die Verpfändung der T-Aktien an; sie hat gegenüber der Sicherungsübertragung den Vorteil, dass Dividenden- und Stimmrechte beim Sicherungsgeber verbleiben.[329] Handelt es sich – wie im Regelfall – um Inhaberaktien, so bedarf es hierzu einer Pfandrechtsbestellung nach §§ 1205, 1206 BGB (§ 1293 BGB).[330] Die Übergabe kann sich entweder wie bei der Übereignung durch Umstellung des Besitzmittlungsverhältnisses vollziehen (§ 1205 Abs. 1 S. 1 BGB) oder durch Übertragung des mittelbaren Besitzes (§ 1205 Abs. 2 BGB). Einer Verpfändungsanzeige an die unmittelbar besitzende Verwahrstelle bedarf es nur im zweiten Fall.[331]

187

Wenig geklärt sind Möglichkeiten und Grenzen einer Verpfändung sammelverwahrter Aktien. Teilweise heißt es, **Pfandgegenstand** sei gem. § 1258 BGB das Miteigentum an den zum Sammelbestand gehörenden Wertpapieren, die Verpfändung richte sich deshalb nach den allgemeinen Regeln über die Besitzumstellung.[332] Nach anderer Ansicht hat der Hinterleger dagegen keinen Mitbesitz am Sammelbestand, so dass nicht das Wertpapiereigentum, sondern allenfalls der Auslieferungsanspruch verpfändet wird.[333] Beide Lösungen erweisen sich allerdings nicht als tragfähig, wenn über die Aktien lediglich eine Globalurkunde ausgestellt ist und der Anspruch des Aktionärs auf Einzelverbriefung gem. § 10

188

---

[327] Gesetzgebung zur Bereinigung des Wertpapierwesens von 1948–50, zB Wertpapierbereinigungsgesetz für die Britische Zone v. 19. August 1948, Gesetzblatt der Verwaltung des Vereinigten Wirtschaftsgebietes 1948, S. 295.
[328] Ausführlicher *Nodoushani* WM 2007, 289, 293 ff.; *Stupp* DB 2006, 655, 656 ff.
[329] *Nodoushani* WM 2007, 289, 290.
[330] *Habersack* in Soergel, BGB, 13. Aufl. 2001, § 1274 Rn. 33; s. auch den Spezialaufsatz von *Berger* WM 2009, 577 ff.
[331] *Einsele* in MüKoHGB, Depotgeschäft, 3. Aufl. 2014, Rn. 124; *Habersack* in Soergel, BGB, 13. Aufl. 2001, § 1293 Rn. 4; anders – Anzeige entbehrlich – *Stupp* DB 2006, 655, 658.
[332] *Habersack* in Soergel, BGB, 13. Aufl. 2001, § 1293 Rn. 4.
[333] *Einsele*, Bank- und Kapitalmarktrecht, 2. Aufl. 2010, § 9 Rn. 38..

Abs. 5 AktG ausgeschlossen ist (§ 9a Abs. 2, 3 S. 2 DepotG). In derartigen Fällen spricht viel für einen dritten Weg: Verpfändet ist die AG-Mitgliedschaft gem. §§ 1274 Abs. 1 S. 1, 398, 413 BGB, die Vereinbarung ist im Zweifel in diesem Sinne auszulegen bzw. umzudeuten.[334] Für die Praxis empfiehlt sich aufgrund der umstrittenen Rechtslage, das Pfandrecht vorsorglich auf alle drei möglichen Bezugsobjekte zu erstrecken.[335]

189 Häufig stellen die zwischenverwahrenden Banken ihren Kunden Dispositionskredite zur Verfügung, um den finanziellen Rahmen des Wertpapiergeschäftes herzustellen. Nr. 14 Abs. 1, 2 AGB-Banken sieht für diesen Fall **ein eigenes Pfandrecht der Depotbanken** an den verwahrten Wertpapieren vor. Dieses Pfandrecht geht dem im Rahmen einer Akquisitionsfinanzierung bestellten Pfandrecht im Range vor, wenn sich die Bestellung nach § 1205 Abs. 2 BGB – also kraft Verpfändungsanzeige ohne Mitwirkung der Depotbank – vollzogen hat[336] (Prioritätsgrundsatz, vgl. § 1209 BGB). Beteiligt sich die Depotbank dagegen an dem Erwerbsvorgang durch Besitzumstellung nach § 1205 Abs. 1 S. 1 BGB, so dürfte darin ein (konkludenter) Pfandrechtsverzicht (§ 1255 Abs. 1 BGB) zu sehen sein, wie sich der Freigabeklausel in Nr. 16 Abs. 2 S. 2 AGB-Banken entnehmen lässt, so dass der Käuferkredit erstrangig besichert ist.

190 Da sich die zwischenverwahrenden Banken als Kreditgeber ihrerseits refinanzieren müssen und ihr eigenes Vermögen zur Besicherung der benötigten Rückkredite oft nicht ausreichen wird, besteht für den Depotkunden ein erhöhter Schutzbedarf: Es gilt zu verhindern, dass die Depotbanken die treuhänderisch übernommenen Wertpapiere unbefugt für eigene Sicherungszwecke verwenden. Nach § 4 Abs. 1 iVm. § 9 DepotG kann deshalb die drittverwahrende Bank ein Pfandrecht ohne Ermächtigung des Depotkunden nur unter erschwerten Bedingungen erwerben: Ihr gilt als bekannt, dass die Wertpapiere dem einliefernden Zwischenverwahrer nicht gehören (S. 1; **Grundsatz der Fremdvermutung**). Ein Pfandrechtserwerb kraft guten Glaubens an die Verfügungsmacht der zwischenverwahrenden Stelle (§ 366 Abs. 1, 3 HGB) ist dadurch zwar nicht ausgeschlossen, unterliegt aber strengen Anforderungen.[337] Selbst dann ist die Geltendmachung von Pfand- oder Zurückbehaltungsrechten auf „konnexe" Forderungen des Drittverwahrers gegen die auftraggebende Bank beschränkt (§ 4 Abs. 1 S. 2 DepotG).[338] Denkbar wäre, dass die zwischenverwahrende Bank die nach Nr. 14 AGB-Banken erworbenen Pfandrechte durch Abtretung an den Drittverwahrer weiterleitet, §§ 398, 1250 Abs. 1 S. 1 BGB. Dieser Weg ist aber ungebräuchlich, weil die Clearstream Banking AG als Wertpapiersammelbank an den Rechtsbeziehungen mit den Bankkunden nicht teilnimmt.

191 Die Pfandrechtsbestellung zur Besicherung sonstiger, nicht-konnexer Forderungen des Drittverwahrers gegen die zwischenverwahrende Bank ist gem. § 12 Abs. 1 DepotG nur unter zwei Voraussetzungen möglich: Der Bankkunde muss eine – im Regelfall separat schriftlich abgesetzte – **Verpfändungsermächtigung** erteilt haben und die Verpfändung muss „im Zusammenhang mit einer Krediteinräumung für den Hinterleger" stehen, dh dem Bankkunden muss überhaupt ein Kredit bewilligt – nicht notwendig auch ausgezahlt

---

[334] *Habersack* in Soergel, BGB, 13. Aufl. 2001, § 1293 Rn. 5; *Habersack/Mayer* WM 2000, 1678, 1684.
[335] Vgl. *Nodoushani* WM 2007, 289, 296.
[336] *Heinsius/Horn/Than*, DepotG, 1975, § 6 Rn. 42; ohne diese Einschränkung *Nodoushani* WM 2007, 289, 293.
[337] Näher *Kümpel* in BuB, 8/27.
[338] *Kümpel* in BuB, Rn. 8/18.

Ekkenga

– sein. § 12 DepotG unterscheidet zwischen drei Varianten: regelmäßige, beschränkte und unbeschränkte Verpfändungsermächtigung.[339]

Bei der **regelmäßigen Verpfändung** (§ 12 Abs. 2 DepotG) ist das Kreditinstitut ermächtigt, die Wertpapiere oder Sammelbestandsanteile des Hinterlegers zusammen mit den Wertpapieren anderer Depotkunden zu verpfänden, die die gleiche Verpfändungsermächtigung erteilt haben. Die den verpfändungsbereiten Kunden insgesamt eingeräumten – aber für jeden Kunden in unterschiedlicher Höhe zur Verfügung gestellten – Kredite werden also zusammengerechnet, und bis zur Höhe dieser Gesamtsumme darf das zwischenverwahrende Kreditinstitut wertpapierbesicherte Rückkredite aufnehmen. Die Depotkunden werden auf diese Weise zu einer Gefahrengemeinschaft zusammengeschlossen, in der die Sicherheitsleistungen gemessen am Kreditvolumen ungleich verteilt sind. Ein **Beispiel:** Wenn der Kunde A bei der Bank mit 100.000 € verschuldet ist und für 100.000 € Wertpapiere verpfändet hat, stellt er im Vergleich weniger Sicherheiten als der Kunde B, der ebenfalls Wertpapiere für 100.000 € verpfändet hat, aber nur 50.000 € Kredit in Anspruch nimmt. Erst wenn über das Vermögen des Verwahrers das Insolvenzverfahren eröffnet wird, gewährt das Vorrecht des Hinterlegers nach § 33 DepotG eine gleichmäßige Befriedigung der Hinterleger. Diese Rechtssituation ist allerdings – soweit bekannt geworden – noch nicht eingetreten. **192**

Bei der **beschränkten Verpfändung** ermächtigt der Verwahrer und Bankkunde sein Kreditinstitut, seine Wertpapiere in seinem Depotsammelbestand nur bis zur Höhe des Kredites zu verpfänden, den ihm sein Kreditinstitut eingeräumt hat (§ 12 Abs. 3 DepotG). Anders als bei der Regelverpfändung genügt eine Gestattungsklausel in den Banken-AGB. Das „Gegenmodell" hierzu – die **unbeschränkte Verpfändung** – findet sich in § 12 Abs. 4 DepotG. Danach ist die Höhe des Rückkredits nicht auf das Volumen des Kundenkredits limitiert, so dass die zwischenverwahrende Bank de facto in die Lage versetzt wird, sich zur Befriedigung eigener Liquiditätsbedürfnisse mit Hilfe fremder Wertpapierbestände Kredit zu verschaffen. Eine derart weitreichende Ermächtigung ist schriftlich zu erteilen und muss die Unabhängigkeit von einem Rückkredit, also die Haftung für eigene Verbindlichkeiten des Verwahrers zum Ausdruck bringen.[340] Solche unbeschränkt zu verpfändenden Wertpapiere werden beim Drittverwahrer – der Clearstream Banking AG – als Inhalt des Depots A, des Eigendepots des Kreditinstituts geführt.[341] **193**

Nach § 12a DepotG schließlich darf die Depotbank die Wertpapiere oder Sammelbestandsanteile aufgrund ausdrücklicher schriftlicher Ermächtigung verwenden, um **Sicherheitsleistungen an eine Terminbörse** zu erbringen, wenn und soweit dies erforderlich ist, um für den Kunden entsprechende Termingeschäfte durchführen zu können. Da der Kunde nach den Regularien der Terminbörse ohnehin Sicherheit zu leisten hat, mit der Terminbörse aber nicht direkt kontrahiert, geht es hierbei nur um eine rechtstechnisch veranlasste „Durchleitung" der Sicherheiten ohne zusätzliches Belastungsmoment für den Bankkunden.[342] **194**

---

[339] Ausführlich *Kümpel* in BuB, Rn. 8/23 ff.
[340] Zum Wortlaut der unbeschränkten Verpfändungsermächtigung Baumbach/*Hopt*, HGB, 36. Aufl. 2014, (13) § 12 DepotG Rn. 5.
[341] Bekanntmachung des BAKred. über das Depotgeschäft v. 21. Dezember 1998, abgedr. in Kümpel/Hammen/Ekkenga, Kapitalmarktrecht, Kennz. 320, dort unter Nr. 10 Abs. 4.
[342] *Kümpel* in BuB, Rn. 8/37b.

D. Das Emissions- und Konsortialgeschäft

Literatur: *Bosch/Groß* in: Bankrecht und Bankpraxis (BuB), Loseblattsammlung, Abschnitt 10; *De Meo*, Bankenkonsortien, 1994; *Ekkenga/Maas*, Das Recht der Wertpapieremissionen, 2005, *Fredebeil*, Aktienemissionen, Diss. Osnabrück 2001; *Grundmann*, in: in Schimansky/Bunte/Lwowski, BankR-HdB, 4. Aufl. 2011, § 112; *Höhn*, Ausgewählte Probleme bei Lock-up Agreements, Diss. Bayreuth 2003; *Hopt*, Die Verantwortlichkeit der Banken bei Emissionen, 1991; *Kuntz*, Börsengang und Aktienplatzierungen (Deutsches und US-Recht), in: Ekkenga/Schröer, Handbuch der AG-Finanzierung, 2014, S. 591 ff.; *Koller/Hartwig-Jacob*, Emission von Unternehmensanleihen, in: Ekkenga/Schröer, Handbuch der AG-Finanzierung, 2014, S. 751 ff.; *Schanz*, Börseneinführung, 3. Aufl. 2007.

I. Allgemeines

1. Grundbegriffe

195   Das Emissionsgeschäft der Banken befasst sich mit der Ausgabe von Wertpapieren und deren Verkauf an private und institutionelle Anleger sowie mit der Platzierung von Wertpapieren auf den Kapitalmärkten. „Emission" ist also das **erstmalige Inverkehrbringen von Wertpapieren**; der Wertpapiererwerb im Rahmen einer Emission wird daher auch als Primärmarkt bezeichnet. Auftraggeber der Emissionsbanken sind die Emittenten. Das sind in der Regel (aber nicht ausnahmslos und zwingend) Aktiengesellschaften, denen die Emissionsbanken dazu verhelfen, sich durch die Ausgabe von Aktien und aktienähnlichen Kapitalmarkttiteln Eigenkapital zu beschaffen oder durch die Ausgabe von Schuldverschreibungen langfristiges, mitunter auch mittelfristiges Fremdkapital zu akquirieren.[343] Von alledem strikt zu trennen sind bankseitige Dienstleistungen, die sich mit der Weiterveräußerung von Wertpapieren (An- und Verkauf) befassen. Die Banken werden hier im Effektenhandel oder Sekundärmarkt im Auftrag der Marktgegenseite (der kapitalgebenden Anleger) tätig, wie unter → Rn. 109 ff. näher ausgeführt.

196   Wenn ein Emittent ständig und ohne Unterbrechung Emissionen ausgibt, spricht man von einem **Daueremittenten**. Daueremittenten nehmen für den Verkauf ihrer Emissionen keine anderen Banken, auch keine Zusammenschlüsse von Banken in der Form von Emissionskonsortien in Anspruch, sondern bedienen den Markt direkt im Wege der **Selbstemission**. Vornehmlich handelt es sich um die Realkreditinstitute (→ Rn. 28). Auch der Bund emittiert fortwährend festverzinsliche Bundesobligationen mit einer Laufzeit von fünf Jahren und folgt dabei einem festen Emissionsprogramm. Daueremittent ist schließlich die Europäische Zentralbank im Tenderverfahren – eine Vertriebsform nach Art der Versteigerungsmethode –, das sie anwendet beim Handel mit festverzinslichen Wertpapieren zum Ziel der Offenmarktpolitik.[344] Diese Emissionsformen können im Folgenden außer Betracht bleiben.

197   Wir behandeln vornehmlich die **Einmalemittenten**, so genannt, weil sie nur „ein Mal", dh sporadisch und in größeren Zeitabständen, mit Emissionen an den Kapitalmarkt herantreten. Einmalemittenten, die nicht ihrerseits Banken sind, verkaufen die von ihnen ausgegebenen Wertpapiere typischerweise nicht selbst an die Anleger, sondern beauftragen die Emissionsbank(en), die Papiere gegen Einzahlung des Kapitals zu übernehmen und sie sodann per Weiterverkauf im Publikum (am „Primärmarkt") unterzubringen (zu „platzie-

---

[343] Grundlegend *Ekkenga/Maas*, Das Recht der Wertpapieremissionen, 2005, Rn. 1 ff.
[344] → § 1 Rn. 35.

ren"). Man spricht von einer **Fremdemission** in Abgrenzung zur Selbstemission, wie sie für den Daueremittenten typisch ist. Einmalemittenten sind neben Aktiengesellschaften auch der Bund, die Länder und andere Gebietskörperschaften, wenn sie Anleihen neu ausgeben. Dann bedienen sie sich der Emissionsbanken für den Verkauf.

Eine weitere Differenzierung ist danach zu treffen, ob die Emissionsbanken die Emission vom Emittenten **fest übernehmen**, also kaufen, und den sofortigen Weiterverkauf – die Plazierung – auf eigenes Risiko vornehmen, oder ob sie die Emission **kommissionsweise** zum bestmöglichen Weiterverkauf **übernehmen**. Nach den Regeln des Kommissionsvertrages (§§ 383 ff. HGB) behält dann der Emittent das Absatzrisiko, was die wirtschaftliche Nähe dieser Vertriebsform zur erwähnten Selbstemission verdeutlicht.[345]

198

Oft wird der Auftrag nicht durch eine einzige Bank, sondern durch mehrere Banken durchgeführt, die sich zu einem **Bankenkonsortium** zusammenschließen.[346] Dies ist eine zeitweilige Vereinigung ansonsten selbständiger Banken in der Rechtsform einer Gesellschaft bürgerlichen Rechts.[347] Die Anzahl der das Konsortium bildenden Banken variiert nach der Größe der Emission. **Beispiel**: Bei der Privatisierung der Deutschen Telekom AG bildeten viele hundert Banken aus aller Welt ein breitgefächertes Konsortium. Geht eine kleine AG mit 200 Mio. Euro Umsatz an die Börse, besteht das Konsortium aus einem Konsortialführer (oft der Hausbank) und vielleicht ein bis drei weiteren Konsorten. Bei der Festübernahme spricht man von einem Einheits- oder Übernahmekonsortium, beim kommissionsweisen Weiterverkauf vom Begebungskonsortium.

199

Wir unterscheiden weiter zwischen der **öffentlichen Plazierung** von neuen Wertpapieren und der **Privatplazierung**. Eine öffentliche Plazierung liegt vor, wenn die Emissionsbanken ein Verkaufs- oder Zeichnungsangebot an die Allgemeinheit statt an einen individuell abgrenzbaren Personenkreis richten[348], ohne dass es darauf ankommt, ob zugleich die Börseneinführung betrieben wird. Bei der Privatplazierung werden von der Emissionsbank einige wenige Großanleger (institutionelle Investoren) wie Versicherungen, Investmentfonds und andere Großanleger auf den Kauf des neu geschaffenen Wertpapiers individuell angesprochen und diesen wesentliche Teile der Emission verkauft. Die Abgrenzung zwischen öffentlichem Verkauf und „private placement" ist von erheblicher Bedeutung: Gem. § 3 Abs. 1 S. 1 WpPG zieht die Öffentlichkeit des Angebots die Verpflichtung nach sich, die Anleger durch Veröffentlichung eines Prospektes über alle wesentlichen Details zu informieren. Der Prospektinhalt muss von der BaFin gebilligt werden (§ 13 Abs. 1 WpPG) und löst, wenn sich Fehler einschleichen, weitreichende Haftungsfolgen aus, von denen unter → § 6 Rn. 119 ff. ausführlich die Rede war.

200

Wirtschaftlicher Sinn einer kapitalmarktgestützten Wertpapieremission ist es, das zu Konsumzwecken kurzfristig (wieder-)benötigte Vermögen der (Privat-)Anleger in mittel- bis langfristig nutzbare und großvolumige Betriebsmittel zu überführen (zu „transformieren"): Die von einer Vielzahl von Anlegern zur Verfügung gestellten kleinteiligen Kapitalien erreichen erst in der Summe die für betriebliche Investitionen erforderlichen Größenordnungen, werden im Vermögen des Emittenten „gesammelt" und bleiben dort auf Dauer gebunden. Will der Anleger sein Engagement beenden, kann er es zwar nicht

201

---

[345] Vgl. zu diesen Formen *Hopt* in Baumbach/Hopt, HGB, 35. Aufl. 2012, (7) BankGesch, Rn. Y 3; *ders.*, Verantwortlichkeit der Banken bei Emissionen, 1991, S. 19 f.
[346] Von „consortio", was Gemeinschaft heißt.
[347] *Ekkenga/Maas,* Das Recht der Wertpapieremissionen, 2005, Rn. 51.
[348] *Ekkenga/Maas,* Das Recht der Wertpapieremissionen, 2005, Rn. 98.

– jedenfalls nicht individuell und nicht zu beliebigen Zeitpunkten – vom Emittenten zurückfordern, er kann aber sein Geld, „wiedererlangen", indem er seine Aktie oder Anleihe am Sekundärmarkt verkauft. Man spricht in diesem Zusammenhang von der **Transformationsleistung des Kapitalmarktes,** genauer: von der sog. Losgrößen- und Fristentransformation. Aus der Sicht des Emittenten handelt es sich um die (oftmals kostengünstigere) Alternative zur Kreditfinanzierung.

202 Die für den Emittenten durch die Emission eingeworbenen Finanzierungsmittel sind in der Terminologie der Finanzwissenschaft solche der **Außenfinanzierung.** Denn die dem Emittenten vom Anleger zur Verfügung gestellten Geldmittel gelangen „von außen" in das Unternehmen, im Gegensatz zu den Mitteln der Innenfinanzierung, die das Unternehmen selbst generiert und erarbeitet, nämlich aus verdienten Abschreibungen und/ oder aus nicht ausgeschütteter Gewinnen. Für den Emittenten stellt sich also die Aufgabe, den Anlegern am Kapitalmarkt ein möglichst attraktives Angebot zum Erwerb der neu ausgegebenen Kapitalanteile (Aktien/Anleihen) zu unterbreiten und sich gegen das Risiko abzusichern, dass der Plazierungserfolg hinter den Erwartungen zurückbleibt, so dass der Finanzierungsbedarf nicht voll gedeckt werden kann. Die Leistung der Emissionsbanken besteht darin, den Emittenten in beiderlei Hinsicht unterstützend zu begleiten, ihm also bei der Marktwerbung (Prospekterstellung) behilflich zu sein und ihm das Plazierungsrisiko ganz oder teilweise abzunehmen.

2. Rechtsgrundlagen

203 Das Emissionsgeschäft in der Form der Festübernahme (Einheits- oder Übernahmekonsortium) ist – abweichend von der früheren Rechtslage – ein erlaubnispflichtiges Bankgeschäft, vgl. § 1 Abs. 1 S. 2 Nr. 10 KWG.[349] Der kommissionsweise Weiterverkauf (Begebungskonsortium) ist ebenfalls als erlaubnispflichtiges Rechtsgeschäft anzusehen, vgl. § 1 Abs. 1 S. 2 Nr. 4 KWG.[350] Sonstige **aufsichtsrechtliche Kontrollen** betreffen den Ablauf einzelner Wertpapieremissionen und zielen weniger auf die Banken als auf das Verhalten der Emittenten, so bei der Zulassung zum Börsenhandel (§ 32 Abs. 1 BörsG) und bei der Prospektbilligung (§ 13 Abs. 1 WpPG) jeweils durch die BaFin. Im Übrigen unterliegt das Emissionsgeschehen keiner weiteren staatlichen Kontrolle, es gilt der Grundsatz der Genehmigungsfreiheit von Neuemissionen. Früher wurde das auf den Markt zukommende Emissionsvolumen durch den Zentralen Kapitalmarktausschuss (ZKMA) auf freiwilliger Basis von den Kreditinstituten reguliert, um den Kapitalmarkt vor Überbeanspruchung zu schützen. Dieser Regulierungsmechanismus ist zugunsten der Marktkräfte aufgehoben worden: Ist der Markt verstopft und ein Emittent will dennoch eine Emission erfolgreich plazieren, muss er mehr Zinsen oder einen günstigeren Kaufkurs bieten.

204 Für die privatrechtlichen Beziehungen zwischen den Beteiligten gibt es keine Spezialvorschriften. Es gilt das allgemeine Vertragsrecht des BGB, ergänzt bzw. überlagert durch verstreute Regelungen des Aktien-, Börsen- und Wertpapierhandelsrechts. Zu unterscheiden sind folgende **Rechtsbeziehungen**: (1) Zwischen den die Emission übernehmenden und verkaufenden Konsortialbanken besteht ein Konsortialvertrag, der ein Gesellschaftsvertrag iSd §§ 705 BGB ist und das Innenverhältnis zwischen den Konsorten regelt. (2)

---

[349] *Bosch* BuB, Rn. 10/5 ff.
[350] Begründung zum Regierungsentwurf eines Gesetzes zur Umsetzung von EG-Richtlinien zur Harmonisierung bank- und wertpapieraufsichtsrechtlicher Vorschriften, BT-Drucks. 13/7142, S. 63.

Das Bankenkonsortium, uU auch nur die konsortialführende Bank schließt mit dem Emittenten einen Übernahmevertrag, der das eigentliche Kernstück des gesamten Beziehungsgeflechts ausmacht. Es handelt sich um einen Geschäftsbesorgungsvertrag iSd § 675 BGB, der die ablauftechnischen Einzelheiten der Emission ordnet. (3) Durch den Erwerb der neu ausgegebenen Aktien treten die Anleger in ein Mitgliedschaftsverhältnis zum Emittenten, beim Kauf von Anleihen entstehen schuldrechtliche Sonderrechtsbeziehungen, die vor allem in den Wertpapierbedingungen des Emittenten näher ausgestaltet sind. Schon im Vorfeld – insbesondere aufgrund der Prospektveröffentlichung – haftet der Emittent den Anlegern auf Schadensersatz nach den Vorschriften über die börsengesetzliche Prospekthaftung (→ § 6 Rn. 119 ff.). (4) Die Rechtsbeziehungen zwischen den Konsortialbanken zu den Anlegern schließlich sind überwiegend dem Wertpapierhandel zuzuordnen und werden nur partiell durch das Emissionsgeschehen – vorwiegend haftungsrechtlich – überlagert.[351]

II. Das Emissionskonsortium

Die Emittenten – gleichgültig ob Industrieunternehmen, öffentlich-rechtliche Körperschaften wie Bund, Länder, Kommunen – lassen im Allgemeinen ihre Emissionen von mehreren Banken im Wege der Fremdemission ausgestalten und vertreiben. Der Zusammenschluss vom mehreren Banken heißt Emissionskonsortium.[352] Wichtige Gründe für die Bildung eines Konsortiums sind Risikostreuung, Verstärkung der Plazierungskraft, Berücksichtigung bestehender Bankverbindungen sowie Prestigeerwägungen.[353] **Geschäftszweck** ist die Unterbringung der betreuten Emission, möglicherweise verbunden mit einer nachfolgenden – zeitlich begrenzten – Markt- und Kurspflege, die das Ziel hat, zu verhindern, dass das Wertpapier kurz nach Verkauf im Kurs zu stark absinkt oder auch zu stark ansteigt. Im Innenverhältnis regelt der Konsortialvertrag insbesondere die Rechte und Pflichten der Konsorten. 205

Emissionskonsortien werden als **BGB-Gesellschaften** (§§ 705 ff. BGB), und zwar idR als Außengesellschaften,[354] eingruppiert. Dies ist – obgleich h. M.[355] – bemerkenswert, weil nahezu alle typischen Strukturelemente einer GbR dem Emissionskonsortium fremd sind. So ist § 709 BGB, der die gemeinschaftliche Geschäftsführung der Gesellschafter vorsieht, abbedungen. Stattdessen ist eine Bank als Konsortialführerin bestimmt,[356] die das Konsortium nach außen vertritt (§ 714 BGB), die die Geschäfte des Konsortiums führt, 206

---

[351] Näher *Ekkenga/Maas*, Das Recht der Wertpapieremissionen, 2005, Rn. 453 ff.

[352] Daneben gibt es Konsortialgeschäfte im Kreditbereich, im Sanierungsbereich und bei anderen Bankgeschäften, die nicht von einem, sondern von mehreren Kreditinstituten auf gemeinsame Rechnung ausgeführt werden, vgl. *De Meo*, Bankenkonsortien, 1994; *Grundmann* in BankR-HdB, 4. Aufl. 2011, § 112 Rn. 12.

[353] *Bosch* in BuB, Rn. 10/27.

[354] BGH WM 1992, 1225, 1230; *Bosch* in BuB, Rn. 10/32 ff. mwN – Nach den Muster-Konsortialverträgen der International Primary Market Association (IPMA), die insbesondere im internationalen Anleihegeschäft relevant sind, soll allerdings durch den Konsortialvertrag kein Gesellschaftsvertrag zustande kommen, vgl. *Bosch* in BuB, Rn. 10/32 ff.; *R. Müller* in Kümpel/Wittig, Bank- und Kapitalmarktrecht, 4. Aufl. 2011, Rn. 15.121.

[355] Seit RGZ 67, 394, 395; BGHZ 118, 83, 99.

[356] Große Konsortien haben mehrere Konsortialführerinnen, von denen eine Bank dann als federführend bestimmt wird.

die laufenden Entscheidungen trifft und den Übernahme- oder Außenvertrag mit dem Emittenten im Namen des Konsortiums abschließt. Für die Folgen des Vertreterhandelns, insbesondere für die Höhe der Übernahmeverpflichtung haften die Konsorten jedoch nicht gesamtschuldnerisch, sondern proratarisch, dh in Höhe der von ihnen zugesagten Übernahmequote.[357] Das Emissionskonsortium hat auch kein Gesellschaftsvermögen iSd § 718 BGB, denn es wäre wenig sinnvoll, die zu plazierenden Wertpapiere vorab in gesamthänderisch gebundenes Eigentum zu überführen und sie mit zuvor eingebrachtem Gesellschaftsvermögen zu bezahlen. Damit der Konsortialführer und jeder Konsorte zügig über die vom Emittenten begebenen Wertpapiere verfügen können, erwirbt vielmehr jeder Konsorte die von ihm zu plazierenden Wertpapiere (seine „Quote") zu Alleineigentum.[358]

207 Auch die **Haftungsverhältnisse** sind untypisch für eine BGB-Gesellschaft: Die gesamtschuldnerische Haftung wird regelmäßig ausgeschlossen, jede Konsortialbank haftet dem Emittenten nur in Höhe ihrer Konsortialquote. Dieser Haftungsausschluss widerspricht, sofern er formularmäßig erfolgt, der Rechtsprechung des BGH zum Haftungsregime der GbR, er dürfte sich aber mit Schutzerwägungen zugunsten der nur geringfügig beteiligten Konsorten rechtfertigen lassen, die der BGH schon anderenorts – nämlich im Recht der geschlossenen Immobilienfonds- akzeptiert hat.[359]

208 Auch das **Ende eines Emissionskonsortiums** ist nicht typusgerecht: Nach § 726 BGB müsste es nach Eintritt des Plazierungserfolges aufgelöst und – soweit erforderlich – abgewickelt werden, denn nach dieser Vorschrift „endigt" eine GbR im Zeitpunkt der Erreichung des vereinbarten Zwecks.[360] Die Rechtswirklichkeit des Emissionswesens sieht zumeist anders aus: Das einmal unter einem Konsortialführer geformte Konsortium verfügt oft über eine faktische Beständigkeit, die jeden Auflösungswillen nach Beendigung der Emission und einen Neubildungswillen bei der nächsten Emission ausschließt. Die fehlende Bereitschaft der Konsortialmitglieder, sich nach Zweckerreichung realiter aufzulösen und sich beim nächsten Emissionsanlass neu zu formieren, widerspricht dem nicht abdingbaren § 726 BGB.[361] Deshalb passt auch die Gegenüberstellung im Recht der GbR zwischen Gelegenheits- und Dauergesellschaft[362] nicht für das Emissionskonsortium, das sowohl für einen Zweck, für eine Gelegenheit, wie auf Dauer geformt ist.[363] Infolge der Internationalisierung auch des inländischen Emissionsgeschäftes verliert allerdings der Dauercharakter der GbR insbesondere im Bereich der Aktienemissionen immer mehr an Bedeutung.

209 Der **Konsortialvertrag** besteht aus einem stets wiederkehrenden, musterverfassten Standardtext, der öffentlich bekannt[364] ist und de facto ein Stück Rechtssicherheit und Verkehrsschutz gewährleistet. Der Vertrag kommt durch Schriftwechsel zustande: Der Konsortialführer schreibt die potentiellen Konsorten mit dem angesprochenen Mustervertragsbrief an und lädt sie zur Übernahme von Quoten einer Emission ein. Der Vertrag

---

[357] Näher *Ekkenga/Maas,* Das Recht der Wertpapieremissionen, 2005, Rn. 349 ff.
[358] *R. Müller* in Kümpel/Wittig, Bank- und Kapitalmarktrecht, 4. Aufl. 2011, Rn. 15.122 ff.
[359] Näher *Ekkenga/Maas,* Das Recht der Wertpapieremissionen, 2005, Rn. 352 ff., 356.
[360] *Carsten Schäfer* in MüKoBGB, 6. Aufl. 2013, § 726 Rn. 7 f.
[361] Die Bankenstrukturkommission, Bericht der Studienkommission, Schriftenreihe des BMF, Heft 28, 1978, Tz. 444, S. 479 ff., spricht von der „Zementierung des Konsortialgeschäftes".
[362] *Karsten Schmidt,* Gesellschaftsrecht, 4. Aufl., 2002, § 58 III, 6 (S. 1708).
[363] Anders *Grundmann* in BankR-HdB, 4. Aufl. 2011, § 112 Rn. 84: Gelegenheitsgesellschaft.
[364] Muster bei *Bosch* in BuB, Rn. 10/253 a ff.

regelt auch die Haftungsverhältnisse, dh die gesamtschuldnerische Haftung nach § 427 BGB wird abbedungen (→ Rn. 207), und legt die Gewinnbeteiligung der einzelnen Konsorten fest.

Wenn die konsortialführende Bank alleine mit dem Emittenten kontrahiert statt als Vertreter des ihr angeschlossenen Konsortiums, spricht man von einem **Innenkonsortium**.[365] In diesem Fall besteht eine nach außen wirkende Vertragsbindung nur zwischen dem Emittenten und der Führungsbank, während die anderen Konsortialbanken nur mit dieser, nicht aber mit dem Emittenten in Vertragsbeziehungen stehen. Diese Gestaltung ist in Deutschland eher selten, weil sie den einfachen Konsortialmitgliedern nach außen keine Geltung verschafft: Sie empfinden es als nachteilig, wenn sie am Begebungsvorgang der Emission (zB Zeichnung der neuen Aktien) unbeteiligt sind und in die Nähe eines schlichten Wertpapierkäufers gerückt werden, der von der Führungsbank nach Kaufrecht Wertpapiere erwirbt und dann an seine Kundschaft weiterverkauft.[366] 210

Eine weitere Gestaltungsvariante ist die **Unterbeteiligung** an einer Konsortialquote. **Beispiel**: Eine Konsortialbank tritt von ihrer Konsortialquote in Höhe von 5 % des Emissionswertes 1/5 an eine dritte Bank still ab. Dann besteht mit der dritten Bank kein Konsortialverhältnis, es besteht keine Rechtsbindung zum Emittenten und zu den anderen Konsorten. Es besteht nur ein Vertrag zwischen der abgebenden Konsortialbank und der übernehmenden stillen Unterbeteiligten. Ist diese Unterbeteiligung für mehrere Konsortialgeschäfte und für längere Zeit vereinbart, spricht man von einem Metageschäft. 211

III. Der Übernahmevertrag

1. Allgemeines

Der Übernahmevertrag wird auch – in Abgrenzung zum Konsortialvertrag – als Außenvertrag bezeichnet,[367] denn er regelt das Außenverhältnis zwischen dem Emittenten und dem Bankenkonsortium. Im Regelfall der Festübernahme verpflichten sich das Bankenkonsortium oder die konsortialführende Bank, die emittierten Papiere zu einem festen Kurs zu zeichnen und in ihr eigenes Portefeuille zu „übernehmen", um sie später im Markt „unterzubringen", dh zum bestmöglichen Kurs weiterzuverkaufen. Dem entspricht der gesellschaftsvertragliche Zweck des **Übernahmekonsortiums**. Beim **Einheitskonsortium**, das vor allem für Aktienemissionen gebräuchlicher ist, betreiben die Emissionsbanken die Unterbringung im Markt indes nicht in eigener Sache und für (ausschließlich) eigene Rechnung, sondern im Auftrag des Emittenten für dessen Rechnung. Die Gewinnspanne zwischen Ausgabe- und Verkaufskurs steht in diesem Falle dem auftraggebenden Emittenten zu. Andererseits verschaffen sich die Banken die Möglichkeit, das Platzierungsrisiko – also das Risiko, dass das Finanzierungsziel mangels Absetzbarkeit der neu ausgegebenen Finanztitel verfehlt wird – soweit wie möglich auf den Emittenten (rück-)zuverlagern.[368] Beide Leistungskomponenten – Übernahme und Unterbringung – sind Gegenstand einer von den Emissionsbanken vertraglich geschuldeten Geschäftsbesorgung 212

---

[365] Vgl. *R. Müller* in Kümpel/Wittig, Bank- und Kapitalmarktrecht, 4. Aufl. 2011, Rn. 15.117; *Bosch* in BuB, Rn. 10/41.

[366] Einzelheiten *Hopt*, Die Verantwortlichkeit der Banken bei Emissionen, 1991, S. 26.

[367] Muster eines Übernahmevertrages bei *Bosch* in BuB, Rn. 10/324 und 326.

[368] *Ekkenga/Maas*, Das Recht der Wertpapieremissionen, 2005, Rn. 292 ff.

iSd § 675 BGB.[369] Der Emittent schuldet in erster Linie eine Provisionsvergütung und Aufwendungsersatz, während seine Verpflichtung zur Zuteilung (Begebung) der neuen Wertpapiere eher darauf abzielt, die Emissionsbanken in ihren Bemühungen zu unterstützen.[370]

213 Die **Übernahmeverpflichtung** der Konsortialbanken umfasst die Zeichnung und (Teil-)Valutierung der neu ausgegebenen Aktien oder Anleihen. Jedes Konsortialmitglied übernimmt hierfür üblicherweise nicht die volle Erfüllungsverantwortung, sondern verpflichtet sich nur in Höhe seiner Quote unmittelbar gegenüber dem Emittenten.[371] Die **Unterbringungspflicht** ist idR nicht so zu verstehen, dass die Banken den Plazierungserfolg im Sinne einer Werkleistung garantieren; hierzu haben sie normalerweise keinen Anlass, weil der Erfolgseintritt von Vorbedingungen abhängt, die sich ihrem Einfluss- und Beurteilungsvermögen ganz oder teilweise entziehen (zB marktliches Standing des Emittenten, unvorhersehbare Kursausschläge etc.). Die Emissionsbanken müssen sich aber bemühen, im Rahmen ihrer Möglichkeiten nach Kräften zum erfolgreichen Abschluss der Emission beizutragen. Diese „Platzierungskraft" ist ein wichtiges Kriterium für die Aufnahme einer Bank in ein Emissionskonsortium: Konsorte wird eine Bank in der allseitigen Erwartung, dass sie über einen anhaltenden, vom Vertrauen der Anleger getragenen Zugang zu kaufwilligen Kundenkreisen verfügt. Häufig übernimmt das Konsortium die Rechtspflicht, die Zulassung der Emission an einer oder mehreren Börsen zu betreiben. Dazu gehören umfassende vorbereitende Maßnahmen, insbesondere Unterstützungsleistungen bei der Ablaufplanung, bei der Erstellung des Börsenzulassungsprospekts und bei der Antragstellung, an der die konsortialführende Bank nach § 32 Abs. 2 S. 1 BörsG mitwirken muss. Bei unrichtigen oder unvollständigen Prospektangaben haftet die antragstellende Bank neben dem Emittenten gem. §§ 21 ff. WpPG für Schäden, die den Anlegern infolge dieser Angaben erwachsen (Prospekthaftung).[372] Anders als nach dem abgelösten Regime der §§ 44 ff. BörsG aF verjährt der Prospekthaftungsanspruch nicht schon nach einem Jahr ab Kenntnis (so noch § 46 BörsG aF). Vielmehr gilt die bürgerlich-rechtliche Regelfrist von 3 Jahren nach §§ 195, 199 BGB, was in praxi auf eine beträchtliche Haftungsverschärfung hinausläuft..

214 Bei einem Übernahmekonsortium trägt, wie soeben ausgeführt, jeder Konsorte das Absatzrisiko für seine Quote. Nicht absetzbare Reste der Quote muss er also auf ungewisse Dauer in den Eigenbestand übernehmen. Einheitskonsortien sind demgegenüber bestrebt, das Durchführungs- und Plazierungsrisiko teilweise an den Emittenten zurückzugeben, was sich in einer Vielzahl vertraglicher Bedingungs- und Rücktrittsklauseln niederschlägt. Es lässt sich grob unterscheiden zwischen **Gewährleistungs- und Garantiezusagen des Emittenten** (representations and warranties), in denen dieser beispielsweise die Herstellung aller für den Geschäftsbetrieb erforderlichen Rahmenbedingungen (etwa behördliche Genehmigungen, ordnungsgemäße Rechnungslegung) versichert oder verspricht, bestimmte kursrelevante Maßnahmen (Kurspflege im Vorfeld der Plazierung, weitere Wertpapieremissionen oder sonstige Außenfinanzierungen innerhalb eines bestimmten Zeitraumes nach

---

[369] *Ekkenga/Maas,* Das Recht der Wertpapieremissionen, 2005, Rn. 293, 316 f.

[370] Zu den streitigen Einzelheiten *Ekkenga/Maas,* Das Recht der Wertpapieremissionen, 2005, Rn. 362 ff.

[371] Hierzu und zu den daran anknüpfenden aktienrechtlichen Spezialfragen *Ekkenga/Maas,* Das Recht der Wertpapieremissionen, 2005, Rn. 350 ff.

[372] *Ekkenga/Maas,* Das Recht der Wertpapieremissionen, 2005, Rn. 472 ff.

Abschluss der Emission) zu unterlassen. Tritt der Gewährleistungs- oder Garantiefall ein, sind die Banken nach den Vertragsbedingungen zum Rücktritt berechtigt.[373] Daneben finden sich **Krisenklauseln,** wonach das Rücktrittsrecht auch dann eingreift, wenn in der Zeit nach Abschluss des Übernahmevertrages und vor Beginn der Plazierung unvorhersehbare wirtschaftliche oder politische Ereignisse mit negativen Folgen für die Kursentwicklung die Unterbringung der gefährden und die Mitwirkung der Konsorten unzumutbar machen.[374]

Ob und bis zu welcher Grenze derartige **Rücktrittsvorbehalte** überhaupt rechtswirksam sind, ist namentlich bei Aktienemissionen hochproblematisch. Denn „Rücktritt" bedeutet Rückgewähr der beiderseits empfangenen Leistungen (§ 346 Abs. 1 BGB), was in concreto hieße: Rückübertragung der gezeichneten Aktien an die AG gegen Erstattung der Einlage. Mit dem aktienrechtlichen Kapitalschutz, namentlich mit dem Verbot der Einlagenrückgewähr (§ 57 Abs. 1 S. 1 AktG) und mit den gesetzlichen Beschränkungen des Rückerwerbs eigener Aktien (§ 71 AktG) ist das nicht vereinbar. Eine vollständige Freizeichnung von den Folgen einer ganz oder teilweise gescheiterten Emission dürfte daher die Grenzen der vertraglichen Privatautonomie überschreiten, so dass über Ersatzlösungen nachgedacht werden muss. Hierzu gehören etwa die Durchführung von Notverkäufen und die Minimierung des Zeichnungsbetrages in Kombination mit einer abgestuften Kapitalaufbringung (genauer → Rn. 243 ff.).[375] Fest steht immerhin, dass die Erreichung des Konsortialzweckes mit dem Scheitern der Emission unmöglich wird, was ipso jure die Auflösung des Konsortiums zur Folge hat (§ 726 BGB). Eines (einstimmigen) Beschlusses aller Konsorten bedarf es hierfür nicht.[376]

215

Der Übernahmevertrag entfaltet grundsätzlich Wirkung nur inter partes, also zwischen dem Emittenten und den Konsortialbanken. Er enthält aber auch Klauseln mit **Drittwirkung.** So ist die Andienungsverpflichtung, die die Emissionsbank gem. § 186 Abs. 5 S. 1 AktG übernehmen müssen, um die bezugsberechtigten Altaktionäre an der Emission zu beteiligen (→ Rn. 235), unstreitig ein Leistungsversprechen zugunsten der Altaktionäre iSd. § 328 Abs. 1 BGB.[377] Klauseln, die auf eine Sicherung des Status quo ante abzielen, könnten Drittschutzwirkungen iSd § 311 Abs. 3 S. 2 BGB zugunsten der erwerbsinteressierten Anleger entfalten. Als **Beispiele** seien genannt: Die Verpflichtung des Emittenten, während der Laufzeit der Emission anderen Gläubigern keine Sicherheiten zu stellen oder die Zusage an die Konsortialbanken, eine Eigenkapitalquote an der Bilanzsumme von 35 % während der Laufzeit der Anleihe einzuhalten.[378] Ob Verstöße gegen solche Verpflichtungen zu direkten Schadensersatzansprüchen des Anlegers gegen den Emittenten führen können, bedarf noch der ausführlichen Diskussion.

216

2. Spezialfragen der Anleiheemission

Bei Anleiheemissionen ist die Vertriebsform des **Übernahmekonsortiums** vorherrschend. Die einzelnen Mitglieder dieses Übernahmekonsortiums zeichnen die Anleihe vom Emittenten zu einem festen Kurs, zahlen den Kaufpreis und verkaufen die Anleihe

217

---

[373] *Ekkenga/Maas,* Das Recht der Wertpapieremissionen, 2005, Rn. 373 f.
[374] Muster bei *Bosch* in BuB, Rn. 10/324, Art. 10 (1) (f) (iii) und Rn. 10/326 Art. 9 (1) (f) (iii).
[375] Zum Ganzen *Ekkenga/Maas,* Das Recht der Wertpapieremissionen, 2005, Rn. 380 ff.
[376] Vgl. *Canaris,* Bankvertragsrecht, 1981, Rn. 1093.
[377] *Ekkenga/Maas,* Das Recht der Wertpapieremissionen, 2005, Rn. 453.
[378] Zurückhaltend *Hopt,* Die Verantwortlichkeit der Banken bei Emissionen, 1991, Rn. 47.

im eigenen Namen und für eigene Rechnung jedes Konsorten an das anlegende Publikum. Jeder Konsorte trägt das Risiko der vollständigen Unterbringung der von ihm gezeichneten Quote der Anleihe. Seltener ist beim Anleihevertrieb das Begebungskonsortium, das nur die Aufgabe übernimmt, die Anleihe für Rechnung des Emittenten als Kommissionär am Kapitalmarkt zu plazieren, während das Risiko der Unterbringung der Anleihe beim Emittenten verbleibt. Ob die volle Übernahme oder nur der kommissionsweise Verkauf der Anleihe vereinbart ist, hat naturgemäß Folgen für die Vergütung. Im ersteren Fall zahlt der Emittent eine Übernahmeprovision für alle Konsorten, die aus der Differenz zwischen dem Übernahme- und dem höheren Emissionskurs besteht und die eine Führungsprovision für die Konsortialführung einschließt. Beim kommissionsweisen Verkauf einer Anleihe bewendet es dagegen bei der Kommissionsgebühr. Die Konsorten sind berechtigt, aus der Übernahmeprovision Anteile als Bankierbonifikation an andere, nicht dem Konsortium angehörende Kreditinstitute abzuführen, soweit diese sich an der Plazierung beteiligen. Oft erhalten auch institutionelle Großanleger wie Investmentfonds und Versicherungen eine Vergütung in Form eines Kursabschlages.

218   Das Emissionskonsortium einer Anleihe stellt die Emission üblicherweise zum **freihändigen Verkauf**, bis die Emission untergebracht ist. Die Zuteilungen werden täglich abgerechnet. Dieser freihändige Verkauf kann zeitlich begrenzt werden, zB auf eine Frist von 14 Tagen. Sind nach Ablauf der für den Absatz festgelegten Fristen die Schuldverschreibungen nicht gänzlich untergebracht, sind die Konsorten verpflichtet, den Rest ihrer Quote selbst zu übernehmen. Eine erste Variante besteht darin, dass eine Neuemission vom Emissionskonsortium **zur Zeichnung** aufgelegt wird. Dann muss sich der Anleger zunächst als Zeichner vormerken lassen. Nach Ablauf der Zeichnungsfrist wird die Neuemission den Zeichnern zugeteilt und abgerechnet. Dieses Zeichnungs- und Zuteilungsverfahren hat den Sinn, den Markt und die Interessenten gleichmäßig zu bedienen. Eine dritte Vertriebsform ist das **Tenderverfahren**, das als Zins- und Mengentender vor allem von der Bundesrepublik als Anleiheemittent eingesetzt wird. Beim Mengentender stehen die Konditionen, nicht aber das Emissionsvolumen fest. Die Großanleger werden aufgefordert, die von ihnen zu zeichnenden Volumina dem Emittenten zu nennen, der dann nach diesem Tenderergebnis das Emissionsvolumen festsetzt. Beim Zinstender werden die Anleger aufgefordert, Preis- und Mengengebote abzugeben, auf die der Emittent mit Zuteilungen reagiert. Für die nähere Ausgestaltung dieser Vertriebsformen gilt Vertragsfreiheit, wobei eingeführte und vom Anleger und vom Markt akzeptierte Methoden der Phantasie Grenzen setzen.

219   Ist eine **Auslandsanleihe** Gegenstand der Emission, wird zumeist ein Konsortium nach angelsächsischem Muster gebildet und bezahlt: Die Banken schließen sich zu einer Underwritinggruppe zusammen. Diese verfügt über einen Lead-Manager und ein bis zwei Co-Lead-Manager, die die Führungsfunktion bekleiden und die Übernahme der Anleihe gegenüber dem Emittenten zusagen. Es folgt die Verkaufs- bzw. Selling-Gruppe, die den Absatz organisiert und durchführt. Sie umfasst in der Regel die Manager, die Underwriter und eine weitere mehr oder weniger große Zahl zusätzlicher Banken, die sich an der Plazierung der Anleihe beteiligen.

220   Die der Emission zugrunde gelegten **Anleihebedingungen,** mit denen wir uns oben unter → Rn. 30 ff. schon näher beschäftigt haben, sind nach Ansicht des BGH und mancher Autoren „Bestandteil des Übernahmevertrags zwischen Emittenten und Konsortialbank". Der BGH zieht daraus drei weittragende Schlüsse: Zum ersten erlangten die Anleihebedingungen, die er als AGB im Rechtssinne qualifiziert, Rechtswirksamkeit ohne

Ekkenga

Einhaltung der verschärften Einbeziehungsvoraussetzungen des § 305 Abs. 2 BGB, denn diese Vorschrift sei gem. § 310 Abs. 1 S. 1 BGB im rechtsgeschäftlichen Verkehr zwischen „Unternehmern" nicht anwendbar. Zum zweiten müssten die Anleihebedingungen, da sie „durch den Übernahmevertrag Bestandteil des verbrieften Rechts" geworden seien, in die Verträge zwischen den Konsortialbanken und den Anlegern nicht erneut einbezogen werden, so dass diese – obwohl „Nicht-Unternehmer" – der Einbeziehungskontrolle nach § 305 Abs. 2 BGB nicht mehr bedürften. Und drittens dürfe die Einbeziehungskontrolle nicht zu einer Aufspaltung der einheitlichen Emission in einen Teil „cum" Anleihebedingungen und einen anderen Teil „ex" Anleihebedingungen führen. Selbstemissionen seien daher zu behandeln wie Fremdemissionen, dh die Einbeziehungskontrolle entfalle auch dann, wenn der Emittent die Anleihe direkt an die Anleger (ohne Zwischenerwerb einer Emissionsbank) begebe.[379] Diese Rechtsprechung führt zu Missverständnissen und kann im Ergebnis nicht überzeugen: Die Anleihebedingungen sind nicht „Bestandteil" des Übernahmevertrages, kraft dessen sich der Emittent zur Begebung der Wertpapiere verpflichtet, sondern sie sind das Ergebnis der Begebung selbst, also des Erfüllungsgeschäftes.[380] Nur zu berechtigt ist dagegen die Befürchtung, die AGB-Kontrolle könne die Einheitlichkeit der Emissionsausstattung – und damit die Verkehrsfähigkeit der Papiere gefährden. Diese Gefahr wird aber noch forciert, wenn man Anleihebedingungen ohne Einbeziehungskontrolle der Inhaltskontrolle überantwortet, weil das AGB-Recht nicht über die verfahrenstechnischen Mittel verfügt, das im Parteiprozess erstrittene Kontrollergebnis – die Anwendung des dispositiven Rechts auf die Anleihe des Klägers, § 306 Abs. 2 BGB – auf alle anderen umlaufenden Stücke zu erstrecken[381] (zur Problematik der AGB-Kontrolle → Rn. 31).

3. Spezialfragen der Aktienemission

a) Vorbereitende Maßnahmen

Zu den Vorbereitungen einer Aktienemission, an denen die konsortialführende Bank regelmäßig beratend teilnimmt, gehört vor allem eine sorgfältige **Gesamtplanung,** die darauf gerichtet ist, die Emissionsziele zu definieren und die Ablaufplanung der Emission nach diesen Zielen auszurichten. Beide Aufgaben – sowohl die Zweckbestimmung als auch die technische Durchführung – sind untrennbar mit der sorgfältigen Prüfung aktienrechtlicher Vorfragen verbunden. In Anbetracht dieser **bank-, kapitalmarkt- und gesellschaftsrechtlichen Gemengelage,** die in keiner anderen bankgeschäftlichen Sparte ähnlich stark ausgeprägt ist, sei die These gewagt, dass die vorbereitende Beratung in Aktienemissionen generell um einiges komplexer und facettenreicher ist als diejenige in Anleiheemissionen. Dieser Vergleich trifft allerdings von vornherein nur auf die Emission reiner Fremdkapitaltitel zu wie zB Industrieanleihen oder Zero-Bonds (→ Rn. 33). Dass es daneben sehr komplexe („hybride") Anleihevarianten mit einer ausgeprägten Affinität zum Aktienrecht bis hin zum „aktiengleichen Genußrecht" gibt, haben wir oben ausführlich erörtert (→ Rn. 59-65).

221

---

[379] So (noch zu § 2 Abs. 1 AGBG aF) BGHZ 163, 311, 315 ff. = BB 2005, 1871 m.Anm. *Fillmann*; zust. *Schlosser* in Staudinger, BGB, 2006, § 305 Rn. 9.
[380] Zu diesen Zusammenhängen *Ekkenga/Maas*, Das Recht der Wertpapieremissionen, 2005, Rn. 293, 310 ff.
[381] Hierzu schon *Ekkenga* ZHR 160 (1996), 59, 68.

222 Was zunächst das Emissionsziel anbelangt, so ist es allein mit der Festlegung des Finanzierungsbedarfs – also mit der Bezifferung des mit der Ausgabe neuer Aktien angestrebten Kapitalvolumens – nicht getan. Zusätzlich ist zu klären, ob die benötigten Mittel durch Beteiligung bestimmter Finanzinvestoren generiert werden sollen – die Branche spricht von **Private Equity** (→ Rn. 108) –, oder ob beabsichtigt ist, die neuen Aktien am Kapitalmarkt einem unbestimmten Kreis von Anlegern öffentlich anzubieten. Ein solches **Going Public** wird oftmals, muss aber nicht zwangsläufig mit einem Börsengang verbunden sein; seit langem gibt es neben den Börsen ausreichend viele und leistungsfähige außerbörsliche Handelssysteme, die die Liquidität der Aktie im Interesse der Anleger gewährleisten.[382] Zwischen „Private" und „Public Equity" liegen – aus der Perspektive des Emissionsberaters betrachtet – Welten, schon weil es der Mitwirkung professioneller Underwriter an einer Private-Equity-Emission in der Regel nicht bedarf: Die Investoren handeln den Vorgang mit dem Emittenten direkt aus und benötigen Banken als Kreditgeber, aber nicht als Zwischenerwerber und Verkaufsstelle. Wir konzentrieren uns deshalb im Weiteren auf öffentliche Emissionsangebote, insbesondere auf **Börsengänge**.

223 Börsengänge in Aktien sind nicht nur finanzwirtschaftlich vorteilhaft, weil sie sich – wie alle öffentlichen Wertpapieremissionen – der gesteigerten Transformationskräfte eines organisierten Kapitalmarktes bedienen (→ Rn. 201). Sie sind außerdem, da die Aktie die Mitgliedschaft in einem Unternehmen verkörpert, Wegbereiter einer wirtschafts- und sozialpolitisch wünschenswerten „**Demokratisierung der Wirtschaft**": Über die Verwendung des Produktivvermögens bestimmt nicht das Großkapital in der Hand weniger Personen, sondern – im idealtypischen Fall – der mehrheitlich gefasste Wille einer Vielzahl von Kleinanlegern, die über die Geschicke des Unternehmens – und damit ihrer Renditeaussichten – selbst bestimmen. Während im Jahre 1982 nur zwischen zehn bis zwanzig Gesellschaften jährlich den Weg an die Aktienbörse fanden,[383] entschlossen sich 1999 auf dem Höhepunkt der Börsenhausse etwa 200 AGs, diesen Schritt zu tun – vorwiegend Familiengesellschaften des Mittelstandes. Ab 2000 brach dieses Marktsegment des Going-Public ein, es verminderte sich auf einige wenige AGs und kam 2002 nahezu vollständig zum Erliegen. Inzwischen steigt die Trendkurve wieder an.

224 Zugleich steigt aber auch die Zahl derer, die danach trachten, sich durch ein freiwilliges „Delisting" (**Going Private**) wieder von der Börse zu verabschieden. Der Grund lässt rechtspolitisch aufhorchen: Die Gesetzgeber in Berlin und Brüssel konfrontieren die „börsennotierte AG" (vgl. § 3 Abs. 2 AktG) seit Jahren und ohne erkennbare Anzeichen einer Mäßigung mit einer derartigen Anhäufung gesellschafts- und kapitalmarktrechtlicher Verhaltensregeln, dass viele Vorstände vor lauter „Compliance"-Management nicht mehr dazu kommen, sich ausreichend um ihre eigentliche Aufgabe – die Teilnahme an den Leistungsmärkten und die Erzielung von Umsätzen – zu kümmern. Beispiele für eine solche Tendenz zur Übertreibung gibt es viele, etwa im Recht der Ad-hoc-Publizität, das mit der Prospektpublizität nicht ausreichend abgestimmt ist,[384] oder im Recht der Rechnungslegung. Ein Beispiel: Die Einführung eines strafbewehrten „Bilanzeides" (§§ 264 Abs. 2 S. 3, 331 Nr. 3a HGB) nach dem Vorbild des US-amerikanischen Sarbanes-Oxley-Act von 2002, eines überhastet verabschiedeten Maßnahmegesetzes, mit dem der

---

[382] *Ekkenga/Maas,* Das Recht der Wertpapieremissionen, 2005, Rn. 136 f.
[383] 1994 waren es 10 Gesellschaften, Geschäftsbericht Deutsche Börse AG, 1994. 12.
[384] *Ekkenga/Maas,* Das Recht der Wertpapieremissionen, 2005, Rn. 248 f. Übersicht über die statusrechtlichen Folgen der Börseneinführung ebenda Rn. 238 ff.

amerikanische Gesetzgeber auf Drängen der Regierung *George W. Bush* auf die gerade aktuellen US-Bilanzskandale (Enron, Worldcom) reagiert hat.[385] Dass dieses Gesetz in den USA schon kurz nach Inkrafttreten als reformbedürftig galt, weil es nicht ausreichend durchdacht ist, Börsengänge unvertretbar verteuert und zu viele Unternehmen vom Going Public abschreckt, hat die europäischen Initiatoren in ihrem Reglementierungseifer nicht mehr umstimmen können.

Nicht jedem Emittenten passt es ins **unternehmerische Konzept**, dass neue Aktionäre über die Hauptversammlung Einfluss auf das weitere wirtschaftliche Geschehen nehmen können. Vor allem mittelständische Unternehmer, die ihre Gesellschaft bisher in alleiniger Verantwortung geleitet haben, gewöhnen sich nur schwer an den Gedanken, dass außenstehende Aktionäre wesentliche Stimmrechte auf sich vereinigen und damit die AG in eine neue Richtung lenken könnten. Diesen typischen Zielkonflikt zwischen den Finanzierungsvorteilen des Going Public und den Beharrungstendenzen in einer mittelständischen Betriebswirtschaft aufzulösen, gehört zu den Kernaufgaben einer kompetenten Emissionsberatung. Sieht man von „außerbörslichen" Optionen wie der Aufnahme eines typischen stillen Gesellschafters[386] und Stimmrechtsbeschränkungen (nur zulässig bei nicht börsennotierten AGs, § 134 Abs. 1 S. 2 AktG) einmal ab, verbleiben drei Möglichkeiten: 225

(1) Der Emittent gibt sich nicht die Rechtsform der AG, sondern die der **Kommanditgesellschaft auf Aktien** (KGaA) im Sinne der §§ 278 ff. AktG. Der Unternehmer wird Komplementär und leitet weiterhin die Geschäfte. Die neu hinzutretenden Kommanditaktionäre erhalten nur ein beschränktes Beschlussrecht in der Hauptversammlung (§ 285 Abs. 2 HGB). Die Personalkompetenz bleibt beim Komplementär, dieser ist also von der Hauptversammlung nicht abwählbar.[387] Der Komplementär haftet zwar für die Schulden der KGaA (§ 278 Abs. 2 AktG iVm. §§ 128, 161 Abs. 2 HGB). Der Unternehmer braucht deshalb aber nicht sein Privatvermögen aufs Spiel setzen, sondern kann sich über eine GmbH an der KGaA beteiligen, so dass im Ergebnis die Rechtsform einer GmbH & Co KGaA entsteht.[388] 226

(2) Die Ausgabe **vinkulierter Namensaktien** sei hier nur am Rande erwähnt, weil sie lediglich begrenzten Schutz bietet. Mit ihrer Hilfe lassen sich Fremdeinflüsse nicht eliminieren – auch der gebundene Namensaktionär hat ein Stimmrecht in der Hauptversammlung –, wohl aber Änderungen im Aktionariat durch den Neueintritt von Anteilskäufern kontrollieren, vgl. § 68 Abs. 2 AktG. Für Mittelstandsunternehmen, die an der Börse Kapital aufnehmen wollen, ist dies kein Instrument, die Bildung von Aktienpaketen zu verhindern. Zwar können auch vinkulierte Aktien trotz ihrer eingeschränkten Umlauffähigkeit zum Börsenhandel zugelassen werden.[389] Ihr Absatz an neu einzuwerbende Geldanleger ist aber kaum möglich, weil sie nicht attraktiv genug sind. 227

(3) Es bleibt der Weg, an die neu in die Gesellschaft hinzukommenden Kapitalgeber **stimmrechtslose Vorzugsaktien** (§ 12 Abs. 1 S. 2 AktG) auszugeben. Diese bieten den 228

---

[385] Näher *Fleischer* ZIP 2007, 97, 98.
[386] Näher *Ekkenga* in Ekkenga/Schröer, Handbuch der AG-Finanzierung, 2014, Kap. 15, Rn. 128 ff.
[387] *Claussen*, FS für Heinsius, 1991, S. 61 ff.
[388] Zulässig nach BGHZ 134, 392, vgl. *Claussen*, FS für Heinsius, 1991, S. 69; *Claussen* GmbHR 1996, S. 73, 76 ff.
[389] *Ekkenga/Maas*, Das Recht der Wertpapieremissionen, 2005, Rn. 89.

Anlegern einen fairen Kompromiss an: Zwar können die Vorzugsaktionäre in der Hauptversammlung normalerweise nicht mitstimmen, so dass die Altaktionäre als die bisherigen Inhaber des Unternehmens vor Einschränkungen ihres Einflussbereiches durch familienfremde Neulinge geschützt sind. Zum Ausgleich werden die Aktionäre bei der Gewinnverteilung bevorzugt (§ 139 Abs. 1 AktG); die Altaktionäre müssen sich also den Erhalt ihrer Stimmquote durch einen Teilverzicht auf Dividende „verdienen". Dieser Vorzug ist den Aktionären gesetzlich garantiert, er kann ihnen nicht gegen ihren Willen entzogen werden (§ 141 Abs. 1 AktG). Ungeachtet dieser Ausgleichs- und Schutzregeln konnte sich der Gesetzgeber nicht dazu durchringen, stimmrechtslose Aktien schrankenlos zuzulassen; ihr Volumen ist vielmehr auf 50% des Grundkapitals begrenzt (§ 139 Abs. 2 AktG). Um ein **Beispiel** zu geben: Das Emissionskonzept sieht vor, dass die stimmrechtstragenden Stammaktien weiterhin bei den bisherigen Familiengesellschaftern bleiben, die sich damit in der Hauptversammlung die Stimmenmacht sichern, und der Gang an die Börse mit Vorzugsaktien beschritten wird. Reicht das so eingeworbene Kapital für die angestrebten Ziele nicht aus und kommt die Einschränkung der 50 %-Regel des § 139 Abs. 1 AktG zum Tragen, ist zu erwägen, das Kapital der Stammaktien zu erhöhen. Dies ist unter dem Aspekt des Einflussverlustes nicht zu dramatisieren, weil die früheren Alleineigentümer nicht 100 % der Stammaktien halten müssen, um den beherrschenden Einfluss aufrechtzuerhalten. Die Familie hat vielmehr die Möglichkeit, neben den Vorzugsaktien bis zu 25 % der Stammaktien an den deutschen Börsen abzusetzen, also insgesamt 62,5 % des Kapitals am offenen Markt aufzunehmen. Ihren beherrschenden Einfluss würde sie mit 75 % des stimmberechtigten Kapitals erhalten einschließlich der Option, Satzungsänderungen beschließen zu können (§ 179 Abs. 2 S. 1 AktG).

229   Der beschriebene **Vorzug der Vorzugsaktie** dauert allerdings nur an, solange die AG verdient und Dividende zahlt. Nach zwei dividendenlosen Jahren wächst nach § 140 Abs. 2 AktG den stimmrechtslosen Vorzugsaktionären das Stimmrecht zu, so dass sich die Mehrheitsverhältnisse in der Hauptversammlung uU grundlegend verschieben. Nach der einhelligen Rechtsprechung und Literatur tritt ein weiterer, gravierender **Nachteil** hinzu: § 139 Abs. 1 AktG sei so auszulegen, dass dem Vorzugsaktionär ein unentziehbares mitgliedschaftliches *Nachzahlungsrecht* zustehe, der die Bilanz der AG in Verlustjahren belaste und bei Wiedereintritt in die Gewinnzone bedient werden müsse. Einer Satzungsbestimmung bedürfe es nicht; unter Satzungsvorbehalt stehe gem. § 140 Abs. 3 AktG nur die Umwandlung des Nachzahlungsrechts in einen – durch die spätere Gewinnverteilung aufschiebend bedingten – *Nachzahlungsanspruch,* der als Forderung getrennt von der Mitgliedschaft übertragen werden könne.[390] Diesen Standpunkt sollte man überdenken, weil das Ergebnis nicht einleuchtet: Zum einen ist von einem gesetzlichen „Nachzahlungsrecht" in § 139 Abs. 1 AktG nicht die Rede; vielmehr hat die Nachzahlung des Vorzugs in § 140 Abs. 2 AktG – vorbehaltlich anderweitiger Regelung in der Satzung, § 140 Abs. 3 AktG – nur die Funktion einer Fortsetzungsbedingung für die (weitere) Vorenthaltung des Stimmrechts. Zum zweiten macht es keinen Sinn, der AG die Nachzahlung für Perioden abzuverlangen, in denen der Vorzugsaktionär gem. § 140 Abs. 2 AktG sein Stimmrecht wiedererlangt hat, da der Vorzug doch gerade das Äquivalent für die Einbuße des Stimmrechts darstellen soll. Und schließlich scheint man zu wenig zu berücksichtigen, dass sich eine Vorzugsaktie mit Nachzahlungsgarantie vom Eigenkapital im finanzwirtschaftlichen Sinne weit entfernt und eher Fremdkapital verkörpert. Der Sache nach handelt es sich,

---

[390] S. statt anderer *Schröer* in MüKoAktG, 3. Aufl. 2013, § 140 Rn. 16ff. mwN.

folgt man der hM, um nichts anderes als eine Anleihe im Aktienkostüm, ausgestattet mit einer gewinnabhängigen, also nachrangigen Festzinsvergütung und mit einer zusätzlicher Gewinnbeteiligungsoption.

Was die **Art und Bemessung der Vorzugsdividende** anbelangt, belässt das Aktienrecht den Emissionsplanern durchaus Gestaltungsspielraum. Beliebt ist das Modell der „unlimitierten Vorzugsdividende": Aus dem Jahresüberschuss erhält zuerst die Vorzugsaktie ihre Vorzugsdividende, beispielsweise 5% vom Aktiennennbetrag. Der darüber hinausgehende Gewinn steht den Stammaktionären zu, bis sie in der Dividende mit den Vorzugsaktionären gleichbedient sind. Der danach verbleibende Gewinn wird gleichmäßig auf Vorzugs- und Stammaktionäre verteilt. Möglich ist aber auch die Ausstattung der Aktie mit „prioritätischen" Vorzugsrechten, etwa der Bestimmung, dass auf die Vorzugsaktien ein gleichbleibender Prozentsatz zum Gewinn pro Stammaktie aufgeschlagen wird. Einen nur scheinbaren „Vorzug" vermittelt die „limitierte Vorzugsdividende", die wir schon im Zusammenhang mit den Genussrechten behandelt haben (→ Rn. 63) und die im Ergebnis dazu führen kann, dass an die Vorzugsaktionäre im Ergebnis weniger ausgeschüttet wird als an die Stammaktionäre. Ob diese Variante nach Aktienrecht noch zulässig ist, wird uneinheitlich beurteilt.[391]

230

Eine kompetente Emissionsberatung kann nicht daran vorbeigehen, dass Anleger die Vorzugsaktie trotz ihrer nicht unbeträchtlichen Privilegien als „**zweitklassige Aktie**" einstufen, die wegen des Fehlens von Stimmrechten unter einem Malus leidet, der sich in Preisabschlägen am Kapitalmarkt niederschlägt. Die Mindererlöse für Vorzugsaktien im Vergleich zu Stammaktien belaufen sich erfahrungsgemäß auf mehr als 10 % gegenüber den für Stammaktien erzielbaren Preisen. Darin manifestiert sich, dass das Aktienstimmrecht selbst bei Kleinstbeteiligungen – etwa bei der 1-€-Aktie – durchaus einen eigenen Wert hat, den die Börse zusätzlich zum Gewinnanteil honoriert. An sog. „Paketzuschlägen", die ein Aufkäufer am Sekundärmarkt im Rahmen einer Unternehmensübernahme zusätzlich zum Börsenkurs entrichten muss, nimmt allerdings auch die Vorzugsaktie teil. Zwar verhilft der Erwerb der Vorzugsaktie dem Übernehmer nicht zum Erwerb der Stimmenmehrheit im Zielunternehmen, doch ist er durch das Verbot der Teilangebotsunterbreitung in § 32 WpÜG gehindert, sein Übernahmeangebot auf Stammaktien zu beschränken.[392]

231

b) Verbandsinterne Vorbereitungen

Gegenstand der Emission können entweder neue Aktien sein, die der Emittent durch eine Erhöhung des Grundkapitals erst schaffen muss, oder existierende Altaktien, die ein Paketaktionär durch Verkauf an den Markt bringen will. Am gebräuchlichsten ist eine Kombination beider Aufbringungsmethoden (gespaltenes Verfahren, s. näher Rn. 345). Die Emission durch **Verkauf von Altaktien** bedarf für sich genommen nur ausnahmsweise einer Mitwirkung des Emittenten durch verbandsinterne Maßnahmen, so bei vinkulierten Namensaktien, deren Veräußerung von der Zustimmungserklärung des AG-Vorstands oder einem Zustimmungsbeschluss der Hauptversammlung abhängt (§ 68 Abs. 2 AktG).[393] Erfahrungsgemäß erhöht sich durch den mengenweisen Verkauf von Altaktien zum Zwecke des Going Pulic das Risiko, dass die Abnahmebereitschaft des

232

---

[391] Dafür etwa *Hüffer*, AktG, 10. Aufl. 2012, § 139 Rn. 8; *Schröer* in MüKoAktG, 3. Aufl. 2013, § 139 Rn. 22; dagegen *Zöllner* in Kölner Komm AktG, § 139 Rn. 12.
[392] *Ekkenga* in Ehricke/Ekkenga/Oechsler, WpÜG, 2003, § 32 Rn. 8 mwN.
[393] Zum Ganzen *Ekkenga/Maas*, Das Recht der Wertpapieremissionen, 2005, Rn. 84 ff.

Marktes überschätzt wird. Denn wer sich als Familiengroßaktionär öffentlich aus der AG verabschiedet, muss gute Gründe dafür vorbringen können, warum sich der Kauf für die Anleger lohnen könnte. Der Absatz solcher Aktien von „Aussteigern" wird überdies problematisiert, wenn sie Preisvorstellungen haben, die an der oberen Skala des Vertretbaren liegt, zumal „Aussteigern" unterstellt wird, dass sie weniger Interesse am fernen Schicksal der AG haben und deshalb den Preis ausreizen.

233 Neue Aktien entstehen, soweit für das bankliche Emissionsgeschäft relevant, durch Erhöhung des Grundkapitals gegen Einlagen. Hierzu bedarf es der Herbeiführung eines satzungsändernden **Kapitalerhöhungsbeschlusses der Hauptversammlung** (reguläre Kapitalerhöhung, §§ 182 ff. AktG) oder, wenn die Satzung dem Vorstand ein genehmigtes Kapital nach §§ 202 ff. AktG zur Verfügung gestellt hat, eines **Ausübungsbeschlusses des Vorstands** sowie eines **Zustimmungsbeschlusses des Aufsichtsrats** (vgl. § 204 Abs. 1 AktG). Bei Fremdemissionen zum Zwecke des Going Public fällt die Wahl meist auf das Genehmigte Kapital, weil es vergleichsweise „unbürokratisch" und flexibel eingesetzt werden kann. Insbesondere erlaubt es, den Ausgabezeitpunkt und die Preisbemessung für die neuen Aktien einigermaßen marktnah zu bestimmen, während die Erzielung eines optimalen Emissionserlöses auf der Grundlage des in §§ 182 ff. AktG vorgesehenen Regelverfahrens als schwierig bis unmöglich gilt. Das Problem besteht hier darin, dass zwischen dem öffentlichen Bekanntwerden der Kapitalerhöhung (Einladung zur Hauptversammlung!) und der Plazierung zu viel Zeit verstreicht, so dass sich der Börsenkurs aufgrund des erhöhten Angebots zu früh nach unten entwickelt und die neuen Aktien nicht teuer genug verkauft werden können.[394] Allerdings ist der Entscheidungsspielraum des Emittenten wiederum gesetzlich begrenzt; vor allem darf der Nennbetrag des Genehmigten Kapitals die Hälfte des Grundkapitals nicht übersteigen (§ 202 Abs. 1 AktG). Die **bedingte Kapitalerhöhung** nach §§ 192 ff. AktG dient, zugespitzt formuliert, nicht der Vorbereitung einer neuen öffentlichen Emission, sondern (meist) der Bedienung vergangener Emissionen. Zwar entstehen auch hier neue Aktien. Diese werden jedoch nicht von Banken übernommen und weiterverkauft. Vielmehr verwendet sie der Emittent, um Lieferansprüche von Gläubigern einer Wandel- oder Optionsanleihe nach Ausübung der Aktienoption (→ Rn. 51 ff.) zu erfüllen (vgl. § 192 Abs. 2 Nr. 1 AktG), um das eigene Management im Rahmen sog. Stock Option Plans mit Aktien auszustatten (vgl. §§ 192 Abs. 1 Nr. 3, 193 Abs. 2 Nr. 4 AktG) oder um die Fusion mit einem anderen Unternehmen durchführen zu können (§ 192 Abs. 2 Nr. 2 AktG). Neue Aktien können schließlich aus einer **formwechselnden Umwandlung** hervorgehen (§§ 214 ff. UmwG), die der Emittent vorschalten musste, um die Rechtsform einer emissionsfähigen (Aktien-)Gesellschaft zu erlangen. Dieser Aspekt kann hier nicht vertieft werden.

234 Von der Beschlussfassung über die Kapitalerhöhung klar zu unterscheiden ist die Frage, ob der erstmalige Börsengang und die damit verbundene „Umwandlung" der AG in eine börsennotierte Gesellschaft im Rechtssinne (§ 3 Abs. 2 AktG) eines **Zustimmungsbeschlusses der Hauptversammlung** bedarf. Das AktG sieht einen derartigen Entscheidungsvorbehalt nicht ausdrücklich vor (vgl. den Katalog in § 119 Abs. 1 AktG), und bei einer regulären Kapitalerhöhung dürfte die Intention von Vorstand und Aufsichtsrat, den Börsenmarkt zu erschließen, ohnehin in die Beschlussfassung über den Zweck der Maßnahme eingehen und damit von den Aktionären mindestens implizit mitgetragen sein. Vi-

---

[394] Näher hierzu *Ekkenga* in Fleischer (Hrsg.), Handbuch des Vorstandsrechts, 2006, § 21 Rn. 1 ff., insbes. 3 f.

Ekkenga

rulent wird das Problem allerdings in dem Augenblick, da die Verwaltung sich anschickt, neue Aktien auf der Grundlage eines genehmigten Kapitals zum Zwecke der späteren Börsenzulassung auszugeben. Nach verbreiteter Auffassung ergibt sich die Notwendigkeit eines Zustimmungsbeschlusses daraus, dass die AG mit der Börsenzulassung eine Art Strukturwandel vollzieht, einer formwechselnden Umwandlung nicht unähnlich. Dieser Wandlungsprozess zeigt sich in der Unterwerfung unter ein besonderes aktienrechtliches Regime (zB Verbot von Höchststimmrechten, s.o.; Erklärung zum Corporate-Governance-Kodex in § 161 AktG), das für sonstige AG nicht gilt und durch das sich auch die Qualität der Mitgliedschaft verändert. Plädiert wird für einen Zustimmungsvorbehalt zugunsten der eigenen Hauptversammlung, mehr noch aber der Hauptversammlung der Muttergesellschaft, wenn es sich um den Börsengang einer abhängigen AG handelt.[395]

235 Das gesetzliche Bezugsrecht des § 186 Abs. 1 AktG, das wir schon unter → Rn. 23 kennengelernt haben, passt nicht zum Konzept der Fremdemission, denn Ersterwerber (Zeichner) der neuen Aktien sind hier nicht die Altaktionäre, sondern die Emissionsbanken. Der Zeichnungsvorgang wäre im übrigen auch gar nicht praktikabel, wenn die AG viele (Klein-)Aktionäre hat. Nach allgemeinen Regeln müsste die Ausgabe der neuen Aktien daher stets mit einem **Ausschluss des gesetzlichen Bezugsrechts** nach § 186 Abs. 3, 4 AktG (ggf. iVm § 203 Abs. 1, 2 AktG) verbunden werden, um den Erfolg der Emission nicht zu gefährden. Diesen Umweg hat der Gesetzgeber den Beteiligten in § 186 Abs. 5 AktG erspart, indem er den Altaktionären statt des Rechts auf direkte Zeichnung ein „mittelbares" Bezugsrecht einräumt, das sich gegen die zwischenerwerbende Emissionsbank richtet. Diese zeichnet also alle jungen Aktien einer Kapitalerhöhung und bietet sie den bezugsberechtigten Altaktionären an, wie sie dies die AG beim unmittelbaren Bezugsrecht tun müsste.[396] Der Anspruch der Altaktionäre auf Zuteilung beruht auf dem Übernahmevertrag zwischen Emittenten und Emissionsbank(en), der allgemein als echter Vertrag zugunsten Dritter (§ 328 Abs. 1 BGB) eingestuft wird.[397] Sollen die neuen Aktien hingegen an Nichtmitglieder ausgegeben werden, so bewendet es bei den allgemeinen Regeln, wonach ein Bezugsrechtsausschluss zwar nicht grundsätzlich unzulässig, wohl aber einer strengen richterlichen Rechtfertigungskontrolle unterworfen ist.[398] Die Börseneinführung kann ein rechtfertigender Ausschlussgrund sein, insbesondere wenn anzunehmen ist, dass mit einer Emission cum Bezugsrecht nicht die für eine Börsenzulassung erforderliche Mindeststreuung der Aktien erreicht werden würde.[399] Ein erleichterter Bezugsrechtsausschluss nach § 186 Abs. 3 Satz 4 AktG scheidet hingegen beim erstmaligen Börsengang aus. Denn dieses Ausschlussverfahren kommt nur in Betracht, wenn sich die Altaktionäre statt durch Zeichnung der neuen Aktien durch Nacherwerb am Zirkulationsmarkt eindecken können.[400]

236 Häufig wird beim Going-Public das **gespaltene Verfahren** angewandt, dh es wird das Bezugsrecht nicht ausgeschlossen, ein oder mehrere Großaktionäre verpflichten sich im Übernahmevertrag, ihr Bezugsrecht an die Emissionsbanken zu verkaufen oder – wenn

---

[395] *Ekkenga* in Fleischer (Hrsg.), Handbuch des Vorstandsrechts, 2006, § 21 Rn. 29, 70 mwN.
[396] *Lutter* in Kölner Komm AktG, 2. Aufl. 1995, § 186 Rn. 102 ff.
[397] BGHZ 122, 180, 186; 118, 83, 96; 114, 203, 208; *Hüffer*, AktG, 10. Aufl. 2012, § 186 Rn. 47.
[398] Leitentscheidungen: BGHZ 71, 40 (Kali + Salz); BGHZ 136, 133 (Siemens/Nold); hierzu *Hüffer*, AktG, 10. Aufl. 2012, § 186 Rn. 26 ff.
[399] *Peifer* in MüKoAktG, 3. Aufl. 2011, § 186 Rn. 96.
[400] Hierzu *Claussen* AG 1995, S. 169.

der Emissionspreis ohnehin in der Nähe des Beteiligungswertes liegt – das Bezugsrecht an die Emissionsbanken ohne Entgelt abzutreten.[401] Der andere Teil der Altaktionäre verpflichtet sich, die auf ihn entfallenden Aktien zu beziehen. Bei diesem Verfahren kann es vorkommen, dass die Altaktionäre über mehr Bezugsrechte verfügen, als das Emissionskonsortium für den Börsengang benötigt. In diesem Fall ist das Abnahmevolumen quotal auf die Abgabewilligen zu verteilen. Dies folgt aus dem Gleichbehandlungsgrundsatz in § 53 a AktG (analog) sowie aus dem Treuegedanken, der nicht nur die Aktionäre mit der AG verbindet, sondern auch die Aktionäre untereinander.[402]

c) Fragen der Durchführung

237 Die Ablaufplanung wird beherrscht von zwei Emissionszielen: Der Emittent wünscht, dass die (neuen) Anteile von den Anlegern am Kapitalmarkt gekauft werden, folglich muss das **Emissionsangebot** ein **angemessenes Preis-/Leistungsverhältnis** vorsehen. Die Aktien müssen also hinreichend attraktiv sein, und der Ausgabepreis, den die Emissionsbanken ihren Erstabnehmern berechnen, muss unter dem Preisniveau für vergleichbare Finanzprodukte bzw. – wenn die Altaktien schon an der Börse gehandelt werden – unter dem aktuellen Börsenkurs liegen (anderenfalls wird sich der erwerbsinteressierte Anleger am Zirkulationsmarkt eindecken, statt auf das neue Angebot zuzugreifen). Etwas anders gelagert ist das Zielsystem der Banken. Aus naheliegenden Gründen haben auch sie ein Interesse am erfolgreichen Abschluss der Plazierung, zugleich wollen sie sich aber gegen das Risiko absichern, dass sie mangels Verkäuflichkeit der Aktien auf dem übernommenen Paket „sitzenbleiben" und so zum Dauergesellschafter wider Willen werden. Insofern lässt sich von einem Zielkonflikt sprechen, der jeder Fremdemission zugrunde liegt. Die stets sehr aufwendige und recht komplizierte Ablaufplanung[403] einer solchen Fremdemission wird vor dem Hintergrund jenes Zielkonfliktes überhaupt erst verständlich. Aus Raumgründen müssen wir uns hier auf das Allernotwendigste beschränken.

238 Eine wichtige Aufgabe der Emissionsbanken besteht in der Erarbeitung und Durchführung eines zugkräftigen **Marketing-Konzeptes.** Zu diesem Zweck wird die Bank schon im Vorfeld der Aktienausgabe eine werbewirksame Präsentation („Equity-Story") entwickeln und ihre Kontakte zu möglichen Investoren mobilisieren, die individuell angesprochen werden sollen, sog. „Pre-Marketing".[404] Das Anlagepublikum muss nicht nur erkennen können, dass und warum das Unternehmen des Emittenten die Erwirtschaftung künftiger Gewinne und damit hinreichende Aussichten auf Dividenden erwarten lässt, es muss auch in die Lage versetzt werden, diese Aussicht auf Wertsteigerung jederzeit durch Verkauf der Aktien an einem funktionsfähigen Sekundärmarkt realisieren zu können. Von kaum zu überschätzender Bedeutung ist daher die Entscheidung, an welcher in- oder ausländischen Börse die Papiere angeboten werden sollen oder ob ein nicht-börslicher Handelsplatz den Vorzug erhalten soll (→ § 6 Rn. 42 ff.).

239 In beiden Fällen – also auch dann, wenn eine Börsenzulassung nicht angestrebt ist – trifft den Emittenten eine Prospektpflicht, dh er muss einen Börsenzulassungs- oder Verkaufsprospekt erstellen, diesen von der BaFin prüfen lassen und ihn sodann veröffentlichen (→ § 6 Rn. 119). Eine Befreiung von der Prospektpflicht sieht das Gesetz nur vor, wenn

---

[401] Vgl. *Canaris*, Bankvertragsrecht, 2. Bearbeitung 1981, Rn. 2270 ff.
[402] BGHZ 129, 136, 142 f. (Girmes).
[403] Tabellarisches Muster bei *Ekkenga/Maas*, Das Recht der Wertpapieremissionen, 2005, S. 355 ff.
[404] *Ekkenga/Maas,* Das Recht der Wertpapieremissionen, 2005, Rn. 82.

der Emittent den Kapitalmarkt gar nicht öffentlich ansprechen will, also im Rahmen eines Private Placement (vgl. § 3 Abs. 1 WpPG).[405] Es ist üblich, dass die Emissionsbanken ihre fachliche Beratungskompetenz bei der Prospekterstellung einbringen. Die **Börsenzulassung** ist vom Emittenten zusammen mit einem Kreditinstitut – das wird regelmäßig die konsortialführende Bank sein – bei der BaFin zu beantragen (§ 32 Abs. 1, 2 BörsG). Die Erteilung der Zulassung hängt ua davon ab, dass der Emittent mindestens drei Jahre als Unternehmen bestanden hat, dass ein Emissionsvolumen von mindestens 1,25 Mio € erreicht ist, dass die neuen Aktien gezeichnet sind und im Hinblick auf Standardisierung, Stückelung und Streuung gewissen Mindestanforderungen genügen. Näheres ergibt sich aus den Vorschriften der BörsZulVO.[406] Den Börsenzulassungsprospekt unterzieht die BaFin einer umfassenden Prüfung nach den Kriterien der Vollständigkeit, Kohärenz und Verständlichkeit (§ 13 Abs. 1 WpPG). Anders als nach früherem Recht verfügt die BaFin also auch über eine materielle Prüfungskompetenz, die über die formale Korrektheit des Prospektaufbaus und -inhalts hinausgeht.[407]

Neben der Erarbeitung des Marketing-Konzeptes ist die **Festlegung des Ausgabepreises** (auch: Emissionspreises) für den Erfolg der Emission von ausschlaggebender Bedeutung. Das Gesetz belässt den Verwaltungsorganen bei der Preisbemessung gewisse Freiräume (vgl. § 182 Abs. 3 AktG für die reguläre Kapitalerhöhung, § 204 Abs. 1 S. 1 AktG für das genehmigte Kapital), die in folgenden Parametern genutzt werden: Das Interesse der AG ist auf einen hohen Ausgabepreis gerichtet, um die Kapitalrücklagen anzureichern. Den Altaktionären ist dagegen eher an einem niedrigen Ausgabepreis gelegen, um die jungen Aktien preiswert beziehen oder über die Veräußerung ihres Bezugsrechtes einen möglichst hohen Veräußerungserlös erzielen zu können. Dritter Parameter ist der aktuelle Börsenkurs bereits umlaufender Aktien desselben Emittenten oder vergleichbarer Aktien anderer Emittenten, und zwar im Sinne einer **Obergrenze**: Wenn die Emission nicht fehlschlagen soll, muss der Ausgabekurs wenigstens knapp unter dem Handelspreis liegen, denn niemand wird eine neue Aktie zu einem Kurs beziehen, die er an der Börse billiger kaufen kann. Darüberhinaus gibt es rechtliche bzw. rechtlich determinierte **Untergrenzen:** (1) Nach dem Verbot der Unterpariemission darf der Ausgabebetrag nicht unter dem Nennbetrag der Aktie liegen (§ 9 Abs. 1 AktG) – eine Vorgabe, die die Plazierung am Kapitalmarkt allerdings nicht mehr betrifft, weil die Kapitalaufbringung insoweit schon durch die erstzeichnenden Emissionsbanken gewährleistet ist (näher → Rn. 243). (2) Wenn das Bezugsrecht ausgeschlossen ist, muss der „Ausgabebetrag" mindestens den inneren Beteiligungswert erreichen (vgl. § 255 Abs. 2 S. 1 AktG). Ob mit „Ausgabebetrag" hier das von den Emissionsbanken zu leistende Zeichnungsvolumen gemeint ist oder ob es genügt, dass das Aufbringungssoll erst über den späteren Plazierungserlös abgedeckt wird, ist nicht leicht zu beurteilen; beim genehmigten Kapital spricht jedenfalls viel für die zweite Lösung.[408] (3) Der Bezugsrechtsausschluss im vereinfachten Verfahren ist nach § 186 Abs. 3 S. 4 AktG (nur) rechtmäßig, wenn „der Ausgabebetrag den Börsenpreis nicht wesentlich unterschreitet", damit sich die Altaktionäre statt durch Zeichnung der neuen Anteile durch Zukauf umlaufender Stücke am Zirkulationsmarkt zu vergleichbaren Bedingungen eindecken können, ohne eine Verwässerung ihrer Anteile befürchten zu müs-

---

[405] Näher hierzu *Ekkenga/Maas,* Das Recht der Wertpapieremissionen, 2005, Rn. 144 ff.
[406] Weiterführend *Ekkenga/Maas,* Das Recht der Wertpapieremissionen, 2005, Rn. 181 ff.
[407] *Ekkenga/Maas,* Das Recht der Wertpapieremissionen, 2005, Rn. 219.
[408] *Ekkenga/Maas,* Das Recht der Wertpapieremissionen, 2005, Rn. 337 ff.

sen. Nach umstrittener, aber wohl zutreffender Ansicht ist diese Vorschrift lex specialis, so dass § 255 Abs. 2 AktG daneben nicht zum Zuge kommt.[409] (4) Nach verbreiteter, allerdings umstrittener Auffassung unterliegt der Vorstand der Organpflicht, den Ausgabebetrag zwecks Maximierung des Finanzierungsvolumens so hoch wie möglich anzusetzen, wenn die Hauptversammlung keine Vorgaben für die Preisbemessung beschlossen hat.[410]

241 In verfahrenstechnischer Hinsicht hat sich, was die Preisfindung anbelangt, seit langem das sog. **Bookbuilding-Verfahren** durchgesetzt.[411] In Abweichung vom bisherigen Festpreisverfahren wird der Ausgabepreis hier unter Einbindung der Anleger ermittelt. Nach einer Pre-Marketing-Phase, in welcher die Bewertung der Aktien mit (vor allem institutionellen) Anlegern erörtert wird, folgt eine Order-Phase, während der die Anleger Angebote zu im Rahmen einer bestimmten Preisspanne selbst gewählten Preisen abgeben können. Nach Abschluss der Order-Phase entscheiden Emittent und Konsortialführer unter Berücksichtigung der Marktverhältnisse über den endgültigen Platzierungspreis und die Zuteilung der Aktien. Da das Bookbuilding stets mit einem öffentlichen Angebot iSd. § 3 Abs. 1 WpPG verbunden ist, darf es nicht vor Veröffentlichung eines Verkaufs- bzw. Börsenzulassungsprospektes und vor Ablauf der in § 14 Abs. 1 S. 1 WpPG bestimmten Wartefrist beginnen.[412]

242 Für den Emittenten und die bezugsberechtigten Altaktionäre kommt es entscheidend darauf an, dass die Ausgabepreise für die neuen Aktien nicht nur angemessen hoch sind, sondern auch tatsächlich eingezahlt werden. Zwischen der Ordnungsmäßigkeit des Preisfixing und der der **Preisvalutierung** ist aktienrechtlich scharf zu unterscheiden. Entspricht die Festsetzung der Preishöhe nicht den Mindestanforderungen, so ist der Rechtsweg im kontradiktorischen Verfahren eröffnet (zB Beschlussanfechtung wegen Verletzung des § 255 Abs. 2 AktG oder haftungsrechtliche Inanspruchnahme des Vorstands wegen Verletzung seiner Organpflichten nach § 93 Abs. 2 AktG). Es findet also eine nachträgliche Rechtskontrolle statt, die den Ablauf der Emission nicht oder jedenfalls nicht zwangsläufig unterbricht (vgl. § 246a AktG). Über die Preisvalutierung wacht hingegen das Regime der präventiven Kapitalaufbringungskontrolle: Wenn das gesetzlich geforderte Aufbringungsminimum der AG nicht geleistet worden ist, wird der Registerrichter die Kapitalerhöhung nicht eintragen (§§ 188 Abs. 2, 36 Abs. 2 S. 1 AktG) – mit der Folge, dass die neuen Anteile nicht zur Entstehung gelangen (vgl. § 189 AktG) und die Emission nicht durchgeführt werden kann.[413] Gegenstand der Kapitalaufbringungskontrolle ist außerdem nicht der letztlich angestrebte Emissionspreis, dessen Höhe das „wirtschaftliche Aufbringungssoll" – also das vom Emittenten letztlich angestrebte Finanzierungsergebnis – ausdrückt, sondern derjenige Ausgabebetrag, den die zeichnenden Emissionsbanken an die AG zum Zwecke der Einlagenerbringung zu zahlen haben (vgl. §§ 36 Abs. 2 S. 1, 54 Abs. 2, 3 AktG). Dieses „rechtliche Aufbringungssoll" kann geringer sein als das wirtschaftliche: Statt die Einlage über den Anteilsnennwert hinaus um ein aktienrechtliches Aufgeld (Agio) aufzustocken, kann sich der Zeichner vertraglich zur

---

[409] *Ekkenga* in Fleischer (Hrsg.), Handbuch des Vorstandsrechts, 2006, § 21 Rn. 83 mwN.
[410] *Hüffer,* AktG, 7. Aufl. 2006, § 182 Rn. 25 mwN.
[411] Vgl. hierzu *Bosch* BuB, Rn. 10/259–270; *Groß,* Bookbuilding, ZHR 162 (1998), 318. Zu den Einschränkungen des Bookbuildings bei Kapitalerhöhungen *Groß,* Bookbuilding, ZHR 162 (1998), S. 333 ff.
[412] *Ekkenga/Maas,* Das Recht der Wertpapieremissionen, 2005, Rn. 127.
[413] Ob diese Vorschriften den Schutz der Gesellschaftsgläubiger oder den der (zukünftigen) Mitgesellschafter bezwecken, ist umstritten. Für Letzteres etwa *Pentz* ZGR 2001, 900, 911 f.

Einzahlung weiterer Mittel verpflichten („schuldrechtliches Agio"), oder die zeichnende Emissionsbank sagt zu, die gezeichneten Anteile zu verkaufen und den Mehrerlös an die AG abzuführen.

Für die Emissionsbanken eröffnet sich damit die Möglichkeit, jenes Plazierungsrisiko, das **243** sie als Anteilszeichner im Rahmen der Fremdemission vertraglich übernommen haben, zu begrenzen und dem Emittenten teilweise zu belasten, indem sie den Zeichnungsbetrag auf das gesetzlich noch zulässige Minimum beschränken und den Rest des angestrebten Emissionsvolumens aus dem Verkaufserlös abdecken, sog. **mehrstufige Kapitalaufbringung**. Ein typisches **Beispiel:** Eine AG emittiert 10 Mio Aktien ohne Bezugsrecht zum Nennwert von je 5 €, kalkuliert aber wegen des viel höheren Anteilswertes mit einem Emissionserlös von 30 € pro Aktie. Als Zeichnerin dieser Anteile müsste folglich die konsortialführende Bank, um den Emissionspreis annähernd abzudecken, in Höhe eines Betrages knapp unterhalb von 300 Mio € in Vorlage treten, was die Fremdemission zu Lasten des Emittenten signifikant verteuern würde. Also minimiert die Bank ihren Übernahmeaufwand, indem sie die neuen Anteile zum Nennwert (ohne Aufgeld) zeichnet und sie in Höhe dieses „geringsten Ausgabebetrages" valutiert (§ 9 Abs. 1 AktG). Hierüber stellt die Emissionsbank die nach § 37 Abs. 1 S. 3 AktG erforderliche Bestätigung aus, womit die Voraussetzungen für die Eintragung der Kapitalerhöhung in das Handelsregister geschaffen sind. Der Registerrichter wird daraufhin die Kapitalerhöhung eintragen, obwohl zu diesem Zeitpunkt unsicher ist, ob die AG den Emissionserlös von 300 Mio € angesichts der Marktverhältnisse wirklich erzielen kann und ob der tatsächlich erzielbare Erlös ausreichen wird, um die zum Schutze der Altaktionäre eingerichtete Wertuntergrenze nach § 255 Abs. 2 S. 1 AktG zu erreichen.[414] Tritt der gewünschte Verkaufserfolg ein, so wird die Bank den Erlös vereinnahmen und nach Abzug aller Aufwendungen und Vergütungsposten gem. §§ 675 Abs. 1, 667 BGB an den Emittenten abführen. Schlägt die Plazierung hingegen fehl oder muss wegen der nachlassender Nachfrage „unter Preis" verkauft werden, so ist die Bank gegen die Folgen abgesichert. Denn „Aufbringungsgarant" kann sie nur sein, soweit sie dem Emittenten als Zeichner aktienrechtlich auf die Einlage (dh: auf den Aktiennennbetrag) haftet (§ 54 Abs. 2 AktG; vgl. aber → Rn. 244). Soweit sie (nur) das Plazierungsgeschäft besorgt, handelt sie auf der Grundlage des Übernahmevertrages für Rechnung des Emittenten, so dass ihn das Plazierungsrisiko trifft.[415]

Mit Eintragung der Durchführung im Handelsregister wird die zeichnende Emissions- **244** bank Aktionär der Emittentin. Sie erwirbt die Mitgliedschaft jedoch nur vorübergehend und nur zu dem Zweck, diese so bald als möglich gewinnbringend an das Anlegerpublikum zu verkaufen. Die Emissionsbank bekleidet also mit der Übernahme der neuen Anteile die Position einer **fremdnützigen Treuhänderin**, wobei es naheliegt, dem Emittenten als Auftraggeber – und damit Initiator der Übernahme – die Rolle als Treuhänder zuzuweisen. Diese Überlegung wirft die nicht leicht zu beantwortende Frage auf, ob es auf die Person der Emissionsbank überhaupt ankommt, wenn es um die Ordnungsmäßigkeit der Kapitalaufbringung geht: Wird die Bank von ihrer Bareinlageverpflichtung auch dann befreit, wenn die Einlagemittel absprachegemäß zum Zwecke der Kredittilgung wie-

---

[414] Die Emissionsbank könnte sich weitergehend sogar auf ¼ des geringsten Ausgabebetrages beschränken (§ 188 Abs. 2 iVm § 36a Abs. 1 AktG). Doch sind teilvalutierte Aktien am Primärmarkt nicht verkäuflich, so dass die Volleinzahlung des Nennbetrages spätestens vor Beginn des Weiterverkaufs (Selling) ohnehin nachgeholt werden müsste.
[415] Zum Ganzen *Ekkenga/Maas*, Das Recht der Wertpapieremissionen, 2005, Rn. 334 ff.

Ekkenga

der an sie zurückfließen, so dass in ihrer Person der Tatbestand der verdeckten Sacheinlage (Tilgung der Kreditforderung als Einlageleistung) erfüllt ist? Der BGH hat die Frage in seiner berühmten **Beton- und Monierbau-Entscheidung** verneint, allerdings vorerst nur für den gesetzlich geregelten Fall der Fremdemission mit mittelbarem Bezugsrecht: Aus § 186 Abs. 5 AktG ergebe sich, dass die Emissionsbank lediglich als technische Abwicklungsstelle fungiere; eigentliche Adressaten der Einlageverpflichtung seien die bezugsberechtigten Aktionäre.[416] Ob und mit welcher Konsequenz sich dieser Gedanke auf sonstige Situationen (zB bezugsrechtsfreie Emission) verlängern lässt, gehört zu den noch ungeklärten Rechtsfragen des Emissionsgeschäfts.[417]

245 Das Plazierungsrisiko lässt sich im Interesse beider Vertragsparteien – des Emittenten wie der Emissionsbank – durch geschickte Zeitplanung weiter reduzieren: Je mehr die Bank den **Zeitpunkt der Zeichnung** hinausschiebt und je länger sie folglich mit der Übernahme einer irreversiblen Aufbringungsgarantie in Höhe des Zeichnungsbetrages wartet, desto geringer wird der zeitliche Abstand zum Abschluss des Bookbuilding und desto geringer folglich das von der Kursentwicklung im Sekundärmarkt abhängige Preisbemessungsrisiko. Eine „natürliche" Zeitgrenze ist allerdings durch den Markt vorgegeben, der verlangt, dass die Anleger die Aktien sogleich nach Zuteilung in einem liquiden Wertpapierhandel (weiter-)veräußern können. Da es hierfür der Aufnahme der Börsennotierung bedarf und für diese etwas Vorlaufzeit eingeplant werden muss, sollte die Zeichnung einige Tage vorher vollzogen sein, damit das Registerverfahren rechtzeitig vor Beantragung der Börsenzulassung abgeschlossen werden kann.[418] Das schließt nicht aus, alle für die Durchführung erforderlichen Teilakte – Ausübung des genehmigten Kapitals, Zeichnung und Valutierung der neuen Anteile, Anmeldung der Kapitalerhöhung zur Eintragung, Eintragung der Durchführung in das Handelsregister, Erwirkung der Börsenzulassung und Abschluss der Bookbuilding-Periode – an ein und demselben Tag durchzuführen.[419]

246 Für die Mitwirkung bei der Durchführung einer Kapitalerhöhung erhalten die Konsortialbanken vom Emittenten eine **Vergütung**, die im Zeichnungs- und Übernahmevertrag vereinbart ist, sowie Aufwendungsersatz. Beide Anspruchsposten können die Banken nach zutreffender Auffassung vom abzuführenden Emissionserlös abziehen. Die Einlage nach § 54 Abs. 2 AktG muss dagegen ungekürzt eingezahlt werden; insoweit bewendet es beim aktienrechtlichen Verrechnungsverbot des § 66 Abs. 1 S. 2 AktG.[420] Zumeist bemisst sich die Provision nach einem Prozentsatz des erzielten Emissionserlöses, um so auch für die Konsortialbanken einen wirtschaftlichen Anreiz zu schaffen, sich um die Erzielung eines möglichst hohen Plazierungspreises und zugleich Plazierungsvolumens zu bemühen. – Machen Vorstand und/oder Aufsichtsrat bei einer Kapitalerhöhung falsche Angaben oder verschweigen sie erhebliche Umstände, so machen sie sich wegen Kapitalerhöhungsschwindels nach § 399 Abs. 1 Nr. 4 AktG strafbar. Für die Organe der Konsortialbanken ist eine vergleichbare Sanktion nicht vorgesehen. § 399 Abs. 1 AktG ist Schutzgesetz iSv § 823 Abs. 2 BGB.[421]

---

[416] BGHZ 118, 83, 97 „BuM II"; bestätigt von BGHZ 122, 180, 184 „co op".
[417] Zum Ganzen *Ekkenga/Maas,* Das Recht der Wertpapieremissionen, 2005, Rn. 329 ff.
[418] Ausführlicher *Ekkenga/Maas,* Das Recht der Wertpapieremissionen, 2005, Rn. 299.
[419] Muster eines Ablaufplanes bei *Ekkenga/Maas,* Das Recht der Wertpapieremissionen, 2005, S. 355 ff.
[420] *Ekkenga/Maas,* Das Recht der Wertpapieremissionen, 2005, Rn. 328, 340 mwN.
[421] BGHZ 105, 121.

d) Die Nachbereitung der Emission

Zu den Aufgaben der Emissionsbanken gehört schließlich die Unterstützung des Wertpapierhandels im Anschluss an die Plazierung. Ziel ist es ua, die Rahmenbedingungen für eine ausreichende **Marktliquidität** zu schaffen, damit nach erfolgreichem Abschluss der Zuteilung ein ordnungsgemäßer Sekundärhandel gewährleistet ist. Zu diesem Zweck erwirbt die konsortialführende Bank die börsliche Zulassung als Designated Sponsor im elektronischen Handelssystem nach Maßgabe der jeweiligen Börsenordnung. Dessen Funktion besteht darin, während der Handelszeit gleichzeitig limitierte Aufträge für die Nachfrage- und Angebotsseite (sog. Quotes) in das Handelssystem einzustellen und in Geschäftsabschlüsse umzusetzen.[422]   **247**

Durch die Neuplazierung kann es zu einem Kursverfall kommen, weil sich die Zuteilungsangebote im Primärmarkt und die Verkaufsangebote im Sekundärmarkt zu einem Angebotsüberhang addieren. Dem zu begegnen, ist das Anliegen der **Kurspflege**, die der Gesetzgeber in genau beschriebenen Grenzen zulässt, obgleich sie manipulativ in das Marktgeschehen eingreift. Näheres regelt die Verordnung zur Konkretisierung des Verbots der Marktmanipulation (MaKonV).[423] Die Kurspflege besteht darin, dass die als „Stabilisierungsmanager" benannte Emissionsbank diesen Angebotsüberhang auffängt, indem sie die angebotenen Stücke im Markt zurückkauft – mit der Folge, dass sich der Kurs durch die Stützung der Nachfrage stabilisiert. Mit dem Rückkauf verschafft sich die Bank außerdem ein zusätzliches Angebotskontingent, das ihr erlaubt, das Plazierungsangebot über das Emissionsvolumen hinaus aufzustocken. Gegen das Risiko, dass die Zahl der zurückgekauften Stücke zur Bedienung dieses zusätzlichen Plazierungsangebotes nicht ausreicht, wird sich die Bank durch eine **Mehrzuteilungsoption** (auch: „Greenshoe") absichern. Diese besteht darin, dass sich die Bank gegenüber dem Emittenten die „Mehrzuteilung" neuer Aktien ausbedingt, die der Emittent in einer separaten Zusatztranche zur Kapitalerhöhung – meist bis zu 15% des Hauptvolumens – ausgibt. Aktienrechtlich ist dieses Verfahren mittlerweile anerkannt, obwohl die Altaktionäre keine Chance erhalten, die in der Zusatztranche neu ausgegebenen Aktien zu beziehen.[424]   **248**

Zuständig für diese Art von Marktpflege ist nach den Vertragsbedingungen oft nicht nur die Emissionsbank, sondern auch der Emittent. Der Übernahmevertrag enthält typischerweise eine **Marktschonungsvereinbarung**, durch die sich der Emittent verpflichtet, innerhalb eines gewissen Zeitraumes eigene Aktien gar nicht oder nur mit Zustimmung der Banken zu veräußern. Auch die größeren Aktionäre nimmt man möglichst „mit in das Boot", indem man ihnen die Zusage abverlangt, ihre Aktien während der Karenzzeit nicht an der Börse zu verkaufen, es sei denn, der Kurs der Aktie übersteigt ein vereinbartes Niveau und/oder die Führungsbank akzeptiert den Verkauf.[425] Solche „Lock-Up-Garantien" lassen sich wirkungsvoll realisieren, indem die verpflichteten Aktionäre die gebundenen Aktien bei der Emissionsbank in die Depotverwaltung geben.[426]   **249**

---

[422] *Ekkenga/Maas,* Das Recht der Wertpapieremissionen, 2005, Rn. 257.
[423] Abgedruckt bei Kümpel/Hammen/Ekkenga, Kapitalmarktrecht, Kennz. 620a/1.
[424] Näher *Ekkenga/Maas,* Das Recht der Wertpapieremissionen, 2005, Rn. 258, 366 f.
[425] *Ekkenga/Maas,* Das Recht der Wertpapieremissionen, 2005, Rn. 379 ff.
[426] Zur Haftung der Aktionäre wegen Verstoßes gegen die Marktschonungsvereinbarung vgl. *Lutter/Drygalla*, FS Raisch, 1995, 239, 250.

Sachverzeichnis

(Die fetten Zahlen bezeichnen die §§, die mageren die Randnummern)

Abbuchungsauftragsverfahren **4**, 43
Abkommen zum Überweisungsverkehr **4**, 34
Abrufpräsenz **4**, 27
Absonderungsrecht **5**, 168
Abtretungsausschluss **5**, 174
Ad-hoc-Publizität **6**, 90
AIF **1**, 99
Akkreditiv **4**, 106
Akkreditiveröffnung **4**, 112
Akkreditivprüfung **4**, 113
Aktiv-/Aktiv-Methode **5**, 27e
Aktiv-/Passiv-Methode **5**, 27f.
Akzessorietät **5**, 134
Allfinanzaufsicht **1**, 133
Änderung des Kontovertrags **2**, 9a
Anderkonto **2**, 87
Anfangskapital **1**, 159
Angewiesenheit auf Reziprozität **3**, 36
Anlageberatung **3**, 58
Anlagerichtlinien **3**, 105
Anlagevermittlung **3**, 58
anlegergerecht **3**, 62, 63
Anlegerschutz **6**, 17, 116; **7**, 7
Annuitätendarlehen **5**, 34
Anscheinsbeweis **4**, 10
Anschlussfirma **5**, 92
Anstaltslast **1**, 55
Anzeige **4**, 24
Anzeigewesen **1**, 178
Asset-Backed-Securities-Transaktion **5**, 99
Asset Swap **7**, 91
Aufhebungsvertrag **5**, 27 c
Aufklärungsleistung **7**, 110
Aufklärungspflichtiges Verhalten (Vermutungsregel) **3**, 94
Aufsichtsrichtlinie **1**, 134
Auftragsstrenge **4**, 21
Aufwendungsersatz **2**, 73; **4**, 9, 19, 48, 92, 95
Auktionen **7**, 140

Ausführungsfrist **4**, 20
Ausgleichsanspruch **2**, 81
Auskunftsanspruch **2**, 67
Auskunftsvertrag **3**, 42
Auskunftswesen **3**, 114
Auslagenersatz **2**, 72
Auslagerung **1**, 172
Auslandszahlungsverkehr **4**, 96
Ausschlussfrist **4**, 24, 58, 61
Automatisierter Kontenabruf **3**, 16
Autorisierung **4**, 9, 19, 41, 48, 71
Avis **4**, 26, 117

Bagatellgrenze **1**, 151
Bank-an-Bank-Auskunftsverfahren **3**, 36
Bank-an-Kunden-Auskunft **3**, 35
Bankenaufsichtsrecht **1**, 120, 123
Bankenstimmrecht **7**, 171
Bankenunion **1**, 41, 114, 122
Bankerlaubnis **1**, 158
Bankgeheimnis **3**, 1
Bankgeschäfte **1**, 144
Bankkonto **2**, 1
Barauszahlung **4**, 4
Bareinzahlung **4**, 5
Basel-III-Rahmenwerk **1**, 23
Baseler Ausschuss für Bankenaufsicht (BCBS) **1**, 132
Basistender **5**, 54
Bausparkassen **1**, 93
belegloser Scheckeinzug **4**, 91
Beleihungsgrenze **5**, 75
Beleihungsgrundsätze **5**, 188
Beleihungswert **5**, 76
beliehene Entschädigungseinrichtungen **2**, 101
Beratungsansprüche **1**, 248
Beratungsprotokoll **3**, 87
Berichtigungsbuchung **2**, 35
Best-Execution-Regeln **7**, 145
Bestimmtheit **5**, 156

Beteiligungsgesellschaften **1**, 106
Bewertungszahl **1**, 95
Bilanzeid **6**, 109
Billigung des Wertpapierprospekts **6**, 74
Börse **6**, 8
Börsenaufsicht **6**, 27
Börsenorgane **6**, 35
Börsenpreise **6**, 50
Börsenselbstverwaltung **6**, 33
Börsenzwang **7**, 122
Bookbuilding-Verfahren **7**, 241
Bond-Stripping **7**, 43
Bond-Urteil **3**, 62
Bringschuld **4**, 31
Buchgeld **1**, 11, 18; **2**, 1
Bundesanstalt für Finanzdienstleistungsaufsicht (BaFin) **1**, 133
Bundesverband der deutschen Volksbanken und Raiffeisenbanken **1**, 73
Bundesverband deutscher Banken **1**, 73; **2**, 101

CESR-Empfehlungen **6**, 71
Chipkarte **1**, 6
churning **3**, 80
Clearstream Banking AG **7**, 183
Commercial Banking **1**, 87
Compliance-Funktion **1**, 168; **3**, 80
CRD IV-Paket **1**, 39, 137
Credit Default Swaps **5**, 106
Crowdfunding, Crowdinvesting **1**, 146
CRR (Capital Requirements Regulation) **1**, 138, 193

Darlehensvorvertrag **5**, 12
Deckungsgrenze **5**, 165
Deckungszusage für Schecks **3**, 9; **4**, 93
Delkrederefunktion **5**, 94
Depotkonto **2**, 2
Derivate **5**, 101
Deutsche Bundesbank **1**, 32, 64
Deutsche Corporate Governance Kodex **6**, 110; **7**, 1
Deutscher Sparkassen- und Giroverband **1**, 73
Die Deutsche Kreditwirtschaft **1**, 74
Directors' dealings **6**, 102
Direktbanken **1**, 82
Direkterwerb **7**, 150

Discountbroker **1**, 82
Dispositionsbefugnis **2**, 18
Dokumente gegen Akzept **4**, 102
Dokumenten-Akkreditiv **4**, 106
Dokumenteninkasso **4**, 100
Dokumentenstrenge **4**, 113; **5**, 64
Dokumentenvorschuss **4**, 105
Doppelermächtigung **4**, 80
Downlisting **6**, 55
Drei-Säulen-Organisation **1**, 29, 50
Drittschadensliquidation **4**, 35, 59, 90
Drittsicherungsgeber **3**, 14; **5**, 167
Drittverwahrung **7**, 177

EBA (European Banking Authority) **1**, 126
E-Geld **4**, 74, 78
Eigengeschäfte **7**, 129
Eigenkonto **2**, 12
Eigenmittel **1**, 167, 196
Einbeziehung in den Freiverkehr **6**, 51; **6**, 79
Einbeziehung in den regulierten Markt **6**, 48; **6**, 78
Einbeziehungsfolgepflichten im Freiverkehr **6**, 113; **7**, 4
Eingang vorbehalten **4**, 65, 90
eingerichteter Geschäftsbetrieb **1**, 149
Einheitliche Richtlinien für Inkassi (ERI) **4**, 100
Einheitliche Richtlinien und Gebräuche für Dokumenten-Akkreditive (ERA) **4**, 104
Einheitskonsortium **7**, 212
Einlagengeschäft **1**, 145
Einlagenkonto **2**, 2
Einlagensicherung **1**, 47; **2**, 97
Einlagensicherungsfonds **2**, 101
Einlagensicherungs- und Anlegerentschädigungsgesetz (EAEG) **2**, 99
Einmalemittent **7**, 197
Einwendungsdurchgriff **5**, 117
Einzelzahlungsvertrag **4**, 2a
Einziehungsermächtigung **5**, 181
Einzugsermächtigung **4**, 43, 49, 72
EIOPA (European Insurance and Occupational Pensions Authority) **1**, 126
Electronic-Cash-System **4**, 66
Elektronisches Lastschriftverfahren **4**, 72
Entry Standard **6**, 80

Entschädigungseinrichtung nach dem EAEG **2**, 101
Entsprechenserklärung **6**, 110; **7**, 1
Erfüllung **4**, 30, 63
Ergänzungskapital **1**, 196
Ergebnisabführungsvertrag **5**, 149
Erheblichkeitsschwelle **7**, 38
Erkundigungspflicht **3**, 63
erlasskonformes Leasing **5**, 87
Erstattungsanspruch **4**, 23, 42, 53, 56
ESA (European Supervisory Authorities) **1**, 126
ESFS (Europäisches System der Finanzaufsicht) **1**, 126
ESMA (European Securities and Markets Authority) **1**, 126
ESRB (Europäischer Ausschuss für Systemrisiken) **1**, 126
ESZB **1**, 30, 90
Europäische Zentralbank **1**, 14
Europapass **1**, 161; **6**, 6
Eurosystem **1**, 32
Execution-only-Geschäft **3**, 108, 111
Existenzgründungskredit **5**, 110

Fakultativklausel **2**, 30
Family office **3**, 102
Fehlüberweisung **4**, 22
Festgeld **2**, 77
Festzinsdarlehen **5**, 27b
fiduziarisches Rechtsverhältnis **5**, 172
Finanzberichterstattung **6**, 106
Finanzdienstleistungen **1**, 155
Finanzdienstleistungsinstitute **1**, 153
Finanzhandelsinstitute **1**, 86, 92
finanzierte Rechtsgeschäfte **5**, 108
Finanzkommissionsgeschäft **1**, 144
Finanzkrise **1**, 22
Finanztermingeschäfte **6**, 58
Finanzunternehmen **1**, 157
Fondsanteile **7**, 97
Fondsgesellschaft **1**, 96
formale Kontenwahrheit **2**, 8
Formularverträge **1**, 235
Freie Anlageberater **3**, 78
freie Sparkassen **1**, 57
Freigabeanspruch **5**, 180
Freigabeklauseln **5**, 163
Freiverkehr **6**, 20; **6**, 51

Fremdvermutung **7**, 190
Fremdverwaltung **1**, 101
Fremdwährungsauftrag **4**, 98
fristlose Kündigung **2**, 94
FSB (Financial Stability Board) **1**, 131
funktioneller Bankrechtsbegriff **1**, 25

Garantiekette **5**, 64
Geeignetheitsprüfung **3**, 64
Gefährdungstatbestand **5**, 17b
Gegenakkreditiv **4**, 119
Geheimnisherr **3**, 7
Geheimnisschutzrechte **1**, 248
Geld als fester, unwandelbarer Rechtsbegriff **1**, 5
Geld-zurück-Garantie **4**, 22, 23
Geldausgabeautomat **4**, 7
Geldkarte **4**, 73
Geldpolitik **1**, 33
Geldschöpfung **5**, 1
Geldwäsche **3**, 22
Gemeinschaftskonten **2**, 29, 80
General Standard **6**, 43
Genossenschaftsbanken **1**, 70
Genossenschaftsgesetz **1**, 71
Gesamtdeckungsplan **5**, 166 a
Gesamtgrundschuld **5**, 191
Geschäftsbeschränkungen **1**, 60
Geschäftsbesorgung **2**, 55; **4**, 32, 59, 81, 100, 104, 112
Geschäftsleiter **1**, 159
Gesetz über den Wertpapierhandel (WpHG) **6**, 16
gesetzliches Widerrufsrecht **7**, 115
Gewährträgerhaftung **1**, 55
Gewerbefreiheit **1**, 123
Girokonten für jedermann **2**, 5
Girokonto **2**, 53
Gironetzverrechnung **4**, 14
Girovertrag **2**, 55; **4**, 7, 41, 48
Großbanken **1**, 66
Großkredite **1**, 177, 201
Grundsätze für die Durchführung des Bankauskunftsverfahrens **3**, 36
gutgläubiger Erwerb **7**, 159
Gutschrift **4**, 26, 65

Haftungsdach **1**, 165
Hamburger Sparkasse HASPA **1**, 57

Halbjahresfinanzbericht **6**, 58
Handelsbuch **1**, 200
Handelsteilnehmer **6**, 39
Handelsüberwachungsstelle **6**, 27
Hausüberweisung **4**, 13
HBCI-Verfahren **4**, 40
Hebeleffekt **7**, 76
Herkunftslandkontrolle **6**, 6
hinkende Inhaberpapiere **2**, 44
Hinterleger **7**, 168
Höchstbetragsbürgschaften **5**, 134
Holschuld **4**, 63
Home-Banking **4**, 39
Honorarberatung **3**, 82

IBAN **2**, 31
Identifizierung des Kontoinhabers **2**, 9
Identifizierungspflicht **3**, 24
Imagegestützter Scheckeinzug **4**, 91
Inkassoauftrag **4**, 100, 103
Inkassovereinbarung **4**, 64, 89
Innenprovision **3**, 77
Insiderhandelsverbot **7**, 18
Insiderinformation **6**, 90, 127
Insiderverzeichnis **6**, 101
Insolvenz des Kontoinhabers **2**, 71, 95; **4**, 55
Inter-Banken-Abkommen **4**, 7, 34
Interessenkonflikte **3**, 110; **5**, 17d
Internet-Banking **4**, 39
inverse Zinsstruktur **5**, 25
Investmentbanken **1**, 86

Kapitalmarktrecht **6**, 1
Kapitalpuffer **1**, 198
Kapitalverwaltungsgesellschaften **1**, 96; **7**, 97
Kasse gegen Dokumente **4**, 99, 101
kausaler Schuldfeststellungsvertrag **2**, 60
Kernkapital **1**, 196, 197
Kettenüberweisung **4**, 98
Kick-Back-Rechtsprechung **3**, 74
Kleinbetragsinstrument **4**, 74, 78
Knebelung **5**, 178
kollektive Vermögensanlage **1**, 105
Kommissionsvertrag **7**, 95
„komplexe Finanzinstrumente" **7**, 111
Konsortialführer **7**, 208

Konsortialvorbehalt **5**, 11
Kontoauflösung **2**, 90
Kontobezeichnung **2**, 15
Kontoeröffnung **2**, 4
Kontofähigkeit **2**, 10
Kontoform **2**, 4
Kontoführungsentgelt **2**, 72
Kontoinhaber **2**, 12
Kontokorrent **2**, 59
Kontokorrentabrede **2**, 7, 56
Kontokündigung **2**, 91
Kontonummer **2**, 30; **4**, 21, 23
Kontopfändung **2**, 28, 66, 83
Kontoübertragung (auf den Todesfall) **2**, 24
Kontoverpfändung **2**, 27
Kontovollmacht **2**, 18
Kontrahierungszwang **2**, 5
Kontrollmitteilungen **3**, 17
Konzernprivileg **1**, 164
Kredite auf Tagesbasis **1**, 36
Kreditgeschäft **1**, 147
Kredithandel **1**, 147; **3**, 15
Kreditinstitute **1**, 143
Kreditverlängerungspflicht **5**, 46 a
Kreditvermittlungsplattform **1**, 148
Kreditwesengesetz **1**, 21, 141
Kündigung (Konto) **2**, 91
Kündigung zur Unzeit **5**, 44
Kündigungsgeld **2**, 78
kundenspezifisches Marketing **1**, 83
Kundenterminal **4**, 37

Lamfalussy-Verfahren **6**, 7
Landesbanken **1**, 53
Lastschrift **4**, 43, 45, 70, 72
Lastschriftabrede **4**, 63
Lastschrifterstattung **4**, 53, 56
Lastschriftrückgabe **4**, 50
Lastschriftwiderruf **4**, 52
Legitimationsprüfung **2**, 8
Legitimationswirkung **2**, 45
Leverage **7**, 67
Liability Swap **7**, 91
Liberationswirkung **2**, 44
Liquidität **1**, 202

Management's Discussion and Analysis **6**, 72

Marktmanipulation **7**, 31
Marktsegmente **6**, 42, 140
MASTERCARD **1**, 9
Mezzanine **7**, 63
MiFID **3**, 56
MiFID II **3**, 56
Millionenkredite **1**, 177
Mindestanforderungen an das Risikomanagement (MaRisk) **1**, 171; **5**, 1
Mindestharmonisierung **6**, 6
Mindestreserve **1**, 34
Mindestreservesatz **1**, 34
multilaterale Handelssysteme **6**, 56

Nachbesicherung **5**, 29
Nachlasskonto **2**, 89
Nachüberweisung **4**, 21
Negativattest **1**, 188
Netzgeld **4**, 78
Nichtabnahmeentschädigung **5**, 27e
Nichthandelsbuchinstituten **1**, 199
Non-performing loans **3**, 15
Norddeutsche Landesbank **1**, 54
Novation **2**, 60

objektgerecht **3**, 62, 65
Oder-Konto **2**, 81
Offenlegungsanzeige **5**, 183
Offenlegungspflichten **1**, 204
Offenmarktpolitik **1**, 35
OGAW **1**, 99
Ombudsmann **1**, 239
Online-Banking **4**, 39
Online-Portal **1**, 83
Open Market **6**, 43
Openend-Prinzip **7**, 100
Operating Leasing **5**, 89
Ordnungswidrigkeiten **3**, 99
Organisationsrecht der Börsen **6**, 15
organisierter Markt **6**, 19
Organkredite **1**, 177
OTC-Derivate **7**, 89
Outsourcing **1**, 172

Papierwährung **1**, 13
P2P (Peer to Peer Lending) **1**, 148
Performing loans **3**, 15
Periodenkontokorrent **2**, 59
persönlicher Kleinkredit (PKK) **5**, 109

Pfandgegenstand **7**, 188
Pfandrecht der Bank **2**, 27, 83
Pfandrechtsklausel **5**, 30
Pfändungsschutzkonto **2**, 69
Pharming **4**, 42
Phising **4**, 42
PIN-Code **1**, 60; **4**, 8, 10, 39
Point of sale-System **4**, 66
Politisch exponierte Personen(sog. PEPs) **3**, 24
Postmortale Vollmacht **2**, 22
Präsentationspapier **2**, 44
Preisnebenabreden **2**, 74
Preistransparenz **7**, 136
Preisvalutierung **7**, 242
Prime Standard **7**, 3
Prime Standard für Unternehmensanleihen **6**, 85, 112
Prioritätsprinzip **5**, 158
Privatbankier **1**, 46
Privatplatzierung **7**, 200
Produktinformationsblatt (PIB) **3**, 70
Prolongationsabrede **2**, 77
Prospekthaftung **6**, 119; **7**, 10
Publizitätsprinzip **5**, 151

qualifiziertes Legitimationspapier **2**, 44
Quartalsfinanzbericht **6**, 108
Quotation Board **6**, 43; **6**, 54

realisierbarer Wert **5**, 166
Realkreditbereich **1**, 75
Rechnungsabschluss **2**, 60
Recht am Papier **2**, 44; **6**, 112
rechtlicher Gestaltungswille **1**, 243
Regressanspruch (Lastschriftverfahren) **4**, 57
Regionalbanken **1**, 66, 68
Regionalprinzip **1**, 61
regulierter Markt **6**, 46; **7**, 133
Reisescheck **4**, 94
REIT = Real Estate Investment Trust **7**, 104
Rembourskredit **5**, 60
Risikomischung **7**, 97
Risikostreuung **1**, 101
Roll-over-Kredite **5**, 71
Rückgewähranspruch **5**, 200
rückläufige Überweisung **4**, 45

Rücktrittsvorbehalte **7**, 215
Rückvergütung **3**, 74

Sachgeld **1**, 11
Sachgeld, Buchgeld und elektronisches Geld **1**, 6
Saldoanerkenntnis **2**, 60, 63
Saldoforderung **2**, 60, 63
Sammelverwahrung **7**, 164
Sanierungskredit **5**, 46b
Sanktionen nach KWG **1**, 184
Sanktionsausschuss **6**, 38
Schattenbanken **1**, 171, 191
Scheckbestätigung **4**, 93
Scheckeinlösung **4**, 85, 95
Scheckeinlösungszusage **4**, 93
Scheckinkasso **4**, 89
Scheckprüfung **4**, 87
Schecksperre **4**, 92
Scheckverkehr **4**, 80
Scheckvertrag **4**, 81
Scheckwiderruf **4**, 92
Schlichtungsverfahren **4**, 36
Schönfärberei **3**, 44
Schufa-Verfahren**3**, 47
Schuldmitübernahme **5**, 148
Schuldturmproblematik **5**, 107a
Schutzwirkung zugunsten Dritter **4**, 35, 59, 90
Selbstbefreiung von der Ad hoc-Pflicht **6**, 99
Selbstverwahrung **7**, 165
SEPA **4**, 3, 15, 34, 44
SEPA-Lastschriftverfahren **4**, 46, 59
Sicherheitsleistung **7**, 194
Sicherheitsrücklage **1**, 59
Sicherungszweck **5**, 135
Sicherungszweckerklärung **5**, 196
Signaturgesetz **1**, 84
Single Resolution Mechanism (SRM) **1**, 46
Single Rule Book **1**, 40
Single Supervisory Mechanism (SSM) **1**, 42
Skontroführer **6**, 50
Sonderkonto **2**, 15
Sondervermögen **1**, 105
Sparbuch **2**, 43
Sparkassen **1**, 57

Sparkonto **2**, 38
Sperrzusage **4**, 93
SSM-Verordnung **1**, 42
Staatshaftung **1**, 56
Stabilitätsgebot **1**, 15
Ständige Fazilitäten **1**, 36
Steuer-CDs **3**, 21
Steuerverkürzung **3**, 18
stille Zession **5**, 171
Stillhalter **7**, 85
Stimmrechtsmitteilungen nach WpHG **6**, 103
Stornoklausel **2**, 32
Swapgeschäfte **1**, 219
Systematischer Internalisierer **7**, 142

Tagesguthaben **2**, 67
Tagessaldo **2**, 61
TAN **4**, 39, 42
Technische Regulierungs- und Durchführungsstandards **1**, 193
Teilverzichtsklausel **5**, 185 f.
Teilzahlungsgeschäft **1**, 80, 125
Telefon-Banking **4**, 38
Tenderverfahren **1**, 35;**7**, 218
Termingeld **2**, 77
Terminmarkt **6**, 58
Terminüberweisung **4**, 17
Transmortale Vollmacht **2**, 21
Trennbankengesetz **1**, 88, 190
Trennbankensystem **1**, 87
Treuhandkonto **2**, 85

Übereignungsofferte **7**, 152
Übernahmeverpflichtung **7**, 213
Überraschungsklauseln **1**, 228
übertragbares Akkreditiv **4**, 118
Überweisung **4**, 13
Überweisungsauftrag **4**, 16
Und-Konto **2**, 82
Universalbankprinzip **1**, 67, 118
Unternehmensbeteiligungsgesellschaften **1**, 110
Unterrichtungspflicht **2**, 55; **4**, 19, 26, 50

Venture-Capital-Gesellschaften **1**, 111
Verarbeitungsklausel **5**, 159
Verband öffentlicher Banken **1**, 73

verdecktes Treuhandkonto **2**, 86
vereinbarter Überziehungskredit
    2, 68
Vergütungssystem (InstitutsVergV)
    1, 169
Vermieterpfandrecht **5**, 158
Vermögensverwaltung **3**, 100
Verschuldungsquote **1**, 203
Vertraglich gebundene Vermittler
    1, 165
Vertragsbruchsrechtsprechung **5**, 185
Vertragsbruchtheorie **5**, 185
Vertragsfreiheit **1**, 217
Vertragsübernahme **2**, 24
Verwahrstücke **7**, 170
Vieraugenprinzip **1**, 159
Volks- und Raiffeisenbanken **1**, 72
Vollmacht **2**, 18
Vollmacht über den Tod hinaus **2**, 21
Vorfälligkeitsentschädigung **5**, 27 d
Vorhandelstransparenz **7**, 125
Vorschusszinsen **2**, 50
Vorsorgevollmacht **2**, 20

Währungsswap **5**, 105
Währungswesen **1**, 12
Warrants **7**, 66
Wechselkursfreiheit **1**, 20
weiche Patronatserklärung **5**, 148
Wertpapierprospekt **6**, 70
Wertsicherungsklauseln **1**, 15
Wertstellung **4**, 26, 65
WestLB **1**, 54
Whistleblower-System **1**, 169
Widerruf (Lastschrift) **4**, 52
Widerruf (Scheck) **4**, 92
Widerruf (Überweisung) **4**, 18
Wissensvorsprung **5**, 17a

Zahlung auf erstes Anfordern **5**, 142
Zahlungsauftrag **4**, 2a, 9, 16, 48, 71
Zahlungsauthentifizierungsinstrument **4**, 9,
    41, 71
Zahlungsdienste **1**, 207; **4**, 2, 41, 67, 78
Zahlungsdiensteaufsichtsgesetz (ZAG)
    2, 54; **4**, 1
Zahlungsdiensterahmenvertrag **2**, 55; **4**, 2a,
    16
Zahlungsinstitute **1**, 208
Zahlungskartengeschäft **4**, 67
Zahlungskonto **2**, 54
Zahlungssysteme **4**, 14
Zahlungsvorgang **4**, 2a, 6
Zins-Swap-Urteil **3**, 73
Zinsanpassungsklausel **2**, 48
Zinsbesteuerungsrichtlinie **3**, 20
Zinsbindung **5**, 71
Zinsgleitklausel **2**, 48
Zinshöhe **7**, 32
Zinslauf **2**, 49
Zinsmargenschaden **5**, 27 e
Zinssatzswaps **5**, 101
Zinsverschlechterungsschaden **5**, 27 f.
Zubehör **5**, 195
Zugang **4**, 17
Zulassung zur Börse **6**, 14
Zulassungsfolgepflichten **6**, 86
Zulassungsverfahren **6**, 66
Zulassungsvoraussetzungen **6**, 69
Zurückweisungsrecht **4**, 28
Zustellungssaldo **2**, 67
Zuteilungssystem **1**, 95
Zwangsregulierung **7**, 162
Zwangsverwaltung **5**, 211
Zweckerklärung **5**, 191
zwei Ebenen des Bankwesens **1**, 29
Zwischensalden **2**, 62